KB198074

은행법

BANKING LAW

고동원

박영사

머리말

은행은 금융산업에서 중요한 위치를 차지한다. 예금과 대출 업무를 영위하는 은행은 예금을 수취하여 개인이나 기업에게 필요한 자금을 공급하는 금융중개기관으로서 중요한 역할을 한다. 은행산업이 그 역할을 제대로 하지 못할 때 금융시장뿐만 아니라 경제 전체에도 큰 영향을 미친다는 사실을 우리는 이미 1997년 말 외환위기를 통해서 경험한 바가 있다. 은행산업에 대한 적절하고 합리적인 규제·감독이 필요한 이유이다. 「은행법」을 비롯하여 관련 법률이 이러한 규제·감독의 내용을 담고 있다.

「은행법」은 은행업 인가, 은행 주식 보유 한도 규제, 은행 업무 범위, 은행의 자회사, 외국은행 국내지점, 은행의 건전성 규제 등 은행의 영업 활동에 관하여 규정하고 있는 기본법이다. 이외에도 은행에 적용되는 여러 관련 법률들이 있는데, 은행의 지배구조에 대해서는 「금융회사의 지배구조에 관한 법률」이, 은행의 금융상품 판매 행위에 대해서는 「금융소비자 보호에 관한 법률」이 적용된다. 이외에도 은행이 수집하고 이용하는 개인신용정보와 관련해서는 「신용정보의 이용 및 보호에 관한 법률」이, 은행이 부실화되어 구조 조정을 하게 될 때는 「금융산업의 구조개선에 관한 법률」이, 금융실명거래와 자금세탁방지와 관련해서는 「금융실명거래 및 비밀보장에 관한 법률」과 「특정 금융거래정보의 보고 및 이용 등에 관한 법률」 등이 적용된다. 또한 은행이 신탁업 등 금융투자업을 겸영할 때는 「자본시장과 금융투자업에 관한 법률」이, 신용카드업을 겸영할 때는 「여신전문금융업법」이, 보험상품 판매 대리 업무와 관련해서는 「보험업법」도 적용된다.

이 책은 은행의 영업 활동에 적용되는 「은행법」을 중심으로 하여 여러 관련 법률들의 내용을 분석하고 있다. 가능한 법 조문을 충실히 소개하고 분석하려고 하였다. 금융 관련 법률들이 그러하듯이 법 조문의 내용을 이해하고 해석하는 것이 쉽지 않은데, 이 책은 이런 점을 고려해서 가능한 법 내용을 체계적으로 정리하면서 이해하기 쉽도록 충분히 설명하는 방식으로 서술하려고 했다. 그리고 필요한 부분에서는 외국 법제를 소개함으로써 향후 은행법제가 나아갈 방향도 제시하였다.

이 책은 저자가 그 동안 발표하였던 은행 관련 논문들을 중심으로 해서 수정·보완하고 필요한 부분은 보충하는 방식으로 저술되었다. 이 책이 금융감독 정책 담당자 및 은행 실무 종사자뿐만 아니라 은행법 관련 연구자와 은행법에 관심을 갖고 공부하는 학생들에게도 도움이 되면 좋겠다. 바쁜 와중에도 원고 전체를 세심히 읽고 귀중한 의견을 준 노태석 박사(법무법인 태평양 전문위원)에게 감사드린다.

끝으로 출판 시장이 어려운데도 불구하고 기꺼이 출판을 맡아준 박영사 안종만 회장님과 안상준 대표님께 감사의 말씀을 드리며, 출판 기획을 맡아 도와준 정연환 과장과 편집 일을 맡아 수고해주신 김선민 이사에게도 감사드린다.

2024년 10월

저자 씀

차 례

제1장 총 론

제2장 진입 규제

제3장 은행 주식 보유 한도

제4장 은행 업무 범위

제5장 금융채 발행

제6장 은행의 자회사

제 7 장 지배구조

제8장 건전성 규제

제9장 영업행위 규제와 금융소비자 보호

제10장 외국은행 국내지점

제11장 개인신용정보

제12장 금융실명거래와 자금세탁방지

제13장 은행 조직 변경과 퇴출 규제

법률명 약어

「가상자산 이용자 보호 등에 관한 법률」	가상자산법
「공중 등 협박목적 및 대량살상무기확산을 위한 자금조달행위의 금지에 관한 법률」	테러자금금지법
「금융산업의 구조개선에 관한 법률」	구조개선법
「금융소비자 보호에 관한 법률」	금융소비자법
「금융실명거래 및 비밀보장에 관한 법률」	금융실명법
「금융위원회의 설치 등에 관한 법률」	금융감독기구법
「금융회사의 지배구조에 관한 법률」	지배구조법
「한국자산관리공사의 설립 등에 관한 법률」	부실자산정리법
「대부업 등의 등록 및 금융이용자 보호에 관한 법률」	대부업법
「독점규제 및 공정거래에 관한 법률」	공정거래법
「범죄수익은닉의 규제 및 처벌 등에 관한 법률」	범죄수익은닉규제법
「신용정보의 이용 및 보호에 관한 법률」	신용정보법
「온라인투자연계금융업 및 이용자 보호에 관한 법률」	온라인투자연계금융업법
「유사수신행위의 규제에 관한 법률」	유사수신행위규제법
「인터넷전문은행 설립 및 운영에 관한 특례법」	인터넷전문은행법
「자본시장과 금융투자업에 관한 법률」	자본시장법
「주식·사채 등의 전자등록에 관한 법률」	전자등록법
「채무자 회생 및 파산에 관한 법률」	채무자회생파산법
「특정 금융거래정보의 보고 및 이용 등에 관한 법률」	특정금융정보법

제1장
총 론

제1절

총 설

은행(銀行, bank)은 금융산업에서 중요한 위치를 차지하고 있는 금융기관[1])이다. 은행은 자금 공급자인 예금자로부터 예금을 받고 그 자금으로 자금의 수요자인 개인이나 기업에게 대출을 해주는 영업을 함으로써 자금이 필요한 자에게 적절한 자금 공급을 해준다는 점에서 중요한 역할을 한다. 이는 마치 우리 인체에서 중요한 혈액 공급의 역할을 하는 것과 같다. 이렇게 금융산업에서 중요한 역할을 하는 은행이 그 역할을 제대로 하지 못할 때, 금융산업과 금융시장, 더 나아가 국가 경제에 미치는 부정적인 영향은 상당히 크다. 제대로 된 은행산업과 금융시장이 만들어질 필요가 있는 이유이다. 은행이 경영 건전성 관리를 제대로 하지 못해 부실화 내지 파산될 때 금융산업과 국가경제에 미치는 영향이 얼마나 큰지는 이미 1997년 말 외환위기를 통해 경험한 바 있다.

제대로 된 은행산업이 형성되고 발전하기 위해서는 제도적 기반을 잘 마련하는 일이 중요하다. 은행 영업에 관한 규제 내용을 담고 있는 「은행법」이 제정된 이유이다. 「**은행법**」은 1950년 5월 5일 법률 제139호로 제정되어 1954년 8월 15일 시행된 법률인데, 은행의 영업 활동 기반을 마련해주는 가장 기본이 되는 법률이다. 「은행법」은 은행의 설립 인가, 은행의 업무 범위, 은행 주식 보유 한도, 건전성 감독 등 은행의 영업 규제에 관한 중요한 사항을 규정하고 있다. 그래서 금융규제법 영역의 하나로 분류할 수 있다.

한편 은행의 영업 활동에 대해서는 「은행법」뿐만 아니라 여러 관련 법률이 적용된다. 은행은 예금상품이나 대출상품 등 금융상품을 제조하고 판매하는 업무 이외에도 보험회사의 보험상품이나 집합투자업자 내지 집합투자기구가 발행하는 집합투자증권을 금융소비자에게 판

1) 금융 관련 법률들은 '금융회사'라는 용어를 쓰고 있으나, 회사 형태가 아닌 금융기관도 있고(신용협동조합이나 새마을금고 등 상호금융기관은 법적 형태가 비영리법인이다), 금융기관의 공공성도 강조되어야 한다는 점을 고려해서 이 책에서는 '금융기관'(financial institution)이라는 용어를 쓰기로 한다.

매하는 업무도 영위한다. 이 경우 금융소비자에게 금융상품에 대한 설명 의무를 충실히 수행해야 하는 등 금융상품 판매 영업 행위와 관련해서 준수해야 하는 여러 의무가 부과된다. 이러한 의무를 충실히 수행하지 못해서 금융소비자에게 피해를 입혔을 때는 손해배상책임을 진다. 이러한 은행의 금융상품 판매 행위에 대하여 적용되는 법률은 금융소비자법이다. 또한 은행은 겸영 업무로서 신탁업뿐만 아니라 파생상품의 매매·중개 업무 및 국채·공공채·사채의 매매 업무 등 투자매매업 내지 투자중개업도 영위한다. 이러한 경우에는 자본시장법이 적용된다. 은행이 신용카드업을 겸영 업무로 영위할 때는 「여신전문금융업법」이 적용된다. 또한 은행이 겸영 업무로서 보험상품을 판매하는 업무를 영위할 때는 「보험업법」이 적용된다. 이외에도 은행의 **지배구조**(corporate governance) 규제와 관련해서는 지배구조법이 적용된다. 이처럼 은행이 업무를 영위하면서 적용되는 법률은 여러 법률들이 있으므로 이들 법률들에 대한 내용도 살펴볼 필요가 있다. 이 책에서는 「은행법」을 중심으로 해서 은행의 영업 활동에 적용되는 주요 법률들의 내용을 분석한다.

제2절

은행업

Ⅰ. 은행업의 의의

1. 정의

은행은 '은행업'을 영위하는 금융기관이다. 그럼 은행업이란 무엇인가? 「은행법」은 은행업을 "예금을 받거나 유가증권 또는 그 밖의 채무증서를 발행하여 불특정 다수인으로부터 채무를 부담함으로써 조달한 자금을 대출하는 것을 업(業)으로 하는 것"이라고 정의하고 있다(법 제2조 제1호). 자금 조달 수단으로서 예금 수입뿐만 아니라 유가증권을 발행하는 것도 포함하고 있는 점이 특징적이다. 은행업을 영위하려면 금융감독당국으로부터 일정한 요건을 충족하여 **인가**를 받아야 하고(법 제8조), 인가를 받지 않고 은행업을 영위하면 형사 처벌 대상이 된다(법 제66조 제2항).

2. 예금 수입 또는 유가증권 발행을 통한 자금 조달과 대출 업무

은행업의 정의를 분석해보면, 예금을 받거나 유가증권(대표적으로 사채(社債)를 들 수 있다)의 발행을 통해서 조달한 자금으로 대출(貸出)하는 것을 영업으로 하는 것임을 알 수 있다. 즉 은행업은 예금 업무와 대출 업무를 동시에 영위하는 것을 말한다. 따라서 예금 업무만을 영위하거나 대출 업무만을 영위하는 것은 은행업에 해당하지 않는다. 예를 들어, 대부업법에 따른 대부업자는 대부(貸付), 즉 대출(대부의 의미는 대출과 같다고 할 수 있다) 업무를 영위하지만 예금 업무를 영위하지 않기 때문에 은행업에 해당하지 않는다. 만약 대부업자가 예금을 받거나 공모 사채를 발행하여 자금을 조달한다면 이는 은행업에 해당하고 은행업 인가를 받지 않았기 때문에 「은행법」 위반이 된다.

3. '불특정 다수'의 의미

은행업 정의 요건 중의 하나는 "**불특정 다수**"로부터 자금을 조달해야 한다는 것이다. 즉 특정되지 않는 다수를 의미한다. '불특정'의 의미에 대해서 법원은 "자금조달의 상대방의 특정성을 중시하지 아니한다는 의미로서 상대방의 개성 또는 특성이나 상호간의 관계 등을 묻지 아니한다는 뜻"으로 보고 있으며,[2] '불특정 다수'의 의미에 대해서는 유사수신행위 해당 여부와 관련해서 "자금조달 행위의 구조나 성격상 어느 누구라도 희망을 하면 투자에 참여할 수 있는 기회가 열려 있다고 한다면 이는 불특정 다수인으로부터 자금을 조달하는 행위"에 해당한다고 하거나,[3] "모집의 대상이 특정 직업군 등으로 어느 정도 제한되어 있다고 하더라도" 불특정 다수에 해당한다고 보는[4] 등 누구든지 참여가 가능하면 불특정 다수에 해당한다고 넓게 해석하고 있다.

4. '업'(業)의 의미

그러면 다음에 '업'(業)에 대해서 생각해보아야 한다. 예를 들어, 1회만 예금을 받은 자금으로 대출하는 행위를 했다고 하자. 이 경우 은행업을 영위한다고 볼 수 있는가? '업'은 '영업'(營業)이라고 할 수 있다. 「은행법」은 '업'에 대한 정의를 하고 있지 않다. 그러나 판례에 따르면 "계속성·반복성·영리성"을 요소로 하고 있어 판단 기준이 될 수 있다. 즉 대법원은 '업'의 의미를 "같은 행위를 계속하여 반복하는 것을 의미하고, 여기에 해당하는지 여부는 단순히 그에 필요한 인적 또는 물적 시설을 구비하였는지 여부와는 관계없이 금전의 대부 또는 중개의 반복·계속성 여부, 영업성의 유무, 그 행위의 목적이나 규모·횟수·기간·태양 등의 여러 사정을 종합적으로 고려하여 사회 통념에 따라 판단하여야 한다"고 판시하고 있다.[5] 이런 점에서 설령 1회의 행위가 있어도 계속적인 반복 의사가 있었는지 등을 종합적으로 고려해서 판단해야 할 것이다. 따라서 「은행법」에 따른 '업'도 이러한 판례의 입장에 따라 판단하면 될 것이다.

Ⅱ. 은행업 정의 관련 법적 문제

1. 서설

은행업의 정의에서 자금 조달의 형태로서 "유가증권 또는 그 밖의 채무증서를 발행"하는

---

2) 대법원 2013. 11. 14. 선고 2012도6674 판결.
3) 대법원 2006. 5. 26. 선고 2006도1614 판결; 대법원 2013. 2. 28. 선고 2012도4640 판결.
4) 대법원 2013. 11. 14. 선고 2012도6674 판결; 대법원 2013. 11. 14. 선고 2013도9769 판결.
5) 대법원 2012. 7. 12. 선고 2012도4390 판결; 대법원 2012. 3. 29. 선고 2011도1985 판결; 대법원 2008. 10. 23. 선고 2008도7277 판결.

것도 포함하고 있다. 여기서 유가증권의 대표적인 것은 사채(社債)이다. 사채라 함은 회사가 발행하는 채권(債券), 즉 회사채(會社債)를 말한다. 은행도 주식회사의 형태를 취하고 있으므로 사채를 발행할 수 있으며, 「은행법」은 이를 '금융채'라고 하고 있다(법 제33조). 그리고 은행이 자금 조달 목적으로 발행하는 양도성예금증서(certificate of deposit: CD)(예금을 했다는 증표로서 통장 대신에 증서가 발행되는 것이고, 통장이 양도가 되지 않는데 비해 양도가 가능한 특징이 있다)는 채무증서 내지 유가증권이라고 볼 수 있다.[6)]

따라서 예금뿐만 아니라 유가증권이나 채무증서를 발행하여 조달한 자금으로 대출을 하는 것도 은행업의 정의에 포섭되면서 여러 법적인 문제가 제기된다. 즉 사채를 발행해서 조달한 자금으로 대출을 하는 것도 은행업의 정의에 해당하고 은행업 인가를 받지 않으면 형사 처벌 대상이 되는 점에서 법적 쟁점이 생긴다. 이하에서는 그 사례를 자세히 논의해본다. 또한 은행과 같이 예금을 수취하고 대출하는 업무를 영위하는 상호저축은행이나 상호금융기관도 은행업을 영위하는 것이냐에 대한 법적 쟁점도 제기되므로 이에 관한 논의도 같이 한다.

2. 은행업의 정의에서 유가증권이나 채무증서 발행 포함에 따른 법적 문제

(1) 증권회사도 은행업을 영위하는지

자본시장법에 따른 '투자매매업자·투자중개업자'인 금융투자회사(즉 증권회사)도 증권과 관련하여 금전의 융자를 투자자에게 할 수 있어(제72조) 대출 업무를 영위하고 있는 것인데, 금융투자회사는 주식회사이어서 사채를 발행하여 자금을 조달하므로 은행업을 영위하는 셈이다. 그런데 자본시장법은 「은행법」 적용 배제 조항을 두지 않고 있어 법적인 논란이 제기될 수 있다. 다만 자본시장법에는 기업에 대한 신용공여 업무(즉 대출 업무)를 영위할 수 있는 '종합금융투자사업자'로 지정받은 금융투자회사(제8조 제8항, 제77조의2, 제77조의3 제3항)에 대해서는 「은행법」 적용을 배제하는 규정이 있어(제77조의3 제8항), 입법적으로 해결하고 있다.

(2) 여신전문금융회사도 은행업을 영위하는지

「여신전문금융업법」에 따라 금융감독당국의 허가를 받거나 등록을 한 여신전문금융회사(신용카드회사, 시설대여회사, 할부금융회사, 신기술사업금융회사)도 문제된다. 신용카드회사도 사채를 발행하여 자금을 조달하고 대출 업무(카드대출 업무 등)를 영위하며(제46조), 시설대여회사, 할부금융회사, 신기술사업금융회사도 마찬가지이다. 그러면 「은행법」에 따른 은행업에 해당한다고 볼 수 있는데, 「여신전문금융업법」은 여신전문금융회사에 대해서는 「은행법」을 적용

6) 양도성예금증서를 채무증서로 보는 견해로는 이병화(2008), 33면. 반면에 「상법」에 따른 유가증권으로 보는 견해는 김학준(2009), 169~183면. 대법원도 유가증권으로 보고 있다(대법원 2000. 3. 10. 선고 98다29735 판결; 대법원 2009. 3. 12. 선고 2007다52942 판결).

하지 아니한다는 조항을 두어(제51조) 해결하고 있다.

(3) 증권금융회사도 은행업을 영위하는지

자본시장법에 따라 금융감독당국의 인가를 받은 증권금융회사도 금융투자회사를 대상으로 하는 대출 업무나 일반 투자자를 대상으로 증권 담보 대출 업무를 취급하고 있으며(제326조), 사채를 발행하여 자금을 조달할 수 있고(제324조, 제329조) 더욱이 금융투자회사나 한국거래소 및 상장회사를 대상으로 자금을 예탁받을 수 있으며, 자금 예탁 업무를 위하여 필요한 경우에는 채무증서를 발행할 수도 있다(제330조 제1항, 제2항). 따라서 증권금융회사도 은행업을 영위한다고 볼 수 있지만, 증권금융회사의 자금 예탁이나 채무증서 발행과 관련해서는 「은행법」 적용 배제 조항(제330조 제2항)을 두어 해결하고 있다.

(4) 종합금융회사도 은행업을 영위하는지

자본시장법에 따른 종합금융회사도 "설비 또는 운전(運轉) 자금의 융자" 업무(즉 대출 업무를 말한다)를 영위할 수 있고, 사채를 발행할 수 있다(제336조). 은행업에 해당하는 셈인데, 자본시장법은 「은행법」 적용 배제 조항을 두어(제352조) 해결하고 있다.

(5) 유가증권이나 채무증서 발행에 의한 자금 조달은 은행업 정의에서 제외 필요

이처럼 유가증권이나 채무증서를 발행하는 것을 수신 형태의 하나로 규정함으로써 불필요한 법적인 논란이 제기된다는 점에서 정의 조항에서 이를 삭제할 필요가 있다. 특히 사채 발행이 다른 일반 금융기관이나 일반 회사도 자금 조달의 방법으로 이용되고 있어서 은행만이 갖고 있는 특성이라고 보기도 어렵다는 점에서 더욱 그러하다.

일본의 경우에도 은행업의 정의에서 예금이나 정기적금의 수입 업무만을 규정하고 있다는 점,[7] 미국의 경우도 유가증권이나 기타 채무증서의 발행을 은행 업무의 범위에 포함하고 있지 않은 점[8]을 참고할 필요가 있다. 다만 이렇게 할 경우 채무증서나 유가증권에 해당한다고 볼 수 있는 양도성예금증서 발행이 은행의 수신(受信) 업무에 포섭할 수 없다는 문제 제기가 있을 수 있지만, 양도성예금증서 발행이 예금의 한 형태로서 예금과 동일한 기능을 한다는 점에서 예금 업무에 포함한다고 해석할 수 있기 때문에 크게 문제될 여지가 없을 것이다.

---

7) 일본 「銀行法」 제2조 제2항. (定義等) 第二条2 この法律において「銀行業」とは゛次に掲げる行為のいずれかを行う営業をいう゜一 預金又は定期積金の受入れと資金の貸付け又は手形の割引とを併せ行うこと゜二 為替取引を行うこと゜

8) 12 U.S.C. § 24("Seventh. To exercise by its board of directors or duly authorized officers or agents, subject to law, all such incidental powers as shall be necessary to carry on the business of banking; … ; by receiving deposits …").

3. 은행업 정의 관련 법적 쟁점

은행업 정의와 관련해서 은행업에 유사한 금융업을 영위하는 경우나 은행업을 영위한다고 볼 수 있지만 「은행법」 적용을 배제하는 경우가 있는데, 이와 같은 법적 쟁점을 논의한다.

(1) 보험회사도 은행업을 영위하는지

「보험업법」에 따라 보험회사는 보험료를 수입하고 자산 운용 차원에서 대출 등 신용공여를 한다(제105조, 제106조). 보험료 형태로 금전을 수입한다는 점에서 예금과 유사하여 은행업에 해당하는 것이 아닌지 의문이 들 수 있는데, 보험료 납입은 소비임치계약에 해당하는 예금과 법적인 면에서 다르므로 예금으로 보기는 어렵다. 그리고 보험회사도 주식회사 형태이므로 사채를 발행해서 자금을 조달하고 대출 등 신용공여를 하지만 이러한 대출 등 신용공여는 자산 운용 차원에서 하는 것으로 보아야 하므로 은행업에 해당한다고 보기는 어렵다. 그러나 이를 명확히 하기 위하여 「은행법」은 보험회사는 은행으로 보지 않는다는 조항(제6조)을 두고 있다.

(2) 신탁회사도 은행업을 영위하는지

금전 신탁을 영업으로 하는 신탁회사도 은행업을 영위하는 것이 아닌지 의문이 들 수 있다. 자본시장법에 따라 신탁회사는 수탁한 금전을 자산 운용 차원에서 대출로 운용할 수도 있기 때문이다(제105조). 특히 불특정금전신탁의 경우에는 신탁회사가 다수로부터 자금을 신탁받아 합동 운용을 해서 대출을 한다는 점(물론 자본시장법 시행령 제109조 제3항 제5호에 의해서 합동 운용이 금지되어 있지만)에서 더욱 그러하다. 그러나 신탁의 법률관계가 소비임치계약에 해당하는 예금과 다르다는 점에서 신탁을 예금으로 보기는 어렵다. 따라서 신탁회사가 은행업을 영위한다고 보기는 어려운데, 「은행법」은 이를 명확하게 하기 위해서 신탁회사를 은행으로 보지 않는다는 조항을 두고 있다(제6조).

(3) 상호저축은행도 은행업을 영위하는지

「상호저축은행법」에 따라 상호저축은행은 불특정 다수로부터 예금·적금을 받고 대출 업무를 영위하기 때문에(제11조 제1항) 정확하게 은행업의 정의에 해당한다. 그러나 상호저축은행은 업무 범위나 영업 구역이 제한되고, 신용 등급이 낮은 저소득층을 주로 대상으로 하여 영업을 하는 특성을 갖고 있어 은행과 다르다. 그래서 정책적으로 「은행법」은 상호저축은행을 은행으로 보지 않는다는 조항을 두어(제6조) 「은행법」 적용을 배제하고 있다. 그리고 「상호저축은행법」도 상호저축은행에 대해서는 「은행법」이 적용되지 않는다는 조항(제36조 제1항)을 두어 이를 확인하고 있다.

(4) 대부업자도 은행업을 영위하는지

대부업법에 따라 대부업자는 대부업, 즉 대출 업무를 한다(제2조). 그러나 대부업자는 자본금이나 차입금으로 조달한 자금으로 대부업을 영위하기 때문에 은행업에 해당하지는 않는다. 만약 회사 형태인 대부업자가 사채를 발행하여 불특정 다수로부터 자금을 조달한다면 이는 은행업을 영위하는 것이기 때문에 「은행법」 위반이 된다. 만약 사모(私募) 사채 발행을 통하여 자금 조달을 하면 어떻게 되는가? 사모는 49인 이내를 대상으로 하는 사채 발행이므로(자본시장법 제9조 제5항) 불특정 다수를 대상으로 하는 사채 발행으로 보기가 어렵다는 주장이 있을 수 있으나, 그렇게 볼 수 있는지 의문이다. 49인 이하라고 해서 반드시 특정된 다수라고 볼 수는 없기 때문이다. 그러나 공모 사채 발행은 불특정 다수에 해당하므로 금지된다고 보아야 할 것이다.

(5) 상호금융기관도 은행업을 영위하는지

신용협동조합, 지역 농업협동조합, 지구별 수산업협동조합, 지역 산림조합, 새마을금고 등 상호금융기관도 예탁금 및 적금을 수입하고 대출 업무를 하는 점에서 은행업을 영위한다고 볼 수 있다.[9] 그러나 이러한 상호금융기관은 원칙적으로 회원인 조합원만을 대상으로 예금 및 대출 업무를 영위하므로(물론 제한적으로 비조합원을 대상으로 예탁금 수입 및 대출 업무를 영위할 수 있지만[10]) 은행업 정의에 따른 "불특정 다수"의 요건을 충족하지 못하여(즉 조합원이라는 특정이 되어 있어서) 은행업을 영위하는 것으로 볼 수 없다.

4. 유사수신행위규제법과 관계

(1) 서설

앞서 은행업의 정의는 예금 수입과 대출 업무를 동시에 영위해야 해당한다는 것을 알 수 있다. 그렇다면 예금을 수취해서 대출은 하지 않고 그 자금으로 주식 투자 등 자산 운용을 하는 업을 영위하면 어떻게 되는가? 얼핏 은행업에 해당하지 않으므로 가능한 업이라고 볼 수도 있지만, 그렇지 않다. 바로 이를 규제하는 유사수신행위규제법이 있기 때문이다. 유사수신행위규제법 위반이 되어 형사 처벌을 받게 되므로(법 제2조, 제6조 제1항), 예금 업무만 영위할 수는 없다. 유사수신행위규제법은 **금융업 인가·허가를 받지 않거나 등록·신고를 하지 않고 금융기관의 수신**

---

9) 신용협동조합의 경우 「신용협동조합법」 제39조 제1항 제1호, 지역 농업협동조합의 경우 「농업협동조합법」 제57조 제1항 제3호, 지구별 수산업협동조합의 경우 제60조 제1항 제3호, 산림조합의 경우 「산림조합법」 제46조 제1항 제3호, 새마을금고의 경우 「새마을금고법」 제28조 제1항 제1호.

10) 신용협동조합의 경우 「신용협동조합법」 제40조 제1항, 지역 농업협동조합의 경우 「농업협동조합법」 제58조 제1항 본문, 지구별 수산업협동조합의 경우 「수산업협동조합법」 제61조 제1항, 산림조합의 경우 「산림조합법」 제51조 제1항, 새마을금고의 경우 「새마을금고법」 제30조.

(受信) **행위와 유사한 행위를 하는 것을 금지하고 있다.** 즉 금융업자가 아닌 자가 원금을 보장해줄 것을 약정하면서 예금이나 적금 또는 출자금 등의 수신 행위를 하는 것을 규제하기 위한 법이다.[11] 통상 높은 수익을 보장해주겠다고 하면서 자금을 유치하는 영업 행위가 해당된다. 유사수신행위규제법의 주요 내용을 살펴본다.

(2) 유사수신행위의 유형

1) 요건

유사수신행위에 해당하려면 우선 "다른 법령에 따른 인가·허가를 받지 아니하거나 등록·신고 등을 하지 아니한" 행위를 해야 한다(법 제2조 본문). 일반적으로 금융기관은 금융감독당국으로부터 해당 금융업을 영위하기 위해서 인가 또는 허가를 얻거나 등록이나 신고를 해야 하므로 이러한 인가·허가 등을 얻지 않고 하는 행위가 해당한다.

또한 "불특정 다수인으로부터 자금을 조달하는 것을 업(業)으로 하는 행위로서 다음 각 호의 어느 하나에 해당하는 행위"인 4가지 유형의 행위에 해당하여야 한다(제2조 본문). 여기서 "각 호의 행위"인 4가지 유형의 행위를 예시적인 것으로 볼 것이냐, 아니면 한정적인 것으로 볼 것이냐의 해석상 문제가 제기될 수 있다. 즉 하나의 예시로 보아 그 밖의 다른 유형의 행위도 유사수신행위에 해당한다고 볼 것이냐, 아니면 4가지 유형의 행위에 한정한다고 볼 것이냐의 문제이다. 그런데 문구가 " … 로서 … 해당하는 행위"라고 하고 있으므로 한정적인 것으로 보는 것이 타당할 것이다. 따라서 **4가지 유형의 어느 하나에 해당하는 행위만 규제 대상 행위로 보아야 할 것**이다. 그리고 "업(業)으로 하는 행위"라고 하고 있는데 법이 특별히 정의를 하고 있지 않기 때문에 판례가 드는 '영리성, 계속성, 반복성'의 요소[12]를 갖추어야 할 것이다.

2) 유사수신행위

유사수신행위규제법이 규정하는 4가지 유형의 유사수신행위는 다음과 같다(법 제2조 제1호 내지 제4호).

① 장래에 출자금의 전액 또는 이를 초과하는 금액을 지급할 것을 약정하고 출자금을 받는 행위

② 장래에 원금의 전액 또는 이를 초과하는 금액을 지급할 것을 약정하고 예금·적금·부금·예탁금 등의 명목으로 금전을 받는 행위

---

11) 법원은 유사수신행위를 규제하는 입법 취지를 "관계 법령에 의한 허가나 인가를 받지 않고 불특정 다수인으로부터 출자금 등의 명목으로 자금을 조달하는 행위를 규제하여 선량한 거래자를 보호하고 건전한 금융질서를 확립하려는 데에 있다"라고 하고 있다(대법원 2013. 11. 14. 선고 2013도9769 판결).

12) 대법원 2012. 7. 12. 선고 2012도4390 판결; 대법원 2012. 3. 29. 선고 2011도1985 판결; 대법원 2008. 10. 23. 선고 2008도7277 판결.

③ 장래에 발행가액(發行價額) 또는 매출가액 이상으로 재매입(再買入)할 것을 약정하고 사채(社債)를 발행하거나 매출하는 행위
④ 장래의 경제적 손실을 금전이나 유가증권으로 보전(補塡)하여 줄 것을 약정하고 회비 등의 명목으로 금전을 받는 행위

위의 행위에 해당하는지 여부는 형식적으로 판단해야 할 것이다. 예를 들어, 차입 행위를 생각해보면, 차입 행위도 빌린 금액 전액 및 이자를 장래에 지급한다는 점에서 두 번째 유형의 유사수신행위에 해당할 수 있다고 볼 여지가 있지만, 예금이나 적금 등의 명목으로 금전을 받는 행위가 아니고 차입 행위라는 점에서 유사수신행위에 해당한다고 보기는 어려울 것이다.

3) 불특정 다수의 의미

법원은 '**불특정 다수**'의 의미를 다소 넓게 해석하고 있다. 즉 "광고를 통하여 투자자를 모집하는 등 전혀 면식이 없는 사람들로부터 자금을 조달하는 경우는 물론, 평소 알고 지내는 사람에게 직접 투자를 권유하여 자금을 조달하는 경우라도 자금조달행위의 구조나 성격상 어느 누구라도 희망을 하면 투자에 참여할 수 있는 기회가 열려 있다고 한다면 이는 불특정 다수인으로부터 자금을 조달하는 행위로서 유사수신행위에 해당한다."고 하면서,[13] 이 경우 "모집의 대상이 특정 직업군 등으로 어느 정도 제한되어 있다고 하더라도" 불특정 다수에 해당한다고 보고 있다.[14]

(3) 유사수신업의 표시나 광고 금지

유사수신행위를 하기 위하여 불특정 다수인을 대상으로 하여 그 영업에 관한 표시 또는 광고(「표시·광고의 공정화에 관한 법률」에 따른 표시 또는 광고를 말한다)를 하는 행위도 금지된다(법 제4조).

(4) 금융업 유사 상호 사용 금지

유사수신행위를 하기 위하여 그 상호(商號) 중에 '금융업'으로 인식될 수 있는 명칭을 사용하는 것도 금지된다(법 제5조). 그러한 명칭으로는 "금융 또는 파이낸스, 자본 또는 캐피탈, 신용 또는 크레디트, 투자 또는 인베스트먼트, 자산운용 또는 자산관리, 펀드·보증·팩토링 또는 선물," 앞에서 열거한 명칭과 같은 의미를 가지는 외국어 용어(그의 한글표기용어를 포함)가 있다(시행령 제2조).

13) 대법원 2006. 5. 26. 선고 2006도1614 판결; 대법원 2013. 2. 28. 선고 2012도4640 판결.
14) 대법원 2013. 11. 14. 선고 2012도6674 판결; 대법원 2013. 11. 14. 선고 2013도9769 판결.

(5) 벌칙

유사수신행위를 한 자는 5년 이하의 징역 또는 5천만 원 이하의 벌금이 부과된다(법 제6조 제1항). 또한 유사수신업 표시 또는 광고 행위 금지 규정에 위반한 경우에도 2년 이하의 징역 또는 2천만 원 이하의 벌금에 부과된다(법 제6조 제2항).

제3절

은 행

Ⅰ. 은행의 의의

1. 정의

(1) 서설

'은행'이라는 영어 단어인 'bank'는 라틴어인 'banca'에서 유래했는데, 그 의미는 화폐 교환업자가 주화를 진열하기 위해 사용한 나무로 만든 의자(wooden bench)를 뜻한다고 한다.[15)]「은행법」은 **'은행'을 "은행업을 규칙적 · 조직적으로 경영하는 한국은행 외의 모든 법인"**이라고 정의하고 있다(법 제2조 제1항 제2호).

(2) 은행업

'은행업'의 정의는 이미 제2절에서 본 바와 같다.

(3) 규칙적·조직적 영위

앞서 '업'(業)의 의미는 영리 목적을 갖고 "계속적·반복적"으로 영위한다는 것이라고 설명했는데, 여기서 '규칙적'이라는 의미는 바로 "계속적·반복적"이라는 것을 뜻한다고 할 수 있다. 즉 '규칙적 영위'란 "계획성·계속성을 갖고 반복적으로 은행업을 영위하는 것"을 말한다.[16)] 또한 '조직적'이라는 의미도 물적·인적 설비를 갖춘 것을 의미하는 것으로 이해할 수 있는데, '조직적 영위'라는 것은 "경영자 및 종업원 등 인적 설비와 자본금, 영업소, 상업장부 등 물적 설

15) Schooner & Taylor(2010), p. 4("The word *bank* derives from Italian *banca*, the word for the wooden bench money changers used to display their coins").

16) 한국은행 법규실(2012), 68면.

비를 갖추고 은행업을 경영하는 것"을 말한다.[17)]

(4) 한국은행 이외의 법인

은행은 법인이어야 한다는 의미이다. 즉 개인이나 조합, 법인격 없는 단체 등은 은행이 될 수 없다. 한국은행을 은행에서 제외한다고 규정하고 있지만, 한국은행은 중앙은행으로서 발권력을 갖고 있어 불특정 다수인으로부터 자금을 조달할 필요가 없고 개인 등 일반 불특정 다수인을 상대로 하는 예금이나 대출 등의 거래가 금지되어 있어(「한국은행법」 제79조) 은행업을 영위한다고 보기는 어렵다.[18)] 그럼에도 불구하고 한국은행을 은행에서 제외하는 규정을 둔 것은 한국은행이 일반은행이 아니라는 점을 보다 명확히 하기 위한 것이라고 이해할 수 있다.

2. 은행의 종류

(1) 서설

은행은 크게 일반은행과 특수은행으로 나눌 수 있다. **일반은행은 「은행법」에 따라 설립 인가를 받은 은행**을 말하며, **특수은행은 특별법에 의거하여 설립된 은행**을 말한다. 일반은행 중에는 전국을 영업 구역으로 하는 '**전국은행**'[19)]과 전국을 영업 구역으로 하지 않는 '**지방은행**'이 있다. 이외에도 영업점을 설치하지 아니하고 비대면 전자금융거래의 방법으로 은행업을 영위하는 **인터넷전문은행**이 있다.

(2) 전국은행과 지방은행

「은행법」은 지방은행을 "전국을 영업 구역으로 하지 않는 은행"이라고 정의를 하고 있지만(제2조 제1항 제10호 가목), 전국은행에 대한 정의는 하고 있지 않다. 그러나 지방은행의 반대해석상 전국을 영업 구역으로 하는 은행을 전국은행이라고 부를 수 있다. 「은행법」 적용에 있어서 원칙적으로 전국은행과 지방은행은 동일하게 적용되지만, 최저 자본금과 은행 주식 보유 한도에 있어서는 차이가 있다.

(3) 인터넷전문은행

인터넷전문은행은 지점 영업망 없이 비대면으로 전자금융거래의 방법으로 은행업을 영위하는 은행을 말한다. 인터넷전문은행법은 비금융주력자의 인터넷전문은행 주식 보유 한도에 대한 특례 규정과 신용공여 한도 등에 대한 특례 규정을 두고 있는데, 인터넷전문은행도 일반

17) 한국은행 법규실(2012), 68면.
18) 같은 설명은 한국은행 법규실(2012), 69면.
19) 통상 '시중은행'으로 많이 쓰이나 법적 용어는 아니다. 그러나 그 뜻이 명확하지 않으므로 이 책에서는 '전국은행'이라는 용어를 쓴다.

은행이므로 인터넷전문은행법이 규정하지 않는 사항은 「은행법」이 적용된다. 보다 자세한 설명은 제3장 제2절 Ⅳ.에서 하고 있다.

(4) 특수은행

특별법에 따라 설립된 은행을 특수은행으로 분류할 수 있는데, 특별한 목적을 위해 설립된 은행을 말한다.

1) 한국수출입은행

한국수출입은행은 「한국수출입은행법」에 따라 설립된 특수은행으로서 주로 수입과 해외투자 및 해외 자원 개발에 필요한 자금을 공여하는 업무를 수행한다. 한국수출입은행은 별도의 설립 인가 절차 없이 법 자체에 의해서 설립된다는 점에서 **'특수공법인'**(公法人)이라고 할 수 있다(제2조). 한국수출입은행도 '수출입금융채권'을 발행하여(제20조) 조달한 자금으로 대출 업무(제18조 제2항 제1호)를 한다는 점에서 「은행법」에 따른 은행업을 영위하는 것으로 볼 수 있다. 그러나 「한국수출입은행법」은 「은행법」 적용을 배제하는 조항을 두어(제3조 제2항) 이 문제를 해결하고 있다. 한국수출입은행은 자본금이 있는 특수법인이다(제2조 제1항). 출자 기관은 정부, 한국은행, 한국산업은행, 일반은행, 수출업자의 단체, 국제금융기구이다(제3조).

한국수출입은행에 대한 감독기관은 금융위원회가 아닌 기획재정부장관이라는 점(제39조 제1항)이 특이하다. 다만 금융위원회는 한국수출입은행의 경영 건전성 확보를 위한 감독을 수행할 수 있어(제39조 제2항) 제한적인 감독권을 행사하고 있다. 2개 부처 사이에 감독 업무 구분이 명확하지 않을 수 있다는 점에서 감독 업무의 비효율성이 나타날 수 있다. 한국수출입은행 입장에서도 규제의 부담으로 작용할 수 있다. 한국수출입은행의 업무가 수출입 관련 금융 등 대외 경제 분야와 관련되어 있어 국제금융정책 권한을 갖고 있는 기획재정부장관이 감독권을 갖고 있는 것으로 이해되는데, 한국수출입은행도 금융기관이라는 점에서 금융기관에 대한 전반적인 감독권을 갖고 있는 금융감독기관으로 감독권을 일원화하는 것이 바람직하다. 이러한 문제는 근본적으로 국내금융정책 권한은 금융위원회, 국제금융정책 권한은 기획재정부로 나누어져 있는 비합리적인 체제 때문에 발생하는 것이어서 금융감독기구 체계 개편이 이루어지면 자연스럽게 해결할 수 있을 것이다.

한편 한국수출입은행은 다른 특수은행과 달리 일반 공중(公衆)으로부터 예금을 수취하는 업무를 취급하지 않아 '은행'이라는 명칭이 적합한지도 의문이다. 물론 「은행법」에 따르면 유가증권 발행에 의한 자금 조달 업무도 은행업의 한 유형이어서 문제가 없다고 볼 여지도 있지만, 일반적으로 '은행'은 예금 업무를 전형적인 은행 업무의 하나로 보기 때문에 한국수출입은행의 경우 '은행'이라는 명칭이 적절하지 않을 수 있다. '한국수출입금융공사'라는 명칭을 고려해볼 수 있다.

2) 한국산업은행

한국산업은행은 「한국산업은행법」에 따라 설립된 특수은행으로서 주로 산업의 개발·육성, 사회기반시설의 확충, 지역 개발 등 '**정책자금**'(policy loans) 공여 업무를 취급한다. 별도의 설립 인가나 허가 절차 없이 법 자체에 의해 설립된다는 점에서 특수공법인의 성격을 갖고 있다(제2조). 한국산업은행의 설립 목적은 "산업의 개발·육성, 사회기반시설의 확충, 지역 개발, 금융시장 안정 및 그 밖에 지속가능한 성장 촉진 등에 필요한 자금을 공급·관리"하는 것이다(제1조). 이러한 설립 목적으로부터 한국산업은행은 '정책금융'(즉 정책적으로 필요한 자금 공여) 기관의 성격을 갖고 있음을 알 수 있다. 한국산업은행은 자본금이 있는 법인 형태이다(제2조). 자본금은 정부가 51% 이상을 출자하도록 하고 있으며(제5조 제1항), 자본금은 주식으로 분할하도록 되어 있어(제5조 제2항) 주식을 발행할 수 있다.

한편 한국산업은행은 민영화 정책에 따라 2009년 6월 1일 「한국산업은행법」 개정에 의하여 정책금융 업무를 한국정책금융공사에 이관하였다가, 다시 통합 정책에 따라 2014년 5월 21일 법 개정에 의해 한국정책금융공사를 흡수 합병하여 정책금융 업무를 수행하고 있다.

한국산업은행은 예금 업무와 대출 업무를 취급할 수 있어(제18조 제2항) 전형적인 은행업을 영위한다. 그래서 **특별한 규정이 없으면 「은행법」이 한국산업은행에 적용**된다(제3조 제1항). 한국산업은행은 설립 목적을 달성하기 위해 필요한 분야(산업의 개발·육성, 중소기업의 육성, 사회기반시설의 확충 및 지역 개발 등)에 자금을 공급하기 위하여(제18조 제1항) "대출 또는 어음 할인 업무, 증권의 응모·인수 및 투자 업무, 채무의 보증 또는 인수 업무, 예금·적금의 수입 업무, 내국환·외국환 업무, 금융안정기금의 관리·운용 및 자금지원 업무" 등을 수행한다(제18조 제2항). 「은행법」에 따른 은행 업무의 범위에 관한 조항인 「은행법」 제27조('은행 업무'인 고유 업무), 제27조의2(부수 업무), 제28조(겸영 업무)가 한국산업은행에는 적용되지 않으므로(제3조 제1항 단서), 한국산업은행의 업무 범위에 대해서는 「한국산업은행법」만이 적용된다. 또한 대출 대상자의 제한이 없으므로 대기업, 중소기업, 개인에게도 대출 업무가 가능할 것이나, 다만 설립 목적에 따른 자금 공급 분야의 제한(제18조 제1항)은 받게 될 것이다.

한국산업은행에 대한 감독기관은 금융위원회이다(제34조). 금융위원회는 감독을 위하여 "필요한 경우"에는 금융감독원에 검사를 위탁할 수 있는데(제36조), 위탁할 때 "수행할 검사의 구체적인 목적과 범위 등을 미리 [금융위원회]에 보고"하도록 함으로써(시행령 제41조), 금융감독원의 검사 업무 재량권을 상당히 제약하고 있다. 효율적인 검사 업무를 위해서는 금융감독원이 검사 업무에 있어서 재량권을 갖고 검사할 수 있도록 해야 한다. 또한 금융감독원이 자체적으로 판단하여 검사의 필요성이 있을 때 검사할 수 있도록 해야 한다. 그래야 검사의 효율성을 도모하고 한국산업은행의 경영 건전성을 확보하여 부실화를 미연에 방지할 수 있을 것이다.

3) 중소기업은행

중소기업은행은 「중소기업은행법」에 따라 설립된 특수은행으로서 주로 중소기업에 대한 자금 공여를 목적으로 한다. 별도의 설립 인가나 허가 없이 법 자체에 의해 설립된 **특수공법인**이다(제3조 제1항). 자본금이 있는 법인으로서 자본금은 주식으로 분할되므로(제4조), 주식을 발행할 수 있다.

중소기업은행은 예금 업무와 대출 업무를 영위하므로(제33조) 「은행법」에 따른 은행업을 영위한다. 그래서 「중소기업은행법」은 특별한 규정이 없으면 「은행법」을 적용한다고 하고 있다(제3조 제3항). 구체적인 업무를 보면, "예금·적금의 수입 및 유가증권이나 그 밖의 채무증서의 발행, 중소기업자[20]에 대한 자금의 대출과 어음의 할인, 중소기업자의 주식의 응모·인수 및 사채의 응모·인수·보증, 내·외국환과 보호예수, 국고대리점" 업무 등이다(제33조).

중소기업은행에 대한 감독기관은 금융위원회이며(제46조), 금융위원회는 "필요하다고 인정"하는 경우에 검사를 금융감독원에 위탁할 수 있다(제48조). 검사가 금융기관 감독의 주요한 수단이라는 점을 고려할 때 금융감독원이 필요하다고 판단하는 경우에 검사할 수 있도록 검사 위탁 제한 규정을 삭제하는 것이 필요하다.

4) 농협은행

농협은행은 「농업협동조합법」에 따라 설립된 은행으로서 농업인에 대한 자금 지원을 목적으로 하여 설립된 특수은행이지만 일반은행과 동일한 은행 업무를 영위할 수 있다. 특별한 설립 인가나 허가 없이 법 자체에 의해 설립된 특수은행이다(제161조의11 제1항).

농협은행은 2011년 3월 「농업협동조합법」 개정(2012년 3월 시행)으로 농업협동조합중앙회의 신용사업 부문이 분리되어 설립되었다(제161조의11). 농협은행은 농업협동조합중앙회가 출자하여 설립한 농협금융지주회사의 자회사이다. 농업협동조합중앙회는 지역조합(지역 농업협동조합과 지역 축산업협동조합)과 품목조합(품목별 업종별 협동조합)을 회원으로 하여 설립된 조직이다(제2조). 농협은행도 예금 수입 업무와 대출 업무를 영위하므로(제161조의11 제2항), 「은행법」에 따른 은행에 해당한다. 그래서 「농업협동조합법」은 특별한 규정이 없으면 「은행법」이 적용된다고 하고 있다(제161조의11 제8항).

농협은행에 대한 감독기관은 농림축산식품부이다(제161조의11 제7항). 다만 농협은행의 경영 건전성 확보를 위한 범위 내에서는 금융위원회가 감독권을 갖고 있다(제162조 제4항). 금융에 관한 전문성이 없는 농림축산식품부가 감독 권한을 효율적으로 행사할 수 있을지 의문이 든다. 농협은행의 주요 업무가 은행 업무인 점, 특히 일반은행과 같은 업무를 영위한다는 점에서 일반은행과 동일하게 전문성을 갖춘 금융위원회가 감독기관이 되는 것이 타당하고 또한 효

20) 중소기업자는 「중소기업기본법」 제2조에 따른 중소기업자(중소기업자로 보는 경우를 포함한다)를 말한다(「중소기업은행법」 제2조 제1항).

율적일 것이다. 특히 농협은행이 특수은행이라는 성격이 약해지고 있다는 점을 고려할 때 농협은행에 대한 감독 권한을 금융위원회로 일원화할 필요성은 더욱 크다.

5) 수협은행

수협은행은 「수산업협동조합법」에 따라 설립된 특수은행으로서 어업인에 대한 자금 지원을 목적으로 하지만 일반은행과 동일한 은행 업무를 영위할 수 있다. 수협은행은 특별한 인가나 허가 없이 법 자체에 의해 설립된 특수법인으로서 2016년 5월 29일 「수산업협동조합법」 개정에 의하여 수산업협동조합중앙회의 신용사업 부문이 분리되어 설립되었다(제141조의4 제1항). 수협은행은 "어업인과 조합에 필요한 금융을 제공"할 목적으로 설립되었기 때문에 특수은행으로 분류할 수 있다(제141조의4 제1항). 「수산업협동조합법」은 수협은행을 "「은행법」에 따른 은행으로 본다"는 간주 규정을 두어(제141조의4 제2항) 기본적으로 「은행법」에 의거하여 인가를 받은 일반은행과 동일한 규제를 하겠다는 취지를 밝히고 있다.

수협은행에 대한 감독기관은 해양수산부이다(제169조 제1항). 다만 해양수산부가 감독상 필요한 명령과 조치를 할 경우에는 금융위원회와 협의하여야 한다(제169조 제1항 단서). 금융위원회는 수협은행의 경영 건전성 확보를 위한 목적으로 감독 권한을 행사할 수 있다(제169조 제5항). 이렇게 감독 권한이 이분화된 것은 문제가 있다. 수협은행의 업무가 은행 업무와 같다는 점에서 전문성을 갖고 있는 금융위원회가 감독 권한을 갖는 것이 타당하다. 금융에 전문성이 없는 해양수산부가 감독 권한을 갖는 것은 비효율적이며 타당하지도 않다.

3. 은행으로 간주되는 경우와 간주되지 않은 경우

(1) 서설

일반은행이 아니지만 은행으로 간주해서 「은행법」이나 「한국은행법」의 적용을 받도록 할 필요가 있는 경우에 개별 법률에서 은행으로 간주하는 규정을 두고 있다. 반면에 은행이 아니지만 은행으로 볼 가능성이 있어 그러한 경우 오히려 문제가 발생할 수 있는 경우에는 은행으로 간주하지 않는 명시적인 조항을 「은행법」에 두고 있다.

(2) 특별법에 의해 은행으로 간주되는 경우

1) 수협은행 및 농협은행

수협은행은 「은행법」에 따른 은행으로 간주되며(「수산업협동조합법」 제141조의4 제2항), 수협은행에 대해서는 은행업 인가 조항 등 몇 개 조항을 제외하고는 원칙적으로 「은행법」이 적용된다(「수산업협동조합법」 제141조의2 제3항). 이는 수협은행이 특수은행이지만 업무 범위 등에서 일반은행과 동일하게 취급하기 위한 조항이라고 할 수 있다.

농협은행의 경우에도 비록 은행으로 간주한다는 조항은 없지만, 농협은행에 대해서는 은행업 인가 조항 등 몇 개의 조항을 제외하고는 원칙적으로 「은행법」이 적용된다는 조항을 둠으로써(「농업협동조합법」 제161조의11 제8항 본문) 일반은행과 동일하게 은행 업무를 영위할 수 있도록 하고 있다

2) 상호저축은행중앙회, 신용협동조합중앙회, 새마을금고중앙회의 경우

상호저축은행중앙회, 신용협동조합중앙회, 새마을금고중앙회도 내국환업무 및 국가·공공단체 또는 금융기관의 대리 업무를 영위하는 범위 내에서는 「은행법」에 따른 은행으로 간주된다. 즉 상호저축은행의 경우 내국환업무 및 국가·공공단체 또는 금융기관의 대리 업무 등을 영위할 때는 「은행법」에 따른 은행으로 간주된다(「상호저축은행법」 제36조의4 제4항). 신용협동조합중앙회의 경우도 조합 및 조합원을 위한 내국환 업무 및 국가·공공단체 또는 금융기관의 업무 대리의 신용사업을 영위할 때는 「은행법」에 따른 은행으로 간주된다(「신용협동조합법」 제6조 제3항). 새마을금고중앙회의 경우도 금고나 금고의 회원을 위한 내국환 업무 및 국가·공공단체 또는 금융기관의 업무 대리의 신용사업을 영위할 때는 「은행법」에 따른 은행으로 간주된다(「새마을금고법」 제6조 제1항).

이렇게 상호저축은행중앙회, 신용협동조합중앙회, 새마을금고중앙회의 내국환 업무 등과 관련해서 은행으로 간주한다는 조항을 둔 것은 각 조합이나 상호저축은행이 독자적으로 취급하기 어려운 지급결제 기능을 그 중앙 조직인 각 중앙회를 통해 수행할 수 있도록 하기 위한 것이다.[21] 즉 각 중앙회가 다른 은행과 직접 지급결제 업무를 수행하고, 개별 조합이나 상호저축은행은 그 중앙회와 연계하여 간접적으로 은행과 지급결제 업무를 수행할 수 있도록 한 것이다.[22] 따라서 각 중앙회는 한국은행에 당좌예금 계정을 개설할 수 있고, 은행 지급결제체계에도 참가할 수 있다.[23]

(3) 외국은행 국내지점 또는 대리점의 경우 은행으로 간주

「은행법」은 인가를 받은 외국은행 국내지점이나 대리점은 "「은행법」에 따른 은행으로 본다"는 규정(법 제59조 제1항)을 두고 있다. 이는 외국은행 국내지점이나 대리점이 국내 영업소이기는 하지만, 규제 목적상 법인 형태의 은행으로 간주하여 국내 은행과 동일하게 규제를 하겠다는 취지이다. 자세한 논의는 제10장에서 한다.

---

21) 한국은행 법규실(1999), 75면.
22) 한국은행 법규실(1999), 75면.
23) 한국은행 법규실(1999), 75면.

(4) 은행으로 간주되지 않는 경우

1) 서설

「은행법」은 보험회사, 상호저축은행, 신탁회사는 은행으로 보지 않는다는 규정(법 제6조)을 두고 있다. 이들 금융기관이 은행과 비슷한 업무를 취급하고 있어 은행에 해당하는지에 대한 논란이 제기될 수 있기 때문에 이를 명확히 하기 위해서 둔 규정이다.

2) 보험회사의 경우

보험회사의 경우 보험료 형태로 금전을 수입한다는 점에서 예금과 유사하다고 볼 수 있지만 보험료 납입은 소비임치계약에 해당하는 예금과 법적인 면에서 다르므로 은행과 구별할 필요가 있다.

3) 상호저축은행의 경우

상호저축은행도 불특정 다수로부터 예금·적금을 받고 대출 업무를 영위한다는 점에서 은행업을 영위한다고 볼 수 있지만 업무 범위나 영업 구역이 제한되고 신용 등급이 낮은 저소득층을 주로 대상으로 하여 영업을 하는 특성을 갖고 있어 일반은행과 구별하기 위해서 정책적으로 「은행법」은 은행으로 보지 않는다는 조항(제6조)을 두고 있다.[24)]

4) 신탁회사의 경우

금전 신탁을 영업으로 하는 신탁회사도 수탁한 금전을 자산 운용 차원에서 대출로 운용하므로 은행업과 유사하지만 신탁의 법률관계가 소비임치계약에 해당하는 예금과 다르다는 점에서 은행과 구별할 필요가 있기 때문에 「은행법」은 은행으로 보지 않는다는 조항(제6조)을 두고 있다.

4. '은행' 상호 사용 금지

(1) 의의

「은행법」은 은행 및 그 유사 상호의 사용을 금지하는 조항을 두고 있다. 즉 한국은행과 은행이 아닌 자는 ① 상호 중에 은행이라는 문자를 사용할 수 없으며, ② 업무를 표시할 때 은행업 또는 은행업무라는 문자를 사용할 수 없으며, ③ 은행·은행업 또는 은행업무와 같은 의미를 가지는 외국어 문자로서 bank 또는 banking(그 한글 표기 문자를 포함한다)이나 그와 같은 의미를 가지는 다른 외국어 문자(그 한글 표기 문자를 포함한다)를 사용할 수 없다(법 제14조, 시행령 제3조의4). 즉 '은행'이라는 문자 이외에도 은행업, bank, banking, 뱅크, 뱅킹 등의 문자를 사용할 수 없도록 하고 있다. 은행은 공신력이 있는 기관으로 인정이 되는데, 그렇지 않은 자가 은행 등의 상호를 사용함으로써 마치 은행이라는 것을 나타냄으로써 금융소비자에게 혼란을 주는 것을 막기 위한 취지이다.[25)] 이를 위반하여 은행 등 유사 상호를 사용한 자는 1억 원

---

24) 같은 설명은 한국은행 법규실(2012), 82면.

이하의 과태료가 부과된다(법 제69조 제1항 제1호).

(2) 적용 범위

은행업과 관련이 없는 분야에서 '은행'이나 그 유사한 문자를 사용하는 경우에도 규제 대상인가? 예를 들어, '사회연대은행,' '혈액은행,' '안구은행,' '부동산은행' 등의 경우가 해당된다. 이에 대해서는 "입법 취지에 비추어 명백히 구별되어 은행이용자의 혼동을 초래할 가능성이 없는 경우에는 적용되지 않는다"고 보는 견해[26] 내지 "금융업과 명백히 구별되고 금융업과 별개의 개념이라는 사회적 인식이 이미 확립되어 있어 일반 국민이 은행으로 오인할 우려가 없는 경우까지 금지할 필요는 없다"고 보는 견해가 있다.[27] 그러나 법문이 "한국은행과 은행이 아닌 자는 그 상호 중에 은행이라는 문자를 사용할 수 없[다]"고 하고 있어 은행업과 관련 없는 분야에 한정하지 않고 있다는 점, 은행업과 관련성 구분의 판단 기준이 모호할 수 있다는 점, '은행'이라는 상호를 사용함으로써 마치 은행업을 같이 영위하는 것으로 오인 내지 혼동을 줄 수도 있다는 점, '은행'이라는 상호가 남용될 가능성이 있다는 점 등을 고려할 때 은행업과 관련 없는 분야에서 '은행'이라는 상호를 사용하는 것도 금지된다고 보아야 할 것이다.[28]

Ⅱ. 은행의 법인성

1. '법인'의 범위

(1) 쟁점

「은행법」 제4조는 "**법인이 아니면 은행업을 경영할 수 없다**"라고 하고 있다. 즉 법인 형태이어야 하고 「민법」상의 조합(제703조 내지 제724조) 등 법인이 아닌 다른 형태가 되어서는 안 된다는 의미이다. 여기서 '법인'이라고 하고 있기 때문에 영리법인 중 반드시 주식회사 형태이어야 하는가의 문제와 비영리법인도 해당되는가의 해석 문제가 제기된다.

(2) 주식회사만 가능한지 여부

'법인'의 범위에 대해서 다수의 견해는 영리법인, 그 중에서도 주식회사에 한정된다고 보

25) 비슷하게 "은행이 아닌 자가 일반국민으로 하여금 은행으로 오인하게 할 수 있는 명칭을 사용하는 것을 금지함으로써 은행의 공신력 및 금융이용자 보호에 목적이 있다."라는 설명은 정찬형(집필 대표)(2007)(진홍수 집필 부분), 166면.

26) 정순섭(2024), 55~56면.

27) 정찬형(집필 대표)(2007)(진홍수 집필 부분), 166면; 은행감독원(1993), 57면.

28) 이와 유사하게 한국은행 은행감독원 질의 회신에 대한 법무부장관의 답변(법무 제1054호, 1955. 7.)에서는 "인혈채취기관(人血採取機關)은 그 상호 중에 은행이라는 문자를 사용할 수 없다"라고 한 바 있다(한국은행 은행감독원(1993), 58면).

고 있다.[29] 근거는 「은행법」이 주식회사를 전제로 하는 조항들(예를 들어, 제8조의 은행업 인가 요건 중 "주주구성계획"과 "대주주 요건," 제15조 내지 제16조의4에 규정된 "동일인 주식 보유 한도 제한" 등)이 있기 때문에 비록 문언이 '법인'으로 되어 있지만 「은행법」은 영리법인인 주식회사일 것을 전제로 하고 있다고 한다. 따라서 영리법인이지만 「상법」이 허용하고 있는 다른 회사 형태인 합명회사, 합자회사, 유한회사, 유한책임회사의 형태도 취할 수 없다고 한다.

그런데 주식회사이어야 한다는 명시적인 문구가 없는 상태에서 그렇게 해석할 필요가 있는지 의문이다. 주식회사로 한정하려면 자본시장법(제12조 제2항 제1호 가목)이나 「여신전문금융업법」(제5조 제1항 본문)처럼 금융투자회사나 여신전문금융회사의 인가 요건 중의 하나로서 주식회사이어야 한다고 명시적으로 규정해야 하지, 그렇지 않고 「은행법」처럼 '법인'이라고 규정하고 있는 상태에서 반드시 주식회사로 한정한다고 해석할 필요는 없다고 본다. 따라서 문언해석상 **주식회사 이외의 법인 형태인 「상법」에 따른 합명회사, 합자회사, 유한회사, 유한책임회사 형태도 가능하다고 보아야 할 것이다.** 이러한 회사의 경우에는 주식회사에 관한 규정을 유추 적용하면 될 것이고, 필요하면 이러한 회사에 적용되는 별도의 규정을 두어서 해결하면 될 것이다. 만약 주식회사에만 한정하려고 한다면 「은행법」 제4조를 개정해서 주식회사 형태만 가능하다고 명시적으로 규정해야 할 것이다.[30]

(3) 비영리법인도 가능 여부

또한 반드시 영리법인에 한정할 것도 아니다. 우선 '법인'이라고 하고 있기 때문에 문언해석상 **영리법인뿐만 아니라 비영리법인도 포함한다**고 보는 것이 맞을 것이다. 또한 영리법인과 비영리법인의 구별 기준은 구성원에게 수익을 분배하는지 여부에 따른 것이지[31] 영업 행위 자체를 하지 못하는 것은 아니므로 비영리법인이라도 은행업을 영위할 수 있을 것이다. 실제로 비영리법인인 신용협동조합[32]이나 새마을금고[33]도 은행업과 유사한 예탁금의 수입 및 대출 업무 등 영업 행위를 하고 있다는 점에 비추어볼 때 비영리법인이라고 해서 은행업을 영위하지 못

---

29) 한국은행 은행감독원(1993), 32면; 정순섭(2024), 57면; 이병화(2008), 53면; 정찬형(편집대표)(2007)(진홍수 집필 부분), 110면.

30) 일본 「은행법」도 주식회사 형태만 인정하고 있다(법 제4조의2).

31) 우리나라의 통설의 입장이다(김정연(2019), 42면). 즉 공공적 목적을 가진 비영리법인은 구성원에게 수익을 배분하는 것이 제약되어 있다는 특징이 있다. 다만 새마을금고의 경우 회원에게 잉여금을 배당할 수 있어서(「새마을금고법」 제35조 제10항) 전형적인 비영리법인이라고 볼 수 없고, 오히려 협동조합형 금융기관이라는 범주로 분류하다는 것이 타당하다는 견해도 있다(김정연(2019), 44, 47면). 이러한 주장은 같은 상호금융기관인 신용협동조합과 비영리법인인 신용협동조합중앙회(「신용협동조합법」 제2조 제2호)에도 적용할 수 있다.

32) 「신용협동조합법」 제2조 제1호("신용협동조합"(이하 "조합"이라 한다)이란 제1조의 목적을 달성하기 위하여 이 법에 따라 설립된 비영리법인을 말한다).

33) 「새마을금고법」 제2조 제1항(이 법에서 "금고"란 제1조의 목적을 달성하기 위하여 이 법에 따라 설립된 비영리법인인 새마을금고를 말한다).

할 이유가 없다.

특히 독일이나 캐나다의 경우 신용협동조합이 은행업을 영위한다는 점에서 볼 때 정책적으로도 비영리법인에게 은행업을 영위하지 못하도록 할 이유는 없다. 다만 입법적으로는 비영리법인의 은행업 영위에 관한 조문을 별도로 둘 필요는 있다. 독일의 경우 신용협동조합은 1867년 독일 「협동조합법」이 제정되면서 설립 근거에 관한 법적 기반을 갖추게 되었고, 이후 「1934년 은행법」(Gesetz über das Kreditwesen; German Banking Act) 제정에 의해서 은행업 인가를 요구하게 되면서 일반은행과 동일하게 「은행법」의 적용을 받아 신용협동조합으로서 은행업을 영위하고 있다.[34] 캐나다의 경우도 일반은행과 동일하게 신용협동조합도 2010년 제정되고 2012년 시행된 「연방은행법」(Bank Act)의 적용을 받는데, 「연방은행법」은 연방신용협동조합의 설립 근거 조항을 두고 연방신용협동조합이 아닌 일반은행에 대해서만 적용되는 특별 조항을 제외하고는 「연방은행법」의 조항이 연방신용협동조합에게 일반적으로 적용되도록 하면서 연방신용협동조합의 특수성을 고려한 조항도 별도로 규정하고 있다.[35]

2. 은행 해당 여부의 결정

「은행법」은 "법인이 은행에 해당하는지 여부는 금융위원회가 결정한다"라고 하고 있어서(법 제7조 제1항) 결국 은행에 해당하는지 여부를 금융감독당국의 판단에 맡기고 있다. 금융위원회는 은행 해당 여부 결정을 위하여 필요하면 해당 법인에 장부와 그 밖의 서류를 제출하도록 요구할 수 있다(법 제7조 제2항).

34) 구정옥(2020), 102면; 이태영(2021), 67면.

35) 캐나다 「연방은행법」은 신용협동조합을 "상호부조에 기반하여(on a cooperative basis) 영업을 하는 '은행(bank)'"이라고 정의하고 있는데(Bank Act, sec. 2), 상호도 '은행'을 사용할 수 있도록 함으로써 기본적으로 신용협동조합은 은행과 같은 기능을 하고 있다고 보는 입장에서 일반 상업은행과 같은 규제 체계 내에 규제를 하려고 하는 것으로 이해할 수 있다(고동원(2021), 27~28면).

제4절

은행에 적용되는 관련 법률

Ⅰ. 서설

은행에 대해서 기본적으로 적용되는 법률은 「은행법」이다. 은행은 「은행법」에 따라 인가를 받아 설립되고 「은행법」에 따라 영업 행위를 하게 된다. 그러나 은행에 대해서는 「은행법」만 적용되는 것은 아니다. 은행의 지배구조에 대해서는 별도의 법률인 지배구조법이 적용되고, 은행이 금융상품을 판매하는 경우에는 금융소비자법이 적용된다. 또한 은행은 겸영 업무로서 신탁업이나 국채·공공채(公共債)·사채(社債)의 매매 업무 등을 영위할 수 있으므로 그러한 업무를 규정하고 있는 자본시장법이 적용된다. 이외에도 은행은 신용카드업도 겸영 업무로 영위할 수 있으므로 이 경우에는 「여신전문금융업법」이 적용된다. 은행이 보험상품 판매대리업을 영위하는 경우에는 「보험업법」이 적용된다. 이처럼 은행에게 적용되는 법률은 「은행법」 이외에도 여러 법률이 있으므로 이러한 법률들의 내용을 숙지할 필요가 있다. 여기서는 이러한 법률들의 내용에 대해서 간단히 살펴본다.

Ⅱ. 주요 적용 법률

은행에 적용되는 법률은 크게 금융업에 관련되는 금융업법과 금융업을 영위하는데 기반이 되는 금융기반법의 영역이 있으므로 여기서는 **금융업법**과 **금융기반법**으로 나누어 살펴본다.

1. 금융업법

(1) 지배구조법

은행의 지배구조에 대해서는 「은행법」이 아닌 지배구조법이 적용된다. 「은행법」도 "대한

민국에 있는 모든 은행은 … 지배구조법 … 및 이에 따른 규정 및 명령에 따라 운영되어야 한다."라고 하여(법 제3조 제1항), 지배구조법이 적용됨을 명확히 밝히고 있다. 이 법률은 은행 이외에도 금융투자회사, 보험회사, 여신전문금융회사, 상호저축은행 등 금융기관의 지배구조에 적용되는 법률인데, 종전의 각 금융기관 설립 근거 법률에 규정되어 있던 지배구조에 관한 내용을 통합하여 규정하였다.

지배구조법의 주요 내용은 ① 금융기관의 이사, 감사, 집행임원(「상법」에 따른 집행임원을 말한다), 업무집행책임자(등기 이사가 아니면서 사장, 부사장, 부행장, 전무, 상무이사 등의 명칭을 사용하면서 업무를 집행하는 자를 말한다) 등 임원의 자격 요건 및 겸직 제한 등에 관한 사항, ② 사외이사(社外理事, outside director)의 자격 요건 및 선임에 관한 사항, ③ 이사회의 구성 및 운영에 관한 사항, ④ 이사회 내 위원회(임원후보추천위원회, 감사위원회, 위험관리위원회, 보수위원회, 내부통제위원회)의 구성 및 운영에 관한 사항, ⑤ 내부통제(internal control) 및 위험관리(risk management)에 관한 사항, ⑥ 대주주의 건전성 유지에 관한 사항(대주주 변경 승인 및 최대주주 자격 심사 등) 등을 규정하고 있다. 이에 관한 사항은 제7장에서 자세히 살펴본다.

(2) 금융소비자법

은행이 예금 및 대출 상품 등을 제조·판매하는 경우나 보험상품 및 투자성상품 등 다른 금융상품을 판매하는 경우에는 **영업행위 규칙** 등을 규정하고 있는 금융소비자법이 적용된다. 이 법률은 은행 등 금융상품판매업자의 금융상품 판매 영업 행위나 금융상품자문업자의 금융상품 자문 영업 행위와 관련해서 금융소비자를 보호하기 위한 목적으로 2020년 3월 24일 제정(2021년 3월 25일 시행)된 법률이다. 이 법률은 종전 「은행법」, 자본시장법 및 「보험업법」 등 개별 법률에 규정하고 있었던 금융상품 판매 행위 규제에 관련된 조항들을 통합하여 규정하였다. 이에 관한 자세한 내용은 제9장에서 살펴본다.

(3) 자본시장법

은행이 신탁업이나 파생상품의 매매·중개 업무 또는 국채·공공채·사채의 매매 업무 등을 겸영 업무로 영위하는 경우에는 자본시장법이 적용된다. 2007년 8월 3일 제정되고 2009년 2월 4일 시행된 자본시장법은 종전의 6개 자본시장 관련 법률(「증권거래법」, 「간접투자자산운용업법」, 「선물거래법」, 「신탁업법」, 「종합금융회사에 관한 법률」, 「한국증권선물거래소법」)을 통합하여 제정된 법률이다.

자본시장법은 '금융투자업'에 관한 내용뿐만 아니라 증권 발행이나 증권 불공정거래 규제, 상장회사 규제 등 증권시장 규제에 관련된 내용도 들어 있다. 자본시장법은 **6개의 금융투자업을 규정**하고 있는데, **투자매매업**, **투자중개업**, **집합투자업**, **투자자문업**, **투자일임업**, **신탁업**이다(제6조 제1

항). 이 중 투자자문업과 투자일임업은 등록을 하면 되고(제18조 제1항), 나머지는 인가를 받아야 한다(제12조 제1항). 금융투자업은 '금융투자상품'을 대상으로 하는 금융업이므로 금융투자상품에 해당하는지가 상당히 중요하다. 또한 금융투자업 인가나 등록을 할 때 투자자 대상별로 인가나 등록 단위가 나누어지므로 투자자의 범위(전문투자자인지 일반투자자인지)도 중요하다.

자본시장법은 어음의 발행·매매·중개·인수 등의 금융업을 영위할 수 있는 종합금융업자, 금융기관 사이의 단기 자금 거래를 중개하는 자금중개업자, 투자매매업자 또는 투자중개업자에 대해서 필요한 자금의 대여나 증권의 대여 업무 등을 주요 업무로 하는 증권금융업자, 기업이 발행하는 증권의 신용 등급을 평가하는 신용평가업자, 증권의 명의개서대행업자에 대한 내용도 포함하고 있다. 이외에도 자본시장법은 자본시장의 기반에 관련된 증권 및 장내파생상품 거래소, 예탁결제기관, 금융투자상품거래청산업자에 관한 사항도 규정하고 있다.

(4) 「여신전문금융업법」

은행이 겸영 업무로서 **신용카드업**을 영위하는 경우에는 「여신전문금융업법」이 적용된다. 이 법률은 여신전문금융업을 영위하는 신용카드회사, 시설대여회사, 할부금융회사, 신기술사업금융회사의 영업 행위에 대해 적용된다. 물론 하나의 여신전문금융회사가 신용카드업, 시설대여업(financing lease), 할부금융업(installment financing), 신기술사업금융업 등 여러 여신전문금융업을 영위하는 것도 가능하다. 신용카드업을 영위하려면 허가를 받거나 등록을 하여야 하고(법 제3조 제1항), 나머지 여신전문금융업을 영위하려면 등록하면 된다(법 제3조 제2항).

(5) 「보험업법」

은행이 겸영 업무로서 **보험상품 판매 대리업**을 영위하는 경우에는 보험상품 판매 종목의 제한이나 판매 비중의 제한 등에 관하여 규정하고 있는 「보험업법」이 적용된다. 자세한 논의는 제4장 제5절에서 하고 있다. 「보험업법」은 보험업을 영위하는 손해보험회사와 생명보험회사 등 보험회사의 영업 규제 및 보험상품 판매망 등에 대해 규정하고 있는 법률이다.

(6) 「전자금융거래법」

은행은 은행이용자와 **전자금융거래**를 하는데, 이 경우에는 「전자금융거래법」이 적용된다. 이 법률은 전자지급거래 계약의 효력이나 지급의 효력 발생 시기 등 전자금융거래에 따른 법률관계를 규정하고 있으며(제12조 내지 제20조), 특히 은행 등 금융기관과 금융이용자 사이에 전자금융거래 관련 접근 매체의 위조나 변조 등으로 발생한 금융 사고에 대하여 금융기관이 책임을 져야 하는지 아니면 금융이용자가 책임을 져야 하는지에 관한 규정(제9조)도 두어 책임

관계를 정하고 있다. 이외에도 이 법률은 선불전자지급수단 발행·관리업자와 직불전자지급수단 발행·관리업자 등 **전자금융업자**에 대한 규제와 금융기관 및 전자금융업자의 **전산망 보안**(cyber security) 등에 관한 내용도 규정하고 있다.

(7) 「금융지주회사법」

은행이 은행지주회사의 자회사가 되는 경우에는 은행지주회사와 그 자회사에 대한 규제 내용을 담고 있는 「금융지주회사법」이 적용된다. 이 법률은 **은행지주회사와 비은행지주회사**, 자회사의 범위 등에 대해서 규정하고 있다. 금융지주회사는 주식이나 지분의 소유를 통하여 금융업을 영위하는 회사, 즉 자회사를 지배하여 경영 관리하는 것을 주된 사업으로 하는 회사를 말한다(금융지주회사법 제2조 제1항 제1호). 금융지주회사 산하에 자회사가 있게 되고, 또 자회사 산하에 손자회사(孫子會社), 그리고 증손회사(曾孫會社)가 있는 구조가 된다. 금융지주회사 체제를 통하여 대형화와 겸업화를 추구할 수 있기 때문에 2000년 10월 「금융지주회사법」을 제정하여 금융지주회사 제도를 도입하였다. 그래서 대부분의 주요 은행은 금융지주회사 체제를 유지하고 있다.

(8) 「개인금융채권의 관리 및 개인금융채무자의 보호에 관한 법률」

2024년 1월 16일 제정(2024년 10월 17일 시행)된 이 법률은 은행 등 채권금융기관이 개인금융채무자를 대상으로 하여 개인금융채권을 추심하고 채무조정(調停)을 하는 경우에 적용된다. 이 법률은 개인금융채권의 연체 관리(제6조 내지 제13조), 개인금융채권 추심의 위탁 제한 및 추심 연락 횟수 제한 등(제25조 내지 제30조), 채무조정의 절차 등(제31조 내지 제40조)에 관한 내용을 규정하고 있다.

(9) 「채권의 공정한 추심에 관한 법률」

이 법률은 은행 등 여신금융기관이 채무자를 대상으로 채권 추심을 하는 경우에 적용된다. 이 법률은 채권을 추심할 때 폭행·협박 등의 금지(제9조), 개인정보의 누설 금지(제10조), 거짓 표시의 금지(제11조), 불공정한 행위의 금지(제12조) 등에 관한 내용을 규정하고 있다.

2. 금융기반법

(1) 금융감독기구법

은행도 금융감독기관인 금융감독원의 검사 및 제재 대상이 되는 금융기관이고, 금융위원회의 금융감독 대상이 되므로 이에 대해 규정하고 있는 금융감독기구법도 은행에 적용된다. 「은행법」도 “대한민국에 있는 모든 은행은 … [금융감독기구법] … 및 이에 따른 규정 및 명령에 따라 운영되어야 한다."라고 하여(법 제3조 제1항), 금융감독기구법이 적용됨을 명확히 밝히고 있다. 이 법률은 금융감독기관인 금융위원회, 증권선물위원회 및 금융감독원의 조직, 구성 및 업무 등에 대하여 규정하고 있다. 이에 대한 논의는 제14장 제2절에서 하고 있다.

(2) 「한국은행법」

은행은 중앙은행인 한국은행이 수행하는 통화신용정책의 대상 금융기관이 된다. 「은행법」도 "대한민국에 있는 모든 은행은 … 「한국은행법」… 및 이에 따른 규정 및 명령에 따라 운영되어야 한다."라고 하여(법 제3조 제1항), 「한국은행법」이 적용됨을 명확히 밝히고 있다. 「한국은행법」에 따르면, 은행은 예금지급준비금을 보유해야 하고(제55조) 한국은행으로부터 대출을 받을 수 있다(제64조).

(3) 「예금자보호법」

은행의 예금은 예금보험 대상이 되므로 예금보험과 관련해서는 「예금자보호법」이 적용된다. 이 법률은 은행 등 금융기관의 보험료 납부와 보험금의 지급 등 예금보험 제도에 관한 사항과 예금보험기금을 운영하고 부실금융기관을 정리(resolution)하는 역할을 수행하는 예금보험공사에 관한 사항을 규정하고 있다.

(4) 구조개선법

구조개선법도 은행에 적용된다. 은행이 부실화될 때는 구조개선법이 규정하고 있는 적기시정조치 등 부실금융기관 정리(제10조 내지 제14조의9)와 금융기관의 청산 및 파산 절차에 대한 특례 내용(제15조 내지 제23조)이 적용된다. 이외에도 구조개선법은 은행을 포함한 금융기관이 비금융회사를 '사실상 지배'하지 못하도록 하는 규정도 있어(제24조), 은행이 비금융회사의 주식을 취득할 때는 검토가 필요하다. 이에 관한 논의는 제6장 제4절에서 하고 있다.

(5) 신용정보법

은행은 신용정보제공이용자로서 고객으로부터 **개인신용정보**를 수집하고 이를 이용하며 필요한 경우 제3자에게도 제공하는데, 이 경우 신용정보법이 적용된다. 이 법률은 개인신용정보의 이용과 보호에 관한 내용뿐만 아니라 개인신용평가업 등 신용정보업에 관한 내용도 규정하고 있다. 자세한 사항은 제11장에서 논의하고 있다.

(6) 금융실명법

금융실명법도 은행에 적용된다. 은행을 포함한 금융기관은 고객과 예금거래 등 금융거래를 할 때 **금융거래자의 실지명의**(實地名義)**를 확인**해야 하며(제3조), 금융거래정보의 비밀을 보장해야 할 의무(제4조)가 있다. 이에 관한 자세한 논의는 제12장 제2절에서 하고 있다.

(7) 자금세탁방지법

자금세탁방지법도 은행에 적용된다. 자금세탁방지법은 특정금융정보법, 범죄수익은닉규제법, 테러자금금지법 등 3개의 법률을 말한다. 특정금융정보법에 따르면, 은행은 고객과 금융거래를 할 때 고객의 신원을 확인해야 하고(제5조의2), 불법재산으로 의심되는 금융거래나 일정한 금액 이상의 고액 현금 거래 등을 금융위원회 내에 있는 금융정보분석원에 보고해야 한다(제4조, 제4조의2). 범죄수익은닉규제법에 따르면, 은행 등 금융기관의 종사자는 금융거래와 관련하여 수수(授受)한 재산이 범죄수익 등이라는 사실을 알았을 때나 금융거래 상대방이 범죄수익 등의 은닉 및 가장(假裝) 행위를 하고 있다는 사실을 알았을 때는 지체 없이 수사기관에 신고해야 한다(제5조 제1항). 테러자금금지법에 따르면, 은행 등 금융기관은 허가를 받은 경우를 제외하고는 금융거래제한대상자와 금융거래를 할 수 없으며(제5조 제1항), 은행 등 금융기관의 종사자는 금융거래와 관련하여 수수(授受)한 재산이 공중협박자금이나 대량살상무기확산자금이라는 사실을 알게 되는 경우에는 관할 수사기관에게 지체 없이 신고해야 한다(제5조 제2항). 이에 관한 자세한 논의는 제12장 제3절에서 하고 있다.

(8) 「외국환거래법」

은행도 외국환은행으로서 외국환 업무를 영위할 수 있는데, 이 경우 「외국환거래법」이 적용된다. 이 법률은 은행 등 금융기관의 외국환 업무에 대한 규제 내용뿐만 아니라 수출입 거래 등 대외 무역 거래 및 예금이나 대출 거래 등 자본 거래와 관련되어 외국환은행이나 외환당국에 신고를 하거나 외환당국으로부터 허가를 받아야 하는 내용 등을 포함하고 있다.

(9) 부실자산정리법

은행이 부실채권(債權)을 처리하기 위해 한국자산관리공사에 부실채권의 회수·추심(推尋), 채무조정 또는 재산의 매각을 위탁하거나 그 인수를 요청할 수 있는데, 이 경우에는 부실자산정리법이 적용된다. 이 법률은 은행 등 금융기관이 보유하고 있는 부실자산을 효율적으로 정리하고 부실징후기업의 경영 정상화 등을 효율적으로 지원하기 위하여 설립된 한국자산관리공사의 업무에 관해 규정하고 있다.

<참고 문헌>

고동원, "신용협동조합 및 중앙회의 신용사업 업무 범위 규제의 개선 방안,"「신협연구」제77호, 신협중앙회 신협연구소, 2021. 12.

구정옥, "독일과 미국의 금융협동조합네트워크 비교 연구,"「상업교육연구」제34권 제2호, 한국상업교육학회, 2020.

김정연, "새마을금고의 법적성격과 지배구조,"「선진상사법률연구」제87호, 법무부, 2019.

김학준, "양도성예금증서 거래의 구조와 그 법률행위의 성질,"「대법원판례해설」제79호, 법원도서관, 2009.

이병화,「축조해설 은행법」, 삼우사, 2008.

이태영, "금융협동조합 규제체계 개편과 법·제도 개선방안 연구," 연세대학교 법학박사학위논문, 2021.

은행감독원,「은행법 해설」, 1993.

정순섭,「은행법」제2판, 지원출판사, 2024.

정찬형(집필 대표),「주석 금융법 I (은행법)」, 한국사법행정학회, 2007.

한국은행 법규실,「주제별 해설 한국은행법」, 1999. 10.

________,「한국은행법 해설」, 2012. 4.

Schooner, Heidi M. & Michael W. Taylor, *Global Bank Regulation: Principles and Policies*, Academic Press Elsevier, 2010.

제2장

진입 규제

제1절

총 설

은행의 **진입 규제**(entry regulation)는 은행 설립 규제를 의미한다. 「은행법」은 특별히 '은행 설립'이라는 용어를 사용하고 있지 않지만, 제8조가 "은행업을 경영하려는 자는 금융위원회의 인가를 받아야 한다."라고 규정하고 있어 결국 은행업 영위 인가를 은행 설립 인가로 볼 수 있다. '은행업'이란 예금 수입 업무와 대출 업무를 말한다(법 제2조 제1항 제1호).

「은행법」은 "제2장 은행업의 인가 등"의 제목 아래 제8조(은행업의 인가), 제9조(최저자본금), 제10조(자본금 감소의 승인), 제11조(신청서 등의 제출), 제11조의2(예비인가), 제12조(인가 등의 공고), 제13조(국외현지법인 등의 신설), 제14조(유사상호 사용 금지) 조항들을 두고 있다. 「은행법 시행령」은 제1조의7(은행업 인가의 세부 요건), 제3조(인가신청서의 내용 등), 제3조의2(예비인가) 등이 해당한다. 감독규정(監督規程)인 「은행업감독규정」은 제5조, 제5조의3([구조개선법]상의 합병·전환 인가), 제6조(인가 절차), 제7조(인가업무의 수행), 제8조(인가에 대한 협의 등) 및 [별표 2의2](은행업 인가 심사기준), [별표 2의4](구조개선법상 합병·전환 인가 심사기준), [별표 2의6](예비인가 및 인가 신청 서류), [별표 2의7]((예비)인가절차의 흐름도) 등이 해당한다.

제2절

은행 설립 규제

Ⅰ. 서설

은행의 설립과 관련해서는 「은행법」, 시행령 및 「은행업감독규정」이 규정하고 있다. 「은행법」은 은행업 영위 인가 심사 기준의 대강을 규정하고 있으며(제8조 제2항), 보다 자세한 사항은 시행령 제1조의7 및 「은행업감독규정」 제5조 제2항과 [별표 2의2]에서 규정하고 있다. 「은행업감독규정」은 인가 절차(제5조)와 신청 서류([별표 2의6]) 등에 대하여 자세히 규정하고 있다.

Ⅱ. 은행업 인가

1. 인가 절차

(1) 서설

은행업 인가는 **예비인가와 본인가**의 2단계 절차를 거쳐서 진행된다(법 제8조, 제11조의2). 예비인가 절차를 거침으로써 신청자가 은행업 영위 인가 요건을 충족할 수 있는지를 미리 파악할 수 있고, 준비 기간을 거칠 수 있다는 점에서 의미가 있다. 물론 법문이 "인가를 받으려는 자는 미리 금융위원회에 예비인가를 신청할 수 있다"라고 되어 신청인이 예비인가를 거칠 것인지 여부를 결정할 수 있도록 되어 있지만, 예비인가 절차의 필요성이 있으므로 예비인가를 거치는 것이 필수가 될 가능성이 높다. 인가권자인 금융위원회는 예비인가 여부를 결정할 때 예비인가를 받으려는 자가 본인가 요건을 모두 충족할 수 있는지를 확인하여야 하며(법 제11조의2 제2항), 금융위원회는 예비인가에 조건을 붙일 수 있다(법 제11조의2 제3항). 또한 금융위원회는 예비인가를 받은 자가 본인가를 신청하는 경우에는 예비인가 조건을 이행했는지와 본인가 요건을 모두 충족하는지를 확인한 후 본인가 여부를 결정해야 한다(법 제11조의2 제4항). 예비인가의 경우도 본인가에 적용되는 인가 요건이 적용되므로(법 제11조의2 제5항 → 법 제8조 제3항) 동일한 인가 요건이 적용된다. 예비인가는 인가 사항에 대한 사전 심사 및 확실한 실행을 위하여 본인가 이전에 예비적으로 행하여지는 의사표시로서 인가의 효력을 가지지는 않는다.[1)]

(2) 예비인가 절차

1) 절차 안내

금융감독원장은 은행업 인가를 받고자 하는 자(즉 신청인)에 대하여 예비인가를 포함한 인가 절차, 인가 심사 기준, 신청 서류 등 인가 관련 제반 문의 사항에 대하여 서면으로 안내하거나 면담·협의할 수 있다(감독규정 제8조).

2) 예비인가 신청서의 접수

신청인은 「은행업감독규정」 [별표 2의6]이 정하고 있는 '은행업 영위' 항목의 예비인가 신청서 및 첨부 서류를 금융위원회에 제출해야 한다(감독규정 제5조 제13항).

3) 예비인가 신청 사실의 공고 및 의견 수렴

금융위원회는 예비인가 신청이 있는 경우 신청 내용에 관한 이해관계자 등의 의견을 수렴하기 위하여 신청 일자, 신청 내용, 의견 제시 방법 및 기간 등을 인터넷 홈페이지 등에 공고해야 한다(감독규정 제5조 제15항 → 제5조 제9항). 금융위원회는 접수된 의견 중 신청인에게 불리하다고 인정되는 의견을 신청인에게 통보하고, 기한을 정하여 소명하도록 할 수 있다(감독규정 제5조 제15항 → 제5조 제10항). 금융위원회는 예비인가가 금융시장에 중대한 영향을 미칠 우려가 있는 등 필요하다고 인정되는 경우에는 공청회를 개최할 수 있다(감독규정 제5조 제15항 → 제5조 제11항).

4) 예비인가의 심사

금융감독원장은 신청 내용에 관한 사실 여부를 확인하고, 이해관계자 등으로부터 수렴된 의견을 고려하여 신청 내용이 예비인가 요건을 충족하는지 심사해야 한다(감독규정 제5조 제15항 → 제5조 제4항). 금융위원회는 신청 내용을 확인하기 위하여 필요한 경우에는 금융감독원장으로 하여금 이해관계자 등과 면담 등의 방법으로 실지 조사를 실시하도록 할 수 있으며, 신청인은 이에 적극 협조해야 한다(감독규정 제5조 제15항 → 제5조 제7항). 금융감독원장은 예비인가 심사와 관련하여 사업계획 등의 타당성을 평가하기 위하여 필요하다고 판단하는 경우에는 평가위원회를 구성·운영할 수 있다(감독규정 제7조).

5) 예비인가

금융감독원장은 예비인가 신청을 받은 경우에는 본인가 요건을 갖출 수 있는지 여부를 심

---

1) 금융감독원(2022), 59면.

사하고, 금융위원회는 신청을 받은 날로부터 2개월 이내에 예비인가 여부를 결정하여 결과와 이유를 지체 없이 신청인에게 문서로 통지하여야 하며, 예비인가 신청에 흠결이 있는 때에는 보완을 요구할 수 있다(감독규정 제5조 제14항, 법 제11조의2 제2항).

6) 조건부 예비인가

금융위원회는 예비인가에 조건을 붙일 수 있다(법 제11조의2 제3항).

(3) 본인가 절차

1) 본인가 신청서의 접수

신청인은 예비인가의 내용 및 조건을 이행한 후 「은행업감독규정」 [별표 2의6]의 '은행업 영위' 항목이 정하고 있는 본인가 신청서 및 첨부서류를 금융위원회에 제출해야 한다(감독규정 제5조 제1항).

2) 본인가 신청 사실의 공고 및 의견 수렴

금융위원회는 본인가 신청이 있는 경우 신청 내용에 관한 이해관계자 등의 의견을 수렴하기 위하여 신청 일자, 신청 내용, 의견 제시 방법 및 기간 등을 인터넷 홈페이지 등에 공고해야 한다(감독규정 제5조 제9항). 금융위원회는 접수된 의견 중 신청인에게 불리하다고 인정되는 의견을 신청인에게 통보하고, 기한을 정하여 소명하도록 할 수 있다(감독규정 제5조 제10항). 금융위원회는 본인가가 금융시장에 중대한 영향을 미칠 우려가 있는 등 필요하다고 인정되는 경우에는 공청회를 개최할 수 있다(감독규정 제5조 제11항).

3) 본인가의 심사

금융감독원장은 본인가 신청 내용에 관한 사실 여부를 확인하고, 이해관계자 등으로부터 수렴된 의견을 고려하여 신청 내용이 본인가 요건을 충족하는지를 심사해야 한다(감독규정 제5조 제4항). 금융위원회는 신청 내용을 확인하기 위하여 필요한 경우에는 금융감독원장으로 하여금 이해관계자 등과 면담 등의 방법으로 실지 조사를 실시하도록 할 수 있으며, 신청인은 이에 적극 협조해야 한다(감독규정 제5조 제7항).

4) 본인가

금융감독원장은 본인가 신청에 대하여 「은행업감독규정」 [별표 2의2]에 규정된 인가 요건을 충족하는지 심사한다(감독규정 제5조 제4항). 금융위원회는 예비인가에 조건이 붙은 경우에는 예비인가 조건을 이행하였는지 여부와 본인가 요건을 모두 충족하는지 여부를 확인한 후 본인가 여부를 결정해야 한다(법 제11조의2 제4항).

금융위원회는 인가 신청서를 받은 경우에는 신청일로부터 3개월 이내, 예비인가를 받은 경우는 본인가 신청일로부터 1개월 이내에 본인가 여부를 결정하고, 결과와 이유를 지체 없이 신청인에게 문서로 통지해야 하며, 신청서에 흠결이 있을 때는 보완을 요구할 수 있다(감독규정 제5조 제5항). 심사 기간을 산정함에 있어서 일정한 사유에 해당하는 경우(인가신청서 흠결의 보완을 요구한 경우 보완 기간 등)에는 심사 기간에 산입하지 아니한다(감독규정 제5조의4 제4항 → 제5조 제6항).

5) 조건부 본인가

가) 의의

금융위원회는 **본인가를 하는 경우** "금융시장의 안정, 은행의 건전성 확보 및 예금자 보호"를 위하여 **필요한 조건을 붙일 수 있다**(법 제8조 제4항). 인가에 조건을 붙일 수 있다는 조항은 은행의 공공성을 고려하여 인가권자로 하여금 획일적인 인가를 피하고 구체적인 사항에 대처할 수 있도록 하기 위해서 「은행법」 제6차 개정(1982년 12월 31일) 시 추가한 것이다.[2] 그리고 조건은 은행업 인가 목적에 비추어 필요한 경우에 한해서 붙일 수 있도록 제한하고 있음을 알 수 있는데, 2010년 5월 「은행법」 개정에 의해서 제한 내용이 추가되었다.

나) 조건의 취소 또는 변경

조건이 붙은 본인가를 받은 자는 사정의 변경, 그 밖에 정당한 사유가 있는 경우에는 금융위원회에 조건의 취소 또는 변경을 신청할 수 있으며, 이 경우 금융위원회는 2개월 이내에 조건의 취소 또는 변경 여부를 결정하고, 결과를 지체 없이 신청인에게 문서로 알려야 한다(법 제8조 제5항).

다) 인가 조건 위반 시 영업 전부 정지 명령 또는 인가 취소 사유

금융감독당국은 조건부 인가를 한 경우에는 이행 여부를 확인해야 한다(시행령 제1조의7 제4항). 그리고 인가 조건을 위반한 경우에는 6개월 이내의 기간 동안 영업 전부 정지 명령이나 은행업 인가 취소 사유가 된다(법 제53조 제2항 제2호).

6) 본인가의 공고

금융위원회는 본인가를 한 경우에는 지체 없이 그 내용을 관보에 공고하고 정보게시판(인터넷 홈페이지) 등을 이용하여 일반인에게 알려야 한다(법 제12조).

2. 인가 요건

(1) 서설

인가권자인 금융위원회는 인가를 함에 있어서 재량권을 행사할 수 있다. 금융감독당국의 정책 방침이 중요한 이유이다. 「은행법」은 **은행업 영위 인가 요건**을 규정하고 있는데, 자세한 요건은 「은행법」의 위임을 받아서 시행령 및 「은행업감독규정」에 규정되어 있다(법 제8조, 시행령 제1조의7, 감독규정 [별표 2의2]). 「은행업감독규정」 [별표 2의2]가 보다 자세히 규정하고 있다.

---

2) 한국은행 은행감독원(1993), 64면; 이병화(2008), 71면.

(2) 인가 요건

1) 의의

「은행법」은 다음과 같이 7가지 인가 요건을 규정하고 있다(법 제8조 제2항 제1호 내지 제7호).

1. 자본금이 1천억 원 이상일 것. 다만 지방은행의 자본금은 250억 원 이상일 것
2. 은행업 경영에 드는 자금 조달 방안이 적정할 것
3. 주주구성계획이 [은행법] 제15조, 제15조의3 및 제16조의2에 적합할 것
4. 대주주가 충분한 출자능력, 건전한 재무상태 및 사회적 신용을 갖출 것
5. 사업계획이 타당하고 건전할 것
6. 발기인(개인인 경우만 해당한다) 및 임원이 [지배구조법] 제5조에 적합할 것
7. 은행업을 경영하기에 충분한 인력, 영업시설, 전산체계 및 그 밖의 물적 설비를 갖출 것

위의 요건을 살펴보면 전반적으로 추상적인 문구로 되어 있어서 인가권자의 재량권이 행사될 여지가 크다. 물론 「은행업감독규정」이 자세한 요건을 규정하고 있지만 여전히 구체적이지 않은 내용이 있어서 재량권 행사의 여지는 있다.

2) 최저 자본금 요건

가) 전국은행과 지방은행의 최저 자본금

은행의 최저 자본금은 전국을 영업 구역으로 하는 **전국은행**과 전국을 영업 구역으로 하지 않는 **지방은행**이 다른데, 전국은행의 최저 자본금은 1천억 원이고, 지방은행의 최저 자본금은 250억 원이다(법 제8조 제2항 제1호). 자본금은 납입자본금을 말하는데, 바젤은행감독위원회(Basel Committee on Banking Supervision: BCBS)의 기준에 따른 기본자본과 보완자본의 합계액을 말하는 '자기자본'(법 제2조 제1항 제5호)과 다르다.

나) 최저 자본금 유지 의무

「은행법」은 은행은 경영을 하는 동안 최저 자본금을 유지해야 한다는 규정을 명시적으로 두고 있다(법 제9조). 은행업을 영위하는 동안 최저 자본금을 유지하지 못하면 은행업 인가가 취소될 수 있는가? 이에 대해서는 "은행이 [은행]법 또는 [은행]법에 따른 명령이나 처분을 위반하여 예금자 또는 투자자의 이익을 크게 해칠 우려가 있는 경우"로 보아(법 제53조 제2항 제5호) 은행업 인가 취소 사유에 해당한다고 볼 수도 있지만,[3] 명시적인 규정이 없어서 인가 취소 사유가 될 수 없다는 견해도 제시될 수 있다. 이를 명확하게 규정할 필요가 있을 것이다.

다) 자본금 감소의 승인

한편 은행은 자본금을 감소하려고 하는 경우에는 금융감독당국의 승인을 얻어야 한다. 은

3) 정순섭(2024), 105면.

행이 자본금을 최저 자본금 이상으로 증액한 이후 자본금을 감소시키는 행위를 하려는 경우에 적용된다. 즉 은행이 주식 수를 줄이거나 주식의 금액을 낮추어 자본금을 '실질적으로' 감소하려는 행위를 하려는 경우에는 금융감독당국의 승인을 받아야 한다(법 제10조 제1항, 시행령 제2조 제1항). 물론「상법」에 따라 요구되는 주주총회 특별결의나 보통결의의 절차 및 채권자 보호절차를 거쳐야 할 것이다(제438조, 제439조). 자본금 감소는 주주에게 대가를 지급하는 유상 자본금 감소 및 그렇지 않은 무상 자본금 감소 다 포함한다고 보아야 할 것이다. 그렇다고 해서 최저 자본금 미만으로 자본금을 감소시킬 수는 없을 것이다. 승인을 받을 수 있는 요건은 ① 자본금 감소가 관계 법령에 위반되지 아니할 것, ② 재무구조의 개선 목적 등 자본금 감소의 불가피성이 인정될 것, ③ 예금자 등 은행이용자의 권익을 침해하지 아니할 것이다(법 제10조 제2항 제1호 내지 제3호). 승인을 할 때 조건을 붙일 수 있다(법 제10조 제5항, 제8조 제4항, 제5항).

3) 자금 조달 방안에 관한 요건

은행업 경영에 드는 자금 조달 방안이 적정해야 한다(법 제8조 제2항 제2호).「은행업감독규정」은 자금 조달 방안의 적정성에 대해서 "① 은행업 경영 및 사업 계획에 소요되는 자금 조달이 현실성이 있어야 하며, ② 추가적인 자본 조달이 가능해야 한다."라고 규정하고 있는데 ([별표 2의2] 제1호 나목), "현실성"이라든지 "자본 조달이 가능"해야 한다고 하고 있어서 여전히 기준이 추상적임을 알 수 있다.

4) 주주 구성 계획에 관한 요건

가) 서설

주주 구성 계획이라 함은「은행법」 제15조, 제15조의3, 제16조의2에 규정된 은행 주식 보유 한도에 적합해야 한다는 의미이다(법 제8조 제2항 제3호). 이에 관한 자세한 논의는 제3장 은행 주식 보유 한도를 참고하면 된다.

나) 한도초과보유주주

「은행업감독규정」은 은행의 '**한도초과보유주주**'가 될 수 없는 경우도 규정하고 있다. '한도초과보유주주'는「은행법」 제15조 제3항 및 제16조의2 제3항에 따라 전국은행의 경우 의결권 있는 주식 10%를 초과, 지방은행의 경우 15%를 초과하여 보유하고 있는 '**동일인**'[4] 주주를 말한다(법 제16조의4 제1항). 즉「은행법」 제15조 제3항에 따라 금융주력자인 '동일인' 주주이거나「은행법」 제16조의2 제3항에 따라 비금융주력자이지만 금융주력자와 마찬가지 취급을 받아서 은행 주식을 취득할 수 있는 '동일인' 주주를 말한다. 한도초과보유주주는 아래에 서술하고 있는「은행법」 제2조 제1항 제10호에 규정된 '대주주'와 다르다.

다) 한도초과보유주주 결격 요건

부실금융기관의 최대주주나 주요주주이었던 자는 은행의 '한도초과보유주주'가 될 수 없

4) 본인 및 그와 시행령이 정하는 특수관계에 있는 자를 말한다(법 제2조 제1항 제8호, 시행령 제1조의4).

다. 즉 ① 최근 5년 동안 구조개선법이나 「예금자보호법」에 따라 부실금융기관으로 결정된 당해 부실금융기관의 최대주주나 주요주주(의결권 있는 발행 주식 총수의 10% 이상을 보유한 주주) 또는 그 특수관계인이었던 자, 또는 ② 부실금융기관에 준하는 금융기관으로서 영업의 허가·인가 취소 등의 처분을 받은 당해 금융기관의 최대주주나 주요주주(의결권 있는 발행 주식 총수의 10% 이상을 보유한 주주) 또는 그 특수관계인이었던 자는 은행의 '한도초과보유주주'가 될 수 없다(감독규정 [별표 2의2] 제2호 가목 1) 본문). 다만 그러한 최대주주나 주요주주 또는 그 특수관계인이었던 자가 ① 법원의 판결에 의하여 부실 책임이 없다고 인정된 자, ② 부실 책임의 정도가 경미하다고 금융위원회가 인정하는 자 또는 ③ 금융위원회가 정하는 「부실금융기관 대주주의 경제적 책임 부담기준」에 의하여 경제적 책임 부담 의무를 이행 또는 면제받은 자는 은행의 한도초과보유주주가 될 수 있다(감독규정 [별표 2의2] 제2호 가목 1) 단서).

5) 대주주에 관한 요건

은행의 대주주가 "충분한 출자능력, 건전한 재무상태 및 사회적 신용"을 갖추고 있어야 한다(법 제8조 제2항 제4호). 구체적인 요건은 「은행업감독규정」 [별표 2의2]에서 규정하고 있다. 여기서 '**대주주**'는 「은행법」 제2조 제1항 제10호에 규정된 대주주를 말한다.

가) 대주주가 「은행법」 제2조 제1항 제10호 가목에 해당하는 경우

은행의 주주 1인을 포함한 '동일인'이 전국은행의 의결권 있는 주식 10%(지방은행의 경우는 15%)를 초과해서 보유하는 경우 그 주주 1인인 대주주는 「은행법 시행령」 [별표 1]에 규정된 '한도초과보유주주'의 한도 초과 보유 요건을 충족해야 한다(감독규정 [별표 2의2] 제2호 나목 1)). 「은행법」에 따른 '비금융주력자'(법 제2조 제1항 제9호)가 아닌 '금융주력자'와 「은행법」 제16조의2 제3항에 따라 금융주력자로 취급되는 비금융주력자인 대주주가 해당한다.

나) 대주주가 「은행법」 제2조 제1항 제10호 가목에 해당하는 자로서 인터넷전문은행법 제5조에 따른 비금융주력자의 경우

은행의 주주 1인을 포함한 '동일인'이 인터넷전문은행의 의결권 있는 주식 10%를 초과해서 보유하는 경우에 그 주주 1인인 대주주이면서 비금융주력자에 해당하는 자는 인터넷전문은행법 [별표](한도초과보유주주의 요건)의 요건을 충족해야 한다(감독규정 [별표 2의2] 제2호 나목 2)). 인터넷전문은행법에 의해서 비금융주력자에 해당하는 정보통신기술기업은 금융감독당국의 승인을 얻어 인터넷전문은행의 의결권 있는 주식 10%를 초과해서 34%까지 보유할 수 있는데(법 제5조 제1항), 그러한 비금융주력자인 대주주를 말한다.

다) 대주주가 「은행법」 제2조 제1항 제10호 나목에 해당하는 경우[5]

은행의 주주 1인을 포함한 '동일인'이 전국은행의 의결권 있는 발행 주식 총수(「은행법」 제

5) 「은행업감독규정」 [별표 2의2] 제2호 나목 4)의 내용은 2013년 「은행법」 개정에 의해 대주주의 범위에서 제외되었으므로 삭제하는 것이 필요하다.

16조의2 제2항에 따라 의결권을 행사할 수 없는 주식을 제외한다)의 4%를 초과하여 주식을 보유하는 경우로서 당해 동일인이 최대주주이거나 시행령이 정하는 바에 따라 임원의 임면 등의 방법으로 당해 은행의 주요 경영사항에 대하여 사실상 영향력을 행사하는 자인 경우의 그 주주 1인인 대주주는「은행법 시행령」[별표 2]에 규정된 요건(비금융주력자의 의결권을 행사하지 아니하는 주식 보유 승인 요건)을 충족해야 한다(감독규정 [별표 2의2] 제2호 나목 3)).

전국은행의 의결권 있는 주식 10%를 초과해서 보유하게 되면 위의 ①에 해당하는 대주주가 되므로 10% 이하까지 보유하는 대주주를 말한다. 여기에 해당하는 대주주는 금융주력자 및「은행법」제16조의2 제3항에 따라 금융주력자로 취급되는 비금융주력자가 해당한다. 일반적으로 비금융주력자는 전국은행의 의결권 있는 주식 4%를 초과해서 보유할 수 없고(법 제16조의2 제1항), 예외적으로 의결권을 행사하지 않는 조건으로 10%까지 보유할 수 있는 경우가 있는데(법 제16조의2 제2항), 그러한 경우는 대상에서 제외하고 있기 때문에 일반적인 비금융주력자는 해당하지 않게 된다.

「은행법 시행령」[별표 2]가 규정하고 있는 요건은 다음과 같다.

(ⅰ) 해당 기관에 적용되는 재무건전성에 관한 기준으로서 금융위원회가 정하는 기준(감독규정 [별표 2의8](한도초과보유주주의 초과 보유 요건) 제7호)을 충족할 것
(ⅱ) 부채비율이 200% 이하로서 금융위원회가 정하는 기준(200% 이하. 감독규정 [별표 2의8] 제8호)을 충족할 것
(ⅲ) 해당 법인이 공정거래법에 따른 기업집단에 속하는 회사인 경우에는 해당 기업집단(비금융회사로 한정한다)의 부채비율이 200% 이하로서 금융위원회가 정하는 기준(200% 이하. 감독규정 [별표 2의8] 제8호)을 충족할 것
(ⅳ) 주식 취득 자금이 해당 법인이 최근 1년 이내에 유상증자 또는 보유 자산의 처분을 통하여 조달한 자금 등 차입금이 아닌 자금으로서 해당 법인의 자본총액 이내의 자금일 것

5) 사업계획에 관한 사항

사업계획의 타당성에 관한 요건도「은행법 시행령」에서 규정하면서(제1조의7 제1항) 자세한 사항은「은행업감독규정」[별표 2의2] 제3호가 규정하고 있는데, 그 내용은 다음과 같다.

가) 추정재무제표와 수익 전망이 사업계획에 비추어 타당하고 실현가능성이 있을 것
① 경영목표나 경쟁상황 등을 종합적으로 고려한 경영전략이 마련되어 있을 것
② 사업계획이 객관적인 자료를 근거로 추정이 이루어졌으며, 시장 상황에 비추어 타당성이 있을 것
③ 사업계획을 고려하여 추정재무제표가 작성되었으며, 추정 영업손익·영업비용의 증감에

있어 일관성이 유지되고 합리적인 설명이 가능할 것

나)「은행법」에 따른 경영지도기준을 충족할 수 있을 것

① 경영지도기준(법 제34조 제2항)[6]을 충족할 수 있을 것

② 재무상태가 [구조개선법]에 따른 적기시정조치의 기준[7]을 상회할 수 있을 것

다) 위험관리와 은행이용자 보호를 위하여 적절한 내부통제장치와 업무 방법이 마련되어 있을 것

① 이사회와 경영진의 관계, 이사회의 구성 및 운영방향, 감사위원회의 권한과 책임 등이 투명하고, 은행이용자 또는 주주 보호와 재무 및 영업의 건전성 유지에 적합할 것

② 임직원의 법규준수, 위험관리 및 임직원 위법행위 예방을 위한 적절한 감독 및 내부통제 체계가 구축되어 있을 것

③ 준법감시인의 업무상 독립성이 보장되어 있으며, 이사회 등 회의 참석 및 자료 접근권이 보장되어 있을 것

④ 준법감시인, 사외이사, 감사위원회 위원 등이 업무수행에 필요한 지식과 경험을 보유하고 있을 것

⑤ 이사회구성계획이 [지배구조법] 제12조부터 제23조까지의 규정에서 정한 이사회의 구성방법에 부합할 것

⑥ 영업내용 및 방법이 법령 및 건전한 금융거래질서에 부합할 것

⑦ 사외이사, 감사위원회 구성 등의 지배구조가 법령에 위반되지 아니할 것

7) 발기인 및 임원에 관한 사항

가) 발기인 및 임원의 자격 요건

발기인(개인의 경우만 해당한다) 및 임원이 지배구조법에 따른 자격 요건을 충족해야 한다. 즉 발기인 및 임원이 지배구조법 제5조·제6조·제19조·제26조·제28조에서 정한 자격 요건을 충족해야 한다(법 제8조 제2항 제6호, 감독규정 [별표 2의2] 제4호).「은행법」에는 지배구조법 제5조의 요건만 규정하고 있는데,「은행업감독규정」은 구조개선법 관련 조항을 추가적으로 규정하고 있다. 이러한 자격 요건은 법에서 정해진 요건이라 인가권자의 재량권 행사 여지가 거의 없는 항목이다.

나) 임원 결격 요건

지배구조법 제5조는 임원의 결격 요건을 규정하고 있는데, '임원'이라 함은 이사, 감사, 집행임원(「상법」에 따른 집행임원을 둔 경우로 한정한다) 및 업무집행책임자를 말한다(지배구조법 제

---

6) 자본의 적정성에 관한 사항, 자산의 건전성에 관한 사항, 유동성에 관한 사항 등의 기준을 말한다.

7) 구조개선법 제10조의 적기시정조치 기준을 말하는데, 경영개선권고 기준에 해당하지 않아야 한다. 예를 들어, 총자본비율이 100분의 8 이상 또는 기본자본비율이 100분의 6 이상 또는 보통주자본비율이 100분의 4.5 이상이어야 한다(감독규정 제34조 제1항 제1호).

2조 제2호). 결격 요건은 "미성년자·피성년후견인 또는 피한정후견인, 파산선고를 받고 복권(復權)되지 아니한 사람" 등이다(지배구조법 제5조).

다) 사외이사 자격 요건

지배구조법 제6조는 사외이사의 자격 요건 규정이다. 은행의 최대주주 및 그의 특수관계인(최대주주 및 그의 특수관계인이 법인인 경우에는 그 임직원을 말한다)이나 은행의 주요주주 및 그의 배우자와 직계존속·비속(주요주주가 법인인 경우에는 그 임직원을 말한다) 등은 사외이사가 될 수 없으며, 적극적 요건으로서 "금융·경제·경영·법률·회계 등 분야의 전문지식이나 실무경험이 풍부한 사람"이어야 한다(지배구조법 제6조 제2항).

라) 감사위원회 구성 및 감사위원 자격 요건

지배구조법 제19조는 감사위원회의 구성 및 감사위원의 자격 요건에 관한 규정이다. 감사위원회는 3명 이상의 이사로 구성해야 하며, 사외이사가 감사위원 총수의 3분의2 이상이어야 한다는 조건 등을 충족해야 한다(지배구조법 제19조).

마) 준법감시인 및 위험관리책임자의 자격 요건

준법감시인("내부통제기준의 준수 여부를 점검하고 내부통제기준을 위반하는 경우 이를 조사하는 등 내부통제 관련 업무를 총괄하는 사람")(지배구조법 제25조 제1항) 선임 및 자격 요건도 충족해야 한다(지배구조법 제26조). 그리고 "자산의 운용이나 업무의 수행, 그 밖의 각종 거래에서 발생하는 위험을 점검하고 관리하는 위험관리책임자"(지배구조법 제28조 제1항)의 자격 요건도 충족해야 한다(지배구조법 제28조).

8) 인력, 영업시설, 전산체계 및 그 밖의 물적 시설에 관한 사항

인력, 영업시설, 전산체계 등 물적 시설에 관한 요건도 충족해야 한다(시행령 제1조의7 제2항). 자세한 사항은 「은행업감독규정」 [별표 2의2] 제5호가 규정하고 있는데 아래와 같다. 이 요건도 인가권자의 재량권 행사 여지가 큰 항목이다.

가) 인력에 관한 사항

① 사업계획 및 경제상황 등에 비추어 인가신청 업무를 영위함에 있어 필요한 인력이 확보될 것

② 자본금 규모 및 추가자본 확충계획에 비추어 점포 수, 인원 수, 영위업무의 범위가 적정할 것

③ 위험관리, 여신심사, 파생상품 등 특정부문과 관련된 전문 인력의 확보 계획이 적정할 것

나) 영업시설에 관한 사항

① 위험관리, 내부통제 및 여신심사체계의 구축이 적정할 것

② 업무범위 및 규모에 부합하는 영업시설 및 전산체계를 갖출 것
③ 정관이 관계법규에 부합하고 은행이용자의 권익을 침해하지 않을 것
④ 이해상충부서간 별도 업무공간을 갖추는 등 정보차단벽(Chinese Wall)이 설치될 수 있도록 할 것
⑤ 부서인원 대비 충분한 업무공간 및 사무장비를 갖출 것
⑥ 내부기관 및 감독기관 등이 감독·검사업무를 수행함에 있어 법적 장애가 없을 것

다) 전산체계 및 그 밖의 물적 설비
① 주전산기, DB서버, 저장장치, 단말기, 전용회선, 통신설비 등 업무관련 전산설비가 안정성 및 성능이 충분히 검증되었으며, 향후 영업의 급속한 확대에도 업무처리에 지장을 초래하지 않을 정도로 구축되어 있을 것
② 침입탐지, 침입방지시스템, 방화벽 등 보안체계가 구축되어 있을 것
③ 정보이용자 확인 및 전산실 출입통제 시스템이 구축되어 있을 것
④ 모든 데이터에 대한 백업장치가 구축되어 있고, 백업자료가 별도 장소에 보관·관리되고 있을 것
⑤ 전산설비, 통신수단, 그 밖에 물적 설비를 안전하게 보호할 수 있는 검증된 보안설비를 갖출 것
⑥ 파업 등 불시사태에 대비한 비상계획(Contingency Plan)이 마련되어 있을 것
⑦ 정전·화재 등의 사고가 발생한 경우 업무의 연속성을 유지할 수 있는 설비가 확보되어 있을 것
⑧ 비상사태 발생시 즉시 구현이 가능한 비상계획이 마련되어 있을 것

9) 은행 설립을 신청한 외국 금융기관 또는 그 금융지주회사에 관한 사항
① 은행 설립에 대하여 본국 감독당국의 동의가 필요한 경우에는 적법한 동의를 받을 것
② 본국 감독당국으로부터 체계적인 감독을 받고 있을 것
③ 재무 및 경영상태가 양호하고 국제적인 신인도가 인정될 것
④ 보유하고 있는 자회사 및 영업점을 체계적이고 합리적으로 관리하고 있을 것
⑤ 은행 관리 및 영업 활동과 관련하여 감독상 필요한 정보를 충분하게 제공할 수 있을 것

위 9)의 요건은 외국 금융기관이 국내에 현지법인 은행을 설립하려고 하는 경우 적용되는 추가 요건이다. 모든 형태의 외국 금융기관이 국내 현지법인 은행을 설립할 수 있는 것이 아니라 은행, 증권회사, 보험회사 및 그 금융지주회사만이 설립할 수 있다. 그 이유는 은행 주식 한도 초과 보유 요건을 규정하고 있는 「은행법」 제15조 제5항, 시행령 제5조 및 [별표 1](한도초과보유주주의 초과보유요건) 제6호가 전국은행의 의결권 있는 발행 주식 총수의 10%(지방은행의

경우는 15%)를 초과하여 보유할 수 있는 외국 금융기관을 "은행, 증권회사, 보험회사 또는 이에 준하는 업으로서 금융위원회가 정하는 금융업을 경영하는 회사 또는 해당 외국금융기관의 금융지주회사"로 한정하여 규정하고 있기 때문이다. 인가 신청 서류에 대하여 규정하고 있는 「은행업감독규정」 [별표 2의6]도 외국 금융기관의 경우 은행업, 증권업, 보험업 등 금융업 영위를 인가받은 서류를 제출하도록 규정함으로써 이 요건을 충족할 것을 요구하고 있다.

3. 인가 신청 서류

인가를 신청하고자 하는 자는 신청서 및 첨부 서류를 금융위원회에 제출해야 한다(법 제11조). 「은행업감독규정」 [별표 2의6]은 예비인가 및 본인가 신청서류에 대하여 자세히 규정하고 있다.

Ⅲ. 은행업 인가 관련 쟁점[8)]

1. 인가 효력 발생일과 영업 개시 의무

(1) 서설

은행업 인가를 받은 자는 "인가를 받은 날"로부터 6개월 이내에 "영업을 시작"하여야 한다(감독규정 제5조 제12항 본문). 다만 인가 시 기간을 따로 정하거나 인가를 받은 자의 신청을 받아 기간을 연장한 경우에는 그 기한 이내에 인가받은 영업을 시작할 수 있다(감독규정 제5조 제12항 단서). 그런데 인가 효력 발생일로 해석되는 "인가를 받은 날"과 영업 개시 의무는 중요한 사항이라는 점에서 감독규정에 규정할 것이 아니라 법에 규정하는 것이 바람직하다.

여기서 쟁점은 3가지인데, ① "인가를 받은 날"을 언제로 보아야 하는지, ② 개시해야 하는 "영업"이 무엇인지, ③ 6개월 이내에 영업을 시작하지 않았을 때의 법적 효과에 대한 쟁점이다.

(2) 인가 효력 발생일

인가 효력 발생일이 중요한 이유는 인가 효력 발생일 전에 영업을 개시하였을 때는 「은행법」 위반이 되는 문제가 생기고, 인가를 받은 날로부터 6개월 이내에 영업을 시작하지 않으면 인가의 효력이 없어지는 문제가 발생할 수 있기 때문이다. 그렇다면 인가의 효력은 언제부터 발생하는가?

"인가를 받은 날"이 언제인지에 대한 문제이다. 이에 대해서는 ① 인가 의결일로 보아야

8) 이하는 고동원(2008)의 내용을 수정·보완한 것이다.

한다는 견해, ② 금융감독당국이 인가 사실을 신청인에게 통보하는 날(즉 금융감독당국이 내부 공식 문서 송달 규정에 의거하여 인가 문서를 발송하는 날)로 보아야 한다는 견해, ③ 신청인이 인가 사실을 통보받은 날(즉 인가 문서가 신청인에게 도달한 날)로 보아야 한다는 견해가 있을 수 있다. 실무상으로는 인가 의결일을 인가 효력 발생일로 보아 처리하고 있다.[9)]

"인가를 받은 날"의 문언 해석상 인가 의결일로 볼 가능성이 높다. 그러나 「민법」에 따른 도달주의(제111조)와 일반적인 행정행위의 효력 발생 요건을 상대방에게 통지하여 도달되는 시점으로 보고 있는 점[10)]을 고려할 때, 신청인이 인가 사실을 통지받은 날을 인가 효력 발생일로 보는 것이 타당하다. 따라서 입법론으로는 **'인가를 받은 날'을 '신청인이 인가 사실을 통보받은 날'로 변경하는 것이 바람직**하다.

(3) 개시해야 하는 '영업'의 의미

개시해야 하는 '영업'은 「은행법」 제2조 제1호에 규정된 '은행업'을 말하는 것으로 보아야 할 것이다. 즉 예금 수입과 대출 업무를 영위하는 것으로 보아야 하고, 겸영 업무나 부수 업무를 영위하는 것만으로는 영업을 개시했다고 볼 수 없을 것이다.[11)]

(4) 영업을 개시하지 않은 경우 인가의 효력 상실

인가를 받은 날로부터 6월 이내의 기한 내에 영업을 시작하지 않았을 때 법적 효과에 대해서도 문제가 될 수 있는데, 인가의 효력이 없어진다고 해석하는 것이 타당할 것이다.[12)] 즉 이 경우에는 다시 새로운 은행업 영위 인가 신청을 해야 할 것이다. 입법론으로는 **6개월 이내에 영업을 개시하지 않을 때는 인가 취소 사유로 규정하는 것이 필요**할 것이다. 자본시장법령은 인가를 받은 날 또는 등록을 한 날로부터 6개월 이내에 영업을 개시하지 않은 경우를 인가나 등록 취소 사유로 규정하고 있다(자본시장법 제420조 제1항 제9호, 시행령 제373조 제4항 제1호).

2. 전국은행과 지방은행의 구별 문제

(1) 서설

「은행법」은 **지방은행**을 "전국을 영업 구역으로 하지 않는 은행"이라고만 정의하고 있고(법 제2조 제1항 제10호 가목), 구체적으로 어느 범위까지 영업 구역을 정할 수 있는지 대해서는 은

9) 정순섭(2024), 103면.

10) 박윤흔(2002), 410면. 「행정절차법」도 "송달은 다른 법령 등에 특별한 규정이 있는 경우를 제외하고는 송달받을 자에게 도달됨으로써 그 효력이 발생한다"라고 규정하고 있다(제15조 제1항).

11) 같은 견해는 정순섭(2024), 103면.

12) 자본시장법처럼 인가의 실효에 관한 명시적인 규정이 없기 때문에 인가의 효력이 상실된다고 해석하는 것이 의문이라면서 입법론적으로 인가가 실효되는 것으로 규정하는 것이 필요하다는 견해는 정순섭(2017), 112면.

행법령이나 「은행업감독규정」이 규정하고 있지 않다. 각 지방은행의 정관이 영업 구역에 대해서 규정하고 있어, 은행 자체적으로 영업 지역을 정하고 있다고 할 수 있다. 다만 은행 정관의 변경은 금융감독당국에 대한 보고 사항이고(법 제47조 제1호), 지방은행의 영업 구역 변경도 금융감독당국에 대한 보고 사항이어서(감독규정 제84조 제3항 제1호), 금융감독당국이 어느 정도 통제할 여지는 있다.

(2) 지방은행의 영업 구역 범위에 대한 자세한 규정 필요

그렇다면 은행업 영위 인가 신청인이 특정 도(道)를 제외한 전국을 영업 구역으로 하는 은행을 지방은행으로 인가받을 수 있는가?[13] 그리고 은행법령이나 「은행업감독규정」이 지방은행의 본점 소재지에 대해서도 특별히 규정을 하고 있지 않아서 수도인 서울특별시를 본점으로 하면서 전국을 영업구역으로 하지 않는 은행으로 설립 인가 신청을 하는 경우 지방은행으로 인가를 해주어야 하는가? 이런 경우 지방은행 설립 인가를 거부할 수 있는 법적 근거를 찾기가 어렵다. 입법론으로는 지방은행의 영업 구역이나 본점 소재지의 범위 등에 관한 자세한 사항을 「은행법 시행령」이나 「은행업감독규정」에 반영하는 것이 필요하다.

3. 지방은행이 전국은행으로 전환하는 경우

(1) 서설

지방은행이 전국은행으로 전환하는 경우도 있을 수 있다. 이 경우 「은행법」 제8조에 따른 별도의 은행업 인가를 새로 받아야 하는가? 「은행법」은 이에 대하여 규정하고 있지 않고 있다.

(2) 별도의 은행업 인가가 필요한지 여부

이에 대해서는 지방은행에 대한 은행업 인가는 당해 은행이 지방은행으로 설립되어 영업하는 것을 전제로 하여 이루어진 것이므로 전국은행으로 전환하고자 하는 경우에는 별도의 은행업 인가 절차를 밟아야 한다는 견해가 있을 수 있고, 이에 반하여 전국은행과 지방은행의 인가 심사 기준이 거의 동일하고 이미 은행업 인가를 받았으므로 지방은행의 영업 구역 범위에 대하여 규정하고 있는 정관의 변경과 영업 구역의 변경을 금융감독당국에 보고하는 것(법 제47조 제1호, 감독규정 제84조 제3항 제1호)으로 충분하다는 견해가 있을 수 있다.[14] 그러나 단순한

13) 전국은행의 경우 최저자본금은 1,000억 원인데 비하여 지방은행의 경우는 최저자본금이 250억 원이어서(법 제8조 제2항 제1호), 적은 자본금으로 지방은행을 설립한 후 거의 전국적인 지역에서 영업을 하려고 하는 은행이 있을 수 있다.

14) 정찬형(집필 대표)(2007), 142면(진홍수 집필 부분)(다만 이 견해도 단순한 정관 변경 문제로 다룰 수 있는 사안은 아니라고 보면서 「은행법」에 전환에 관한 규정을 명확히 둘 것을 입법론적으로 제안하고 있다).

정관 변경이나 영업 구역 변경 보고로 전국은행으로 전환이 가능하다고 보기는 어렵다. 별도의 은행업 인가를 받아야 한다고 하는 견해도 있다.[15]

(3) 변경 인가 방안이 타당

그러나 전국은행에서 지방은행으로 변경하는 인가를 받도록 하는 것이 타당할 것이다. 자세히 살펴본다. 지방은행과 전국은행의 큰 차이점은 전국을 영업 구역으로 할 수 있는지 여부이고, 최저 자본금 기준도 차이가 있으며, 동일인 주식 보유 한도 기준도 서로 상이하다. 단순히 정관 변경이나 영업 구역 변경의 보고로 전국은행으로 전환하는 것을 허용해주는 것은 은행업의 중요성에 비추어 보아 합리적이지 않다.

특히 지방은행 제도가 지역 경제의 활성화 등 특별한 목적이 있고, 지방은행의 존재 필요성이 있다는 점을 고려할 때, 금융감독당국의 심사 절차 없이 단순한 정관 변경이나 영업 구역 변경 보고로써 전국은행으로 전환하는 것을 허용해주는 것은 문제가 있다. 그렇다고 하여 새로이 은행업 인가를 받도록 하는 것도 해당 지방은행에게 상당한 부담이고, 전국은행으로 전환하는 것에 대한 특별한 유인이나 이점이 없게 될 수 있다. 특히 새로운 인가를 받도록 하는 경우 기존 지방은행 인가에 대하여 별도의 폐업 인가가 필요한데, 이 경우 기존 지방은행의 법률관계가 전국은행으로 승계되는지에 대한 법적 불확실성이 발생할 수도 있다.

따라서 별도의 새로운 은행업 인가를 받게 하는 것보다는 지방은행으로 인가받은 내용을 전국은행으로 변경하는 인가, 즉 인가 내용의 **변경 인가를 하는 방안**이 적절하다. 이 경우 별도의 지방은행 폐업 인가는 필요 없게 될 것이다. 또한 이 경우에도 여전히 금융감독당국이 전국은행에 적용되는 인가 요건(동일인 주식 보유 한도와 최저 자본금 요건 등)을 심사할 수 있다는 점에서 합리적인 방안이 될 수 있다. 다만 이러한 경우에는 통상적인 경우 적용되는 은행업 인가 심사 기준을 완화 내지 배제하고, 인가 신청 서류도 보다 간소화해서 전환 절차가 용이해지도록 할 필요는 있다. 금융감독당국도 지방은행의 전국은행으로 전환 시 "인가내용의 변경" 인가 방식을 택하는 입장을 취하고 있다.[16]

4. 은행 이외의 금융기관이 은행으로 전환하는 경우

(1) 서설

은행업을 영위하고자 하는 때에는 은행을 신설하는 경우도 있을 수 있지만, 은행이 아닌 **금융기관이 은행으로 전환하여 은행업을 영위**하는 경우가 있을 수 있다. 예를 들어, 증권회사나 상

---

15) 별도의 은행업 인가가 필요하다고 보는 견해는 정순섭(2024), 88면("그러나 은행법 구조상 그 실질은 인가의 변경으로 보아 처리할 수 있을 것이다"라고 하고 있다).

16) 금융위원회·금융감독원(2024), 2면.

호저축은행이 은행으로 전환하는 경우이다. 이 경우 「은행법」에는 전환에 의한 은행업 영위에 대한 규정이 없어서 어떤 절차에 의할 것인지가 문제될 수 있다. 우선 전환에 의한 은행업 영위에 관한 규정이 없기 때문에 결국은 기존에 영위하고 있던 증권업이나 상호저축은행업을 폐지하고 새로이 은행업 영위 인가를 받는 방법을 생각할 수밖에 없다.

(2) 구조개선법에 따른 전환 인가

이와 관련하여 구조개선법 제4조 제1항은 "금융기관[17]이 [구조개선]법에 의한 … 전환을 하고자 할 때에는 미리 금융위원회의 인가를 받아야 한다"라고 규정하고 있어, 구조개선법에 따른 전환 인가를 받아 은행업을 영위하는 방법을 생각할 수 있다.[18] 다만 구조개선법에 의거하여 은행으로 전환하는 인가는 구조개선법 제4조 제1항의 문구 해석상 의무 사항은 아니라고 보는 것이 타당하다. 문언이 "하고자 할 때에는"이라고 되어 있어, 구조개선법에 따른 전환 인가를 반드시 받아야 하는 것으로 볼 것은 아니다. 즉 금융기관이 구조개선법에 따라서 은행으로 전환하는 방법을 선택할 수 있는 것이고, 이 경우에는 구조개선법의 관련 규정이 적용된다고 해석하는 것이 타당하다. 그러나 구조개선법에 따른 전환을 하는 경우에는 구조개선법이 규정하고 있는 여러 가지 혜택(예를 들어, 전환 후 일정기간 동안 전환 전(前) 업무의 영위 허용(제8조 제2항) 등)을 받을 수 있기 때문에 금융기관은 특별한 사정이 없는 한 구조개선법에 따른 전환 인가를 받는 것을 선호할 것이다.

(3) 「은행법」에 따른 별도의 은행업 인가는 불필요

구조개선법에 의거하여 **은행으로 전환하는 인가를 받으면 「은행법」에 따른 은행업 인가를 받은 것으로 '간주'**하기 때문에(구조개선법 제5조 제1항),[19] 「은행법」 제8조에 따른 별도의 은행업 인가를 받을 필요는 없다.

(4) 전환 인가 심사 기준

은행으로 전환하는 인가를 할 때에는 구조개선법이 정하는 인가 심사 기준(제4조 제3항)이 적용되는데, 구체적인 사항은 금융감독당국이 정하도록 위임되어 있다(구조개선법 제4조 제6항).

---

17) 구조개선법이 적용되는 금융기관은 은행, 증권회사, 보험회사, 자산운용회사, 투자자문회사, 신탁회사, 종합금융회사, 상호저축은행, 금융지주회사 등 대부분의 금융기관이 해당된다(제2조 제1호).

18) 구조개선법 제3조는 금융기관이 단독으로 다른 종류의 금융기관으로 전환할 수 있음을 규정하고 있다.

19) 구조개선법 제5조 제1항은 "금융기관이 제4조의 규정에 의한 합병 또는 전환 인가를 받은 경우에는 [해당 금융기간 설립 근거 법률]에 의한 영업, 영업의 폐지 또는 합병에 대한 인가·허가 또는 지정을 받은 것으로 본다"라고 규정하고 있기 때문에, 「은행법」에 따른 은행업 영위에 대한 인가를 받은 것으로 보게 된다.

그런데 위임받은 「은행업감독규정」은 제5조의3 제2항과 [별표 2의4]에서 구체적인 인가 심사 기준을 정하고 있는데, 그 내용은 은행업 인가 심사 기준인 [별표 2의2]를 준용하도록 하고 있으며, 다만 재무건전성 및 주요 출자자에 관한 사항은 합병 인가 심사 기준 중의 하나인 [별표 2의4] 제1호 사목 및 아목을 준용하도록 하고 있다.

그렇다면 구조개선법에 따른 인가 심사 기준 중 일부 사항에 대해서는 구체적인 기준이 규정되어 있지 않은 셈이다. 예를 들어, 구조개선법에 규정된 "금융산업의 합리화, 금융 구조 조정의 촉진 등을 위할 것"이나 "금융산업의 효율화와 신용질서의 유지에 지장이 없을 것" 및 "전환이 금융기관 상호간의 경쟁을 실질적으로 제한하지 아니할 것"이라는 요건(제4조 제2항 제1호 내지 제3호)은 「은행업감독규정」에 규정된 전환 인가 심사 기준에는 구체적으로 규정되어 있지 않다. 이들 심사 기준에 대한 구체적인 기준을 정하는 것이 필요할 것이다. 또한 구조개선법이 정하고 있는 "금융산업의 합리화, 금융 구조 조정의 촉진 등을 위할 것"이라는 요건은 재고할 필요가 있다. 그러한 목적이 아닌 업무 확대나 경쟁력 제고 차원에서 은행으로 전환을 고려하는 금융기관이 있을 수 있기 때문이다.

(5) 전환 인가 절차

구조개선법에 의거하여 은행으로 전환하는 인가를 할 때에는 「은행법」 제8조 제5항(조건의 변경 또는 취소), 제11조의2(예비인가) 및 「은행업감독규정」 제5조 제3항부터 제16항까지 인가 신청 절차에 관한 규정이 적용된다(감독규정 제5조의3 제4항).

5. 은행업 영위 인가 시 동일인 한도 초과 보유 승인 필요 여부

(1) 서설

은행업 영위 인가 요건 중의 하나는 "주주 구성 계획이 [은행법] 제15조, 제15조의3 및 제16조의2에 적합할 것"이다(법 제8조 제2항). 「은행법」 제15조 제3항은 '동일인'이 전국은행의 의결권 있는 주식 10%(지방은행의 경우 15%)를 초과하여 보유하고자 하는 경우에는 금융감독당국의 승인을 얻도록 하고 있다.[20] 은행 설립 인가를 할 때 10%가 넘는 '한도초과보유주주'가 있는 경우 「은행법」 제8조에 따른 은행업 영위 인가 이외에 별도의 「은행법」 제15조 제3항에 따른 한도 초과 보유 승인이 필요한가?

20) 또한 비금융주력자(즉 산업자본)(법 제2조 제1항 제9호)의 경우 전국은행의 의결권 있는 주식 4%까지만 보유할 수 있으며, 예외적으로 4% 초과분에 대하여 의결권을 행사하지 않는 조건으로 재무적 요건 등 일정한 요건을 충족하여 금융위원회의 승인을 얻은 경우에는 10%까지 보유할 수 있는데(법 제16조의2 제1항 및 제2항), 이 경우에도 이하에서 논의하는 쟁점이 같이 적용될 수 있다.

(2) 별도의 한도 초과 보유 승인 필요 여부

별도의 승인이 필요하지 않다는 근거로는 ① 은행업 영위 인가권자와 주식 보유 한도 초과 승인권자가 같다는 점과 ② 은행업 영위 인가 시 주주 구성 계획이 「은행법」 제15조에 적합한지 여부를 심사할 수 있도록 되어 있다는 점을 들 수 있다.[21] 이에 반하여 별도의 승인이 필요하다는 근거로서 ① 은행업 영위 인가는 은행업을 영위하고자 하는 법인에 대한 행정행위인 반면에 은행 주식 보유 한도 초과 승인은 당해 은행을 보유하려는 자(즉 주주)에 대한 행정행위이므로 행정행위의 객체가 다르다는 점과 ② 「은행법」 제16조의4는 '한도초과보유주주'에 대하여 주식 보유 이후에도 매 반기별로 초과 보유 요건을 충족하는지를 심사하도록 규정하고 있는데(사후 적격성 심사), 은행업 인가 시 한도 초과 보유 승인이 필요하지 않다고 보게 되면 해당 주주에 대하여 사후 적격성 심사를 할 수 있는 근거가 없게 되는 결과가 된다는 점을 들 수 있다.[22]

(3) 입법론으로는 한도 초과 보유 승인 필요 없게 할 필요

검토해보면, 은행업 영위 인가로 한도 초과 보유 승인을 갈음한 것으로 볼 여지도 없지 않아 있지만(즉 은행업 영위 인가 시에 주주 구성 계획이 「은행법」 제15조에 적합한지 여부를 심사하기 때문에 은행업 영위 인가를 한다는 것은 「은행법」 제15조에 적합하다고 판단한 것으로 간주할 수 있을 것이다), 명문의 규정이 없는 한 그렇게 해석하기가 쉽지 않다. 따라서 해석상 별도의 한도 초과 보유 승인을 얻어야 한다고 보는 것이 타당하다. 입법론으로 은행업 영위 인가 시 주주 구성 계획에 대한 인가 심사 기준을 충족하는 경우에는 「은행법」 제15조에 따른 한도 초과 보유 승인을 받은 것으로 간주하는 조항을 두어 별도의 승인이 필요 없도록 하는 것이 필요하다.[23]

6. 인가 요건 위반 시 인가 취소 가능 여부

(1) 서설

은행업 인가를 받고 영업을 개시한 후에 ① 인가 신청서 및 첨부서류의 내용이 나중에 허위로 판명되거나 ② 인가 요건이나 인가 조건에 위반하는 경우 인가 취소 사유가 될 수 있는가? 인가 요건 위반의 경우로는 예컨대, 인가 요건을 충족한 영업시설 및 전산체계 등이 나중에 해당 요건을 갖추지 못한 경우나 최저 자본금을 유지하지 못한 경우(「은행법」 제9조는 명시적으로 최저 자본금을 유지해야 한다고 하고 있다)를 들 수 있다.

---

21) 정찬형(집필 대표)(2007), 141면(진홍수 집필 부분).
22) 정찬형(집필 대표)(2007), 141면(진홍수 집필 부분).
23) 같은 주장으로는 정찬형(집필 대표)(2007), 141면(진홍수 집필 부분) 각주 15).

(2) 인가 신청서 및 첨부서류의 내용이 허위인 경우 인가 취소 사유

우선 ①의 경우에는 「은행법」은 이에 관하여 입법적으로 해결하고 있다. 「은행법」 제53조 제2항 제1호는 은행이 "거짓이나 그 밖의 부정한 방법으로 은행업의 인가를 받은 경우"에는 은행업의 인가를 취소할 수 있도록 하고 있다. 한편 신청 서류에 중요 부분을 부정확하게(incorrect) 기재하여 인가를 받은 경우에 그 사유가 "그 밖의 부정한 방법"에 해당하는지는 해석의 여지가 있는데, 인가 취소 여부는 여전히 인가권자의 재량권에 의하여 결정될 것이기 때문에 그렇게 볼 가능성이 있다.[24)]

(3) 인가 요건 위반 시 인가 취소 사유 해당 여부에 대한 규정 명확화 필요

②의 경우 인가 조건에 위반한 경우 인가 취소 사유가 되는 것은 확실한데, 인가 요건에 위반한 경우는 확실하지 않다. 「은행법」 제53조 제2항 제2호는 은행이 "인가 내용 또는 인가 조건을 위반한 경우"에 6개월 이내의 기간 동안 영업 전부 정지 명령이나 은행업 인가를 취소할 수 있도록 하고 있다. 이 경우 '인가 내용'이 무엇을 의미하는지에 대하여 논란의 여지가 있을 수 있다. 넓게 보아 금융감독당국이 인가 요건을 심사했을 때 적용한 요건도 포함하는 것으로 볼 수도 있으나, 단지 인가를 한 내용(예를 들어, 은행업을 영위하도록 한 인가 내용 그 자체)만을 의미하는 것으로 볼 여지도 있다.

그렇다면 인가 요건을 위반하는 경우 인가 취소 사유가 되는지는 명확하지 않은 문제가 있게 된다. 물론 은행이 최저 자본금 등 인가 요건을 유지하지 못한 경우에는 "은행이 [은행]법 또는 [은행]법에 따른 명령이나 처분을 위반하여 예금자 또는 투자자의 이익을 크게 해칠 우려가 있는 경우"로 보아(법 제53조 제2항 제5호) 은행업 인가 취소 사유에 해당한다고 볼 수도 있다.[25)] 그러나 이는 너무 추상적인 규정에 의존하고 있다는 문제점이 지적될 수 있고, 명시적인 규정이 없어서 인가 취소 사유가 될 수 없다는 견해도 제시될 수 있다. 명시적인 규정이 필요하다. 입법론으로는 인가 요건을 위반한 경우 인가 취소가 된다고 하더라도 그 사유는 위반 대상 행위가 중대한 경우로 제한하고, 경미한 사항 위반의 경우에는 금융시장 안정 유지 차원에서 영업 정지나 과태료 등의 경미한 제재를 하는 방안이 바람직하다.[26)]

---

24) 참고로 싱가포르중앙은행법은 승인 신청과 관련하여 제공된 정보가 중요한 부분에 있어서 허위(false)이거나 판단을 그르치게 한(misleading) 경우에는 승인을 취소할 수 있다고 규정하고 있다(The Monetary Authority of Singapore Act, Art. 28(5)(a)).

25) 정순섭(2024), 105면.

26) 같은 주장은 금융감독원(2002), 160면.

<참고 문헌>

고동원, "은행 설립제도의 법·제도적 개선 방향,"「성균관법학」 제20권 제3호, 성균관대학교 법학연구원, 2008. 12.

금융감독원,「신탁업법 해설」, 2002.

________,「금융회사 인허가 매뉴얼」, 2022. 4.

금융위원회·금융감독원, "지방은행의 시중은행 전환시 인가 방식 및 절차," 보도자료, 2024. 1. 30.

박윤흔,「행정법강의(상)」, 박영사, 2002.

이병화,「축조해설 은행법」, 삼우사, 2008.

정순섭,「은행법」 제2판, 지원출판사, 2024.

정찬형(집필 대표),「주석 금융법 I(은행법)」, 한국사법행정학회, 2007.

제3장

은행 주식 보유 한도

제1절

총 설

Ⅰ. 서설

「은행법」의 큰 특징 중의 하나는 은행에 대해서 강한 주식 보유 한도 규제를 하고 있다는 점이다. 특히 '산업자본'이라고 일컬어지는 「은행법」에 정의된 **'비금융주력자'**가 은행의 대주주가 되지 못하도록 강한 규제를 하고 있다. 이것을 **'금산분리'**(金産分離)(즉 금융자본과 산업자본의 분리) 내지 **'은산분리'**(銀産分離)(즉 은행자본과 산업자본의 분리) 규제 정책이라고 한다. 이러한 '은산분리' 규제는 지방은행보다 전국은행에게 더 강하게 적용된다.

은행 주식 보유 한도 규제에 있어서는 의결권 있는 주식을 기준으로 한다. 「은행법」은 '의결권 있는 주식'의 범위에 대하여 정의를 하고 있지 않아 그 범위가 문제될 수 있는데, 「상법」 제344조의3 제1항의 의결권 없는 주식이 제외되는 것은 당연할 것이다. 그런데 「상법」 제344조의3 제1항의 '의결권이 제한되는 주식'(특정 안건에 대해서만 의결권이 없는 주식 또는 특정 안건에만 의결권이 있는 주식)에 대해서는 논란의 여지가 있을 수 있는데, 의결권이 제한되는 주식도 의결권이 '있는' 주식은 아니라는 점에서 의결권 있는 주식의 범위에서 제외된다고 보는 것이 타당할 것이다.

'비금융주력자'는 '동일인' 중 비금융업종 회사의 자본총액이 전체 회사의 자본총액 합계액의 25% 이상이거나 동일인 중 비금융업종 회사의 자산총액 합계액이 2조원 이상인 경우 등에 해당하는 동일인을 말한다(제2조 제1항 제9호). '동일인'의 범위가 중요하므로 뒤에서 자세히 살펴본다.

「은행법」에 따르면, **'비금융주력자가 아닌 동일인'**(즉 '금융주력자'에 해당한다)은 전국은행의 의결권 있는 주식 10%까지는 금융감독당국의 승인 없이 보유할 수 있고(다만 4% 초과인 경우에 금융감독당국에 사후 보고해야 한다), 10% 초과해서 보유하려는 경우에는 일정한 요건을 충족해서 금융감독당국의 승인을 얻어 보유할 수 있는데, 100%까지 보유할 수 있다(법 제15조 제1항 제2항, 제3항). 지방은행의 경우는 그 기준은 15%이다. 즉 15%까지는 아무런 승인 없이 보유할 수 있고, 15%를 초과하는 경우에는 일정한 요건을 충족해서 100%까지 보유할 수 있다(법 제15조 제1항 제2호, 제3항).

'비금융주력자인 동일인'의 경우에는 보다 강한 주식 보유 규제가 적용된다. 전국은행의 경우에는 원칙적으로 의결권 있는 주식 4%까지만 아무런 승인이나 신고 절차 없이 보유할 수 있고, 4% 초과해서 10%까지는 의결권을 행사하지 않는 조건으로 재무건전성 등 일정한 요건을 충족해서 금융감독당국의 승인을 얻어 보유할 수 있다(법 제16조의2 제1항, 제2항). 즉 10%가 최대 보유 한도이다. 다만 금융주력자로 전환하려는 비금융주력자나 비금융주력자에 해당하는 연금(年金)·기금(基金) 등 일정한 경우에는 예외적으로 일정한 요건을 충족하여 금융감독당국의 승인을 얻어 100%까지 보유할 수 있다(법 제16조의2 제3항). 지방은행의 경우에는 15%가 기준이다. 즉 15%까지는 아무런 승인 없이 보유할 수 있다(법 제16조의2 제1항). 15%가 최고 보유 한도이다. 다만 전국은행의 경우와 마찬가지로 금융주력자로 전환하려는 비금융주력자나 비금융주력자에 해당하는 연금·기금 등은 일정한 요건을 충족하여 금융감독당국의 승인을 얻어 15%를 초과해서 보유할 수 있다(법 제16조의2 제3항). 은행 주식 보유 한도 규제는 '은산분리' 정책과 관련하여 중요하게 논의되는 주제 중의 하나이다.

Ⅱ. 규제 연혁[1)]

은행 주식 보유 한도 규제 연혁은 1982년 12월 「은행법」이 개정되면서 은행 주식 보유 한도 규제 제도가 도입된 시점을 기준으로 해서 1980년대 이전과 그 이후, 1990년대 및 2000년대로 나누어 볼 수 있다.

1. 1980년대 이전

1982년 12월 제6차 「은행법」 개정에 의하여 '동일인'[2)]의 은행 주식 보유 한도 제도를 도입하기 전에는 은행 주식 보유 한도 규제는 없었고, 의결권만 10%로 제한하고 있었다. 그 연혁을 살펴보면 다음과 같다. 해방 후 일본인이 소유하였던 은행이 정부에 귀속하게 됨에 따라 정부가 은행을 소유하였으나, 1954년 10월 14일 은행의 민영화를 위하여 「은행귀속주 불하요강(拂下要綱)」이 발표되어, 이에 따라 1957년 2월 민영화가 이루어졌다.[3)] 이 때 조흥은행, 한국

1) 이하는 고동원(2010), 246-253면을 수정·보완한 것이다.
2) '동일인'의 범위는 舊「은행법」 제17조의3 제3항, 舊「은행법 시행령」 제5조. 현행 은행법령에 따른 '동일인'의 범위는 법 제2조 제1항 제8호, 시행령 제1조의4.
3) 이병화(2008), 100면.

상업은행, 한국저축은행(舊 제일은행), 한국흥업은행(舊 한일은행) 등 4개 은행이 민영화되었다.[4] 이후 1961년 5월 군사혁명에 의하여 집권한 군사정부는 1961년 6월 「금융기관에 대한 임시조치법」을 제정하여 은행 대주주의 의결권 행사 범위를 10%로 제한하였고, 1961년 10월 「부정축재처리법」에 따라 대주주인 재벌이 소유하고 있는 은행 주식을 국가로 환수해버렸다.[5] 이로써 은행은 민영화가 된지 약 4년 만에 다시 정부 지배를 받게 되었다.[6] 이후 점차 민영화 과정을 밟아나갔는데, 1980년대 전에는 대주주의 주식 보유 비율이 상대적으로 낮고 경영 성과가 양호한 한국상업은행이 1972년 5월 민영화되었다.[7]

2. 1980년대

1980년대 들어서면서 은행의 경영 자율성을 통한 경영 효율성을 도모하고 더 나아가서 은행의 경쟁력을 높이기 위하여 본격적인 은행 민영화 조치가 취해졌는데, 한일은행이 1981년 7월, 서울신탁은행이 1982년 9월, 제일은행이 1982년 9월, 조흥은행이 1983년 3월 각각 민영화되었다.[8] 이 때 「금융기관에 대한 임시조치법」이 폐지되었으며, 민영화된 은행이 대주주의 사금고화(私金庫化)되는 것을 방지하기 위하여 1982년 12월 31일 제6차 「은행법」 개정(1983년 1월 1일 시행)을 통하여 동일인의 은행 주식 보유 한도 제도를 도입한 것이다(舊 「은행법」 제17조의3).[9]

이에 따르면, 동일인은 전국은행의 의결권 있는 발행 주식 총수의 8%를 초과하는 주식을 소유하거나 사실상 지배하지 못하도록 하였다(舊 「은행법」 제17조의3 제1항 본문). 다만 정부가 주식을 소유하는 경우, 외국인과 합작 투자에 의해 설립된 은행의 주식을 소유하는 경우 및 전국을 영업 구역으로 하지 아니하는 지방은행의 주식을 소유하는 경우 등에 대하여 시행령이 정하는 경우에는 예외가 적용되었다(舊 「은행법」 제17조의3 제1항 단서, 1983년 2월 22일 제정 舊 「은행법 시행령」 제4조). 지방은행에 대해서 주식 보유 한도를 적용하지 않았던 것은 지역 경제 개발 자금의 원활한 지원 등을 위한 것이었다.[10] 동일인이 8%를 초과하는 경우 당해 주식에 대한 의결권 행사는 8%로 제한되었다(舊 「은행법」 제17조의3 제2항). 여기서 왜 8%가 되었는지에 대해 살펴볼 필요가 있는데, 당초 정부안은 10%이었으나[11] 국회 소관 상임위원회인 당시

---

4) 이병화(2008), 100면 각주 28).
5) 이병화(2008), 100~101면; 이상제(2008), 2면.
6) 이병화(2008), 101면.
7) 이병화(2008), 101면 각주 30).
8) 이병화(2008), 101면 각주 30).
9) 이병화(2008), 101면; 이상제(2008), 2면.
10) 한국은행(1999), 76면.
11) 정부안이 당초 10%로 설정한 것은 "안정 주주층의 형성에 의해 상호 견제에 의한 경영이 가능하도록 하고, 「금융기관에 대한 임시조치법」에서 의결권 행사 한도를 10/100으로 제한한 점을 감안[한]" 것으로 파악된다. 국회 재무위원회(1982), 28~29면(이병화(2008), 101면 각주 31)에서 재인용). 10% 설정에 대하여 1982년 11월 당시 재무위원회 수석전문위원 검토보고서에 의하면, "은행의 책임 경영을 보장하

재무위원회의 심의 과정에서 8%로 결정된 것이다(7%나 5%로 설정하자는 소수 의견도 있었다).[12)]

3. 1990년대

1990년대 들어서면서 선진국에 의한 국내 금융시장 개방 요구가 커지고 이에 대응하여 국내 금융산업의 효율성과 경쟁력을 높일 필요성이 커지면서 은행 주식 보유 한도 규제 제도도 변경되었다.[13)] 1990년대는 「은행법 시행령」 개정을 포함해서 크게 네 차례의 큰 제도 변화가 있었다.

(1) 1992년 5월 「은행법 시행령」 개정

1992년 5월 29일 개정된 「은행법 시행령」(1992년 5월 29일 시행)은 종전에 규제가 없던 지방은행에 대한 주식 보유 한도를 15%로 정하였다(舊 「은행법 시행령」 제4조 제2항). 또한 동일인의 범위도 확대되었다. 즉 종전까지 친·인척 위주로 되어 있었던 동일인의 범위가 공정거래법에 따른 대규모기업집단 소속 계열회사 및 그 임원 등으로 확대되었다(舊 「은행법 시행령」 제5조 제6호, 제7호, 제8호).

(2) 1994년 12월 「은행법」 개정(제8차 개정)

1994년 12월 31일 개정된 「은행법」(제8차 개정, 1994년 12월 31일 시행)은 "은행의 소유 지배구조의 다원화를 통해 금융자본을 육성하고 은행의 책임 경영을 확립하여 경쟁력을 강화할 목적으로 순수 금융자본을 육성하는 한편, 산업자본[14)]의 은행 소유는 제한하는 정책으로 전환"하였다.[15)] 이에 따라 '금융전업기업가'가 아닌 동일인의 전국은행 주식 보유 한도를 8%에서 4%로 축소하였으며(舊 「은행법」 제17조의3 제1항 본문),[16)][17)] '금융전업기업가'에 대해서는 전국

는 동시에 군소주주들에 의한 부당한 경영 간섭을 배제할 수 있는 적정 수준에서 이루어져야 함을 강조하고, 5-6대 주주까지 보유한 은행 지분의 합이 평균적으로 40%인 점을 감안할 때 10% 수준의 제한은 적정하다[고]" 하였다(이상제(2008), 2면).

12) 국회 재무위원회(1982), 28~29면(이병화(2008), 101면 각주 31)에서 재인용).

13) 한국은행(1999), 76면; 이상제(2008), 3면.

14) 여기서 '산업자본'이라는 의미는 '금융전업기업가가 아닌 동일인'을 의미할 것이다. 현행 「은행법」에서 쓰이고 있는 '비금융주력자'인 산업자본의 의미는 2002년 4월 「은행법」 개정 시 도입된 것이기 때문이다.

15) 이상제(2008), 3면.

16) 4%로 축소한 이유에 대해서, 1994년 12월 당시 재무위원회 수석전문위원 검토보고서에 따르면, "금융자유화의 진전에 따라 당시 8%의 소유 한도 하에서도 과점주주의 담합 등에 의해 산업자본이 은행을 지배할 가능성과 「상법」상 5% 이상을 소유하면 [주주총회]소집청구권 및 이사해임청구권 등 소수주주권 행사를 통하여 은행 경영을 주도할 가능성 등을 감안할 때 4%가 타당하다는 의견이었다."(이상제(2008), 3면).

17) 여전히 정부가 은행 주식을 소유하는 경우와 합작은행의 경우에는 4% 제한을 받지 않고 은행 주식을 보유할 수 있었다(舊 「은행법」 제17조의4 제1항 제1호, 제2호).

은행의 의결권 있는 발행 주식 총수의 12%까지 보유할 수 있도록 허용하였다(舊「은행법」 제17조의3 제1항 제4호). '금융전업기업가'란 "금융업만 영위하고 대규모기업집단 소속 계열회사 등과 동일인 관계가 아닌 개인으로서 은행감독원장의 승인을 얻은 자"를 말한다(舊「은행법」 제17조의4 제1항, 舊 시행령 제4조의5). 그리고 "경영권의 지배를 목적으로 하지 아니하는 경우로서 대통령령이 정하는 투자가"에 대해서는 전국은행의 의결권 있는 발행 주식 총수의 8%까지 허용하였다(舊「은행법」 제17조의3 제1항 제5호).[18] 또한「금융기관의 합병 및 전환에 관한 법률」[19]에 따라 은행으로 전환한 전국은행인 경우에는 당해 전국은행의 의결권 있는 발행 주식 총수의 8%를 한도로 소유하거나 사실상 지배할 수 있도록 하였다(舊「은행법」 부칙 제2조 제2항).

(3) 1997년 1월「은행법」 개정(제9차 개정)

1997년 1월 13일 개정된「은행법」(제9차 개정, 1997년 1월 13일 시행)은 금융시장 개방에 대비하여 은행 주식 보유 한도 제한을 완화하였다. 이에 따라 금융전업기업가에 대한 12% 보유 한도를 폐지하여 은행감독원장이 승인하는 한도까지 허용하였으며(舊「은행법」 제17조의3 제1항 제4호), 합작은행이나 외국인 현지법인의 경우도 은행감독원장이 승인하는 한도까지 소유할 수 있도록 하였다(舊「은행법」 제17조의3 제1항 제2호, 제3호).

(4) 1998년 1월「은행법」 개정(제11차 개정)

1998년 1월 13일 전면 개정되고 1998년 4월 1일부터 시행된 개정「은행법」(제11차 개정)은 그 동안 실효성이 없었던 '금융전업기업가' 제도를 폐지하였다. '금융전업기업가' 제도를 폐지한 이유는 금융전업기업가 자격 요건의 엄격성으로 인해서(즉 30대 계열 대규모기업집단 관련자가 아닌 금융업만을 영위하는 개인으로 한정하고, 은행 주식 매입 자금을 자기자금으로 조달해야 하는 조건 등) 실제로 금융전업기업가가 출현하지 못하고 결과적으로는 은행 주식 보유 한도 규제만 강화되게 된 문제점이 발생했기 때문이다.[20]

한편 제11차「은행법」 개정은 외국인에 대해서는 은행 주식 보유 한도 규제를 완화하는 조치를 취하였다. 이런 조치를 취한 이유는 1997년 말 발생한 외환위기로 인해서 외국 자본의 유치를 통한 은행 자본 확충이 필요했기 때문이다. 그 내용을 살펴보면, 일정한 요건을 충족하는 외국인(즉 은행업, 증권업, 보험업 및 이에 준하는 업을 영위하는 외국 금융기관이나 그 금융지주회사로서 그 밖의 다른 요건을 충족하는 외국인으로 한정된다. 舊「은행법 시행령」 제5조 제1항, 제2

18) "대통령령이 정하는 기관투자가"는 "법률에 의하여 설치된 기금을 관리·운용하는 법인, [또는] 상장 유가증권에의 투자를 통한 증권시장의 안정을 목적으로 설립된 조합"을 말한다(舊「은행법 시행령」 제4조 제2항 제1호, 제2호).

19) 1997. 1. 13. 전면 개정되면서 법 명칭도「금융산업의 구조개선에 관한 법률」로 변경되었다.

20) 이상제(2008), 4면.

항)에 대해서는 전국은행의 의결권 있는 발행 주식 4%를 초과하여 보유할 수 있도록 허용하였는데, 4% 초과 10%까지 취득할 때에는 금융감독당국에 신고하도록 하고(舊「은행법」 제15조 제2항),[21] 10%, 25%, 33%를 초과할 때마다 금융감독당국의 승인을 받도록 하였다(舊「은행법」 제15조 제3항). 내국인[22]은 외국인의 전국은행 주식 소유 지분율 범위 내에서 외국인의 경우와 동일한 신고·승인 절차를 거쳐 보유할 수 있게 하였다(舊「은행법」 제15조 제4항). 이렇게 외국인에게 유리하게 적용되는 은행 주식 보유 한도 규제 제도는 내국인에 대한 역차별이라는 문제가 제기되었다. 한편 1994년 12월「은행법」 개정에 의해 도입되었던, 은행의 경영권 지배를 목적으로 하지 않는 연금·기금 등 기관투자자가 전국은행의 의결권 있는 주식 8%까지 보유할 수 있도록 한 제도도 폐지되었다.

4. 2000년대

2000년대에는 은행 주식 보유 한도 규제와 관련하여 2002년 4월(2009년 7월 시행) 및 2009년 6월(2009년 10월 시행) 「은행법」 개정을 통하여 두 차례 제도 변화가 있었는데, 은행 주식 보유 한도 규제를 완화하는 방향으로 추진되었다. 2002년 4월 개정된「은행법」은 전국은행의 주식 보유 한도 규제를 종전의 4%에서 10%로 상향 조정하여 완화하는 대신에 산업자본인 '비금융주력자'[23]에 대해서는 4% 한도로 제한하였다. 2009년 6월 개정된「은행법」은 비금융주력자의 전국은행 주식 보유 한도를 4%에서 9%로 상향 조정하는 등 비금융주력자의 전국은행 주식 보유 규제를 완화하였다.

(1) 2002년 4월「은행법」 개정(제20차 개정)

2002년 4월 27일 개정되고 2002년 7월 28일부터 시행된 개정「은행법」(제20차 개정)은 "건전한 금융자본의 출현을 유도하고 은행의 자율 책임 경영을 촉진"[24]하기 위하여 은행 주식 보유 한도 규제를 완화하였으며, 반면에 비금융주력자인 산업자본에 대해서는 규제를 강화하였다. 즉 동일인의 전국은행 주식 보유 한도를 4%에서 10%로 상향 조정하였으며(법 제15조 제1항), 대신에 비금융주력자인 경우에는 특별한 예외가 적용되지 않는 한 4% 한도로 제한하였다(법 제16조의2, 제1항, 제2항, 제3항).

---

21) 「은행법」이 전면 개정되면서 은행 주식 보유 한도 규제에 관한 사항은 법 제15조 내지 제17조에 규정되었다.

22) '내국인'은 당시「외국인투자 및 외자도입에 관한 법률」(1998. 9. 16.「외국인투자촉진법」으로 전면 개정됨) 제2조 제2호 및 제3호에 정의된 "대한민국 국민" 및 "대한민국 법인"을 말하는 것으로서(舊「은행법」 제15조 제4항), "법인"은 비금융기업과 금융기관을 다 포함하는 개념이었다.

23) '비금융주력자'의 정의에 대해서는「은행법」 제2조 제1항 제9호. '비금융주력자'의 개념은 2002년 4월「은행법」 개정 시 최초로 도입된 것이다.

24) 「은행법」 개정 이유, 법제처 사이트(http://www.law.go.kr).

자세히 살펴보면, 비금융주력자를 제외한 동일인은 전국은행의 의결권 있는 발행 주식 총수의 4%까지는 아무런 제한 없이 보유할 수 있도록 하였으며(즉 금융감독당국에 대한 사전 신고나 사후 보고도 필요하지 않는다), 4%를 초과해서 10%까지 보유하는 경우에는 금융감독당국에 대한 사후 보고만 하도록 하였다(법 제15조 제2항). 그리고 동일인이 전국은행의 의결권 있는 발행 주식 총수의 10%를 초과해서 보유하고자 하는 경우는 「은행법」과 시행령이 규정하는 일정한 자격 요건(법 제15조 제5항, 시행령 제5조)을 충족하고 금융감독당국의 승인을 얻어 보유하도록 했다(법 제15조 제3항). 지방은행에 대해서는 비금융주력자가 아닌 동일인은 지방은행의 의결권 있는 발행 주식 총수의 15%까지는 아무런 제한 없이 보유할 수 있도록 하였으며(법 제15조 제1항 제1호), 15%를 초과해서 취득하고자 하는 경우는 「은행법」 및 시행령이 정하는 일정한 자격 요건을 충족해서 금융감독당국의 승인을 얻어 보유하도록 하였다(법 제15조 제3항).

한편 비금융주력자의 경우에는 전국은행의 의결권 있는 발행 주식 총수의 4%까지는 아무런 제한 없이 보유하도록 하였으나(법 제16조의2 제1항), 4%를 초과해서 10%까지 취득하고자 하는 경우는 의결권을 사전에 포기하는 조건으로 해서 「은행법」 및 시행령이 규정하는 일정한 재무건전성 요건[25]을 충족한 후 금융감독당국의 승인을 얻어 보유하도록 하였으며(법 제16조의2 제2항), 예외적인 경우(법 제16조의2 제3항)가 아닌 한 10%를 초과해서 보유할 수 없도록 하였다(법 제16조의2 제2항). 지방은행에 대해서는 비금융주력자는 지방은행의 의결권 있는 발행 주식 총수의 15%까지는 아무런 제한 없이 보유할 수 있도록 하였으나, 예외적인 경우가 아닌 한(법 제16조의2 제3항) 15%를 초과해서 보유할 수는 없도록 하였다(법 제16조의2 제1항).

(2) 2009년 6월 「은행법」 개정

2009년 6월 9일 개정되고 2009년 10월 10일 시행된 개정 「은행법」은 비금융주력자의 전국은행에 대한 주식 보유 한도를 4%에서 9%로 상향 조정하였다(법 제16조의2 제1항). 이러한 법 개정 이유를 정부는 "비금융주력자(산업자본) 등에 대한 은행주식 보유 규제를 해외 입법례 등을 감안하여 완화하[여] … 국내 은행산업의 경쟁력을 제고하려는 것"[26]이라고 설명하고 있다. 이외에도 국민연금 등 공적 연금·기금의 은행 주식 보유 한도 규제를 완화하였으며(법 제16조의2 제3항), 사모투자전문회사(private equity fund: PEF)(현행 기관전용 사모집합투자기구) 등에 대한 비금융주력자 판단 기준을 완화하였고(법 제2조 제1항 제9호), 대신에 은행 대주주에 대한 감독은 강화하는 조치(법 제48조의2, 제65조의3, 제66조)를 취하였다.

---

25) 재무건전성 요건은 부채비율 200% 이하 등이다. 자세한 요건에 대해서는 「은행법 시행령」 제5조 및 [별표 1] 한도초과보유주주의 초과보유요건(제5조 관련) 제1호 가목 및 제3호 가목 내지 다목이 규정하고 있다.

26) 「은행법」 개정 이유, 법제처 사이트(http://www.law.go.kr).

(3) 2013년 8월 「은행법」 개정

2013년 8월 13일 개정되고 2014년 2월 14일부터 시행된 개정 「은행법」은 2009년 개정 「은행법」에 의하여 완화되었던 '은산분리' 제도를 다시 원상 복귀시켰다. 그 이유를 "2009년 규제 완화를 통한 경쟁력 제고를 위하여 금산분리 제도를 완화하였으나, 이는 재벌에게 모든 자본이 집중되는 심각한 경제적 불균형을 초래할 수 있고, 은행의 사금고화 및 이해상충 문제, 대주주인 기업부실의 은행 전이 등으로 인하여 은행의 건전성 및 금융체제 안정성에 부정적 영향을 미칠 우려가 있으므로, 금산분리제도를 다시 강화하려는 것"이라고 설명하고 있다.[27]

그 주요 내용은 비금융주력자(산업자본)의 전국은행 주식 보유 한도를 9%에서 4%로 축소하고(법 제16조의2 제1항), 비금융주력자가 전국은행의 의결권 있는 주식 4%를 초과해서 보유하고자 하는 경우 등에 적용되는 사전 적격성 심사 조항을 삭제하였다(제15조의2 삭제). 또한 투자회사·사모투자전문회사(현행 기관전용 사모집합투자기구)·투자목적회사를 비금융주력자로 판단하는 기준을 다시 강화하였고(법 제2조 제1항 제9호 다목 내지 마목), 사모투자전문회사(현행 기관전용 사모집합투자기구)나 투자목적회사가 전국은행의 의결권 있는 주식 4% 초과해서 보유하고자 하는 경우 등에 적용되는 사전 적격성 심사 조항을 삭제하였다(법 제15조의3 제1항 삭제).

27) 「은행법」 개정 이유, 법제처 사이트(http://www.law.go.kr).

제2절

은행 주식 보유 한도 규제[28)]

Ⅰ. '동일인' 등 주요 개념

1. 동일인의 정의

은행 주식 보유 한도 규제에서 보유 주체인 '동일인'의 범위에 대해 살펴볼 필요가 있는데, '동일인'에 해당하는지 여부에 따라 규제가 달라지기 때문에 그 범위가 중요하다.

(1) 동일인의 범위

1) 개관

「은행법」은 은행 주식 보유 한도 규제의 대상 주체를 판단하는데 있어서 '동일인'이라는 개념을 사용하고 있다. 동일인의 범위는 광범위하고 해석에 있어서도 어려운 부분이 많다. **동일인의 범위는 본인과 그 특수관계인**을 말하는데(법 제2조 제1항 제8호), 특수관계인의 범위는 시행령 제1조의4가 자세히 규정하고 있으며, 본인의 배우자, 6촌 이내의 혈족 및 4촌 이내의 인척(姻戚)뿐만 아니라 계열회사, 더 나아가 "본인과 합의 또는 계약 등으로 의결권을 공동으로 행사하는 자"까지 포함되는 등 상당히 범위가 넓다.

2) 특수관계인의 범위

「은행법 시행령」 제1조의4 제1항이 규정하고 있는 본인과 특수관계에 있는 자(즉 특수관계인)의 범위는 다음과 같다.

1. 배우자, 6촌 이내의 혈족 및 4촌 이내의 인척. 다만, 공정거래법 시행령 제5조 제1항 제2호

28) Ⅳ. 인터넷전문은행의 주식 보유 한도 특례 부분을 제외하고 이하는 고동원(2010), 253~285면을 수정·보완한 것이다.

가목에 따른 독립경영자 및 같은 목에 따라 공정거래위원회가 동일인관련자의 범위로부터 분리를 인정하는 사람은 제외한다.

2. 본인 및 제1호 또는 제4호의 사람이 임원의 과반수를 차지하거나 이들이 제3호 또는 제5호의 자와 합하여 100분의 50 이상을 출연하였거나 이들 중의 1명이 설립자로 되어 있는 비영리법인·조합 또는 단체
3. 본인 및 제1호·제2호·제4호의 자가 의결권 있는 발행주식 총수(지분을 포함한다. 이하 같다)의 100분의 30 이상을 소유하고 있거나 이들이 최다수 주식소유자로서 경영에 참여하고 있는 회사
4. 본인, 제2호 또는 제3호의 자에게 고용된 사람(사용자가 법인·조합 또는 단체인 경우에는 임원을 말하고, 개인인 경우에는 상업사용인, 고용계약에 따라 고용된 사람 또는 그 개인의 금전이나 재산으로 생계를 유지하는 사람을 말한다)
5. 본인 및 제1호부터 제4호까지의 자가 의결권 있는 발행주식 총수의 100분의 30 이상을 소유하고 있거나 이들이 최다수 주식소유자로서 경영에 참여하고 있는 회사
6. 본인이 공정거래법 제2조 제11호에 따른 기업집단(이하 "기업집단"이라 한다)을 지배하는 자(이하 "계열주"라 한다)인 경우에 그가 지배하는 기업집단에 속하는 회사(계열주가 단독으로 또는 공정거래법 시행령 제4조 제1호 각 목의 어느 하나 및 같은 조 제2호 각 목의 어느 하나에 해당하는 관계에 있는 자와 합하여 같은 조 제1호 및 제2호의 요건에 해당하는 외국법인을 포함한다. 이하 이 조에서 같다) 및 그 회사의 임원
7. 본인이 계열주와 제1호 또는 제2호에 따른 관계에 있는 자이거나 계열주가 지배하는 기업집단에 속하는 회사의 임원인 경우에 그 계열주가 지배하는 기업집단에 속하는 회사 및 그 회사의 임원
8. 본인이 기업집단에 속하는 회사인 경우에 그 회사와 같은 기업집단에 속하는 회사 및 그 회사의 임원
9. 본인 또는 제1호부터 제8호까지의 자와 합의 또는 계약 등으로 은행의 발행주식에 대한 의결권(의결권의 행사를 지시할 수 있는 권한을 포함한다)을 공동으로 행사하는 자

(2) 동일인의 범위에서 제외되는 자

「은행법 시행령」 제1조의4 제2항은 다음 3가지 경우에 해당하는 자를 동일인의 범위에서 제외하고 있다.[29)]

첫째, 「사회기반시설에 대한 민간투자법」 제8조의2에 따라 주무관청의 지정을 받은 민간투자 대상 사업을 경영하는 회사[30)]는 동일인의 범위에서 제외된다. 다만 「국가재정법」 제5조

29) 첫 번째와 두 번째는 2008. 12. 3. 「은행법 시행령」 개정 시 추가된 것이고, 세 번째는 2009. 10. 9. 「은행법 시행령」 개정 시 추가된 것이다.

30) 「사회기반시설에 대한 민간투자법」에 따른 '사업시행자'를 말하는데, 사회기반시설 사업을 영위하기 위한 특수목적회사(special purpose company: SPC)이다.

에 따른 기금 또는 그 기금을 관리·운용하는 법인(법률에 따라 기금의 관리·운용을 위탁받은 법인 포함한다)이 포함된 동일인이 아닌 경우에는 「조세특례제한법」 제104조의31 제1항에 해당하는 회사[31]만 제외된다.

둘째, 은행 또는 은행지주회사의 자회사, 손자회사 및 증손회사인 금융기관[32]이 「기업구조조정 촉진법」이나 채무자회생파산법에 따른 기업 구조 조정이나 기업 회생을 위하여 출자 전환 등으로 다른 회사의 주식을 취득하는 경우(이에 준하는 경우를 포함한다) 그 다른 회사가 제외된다.

셋째, 「은행법」 제37조 제2항에 따른 은행의 자회사인 기관전용 사모집합투자기구 또는 은행지주회사의 자회사, 손자회사 또는 증손회사인 기관전용 사모집합투자기구가 투자한 기업의 가치를 높여 그 수익을 사원에게 배분하기 위한 목적으로 다른 회사의 주식을 취득한 경우 그 다른 회사도 제외된다.

이렇게 제외 사유를 둔 이유는 자산운용 투자 목적이나 기업 구조 조정 목적으로 투자한 회사가 동일인의 범위에 들어옴으로써 비금융주력자로 판단될 가능성이 커지게 되는데(투자 대상인 회사가 주로 비금융회사이기 때문이다) 이 경우 의도하지 않게 비금융주력자가 되는 불합리를 해소하기 위한 것이다.

특히 첫 번째의 경우, 국민연금 등 연금·기금이 투자 목적으로 민간투자 대상 사업을 영위하는 회사[33]에 투자하게 되는 경우가 많아 비금융주력자가 될 가능성이 많고, 이렇게 되면 은행 주식 보유 한도에 제한을 받게 되는데, 민간투자 대상 사업을 영위하는 회사를 동일인의 범위에서 제외시켜 연금·기금이 비금융주력자에 해당될 가능성을 줄인 것이다.

두 번째의 경우에는 채권금융기관인 은행이 부실기업 정리를 위하여 출자 전환을 한 경우, 그 기업을 포함한 다른 비금융회사의 자산 총액이 2조원이 넘게 되는 경우에는 출자 전환을 한 주식을 보유한 채권금융기관도 비금융주력자의 범위에 포함되는 문제점을 해소하기 위한 것이다.

세 번째의 경우에도 기관전용 사모집합투자기구가 다른 회사의 경영권 참여나 사업 구조 등의 개선을 위하여 투자하는 투자기구(investment vehicle)라는 점을 고려하여 예외 조항을 둔 것이다.

---

31) 특수목적회사(SPC)인 '프로젝트금융투자회사'를 말하며, 법인세·취득세·등록세 감면 등 여러 가지 세제 혜택이 부여된다.

32) 「금융지주회사법」 제2조 제1항 제1호에 따른 '금융기관'으로서 이는 통계청장이 고시하는 '한국표준산업분류'에 의한 '금융 및 보험업'을 영위하는 회사를 포함하는데(「금융지주회사법 시행령」 제2조 제1항), 그 범위는 상당히 넓다.

33) 이러한 회사의 예로는 건설－이전－운영(Build－Transfer－Operate: BTO) 방식이나 건설－이전－임차(Build－Transfer－Lease: BTL) 방식으로 행해지는 민간투자 대상 사업 영위 회사가 해당될 수 있다(금융위원회(2008. 10. 13), 4면).

(3) 동일인의 범위 관련 해석 쟁점

동일인의 범위 해석과 관련하여 유의해야 할 것은 판단 기준이 되는 자가 '본인'이라는 점이다. 2002년 4월 「은행법」 개정 전에는 "주주 1인"이라고 하고 있었지만, 현행 「은행법」은 '본인'이라고 하고 있어서 주주가 아니더라도 무방하다고 보아야 할 것이다. 예를 들면, 공정거래법에 따른 기업집단(법 제2조 제11호)을 지배하는 자(즉 계열주)(「은행법 시행령」 제1조의4 제6호)가 본인인 경우에 비록 계열주가 은행 주식을 보유하고 있지 않더라도 그 계열주를 중심으로 하여 동일인 범위를 판단하게 된다.

한편 「은행법」에 따른 '동일인'은 공정거래법에 따른 '동일인'과 다르다. 공정거래법에 따른 '동일인'은 지배구조의 정점에 있는 회사 또는 '계열주'를 말하는데 비해(법 제2조 제11호, 시행령 제4조) 「은행법」에 따른 '동일인'은 그러한 의미로 쓰이지 않고 본인 및 그 특수관계인을 포함하는 넓은 범위로 쓰이고 있다. 그리고 「은행법」에 따른 '동일인'의 범위는 공정거래법에 따른 '기업집단'(법 제2조 제11호)의 범위보다도 훨씬 넓다.

또한 공정거래법에서는 기업집단의 범위 판단에 있어서 그 기업집단을 지배하는 '동일인'을 정점으로 해서 판단하기 때문에 그 기준이 명확한 반면에, 「은행법」에서는 본인을 기준으로 하기는 하나 본인을 누구로 정하는 지에 대하여 확실한 정함이 없어 불분명한 점이 있다. 따라서 누구를 본인으로 지정하는지에 따라 특수관계인의 범위가 달라질 수 있다. 예를 들어, 특수관계인의 범위에서 시행령 제1조의4 제1항의 제6호에 규정된 본인을 기업집단의 계열주로 하는 경우와 제8호에 규정된 본인을 기업집단에 속하는 회사로 하는 경우는 그 범위에 차이가 있을 수 있다.

특히 제9호의 특수관계인은 유념해야 할 항목이다. "합의 또는 계약 등에 의하여 의결권(의결권의 행사를 지시할 수 있는 권한을 포함)을 공동으로 행사하는 자"의 범위와 관련한 해석상의 문제가 대두될 수 있다. 예를 들어, '합의'의 범위에 묵시적 합의도 포함할 수 있는지에 대한 해석상의 쟁점이 있을 수 있다.

2. '보유'의 정의

「은행법」은 주식 '소유' 대신에 **'보유'**라는 개념을 사용하고 있다. 즉 '보유'를 "**동일인이 자기 또는 타인의 명의로 주식을 소유하거나 계약 등에 의하여 의결권을 가지는 것**"이라고 하여(법 제2조 제1항 제9호 다목), '소유'보다 넓은 개념으로 쓰고 있다. 2002년 4월 「은행법」 개정 전에는 '보유'의 정의를 "주식을 소유하거나 사실상 지배(동일인이 자기 또는 타인의 명의로 소유하거나 담합에 의하여 의결권을 행사하는 것을 포함)하는 것"으로 하고 있었다(舊 「은행법」 제15조 제1항). 현행 「은행법」은 '사실상 지배'라는 용어를 쓰지 않으면서 '담합' 대신에 '계약 등'이라는 용어로 대체하고 있는데, 그 내용은 개정 전과 크게 다르지 않다고 볼 수 있다.

"타인의 명의로 주식을 소유"하는 경우의 예는 투자기구(investment vehicle)를 이용하여 은행 주식을 소유하는 경우를 들 수 있다. 예를 들어, 조세피난처에 설립된 특수목적회사(special purpose company: SPC)인 투자기구가 은행 주식을 소유하고 있는 경우에는 그러한 투자기구에 출자하고 지배하고 있는 자가 타인(즉 투자기구)의 명의로 은행 주식을 보유하고 있다고 볼 수 있다. 또한 특정금전신탁을 통하여 은행 주식을 소유하고 있는 경우에도 위탁자인 실질 수익자가 타인(즉 수탁자)의 명의로 은행 주식을 보유하는 것으로 볼 수 있다. 위탁자가 운용 지시를 하는 특정금전신탁의 특성상 비록 수탁자가 주식 소유 명의자가 되지만 수익자인 위탁자가 실질적으로 주식을 소유하고 있다고 볼 수 있기 때문이다. "계약 등에 의하여 의결권을 가지는 것"은 질권(質權)이 설정된 은행 주식의 질권자가 질권설정자와 체결한 계약에 의하여 의결권을 갖게 되는 경우[34]를 생각할 수 있다.

3. 비금융주력자의 정의

(1) 서설

「은행법」은 '**비금융주력자**'인지 여부에 따라 은행 주식 보유 한도 규제의 차이를 두고 있기 때문에 비금융주력자의 범위를 잘 알아둘 필요가 있다. 「은행법」은 '비금융주력자'를 다음과 같이 5가지 유형으로 구분하고 있다(법 제2조 제1항 제9호). 즉 아래 5가지 유형 중 어느 하나에 해당하면 비금융주력자가 된다. 다만 일정한 요건을 충족하는 외국 은행이나 그 은행지주회사가 소유하고 있는 '외국법인'은 비금융주력자 해당 여부를 판단할 때 동일인의 범위에서 제외된다(법 제16조의5).

(2) 비금융주력자의 범위

1) 비금융회사의 자본총액이 전체 회사 자본총액의 25% 이상인 경우

첫째는 동일인 중 '비금융회사'의 자본총액(자산총액－부채총액)의 합계액이 당해 동일인 중 회사인 자의 자본총액 합계액의 25% 이상인 경우의 당해 동일인이 비금융주력자에 해당된다(법 제2조 제1항 제9호 가목). '회사'만 해당하기 때문에 개인 주주는 제외된다. 비금융회사는 "「은행법 시행령」이 정하는 금융업이 아닌 업종을 영위하는 회사"를 말하는데(제2조 제1항 제9호 가목), "「은행법 시행령」이 정하는 금융업"은 "① 「통계법」 제17조 제1항에 의하여 통계청장이 고시하는 한국표준산업분류에 의한 금융 및 보험업이나, ② (i) 금융 및 보험업을 영위하는 회사에 대한 전산·정보 처리 등 용역을 제공하거나, (ii) 금융 및 보험업을 영위하는 회사가 보유한 부동산 기타 자산의 관리를 하거나, (iii) 금융 및 보험업과 관련된 조사·연구를 하거나,

34) 그러한 계약이 없는 경우에는 질권설정자가 의결권을 행사할 수 있다(대법원 1992. 5. 12. 선고 90다8862 판결).

(iv) 그 밖에 금융업을 영위하는 회사의 고유 업무와 직접 관련되는 업무"를 말한다(시행령 제1조의5 제1항).

2) 비금융회사의 자산총액이 2조원 이상인 동일인

둘째는 동일인 중 비금융회사인 자의 자산총액의 합계액이 2조 원 이상으로서 시행령이 정하는 금액 이상의 경우의 당해 동일인이 비금융주력자에 해당된다(법 제2조 제1항 제9호 나목). 「은행법 시행령」에 따른 금액은 2조원이다(제1조의5 제2항).

3) 일정한 요건에 해당하는 투자회사

셋째는 위의 첫 번째 또는 두 번째에 해당하는 비금융주력자가 자본시장법에 따른 '투자회사'[35]의 발행 주식 총수의 4%를 초과하여 주식을 보유하는 경우의 당해 투자회사가 비금융주력자에 해당된다(법 제2조 제1항 제9호 다목).

4) 일정한 요건에 해당하는 기관전용 사모집합투자기구

넷째는 일정한 요건에 해당하는 기관전용 사모집합투자기구도 비금융주력자에 해당하는데, 그 경우는 다음의 3가지이다.

① 위의 첫째, 둘째, 셋째에 해당하는 비금융주력자가 기관전용 사모집합투자기구 출자총액의 10% 이상 지분을 보유하는 유한책임사원(Limited Partner: LP)이 되는 경우(이 경우 지분 계산에 있어서 해당 사원과 다른 유한책임사원으로서 해당 사원의 특수관계인의 지분을 포함한다)에 그 기관전용 사모집합투자기구는 비금융주력자에 해당된다(법 제2조 제1항 제9호 라목 1)).

② 위의 첫째, 둘째, 셋째에 해당하는 비금융주력자가 기관전용 사모집합투자기구의 무한책임사원(General Partner: GP)이 되는 경우에 그 기관전용 사모집합투자기구는 비금융주력자에 해당된다(제2조 제1항 제9호 라목 2) 본문). 다만 위의 첫째, 둘째, 셋째의 비금융주력자에 해당하지 아니하는 무한책임사원이 다른 기관전용 사모집합투자기구를 통하여 비금융회사의 주식 또는 지분에 투자함으로써 위의 첫째, 둘째, 셋째의 어느 하나에 해당하게 된 경우로서 해당 기관전용 사모집합투자기구의 유한책임사원(해당 사원과 다른 유한책임사원으로서 해당 사원의 특수관계인을 포함한다)이 그 다른 기관전용 사모집합투자기구에 출자하지 아니한 경우에는 이를 제외한다(제2조 제1항 제9호 라목 2) 단서).

③ 다른 상호출자제한기업집단[36]에 속하는 각각의 계열회사[37]가 취득한 기관전용 사모집합투자기구 지분의 합계가 당해 기관전용 사모집합투자기구 출자총액의 30% 이상인 경우의

---

35) "「상법」에 따른 주식회사 형태의 집합투자기구"를 말한다(자본시장법 제9조 제18항 제2호).

36) 공정거래법에 따른 상호출자제한기업집단을 말하는데(「은행법」 제2조 제1항 제9호 라목 3)), 상호출자제한기업집단은 동일한 기업집단에 속하는 전체 국내 계열회사 자산총액이 5조원 이상인 기업집단으로서 자산총액이 국내총생산액의 1천분의 5에 해당하는 금액 이상인 기업집단을 말한다(공정거래법 제31조, 시행령 제38조).

37) 공정거래법 제2조 제12호에 따른 계열회사를 말한다(「은행법」 제2조 제1항 제9호 라목 3)).

그 당해 기관전용 사모집합투자기구는 비금융주력자에 해당된다(법 제2조 제1항 제9호 라목 3)).

5) 일정한 요건에 해당하는 투자목적회사

다섯째는 위의 비금융주력자에 해당하는 기관전용 사모집합투자기구(자본시장법 제249조의13 제1항 제3호 나목 또는 다목에 따라 투자목적회사의 주식 또는 지분을 취득한 자 중 위의 첫째, 둘째, 셋째의 어느 하나에 해당하는 비금융주력자를 포함한다)가 자본시장법에 따른 투자목적회사의 주식 또는 지분의 4%를 초과하여 취득·보유하거나 임원의 임면 등 주요 경영 사항에 대하여 사실상의 영향력을 행사하는 경우의 해당 투자목적회사도 비금융주력자에 해당한다(법 제2조 제1항 제9호 마목).

(3) 외국회사에도 적용되는지 여부

비금융주력자의 정의와 관련하여 중요한 쟁점은 외국회사에게도 적용되는지에 관한 것이다. 외국인 투자와 관련하여 외국회사도 비금융주력자에 해당하는지가 문제가 될 수 있기 때문이다.[38] 실무적으로는 금융감독당국이 외국회사들에 대하여도 비금융주력자에 해당하는지 여부에 대한 자료 제출을 요구하는 점을 보면 외국회사들도 비금융주력자의 정의에 해당하는 것으로 보고 있는 것으로 판단된다.[39] 다만 아래 (4)와 같은 예외가 있다. 입법론으로는 비금융주력자의 정의에 외국회사들도 포함된다는 것을 명시하는 것이 바람직하다.

(4) 외국은행이나 그 은행지주회사가 지분을 보유하는 외국법인은 비금융주력자 판단 시 동일인의 범위에서 제외

1) 개관

「은행법」 제16조의5는 일정한 요건을 충족하는 외국은행이나 그 은행지주회사가 소유하고 있는 외국법인의 자산이나 자본을 비금융주력자 해당 여부를 판단할 때 동일인의 범위에서 제외시켜주고 있다. 2009년 6월 「은행법」을 개정할 때 추가된 것이다. 이는 외국은행이나 그 은행지주회사가 투자은행 업무 등 금융업을 영위하는 과정에서 비금융회사의 주식을 보유하는 경우에 비금융주력자로 간주될 가능성이 있어 이를 해결하기 위한 것이다.[40] 관련하여 금융위원회는 "우리나라 금융당국이 동일인 관계에 있는 해외 유수의 은행그룹 계열사를 모두 조사하는 것은 현실적인 한계가 있고, 외국은행이 해외 비금융회사를 지배하여 발생하는 부작용 문제는 해당 국가 금융감독 시스템에 의해 방지되고 있어"[41] 예외 조치를 취했다고 한다.

38) 2003년 9월 한국외환은행을 인수한 론스타(Lone Star) 사모집합투자기구가 비금융주력자에 해당한다고 하면 「은행법」 제16조의2가 적용되어 한국외환은행의 의결권 있는 발행주식 총수의 51%를 취득할 수 없었을 것이다.

39) 고동원(2008a), 138면.

40) 고동원(2008b), 215면.

2) 요건

요건을 살펴보면 다음과 같다. 「은행법」 제16조의5 제1항은 "외국에서 은행업을 주로 영위하는 회사 또는 해당 법인의 지주회사"가 일정한 요건을 충족하는 경우에는 해당 은행 또는 그 은행지주회사가 "직접적·간접적으로 주식 또는 출자지분을 보유하는 외국 법인으로서 외국법에 따라 설립된 법인(또는 이에 준하는 것으로서 금융위원회가 인정하는 단체·조합 등을 포함한다)"을 동일인의 범위에서 제외시킬 수 있도록 하고 있다. 다만 외국법인이 해당 외국은행이나 은행지주회사가 보유하는 국내 은행의 주식을 직·간접적으로 보유하는 경우에는 동일인의 범위에서 제외시킬 수 없다(법 제16조의5 제1항 단서). 이러한 혜택을 누릴 수 있는 외국은행이나 그 은행지주회사는 외국 감독기관으로부터 감독을 받아야 하는 등의 엄격한 일정 요건[42]을 충족하여야 한다. 따라서 이러한 엄격한 요건을 충족하는 외국은행이나 그 은행지주회사에 대해서만 예외가 인정되므로 해당 국가의 관련 법률에 따라 인가 등을 받은 은행이나 은행지주회사만 해당될 것이다.

3) 해석 관련 쟁점

「은행법」 제16조의5의 해석과 관련하여 몇 가지 쟁점이 되는 사항을 정리하면 다음과 같다. 우선 동일인의 범위에서 제외되는 '외국법인'은 '비금융법인'뿐만 아니라 '금융법인'도 다 포함될 것이다.[43] 그 이유는 조문이 단지 '외국법인'이라고 하고 있기 때문에 해석상 그렇게 보아야 할 것이다. '외국법인'만을 말하므로 외국은행이나 그 은행지주회사가 '국내법인'의 주식을 보유하는 경우는 예외 적용 대상에서 제외된다. 외국법인의 형태와 관련해서는, '출자지분'을 포함하고 있기 때문에 주식회사 이외의 다른 회사 형태도 포함되며, 이외에도 '단체·조합'을 포함하고 있으므로 회사 형태가 아닌 조합(partnership)도 범위에 포함된다.[44] 외국은행이나 그 은행지주회사가 "직접적·간접적으로 주식 또는 출자지분을 보유하는 외국 법인"만을 의미하므로(법 제16조의5) 그러한 외국은행이나 그 은행지주회사의 대주주나 그 대주주가 소유하고 있는 외국법인은 예외 적용 대상에서 제외된다.[45]

---

41) 금융위원회(2008. 10. 13), 2면.

42) 즉 (i) 자산총액, 영업 규모 등에 비추어 국제적 영업 활동에 적합하고 국제적 신인도가 높아야 하고, (ii) 해당 외국의 금융감독기관으로부터 해당 외국 은행이나 은행지주회사의 건전성 등과 관련한 감독을 충분히 받아야 하며, (iii) 금융위원회가 해당 외국 금융감독당국과 정보 교환 등 업무 협조 관계에 있어야 한다(법 제16조의5 제1항 제1호, 제2호, 제3호).

43) 금융위원회도 같은 입장이다(금융위원회(2008. 10. 13), 8면).

44) 고동원(2008b), 217면.

45) 고동원(2008b), 217면; 금융위원회도 같은 입장이다(금융위원회(2008. 10. 13), 8면).

4. 의결권 있는 주식의 범위

(1) 서설

은행 주식 보유 한도 규제에서 그 규제 대상이 되는 주식은 의결권 있는 주식이다. 「은행법」이 “의결권 있는 발행주식총수”라고 규정하고 있기 때문이다(법 제15조). 은행 주식 보유 한도 규제의 취지가 은행 주식 보유를 통해서 은행 경영에 영향력을 행사하는지 여부를 판단하겠다는 것이므로 의결권 있는 주식을 규제 기준으로 삼는 것은 타당하다. 따라서 은행 주식 보유 비율을 계산할 때는 의결권 있는 주식만 분모와 분자에 포함하게 된다.

(2) 의결권 없는 주식은 제외

의결권 있는 주식의 범위에 「상법」에 따른 의결권 없는 주식(「상법」 제344조의3 제1항)이 제외되는 것은 확실하다.

(3) 의결권이 제한되는 주식의 포함 여부

그런데 판단하기가 어려운 것이 「상법」에 따른 의결권이 제한되는 주식(「상법」 제343조의3 제1항)이다. 일정한 안건에 대해서만 의결권이 없는 주식(예를 들어, 이사 선임 시에만 의결권이 없는 주식)이거나 일정한 안건에 대해서만 의결권이 있는 주식(예를 들어, 이사 선임 시에만 의결권이 있고 나머지 안건에 대해서는 의결권이 없는 주식)을 말한다. 검토해보면, **의결권이 제한되는 주식도** 비록 일부 안건에 한정하기는 하지만 의결권이 ‘있는’ 주식은 아니라는 점에서 **의결권이 없는 주식으로 분류하는 것이 타당**하다고 판단된다. 그러나 명확한 규정을 두는 것이 필요하다.

(3) 상호주 및 자기주식의 포함 여부

「상법」에 따라 의결권이 없는 주식인 상호주(「상법」 제369조 제3항)[46]와 회사가 가진 자기주식(「상법」 제369조 제2항)은 의결권 있는 주식의 범위에 포함되어야 한다고 보아야 하는가? 이에 대해서 금융감독당국은 “자기주식 및 상호주식은 발행 당시부터 의결권이 없는 주식이 아니며, 「상법」 제369조에 따라 의결권 행사가 제한되는 주식에 해당”하기 때문에 **자기주식 및 상호주식도 의결권 있는 주식의 범위에 포함**된다고 보고 있다.[47]

---

46) 제369조(의결권) ③ 회사, 모회사 및 자회사 또는 자회사가 다른 회사의 발행주식의 총수의 10분의 1을 초과하는 주식을 가지고 있는 경우 그 다른 회사가 가지고 있는 회사 또는 모회사의 주식은 의결권이 없다

47) 금융위원회 법령회신문(200394)(2022. 2. 22), <금융위원회 금융규제·법령해석포탈에서 검색>.

(4) 특별이해관계인의 주식 포함 여부

주주총회의 결의에 대하여 특별한 이해관계가 있는 자는 의결권을 행사하지 못하는데(「상법」 제368조 제3항), 이러한 특별이해관계인이 갖고 있는 주식은 일시적으로 의결권이 제한되는 것이기 때문에 의결권이 있는 주식의 범위에 포함된다고 보아야 할 것이다.

Ⅱ. 전국은행 주식의 보유 한도 규제

동일인이 비금융주력자인지 아니면 금융주력자인지 여부에 따라 은행 주식 보유 한도 규제가 달라지므로 나누어서 살펴본다.

1. 금융주력자인 동일인의 경우

(1) 원칙: 주식 보유 한도는 10%

'비금융주력자가 아닌 동일인'(즉 '금융주력자'인 동일인)은 금융감독당국의 승인 없이도 전국은행의 의결권 있는 발행 주식 총수의 10%까지 보유할 수 있으며, 10% 초과하여 보유하고자 하는 경우에는 일정한 요건을 충족하여 금융감독당국의 승인을 얻어야 한다(법 제15조).

1) 4%까지는 보고·신고나 승인을 필요로 하지 않음

금융주력자인 동일인이 전국은행의 의결권 있는 발행 주식 총수의 4%까지 보유하려고 하는 경우 금융감독당국에 대한 아무런 신고나 보고를 할 필요가 없으며, 금융감독당국으로부터 승인을 받을 필요도 없다(법 제15조 제1항, 제2항 제1호).

2) 4% 초과 10%까지는 금융감독당국에 대한 사후 보고

금융주력자인 동일인이 전국은행의 의결권 있는 발행 주식 총수의 4%를 초과하여 10%까지 보유한 경우에는 보유 후 5영업일 이내에 금융감독당국에 사후 보고하여야 한다(법 제15조 제2항 제1호, 시행령 제4조의2 제3항). 그러나 정부, 예금보험공사 또는 한국산업은행(구조개선법에 따라 설치된 '금융안정기금'의 부담으로 은행의 주식을 취득하는 경우로 한정된다)이 전국은행의 의결권 있는 발행 주식 총수의 4%를 초과하여 10%까지 보유하는 경우에는 사후 보고 의무는 적용되지 않는다(법 제15조 제2항 본문, 시행령 제4조의2 제1항 제1호 내지 제3호).

한편 은행지주회사가 전국은행의 의결권 있는 발행 주식 총수의 4%를 초과하여 10%까지 보유하는 경우(실제로는 5%까지이다. 그 이유는 「금융지주회사법」에 따라 은행지주회사는 자회사가 아닌 회사의 발행주식 총수의 5%까지만 보유할 수 있기 때문이다)(「금융지주회사법」 제44조)에 사후 보고 의무가 적용되는지 여부에 대해서는 명시적인 규정이 없어서 논란이 있을 수 있지만, 사후 보고 의무가 적용되지 않는다고 보는 것이 타당하다.

그리고 전국은행의 의결권 있는 발행 주식 총수의 4%를 초과하여 10%까지 취득하고 있는 동일인이 당해 은행의 최대주주가 된 때 또는 그 주식 보유 비율이 해당 전국은행의 의결권 있는 발행 주식 총수의 1% 이상 변동된 때에도 금융감독당국에 사후 보고하여야 한다(법 제15조 제2항 제2호, 제3호).

보고 시기와 관련하여 「은행법 시행령」 제4조의2 제3항은 "보고 사유에 해당되게 된 날로부터 5영업일 이내에 … 금융위원회에 보고"하도록 하고 있어, 영업일을 기준으로 하고 있다. 또한 「은행법 시행령」 제4조의2 제3항은 "동일인이 주식을 취득하거나 매각하지 아니하였음에도 불구하고 보고 사유에 해당하게 된 경우에[도]" 금융감독당국에 보고하도록 하고 있는데, 이에 해당하는 예로는 ① 주식 소각, ② 주주 배정 유상 증자(增資)를 할 때 실권되는 경우, 또는 ③ 다른 자가 보유하고 있는 전환사채의 전환 등에 의하여 동일인이 보유하고 있는 주식의 비율이 변동되는 경우를 들 수 있을 것이다.[48)]

(2) 예외: 10% 초과하여 보유할 수 있는 3가지 경우

위의 10% 보유 한도를 초과하여 전국은행의 의결권 있는 주식을 취득할 수 있는 경우는 다음의 3가지이다. 즉 ① 정부 또는 예금보험공사가 전국은행 주식을 보유하는 경우, ② 은행지주회사가 전국은행 주식을 보유하는 경우, ③ 금융감독당국의 승인을 받아 전국은행의 주식 10% 초과 보유하는 경우이다. 이하에서 자세히 살펴본다.

1) 정부 또는 예금보험공사가 전국은행 주식을 보유하는 경우

정부나 예금보험공사가 전국은행의 의결권 있는 주식을 취득하는 경우에는 위의 10% 주식 보유 한도가 적용되지 않는다(법 제15조 제1항 제1호). 즉 정부나 예금보험공사는 금융감독당국의 승인 없이 전국은행의 의결권 있는 발행주식 총수의 100%까지 보유할 수 있다. 여기서 다음과 같은 쟁점을 생각해볼 필요가 있다.

가) 정부의 범위에 지방정부도 포함되는지 여부

정부가 중앙정부를 의미하는 것으로 이해하는 것은 정확하다. 그런데 지방자치단체인 지방정부도 포함되는가? 논란의 여지가 있다. 중앙정부에 한한다는 견해가 있을 수 반면에 지방정부도 포함한다는 견해도 있을 수 있다. 사실 이 조항은 정부나 예금보험공사가 부실은행에 대하여 공적 자금을 투입하여 주식을 취득할 때 적용하기 위해서 규정된 것이라고 할 수 있다. 긴급성과 불가피성이 있다는 점에서 금융감독당국의 승인 절차를 요하는 것은 합리적이지 않다는 생각에서 나온 것이라고 이해할 수 있다. 이런 취지를 고려할 때 지방정부는 제외된다고 해석하는 것이 타당할 수 있다. 지방자치단체인 경우에는 지방자치단체가 출자한 공기업을 포함하여 금융주력자인지 비금융주력자인지 여부를 판단하여 보유 한도를 정해야 한다. 그런데 지방정부도 정부의 범위에 포함된다고 보면, 지방은행 설립과 관련하여 지방자치단체가 지방

48) 고동원(2008a), 126면.

은행에 출자하는 경우 한도 제한 없이 출자할 수 있는 길이 열리게 된다. 그런데 부실은행에 대한 공적 자금 투입의 사유가 아닌데 금융감독당국의 승인 없이 한도 초과 보유를 허용할지 여부는 고민할 필요가 있다. 하여튼 입법적으로 해결해야 할 것이다.

나) 한국산업은행이 금융안정기금으로 전국은행의 주식 취득하는 경우

「은행법 시행령」은 한국산업은행이 구조개선법에 근거하여 설정된 '금융안정기금'으로 4%를 초과하여 10%까지 전국은행의 의결권 있는 주식을 보유하게 되는 경우에 금융감독당국에 대한 사후 보고 의무가 없다는 것을 정부나 예금보험공사와 같이 규정하고 있는데(시행령 제4조의2 제1항 제3호), 이와 관련해서 한국산업은행이 금융안정기금으로 전국은행의 의결권 있는 주식을 10% 초과해서 취득할 때도 정부나 예금보험공사가 취득할 때와 마찬가지로 한도 제한이 없는지(즉 10% 초과 취득의 경우에도 금융감독당국의 승인이 필요 없는지)에 대해 의문이 있을 수 있다. 그러나 「은행법」 제15조 제1항 각 호가 명시적으로 이러한 예외를 두고 있지 않아 해석상 여전히 한도 제한을 받는다는 것으로 보아야 할 것이다. 따라서 한국산업은행이 전국은행의 의결권 있는 발행 주식 총수의 10%를 초과하여 보유하고자 하는 경우는 「은행법」 제15조 제3항에 의거하여 일정한 요건을 충족한 후 금융감독당국의 승인을 얻어야 할 것이다. 입법론으로는 정부나 예금보험공사의 경우와 마찬가지로 예외 사항으로 두는 것이 바람직하다. 금융안정기금도 금융시장의 안정을 위한 특별 기금의 성격을 갖고 있고 금융안정기금에 의한 은행 주식 취득이 시급성을 요할 수도 있기 때문이다.

2) 은행지주회사가 전국은행 주식을 보유하는 경우

「금융지주회사법」에 의하여 설립된 은행지주회사[49]가 자회사인 전국은행의 의결권 있는 주식을 취득하는 경우에도 위 10% 한도 제한을 받지 않는다(「금융지주회사법」 제13조). 「금융지주회사법」 제13조는 "은행지주회사는 「은행법」 제15조 제1항 각 호 외의 부분 본문에도 불구하고 의결권 있는 발행 주식 총수의 100분의 10을 초과하여 은행의 주식을 보유할 수 있다."라고 규정하고 있다. 그런데 은행지주회사가 전국은행의 의결권 있는 발행 주식 총수의 10%를 초과하여 보유하려고 하는 경우 「은행법」 제15조 제3항에 따른 별도의 승인이 필요한지가 문제될 수 있다. 검토해보면, 「금융지주회사법」에 따라 금융지주회사가 은행을 자회사로 편입할 때 승인을 받으므로(「금융지주회사법」 제16조 제1항), 「은행법」에 따른 주식 한도 초과 보유에 대한 별도의 승인은 필요 없다고 보는 것이 타당하다.[50] 물론 금융지주회사가 자회사가 아닌 은행의 주식을 보유하는 경우도 있을 수 있으나, 이 경우에는 5%까지만 보유할 수 있으므로(「금융지주회사법」 제44조) 「은행법」에 따른 승인 문제는 발생하지 않을 것이다.

49) 은행지주회사(bank holding company)라 함은 은행을 자회사로 두고 있는 금융지주회사를 말한다(「금융지주회사법」 제2조 제1항 제5호).

50) 이에 대한 자세한 논의는 고동원(2008a), 129~130면.

3) 금융감독당국의 승인을 받아 전국은행의 주식 10% 초과 보유하는 경우

가) 원칙

「은행법 시행령」이 정하는 일정한 자격 요건을 충족하는 금융주력자인 동일인은 금융감독당국의 승인을 얻어 전국은행의 의결권 있는 발행 주식 총수의 10%를 초과하여 보유할 수 있다. 이렇게 10%를 초과하여 보유하는 주주를 '**한도초과보유주주**'라고 한다(법 제16조의4 제1항). 즉 금융주력자인 동일인은 전국은행의 의결권 있는 발행주식 총수의 10%, 25%, 33%의 한도를 각각 초과할 때마다 금융감독당국의 승인을 얻어 보유할 수 있다(제15조 제3항 본문, 제1호 내지 제3호). 다만 금융감독당국은 "은행업의 효율성과 건전성에 기여할 가능성, 해당 은행 주주의 보유 지분 분포를 고려하여 필요하다고 인정되는 경우"에는 위의 한도 외에 따로 구체적인 보유 한도를 정하여 승인할 수 있으며, 동일인이 그 승인받은 한도를 초과하여 주식을 보유하고자 하는 경우에는 다시 금융감독당국의 승인을 받아야 한다(제15조 제3항 단서). 실무적으로는 10%, 25%, 33% 한도 요건은 큰 의미가 없고, 단서 조항을 적용하여 승인이 이루어진다.

나) 한도 초과 보유 자격 요건

① 승인 요건

한도초과보유주주의 한도 초과 보유 자격 요건은 「은행법 시행령」 제5조에 따른 [별표 1](한도초과보유주주의 초과보유요건)에 자세히 규정되어 있다. 그 내용은 다음과 같다.

1. 한도초과보유주주가 「금융위원회의 설치 등에 관한 법률」 제38조에 따라 금융감독원으로부터 검사를 받는 기관(제2호, 제3호 및 제7호에 해당하는 내국법인은 제외한다)인 경우
   가. 해당 기관에 적용되는 재무건전성에 관한 기준으로서 금융위원회가 정하는 기준을 충족할 것
   나. 금융거래 등 상거래를 할 때 약정한 날짜까지 채무를 변제하지 않은 자로서 금융위원회가 정하는 자가 아닐 것
   다. 승인신청하는 내용이 법 제35조의2 제1항에 적합할 것
   라. 승인신청 시 제출한 서류에 따라 은행의 지배주주로서 적합하고 그 은행의 건전성과 금융산업의 효율화에 기여할 수 있음을 확인할 수 있을 것
   마. 다음의 요건을 충족할 것. 다만, 해당 위반 등의 정도가 경미하다고 금융위원회가 인정하는 경우는 제외한다.
      1) 최근 5년간 「금융산업의 구조개선에 관한 법률」에 따라 부실금융기관으로 지정되었거나 금융관련법령에 따라 영업의 허가·인가 등이 취소된 기관의 최대주주·주요주주(의결권 있는 발행주식 총수의 100분의 10을 초과하여 보유한 주주를 말한다) 또는 그 특수관계인이 아닐 것. 다만, 법원의 판결로 부실책임이 없다고 인정된 자 또는 부

실에 따른 경제적 책임을 부담하는 등 금융위원회가 정하는 기준에 해당하는 자는 제외한다.

2) 최근 5년간 금융관련법령, 「독점규제 및 공정거래에 관한 법률」 또는 「조세범 처벌법」을 위반하여 벌금형 이상에 해당하는 형사처벌을 받은 사실이 없을 것

2. 한도초과보유주주가 「자본시장과 금융투자업에 관한 법률」에 따른 투자회사·투자유한회사·투자합자회사 및 투자조합인 경우

가. 비금융주력자인 동일인에 속하는 집합투자업자(「자본시장과 금융투자업에 관한 법률」 제8조 제4항에 따른 집합투자업자를 말한다)에 자산운용을 위탁하지 않을 것

나. 제1호 나목부터 마목까지의 요건을 충족할 것

3. 한도초과보유주주가 기금등인 경우

제1호 나목부터 마목까지의 요건을 충족할 것

4. 한도초과보유주주가 제1호, 제2호, 제3호 및 제7호 외의 내국법인인 경우

가. 부채비율(최근 사업연도 말 현재 재무상태표상 부채총액을 자본총액으로 나눈 비율을 말한다. 이하 같다)이 100분의 200 이하로서 금융위원회가 정하는 기준을 충족할 것

나. 해당 법인이 「독점규제 및 공정거래에 관한 법률」에 따른 기업집단에 속하는 회사인 경우에는 해당 기업집단(법 제2조 제1항 제9호 가목에 따른 비금융회사로 한정한다)의 부채비율이 100분의 200 이하로서 금융위원회가 정하는 기준을 충족할 것

다. 주식취득 자금이 해당 법인이 최근 1년 이내에 유상증자 또는 보유자산의 처분을 통하여 조달한 자금 등 차입금이 아닌 자금으로서 해당 법인의 자본총액 이내의 자금일 것

라. 제1호 나목부터 마목까지의 요건을 충족할 것

5. 한도초과보유주주가 내국인으로서 개인인 경우

가. 주식취득 자금이 제1호에 따른 기관으로부터의 차입금이 아닐 것

나. 제1호 나목부터 마목까지의 요건을 충족할 것

6. 한도초과보유주주가 외국인인 경우

가. 외국에서 은행업, 투자매매업·투자중개업, 보험업 또는 이에 준하는 업으로서 금융위원회가 정하는 금융업을 경영하는 회사(이하 "외국금융회사"라 한다)이거나 해당 외국금융회사의 지주회사일 것

나. 자산총액, 영업규모 등에 비추어 국제적 영업활동에 적합하고 국제적 신인도가 높을 것

다. 해당 외국인이 속한 국가의 금융감독기관으로부터 최근 3년간 영업정지 조치를 받은 사

실이 없다는 확인이 있을 것

라. 최근 3년간 계속하여 국제결제은행의 기준에 따른 위험가중자산에 대한 자기자본비율이 100분의 8 이상이거나 이에 준하는 것으로서 금융위원회가 정하는 기준에 적합할 것

마. 제1호 나목부터 마목까지의 요건을 충족할 것

7. 한도초과보유주주가 기관전용 사모집합투자기구등인 경우

기관전용 사모집합투자기구의 업무집행사원과 그 출자지분이 100분의 30 이상인 유한책임사원 및 기관전용 사모집합투자기구를 사실상 지배하고 있는 유한책임사원이 다음 각 목의 어느 하나에 해당하거나 투자목적회사의 주주나 사원인 기관전용 사모집합투자기구의 업무집행사원과 그 출자지분이 100분의 30 이상인 주주나 사원 및 투자목적회사를 사실상 지배하고 있는 주주나 사원이 다음 각 목의 어느 하나에 해당하는 경우에는 각각 다음 각 목의 구분에 따른 요건을 충족할 것

가. 제1호의 기관인 경우: 제1호의 요건을 충족할 것

나. 제2호의 투자회사·투자유한회사·투자합자회사 및 투자조합인 경우: 제2호의 요건을 충족할 것

다. 제3호의 기금등인 경우: 제3호의 요건을 충족할 것

라. 제4호의 내국법인인 경우: 제4호의 요건을 충족할 것

마. 제5호의 내국인으로서 개인인 경우: 제5호의 요건을 충족할 것

바. 제6호의 외국인인 경우: 제4호 가목(외국금융회사는 제외한다)·다목(외국금융회사는 제외한다)·라목 및 제6호 나목부터 라목까지의 요건을 충족할 것

<비고>

1. 최대주주 또는 주요주주를 판정할 때에는 해당 주주 및 그 특수관계인이 보유하는 의결권 있는 주식을 합산한다.
2. 자본총액을 산정할 때에는 최근 사업연도 말 이후 승인신청일까지의 자본금의 증가분(자본총액을 증가시키는 것으로 한정한다)을 포함하여 계산할 수 있다.
3. 기업집단에 속하는 비금융회사 전체의 부채비율을 산정할 때 해당 기업집단이 「주식회사 등의 외부감사에 관한 법률」에 따른 결합재무제표 작성 대상 기업집단인 경우에는 결합재무제표에 의하여 산정한 부채비율을 말한다.
4. 이 표 제6호를 적용하는 경우 한도초과보유주주인 외국인이 지주회사여서 이 표 제6호 각 목의 전부 또는 일부를 그 지주회사에 적용하는 것이 곤란하거나 불합리한 경우에는 그 지주회사가 인가 신청할 때 지정하는 회사(그 지주회사의 경영을 사실상 지배하고 있는 회사 또는 그 지주회사가 경영을 사실상 지배하고 있는 회사만 해당한다)가 이 표 제6호 각 목의 전부나 일부를 충족하면 그 지주회사가 그 요건을 충족한 것으로 본다.
5. 이 표 제7호를 적용하는 경우 이 표 제1호 다목의 요건을 충족하는지를 판단할 때에는 다음 각 목의 어느 하나에 해당하는 자는 제1조의4 제1항에도 불구하고 기관전용 사모집합투자기구등의 특수관계인으로 본다.

가. 기관전용 사모집합투자기구 출자총액의 100분의 10 이상의 지분을 보유하는 유한책임사원인 비금융주력자

나. 다른 상호출자제한기업집단(「독점규제 및 공정거래에 관한 법률」에 따른 상호출자제한기업집단을 말한다. 이하 같다)에 속하는 각각의 계열회사(「독점규제 및 공정거래에 관한 법률」에 따른 계열회사를 말한다. 이하

갈다)가 보유한 기관전용 사모집합투자기구의 지분의 합이 기관전용 사모집합투자기구 출자총액의 100분의 30 이상인 경우, 해당 기관전용 사모집합투자기구의 유한책임사원 또는 업무집행사원이 아닌 무한책임사원으로서 상호출자제한기업집단에 속하는 계열회사. 다만, 서로 다른 상호출자제한기업집단 사이에는 특수관계인으로 보지 않는다.

② 면제 사유

「은행법」 제15조 제7항은 해당 은행이 부실은행 등에 해당한 경우에는 한도 초과 보유 자격 요건을 갖추지 않아도 금융감독당국이 승인을 할 수 있는 예외 사유를 규정하고 있다. 이 조항은 2010년 5월 개정 「은행법」에서 추가된 것이다. 즉 해당 은행이 ① 구조개선법 제2조 제2호에 따른 부실금융기관인 경우, ②「예금자보호법」 제2조 제5호에 따른 부실금융회사인 경우, ③「예금자보호법」 제2조 제6호에 따른 부실우려금융회사의 경우, ④「은행법」 제34조 제2항에 따른 경영지도기준을 준수하지 못하는 등 금융위원회가 정하여 고시하는 경우가 해당한다.

부실은행 등의 경우에는 한도 초과 보유 요건을 갖추지 않아도 100%까지 주식 취득을 허용해주겠다는 취지이다. 이는 부실은행 등에 해당하는 경우 해당 은행을 인수할 주체를 찾기가 쉽지 않을 수 있어서 한도 초과 보유 요건을 요구하지 않는 것으로 이해할 수 있다. 그러나 한도 초과 보유 요건을 요구하는 이유가 건전한 대주주가 은행을 인수하여 은행 경영을 잘 하라는 취지인 점을 고려하면, 이렇게 한도 초과 보유 요건을 충족하지 못하는 대주주가 있게 되면 그러한 취지에 맞지 않는 결과가 나올 수 있기 때문에 한도 초과 보유 요건을 면제하는 것은 폐지할 필요가 있다. 아래에서 보는 것처럼, 외국 사모집합투자기구(hedge fund)가 국내 은행을 인수한 사례가 대표적이다.

그리고 이렇게 한도 초과 보유 요건이 면제되는 경우는 비금융주력자가 은행을 인수하는 경우에는 적용되지 않는다고 보아야 할 것이다. 비금융주력자의 주식 보유 한도는 별도의 조항인 「은행법」 제16조의2가 규정하고 있고, 「은행법」 제15조 제7항은 금융주력자의 주식 보유 한도에 관한 내용이기 때문이다.

한편 2010년 「은행법」 개정 전에는 「은행법 시행령」 제8조에 한도 초과 보유 요건을 갖추지 않아도 승인을 할 수 있는 경우를 규정하고 있었는데, "「금융산업의 구조개선에 관한 법률」 제2조 제3호의 부실금융기관의 정리 등 특별한 사유가 있다고 인정하는 경우"로 규정하고 있었다. 그러나 ① 승인 요건의 중요한 면제 사유가 법이 아닌 시행령에 규정하고 있어서 헌법에 따른 포괄위임금지 원칙에 위반될 소지가 있다는 점과 ② "부실금융기관의 정리 등 특별한 사유가 있다고 인정하는 경우"라고 하는 것이 불명확하고 금융감독당국에 재량권을 과도하게 부여하고 있다는 비판이 제기되었는데,[51] 이를 시정하기 위해 예외 사유를 시행령이 아닌 법에

51) 고동원(2008a), 135면.

규정하면서 그 사유를 보다 구체적이고 명확하게 규정한 것이다.

이러한 한도 초과 보유 요건이 면제된 사례가 있어서 여기서 살펴본다. 2010년 「은행법」 개정 전의 사례이지만, 외국 사모집합투자기구가 대주주로서 투자한 사례가 있다. 1999년 12월 미국 사모집합투자기구인 뉴브리지캐피탈회사(Newbridge Capital Ltd.)가 당시 부실은행으로 지정되었던 제일은행(현재 SC제일은행)을 인수할 때에 금융감독당국은 말레이시아 라부안(Labuan)에 설립된 투자기구(특별목적회사)인 KFB Newbridge Holdings Ltd.에 대하여 제일은행의 의결권 있는 발행주식 총수의 50.99%의 보유를 승인한 사례가 있다.[52] 2003년 9월 론스타(Lone Star) 사모집합투자기구가 당시 한국외환은행(현재 하나은행)을 인수할 때도 금융감독당국은 론스타펀드IV가 100% 의결권을 보유한 투자기구(특별목적회사)인 LSF－KEB Holdings에 대하여 한국외환은행의 의결권 있는 발행주식 총수의 51%의 보유를 승인한 사례가 있다.[53] 금융감독당국이 발표한 보도자료는 당시 제일은행 및 한국외환은행에 대한 10% 초과 보유 자격요건 충족 여부에 대한 설명은 하고 있지 않으나, 제일은행의 경우에는 부실금융기관으로 지정된 상태에서 뉴브리지캐피탈회사가 투자하여 당시 「은행법 시행령」 제8조가 규정하고 있었던 "부실금융기관의 정리 등"의 요건에 해당하는 것으로 금융감독당국이 판단하여 초과 보유 승인을 해 준 것으로 이해되고, 한국외환은행의 경우에는 부실금융기관으로 지정된 상태가 아니라서 "특별한 사유가 있다고 인정되는 경우"에 해당한다고 금융감독당국이 판단하여 초과 보유 승인을 해 준 것으로 이해된다.[54] 그런데 론스타 사모집합투자기구의 한국외환은행 주식 취득과 관련하여서는 초과 취득 사유가 타당한지에 대해서는 의문이 든다. 물론 한국외환은행이 외국자본 유치를 통한 경영 정상화의 필요성이 있었다는 것은 인정되지만, 한국외환은행이 부실금융기관으로 지정되지도 않은 상태에서 「은행법 시행령」에 규정된 "특별한 사유가 있다고 인정되는 경우"에 해당한다고 금융감독당국이 판단하여 한도 초과 취득을 승인한 것은 재량권을 남용했다는 주장이 충분히 가능하다. 특히 사모집합투자기구의 속성이 단기 투자 수익을 추구하는 것이라는 점을 고려하면, 외국 사모집합투자기구에게 은행의 대주주를 허용한 것은 잘못된 정책 판단이었다고 생각한다. 은행은 전산 설비 투자 등 장기 투자와 장기적인 경영 전략이 필요한 금융기관이기 때문이다. 한국은행 보고서(2003)에 따르면, 은행업무에 전문화되지 않고 투자업무에만 특화되어 있는 펀드 계열 외국 자본으로부터는 전문적인 선진 금융기법

52) 금융감독원(1999. 12. 27).

53) 금융감독위원회·금융감독원(2003. 9. 27).

54) 보도자료가 "[금융감독위원회]는 론스타의 주식취득 승인여부를 심의하는 과정에서 론스타의 신규 투자(10,750억원)로 인해 외환은행의 재무건전성이 강화되어 조속한 경영정상화가 가능하다는 점, 론스타가 외환은행 인수후의 경영계획을 통하여 동행의 정상화와 한국 금융산업 발전에 기여하겠다는 적극적인 의지와 계획을 가지고 있는 점 등을 인정하여 이를 승인하였다."라고 설명하고 있는 점에 비추어(금융감독위원회·금융감독원(2003. 9. 27)) 금융감독당국이 '특별한 사유'에 해당한다고 판단했던 것으로 이해된다.

습득에 한계가 있음을 지적하면서, 정부 소유 지분을 불가피하게 외국 자본에 매각하는 경우에도 상승(synergy) 효과가 크고 장기적인 경영전략 추구로 국내 은행산업의 발전에 기여할 것으로 예상되는 은행 계열 외국 자본에 매각하는 것이 바람직하다고 한 점[55]도 같은 취지로 이해할 수 있다.

(3) 금융주력자에 해당하는 기관전용 집합투자기구와 투자목적회사의 승인 요건

비금융주력자에 해당하지 않는 기관전용 집합투자기구나 투자목적회사도 전국은행의 의결권 있는 주식 10%를 초과해서 금융감독당국의 승인을 받고 보유할 수 있다. 「은행법」 제15조의3 제2항은 그러한 기관전용 집합투자기구나 투자목적회사의 승인 요건을 별도로 규정하고 있다. 그 요건은 다음과 같다.

① 기관전용 사모집합투자기구의 업무집행사원에 관한 요건
  (i) 법인으로서 자신이 업무집행사원으로 있거나 그 재산운용을 위탁받은 기관전용 사모집합투자기구나 투자목적회사의 다른 사원 또는 주주의 특수관계인이 아닐 것
  (ii) 자신이 업무집행사원으로 있거나 그 재산운용을 위탁받은 기관전용 사모집합투자기구나 투자목적회사의 다른 사원 또는 주주가 해당 기관전용 사모집합투자기구나 투자목적회사의 재산인 주식 또는 지분에 대하여 영향력을 행사하는 것을 배제할 수 있을 정도의 자산운용 능력·경험 및 사회적 신용을 갖출 것
② 그 밖에 기관전용 사모집합투자기구나 투자목적회사의 주식 보유가 해당 은행의 건전성에 미치는 영향 등을 고려하여 대통령령으로 정하는 요건(시행령 제10조가 자세히 규정하고 있다)

2. 비금융주력자인 동일인의 경우

(1) 원칙

1) 4%까지는 신고나 승인 없이 보유 가능

비금융주력자인 동일인은 전국은행의 의결권 있는 발행 주식 총수의 4%까지 보유할 수 있다(법 제16조의2 제1항). 즉 아무런 신고나 승인 없이 보유할 수 있다. 2009년 6월 「은행법」 개정에 의하여 종전의 4%에서 9%로 상향 조정되었으나, 2013년 8월 「은행법」 개정에 의해서 다시 4%로 환원되었다.

2) 의결권을 행사하지 않는 조건으로 4% 초과 10%까지 보유 가능

비금융주력자인 동일인이 전국은행의 의결권 있는 발행 주식 총수의 4%를 초과하여 보유

---

55) 한국은행 은행국(2003), 24면.

하고자 하는 경우에는 해당 전국은행의 주식에 대한 의결권을 행사하지 아니하는 조건으로 재무건전성 등 시행령이 정하는 요건[56]을 충족하여 금융감독당국의 승인을 얻어 10%까지 주식을 보유할 수 있다(법 제16조의2 제2항).

(2) 예외: 10% 초과하여 보유할 수 있는 3가지 경우

아래 3가지에 해당하는 경우에는 비금융주력자인 동일인은 위의 주식 보유 한도 제한을 적용받지 않고, 금융주력자인 동일인에 대해 적용되는 전국은행의 주식 보유 한도 제한을 받게 된다(법 제16조의2 제3항).[57] 즉 「은행법」 제15조 제1항 및 제3항의 적용을 받아, 4%까지는 아무런 신고·보고나 승인 없이 보유할 수 있고, 4%에서 10%까지는 금융감독당국에 대한 사후 보고, 10% 초과 보유의 경우는 일정한 요건을 충족하여 사전에 금융감독당국의 승인을 받아 보유할 수 있다. 3가지 경우는 다음과 같다(법 제16조의2 제3항).

1) 금융주력자로 전환하게 되는 전환대상자인 비금융주력자의 경우

「은행법」은 2년 이내에 금융주력자로 전환하기로 한 비금융주력자에 대해서는 비금융주력자에 대한 전국은행 주식 보유 제한에 대한 예외를 인정하고 있다. 물론 금융감독당국이 그러한 전환계획을 승인해야 한다. 이러한 전환대상자는 금융감독원의 검사 대상이 될 수 있다. 즉 금융위원회는 일정한 사유가 발생한 경우에는 금융감독원장으로 하여금 목적에 필요한 최소한의 범위 안에서 전환대상자의 업무 및 재산 상황을 검사하게 할 수 있다(법 제48조의2 제1항).

2) 외국인의 주식 보유 비율 이내에서 은행 주식을 보유하는 비금융주력자의 경우

「외국인투자촉진법」에 따른 외국인이 전국은행의 주식을 보유하고 있는 비율 이내에서 비금융주력자가 주식을 보유하는 경우에는 일반적인 비금융주력자의 주식 보유 제한을 받지 않는다. 다만 그렇게 허용되는 은행의 수는 지방은행을 포함하여 1개에 한한다(법 제16조의2 제6항).[58] 따라서 이러한 경우에는 비금융주력자가 전국은행의 의결권 있는 발행 주식 총수의 4%를 초과해서 10%까지 보유하고자 하는 경우에는 사후 보고로, 10% 초과하는 경우에는 금융감독당국의 사전 승인을 얻어 보유할 수 있다.

---

56) 「은행법 시행령」 [별표 2] 제1호 가목 및 제3호 가목부터 다목까지의 요건을 말한다(시행령 제11조 제2항).

57) 그 이유는 "… 제15조 제1항 각 호 외의 부분 본문 및 같은 조 제3항의 규정을 적용한다"라고 하고 있기 때문이다. 「은행법」 "제15조 제1항 각 호 외의 부분 본문"은 일반적인 10% 보유 한도에 관한 규정이다.

58) 그 이유는 (i) 「은행법」상 '은행'이라고 하고 있어 특별히 전국은행만 포함하고 있지 않다는 점 및 (ii) 「은행법」 제16조의2 제3항이 위의 예외 사유에 해당하는 비금융주력자에 대해서는 "[은행법 제16조의2] 제1항 및 제2항의 규정에 불구하고 제15조 제1항 각 호 외의 부분 본문 및 동조 제3항의 규정을 적용한다"라고 하고 있어, 제15조 제3항의 규정이 전국은행뿐만 아니라 지방은행의 주식 보유 한도에 대해서 규정하고 있는 점을 고려할 때 전국은행 및 지방은행을 포함하여 1개에 한하는 것으로 보는 것이 타당하기 때문이다(고동원(2008a), 142면).

3) 연금·기금 등에 해당하는 비금융주력자의 경우

2009년 6월 개정 「은행법」 제16조의2 제3항 제3호는 국민연금 등 공적 연금·기금 등에 대한 특별 규정을 두었다. 즉 연금·기금 등이 비금융업종회사 등에 투자하므로 비금융주력자가 될 가능성이 높지만, 정책적으로 금융주력자와 마찬가지로 전국은행의 의결권 있는 주식 10%를 초과해서 보유할 수 있도록 하고 있다. 따라서 비금융주력자에 해당하는 연금·기금이라도 일정한 요건을 갖추어 금융감독당국의 승인을 얻은 경우에는 금융주력자에 적용되는 주식 보유 규제가 적용된다. 이는 "은행 자본 확충"을 도모하는 한편 "정부 소유 은행의 민영화 시 은행 주식 인수 주체의 범위를 확대하기 위한" 목적으로 "이해 상충 가능성이 상대적으로 크지 않은 연기금"에 대해서 은행 주식 보유 한도 규제를 완화한 것이다.[59]

대상이 되는 연금·기금 등은 "「국가재정법」 제5조에 따라 법률로써 설치한 기금 또는 기금을 관리·운용하는 법인(법률에 의하여 기금의 관리·운용을 위탁받은 법인을 포함한다)"(이하 "기금 등")으로서 다음의 요건을 모두 갖추어 금융감독당국의 승인을 얻은 비금융주력자가 해당한다(법 제16조의2 제3항 제3호).

① 은행의 주식을 보유한 기금 등과 은행의 예금자, 다른 주주 등 이해관계자 사이에 발생할 수 있는 이해상충을 방지하기 위하여 대통령령(시행령 제11조의3 제1항)으로 정하는 체계를 갖출 것

② ①의 이해상충의 방지를 위하여 금융위원회가 정하여 고시하는 기관으로부터 필요한 범위 내에서 감독 및 검사를 받을 것

③ 그 밖에 기금 등의 주식보유가 은행의 건전성에 미치는 영향 등을 고려하여 대통령령(시행령 제11조의3 제2항)으로 정하는 요건

그리고 「은행법」은 명시적으로 "「국가재정법」 제5조에 따라 법률로써 설치한 기금 또는 기금을 관리·운용하는 법인"에 한정하고 있으므로 해외 연금·기금 등은 해당하지 않을 것이다. 한편 이러한 요건을 충족하는 기금 등이 전국은행의 의결권 있는 발행 주식 총수의 10%를 초과하여 보유하고자 하는 경우에는 「은행법」 제15조 제3항에 따른 별도의 승인을 얻어야 하는 지가 의문이 들 수 있으나, 「은행법」이 이에 대한 특별한 배제 조항을 두고 있지 않으므로 해석상 별도의 승인을 얻어야 한다고 보아야 할 것이다.

59) 금융위원회(2008. 10. 13), 3, 9면.

Ⅲ. 지방은행 주식의 보유 한도 규제

지방은행에 대해서는 주식 보유 한도 규제가 전국은행보다 까다롭지 않은 편이다.

1. 금융주력자인 동일인의 경우

(1) 원칙: 주식 보유 한도는 15%

금융주력자인 동일인은 지방은행의 의결권 있는 발행 주식 총수의 15% 이내에서는 아무런 보고나 신고 또는 승인 없이 주식을 보유할 수 있다(법 제15조 제1항 제2호, 제2항 제1호).

(2) 예외: 15%를 초과하여 보유할 수 있는 경우

금융주력자인 동일인이 15%를 초과하여 지방은행의 의결권 있는 주식을 보유할 수 있는 경우는 3가지이다.

1) 정부 또는 예금보험공사가 지방은행의 주식을 보유하는 경우

정부나 예금보험공사가 지방은행의 의결권 있는 주식을 취득하는 경우에는 위의 15% 주식 보유 한도가 적용되지 않는다(법 제15조 제1항 제1호). 즉 정부나 예금보험공사는 아무런 보고·신고 또는 승인 없이 지방은행의 의결권 있는 발행 주식 총수의 100%까지 보유할 수 있다. 정부의 범위에 지방자치단체인 지방정부도 포함될 수 있는지에 대해서 앞서 논의한 바가 있다.

2) 은행지주회사가 지방은행의 주식을 보유하는 경우

「금융지주회사법」 제13조는 "은행지주회사는 「은행법」 제15조 제1항 본문의 규정에 불구하고 의결권 있는 발행 주식 총수의 100분의 10을 초과하여 은행의 주식을 보유할 수 있다"라고 규정하고 있어, 10% 초과 보유 한도에 대한 사항은 전국은행에만 적용되므로 여기서 '은행'이라고 하는 것은 전국은행만 의미하는 것으로 볼 수도 있다. 그러나 「금융지주회사법」 제13조가 '은행'이라고 하고 있는 점과 어차피 지방은행의 경우 10%를 초과하여 15%까지는 아무런 신고나 승인 없이 보유할 수 있다는 점을 고려할 때, '은행'에 지방은행도 포함하여 해석하더라도 큰 문제는 없을 것으로 본다. 따라서, 전국은행의 경우처럼, 은행지주회사가 지방은행에 대해서도 승인 절차 필요 없이 의결권 있는 발행 주식 총수의 15%를 초과하여 100%까지 보유할 수 있을 것이다.

3) 금융감독당국의 승인을 얻고 지방은행 주식 15% 초과 보유하는 경우

가) 원칙

「은행법 시행령」이 정하는 일정한 자격 요건[60]을 충족하는 금융주력자인 동일인은 금융감독당국의 승인을 얻어 지방은행의 의결권 있는 발행 주식 총수의 15%를 초과하여 보유할

60) 「은행법 시행령」 제5조, [별표 1](한도초과보유주주의 초과보유요건).

수 있다. 즉 금융주력자인 동일인은 지방은행의 의결권 있는 발행 주식 총수의 15%, 25%, 33%의 한도를 각각 초과할 때마다 승인을 얻어 주식을 보유할 수 있다(법 제15조 제3항 본문). 다만 금융감독당국은 "은행업의 효율성과 건전성에의 기여 가능성, 주주의 보유 지분 분포를 고려하여 필요하다고 인정되는 경우"에는 위의 한도 외에 별도의 구체적인 보유 한도를 정하여 승인할 수 있으며, 동일인이 그 승인받은 한도를 초과하여 주식을 보유하고자 하는 경우에는 다시 승인을 얻어야 한다(법 제15조 제3항 단서).

나) 한도 초과 보유 요건 면제 사유

앞서 전국은행의 경우에서 살펴본 것처럼, 15% 한도 초과 보유 요건을 충족하지 않아도 승인할 수 있는 면제 사유(해당 은행이 부실은행 등의 경우 등)는 지방은행의 경우에도 동일하게 적용된다.

(3) 금융주력자에 해당하는 기관전용 집합투자기구와 투자목적회사의 승인 요건

비금융주력자에 해당하지 않는, 즉 금융주력자인 기관전용 집합투자기구나 투자목적회사도 지방은행의 의결권 있는 주식 15%를 초과해서 금융감독당국의 승인을 받고 보유할 수 있다. 「은행법」 제15조의3 제2항은 그러한 기관전용 집합투자기구나 투자목적회사의 승인 요건을 별도로 규정하고 있다. 그 요건은 다음과 같다.

① 기관전용 사모집합투자기구의 업무집행사원에 관한 요건
 (i) 법인으로서 자신이 업무집행사원으로 있거나 그 재산운용을 위탁받은 기관전용 사모집합투자기구나 투자목적회사의 다른 사원 또는 주주의 특수관계인이 아닐 것
 (ii) 자신이 업무집행사원으로 있거나 그 재산운용을 위탁받은 기관전용 사모집합투자기구나 투자목적회사의 다른 사원 또는 주주가 해당 기관전용 사모집합투자기구나 투자목적회사의 재산인 주식 또는 지분에 대하여 영향력을 행사하는 것을 배제할 수 있을 정도의 자산운용 능력·경험 및 사회적 신용을 갖출 것

② 그 밖에 기관전용 사모집합투자기구나 투자목적회사의 주식 보유가 해당 은행의 건전성에 미치는 영향 등을 고려하여 대통령령으로 정하는 요건(시행령 제10조가 자세히 규정하고 있다)

2. 비금융주력자인 동일인의 경우

(1) 원칙: 15% 이내에서는 보고·신고나 승인 없이 보유 가능

비금융주력자인 동일인은 지방은행의 의결권 있는 발행 주식 총수의 15% 이내에서는 아무런 보고나 신고 또는 승인 없이 보유할 수 있다(제16조의2 제1항). 전국은행 경우의 4%와 비교할 때 비금융주력자의 지방은행 주식 보유 규제가 완화되어 있다. 규모가 작은 지방은행에

대해서는 전국은행에 비해서 비금융주력자가 은행의 대주주가 될 때 발생할 수 있는 폐해(弊害)가 크지 않을 것이라는 정책적 판단에서 나온 것으로 이해할 수 있다.

(2) 예외: 15% 초과하여 주식 보유 가능한 3가지 경우

이러한 15% 한도에는 다음과 같은 3가지 예외가 있다. 즉 비금융주력자가 다음의 3가지에 해당하는 경우에는 「은행법」 제15조 제3항이 적용되어 「은행법 시행령」이 정하는 한도초과보유주주의 자격 요건[61]을 충족하여 금융감독당국의 승인을 얻어 지방은행의 의결권 있는 발행 주식 총수의 15%를 초과하여 보유할 수 있다(법 제16조의2 제3항, 제1호, 제2호, 제3호).

① 비금융주력자가 2년 이내에 비금융주력자가 아닌 자로 전환하기 위한 계획을 금융감독당국에 제출하여 승인을 얻은 경우
② 비금융주력자가 「외국인투자촉진법」에 의한 외국인의 지방은행에 대한 주식 보유 비율 이내에서 그 지방은행의 의결권 있는 주식을 보유하는 경우[62]
③ 비금융주력자에 해당하는 기금 등이 일정한 요건을 충족하여 금융감독당국의 승인을 얻은 경우. 이 경우는 2009년 6월 「은행법」 개정 시 추가된 것이며, 앞서 전국은행의 경우에 논의한 내용을 참고하면 된다.

Ⅳ. 인터넷전문은행의 주식 보유 한도 특례[63]

1. 서설

지점을 설치하지 않고 정보통신망에서 비대면 거래를 통하여 은행업을 영위하는 인터넷전문은행에 대하여 '은산분리'(銀産分離) 규제를 완화할 것인가에 대해서 오랫동안 논란이 있었는데, 2018년 10월 16일 인터넷전문은행법이 제정(2019년 1월 17일 시행)되면서 산업자본인 비금융주력자가 인터넷전문은행의 대주주가 되는 것을 허용하였다. 즉 **비금융주력자**(상호출자제한기업집단인 비금융주력자의 경우는 정보통신업 비중이 50% 이상이어야 한다)**가 인터넷전문은행의 의결권 있는 발행 주식 총수의 34%까지 취득하는 것을 허용**하고 있다(인터넷전문은행법 제5조 제1항). 대신에 비금융주력자가 인터넷전문은행의 대주주가 됨으로써 발생할 수 있는 사금고화(私金庫化) 폐해 등의 발생을 막기 위해서 비금융주력자인 대주주에 대해서는 원칙적으로 신용공여를 금지하고(법 제8조), 대주주가 발행한 지분증권을 취득하는 것도 원칙적으로 금지하고 있으며(법 제9조), 신용공여 업무도 중소기업을 제외한 법인에 대한 신용공여 업무를 금지하고 있다(법 제

61) 「은행법 시행령」 제5조, [별표 1](한도초과보유주주의 초과보유요건).
62) 허용되는 은행의 수(數)는 전국은행(전국은행의 경우는 4% 초과하여 보유하는 경우)을 포함하여 1개에 한한다고 보아야 할 것이다(「은행법」 제16조의2 제6항).
63) 이하는 고동원(2018)의 내용을 수정·보완한 것이다.

6조). 한편 인터넷전문은행의 최저 자본금은 250억 원으로 하여(법 제4조) 지방은행과 동일한 금액인데, 전국은행의 경우 1,000억 원(「은행법」 제8조)에 비해 낮은 금액이어서 자본금 부담을 줄여주고 있다. 인터넷전문은행도 은행이므로 인터넷전문은행법이 규정하지 않은 사항은 「은행법」이 적용되도록 하는 조항도 두고 있다(법 제3조 제1항). 인터넷전문은행에 대한 주식 보유 특례 규정을 살펴보기 전에 인터넷전문은행에 대하여 개관해본다.

2. 인터넷전문은행 개관

(1) 인터넷전문은행의 정의

인터넷전문은행법은 **인터넷전문은행을 "은행업을 주로 전자금융거래**(「전자금융거래법」 제2조 제1호에 따른 거래를 말한다)**의 방법으로 영위하는 은행"**이라고 하고 있다(법 제2조). '전자금융거래'는 "전자적 장치를 통하여 자동화된 방식으로 하는 거래"를 말하므로(「전자금융거래법」 제2조 제1호), 비대면 거래라고 할 수 있다. 다만 "인터넷전문은행 이용자의 보호 및 편의 증진을 위하여 불가피하다고 인정되는 경우"에는 대면 거래를 허용하고 있다(법 제16조). 그러한 경우는 "장애인 또는 65세 이상 노인의 보호 및 편의증진을 위하여 불가피한 경우" 등이 해당하는데, 시행령 제7조가 규정하고 있다. 한편 법문이 "주로"라고 하고 있어서 영업점을 설치하여 영업을 할 수 있는지에 대한 해석상의 쟁점이 제기될 수 있다. 이 의미를 인터넷전문은행법이 규정하는 것처럼 제한적인 대면 거래를 허용한 조항이라고 볼 수도 있지만, 다른 한편으로는 제한적으로 영업점을 설치하여 영업을 할 수 있다고 볼 여지도 있다.

(2) 인터넷전문은행이 '전국은행'에 해당하는지 여부

「은행법」은 전국은행과 지방은행으로 구분하여(법 제2조 제1항 제10호 가목), 자본금 및 은행 주식 보유 한도 규제에서 차이를 두고 있다. 예를 들어, 전국은행의 법정 최저 자본금은 1,000억 원이고, 지방은행의 경우는 250억 원이다(법 제8조 제2항 제1호). 은행 주식 보유 규제에 있어서도, 앞서 본 것처럼, 전국은행의 경우는 엄격하고 지방은행은 다소 완화되어 있다(「은행법」 제15조, 제16조의2). 특히 은행 주식 보유 규제는 '은산분리' 규제와 관련하여 전국은행이냐 지방은행이냐에 따라 차이가 크므로 그 구분이 중요하다. 인터넷전문은행법이 비금융주력자에 대해서는 특별히 예외 규정을 두어 주식 보유 한도의 문제를 해결하고 있지만, 금융주력자의 경우에는 어느 은행으로 보느냐에 따라 은행 주식 보유 한도에 차이가 있으므로 구분이 필요하다.

「은행법」에 따르면, 전국은행과 지방은행의 차이는 "전국을 영업 구역"으로 하느냐의 여부이므로(법 제2조 제1항 제10호 가목), 구분 기준은 우선 지점망이 전국적인 분포인지 아닌지로 판단할 수 있다. 그런데 문제는 인터넷전문은행은 원칙적으로 지점이 없고, 있다고 하더라도 아주 최소한의 영업점만 가질 것이기 때문에 지점망을 구분의 기준으로 삼는 것이 적절하지 않을 수 있다. 결국은 "전국을 영업 구역"으로 한다는 의미를 거래 고객이 전국에 걸쳐 있는지 여부를 판단 기준으로 삼는 것으로 해석하는 것이 타당할 것이다. 이렇게 본다면 **인터넷전문은행은 전국에 있는 고객을 거래 대상으로 할 것이기 때문에 전국은행으로 분류하는 것이 타당하다.** 물론 이에 대해서 지방은행의 경우도 그 고객은 전국에 걸쳐 있을 수 있다는 점(예를 들어, 전국에 있는 고객이 지방은행과 전자금융거래를 할 수 있다)에서 이 기준이 명확하지 않다고 주장할 여지는 있다. 그렇다고 해서 인터넷전문은행을 지방은행으로 분류하기에는 더욱 어렵다. 이런 점에서 은행 주식 보유 한도 규제와 관련해서는 인터넷전문은행을 전국은행으로 분류하는 것이 합리적일 수 있다. 금융감독당국도 인터넷전문은행을 전국은행으로 보고 있다. 금융위원회는 ㈜케이뱅크은행에 대한 은행업 영위 예비인가를 할 때에 참여 주주에 대한 '비금융주력자'의 은행 주식 보유 한도(4%) 초과 승인을 해주었는데,[64] 이러한 4% 한도 초과 승인은 전국은행에게 적용되기 때문이다.

(3) 대기업에 대한 신용공여 금지

인터넷전문은행은 「중소기업기본법」 제2조 제1항에 따른 중소기업을 제외한 일반 '법인'에 대한 신용공여를 할 수 없다(법 제6조 본문). 비금융주력자인 정보통신기술기업에게 인터넷전문은행의 대주주가 되는 것을 허용하면서 발생할 수 있는 은행의 사금고화 가능성을 막기 위해서 도입된 것으로 보이나, 굳이 이렇게 인터넷전문은행의 영업력을 제한할 필요가 있는지는 의문이다. 여기서 '신용공여'는 「은행법」 제2조 제1항 제7호에 규정된 '신용공여'를 말한다. 한편 이러한 신용공여 제한에 대한 예외가 있는데, 다음과 같다. 즉 "① 국채의 매입, ② 지방채의 매입, ③ 환매조건부채권 매매 거래, ④ 콜론(call loan: 초단기 자금 대여), ⑤ [공정거래법] 제31조 제1항에 따라 지정된 공시대상기업집단에 속하지 아니한 금융기관에서 발행한 유가증권의 매입"은 할 수 있으며, 「한국은행법」 제55조에 따른 지급준비금의 예치도 할 수 있다(법 제6조 단서).

(4) 대주주와 거래 제한

인터넷전문은행법은 비금융주력자가 인터넷전문은행의 대주주가 되는 것을 허용하는 대신에 인터넷전문은행이 대주주와 거래하는 것에 대해서는 일반은행에 비해서 더 까다로운 규제를 하고 있다. 여기서 '대주주'는 「은행법」 제2조 제1항 제10호가 정의하고 있는 '대주주'가 해당된다.

1) 대주주에 대한 신용공여 금지

인터넷전문은행은 그 대주주(국외 현지법인을 제외한 특수관계인을 포함한다)에 대하여 일부

64) 금융위원회(2016. 12. 14), 2면.

예외적인 경우를 제외하고는 원칙적으로 신용공여를 할 수 없다(법 제8조 제1항 본문). 예외적인 경우는 "기업 간 합병 또는 영업의 양수, 동일인 구성의 변동 등에 따라 대주주 아닌 자에 대한 신용공여가 대주주에 대한 신용공여로 되는 경우 및 그 밖에 불가피한 경우로서 대통령령(시행령 제5조)으로 정하는 경우"이다(법 제8조 제1항 단서). 일반은행의 경우에는 자기자본의 25%에 해당하는 금액과 대주주(국외 현지법인을 제외한 특수관계인을 포함한다)의 은행에 대한 출자 비율에 해당하는 금액 중 적은 금액 내에서 대주주에 대한 신용공여를 허용하고 있는데 반해(「은행법」 제35조의2) 규제가 보다 엄격하다. 인터넷전문은행은 이러한 신용공여 금지를 회피하기 위한 목적으로 다른 은행과 교차하여 신용공여를 해서는 아니 된다(법 제8조 제2항). 또한 인터넷전문은행은 그 대주주(국외 현지법인을 제외한 특수관계인을 포함한다)에게 자산을 무상으로 양도하거나 통상의 거래조건에 비추어 그 인터넷전문은행에게 현저하게 불리한 조건으로 거래를 해서는 아니 된다(법 제8조 제3항).

2) 대주주 발행 지분증권 취득 금지

인터넷전문은행의 대주주(자회사 등을 제외한 특수관계인을 포함한다)가 발행한 지분증권도 일부 예외적인 경우를 제외하고는 인터넷전문은행이 원칙적으로 취득할 수 없도록 하고 있다(법 제9조 제1항 본문). 일반은행의 경우 자기자본의 1% 내에서 대주주(자회사 등을 제외한 특수관계인을 포함한다)가 발행한 지분증권을 취득하는 것을 허용하는 점(「은행법」 제35조의3)에 비해 엄격한 규제를 하고 있다. 예외적인 경우는 "담보권의 실행 등 권리행사에 필요한 경우" 및 그 밖에 불가피한 경우로서 대통령령(시행령 제6조 제1항)으로 정하는 경우이다(법 제9조 제1항 단서).

3) 동일차주 등에 대한 신용공여 제한

인터넷전문은행에 대해서는 「은행법」에 따른 '동일차주'(同一借主) 및 동일한 개인이나 법인 각각에 대한 신용공여 한도도 일반은행에 비하여 더 엄격히 제한하고 있다. 즉 '동일차주'에 대해서는 일반은행의 경우 원칙적으로 자기자본의 25%에 해당하는 금액을 초과하여 신용공여를 할 수 없지만(「은행법」 제35조 제1항), 인터넷전문은행의 경우는 그 비율이 원칙적으로 20%이다(법 제7조 제1항). 여기서 **'동일차주'**란 "동일한 개인·법인 및 그 개인·법인과 대통령령(「은행법 시행령」 제20조의4)으로 정하는 신용위험을 공유하는 자"를 말한다(「은행법」 제35조 제1항). 또한 일반은행의 경우 동일한 개인이나 법인 각각에 대하여 원칙적으로 자기자본의 20% 이내에서만 신용공여를 할 수 있지만(「은행법」 제35조 제3항), 인터넷전문은행은 원칙적으로 자기자본의 15% 이내에서만 신용공여를 할 수 있다(법 제7조 제2항).

4) 대주주의 부당한 영향력 행사 금지

인터넷전문은행의 대주주가 해당 인터넷전문은행의 이익에 반하여 해당 은행에게 경영이나 인사에 부당한 영향력을 행사하는 행위 등을 금지하고 있다(법 제10조 제1호 내지 제7호).

5) 대주주에 대한 감독·검사

인터넷전문은행의 대주주에 대한 감시를 철저히 하기 위해서 금융감독당국은 인터넷전문은행과 대주주와의 거래 금지 규정을 위반한 혐의가 있는 경우에는 대주주에 대하여 필요한 자료를 제출하도록 요구할 수 있으며(법 제11조), 대주주의 부당한 영향력 행사(법 제10조) 혐의가 있는 경우에는 대주주의 업무 및 재산 상황을 검사할 수 있도록 하고 있어(법 제12조), 대주주에 대한 엄격한 감시 체제를 갖추고 있다.

3. 비금융주력자의 주식 보유 한도 특례

인터넷전문은행에 대해서는 비금융주력자의 주식 보유 한도 특례가 적용된다. 그러나 비금융주력자가 아닌 동일인, 즉 금융주력자에 대해서는 여전히 전국은행에 적용되는 주식 보유 한도 규제가 적용된다(「은행법」 제15조). 앞서 본 것처럼, 은행 주식 보유 한도 규제와 관련해서는 인터넷전문은행을 지방은행이 아닌 전국은행으로 보는 것이 타당하기 때문이다. 이하에서 비금융주력자의 주식 보유 한도 특례 내용에 대하여 살펴본다.

(1) 10%까지는 승인 없이 취득 가능

인터넷전문은행법에 따르면, 비금융주력자가 인터넷전문은행의 의결권 있는 주식을 10%까지 보유하는 경우에는 금융감독당국의 승인이 필요 없다(법 제5조 제2항 본문). 「은행법」 제15조를 적용하고 있기 때문이다(법 제5조 제2항 본문). 다만 「은행법」 제15조 제2항의 적용을 받아 4%까지는 보고·신고나 승인 없이 보유할 수 있고, 4% 초과해서 보유하는 경우에는 사후보고 대상이 된다.

(2) 10% 초과 34%까지 보유 시 승인 필요

인터넷전문은행의 의결권 있는 주식 10%를 초과하여 주식을 보유하고자 하는 비금융주력자(이하 "비금융주력자인 한도초과보유주주")는 일정한 요건을 충족하여 금융감독당국의 승인을 얻어야 한다(법 제5조 제1항, 제2항). 다만 최대 취득 한도는 34%이다. 그러한 요건은 "① 출자능력, 재무상태 및 사회적 신용, ② 경제력 집중에 대한 영향, ③ 주주구성계획의 적정성, ④ 정보통신업 영위 회사의 자산 비중, ⑤ 금융과 정보통신기술의 융합 촉진 및 서민금융 지원 등을 위한 기여 계획"을 고려하여 인터넷전문은행법 [별표](한도초과보유주주의 요건)에서 정하도록 하고 있는데(법 제5조 제2항 제1호 내지 제4호), 이 중 중요한 요건은 "정보통신업 영위 회사의 자산 비중"이다.

(3) 승인 요건 분석

인터넷전문은행법 [별표]에서 정하고 있는 승인 요건을 살펴보면, 비금융주력자인 한도초과보유주주가 기업집단에 속하는 경우는 "① 초과보유 승인이 경제력 집중을 심화시키지 않을 것, ② 금융과 정보통신기술의 융합 가능성을 감안하여 대통령령으로 정하는 정보통신업 영위 회사의 자산총액 합계액이 해당 기업집단 내 비금융회사의 자산총액 합계액에서 상당한 비중을 차지할 것 등 대통령령으로 정하는 요건을 갖출 것"이라고 해서([별표] 제4호 라목→제1호 바목), 시행령에 기준을 위임하고 있다. 정보통신업의 범위는 통계청장이 고시하는 한국표준산업분류에 따른 '정보통신업'을 말하는데, 이 중 서적, 잡지 및 기타 인쇄물 출판업, 방송업, 공영우편업, 뉴스 제공업은 제외된다(시행령 제2조 제1항).

그런데 인터넷전문은행법이 한도초과보유주주가 되는 것을 허용하는 중요한 기준인 "정보통신업 영위 회사의 자산 비중"을 법에서 단지 "상당한 비중을 차지할 것"이라고만 하고 구체적인 기준을 정하지 않고 있어서 「헌법」 제75조가 규정하고 있는 '포괄위임입법 금지 원칙'에 위반될 소지가 있다. 인터넷전문은행의 대주주가 될 수 있는 비금융주력자의 요건은 상당히 중요하다. 그런데 정보통신업 영위 회사의 자산 비중 기준의 대강을 법에서 정하지 않고 시행령에 백지 위임한 것은 이 원칙에 위반될 가능성이 있다.[65]

한편 인터넷전문은행법의 위임에 따라 시행령은 정보통신업 비중이 50% 이상이 될 것을 요구하고 있는데, 이렇게 정보통신업 비중을 고려하게 되는 경우는 비금융주력자인 한도초과보유주주가 공정거래법 제31조 제1항에 따른 상호출자제한기업집단(자산총액이 5조원 이상인 지정된 공시대상기업집단 중 자산총액이 국내총생산액의 0.5%에 해당하는 금액 이상인 기업집단을 말한다)에 속하는 경우에만 적용되고(시행령 제2조 제2항 제2호), 상호출자제한기업집단이 아닌 기업집단의 경우에는 이러한 비중을 고려하지 않고 있다(시행령 제2조 제2항 제1호). 따라서 비금융주력자인 한도초과보유주주가 상호출자제한기업집단이 아닌 기업집단에 속하는 경우에는 정보통신업을 영위하지 않더라도 승인 요건을 충족하게 된다.

그런데 비금융주력자가 인터넷전문은행의 대주주가 되는 것을 허용한 취지가 금융과 정보통신기술의 융합에 의한 금융 혁신을 촉진하기 위한 것이라는 점을 고려하면 설령 비금융주력자인 한도초과보유주주가 상호출자제한기업집단에 속하지 않더라도 정보통신업을 주로 영위하는 기업집단으로 한정할 필요가 있다. 이는 일반 기업집단에 대해서도 정보통신업 비중을 고려해야 한다는 인터넷전문은행법 조항(제5조 제2항 제4호, [별표] 제4호 라목→제1호 바목)에 비추어보더라도 위임의 범위를 넘어선 것이다. 즉 상호출자제한기업집단에 속하지 않는 기업집단에게는 정보통신업 영위와 상관없이 인터넷전문은행의 대주주가 되는 것을 허용한 것은

65) 이러한 지적은 국회 정무위원회 법안 심사 회의에서 정의당 추혜선 의원의 발언에서도 나타나고 있다(국회 정무위원회 제364회-정무제1차(2018년 9월 19일) 회의록, 8면).

문제가 있다.

위에서 논의한 은행 주식 보유 한도 규제에 대한 내용은 아래 [표 3-1]과 같이 정리할 수 있다.

[표 3-1] 은행 주식 보유 한도 규제

	비금융주력자가 아닌 동일인	비금융주력자인 동일인
전국은행	(1) 원칙: 전국은행의 의결권 있는 발행주식총수의 10%까지 보유 가능(법 제15조 제1항) - 4%까지: 보고·신고나 승인 필요 없음 - 4% 초과 10% 이하: 사후 보고 (2) 예외: 10% 초과 보유 가능 ① 정부 또는 예금보험공사가 전국은행의 주식을 보유하는 경우(법 제15조 제1항 제1호) ② 은행지주회사가 자회사인 전국은행의 의결권 있는 주식을 취득하는 경우(금융지주회사법 제13조) ③ 「은행법 시행령」([별표1] 한도초과보유주주의 초과 보유 요건)이 정하는 일정한 요건을 충족하는 동일인으로서 금융감독당국의 승인을 얻은 경우(법 제15조 제3항)	(1) 원칙 - 4%까지 보유 가능(법 제16조의2 제1항) - 4% 초과 10%까지 보유: 의결권 불행사 조건+일정한 재무적 요건 충족하여 금융감독당국의 승인 요(법 제16조의2 제2항) (2) 예외: 10% 초과 보유 가능(법 제16조의2 제3항) ① 2년 이내 금융주력자로 전환하게 되는 전환 대상자인 비금융주력자 ② 외국인의 주식 보유 비율 이내에서 전국은행의 주식을 보유하는 비금융주력자 ③ 금융감독당국의 승인을 얻은 기금(국민연금 등)에 해당하는 비금융주력자
지방은행	(1) 원칙: 주식 보유 한도는 15%(법 제15조 제1항 제2호) - 보고·신고나 승인 필요 없음 (2) 예외: 15% 초과하여 보유 가능 ① 정부 또는 예금보험공사가 지방은행의 주식을 보유하는 경우(법 제15조 제1항 제1호) ② 은행지주회사가 지방은행의 주식을 보유하는 경우(금융지주회사법 제13조) ③ 「은행법 시행령」([별표1] 한도초과보유주주의 초과 보유 요건)이 정하는 일정한 요건 충족하는 동일인으로서 금융감독당국의 승인을 얻은 경우(법 제15조 제3항)	(1) 원칙: 15% 이내에서는 보고·신고나 승인 없이 보유 가능(법 제16조의2 제1항) (2) 예외: 15% 초과 보유 가능(법 제16조의2 제3항) ① 2년 이내 금융주력자로 전환하게 되는 전환대상자인 비금융주력자 ② 외국인의 주식 보유 비율 이내에서 지방은행의 주식을 보유하는 비금융주력자 ③ 금융감독당국의 승인을 얻은 기금(국민연금 등)에 해당하는 비금융주력자
인터넷전문은행	전국은행에 대한 주식 보유 한도 규제와 동일하게 적용	(1) 10%까지 보유 가능(인터넷전문은행법 제5조 제2항) - 4%까지: 보고·신고나 승인 필요 없음 - 4% 초과 10% 이하: 사후 보고 (2) 금융감독당국의 승인을 얻어 10% 초과하여 34%까지 보유 가능. 다만 상호출자제한기업집단에 해당하는 비금융주력자는 정보통신업 비중이 50% 이상 요건 필요(인터넷전문은행법 제5조 제1항, 제2항, 시행령 제2조 제2항)

Ⅴ. 한도초과보유주주에 대한 사후 적격성 심사

1. 서설

「은행법」은 금융감독당국의 승인을 얻어 일정한 한도를 초과하여 은행의 의결권 있는 주식을 보유한 주주, 즉 '**한도초과보유주주**'에 대하여 금융감독당국이 한도 초과 보유 요건을 충족하는지를 일정한 기간마다 심사하도록 하는 사후 **적격성 심사 제도**를 두고 있다(법 제16조의4). 그 기간은 반기, 즉 6개월이며, 한도초과보유주주가 은행과 불법거래 징후가 있는 등 특별히 필요하다고 인정할 때에는 수시 심사할 수 있다(시행령 제11조의4 제1항). 심사 요건은 한도초과보유주주의 초과 보유 요건을 규정하고 있는 「은행법 시행령」 제5조 및 [별표 1](한도초과보유주주의 초과보유요건)과 인터넷전문은행의 경우는 인터넷전문은행법 제5조 제3항 및 [별표](한도초과보유주주의 요건)이다.

2. 심사 대상이 되는 한도초과보유주주의 범위

사후 적격성 심사 대상이 되는 한도초과보유주주는 다음과 같다(법 제16조의4 제1항).

① 금융주력자로서 「은행법」 제15조 제3항에 따라 금융감독당국의 승인을 얻어 전국은행의 의결권 있는 발행 주식 총수의 10%를 초과하여 보유하고 있는 동일인 및 지방은행의 경우는 의결권 있는 발행 주식 총수의 15%를 초과하여 보유하고 있는 동일인이 해당된다.

② 비금융주력자로서 「은행법」 제15조 제3항의 적용을 받는 동일인이 해당된다. 즉 전환대상자인 비금융주력자, 외국인의 주식 보유 비율 이내에서 주식을 보유하는 비금융주력자, 기금 등인 비금융주력자가 해당된다(법 제16조의2 제3항).

③ 「은행법」 제15조의3 제2항에 따라 금융감독당국의 승인을 얻어 전국은행의 의결권 있는 발행 주식 총수의 10%, 지방은행의 경우 의결권 있는 발행 주식 총수의 15%를 초과하여 보유하고 있는 기관전용 사모집합투자기구나 투자목적회사가 해당된다.

한편 인터넷전문은행의 경우에는 의결권 있는 주식 10%를 초과해서 보유하고 있는 동일인인 금융주력자 또는 비금융주력자가 해당한다. 금융주력자의 경우에는 「은행법」의 적용을 받기 때문에 위에서 본 ①의 한도가 적용되어 인터넷전문은행의 의결권 있는 주식 10%를 초과해서 보유하고 있는 주주가 될 것이고, 비금융주력자의 경우에는 인터넷전문은행법 제5조 단서가 "「은행법」 제15조 제3항 본문에 따른 한도를 초과하여 인터넷전문은행의 주식을 보유할 수 있는 비금융주력자"라고 하고 있으므로 한도초과보유주주는 인터넷전문은행의 의결권 있는 주식 10%를 초과하여 보유하고 있는 비금융주력자가 해당한다.

여기서 한도초과보유주주의 범위에 속하는 특수관계인(예를 들어, 계열회사)이 해당 은행의 의결권 있는 주식을 보유하고 있지 않은 경우에도 적격성 심사 대상이 되어야 하는가? 이에 대해서는 한도초과보유주주의 적격성 심사 제도의 취지가 그 한도초과보유주주 전체에 대해서 은행의 대주주가 될 수 있는지 여부를 심사한다는 점에서 비록 주식을 보유하고 있지 않더라도 적격성 심사(예를 들어, 벌금형 이상의 형벌을 받았는지 여부)를 해야 한다는 견해가 있을 수 있다. 그러나 이렇게 되면 그 범위가 상당히 넓어지는 점이 있고, 주식을 보유하지 않은 특수관계인은 의결권을 행사할 수 없어서 당해 은행의 경영에 영향력을 행사할 여지가 없다는 점을 고려하면 주식을 보유하고 있지 않은 특수관계인은 심사 대상에서 제외해야 한다고 보아야 할 것이다.

3. 한도초과보유 요건 부적격자에 대한 조치

(1) 요건 충족 명령 및 의결권 제한

금융감독당국은 한도 초과 보유 요건 심사 결과 한도 초과 보유 요건 부적격자로 인정되는 한도초과보유주주에 대하여는 6개월 이내의 기간을 정하여 한도 초과 보유할 수 있는 적격성 요건을 충족하도록 명령할 수 있으며(법 제16조의4 제3항), 이 경우 한도초과보유주주는 그 명령을 이행할 때까지 '한도 초과 보유 주식'에 대하여 의결권을 행사할 수 없다(법 제16조의4 제4항).

여기서 '한도 초과 보유 주식'이라 함은 첫째, 「은행법」 제15조 제3항에 따른 승인을 얻은 금융주력자의 경우에는 전국은행은 의결권 있는 주식의 10%, 지방은행은 의결권 있는 주식의 15%를 초과하는 부분을 말한다. 그 이유는 「은행법」 제16조의4 제4항이 명시적으로 "제15조 제3항 제1호에서 정한 한도"라고 하고 있기 때문에 전국은행의 경우 10%, 지방은행의 경우 15%라고 보아야 할 것이다. 둘째, 「은행법」 제16조의2 제3항에 따른 승인을 얻은 비금융주력자인 경우(기금 등)에는 전국은행은 의결권 있는 주식 4%, 지방은행은 의결권 있는 주식 15% 초과하는 부분을 말한다, 그 이유는 「은행법」 제16조의4 제4항이 비금융주력자의 경우 명시적으로 "제16조의2 제1항에서 정한 한도"라고 하고 있으므로 전국은행의 경우 4%, 지방은행의 경우 15%라고 보아야 할 것이기 때문이다. 셋째, 「은행법」 제15조의3 제2항에 따라 승인을 얻은 금융주력자인 기관전용 사모집합투자기구나 투자목적회사의 경우에는 전국은행은 의결권 있는 주식 10%, 지방은행은 의결권 있는 주식 15%를 초과하는 부분을 말한다.

그리고 인터넷전문은행의 경우에는 인터넷전문은행법 제5조 단서에서 "「은행법」 제15조 제3항 본문에 따른 한도를 초과하여 인터넷전문은행의 주식을 보유할 수 있는 비금융주력자"라고 하고 있으므로 '한도 초과 보유 주식'은 비록 비금융주력자가 보유한 주식이라 하더라도 인터넷전문은행의 의결권 있는 주식 10%(「은행법」 제15조 제3항 본문에 따른 한도는 10%이다)를 초과하는 부분이라고 보아야 할 것이다. 금융주력자가 보유하고 있는 경우에는 위에서 본 것처럼 인터넷전문은행의 의결권 있는 주식 10%를 초과해서 보유하고 있는 부분이 된다.

(2) 한도 초과 보유 주식 매각 명령

금융감독당국은 한도 초과 보유 주주가 초과 보유 적격성 요건 충족 명령을 이행하지 아니할 때에는 6개월 이내의 기간을 정하여 '한도 초과 보유 주식'의 처분을 명령할 수 있다(법 제16조의4 제5항). 「은행법」이 처분 방법에 대해서는 특별히 규정하고 있지 않기 때문에 금융감독당국이 재량권을 갖고 결정할 수 있다고 보아야 할 것이다. 따라서 증권시장에서 매각하도록 하거나 처분 대상자가 매각 방법을 정할 수 있도록 할 수도 있을 것이다.

제3절

은산분리(銀産分離) 정책

Ⅰ. 서설

「은행법」은 비금융주력자가 은행의 대주주가 되는 것을 금지하고 있다. 이러한 정책을 '은산분리' 정책이라고 한다. 은산분리 정책에 대해서는 찬반 논의가 분분하다. 특히 인터넷전문은행에 대해서 비금융주력자에 해당하는 정보통신기업이 대주주가 되는 것을 허용하느냐의 문제와 관련해서 은산분리 정책에 대한 찬반 논의가 많이 제기되었기 때문에 이하에서는 이러한 논의를 살펴보고, 은산분리 정책을 유지하고 있는 미국의 제도와 은산분리 정책을 완화한 일본의 사례를 살펴본다.

Ⅱ. 은산분리 정책에 대한 찬반 논의

1. 찬반 논의 근거

은산분리 문제는 은행산업 규제 면에서 중요하면서 논란이 많은 주제이다.[66] 이는 그만큼 다른 금융산업과 달리 은행산업이 중요한 비중을 차지하고 있으며, 공적인 기능이 크다는 점을 나타내는 것이라 할 수 있다. 은산분리 규제를 완화해야 한다고 주장하는 쪽은 ① 주인 있는 은행 찾아주기, ② 산업자본과 금융자본의 결합에 따른 상승(synergy) 효과 증대, ③ 주인－대리인(principal－agent) 문제[67]의 시정 필요성 등을 근거로 든다.[68] 반면에 은산분리 완화를

66) 금산분리 문제에 대한 광범위한 논의는 김자봉(2021) 참조.

67) 주주의 대리인인 경영진에 대한 감시와 통제가 잘 되지 않을 경우 대리인인 경영진이 주인인 주주의 이익을 위해서가 아니라 경영진 자신의 이익을 추구하게 될 가능성이 크다는 것을 말한다.

68) 은산분리 완화 주장은 정찬형(2008), 6~26면; 김용재(2006), 177~202면; 윤창현(2008a), 16~23면; 윤창현(2008b), 28~40면; 남주하·이인실(2008), 1~42면; 이상묵(2004), 60~73면.

반대하는 쪽은 산업자본의 은행 지배를 허용할 때 ① 은행의 사금고화(私金庫化) 초래 가능성,[69] ② 공정 경쟁 저해 가능성, ③ 은행의 건전성 및 금융체제의 안정성 저해 가능성 등의 문제점을 근거로 든다.[70]

2. 인터넷전문은행의 은산분리 완화 정책에 대한 비판[71]

(1) 서설

2018년 인터넷전문은행법이 제정되면서 인터넷전문은행에 대해서 정보통신기술기업에 의결권 있는 주식 34%까지 보유하는 것을 허용해주는 은산분리 완화 정책이 시행되었다. 이에 대해서는 여러 찬반 논란이 제기되었다. 인터넷전문은행도 영업점이 없다 뿐이지(물론 소수의 영업점이 있을 수 있지만) 영위하는 업무가 예금 수입 및 대출 업무 등 기본적으로 일반은행과 다르지 않기 때문에 은산분리 원칙을 완화할 때 발생하는 폐해가 인터넷전문은행에게도 그대로 발생한다. 그렇기 때문에 인터넷전문은행에게만 은산분리 원칙에 예외를 두는 것은 바람직하지 않다. 예외 허용이 결국은 은산분리의 큰 원칙을 훼손할 수 있다. 문제점을 구체적으로 살펴보면 다음과 같다.

(2) 사금고화 문제의 존재

인터넷전문은행의 대주주가 되는 정보통신기술기업도 은행의 자금 수요자이어서 '사금고화'(私金庫化) 문제가 발생할 수 있다. 대주주인 정보통신기술기업이 부실하게 되면 대주주로서

69) 산업자본의 소유가 허용된 증권회사나 투자신탁회사의 경우 사금고화 폐해가 발생했다는 사례를 들면 다음과 같다. 첫 번째는 거평그룹의 한남투자신탁(주) 사금고화 사례(1998년)인데, 거평그룹의 나승렬 회장이 1998년 3월 한남투자신탁(주)을 인수한 후 그룹 계열회사에서 발행한 채권 등을 부당하게 매입해주거나 계열회사 간 무담보대출 등의 방법으로 한남투자신탁(주)에게 980억 원의 손실을 입힌 사례가 있으며, 두 번째는 현대투자신탁운용(주)의 계열회사에 대한 부당 지원 사례가 있는데(1998년), 현대투자신탁운용(주)은 계열회사인 현대투자신탁증권(주)에 1998. 3.~1999. 9. 기간 중 시장 콜금리보다 낮은 금리로 제공하거나 현대투자신탁증권(주)의 상품 등을 고가로 매입하는 방법으로 2,221억 원의 부당이득을 제공한 경우이며, 세 번째 사례는 서울투자신탁운용(주)가 그 계열회사인 대우그룹 소속 기업들에 대한 부당 자금을 운용한 사례인데(1999년), 서울투자신탁운용(주)는 대우그룹 소속 기업들이 발행한 회사채 및 기업어음(CP)을 관련법상의 투자 한도를 위반하여 과다하게 매입하는 등 대우그룹 소속 기업들에 대하여 4조 3,321억 원을 지원한 사례가 있다(이병윤(2006a), 11면).

70) 금산분리 완화 반대 주장은 이병윤(2006a), 7~13면; 전성인(2004), 85~89면; 전성인(2008), 1~28면; 김선웅(2008), 24~31면; 김용재(2008), 3~36면(종전의 견해를 바꾸고 있다. 즉 "지금까지 우리나라에서 논자는 금산분리 특히 은산분리를 완화하자고 주장한 가장 대표적인 학자로 알려져 있다. 최근까지도 논자는 산업자본의 소유규제를 풀더라도 사후적으로 감독을 강화하고 산업자본과 금융안전망 이용을 봉쇄한다면 문제될 것이 없다는 낙관론에 서 있었다. 그 파장을 생각하지 못한 채 너무도 순진하게 설익은 주장을 하였다는 후회감이 든다. 이렇게 발상의 전환을 하는데 있어서 가장 결정적인 계기를 제공하였던 것은 국내적으로 삼성그룹의 비자금 사건과 국제적으로 서브프라임 위기에 따른 금융안전망의 붕괴 사고를 들 수 있다. 논자는 산업자본의 개념을 완화하여야 한다는 기존의 주장을 철회하고자 한다."라고 하고 있다. 32면).

71) 이하의 논의는 고동원(2017), 433~436면을 수정·보완한 것이다.

은행에 영향력을 행사하여 은행으로부터 자금을 지원받으려는 유혹이 항상 존재하게 되고, 인터넷전문은행의 부실 발생 가능성이 있게 된다. 물론 엄격한 차단벽을 설정하고 감독을 철저히 해서 사금고화 문제를 막을 수 있다고 주장할 수도 있지만, 차단 장치 작동이 잘 되지 않을 가능성이 존재한다. 차명 거래 등을 통하여 법망을 회피한 부실 대출의 발생 등 많은 문제점이 일어난 과거 사례에 비추어 볼 때 완전한 감독을 기대하는 것은 사실상 어렵다. 2011년 상호저축은행들의 파산 사태는 대주주가 상호저축은행을 사금고화 했다는 것을 여실히 증명하고 있으며, 2013년의 '동양 사태'에서 보듯이 ㈜동양증권이 계열회사를 지원하기 위하여 금융상품 불완전 판매를 했다는 사실은 비금융기업이 은행을 포함한 금융기관의 대주주가 되어서는 안 된다는 것을 보여주고 있다. 그리고 대주주인 정보통신기술기업이 부실화 되면 그 영향에서 자유롭지 못한 인터넷전문은행도 부실로 연결될 가능성이 크다. 즉 은행의 건전성이 훼손될 수 있다. 이렇게 되면 피해는 고스란히 선량한 예금자에게 돌아가게 된다. 전체 금융체제의 안정성에 위협이 되는 문제가 발생한다.

(3) 은행의 영업 위험 관리의 중요성

인터넷전문은행은 여전히 '은행'이다. 정보통신기술을 활용하여 은행업을 영위한다고 하지만, 은행업에서 가장 중요한 것은 은행업에서 발생하는 위험(risk)을 얼마나 잘 관리하느냐이다.[72] 아무리 최신 금융기술 기법을 개발하여 영업을 하더라도 여신 관리를 제대로 하지 못하여 부실이 발생하면 인터넷전문은행 제도의 성공을 기대하기가 어렵다. 즉 인터넷전문은행에도 여신 관리 등 위험 관리 체제가 여전히 중요한 것이다. 은행 영업 전략이 더 중요한 것이다. 이런 점에서 보면 굳이 정보통신기술 기업이 인터넷전문은행의 대주주가 되어야 할 필요성은 없다.

(4) 금융기관도 기술 혁신 주도 가능

정보통신기술기업이 아닌 금융기관(은행, 증권회사, 보험회사 등 금융주력자)도 정보통신기술 전문 인력을 채용하여 인터넷전문은행의 기술 혁신을 주도할 수 있다는 점에서 굳이 정보통신기술기업에게 인터넷전문은행의 대주주 지위를 인정해줄 필요가 있는지도 의문이다. 은행이 '인터넷뱅킹'을 통하여 사실상 인터넷전문은행의 업무라고 할 수 있는 비대면 영업을 하고 있는 점에 비추어 보아도 은행이나 금융업종회사가 인터넷전문은행을 경영하지 못할 이유가 없다는 것을 보여주고 있다. 이런 점에서 정보통신기술기업이 반드시 인터넷전문은행의 대주주가 되어야 한다는 당위성은 없다. 오히려 정보통신기술기업이 인터넷전문은행의 대주주가

72) 인터넷전문은행은 기본적인 위험 관리와 비용 관리에 충실해야 한다면서, 금융노하우가 없는 정보통신 기술 기업이 주도하여 설립되는 인터넷전문은행의 경우에는 철저한 위험 관리와 비용 관리가 더욱 중요하다고 하는 주장은 서병호 외 2인(2016), 145면.

될 때 부작용이 더 커질 가능성이 있어서 문제이다.

(5) 대주주의 영향력 존재

정보통신기술기업이 인터넷전문은행의 대주주가 될 때, 은행의 임원 선임에서 있어서 대주주의 영향력이 크게 미칠 수 있다. 그래서 정보통신기술업 근무 경력을 가진 사람이 은행장이나 임원으로 선임될 가능성이 있다. 이것은 법적으로 문제가 없다. 은행의 지배구조에 적용되는 지배구조법에 따르면, 은행장이나 사내이사에게는 자격 요건으로서 금융에 관한 경험과 지식을 요구하고 있지 않다.[73] 이 경우 은행 경영에 경험이 없는 은행장이 선임될 때 전문성을 요하는 은행 경영을 잘 할 수 있는지가 의문이다. 물론 기업 경영의 경험이 은행 경영에 도움이 될 수 있고, 몇 년 동안 은행 경영의 경험을 쌓으면 문제가 없다고 주장할 수도 있으나, 은행 경영이 그렇게 쉬운 일은 아닐 것이다. 오랜 은행 실무 경험이 필요하다. 은행 경영의 경험이 없는 비금융기업 근무 경력자가 은행장이 되는 것은 문제가 있다. 특히 은행장이 대주주인 기업에서 근무한 사람인 경우 대주주의 영향력에서 더욱 자유로울 수가 없는 문제가 발생할 수 있다. 사금고화의 가능성이 더 커지는 것이다.

(6) 은산분리 원칙의 훼손

인터넷전문은행에 한해서 비금융주력자의 주식 보유 제한에 예외를 두게 되더라도, 이는 은산분리 원칙을 훼손하는 것이라 향후 일반은행에 대해서도 은산분리 원칙이 무너지게 되는 단초를 제공할 여지가 있다는 점에서 인터넷전문은행에 대해서만 예외를 두는 것은 바람직하지 않다.

(7) 금융지주회사나 은행 등 금융기관이 자회사로 설립하는 방안

대안은 은행이나 금융주력자인 증권회사 및 보험회사가 인터넷전문은행을 자회사로 두거나 금융지주회사가 자회사로 인터넷전문은행을 두는 방안이다. 다만 은행이 인터넷전문은행을 자회사로 두는 경우에 다음과 같은 법적 문제가 있다. 즉 은행이 금융지주회사의 자회사인 경우에는 「금융지주회사법」의 적용을 받아 손자회사로서 은행을 둘 수 없어서(금융지주회사법 제19조, 시행령 제15조 제1항 제3호 가목), 금융지주회사의 자회사로 둘 수밖에 없는 문제가 있다. 물론 금융지주회사의 자회사에 속하지 않는 은행의 경우에는 「은행법」에 따라서 자은행(子銀行)을 둘 수 있으므로(법 제37조 제5항)[74] 인터넷전문은행을 자은행으로 두는 데 문제가 없다.

73) 반면에 은행 등 금융기관 사외이사에게는 "금융, 경제, 경영, 법률, 회계 등 분야의 전문지식이나 실무 경험이 풍부한 사람"이라는 적극적 자격 요건을 요구하고 있다(지배구조법 제6조 제3항).

74) 「은행법」에 따른 자은행의 기준은 은행이 다른 은행의 의결권 있는 발행 주식 총수의 15%를 초과하는 경우에 해당한다(「은행법」 제37조 제5항).

그런데 대부분의 은행은 금융지주회사의 자회사로 되어 있기 때문에 「금융지주회사법」을 개정하여 손자회사로서 인터넷전문은행을 두는 것을 허용할 필요가 있다.

Ⅲ. 외국 입법례[75)]

1. 미국

(1) 서설

은산분리 규제를 하고 있는 대표적인 나라인 미국도 인터넷전문은행에 대하여 은산분리 규제를 적용하고 있다. 은산분리 규제의 근거 법률은 「은행지주회사법」(Bank Holding Company Act of 1956)이다. 「은행지주회사법」은 은행을 '지배'(control)하는 회사를 '은행지주회사'로 정의하고,[76)] 은행지주회사는 "은행 및 그 밖의 자회사를 관리하거나 경영하는 업무" 또는 "은행업과 밀접한 관련이 있는 업무"(to be closely related to banking as to be a proper incident)만을 영위할 수 있도록 하고 있다.[77)] 산업자본인 비금융기업은 "은행업과 밀접한 관련이 있는 업무"를 영위할 수 없으므로 결국은 산업자본은 은행을 '지배'할 수 없게 된다.

(2) 「은행지주회사법」에 따른 '지배'의 정의

「은행지주회사법」에 따른 '지배'의 정의가 중요하다. 「은행지주회사법」은 '지배'를 다음과 같이 정의하고 있는데, 은행의 '대주주' 내지 '주요주주'가 되는 것이라고 할 수 있다. 구체적으로 살펴보면, '지배'란 ① 어느 한 회사가 은행이나 은행지주회사의 의결권 있는 주식 25% 이상을 직·간접적으로 또는 다른 자(들)(person(s))을 통하여 소유 또는 지배하거나 의결권 행사를 할 수 있는 권한을 갖고 있는 경우, ② 어느 회사가 은행 또는 은행지주회사의 이사 과반수를 선임할 수 있는 경우, 또는 ③ 관할 감독당국인 연방준비제도이사회(Board of Governors of the Federal Reserve System: FRB)가 청문 절차를 거친 후에 어느 회사가 은행 또는 은행지주회사의 경영이나 정책에 직·간접적으로 "지배적인 영향력"(controlling influence)을 행사한다고 판단하는 경우를 말한다.[78)] 한편 「은행지주회사법」은 어느 회사가 은행이나 은행지주회사의 의

75) 이하의 논의는 고동원(2017), 408~422면을 수정·보완한 것이다.

76) 더 정확히 말하면, "① 은행 또는 ② 은행지주회사인 회사나 은행지주회사가 되려는 회사를 지배(control)하는 회사"를 '은행지주회사'라고 한다. 12 U.S.C. §1841(a)(1). "(1) Except as provided in paragraph (5) of this subsection, "bank holding company" means any company which has control over any bank or over any company that is or becomes a bank holding company by virtue of this chapter."

77) 12 U.S.C. §1843(c)(8). 이와 같은 설명은 Carnell et. al.(2013), p. 416.

78) 12 U.S.C. §1841(a)(2). "(2) Any company has control over a bank or over any company if—
(A) the company directly or indirectly or acting through one or more other persons owns, controls, or has power to vote 25 per centum or more of any class of voting securities of the bank or com-

결권 있는 주식 5% 미만으로 소유하거나 지배 내지 의결권을 행사할 수 있는 권한을 갖고 있는 경우에는 명시적으로 '지배'로 간주하지 않고 있다.79)

즉 5% 미만이면 지배하지 않는 것이고, 25% 이상이면 지배하는 것으로 인정되며, 그 사이인 5%에서 25% 미만까지는 연방준비제도이사회의 "지배적 영향력 행사" 여부에 대한 판단에 달려 있다. 연방준비제도이사회는 "지배적인 영향력 행사" 여부를 판단하는 데 있어서 여러 요소를 고려하는데, ① 다른 지배주주(controlling shareholder)가 있는지 여부, ② 은행 경영에 영향을 미치는지 여부, ③ 임원 선임에 영향을 미치는지 여부, ④ 해당 투자자와 은행과 주요한 거래관계(material transaction)가 있는지 여부 등 여러 상황과 사실을 건(件) 별로 고려한다.80)

이러한 연방준비제도이사회의 판단 기준과 관련하여 연방준비제도이사회는 관련 규정(規程)(Regulation Y)을 제정하거나 관련 정책 지침(Policy Statement)을 발표해왔는데, 2008년 9월 22일 발표된 정책 지침을 살펴보면, "연방준비제도이사회는 소수 지분의 투자자(minority investor)가 은행이나 은행지주회사의 의결권 있는 주식과 의결권 없는 주식을 합하여 전체 발행 주식의 3분의 1 미만으로 소유하면서 의결권 있는 주식 15% 미만으로 소유하면 은행이나 은행지주회사에 지배적인 영향력(controlling influence)을 행사한다고 기대하지 않는다"라고 하고 있다.81) 이는 종전 1982년 정책 지침에서 규정한 10% 기준을 15%로 상향 조정한 것이다. 즉 15% 미만으로 보유하고 있으면 지배에 해당하지 않을 가능성이 높은 것이다. 그렇다고 해서 지배에 해당하지 않는 것은 아니다. 위에서 언급한 여러 요소를 고려하여 지배 해당 여부를 판단하는 것이다. 따라서 "은행 경영에 지배적 영향력을 행사하지 않는 경우에는 15% 이내에서는 FRB의 사전 승인 없이도 자유롭게 보유 가능"하다는 서술은 정확한 설명은 아니다. 지배 여부 판단 기준을 다소 완화시킨 것에 불과한 것이지 "15% 이내에서 연방준비제도이사회의

---

pany;

(B) the company controls in any manner the election of a majority of the directors or trustees of the bank or company; or

(C) the Board determines, after notice and opportunity for hearing, that the company directly or indirectly exercises a controlling influence over the management or policies of the bank or company."

79) 12 U.S.C. §1841(a)(3). "(3) For the purposes of any proceeding under paragraph (2)(C) of this subsection, there is a presumption that any company which directly or indirectly owns, controls, or has power to vote less than 5 per centum of any class of voting securities of a given bank or company does not have control over that bank or company."

80) Board of Governors of the Federal Reserve System(2008), pp. 5~6.

81) Board of Governors of the Federal Reserve System(2008), p. 10 ("In particular, the Board would not expect that a minority investor would have a controlling influence over a banking organization if the investor owns a combination of voting shares and nonvoting shares that, when aggregated, represents less than one-third of the total equity of the organization (and less than one-third of any class of voting securities, assuming conversion of all convertible nonvoting shares held by the investor) and does not allow the investor to own, hold, or vote 15 percent or more of any class of voting securities of the organization").

사전 승인 없이 자유롭게 보유"하도록 허용한 것은 아니다.[82)]

정리하면, 어느 회사가 은행의 의결권 있는 주식 25% 미만으로 소유하더라도 '지배'가 될 수 있다. 그 판단은 연방준비제도이사회가 제시한 여러 요소를 고려해서 하게 된다. 즉 산업자본인 비금융기업이 은행 주식을 25% 미만으로 소유하는 경우에도 '지배'에 해당할 수 있는데, 이렇게 되는 경우에는 산업자본은 은행을 '지배'해서는 안 되도록 해야 한다. 즉 산업자본은 은행의 의결권 있는 주식을 5% 초과해서 25% 미만을 항상 보유할 수 있는 것은 아니다.

이런 점에서 "산업자본은 [최대주주가 아니면] 25% 미만으로 보유 가능"[83)]이라고 하거나 "[미국] 은행지주회사법은 산업자본의 은행 지분 보유 한도를 25% 미만으로 규정하고 있음"[84)] 이라고 설명하는 것은 마치 산업자본이 '지배'에 상관없이 은행의 주식 의결권 있는 25% 미만으로 보유할 있는 것으로 이해될 수 있어 정확한 설명은 아니다.

(3) 산업자본이 대주주가 될 수 있는 '산업대출회사'는 상업은행에 해당하지 않아

미국에서 산업자본이 대주주가 될 수 있는 '산업대출회사'(industrial loan company)[85)]는 제한적인 수신 업무를 하면서 대출 업무를 영위한다는 점에서 일반 상업은행(commercial bank)과 유사하지만, 정확히 말하면 일반 상업은행은 아니다. 산업대출회사는 유타주, 캘리포니아주, 네바다주, 콜로라도주, 미네소타주, 인디애나주, 하와이주 등 7개 주(州)에서 주 당국으로부터 인가를 받아 영업을 하는 대출회사를 말한다.[86)] 특히 유타주의 경우에는 '산업은행'(industrial banks)이라는 법적 용어를 사용하고, 상호에도 '은행'이라는 명칭을 쓸 수 있어[87)] 일반 '은행'으

---

82) 비슷한 비판의 내용은 성태윤·박기영(2009), 16면.

83) 국회 정무위원회 수석전문위원(전상수)(2016), 58면.

84) 임형석(2017), 41면.

85) '산업대출회사'는 주(州) 정부로부터 인가를 받은 대출회사로서 1900년대 초부터 은행으로부터 신용대출을 받을 수 없었던 산업 노동자에 대해 주로 대출하는 소규모의 대출회사로 출발을 했는데, 이후 급격한 성장을 하여 큰 규모의 산업대출회사가 나타나는 등 산업이 크게 성장하였다(United States Government Accountability Office(2005), p. 5).

86) <https://www.fdic.gov/regulations/examinations/supervisory/insights/sisum04/industrial_loans.html>.

87) 유타(Utah)주의 경우 2004년 법문상 '산업은행'(industrial bank)이라는 용어가 법적 상태를 더욱 잘 반영한다는 이유로 '산업대출회사'(industrial loan corporations)라는 명칭을 '산업은행'으로 변경하여 유타주에서는 '산업은행'이라고 쓰이지만, 다른 주에서는 여전히 '산업대출회사'라는 용어를 쓴다. <https://dfi.utah.gov/financial-institutions/industrial-banks/>("Industrial banks were also known as industrial loan corporations (ILCs) in Utah until 2004 when state law was amended to rename this class of in-stitution to better reflect their legal status as fully fledged FDIC insured depository institutions. Outside of Utah, industrial banks are often still referred to as ILCs"). 미국 유타주의 경우 1997년 이후 산업대출회사의 상호에 '은행'이라는 이름을 사용하는 것이 허용되었다("In addition, since at least 1997, Utah ILCs have been permitted to use the term "bank" in their name." United States Government Accountability Office(2005), p. 25). 관련된 유타주법 조문은 다음과 같다. Utah Code Title 7 Finan-cial Institutions Act Chapter 1 General Provisions Section 701 Representing and transacting business as financial institution restricted – Restricted names – Penalty. (Effective 5/13/2014) "(3) (a) Except as provided in Subsections (3)(b) through (d), only the following may transact business in this

로 오해할 수 있는데, 엄밀하게 말하면 상업은행은 아니다. 산업대출회사는 총자산이 1억 달러 이상이 되면 요구불예금(demand deposits)을 취급할 수 없고,[88] 요구불예금을 취급하려면 총자산을 1억 달러 미만으로 유지하여야 하므로,[89] 일반 상업은행에 해당하지 않는다.

일부 주(州)의 경우 산업대출회사는 연방예금보험공사(Federal Deposit Insurance Corporation: FDIC)의 예금보험제도에 가입해야 하는데,[90] 예금보험제도 가입과 관련해서 은산분리 규제 논란이 제기된 적이 있었다. 미국의 대규모 유통업체인 월마트(Wal-Mart)가 산업대출회사를 설립하기 위해서 연방예금보험공사에 예금보험제도 가입 신청을 했는데, 이에 반대하는 비판적인 의견이 제기되면서(즉 산업자본이 소유하는 산업대출회사가 예금보험제도에 가입하게 되면 지급결제 제도에 상당한 위험을 초래할 것이라는 주장이 제기되었는데, 이는 결국 은산분리 정책의 완화 문제라고 할 수 있다) 연방예금보험공사가 무려 18개월 동안 신청을 받아주지 않아 결국은 월마트가 예금보험제도 가입 신청을 철회하면서 산업대출회사를 설립하지 못한 사례가 있었다.[91][92] 이만큼 미국에서도 은산분리 문제는 항상 논란이 제기되고 있다는 것을 말한다.

---

state under a name that includes "bank," "banker," "banking," "banque," "banc," "banco," "bancorp," "bancorporation," a derivative of these words, or another word or combination of words reasonably identifying the business of a bank: (i) a national bank; (ii) a bank authorized to do business under Chapter 3, Banks; (iii) a bank holding company; or (iv) an industrial bank." <http://le.utah.gov/xcode/Title7/Chapter1/7-1-S701.html?v=C7-1-S701_2014040320140513>.

88) 총자산이 1억 달러 이상인 산업대출회사는 요구불예금의 수입 업무를 취급할 수는 없지만, 요구불예금과 비슷한 기능을 하는 '양도가능한 인출지시 계좌'(Negotiable Order of Withdrawal (NOW) accounts)를 취급할 수 있어서(다만 인출을 하려면 7일 전에 산업대출회사에 통지해야 한다) 사실상 요구불예금을 취급한다고 볼 수도 있다(United States Government Accountability Office(2005), p. 6).

89) 12 U.S.C. §1841(c)(2)(H). "(H) An industrial loan company, industrial bank, or other similar institution which is— (i) an institution organized under the laws of a State which, on March 5, 1987, had in effect or had under consideration in such State's legislature a statute which required or would require such institution to obtain insurance under the Federal Deposit Insurance Act [12 U.S.C. 1811 et seq.]—
(I) which does not accept demand deposits that the depositor may withdraw by check or similar means for payment to third parties;
(II) which has total assets of less than $100,000,000; or
(III) the control of which is not acquired by any company after August 10, 1987; or
(ii) an institution which does not, directly, indirectly, or through an affiliate, engage in any activity in which it was not lawfully engaged as of March 5, 1987, …"
따라서 산업대출회사가 총자산이 1억 달러 이상이 되면서 요구불예금을 취급하게 되면, 은행지주회사법에 따른 '은행'이 되어 그러한 은행이 되는 '산업대출회사'를 지배하는 회사인 산업자본은 더 이상 은행지주회사법에 따른 은행지주회사 요건을 충족할 수 없어서 지배가 되지 않도록 주식을 처분해야 한다.

90) 12 U.S.C. §1841(c)(2)(H)(i). 연방예금보험공사의 예금보험제도에 가입하게 되면 연방예금보험공사의 감독을 받게 되며, 일부 주는 연방예금보험제도에 가입을 하는 것을 조건으로 산업대출회사를 인가해주기도 한다. <https://www.fdic.gov/regulations/examinations/supervisory/insights/sisum 04/industrial loans.html>.

91) Shooner & Taylor(2010), p. 116; 이에 관한 논의는 이병윤(2006), 10~11면. 김자봉(2021), 149, 156면. 이러한 논란을 계기로 2006년 2월 버냉키(Burnanke) 연방준비제도이사회(FRB) 의장은 미국 의회 청문회에서 '은산분리'가 미국 금융법의 원칙 중 하나라는 점을 강조하고, 산업대출회사가 이러한 '은산분리'

미국에서 산업자본이 대주주인 인터넷전문은행이 있다고 하는 서술은[93] 유타주의 경우에 '은행'이라는 상호를 사용할 수 있고 정보통신망으로 영업을 하는 '산업은행(industrial bank)'을 말하는 것으로 이해해야 하고, 이러한 산업대출회사는 일반 상업은행과 구별되어야 한다. 즉 은행은 아닌 것이다.

2. 일본

(1) 서설

일본에서는 인터넷전문은행에 대해서도 기본적으로 일반은행과 동일한 규제가 적용되나, 설립 인가나 감독 단계에서 인터넷전문은행의 특수성을 고려한 차별화된 규제가 적용되고 있는 정도이다. 인터넷전문은행의 설립 근거법은 「은행법」이며, 금융감독당국인 금융청(金融廳)이 제정한 「감독지침」에서 인가 심사나 감독 기준에 관한 사항을 두어 규제하고 있다. 은산분리 문제와 관련해서는 「은행법」이 특별히 규제를 하고 있지 않으므로 산업자본인 비금융기업도 인터넷전문은행의 대주주가 될 수 있다. 다만 의결권 있는 주식 20%를 초과해서 소유하는 '주요주주'(「은행법」은 '주요주주'라고 규정하고 있으나 대주주로 이해할 수 있다)가 되고자 하는 경우에는 「은행법」에 따라서 내각총리대신의 인가를 얻도록 하고 있어(「은행법」 제52조의9),[94] 은행 주식 소유 단계에서 금융감독당국의 통제가 있게 된다.

이하에서는 금융청의 「감독지침」의 제정 및 변천 과정과 「감독지침」이 규정하고 있는 인터넷전문은행의 특성을 고려한 인가 심사 및 감독 기준에 대하여 살펴보며, 「은행법」에 따른 은행의 '주요주주'의 주식 취득 인가 등에 관한 내용과 산업자본이 인터넷전문은행의 대주주 지위를 취득할 때 산업자본의 사업 위험 차단 장치 및 은행 경영의 독립성을 확보하기 위한

규제를 회피하는 법적 허점(legal loophole)이 되고 있다고 하면서 의회가 이러한 법적 허점을 막는 입법을 해야 한다고 주장한 바 있다(이병윤(2006), 11면).

92) 유타주법에 따르면, 산업대출회사는 연방예금보험공사의 예금보험제도에 가입해야 영업을 할 수 있어서 결국 월마트는 산업대출회사를 설립하지 못하였다. Utah Code Title 7 Financial Institutions Act Chapter 8 Industrial Banks Section 3. Organization – Authorization to conduct business – Deposit insurance. "(4) (a) An industrial bank is authorized to receive and hold deposits. (b) An industrial bank may not conduct business under this chapter as an industrial bank unless the industrial bank obtains insurance from the Federal Deposit Insurance Corporation or a successor federal deposit in-surance entity for any deposits received or held by the industrial bank." <http://le.utah.gov/xcode/Title7/Chapter8/7-8-S3.html?v=C7-8-S3_1800010118000101>.

93) 자동차 회사가 대주주인 BMW Bank of North America가 있다고 한다(이성복(2015), 114면; 천대중(2014), 11면).

94) 銀行法 第五十二条の九 次に掲げる取引若しくは行為により一の銀行の主要株主基準値以上の数の議決権の保有者になろうとする者又は銀行の主要株主基準値以上の数の議決権の保有者である会社その他の法人の設立をしようとする者（国等並びに第五十二条の十七第一項に規定する持株会社になろうとする会社、同項に規定する者及び銀行を子会社としようとする銀行持株会社を除く。）は、あらかじめ、内閣総理大臣の認可を受けなければならない。

장치나 체계 구비 여부 등에 대한 인가 심사 및 감독 기준의 내용에 대하여 살펴본다.

(2) 인터넷전문은행의 설립 근거법 및 감독지침

인터넷전문은행의 설립 근거 법률은 「은행법」이며, 인가 및 감독 기준에 관한 자세한 사항은 금융청이 제정한 「감독지침」에 규정되어 있다. 이 지침의 변천 과정을 살펴보면 다음과 같다. 2000년 8월 3일 금융청이 「다른 업종에 의한 은행업 진입 등 새로운 형태의 은행업에 대한 면허 심사·감독의 대응(운영상의 지침)」(「異業種による銀行業参入等新たな形態の銀行業に対する免許審査·監督上の対応 (運用上の指針)」)을 제정하여, 산업자본 즉 '사업회사'(지침에서는 '사업회사'라고 하고 있다)가 은행의 '주요주주'(「은행법」은 '주요주주'라고 하고 있다)가 되는 경우에 필요한 인가 심사 및 감독 기준을 정하고,[95] 새로운 형태의 은행업인 인터넷전문은행에 대해서 인가 심사 및 감독을 할 때 그 특성을 고려한 유의할 점[96]을 규정하였다. 그러다가 이 운영 지침은 2002년 4월 4일 폐지되면서 같은 내용이 다소 수정되어 금융청이 제정한 「사무가이드라인 제1편: 예금취급금융기관 관계」(事務ガイドライン 第一分册 : 預金取扱い金融機関関係)에 제7장 '다른 업종에 의한 은행업 진입 등 새로운 형태의 은행'(7. 異業種による銀行参入等新たな形態の銀行)이 신설되면서 여기에 이관되었고,[97] 2005년 10월 28일 이 사무가이드라인이 폐지되면서[98] 같은 내용이 「주요은행 등에 대한 종합 감독지침」(主要行等向けの総合的な監督指針)(이하 "「감독지침」")의 '제7장 은행업 신규 진입에 대한 취급'(銀行業への新規参入の取扱い)에 규정되어 현재에 이르고 있다.[99]

(3) 인터넷전문은행의 특성을 고려한 인가 심사 및 감독 기준

금융청의 「감독지침」은 정보통신망에서 비대면으로 영업을 하는 인터넷전문은행의 특성

---

95) 은행이 대주주인 '사업회사'로부터 독립성을 확보하는지 여부에 관한 사항(子銀行の事業親会社等からの独立性確保の観点), 대주주인 '사업회사'의 영업 위험을 차단하는 장치가 있는지 여부에 관한 사항(事業親会社等の事業リスクの遮断の観点) 등을 인가 심사 및 감독 기준으로 규정하고 있었다.

96) 운영 지침 "5. 유인 점포를 갖지 않는 인터넷·ATM 등 비대면 거래를 전문으로 영위하는 경우의 고객보호 등의 관점"(5. 有人店舗を持たずインターネット・ＡＴＭ 等非対面取引を専門に行う場合の顧客保護等の観点)에 규정되어 있었다.

97) 일본 금융청, "사무가이드라인의 일부 개정 등에 관해서"(事務ガイドライン(「金融監督にあたっての留意事項について(第一分册 : 預金取扱い金融機関関係)」)の一部改正等について), 보도자료, 2002. 4. 4(平成14年4月4日)(http://www.fsa.go.jp/news/newsj/13/ginkou/f−20020404−1.html.)(なお´ 平成12年8月3日付「異業種による銀行参入等新たな形態の銀行業に対する免許審査・監督上の対応(運用上の指針)」については´ 今回のガイドライン改正において「7 異業種による銀行参入等新たな形態の銀行」を新設することに伴い´ 廃止することとする°). 개정된 사무가이드라인의 내용은 금융청의 위 2002. 4. 4. 보도자료에 첨부된 신구조문대비표(事務ガイドライン(第一分册 : 預金取扱い金融機関関係))에서 찾아볼 수 있다.

98) <http://www.fsa.go.jp/common/law>에서 찾을 수 있다(事務ガイドライン 第一分册 : 預金取扱い金融機関関係(平成17年10月28日廃止)).

99) 감독지침은 <http://www.fsa.go.jp/common/law>에서 찾을 수 있다.

을 고려하여 금융소비자 보호에 초점을 맞추어 인가 심사를 하고 감독 기준을 설정하고 있다. 즉 인가 및 감독에 있어서 인터넷전문은행이 정보통신기술을 이용한 새로운 은행업을 제공하므로 이용자가 안전하고 간편하게 은행을 이용할 수 있는 체계가 갖추어져 있는지에 중점을 둔다.[100)]

이를 위하여 금융청은 인가 심사를 할 때뿐만 아니라 인가 후 감독을 할 때도 인터넷전문은행이 다음과 같은 사항에 적절하게 대응할 수 있는 체계가 되어 있는지 여부를 확인한다. 그러한 사항은 ① 고객의 불만 및 상담에 대한 대응, ② 전산 체계의 장애 발생 시 고객에 대한 대응, ③ 법령에 근거한 고객에 대한 설명 의무의 이행, ④ 공시(disclosure) 의무의 이행, ⑤ 자금세탁방지 등 조직 범죄에 대한 대응의 관점에서 은행 거래 시 고객 확인 의무 및 의심스러운 거래의 신고 의무 이행 등이다.[101)]

이외에도 인터넷전문은행의 수익 전망에 관해서도 경쟁자의 진입 등 환경 악화에 따른 대응 방안이 수립되어 있는지, 그러한 환경 악화에도 일정한 수익을 낼 수 있는 계획이 있는지 여부를 확인한다.[102)] 또한 금리 등에 민감한 고객의 특성상 거래의 해지나 변경이 용이하게 될 수 있는지, 고객의 일시적인 대량 이탈에 대비하여 유동성 확보를 위한 방안이 확립되어 있는지를 심사한다.[103)] 그리고 전산 체계의 안전 및 보안 수준이 충분한지, 전산 체계의 안전 관리 체제 및 장애 발생 시 위기 관리 체제가 적절하게 강구되어 있는지 여부를 심사한다.[104)]

이러한 인가 심사 기준은 인가 후 감독을 할 때도 마찬가지로 적용된다.[105)] 이렇게 인터넷전문은행을 인가할 때 비대면 거래라는 특성을 반영하여 고객 보호를 위한 여러 가지 체계나 장치가 갖추어져 있는 지를 중점적으로 심사하고, 인가 이후에도 감독 기준을 삼고 있다는 점이 특징적이다.

(4) 산업자본의 인터넷전문은행 대주주 허용과 감독 강화 조치

일본 「은행법」은 은행의 대주주인 '주요주주'를 은행의 의결권 있는 발행 주식 총수의 20% 이상을 보유한 자로 정의하고(제2조 제9항,[106)] 제10항[107)]), 은행의 '주요주주'가 되고자 하

100) 金融庁, 「主要行等向けの総合的な監督指針」, 平成28年3月, 320~321頁.
101) 上揭 監督指針, 321頁.
102) 上揭 監督指針, 321頁.
103) 上揭 監督指針, 321頁.
104) 上揭 監督指針, 321頁.
105) 上揭 監督指針, 321頁.
106) 銀行法 第二条 9 この法律において「主要株主基準値」とは゛ 総株主の議決権の百分の二十(会社の財務及び営業の方針の決定に対して重要な影響を与えることが推測される事実が存在するものとして内閣府令で定める要件に該当する者が当該会社の議決権の保有者である場合にあつては゛ 百分の十五)をいう゜
107) 銀行法 第二条 10 この法律において「銀行主要株主」とは゛ 銀行の主要株主基準値以上の数の議決権の保有者(他人(仮設人を含む゜)の名義をもつて保有する者を含む゜ 以下同じ゜)であつて゛ 第五十二条の九第

는 자는 내각총리대신의 인가를 받도록 하고 있다(제52조의9). 「은행법」은 특별히 주요주주의 자격 요건에서 산업자본인 '사업회사'를 배제하고 있지 아니하므로 산업자본도 내각총리대신의 인가를 얻으면 은행의 대주주가 될 수 있다. 다만 인가 과정에서 산업자본이 대주주로서 은행 경영을 잘 할 수 있는지에 대한 심사 과정은 거치게 될 것이므로 산업자본이 그러한 자격을 갖추고 있지 않다고 판단되면 인가를 해주지 않을 수도 있다. 이러한 「은행법」에 따른 인가 규정은 인터넷전문은행에게도 적용되므로 일본에서는 산업자본이 대주주가 되는 인터넷전문은행이 허용된다.

다만 산업자본이 인터넷전문은행의 대주주가 됨으로써 발생할 수 있는 여러 부작용을 고려하여 「감독지침」은 대주주로부터 은행이 독립성을 유지할 수 있는 장치 및 대주주의 사업 위험을 차단하는 장치 등 여러 조치를 취하고 있다. 앞서 본 것처럼, 금융청은 2000년 8월 3일 「다른 업종에 의한 은행업 진입 등 새로운 형태의 은행업에 대한 면허 심사·감독의 대응(운영상의 지침)」을 제정하면서, 산업자본이 은행의 주요주주가 되는 것을 허용했고, 이에 대응하여 이 지침은 '주요주주'로부터 은행의 독립성 확보 및 '주요주주'의 사업 위험 차단 장치를 둘 것을 요구하였으며, 이 지침의 내용은 「감독지침」에 반영되어 실시되고 있다. 이 지침이 규정하고 있는 독립성 확보 및 사업 위험 차단 장치는 다음과 같다.

「감독지침」은 인터넷전문은행 경영의 독립성 확보에 관한 감독상의 기본적인 방향으로서 '주요주주'인 사업모회사의 경영 전략상의 요청에 의해서 은행의 건전성이 훼손되지 않도록 은행 경영의 독립성을 확보할 필요가 있음을 강조하고 있다.[108] 구체적으로 보면, ① 은행 경영진이 은행 경영의 건전성을 최우선적으로 독립적으로 판단할 경영 체제가 확보되어 있는지 여부(예를 들어, 은행의 임원이 사업모회사의 임원이나 직원을 겸임함으로써 은행 경영의 독립성 확보에 손상을 입힐 수 있는지 여부), ② 은행이 사업모회사의 점포를 공유하는 경우에 은행 업무의 일부를 사업모회사에 위탁하거나 사업모회사의 직원이 은행 직원을 겸직함에 따라 보안상 또는 위험 관리상 은행 업무의 건전성과 적절한 운영에 손상을 입힐 수 있는지 여부를 심사 및 감독 기준으로 설정하고 있다.[109]

한편 사업모회사의 사업 위험을 차단하기 위한 장치도 구비할 것을 요구하고 있는데, 은행 경영의 독립성이 확보되었다고 하더라도 사업모회사의 경영 악화 등의 위험이 발생하여 은행의 영업 기반이 무너질 가능성이 있기 때문에 거액 신용 공여 규제 및 '공정거래규칙'(arms-length rule)을 잘 준수하고 있는지 여부를 심사 기준으로 하는 기본적인 방향을 설정하고 있다.[110] 구체적으로 보면, 인가 심사 시에 다음과 같은 사항을 중점적으로 심사한다. 즉 ① 사업

一項の認可を受けて設立され゛又は同項若しくは同条第二項ただし書の認可を受けているものをいう。

108) 金融庁, 前掲 監督指針, 322頁.

109) 上掲 監督指針, 322頁.

110) 上掲 監督指針, 322~323頁.

모회사의 경영이 악화된 경우에 해당 사업모회사에 대해 지원이나 대출 등을 하지 않도록 하는 방안이 있는지 여부, ② 사업모회사의 경영 악화, 사업모회사의 해당 은행 주식 매각, 예금 인출 등 사업모회사에 기인하는 다양한 위험(은행 주가 하락 및 예금 인출 등)을 미리 상정하고, 그러한 요인에 의하여 은행 경영의 건전성이 손상되지 않도록 하는 방안(수익원 확보, 자금 조달원 확보, 자본 충실 방안)이 있는지 여부, ③ 은행이 사업모회사의 영업 기반을 공유하는 경우에 사업모회사의 파산 등의 사유가 발생하더라도 은행 영업이 중단되지 않도록 하는 조치가 있는지 여부 등을 심사한다.[111]

111) 上揭 監督指針, 323頁.

<참고 문헌>

국회정무위원회 수석전문위원(전상수), "은행법 일부개정법률안/인터넷전문은행 설립 및 운영에 관한 특례법안 검토 보고," 2016. 11.

국회 재무위원회, "은행법 중 개정 법률안 심사보고서," 1982. 10.

고동원(2008a), 「금융규제와 법」, 박영사, 2008. 8.

______(2008b), "은행 소유 규제 완화와 관련한 2008년 은행법 개정안의 법적 문제와 개선 방안," 「은행법연구」 제1권 제2호, 은행법학회, 2008. 11.

______, "은행 소유 규제의 현황과 개선 과제," 「성균관법학」 제22권 제2호, 성균관대학교 법학연구원, 2010. 8.

______, "인터넷전문은행의 설립에 따른 법적 과제," 「성균관법학」 제29권 제1호, 성균관대학교 법학연구원, 2017. 3.

______, "「인터넷전문은행 설립 및 운영에 관한 특례법」 제정과 주요 쟁점," 「국회의정연구」 제55호, 한국의회발전연구회, 2018. 12.

금융감독원, "Newbridge Capital에 대한 제일은행 주식 인수 승인," 보도자료, 1999. 12. 27.

금융위원회, "은행 주식 보유 규제 및 금융지주회사 제도 합리화 방안," 보도참고자료, 2008. 10. 13.

_________, "㈜케이뱅크 은행(제1호 인터넷전문은행) 은행업 인가," 보도자료, 2016. 12. 14.

금융감독위원회·금융감독원, "론스타의 외환은행 주식 취득 승인," 보도자료, 2003. 9. 27.

김선웅, "금산분리 원칙은 강화되어야 한다," 「월간 금융」 통권 647호, 전국은행연합회, 2008. 2.

김용재, "은행주식 소유규제에 관한 소고," 「기업법연구」 제20권 제1호, 한국기업법학회, 2006. 3.

______, "은행규제의 바람직한 모습 – 미국에서의 은산분리정책을 모델로 하여 –," 「금융법연구」 제5권 제2호, 한국금융법학회, 2008. 12.

김자봉, 「금산분리의 법리와 경제분석」, 박영사, 2021.

남주하·이인실, "금산분리 완화: 논리적 근거와 정책 방향," 2008년도 한국금융학회 춘계 정책심포지움 발표 자료, 2008. 4. 24.

서병호·이수진·이윤석, "해외 인터넷전문은행의 사례 분석과 시사점," KIF 금융리포트 2016–01, 한국금융연구원, 2016. 10.

성태윤·박기영, "은산분리에 대한 몇 가지 논점: 미국의 경험과 감독기구 기능을 중심으로," 제61차 한국경제의 분석 패널 발표문, 2009. 9. 25.

윤창현(2008a), "금산분리 원칙은 완화되어야 한다," 「월간 금융」 통권 647호, 전국은행연합회, 2008. 2.

______(2008b), "금산분리제도의 현황과 과제: 금산분리완화를 중심으로," 「저스티스」 통권 제104호, 한국법학원, 2008. 6.

이병윤(2006a), "산업자본과 금융자본 분리의 논리," 「BFL」 제16호, 서울대학교 금융법센터, 2006. 3.

______(2006b), "월마트의 은행업 진출 시도와 미국의 은산분리," 「주간 금융브리프」 제15권 제19호, 한국금융연구원, 2006. 7. 15~7. 21.

이병화, 「축조해설 은행법」, 삼우사, 2008.

이상묵, "산업자본과 금융자본간 분리의 논거 및 그 비용에 대한 고찰: 산업의 금융지배 문제를 중심으로," 「산업조직연구」 제12집 제2호, 한국산업조직학회, 2004. 6.

이상제, "은행 소유 규제 제도 현황과 논점," 한국금융연구원 정책세미나 발표자료, 2008. 7. 10.

이성복, "미국 인터넷전문은행의 진입·퇴출 특징 분석," 「자본시장리뷰」 2015년 가을호, 2015. 9.

임형석, "은산분리: 원칙인가? 족쇄인가?에 대한 토론문," 카카오뱅크·K뱅크 등 인터넷전문은행 출범 문제 진단 토론회 발표집, 국회의원 이학영/국회의원 전해철/참여연대 경제금융센터 공동 주최, 2017. 2. 2.

전성인, "산업자본과 금융자본의 분리에 관한 제도적 검토: 한국과 미국의 경우를 중심으로," 「산업조직연구」 제12집 제2호, 한국산업조직학회, 2004. 6.

______, "금융과 산업의 분리: 이론과 정책 과제," 2008년도 한국금융학회 춘계 정책심포지움 발표자료, 2008. 4. 24.

정찬형, "은행법상 금산분리의 문제점 및 개선 방안," 「저스티스」 통권 제104호, 한국법학원, 2008. 6.

천대중, "미국 인터넷전문은행 제도 및 현황," 「주간 금융경제동향」 제4권 제50호, 우리금융경영연구소, 2014. 12. 24.

한국은행, 「우리나라의 금융제도」, 1999.

한국은행 은행국, "외국자본의 은행산업 진입영향 및 정책적 시사점," 보고서, 2003. 12.

Board of Governors of the Federal Reserve System, *Policy Statement on Equity Investments in Banks and Bank Holding Companies*, Sep. 22, 2008.

Carnell, Richard S., Jonathan R. Macey & Geoffrey P Miller, *The Law of Financial Institutions*, Wolters Kluwer Law and Business, 2013.

Shooner, Heidi Mandanis & Michael W. Taylor, *Global Bank Regulation: Principles and Policies*, Elsevier, 2010.

United States Government Accountability Office, *INDUSTRIAL LOAN CORPORATIONS: Recent Asset Growth and Commercial Interest Highlight Differences in Regulatory Authority*, Sep. 2005.

제4장
은행 업무 범위

제1절

총 설

금융기관의 **업무 범위**(scope of business)는 금융 규제의 중요한 한 축이다. 금융기관이 어떤 업무를 영위할 수 있느냐 하는 것은 해당 금융기관의 업무 특성을 나타내는 것일 뿐만 아니라 해당 금융기관의 경쟁력에도 영향을 미치는 것으로서 금융기관의 분류에 있어서 핵심 요소가 된다. 은행의 업무 범위도 마찬가지이다. 은행은 '은행업'을 영위하는 금융기관이다. 「은행법」은 은행업을 예금 업무와 대출 업무를 동시에 영위하는 것으로 정의하면서 은행업을 영위하려면 금융감독당국으로부터 인가를 받도록 하고 있다(법 제2조, 제8조).

우리나라는 원칙적으로 '전업은행 제도'[1])를 유지하고 있어서 은행은 은행업, 증권회사는 증권업, 보험회사는 보험업을 각각 영위할 수 있다. 은행이 증권업을 직접 영위할 수 있는 '**증권업겸영은행 제도**'(universal banking system)[2])를 채택하고 있는 영국, 독일, 프랑스 등의 금융 제도와 다르다. 물론 우리도 은행이 일부 증권업을 영위할 수 있지만, 원칙적으로 전업주의를 채택하고 있기 때문에 업무 범위의 확대는 각 금융업권 사이에서 이해관계가 민감하게 대립되는 문제가 된다.

「은행법」은 은행의 업무 범위를 '고유 업무'(core business), '겸영 업무'(concurrent business), '부수 업무'(incidental business)로 나누어 규제하고 있다. 이러한 체계는 증권회사나 보험회사 등 다른 금융기관에게도 마찬가지로 적용된다. 은행의 **고유 업무**는 은행업 인가를 받은 은행만이 영위할 수 있는 업무이고, **겸영 업무**는 은행이 다른 금융 관련 법령에 따라 인가나 허가를 받거나 등록을 해서 영위할 수 있는 업무 내지 「은행법」이 특별히 겸영 업무로서 규정한 업무를 말하며, **부수 업무**는 은행업에 부수하는 업무를 말한다.

1) 미국의 전업은행 제도에 대한 설명은 Lovett & Malloy(2014), pp. 195-201; Shooner & Taylor(2010), pp. 121~129.

2) '증권업겸업은행 제도'에 대한 자세한 소개는 Saunders & Water(1994); Benston(1994) 참조.

이러한 업무 구분 체계는 2010년 5월 17일 「은행법」이 개정(2010년 11월 18일 시행)되면서 보다 명확하게 되었다. 2010년 개정 전에는 「은행업무 중 부수 업무의 범위에 관한 지침」(금융위원회 고시 제1010-40호, 2010. 11. 16. 폐지)에 겸영 업무와 부수 업무가 혼재되어 규정되어 있어서 은행 업무 범위 규정 체계에 있어서 불합리한 점이 있었다. 특히 2010년 개정 「은행법」은 겸영 업무를 영위하고자 하는 경우 인가제에서 사전 신고제로 변경함으로써 규제 완화를 했으며, 부수 업무 범위 결정에 있어서도 사전 신고제를 통하여 금융감독당국이 해당 여부를 판단할 수 있도록 하여 좀 더 용이하게 업무 범위를 확대할 수 있도록 해서 전반적으로 업무 범위 규정 체계가 잘 정비되었다고 할 수 있다. 이 장에서는 은행의 업무 범위에 관해서 고유 업무, 겸영 업무, 부수 업무에 대해서 「은행법」을 중심으로 자세히 살펴보면서, 은행의 보험대리업 규제 및 은행대리업 제도와 주요국의 은행 업무 범위에 대해서 알아본다.

제2절

고유 업무

Ⅰ. 서설

「은행법」은 '고유 업무'라는 용어를 사용하고 있지는 않지만, 일반적으로 은행업 인가를 받은 은행만이 영위할 수 있는 업무를 의미한다고 볼 수 있다. 예를 들어, 보험업은 보험업 영위 허가를 받은 보험회사만이 영위할 수 있으므로(「보험업법」 제4조 제1항) 보험회사의 고유 업무로 이해할 수 있다. 이런 점에서 예금 업무와 대출 업무를 은행의 고유 업무로 보는 데는 문제가 없다. 「은행법」은 예금 업무 및 대출 업무를 "은행업"이라고 정의하면서 은행업을 영위하려면 인가를 받아야 한다고 하고 있기 때문이다(법 제2조, 제8조). 반면에 「은행법」이 "은행업에 관한 모든 업무"를 "은행업무"로 정의하면서, 은행 업무의 하나로서 '내국환·외국환' 업무를 규정하고 있어서(법 제27조) 과연 은행업의 정의에 포섭되지 않는 '내국환·외국환' 업무가 은행의 고유 업무로 볼 수 있는지에 대해서는 법적 논란이 제기될 수 있다. 그리고 「은행법」은 '내국환·외국환' 업무에 대한 정의를 하고 있지 않아 해석상 어떤 의미인지가 문제될 수 있다. 이하에서는 예금 업무, 대출 업무, 내국환·외국환 업무에 대한 구체적인 분석을 해본다.

Ⅱ. 예금 업무[3)]

1. 서설

은행이 취급하는 예금 업무의 경우 은행이 불특정 다수와 거래하기 때문에 예금 계약의 체결은 '약관'에 의해 이루어진다. 예금 업무에 적용되는 약관은 '은행예금거래기본약관' 및 개별 예금상품에 적용되는 개별 약관(약정서)이 있다. 약관 거래에 대해서는 「약관의 규제에 관

3) 이하는 고동원(2018), 33~37면을 수정·보완한 것이다.

한 법률」이 적용된다.

예금 계약의 법적 성질에 대해서 판례 및 다수설은 '소비임치계약'이라고 보고 있어, 일반적으로 예금은 원금 보장이 되는 상품으로 이해하고 있다.[4] 그런데 자본시장법은 **"투자성 있는 예금"이라는 개념을 규정**하고 있는데(제77조), 자본시장법에 따른 "투자성"의 의미는 **'원금 손실 가능성'**을 말하는 것이어서(제3조), 원금이 보장된다고 이해하는 예금의 성격을 어떻게 보아야 하는지에 대한 논란이 제기된다. 그래서 여기서는 예금의 법적 성질을 살펴보면서 예금의 종류 및 '투자성 있는 예금'에 관한 논의를 한다.

2. 예금 계약의 법적 성질

우리가 은행에 예금을 하면 정기예금의 경우 만기 때 원금과 이자를 받고, 보통예금의 경우는 언제든지 인출을 청구하면 예금을 찾을 수 있다. 이러한 예금 거래를 법적으로 어떻게 설명할 수 있을까? 우선 「민법」에 따른 금전소비대차로 설명하는 것을 시도해볼 수 있다.[5] 「민법」은 소비대차를 "당사자 일방이 금전 기타 대체물의 소유권을 상대방에게 이전할 것을 약정하고 상대방은 그와 같은 종류, 품질 및 수량으로 반환할 것을 약정"하는 것이라고 하고 있어서(제598조) 당사자 일방인 예금자가 금전의 소유권을 상대방인 은행에게 이전하고 은행은 같은 종류와 수량인 금전으로 반환하는 계약으로 설명할 수 있다. 다시 말해서 우리가 예금을 하면 그 예금의 소유권은 은행에 귀속되고, 이렇게 은행의 '고유자산'이 된 자금을 대출하는 것이다. 이렇게 보면 「민법」에 따른 소비대차에 관한 여러 조항들(제598조 내지 제608조)이 적용되는데, 이 경우 요구불예금인 보통예금에는 적용되기가 어려운 조항이 있다. 「민법」 제603조 제2항인데, "반환 시기의 약정이 없는 때에는 대주는 상당한 기간을 정하여 반환을 최고하여야 하[고,] 차주는 언제든지 반환할 수 있"도록 되어 있어, 약정 시기의 약정이 없는 보통예금 등 요구불예금의 경우는 '대주'(貸主)에 해당하는 예금자가 상당한 기간을 정하여 반환을 최고(催告)할 수 없는 문제가 발생한다.

그래서 이러한 예금의 성격을 잘 설명할 수 있는 견해가 바로 소비임치설이다. 판례가 취하는 입장인데,[6] 「민법」은 소비임치를 "수치인이 계약에 의하여 임치물을 소비할 수 있는 경우에 소비대차에 관한 규정을 준용한다. 그러나 반환 시기의 약정이 없는 때에는 임치인은 언

---

4) 「금융소비자 보호에 관한 감독규정」도 '금융상품'의 하나로서 "계약에 따라 금융소비자로부터 금전을 받고 장래에 그 금전과 그에 따른 이자 등의 대가를 지급하기로 하는 계약"을 규정하고 있는데(제2조 제1항 제1호), 이는 원금 보장이 되는 상품이라고 이해할 수 있다.

5) 소비대차설이 독일의 지배적인 견해라고 한다(전경근(1999), 53면).

6) 1985. 12. 24. 선고 85다카880 판결("예금은 은행 등 법률이 정하는 금융기관을 수치인으로 하는 금전의 소비임치 계약으로서 수치인은 임치물인 금전 등을 보관하고 그 기간 중 이를 소비할 수 있고 임치인의 청구에 따라 동종 동액의 금전을 반환할 것을 약정함으로써 성립하는 것이므로 소비대차에 관한 「민법」의 규정이 준용"된다고 보고 있다.).

제든지 그 반환을 청구할 수 있다."라고 하고 있다(제702조). 수취인(受置人)에 해당하는 은행이 예금계약에 의해서 임치물인 금전을 소비할 수 있고, 특히 소비대차와 달리 반환 시기의 약정이 없는 때에는 임치인(任置人)에 해당하는 예금자가 언제든지 금전 반환 청구를 할 수 있기 때문에 요구불예금을 잘 설명할 수 있다. 이런 점에서 보면 **판례가 취하는 소비임치설이 타당**하다.

소비대차설이나 소비임치설에 따르더라도 차입자이면서 수취인의 지위를 갖는 은행은 "같은 종류, 품질 및 수량"으로 반환하도록 되어 있기 때문에, **예금은 원금이 보장되는 상품이라고 이해**할 수 있다. 이 점이 바로 뒤에서 자세히 논하게 되는 '투자성 있는 예금' 즉 원금 손실 가능성이 있는 예금을 잘 설명할 수 없는 문제를 야기하게 된다. 이러한 견해 이외에도 예금계약은 소비임치의 요소와 소비대차의 요소가 모두 깃들어 있는 혼합계약(또는 무명(無名)계약)이라고 보는 견해도 있다.[7] 또한 예금계약은 기본적으로 소비임치의 성격을 갖고 있으면서 예금의 종류에 따라 개별적인 약관에 의하여 그 성질 및 내용이 정하여지는 특수한 계약이라는 설명도 있다.[8]

한편 예금과 유사하지만 예금과 차이가 있는 것이 바로 차입금(borrowing)이다. 경제적인 면에서 보면 차입금도 원금을 반환하는 것이고 금전의 수입이라는 점에서는 예금과 동일하다고 볼 수 있으나, 차입금의 법적 성질은 소비대차라는 점에서 예금과 다르다.[9] 또한 차입금은 어디까지나 차입자의 편의를 위해서 이루어지는 계약인데 반해, 예금은 예금자의 편의를 위해서 행해지는 것이라는 점에서 명확하게 차이가 나며, 차입 거래에서는 대여자가 원금 확보를 위해서 담보를 징구하는 경우가 많은데, 예금의 경우는 그렇지 않다는 점에서도 차이가 있다.[10]

3. 예금의 종류

은행법령은 특별히 예금의 종류에 대해 규정하고 있지 않다. 은행이 사용하는 '**은행예금거래기본약관**'은 예금을 '입출금이 자유로운 예금'과 '거치식예금' 및 '적립식예금'으로 분류하고 있다(제1조). 이외에도 양도가 가능한 '양도성예금증서'(certificate of deposit: CD)도 유가증권 또는 채무증서의 성격을 갖고 있기도 하지만 예금상품의 하나로 분류할 수 있다.

(1) 입출금이 자유로운 예금

입출금이 자유로운 예금은 "예치기간을 정하지 아니하고 자유로이 입출금하는 예금"을 말한다(입출금이 자유로운 예금 약관 제1조 제1항). 만기가 없이 수시로 입출금을 할 수 있는 예금

7) 김용진(1983), 138면.
8) 전경근(1999), 59면.
9) 같은 설명은 小山嘉昭(2018), 115면.
10) 小山嘉昭(2018), 120면.

으로서 **요구불예금**(demand deposit)을 말하며, 보통예금, 저축예금, 기업자유예금, 당좌예금 등이 있다(입출금이 자유로운 예금 약관 제2조 제1항). 또한 은행의 회계 목적으로 두고 있는 별단(別段)예금이 있다. 이러한 예금은 통상적으로 지급 결제 편의를 위해서 많이 이용되는 예금이며, 수시로 입출금이 가능하므로 이자율은 거치식예금이나 적립식예금보다는 낮게 된다.

1) 보통예금

보통예금은 대표적인 요구불예금으로서 가입대상, 예치금액, 예치기간, 입출금 횟수 등에 아무런 제한 없이 자유롭게 거래할 수 있는 예금상품으로서[11] 보통예금약관의 적용을 받는다.

2) 저축예금

저축예금은 가계저축의 증대를 도모하기 위한 가계우대저축의 하나로 수시입출이 가능한 결제성 예금이면서도 이자가 지급되고 있는 상품이며, 가입 대상에 제한이 없다.[12]

3) 기업자유예금

기업자유예금은 법인 또는 개인사업자 또는 지방자치단체 등이 일시적인 여유 자금을 예치하여 결제 자금으로 이용할 수 있는 입출금이 자유로운 수시입출금식 예금상품이다.[13]

4) 당좌예금

당좌예금은 은행과 당좌거래계약을 체결한 예금자가 은행을 지급인으로 하여 발행한 당좌수표 및 약속어음 또는 예금자가 인수한 환어음의 지급을 은행에 위임하기 위하여 개설하는 예금이다. 당좌예금 계좌를 개설하게 되면 당좌대출을 받을 수 있다. 제시된 어음이나 수표의 금액이 당좌예금의 잔액을 초과하게 되더라도 일정한 당좌대출 한도를 정해서 그 한도 내에서 예금 잔액을 초과하는 수표나 어음의 제시가 있더라도 은행이 지급하도록 하는 당좌대출이 이루어진다.[14] 예금자의 입장에서는 일상의 지급 거래를 위한 결제예금의 성격을 지니지만 은행의 입장에서는 당좌대출에 의해 신용 창출의 원천이 된다.[15] 당좌예금에 대해서는 이자가 지급되지 않는다(입출금이 자유로운 예금약관 제2조 제1항).

「은행법」은 은행의 당좌예금 취급에 대한 법적 근거를 두고 있다. 즉 상업금융업무를 운영하는 은행만이 당좌예금을 취급할 수 있도록 하고 있다(법 제32조). '상업금융업무'란 "대부분 요구불예금을 받아 조달한 자금을 1년 이내의 기한으로 대출하거나 금융위원회가 예금 총액을 고려하여 정하는 최고 대출 한도를 초과하지 아니하는 범위에서 1년 이상 3년 이내의 기한으로 대출하는 업무"를 말한다(법 제2조 제1항 제3호).

---

11) 한국은행(2018), 187면.
12) 한국은행(2018), 188면.
13) 한국은행(2018), 188면.
14) 박준·한민(2024), 26면.
15) 한국은행(2018), 186면.

5) 별단예금

별단(別段)예금은 환(換), 대출, 보관 등 은행의 업무 수행에서 발생하는 미결제, 미정리자금 또는 타예금계정으로 취급할 수 없는 자금 등 일시적 보관금에 붙이는 편의적 계정 명칭으로서 나중에 다른 계정으로 대체되거나 지급될 예금을 말한다.[16] 별단예금으로 취급되는 주요 예수금은 자기앞수표발행자금, 공탁금, 부도대금, 미지급송금, 당좌예금 해지잔액 등이며, 일정한 거래 기한이나 거래 약관이 없고 예금증서나 통장도 발행하지 않으며, 필요한 경우에 한해서 예치증, 영수증이나 확인서 등을 발행해 준다.[17]

(2) 거치식예금

거치식예금은 "예치기간을 정하고 거래를 시작할 때 맡긴 돈을 만기에 찾는 예금"이다(거치식예금 약관 제1조 제1항). 정기예금이 해당한다.

(3) 적립식예금

적립식예금은 "기간을 정하고 그 기간 중에 미리 정한 금액이나 불특정 금액을 정기 또는 부정기적으로 입금하는 예금"이다(적립식예금 약관 제1조 제1항). 정기적금이 해당한다.

(4) 양도성예금증서

1) 의의

양도성예금증서는 거치식예금약관이 적용되는 예금 중에서 **예금반환청구권을 증서에 의하여 양도할 수 있도록 한 예금상품**이다.[18] **정기예금에 양도성을 부여한 예금상품**이라고 할 수 있다. 통상 발행되는 예금통장은 양도가 불가능한데, 양도성예금증서는 양도가 가능하다는 것이 특징이다. 양도성예금증서의 법적 성격에 대해서 판례는 양도성예금증서는 거치식예금에 기한 예금반환청구권을 표창하고 있고 그 예금반환청구권의 이전과 행사에 증서가 필요하다는 점에서 유가증권의 일종으로 볼 수 있다고 하고 있으며,[19] 채무증서로 보는 견해도 있다.[20] 그렇다고

---

16) 한국은행(2018), 187면.

17) 한국은행(2018), 187면.

18) 박준·한민(2024), 28면.

19) 대법원 2000. 3. 10. 선고 98다29735 판결("양도성예금증서는 시중은행이 발행한 무기명 할인식으로 발행되는 유가증권으로서 그 권리의 이전 및 행사에 증서의 소지를 요하므로 …"); 대법원 2009. 3. 12. 선고 2007다52942 판결("예금거래기본약관 및 거치식예금약관이 적용되는 무기명식 양도성예금증서는 거치식 예금의 수신은행이 발행하는 증서로서 거치식 예금계약에 기한 예금반환청구권을 표창하고 있고 그 예금반환청구권의 이전 및 행사에 증서의 소지가 필요하다는 점에서 유가증권의 일종으로 볼 수 있지만, 양도성예금증서가 표창하고 있는 권리는 위와 같이 거치식 예금계약에 기하여 발생하는 것이므로 그 권리의 발생에 양도성예금증서의 발행이 필요한 것은 아니다").

20) 이병화(2008), 33면.

예금의 성격이 없는 것은 아니다. 따라서 아래에서 보는 것처럼 예금으로 보는 경우 아니면 유가증권으로 보는 경우에 따라 정책적 결정이 달라지고 있다.

2) 양도성예금증서의 발행 조건

양도성예금증서의 발행 조건에 대해서는 한국은행 금융통화위원회가 제정한 규정(Regulation)인 「양도성예금증서의 발행조건」(가장 최근 2002. 6. 20. 개정)이 적용된다. 이에 따르면, 양도성예금증서를 발행할 수 있는 금융기관은 한국은행에 예금지급준비금 예치 의무가 있는 금융기관, 즉 일반은행이다(제3조). 양도성예금증서는 **무기명 할인식 양도가능증서로 발행**해야 한다(제2조). 만기는 30일 이상이어야 하며, 중도해지가 불가능하다(다만 2002년 6월 30일 이전에 발행되고 토요일에 만기가 도래하는 경우에는 직전 영업일에 해지가 가능하다)(제1조). 은행은 자신이 발행한 양도성예금증서를 만기 전에는 매입할 수 없으며, 한국은행에 예금지급준비금 예치 의무가 있는 은행을 상대로 발행된 양도성예금증서의 경우에는 은행 이외의 자에 대한 양도는 가능하지 않다(제4조).

3) 한국은행의 지급준비금 적립 대상

양도성예금증서는 한국은행의 지급준비금 적립 대상 채무에 해당한다. 이는 양도성예금증서가 예금이라는 점을 고려한 결정이다. 「한국은행법」은 지급준비금 적립 대상 채무를 금융기관의 "예금채무"라고 하고 있는데(제55조 제1항), 이 예금채무의 범위에 양도성예금증서도 포함하고 있다. 한국은행 금융통화위원회가 제정한 「금융기관 지급준비금 규정」(2013. 2. 28. 가장 최근 개정)은 양도성예금증서를 명시적으로 그 대상으로 규정하고 있다(제2조 제1항 제2호). 다만 한국은행에 지급준비금 보유 의무가 있는 은행을 상대로 발행된 양도성예금증서 발행 채무는 지급준비금 적립 대상 채무에서 제외된다(제2조 제2항).

4) 예금보험 대상에서 제외

양도성예금증서로 조달한 자금은 「예금자보호법」에 따른 예금 보험 적용 대상이 되지 않는다(「예금자보호법 시행령」 제3조 제2항 제2호). 이는 양도성예금증서의 유가증권성을 강조해서 채권을 발행해서 조달한 자금과 마찬가지로 취급을 하고 있는 정책적 결정이라고 할 수 있다.

5) 자본시장법에 따른 금융투자상품 해당 여부

특히 원화 양도성예금증서는 투자성이 있는 상품(즉 유통이 되면서 시장위험에 따른 원금 손실 가능성이 있다고 할 수 있다)이지만 자본시장법에 따른 금융투자상품의 범위에서 제외하여(제3조 제1항 제1호) 자본시장법 적용 대상에서 제외하고 있다. 통상 은행에서 취급해온 예금상품이라는 점을 고려한 정책적 결정이라고 할 수 있다.[21] 다만 외화 양도성예금증서는 여전히 자본시장법에 따른 채무증권의 성격을 갖고 있고 투자성이 있으므로 자본시장법에 따른 금융투자상품에 해당한다.

---

21) 박준·한민(2022), 291면 각주 24).

6) 전자등록 발행 여부

양도성예금증서는 전자등록법에 따라 전자등록을 할 수 있다(전자등록법 제2조 제1항 제1호 거목. 시행령 제2조 제3항, 전자등록법 제25조 제1항). 반드시 전자등록을 해야 하는 의무 대상은 아니다. 그래서, 뒤에서 보는 것처럼, 「은행법」에 근거해서 발행은행에게 등록할 수도 있다(법 제33조의5 제1항, 시행령 제19조의3). 이것 또한 의무 사항이 아니다. 발행은행에 등록하지 않고 실물 증서를 발행할 수도 있다. 따라서 양도성예금증서는 전자등록, 「은행법」에 따른 등록, 실물 발행의 3가지 방법 중 하나를 선택할 수 있다.

4. '투자성 있는 예금'의 문제

(1) 서설

「은행법」에 예금의 정의는 없다. 그러나 통상 우리는 은행에 예금을 하면 원금은 보장받는 것으로 알고 있다. 그래서 **예금 계약을 소비임치계약으로 이해**하고 있다. 그러나 은행들은 이러한 전통적인 예금에서 벗어나 새로운 예금 상품을 개발하고 있다. 파생상품과 예금의 성격을 둘 다 갖고 있는 복합금융상품을 들 수 있는데, 자본시장법 시행 이전에 은행이 취급하였던 **'선택권부이종통화예금'**(選擇權附異種通貨預金)이 대표적이다.[22] 이 상품은 정기예금과 통화선택권(currency option)이 결합된 상품으로서, 약정 기간을 1개월 내지 6개월로 단기로 하여 원화 또는 외화를 정기예금으로 예치하면서 예치된 통화와 관련한 선택권(option)을 은행에게 매도하고, 만기에는 선택권을 매수한 은행이 미리 정해진 행사 환율과 시장 환율을 비교하여 만기 원리금의 지급을 기준통화(즉 예치통화)가 아닌 대체통화로 지급할 권리를 보유하고(예를 들어, 예치통화가 미 달러이고, 대체통화가 원화인 경우), 예금자는 선택권을 매도한 대가로 수수료(premium)를 정기예금에 대한 이자와 함께 수취하는 예금을 말한다.[23] 따라서 환율 변동에 따라서 선택권 행사 시점의 행사 환율이 시장 환율보다 예금자에게 불리해질 가능성이 있어서 이에 따라 원금 손실이 발행할 수 있는 상품이다.[24] 그런데 자본시장법 시행 이후 이러한 상품이 원금 손실 가능성이 있다는 점에서 자본시장법에 따른 파생결합증권(제4조 제7항)[25]에 해당한다는 주장이 제기되면서, 은행은 파생결합증권 발행 업무 인가를 받을 수 없어서[26] 결국

22) '옵션부이종통화예금'에 대한 자세한 논의는 김효연(2009), 173~201면.

23) 김효연(2009), 174~175면.

24) 김효연(2009), 174면.

25) "기초자산의 가격·이자율·지표·단위 또는 이를 기초로 하는 지수 등의 변동과 연계하여 미리 정하여진 방법에 따라 지급하거나 회수하는 금전 등이 결정되는 권리가 표시된 것"을 말한다(자본시장법 제4조 제7항).

26) 뒤에서 보는 것처럼, 「은행법 시행령」에 따르면 은행은 파생결합증권에 해당하는 '금적립계좌나 은적립계좌'의 매매 업무만 겸영 업무로 취급할 수 있어(제18조의2 제2항 제2호) 다른 유형의 파생결합증권 매매 업무는 취급할 수 없다고 볼 수 있다.

은행이 이제는 이러한 상품을 더 이상 취급할 수 없게 되었다.[27]

특히 자본시장법이 **투자성 있는 예금**에 관한 특례 조항을 두면서(제77조 제1항), 투자성 있는 예금 계약을 체결하는 경우에는 투자매매업에 관한 금융투자업 인가를 받은 것으로 간주하도록 하고 있는데(제77조), 이와 관련하여 「은행법」에 투자성 있는 예금에 관한 규정이 없는 상태에서 과연 은행이 투자성 있는 예금을 취급할 수 있는지, 그리고 투자성 있는 예금이란 어떤 예금을 의미하는지에 대한 논란이 제기된다. 이에 관한 검토를 해본다.

(2) '투자성 있는 예금'의 취급 가능 여부

1) 서설

우선 '투자성'이라는 의미를 검토할 필요가 있다. 자본시장법은 **'투자성'을 원금 손실 가능성이 있는 것**이라고 하고 있다(제3조 제1항). 이러한 상품을 **'금융투자상품'**이라고 하면서, **금융투자상품에는 '증권'과 '파생상품'이 있다**고 규정하고 있다(제3조 제2항). **증권은 원금까지만 손실이 발생할 수 있는 금융투자상품**을 말하는데(제4조 제1항), **증권의 종류는 채무증권, 지분증권, 투자계약증권, 파생결합증권, 수익증권, 증권예탁증권** 등 6가지가 있고(제4조 제2항), **파생상품에는 선물**(futures)**이나 선도**(forward) **거래, 교환**(swap) **거래, 선택권**(option) **거래**로 분류된다(제5조 제1항). 즉 증권과 파생상품 어느 부류에도 속하지 않으면 결국 금융투자상품에 해당하지 않는 것으로 해석할 수 있다.

그래서 투자성 있는 예금은 증권 중 파생결합증권에 해당하고 은행은 파생결합증권 발행 업무를 취급할 수 없으므로 투자성 있는 예금을 취급할 수 없다는 견해도 있고, 반면에 투자성 있는 예금을 증권과 분리해서 보아야 하기 때문에 은행이 투자성 있는 예금을 취급할 수 있다는 견해도 존재한다.

2) 은행이 투자성 있는 예금을 취급할 수 없다는 견해

은행이 투자성 있는 예금을 취급할 수 없다는 논거는 다음과 같다. 투자성 있는 예금도 원금 손실 가능성이 있는 투자성이 있어서 결국 금융투자상품에 해당하고, 원금까지만 손실이 나는 예금은 파생상품과 결합된 성격을 갖고 있어서 증권 중 파생결합증권에 해당하며, 전업 금융투자회사만이 파생결합증권 발행 업무를 할 수 있어서 은행은 그러한 업무를 겸영할 수 없으므로 투자성 있는 예금을 취급할 수 없다는 주장이다.[28] 그런데 이러한 설명에 의하면 은행이 투자성 있는 예금이라고 볼 수 있는 외화예금[29]을 취급할 수 없다는 결론이 되는데, 은

27) 김효연(2009), 183면.

28) 이러한 주장은 김효연(2009), 189면에 설명되어 있다.

29) 외화예금을 투자성 있는 예금으로 볼 수 있는지 여부에 대해서는 논란의 여지가 있다는 견해도 있으나(임재연(2023), 292면 각주 135)), 자본시장법이 명시적으로 "제3편 제1장은 투자성 있는 외화예금계약을 체결하는 경우에는 대하여는 적용하지 아니한다"라고 하고 있어서 외화예금을 투자성 있는 예금으로 인정하는 것으로 볼 수 있다. 금융감독당국은 자본시장법 시행 단계에서는 외화예금을 투자성 있는 예금에 해당하는 것으로 유권해석을 했으나, 현재는 외화예금이 「예금자보호법」에 따른 예금 보호 대

행이 외화예금을 취급하고 있다는 점에서 타당하지 않은 결론이 되어 버리는 문제가 있다.

3) 은행이 은행이 투자성 있는 예금을 취급할 수 있다는 견해

반면에 은행이 투자성 있는 예금을 취급할 수 있다는 논거는 다음과 같다. 즉 일반적으로 자본시장법에 따른 증권이 되려면 "'증서'의 교부를 통한 양도가 가능"해야 하고, "증서의 교부에 의한 양도 형식이 가능하지 않는 상품의 경우 그것을 자본시장법상의 증권으로 취급하는데 좀 더 신중을 기해야 한다."고 하면서,[30] 만기에 원금이 보장되지 않는 예금은 비록 증서의 교부에 의한 양도가 가능하지 않다고 하더라도 위험성 면에서는 증권과 유사하기 때문에 동일한 수준의 투자자 보호가 필요하므로 투자성 있는 예금으로 규제하는 것을 고려해볼 수 있다고 하고,[31] 앞서 본 선택권부이종통화예금도 '투자성이 있는 외화예금계약'으로 분류하는 것이 타당하다는 주장이다.[32] 즉 이 견해는 파생결합증권과 투자성 있는 예금을 분리하여 볼 필요가 있다는 것으로 이해할 수 있다.

(3) 「은행법」에 예금의 정의를 둘 필요

이처럼 자본시장법에 투자성 있는 계약에 관한 특례 조항을 두고 있음에도 불구하고 은행은 투자성 있는 예금을 취급할 수 없다는 주장도 대두되고 있으며, 반면에 은행이 투자성 있는 예금을 취급할 수 있다는 견해도 있어 논란이 제기된다.[33] 이러한 논란은 자본시장법이 금융투자상품을 증권과 파생상품으로 이원화 하는 방식으로 규정하면서 발생하는 문제로 판단된다. 따라서 이러한 논란을 해소하고 은행이 투자성 있는 예금을 취급하기 위해서는 **투자성 있는 예금을 증권 및 파생상품 이외의 별도의 금융투자상품으로 볼 필요**가 있다. 증권과 예금은 그 성격이 달라,[34] 예금을 증권으로 분류하는 것이 타당하지 않기 때문이다. 이러한 해석은 자본시장법이 규정하고 있는 '투자성 있는 보험계약'(제77조 제2항)(변액보험상품을 들 수 있다)을 증권의 유

상이 된다는 점, 그리고 투자성 있는 예금으로 보게 될 때 예금 가입할 때마다 고객 설명 의무 등을 시행해야 하는 상당한 부담이 있다는 점을 고려하여 외화예금을 투자성 있는 예금으로 보지 않고 있다는 설명도 있다(김효연(2009), 191면). 그리고 금융당국이 투자성 있는 예금으로 해석한 상품은 '외화양도성예금증서'(CD)뿐이라는 설명도 있다(홍영만(2009), 5~6면). 반면에 자본시장법은 원화양도성예금증서를 명시적으로 금융투자상품의 정의에서 배제하고 있다(제3조 제1항).

30) 이헌영(2016), 11~12면. 구체적으로 보면, 만기 시에는 원금이 보장되고 중도 해지의 경우 원금까지만 손실이 발생하는 소위 '구조화예금'(structured deposit)을 분석 대상으로 하면서 이와 같이 주장하고 있는데, 그렇다고 해서 "증서의 교부를 통한 양도가 불가능하다면 자본시장법상 '증권'이 아니라는 것을 주장하는 것이 아니다"라고 하고 있다(이헌영(2016), 11면).

31) 이헌영(2016), 13면.

32) 이헌영(2016), 23면.

33) "투자성 있는 예금이 「은행법」상 허용되는지 여부는 명확하지 않다는 점이다. 「은행법」상 예금은 「민법」상 금전소비임지로서 원본보전성을 본질적 요소로 하고 있기 때문이다"라는 견해는 김건식·정순섭(2023), 836면.

34) 예를 들어, 일반적으로 증권의 경우 양도가 가능하지만 예금은 은행의 동의가 없는 한 양도가 가능하지 않다는 점(양도성예금증서는 예외)에서 차이가 있다고 할 수 있다.

형으로 분류하기가 어렵다는 점에서도 설득력이 있다.

그리고 자본시장법에 투자성 있는 예금에 관한 규정을 둔 이유는 은행이 투자성 있는 예금을 취급함에 있어서 원금 손실 발생 가능성이 있으므로 설명 의무 및 적합성 원칙 등 금융소비자법에 따른 투자자 보호 규정을 적용하기 위한 것이라고 이해하면 될 것이다. 즉 투자성 있는 예금은 금융소비자법에 따른 '투자성 상품'에 해당하고(제3조 제3호), 이에 따라 적합성 원칙(제17조), 설명 의무(제19조), 부당 권유 행위 금지(제21조), 광고 준수 의무(제22조) 등의 영업행위 규칙이 적용된다.[35] 물론 이렇게 해석하는 경우에도 「은행법」에 은행이 투자성 있는 예금을 취급할 수 있는 근거 조항이 없기 때문에 투자성 있는 예금을 취급할 수 없다는 주장은 여전히 가능하다.[36]

이러한 여러 쟁점의 제기는 바로 「은행법」이 예금의 정의를 하지 않아서 발생하는 것이므로 향후 입법적으로 해결할 필요가 있다. 즉 예금의 정의를 하면서 원금 보장이 되는 예금과 원금 보장이 되지 않는 예금으로 분류하고,[37] 전자의 경우는 소비임치계약의 성격을 갖는 예금으로 규정하고, 후자의 경우는 원금 손실 가능성이 있는 새로운 형태의 예금으로 규정하는 것이다. 특히 후자의 경우는 원금 손실 가능성이 있는 예금이므로 예금자에 대한 보호가 더 강하게 요구되어 금융소비자법이 규정하고 있는 투자자 보호에 관한 조항(설명 의무 및 적합성 원칙 등. 제17조, 제19조, 제21조, 제22조)이 적용되도록 할 필요가 있다.

이렇게 「은행법」에 예금의 정의를 두어 투자성 있는 예금을 명확히 규정하면 현재 원금이 보장되는 상품으로 판매하고 있는 **주가(株價)연계예금**(equity linked deposit: ELD) 상품 이외에도 원금이 보장되지 않은 주가연계예금 상품 등을 개발할 수 있어 다양한 은행 예금상품을 개발할 수 있는 장점이 있게 된다. 다만 이 경우 은행이 원금 보장 상품만 취급하는 안전한 금융기관이라는 인식에서 원금 보장이 되지 않는 위험한 상품도 취급하는 금융기관으로 인식하게 되는 점은 있지만, 이러한 문제는 향후 은행에 대한 인식을 바꾸게 되면 해결할 수 있을 것이다.

일본의 입법례가 참고가 될 수 있다. 일본 「은행법」은 예금의 정의는 하고 있지 않지만 우리의 투자성 있는 예금에 해당한다고 볼 수 있는 예금을 '특정예금'이라고 정의하고 우리 자본시장법에 해당하는 「금융상품거래법」의 일부 관련 조항을 적용하도록 하고 있다. 일본 「은행법」은 '**특정예금**'을 "금리, 통화의 가격, 금융상품거래법 제2조 제14항에 규정된 금융상품시장에서 시세, 그 밖의 지표에 관계된 변동에 의하여 그 원본에 관하여 손실이 발생할 우려가 있

35) 금융소비자법에 따르면, 일반 예금의 경우에도 설명 의무(제19조)와 부당 권유 행위 금지 조항(제21조)은 적용된다.

36) 이러한 주장은 김건식·정순섭(2009), 56면(투자성 있는 예금은 「은행법」에 따른 예금이 아니라고 보면서, 이러한 상품을 취급하기 위해서는 「은행법」에 허용 근거를 두어야 한다고 주장한다).

37) "투자성 있는 예금이 존재하려면 먼저 「은행법」상 예금의 원본 보존성 요건이 배제되어야 할 것이다"라는 설명(임재연(2023), 292면 각주 135))도 비슷한 견해로 이해할 수 있다.

는 예금 또는 정기적립금 등으로서 내각부령으로 정한 것"(제13조의4)[38]이라고 하고 있다. 이에 따라 내각부령인 「은행법 시행규칙」은 '특정예금'을 "① 예금자 등이 예입 기간 중 중도에 해약을 한 경우 위약금 및 그밖에 이것에 준한 것(이하 "위약금 등")을 지급하는 예금 등으로서 해당 위약금 등 금액을 해당 해약 시점에 있어서 해당 예금 등의 잔액으로부터 공제한 금액이 금리, 통화의 가격, 금융상품시장에 있어서 시세나 그 밖의 지표에 관계된 변동에 의하여 예입 금액을 하회할 우려가 있는 것, ② 예금 등 중 외국통화로 표시된 것, 또는 ③ 예금 등 중 그 수입을 내용으로 한 거래에 금융상품거래법 제2조 제22항 제3호(ロ를 제외)에 규정된 거래(통화 매매에 관계된 것에 한한다)가 부수된 것"이라고 하고 있다(제14조의11의4).[39] 「금융상품거래법」 제2조 제22항 제3호에 규정된 거래는 "당사자 일방의 의사표시로 당사자 사이에 금융상품의 매매를 성립시킬 수 있는 권리를 거래 상대방이 그 당사자 일방에게 부여하고 그 당사자 일방이 이에 대한 대가를 지급하기로 약정하는 거래 또는 이와 유사한 거래"를 말하는데,[40] 파생상품 거래인 선택권(option) 거래를 말한다. 따라서 특정예금은 ① 원본에 손실이 발생할 수 있는 예금, ② 외국통화로 표시된 예금(즉 외화예금에 해당한다) 또는 ③ 통화 매매에 관련된 선택권(option)계약이 부수된 예금이라고 할 수 있다. 이런 점에서 우리 자본시장법에 따른 투자성 있는 예금에 해당한다고 볼 수 있다.

---

38) 第十三条の四 "… 特定預金等(金利´ 通貨の価格´ 同法第二条第十四項に規定する金融商品市場における相場その他の指標に係る変動によりその元本について損失が生ずるおそれがある預金又は定期積金等として内閣府令で定めるものをいう°)…"

39) 第十四条の十一の四 法第十三条の四に規定する内閣府令で定めるものは´ 次に掲げるものとする°

一 預金者等が預入期間の中途で解約をした場合に違約金その他これに準ずるもの(以下この号において「違約金等」という°)を支払うこととなる預金等であつて´ 当該違約金等の額を当該解約の時における当該預金等の残高から控除した金額が´ 金利´ 通貨の価格´ 金融商品市場における相場その他の指標に係る変動により預入金額を下回ることとなるおそれがあるもの

二 預金等のうち´ 外国通貨で表示されるもの

三 預金等のうち´ その受入れを内容とする取引に金融商品取引法第二条第二十二項第三号(ロを除く°)に掲げる取引(通貨の売買に係るものに限る°)が付随するもの

40) 第二条 22 この法律において「店頭デリバティブ取引」とは´ 金融商品市場及び外国金融商品市場によらないで行う次に掲げる取引(その内容等を勘案し´ 公益又は投資者の保護のため支障を生ずることがないと認められるものとして政令で定めるものを除く°)をいう°

三 当事者の一方の意思表示により当事者間において次に掲げる取引を成立させることができる権利を相手方が当事者の一方に付与し´ 当事者の一方がこれに対して対価を支払うことを約する取引又はこれに類似する取引

イ 金融商品の売買(第一号に掲げる取引を除く°)

ロ 前二号及び第五号から第七号までに掲げる取引

Ⅲ. 대출 업무[41]

여기서는 대출 계약의 법적 성질과 은행이 영위하는 대출 업무의 종류를 알아보기로 한다.

1. 대출 계약의 법적 성질

은행이 영위하는 대출 업무도 다수와 거래하는 업무이므로 약관이 이용된다. 대출 거래에서 쓰이는 약관은 대출 계약의 여러 기본 조건이 포함된 **'은행여신거래기본약관'**과 대출금액, 만기, 이자율, 이자지급시기, 수수료 등 거래 조건이 자세히 기재된 **'은행여신거래약정서'**가 있다.

대출 계약의 법적 성질을 살펴보면, 은행이 금전의 소유권을 차입자에게 이전하고 차입자는 만기에 금전으로 반환하게 되므로 **「민법」의 금전소비대차에 해당**한다고 볼 수 있다. 즉 「민법」 제598조가 정의하고 있는 소비대차에 부합한다. 따라서 「민법」 제598조 이하에 규정된 소비대차에 관한 규정이 대출 계약에도 적용된다.

2. 대출 업무의 종류

은행법령은 대출상품의 종류에 대하여 특별히 규정하고 있지 않다. 실무적으로 은행이 취급하는 대출 업무는 형식에 따라 증서대출, 어음대출, 당좌대출, 어음할인 업무 등으로 구분할 수 있다. '은행여신거래기본약관(기업용)'도 적용 대상 여신에 이러한 4가지 대출을 규정하고 있다.[42]

(1) 증서대출

금전소비대차계약은 당사자의 합의만으로 성립하는 **낙성**(諾成)**계약**(즉 물건의 인도나 기타 급부가 요구되지 않는다)이고, 증서의 교부 등 특정한 방식을 요하지 않는 불요식(不要式)계약이어서 구두(口頭)로 하는 약정도 가능하나, 이 경우 분쟁이 발생할 여지가 있기 때문에 보통은 문서로 약정하여 대출하게 된다. 이를 **증서대출**이라고 한다. 즉 여신거래약정서나 대출거래약정서 등과 같이 금전소비대차계약의 내용을 기재한 증서로 이루어지는 대출을 말한다.

(2) 어음대출

은행은 대출 업무를 영위함에 있어서 차입자가 발행한 약속어음을 받아 대출하기도 한다. 이를 **어음대출**이라고 하는데, 이 경우 채권자인 은행은 차입자에 대하여 금전소비대차채권과 어음채권을 동시에 가지게 되고,[43] 어느 채권을 행사할지는 은행이 선택할 수 있다(은행여신거

41) 대출 업무에 관한 내용은 고동원(2018), 37~38면을 수정·보완한 것이다.
42) 제1조 제1항. 이외에도 "지급보증·외국환 기타의 여신" 거래에도 적용된다.

래기본약관(기업용) 제2조). 이렇게 어음대출의 형식을 취하는 이유는 채권 확보를 더욱 확고하게 하기 위함이다. 약정이자나 연체이자 및 수수료 등을 어음에 기재할 수 없어서 별도의 소비대차계약에 이러한 사항을 기재해야 하고, 대출금을 회수할 때도 어음채권에만 의존할 수 없고 별도의 금전소비대차계약에 의존할 필요가 있어 어음대출은 실무에서 잘 이용되지 않는다.[44]

(3) 당좌대출

당좌대출은 차입자가 은행과 당좌계정거래 약정을 하고 차입자가 당좌예금의 잔액을 초과하여 어음이나 수표를 발행하는 경우에 결제 자금이 부족할 때 은행이 미리 정한 일정한 한도까지 부족 자금을 지급하기 위하여 이루어지는 대출을 말한다. 즉 당좌대출은 당좌예금 계좌를 개설한 차입자가 은행에게 자신이 발행한 어음이나 수표를 당좌대출 한도 내에서 지급할 것을 위임하는 내용의 위임계약과 당좌예금 잔액을 초과하는 금액의 어음이나 수표를 은행이 지급하면 그 초과액에 이자를 더하여 상환하기로 하는 소비대차계약이 혼합된 대출이라고 할 수 있다.[45] 당좌대출을 **당좌대월**(當座貸越, overdraft)이라고 한다.

(4) 어음할인

「은행법」 제27조에서 대출과 함께 은행 업무의 하나로 규정된 '**어음할인**'은 어음 소지인인 차입자가 어음의 액면 금액에서 만기일까지의 이자와 비용을 합한 금액인 할인료를 공제한 금액을 은행으로부터 받고 해당 어음을 은행에게 양도·배서(背書)하여 이루어지는 대출을 말한다. 대상이 되는 어음은 재화나 용역 거래에 수반하여 발행된 **상업어음**(commercial bills)이나 수출신용장에 의거하여 발행된 **무역어음**(trade bills) 또는 자금 융통을 목적으로 발행된 **융통어음**(commercial paper: CP)이다.[46]

어음을 매입한 은행은 ① 「어음법」에 따라 약속어음 발행인이나 환어음의 인수인에 대한 어음청구권과 어음할인을 신청한 배서인에 대한 소구권(遡求權)을 가지게 되며, ② 별도의 약정에 의거하여 발행인이나 인수인 또는 배서인에게 기한의 이익 상실 사유가 생기면 배서인에게 할인 매입한 어음을 환매할 것을 청구할 수 있게 되어(은행여신거래기본약관(기업용) 제9조) 환매대금채권(債權)을 가지게 된다.[47] 이렇게 은행은 어음채권과 환매대금채권을 가질 뿐 소비대차계약에 따른 원리금반환채권을 가지는 것이 아니므로 다른 대출과는 법적 성격이 다르다

43) 오시정(2017), 126면.
44) 오시정(2017), 132~133면.
45) 박준·한민(2024), 73면.
46) 박준·한민(2024), 74면.
47) 박준·한민(2024), 74면.

고 할 수 있다.[48)]

어음할인의 법적 성질에 대해서는 매매설, 소비대차설, 매매와 소비대차의 병존설, 무명(無名)계약설 등의 견해가 있으나, 차입자를 어음의 매도인, 은행을 어음의 매수인으로 하는 **어음의 매매라고 보는 것이 통설**이다.[49)]

Ⅳ. 내국환·외국환 업무[50)]

1. 의의

「은행법」은 '은행 업무'의 하나로서 '내국환·외국환' 업무를 규정하고 있지만 '내국환·외국환' 업무가 무엇인지에 대해서는 규정하고 있지 않아 해석의 문제가 제기된다. '**환**'(換)의 사전적 의미는 '바꾸다'의 뜻을 갖고 있다. 과거 우리가 지리적으로 떨어져 있는 사람에게 금전을 송금하려면 거래 은행에 일정한 금액을 지급하고 은행으로부터 환증서를 교부받은 후 이 환증서를 지급받으려는 자에게 송부하면 지급받는 자는 이 환증서를 거래 은행에 제시하여 해당 금액을 찾게 된다. 여기서 은행은 이러한 업무에 대한 대가로 거래자로부터 수수료를 받게 된다. 이를 '**은행환**'이라고 부른다. 우체국에서 이러한 업무를 취급하는 경우 이를 '**우편환**'이라고 한다. 그리고 내국인 사이에 이러한 거래가 이루어지면 '내국환', 외국에 있는 자와 이러한 거래가 이루어지게 되면 '외국환'이라고 할 수 있다.

그리고 환증서를 받은 수취 은행은 지급 은행에게 이를 제시하여 해당 금액을 지급받게 되는데, 이러한 절차는 어음교환소를 통하여 수취 은행과 지급 은행 사이에 일정한 기간 동안 거래된 어음이나 수표의 지급 수단을 확인한 후 최종적으로 수취하거나 지급해야 할 차액을 산출하여 결제하게 된다. 이러한 차액 결제는 중앙은행에 개설된 당좌예금 계정을 통하여 일어나게 된다. 이러한 거래를 '**청산결제**'(clearing and settlement) **거래**라고 한다. 구체적으로 보면, **차액을 산출하는 것을 '청산,' 차액을 지급하여 완결시키는 것을 '결제**'라고 하며, 앞서 설명한 송금(즉 지급)을 포함하여 '**지급결제제도**'(payment and settlement system)라고 한다.[51)] 보다 정확히 말하면 '**지급청산결제제도**'인 셈이다. 외국 당사자와의 거래도 이러한 지급청산결제 과정이 발생한다. 국제적인 은행 사이 결제 체계를 이용하여 환거래은행이나 국제외환결제전문은행인 CLS(Continuous Linked Settlement)[52)]를 통하여 지급청산결제가 이루어진다.[53)] 따라서 「은행법」에 따른 **내국환·**

48) 박준·한민(2024), 74면.

49) 오시정(2017), 136면.

50) 이에 관한 내용은 고동원(2018), 39~42면을 수정·보완한 것이다.

51) 한국은행(2014), 5~7면.

52) "CLS(Continuous Linked Settlement)란 동 시간대 중 CLS은행내 결제회원은행 계좌간 가상결제와 각 통화별 중앙은행에 개설된 결제회원은행과 CLS은행계좌간 실제 자금이체(자금납입 및 지급)가 연속적(Continuous)으로 연계(Linked)되어 일어남을 의미한다."(한국은행(2014), 243면 각주 98)).

외국환 업무는 이러한 '지급청산결제' 업무라고 이해할 수 있다.[54] 여기서 은행의 수익은 거래 고객에게 부과하는 수수료 수입이 된다.

그런데 현재 이러한 환거래는 거의 이루어지지 않는다. 정보통신망에서 은행 계좌 사이에 자금 이체로 아주 편리하게 송금 거래가 이루어진다. 이러한 거래에 대해서 은행은 수수료를 부과하기도 한다. 환증서 발행 대신에 계좌 이체를 통한 '자금 이체'가 이루어진다. **'자금 이체'**에 관한 정의를 찾아볼 수 있는 법률은 「전자금융거래법」이다. 「전자금융거래법」은 '전자자금이체'를 "지급인과 수취인 사이에 자금을 지급할 목적으로 금융회사 또는 전자금융업자에 개설된 계좌(금융회사에 연결된 계좌에 한한다. 이하 같다)에서 다른 계좌로 전자적 장치에 의하여 (i) 금융회사 또는 전자금융업자에 대한 지급인의 지급 지시나 (ii) 금융회사 또는 전자금융업자에 대한 수취인의 추심 지시(이하 "추심이체"라 한다)에 해당하는 방법으로 자금을 이체하는 것"이라고 하고 있다(제2조 제12호). 즉 (i)의 방법을 **'계좌 이체,'** (ii)의 방법을 **'추심 이체'**라고 부를 수 있으며, 자금 이체라고 할 때는 위의 2가지 방법을 다 포함한다고 할 수 있다. 그리고 이러한 자금 이체가 일어나면 자금 이체에 관련된 은행들인 송금 의뢰인의 거래 은행과 송금을 받는 수취인의 거래 은행은 상호 간에 일정한 기간 동안 일어난 총 거래를 합산하여 서로 주고받을 금액을 상계한 후 차액을 결제하게 되는 청산결제 절차가 앞서 본 환거래와 마찬가지로 일어난다.

그렇다면 **입법론으로는 '내국환·외국환' 업무를 '지급청산결제' 업무로 변경하면서 지급청산결제 업무에 대한 정의 조항을 두는 것**이 은행이 하는 업무를 보다 정확하게 나타낸다고 할 수 있다. 그리고 지급청산결제 업무를 자금 이체(즉 송금), 청산, 결제를 다 포함하는 것으로 정의를 하게 되면, 자본시장법에 따른 금융투자회사가 겸영 업무로 영위하는 자금 이체 업무(제40조 제4호)[55]나 「전자금융거래법」에 따른 전자자금이체 업무를 영위하는 전자금융업자가 하는 자금 이체 업무(제28조)는 '지급청산결제' 업무에 포함되지 않아 별도의 은행업 인가를 받지 않고도 해당 업무를 영위할 수 있게 된다.

한편 「은행법」에 규정된 '외국환' 업무의 의미를 「외국환거래법」에 따른 '외국환 업무'로

53) 한국은행(2014), 243면. GLS 체계는 "외환결제리스크 감축에 관한 국제결제은행의 권고에 따라 1999년 전 세계 주요 상업은행들이 외환동시결제의 구현을 목적으로 미국 뉴욕에 설립한 외환결제 전문은행인 CLS은행이 운영하는 결제시스템"이다(한국은행(2014), 243면).

54) 이에 대해서 광의의 지급결제 업무(광의의 환업무)인 자금이체(단순 송금) 업무와 협의의 지급결제 업무를 구분한 후, 법률상 '지급결제'를 지급과 청산 및 결제를 포함하는 협의의 지급결제 업무라고 보고, 이러한 협의의 지급결제 업무는 은행 이외의 금융기관에게는 허용될 수 없다는 의미에서 은행의 배타적 고유 업무에 해당한다고 보는 견해가 있는데, 이에 따르면 자본시장법상 금융투자회사가 하는 자금이체 업무는 광의의 지급결제 업무에 해당한다고 보고 있다(정순섭(2024), 174~175, 177, 532면). 이 견해도 결국 협의의 지급결제 업무는 지급청산결제 업무를 의미한다고 이해할 수 있다.

55) 자본시장법에 따라 금융투자회사가 겸영업무의 하나로서 영위할 수 있는 투자자예탁금으로 수행하는 자금이체 업무(제40조 제4호)를 말한다.

설명하는 견해가 있으나,[56] 「은행법」에 따른 외국환 업무는 앞서 본 것처럼 외국 당사자 사이에 이루어지는 지급청산결제 업무를 의미하는 것으로 보는 것이 타당하다. 즉 「외국환거래법」에 따른 외국환 업무가 단순한 외국환 업무 이외에도 외화로 이루어지거나 외국 거주자와 거래가 이루어지는 금전의 대차, 보증, 파생금융상품 거래 등 보다 범위가 넓은 개념[57]이므로 **「은행법」에 따른 외국환 업무와 「외국환거래법」에 따른 외국환 업무는 구별하는 것이 타당**하다고 본다.[58] 오히려 「외국환거래법」에 따른 외국환 업무는 뒤에서 보게 되는 해당 금융 관련 법령에서 은행이 등록하여 영위할 수 있는 겸영 업무로 보는 것이 타당하다.

2. 조문 체계상 내국환·외국환 업무의 고유 업무 해당 여부

'은행 업무'의 하나인 내국환·외국환 업무를 지급청산결제 업무라고 이해한다면 이러한 업무는 은행만이 영위하고 있기 때문에 은행의 고유 업무로 이해하는데 문제가 없다. 그런데 과연 조문 체계상으로도 그렇게 볼 수 있는가? 검토해보면 그렇게 해석되지 않을 가능성이 있다. 이유는 은행만이 영위할 수 있는 은행업 정의에 내국환·외국환 업무가 포함되어 있지 않고, 내국환·외국환 업무는 「은행법」 제27조가 규정하는 "은행업에 관한 모든 업무"인 '은행 업무'의 하나로 규정되어 있을 뿐이기 때문이다.

즉 「은행법」은 "은행은 [은행]법 또는 그 밖의 관계 법률의 범위에서 은행업에 관한 모든 업무(이하 "은행업무"라 한다)를 운영할 수 있다"라고 하면서, '은행 업무'를 "(i) 예금·적금의 수입 또는 유가증권, 그 밖의 채무증서의 발행, (ii) 자금의 대출 또는 어음의 할인, (iii) 내국환·외국환" 업무로 규정하고 있다(법 제27조). 그래서 예금 및 대출 업무인 '은행업'의 인가를 받은 은행은 '은행 업무'의 하나로서 내국환·외국환 업무를 영위할 수 있다는 해석이 될 뿐이지, 은행업 인가를 받은 은행만이 영위할 수 있는 은행업에는 해당되지는 않는다. 따라서 해석상 은행이 아닌 다른 금융기관도 해당 관련 법률에서 지급청산결제 업무인 내국환·외국환 업무를 영위할 수 있도록 한다면 그러한 업무를 영위할 수 있다고 볼 수 있다. 그렇다면 법적인 면에서 보면 내국환·외국환 업무를 은행의 고유 업무로 보기는 어렵다고 볼 수 있다.[59]

따라서 내국환·외국환 업무를 은행의 고유 업무로 포섭하려면 인가를 받아야 하는 은행

56) 최성현(2015), 7면.

57) 외국환거래법령상 '외국환 업무'는 "(i) 외국환(대외지급수단, 외화증권 및 외화채권(債權)을 말함)의 발행 또는 매매, (ii) 대한민국과 외국간의 지급, 추심 및 영수, (iii) 거주자와의 외화로 표시되거나 지급되는 예금, 금전의 대차 또는 보증, (iv) 비거주자와의 예금, 금전의 대차 또는 보증, (v) 비거주자와의 내국통화로 표시되거나 지급되는 증권 또는 채권의 매매, (vi) 거주자 간의 신탁, 보험 및 파생금융거래(외국환과 관련된 경우에 한한다) 또는 거주자와 비거주자 간의 신탁, 보험 및 파생금융거래, (vii) 외국통화로 표시된 시설대여 업무" 등을 말한다(「외국환거래법」 제3조 제1항 제13호, 제16호, 시행령 제6조).

58) 같은 견해는 이병화(2008), 184면.

59) 이와 같은 설명은 고동원(2010), 11면.

업의 정의에 포함시켜야 할 것이다. 이와 같은 규정 방식은 일본 「은행법」에서 찾아볼 수 있다. 일본 「은행법」은 허가를 받아야 하는 '은행업'을 "(i) 예금이나 정기적금의 수입과 자금의 대출 또는 어음의 할인을 모두 영업으로 하거나, 또는 (ii) 환거래(爲替取人)를 영업으로 하는 것"이라고 하고 있어서(제2조 제2항),[60] 우리와 달리 별도의 '환거래 업무'[61]만을 영위하는 것도 은행업에 포함하고 있다. 따라서 일본의 경우는 환거래 업무를 은행의 고유 업무로 볼 수 있다.[62] 입법론으로 우리도 일본처럼 **내국환·외국환 업무**(즉 향후 변경될 경우 지급청산결제 업무) **만을 영위하는 것도 은행업의 정의에 포함시켜 은행업 인가를 받도록 할 필요**가 있다.

Ⅴ. 상업금융업무와 장기금융업무의 겸영

1. 서설

「은행법」은 "은행은 상업금융업무와 장기금융업무를 모두 운영할 수 있다"라고 규정하면서(법 제31조), 상업금융업무와 장기금융업무를 구별하고 있다. 그런데 실제 구분 계리도 하지 않고 있어 구별의 실익이 크지 않다는 점[63]에서 굳이 이를 규정할 필요가 있는지 의문이다.

2. 상업금융업무

상업금융업무란 "대부분 요구불예금을 받아 조달한 자금을 1년 이내의 기한으로 대출하거나 금융위원회가 예금 총액을 고려하여 정하는 최고 대출 한도를 초과하지 아니하는 범위에서 1년 이상 3년 이내의 기한으로 대출하는 업무"를 말한다(법 제2조 제1항 제3호). 단기금융업무라는 것을 알 수 있다. 그런데 "대부분"이라고 하고 있어 과연 어느 정도의 요구불예금을 수취해야 하는지가 애매한 점이 있다. 그리고 대출 기간 연장 등의 방식으로 사실상 대출 기간이 1년을 초과할 수 있다는 점[64]에서 상업금융업무와 장기금융업무를 구별할 실익은 없을 것이다. 그리고 금융위원회가 정할 수 있는 최고 한도 대출 한도도 현재 규정되어 있지 않아, "1년

---

60) (定義等) 第二条2　この法律において「銀行業」とは´ 次に掲げる行為のいずれかを行う営業をいう°
一　預金又は定期積金の受入れと資金の貸付け又は手形の割引とを併せ行うこと°
二　為替取引を行うこと°

61) 일본에서는 '환거래'(爲替取人)를 "격지자 사이에 있어서 직접 현금을 송금하지 않고 자금 수수(授受)의 목적을 달성하는 것"이라고 하면서 내국환 거래와 외국환 거래를 포함한다는 설명이 있으며(小山嘉昭(2018), 64面), '환거래'(爲替取人) 업무를 '결제'에 관련된 업무라고 설명하는 견해도 있다(池尾和人(2004), 165面).

62) 일본 「은행법」 제10조 제1항은 은행의 고유 업무를 "첫째, 예금 또는 정기적금(부금도 포함)의 수입 업무, 둘째, 자금 대출 또는 어음 할인 업무, 셋째, 환거래 업무"라고 하고 있다. (業務の範囲) 第十条　銀行は´ 次に掲げる業務を営むことができる° 一　預金又は定期積金等の受入れ 二　資金の貸付け又は手形の割引 三　為替取引.

63) 이병화(2008), 35면.

64) 이병화(2008), 35면.

이상 3년 이내의 기한으로 대출하는 업무"는 사문화되어 있다고 할 수 있다.

3. 장기금융업무

장기금융업무란 "자본금·적립금 및 그 밖의 잉여금, 1년 이상의 기한부 예금 또는 사채(社債)나 그 밖의 채권을 발행하여 조달한 자금을 1년을 초과하는 기한으로 대출하는 업무"를 말한다(법 제2조 제1항 제34). 1년 이상의 장기 예금 등으로 조달한 자금을 1년을 초과하는 장기 대출로 운용하라는 취지이다. 단기 자금으로 조달한 자금을 갖고 장기 운용하는 경우 유동성 관리에 영향을 줄 수 있어 규정한 것으로 이해된다.[65] 그러나 자금 운용에 따르는 유동성 위험은 은행 자체가 판단하여 관리하면 되고 건전성 규제로도 가능하기 때문에 굳이 장기금융업무를 규정할 필요가 있는지 의문이다.

65) 같은 설명은 이병화(2008), 36면.

제3절

겸영 업무[66)]

Ⅰ. 서설

「은행법」은 "은행업이 아닌 업무"인 겸영 업무를 3가지 유형으로 규정하고 있다. 첫째, 시행령으로 정하는 금융 관련 법령에서 인가·허가 또는 등록 등이 필요한 업무 중 시행령으로 정하는 금융 업무, 둘째, 시행령으로 정하는 법령에서 정하는 금융 관련 업무로서 해당 법령에서 은행이 영위할 수 있도록 한 업무, 셋째, 기타 시행령으로 정하는 금융 업무이다(법 제28조 제1항 제1호 내지 제3호).

「은행법」은 **겸영 업무에 대해서 신고제를 채택**하고 있는데, 신고 시기에 대해서는 금융 관련 법령에 따라 인가·허가를 얻거나 등록을 해야 하는 겸영 업무의 경우에는 인가·허가나 등록을 신청할 때 신고하도록 하고 있으며, 그 밖의 다른 겸영 업무의 경우는 업무를 영위하고자 하는 날의 7일 전까지 신고하도록 하고 있다(법 제28조 제2항 제1호, 제2호).

금융감독당국은 신고한 겸영 업무를 "제한하거나 시정"할 것을 명령할 수 있어(법 제28조 제3항) 사실상의 심사 결정권을 갖고 있다고 할 수 있는데, 판단 기준은 "① 은행의 경영건전성을 해칠 우려가 있는지 여부, ② 예금자 등 은행 이용자의 보호에 지장을 가져올 우려가 있는지 여부, ③ 금융시장 등의 안정성을 해칠 우려가 있는지 여부"이다(법 제28조 제3항).

구체적인 겸영 업무는 「은행법」의 위임을 받아 「은행법 시행령」 제18조의2 제2항에서 규정하고 있으며, 시행령의 위임을 받아 「은행업감독규정」 제25조의2에서 규정하고 있다. 이하에서는 3가지 유형의 겸영 업무에 대해 자세히 분석해본다.

66) 이 절의 내용은 고동원(2018), 43~62면을 수정·보완한 것이다.

Ⅱ. 인가나 허가 또는 등록 등을 받아야 하는 겸영 업무

이러한 겸영 업무는 "대통령령으로 정하는 금융 관련 법령"에서 인가·허가 또는 등록 등을 요하는 업무 중 "대통령령으로 정하는 금융업무"로 한정된다. "대통령령으로 정하는 금융 관련 법령"은 자본시장법, 「보험업법」, 「여신전문금융업법」 등 거의 모든 금융 관련 법률이 해당된다(시행령 제18조의2 제1항→시행령 제10조 제2항 제3호 가목→지배구조법 시행령 제5조). 이하에서는 「은행법 시행령」이 정하고 있는 겸영 업무에 대하여 자세히 살펴본다.

1. 자본시장법에 따른 겸영 업무

우선 은행은 자본시장법에 따른 여러 가지 겸영 업무를 영위할 수 있다. 자본시장법은 세분화된 금융투자업 인가 제도를 채택하고 있어서, 인가 단위에 따라 금융투자업의 범위가 다르다. 즉 **금융투자상품 종류, 투자자 유형, 금융투자업 종류의 조합에 의하여 인가 단위가 결정**되는 복잡한 구조를 가지고 있으며(자본시장법 제12조), 인가 단위는 자본시장법 시행령 [별표 1]에 자세히 규정되어 있다. 그래서 자본시장법에 따른 겸영 업무도 인가 단위에 따라 세분화된다. 이하에서는 국채·공공채 및 사채의 매매 업무 등 증권 업무, 파생상품의 매매·중개 업무, 신탁업 등 자본시장법에 따른 은행의 겸영 업무에 대하여 살펴본다.

(1) 파생상품의 매매·중개 업무

1) 의의

은행은 **파생상품의 매매 및 중개 업무**를 겸영 업무로 영위할 수 있다(시행령 제18조의2 제2항 제1호). "파생상품"이란 투자 원금 손실 가능성인 '투자성'을 갖고 있는 금융투자상품을 말하는데, 선물(futures) 또는 선도(forward) 상품, 교환(swap) 상품, 선택권(option) 상품을 말한다(자본시장법 제3조, 제5조). 파생상품은 장내파생상품과 장외파생상품이 있는데(자본시장법 제3조 제2항 제2호), 「은행법 시행령」이 '파생상품'이라고 하고 있어서 「은행법」에 따라 **은행은 장내파생상품 및 장외파생상품에 대한 매매 및 중개 업무를 영위할 수 있다**고 볼 수 있다.

그렇다고 해서 은행이 모든 파생상품에 대한 매매 및 중개 업무를 영위할 수는 없다. 앞서 언급한 것처럼, 파생상품 거래 규제를 하고 있는 자본시장법이 인가 단위를 세분화하여 인가하고 있기 때문에 은행은 인가를 받은 범위 내에서 파생상품 거래 업무를 영위할 수 있을 뿐이다. 예를 들어, 자본시장법 시행령은 주권을 기초자산으로 하는 파생상품, 주권을 기초로 하지 않는 파생상품, 통화나 이자율을 기초자산으로 하는 파생상품 등 파생상품의 종류를 세분화 하여 인가 단위를 설정하고 있기 때문에([별표 1]), 은행이 일반투자자를 대상으로 주식을 기초자산으로 하는 장외파생상품 투자매매업이나 투자중개업 인가를 받을 수 없다는 금융당국의 입장이 유지된다면[67] 그러한 파생상품의 매매나 중개 업무를 영위할 수 없게 된다. 다만 금융당국은 "장외파생상품 업무 인가를 받지 않았더라도 금융투자업과 전혀 상관 없이 오로지 자신의 고유재산을 운용하기 위한 목적으로 투자매매업자를 상대방으로 하거나 투자중개업자를 통하는 경우에는 계속적·반복적으로 장외파생상품 거래를 할 수 있다"고 보고 있기 때문에[68] 은행도 고유재산 운용 목적에서는 인가 없이도 장외파생상품 거래를 할 수 있을 것이다.

2) 매매와 중개의 의미

자본시장법은 '매매'나 '중개'에 대한 직접적인 정의 규정은 없으나, '투자매매업'과 '투자중개업'이라는 정의가 있으므로 매매나 중개도 투자매매업이나 투자중개업의 정의를 유추 적용해볼 수 있다.

즉 투자매매업은 "누구의 명의로 하든지 자기의 계산으로 금융투자상품의 매도·매수, … [를] 영업으로 하는 것"을 말하는데(자본시장법 제6조 제2항), 여기서 중요한 것은 **"자기의 계산"**으로 매도 및 매수를 한다는 것이다. 즉 손익의 귀속 주체가 자신에게 있다는 의미이다. 따라서 은행의 파생상품의 매매 업무란 은행의 계산으로 파생상품의 매도 및 매수를 영업으로 하는 것으로 이해할 수 있다.

또한 투자중개업은 "누구의 명의로 하든지 타인의 계산으로 금융투자상품의 매도·매수, … [를] 영업으로 하는 것"을 말하는데(자본시장법 제6조 제3항), 여기서도 중요한 개념은 **"타인의 계산"**이라는 것이고, 거래 손익의 귀속 주체도 타인에게 있게 된다. 따라서 은행의 파생상품의 중개 업무란 고객의 계산으로 파생상품의 매도나 매수를 영업으로 하는 것이라고 이해할 수 있다. 이러한 매매와 중개의 의미는 이하에서 나오는 매매나 중개에서도 동일하게 적용할 수 있다.

(2) 파생결합증권의 매매 업무

1) 의의

은행은 **파생결합증권의 매매 업무**를 겸영 업무로 영위할 수 있다(시행령 제18조의2 제2항 제2호). **파생결합증권은 파생상품의 성격을 갖고 있지만 자본시장법에 따르면 증권의 한 종류**이다(제4조 제2항). 이유는 원본까지만 손실이 발생하는 상품이기 때문이다(제4조 제1항). 즉 자본시장법은 파

67) 이헌영(2012), 90면.

68) 그 이유를 "고유재산운용업무는 투자매매업이나 기업금융업무에 해당하지 아니하는 범위 내에서 인가 없이 영위할 수 있으며, 금융투자업자는 「자본시장과 금융투자업에 관한 법률」(이하 "자본시장법") 시행령 제10조제2항제8호에 따른 전문투자자로서 위험회피 외의 목적으로 장외파생상품 거래가 가능합니다. 또한 투자매매업자를 상대방으로 하거나 투자중개업자를 통하여 금융투자상품을 매매하는 경우에는 자본시장법 제7조제6항제2호에 따라 금융투자업으로 보지 아니하므로, 질의하신 바와 같은 계속적·반복적 장외파생상품 거래도 가능합니다"라고 하고 있다(금융위원회 법령해석포탈(2016. 10. 24), <https://better. fsc.go.kr/fsc_new/replyCase/LawreqDetail.do>).

생결합증권을 “기초자산의 가격·이자율·지표·단위 또는 이를 기초로 하는 지수 등의 변동과 연계하여 미리 정하여진 방법에 따라 지급하거나 회수하는 금전 등이 결정되는 권리가 표시된 것”이라고 하고 있는데(제4조 제7항), 파생결합증권은 말 그대로 파생상품이 결합된 증권이라고 할 수 있으며, 증권의 하나이므로 **증권의 정의에 따라 원금까지 손실이 발생할 수 있는 금융투자상품**이 된다(제4조 제1항).

그런데 매매 업무의 대상이 되는 파생결합증권의 범위는 “금융위원회가 정하여 고시하는 파생결합증권”으로 한정하고 있는데(시행령 제18조의2 제2항 제2호), 금융위원회가 정하여 고시하는 파생결합증권은 **“금적립계좌 및 은적립계좌”**를 말한다(「은행업감독규정」 제25조의2 제1항). 범위가 상당히 좁다는 것을 알 수 있다. 소위 **'gold banking'**이라 불리는 금적립계좌 및 은적립계좌 상품은 자본시장법에 따른 파생결합증권으로 취급하고 있다. 왜 파생결합증권으로 보고 있는가? 그 이유는 금이나 은이라는 기초자산의 가격 변동에 따라 투자 수익이 결정되는 상품이기 때문이다. 아래에서 조금 더 자세히 알아본다.

2) 자본시장법에 따른 금적립계좌 및 은적립계좌

금적립계좌와 은적립계좌의 정의를 찾아볼 수 있는 법령은 자본시장법령이다. 자본시장법 시행령은 “[은행 등][69]이 투자자와 체결하는 계약에 따라 발행하는 금적립계좌 또는 은적립계좌”를 “은행 등에 금전을 지급하면 기초자산인 금(金) 또는 은(銀)의 가격 등에 따라 현재 또는 장래에 회수하는 금전 등이 결정되는 권리가 표시된 것으로서 금융위원회가 정하여 고시하는 기준에 따른 파생결합증권”이라고 정의하고 있다(제7조 제2항 제1호). **금적립계좌와 은적립계좌를 파생결합증권의 하나로 명시적으로 규정**하고 있는 것이다.

여기서 금적립계좌 또는 은적립계좌는 “금융위원회가 정하여 고시하는 기준”을 충족해야 하는데, 다음의 요건을 모두 충족해야 한다(「금융투자업규정」 제1-4조의3 제2항).

① 투자자가 금전 등을 지급한 날에 파생결합증권[70]이 발행될 것
② 파생결합증권의 계약기간(계약기간을 따로 정하지 아니한 경우에는 무기한으로 본다) 동안 매 영업일마다 청약 및 발행이 가능할 것
③ 파생결합증권의 계약기간(계약기간을 따로 정하지 아니한 경우에는 무기한으로 본다) 동안 매 영업일마다 투자자가 그 파생결합증권을 매도하여 금전 또는 실물로 회수할 수 있을 것
④ 발행인[71]이 파생결합증권의 발행을 통하여 조달한 자금의 일부를 투자자에게 지급할 실물의 매입을 위하여 사용할 것

69) 일반은행뿐만 아니라 수협은행, 농협은행, 중소기업은행, 한국산업은행 등 특수은행도 포함된다(자본시장법 시행령 제4조).
70) 즉 금적립계좌 또는 은적립계좌를 말한다.
71) 은행이 발행인이 된다.

3) 투자매매업 인가 간주 조항

원칙적으로 파생결합증권을 발행하려면 **증권에 대한 투자매매업 인가**(1－1－1 또는 1－1－2)를 받고 **장외파생상품에 대한 투자매매업 인가**(1－3－1 또는 1－3－2)를 받아야 하는데(자본시장법 제7조 제1항 단서 제3호, 시행령 [별표 1]의 비고 1), 은행이 취급하는 **금적립계좌나 은적립계좌 상품에 대해서는 투자매매업 인가를 받은 것으로 간주**하는 조항을 두고 있어(자본시장법 제77조 제1항 전단, 시행령 제77조의2), 별도의 투자매매업 인가를 받을 필요는 없다. 그렇다고 해서 「은행법」에 따른 겸영 업무 신고 의무가 배제되지 않기 때문에 사전 신고는 필요하다.[72)]

4) 자본시장법 일부 조항 적용 배제

자본시장법은 금적립계좌나 은적립계좌 상품에 대해서는 일부 조항들의 적용을 배제하고 있는데, 그러한 조항들은 제15조(인가 요건의 유지), 제39조부터 제45조까지(명의대여의 금지, 금융투자업자의 다른 금융업무 영위, 금융투자업자의 부수 업무 범위, 금융투자업자의 업무위탁, 검사 및 처분, 이해상충의 관리, 정보교류의 차단), 제56조(약관), 제58조(수수료), 제61조부터 제65조까지(소유증권의 예탁, 금융투자업 폐지 공고 등, 임직원의 금융투자상품 매매, 고객 대응 직원에 대한 보호 조치 의무, 손해배상책임, 외국 금융투자업자의 특례), 제2편 제2장(금융투자업자의 지배구조), 제3장(건전성 유지), 제4장 제2절 제1관(투자매매업자와 투자중개업자의 영업행위 규칙)이다(자본시장법 제77조 제1항 후단).

(3) 증권 업무

은행은 겸영 업무로 허용되어 있는 증권 업무로서 ① 국채·공공채의 인수·매출 업무, ② 국채·공공채·사채의 매매 업무, ③ 국채·공공채 모집·매출의 주선 업무가 있다. 이하에서 자세히 살펴본다.

1) 국채·공공채의 인수·매출 업무

가) 의의

은행은 국채증권, 지방채증권 및 특수채증권에 대한 인수·매출 업무를 겸영 업무로서 영위할 수 있다(시행령 제18조의2 제2항 제3호). 이러한 증권을 통상 **'국·공채'**(國·公債)라고 한다. **국채와 공공채**(公共債)를 말한다. 즉 **공공채는 지방채증권과 특수채증권**을 말한다. 국·공채는 자본시장법에 따른 채무증권에 속한다(제4조 제3항). 즉 모든 증권이 아니라 국채와 공공채에 한해서만 인수·매출 업무를 허용하고 있다. 여기서 **특수채증권이란 "법률에 의하여 직접 설립된 법인이 발행한 채권"**을 말한다(자본시장법 제4조 제3항). 예를 들어, 한국산업은행이 발행하는 산업금융채권(한국산업은행법 제23조), 한국수출입은행이 발행하는 수출입금융채권(「한국수출입은행법」 제20조), 예금보험공사가 발행하는 예금보험기금채권(「예금자보호법」 제26조의2) 등이 해당한다.

---

72) 금융위원회 법령해석포탈(2015. 7. 20), <https://better.fsc.go.kr/fsc_new/replyCase/LawreqDetail.do>.

나) 인수와 매출의 개념

'인수'와 '매출'은 자본시장법이 정의하고 있다. 우선 **'인수'**는 "제삼자에게 증권을 취득시킬 목적으로 ① (i) 그 증권의 전부 또는 일부를 취득하거나 취득하는 것을 내용으로 하는 계약을 체결하거나 (ii) 그 증권의 전부 또는 일부에 대하여 이를 취득하는 자가 없는 때에 그 나머지를 취득하는 것을 내용으로 하는 계약을 체결하는 행위, 또는 ② (i)이나 (ii)의 행위를 전제로 발행인 또는 매출인을 위하여 증권의 모집·사모·매출을 하는 것"을 말한다(제9조 제11항). 여기서 (i)를 **총액 또는 일부 인수**(firm commitment underwriting)라 하고, (ii)를 **잔액 인수**(stand-by underwriting)라고 한다. 즉 투자자에게 판매할 목적으로 새로 발행하는 증권을 전부 또는 일부 취득하는 행위 또는 투자자가 전부 취득하지 않을 때 남아 있는 증권을 취득하는 행위를 말한다. 이러한 **인수 행위는 자본시장법에 따른 투자매매업에 해당**한다. 투자매매업의 정의에 증권의 인수 행위를 명시적으로 규정하고 있기 때문이다. 즉 자본시장법은 '투자매매업'을 "누구의 명의로 하든지 자기의 계산으로 금융투자상품의 매도·매수, 증권의 발행·인수 또는 그 청약의 권유, 청약, 청약의 승낙을 영업으로 하는 것"이라고 하고 있다(제6조 제2항).

'매출'은 **"50인 이상의 투자자에게 이미 발행된 증권의 매도의 청약을 하거나 매수의 청약을 권유하는 것"**을 말하는데(자본시장법 제9조 제9항), 이미 발행된 증권에 대해서 매도나 매수의 청약을 권유한다는 점이 중요한 개념이다. 따라서 증권의 매출 업무도 위의 투자매매업의 정의에 비추어볼 때 투자매매업에 해당한다.

그리고 증권의 인수·매출 업무는 자본시장법에 따른 증권 투자매매업에 해당하므로 금융감독당국으로부터 인가를 받아야 한다(자본시장법 제12조).

다) 대상 증권을 회사채로 확대하는 방안

입법론으로는 인수·매출의 대상 증권의 범위를 국공채에서 금융채를 포함한 회사채로 확대하는 방안도 검토할 필요가 있다. 회사채는 주식에 비하여 위험성이 낮기 때문에 이를 허용하더라도 은행의 위험에 영향을 크게 미치지는 않을 것으로 본다. 오히려 자금력이 있는 은행이 회사채 인수 업무에 참여하는 것은 은행의 수익 증대뿐만 아니라 회사채 시장의 활성화에도 크게 도움이 될 것으로 본다. 회사채 인수 업무를 영위하면서 경험이 축적되어 위험 관리 체제 수준이 높아졌다고 판단될 때에는 주식 인수 업무도 허용하는 방안을 고려할 수 있다.

외국 사례를 살펴보더라도 회사채로 확대하는 방안을 검토할 필요가 있다. 일본의 경우에도 은행은 「금융상품거래법」에 따라 등록을 하면 국공채뿐만 아니라 회사채, 자산유동화증권, 신탁수익증권, 기업어음(commercial paper: CP), 저당(抵當)증권 등의 인수 업무를 영위할 수 있다.[73] 미국의 경우에도 연방인가은행(national banks)은 국채와 지방채 이외에도 자산유동화증권의 인수 업무가 가능하다.[74] 영국의 경우에도 은행은 주식과 사채 등을 포함한 '투자상품'

---

73) 일본 「금융상품거래법」 제33조 제1항, 제2항, 제33조의2 제1항.

(investments)의 인수 업무가 가능하다.[75)]

라) 증권 인수의 중개 업무 허용 방안

증권 인수 업무 확대와 관련하여 회사채의 직접 인수 업무 이외에 증권 인수의 중개 업무(즉 은행의 기업 고객이 회사채나 주식을 발행을 할 때 은행이 계열 증권회사나 다른 증권회사에게 증권 인수 업무를 중개하는 업무)를 허용하는 것도 은행 인수 업무의 확대 방안으로 고려할 수 있다. 이는 단지 중개를 하는 것이기 때문에 위험을 초래할 염려도 없고, 은행의 거래 고객에 대한 업무 지원 차원에서도 필요한 것이므로 검토할 필요가 있다.

2) 국채·공공채·사채의 매매 업무

은행은 겸영 업무로서 자본시장법에 따른 **국채증권, 지방채증권, 특수채증권, 사채권**(社債券)**의 매매**(dealing) **업무**를 영위할 수 있다(시행령 제18조의2 제2항 제4호). 사채권도 매매 업무의 대상 증권이다. 매매 업무라는 것은 은행이 자기의 계산으로 증권을 매도 및 매수하는 것을 말하므로 자본시장법에 따른 투자매매업에 해당한다(제6조 제2항). 따라서 금융감독당국으로부터 인가를 받아야 한다(자본시장법 제12조). 아직 주식의 매매 업무는 허용되어 있지 않은데, 향후 허용 방안도 검토해볼 필요가 있다.

한편 은행은 자본시장법 시행 이전에 종전 「증권거래법」에 따라 증권업 중 인수업무, 국채증권 자기매매업무, 국공채 창구판매업무 등을 겸영하고 있었으나, 이러한 업무들이 자본시장법에서는 투자매매업과 투자중개업으로 분류되었으므로 이들 증권업 겸영 은행들에 대하여 투자매매업·투자중개업을 인가하되, 기존 영위 중인 업무로 한정하여 업무 범위를 제한하는 조건을 부과하였다.[76)] 따라서 은행은 다음과 같은 업무에 한하는 조건으로 국·공채 투자매매업 인가(자본시장법 시행령 [별표 1]에 따른 인가 단위 1−111−1)를 받은 바 있다. 즉 ① 국채증권의 투자매매(인수업 제외) 업무, ② 국채증권, 지방채증권 및 특수채증권의 인수(인수한 증권의 매도를 포함) 업무, ③ 증권시장 밖에서 국고채권·한국은행통화안정증권의 투자매매 업무이다.[77)] 금융당국은 은행이 국채증권의 투자매매(인수업 제외) 업무를 영위할 수 있으므로 장내에서 국채증권의 자기매매 업무도 영위할 수 있다고 보고 있다.[78)]

3) 국채·공공채 모집·매출의 주선 업무

은행은 국채증권, 지방채증권 및 특수채증권의 **"모집·매출의 주선"** 업무를 겸영 업무로서 영위할 수 있다(시행령 제18조의2 제2항 제5호). 자본시장법은 **'모집'**의 정의를 하고 있는데, "50

74) 12 U.S.C. § 24(Seventh); 12 C.F.R. § 12.

75) 영국 재무부의 「규제대상업무 시행령」(Regulated Activities Order)은 "자기계산으로 하는 투자상품 매매 업무"(dealing in investments as principal)를 허용하고 있는데, 여기서 매매(dealing) 업무에는 인수(underwriting) 업무도 포함된다(Financial Services and Markets Act 2000, Schedule 2).

76) 금융위원회, 법령해석 회신문(2015. 11. 17).

77) 금융위원회, 법령해석 회신문(2015. 11. 17).

78) 금융위원회, 법령해석 회신문(2015. 11. 17).

인 이상의 투자자에게 새로 발행되는 증권의 취득의 청약을 권유하는 것"을 말한다(제9조 제7항). 앞서 본 '매출'의 정의가 이미 발행된 증권을 대상으로 50인 이상의 투자자에게 매도나 매수의 청약을 권유하는 것이라는 점에 비추어 보면, 매출과 모집의 차이는 대상이 이미 발행된 증권인지 아닌지라고 할 수 있다.

여기서 '**주선**'(周旋)의 의미를 생각해보아야 하는데, 자본시장법은 주선의 정의를 하지 않고 있지 않지만, '주선인'(周旋人)의 정의를 하고 있어 그 의미를 유추해서 생각해볼 수 있다. 자본시장법은 주선인을 "[인수] 행위 외에 발행인 또는 매출인을 위하여 해당 증권의 모집·사모·매출을 하거나 그 밖에 직접 또는 간접으로 증권의 모집·사모·매출을 분담하는 자"라고 하고 있다(제9조 제13항). 여기서 중요한 개념은 "발행인 또는 매출인을 위하여"라는 것이므로 주선 행위는 결국 명의에 상관 없이 자신의 계산으로 하지 않고 발행인이나 매출인의 계산으로 모집이나 매출 행위를 하는 것으로 이해할 수 있다. 즉 모집이나 매출에 따른 손익이 발행인이나 매출인에게 귀속된다고 볼 수 있다. 종전 「증권거래법」은 증권업의 한 유형으로서 "유가증권의 모집 또는 매출의 주선" 업무를 규정하고 있었는데(제2조 제8항 제6호), 이를 규정한 것으로 이해되며, 자본시장법에서는 투자중개업에 해당한다고 할 수 있다. 따라서 은행이 국채·공공채 모집·매출의 주선 업무를 영위하려면 자본시장법에 따른 투자중개업자로서 금융감독당국으로부터 인가를 받아야 한다(제12조).

4) 증권 업무 확대 방안

은행의 증권 업무 확대는 증권업권과 영역 싸움이 되는 분야라서 민감한 사안이다. 증권 투자중개업은 은행이 수수료 수입을 얻을 수 있는 것이고 은행의 건전성에 영향을 미칠 수 있는 업무도 아니라는 점에서 허용해도 크게 문제될 것은 아니라고 본다.[79] 이는 우리가 전업주의의 큰 상징인 은행업과 증권업 분리라는 생각에 잡혀 있어서 쉽게 허물 수 없는 장벽으로 보고 있지만, 중개업이라는 측면에서 생각해보면 허용하더라도 무방하다고 본다. 오히려 허용을 통해서 경쟁에 의한 수수료 인하를 유도할 수 있으므로 궁극적으로는 투자자에게 혜택을 줄 수 있는 긍정적인 효과를 거둘 수 있다. 전업주의 체제를 유지하고 있는 미국의 경우도 은행이 주식과 채권 중개업을 영위할 수 있다는 점[80] 및 일본의 경우도 고객의 서면 주문에 의한 증권 중개업이 허용되어 있다는 점[81]에서 보다 적극적으로 고려할 필요가 있다.

---

79) 같은 취지의 논의는 김홍기(2008), 42면.

80) 12 U.S.C. §24("Seventh. To exercise by its board of directors or duly authorized officers or agents, subject to law, all such incidental powers as shall be necessary to carry on the business of banking; … The business of dealing in securities and stock by the association shall be limited to purchasing and selling such securities and stock without recourse, solely upon the order, and for the account of, customers, and in no case for its own account…")(밑줄 친 부분은 강조). 미국에서 은행의 증권업 영위에 대한 자세한 분석은 Carnell et. al.(2013), pp. 130~144.

81) 일본 「은행법」 제11조 제1항, 「금융상품거래법」 제33조 제2항 본문.

또한 증권 투자매매업의 허용 문제도 은행이 직접 자기 계산으로 증권, 특히 위험성이 높은 주식을 인수하거나 매매한다는 점에서 위험을 초래할 수 있는 업무로 볼 여지도 있지만, 이는 증권회사의 경우도 마찬가지이고 은행이 위험 관리 체계를 잘 갖추도록 하는 조건 아래에서 이 업무를 허용한다면 못할 이유도 없다.

성공적인 증권업겸영은행 제도(universal banking system)를 유지하고 있는 국가들에서 은행이 증권 업무를 영위하고 있는 점에 비추어 보면, 위험 관리 체계를 잘 구축하는 것을 전제로 하여 은행에게 증권 업무를 전면적으로 허용하는 방안도 검토할 수 있을 것이다.

(4) 투자신탁에 대한 집합투자업

은행은 집합투자업을 겸영 업무로서 영위할 수 있는데, **집합투자기구 중 투자신탁에 대한 집합투자업만 허용**된다(시행령 제18조의2 제2항 제6호).[82] 즉 투자회사 등 다른 집합투자기구에 대한 집합투자업은 허용되지 않는다. 자본시장법에 따르면, 집합투자업을 영위하려면 금융위원회로부터 인가를 받아야 한다(제12조). 자본시장법은 집합투자업을 "2인 이상의 투자자로부터 모은 금전 등을 투자자로부터 일상적인 운용지시를 받지 아니하면서 재산적 가치가 있는 투자대상자산을 취득·처분, 그 밖의 방법으로 운용하고 그 결과를 투자자에게 배분하여 귀속시키는 것을 업으로 하는 것"이라고 하고 있다(제6조 제4항, 제5항). 즉 "2인 이상의 투자자"라는 것에서 집합(collective)이라는 뜻을 찾아낼 수 있다.

그런데 굳이 투자신탁에 한해서만 집합투자업을 허용할 이유가 있는지 의문이다. 다른 집합투자기구(즉 투자회사, 합자회사, 유한회사, 유한책임회사, 합자조합, 익명조합 등의 형태를 말한다. 자본시장법 제9조 제18항)에 대한 집합투자업을 허용하지 않을 이유가 없다고 본다. 어차피 투자자의 자금을 운용하고 수수료를 취득하는 업무이어서 은행의 건전성에 위협을 주는 업무가 아니므로 집합투자기구의 범위를 넓혀주어도 무방하다고 본다. 자산운용업을 어느 한 금융기관이 독점할 수 있는 업무로 볼 필요는 없다. 오히려 업무 확대가 시장에 경쟁을 촉진시켜 궁극적으로 수수료 인하 등 금융소비자에게 혜택을 줄 수 있는 긍정적인 면이 있다.

(5) 투자자문업

은행은 **투자자문업**을 겸영 업무로 영위할 수 있다(시행령 제18조의2 제2항 제7호). 자본시장법에 따라 투자자문업을 영위하려면 금융감독당국에 **등록**해야 한다(제18조 제1항 제1호). 투자자문업이란 "금융투자상품, 그 밖에 대통령령으로 정하는 투자대상자산(이하 "금융투자상품등"이라 한다)의 가치 또는 금융투자상품등에 대한 투자 판단(종류, 종목, 취득·처분, 취득·처분의 방법·수량·가격 및 시기 등에 대한 판단을 말한다)에 관한 자문에 응하는 것을 영업으로 하는 것"

82) 은행의 집합투자업 겸영에 대한 자세한 논의는 안성포(2008), 103~108면.

을 말한다(자본시장법 제6조 제7항). 은행이 대출 업무나 그 밖의 은행 업무를 하면서 고객에게 투자자문을 할 수 있어 적합한 겸영 업무로 판단된다.

(6) 자산구성형 개인종합자산관리계약(ISA)에 대한 투자일임업

투자자문업과 달리 은행은 **제한적인 투자일임업을 겸영**할 수 있는데, **"자산구성형 개인종합자산관리계약에 관한 투자일임업"에 한정**된다(시행령 제18조의2 제2항 제18호).

자산구성형 개인종합자산관리계약은 「조세특례제한법」 제91조의18 제1항에 따른 '개인종합자산관리계좌'(ISA: Individual Savings Account)(신탁업자와 특정금전신탁계약을 체결하여 개인종합자산관리계좌의 명칭으로 개설한 계좌는 제외한다)를 말하는데, 자본시장법 시행령이 그 요건에 관하여 자세히 규정하고 있다(제98조 제2항). 자본시장법은 투자일임업을 영위하려면 금융감독당국에 등록하도록 하고 있는데(제18조 제1항 제1호), 투자일임업은 "투자자로부터 금융투자상품등에 대한 투자 판단의 전부 또는 일부를 일임받아 투자자별로 구분하여 그 투자자의 재산상태나 투자 목적 등을 고려하여 금융투자상품등을 취득·처분, 그 밖의 방법으로 운용하는 것을 영업으로 하는 것"이다(법 제6조 제8항). 즉 투자자별로 자금이 운용되어야 하므로 투자자별로 구분하여 계좌를 개설하고 자금을 운용해야 하고, 이런 점에서 **1:1 자산관리계약**이라고 할 수 있으며, 이런 점에서 여러 투자자의 투자자산이 집합(pooling)되어 공동으로 운용되는 집합투자업과 다르다고 할 수 있다.

그런데 투자일임업의 성격이 투자자를 위해서 투자자의 자금 운용 등 자금을 관리하고 수수료 수입을 올릴 수 있는 업무이어서 은행의 건전성에 영향을 미치는 업무가 아니라는 점에서 굳이 투자일임업의 범위를 제한할 필요가 있는지 의문이다.

(7) 신탁업

1) 의의

은행은 **신탁업**을 겸영 업무로서 영위할 수 있다(시행령 제18조의2 제2항 제8호). 신탁업에 대해서는 자본시장법이 규정하고 있는데, 인가를 받아야 하는 업무이다(제12조). **신탁업이란 "신탁을 영업으로 하는 것"**을 말하는데(자본시장법 제6조 제9항), 신탁이란 「신탁법」에 따른 신탁을 말한다. 즉 신탁이란 "신탁을 설정하는 자(이하 "위탁자"라 한다)와 신탁을 인수하는 자(이하 "수탁자"라 한다) 간의 신임관계에 기하여 위탁자가 수탁자에게 특정의 재산(영업이나 저작재산권의 일부를 포함)을 이전하거나 담보권의 설정 또는 그 밖의 처분을 하고 수탁자로 하여금 일정한 자(이하 "수익자"라 한다)의 이익 또는 특정의 목적을 위하여 그 재산의 관리, 처분, 운용, 개발, 그밖에 신탁 목적의 달성을 위하여 필요한 행위를 하게 하는 법률관계"를 말한다(「신탁법」 제2조). **신탁계약**(trust deed)**의 당사자는 위탁자와 수탁자이며, 수익자**(受益者, beneficiary)**는 계약의 당사자**

는 아니다. 「신탁법」은 **'신임**(信任)**관계'**라는 용어를 사용하고 있는데, 이는 영미법상의 '신인(信忍)관계'(fiduciary relationship)를 의미하는 것으로 보아도 무방할 것이다.

2) 신탁의 법률관계

신탁 거래의 법률관계 특징은 **위탁자가 맡긴 재산의 소유권이 신탁 계약 기간 동안 법적으로 수탁자에게 귀속된다**는 점이다(「신탁법」 제31조). 그래서 신탁재산에 대한 강제 집행이 금지되며(「신탁법」 제22조), 신탁재산은 수탁자의 고유재산과 분별·관리되어야 한다(「신탁법」 제37조). **수탁자에게 신인 의무가 발생하므로 수탁자는 선량한 관리자의 주의로 신탁 사무를 처리해야 할 의무**가 있으며(「신탁법」 제32조), 수익자의 이익을 위하여 신탁 사무를 처리해야 할 충실 의무도 있다(「신탁법」 제33조). 수익자는 신탁의 결과로서 발생하는 수익을 향유하는 자를 말하는데, 위탁자가 수익자가 될 수 있으며(자익신탁(自益信託)이라고 한다), 제3자가 수익자가 될 수도 있다(타익신탁(他益信託)이라고 한다). 은행이 취급하는 금전신탁상품의 경우 고객인 위탁자가 바로 수익자가 되고 은행이 수탁자가 되므로 자익신탁의 사례라고 하겠다. 한편 「신탁법」은 **위탁자가 수탁자를 겸하는 자기신탁**(自己信託)**도 허용**하고 있다(제3조 제1항 제3호). 예를 들어, 회사가 자신의 영업 일부를 신탁하면서 회사 자신이 수탁자가 되는 **'영업신탁'**(business trust)[83]이 자기신탁의 대표적인 사례이다.

3) 자본시장법에 의한 신탁업 규제와 문제점

가) 신탁재산 한정의 문제점

은행의 신탁업 영위에 대해서는 신탁업을 규율하는 자본시장법이 적용된다. 따라서 「신탁법」이 허용하더라도 자본시장법이 허용하지 않게 되면 할 수 없는 한계가 있다. 신탁재산의 범위 문제가 대표적이다. 「신탁법」은 수탁재산을 "재산"이라고만 하여(제2조) 신탁재산의 범위를 특정하지 않고 있는데 반하여, 자본시장법은 **신탁업자가 수탁할 수 있는 재산의 범위를 "금전, 증권, 금전채권, 동산, 부동산, 지상권·전세권·부동산임차권·부동산소유권 이전등기청구권·그 밖의 부동산 관련 권리, 무체재산권**(지식재산권을 포함한다)**"으로 한정**하고 있어(제103조 제1항), 열거한 재산 이외의 재산에 대해서는 신탁업자가 수탁할 수 없는 문제가 있다. 즉 새로운 재산이 출현하더라도 자본시장법을 개정하지 않고서는 신탁업자가 취급할 수 없는 문제가 생긴다.

나) 합동 운용 금지의 문제점

또한 합동 운용을 할 수밖에 없는 불특정금전신탁에 대한 합동 운용을 원칙적으로 금지함으로써 은행이 종전에 취급해왔던 불특정금전신탁업을 영위할 수 없는 문제도 검토해야 할 사항이다. **불특정금전신탁은 위탁자가 자산 운용 방법을 지정하지 않는 신탁상품**(자본시장법 시행령 제103조 제2호)이라 합동 운용을 하게 된다. 그런데 자본시장법 시행령은 **신탁업자가 복수의 신탁계약에**

83) 실무에서는 '영업신탁'이 신탁업자가 영업으로 하는 신탁을 의미한다는 의미로 쓰여 이와 구별하기 위해서 '사업신탁'이라고도 한다.

따른 신탁재산을 집합하여 운용하는 행위, 즉 합동 운용 행위를 불건전 영업행위의 하나로 해서 원칙적으로 금지하고 있다(제109조 제3항 제5호 본문). 다만 종합재산신탁(하나의 신탁계약에 의하여 위탁자로부터 신탁재산 중 둘 이상의 재산을 종합하여 수탁하는 신탁. 자본시장법 제103조 제2항)으로서 금전의 수탁 비율이 40% 이하인 경우나 "신탁재산의 운용에 의하여 발생한 수익금의 운용 또는 신탁의 해지나 환매에 따라 나머지 신탁재산을 운용하기 위하여 불가피한 경우"에는 예외적으로 합동 운용이 허용된다(자본시장법 시행령 제109조 제3항 제5호 단서→자본시장법 시행령 제6조 제4항 제2호). 이렇게 합동 운용 행위를 원칙적으로 금지한 이유는 불특정금전신탁상품이 집합투자상품과 유사하기 때문에 규제 차익을 없애기 위해서 종전 은행이 취급하고 있었던 불특정금전신탁 업무를 종전 「간접투자자산운용업법」이 2004년 7월부터 시행되면서 금지한 것이다. 그런데 신뢰하여 맡긴다는 신탁의 본래 의미를 생각해볼 때 이렇게 합동 운용을 하는 불특정금전신탁 업무를 금지할 필요가 있는지 의문이다.

이런 점에서 보면 자본시장법에 있는 신탁업에 관한 규율 내용을 전체적으로 검토하여 신탁업 활성화 방안을 모색할 필요가 있다. 특히 고령화 시대에 접어들면서 신탁 상품에 대한 관심이 더 커져가고 있는데, 이러한 수요를 반영하여 신탁업에 대한 새로운 접근이 필요하다. 그래서 자본시장법이 규율하고 있는 신탁업 관련 규정을 분리하여 별도의 신탁업법을 제정하고, 자산관리업이라는 신탁업의 특성을 반영한 내용으로 법제 정비를 할 필요가 있다는 주장이 있다.[84]

(8) 집합투자증권에 대한 투자매매업 및 투자중개업

은행은 **집합투자증권에 대한 투자매매업 및 투자중개업**을 겸영 업무로 영위할 수 있는데(시행령 제18조의2 제2항 제9호, 제10호), 이는 집합투자증권의 판매 및 환매 업무를 허용하기 위한 겸영 업무이다(자본시장법 제235조). 소위 '펀드'(fund)상품의 판매 업무이다. 자본시장법에 따른 '**집합투자증권**'이란 "집합투자기구에 대한 출자지분(투자신탁의 경우에는 수익권을 말한다)이 표시된 것"을 말한다(제9조 제21항). **집합투자기구**는 "집합투자를 수행하기 위한 기구"를 말하는데, 투자주식회사, 투자신탁, 투자유한회사, 투자합자회사, 투자유한책임회사, 투자합자조합, 투자익명조합을 말한다(제9조 제18항). 따라서 주식회사인 집합투자기구의 경우 집합투자증권은 주식이 해당되며, 투자신탁의 경우 집합투자증권은 수익증권이 해당된다.

따라서 은행은 집합투자증권을 자기의 계산으로 매도 및 매수를 하거나 집합투자증권을 타인(즉 집합투자기구)의 계산으로 매도 및 매수하는 영업을 할 수 있다. **은행이 투자매매업자인 경우에는** 투자신탁의 집합투자업자(즉 자산운용회사), 투자익명조합의 집합투자업자(즉 영업자),

84) 자본시장법에서 신탁업 규정을 분리하여 신탁업 활성화를 위한 법제 정비가 필요하다는 주장과 설명은 안성포(2007), 1021면; 오영표(2016), 313~334면; 고동원·권태율(2017), 44~61면.

나머지 유형의 집합투자기구의 경우 투자회사 등(즉 투자회사, 투자유한회사, 투자합자회사, 투자유한책임회사를 말한다)과 **집합투자증권 판매 계약을 체결**해야 하고, **은행이 투자중개업자인 경우에는 집합투자증권 위탁 판매 계약을 체결**해야 한다(자본시장법 제184조 제5항). 이러한 업무는 자본시장법에 따라 인가를 받아야 하는 업무이다(제12조). 여기서 위탁 판매 업무는 「상법」에 따른 위탁매매업(제101조)에 해당한다고 볼 수 있다. 즉 위탁매매업이란 "자기명의로써 타인의 계산으로 물건 또는 유가증권의 매매를 영업으로 하는" 것인데(「상법」 제101조), 위탁매매인인 은행이 자기명의로써 위탁자인 집합투자업자나 집합투자기구의 계산으로 투자자인 고객과 집합투자증권의 매매 업무를 영위하는 것으로 볼 수 있다.

(9) 일반사무관리회사 업무

은행은 일반사무관리회사의 업무를 겸영 업무로 영위할 수 있다(시행령 제18조의2 제2항 제11호). 자본시장법에 따른 일반사무관리회사는 ① 집합투자기구인 투자회사의 위탁을 받아 "투자회사 주식의 발행 및 명의개서(名義改書), 투자회사재산의 계산, 법령 또는 정관에 의한 통지 및 공고, 이사회 및 주주총회의 소집·개최·의사록 작성" 등에 관한 업무를 영위하는 회사 또는 ② 투자신탁이나 투자익명조합의 집합투자업자 또는 투자회사 등(즉 투자회사, 투자유한회사, 투자합자회사, 투자유한책임회사를 말한다)의 위탁을 받아 집합투자증권의 기준가격 산정 및 그 밖에 이와 관련된 업무로서 대통령령으로 정하는 업무(즉 기준가격의 산정을 위한 집합투자재산의 계산 업무)를 영위하는 자를 말한다(자본시장법 제254조 제1항, 제184조 제6항, 제238조 제6항, 시행령 제276조 제1항). 일반사무관리회사는 금융감독당국에 등록해야 하는데, 등록 요건의 하나로서 「상법」에 따른 주식회사일 것을 요구하고 있고(자본시장법 제254조 제1항 제1호 가목), 은행은 「상법」에 따른 주식회사 형태이므로 이 요건을 충족하여 일반사무관리회사 업무를 영위할 수 있다. 일반사무관리회사가 필요한 이유는 투자회사가 명목회사(paper company)이어서 투자회사를 위한 주식 발행 업무 등을 해주는 별도의 회사가 필요하며, 다른 집합투자기구도 명목기구이어서 집합투자증권의 기준가격 산정 등의 업무를 해주는 회사가 필요하기 때문이다.

(10) 명의개서대행회사 업무

은행은 명의개서대행회사의 업무를 겸영 업무로 영위할 수 있다(시행령 제18조의2 제2항 제12호). **명의개서대행회사**는 증권의 명의개서(名義改書)를 대행하는 업무를 영위하려는 자로서 금융감독당국에 등록해야 한다(자본시장법 제365조 제1항). 다만 등록 요건 중에 "전국적인 점포망을 갖춘 은행"이라고 하고 있어서(자본시장법 제365조 제2항) 지방은행은 명의개서대행회사 업무를 영위할 수 없다. 전국은행에게만 허용할 필요가 있는지 의문이다. 명의개서대행회사는 부수 업무로서 "증권의 배당·이자 및 상환금의 지급을 대행하는 업무와 증권의 발행을 대행하는 업무"를 영위할 수 있으므로(자본시장법 제366조) 은행은 명의개서대행회사로서 이러한 업무를 영위할 수 있다.

(11) 증권의 환매조건부매매 업무

1) 의의

은행은 증권에 대한 **환매조건부 매도 및 매수 업무**를 겸영 업무로 영위할 수 있다(시행령 제18조의2 제2항 제13호). **환매조건부매도**(還買條件附賣渡)란 "증권을 일정기간 후에 환매수할 것을 조건으로 매도하는 경우"를 말하며(자본시장법 시행령 제81조 제1항 제1호), **환매조건부매수**란 "증권을 일정기간 후에 환매도할 것을 조건으로 매수하는 경우"를 말한다(자본시장법 시행령 제85조 제3항 나목). 이러한 거래를 **RP**(Repurchase Agreement) **또는 Repo 거래**라고 한다. 환매조건부매매의 법적 성질에 대해서는 담보부금전소비대차로 보는 견해도 있고, 증권 매매로 보는 견해도 있으나,[85] 대법원은 증권 매매로 본다.[86]

2) 자본시장법에 따른 업무 규제

가) 일반투자자 대상 환매조건부매매 거래의 경우 투자매매업 인가 필요

자본시장법은 **환매조건부매매 업무를 장외거래 유형의 하나로 규정**하면서 업무 규제를 하고 있어서(자본시장법 제166조, 시행령 제181조), 은행의 환매조건부매매 업무도 자본시장법 적용을 받게 된다. 이러한 업무는 증권을 매수하거나 매도하는 업무를 말하므로 결국 자본시장법에 따른 **증권의 투자매매업에 해당**한다. 따라서 은행은 자본시장법에 따른 증권 투자매매업 인가(제12조)를 받아야 이러한 업무를 영위할 수 있다.

다만 자본시장법 시행령은 기관투자자(은행, 보험회사, 금융투자회사 등 금융기관을 포함한다) 등 전문투자자 사이에 행해지는 환매조건부매매 거래는 투자매매업으로 보지 않기 때문에(제7조 제4항 제3호) 이러한 거래에 대해서는 별도의 투자매매업 인가를 받을 필요는 없다. 즉 **은행이 전문투자자가 아닌 일반투자자를 상대로 환매조건부매매 거래**(즉 대고객 환매조건부매매 거래)를 **하려면 투자매매업 인가를 받아야 한다**는 의미가 된다. 구체적으로 자본시장법 시행령에 따른 [별표 1]의 인가업무 단위 중 11r−1r−1의 투자매매업(인수업은 제외) 인가를 받아야 하며, 아래

85) 환매조건부매매 거래의 법적 성질에 대해서는 크게 증권매매설과 담보부금전소비대차설로 나누어져 있다. 담보부금전소비대차설은 "Repo거래는 단기소비대차계약과 유사하고, 그 채무 이행을 위하여 증권이 담보로서 기능을 한다고 하여 Repo 거래를 담보부금전소비대차 거래라고 보는 견해"이며, 증권매매설은 "Repo거래를 대상 증권의 독립적인 매매라고 풀이하는 견해"이다(송종준(2001), 188~192면).

86) 대법원 1988. 3. 22. 선고 87누451 판결("내국법인의 국·공채 취득이 환매조건으로 이루어졌고, 매도금액 또한 환매기간에 따른 일정이율에 의하여 계산된 이자를 가산하여 정하였으며, 점유의 이전도 현실의 이전이 아닌 점유개정의 방법으로 이루어졌다 하더라도 당사자 사이에 실질적으로 그 권리를 이전하려는 의사가 존재하는 한 이를 매매로 볼 것이지, 국·공채를 담보로 한 금전소비대차 거래로 볼 것은 아니다").

에서 보는 것처럼, **은행은 겸영투자매매업자로서 일반투자자를 상대로 하는 환매조건부매도 업무만 영위할 수 있다.**

나) 대상 증권의 제한

자본시장법은 일반투자자를 대상으로(즉 대고객) 환매조건부매매를 하는 경우에 준수하여야 할 여러 가지 기준을 정하고 있는데, 그 중의 하나는 대상 증권의 범위이다. 즉 대상 증권은 국채증권, 지방채증권, 특수채증권, 그 밖에 금융감독당국이 정하여 고시하는 증권에 한한다(자본시장법 시행령 제181조 제1항 제1호). 금융감독당국이 지정한 증권은 보증사채권, 공공기관 발행 채권으로서 모집 또는 매출된 증권 등에 한정되고 있다(「금융투자업규정」 제5-18조 제1항). 대고객을 대상으로 하는 환매조건부매매의 경우에는 모든 증권이 아니라 국채·공공채 등으로 한정되는 것이다. 그리고 매매 가격의 제한이나 환매도나 환매수의 날 지정 등의 제한이 있다(자본시장법 시행령 제181조 제1항 제2호, 제3호).

은행은 국채증권, 지방채증권, 특수채증권 및 사채권에 한하여 매매 업무를 할 수 있어서(「은행법 시행령」 제18조의2 제2항 제4호) 이에 대한 투자매매업 인가를 받을 수 있으므로 설령 자본시장법 시행령이 금융감독당국이 정하여 고시하는 증권을 사채권 이외에 추가 규정하더라도 「은행법 시행령」이 매매 대상 증권의 범위를 확대하지 않는 한 은행이 일반투자자를 대상으로 하는 환매조건부매매 거래에 있어서는 이러한 증권은 대상이 되지 않는다고 보아야 할 것이다. 다만 은행이 전문투자자와 환매조건부매매 거래를 하는데 있어서는 금융투자업 인가를 받을 필요가 없기 때문에 이 경우에는 대상 증권의 범위도 제한이 없게 될 것이다.

3) 일반투자자를 상대로 하는 환매조건부매수 업무의 허용 필요

자본시장법 시행령에 따르면, 은행은 일반투자자를 상대로 하는 환매조건부매수 업무를 영위할 수 없다. 근거를 살펴보기로 한다. 자본시장법 시행령은 [별표 1]의 인가업무 단위 중 11r-1r-1의 인가를 받은 겸영금융투자업자(금융감독당국이 정하여 고시한 자는 제외)는 일반투자자를 상대로 환매조건부매수 업무를 영위할 수 없도록 하고 있다(제181조 제2항). 여기서 11r-1r-1의 인가를 받은 겸영금융투자업자는 국채증권, 지방채증권, 특수채증권, 그 밖에 금융감독당국이 정하여 고시하는 증권(보증사채권, 공공기관 발행 채권으로서 모집 또는 매출된 증권 등. 「금융투자업규정」 제5-18조 제1항)에 대한 투자매매업(인수업은 제외) 인가를 받은 겸영금융투자업자를 말한다([별표 1]). 은행은 겸영금융투자업자에 해당된다.

따라서 **은행은 일반투자자를 상대로 하는 환매조건부매수 업무를 영위할 수 없고, 환매조건부매도 업무만 할 수 있다.** 그런데 이러한 환매조건부매수 업무는 고객에 대한 신용공여 업무에 해당한다고 볼 수 있는데, 은행이 대출 업무를 영위한다는 점에서 굳이 환매조건부매수 업무를 금지할 이유는 없다고 본다.

2. 「보험업법」에 따른 보험대리점 업무

(1) 의의

은행은 **보험대리점 업무**를 겸영 업무로 영위할 수 있다(시행령 제18조의2 제2항 제14호). 이는 「보험업법」 제91조에 따른 보험대리점 업무를 말하는데, 소위 은행(Banca)과 보험(Assurance)의 합성어인 **'방카슈랑스'**(bancassuarance) 업무를 말하며, **'보험대리업'**이라고 할 수 있다.[87] 「보험업법」에 따라 은행이 보험대리점 업무를 영위하려면 일정한 등록 요건을 갖추어 금융감독당국에 등록해야 한다(「보험업법」 제91조, 시행령 제30조 제2항). 그리고 보험업법령이 규정하는 판매 보험상품의 범위, 모집 방법, 영업 기준 등에 관한 규정의 적용을 받게 되고(「보험업법」 제91조 제3항, 시행령 제40조), 보험상품 판매와 관련해서는 설명 의무 등 영업행위 규칙을 규정하고 있는 금융소비자법이 적용된다(제17조 내지 제22조). 은행의 보험대리업 영위에 관해서는 뒤의 제5절에서 자세히 살펴보기로 하고, 여기서는 은행의 보험상품 판매 제한 규제에 대하여 간단히 살펴본다.

(2) 은행의 보험상품 판매 제한 규제

1) 판매 보험상품의 범위 제한

우선 판매 보험상품의 범위에 제한이 있다. 은행이 판매 가능한 보험상품의 종목 범위는 2003년 8월 은행에게 보험대리점 업무를 허용한 이후 단계적으로 확대되어 왔는데, **은행이 판매할 수 있는 보험상품은 개인연금상품 등 저축성보험상품과 화재보험상품 등의 손해보험상품에 한정**되어 있고(「보험업법 시행령」 제40조 제2항, [별표 5]), **종신보험상품과 자동차보험상품 등은 아직 허용되어 있지 않다.** 같은 금융기관보험대리점으로서 신용카드회사에게는 판매 보험상품의 범위에 제한이 없다. 은행에게도 보험상품 종목의 판매 제한을 없앨 필요가 있다.

2) 보험상품 판매 비중 규제

그리고 논란이 많은 소위 '25% 규칙'이 적용된다. 즉 보험상품 판매 비중을 제한하는 규제이다. 이 규제는 은행 보험대리점이 1개 생명보험회사나 1개 손해보험회사의 보험상품을 판매하는 금액이 매 사업연도별로 해당 보험대리점이 신규로 판매하는 생명보험회사 또는 손해보험회사의 상품 판매 총액 각각의 25%를 초과할 수 없도록 하는 규제이다(「보험업법 시행령」 제40조). 은행 보험대리점이 어느 한 보험회사의 보험상품을 과다하게 판매하는 것을 막기 위한 장치이다. 이는 대형 보험회사 또는 은행 계열 보험회사의 독과점을 막기 위하여 도입된 규제로 이해된다.

물론 자산 총액이 2조원 이상인 대형 금융기관보험대리점에만 적용되는 규제이기는 하지

---

87) '보험대리점' 용어를 '보험대리업자'로 변경하는 것이 좋다.

만, 시장 참여자의 자율 경쟁과 공정 경쟁을 제한할 수 있다는 점에서 재고할 필요가 있다. 경쟁의 자유를 침해할 소지가 있다는 점에서 위헌 논란이 제기될 수도 있다. 경쟁력이 있는 중소 보험회사의 시장 확대를 막을 수 있는 경쟁 제한적인 요소도 있다는 점과 특히 소비자의 상품 선택권을 침해한다고 볼 여지도 있다는 점에서 이러한 규제는 철폐할 필요가 있을 것이다.

3) 보험상품 모집 방법의 규제

「보험업법」은 보험대리점이 보험상품을 판매할 때 불완전 판매를 방지하기 위한 여러 가지 규제 장치를 하고 있는데, 보험상품 모집 방법에 대한 규제도 하고 있다. 보험대리점으로서 은행은 ① "은행 점포 내의 지정된 장소에서 보험계약자와 직접 대면하여 모집하는 방법"이나 ② "인터넷 홈페이지를 이용하여 불특정 다수를 대상으로 보험상품을 안내하거나 설명하여 모집하는 방법"만이 허용되어 있다(「보험업법 시행령」 제40조 제3항 제1호 및 제2호). 즉 전화나 우편 또는 정보통신망을 이용한 보험상품 판매는 허용되지 않는다. 은행 점포 내에서 직접적인 대면 방식에 의한 판매만이 가능하다. 같은 금융기관보험대리점인 신용카드회사에게 허용되어 있는 전화나 우편 또는 정보통신망에 의한 보험상품 판매 방법을 은행에 허용하지 않을 이유가 없을 것이다.

3. 「근로자퇴직급여 보장법」에 따른 퇴직연금사업자의 업무

은행은 「근로자퇴직급여 보장법」에 따른 **퇴직연금사업자 업무**를 겸영 업무로 영위할 수 있다(시행령 제18조의2 제2항 제15호). **'퇴직연금사업자'**는 퇴직연금 제도의 운용 관리 업무 및 자산 관리 업무를 수행하는 자를 말한다(「근로자퇴직급여 보장법」 제2조 제13호). 퇴직연금사업자가 되려는 자는 재무건전성 및 인적·물적 요건 등 일정한 요건을 갖추어 고용노동부장관에게 등록하여야 하는데, 등록할 수 있는 금융기관으로 은행이 명시적으로 규정되어 있다(「근로자퇴직급여 보장법」 제26조 제1항 제3호). 그래서 은행의 퇴직연금사업자 업무는 금융 관련 법령에 따라 등록을 한 겸영 업무에 해당한다.

4. 「여신전문금융업법」에 따른 신용카드업

은행은 **신용카드업**을 겸영 업무로 영위할 수 있다(시행령 제18조의2 제2항 제16호). 신용카드업을 규율하는 법률은 「여신전문금융업법」인데, 신용카드업은 "신용카드 이용과 관련된 대금(代金)의 결제 업무와 신용카드의 발행 및 관리 업무 또는 신용카드가맹점의 모집 및 관리 업무를 업(業)으로 하는 것"을 말한다(제2조 제2호). 신용카드 업무를 영위하려면 「여신전문금융업법」에 따라 금융감독당국으로부터 허가를 받아야 하는데(제3조 제1항), 은행은 허가를 받을 수 있는 금융기관의 하나로 명시적으로 규정되어 있다(제3조 제3항 제1호, 시행령 제3조). 은행의 신용카드업 영위에 대해서는 「여신전문금융업법」에 따른 여러 규제가 적용된다.

관련하여 「여신전문금융업법」에 따른 금융리스업, 할부금융업 및 신기술사업금융업 등 다른 여신전문금융업도 은행이 영위할 수 있도록 허용하는 것도 검토할 필요가 있다. 이러한 업무는 대출 업무와 밀접한 관련이 있다는 점에서 업무의 성격상 은행이 하지 못할 이유도 없다. 특히 은행이 이러한 시장에 진입함으로써 시장에 경쟁을 불러일으켜 소비자에게 혜택을 줄 수 있다는 점에서도 허용할 필요가 있다. 금융투자회사도 신기술사업금융업을 겸영 업무로 영위할 수 있는데(자본시장법 시행령 제43조 제3항 제8호), 은행에게 여신전문금융업을 전면적으로 허용하지 않을 이유가 없다.

5. 「담보부사채신탁법」에 따른 담보부사채신탁업

은행은 「담보부사채신탁법」에 따른 **담보부사채에 관한 신탁업**을 영위할 수 있다(시행령 제18조의2 제2항 제17호). **담보부사채**(collateralized bond)는 사채 발행회사 자산의 일부를 담보로 하여 발행하는 사채를 말한다. 그래서 「담보부사채신탁법」은 회사가 위탁회사로서 동산질(質), 증서가 있는 채권질(債權質), 주식질(質), 부동산저당 등 위탁회사의 자산에 **물상담보**(物上擔保)가 붙은 사채를 발행하고자 하는 경우에는 수탁회사인 신탁업자와 신탁계약을 체결하여 사채를 발행하도록 하고 있다(제3조). 이 경우 수탁회사가 물상담보권을 취득하며, 사채권자(즉 신탁계약의 수익자)를 위하여 물상담보권을 보존하거나 실행할 의무를 진다(제60조).

담보부사채에 관한 신탁업을 영위하려고 하는 자는 금융감독당국에 등록해야 하는데(「담보부사채신탁법」 제5조 제1항), 담보부사채신탁업 등록할 수 있는 기관으로 은행을 명시적으로 규정하고 있다(제5조 제2항). 그래서 다른 금융 관련 법령에 따라 등록을 한 겸영 업무에 해당한다. 한편 「담보부사채신탁법」 에 따른 담보부사채에 관한 신탁업은 자본시장법에 따른 신탁업으로 보지 않기 때문에(자본시장법 제7조 제5항), 자본시장법에 규정된 신탁업자에 관한 조항들이 적용되지 않는다.

6. 신용정보법에 따른 본인신용정보관리업

신용정보법에 따른 본인신용정보관리업도 은행의 겸영 업무의 하나이다(시행령 제18조의2 제2항 제19호). 'My Data' 사업이라고 불리는 **본인신용정보관리업**이란 "개인인 신용정보주체의 신용관리를 지원하기 위하여 다음의 전부 또는 일부의 개인신용정보를 통합하여 그 신용정보주체에게 제공하는 행위를 영업으로 하는 것"을 말한다(신용정보법 제2조 제9호의2). 이러한 개인신용정보는 "① 대출이나 보증 등 신용공여 거래 정보, 신용카드·시설대여 및 할부금융 거래 정보, [금융실명법]에 따른 금융거래 정보, ② 「보험업법」에 따른 보험상품의 종류, 기간, 보험료 등 보험계약에 관한 정보와 보험금의 청구 및 지급에 관한 정보, ③ [자본시장법]에 따른 금융투자상품의 종류, 발행·매매 명세, 수수료·보수 등에 관한 정보, ④ 「상법」에 따른 상행위에 따른 상거래의 종류, 기간, 내용, 조건 등에 관한 정보"이다(시행령 제2조 제22항, 제23항). 즉 개인신용정보를 통합 관리하여 해당 개인에게 제공하는 것을 영업으로 하는 회사를 말한다. 예를 들어, 본인의 대출, 예금, 보험 거래 등의 신용정보를 취합하여 어떤 금융상품에 투자하는 것이 좋은 지에 대한 정보를 제공하거나 어떤 대출 상품을 선택하면 좋은 지에 대한 정보를 제공하는 것을 말한다.

본인신용정보관리업을 영위하려면 최저 자본금 요건 등 일정한 허가 요건을 충족해서 금융감독당국으로부터 허가를 받아야 하므로(신용정보법 제2조 제9호의3, 제6조), 은행은 일정한 요건을 충족해서 허가를 받아야 한다. 신용정보법은 본인신용정보관리회사가 준수해야 할 여러 행위 규칙을 규정하고 있어서(제22조의9), 은행은 이를 준수해야 한다.

7. 다른 금융 관련 법령에 따라 인·허가를 받거나 등록 등을 한 금융업무

이외에도 다른 '금융 관련 법령'에서 은행이 인·허가를 받거나 등록 등을 한 업무도 겸영 업무에 포함된다(시행령 제18조의2 제2항 제19호). 이는 위에서 열거된 업무는 아니지만 해당 '금융 관련 법령'(지배구조법 시행령 제5조가 규정하고 있는 금융 관련 법령을 말한다)에서 은행이 인·허가를 받거나 등록을 하여 영위할 수 있도록 한 업무를 겸영 업무로 인정하기 위한 것이다.

예를 들어, '금융 관련 법령'에 속하는 「외국환거래법」에 따라 은행이 외국환은행으로서 영위하는 '외국환 업무'를 들 수 있다(법 제3조 제1항 제16호, 시행령 제6조). 「외국환거래법」은 외국환 업무를 영위하려고 하는 자는 일정한 요건을 갖추어 기획재정부장관에게 등록하도록 하고 있는데(제8조 제1항), 은행은 등록할 수 있는 금융기관(즉 외국환업무취급기관)에 해당한다(「외국환거래법 시행령」 제14조 제1호). 따라서 '금융 관련 법령'에서 은행이 등록을 해서 영위할 수 있는 겸영 업무에 해당한다. 그러나 「은행법 시행령」에 「외국환거래법」에 따른 외국환 업무를 명시적으로 열거하여 규정하는 것이 좋을 것으로 본다.

Ⅲ. 금융 관련 법령에서 은행이 영위할 수 있도록 한 겸영 업무

1. 금융 관련 법령에서 정하는 금융 관련 업무

"대통령령으로 정하는 금융 관련 법령"에서 정하는 금융 관련 업무로서 해당 법령에서 은행이 영위할 수 있도록 한 업무도 은행의 겸영 업무에 해당한다(「은행법」 제28조 제1항 제2호). "대통령령으로 정하는 금융 관련 법령"의 범위는 앞에서 언급한 '금융 관련 법령,' 즉 지배구조법 시행령 제5조가 규정하고 있는 금융 관련 법령을 말한다(시행령 제18조의2 제3항).

이 겸영 업무와 금융 관련 법령에 따라 인·허가나 등록을 요하는 겸영 업무의 차이는 무엇인가? 여기의 겸영 업무는 위에서 본 겸영 업무와 달리 **해당 금융 관련 법령에서 은행이 인·허가를 받거나 등록을 하지 않아도 영위할 수 있는 업무**로 이해할 수 있다. 그리고 "은행이 영위할 수 있도록 한 업무"이므로 해당 금융 관련 법령에서 명시적으로 은행이 영위할 수 있도록 한 업무에 한정된다고 보아야 할 것이다. 이 점에서 아래 IV.의 "「은행법 시행령」으로 정하는 겸영 업무"와 차이가 있다. 즉 아래 Ⅳ.의 「은행법 시행령」이 정하는 겸영 업무는 기타 관련 법령에 근거가 없어도 영위할 수 있는 업무가 해당한다.

2. 「전자금융거래법」에 따른 전자금융업

금융 관련 법령에서 은행이 영위할 수 있도록 한 겸영 업무로서 「전자금융거래법」에 따른 전자금융업이 있다. 즉 「전자금융거래법」에 따르면, 은행은 별도의 등록 없이도 "전자화폐의 발행 및 관리업무, 전자자금이체업무, 직불전자지급수단의 발행 및 관리 업무, 선불전자지급수단의 발행 및 관리 업무, 전자지급결제대행에 관한 업무, 「전자상거래 등에서의 소비자보호에 관한 법률」 제13조 제2항 제10호에 따른 결제대금을 예치받는 업무, 수취인을 대행하여 지급인이 수취인에게 지급하여야 할 자금의 내역을 전자적인 방법으로 지급인에게 고지하고 자금을 직접 수수하며 정산을 대행하는 업무"를 영위할 수 있는데(제28조 제1항 단서, 제2항 단서), 바로 이러한 업무가 해당한다.

Ⅳ. 「은행법 시행령」으로 정하는 겸영 업무

그 밖에 은행의 건전성 등에 영향을 미치지 않을 업무로서 「은행법 시행령」으로 정하는 업무도 은행이 겸영 업무로 영위할 수 있다(법 제28조 제1항 제3호, 시행령 제18조의2 제4항). 아래 유형에서 보는 것처럼 부수 업무로 보기에 적합하지 않은 업무이면서, 앞서 본 다른 금융 관련 법령에서 인·허가나 등록을 요하지 않는 업무이고, 해당 법령에서 특별히 은행이 영위할 수 있도록 한 업무에도 해당하지 않으며, 관련 법령에 근거가 없어도 은행이 영위할 수 있는 업무 유형이라고 이해할 수 있다.

1. 유동화전문회사의 유동화자산 관리 및 채권추심 업무의 수탁 업무

은행은 겸영 업무로서 「자산유동화에 관한 법률」에 따른 **유동화전문회사의 유동화자산 관리 및 채권추심 업무를 수탁하는 업무**를 영위할 수 있다(시행령 제18조의2 제4항 제1호).[88] 「자산유동화

88) 「은행법 시행령」은 「주택저당채권유동화회사법」에 따른 주택저당채권유동화회사의 유동화자산 관리 및 채권추심 업무를 수탁하는 업무도 겸영 업무로 규정하고 있으나(제18조의2 제4항 제2호), 「주택저당채권유동화회사법」이 2015. 7. 24. 폐지되었으므로 더 이상 이 업무는 은행의 겸영 업무에 해당하지 않을 것이다.

에 관한 법률」에 따른 유동화전문회사는 실체가 없는 명목회사(paper company)이어서 유동화 대상인 자산을 보유한 자나 신용정보회사 또는 채권추심회사 등에게 유동화자산 관리를 반드시 위탁하여야 한다(제10조 제1항). 이 경우 은행이 자산보유자로서 유동화자산의 관리 및 채권추심 업무를 수행하려면(제10조 제2항) 「은행법」에 근거 조항이 있어야 하는데, 바로 이런 이유 때문에 이러한 수탁 업무가 은행의 겸영 업무의 하나로 규정된 것이다.

이러한 업무를 「은행법 시행령」이 정하는 겸영 업무로 분류한 이유는 해당 법률에서 은행에게 수탁 업무를 특별히 명시적으로 허용하고 있는 규정이 없기 때문이다. 즉 「자산유동화에 관한 법률」 제10조는 유동화전문회사는 유동화자산의 관리를 자산보유자나 신용정보회사 또는 채권추심회사 등에게 위탁하도록 하면서 채권추심 업무도 영위할 수 있도록 하고 있는데, 위탁 대상자로서 은행을 특별히 규정하지 않고 있기 때문에(즉 은행이 자산보유자로서 유동화자산 관리 업무를 수탁할 수 있고, 채권추심 업무를 수행할 수 있기 때문에), 두 번째 유형의 겸영 업무인 '금융 관련 법령'에서 '은행이 영위'할 수 있도록 하는 겸영 업무로 분류하기에 적당하지 않은 것이다. 그리고 이러한 업무는 해당 법률에서 특별히 인·허가나 등록을 요구하지 않고 있어서 첫 번째 유형의 겸영 업무로 분류하기에도 적당하지 않다. 즉 은행은 「은행법」에 따라 수탁 업무를 겸영 업무로 영위할 수 있고, 이 경우 「자산유동화에 관한 법률」이 적용되는 것이라고 이해할 수 있다.

2. 기업의 인수 및 합병의 중개·주선 또는 대리 업무

은행이 기업 대출 등 기업 관련 업무를 영위하면서 기업 인수 및 합병(M&A: Merger and Acquisition)의 중개 등의 관련 업무를 할 경우가 있을 수 있다. 이러한 시장의 수요를 반영하여 「은행법」은 은행이 이러한 **"기업 인수 및 합병의 중개·주선 또는 대리 업무"**를 겸영 업무로 영위할 수 있도록 하고 있다(시행령 제18조의2 제4항 제3호). 이러한 업무에 대해서 특별히 규제하는 법률이 없고, 이러한 업무는 부수 업무로 분류하기에도 적당하지 않으므로 세 번째 유형의 겸영 업무인 「은행법 시행령」에서 정한 겸영 업무로 분류한 것으로 볼 수 있다.

그런데 이러한 업무를 영위하기 위해서는 주식 등 지분증권에 대한 투자매매업 인가를 받아야 한다는 금융당국의 입장 때문에 은행은 지분증권에 대한 투자매매업 인가를 받을 수 없어서 사실상 이러한 겸영 업무를 영위할 수 없는 문제가 있다는 지적이 있다.[89] 이러한 금융당국의 입장이 타당한지 의문이다. 이러한 겸영 업무와 주식 등 지분증권에 대한 투자매매업은 엄연히 다른 업무로 보는 것이 타당한데도 같이 연결시켜 보는 금융당국의 입장은 타당성이 없다. 즉 기업 인수 및 합병의 중개 등의 업무에서 주식 매매는 부수적으로 뒤따르는 것에 불과한 것이고, 전체적으로는 '기업' 자체의 '매매'를 중개하는 업무로 보는 것이 타당하다.[90]

89) 한지은(2013), 37면.

대법원도 기업 지분 인수와 관련된 "금융 자문 행위의 본질적이고 주요한 부분은 주식 매매의 중개라기보다는 주식 매매의 중개를 포함하는 포괄적인 금융 자문의 성격을 가진다"고 하였는데,[91] 이에 비추어 보면 주식의 매매가 수반되는 기업의 인수 및 합병의 중개는 주식 매매의 중개에 해당하지 않는다고 보아야 할 것이다.

한편 금융당국은 유권해석으로서 "경영권 취득 목적의 과반 미만의 지분을 취득"하는 것은 경영권 취득 목적이 있어서 '기업 인수'의 개념에 포함될 수 있으므로 이러한 겸영 업무에 해당하는 것으로 보고 있으며, 50:50으로 합작법인을 설립하는 행위가 '인수·합병'에 해당하는지 여부는 당해 합작법인의 설립의 방법과 경영권 행사 여부 등 구체적인 사실관계에 따라 판단되어야 할 사항이라고 하고 있다.[92]

3. 기업의 경영·구조조정 및 금융 관련 상담·조력 업무

기업 인수 및 합병의 중개 등의 업무와 마찬가지로 은행이 기업 대출 업무 등 기업 관련 업무를 수행하면서 대상 **"기업의 경영이나 구조 조정 또는 금융 상담 조력 업무"**를 수행할 수요가 발생할 수 있으므로 이러한 업무를 겸영 업무로 허용한 것이다(시행령 제18조의2 제4항 제4호). 금융 자문(consulting) 업무라고 할 수 있다.[93] 이러한 업무를 세 번째 유형의 겸영 업무인 「은행법 시행령」에서 정하는 겸영 업무로 분류한 이유는 위에서 서술한 내용이 적용된다. 금융당국은 "기업의 합작법인 설립에 대한 상담 및 조력" 업무가 이러한 겸영 업무에 해당한다고 보고 있다.[94]

4. 증권의 투자 및 대차(貸借) 거래 업무

이 겸영 업무는 증권의 투자 업무와 증권의 대차 거래 업무로 나눌 수 있다(시행령 제18조의2 제4항 제5호).

90) 같은 비판은 한지은(2013), 37면; "해석상 M&A중개는 '주식'보다는 '기업'의 매매를 중개하는 것으로 보아 투자중개업에 포함하지 않는 것이 옳다."라는 견해(김건식·정순섭(2023), 105면)도 같은 입장이다.

91) 대법원 2012. 10. 11. 선고 2010도2986 판결. 이 판례의 소개는 최문회(2015), 6~11면.

92) 금융위원회, 법령해석 회신문(190385).

93) 대법원 2012. 10. 11. 선고 2010도2986 판결에서 문제되었던 금융 자문 업무는 기업의 지분 인수와 관련해서 "[매각자]와의 회의 주선, [매각자]와의 양해각서 체결, 투자전략 수립, 회계 및 법률자문사 선정 및 실사 자문, 사업성 분석을 위한 재무모델 및 가치평가 자문, 자금운용방법 결정 및 자산운용사 선정, 지분인수 관련 계약서 작성" 등의 업무이었다(최문회(2015), 8면).

94) 금융위원회, 법령해석 회신문(190385).

(1) 증권 투자 업무

1) 의의

증권 투자 업무의 경우 '투자'라는 의미는 수익을 목적으로 증권을 매입하고 매도하는 것으로 이해할 수 있다. 그런데 투자의 의미를 자산 운용(portfolio) 차원으로 이해하면 영리성이 결여되어 '업'(業)으로 볼 필요가 없을 수도 있다. 그러나 모든 경우가 자산 운용으로만 볼 수 없기 때문에 확실성을 기하기 위해서 '업'으로 분류한 것으로 이해할 수 있다.

이러한 문제는 특히 증권의 단기 매매를 하는 경우에 발생할 수 있다. 국채·공공채 및 회사채의 경우, 앞서 본 것처럼, 은행은 겸영 업무로 국채·공공채 및 회사채의 매매 업무를 영위할 수 있으므로 문제가 없으나, 주식의 경우에는 아직 은행이 주식 매매 업무를 영위할 수 없으므로 이러한 문제가 제기될 수 있다. 그래서 주식을 포함한 증권의 투자매매업을 영위할 수 있는 금융투자회사를 상대방으로 하여 증권의 매매 거래를 하는 것이 법적인 논란의 여지를 없애는 방법일 것이다. 하지만 증권 투자를 '업'이라고 보기보다는 자산 운용 차원의 투자로 보는 것이 합리적이기 때문에 이를 겸영 업무에서 제외하는 것을 검토할 필요가 있다.

그리고 「은행법」은 '증권'의 범위를 규정하고 있지 않은데, 자본시장법에 따른 증권(제4조)으로 보아도 무방할 것이다. 따라서 채무증권, 지분증권, 수익증권, 투자계약증권, 파생결합증권, 증권예탁증권 등 6가지 유형의 증권이 다 포함될 수 있을 것이다. 이는 증권 투자 한도를 정하고 있는 「은행법」 제38조도 자본시장법에 따른 증권을 규정하고 있다는 점에 비추어 보아도 그렇게 보는 것이 타당할 것이다.

2) 증권 투자 한도 규제

한편 증권 투자와 관련하여 「은행법」은 투자 대상 증권이 시장가격이 변동되는 위험자산이라는 점을 염두에 두고 자산 운용의 건전성 유지를 위하여 과도한 증권 투자를 규제하고 있다. 즉 「은행법」은 주식 및 상환기간이 3년을 초과하는 증권 등 일정한 증권에 대한 투자에 대해서는 자기자본의 100%에 해당하는 금액을 초과하는 투자를 금지하고 있다(제38조 제1호, 시행령 제21조의1 제1항).

그 대상 증권의 범위는 다음과 같다. ① 자본시장법에 따른 채무증권으로서 상환기간이 3년을 초과하는 것(다만 국채 및 한국은행 통화안정증권, 구조개선법 제11조 제6항 제2호에 따라 정부가 원리금을 보증한 채권(債券)[95]은 제외한다), ② 주식 등 지분증권(다만 구조개선법 제11조 제6항 제1호에 따라서 기존의 대출금을 출자(出資)로 전환[96]함으로써 은행이 소유하게 된 주식은 제외한다),

95) 정부가 원리금의 지급을 보증한 채권(債券)으로는 예금보험공사가 발행하는 예금보험기금채권이나 예금보험기금채권상환기금채권(「예금자보호법」 제26조의2 제5항, 제26조의3 제4항), 한국산업은행이 발행하는 산업금융채권(한국산업은행법 제26조), 한국수출입은행이 발행하는 수출입금융채권(「한국수출입은행법」 제20조), 중소기업은행이 발행하는 중소기업금융채권(「중소기업은행법」 제36조의5)이 있다.

96) 「은행업감독규정」은 출자 전환 주식 대상 기업의 범위를 구체적으로 규정하고 있다. 즉 회생절차 개시

③ 자본시장법에 따른 파생결합증권 중 상환기간이 3년을 초과하는 것, ④ 자본시장법에 따른 수익증권, 투자계약증권 및 증권예탁증권으로서 상환기간이 3년을 초과하는 것을 말한다(제38조 제1호 가목 내지 라목, 시행령 제21조의1 제1항 제2항, 제3항).

(2) 증권 대차 거래 업무

1) 의의

증권 대차(貸借) **거래**(securities lending and borrowing) 업무[97]는 증권을 빌려주거나(대여) 증권을 빌리는(차입) 업무로 나눌 수 있다. 은행이 소유하고 있는 증권을 필요한 기관에게 대여해줄 수도 있다. 대여에 따른 수익(즉 수수료 수입)을 얻을 수 있기 때문에 굳이 금지할 이유가 없다. 그러면 차입한 증권을 대여할 수도 있을까? 차입 거래가 가능하므로 차입한 증권을 대여하는 것도 가능하다고 볼 수 있다. 소위 차익(arbitrage) 거래가 되는 셈이다.

그리고 대차 거래의 대상이 되는 증권의 범위에 대해서 「은행법」은 특별히 규정하고 있지 않은데, 이러한 대차 거래에는, 아래서 보는 것처럼, 자본시장법이 적용되고 자본시장법이 증권의 정의를 하고 있으므로(제4조), 대상이 되는 증권의 범위는 자본시장법에 따른 증권으로 보아도 무방할 것이다.

또한 증권 대차 거래가 세 번째 유형의 겸영 업무(즉 「은행법 시행령」이 정하는 겸영 업무)로 분류된 이유를 살펴보면 다음과 같다. 은행의 증권 대차 거래 업무에 대해서는 아래에서 보는 것처럼 자본시장법령이 적용된다. 그런데 자본시장법령은 증권 대차 거래가 가능한 금융기관으로 은행을 명시적으로 규정하고 있지 않다. 즉 자본시장법 시행령은 "투자매매업자 및 투자중개업자 외의 자로서 법에 따라 설립되거나 인가를 받은 자"라고 하고 있어서(제182조 제4항) 은행을 특정하지 않고 있다. 따라서 두 번째 유형의 겸영 업무(즉 금융 관련 법령에서 은행이 영위할 수 있도록 한 겸영 업무)로 분류될 수는 없을 것이고, 세 번째 유형의 겸영 업무(즉 「은행법 시행령」이 정하는 겸영 업무)로 분류된다. 물론 증권 대차 거래가 인·허가나 등록을 요하는 업무가 아니라 첫 번째 유형의 겸영 업무에도 해당하지 않는다.

2) 자본시장법에 따른 규제

자본시장법이 증권 대차 거래에 대해서 규정하고 있어서 은행이 자본시장법의 적용을 받게 되는지도 검토할 필요가 있다. 자본시장법령은 **증권 대차 거래를 장외거래의 하나로 규정**하면서 담보 징구와 거래 공시 의무 등 증권 대차 거래에 관한 규정을 두고 있다(법 제166조, 시행령 제182조). 자본시장법 시행령은 "투자매매업자 및 투자중개업자 외의 자로서 법에 따라 설립되거

결정을 받은 기업, 기업개선작업 대상기업, 기타 은행 공동으로 정상화를 추진 중인 기업으로 규정하고 있다(제59조).

97) 증권 대차 거래의 법적 성질은 '담보부 소비대차'에 해당한다고 한다(임재연(2023), 1655면). 증권 대차 거래에 대한 자세한 법적 분석은 박철영(2009), 182~217면.

나 인가를 받은 자가 증권의 대차 거래 또는 그 중개·주선 또는 대리 업무를 하는 경우에는 제1항부터 제3항까지의 규정을 준용한다"라고 하고 있다(제182조 제4항). 따라서 은행은 금융투자회사를 말하는 "투자매매업자 및 투자중개업자"에 해당하지 않고[98] 「은행법」에 따라 은행업 인가를 받았으므로 이 조항이 적용되고 자본시장법 시행령 제182조가 규정하고 있는 증권 대차 거래 규제의 적용을 받게 된다.

3) 증권 대차 거래의 중개·주선 또는 대리 업무의 허용 필요성

증권 대차 거래의 중개나 주선 또는 대리 업무를 영위할 수 있는지도 생각해볼 필요가 있는데, 명시적으로 규정되지 않은 상태에서 그러한 업무를 영위할 수 있다고 보기는 어렵다. 굳이 이러한 업무를 금지할 이유가 없다는 의미에서 금융당국의 유권해석을 통하여 허용하거나 그렇지 않으면 추가하는 것이 바람직하다고 본다. 투자매매업자 및 투자중개업자인 금융투자회사가 증권 대차 거래의 중개·주선 또는 대리 업무를 겸영 업무로 영위할 수 있는 것(자본시장법 시행령 제43조 제5항 제5호)과 대비되는데, 은행도 이 업무를 영위할 수 있도록 허용할 필요가 있다.

5. 상업어음 및 무역어음의 매출 업무

상업어음 및 무역어음의 매출 업무도 은행의 겸영 업무이다(시행령 제18조의2 제4항 제6호). 어음의 매출 업무란 은행이 거래처로부터 할인 매입한 **상업어음 및 무역어음을 고객인 투자자에게 판매하는 업무**를 말한다. 대상 어음은 상업어음(commercial bill)과 무역어음(trade bill) 등 상거래와 무역거래에서 수반되는 어음에 한하고, 자금 융통 목적으로 발행되는 기업어음(commercial paper: CP)은 매출 대상 어음이 아니라는 점에서 상거래 및 무역거래 관련한 자금 조달의 편의성을 높이기 위한 업무라고 할 수 있다. 즉 은행이 거래처로부터 어음을 할인 매입함으로써 거래처는 자금 조달을 할 수 있게 되고, 은행은 이를 다시 일반 투자자에게 판매함으로써 자금을 조달할 수 있는 장점이 있게 된다. 그래서 이러한 업무가 은행 수신 업무의 하나로 볼 수 있다는 분석도 있다.[99] 이 업무를 세 번째 유형의 겸영 업무로 분류한 이유는 앞에서 서술한 내용이 적용된다.

6. 금융상품 판매 대행 업무

"금융 관련 법령에 따라 금융업을 경영하는 자의 금융상품 및 「무역보험법」에 따른 무역보험의 판매 대행" 업무도 은행의 겸영 업무이다(시행령 제18조의2 제4항 제7호).[100] 즉 은행이

98) 자본시장법은 금융투자회사가 아니면서 금융투자업을 영위하는 자를 "겸영금융투자업자"라고 정의하고 있어서(제8조 제9항), 투자매매업자 및 투자중개업자는 금융투자업자를 말하는 것으로 이해할 수 있다.

99) 한국금융연수원(1997), 545면.

100) 금융당국은 은행이 신용카드회사의 신용카드 회원 모집 업무를 대행하는 것은 금융상품 판매 대행 업

금융기관의 금융상품을 판매 대행하는 업무인데, 「무역보험법」에 따른 무역보험은 금융상품에 해당하지 않다고 보아 별도로 규정한 것이다.

여기서 "대행"이라는 의미가 무엇을 뜻하는지, 법적 성격이 무엇인지에 대하여 의문이 있을 수 있는데, "대신 행위를 한다"는 의미에서 볼 때, '대행'은 일반적으로 타인의 명의와 계산으로 대리인 또는 대행자의 역할을 하는 것을 의미한다고 볼 수 있다.101) 그렇다면 앞서 본 「보험업법」에 따른 보험대리점 업무나 자본시장법에 따른 집합투자증권 판매 업무도 이러한 대행 업무에 포섭된다고 볼 여지가 있지만, 이러한 업무는 해당 법령에서 인·허가나 등록을 요구하는 업무이어서 첫 번째 유형의 겸영 업무로 분류한 것이다.

이런 점에서 보면 금융상품 판매 대행 업무는 해당 법률에서 특별히 인·허가나 등록을 요구하지 않으면서 해당 법률이 명시적으로 은행에 특별히 허용하는 규정이 없는 경우(만약 이렇게 은행에게 명시적으로 허용한 경우라면 두 번째 겸영 업무로 분류하는 것이 타당할 것이다)에 해당하는 업무로 이해할 수 있다. 예를 들어, 특정 금융기관의 금융상품 판매에 관하여 해당 법률이 규정하면서 특별히 은행이 해당 금융상품을 판매 대행할 수 있다고 명시적으로 규정하지 않거나 그러한 업무 영위에 있어서 인·허가나 등록이 필요한 규정이 없는 경우를 생각할 수 있다.

7. 대출 및 대출채권 매매의 중개·주선 또는 대리 업무

은행은 대출 업무를 영위할 수 있는데, 대출의 중개·주선 또는 대리 업무를 영위할 수 있는가? 또한 대출채권 매매의 중개·주선 또는 대리 업무도 영위할 수 있는가? 얼핏 생각해보면 은행이 대출 업무를 영위하므로 대출의 중개·주선 또는 대리 업무도 대출 업무의 부수적인 업무로 볼 여지도 있다. 그러나 다른 면에서 보면 대출 업무와 대출의 중개·주선 또는 대리 업무는 별개의 업무로 구분하여 보아야 한다는 주장도 가능하다. 이렇게 논란의 여지가 있기 때문에 별도의 업무로 규정한 것이라고 이해할 수 있다.

이것은 대출채권 매매의 중개·주선 또는 대리 업무의 경우도 마찬가지이다. 이렇게 별도의 업무로 규정하고 있기 때문에 은행은 다른 금융기관(즉 '은행의 대출'이라고 하지 않고 단순히 '대출'이라고 하고 있기 때문에 은행뿐만 아니라 다른 대출금융기관도 포함하게 된다)의 대출이나 대출채권 매매를 중개하거나 주선 또는 대리하는 업무를 영위할 수 있게 된다(시행령 제18조의2 제4항 제8호).

무에 해당한다고 보고 있다(금융위원회, 법령해석 요청서).

101) 고동원(2008), 169면 각주 36).

8. 국외 지점이 영위하는 업무

국외 지점이 소재하는 국가의 관련 법령에 따라 영위하는 업무도 겸영 업무의 하나이다(시행령 제18조의2 제4항 제9호). 우선 왜 이 업무가 별도의 겸영 업무로 규정된 것인지 생각해 볼 필요가 있다. 지점과 본점은 동일체이므로 지점은 본점이 영위하는 업무만을 영위할 수 있다. 그래서 국내에서는 특별히 문제될 여지가 없는데, 문제는 외국 지점의 경우이다. 해당 국가에서 지점에게 허용되는 업무가 우리나라에서 허용되지 않는 업무인 경우가 문제될 수 있다. 예를 들어, 우리는 전업은행제도를 취하고 있기 때문에 은행은 원칙적으로 증권 업무를 영위할 수 없는데(예를 들어, 주식 중개업을 생각할 수 있다), 해당 지점이 소재하는 국가가 증권업 겸영은행제도(universal banking system)를 채택하고 있어 해당 은행 지점이 증권 업무를 영위할 수 있는 경우가 해당된다. 만약에 이 조항이 없다면 해당 국가에서 지점이 증권 업무를 영위할 수 없다고 볼 여지도 있다. 이런 문제를 해결하기 위해 별도의 겸영 업무로 규정한 것으로 이해할 수 있다.

9. 그 밖에 금융감독당국이 고시한 겸영 업무

이외에도 금융감독당국이 정하여 고시하는 겸영 업무가 있는데, 그러한 업무는 다음과 같다(「은행업감독규정」 제25조의2 제3항).

① 신용정보서비스 업무
② 「상법」 제480조의2에 따른 사채관리회사 업무
③ 「중소기업협동조합법」 제115조에 따른 소기업·소상공인 공제(共濟)(중소기업중앙회가 당해 공제의 약관에 대해 금융감독원과 사전 협의한 경우에 한함)의 판매 대행 업무
④ 「중소기업 인력지원 특별법」 제35조의5에 따른 성과보상 공제(중소벤처기업진흥공단이 당해 공제의 약관에 대해 금융감독원과 사전 협의한 경우에 한함)의 판매 대행 업무
⑤ 「중소기업진흥에 관한 법률」 제61조의2 제1호에 따른 중소기업매출채권보험의 모집 대행 업무

여기서 ①의 신용정보서비스 업무에 대해서 금융당국은 "고객과의 금융거래 등 은행의 영업과 관련하여 얻거나 만들어낸 신용정보를 타인에게 제공하거나 타인으로부터 제공받아 본인 영업에 이용하는 업무를 의미하며, 고객이 아닌 자의 신용정보의 일반적인 수집, 집적, 보관, 관리 판매 업무까지 포함하는 것은 아[니다]."라고 하고 있다.[102)]

---

102) 금융위원회, 법령해석 회신문.

그리고 이러한 겸영 업무는 별도의 인·허가나 등록을 요하지 않는 업무로 보는 것이 타당할 것이다. 인·허가나 등록을 요하는 업무라면 첫 번째 유형의 겸영 업무로 분류해야 하기 때문이다.

Ⅴ. 겸영 업무 영위 시 이해상충 관리 의무

1. 서설

은행이 신탁업 등 금융투자업을 겸영 업무로 영위하는 경우에는 은행의 고유 업무나 부수 업무와 이해상충(利害相衝, conflict of interest)이 발생할 가능성이 있다. 그래서 「은행법」은 이러한 이해상충 발생 가능성에 대하여 인식·평가하고 **정보 교류를 차단**하는 등 공정하게 관리할 의무를 은행에게 부여하는 규정을 두고 있다(법 제28조의2 제1항). 이는 2010년 「은행법」 개정에 의하여 도입된 제도인데, 겸영 업무의 범위를 확대해주면서 이해상충 발생 가능성이 높아지는 점을 고려하여 은행에게 이러한 의무를 부여하고 있다. 또한 이해상충의 정도에 따라 이해상충을 공정하게 관리하기가 어려운 경우에는 은행이용자에게 통지하고 은행이용자 보호 등에 문제가 없는 수준으로 이해상충 발생할 가능성을 낮춘 후 거래를 해야 하며, 이해상충 발생할 가능성을 낮추는 것이 어렵다고 판단되는 경우에는 거래를 중단하도록 하고 있다(법 제28조의2 제3항, 제4항).

2. 정보 교류 차단 등 공정한 이해상충 관리 의무

은행은 「은행법」에 따른 업무를 영위할 때 은행과 은행이용자 사이, 특정 이용자와 다른 이용자 사이에서 발생할 수 있는 이해상충을 방지하기 위하여 '대통령령으로 정하는 업무" 사이에는 **이해상충 발생 가능성을 인식·평가하고 정보 교류를 차단**하는 등 공정하게 관리해야 한다(법 제28조의2 제1항).

3. 이해상충 관리 의무 적용 대상 업무

이해상충 관리 의무는 은행이 영위하는 모든 업무에 적용되는 것이 아니고, 시행령이 정하는 일정한 업무 사이에서만 적용하도록 하고 있는데, 그 업무는 다음과 같다.

(1) (i) 은행이 영위하는 업무(즉 고유 업무, 부수 업무, 겸영 업무를 말하는데, 이 중 집합투자업, 신탁업, 일반사무관리회사 업무, 퇴직연금사업자 업무, 담보부사채에 관한 신탁업, 유동화전문회사의 유동화자산 관리의 수탁 업무 및 채권추심 업무의 수탁업무, 투자자문업, 집합투자증권에 대한 투자매매업, 집합투자증권에 대한 투자중개업, 환매조건부매매의 업무를 제외한다), (ii) 집합투자업,

(iii) 신탁업, (iv) 일반사무관리회사 업무 사이(시행령 제18조의3 제1항 제1호).

따라서 은행 업무와 부수 업무 사이에는 이해상충 관리 의무가 적용되지 않으며, 은행이 겸영 업무로서 영위할 수 있는 국채 인수 업무와 은행 업무 사이에는 이해상충 관리 의무가 적용되지 않게 되지만, 국채 인수 업무와 신탁업 사이에는 이해상충 관리 의무가 적용된다. 그러나 신탁업과 집합투자업 사이, 신탁업과 일반사무관리회사 업무 사이, 집합투자업과 일반사무관리회 업무 사이에도 이해상충 관리 의무가 적용된다.

(2) (i) 집합투자업, (ii) 일반사무관리회사의 업무, (iii) 퇴직연금사업자의 업무, 담보부사채에 관한 신탁업, 유동화전문회사의 유동화자산 관리의 수탁 업무 및 채권추심 업무의 수탁 업무 사이(시행령 제18조의3 제1항 제2호).

(3) (i) 투자자문업과 (ii) 증권의 투자 및 대차거래(貸借去來) 업무 사이(시행령 제18조의3 제1항 제3호).

(4) 신탁업(집합투자재산 보관·관리 업무는 제외)을 투자자문업 또는 투자매매업 등(집합투자증권에 대한 투자매매업, 집합투자증권에 대한 투자중개업 및 환매조건부매매의 업무)과 함께 영위하는 경우에는, (i) 집합투자업, (ii) 신탁업(집합투자재산 보관·관리 업무는 제외), 투자자문업 및 투자매매업 등(집합투자증권에 대한 투자매매업, 집합투자증권에 대한 투자중개업 및 환매조건부매매의 업무), (iii) 집합투자재산 보관·관리 업무, (iv) 일반사무관리회사의 업무 사이(시행령 제18조의3 제1항 제4호).

4. 이해상충 관리 방법 및 절차의 내부통제기준 반영 의무

은행은 이해상충을 관리하는 방법 및 절차 등을 시행령 제18조의3이 정하는 바에 따라 지배구조법 제24조에 따른 내부통제기준에 반영하여야 한다(법 제28조의2 제2항). 시행령이 정하는 사항은 다음과 같다.

첫째, 위 3.(1)의 경우, 위 3.(2)의 경우 및 위 3.(4)의 경우는 자본시장법 제250조 제3항부터 제7항까지에서 규정한 사항[103]을 내부통제기준에 반영하여야 한다(시행령 제18조의3 제2항

103) 제250조(은행에 대한 특칙) ③ 집합투자업겸영은행은 투자신탁재산의 운용과 관련하여 다음 각 호의 어느 하나에 해당하는 행위를 하여서는 아니 된다.
1. 자기가 발행한 투자신탁의 수익증권을 자기의 고유재산으로 취득하는 행위
2. 자기가 운용하는 투자신탁의 투자신탁재산에 관한 정보를 다른 집합투자증권의 판매에 이용하는 행위
3. 자기가 운용하는 투자신탁의 수익증권을 다른 은행을 통하여 판매하는 행위
4. 제229조제5호의 단기금융집합투자기구를 설정하는 행위
④ 집합투자재산의 보관·관리업무를 영위하는 은행은 그 집합투자기구의 집합투자재산에 관한 정보를 자기가 운용하는 투자신탁재산의 운용 또는 자기가 판매하는 집합투자증권의 판매를 위하여 이용하여서는 아니 된다.
⑤ 일반사무관리회사의 업무를 영위하는 은행은 해당 집합투자기구의 집합투자재산에 관한 정보를 자기가 운용하는 투자신탁재산의 운용 또는 자기가 판매하는 집합투자증권의 판매를 위하여 이용하여서

제1호).

둘째, 위 3.(3)의 경우에는 다음의 행위를 금지하기 위하여 필요한 사항을 내부통제기준에 반영하여야 하는데, 그러한 행위는 "(i) 자본시장법에 따른 금융투자상품의 투자 판단 자문에 응한 내용, 금융투자상품의 매매 및 소유 현황의 정보를 제공하는 행위(다만 이해상충이 발생할 가능성이 크지 아니한 경우로서 금융위원회가 정하여 고시하는 경우는 제외한다), (ii) 임원(대표이사, 감사 및 사외이사가 아닌 감사위원회의 위원은 제외한다) 또는 직원을 겸직하게 하는 행위, (iii) 사무공간 또는 전산설비를 공동으로 이용하는 행위, (iv) 업무 사이에 담당 부서를 독립된 부서로 구분하지 아니하거나, 담당 부서가 그 업무를 독립적으로 처리하지 아니하는 행위"를 말한다(시행령 제18조의3 제2항 제2호).

한편, 금융감독당국은 은행이용자 보호 등을 위하여 필요하다고 인정되는 경우에는 이해상충에 관한 내부통제기준의 변경을 권고할 수 있다(법 제28조의2 제5항).

5. 이해상충 정도에 따른 은행 의무의 차별화

「은행법」은 이해상충의 정도에 따라 은행의 이해상충 관리 의무를 달리 정하고 있다. 첫째, 은행은 이해상충을 공정하게 관리하는 것이 어렵다고 인정되는 경우에는 그 사실을 미리 해당 이용자 등에게 충분히 알려야 하고, 이해상충이 발생할 가능성을 내부통제기준이 정하는 방법 및 절차에 따라 은행이용자 보호 등에 문제가 없는 수준으로 낮춘 후 거래를 하여야 한다(법 제28조의2 제3항 후단). 둘째, 은행은 이해상충이 발생할 가능성을 낮추는 것이 어렵다고 판단되는 경우에는 거래를 해서는 안 된다(법 제28조의2 제4항).

는 아니 된다.

⑥ 투자매매업 또는 투자중개업 인가를 받아 집합투자증권의 판매를 영위하는 은행은 다음 각 호의 어느 하나에 해당하는 행위를 하여서는 아니 된다.

1. 자기가 판매하는 집합투자증권의 집합투자재산에 관한 정보를 자기가 운용하는 투자신탁재산의 운용 또는 자기가 운용하는 투자신탁의 수익증권의 판매를 위하여 이용하는 행위
2. 집합투자증권의 판매업무와 「은행법」에 따른 업무를 연계하여 정당한 사유 없이 고객을 차별하는 행위

⑦ 은행이 이 법에 따라 집합투자업, 신탁업(집합투자재산의 보관·관리업무를 포함한다. 이하 이 항에서 같다) 또는 일반사무관리회사의 업무를 영위하는 경우에는 임원(사실상 임원과 동등한 지위에 있는 자로서 대통령령으로 정하는 자를 포함한다. 이하 이 항에서 같다)을 두어야 하고, 임직원에게 다음 각 호의 업무를 겸직하게 하여서는 아니 되며, 전산설비 또는 사무실 등의 공동사용 금지 및 다른 업무를 영위하는 임직원 간의 정보교류 제한 등 대통령령으로 정하는 이해상충방지체계를 갖추어야 한다. 다만, 임원의 경우 제1호의 업무 중 제2호부터 제4호까지의 업무와 이해상충이 적은 업무로서 대통령령으로 정하는 업무와 제2호부터 제4호까지의 업무를 겸직할 수 있으며, 제3호 및 제4호의 업무 간에는 겸직할 수 있다.

1. 「은행법」에 따른 업무(제2호부터 제4호까지의 업무 및 대통령령으로 정하는 업무는 제외한다)
2. 집합투자업
3. 신탁업
4. 일반사무관리회사의 업무

6. 별도의 장부 및 기록 유지 의무

은행은 집합투자업, 신탁업, 집합투자증권에 대한 투자매매업, 집합투자증권에 대한 투자중개업, 신용카드업을 영위하는 경우에는 '은행 업무'와 구별하고 별도의 장부와 기록을 보유하여야 한다(법 제28조의2 제6항, 시행령 제18조의3 제3항, 제4항). 이 경우 신탁업을 수행하는 은행은 신탁 업무에 속하는 자금, 유가증권 또는 소유물을 구별하여 별도의 장부와 기록을 보유하여야 한다(시행령 제18조의3 제4항).

제4절

부수 업무

Ⅰ. 서설

「은행법」은 "은행 업무에 부수한 업무"를 영위할 수 있도록 하고 있다(법 제27조의2). 은행이 업무 확대를 할 수 있는 여지가 있는 부분이기도 한다. 그런데, 「은행법」은 "부수"라는 의미에 대해서 정의하고 있지 않고 있어서, 과연 "은행 업무에 부수하는 업무"의 범위가 어떻게 되는지가 큰 관심사가 된다. 「은행법」에 따른 "은행 업무"는 예금과 대출 업무 및 내국환·외국환업무 등 고유 업무를 의미하기 때문에(「은행법」 제27조), 예금이나 대출 업무 등에 관련된 '부수'되는 업무에 한정할 것인지, 아니면 넓게 해석해서 은행이 갖고 있는 인적 자원과 물적 시설 등을 활용해서 가능한 업무도 포함시킬 수 있는지의 해석 문제가 대두된다.

물론 「은행법」이 명시적으로 부수 업무로서 허용하고 있는 것은 큰 문제가 되지 않으나, 신고를 통해 추가적으로 영위하게 되는 업무에 대해서는 부수 업무의 범위에 대한 해석 문제가 될 수밖에 없다. 은행이 다양한 업무를 영위해서 수익의 원천을 넓힐 필요가 있다는 점에서 보면 굳이 좁게 해석할 필요는 없다고 본다. 특히 은행에 명시적으로 허용하고 있는 부수 업무 중에는 은행이 갖고 있는 전산 설비 등 물적 시설을 활용한 광고 대행 업무(시행령 제18조 제1항 제3호)와 은행이 소유한 부동산을 임대하는 업무(시행령 제18조 제1항 제1호) 등도 있다는 점에서 금융감독당국의 입장도 넓게 보는 것이라고 이해할 수 있다.

「은행법」은 부수 업무의 범위에 대해서 은행법령 자체가 명시적으로 규정하고 있는 부수 업무와 은행이 금융감독당국에 신고를 함으로써 영위할 수 있는 부수 업무로 구분하여 규정하고 있는데(「은행법」 제27조의2 제2항), 특히 후자와 관련해서는 "은행 업무에 부수한 업무"의 해석에 따라 부수 업무가 결정되므로 금융감독당국의 판단이 중요해지게 된다. 이하에서 부수 업무의 범위에 대해서 자세히 살펴보기로 한다.

Ⅱ. 은행법령이 규정하는 부수 업무

1. 서설

「은행법」, 「은행법 시행령」 및 「은행업감독규정」이 명시적으로 규정하고 있는 부수 업무는 원칙적으로 신고 절차 없이 은행이 영위할 수 있다. 그러한 업무로서는 "① 채무의 보증 또는 어음의 인수 업무, ② 상호부금(相互賦金) 업무, ③ 팩토링 업무(기업의 판매대금 채권의 매수·회수 및 이와 관련된 업무를 말한다), ④ 보호예수(保護預受) 업무, ⑤ 수납 및 지급 대행 업무, ⑥ 지방자치단체의 금고 대행 업무, ⑦ 전자상거래와 관련한 지급 대행 업무, ⑧ 은행업과 관련된 전산시스템 및 소프트웨어의 판매 및 대여 업무, ⑨ 금융 관련 연수, 도서 및 간행물 출판 업무, ⑩ 금융 관련 조사 및 연구 업무, ⑪ 부동산의 임대 업무(업무용 부동산이 아닌 경우에는 「은행법」에 따라 처분하여야 하는 날까지의 임대로 한정한다), ⑫ 수입인지, 복권, 상품권 등의 판매 대행 업무, ⑬ 은행의 인터넷 홈페이지, 서적, 간행물 및 전산 설비 등 물적 설비를 활용한 광고 대행 업무, ⑭ 지금형 주화(금화·은화 및 금화·은화 모양 메달)·금지금·은지금의 판매 대행, 금지금 매매·대여, 금 관련 금융상품의 개발 및 판매 업무, ⑮ 전자세금계산서 교부 대행 및 인증 등 관련 서비스 업무"가 있다(법 제27조의2 제2항, 시행령 제18조 제1항, 「은행업감독규정」 제25조 제2항). 이하에서는 각 업무에 대해서 자세히 살펴본다.

2. 채무 보증 또는 어음 인수 업무

(1) 의의

채무 보증 또는 어음 인수 업무는 은행의 부수 업무이다(법 제27조의2 제2항 제1호). 은행이 예금 및 대출 업무와 더불어 많이 취급하는 업무이지만 고유 업무가 아니고 부수 업무에 해당한다. 여기서 **채무 보증이나 어음 인수란 '지급보증'을 말한다.**

「은행법」은 '지급보증'을 "은행이 타인의 채무를 보증하거나 인수하는 것을 말한다"라고 정의하고 있다(제2조 제1항 제6호). 지급보증은 보증계약 체결 시에 자금의 공급이 수반되지 않는 점에서 대출과 성격을 달리하지만,[104] 주채무자(主債務者)인 거래처가 채무 이행을 하지 않을 때는 보증인인 은행이 대신 채무 이행을 해서 자금을 공급해야 한다는 점(「민법」 제428조 제1항)[105]에서 **넓은 의미에서는 '신용공여(信用供與)'에 속한다**고 할 수 있다. 그래서 「은행법」도 '신용공여'를 "대출, 지급보증 및 유가증권의 매입(자금지원적 성격인 것만 해당한다), 그 밖에 금융거래상의 신용위험이 따르는 은행의 직접적·간접적 거래"라고 정의하면서(제2조 제1항 제7호),

104) 한국은행(2018), 199면.

105) 제428조(보증채무의 내용) ① 보증인은 주채무자가 이행하지 아니하는 채무를 이행할 의무가 있다.

지급보증도 포함시키고 있다.

(2) 지급보증의 형식

지급보증계약은 통상 주채무자인 은행 거래처의 요청에 의해서(즉 보증위탁계약에 의해서) **채권자와 보증인인 은행 사이에 체결**된다.[106] 지급보증의 형식은 대개 지급보증서의 발행에 의하나, 환어음의 인수나 보증 또는 약속어음의 보증의 형태를 취하기도 한다.[107] 또한 은행이 많이 취급하는 **신용장**(letters of credit: L/C) 발행도 지급보증의 한 형태이다. 신용장은 국제무역거래에서 많이 쓰이는데, 수입업자가 수출업자에게 지고 있는 물품 대금 지급 의무에 대한 보증 형태로 신용도가 높은 은행이 신용장을 발행하여 수출업자에게 제공한다. 한편 어음 인수가 아닌 어음을 할인해서 매입하는 것은 자금 공여가 이루어지므로 지급보증 업무가 아닌 대출 업무에 속한다(법 제27조 제1항 제2호).

(3) 지급보증과 보증보험의 구별

지급보증이 보험회사가 손해보험업 허가를 받아 영위할 수 있는 '**보증보험**' 상품(「보험업법」 제4조 제1항 제2호 라목)과 경제적 실질 면에서 비슷하다는 점에서 은행이 허가 없이 보험업을 영위하는 것이 아니냐는 문제 제기도 있을 수 있다. 즉 **보증보험계약**은 보험회사인 보험자와 채무자인 보험계약자 사이에 체결되어 보험계약자가 채무 이행을 하지 못하는 보험사고가 발생하면 보험회사가 보험금을 지급한다는 점에서 지급보증계약과 실질적 효과 면에서 비슷한 점이 있다.[108] 그러나 지급보증 업무는 계약의 형식 면에서 '보험'계약이 아니고 계약 당사자가 서로 다르다는 점과 은행업 인가를 받은 은행이 부수 업무로서 영위하는 허용된 업무라는 점에서 별도의 보험업 허가를 받을 필요가 없다고 보는 것이 타당하다. 대법원도 같은 입장을 취하고 있다. 즉 "「은행법」과 「여신전문금융업법」 등 관련 법령에 따라 인가 또는 허가 등을 받은 금융기관이 지급보증 업무의 형태로 실질적으로 보증보험업을 하는 것은 적법하다고 할 것이나, 관련 법령에 따라 인가 또는 허가 등을 받은 금융기관이 아닌 자가 금융위원회의 허가 없이 실질적으로 보증보험업을 경영하는 경우에는 구 「보험업법」 제4조 제1항에 위배된다고

106) 대법원 1998. 10. 27. 선고 98다27784 판결.

107) 한국은행 은행감독원(1993), 122~123면.

108) 대법원도 "보증보험은 피보험자와 특정 법률관계가 있는 보험계약자(주계약상의 채무자)의 채무불이행으로 피보험자(주계약상의 채권자)가 입게 될 손해의 전보를 보험자가 인수하는 것을 내용으로 하는 손해보험으로서, 형식적으로는 채무자의 채무불이행을 보험사고로 하는 보험계약이나 실질적으로는 보증의 성격을 가지고 보증계약과 같은 효과를 목적으로 하는 것이므로, 보증보험계약은 주계약 등의 법률관계를 전제로 하여 보험계약자가 주계약 등에 따른 채무를 이행하지 아니함으로써 피보험자가 입게 되는 손해를 보험약관이 정하는 바에 따라 그리고 보험계약금액의 범위 내에서 보상하는 것이다."라고 하고 있다(대법원 2014. 9. 4. 선고 2012다67559 판결).

보는 것이 타당하다."고 하였다.[109)]

3. 상호부금 업무

상호부금(相互賦金) **업무**도 은행의 부수 업무이다(법 제27조의2 제2항 제1호). 「은행법」은 상호부금의 정의를 하지 않고 있으나, 상호부금 업무를 취급하는 상호저축은행에 대해서 규정하고 있는 「상호저축은행법」이 상호부금의 정의를 하고 있어 이를 참고할 수 있다. 즉 「상호저축은행법」은 '신용부금업무'라고 하면서, 이를 "일정한 기간을 정하고 부금(賦金)을 납입하게 하여 그 기간 중에 또는 만료 시에 부금자에게 일정한 금전을 지급할 것을 약정하여 행하는 부금의 수입과 급부금의 지급 업무"라고 하고 있다(법 제2조 제3호).

따라서 은행의 상호부금 업무는 예금과 대출이 결합된 금융상품[110)]을 취급하는 업무라고 할 수 있다. 예금과 대출 상품이라는 점에서 보면 은행의 고유 업무로 볼 여지도 있으나, 「은행법」은 이를 부수 업무로 규정하고 있다.

4. 영업채권매입업(factoring)

(1) 의의

은행의 부수 업무로서 **팩토링**(factoring) **업무**는 "기업의 판매대금 채권의 매수·회수 및 이와 관련된 업무"를 말한다(법 제27조의2 제2항 제3호). 「상법」은 이를 '**[영업]채권매입업**'이라고 규정하고 있다(제168조의11). 「은행법」도 「상법」의 용어에 따라 '영업채권매입업무'라고 해도 무방할 것이다. 「상법」은 '영업채권매입업자'를 "타인이 물건·유가증권의 판매, 용역의 제공 등에 의하여 취득하였거나 취득할 영업상의 채권(즉, 영업채권)을 매입하여 회수하는 것을 영업으로 하는 자"라고 정의하고 있다(제168조의11). 즉 **은행은 영업채권매입업자**(factor)로서 은행의 거래처인 물건 판매 기업이 갖고 있는 외상매출채권을 할인해서 양수하고, 그 채권을 관리하여 만기에 그 외상매출채권의 채무자로부터 채권을 변제받아 판매 기업에게 지급해주는 업무를 영위하게 된다. 은행은 채권을 할인한 금액만큼 수익을 올리게 된다. 예를 들어, 기업이 100만 원의 영업채권을 10% 할인해서 영업채권매입업자인 은행에게 매각하면 기업은 90만 원의 현금을 확보할 수 있고, 은행은 만기에 100만 원을 회수함으로써 10만 원의 수익을 얻을 수 있게 된다.

(2) 상환청구권이 있는 영업채권매입 거래

영업채권매입 거래는 영업채권매입업자가 만기에 영업채권의 채무자로부터 채권 회수를

109) 대법원 2013. 4. 26. 선고 2011도13558 판결.
110) 한국은행(2018), 224면 각주 55).

하지 못했을 때 해당 영업채권을 매각한 기업에게 상환청구(recourse)를 할 수 있는지 여부에 따라, **상환청구권이 있는**(with recourse) **영업채권매입 거래**와 **상환청구권이 없는**(without recourse) **영업채권매입 거래**로 나누어진다. 상환청구권이 있는 거래를 부진정(不眞正) 영업채권매입 거래라 하고, 상환청구권이 없는 거래를 진정(眞正) 영업채권매입 거래라고 하기도 한다. **우리나라의 경우는 상환 청구권이 있는 부진정 영업채권매입 거래가 통상적**이라는 점을 고려하여, 「상법」은 영업채권매입계약에서 다르게 정하지 않는 한 영업채권매입업자는 상환청구권을 갖는다고 규정하고 있다(제168조의12). 즉 "영업채권의 채무자가 그 채무를 이행하지 아니하는 경우 채권매입업자는 채권매입계약의 채무자에게 그 영업채권액의 상환을 청구할 수 있다. 다만, 채권매입계약에서 다르게 정한 경우에는 그러하지 아니하다"라고 하고 있다(「상법」 제168조의12). 여기서 "채권매입계약의 채무자"는 영업채권을 영업채권매입업자에게 매각한 자를 말한다.

(3) 신용카드채권을 양수하여 팩토링을 할 수 있는지 여부

금융당국은 은행이 신용카드업을 겸영 업무로 영위하고 있는 경우에는 신용카드가맹점인 기업의 신용카드채권을 양수하여 팩토링을 할 수 있다고 보고 있는데, 이는 신용카드 매출채권은 기업의 판매대금 채권으로 볼 수 있고, 「여신전문금융업법」 제20조가 신용카드업자 외의 자에게는 신용카드 매출채권 양도 등을 금지하고 있어서, 은행이 신용카드업을 겸영 업무로 영위하고 있는 경우에는 신용카드 매출채권을 양수받는 것이 가능하고, 따라서 신용카드매출채권을 매입하는 업무는 팩토링 업무에 해당되는 것으로 판단되기 때문이다.[111)]

5. 보호예수 업무

보호예수(保護預受, custody) **업무**도 은행의 부수 업무의 하나이다(법 제27조의2 제2항 제4호). 보호예수 업무란 "공사채·주식·어음 등 유가증권이나 예금증서나 차용증 등과 같은 중요 증서, 화폐·귀금속·보석 같은 귀중품을 [은행]에서 맡아서 보관하고, 그 증거로 증서를 발급한 다음, 이 예수품을 예수증서와 상환으로 반환하는 업무"를 말한다.[112)] 보호예수는 말 그대로 맡긴 물건 등을 잘 보호하고 관리하는 업무이므로 임치계약(任置契約)(「민법」 제693조)[113)]의 성격을 갖고 있다고 할 수 있기 때문에 「민법」이 규정하고 있는 임치에 관한 조항(제693조 내지 제701조)이 적용될 것이다. 보호예수에는 개봉보호예수와 봉함보호예수의 두 종류가 있다.[114)]

금융당국은 자본시장법 시행령(제188조 제2항 제1호 나목, 제3호) 및 「금융투자업규정」(제

111) 금융위원회 법령해석포탈(2016. 11. 29), <https://better.fsc.go.kr/fsc_new/replyCase/LawreqDetail.do>.

112) 한국금융연수원(1997), 535면.

113) 제693조(임치의 의의) 임치는 당사자 일방이 상대방에 대하여 금전이나 유가증권 기타 물건의 보관을 위탁하고 상대방이 이를 승낙함으로써 효력이 생긴다.

114) 한국금융연수원(1997), 536면.

6-22조 제1항)에서 정한 '상임대리인'의 업무("증권 결제, 보관, 투자등록, 외국환신고 대행, 환전, 송금, 현금관리, 배당금 지급, 세금 납부, 서류의 영수 및 전달, 의결권 대리 행사, 공시처리 및 통지" 등 증권의 보관 및 이에 밀접히 관련되는 업무)는 보호예수 업무에 해당하는 것으로 보고 있다.[115]

6. 수납 및 지급 대행 업무

은행은 부수 업무로서 수납 및 지급 대행 업무를 영위할 수 있다(법 제27조의2 제2항 제5호). **수납 및 지급 대행 업무**로서 대표적인 것은 국고금의 수납 및 지급 대행 업무이다. 「국고금관리법」에 의하면, 한국은행 및 금고은행[116]은 국고금 출납의 사무를 취급하여야 하고, 금융기관으로 하여금 한국은행 및 금고은행을 "대리하여" 국고금 출납의 사무를 취급할 수 있도록 할 수 있는데(제36조 제1항, 제2항), 은행은 한국은행과 체결된 위임계약에 따라 국고금 대리점으로서 수납 및 지급 대행 업무를 수행할 수 있다. 여기서 "대행" 업무라는 것은 "대리" 업무라고 할 수 있다.

한편 은행이 리스자산 및 대출자산을 양수한 양수인을 대신하여 리스료, 대출원리금, 연체이자, 손실보상금, 리스자산에 관련된 보험금 등의 수납 대행 및 리스자산에 관련된 보험료의 납부 대행 업무도 수납 및 지급 대행 업무의 하나로 볼 수 있다.[117] 또한 금융당국은 은행이 환급창구운영사업자와의 지급 대행 계약을 통해 환급세액(還給稅額) 지급 업무를 위탁받아 수행하는 것은 수납 및 지급 대행 업무에 해당되는 것으로 보고 있다.[118]

7. 지방자치단체의 금고 대행 업무

지방자치단체의 금고 대행 업무도 은행의 부수 업무의 하나이다(법 제27조의2 제2항 제6호). 2016년 5월 제정된 「지방회계법」에 의하면,[119] 지방자치단체는 지방세 기타 세입의 수납 업무를 지방자치단체가 설치한 금고에 위탁할 수 있고(제22조), 지방자치단체의 장은 소관 현금과 그의 소유 또는 보관에 속하는 유가증권의 출납 및 보관과 그 밖의 금고 업무를 취급하게 하기 위하여 은행을 금고로 지정하도록 하고 있는데(제38조 제1항), 이에 따라 은행은 지방자치단체의 금고 대행 업무를 수행할 수 있다. 통상 지방자치단체의 금고 설치 방식은 지방자치단체 명의의 예금 계정을 개설하는 방법으로 하게 되는데,[120] 「지방회계법」은 지방자치단체

115) 금융위원회, 법령해석 요청서.
116) 금고은행은 "중앙관서의 장이 「정부기업예산법」 제3조에 따른 특별회계 또는 기금의 출납사무를 대통령령으로 정하는 금융회사 등에 취급하게 한 경우에는 그 기관을 말한다"(「국고금관리법」 제12조 제1항).
117) 한국은행 은행감독원, "은행의 업무범위와 관련 질의에 대한 회신," 1997. 12. 8.
118) 금융위원회, 법령해석 요청서.
119) 「지방회계법」이 제정되기 전에는 「지방재정법」이 지방자치단체의 금고 업무에 대하여 규정하고 있었다.
120) 한국금융연수원(1997), 557~558면.

의 장은 계좌 입금이나 카드 사용이 불가능한 경우 등 아주 예외적인 몇 가지 경우를 제외하고는 지방자치단체의 자금을 현금으로 보관하거나 지급할 수 없도록 하고 있다(제43조).

8. 전자상거래와 관련한 지급 대행 업무

은행은 부수 업무로서 전자상거래와 관련한 지급 대행 업무를 영위할 수 있다(법 제27조의2 제2항 제7호). 이 업무는 은행에 이미 허용되어 있는 "수납 및 지급 대행 업무"의 일종이며, 은행이 영위하는 지급결제 업무와 밀접한 연관이 있는 업무이어서 허용된 것이라고 할 수 있다.[121] "대행" 업무이므로 전자상거래의 거래처를 대리해서 지급 업무를 수행하게 될 것이다.

9. 은행업과 관련된 전산시스템 및 소프트웨어의 판매 및 대여 업무

은행은 부수 업무로서 "은행업과 관련된 전산시스템 및 소프트웨어의 판매 및 대여" 업무를 영위할 수 있다(법 제27조의2 제2항 제8호). 판매 또는 대여 업무의 범위에 대해서는 다음과 같은 쟁점이 제기될 수 있다. 예를 들어, 당해 은행이 은행 업무 영위 과정에서 개발하여 소유한 전산시스템이나 소프트웨어를 다른 은행 등 제3자에게 판매 또는 대여하는 것만을 의미하는 것인지, 아니면 은행이 다른 제3자가 개발한 전산시스템이나 소프트웨어를 불특정 다수에게 판매 내지 대여하는 것도 포함되는지가 문제될 수 있다. 전자가 포함되는 것은 의문의 여지가 없으나, 후자의 경우에는 그 범위에 포함되는지 여부에 논란이 제기될 수 있다. 다만 당해 은행이 전산시스템이나 소프트웨어를 직접 개발하지는 않았더라도 당해 은행이 판매권을 보유하고 고객과 은행 업무 처리를 효율적으로 수행하기 위하여 관련 전산시스템이나 소프트웨어를 판매 내지 대여하는 것은 그 범위에 포함될 수 있을 것으로 본다.

관련하여 금융당국은 "은행이 내부 전산시스템(인공지능 기술 기반 시장 예측 및 자산 배분, 펀드상품 평가 시스템)을 외부에 사용하도록 제공하고 그 대가로 수수료를 수취하는 업무"는 그러한 내부 전산시스템이 은행 "고유업무(예·적금의 수입, 자금의 대출 등) 수행에 특화된 문서 자동 분류 및 판독 시스템"은 아니어서 '은행업과 관련된 전산시스템 및 소프트웨어 판매 및 대여'에 해당한다고 보지는 않고 있으나, 이러한 업무는 "비대면 금융상품 가입 및 관련 서류 심사 등 은행의 효율적 업무 수행에 기여하는 업무"이므로 별도의 은행의 부수 업무에 해당하는 것으로 보아 사전 신고를 하면 부수 업무로서 영위할 수 있다고 하고 있다.[122]

121) 재정경제부(2003), 3면.
122) 금융위원회 법령해석포탈(2022. 1. 6), <https://better.fsc.go.kr/fsc_new/replyCase/LawreqDetail.do>.

10. 금융 관련 연수, 도서 및 간행물 출판 업무

"금융 관련 연수, 도서 및 간행물 출판" 업무도 명시적으로 규정하고 있는 부수 업무의 하나이다(법 제27조 제2항 제9호). 은행이 영업을 하다보면 금융 관련 서적의 발간 및 배포를 할 필요가 있을 수 있다는 점에서 부수 업무의 하나로 인정하고 있다고 할 수 있다. 금융당국은 금융 관련 교육 콘텐츠(영상, 교육 자료 등)를 제작하여 대면 및 비대면으로 연수를 진행하는 것뿐만 아니라 판매하는 것도 '금융 관련 연수'에 해당한다고 보고 있다.[123)]

11. 금융 관련 조사 및 연구 업무

"금융 관련 조사 및 연구" 업무도 명시적으로 규정하고 있는 부수 업무의 하나이다(법 제27조 제2항 제10호). 은행업을 영위하려면 경제나 금융 현상을 분석하고 이에 대응한 준비를 할 필요가 있다는 점에서 조사 및 연구 업무의 필요성을 인정할 수 있다.

12. 부동산의 임대 업무

(1) 의의

「은행법」은 시행령에서 은행의 부수 업무를 규정할 수 있도록 위임하고 있는데(법 제27조의2 제1항 제11호), 부동산의 임대 업무는 「은행법 시행령」이 정하는 부수 업무 중의 하나이다(시행령 제18조 제1항 제1호). 부동산 임대 업무는 은행이 보유하는 물적 자원을 이용한 부수 업무라고 할 수 있다.

(2) 임대 대상 부동산의 범위

1) 의의

임대 대상이 되는 부동산은 업무용 부동산뿐만 아니라 비업무용 부동산도 해당된다. 즉 「은행법 시행령」은 "… 업무용 부동산이 아닌 경우에는 「은행법」 제39조에 따라 처분하여야 하는 날까지의 임대로 한정한다"라고 규정하고 있기 때문에 비업무용 부동산도 임대 대상 부동산의 범위에 포함된다고 할 수 있다.

2) 업무용 부동산의 범위

「은행법」은 소유할 수 있는 업무용 부동산의 범위를 제한하고 있는데(제38조 제2호), 그 범위는 "① 영업소, 사무소 등 영업시설, ② 연수시설, ③ 복리후생시설, ④ ①부터 ③의 시설 용도로 사용할 토지·건물 및 그 부대시설"로 한정하고 있어서(시행령 제21조의2 제4항), 이러한 업무용 부동산만 임대할 수 있다. 예를 들어, 지점 건물 중 사용하지 않은 부분은 임대할 수

---

123) 금융위원회, 법령해석 회신문(200286).

있으며, 연수시설로서 연수원 및 복리후생시설로서 체육관이나 휴양소 등의 시설도 임대가 가능할 것이다. 그리고 금융당국은 "영업점 내 주차장 부지 또는 주차장 건물은 영업시설의 부대시설로서 업무용 부동산에 해당하는 것"으로 보고 있으며, 따라서 주차장 부지나 건물을 임대하는 것은 「은행법」 제27조의2 및 시행령 제18조 제1항 제1호에 따라 별도의 부수 업무 신고가 필요 없으나, 은행이 영업점 내 주차장용 건물을 활용하여 주차장업을 직접 영위하고자 하려면 별도의 부수 업무 신고를 해야 한다고 보고 있다.[124)]

3) 비업무용 부동산의 범위

은행은 비업무용 부동산은 원칙적으로 소유할 수 없는데, 저당권 등 담보권의 실행으로 취득한 부동산은 예외적으로 소유할 수 있다(법 제38조 제2호). 이러한 비업무용 부동산은 "[은행]법의 규정에 부합되지 아니하는 날"로부터 3년 이내에 처분하도록 되어 있어(법 제39조, 「은행업감독규정」 제58조 제1항), 처분되는 날까지 임대할 수 있게 된다. 여기서 "[은행]법의 규정에 부합되지 아니하는 날"이 언제인지가 명확하지 않은 점이 있는데, 그 이유는 저당권 등 담보권의 실행으로 취득한 부동산은 소유할 수 있도록 허용하고 있어서(법 제38조 제2호), 「은행법」의 규정에 부합되지 않는 것은 아니기 때문이다. 그럼에도 불구하고 해석상 비업무용 부동산을 '취득한 때'가 "법의 규정에 부합되지 아니하는 날"로 보는 것이 합리적일 것이다. 취득한 때로부터 3년 이내로 개정해야 할 것이다.

(3) 임차 부동산의 재임대 여부

은행이 임차한 부동산을 재임대하는 것도 부동산 임대 업무에 포함되느냐에 대해 의문이 있을 수 있는데, 「은행법」이 명시적으로 금지하고 있지 않은 점 및 「은행법」이 단지 "부동산의 임대 업무"라고 규정하고 있는 점에 비추어 임차한 부동산을 임대하는 것을 금지할 이유는 없다고 본다. 따라서 은행이 지점 건물을 임차하여 사용하면서 사용 면적의 일부분을 임대하는 것은 가능하다고 보아야 할 것이다.

13. 수입인지, 복권, 상품권 등의 판매 대행 업무

은행은 "수입인지, 복권, 상품권 등의 판매 대행" 업무를 부수 업무로서 영위할 수 있다(시행령 제18조 제1항 제2호). "대행"이라는 의미는 여전히 '대신 판매하는 행위'라고 이해할 수 있으며, 타인의 명의와 계산으로 판매 행위를 하는 것으로 해석할 수 있다. '모바일 기프티콘'이 '상품권' 에 포함되는지 여부와 관련하여, 금융당국은 상품권이란 "그 명칭이나 형태와 상관없이 이를 제시 또는 교부하는 등의 방법으로 그 권면에 기재된 금액·물품 또는 용역에 상응하는 물품 또는 용역을 제공받을 수 있는 유가증권"을 말하기 때문에 상품권에 해당할 가능성

124) 금융위원회 법령해석포탈(2015. 8. 28), <https://better.fsc.go.kr/fsc_new/replyCase/LawreqDetail.do>.

이 크다고 보고 있으며, 이 경우 모바일 기프티콘의 판매 대행은 「은행법」 제27조의2 및 시행령 제18조 제1항 제2호에 따라 은행이 신고 없이 할 수 있는 부수 업무에 해당한다고 보고 있다.[125)]

14. 광고 대행 업무

은행은 "은행의 인터넷 홈페이지, 서적, 간행물 및 전산 설비 등 물적 설비를 활용한 광고 대행" 업무를 부수 업무로서 영위할 수 있다(시행령 제18조 제1항 제3호). 은행이 갖고 있는 물적 설비를 활용한 부수 업무의 사례라고 할 수 있다.

금융당국은 "업무용 부동산의 옥외 전광판을 통한 광고 대행은 「은행법」 제27조의2 제2항 제11호 및 시행령 제18조 제1항 제3호에 따라 신고 없이 운영할 수 있는 은행의 부수 업무에 해당하지 않는다"고 보고 있는데, 그 이유는 "옥외전광판은 「은행법」 제38조 제2호 및 시행령 제21조의2 제4항 제4호의 '부대시설'에 해당하여 업무용 부동산으로 볼 수 있으며, 이는 은행의 광고대행업 영위 가능 범위는 서적, 간행물 외 인터넷 홈페이지 및 전산 설비 등 물적 설비의 활용에 한정되기 때문이라고 하고 있고, 다만 옥외광고사업자에게 은행 소유 부동산의 옥외전광판을 임대하는 행위는 「은행법」 제27조의2 제2항 제11호 및 시행령 제18조 제1항 제1호에 따른 업무용 부동산의 임대에 해당하여 신고 없이 운영 가능한 부수 업무에 해당한다고 보고 있다.[126)]

15. 금지금의 매매·대여 등의 업무

(1) 의의

은행은 부수 업무로서 "지금형 주화(금화·은화 및 금화·은화 모양 메달)·금지금·은지금의 판매 대행, 금지금 매매·대여, 금 관련 금융상품의 개발 및 판매" 업무를 영위할 수 있다(「은행업감독규정」 제25조 제2항 제1호). 이 업무는 「은행법 시행령」이 금융감독당국에 위임하고 있는 근거 규정(제18조 제1항 제4호)에 의해서 규정된 업무이다. 앞서 본 금적립계좌 및 은적립계좌 상품은 파생결합증권의 발행 업무로 보아 겸영 업무로 규정하는 것에 비해서, 금지금 등의 판매 대행 업무 등은 부수 업무로 규정하고 있다.

(2) 금지금의 의미

'금지금'(金地金)은 "화폐를 발행하는 바탕이 되는 금"을 뜻하며(표준국어대사전), 과세 목적으로 규정하고 있는 「조세특례제한법」은 '금지금'을 "금괴(덩어리)·골드바 등 원재료 상태로서

---

125) 금융위원회 법령해석포탈(2017. 7. 21), <https://better.fsc.go.kr/fsc_new/replyCase/LawreqDetail.do>.
126) 금융위원회 법령해석포탈(2020. 8. 11), <https://better.fsc.go.kr/fsc_new/replyCase/LawreqDetail.do>.

순도가 1000분의 995 이상인 금"이라고 하고 있다(제106조의3 제1항, 시행령 제106조의3 제1항). 은지금도 같은 의미로 이해할 수 있다.

(3) 판매 대행 업무 등

"판매 대행 업무"는 앞서 본 것처럼 타인의 명의와 계산으로 판매를 하는 것이라고 할 수 있으며, "금지금의 매매 업무"는 은행의 계산으로 금지금을 매매하는 업무를 말하고, "금지금 대여 업무"는 "기업과 일정 기간 약정하여 일정 수수료를 받는 조건으로 금지금을 대여한 후 만기일에 금지금 또는 원화로 회수하는 업무"를 말한다.[127] 그런데 은지금의 판매 대행 업무는 가능하지만, 은지금의 매매 및 대여 업무는 아직 허용되어 있지 않다. 그리고 "금 관련 금융상품"의 개발 및 판매 업무라고 규정하고 있어서 금융감독당국의 해석에 따라 추가적인 금 관련 금융상품도 개발 및 판매가 가능할 것이다.

16. 전자세금계산서 교부 대행 및 인증 등 관련 서비스 업무

은행의 부수 업무로서 "전자세금계산서 교부 대행 및 인증 등 관련 서비스" 업무가 있다(「은행업감독규정」 제25조 제2항 제2호). 이러한 전자세금계산서 발급과 인증서를 통한 거래 당사자를 확인하는 업무는 은행의 전자결제 및 인터넷뱅킹 업무 등과 밀접하게 관련된 업무이어서 은행이 영위하는 것이 바람직하다는 점에서 부수 업무로 명시한 것이다.[128]

Ⅲ. 사전 신고에 의한 부수 업무

1. 서설

은행은 위에서 본 은행법령이 정하고 있는 부수 업무 이외에 추가로 금융감독당국에 사전 신고를 하여 "은행 업무에 부수한 업무"를 영위할 수 있다(법 제27조의2 제2항). 이 경우 부수 업무 영위 예정일의 7일 전까지 업무 계획 등에 관한 서류를 금융감독당국에 제출하여야 하는데, 그러한 서류는 "업무계획서, 손익예상서, 정관, 부수 업무 운영을 결의한 이사회 의사록 사본 등"을 말한다(법 제27조의2 제2항). 신고한 부수 업무는 신고일로부터 7일 이내에 "은행의 명칭, 부수업무의 신고일, 부수업무의 개시 예정일, 부수업무의 내용"을 금융감독당국의 인터넷 홈페이지 등에 공고하도록 하여(시행령 제18조 제3항) 다른 은행도 알 수 있도록 하고 있다.

---

127) 재정경제부(2003), 6면.
128) 재정경제부(2003), 3면.

2. 금융감독당국의 업무 제한 또는 시정 명령

금융감독당국은 신고한 부수 업무에 대하여 일정한 사항에 해당하는 경우 업무 제한이나 시정 명령을 내릴 수 있으며(법 제27조의2 제3항), 이러한 경우에는 그 내용과 사유를 인터넷홈페이지 등을 통해 공고하도록 하고 있다(시행령 제18조 제4항). 이것은 앞서 본 겸영 업무의 경우와 같다. 즉 "① 영위하려고 하는 부수 업무가 은행의 경영 건전성을 해치거나, ② 예금자 등 은행 이용자의 보호에 지장을 가져오거나, ③ 금융시장 등의 안정성을 해칠 우려가 있는 경우"가 그 기준이 된다(법 제27조의2 제3항). 판단 기준이 추상적이어서 금융감독당국의 판단에 따라 부수 업무 해당 여부가 결정된다. 따라서 신청하는 은행은 영위하고자 하는 부수 업무가 위의 3가지 사유에 해당하지 않는다는 것을 입증할 수 있어야 할 것이다. 결국 은행법령이 명시적으로 규정하는 부수 업무 이외에 은행이 추가적인 부수 업무를 영위하는 것은 금융감독당국의 판단에 달려 있다고 할 수 있으며, 앞서 논의한 것처럼, 금융감독당국의 적극적 해석이 필요하다고 할 수 있다.

3. 신고한 부수 업무는 모든 은행이 영위 가능

그런데 어느 한 은행이 이러한 신고로써 인정된 부수 업무를 다른 은행이 별도의 신고 절차 없이 부수 업무로 영위할 수 있는가? 이러한 문제는 「은행업감독규정」이 2014년 11월 16일 개정되면서 해결되었다. 즉 어느 한 은행이 신고를 하고 금융위원회가 공고한 업무도 「은행법 시행령」이 규정한 부수 업무(즉 금융위원회가 정하여 고시한 업무)의 하나로 추가하면서(시행령 제18조 제1항 제4호, 「은행업감독규정」 제25조 제2항 제3호) 어느 한 은행이 신고한 부수 업무를 다른 은행도 별도의 신고 절차 없이 영위할 수 있다. 그런데 이렇게 신고 절차를 통하여 인정된 부수 업무를 은행법령이 규정한 부수 업무의 하나로 분류하는 체계는 부수 업무 구분 체계에 혼란을 줄 수 있으므로 이러한 방법보다는 신고를 통한 부수 업무는 다른 은행도 별도의 신고 절차 없이 영위할 수 있다는 규정을 두어 은행법령이 규정한 부수 업무와 신고를 통한 부수 업무로 명확하게 구분하는 것이 보다 적절한 규정 방법이라고 본다.

4. 신고하여 인정된 부수 업무

2022년 9월 1일 기준으로 사전 신고에 의하여 인정된 은행의 부수 업무는 다음과 같다.[129]

① 다른 회사 결제수단의 가맹점 접수 및 관리업무에 대한 업무 대행

---

129) 금융위원회 공고 제2022-315호(은행 부수업무 신고 사실 공고(우리은행)).

② 『은행 캐릭터』 저작권 라이선싱
③ 국내 거주자의 해외 본·지점에 대한 예금거래 중개
④ 본점에 대한 기업의 공시·공개정보 제공
⑤ 주택도시보증공사(舊 대한주택보증) 개인 대상 보증상품 판매대행: 정비사업자금대출보증, 리모델링자금보증(조합원이주비, 부담금, 사업비 보증), 주택구입자금보증, 주택임차자금보증, 전세보증금반환보증, 전세금안심대출보증, 전세자금대출특약보증
⑥ 브랜드사용료 부과
⑦ 은행고객 대상 다른 회사 부가서비스 제공을 위한 서류접수 대행
⑧ 예금담보위탁형 P2P전용대출 판매 및 관리업무: 부수업무를 영위함에 있어 P2P플랫폼 제공자의 부도, 압류 등으로부터 이용자(투자자 및 대출자 포함)를 보호할 수 있는 수단을 마련하여 운영할 필요
⑨ 메신저 서비스 업무
⑩ 계열사의 비대면채널 이용 고객을 위한 본인인증 업무 대행
⑪ 해외 계열사에 대한 여신심사 및 승인, 여신사후관리, 여신포트폴리오관리, 시장·유동성위험관리, 특별자산관리 업무 대행
⑫ 신용보증기금 및 기술보증기금의 장기 보증이용기업에 대한 보증심사 등 업무 대행: 보증상담 및 접수, 보증에 필요한 각종 정보 및 자료 수집, 보증 신청기업에 대한 신용조사, 보증심사 및 보증승인(조건변경, 기보증회수보증, 증액보증), 보증약정 체결 및 보증서 발급, 보증료 등 제수입금 수납, 보증해지, 보증기업 사후관리, 보증 사고(부실)관리, 상기 업무 수행에 필요한 부수 업무
⑬ P2P대출 원리금수취권 매입형 관련 대출원장관리 등 대행업무: P2P업체로부터 대출원장, 대부계약조건 및 대부계약서사본 등을 송부받아 이를 보관·관리, P2P업체의 업무중단 시 차입자의 원리금 상환 및 투자자의 투자금 정산 대행업무
⑭ 계열사 교차고객 대상 메시지 발송 업무 대행
⑮ 계열사 공동패키지 상품 광고 대행
⑯ 기업고객 대상 정책자금 추천 플랫폼 제공: 정책자금 조회, 추천, 컨설팅 신청, 거래처 신용정보 조회 등
⑰ 금융지주회사와 원격사무환경시스템 공동사용
⑱ 빅데이터를 활용한 자문 및 데이터셋 판매
⑲ 해외 본·지점의 글로벌 커스터디(Global Custody) 업무, 상품(대차 업무 및 담보관리) 관련 고객관리 및 지원업무: 한국의 (잠재)고객에게 소개 및 후속 마케팅 논의 사안 등 본·지점의 판촉활동 관련 지원, 고객알기제도(KYC) 등 온보딩(on-boarding) 절차 및 각종 대고객 서비스지원 업무
⑳ 외부기관 대상 인증 및 전자서명 업무 대행

㉑ 주택도시보증공사 기업 대상 보증상품 판매대행: 임대보증금 보증
㉒ 비대면 채널을 통한 메시지 발송업무 대행: 은행 App 이용고객 대상 「전자문서 및 전자거래 기본법」에 따른 공인전자문서중계 등 업무
㉓ 바이오정보를 활용한 본인인증 대행
㉔ 마이데이터 소프트웨어 판매: 마이데이터 서비스를 위해 구축한 소프트웨어 프로그램 및 DB자료를 다른 마이데이터 사업자 및 사업예정자에게 판매
㉕ 공급망 관리 플랫폼 서비스: 기업고객에게 물품 구매, 계약, 발주 등 공급망 관리서비스와 은행 인터넷뱅킹 연계 등 금융서비스, 경영지원서비스 제공

제5절

은행의 보험대리업 규제[130)]

Ⅰ. 서설

앞서 간단히 살펴본 것처럼, 은행은 겸영 업무로서 보험대리업을 영위할 수 있다. 보험회사가 보험상품을 판매할 수 있는 판매망은 여러 경로가 있는데, 보험회사가 임직원을 통해서 직접 판매하는 방식도 있지만, 보험설계사나 보험중개사 또는 보험대리점 등의 별도 판매망을 통해 보험상품을 판매할 수도 있다(「보험업법」 제83조). 이 중 보험대리점 판매망은 일반 보험대리점도 있지만 은행 등 금융기관 보험대리점도 있다. 금융기관이라는 공신력과 넓은 점포망을 통해서 보험상품을 판매하게 되면, 보험회사가 사업비를 절감하게 되고 그만큼 비용 효율화를 통해 보험료율도 인하하게 되어 보험소비자도 이에 따른 편익을 누릴 수 있을 뿐만 아니라 금융기관도 수수료 수입을 올릴 수 있어 서로 혜택을 볼 수 있는 장점이 있다. 그래서 프랑스, 독일, 영국, 미국, 일본 등 대부분의 국가도 금융기관의 보험상품 판매 대리업을 허용하고 있다.

우리나라도 2003년 8월부터 은행, 증권회사, 상호저축은행 등 금융기관에게 일부 종목의 보험상품 판매를 허용하는 것을 시작으로 해서 단계별로 판매 보험상품의 종목이 확대되었으나, 2008년 4월 시행될 예정이었던 마지막 4단계(종신보험 등 일반 개인보장성보험 및 자동차보험 종목 허용)는 논란 끝에 철회된 바 있다. 보험업권과 은행권 등 금융기관 사이에 서로 이해관계가 대립되다 보니 정치권이 개입되면서 시행되지 못한 면이 있다.[131)]

한편 금융기관이 보험상품을 판매하기 때문에 이에 따른 불공정 판매가 일어날 수 있다는

130) 이 절의 내용은 고동원(2019)을 수정·보완한 것이다.
131) 보험업권의 반대가 크고 보험설계사의 실적 등을 우려하여 2008년 국회 재정경제위원회의 논의 과정에서 4단계 시행이 철회되었다(이성남(2017), 132면).

점을 고려하여 보험업법령은 불완전 판매를 방지하기 위한 여러 규제 장치를 두고 있다. 또한 금융기관 보험대리점의 영업 행위에 대한 규제도 있다. 예를 들어, 은행 등 금융기관 보험대리점이 판매할 수 있는 1개 보험회사의 보험상품 비중을 25%로 제한하는 규제, 점포별 보험 모집인 수(數)를 2인 이하로 하는 규제, 전화나 우편 또는 인터넷을 통한 직접 보험 모집을 금지하는 규제 등도 두고 있는데, 보험산업과 보험시장의 성장이라는 측면에서 이러한 규제가 필요한 것인지에 대한 논란이 제기된다. 이하에서는 은행의 보험대리업에 관련된 쟁점을 더 자세히 살펴보기로 한다.

Ⅱ. 규제 현황

1. 서설

은행이 보험대리점 업무를 영위하려면 은행의 설립 근거법인 「은행법」에 법적 근거를 두어야 한다. 은행의 업무 범위는 금융규제법 영역에서 중요한 규제 사항 중의 하나이므로 기본적으로 「은행법」에 근거가 없으면 은행은 영리를 목적으로 하는 사업을 할 수 없기 때문이다. 또한 보험대리점 업무는 보험상품의 판매와 관련되는 업무이므로 이를 규제하는 「보험업법」이 적용된다. 「보험업법」에 은행이 보험대리점 업무를 영위하는 것에 대한 법적 근거가 있어야 하고, 보험대리점 업무 영위에 대한 「보험업법」의 여러 규제 내용이 적용된다. 또한 금융소비자법은 보험상품을 포함하는 금융상품의 판매 대리나 중개의 영업 행위에 대해서도 설명 의무, 적합성 원칙, 적정성 원칙 등 여러 영업행위 규칙을 적용하고 있으므로 이러한 내용도 살펴볼 필요가 있다. 이에 관한 내용은 제9장 영업행위 규제에서 자세히 논의하고 있다. 이하에서는 「보험업법」이 규정하고 있는 은행의 보험대리업에 관련된 규제 내용을 중심으로 해서 논의하기로 한다. 먼저 보험대리점의 법적 지위에 대해 알아본다.

2. 보험대리점의 법적 지위

「보험업법」이 규정하고 있는 보험대리점은 「상법」에 따른 독립된 상인인 대리상(代理商)(제87조)에 해당하고, 이 중 보험대리상(제646조의2)에 해당한다. 「상법」은 대리상을 "거래의 대리를 영업으로 하는 자"인 체약(締約)대리상과 "거래의 중개를 영업으로 하는 자"인 중개대리상으로 나누고 있어서(제87조), 보험대리상도 **체약보험대리상**과 **중개보험대리상**으로 나눌 수 있다. 여기서 중개보험대리상이라 함은 특정한 보험회사를 위해서 보험계약 체결의 중개를 영업으로 하는 자를 말한다. 이런 점에서 다수의 불특정 보험회사를 대상으로 보험계약 체결의 중개를 영업으로 하는 '**보험중개사**'와 구별할 필요가 있다. 「상법」에 따르면, '중개인'은 "타인 간의 상행위의 중개를 영업으로 하는 자"(제93조)를 말하는데, 이는 다수의 불특정인을 대상으로 계약 체결의 중개를 하는 자를 의미하므로, 보험중개사는 중개대리상이 아니고 중개인에 해당한다.

그런데 「보험업법」은 **보험대리점을 "보험회사를 위하여 보험계약의 체결을 대리하는 자"**라고 하고 있어서(제2조 제10호), 중개 권한은 인정하지 않고 있다. 즉 「보험업법」에 따르면, 보험대리점은 「상법」에 따른 체약보험대리상에 해당한다. 그러면 보험대리점은 체약보험대리상만 있게 되는 것인가? 이에 대해서는 견해가 나누어질 수 있다. 우선 「상법」 제87조가 체약대리상과 중개대리상을 인정하고 있고, 「상법」 제646조의2가 보험대리상을 구분하지 않고 있기 때문에[132] 둘 다 인정되어야 한다는 견해가 있을 수 있다.[133] 반면에 「보험업법」이 「상법」에 대한 특별법이라는 점을 고려할 때, 해석상 「보험업법」에 따라 보험대리점은 체약보험대리상만 인정되고, 중개보험대리상은 인정되지 않는다고 볼 여지도 있다.[134] 그런데 후자로 보게 되면 중개보험대리상을 염두에 두고 있는 「상법」 규정과 맞지 않게 되고, 더욱이 중개보험대리상이 대부분인 실무[135]와도 맞지 않는 문제가 있게 된다. 따라서 실무와 「상법」에 맞게 「보험업법」을 개정하여 보험대리점의 정의에 보험계약의 체결을 중개하는 중개보험대리상 규정을 두는 것이 필요할 것이다.

3. 「보험업법」에 따른 규제

(1) 보험대리점의 등록

「보험업법」은 보험상품 판매망의 하나로서 보험대리점을 규정하고 있다. 「보험업법」은 보험대리점을 "보험회사를 위하여 보험계약의 체결을 대리하는 자(법인이 아닌 사단과 재단을 포함한다)로서 일정한 요건을 갖추어 금융위원회에 등록된 자"라고 하고 있다(제2조 제10호). 보험설계사나 보험중개사로 등록된 자는 보험대리점으로 등록하지 못한다(제87조 제2항 제2호). 즉 겸영하지 못하도록 하고 있다.

보험업법령은 금융기관 중 보험대리점으로 등록할 수 있는 금융기관의 범위를 열거하고 있는데, 그러한 금융기관은 일반은행(즉 「은행법」에 따른 은행업 인가를 받은 은행), 자본시장법에 따라 인가를 받은 투자매매업자 또는 투자중개업자(즉 증권회사를 말한다), 상호저축은행, 한국산업은행, 중소기업은행, 신용카드회사, 지역 농업협동조합, 농협은행이다(법 제91조 제1항,

132) 「상법」 제646조의2 제1항은 중개보험대리상과 체약보험대리상을 구별하지 않고 규정한 것이어서 체약대리상과 중개대리상의 구별이 없어졌다고 보는 견해도 있다(장덕조(2016), 92~93면). 반면에 「상법」 제646조의2 해석상 보험대리상은 원칙적으로 체약보험대리상이라는 견해도 있다(한기정(2020), 232면).

133) 보험대리점은 "보험계약의 체결을 중개 또는 대리하는 것을 포함하는 포괄적인 개념으로 이해해야 할 것이다"라는 견해는 김은경(2003), 145면; 같은 내용은 김은경(2004), 21면에도 있다.

134) 이와 같은 견해는 김상규(1993), 5면. 또한 비슷하게 "보험자나 보험대리점이 특정한 보험계약과 관련하여 보험대리점의 법적 지위에 대하여 아무런 표시를 하지 않았다면, 그 보험대리점은 보험체약대리점으로 보아야 한다"는 견해는 한기정(1998), 169면

135) 이러한 설명은 한기정(2019), 387, 389면; 송옥렬(2023), 245면. 그리고 "엄격히 말하면 실무상의 보험대리점은 체약대리상과 중개대리상의 중간 형태"라는 설명도 있다(박세민(2019), 117면).

시행령 제40조 제1항). 은행이 보험대리점 업무를 영위할 수 있는 금융기관의 범위에 명시적으로 포함되어 있는 것을 알 수 있다.

(2) 판매 가능한 보험상품 종목의 범위

「보험업법」은 은행 등 금융기관 보험대리점이 판매할 수 있는 보험상품의 종목에 대한 규제도 하고 있다. 그러한 종목은 "금융기관의 판매의 용이성(容易性), 불공정거래 가능성 등을 고려"하여 시행령으로 정할 수 있도록 하고 있다(제91조 제2항). 이에 따라 은행이 보험대리점으로서 판매할 수 있는 보험상품 종목의 범위도 「보험업법 시행령」에서 정하고 있는데, 2003년 8월 은행에게 보험대리점 업무를 허용한 이후, 보험설계사 등 다른 보험 모집 종사자들에게 미치는 영향을 고려하여 단계적으로 확대되었다.[136]

은행이 판매할 수 있는 보험상품의 범위는 다음과 같다. 생명보험상품의 경우에는 개인저축성보험(개인연금, 일반연금, 교육보험, 생사혼합보험, 그 밖의 개인저축성보험), 신용생명보험,[137] 개인보장성 보험상품 중 제3보험[138](주(主)계약으로 한정하고, 저축성보험 특별약관 및 질병사망 특별약관을 부가한 상품은 제외한다)이 가능하다. 손해보험상품의 경우는 개인연금, 장기저축성보험, 화재보험(주택), 상해보험(단체상해보험상품 제외), 종합보험,[139] 신용손해보험,[140] 개인장기보장성 보험상품 중 제3보험(주(主)계약으로 한정하고, 저축성보험 특별약관 및 질병사망 특별약관을 부가한 상품은 제외한다)이 가능하다(시행령 제40조 제2항, [별표 5]). 종신보험 등 개인보장성보험과 자동차보험 등의 보험상품 판매는 4단계인 2008년 4월에 허용될 예정이었으나, 시행이 철회되어 은행은 이러한 보험상품을 판매할 수 없다. 반면에 신용카드회사 보험대리점은 금융기관 보험대리점이 아닌 보험대리점(즉 일반 보험대리점)이 판매할 수 있는 보험 종목을 판매할 수 있도록 허용하고 있어서 그 범위가 은행보다 넓다(시행령 제40조 제2항 단서).

(3) 모집 방법에 대한 규제

「보험업법」은 금융기관 보험대리점이 보험상품을 판매할 때 발생할 수 있는 불완전 판매

---

136) 2003년 8월 1단계에서 허용된 보험상품은 연금 및 저축성보험과 화재보험 등, 2단계인 2005년 4월에 허용된 보험상품은 환급금이 없는 순수 보장성보험 등, 3단계인 2006년 10월에 허용된 보험상품은 질병보험 및 상해보험 등이었다(정원석·김석영·박정희(2018), 27면).

137) 신용생명보험이란 "금융기관으로부터 대출을 받은 피보험자가 사망하였을 때 미상환액을 보상하는 보험"을 말한다(「보험업감독규정」 제4-13조 제1항).

138) 제3보험은 "질병보험, 상해보험 및 간병보험"을 말한다(「보험업법 시행령」 제1조의2 제4항).

139) 종합보험이란 "개인재물의 화재, 도난, 파손, 폭발 등 재물손해, 신체손해 및 손해배상책임손해를 보상하는 가계성종합보험과 기업의 화재, 기계, 기업휴지, 배상책임위험 중 2개 이상의 위험을 결합한 손해를 보상하는 기업성종합보험"을 말한다(「보험업감독규정」 제4-13조 제2항).

140) 신용손해보험이란 "금융기관으로부터 대출을 받은 피보험자가 상해로 인하여 사망하였을 때 미상환액을 보상하는 보험"을 말한다(「보험업감독규정」 제4-13조 제2항).

를 방지하기 위한 여러 가지 규제 장치를 두고 있는데, 보험상품 모집 방법에 대한 규제도 하고 있다. 즉 보험대리점으로서 은행은 ① "은행 점포 내의 지정된 장소에서 보험계약자와 직접 대면하여 모집하는 방법"이나 ② "인터넷 홈페이지를 이용하여 불특정 다수를 대상으로 보험상품을 안내하거나 설명하여 모집하는 방법"만이 허용되어 있다(시행령 제40조 제3항 제1호 및 제2호).

반면에 금융기관인 신용카드회사 보험대리점은 위의 방법에 추가하여 "전화, 우편, 컴퓨터통신 등의 통신수단을 이용하여 모집하는 방법"도 가능하다(시행령 제40조 제3항 제3호). 즉 신용카드회사 보험대리점은 특정 고객에게 전화나 전자우편 등의 방법으로 보험상품을 안내하거나 고객을 모집할 수 있게 된다. 반면에 은행 보험대리점은 이러한 방법이 가능하지 않으므로 인터넷 홈페이지를 통하여 불특정 다수를 대상으로 하는 보험상품의 안내나 설명으로 보험가입 설계나 청약을 받는 방법(「보험업감독규정」 제4-14조 제1항)이나 점포 내에서 직접 대면하여 모집하는 방법만으로 보험을 모집할 수 있다. 은행이 신용카드회사에 비해 보험상품 판매에 있어서 불리하다고 할 수 있다.

(4) 점포별 모집인 수(數) 규제

「보험업법 시행령」은 보험상품을 판매하는 은행 점포의 직원 숫자도 제한하고 있다. 즉 은행의 본점·지점 등 점포별로 2명(보험설계사 자격을 갖춘 사람으로서 금융감독당국이 정한 기준과 방법에 따라 채용된 사람은 제외한다)의 범위에서 보험설계사로 등록된 소속 임원 또는 직원에 한정하여 보험상품을 판매할 수 있다(시행령 제40조 제4항). 그런데 대조적으로 신용카드회사 보험대리점은 이러한 보험 모집인 수(數) 제한 규제를 받지 않는다(시행령 제40조 제4항). 은행과 차별적인 규제를 하고 있음을 알 수 있다.

(5) 보험상품 판매 비중 제한 규제

은행의 보험상품 판매 영업 행위에 대한 규제 중 가장 많이 논란이 제기되고 있는 것이 1개 보험회사 상품 판매 비중에 대한 규제이다. 즉 최근 사업연도말 자산총액이 2조원 이상인 은행의 경우, 모집할 수 있는 1개 생명보험회사 또는 1개 손해보험회사 상품의 모집 금액은 매 사업연도별로 해당 은행이 신규로 모집하는 생명보험회사나 손해보험회사 상품의 모집총액 각각의 25%를 초과할 수 없도록 하고 있다(시행령 제40조 제6항).[141] 이른바 많이 이야기되는 '25% 규칙'이다.

어느 하나의 보험회사 상품이 독점적으로 판매되는 것을 막기 위한 규제이다. 대형 보험회사나 은행 계열 보험회사의 독과점을 막기 위해 취해진 조치로 이해할 수 있다. 다만 최대주

141) 금융기관 보험대리점 제도 도입 초기에는 49%이었으나, 2005년 4월부터 강화된 25%를 적용하고 있다.

주가 동일한 보험회사의 상품을 판매하는 경우 등에 해당하여 보험회사 상품의 모집 금액을 합산하여 계산하는 경우에는 33%를 초과할 수 없도록 하여(시행령 제40조 제6항, 제7항), 다소 완화하고 있다. 이러한 보험상품 판매 비중 제한 규제에 대해서는 비판이 제기되고 있는데, 특히 위헌성에 관한 논의도 제기되고 있어서, 이에 관해서는 뒤에서 자세히 살펴보기로 한다.

(6) 불공정 판매 행위 규제

1) 서설

보험업법령은 은행 보험대리점의 보험상품 판매와 관련하여 불공정한 영업 행위를 차단하기 위한 여러 규정을 두고 있다. 예를 들어, 은행의 보험 모집 직원이 대출 등의 업무를 취급하지 못하게 한다든지, 대출 등의 취급 장소와 보험 모집 장소를 분리하도록 한다든지, 대출 거래 등 금융거래를 통하여 취득한 개인정보를 보험 모집에 이용하지 못하게 한다든지 등 보험대리점이 은행이라는 점에서 발생할 수 있는 불완전 판매 가능성을 막기 위한 규정을 두고 있다. 주요 내용을 살펴보면 다음과 같다.

2) 대출 등의 업무와 보험 모집 업무의 구분

보험 모집에 종사하는 은행 임직원으로 하여금 "대출 등 불공정 모집의 우려가 있는 업무"를 취급할 수 없도록 하여(시행령 제40조 제5항), 대출 등의 업무와 구분하여 업무 처리를 하도록 하면서 불공정한 판매가 이루어지지 않도록 하고 있다. 여기서 "대출 등 불공정 모집의 우려가 있는 업무"라 함은 「보험업감독규정」이 "「은행업감독규정」 [별표 2]에서 정한 신용공여의 범위에 해당하는 업무를 말한다. 다만, 불공정 모집의 우려가 없는 신용카드(직불카드를 포함한다)의 발행 업무 등은 제외한다"라고 하고 있어서(제4-14조 제3항), 대출이나 보증 등의 업무를 말하며, 예금 업무는 포함되지 않는다.

3) 보험 모집 장소와 대출 취급 장소의 분리

보험을 모집하는 장소와 대출 등을 취급하는 장소를 보험계약을 청약하는 자가 쉽게 알 수 있을 정도로 분리하도록 함으로써(법 제100조 제2항 제3호), 별도의 보험상품 판매 창구를 설치하여 운영하도록 하고 있다.

4) 보험 민원 접수 처리 전담 창구의 설치

보험계약자 등의 보험 민원을 접수하여 처리할 전담 창구를 해당 은행의 본점에 설치·운영하여(법 제100조 제2항 제4호, 시행령 제48조 제2항), 보험상품 판매 관련 소비자 민원이 제기될 때 1차적으로 보험대리점인 은행이 적절하게 처리할 수 있도록 하고 있다.[142)]

142) "은행이 판매한 보험계약에 대해 민원이 발생한 경우는 접수와 원인 규명을 은행에서 담당하고 사후 결과를 보험사에 통보하는 방식이 고객 피해를 최소화할 수 있는 주요 방안이 될 수 있다"라는 견해(류성경(2008), 103면)에 비추어 보더라도 판매회사인 은행이 1차적인 민원 처리를 하는 것이 합리적일 것이다.

5) 외부 보험 모집인 이용 금지

보험대리점인 은행은 소속 임직원이 아닌 자로 하여금 보험 모집을 하도록 하거나 보험계약 체결과 관련한 상담 또는 소개를 하게 하고 상담 또는 소개의 대가를 지급하는 행위가 금지된다(법 제83조 제2항). 즉 외부 보험 모집인을 이용할 수 없도록 하고 있다. 반면에 신용카드회사나 지역 농업협동조합인 보험대리점의 경우에는 이러한 규제가 적용되지 않아(시행령 제26조 제1항), 외부 보험 모집인을 이용할 수 있다.

6) 설명 의무

보험상품의 판매와 관련된 설명 의무는 기본적으로 금융소비자법이 적용된다. 이에 따라 금융소비자법이 제정되면서 「보험업법」에 규정되어 있었던 보험회사의 설명 의무에 관한 내용은 삭제되었는데,[143] 일부 조항은 남아 있어서 적용된다.[144]

「보험업법 시행령」과 「보험업감독규정」은 은행 보험대리점의 설명 의무로서 "보험계약의 주요 보장 내용, 보험계약의 환급금, 보험금의 종류 및 지급사유, 보험금을 지급하지 아니하는 보험사고의 종류 및 내용, 청약 철회 및 계약 취소에 관한 사항, 대출 등과 보험계약의 체결은 관계가 없다는 사항"을 보험계약자에게 설명하도록 하고 있는데(시행령 제40조 제9항, 「보험업감독규정」 제4-39조 제4항 제2호 사목), 이 중 일부 사항은 금융소비자법이 설명 의무 사항으로서 규정하고 있는 내용(제19조 제1항, 시행령 제13조 제1항)과 중복되는 사항이 있어 향후 정비될 필요가 있다.

7) 불공정 업무의 금지

은행이 대출 등의 업무를 취급하면서 발생할 수 있는 보험상품의 불완전 판매 가능성을 차단하기 위하여 다음과 같은 일정한 불공정 행위를 금지하고 있다(법 제100조 제1항, 시행령 제48조 제1항 제1호).

① 대출 등 해당 은행이 제공하는 용역(이하 "대출 등")을 받는 자의 동의를 미리 받지 아니하고 보험료를 대출 등의 거래에 포함시키는 행위
② 해당 은행의 임직원(「보험업법」 제83조에 따라 모집할 수 있는 자는 제외한다)에게 모집을 하도록 하거나 이를 용인하는 행위
③ 해당 은행의 점포 외의 장소에서 모집을 하는 행위
④ 보험 모집과 관련이 없는 금융거래를 통하여 취득한 개인정보를 미리 그 개인의 동의를 받지 아니하고 모집에 이용하는 행위

143) 보험회사의 설명 의무에 관해 규정하고 있던 「보험업법」 제95조의2 제1항과 제2항이 삭제되었다. 그리고 적합성 원칙을 규정하고 있던 「보험업법」 제95조의3과 모집 광고 관련 준수 사항에 관한 「보험업법」 제95조의4도 삭제되었다. 금융소비자법이 적합성 원칙과 금융상품 모집 광고 규제에 관한 사항을 규정하고 있기 때문이다.

144) 보험회사의 설명 의무에 관한 제95조의2 제3항 및 제4항이다.

⑤ 「보험업법 시행령」 제40조 제4항에 따라 모집에 종사하는 자 외에 소속 임직원으로 하여금 보험상품의 구입에 대한 상담 또는 소개를 하게 하거나 상담 또는 소개의 대가를 지급하는 행위

8) 보험계약자에 대한 고지 의무

은행이 보험상품 계약자를 모집할 때 불공정한 행위가 될 수 있는 일정한 사항을 보험계약자에게 알리도록 하고 있는데, ① 은행이 대출 등을 받는 자에게 보험계약의 청약을 권유하는 경우 대출 등을 받는 자가 그 은행이 대리하는 보험계약을 체결하지 아니하더라도 대출 등을 받는 데 영향이 없다는 사실과 ② 은행이 보험회사가 아니라 보험대리점이라는 사실과 보험계약의 이행에 따른 지급 책임은 보험회사에 있다는 것을 보험계약의 청약자에게 알리도록 하고 있다(법 제100조 제2항 제1호, 제2호).

9) 보험회사에 대한 불공정 영업 행위 금지

보험대리점인 은행이 우월적 지위를 이용하여 보험회사에게 불공정한 영업 행위를 할 가능성이 있어 이를 차단하기 위한 규정도 두고 있는데, 은행 보험대리점(보험대리점이 되려는 자를 포함한다)은 보험회사에게 다음과 같은 행위를 하는 것이 금지된다(법 제100조 제3항, 시행령 제48조 제3항).

① 해당 은행을 계약자로 하는 보험계약의 할인을 요구하거나 그 금융기관에 대한 신용공여, 자금지원 및 보험료 등의 예탁을 요구하는 행위
② 보험계약 체결을 대리하거나 중개하면서 발생하는 비용 또는 손실을 보험회사에 부당하게 떠넘기는 행위
③ 은행의 우월적 지위를 이용하여 부당한 요구 등을 하는 행위로서 모집수수료 외에 은행이 모집한 보험계약에서 발생한 이익의 배분을 요구하는 행위(금융감독당국이 정하여 고시하는 기준에 따라 이익의 배분을 요구하는 경우는 제외한다)

10) 모집수수료율의 공시 의무

모집수수료율 공시 의무도 있다. 은행 보험대리점으로 하여금 모집수수료율을 보험 모집을 하는 점포의 창구 및 인터넷 홈페이지에 공시하도록 함으로써(시행령 제40조 제8항), 고객이 모집수수료율을 알 수 있도록 하고 있다. 보험회사는 보험 모집을 위탁한 금융기관 보험대리점의 모집수수료율을 비교·공시하도록 하고, 보험협회가 전체 금융기관 보험대리점의 모집수수료율을 각각 비교·공시하도록 하여(시행령 제40조 제8항), 고객이 모집수수료율을 비교하여 보험상품을 선택할 수 있도록 하고 있다.

4. 금융소비자법에 의한 규제

은행이 보험상품을 판매 대리하는 경우에는 2020년 3월 24일 제정되고 2021년 3월 25일 시행된 금융소비자법도 적용되므로 살펴볼 필요가 있다. 그 이유는 금융소비자법은 '금융상품판매대리·중개업자'에 대한 규제 내용을 담고 있는데, 은행이 보험상품의 판매를 대리한다는 것은 '금융상품판매업' 중의 하나인 '금융상품판매대리·중개업'에 해당하기 때문이다(제2조 제2호).

금융소비자법은 금융상품판매·대리중개업자가 보험상품을 포함한 금융상품(제3조 제4호)의 판매 대리 내지 중개를 하는 행위에 대해서 금융소비자를 보호하기 위한 적합성 원칙(제17조), 적정성 원칙(제18조), 설명 의무(제19조), 부당권유행위 금지(제21조), 광고 규제(제22조) 등 영업행위 규칙을 적용하고 있는데, 은행의 보험상품 판매 대리 행위에도 이러한 영업행위 규칙이 적용된다. 자세한 사항은 제9장 영업행위 규제에 있는 내용을 참조하면 된다.

Ⅲ. 보험대리업 규제의 위헌성 여부

은행의 보험상품 판매에 대한 규제에 대해서는 위헌성에 관한 법적 쟁점이 제기될 수 있어서, 이하에서는 이에 대해서 살펴본다.

1. 규정 방식의 위헌성: 포괄위임입법 금지 원칙의 위반 가능성

우선 규정(規定) 방식에서 헌법상의 '포괄위임입법 금지 원칙' 위반 가능성이 제기될 수 있다. '**포괄위임입법 금지 원칙**'이란 헌법 제75조가 규정하고 있는 "대통령은 법률에서 구체적으로 범위를 정하여 위임받은 사항 …에 관하여 대통령령을 발할 수 있다"는 헌법상의 원칙을 말한다. 즉 법률이 어떠한 사항을 대통령령(즉 시행령)에 위임할 때는 구체적이어야 하지 포괄적으로 위임해서는 안 된다는 원칙이다.

「보험업법」 제91조 제3항은 "금융기관 보험대리점등의 모집방법, 모집에 종사하는 모집인의 수, 영업기준 등과 그 밖에 필요한 사항은 대통령령으로 정한다"라고 하고 있다. 즉 「보험업법」은 모집 방법, 모집인 수(數), 영업 기준 등에 관하여 구체적인 범위를 정하여 시행령에 위임하지 않고 있다. 포괄위임입법 금지 원칙에 위반된다고 볼 여지가 있다. 특히 "국민의 기본권을 직접적으로 제한하거나 침해할 소지가 있는 법규에서는 구체성, 명확성의 요구가 강화되어 그 위임의 요건과 범위가 더 엄격하게 규정되어야 … 한다"라는 헌법재판소의 결정 사례[145]에 비추어 볼 때, 「보험업법」은 보험업 허가나 보험대리점의 등록 등 여러 규제 내용을 담고 있어 이러한 법규에 해당하기 때문에 위헌 가능성을 배제하지 못할 것이다.

145) 헌법재판소 2005. 4. 28. 선고 2003헌가23 결정.

2. 보험상품 판매 제한 규제의 위헌성

(1) 평등 원칙의 위반 가능성

헌법 제11조는 기본권으로서 평등 원칙을 규정하고 있다. 보험상품 판매 규제와 관련해서 같은 금융기관 보험대리점인 은행과 신용카드회사에 대한 규제가 달라 평등 원칙 위반의 소지가 있다. 신용카드회사 보험대리점의 경우에는 "전화, 우편, 컴퓨터통신 등의 통신수단"을 이용한 모집 방법이 가능하지만, 은행의 경우에는 그러한 방법이 허용되지 않는다. 신용카드회사의 경우에는 은행과 달리 점포별 2인 이내의 모집인 수(數) 제한도 적용되지 않는다. 판매 가능한 보험상품의 종목도 신용카드회사가 은행보다 더 많다.

평등의 개념은 상대적인 개념이다. 즉 외형적으로 불평등하게 보이는 차별이 있더라도 차별에 합리적인 이유가 있다면 이는 평등 원칙에 위반되지 않는다.[146] 헌법재판소는 일관하여 "자의적이면서 합리적인 이유가 없는 차별"은 평등 원칙에 위반된다고 보고 있다.[147] 이런 평등 원칙 위반 여부의 기준에 비추어볼 때, 같은 금융기관인 은행과 신용카드회사의 보험대리점에 대한 차별적인 규제는 합리성을 찾아보기가 어렵다는 점에서 위헌 소지가 있다. 신용카드회사와 은행을 달리 규제하는 이유는 점포망이 넓은 은행과 그렇지 않은 신용카드회사를 고려하여 은행에게는 더 제한적인 규제가 적용되는 것으로 이해된다. 즉 은행의 경우에 신용카드회사와 같은 범위의 보험대리 업무를 허용하게 되면 그만큼 경쟁력이 높아져 시장을 지배할 가능성이 높아 이를 규제하기 위한 목적으로 판단된다. 그러나 금융기술의 발전에 따라 비대면 금융 거래가 늘어나는 추세를 고려할 때 점포망 규모가 기준의 잣대가 될 필요는 없다고 본다. 보험 가입도 비대면 방식으로 이루어지고 있는 추세를 고려할 때 금융기관 보험대리점 사이에 차별을 둘 실익은 없을 것이다. 이런 점에 비추어보면 금융기관인 신용카드회사를 더 유리하게 취급하는 것은 합리적인 차별이라고 보기가 어렵다. 즉 평등 원칙의 위반 가능성이 제기될 수 있다.

(2) 직업의 자유 원칙 위반 가능성

보험상품 판매 비중의 제한 규제(소위 '25% 규칙')는 헌법에 따른 직업의 자유 원칙에도 위반할 소지가 있다. 헌법 제15조는 "모든 국민은 직업 선택의 자유를 가진다"고 하고 있다. 직업 선택의 자유에 대하여 헌법재판소는 이는 '직업 행사의 자유'를 의미하고, 더 나아가 '영업의 자유'와 '기업의 자유'를 포함하며, 이를 근거로 '경쟁의 자유'까지 포함하는 것으로 보고 있다.[148] 특히 "경쟁의 자유는 기본권의 주체가 직업의 자유를 실제로 행사하는 데에서 나오는

146) 정재황(2017) 339면.
147) 헌법재판소 2011. 3. 11. 선고 2008헌바141 결정; 헌법재판소 1999. 12. 23 선고 98헌마363 결정.

결과이므로 당연히 직업의 자유에 의하여 보장되고, 다른 기업과의 경쟁에서 국가의 간섭이나 방해를 받지 않고 기업 활동을 할 수 있는 자유를 의미한다"라고 하고 있다.[149] 직업 행사의 자유에 대한 제한이 허용되려면 "기본권의 침해가 합리적이고 이성적인 공익상의 이유로 정당화할 수 있어야 한다"라고 하고 있다.[150]

주세법 위헌 사건에서 헌법재판소는 '1도1제조사'(1道1制造社)(하나의 도(道)에 하나의 소주 제조업체만 허용) 체제에서 소주 판매 도매업자가 해당 지역 소주 제조업자의 소주를 의무적으로 총 구입액의 50% 이상 구입하도록 한 주세법 조항을 "소주판매업자의 직업의 자유는 물론 소주제조업자의 경쟁 및 기업의 자유를 지나치게 침해하는 것"으로서 위헌적 규정으로 보았다.[151] 헌법재판소는 "구입명령 제도는 … 어떤 소주제조업자로부터 얼마만큼의 소주를 구입하는가를 결정하는 직업 활동의 방법에 관한 자유를 제한하는 것이므로 소주판매업자의 '직업 행사의 자유'를 제한하는 규정이다."라고 하면서, "구입명령제도가 능력경쟁을 통한 시장의 점유를 억제함으로써 소주제조업자의 '기업의 자유' 및 '경쟁의 자유'를 제한[한다.]"라고 하였다.[152]

이런 헌법재판소의 결정에 비추어 볼 때, 은행의 보험상품 판매 비중 제한 규제에 의하여 보험상품 판매회사인 은행이 보다 경쟁력이 있는 좋은 상품을 소비자에게 판매할 수 없다는 점에서 은행의 직업 행사의 자유를 제한하는 것이고, 보험상품 제조회사인 보험회사도 소비자에게 좋은 상품을 은행을 통하여 판매할 수 없어서 시장의 경쟁력 제고에 장애가 된다는 점에서 기업의 자유 및 경쟁의 자유를 제한하는 것으로 볼 여지가 있다.

그렇다면 보험상품 판매 비중 제한 규제가 헌법재판소가 설시하는 "공익상의 이유"로 정당화될 수 있는가? 검토해보면, 이러한 규제를 하는 이유가 은행의 계열 보험회사나 대형 보험회사가 시장을 독과점할 가능성이 있어 이를 막기 위해 설정된 것인데, 시장 독과점을 막는 것이 오히려 다른 중소 보험회사의 경쟁력 제고의 기회를 박탈하고 보험산업과 보험시장의 발전과 성장을 저해시킬 수 있다는 점에서 합리적인 정당성을 찾아보기가 어렵다. 이런 점에 비추어 보면 보험상품 판매 비중 제한 규제의 위헌 가능성을 배제할 수 없을 것이다.

(3) 비례 원칙의 위반 가능성

보험상품 판매 비중 제한 규제는 헌법상의 비례 원칙 위반 가능성도 제기될 수 있다. '**비례 원칙**'이란 기본권 제한을 하더라도 "기본권 제한의 필요성의 정도에 상응한 정도의 제한만을

148) 헌법재판소 1996. 12. 26. 선고 96헌가18 결정.
149) 헌법재판소 1996. 12. 26. 선고 96헌가18 결정.
150) 헌법재판소 1996. 12. 26. 선고 96헌가18 결정.
151) 헌법재판소 1996. 12. 26. 선고 96헌가18 결정.
152) 헌법재판소 1996. 12. 26. 선고 96헌가18 결정.

하여 가능한 한 필요 최소한의 기본권 제한에 그쳐야 하고, 기본권 제한으로서 오는 공공의 이익이 제한당하는 개인의 이익보다 많아야 한다는 원칙"을 말하며, **과잉금지의 원칙**이라고도 한다.[153)]

헌법재판소는 이 원칙의 요소로서 4가지를 들고 있는데, 그것은 목적의 정당성, 방법의 적절성, 피해의 최소성, 법익(法益)의 균형성이다. 첫째, 기본권을 제한하는 목적이 정당성을 가져야 하며, 둘째, 기본권 제한의 목적 달성을 위해서 그 방법이 효과적이고 적절하여야 하고, 셋째, 기본권 제한은 가능한 한 완화된 형태나 방법을 모색함으로써 필요한 최소한도로 그치도록 해야 하며, 넷째, 기본권 제한으로 보호하려는 공익(公益)과 침해되는 개인의 이익을 비교 형량해서 보호되는 공익이 더 커야 한다.[154)]

이러한 원칙의 요소를 고려해서 살펴본다면, 보험상품 판매 비중 제한 규제의 도입 취지는 대형 보험회사 또는 은행 계열 보험회사의 시장 집중에 따른 독과점을 막기 위한 것으로 이해되는데, 이러한 보험상품 판매 비중 제한 규제는 일정 부분 시장 집중도 완화에 기여한 것으로 파악되고 있으나,[155)] 시장 참여자의 자율 경쟁과 공정 경쟁을 제한하는 문제점이 있다는 점에서 목적의 정당성을 발견하기가 쉽지 않다. 그 방법에 있어서도 독과점을 막기 위해서 직접적으로 보험상품 판매 비중을 제한하는 것은 자유로운 경쟁 시장의 조성을 막는다는 점에서 효과적인 방법은 아니라고 본다. 또한 특정 보험회사의 상품을 25%로 제한하고 있어 은행 보험대리점이 더 경쟁력이 있는 보험상품을 판매할 수 없다는 점에서 피해의 최소성에도 맞지 않다. 그리고 "독과점 규제의 목적이 경쟁의 회복에 있다면 이 목적을 실현하는 수단 또한 자유롭고 공정한 경쟁을 가능하게 하는 방법이어야 한다."는 헌법재판소의 입장[156)]에 비추어 볼 때, 보험상품 판매 비중 제한 규제는 오히려 경쟁력이 있는 중소 보험회사의 시장 확대를 막는 경쟁 제한적인 성격을 갖고 있어 독과점 규제라는 공익을 달성하기 위한 적정한 조치로 보기도 어렵다. 이런 점에 비추어볼 때 보험상품 판매 비중 제한 규제는 비례 원칙에도 위반될 가능성이 있다.

(4) 소비자의 자기결정권 침해에 따른 위헌 가능성

보험상품 판매 종목 범위 제한과 판매 비중 제한 규제는 특히 소비자의 자기결정권 침해 가능성이 높다. **소비자의 자기결정권**은 헌법에 따른 행복추구권(제10조)에서 파생되는 권리이다.[157)] 소비자의 자기결정권이라 함은 결국 소비자가 원하는 상품의 선택권을 말한다고 할 수

153) 정재황(2017), 285면.
154) 헌법재판소 1992. 12. 24. 선고 92헌가8 결정.
155) 이석호(2013), 57면.
156) 헌법재판소 1996. 12. 26 선고 96헌가18 결정.
157) 헌법재판소 1996. 12. 26 선고 96헌가18 결정.

있다. 따라서 보험상품 판매 종목 제한과 보험상품 판매 비중 제한 규제 때문에 소비자가 원하는 보험상품이라 할지라도 은행에서 구매할 수 없게 된다는 점에서 소비자의 자기결정권 침해 가능성이 제기될 수 있다. 주세법 위헌 사건에서, 헌법재판소는 "구입명령제도가 … 소비자가 자신의 의사에 따라 자유롭게 상품을 선택하는 것을 제약함으로써 소비자의 행복추구권에서 파생되는 '자기결정권'도 제한하고 있다."라고 하였다.[158] 이에 비추어 보면 보험상품 판매 종목 제한과 보험상품 판매 비중 제한 규제로 인하여 은행 보험대리점은 소비자의 수요가 큰 보험상품을 판매할 수가 없기 때문에 소비자의 자기결정권이 침해되는 결과가 되어 위헌 가능성이 제기될 수 있다.

3. 소결

은행의 보험대리점 업무에 대한 규제는 헌법상의 여러 기본 원칙에 위반될 여지가 있는 내용을 담고 있어 규제 개선 조치를 고려할 필요가 있다. 즉 포괄위임금지 원칙에서부터 평등 원칙, 비례 원칙, 직업 자유 원칙, 경쟁 및 기업의 자유 원칙, 소비자의 자기결정권 원칙 등 여러 헌법상의 원칙에 위배될 소지가 있는 내용들이라는 점에서 현행 규제를 재검토할 필요가 있다.

Ⅳ. 외국 입법례

여기서는 일본과 미국의 입법례를 살펴본다. 일본의 경우 2001년부터 단계적으로 은행의 판매 보험상품 종목을 확대하는 시행 방법을 택했다는 점에서 우리와 상당히 유사하고, 법 체계도 비슷하므로 일본의 입법례 연구는 우리에게 많은 시사점을 줄 수 있다. 또한 미국의 경우 오래전부터 은행의 보험상품 판매를 허용해 왔는데, 미국의 독특한 법 체계와 법령 해석 과정에서 은행의 보험상품 판매가 확대되어 왔다는 특이점이 있지만, 은행의 보험상품 판매에 따른 불완전 판매 발생 가능성 차단을 위한 감독당국의 규제 조치가 시행되고 있어 이에 대한 시사점을 얻을 수 있다.

1. 일본

(1) 서설

일본에서 은행의 보험대리업 규제 체계는 우리와 비슷하다. 우리와 마찬가지로 「은행법」과 「보험업법」에서 규정하고 있다. 우선 일본 「은행법」은 은행의 보험대리업을 다른 법률에서 허용한 겸영 업무로서 인정하고 있으며(제12조), 일본 「보험업법」도 은행에게 보험대리업을 허

158) 헌법재판소 1996. 12. 26 선고 96헌가18 결정.

용하면서(제275조) 「보험업법 시행규칙」에서 판매 가능한 보험상품의 종목을 열거하고 있다(제212조, 제212조의2). 또한 보험상품 판매에 있어서 불공정한 영업 행위의 발생 가능성을 막기 위해서 은행법령과 보험업법령에 소비자를 보호하기 위한 여러 업무 규제 조항을 두고 있다.

(2) 「은행법」에 의한 규제

1) 겸영 업무로서 보험대리업

일본도 우리와 같이 은행의 보험대리업을 부수 업무가 아닌 겸영 업무로 인정하고 있다. 일본 「은행법」에 의하면, 은행은 예금 수입 및 대출 업무 등 고유 업무와 채무보증 업무 등 부수 업무(제10조) 이외에도 다른 법률에서 은행이 영위할 수 있도록 허용한 업무도 겸영 업무로서 영위할 수 있다(제12조). 따라서 은행의 보험상품 판매 대리 업무는 바로 다른 법률인 「보험업법」에서 은행이 영위할 수 있도록 허용된 겸영 업무이기 때문에 「은행법」에 따른 법적 근거를 갖고 있다.[159)]

2) 은행의 보험상품 판매 업무 규제

일본 「은행법 시행규칙」은 은행이 보험상품 판매 업무를 취급할 때 예금 등 다른 금융상품과 오인하지 않도록 고객에게 설명하도록 하는 의무를 부여하여, 불공정한 보험상품 판매가 이루어지지 않도록 하고 있다. 즉 은행은 보험상품 판매를 할 때 "업무 방법에 따라 고객의 지식, 경험, 재산 상황 및 거래를 행하는 목적을 파악하여 고객에게 서면 교부 및 기타 적절한 방법으로 예금 등과 오인을 방지하기 위한 설명을 해야 한다"라고 규정하고 있다(제13조의5 제1항).

또한 은행은 고객에게 설명을 하는 경우에 보험상품이 "① 예금 등이 아니라는 점, ② 「예금보험법」에 따른 보험금 지급 대상이 아니라는 점, ③ 원금 회수에 대한 보증이 없다는 점, ④ 계약의 주체, ⑤ 기타 예금 등과의 오인 방지에 관해 참고가 될 수 있다고 인정하는 사항"을 설명할 의무도 있다(제13조의5 제2항). 이처럼 일본은 은행이 보험상품을 판매하면서 예금 등의 상품과 오인할 가능성이 있어 이를 방지하기 위한 여러 규제 장치를 두고 있다는 것이 주목할 만한 점이다.

---

159) 일본 「은행법」 제10조 제2항 제8호는 은행의 부수 업무로서 "은행, 기타 금융업을 행하는 자의 업무의 대리 또는 중개"를 열거하고 있는데, 그 범위는 「은행법 시행규칙」 제13조에서 정하는 것에 한정된다. 이 중 보험회사와 관련되는 것은 "보험회사의 자금 대출의 대리 또는 중개"이어서(제4호) 보험상품 판매 업무는 아니므로 은행의 보험상품 판매 업무의 근거를 부수 업무인 「은행법」 제10조에서 찾을 수는 없고, 겸영 업무인 「은행법」 제12조에서 찾는 것이 타당하다.

(3) 「보험업법」에 의한 규제

1) 규제 체계

2000년 12월 「보험업법」 개정으로 은행 등 금융기관의 보험상품 판매 업무가 2001년 4월부터 허용되었다. 은행을 비롯한 금융기관의 보험상품 판매 업무에 관해서는 「보험업법」, 시행령(즉 정령(政令)), 시행규칙(즉 내각부령)에서 정하고 있다. 「보험업법」에서 은행을 비롯한 일정한 금융기관에게 생명보험모집인 및 손해보험대리점의 자격을 인정하고 있어(제275조), 은행은 보험상품 판매 업무를 영위할 수 있다. 즉 은행은 생명보험 업무에 대해서는 생명보험모집인으로서, 손해보험 업무에 대해서는 손해보험대리점으로서 보험상품의 위탁 판매가 가능하다. 업무 내용은 소속 보험회사를 위해서 행하는 보험계약 체결의 대리 또는 중개가 된다. 「보험업법 시행령」에서 보험상품을 판매할 수 있는 금융기관의 종류와 유형을 구체화하고 있으며(제39조), 「보험업법 시행규칙」에서 판매 가능한 보험상품의 종목을 규정하고 있다(제212조, 제212조의2).

2) 은행 등 금융기관 보험대리점의 범위

보험계약 체결의 대리 또는 중개를 할 수 있는 은행을 비롯한 금융기관의 범위는 다음과 같다. 일반은행, 장기신용은행, 신용금고 및 신용금고연합회, 노동금고 및 노동금고연합회, 신용협동조합 및 연합회, 농림중앙금고, 상공조합중앙금고, 농업협동조합 및 연합회, 어업협동조합 및 연합회, 수산가공업협동조합 및 연합회이다(「보험업법 시행령」 제39조). 은행뿐만 아니라 다양한 금융기관이 보험상품을 판매할 수 있다는 것을 알 수 있다.

3) 판매 보험상품 종목의 단계적 확대

은행 등 금융기관이 판매할 수 있는 보험상품의 종목은 「보험업법 시행규칙」이 정하고 있다. 일본도 우리와 마찬가지로 단계적으로 은행 등 금융기관이 판매할 수 있는 보험상품의 종목을 확대해왔다. 4단계에 걸쳐 이루어졌는데, 2001년 4월에 이루어진 1단계 조치에서는 생명보험의 경우 주택대출 관련 단체신용생명보험[160](「보험업법 시행규칙」 제212조 제1항 제1호)과 손해보험의 경우에는 보험계약기간 1년 초과 주택대출 관련 장기화재보험 및 부대 지진보험(시행규칙 제212조의2 제1항 제1호), 주택대출 관련 채무변제지원보험(시행규칙 제212조의2 제1항 제2호), 해외여행상해보험(시행규칙 제212조의2 제1항 제3호)이 허용되었다.[161]

2002년 10월의 2단계에서는 생명보험의 경우 개인연금보험(시행규칙 제212조 제1항 제2호), 근로자재산형성보험(시행규칙 제212조 제1항 제3호)이 허용되었고, 손해보험의 경우에는 연금지급적립상해보험(시행규칙 제212조의2 제1항 제4호), 근로자재산형성상해보험(시행규칙 제212조의2

160) 보험금이 주택의 건설, 구입, 개량에 관련된 채무의 변제에 충당되는 보험을 말한다(시행규칙 제212조 제1항).

161) 같은 설명은 정호열(2006), 179면.

제1항 제5호)이 허용되었다.[162)]

2005년 12월의 3단계 조치에서는 생명보험의 경우 일시납 종신보험, 보험기간 10년 이하의 평균납 양로보험(법인계약은 제외) 및 일시납 양로보험(시행규칙 제212조 제1항 제4호)이 허용되었으며, 손해보험의 경우 자동차보험 이외의 개인용 손해보험 가운데 단체계약이 아닌 보험(시행규칙 제212조의2 제1항 제6호), 적립화재보험, 적립상해보험이 허용되었다.[163)]

2007년 12월에 취해진 마지막 4단계 조치에서 생명보험의 경우 정기보험, 의료간병보험, 종신보험, 보험기간 10년 초과 평균납 양로보험이 허용되었으며(시행규칙 제212조 제1항 제6호), 손해보험의 경우 자동차보험과 단체보험이 허용되었다(시행규칙 제212조의2 제1항 제8호).[164)]

4) 은행의 보험상품 판매 업무 규제

가) 등록 의무

은행 등 금융기관이 보험상품 판매 대리 업무를 영위하려면 내각총리대신에게 등록을 해야 한다(「보험업법」 제276조). 그리고 복수의 보험회사와 대리 또는 중개 계약을 체결할 수 있다.[165)]

나) 불공정 업무의 금지

「보험업법」은 은행 등 금융기관의 보험상품 판매 업무를 허용하면서 보험계약자의 보호에 지장을 초래할 염려가 없도록 하는 규제를 하고 있는데(제275조), 자세한 사항은 「보험업법 시행규칙」이 규정하고 있다(제212조, 제212조의2). 즉 은행의 보험상품 판매에 있어서 불공정한 업무의 발생을 방지하여 소비자 피해를 최소화하기 위한 규제 내용은 다음과 같다(시행규칙 제212조 제2항, 제3항, 제212조의2 제2항, 제3항).

① 고객의 사전 동의 없이 예금 등의 비공개 금융거래 정보를 이용하여 보험상품을 판매하는 행위의 금지
② 고객의 사전 동의 없이 비공개 보험정보를 자금의 대출이나 기타 보험 모집 관련 이외의 업무에 이용하는 것 금지
③ 일정한 경우를 제외하고 기업이나 그 대표자가 해당 기업의 자금을 대출받는 경우 또는 개인사업자가 대출받는 경우에 그 해당 기업이나 대표자 또는 해당 개인사업자에 대해서 보험상품 판매의 대리 또는 중개를 할 때는 수수료 등의 보수를 받는 것 금지
④ 일정한 경우를 제외하고 종업원이 50인 이하인 소규모기업이 대출받는 경우에 그 해당 소규모기업의 임원 및 종업원에 대해서 보험상품 판매의 대리 또는 중개를 할 때 수수료 등

162) 같은 설명은 정호열(2007), 404면.
163) 같은 설명은 정호열(2006), 180면.
164) 日本 生命保險經營 第79巻 第5号(2011年 9月)(이성남(2018), 65면에서 재인용).
165) 小山嘉昭(2018), 222面.

보수를 받는 것 금지
⑤ 대출 신청 중인 고객에 대하여 보험상품 판매 금지
⑥ 대출 업무 담당자가 보험상품을 판매하는 업무를 담당하는 것 금지
⑦ 은행 등 금융기관은 보험계약을 인수하는 보험회사의 상호나 명칭을 명시하고 보험계약 관련 정보 제공 등에 관한 보험 모집 지침을 정하여 공표해야 할 의무
⑧ 은행 등 금융기관은 보험 모집 관련 법령 준수를 위해서 영업소 또는 사무소마다 책임자를 두고, 본점 또는 주된 사무소에는 총괄 책임자를 두어야 하는 의무

(4) 평가

일본의 경우 단계적으로 시행하면서 은행 등 금융기관의 보험상품 판매 종목을 확대해온 점은 우리와 같으나, 마지막 4단계 조치가 시행되었다는 점에서 우리와 다르다. 일본은 단계적 시행을 하면서 은행 등 금융기관의 보험 판매 대리와 관련해서 발생하는 문제점을 시정 보완하며 완결했다는 점이 눈여겨 볼 사항이다. 즉 불공정한 판매 행위 금지 등 보험계약자를 보호하기 위한 여러 규제 조치를 취하면서 문제점을 시정했기 때문에[166] 마지막 확대 조치가 가능했던 것으로 판단된다. 그리고 우리와 같은 판매 보험상품의 비중 제한, 모집인 수의 제한, 보험 모집 방법의 제한 등의 규제는 없다는 것을 알 수 있다.

2. 미국

(1) 개관

미국은 연방인가은행(national banks)[167]과 주인가은행(state banks)의 이원적 은행 체제로 되어 있으나, 은행의 업무 범위는 거의 비슷하므로 여기서는 연방인가은행의 보험상품 판매 업무에 중점을 두어 살펴본다. 은행의 보험상품 판매 영업에 대한 규제는 기본적으로 연방법이 아닌 주법(州法, state law)이 적용되는 특징이 있다. 이는 1945년 제정된 「매카란-퍼그슨법」(MaCarran-Ferguson Act)(codified at 15 U.S.C. §§ 1011~1015)이 보험업에 대해서는 주법(州法)이 우선하여 적용된다고 규정하고 있기 때문이다.[168] 주법은 보험업에 관하여 보험대리점의 허가, 보험회사의 건전성 규제, 보험상품 판매 및 거래 행위 규제, 보험상품의 계약 조건, 보험료의

166) 일본 「보험업법 시행규칙」과 「은행법 시행규칙」에 반영되어 있는 설명 의무 강화, 대출받는 기업에 대한 보험상품 판매 규제 등의 폐해 방지 조치를 말한다(이기형(2013), 4면).

167) 연방인가은행(national banks)은 「1864년 연방은행법」(National Bank Act of 1864)에 의거하여 감독당국인 통화감독청(OCC)로부터 인가를 받은 은행을 말한다(Schooner and Taylor(2010), p. 100).

168) "No act of Congress shall be construed to invalidate, impair, or supersede any law enacted by any state for the purpose of regulating the business of insurance, or which imposes a fee or tax upon such business, unless such Act specifically relates to the business of insurance." 15 U.S.C. § 1012(b). 이 법률(MaCarran-Ferguson Act)이 유효함은 연방대법원 판결(Barnett Bank of Marion County, NA v. Nelson, 517 U.S. 25 (1996))에서 확인되었다(OCC(2002), p. 3).

결정 등에 관한 사항을 규정하고 있다.[169)]

(2) 연방인가은행의 보험상품 판매 대리 업무 유형

1) 서설

연방인가은행은 보험대리점으로서 보험상품을 판매할 수 있지만, 일부 인정받은 범위 내에서는 제한된 보험상품에 대하여 보험회사의 업무, 즉 보험 인수(underwriting) 업무도 할 수 있다는 점이 특이하다. 한편 연방인가은행이 보험대리업을 영위하는 금융자회사(financial subsidiary)[170)]를 두고 있는 경우에는 그 금융자회사는 모든 종류의 보험상품을 지역적 제한 없이 모든 주(州)에서 판매 대리하는 업무를 영위할 수 있다.

연방인가은행이 직접 보험대리점으로서 보험상품을 판매할 수 있는 유형은 3가지가 있는데, 기본적으로 대출과 관련된 보험상품을 판매하는 것을 허용하고 있으며, 인구가 적은 지역에 소재하는 연방인가은행에게는 거의 모든 보험상품 종목의 판매를 허용하고 있다.[171)] 그 내용을 살펴보면 다음과 같다.

2) 신용 관련 보험상품의 판매

연방인가은행은 보험대리점으로서 지역적 제한 없이 **신용 관련 보험상품**(credit related insurance products)을 판매할 수 있다. 이는 연방인가은행의 감독당국인 통화감독청(Office of the Comptroller of the Currency: OCC)이 은행의 신용 관련 보험상품의 판매 업무가 "은행업에 부수하는 업무"(incidental powers necessary to carry on business of banking)(12 U.S.C. § 24(seventh))에 해당한다고 해석을 했기 때문이다. 즉 신용 관련 보험상품은 은행의 대출 업무 등과 관련한 보험상품이므로 이러한 보험상품 판매는 은행업의 부수 업무로서 인정을 받고 있는 것이다. 그러한 신용 관련 보험상품은 신용생명보험(credit life insurance),[172)] 비자발적실업보험(involuntary unemployment insurance),[173)] 대출담보동산보험(vendors single interest insurance and

---

169) OCC(2002), p. 12.

170) 금융자회사는 "본질적으로 금융업이거나 금융업에 부수하는 업무(activities financial in nature or incidental thereto)"를 영위하는 자회사를 말하는데, 보험대리업도 여기에 해당하는 업무에 속한다(OCC(2002), p. 8).

171) 연방인가은행이 보험대리점으로서 판매할 수 있는 주요 보험상품의 종목은 다음과 같다. 신용생명 및 신용 관련 보험상품(credit life insurance and other credit related insurance)으로서는 신용생명보험, 농작물보험(crop insurance), 홍수보험(flood insurance) 등이 있으며, 생명보험상품으로서는 종신보험(term life insurance), 생애보험(permanent life insurance)(종합보험 또는 변액보험) 등이 있고, 그 이외에 건강보험 및 사고보험(health and accident insurance), 장애인보험 및 실업보험(disability and employment insurance), 재산보험 및 책임보험(property and liability insurance) 등이 있다(OCC(2002), pp. 64~68).

172) '신용생명보험'이란 "은행으로부터 자금을 차입한 차입자가 사망하거나 장애가 될 때 보험금이 지급되어 대출금을 상환할 수 있도록 하는 보험상품"을 말한다(OCC(2002), p. 64).

173) '비자발적실업보험'이란 "대출받은 차입자가 실업자가 될 때 보험금이 지급되어 대출금을 상환할 수 있도록 하는 보험상품"을 말한다(OCC(2002), p. 64).

double interest insurance), 대출담보기계하자책임보험(mechanical breakdown insurance), 대출담보자동차하자책임보험(vehicle service contracts) 등이다.[174]

3) 5,000명 이하 지역 소재 연방인가은행의 보험상품 판매

인구 5,000명 이하의 지역에 소재하는 연방인가은행은 해당 은행이 소재하는 주(州) 보험당국에 의해 영업 허가를 받은 화재보험회사, 생명보험회사 및 기타 보험회사의 보험상품 판매 대리점(agent)이 될 수 있다(12 U.S.C. § 92).[175] 통화감독청(OCC)은 이 의미를 인구 5,000명 이하의 지역에 소재하는 '지점'(office)도 보험 대리점이 될 수 있다고 해석함으로써(12 C.F.R. § 7.1001), 대도시 지역인 인구 5,000명 초과 지역에서 설립된 연방인가은행도 인구 5,000명 이하의 지역에 지점을 개설해서 보험상품을 판매할 수 있게 되었다.

그리고 "화재보험회사, 생명보험회사 및 기타 보험회사의 보험상품"의 판매 대리를 할 수 있다고 규정하고 있으므로, 거의 모든 종목(most types)의 보험상품을 판매할 수 있다고 할 수 있다.[176] 또한 지역적 제한 없이 고객에게 보험상품의 판매 권유(solicit)를 할 수 있으므로,[177] 보험상품 판매는 해당 지역을 넘어서 가능하다고 볼 수 있다.

4) 권리보험상품의 판매

「금융서비스현대화법」(Financial Services Modernization Act: Gramm-Leach-Bliley Act of 1999)(이하 "GLBA")에 의해서 연방인가은행은 주인가은행이 **권리보험상품**(title insurance)을 판매할 수 있도록 허가받은 주(州)에서 주인가은행이 판매하는 방법과 범위 내에서 동일하게 권리보험상품을 판매할 수 있다(GLBA § 303(b), codified at 15 U.S.C. § 6713(b)). 이것은 권리보험상품이 권리나 신용에 관련되는 보험상품이라 은행의 업무와 유사하다고 보아 허용해준 것으로 이해할 수 있다.

(3) 주(州) 감독당국에 의한 보험대리업 허가

대부분의 주(州)는 연방인가은행이 해당 주에서 보험상품 판매 업무를 하려면 해당 주의 법률에 의거하여 주 보험당국으로부터 보험대리점 허가(license)를 받도록 하고 있으며,[178] 은행에서 보험상품 판매 업무를 담당하는 직원에 대해서도 보험 모집인 허가를 얻도록 하고 있

174) OCC(2002), pp. 5~6.

175) "any [national bank] located and doing business in any place the population of which does not exceed five thousand inhabitants··· may ··· act as the agent for any fire, life, or other insurance company··· by soliciting and selling insurance and collecting premiums on policies issued by such company;" (12 U.S.C. § 92).

176) OCC(2002), p. 2.

177) "No geographic restrictions limit the bank's ability to solicit and serve its insurance customers." OCC(2002), pp. 4~5.

178) Malloy(2003), p. 221.

다.[179] 다만 일부 주의 경우는 해당 연방인가은행 자체의 보험대리점 허가를 요구하지 않고 담당 직원에 대해서만 보험 모집인 허가를 받도록 하는 경우도 있다.[180]

(4) 보험 모집인에 대한 규제

연방인가은행의 보험 모집인도 주(州) 보험당국으로터 허가를 받아야 한다. 은행의 보험 모집인은 시간제(part-time agents)나 전일제 전담 인력(fully-dedicated agents)이어도 무방하다.[181] 따라서 점포별 모집인의 숫자 제한이 없음을 알 수 있다. 특히 미국도 보험 모집인의 전문성을 강조해서 불완전 판매가 일어나지 않도록 하고 있다. 즉 통화감독청은 "보험산업에서 소비자의 신뢰는 보험 판매 인력의 지식, 경험, 전문성에 달려 있다."[182]라고 있어서 보험 모집인의 전문성을 강조하고 있다.

(5) 보험상품 판매 방식

보험상품 판매 방식도 직접 대면 방식, 전화, 세미나, 직접 우편, 소개(referral), 정보통신망(internet), 기타 전자통신 수단 등이 허용되어 있어,[183] 다양한 방법으로 보험상품의 판매를 허용하고 있음을 알 수 있다. 은행 보험대리점에 대해서 전화나 정보통신망 등에 의하여 직접 보험상품을 판매하는 것을 금지하는 우리와 대조된다.

(6) 보험상품의 판매 행위 규제

통화감독청은 연방인가은행의 보험상품 판매와 관련해서 불완전 판매 가능성을 막고 소비자를 보호하기 위해서 판매 규칙(rule)을 제정하여 이를 준수하도록 하고 있다(12 C.F.R. § 14).[184] 이 규칙은 연방인가은행의 상품 판매 관행(practice), 권유, 광고, 모집 등에 관한 규제 내용을 담고 있는데, 주요 내용은 다음과 같다.

1) 정확한 정보 제공 의무

연방인가은행은 보험상품을 판매할 때 부정확한 정보를 고객에게 전달해서는 안 되며, 고객에게 오해나 혼동을 불러일으키지 않도록 유의해야 하며, 부실 설명(misrepresentation)을 하지 않도록 해야 한다.[185] 또한 그러한 오해를 유도할 수 있는 행위나 광고를 해서도 안 된다(12 C.F.R. § 14.30(b)).

179) OCC(2002), p. 7.
180) OCC(2002), p. 7.
181) OCC(2002), p. 9.
182) OCC(2002), p. 9.
183) OCC(2002), p. 9.
184) 12 C.F.R. § 14는 GBLA § 305에 근거하여 제정되었다(OCC(2002), p. 16).
185) OCC(2002), p. 72.

2) 설명 의무

설명 의무가 있다. 즉 보험상품을 판매할 때 보험상품이 예금 등의 상품이 아니라는 사실, 보험상품이 예금보험 대상이 되지 않는다는 사실, 투자 위험이 있는 보험상품의 경우 원금 손실이 발생할 수도 있다는 사실 등을 고객에게 설명해야 한다(12 C.F.R. § 14.40(a)). 또한 보험상품을 판매할 때 보험상품을 매입하는 조건으로 고객에게 대출 등 신용공여를 해서는 안 되며, 이러한 사실을 고객에게 설명해야 한다(12 C.F.R. § 14.30(a), 14.40(b)). 그리고 이러한 설명은 원칙적으로 구두나 서면으로 해야 하는데, 전화나 우편으로 보험상품을 판매할 때는 우편으로 설명서를 교부하면 되고, 고객이 전자적 방식으로 설명서를 교부받기를 원할 때는 전자우편 등 전자적 방식으로 설명서를 교부할 수 있다(12 C.F.R. § 14.40(c)). 또한 이러한 설명서는 알기 쉽고 이해하기 쉽게 서술이 되어야 한다(12 C.F.R. § 14.40(c)(5),(6)). 은행은 고객이 이러한 설명을 들었거나 설명서를 교부받았다는 확인서를 고객으로부터 받아야 한다(12 C.F.R. § 14.40(c)(7)).

3) 보험상품 판매 구역과 예금 업무 취급 구역 분리

영업소 내에서 보험상품을 판매하는 구역과 예금 업무를 취급하는 구역을 물리적으로 가능한 분리하고, 보험상품 판매 구역을 특정해서 보험상품 판매 구역과 예금 업무 구역을 구별하도록 하고 있다(12 C.F.R. § 14.50(a)).

4) 예금 업무 취급자의 고객 소개 허용

예금 업무를 취급하는 담당자는 창구에서 보험상품을 구매하려는 고객을 보험 모집 담당자에게 소개할 수 있으며, 이 경우 일정한 정액의 소개 수수료 지급을 허용하고 있다(12 C.F.R. § 14.50(b)).

(7) 금융자회사의 보험상품 판매 업무

연방인가은행의 금융자회사는 보험회사의 보험대리점으로서 지역적 제한 없이 모든 주(州)에서 모든 종류의 보험상품(all types of insurance)을 판매할 수 있다(GLBA § 121, codified at 12 U.S.C. § 24a; 12 C.F.R. § 5.39(b)(1)(ii)).[186] 연방인가은행 자체가 아닌 금융자회사를 통해서는 제한 없이 보험상품을 판매할 수 있는 것이다.

(8) 연방인가은행의 기타 보험 관련 업무

연방인가은행은 보험상품 판매 대리 업무뿐만 아니라 제한적인 직접 보험 인수(under-writing) 업무와 보험 주선인(finder) 업무도 영위할 수 있어서 여기서 간단히 살펴본다.

---

186) OCC(2002), p. 6.

1) 보험 인수 업무

연방인가은행은 통화감독청(OCC)이 1999년 1월 1일 이전에 허용해주었거나 그 이전에 영위하고 있었던 보험상품(권리보험상품은 제외)의 인수 업무는 계속해서 영위할 수 있다(GLBA § 302(b); codified at 15 U.S.C. § 6712(b)). 즉 연방인가은행은 제한적으로 보험 인수 업무도 영위할 수 있다. 그러한 인수 가능한 보험상품은 신용 관련 보험, 지방채보험(municipal bond in-surance), 안전예수금고보험(safe deposit box insurance), 영업위험보험의 자가(自家)보험(self in-surance of business risk insurance), 주택저당보험(private mortgage insurance) 등이다.[187]

2) 주선인 업무

연방인가은행은 보험대리점 업무는 아니지만 잠재적 고객과 보험회사를 연결시켜주는 주선인 업무도 "은행업의 일부"(part of business of banking)로서 영위할 수 있다(12 U.S.C. § 24(seventh)).[188] 다만 일부 주(州)에서는 이러한 주선인 업무를 보험대리점 업무로 보아 주(州) 보험당국으로로터 보험대리점 허가를 받도록 하는 경우가 있다.[189]

(9) 평가

미국에서 연방인가은행의 보험상품 판매 대리 업무는 1900년대 초부터 허용되어 와서 역사가 오랜 편이다.[190] 물론 소규모 지역에 소재하는 연방인가은행에게 허용했지만, 감독당국의 유연한 유권해석에 의하여 은행의 대출 업무와 연관된 보험상품의 판매는 은행업의 부수 업무로 허용을 하고 있다는 점이 특징이다. 특히 연방인가은행의 금융자회사를 통해서는 모든 종목의 보험상품 판매를 허용하는 등 은행의 보험상품 판매 허용 범위를 넓혀주고 있는 추세이다. 또한 은행의 보험상품 판매에 따른 불완전 판매 가능성을 차단하기 위하여, 보험 업무 창구와 예금 업무 창구의 분리, 보험상품 매입 조건으로 하는 대출 행위 금지, 설명 의무의 강화 등 판매 행위 규제를 통하여 소비자를 보호하고 있음을 알 수 있다. 다만 우리와 같은 점포의 보험 모집인 수(數)의 규제나 보험상품의 판매 비중 제한 등의 규제는 없다는 것을 알 수 있다.

Ⅴ. 규제 개선 방안

위에서 은행의 보험대리업에 대해서는 여러 가지 규제가 적용되고 있음을 살펴보았다. 이하에서는 어떠한 규제 개선 방안을 모색할 수 있는지에 대하여 논의해본다.

---

187) OCC(2002), p. 6.
188) OCC(2002), p. 6.
189) OCC(2002), p. 6.
190) 12 U.S.C § 92 조항은 1916년 신설되었다(Carnell, Macey and Miller (2013), p. 145).

1. 기본 원칙: 금융소비자의 편익 증진을 위한 업무 규제의 설정 필요

은행 보험대리업 규제의 개선 방향을 설정하기 위해서는 우선 은행에 보험대리업을 허용해준 이유를 살펴보고, 거기에 비추어 보아 현행 규제가 타당한지를 살펴보는 것이 순서일 것이다. 은행에게 보험대리업을 허용해준 가장 큰 이유는 소비자 편익 증대이다.[191] 즉 넓은 점포망을 갖고 있는 은행에게 보험대리업을 허용함으로써 소비자들이 용이하게 은행을 통하여 보험상품을 구매할 수 있도록 하고자 함이다. 또한 은행 등 금융기관에게 보험상품의 판매망을 확대함으로써 보험회사 입장에서는 보험상품 판매의 기회를 더 많이 만들 수 있어 그만큼 보험 산업이 성장할 수 있는 토대가 될 수 있기 때문이다.[192]

이런 점에 비추어볼 때, 은행 보험대리업에 대한 규제는 은행에게 보험대리업을 허용해준 취지를 잘 반영하고 있지 못하다고 판단된다. 보험상품 판매 종목의 제한이라든지 보험상품 판매 비중의 제한 등의 규제는 소비자들이 원하는 상품을 은행에서 구입할 수 없다는 점에서 소비자 편익 증대의 목적을 달성할 수 없다고 본다. 더 나아가서 이러한 규제는 경쟁력 있는 보험회사의 보험상품 판매를 막거나 그 비중을 제한함으로써 보험회사의 성장을 가로막아 전체적으로 보험 산업의 발전에 장애가 될 수 있다. 따라서 현행 규제가 은행 보험대리업 허용 취지를 살리지 못하고 있다는 점에서 규제의 재검토가 필요하다.

2. 보험상품 판매 비중 제한 규제의 완화 내지 폐지 필요

(1) 규제의 문제점

1) 시장의 경쟁 제한

보험상품 판매 비중 제한 규제의 취지는 대형 보험회사나 은행 계열 보험회사가 보험 시장을 독과점하는 현상을 막기 위한 것으로 이해된다. 즉 중소 보험회사에게 은행과 업무 제휴 기회를 주고, 중소 보험회사 및 대형 보험회사가 균형적인 발전을 도모하기 위한 것으로 이해된다. 그러나 반대로 이러한 규제가 중소 보험회사의 경쟁력을 떨어뜨릴 수 있는 부작용도 있을 수 있다. 중소 보험회사가 다른 기존 보험회사와 차별화 되고 경쟁력이 있는 보험상품을 개발하여 판매하려고 해도 판매 비중 제한 규제 때문에 판매할 수 없는 문제가 생긴다. 즉 이러한 판매 비중 제한 규제가 경쟁력이 있는 중소 보험회사가 소비자에게 더 혜택을 줄 수 있는 보험상품을 개발하고 혁신을 하려는 유인을 가로막는 장애 요인으로 작용할 여지가 있다. 결국 시장의 경쟁을 제한하는 문제점이 발생하는 것이다. 또한 대형 보험회사나 은행 계열 보험

---

191) 이러한 취지는 당시 금융당국인 재정경제부와 금융감독당국인 금융감독위원회의 공동 보도자료에서도 확인할 수 있다(재정경제부·금융감독위원회(2003), 1, 3면).

192) 위 보도자료는 “금융산업의 경쟁력 제고”를 그 목적으로 들고 있다(재정경제부·금융감독위원회(2003), 1면).

회사도 이러한 규제 때문에 신상품 개발의 유인이 감소되어 시장에 경쟁을 불러일으키는데 장애가 될 수도 있다. 앞서 본 주세법 위헌 사건에서도 헌법재판소가 경쟁의 자유나 기업의 자유 제한을 지적하고 있다는 점을 유의할 필요가 있다. 즉 시장의 경쟁 향상이 궁극적으로는 소비자에게 혜택을 준다는 점에 비추어 보아도 현행 규제는 타당성이 떨어진다고 할 수 있다.

2) 평등 원칙 위반 가능성

보험상품 판매 비중 제한 규제는 자산총액이 2조원 이상인 금융기관에게만 적용되므로 (따라서 자산총액이 2조원 미만인 은행 또는 신용카드회사는 적용받지 않게 된다)(「보험업법 시행령」 제40조 제6항) 형평성 논란이 제기될 수 있고, 평등 원칙 위반이라는 위헌성 소지도 있을 수 있다.

3) 소비자의 자기결정권(상품 선택권) 침해 가능성

금융소비자의 편익 증대라는 점에서 보더라도 현행 규제는 문제가 있다. 대형 보험회사나 은행 계열 보험회사가 개발한 좋은 보험상품이더라도 소비자 입장에서는 판매 비중 제한 규제 때문에 은행 창구를 통해서 구매할 수 없게 된다. 이런 점에서 소비자의 상품선택권 침해의 문제가 제기될 수 있다.[193]

4) 국제적 정합성 측면에서 불합리성

앞서 본 미국이나 일본의 사례에서도 보험상품 판매 비중을 제한하는 규제는 없는 것으로 파악된다는 점에서 국제적 적합성 측면에서도 판매 비중 제한 규제의 개선 방향을 적극적으로 모색할 필요가 있다.

5) 소결

불공정 판매 행위 규제 등 사후적 규제만으로는 공정 경쟁 확보가 어렵기 때문에 판매 상품 비중 제한 규제와 같은 사전적 규제의 유지가 필요하다는 주장도 있지만,[194] 특히 판매 비중 제한 규제가 시행된 이후 중소 보험회사의 판매 제휴 확대 및 보험시장 집중도 완화에 일정 부분 기여한 것으로 나타나,[195] 이 제도의 목적이 일정 부분 달성되었다는 점에서 제도 개선 방향을 모색해볼 필요가 있다.

(2) 판매 비중 제한 규제의 점진적인 완화 내지 폐지 방안

현행 규제에 대한 개선 방안으로서 다양한 방안을 생각해볼 수 있다. 우선 보험상품 판매 비중 제한 규제를 완화하는 방안이 있을 수 있다. 판매 비중 제한 규제를 완전히 철폐할 때 은행은 계열 보험회사의 보험상품이나 대형 보험회사의 보험상품만을 판매할 가능성을 배제할

193) 같은 견해는 이석호(2013), 58면.
194) 임준(2017), 15면.
195) 이석호(2013), 57면.

수 없기 때문에 시장 충격을 완화하기 위해서 현행 25% 비율을 점차적으로 매년 5%씩 늘려 최대 50%까지 상향 조정을 하는 안을 제시하는 견해도 있으며,[196] 완전히 폐지하는 경우 발생할 수 있는 부작용을 막기 위해 은행이 소비자에게 4~5개의 보험상품을 의무적으로 제시하여 소비자가 선택할 수 있게 하여야 한다는 주장도 있다.[197]

현행 규제는 위헌성 시비에서 자유롭지 못하고, 보험 산업의 경쟁력을 저하시키며, 외국의 사례에 비추어보아도 국제적인 추세와도 맞지 않으므로 궁극적으로는 폐지하는 것이 타당하다. 다만 갑작스럽게 폐지하는 경우 발생할 수 있는 부작용을 막기 위해서 점진적인 규제 완화 방안을 취하는 것이 현실적으로 타당성이 있다. 따라서 일정한 기간(예를 들어, 3년 내지 5년) 내에 일정한 비율씩 점진적으로 판매 비중 제한 비율을 높여가면서 궁극적으로는 폐지하는 것이 합리적이라고 본다. 이렇게 기간을 미리 정하여 제시하게 되면 이에 대비하여 준비할 수 있는 기간을 주게 되는 장점이 있게 될 것이다.

3. 보험상품 판매 종목의 범위 확대 필요

(1) 판매 종목 제한 규제의 필요성 재검토

2008년 4단계 보험상품 종목 확대 시행이 철회된 이유는 보험상품의 불완전 판매 확대 등에 따른 보험소비자 피해 확대의 가능성, 은행 보험대리점의 독과점 구조 심화에 따른 불공정거래 발생 가능성, 보험설계사의 대량 실직 사태 발생 가능성 등의 문제가 제기되었기 때문으로 알려졌다. 그러나 이러한 근거는 은행 보험대리점 판매망의 불완전 판매 비율이 다른 판매망에 비해 낮다는 점[198]을 볼 때 크게 설득력이 없는 것으로 판단된다. 이런 점에서 판매 종목을 확대하더라도 불완전 판매 등의 문제는 크게 부각되지 않을 것으로 본다. 더욱이 은행 보험대리점은 다른 일반 보험대리점과 달리 보험상품 판매 시 유사한 보험상품 중 3개 이상을 비교 설명하도록 의무화되어 있어(「보험업감독규정」 제4−39조 제4항 바목), 불완전 판매 가능성이 낮다. 그리고 은행 보험대리점 제도가 시행되면서 우려했던 것과 달리 실제 보험설계사 숫자가 감소하지 않은 점에 비추어 볼 때[199] 보험상품 종목 확대가 보험설계사 대량 실직 사태 발생을 초래할 가능성은 낮다고 할 수 있다.

---

196) 이석호(2013), 58~59면.

197) 이석호(2013), 59면.

198) 2016년 기준으로 생명보험상품의 불완전 판매 비율은 보험설계사 0.35%, 개인대리점 0.60%, 홈쇼핑 0.35%, 보험회사 전화 판매 0.65%, 기타 법인대리점 0.78%에 달하는데 비해, 은행 보험대리점은 0.06%에 불과한 것으로 나타났다(이석호(2017), 7면).

199) 이성남(2018), 65, 67면. 은행의 보험대리점 업무가 허용된 2003년 이후 오히려 보험설계사 숫자가 늘어났다는 분석도 있다(이석호(2017), 7면).

(2) 보험 산업의 발전에 이바지

오히려 보험상품 판매 종목이 확대되는 경우에 판매 상품의 다양화에 따른 신규 시장의 창출에 의하여 보험 시장의 규모가 커지고 보험 산업이 발전하는 긍정적인 효과가 있게 될 것이다. 특히 보험 부채를 시가 평가하도록 하고 있는 보험 관련 신국제회계기준(IFRS17: international financial reporting standards) 제도에서는 보험회사들이 금리 위험 부담을 완화하기 위해 전략적으로 보장성 보험의 비중을 높일 필요가 있다는 점을 고려할 때,[200] 종신보험 등 개인보장성 보험의 은행 판매 허용은 보험회사의 보장성 보험 위주의 판매 전략에 효과적으로 기여할 수 있으므로 궁극적으로는 보험회사의 경쟁력을 높일 수 있게 될 것이다.

(3) 금융소비자의 편익 증대 도모

은행 보험대리점을 통하여 판매할 수 있는 보험상품의 확대 조치는 소비자 입장에서도 원하는 다양한 보험상품을 은행 창구를 통해 구매할 수 있으므로 소비자 편익이 증대되는 효과가 있게 된다. 특히 은행 창구를 통한 보험상품 판매 시 다른 판매망에 비해 비용이 저렴하므로 소비자에게도 혜택이 돌아갈 수 있다. 예를 들어, 판매가 금지되고 있는 종신보험 상품의 경우 저축성 보험에 비해 상대적으로 사업비의 비중이 높은 편인데,[201] 종신보험 판매를 허용하게 되면 보험료 인하의 효과가 있게 되므로 결국 소비자에게 편익을 제공하게 되는 긍정적인 결과가 있게 될 것이다.

4. 점포별 보험 모집인 수(數) 제한 규제의 폐지 필요

규모가 큰 은행 점포의 경우에는 그만큼 보험 상담 고객이 많게 되는데, 이 경우 2명의 직원으로 고객 상담 및 판매가 충분할 지 의문이다. 상담 직원 수 부족에 따른 상담 대기 시간의 장기화 등 고객의 불편을 초래할 가능성이 있다. 이렇게 점포의 규모나 고객의 수요 등을 고려하지 않고 보험상품 판매 담당 직원의 수를 2인으로 제한한 것은 합리성이 떨어진다. 더욱이 이러한 규제는 신용카드회사 보험대리점에는 적용되지 않아, 형평성 문제도 제기될 수 있다. 점포 규모에 따라 모집인 수를 탄력적으로 운영할 수 있도록 하거나, 모집인 수의 제한을 철폐하는 방안을 검토할 필요가 있다.

5. 모집 방법 제한 규제의 완화 필요

은행 보험대리점의 경우 전화, 우편, 컴퓨터통신 등의 통신 수단을 통한 개별적 보험 모집이 허용되지 않는데, 이러한 규제를 폐지할 필요가 있다. 신용카드회사인 보험대리점의 경우에

200) 이석호(2019), 10면.
201) 이석호(2019), 9면.

는 위와 같은 방법에 의한 보험 모집이 가능하다는 점에서 더욱 그러하다. 합리적인 차별의 이유를 찾아보기 어렵다는 점에서 위헌성 문제가 제기될 소지가 있다.

그리고 은행에게 이러한 모집 방법을 허용하지 않은 이유가 전화 판매 등에 의한 소비자 피해 발생 가능성을 들고 있는데,[202] 이러한 피해는 규제를 적절히 함으로써 막을 수 있다는 점에서 설득력이 있는 규제 이유라고 보기가 어렵다. 소비자 입장에서도 전화나 우편 등으로 보험상품 정보를 받고 계약을 체결할 수 있는 기회가 차단되어 소비자의 불편을 초래하므로 개별적 모집 방법을 허용할 필요성이 크다. 특히 비대면 금융거래 등 정보통신망 금융거래가 확대되는 추세를 고려할 때 정보통신망을 이용한 보험상품 판매는 인건비 등 관련 비용이 절감되어 혜택이 소비자에게 돌아간다는 점에서 전화나 우편 및 컴퓨터통신 등에 의한 개별적 모집 허용을 적극적으로 검토할 필요가 있다.

6. 불공정 영업행위 규제의 강화

은행 등 금융기관이 보험상품을 판매할 때 발생할 수 있는 불완전 판매 내지 불공정 판매를 규제하기 위해서 보험업법령은 여러 규제적인 장치를 두고 있고, 대체로 이러한 규제는 일본이나 미국 등의 입법례에 비추어 보아 잘 갖추어진 것으로 평가할 수 있다. 다만 다음과 같은 규제 개선 방안을 검토할 필요가 있다.

(1) 보험상품 판매로 취득한 비공개정보의 대출 업무 등 이용 금지 필요

은행 등 금융기관이 예금이나 대출 업무 등 금융거래를 취급하면서 취득하게 되는 비공개 금융정보를 해당 고객의 동의를 받지 아니하고 보험상품을 판매하는 업무에 이용하지 못하도록 규제하고 있다(「보험업법」 제100조 제1항 제5호). 그런데 그 반대, 즉 보험상품 판매 업무를 하면서 취득한 비공개 정보(예를 들어, 건강 정보 등 의료 정보)를 해당 고객의 동의를 얻지 아니하고 대출 업무 등 금융 업무에 이용하는 것을 금지하는 조항은 두지 않고 있는데, 앞서 본 일본의 사례처럼(「보험업법 시행규칙」 제212조) 이러한 규제 조항도 추가로 둘 필요가 있다.

(2) 예금 업무 취급 직원의 보험상품 판매 행위 금지 필요

은행 등 금융기관 보험대리점에서 "대출 등 불공정 모집의 우려가 있는 업무"를 취급하는 직원이 보험상품 판매 업무를 하지 못하도록 하고 있는데(시행령 제40조 제5항), "대출 등 불공정 모집의 우려가 있는 업무"의 범위에는 대출이나 보증 등 신용공여 업무만이 포함되고(「보험업감독규정」 제4-14조 제3항) 예금 업무가 포함되어 있지 않아, 예금 업무를 취급하는 직원이 보험상품 판매 업무를 담당할 수 있는 것으로 해석될 수 있다. 따라서 예금 업무를 취급하는

202) 재정경제부·금융감독위원회(2003), 4면.

직원이 보험상품 판매 업무를 담당하지 못하도록 이 부분도 명확하게 규정할 필요가 있다. 미국의 경우도 예금 업무를 취급하는 직원이 보험상품 판매 업무를 담당하지 못하도록 하고 있다는 점(12 C.F.R. §14.50(a))에서 우리도 이를 명확하게 할 필요가 있다.

(3) 설명 의무의 강화 필요

은행 판매 직원이 보험상품을 판매할 때 설명 의무를 강화할 필요가 있다. 즉 보험상품이 예금 등의 상품이 아니라는 사실을 고객에게 설명하도록 함으로써 보험상품을 예금 등의 상품으로 오인하지 않도록 할 필요가 있다. 이는 일본의 경우 「은행법 시행규칙」에 이러한 명시적인 조항(제13조의5)을 두고 있고, 미국도 이러한 설명 의무를 부과하고 있다(12 C.F.R. §14.40(a))는 점에서도 필요한 조치임을 알 수 있다.

제6절

은행대리업 제도[203)]

Ⅰ. 서설

전자금융거래 기술의 발전에 따라 비대면 은행 거래가 많아지면서 은행 영업점을 이용하는 은행이용자의 숫자는 줄어들고 있으며, 이에 따라 은행들도 영업점 유지 관리 비용을 줄이기 위해서 지점을 폐쇄하는 경우가 많아지고 있다. 그러나 비대면 금융거래에 익숙하지 않은 노령층 등 전자금융거래 소외계층을 위한 대면 거래의 필요성은 여전히 있다. 이런 점에서 은행 지점의 수요를 대체할 수 있는 방법 중의 하나로 **은행대리업**(bank agency) **제도**의 도입 방안을 검토할 필요가 있다.[204)] **'은행대리업'이란 은행을 위해서 예금 및 대출 계약 체결의 대리 또는 중개 업무를 영위하는 것**을 말한다. 이미 일본은 오래 전에 은행대리업 제도를 도입하여 실시하고 있다. 비대면 은행거래에 익숙하지 않은 은행이용자 입장에서도 은행대리업자를 통하여 은행 거래를 할 수 있어 금융소비자의 편익을 증진시킬 수 있는 장점이 있다. 지점망을 갖지 않는 인터넷전문은행에게도 은행대리업 제도는 영업을 보완할 수 있는 방안이 될 수 있다. 은행 입장에서도 영업점을 설치하지 않고 고객을 확보할 수 있다는 점에서 은행의 영업력을 확대할 수 있는 장점이 된다. 이런 필요성을 인식하고 금융당국도 은행대리업 제도의 도입 방안을 마련하겠다는 발표를 한 바 있어,[205)] 도입 가능성이 높아지고 있다.

---

203) 이하는 고동원(2023)의 보고서 내용과 이를 수정·보완한 고동원(2024)의 논문을 토대로 하고 있다.

204) 관련 법률인 「은행법」은 금융사고의 예방과 관련한 조문인 제34조의3 제1항에서 대리점을 포함하고 있고, 제68조 벌칙 조항에서 '대리점주'라고 하고 있으나, 이러한 조문만으로 우리가 은행대리업 제도를 도입했다고 할 수는 없다. 금융당국도 같은 설명이다. 즉 "현행 은행법은 '대리점'을 규정하고 있으나, 정의, 진입규제 등 세부 내용이 없어 허용된다고 보기 어[렵다]"고 하고 있다(금융위원회·금융감독원(2023a), 5면).

205) 금융위원회·금융감독원(2023a), 4면; 금융위원회·금융감독원(2023b), 17면.

Ⅱ. 은행대리업 제도의 개관

1. 의의

(1) 「민법」에 따른 대리 행위

은행대리업이라는 것은 '은행을 위하여' 은행 업무를 '대리'하는 것을 영업으로 하는 것이라고 할 수 있다. 여기서 대리 행위라고 하는 것은 「민법」에 따른 '대리'와 같은 의미로 이해할 수 있다(제114조 내지 제136조). 따라서 대리인(즉 은행대리업자)이 본인(즉 은행)을 대신해서 제3자(즉 이용자)에 대하여 의사표시를 하거나 상대방(즉 이용자)으로부터 의사표시를 받아서 법률효과 전부를 직접 본인(즉 은행)에게 귀속시키는 행위라고 할 수 있다.[206) 「민법」에 따라 대리인이 한 행위의 효력은 본인에게 미치므로(제114조 제1항), 은행대리업자가 한 행위의 효력은 본인인 은행에게 미치게 된다. 은행대리업자가 대리인으로서 이용자와 계약을 체결하더라도 그 법적 효력은 본인인 은행에게 미치게 되는 것이다.

(2) 「상법」에 따른 대리상

은행대리업자는 영리를 목적으로 예금 수입 및 대출 계약 체결의 대리 행위라는 상행위를 하므로 「상법」에 따른 '상인'이 되고(제4조), 따라서 「상법」이 적용된다. 은행대리업자는 「상법」에 따른 대리상(代理商)이 된다. 「상법」은 대리상을 "일정한 본인을 위하여 상업사용인이 아니면서 상시 그 영업부류에 속하는 거래의 대리 또는 중개를 영업을 하는 자"라고 하고 있다(제87조). '일정한 본인을 위하여'라고 하고 있기 때문에 본인이 특정되어 있다는 것을 의미한다. **"대리 또는 중개를 영업으로 하는 자"라고 하고 있기 때문에 대리상은 대리 행위뿐만 아니라 중개 행위도 하는 자를 말한다. 전자를 '체약(締約)대리상'이라고 하고, 후자를 '중개(仲介)대리상'이라고 한다.** 따라서 엄밀하게 말하면 은행대리업자는 '은행대리·중개업자'라고 할 수 있다. '중개대리상'은 사실행위에 해당하는 중개 행위를 하는 자를 말하는데,[207) 특정한 본인을 위해서 중개 행위를 한다는 점에서 불특정 다수를 위해서 타인 사이의 상행위의 중개를 영업으로 하는 '중개상'(「상법」 제93조)과 다르다.[208) 즉 중개 행위의 경우 은행대리업자가 직접 계약 체결의 상대방이 되는 것이 아니고, 계약 체결의 당사자는 은행과 이용자가 된다. 은행대리업자는 「상법」에 따른 대리상에 해당하므로 「상법」이 규정하고 있는 여러 의무와 권리에 관한 조항들이 적용된다. 즉 은행대리업자는 통지 의무(「상법」 제88조), 경업금지 의무(「상법」 제89조), 영업비밀 준수 의무(「상

---

206) 송덕수(2017), 200면.

207) 중개 업무는 "은행의 상품내용을 소개하는 전단지, 팸플릿, 계약청약서의 배포, 계약체결의 권유 등 계약이 체결되도록 힘쓰는 사실행위이며 법률행위는 아니다"라는 설명은 도제문(2015), 162면.

208) 송옥렬(2023), 152면.

법」 제92조의3) 등의 의무를 부담하며, 보수청구권(「상법」 제61조), 유치권(「상법」 제91조), 보상청구권(「상법」 제92조의2) 등의 권리를 가진다.

(3) 은행 고유 업무의 대리 또는 중개 행위

이렇게 본다면, 은행대리업은 특정 은행을 위해서 은행 업무 계약 체결의 대리 또는 중개 행위를 영업으로 하는 것이라고 정의할 수 있다. 은행대리업자가 영위할 수 있는 은행 업무의 범위와 관련해서는 예금 수입과 대출 업무의 고유업무(「은행법」 제27조)만 대리 또는 중개할 수 있는지, 아니면 은행이 영위하는 겸영 업무(「은행법」 제28조) 및 부수 업무(「은행법」 제27조의2)의 대리 또는 중개 행위도 할 수 있는지에 대해서는, 입법 정책의 문제이겠지만, 은행의 고유 업무만을 대리 또는 중개하는 행위라고 보는 것이 타당할 것이다.

2. 제도 도입의 필요성과 활용 사례

(1) 제도 도입의 필요성

우선 구체적인 은행대리업 제도의 내용을 살펴보기 전에 은행대리업 제도가 왜 필요한지에 대해 검토할 필요가 있는데, 다음과 같은 몇 가지 이유를 제시할 수 있다.

첫째, **은행이용자의 편익을 도모**할 수 있다. 금융의 전자화(digitalization)로 비대면 전자금융거래가 대세이다. 전자적인 방법으로 비대면 은행 거래를 많이 하면서 은행 영업점을 이용하는 은행이용자의 숫자는 줄어들고 있다. 이렇게 되면서 은행들도 영업점 유지 관리 비용을 줄이기 위해서 지점을 폐쇄하는 경우가 많아지고 있다. 은행 점포 숫자가 계속 줄어들고 있다.[209] 그런데 문제는 비대면 은행거래가 늘어나고 있지만, 아직도 비대면 금융거래에 익숙하지 않은 노령층 등 전자금융거래 소외계층이 있다는 점이다. 이러한 소외계층을 위한 대면 거래의 필요성은 여전히 있다. 이러한 필요성을 인식하여 금융당국도 은행 지점 폐쇄에 대한 사전 영향 평가의 공시 방안 마련[210] 등 제도 개선을 모색하고 있지만, 실효성을 기대하기가 어렵다. 전자금융거래 소외계층이 은행 점포를 이용할 수 있도록 하는 대안이 필요하다.[211] 은행대리업 제도가 바로 이러한 전자금융 소외계층을 위해 은행 업무를 제공할 수 있다는 점에서 은행이용자에게 편익을 제공할 수 있는 좋은 기회가 된다.[212]

---

209) 국내 4대 은행의 영업점포(출장소 포함) 숫자는 2018년 3,563개에서 2020년 3,303개, 2022년 2,883개로 계속 줄어들고 있다(고은아(2023), 3면).

210) 금융위원회(2012), 5면.

211) 금융당국도 "디지털 전환 등에 따른 지점 축소로 고령층 등 디지털 취약계층의 금융접근성[이] 위축[되어] 은행이 저비용으로 오프라인 채널을 확대할 수 있는 방안[이] 필요"하다는 점을 인정하고 있다(금융위원회·금융감독원(2023a), 4면).

212) "은행대리업은 각 이용주체별 '은행 – 은행대리점 – 소비자' 효과를 창출하면서 금융 활성화와 소비자 편의에 기여[할 수 있다]"는 견해는 고은아(2023), 12면; "고객은 일상생활 가운데 은행서비스를 받을

둘째, **은행 영업망이 없는 농어촌 지역 등에 소재하는 금융소비자에게 은행 업무를 이용할 수 있도록 하는 혜택**도 줄 수 있다.[213] 예를 들어, 전국적으로 산재해 있는 우체국이나 농촌 지역에 있는 농업협동조합 및 어촌 지역에 있는 수산업협동조합이 은행대리업자가 되는 경우 은행 지점망이 없는 농촌이나 어촌 지역에 있는 금융소비자도 은행 업무를 이용할 수 있는 혜택을 누릴 수 있다. 반대의 주장이 있는데, 농어촌 지역에 이미 농업협동조합, 수산업협동조합, 우체국, 신용협동조합, 새마을금고 등 지역을 기반으로 하는 금융기관이 토착화 되어 있어 지역 주민이 금융 업무를 이용하는데 큰 어려움이 없고, 은행대리업 제도가 도입되면 오히려 지역 금융기관 사이에 과당 경쟁을 초래하여 지역 금융기관의 영업 기반이 악화될 가능성이 있기 때문에 은행대리업 제도를 도입할 필요가 없다고 한다.[214] 그러나 이러한 금융기관은 각각의 설립 목적이 있어서 독자적인 영업 영역을 가지고 있다는 점에서 지역 금융기관의 영업 기반이 악화될 가능성이 있다는 주장은 설득력이 없다고 보며, 여전히 농어촌 지역에서도 은행을 이용할 수요가 존재한다는 점에서 은행대리업 제도의 도입 필요성은 있다.[215]

셋째, **인터넷전문은행의 영업점 확대 효과**를 거두게 되어 인터넷전문은행의 성장을 도모할 수 있는 토대가 될 수 있다.[216] 인터넷전문은행은 영업점이 없는 은행이다. 그러나 고객과 직접 대면해서 업무를 처리해야 할 필요성도 있다. 이 경우 은행대리업자를 이용하면 수월하게 은행이용자에게 은행 업무를 제공할 수 있는 편의를 도모할 수 있다.

넷째, **금융산업 사이의 금융상품판매대리업 제도의 균형적인 발전**을 이루기 위해서도 은행대리업 제도가 필요하다. 보험업의 경우에는 보험대리점 제도가 허용되어 있으며(「보험업법」 제91조), 금융투자업의 경우에는 금융투자업자의 위탁을 받아 금융투자상품에 대한 투자권유를 대행하는 투자권유대행인 제도(자본시장법 제51조)가 있고, 집합투자업의 경우 집합투자업자나 투자회

수 있는 편리성이 증가하고, 은행대리업자는 수수료 수입과 핵심고객의 증가라는 시너지효과가 기대되며, 은행으로서는 기존 지점의 보조 내지 대체, 새로운 고객군 및 지역 발굴 수단으로 적극 활용할 수 있[다]"라고 하는 설명은 이상제(2015), 3면.

213) "은행측의 입장에서도 은행대리업제도를 이용한다면 점포설치가 용이치 않은 지역에서도 대리인을 통하여 자행의 금융상품이 거래되는 통로를 마련할 수 있[다]"(도제문(2015), 159면)라는 설명도 같은 취지라고 볼 수 있다.

214) 임연하(2005), 59면.

215) 같은 견해는 노태석(2009), 64~65면.

216) 이에 대해서 원래 지점이 없는 인터넷전문은행 제도의 취지에 맞지 않는다는 견해도 있을 수 있다. 그러나 인터넷전문은행이라고 해서 반드시 지점이 없어야 하는 것은 아니다. 인터넷전문은행의 영업을 보완하기 위해서 제한적으로 지점망을 갖는 것도 필요하다. 이런 점에서 은행대리업 제도가 인터넷전문은행의 영업점 대체 역할을 할 수 있는 방안이 될 수 있을 것이다. 일본의 경우도 인터넷전문은행인 아우지분(AuJibun)은행이 'Au파이낸셜서비스'를 은행대리업 자회사로 두어 은행업무를 위탁하고 있으며, 인터넷전문은행인 세븐은행은 세븐그룹 자회사인 세븐글로벌Remit뿐만 아니라 SMBC, 리소나은행, 치바은행 등 일반은행을 은행대리업자로 선정하고 있고, 인터넷전문은행인 SBI스미신넷은행은 후쿠시마은행 등을 은행대리업자로 지정하여 은행업무를 위탁하고 있다(고은아(2023), 6~7면). 다만 인터넷전문은행이 은행대리업자에게 업무 위탁할 수 있다 하더라도 인터넷전문은행 제도의 취지를 고려하면 제한적으로 허용할 필요가 있을 것이다.

사 등은 집합투자기구의 집합투자증권을 투자매매업자나 투자중개업자를 통해서 판매하도록 하고 있어서(자본시장법 제184조 제5항), 각각 금융상품 판매망을 확보하고 있다. 그러나 은행의 경우에는 아직 은행상품 판매망 제도가 구축되어 있지 않다. 따라서 금융산업 사이의 균형적인 발전을 도모한다는 측면에서도 은행대리업 제도의 도입 필요성이 있다.217)

넷째, 은행 입장에서도 은행대리업자는 사실상 은행 지점의 기능을 수행한다는 점에서 은행이 직접 영업점을 설치할 때 발생하는 **관리 비용을 줄일 수 있는 장점**이 있다.218) 또한 은행은 은행대리업자에게 일정한 판매수수료를 지급하면 되고, 은행대리업자의 운영 비용을 부담할 필요는 없기 때문에 지점 운영에 비해서 운영 비용이 훨씬 적게 드는 장점이 있다.

다섯째, 은행 입장에서도 지점을 설치하지 않고 고객을 확보할 수 있다는 점에서 **은행의 영업력을 확대**할 수 있고,219) 은행상품 제조에 집중함으로써 경쟁력을 높일 수 있는 장점이 있다.220)

(2) 활용 사례

은행대리업의 활용 사례로는 다음과 같은 것을 들 수 있다.221)

① 철도회사 등 교통기관이 역사(驛舍) 등의 공간 내에서 은행 계좌 개설 등의 대리 업무를 수행할 수 있다.

② 백화점, 할인점, 생활협동조합 등이 자신의 점포 내에서 은행 업무의 대리 업무를 수행할 수 있다.

③ 자동차판매점이 자동차 판매와 관련된 자동차 관련 대출 업무의 대리 업무를 수행할 수 있다.

④ 주택건설업자가 주택전시장에서 주택 판매 권유와 함께 주택 대출을 권유하거나 대출 계약의 대리 업무를 수행할 수 있다.

⑤ 호텔이 안내소 등에서 예금 업무의 대리 업무가 가능하다.

⑥ 여행대리점이 외화예금 업무의 대리 업무 또는 환전 업무를 수행할 수 있다.

---

217) 같은 견해는 노태석(2009), 59~60면.

218) 비슷하게 "채산에 맞지 않는 점포를 대리점으로 전환하여 경영의 효율을 도모할 수 있다"는 견해는 도제문(2015), 177~178면.

219) "기존의 기업이 은행대리점을 겸업할 경우, 기업의 고객기반을 활용할 수 있다"는 설명(도제문(2015), 178면)도 같은 취지로 볼 수 있다.

220) 비슷한 설명은 노태석(2009), 61면; 고은아(2023), 12면.

221) 小山嘉昭(2018), 532面. 이하의 설명은 일본의 사례이지만 우리나라에도 적용될 수 있을 것이다.

Ⅲ. 일본의 은행대리업 제도

우리 법제와 유사한 일본은 이미 은행대리업 제도를 도입하여 실시하고 있기 때문에 일본의 은행대리업 법제를 고찰하면 향후 우리가 도입할 때 좋은 참고가 될 수 있다.[222] 은행대리업에 관련되는 근거 법률은 「은행법」이다. 일본은 일찍이 은행대리점 제도를 도입하여 실시하여 왔으나, 2005년 「은행법」 개정에 의하여 규제를 대폭 완화하여 은행대리업의 활성화 조치를 취한 바 있다.

1. 은행대리업 제도의 변천

우선 은행대리업 제도의 변천 과정을 살펴본다. 일본의 은행대리업 제도의 변천은 2006년 4월 시행된 2005년 「은행법」 개정 전과 후로 나눌 수 있다. 2005년 「은행법」 개정 전에는 '은행대리점' 제도라고 하였으나, 이후 '은행대리업' 제도로 변경되었으며, 은행대리업의 전업주의가 폐지되는 등 대폭적인 규제 완화를 실시해서 은행대리업 제도의 활성화를 도모한 바가 있다. 이하에서 변천 과정을 자세히 살펴본다.

(1) 2005년 「은행법」 개정 전의 은행대리점 제도

은행대리점 제도에서는 법인대리점에 대해서는 은행의 100% 자회사만으로 한정되었고, 은행대리점 업무 이외의 업무를 겸업하는 것이 금지되어서 일반사업회사가 은행대리점 업무를 영위하는 것이 사실상 불가능했다. 그 내용을 자세히 살펴본다.

1) 1963년 ~ 1998년 12월

은행대리점 제도는 1963년 시작되었지만, 법인의 경우 은행의 100% 자회사만이 인정되었고(물론 개인사업자도 허용되었으나, 금융기관은 은행대리점으로 허용되지 않았다),[223] 은행대리점은 은행을 위해서 은행대리 업무 이외의 다른 업무를 영위하는 것이 허용되지 않아[224] 전업주의를 취했다. 은행대리점을 설치하기 위해서는 감독당국의 사전 인가를 얻도록 해서[225] 인가제를 취하고 있었다.

은행대리점의 업무 범위에 관해서는 금융제도 개혁의 일환으로 1998년 12월 폐지된 대장성 은행국의 기본통첩(일반은행의 업무 운영에 관한 기본사항)에 "은행대리점은 은행의 위임을

---

222) 미국의 경우 예금중개인(deposit broker)과 주택담보대출중개인(mortgage broker) 등의 대출중개인(loan broker) 제도가 도입되어 있고, 영국의 경우 독립금융자문업자(independent financial advisor: IFA) 중심으로 은행상품에 대한 자문 및 중개 업무가 이루어지고 있으나, 일본의 제도가 우리가 도입하기에는 적절하다고 판단된다. 미국과 영국의 제도에 대한 자세한 논의는 노태석(2009), 40~59면.

223) 赤上博人·渡邉雅之(2006a), 11面.

224) 赤上博人·渡邉雅之(2006a), 9面.

225) 赤上博人·渡邉雅之(2006a), 9面.

받아서 은행을 위해 은행업의 전부 또는 일부의 대리를 하는 것"으로 규정되어 있었다.[226] 즉 대장성 통첩에 의하면, 은행대리점은 은행업(예금 또는 정기적금의 수입과 자금의 대출 또는 어음의 할인을 하는 것 또는 환거래를 행하는 업, 「은행법」 제2조 제2항)인 은행의 고유업무(「은행법」 제10조 제1항 각 호)의 전부 또는 일부의 대리를 하는 것이고, 은행의 채무보증이나 어음인수 또는 유가증권 관련 파생상품 거래 등 부수업무(「은행법」 제10조 제2항)만을 대리하는 것은 은행의 대리점에 해당하지 않아 은행대리점 설치를 위한 인가가 필요하지 않았다(구 「은행법」 제8조 제1항).[227] 또한 은행의 고유업무의 대리만 은행대리점의 대상이 되었기 때문에 중개 행위는 자유로이 할 수 있었다.[228]

2) 1998년 12월 ~ 2002년 3월

1998년 대장성 기본통첩이 폐지되면서 「은행법 시행규칙」 제9조의2에 "법 제8조 제1항 및 제2항에 규정된 은행대리점은 은행의 위임을 받아서 당해 은행을 위해서 은행의 업무 전부 또는 일부의 대리를 하는 것"이라고 규정되었다.[229] "은행의 업무 전부 또는 일부"라고 하고 있어서, 은행대리점은 은행의 고유 업무뿐만 아니라 은행이 영위하는 업무 전반, 즉 부수 업무(「은행법」 제10조 제2항)의 대리 행위를 하는 것도 포함된다고 해석되었다.[230] 그러나 은행 부수 업무의 전부 또는 일부만을 영위하는 시설이나 설비의 설치 또는 당해 시설이나 설비에서 영위하는 업무의 내용 변경을 한 경우에는 신고를 해야 하는 규정이 있어서(2004년 개정 전 시행규칙 제35조 제1항 제6호), 부수 업무의 대리를 행하기 위해서는 은행에 의한 사후 신고만으로 충분하기 때문에 은행 부수 업무의 대리는 종전대로 은행대리점에는 해당하지 않는다는 해석도 가능했다.[231]

3) 2002년 4월 ~ 2004년 3월

2002년 4월 「은행법 시행규칙」의 개정에 의해서 은행대리점을 포함한 영업소의 설치가 사전 인가제에서 사전 신고제로 완화되었고, 은행과 장기신용은행이 다른 은행의 은행대리점이 되는 것이 가능해졌다.[232] 더욱이 은행대리점의 지점 설치가 가능하게 되었고, 은행대리점이 영위를 할 수 있는 대리 업무로서 은행의 고유 업무 이외에 채무의 보증, 금전의 수납 등, 보호예수, 환전 업무라는 은행의 부수 업무가 명시적으로 추가되었다.[233] 따라서 이러한 업무 이외의 부수 업무의 대리를 영위하는 것은 가능하지 않게 되었다.[234]

---

226) 赤上博人·渡邉雅之(2006a), 9面.
227) 赤上博人·渡邉雅之(2006a), 9面.
228) 赤上博人·渡邉雅之(2006a), 11面.
229) 赤上博人·渡邉雅之(2006a), 10面.
230) 赤上博人·渡邉雅之(2006a), 10面.
231) 赤上博人·渡邉雅之(2006a), 10面.
232) 赤上博人·渡邉雅之(2006a), 10面.
233) 赤上博人·渡邉雅之(2006a), 10面.

4) 2004년 4월 ~ 2006년 3월

2004년 4월「은행법 시행규칙」개정에 의하여 증권회사가 은행이 영위하는 증권업무의 대리 행위를 하는 은행대리점이 되는 것이 가능해졌으며, 보험회사가 은행이 영위하는 대출 업무의 대리 행위를 하는 은행대리점이 되는 것이 가능해졌다.[235] 또한 2004년 4월「은행법 시행규칙」개정에 의하여 은행의 부수 업무 중에서 채무의 보증, 금전의 수납 등, 보호예수, 환전 업무 이외의 업무에 대해서는 은행대리점이 대리 업무를 영위하는 것이 가능하지 않도록 명시적으로 규정되었다.[236] 예를 들어, 은행이 영위하는 유가증권 관련 파생상품 거래는 은행의 부수 업무에 해당하지만 은행대리점이 그러한 거래의 대리 업무를 영위하는 것이 금지되었다.[237]

(2) 2005년「은행법」개정(2006년 4월 시행)

2006년 4월 시행된 2005년「은행법」개정에 의하여 종전의 은행대리점 제도가 은행대리업 제도로 개편되었으며, 은행대리업의 정의도 종전의 은행 업무의 대리만을 영위하는 것에서 은행 고유 업무의 대리뿐만 아니라 중개 행위로 확대되었고, 전업주의가 폐지되어 은행대리업자는 은행대리업 이외의 업무도 감독당국의 승인을 얻어 겸업을 할 수 있게 되었으며, 은행의 100% 자회사만이 은행대리업을 영위할 수 있었던 것도 그렇지 않은 일반사업자도 은행대리업을 영위할 수 있도록 대폭 규제가 완화되었다.[238] 진입 규제는 일반사업자 및 개인사업자에 대해서는 허가제로 변경되었고(법 제52조의36 제1항), 은행 및 일정한 금융기관의 경우에는 사전신고제로 변경되었다(법 제52조의61 제1항, 제2항, 제3항). 종전에 금지되었던 은행대리업의 재위탁이 가능해졌다(법 제52조의36 제3항). 2005년「은행법」개정 전에는 규제가 강해서 은행대리업 제도가 활성화되지 못했다는 비판이 제기되었는데, 은행대리업 제도의 활성화를 도모하기 위해서 규제를 대폭 완화한 것이다.

2. 은행대리업의 의의

(1) 은행대리업의 정의

2005년 개정 일본「은행법」은 '은행대리업'을 "은행을 위하여 ① 예금 또는 정기적금 등의 수입을 내용으로 하는 계약 체결의 대리 또는 중개, ② 자금의 대출 또는 어음의 할인을 내용으로 하는 계약 체결의 대리 또는 중개, ③ 환(換)거래를 내용으로 하는 계약 체결의 대리 또는

234) 赤上博人·渡邉雅之(2006a), 11面.
235) 赤上博人·渡邉雅之(2006a), 10面.
236) 赤上博人·渡邉雅之(2006a), 10面.
237) 赤上博人·渡邉雅之(2006a), 10面.
238) 小山嘉昭(2018), 531面.

중개의 어느 하나의 행위를 영업으로 하는 것"이라고 정의하고 있다(법 제2조 제14항).[239] 여기서 '환(換)거래'라 함은 송금, 자금이체 및 추심이체 거래를 의미한다.[240] 은행대리업은 "계약 체결의 대리 또는 중개" 업무를 영위하는 것을 말하므로 체약대리업과 중개대리업 모두를 인정하고 있음을 알 수 있다.

일본 「은행법」은 '은행업'을 "예금 또는 정기적금을 수입하여 자금의 대출 또는 어음 할인 거래를 하거나 환(換)거래를 영업으로 하는 것"이라고 하고 있기 때문에(법 제2조 제2항),[241] 결국 은행대리업의 범위는 은행의 고유 업무인 예금 및 대출 업무 또는 환거래 업무를 대상으로 계약 체결의 대리 또는 중개를 하는 업무라고 할 수 있다. 따라서 은행이 영위할 수 있는 채무보증이나 어음 인수 또는 유가증권의 매매나 유가증권 관련 파생상품 거래 업무 등 부수 업무(「은행법」 제10조 제2항)와 신탁업이나 투자자문업 등 겸영 업무(「은행법」 제11조, 제12조)는 은행대리업의 범위에 포함되지 않음을 알 수 있다.[242] 이러한 취지에 대해서 은행의 부수 업무나 겸영 업무는 「은행법」에 따른 허가를 요하지 않은 업무이어서 허가가 필요한 은행의 고유 업무와는 다르게 취급해야 한다는 견해가 있다.[243]

(2) 은행대리업 해당 여부

내각총리대신으로부터 허가를 받지 않고 은행대리업을 영위하게 되면 형사 처벌 대상이 된다는 점(법 제61조 제5호)에서 은행대리업에 해당하는지 여부가 중요하다. 특히 2005년 개정 「은행법」은 종전과 달리 계약 체결의 '중개' 행위도 은행대리업의 범위에 포함시켰으므로 중개 행위의 범위와 관련해서 해석상 논란이 제기될 수 있다. 그래서 감독당국인 금융청은 감독지침을 통하여 은행대리업 허가가 필요한 경우와 그렇지 않은 경우를 규정하고 있다. 그 내용을 살펴보면 다음과 같다.

---

239) 第二条 14 この法律において「銀行代理業」とは銀行のために次に掲げる行為のいずれかを行う営業をいう
 一 預金又は定期積金等の受入れを内容とする契約の締結の代理又は媒介
 二 資金の貸付け又は手形の割引を内容とする契約の締結の代理又は媒介
 三 為替取引を内容とする契約の締結の代理又は媒介

240) 小山嘉昭(2018), 137面.

241) 第二条 2 この法律において「銀行業」とは 次に掲げる行為のいずれかを行う営業をいう
 一 預金又は定期積金の受入れと資金の貸付け又は手形の割引とを併せ行うこと
 二 為替取引を行うこと

242) 일본의 경우 "은행이 영위하는 예금, 대출, 외환거래 이외의 부수업무(동법 제10조 제2항) 등의 대리 또는 매개만을 하는 경우에는 은행대리업에 해당하지 않는 것으로 하고 있다. 즉 허가를 요하지 않는다."라는 설명도 있다(안수현(2009), 260면).

243) 佐藤則夫(2017), 434面.

1) 허가가 필요한 행위

허가가 필요하다고 보는 은행대리업의 범위는 다음과 같다.[244]

① 예금 등의 수입 등(즉 예금이나 대출 업무 또는 환거래 업무 등 은행의 고유 업무를 말한다. 이하 같다)을 내용으로 하는 계약 체결의 권유 행위
② 예금 등의 수입 등을 내용으로 하는 계약의 권유를 목적으로 하는 상품 설명 행위
③ 예금 등의 수입 등을 내용으로 하는 계약 체결을 위한 조건의 교섭 행위
④ 예금 등의 수입 등을 내용으로 하는 계약 신청의 수령 행위(단순한 계약 신청서의 수령·회수 행위 또는 계약 신청서의 오기(誤記), 기재 누락, 필요서류의 첨부 누락의 시정만을 행하는 경우는 제외한다)
⑤ 예금 등의 수입 등을 내용으로 하는 계약의 승낙 행위

요약하면, ① 계약 체결의 권유 행위, ② 권유를 목적으로 한 상품 설명 행위, ③ 계약 체결을 위한 조건 교섭 행위, ④ 계약 신청의 수령 행위, ⑤ 계약의 승낙 행위는 은행대리업 허가가 필요한 행위가 된다.

2) 허가가 필요하지 않은 행위

금융청의 감독지침은 허가가 필요하지 않는 행위도 규정하고 있는데, 그러한 행위는 다음과 같다.[245]

① 고객을 위해서[246] 예금 등의 수입 등을 내용으로 하는 계약의 대리 또는 중개 행위는 허가가 필요하지 않다. 다만, 예를 들어, 은행과 해당 당사자와 사이에서 합의된 계약상 또는 구조상은 고객을 위해서 하는 행위에 해당하는 경우에도 해당 당사자가 실무상으로 그 계약이나 구조에서 정해진 범위를 넘거나 거기에 반해서 실질적으로 은행을 위해서 대리 또는 중개 업무를 영위하는 경우에는 허가가 필요하다.

② 중개에 이르지 않는 행위를 은행으로부터 위탁받아서 행하는 경우에는 은행대리업 허가가 필요하지 않다. 예를 들어, '사무 처리의 일부만을 은행으로부터 위탁받아 행하는 것'[247]에 지나지 않는 경우에는 은행대리업 허가가 필요하지 않는데, 다음과 같은 행위가 해당한다. 즉 (i) 상품 안내 자료, 광고 전단지, 계약 신청서 등의 단순한 배포나 교부 행위(이 경우 취급

244) 金融庁, 主要行等向けの総合的な監督指針(주요은행 등에 대한 종합적 감독지침), Ⅷ−3−2−1−1 (2).
245) 金融庁, 主要行等向けの総合的な監督指針, Ⅷ−3−2−1−1 (3).
246) "고객을 위해서"라고 하는 것은 고객으로부터 요청을 받아 고객의 편의를 위해서 고객 입장에서 조력하는 것을 말한다(金融庁, 主要行等向けの総合的な監督指針, Ⅷ−3−2−1−1 (3)①).
247) "사무 처리의 일부만을 은행으로부터 위탁받아 행하는 것에 지나지 않는 경우"라고 하는 것은 특정 은행의 특정 금융상품을 위해서 체계적이고 망라적으로 업무를 수행하는 것이 아닌 것을 말한다고 해석된다(小山嘉昭(2018), 535面).

은행 명칭과 그 은행의 연락처 등을 전달하는 것은 상관이 없지만, 배포나 교부하는 서류의 기재 방법 등을 설명하는 경우에는 중개에 해당할 수도 있다), (ii) 계약 신청서 및 첨부 서류 등의 수령이나 회수 행위(이 경우 단순한 계약신청서의 수령이나 회수 또는 계약신청서의 오기, 기재 누락 또는 필요 서류의 첨부 누락의 시정을 넘어서 계약 신청서의 기재 내용의 확인 등을 하는 경우에는 중개에 해당할 수 있다), (iii) 금융상품 설명회에서 일반적인 은행 취급 상품의 구조나 활용법 등에 대한 설명 행위, (iv) 계약 체결의 권유 행위를 하지 않고 단순히 고객을 은행에게 소개하는 행위(여기서 '소개'에는 (a) 해당 업자의 점포에서 은행을 소개하는 선전 매체를 비치하거나 게시하는 것, (b) 당해 업자와 은행의 관계 또는 당해 은행의 업무 내용에 대해서 설명을 하는 행위, (c) 은행의 인터넷사이트에 단순한 연결 설정만 하고, 계약 체결에 이르는 교섭과 절차는 당해 은행과 고객 사이에 이루어지고 당해 계약 체결에 있어서 당해 업자는 관여하지 않는 행위를 포함한다)는 은행대리업 허가 대상이 아니다.

③ 은행으로부터 위탁을 받아서 영업소 또는 사무소 내에 현금자동입출금기(Automated Teller Machine: ATM)만을 설치하는 행위에 대해서는 당해 현금자동입출금기가 「은행법 시행규칙」 제35조 제1항 제4호의 '무인 설비'에 해당하는 경우에는 은행대리업의 허가가 필요하지 않다.

3. 은행대리업자에 대한 진입 규제

(1) 허가제 및 신고제

진입 규제는 원칙적으로 허가제를 채택하면서 은행 등 일정한 금융기관에 대해서는 신고제로 운영하는 이원적 체제를 취하고 있다.

1) 허가제

어떤 자격을 갖춘 자가 은행대리업을 영위할 수 있는지에 관한 문제도 중요하다. 은행대리업은 예금 및 대출 업무의 대리라는 경제적으로 중요한 기능을 담당하고 있고, 결제 체계라는 고객 보호에 흠결이 되어서는 안 되는 분야를 담당하고 있기 때문이다.[248] 이러한 특수성을 고려할 때 적격 요건을 갖춘 자가 은행대리업을 영위할 필요가 있다. 즉 예금과 대출 업무라는 은행 업무를 대리 또는 중개하는 영업을 영위한다는 면에서 다른 금융상품판매대리업자에 비해 엄격한 기준을 적용할 필요가 있다. 그래서 일본은 원칙적으로 은행대리업자에 대한 허가제를 채택하고 있다. 즉 내각총리대신의 허가를 받지 않고는 은행대리업을 영위할 수 없다(법 제52조의36 제1항). 허가를 받지 않고 은행대리업을 영위하게 되면 최대 3년 이하의 징역에 처해지는 형사 처벌 대상이 된다(법 제61조 제5호). 허가 심사 기준은 아래 (2)에서 살펴본다.

2) 신고제

다만 「은행법」 및 「은행법 시행령」으로 정하는 은행 등 금융기관은 내각총리대신에게 사

248) 小山嘉昭(2018), 537面.

전에 신고를 하면 은행대리업을 영위할 수 있다(법 제52조의61 제1항, 제2항, 제3항). 「은행법 시행령」이 정하고 있는 금융기관은 장기신용은행, 신용금고 및 신용금고연합회, 신용협동조합 및 협동조합연합회, 노동금고 및 노동금고연합회, 농업협동조합 및 농업협동조합연합회, 어업협동조합 및 어업협동조합연합회, 수산가공업협동조합 및 수산가공업협동조합연합회, 농림중앙금고이다(시행령 제16조의8). 즉 이러한 은행 등 금융기관은 어차피 허가제 등을 통해서 영위하는 금융업에 대한 자격 심사 절차를 거쳤기 때문에 추가적인 허가 요건을 요구하지 않는 것으로 이해할 수 있다. 그러나 증권회사나 보험회사는 시행령이 정하는 금융기관의 범위에 포함되어 있지 않기 때문에 일반사업자와 마찬가지로 허가를 받아야 한다고 보아야 할 것이다.

(2) 허가 심사 기준

1) 개관

신고가 필요한 은행 등 금융기관 이외의 자가 은행대리업을 영위하려고 하는 경우는 개인사업자 또는 법인사업자로서 일정한 요건을 갖추어 허가를 얻어야 하는데, 허가 심사 기준은 다음과 같다. (i) 은행업을 수행하기 위하여 필요하다고 인정되는 내각부령(「은행법 시행규칙」)에서 정하는 재산적 기초를 갖고 있는 자, (ii) 인적 구성 등에 비추어 은행대리업을 적절하고 공정하고 효율적으로 수행하기 위하여 필요한 능력을 갖추고 있고, 충분한 사회적 신용을 보유하고 있는 자, (iii) 다른 업무를 영위함으로써 은행대리업을 적절하고 확실하게 영위하는 데에 지장을 미칠 우려가 없다고 인정되는 자이어야 한다(법 제52조의38 제1항). 내각총리대신은 허가 심사 기준에 비추어 공익상 필요가 있다고 인정하는 경우에는 필요한 한도 내에서 은행대리업의 업무 내용 및 그 밖의 사항에 대하여 조건을 부과할 수 있고, 이러한 조건을 변경할 수도 있다(법 제52조의38 제2항).

2) 재산적 기초

재산적 기초 심사 기준과 관련해서는 내각부령인 「은행법 시행규칙」에 의하면, 신청자의 순자산액(즉 총자산으로부터 총부채를 차감한 금액)이 개인사업자의 경우 3백만엔 이상이어야 하며, 법인사업자의 경우에는 5백만엔 이상이어야 한다(시행규칙 제34조의36 제1항). 은행대리업을 개시하고 나서 3년 동안은 당해 재산적 기초를 유지해야 할 의무가 있다(시행규칙 제34조의37 제2호).

3) 인적 구성

인적 구성의 심사 기준으로는 취급하는 업무에 따라 다소 차이는 있으나, 일반적으로 은행대리업을 영위할 수 있는 능력을 갖춘 자를 확보하도록 하고 있다. 즉 개인사업자와 법인사업자를 불문하고 은행 실무 경험이 있는 자를 확보하도록 하고 있다.

가) 개인사업자의 경우

개인사업자인 경우(둘 이상의 사무소에서 은행대리업을 영위하는 개인사업자를 제외한다)에는 영위하는 은행대리업에 관한 충분한 지식을 갖고 있는 자이어야 하는데, 구체적으로 당좌예금이나 대출 거래의 대리나 중개 업무를 취급하는 경우(다만 소속은행으로부터 수입한 예금 등이나 국채를 담보로 하여 행하는 대출 계약 및 사업용 이외의 용도로 제공되는 전형적인 대출 계약이면서 계약 체결 심사에 관여하지 않는 경우는 제외한다)에는 다음과 같은 은행 업무 경력자를 두어야 한다(시행규칙 제34조의37 제3호 イ).

(i) 사업자금 용도의 규격화된 대출상품(즉 자금수요자에 관한 재무정보를 기계적으로 처리함으로써 대출의 가능 여부 및 대출 조건이 미리 정해져 있는 대출상품을 말한다)이면서 계약 체결에 관련된 심사 업무를 하지 않는 경우에는 대출 업무에 1년 이상 종사한 자 또는 이와 동등한 능력을 보유하고 있다고 인정되는 자가 있어야 한다.

(ii) 대출 업무는 취급하지 않고 당좌예금 업무만을 취급하는 경우에는 대출 업무 또는 당좌예금 업무에 통산해서 3년 이상 종사한 자 또는 이와 동등한 능력을 가지는 것으로 인정되는 자가 있어야 한다.

(iii) 그 이외의 대출 업무를 취급하는 경우에는 대출 업무에 통산해서 3년 이상 종사한 자 또는 이와 동등한 능력을 가지는 것으로 인정되는 자가 있어야 한다.

나) 법인사업자의 경우

법인사업자(둘 이상의 사무소에서 은행대리업을 영위하는 개인사업자를 포함한다)도 당좌예금이나 대출 거래의 대리나 중개 업무를 취급하는 경우(다만 소속은행으로부터 수입한 예금 등이나 국채를 담보로 하여 행하는 대출 계약 및 사업용 이외의 용도로 제공되는 전형적인 대출 계약이면서 계약 체결 심사에 관여하지 않는 경우는 제외한다)에는 위의 가)에서 개인사업자에게 요구하는 자격을 갖춘 자를 적어도 1명 이상 두어야 한다(시행규칙 제34조의37 제3호 ロ).

다) 개인사업자 및 법인사업자의 결격 요건

개인사업자의 경우에는 다음과 같은 결격 요건에 해당해서는 안 된다. 즉 (i) 성년피후견인이나 피보좌인(被保佐人), (ii) 파산자이면서 아직 복권이 되지 않은 자, (iii) 금고 이상의 형을 선고받고 그 집행이 끝나거나 형 집행이 면제된 날로부터 5년이 경과되지 않은 자, (iv) 허가나 등록이 취소된 은행 등 금융기관의 이사, 집행임원, 감사, 회계감사인 등이었던 자로서 허가 취소일로부터 5년이 경과하지 않은 자, (v) 은행 등 금융기관의 이사, 집행임원, 감사, 회계감사인 등이었던 자로서 해임 처분을 받고 그 처분을 받은 날로부터 5년이 경과하지 않는 자, (vi) 금융 관련 법령 등을 위반하여 벌금형을 받아 그 집행이 종료되거나 형 집행이 면제된 날로부터 5년을 경과하지 않은 자 등에 해당되어서는 안 된다(시행규칙 제34조의37 제4호).

또한 법인사업자의 경우에도 (i) 허가나 등록이 취소된 금융기관의 경우 취소된 날로부터 5년이 경과되지 않은 자, (ii) 금융 관련 법령 등을 위반하여 벌금형을 받아 그 집행이 종료되거나 형 집행이 면제된 날로부터 5년을 경과하지 않은 자, (iii) 임원이 위의 개인사업자의 경우에 해당하는 결격 요건에 해당하는 자이어서는 안 된다(시행규칙 제34조의37 제5호).

라) 법령준수책임자 임명 의무

법인사업자(둘 이상의 사무소에서 은행대리업을 영위하는 개인사업자를 포함한다)는 은행대리업을 영위하는 영업소마다 은행대리업의 업무에 관하여 충분한 지식을 보유하고 있는 자인 '법령준수책임자'(영위하는 은행대리업에 관련된 법령 등의 준수를 확보하는 업무를 담당하는 책임자를 말한다)를 배치해야 하고, 본부나 본점이 있는 경우에는 그 본부나 본점의 은행대리업 총괄부서에 '법령준수총괄책임자'(법령준수책임자를 지휘해서 법령 등의 준수 확보를 총괄 관리하는 업무를 담당하는 총괄책임자를 말한다)를 배치해야 한다(시행규칙 제34조의37 제3호 ㅁ). 불건전 영업행위가 일어나지 않도록 하여 이용자를 보호하기 위해서는 법령 준수가 중요하다는 점을 의미한다고 할 수 있다.

4) 겸업 영위에 대한 요건

은행대리업자가 은행대리업 이외의 업무를 겸업하는 자인 경우에는 겸업에 따른 거래상의 우월적 지위를 이용해서 고객에게 손해를 입힐 가능성 등이 있다는 점을 고려해서 별도의 추가 심사 기준을 정해서 겸업 업무가 은행대리업의 영위에 지장이 없는지 여부를 심사하고 있다. 다른 업무를 겸업하면서 예금 및 환거래의 대리나 중개 업무를 취급하는 것은 겸업에 따른 이익 상반 행위의 폐해가 발생할 개연성이 낮아서 특별한 규제가 없지만,[249] 대출 계약의 대리 업무의 경우에는 그러한 폐해가 발생할 가능성이 있기 때문에 아래와 같이 규제를 하고 있다. 그 내용을 살펴보면 다음과 같다.

가) 주요 겸업 업무가 대출 등 신용공여 업무 이외의 경우

주요 겸업 업무가 자금 대출, 어음할인, 채무보증이나 어음인수 등 그 밖의 신용을 공여하는 업무 이외의 업무인 경우에는 아래 요건을 충족해야 한다(시행규칙 제34조의37 제6호).

(i) 겸업 업무의 내용이 법령에 저촉되지 않아야 한다.
(ii) 겸업 업무의 내용이 은행대리업자로서 사회적 신용을 훼손할 우려가 없어야 한다.
(iii) 은행대리업의 내용이 사업용 자금으로 대출이나 어음 할인을 내용으로 하는 계약 체결의 대리 또는 중개 업무인 경우(고객의 예금 등이나 국채를 담보로 해서 행하는 계약에 관한 것과 규격화된 대출상품(금액이 1천만 엔을 상한으로 하는 것에 한한다)으로서 계약 체결

249) 家根田正美(2006), 37面.

심사에 관여하지 않는 것은 제외한다), 고객과 거래 관계에 비추어 소속은행과 은행대리업자의 이익이 상반되는 거래가 행해질 가능성이 없어야 한다(신청인이 보험회사 및 그 밖의 금융청장관이 지정하는 자를 제외한다).

(iv) 겸업 업무에 따른 거래상의 우월적 지위를 부당하게 이용해서 은행대리업에 따른 고객의 보호에 흠결이 되는 행위를 할 우려가 있는 행위를 해서는 안 된다.

(v) 겸업 업무가 고객의 보호에 흠결을 초래하거나 소속은행 업무의 건전하고 적절한 수행에 지장을 초래할 우려가 있는 행위이어서는 안 된다.

나) 주요 겸업 업무가 자금의 대출 등 신용공여 업무의 경우

주요 겸업 업무가 자금의 대출, 어음할인, 채무보증 또는 어음인수 등 그 밖의 신용공여를 하는 업무인 경우(예를 들어, 대금업, 신용카드업 등의 경우), 위의 가)의 (i)에서 (v)까지의 행위에 해당되어서는 안 되고, 그 업무에 관하여 소속은행과 은행대리업자의 이익이 상반되는 거래를 행할 가능성이 없다고 인정되는 경우를 제외하고 은행대리업으로 행하는 대출 계약 체결의 대리 또는 중개 행위(고객의 예금 등이나 국채를 담보로 하는 대출 계약은 제외한다)의 내용 및 방법이 다음의 어느 하나에 해당되어야 한다(시행규칙 제34조의37 제7호 イ, ロ, ハ).

(i) 대출 자금으로 구입하는 물품 또는 물건을 담보로 해서 행하는 대출 계약이어야 한다(사업용 공여 자금 대출의 경우는 제외한다).

(ii) 규격화된 대출상품의 계약 체결 심사에 관여해서는 안 된다.

(iii) 겸업 업무로서 신용공여를 제공하고 있는 고객에 대해서 은행대리업에 관련된 자금의 대출이나 어음할인을 내용으로 하는 계약의 체결이나 중개를 하는 경우에는 미리 고객으로부터 서면 동의를 얻어서 겸업 업무에 따른 신용공여의 잔액 및 그 밖에 소속은행이 계약 체결의 여부 판단에 영향을 미치게 되는 중요한 사항을 소속은행에게 알려야 한다.

4. 은행대리업자의 겸업 허용

은행대리업 제도와 관련해서 제기되는 쟁점 중의 하나는 은행대리업자가 은행대리업만 전업으로 영위해야 하는지, 아니면 다른 업무도 겸업할 수 있는지의 문제이다. 2005년 개정 「은행법」은 종전에 은행대리업자는 은행대리업만 영위할 수 있도록 했던 전업주의를 폐지하여, 은행대리업 및 그 부수하는 업무 이외에 다른 업무도 겸업할 수 있도록 허용하였다. 다만 겸업을 위해서는 내각총리대신의 승인을 얻도록 하고 있다(법 제52조의42 제1항). 유통업을 영위하는 회사도 유통업을 영위하면서 은행대리업을 영위할 수 있는 것이다. 편의점을 예로 들 수 있다.

또한 「은행법」은 이미 다른 업무를 겸업하고 있는 사업자가 은행대리업 허가 신청을 하여 허가를 받으면 영위하고 있는 당해 업무에 대하여 겸업 승인을 받은 것으로 간주하는 조항을 두고 있다(법 제52조의42 제4항). 즉 은행대리업 허가 심사 시 겸업하는 업무가 은행대리업을 영위하는데 지장을 초래하는지 여부를 심사하게 된다는 의미가 된다. 그러한 심사 기준은 앞서 본 바와 같다. 은행대리업자가 은행대리업을 영위하면서 추가로 새로운 다른 겸업 업무를 영위하고자 하는 경우에는 별도의 승인을 받아야 한다.250)

한편 「은행법」은 겸업을 승인하지 않을 수 있는 경우를 한정해서 규정하고 있는데, 내각총리대신은 겸업 승인 신청이 있는 경우 당해 승인 신청을 한 은행대리업자가 겸업 업무를 영위하는 것이 은행대리업을 적절하고 확실하게 영위하는데 지장을 초래할 우려가 있다고 인정되는 때에 한하여 승인을 하지 않을 수 있다(법 제52조의42 제2항). 즉 승인을 하지 않을 수 있는 경우를 특별히 한정해서 규정함으로써 일반사업자가 가능한 광범위한 영업을 영위하면서 은행대리업을 영위할 수 있도록 배려한 것이다.251)

5. 은행대리업자의 업무 범위

(1) 은행대리업의 범위

은행대리업은 은행을 위해서 은행의 고유 업무인 예금 및 대출 업무 또는 환거래 업무의 계약 체결 대리 또는 중개 행위를 영업으로 하는 것이므로 은행의 부수 업무 및 겸영 업무의 대리나 중개 행위는 은행대리업의 업무 범위에 속하지 않게 된다. 따라서 은행 부수 업무의 대리나 중개는 자유롭게 영위하는 것이 가능하다는 설명이 있다.252)

(2) 은행대리업에 부수하는 업무

「은행법」 제52조의42 제1항은 "은행대리업자는 은행대리업 및 은행대리업에 부수하는 업무 이외에는 내각총리대신의 승인을 얻은 업무를 영위하는 것이 가능하다"고 규정하고 있다. 즉 은행대리업자의 겸업 업무에 대해서는 승인을 받으라는 것이기 때문에 은행대리업자는 별도의 승인 없이 "은행대리업에 부수하는 업무"를 영위하는 것은 가능하다. 그런데 그러한 부수 업무가 무엇인지에 대해서는 구체적으로 규정하고 있지 않은데, 은행대리업자가 "당해 소속은행이 영위하는 부수 업무를 대리하거나 중개하는 업무가 [은행대리업에 부수하는 업무]에 해당하지만, 당해 행위가 다른 법령에 의해서 허가 등의 영업 규제 대상이 되는 경우에는 겸업 승인을 받아야 한다."는 설명이 있다.253)

250) 小山嘉昭(2018), 538面.

251) 小山嘉昭(2018), 538面.

252) 赤上博人·渡邉雅之(2006a), 11面. 또한 "은행대리업은 은행법상의 은행 고유업무의 대리이므로 부수업무만을 대리하는 것이라면 은행법 밖의 문제가 되어, 이 경우에는 부수업무를 위한 허가를 받지 않아도 된다."라는 설명은 김영완(2011), 202면.

(3) 대출 계약의 대리나 중개 업무의 제한

은행대리업을 전업으로 하는 은행대리업자 및 보험회사인 은행대리업자는 개인소비자(즉 소비성 대출)와 사업자에 대한 대출(즉 사업성 대출)의 대리나 중개 업무를 제한 없이 영위할 수 있다.[254] 또한 일반사업자인 은행대리업자의 경우에도 개인소비자에 대한 소비성 대출 계약 체결의 대리나 중개 업무에 대해서도 겸업에 의한 이익 상반 행위 등의 폐해가 생길 가능성이 적기 때문에 특별한 제한이 없다.[255]

그러나 일반사업자인 은행대리업자(예를 들어, 대출 업무가 주요 겸업 업무가 아닌 증권회사)가 사업자에 대하여 하는 사업성 대출 계약 체결의 대리 또는 중개 업무를 영위하는 것은 겸업 업무와 사이에 이익 상반 행위 등의 폐해가 발생할 가능성이 있어서 원칙적으로 인정되지 않는다.[256] 다만 다음의 경우는 상반되는 이익이 존재하지 않는다고 보아 허용된다. 즉 ① 소속은행이 받은 고객의 예금 등이나 국채를 담보로 하는 대출 계약 체결의 대리나 중개 업무나 ② 규격화된 대출상품(자금수요자에 관한 재무정보의 기계적인 처리만으로 대출 가능 여부 및 대출조건이 설정되는 것이 미리 정해져 있는 대출상품)에 관계된 계약 체결의 중개(여신 심사에 관여하지 않은 경우로서 1천만 엔을 상한으로 하는 대출에 한한다)는 허용된다(시행규칙 제34조의37 제6호 ハ).[257]

6. 소속은행 제도

(1) 서설

일본「은행법」은 '소속은행' 제도를 채택하여 소속은행에게 은행대리업자에 대한 제1차적인 지도 및 감독 책임과 여러 법적 의무를 부여하고 있는 것이 특징적이다. 이는 은행대리업자가 점포에 은행대리업자라는 표지를 걸어서 영업을 하지만, 소속은행의 간판도 같이 표시해서 영업을 하기 때문에(시행규칙 제34조의63 제1항 제6호) 고객 입장에서는 마치 소속은행의 점포로 인식할 수도 있고, 은행대리업 행위의 법적 효과가 그대로 직접 소속은행에게 미치는 것이어서 소속은행의 관여가 상당히 있을 수밖에 없기 때문이다.[258]「은행법」은 소속은행을 "은행대리업자가 행하는 계약 체결의 대리 또는 중개 행위에 의하여 예금이나 정기적금 등의 수입,

253) 家根田正美(2006), 38面. 같은 설명은 안수현(2009), 261~262면("소속은행의 위탁을 받아 당해 소속은행이 하는 부수업무(제10조 제2항)의 대리 또는 매개를 하는 경우에는 은행대리업에 부수하는 업무에 해당하여 승인을 요하지 않는다").
254) 赤上博人·渡邉雅之(2006b), 38面.
255) 赤上博人·渡邉雅之(2006b), 38面.
256) 赤上博人·渡邉雅之(2006b), 38面; 青山正博(2019a), 43面(이러한 일반사업자로서 대출 업무가 주요 겸업 업무가 아닌 증권회사를 예로 들고 있다).
257) 赤上博人·渡邉雅之(2006b), 38面; 青山正博(2019a), 43面.
258) 小山嘉昭(2018), 536面.

자금의 대출 또는 어음의 할인이나 환거래를 행하는 은행"이라고 정의하고 있다(법 제2조 제16항).[259] 즉 은행대리업자가 행하는 대리나 중개 행위의 법적 효과가 귀속되는 은행이라고 할 수 있다. 은행대리업자는 복수의 소속은행을 정할 수 있다.[260]

(2) 은행대리업자에 대한 업무 지도

1) 은행대리업자에 대한 소속은행의 업무 지도

소속은행은 은행대리업자가 영위하는 은행대리업에 관하여 내각부령이 정하는 바에 따라 업무 지도 및 그 밖의 건전하고 적절한 운영을 확보하기 위한 조치를 강구할 의무가 있어(법 제52조의58 제1항), 사실상의 제1차적인 관리·감독 의무를 지고 있다.

내각부령인 「은행법 시행규칙」이 정하고 있는 구체적인 업무 지도 등의 조치 내용은 다음과 같다(시행규칙 제34조의63 제1항 제1호 내지 제9호).

① 은행대리업자 및 은행대리업 종사자에 대한 은행대리업에 관한 업무의 지도 및 은행대리업에 관한 법령 등을 준수시키기 위한 연수 실시 등의 조치
② 은행대리업자가 행하는 은행 대리 업무의 영위 상황을 정기적으로 또는 필요한 경우 수시로 확인하는 조치를 취함으로써 은행대리업자가 당해 은행 대리 업무를 정확하게 수행하고 있는지를 검증하고 필요한 경우 개선하게 하는 등 은행대리업자에 대한 필요하고 적절한 감독 등을 행하기 위한 조치
③ 은행대리업의 건전하고 적절한 운영을 확보하기 위해 필요하다고 인정하는 경우에는 은행대리업자와 체결한 위탁 계약 및 은행대리업재위탁자와 은행대리업재수탁자와 사이에 체결된 재위탁계약의 내용을 변경하거나 해제하기 위한 조치[261]
④ 은행대리업자가 행하는 대출 업무의 대리나 중개 행위에 대해서 은행대리업자가 필요한 자체 심사를 하기 위한 조치
⑤ 은행대리업자가 소속은행으로부터 고객 정보를 부정하게 취득하지 못하도록 하는 등 고객 정보의 적절한 관리를 확보하기 위한 조치
⑥ 소속은행의 상호와 은행대리업자임을 나타내는 문자 및 해당 은행대리업자의 상호 또는 명칭을 점포에 게시하기 위한 조치
⑦ 은행대리업자의 영업소 또는 사무소에서 은행대리업에 관계되는 업무에 관하여 범죄 방지

259) 第二条 16 この法律において「所属銀行」とは銀行代理業者が行う第十四項各号に掲げる行為により同項各号に規定する契約において同項各号の預金若しくは定期積金等の受入れ資金の貸付け若しくは手形の割引又は為替取引を行う銀行をいう

260) 小山嘉昭(2018), 536面.

261) 은행대리업자는 소속은행의 허락을 얻어 다른 은행대리업자에게 재위탁할 수 있다(법 제52조의36 제2항, 제3항). 이 경우 은행대리업자가 '은행대리업재위탁자'가 되며, 다른 은행대리업자가 '은행대리업재수탁자'가 된다.

를 위한 조치

⑧ 은행대리업자의 영업소 또는 사무소가 폐쇄되는 경우 해당 영업소나 사무소의 고객에 관계된 거래가 소속은행의 영업소, 다른 금융기관 또는 다른 은행대리업자 등에게 지장 없이 인수되게 하는 등 은행대리업자의 해당 영업소나 사무소의 고객에 현저한 영향을 미치지 않도록 하기 위한 조치

⑨ 은행대리업자의 은행대리업에 관계되는 고객의 불만을 적절하고도 신속하게 처리하기 위해 필요한 조치

2) 은행대리업재수탁자에 대한 은행대리업재위탁자의 업무 지도

은행대리업자는 소속은행의 허락을 받아 은행대리업을 재위탁할 수 있는데(법 제52조의36 제2항, 제3항), 이 경우 재위탁을 한 은행대리업자(이하 "은행대리업재위탁자"라고 한다)는 재위탁을 받아 은행대리업을 영위하는 자(이하 "은행대리업재수탁자"라고 한다)에 대하여 내각부령이 정하는 바에 따라 은행대리업에 관한 업무의 지도 및 그 밖의 건전하고 적절한 운영을 확보하기 위한 조치를 강구할 의무가 있다(법 제52조의58 제2항, 시행규칙 제34조의63 제2항). 즉 은행대리업재위탁자가 은행대리업재수탁자에 대한 지도 및 관리 의무가 있는 것이다. 따라서 은행대리업을 재위탁한 경우에 소속은행의 지도 의무는 재위탁한 은행대리업자에게만 미치고 은행대리업재수탁자에게는 미치지 않는다고 볼 수 있다. 그러한 업무 지도 조치 내용은 위 1)의 소속은행의 은행대리업자에 대한 업무 지도 내용이 적용되는데, 이 중 ④와 ⑧의 조치는 적용되지 않는다(시행규칙 제34조의63 제2항).

(3) 소속은행과 은행대리업재위탁자의 손해배상책임

1) 손해배상책임의 원칙

「은행법」은 소속은행과 은행대리업재위탁자로 하여금 이용자에 대한 손해배상책임을 지도록 하는 조항도 두고 있다. 그만큼 은행대리업자의 이용자를 두텁게 보호하기 위한 조치라고 이해할 수 있다. 즉 소속은행은 은행대리업자가 은행대리업을 영위하면서 고객에게 입힌 손해를 배상할 책임을 진다(법 제52조의59 제1항). 또한 은행대리업을 재위탁한 경우 은행대리업재위탁자도 은행대리업재수탁자가 행하는 은행대리업 영위와 관련하여 고객에게 입힌 손해에 대한 배상 책임을 진다(법 제52조의59 제3항).

한편 「은행법」은 소속은행이 은행대리업재수탁자가 행하는 은행대리업 영위와 관련해서 고객에게 입힌 손해를 배상할 책임을 지는 지에 대한 명시적인 조항을 두고 있지 않지만, 은행대리업재수탁자의 대리 행위에 의한 고객의 손해에 대해서도 소속은행이 배상 책임을 진다고 보아야 할 것이다. 왜냐하면 「은행법」은 은행대리업재수탁자의 대리 행위로 인한 고객의 손해

배상책임에 대해서 소속은행의 면책 조항을 두고 있기 때문이다(법 제52조의59 제2항 제2호).

이러한 손해배상책임 조항이 있더라도 소속은행은 은행대리업자에게 구상권을 행사할 수 있으며, 은행대리업재위탁자도 은행대리업재수탁자에게 구상권을 행사할 수 있다(법 제52조의59제4항).

은행대리업 영위와 관련하여 이용자가 입을 수 있는 손해에 대해서 소속은행 등으로 하여금 배상 책임을 지게 함으로써 이용자 보호를 강화하고 있다는 점에서 향후 우리도 이를 참고할 필요가 있다.

2) 면책 사유

「은행법」은 소속은행과 은행대리업재위탁자에 대한 면책 조항을 두고 있다. 우선 소속은행이 은행대리업자에게 은행업무를 위탁하는 것에 대하여 상당한 주의를 다하고, 소속은행이 해당 은행대리업자의 은행 대리 행위에 의해서 고객이 입은 손해의 발생을 방지하기 위하여 노력을 다한 경우에는 손해배상책임을 지지 않도록 하고 있다(법 제52조의59 제2항 제1호). 은행대리업을 재위탁하는 경우, 소속은행이 해당 은행대리업자에게 재위탁을 허락하는 것에 대하여 상당한 주의를 다하고, 소속은행이 해당 은행대리업재수탁자의 은행 대리 행위에 의하여 고객이 입은 손해의 발생을 방지하기 위하여 노력을 다한 경우에는 손해배상책임을 지지 않도록 하고 있다(법 제52조의59 제2항 제2호).

또한 은행대리업자가 재위탁하는 경우 은행대리업재위탁자에 대한 면책 조항도 두고 있다. 즉 은행대리업재위탁자가 재위탁을 하는 것에 대하여 상당한 주의를 다하고, 당해 은행대리업재수탁자에 의한 은행대리 행위에 의하여 고객이 입은 손해의 발생을 방지하기 위하여 노력을 다한 경우에는 책임이 면제된다(법 제52조의59 제3항).

이러한 면책 조항의 실효성에 대하여, "[일본] 민법상의 사용자책임에 대하여 면책이 인정된 일본 판례가 없으며, 실무에서는 무과실책임에 가깝게 운용되고 있으므로 실제적으로 소속은행에 대한 면책이 인정되는 경우는 매우 한정적이라고 할 수 있다"라는 견해가 있다.[262]

(4) 고객에 대한 공시 의무

1) 소속은행의 은행대리업자에 관한 장부 비치 및 열람 제공 의무

소속은행은 내각부령이 정하는 바에 따라 당해 소속은행에 관계된 은행대리업자에 관한 장부를 해당 소속은행의 영업소에 비치해야 할 의무가 있으며(법 제52조의60 제1항), 예금자 등 이해관계자는 필요한 경우에 소속은행에 대하여 당해 장부의 열람을 요구할 수 있다(법 제52조의60). 장부의 기재 내용은 은행대리업자의 상호 및 명칭이나 성명, 법인은행대리업자의 경우 대표자 성명이나 명칭, 은행대리업의 내용, 은행대리업을 영위하는 영업소나 사무소의 명칭 및

262) 김영완(2011), 208면.

소재지, 은행대리업 허가를 받은 날짜 등이 포함되어야 한다(시행규칙 제34조의64).

2) 은행대리업자의 소속은행에 관한 공시 서류 비치 및 열람 제공 의무

고객에 대한 정보 공시 관점에서 은행대리업자는 소속은행 또는 소속은행을 자회사로 두고 있는 은행지주회사의 사업연도마다 해당 소속은행이나 은행지주회사가 「은행법」에 따라 작성해야 하는 공시서류(재무상태표 및 손익계산서, 사업 및 재산 상황에 관한 설명서류 등을 말한다. 「은행법」 제20조 제1항, 제2항, 제21조 제1항)를 해당 은행대리업자의 전체 영업소나 사무소에 비치해서 공중의 열람에 제공해야 할 의무가 있다(법 제52조의51 제1항).

(5) 소결

은행대리업의 운영에 대하여 소속은행에게 일정한 손해배상책임을 부여하고, 감독당국이 상당 부분 소속은행을 경유해서 관리 감독을 행하고 있는 것에 대하여, "① 감독당국이 금융기관이 아닌 일반사업자에게 미치는 규제 권한이 한정적이라는 점, ② 「은행법」의 목적은 금융질서의 유지와 예금자 보호 등 고객을 보호하는 것이고, 은행대리업자가 겸업하는 비금융업종에 대해서는 규제가 이루어지 않아 금융 위험이 연쇄적으로 전파되는 것을 방지해야 한다는 점 등에 비추어볼 때 당해 분야에서 전문성을 갖고 있는 소속은행에게 은행대리업의 운영에 대한 책임을 부담하게 할 수밖에 없는 것"이라는 평가가 있다.[263] 금융청도 감독지침에서 "은행대리업자가 영위하는 은행대리업이 건전하고 적절하게 운영되는 것을 확보해야 하는 책임은 제1차적으로는 소속은행에게 부과할 수밖에 없다는 것을 선언한 것"이라고 서술하고 있어,[264] 소속은행이 은행대리업 제도에서 매우 중요한 역할을 하고 있다는 점을 알 수 있다.

7. 은행대리업자의 영업행위 규제

「은행법」은 은행대리업자가 은행대리업을 영위함에 있어서 이용자에 대한 피해가 발생하지 않도록 여러 영업행위 규제 내용을 두고 있다. 이는 은행대리업자의 불건전 영업행위를 규제함으로써 이용자의 피해가 발생하는 것을 막기 위한 조치라고 할 수 있다. 그 내용을 살펴보면 다음과 같다.

(1) 소속은행의 허락을 받은 경우에만 은행대리업 재위탁 허용

은행대리업자는 미리 소속은행의 허락을 얻지 않고는 은행대리업을 재위탁하는 것이 금지된다(법 제52조의36 제3항). 아무런 제한 없이 은행대리업을 재위탁할 때 발생할 수 있는 이용자 피해를 막기 위함이다.

---

263) 小山嘉昭(2018), 536面.

264) 金融庁, 主要行等向けの総合的な監督指針, Ⅷ－5－1 (2).

(2) 은행대리업에 관한 장부 서류 작성 및 보존 의무

은행대리업자는 내각부령이 정하는 바에 따라 은행대리업에 관한 장부 서류를 작성해서 보존해야 한다(법 제52조의49). 은행대리업에 관한 감독을 위해서 필요하거나 은행대리업자와 이용자 사이에 분쟁이 발생할 때 필요한 장부 서류의 보관 의무를 규정하고 있는 것이다.

(3) 명의대여 금지

은행대리업자는 자기의 명의를 타인에게 대여하여 타인으로 하여금 은행대리업을 영위하게 하는 것이 금지된다(법 제52조의41). 이것도 자격이 없는 타인이 은행대리업을 영위함으로써 발생할 수 있는 이용자 피해를 막기 위함이다.

(4) 고객재산과 고유재산의 분별 관리 의무

은행대리업자는 은행대리업 영위와 관련하여 고객으로부터 금전 및 그 밖의 재산을 교부받은 경우에는 내각부령이 정하는 바에 따라 자기의 고유재산과 분별하여 관리해야 한다(법 제52조의43). 은행대리업자가 고객의 금전을 유용하는 것을 금지해서 소속은행과 고객 및 이해관계자 사이에 금전의 지급과 수입을 확실하게 하는 것을 확보하기 위한 조치라고 할 수 있다.[265] 구체적으로 은행대리업자는 고객으로부터 금전 및 그 밖의 재산을 교부받은 경우에는 자기 고유재산과 구별하여 보관 장소를 명확하게 구별하고, 어느 소속은행에 관련된 것인지 바로 판별할 수 있는 상태로 관리해야 한다(시행규칙 제34조의42).

(5) 은행대리업 표지 게시 의무

은행대리업자는 그 영업소 또는 사무소마다 공중이 보기에 편한 장소에 내각부령이 정하는 양식의 표지(標識)를 고객의 눈에 띄기 쉽게 게시해야 한다(법 제52조의40 제1항, 시행규칙 제34조의45 제2항). 이용자들이 은행대리업자라는 사실을 잘 인지할 수 있도록 하기 위함이다. 은행대리업자 이외의 자는 은행대리업 표지나 이와 유사한 표지를 게시하는 것이 금지된다(법 제52조의40 제2항). 즉 고객이 무허가인 자와 거래를 하는 것이 발생하지 않도록 하기 위해 둔 규정이다.

(6) 고객에 대한 고지 의무

은행대리업자는 은행대리업을 영위하고자 할 때는 미리 고객에게 소속은행의 상호, 계약 체결을 대리하는지 또는 중개하는지 여부, 그 밖에 내각부령이 정하는 사항을 명확하게 밝혀야 한다(법 제52조의44 제1항 제1호 내지 제3호). 내각부령이 정하는 사항은 (i) 은행 대리 행위에

---

265) 小山嘉昭(2018), 540面.

관하여 고객으로부터 금전 및 그 밖의 재산을 교부받은 경우에는 당해 교부를 받는 것에 대해서 소속은행으로부터 권한을 부여받았다는 취지, (ii) 소속은행이 둘 이상인 경우, 고객이 체결하려고 하는 은행 대리 계약에 따라 고객이 지급해야 하는 수수료와 당해 계약과 같은 종류의 계약에 따라 다른 소속은행에게 지급해야 하는 수수료가 차이가 날 때는 그러한 취지, (iii) 소속은행이 둘 이상인 경우, 고객이 체결하려는 은행 대리 계약과 같은 종류의 계약 체결의 대리 또는 중개를 다른 소속은행을 위해서 하고 있는 경우에는 그 취지, (iv) 소속은행이 둘 이상인 경우, 고객의 거래 상대방이 되는 소속은행의 상호 또는 명칭이다(시행규칙 제34조의43 제1항). 고객에게 은행 대리 업무에 관한 사항을 충분히 알림으로써 고객이 은행 자체가 아닌 은행대리업자와 거래를 하고 있음을 인지시키도록 하기 위함이다.

(7) 고객에 대한 예금 등의 정보 제공 의무

은행대리업자는 은행이 예금자 등에 대해서 정보를 제공해야 하는 의무와 동일하게 예금 등 관계된 계약 체결의 내용 및 그 밖의 예금자 등에게 참고가 되는 정보를 제공할 의무가 있다. 즉 은행대리업자는 예금이나 정기적금 등의 계약(특정예금 등의 계약은 제외한다) 체결을 대리하거나 중개할 때는 예금자 등을 보호하기 위해서 내각부령이 정하는 바에 따라 예금이나 정기적금 등에 관계된 계약의 내용 및 그 밖의 예금자 등에게 참고가 되는 정보를 제공해야 한다(법 제52조의44 제2항).

예금자 등에게 제공해야 하는 정보는 주요한 예금 등의 금리, 취급하는 예금 등의 수수료, 「예금보험법」에 따른 예금 보호 대상이 된다는 사실, 예금자 등이 요구하는 경우 중요한 상품 정보를 기재한 서면을 이용한 설명 및 상품안내서 교부, 변동금리예금의 금리 설정 기준이 되는 지표 및 금리 설정 방법이 정해져 있는 경우 해당 기준 및 방법과 금리에 관한 정보의 적절한 제공 등이 해당된다(시행규칙 제34조의44→제30조의3). 이처럼 예금상품에 대해서 고객에게 충분한 정보를 제공할 의무를 규정하고 있음을 알 수 있는데, 은행대리업자라는 이유만으로 은행보다도 고객에 대한 적절한 대응 의무가 경감되어서는 안 된다는 것을 의미한다.

(8) 예금 등과 오인 방지 의무

은행대리업자는 은행대리업 영위와 관련한 중요한 사항을 고객에게 설명해야 할 의무가 있는데(법 제52조의44 제3항), 「은행법 시행규칙」은 예금 등과 오인되는 것을 방지하기 위한 설명 의무 등의 조치를 취하도록 하고 있다. 즉 은행대리업자가 예금 등 이외의 금융상품 등을 판매하는 경우에는 예금 등과 오인되는 것을 방지하기 위해서 서면의 교부 등에 의해 (i) 예금 또는 정기적금 상품이 아니라는 것, (ii) 예금보험 대상이 되지 않는다는 것, (iii) 원본의 반환이 보장되지 않는다는 것, (iv) 계약의 주체 등에 관한 사항을 설명해야 한다(시행규칙 제34조의45

제1항).

(9) 개인 고객 정보의 적정한 관리 의무

「은행법」은 은행대리업자가 은행대리업 영위와 관련하여 취득한 고객의 정보를 적절히 취급하도록 하고 있는데(법 제52조의44 제3항), 자세한 사항은 「은행법 시행규칙」이 정하고 있다. 즉 은행대리업자는 은행과 마찬가지로 개인 고객 정보의 안전 관리 조치를 취해야 하며(시행규칙 제34조의47), 이외에도 ① 은행대리업에 있어서 취급하는 고객에 관한 비공개 금융정보를 사전에 서면 등으로 당해 고객의 동의를 얻지 않고 은행대리업 이외의 업무에 이용하지 않을 것, ② 겸업 업무에서 취급하는 고객의 비공개 정보를 사전에 서면 등으로 당해 고객의 동의를 얻지 않고 은행대리업에 관한 업무에 이용하지 않을 것, ③ 사전에 서면 등으로 당해 고객의 동의를 얻지 않고 소속은행에게 제공하지 않을 것을 확보하기 위한 조치를 강구해야 한다(시행규칙 제34조의48).[266]

(10) 사내규칙의 제정 및 운영

은행대리업자는 영위하는 은행대리업의 내용 및 방법과 관련하여 고객의 지식, 경험 및 재산 상황을 근거로 한 중요한 사항의 고객에 대한 설명 및 그 밖의 건전하고 적절한 사업의 운영을 확보하기 위한 조치(서면 교부 및 그 밖의 적절한 방법에 의한 상품 또는 거래의 내용과 위험의 설명 및 범죄를 방지하기 위한 조치를 포함한다)에 관한 사내규칙을 제정해야 하고, 은행대리업 종사자에 대한 연수 및 그 밖의 당해 사내규칙에 기초하여 업무가 운영되기 위한 충분한 체제를 정비해야 한다(시행규칙 제34조의49).

(11) 은행대리업에 관한 금지 행위

은행대리업자는 은행대리업에 관하여 다음의 행위를 하는 것이 금지된다(법 제52조의45 제1호 내지 제5호).

① 고객에 대하여 허위 사실을 알리는 행위
② 고객에 대하여 불확실한 사항에 관하여 단정적 판단을 제공하거나 확실하다고 오인하게 할 우려가 있는 것을 알리는 행위
③ 고객에 대하여 해당 은행대리업자 또는 해당 은행대리업자의 자회사 및 그 밖에 해당 은행대리업자와 내각부령이 정하는 '밀접한 관계가 있는 자'(시행규칙 제34조의50)가 영위하는 업무에 관계된 거래를 행하는 것을 조건으로 해서 자금의 대출 또는 어음할인을 내용으로

266) 고객 정보의 관리에 관한 자세한 논의는 青山正博(2019b), 42~45面.

하는 계약 체결의 대리 또는 중개를 하는 행위(고객 보호에 흠결이 될 우려가 없는 것으로서 내각부령이 정하는 행위는 제외한다)[267]

④ 해당 은행대리업자와 '밀접한 관계가 있는 자'에 대하여 거래 조건이 소속은행 거래의 통상의 조건에 비추어 해당 소속은행에게 불이익을 줄 수 있다는 것을 알리지 않고, 통상의 조건보다도 유리한 조건으로 자금 대출이나 어음할인을 내용을 하는 계약 체결의 대리 또는 중개를 하는 행위[268]

⑤ 그 밖에 고객 보호에 흠결이 되거나 소속은행이 건전하고 적절한 업무 수행을 하는데 지장을 초래할 우려가 있는 것으로 내각부령(시행규칙 제34조의53)이 정하는 행위(특정예금 등의 계약 체결의 대리나 중개 업무에 관하여는 적용하지 않는다)

(12) 은행대리업자의 휴일 및 영업시간

당좌예금 업무를 취급하는 은행대리업자의 영업소나 사무소의 휴일 및 영업시간은 은행에게 적용하는 법정휴일 및 영업시간(오전 9시부터 오후 3시까지)과 동일하다(시행령 제16조의7 제1항, 시행규칙 제34조의55 제1항). 이는 은행의 영업점과 동일하게 지급결제 체계의 안정성을 확보한다는 관점에서 필요한 사항이다.[269] 영업시간을 연장하는 것도 가능하다(시행규칙 제34조의55 제2항). 은행대리업자의 휴일 및 영업시간은 공중이 보기 쉬운 장소에 게시해야 한다(시행규칙 제34조의55 제6항). 영업소 등의 특수한 사정을 고려한 경우나 고객의 편리를 현저히 저해하지 않는 경우에는 법정휴일 및 영업시간 이외의 시간에 변경하여 영업을 할 수 있으나, 이 경우에는 영업소에 이를 게시해야 한다(시행규칙 제34조의55 제3항, 제4항). 당좌예금을 취급하지 않는 영업소나 사무소에 대해서는 위와 같은 영업시간 규제가 적용되지 않는다(시행규칙 제34조의55 제5항).

8. 은행대리업자에 대한 감독

(1) 서설

일본 「은행법」은 은행대리업자에 대한 감독에 관한 내용도 담고 있다. 은행대리업자에 대한 적절한 감독을 통하여 건전한 은행대리업이 영위될 수 있도록 하기 위함이다. 기본적으로 은행대리업자에 대한 감독은 소속은행을 통하여 하도록 하고 있지만, 필요한 경우 감독당국이 직접 은행대리업자를 검사 및 감독할 수도 있다. 은행대리업자도 이용자에게는 중요한 은행대리업을 영위하고 있다는 점에서 적절한 조치이다.

---

267) 소위 '끼워팔기 융자'를 말한다(家根田正美(2006), 39面).
268) 소위 '정실(情實) 융자'를 말한다(家根田正美(2006), 39面).
269) 青山正博(2019a), 39面.

(2) 소속은행을 통한 감독

소속은행을 통한 은행대리업자에 대한 감독 방법은 금융청이 제정한 「주요 은행 등에 대한 종합적 감독지침(主要行等向けの総合的な監督指針)」에 규정되어 있다. 이에 의하면, 감독당국이 소속은행에 대하여 비대면 감시(monitoring)를 함에 있어서 필요한 경우 소속은행이 위탁한 은행대리업에 관한 사항도 포함하여 확인하도록 하고 있어,[270] 기본적으로 소속은행을 통하여 은행대리업자에 대한 감독을 하고 있음을 알 수 있다. 또한 은행대리업자의 업무 운영에 관하여 문제가 발생한 때에는 감독당국은 필요한 경우 소속은행에게 보고를 하도록 요구함으로써 사실관계를 확인하도록 하는 등의 대응을 하여 문제를 해결하도록 하고 있다.[271]

특히 은행대리업자가 다른 업무를 겸업하는 경우에는 물품의 끼워팔기 판매나 융자 또는 정실(情実) 융자 행위 등의 부적절한 거래 방법을 방지하기 위한 조치, 고객 정보를 적정하게 관리하는 위한 조치, 반사회적인 세력과 관계를 차단하기 위한 조치 등이 적절하게 강구될 수 있는지에 관하여 중점적으로 소속은행에 대한 감시를 실시하도록 하고 있다.[272]

(3) 은행대리업자에 대한 직접 감독

1) 은행대리업자의 사업보고서 제출 및 열람 제공 의무

은행대리업자는 사업연도마다 내각부령이 정하는 바에 따라 은행대리업에 관한 보고서를 작성해서 내각총리대신에게 제출하여야 하는데(법 제52조의50 제1항), 내각총리대신은 내각부령이 정하는 바에 따라 은행대리업에 관한 보고서 가운데서 고객의 비밀을 해칠 우려가 있는 사항이거나 해당 은행대리업의 업무 수행상 부당한 불이익을 줄 우려가 있는 사항을 제외하고는 공중의 열람에 제공해야 한다(법 제52조의50 제2항).

2) 은행대리업자에 대한 보고 또는 자료의 제출 요구권

내각총리대신은 은행대리업자가 수행하는 은행대리업이 건전하고 적절하게 운영할 수 있도록 하기 위해 필요한 경우에는 은행대리업자에 대하여 그 업무나 재산 상황에 관하여 보고하게 하거나 자료 제출을 요구할 수 있다(법 제52조의53).

3) 은행대리업자에 대한 현장 검사

내각총리대신은 은행대리업자가 수행하는 은행대리업이 건전하고 적절하게 운영할 수 있도록 하기 위해 필요한 경우에는 해당 소속 직원으로 하여금 해당 은행대리업자의 영업소 또는 사무소 및 그 외의 시설에 대한 현장 검사를 하여 업무 또는 재산 상황에 관하여 질문하거나 장부 서류 및 그 밖의 물건을 조사하게 할 수 있다(법 제52조의54 제1항). 이 경우 해당 직원

---

270) 金融庁, 主要行等向けの総合的な監督指針, Ⅷ－3－1－2 (1).

271) 金融庁, 主要行等向けの総合的な監督指針, Ⅷ－3－1－2 (2)①.

272) 金融庁, 主要行等向けの総合的な監督指針, Ⅷ－3－1－2 (1).

은 자신의 신분을 표시하는 증명서를 휴대해서 관계인의 청구가 있는 때에는 이를 제시해야 한다(법 제52조의54 제2항).

4) 업무 개선 명령

내각총리대신은 은행대리업자의 업무 또는 재산 상황에 비추어 해당 은행대리업자가 영위하는 은행대리업의 건전하고 적절한 운영을 확보하기 위해 필요하다고 인정하는 경우에는 당해 은행대리업자에게 필요 한도 내에서 업무의 내용 및 방법의 변경 및 그 밖의 감독상 필요한 조치를 명령할 수 있다(법 제52조의55).

5) 제재 조치

내각총리대신은 은행대리업자에 대한 허가 취소나 업무 정지 명령 등 제재권을 행사할 수 있다. 즉 내각총리대신은 다음과 같은 일정한 사유에 해당하는 경우에는 은행대리업 허가를 취소하거나 기한을 정해서 은행대리업의 전부 또는 일부의 정지를 명령할 수 있다(법 제52조의56 제1항). 그러한 사유는 은행대리업자가 ① 은행대리업 허가 기준에 적합하지 않게 되는 경우, ② 부정한 수단을 통하여 허가를 받은 것이 판명된 경우, ③ 은행대리업을 허가할 때 붙인 조건을 위반한 경우, ④ 법령 또는 법령에 의한 내각총리대신의 처분에 위반한 경우, 또는 ⑤ 공익을 해치는 행위를 한 경우가 해당한다(법 제52조의56 제1항 제1호 내지 제5호).

또한 내각총리대신은 은행대리업자의 임원이 ① 은행대리업을 허가할 때 붙인 조건을 위반한 경우, ② 법령 또는 법령에 의한 내각총리대신의 처분에 위반한 경우, 또는 ③ 공익을 해치는 행위를 한 경우에는 은행대리업자에게 해당 임원의 해임을 명령할 수도 있다(법 제52조의56 제2항).

(4) 은행대리업자의 폐업 등의 신고

은행대리업과 관련되어 아래 정하는 자는 다음의 어느 하나에 해당한 경우에는 해당하는 날로부터 30일 이내에 그 사항을 내각총리대신에게 제출해야 한다(법 제52조의52 제1호 내지 제5호).

① 은행대리업을 폐업한 경우, 회사 분할에 의해서 은행대리업의 전부 승계를 하게 한 경우 또는 은행대리업의 전부를 양도한 경우에는 은행대리업을 폐업하거나 승계를 하게 하거나 양도를 한 개인 또는 법인
② 은행대리업자인 개인이 사망한 경우에는 그 상속인
③ 은행대리업자인 법인이 합병에 의해서 소멸한 경우에는 그 법인을 대표하는 임원인 자
④ 은행대리업자인 법인이 파산절차 개시 결정에 의해서 해산한 경우에는 그 파산관재인
⑤ 은행대리업자인 법인이 합병 및 파산절차 개시 결정 이외의 이유로 해산한 경우에는 그

청산인

(5) 은행대리업 허가의 효력 상실

은행대리업자가 다음의 어느 하나에 해당하는 경우에는 은행대리업 허가의 효력은 상실된다(법 제52조의57 제1호 내지 제3호).

① 위의 신고를 요하는 폐업 등의 사유((4)의 ①에서 ⑤까지의 사유를 말한다)가 발생한 경우
② 소속은행이 없어진 경우
③ 해당 허가를 받은 날로부터 6개월 이내에 은행대리업을 개시하지 않은 경우(불가피한 사유로 미리 내각총리대신의 승인을 받은 경우는 제외한다)

9. 평가

일본 은행대리업 제도의 특징을 살펴보면, 첫째, 소속은행 제도를 두고 있다는 점이다. 즉 소속은행이 은행대리업자를 지도·감독하게 해서 제1차적인 책임을 지게 하고 있으며, 은행대리업자가 고객에게 끼친 손해에 대하여도 소속은행이 원칙적으로 손해배상책임을 지도록 하고 있다. 이러한 정책은 은행대리업자가 소속은행을 위해서 은행 업무를 취급한다는 점에서 은행대리업자의 고객을 충분히 보호하기 위한 취지이므로 타당한 입법 방향으로 판단되며, 우리도 입법을 할 때는 참고할 필요가 있다. 둘째, 은행대리업자에 대한 감독에 있어서도 제1차적으로는 소속은행을 통해서 감독을 하고 있다는 점도 주목할 필요가 있고, 우리도 이러한 감독 방향을 도입할 필요가 있다. 셋째, 은행대리업 허가 요건 중의 하나로서 영업소마다 법령준수책임자를 임명하도록 하고 있다는 점은 은행대리업자의 법령 준수가 얼마나 중요한지를 말해주는 것이므로 우리도 참고할 필요가 있다. 넷째, 은행대리업자가 다른 업무를 겸업하는 것을 허용하고 있는 것도 은행대리업 활성화 차원에서 필요한 제도이다. 다섯째, 진입 규제와 관련해서는 원칙적으로 허가제를 채택하고 있는데, 우리의 경우 허가제 도입이 타당한지에 대해서는 추가 검토가 필요하다. 여섯째, 개인사업자도 은행대리업 진출을 허용하고 있고, 은행대리업자가 소속은행의 허락을 얻어 다른 은행대리업자에게 재위탁할 수 있도록 하는 제도를 운영하고 있는데, 이러한 제도의 도입이 필요한지에 대해서는 더 검토할 필요가 있다.

Ⅳ. 은행대리업 제도 도입 관련 규제법적 쟁점

여기서는 은행대리업 제도를 도입할 때 어떤 법적 문제들이 있고, 이를 어떻게 해결해야 하는지에 대해서 검토한다.

1. 금융소비자법의 적용 여부

은행대리업자는 금융소비자법에 따른 '금융상품판매대리·중개업자'(법 제2조 제3호 나목)에 해당하므로 금융소비자법에 따른 등록 요건을 갖추어 등록을 하면(법 제12조) 은행대리업을 영위할 수 있는 것이 아닌지에 대한 문제 제기가 있을 수 있다. 이하에서 자세히 살펴본다.

(1) 은행대리업자가 금융소비자법에 따른 금융상품판매대리·중개업자에 해당하는지 여부

금융소비자법은 '금융상품판매대리·중개업자'(법 제2조 제3호 나목)를 포함한 '금융상품판매업자'에 대한 여러 규제 내용을 담고 있다. 은행대리업자가 금융소비자법에 따른 금융상품판매대리·중개업자에 해당하면 금융감독당국에 대한 등록 의무(법 제12조), 적합성 원칙이나 설명 의무 등 여러 영업행위 규칙(법 제17조 내지 제22조), 청약철회권(법 제46조), 금융소비자의 위법계약 해지권(법 제47조), 금융감독당국의 금융상품 판매 제한 명령권(법 제49조) 등이 적용된다.

우선 은행대리업자가 금융상품판매대리·중개업자에 해당하는지 여부를 살펴본다. 금융소비자법에 따른 금융상품판매업자는 "금융상품판매업을 영위하는 자"를 말한다(법 제2조 제3호). 금융상품판매업이란 "이익을 얻을 목적으로 계속적 또는 반복적인 방법으로 하는 행위"로서 금융상품직접판매업과 금융상품판매대리·중개업을 말한다(법 제2조 제2호). 금융상품은 예금성 상품과 대출성 상품을 포함하는데(법 제3조), 예금성 상품은 「은행법」에 따른 예금을 포함하고 있고(법 제3조 제1호, 시행령 제3조 제1항), 대출성 상품은 「은행법」에 따른 대출을 포함하고 있어서(법 제3조 제2호, 시행령 제3조 제2항), 은행대리업자가 취급하는 상품은 금융소비자법에 따른 금융상품에 해당한다.

금융상품판매업자는 금융상품직접판매업자와 금융상품판매대리·중개업자로 나누어진다(법 제2조 제3호 가목, 나목). 금융상품직접판매업자는 "금융상품직접판매업을 영위하는 자"를 말하는데(법 제2조 제3호 가목), 금융상품직접판매업이란 "자신이 직접 계약의 상대방으로서 금융상품에 관한 계약의 체결을 영업으로 하는 것 또는 자본시장법 제6조 제3항에 따른 투자중개업"을 말한다(법 제2조 제2호 가목). 즉 금융상품제조업자가 금융상품직접판매업자가 된다. 금융상품판매대리·중개업자는 "금융상품판매대리·중개업을 영위하는 자"를 말하는데(법 제2조 제3호 나목), 금융상품판매대리·중개업이란 "금융상품에 관한 계약의 체결을 대리하거나 중개하는 것을 영업으로 하는 것"을 말한다(법 제2조 제2호 나목). 따라서 은행대리업자는 금융소비자법에 따른 금융상품판매대리·중개업자에 해당한다.

(2) 금융소비자법에 따른 등록 필요 여부

금융소비자법은 "누구든지 이 법에 따른 금융상품판매업자등을 제외하고는 금융상품판매업등을 영위해서는 아니 된다"라고 규정하고 있고(법 제11조), 금융상품판매대리·중개업을 포함한 금융상품판매업을 영위하려고 하는 자는 금융감독당국에 등록을 하도록 하고 있다(법 제12조 제1항 본문). 다만 「은행법」 등 "금융관계법률에서 금융상품판매업 등에 해당하는 업무에 대하여 인허가를 받거나 등록을 하도록 규정한 경우"에는 금융소비자법에 따른 등록을 하지 않고도 금융상품판매업을 영위할 수 있다(법 제12조 제1항 제1호). 예를 들어, 「보험업법」에 따라 등록을 해야 하는 보험대리점(제87조)이 여기에 해당한다. 그리고 자본금 요건, 인적 및 물적 설비 요건 등 등록 요건에 대하여 규정하고 있다(법 제12조 제2항, 제3항).

그렇다면 금융소비자법에 따른 등록 요건을 충족해서 등록을 하면 은행대리업을 영위할 수 있는 것이 아닌가? 금융소비자법은 "예금성 상품, 대출성 상품, 투자성 상품 및 보장성 상품 중 취급할 상품의 범위를 정하여 금융위원회에 등록하여야 한다"라고 규정하고 있으므로(법 제12조 제1항 본문), 은행대리업자는 예금상품과 대출상품을 선택해서 금융상품판매대리·중개업자의 등록 요건을 갖추어 등록을 할 수 있다고 볼 여지가 있다. 그러나 실무적으로 대출상품 외에는 등록 제도가 마련되어 있지 않아,[273] 예금상품의 판매대리·중개 업무를 취급할 수 없으므로 현실적으로 어려운 점이 있다. 즉 금융위원회가 제정한 고시(告示)인 「금융소비자 보호에 관한 규정」은 대출성 상품과 공제상품을 취급하는 금융상품판매대리·중개업자에 대한 등록 요건만 규정하고 있어서(제6조 제1항, 제3항), 예금상품 등 다른 금융상품을 취급하는 금융상품판매대리·중개업자는 허용되지 않는다고 볼 여지가 있다. 그런데 상위 법률에서 허용하고 있는 것을 하위 규정에서 할 수 없도록 규정하는 것은 문제가 있다. 또한 은행대리업자는 자금이체 업무 등 지급결제 업무를 취급해야 하는데, 금융소비자법에 따른 금융상품판매대리·중개업자가 이러한 업무를 취급할 수 있는지가 명확하지 않은 점이 있다. 은행대리업 제도를 도입하게 되면 은행대리업의 특수성에 비추어 은행대리업자에게만 필요한 제도(예를 들어, 소속은행 제도 등)를 규정해야 하는데, 물론 금융소비자법에 별도의 규정을 둘 수는 있겠지만, 이러한 사항을 일반법인 금융소비자법에 규정하는 것이 적절하지 않을 수 있다.

따라서 금융소비자법에 따른 금융상품판매대리·중개업자로 등록을 하는 것보다는 「은행법」에 은행대리업에 관한 근거 규정을 두는 것이 법적으로 명확할 수 있다. 앞서 언급한 보험대리점이 이에 해당한다. 이렇게 되면 금융소비자법에 따른 별도의 등록을 할 필요 없이(법 제12조 제1항 제1호), 금융소비자법에 따른 금융상품판매대리·중개업자로 인정받아 금융소비자법의

273) 금융위원회(2022. 8. 23), 7면. 다만 온라인플랫폼 금융상품중개업 시범 운영이 허용되어, 예금, 보험, P2P 상품에 대한 온라인 금융상품 판매 중개업이 혁신금융서비스로 지정되어 운영되고 있기는 하다(금융위원회(2022. 8. 23), 7면).

적용을 받게 될 것이므로 문제가 없게 된다. 따라서 이하에서는 관련 법률인 「은행법」에 은행대리업에 관한 사항들을 규정한다는 전제 아래에서 필요한 논의를 한다.

2. 은행대리업의 정의

우선 「은행법」에 은행대리업의 정의 조항을 두어야 하는데, 다음 3가지 쟁점을 고려할 필요가 있다.

첫째, 은행의 어떤 업무를 은행대리업자가 영위하도록 할 것인지에 관한 문제이다. 은행은 「은행법」에 따라 예금의 수입 및 대출 업무인 고유 업무(제27조)와 채무보증 업무 등 부수 업무(제27조의2), 그리고 신탁업과 신용카드업 등 겸영 업무(제28조)를 영위할 수 있다. 여기서 고유 업무뿐만 아니라 부수 업무 및 겸영 업무도 은행대리업자가 영위할 수 있도록 할 것인지의 문제이다. 이는 입법 정책의 문제이겠지만, 은행의 고유 업무만 영위하도록 하는 것이 타당할 것이다. 은행대리업자가 은행의 업무를 대리한다는 것은 은행의 본질적인 업무를 대리한다는 것으로 보는 것이 타당하고, 은행대리업자가 은행의 겸영 업무 및 부수 업무까지 영위하는 것은 사실상 지점을 인정하는 것과 같게 되는 문제가 있으며, 은행대리업 허용 취지가 은행의 기본적인 업무인 예금과 대출 업무를 은행대리업자에게 위탁해서 은행이용자에게 혜택을 주고자 함에 있다는 점에서 은행의 겸영 업무 및 부수 업무까지 은행대리업자가 영위하도록 허용할 필요는 없다고 판단된다. 일본의 경우도 은행의 고유 업무에 대해서만 은행대리업을 허용하고 있다는 점은 앞서 본 바와 같다.

둘째, 은행 업무의 대리뿐만 아니라 중개 업무도 허용할 것인지의 문제인데, 어차피 「상법」에 따른 대리상의 정의에서 대리뿐만 아니라 중개도 규정하고 있다는 점(제87조)에서 굳이 중개 업무를 배제할 필요는 없다. 이런 점에서 은행대리업의 범위에 중개 업무도 명시적으로 규정할 필요가 있다. 특히 보험대리업의 경우 「보험업법」에 보험대리점을 "보험회사를 위하여 보험계약의 체결을 대리하는 자"라고 하고 있어서(제2조 제10호), 중개 업무도 할 수 있는지 여부에 대하여 견해가 대립하고 있는 점을 고려하면,[274] 은행대리업의 정의에서 중개 업무도 포함하도록 명시적으로 규정할 필요가 있다.

셋째, 은행대리업자가 영위할 수 있는 은행의 고유 업무의 범위와 관련해서 「은행법」에 따른 '은행 업무'의 하나로 규정하고 있는 '내국환·외국환' 업무(제27조 제2항 제3호)도 포함시킬 것인지의 문제가 있는데, 이를 포함하는 것이 타당하다. 환(換)업무는 일본 「은행법」에 따른

274) 보험대리점은 "보험계약의 체결을 중개 또는 대리하는 것을 포함하는 포괄적인 개념으로 이해해야 할 것이다"는 견해는 김은경(2003), 145면; 반면에 중개보험대리상은 인정되지 않는다는 견해는 김상규(1993), 5면; "보험자나 보험대리점이 특정한 보험계약과 관련하여 보험대리점의 법적 지위에 대하여 아무런 표시를 하지 않았다면, 그 보험대리점은 보험체약대리점으로 보아야 한다"는 견해는 한기정(1998), 169면.

환거래와 마찬가지로 "서로 떨어져 있는 자 사이에 현금을 주고 받지 아니하고 은행을 중개기관으로 하여 자금을 이동하는 거래"라고 할 수 있는데,[275] 오늘날은 주로 은행을 통한 자금이체가 이루어지는 '지급결제' 업무라고 이해할 수 있다.[276] 그러한 자금 이동이 국내에서 이루어지면 내국환, 다른 국가 사이에서 이루어지면 외국환이라고 한다. 「은행법」은 인가를 받아야 하는 '은행업'을 예금 수입 업무와 대출 업무를 영위하는 것이라고 하고 있어(제2조 제2항 제1호) '내국환·외국환' 업무는 제외되어 있다. 즉 '내국환·외국환' 업무를 영위하기 위해서 인가를 받을 필요는 없다. 다만 「은행법」 제27조 제1항은 은행은 "은행업에 관한 모든 업무"인 "은행업무"를 영위할 수 있다고 하면서, 제2항에서 그러한 은행업무의 하나로 '내국환·외국환' 업무를 규정하고 있다(제3호). 따라서 고유 업무라는 것이 인허가권자인 금융감독당국이 특정 금융기관이 영위하고자 하는 업무에 대해서 인가 내지 허가를 해주어야 영위할 수 있는 업무라고 이해한다면, 내국환·외국환 업무는 법적으로 은행의 고유 업무로 인정하기가 어렵다.[277] 물론 환업무가 은행의 예금을 수단으로 하여 발생하는 지급결제 업무라는 점에서 은행의 고유 업무로 인정해야 한다는 주장도 있다.[278] 어쨌든 이러한 해석상의 문제를 떠나 예금의 수입 내지 대출 업무와 관련해서 환업무가 불가피하게 수반될 수밖에 없기 때문에 은행대리업자가 영위할 수 있는 은행의 업무에 환거래에 해당하는 '내국환·외국환' 업무를 포함시키는 것이 필요하다.

따라서, 일본의 입법례처럼, **은행대리업의 정의를 "은행을 위하여 ① 예금의 수입을 내용으로 하는 계약 체결의 대리 또는 중개, ② 자금의 대출 또는 어음의 할인을 내용으로 하는 계약 체결의 대리 또는 중개, ③ 내국환·외국환 거래를 내용으로 하는 계약 체결의 대리 또는 중개의 어느 하나의 행위를 영업으로 하는 것**"이라고 할 필요가 있다. 즉 ①, ②, ③의 어느 하나 행위를 하더라도 은행대리업의 정의에 포섭되도록 할 필요가 있다.

3. 은행대리업자에 대한 진입 규제

은행대리업자에 대한 진입 규제를 설정하는 것도 필요하다. 일정한 자격 요건을 갖춘 자가 은행대리업을 영위해야 이용자에게 손해를 끼치는 일을 막을 수 있기 때문이다. 2가지 쟁점을 검토할 필요가 있는데, 첫째, 개인사업자에게도 허용할 것인지에 대한 문제가 있고, 둘째, 진입 규제의 정도를 어떻게 할 것인지, 즉 정도가 강한 인가제 내지 허가제를 할 것인지, 아니면 정도가 약한 등록제를 채택할 것인지에 관한 문제가 있다. 이하에서 자세히 살펴본다.

275) 小山嘉昭(2018), 64面; 佐藤則夫(2017), 69面.
276) 고동원(2010), 9면.
277) 고동원(2010), 10면.
278) 정순섭(2024), 177면.

(1) 개인사업자에게도 허용할지 여부

우선 검토해야 할 사항은 어떤 자격을 갖춘 자에게 은행대리업을 영위하도록 허용할 것인지의 문제이다. 구체적으로 개인사업자에게도 허용할 것인지, 아니면 법인사업자에게도 허용할 것인지, 더 나아가서 증권회사나 보험회사 등 금융기관에게도 허용할 것인지의 문제이다. 이것은 이용자 보호 측면에서 중요한 문제이다. 자격 요건을 갖추지 못한 자가 은행대리업을 영위하게 되면 이를 이용하는 금융소비자에게 큰 손해를 입힐 수도 있기 때문이다. 일본의 경우 법인사업자 및 금융기관뿐만 아니라 개인사업자에게도 은행대리업 영위를 허용하고 있다. 처음에는 은행이 100% 출자한 자회사에게만 은행대리업을 허용했지만, 2005년 일본 「은행법」을 개정하면서 규제 완화 차원에서 금융기관이나 법인사업자에게도 은행대리업을 허용했다는 점은 앞서 본 바와 같다.

일본의 사례를 볼 때, 은행, 증권회사, 보험회사, 상호저축은행, 여신전문회사, 신용협동조합 등 금융기관이 은행대리업을 영위하는 것은 문제가 없다고 본다. 금융기관은 금융감독당국으로부터 금융업을 영위하는데 필요한 일정한 요건을 충족하여 인가 내지 허가를 받거나 등록을 하여 금융업을 영위하는 기관이므로 은행대리업을 영위하는데 필요한 요건을 충족하는데 문제가 없을 것이기 때문이다. 또한 은행 이외의 다른 금융기관이 은행대리업을 영위하게 되면 그러한 금융기관이 은행업에 진출하는 효과를 올릴 수 있어서 겸업에 따른 상승효과를 낼 수 있는 장점도 있다.

또한 일정한 자격 요건을 충족하는 법인사업자에게 은행대리업을 허용하는 것도 문제가 없을 것이다. 즉 비금융업을 영위하는 법인이라도 「은행법」이 정하는 일정한 자격 요건을 충족하여 은행대리업을 영위하는 것은 크게 문제가 없을 것이고, 비금융업종 회사가 금융업에 진출하는 효과도 거둘 수 있다.

그런데 개인사업자에게 은행대리업을 허용하는 것은 신중하게 검토할 필요가 있다. 은행대리업자는 은행의 예금 및 대출 거래와 내국환·외국환 거래의 대리 업무를 영위한다는 점에서 개인사업자가 그러한 업무를 취급할 수 있는 충분한 인적 및 물적 시설을 갖추기가 쉽지는 않을 것이고, 신뢰성 있는 자가 은행대리업을 취급해야 한다는 점에서 보면 개인사업자의 은행대리업 진출은 허용하지 않는 것이 바람직하다.

(2) 등록제 또는 인가제 방안

진입 규제와 관련해서 또 하나 검토해야 할 사항은 등록제로 할 것인지, 아니면 인가제 내지 허가제로 할 것인가의 문제이다. 은행대리업자는 은행의 예금 및 대출과 내국환·외국환 거래 등 은행의 핵심 업무의 대리나 중개 업무를 취급한다는 점에서 은행대리업 진입 요건을 좀 더 엄격하게 설정할 필요도 있다. 반면에 높은 진입 장벽은 은행대리업 활성화에 장애가 될 수도 있다. 일본의 경우 원칙적으로 허가제로 운영하면서 금융기관의 경우에는 신고제로 해서 이원제로 운영하고 있다는 점은 앞서 살펴본 바와 같다. 우리의 경우 보험대리업 진입 규제는 금융기관이거나 법인사업자이거나 상관없이 등록제로 운영하고 있다(「보험업법」 제87조 제1항, 제91조 제1항).

그렇다면 은행대리업의 경우 어떤 진입 규제를 설정하는 것이 적절한가? 첫 번째 안은 일본의 경우처럼 일반사업자에게는 허가제 내지 인가제로 하면서 금융기관의 경우에는 신고제 내지 등록제로 운영하는 방안이 있을 수 있다.[279] 두 번째 안은 일반사업자뿐만 아니라 금융기관 전부 허가제 내지 인가제로 운영하는 방안이 있을 수 있다.[280] 세 번째 안은 일반사업자뿐만 아니라 금융기관 전부 등록제로 운영하는 방안을 생각할 수 있다.

이 중 세 번째 안이 바람직하다고 본다. 허가제 내지 인가제는 실무적으로 볼 때 진입 규제가 아주 강한 편이어서 은행대리업 활성화에 걸림돌이 될 수 있다. 이런 점에서 그보다 규제가 약한 등록제로 운영하는 것이 바람직하다. 어차피 등록제라고 하더라도 일정한 자격 요건을 갖추어야 하므로, 등록 요건을 설정할 때 은행대리업을 영위하는데 충분한 자격 요건을 갖추도록 규정하면 등록제로 운영하더라도 이용자를 보호하는데 큰 문제가 없을 것이다. 특히 은행대리업자는 은행상품의 판매를 대리하는 업자이므로 인가나 허가를 요하는 은행업이나 보험업 등 금융업을 영위하는 자처럼 엄격한 진입 규제를 설정할 필요가 없을 것이다. 또한, 뒤에서 논의하는 것처럼, 소속은행 제도를 도입하게 되면 소속은행이 제1차적인 감독과 책임을 지게 되므로 이용자 보호에도 큰 문제가 없을 것이므로 은행대리업자에 대하여 높은 진입 단계를 설정할 필요가 없을 것이다. 더 나아가서 다른 금융상품판매대리업자, 즉 「보험업법」에 따른 보험대리점이나 금융소비자법에 따른 금융상품판매대리·중개업자에 대해서도 등록제를 채택하고 있다는 점(「보험업법」 제87조 제1항, 제91조 제1항, 금융소비자법 제12조 제2항)을 고려할 때 금융업권 사이의 형평성 측면에서도 등록제가 필요하다고 본다. 그리고 첫 번째 안처럼 일반사업자에게는 좀 더 강한 규제를 적용하고 금융기관에게는 약한 규제를 적용하는 방안도 고려할 수 있지만, 일반사업자에게도 동일하게 등록제를 채택하더라도 큰 문제가 없을 것으로 본다.

---

279) 금융당국의 입장은 은행대리업자는 "은행의 본질적 업무를 대리하므로 은행업과 동일하게 인가제"로 운영하고, 다만 "이미 관련 업무 수행 권한이 있는 [금융]기관(예: 다른 은행 및 우체국－예·적금 취급 가능)이 해당 권한에 한해 은행대리업을 수행할 경우에는 신고를 통해 영위가 가능"하도록 할 계획이다(금융위원회·금융감독원(2023a), 5면).

280) 은행 이외의 금융기관(증권회사나 보험회사 등)의 경우에는 인가제가 바람직하고, 일반사업자의 경우에는 허가제가 바람직하다는 견해는 노태석(2009), 74~77면.

(3) 은행대리업자의 자격 요건

은행대리업자의 자격 요건도 규정할 필요가 있다. 그러한 요건으로서는 우선 최저 자본금 요건이 있어야 하고, 은행대리업을 영위하기 위한 충분한 인적 자원 및 물적 시설이 있어야 한다. 즉 일정한 기간 이상 은행 업무 경력이 있는 자를 적어도 1인 이상 확보하도록 할 필요가 있으며, 은행대리업을 영위하기 위해서 필요한 전산 시설 마련 등 물적 시설 요건을 규정해야 한다. 일본의 입법례를 참조할 수 있다. 또한, 일본의 사례처럼, 영업소마다 법령 준수 여부에 관한 업무를 총괄하는 **준법감시인도 선임**하도록 해야 하며, 본부나 본점에는 **총괄준법감시인을 두도록 하는 요건도 규정**할 필요가 있다. 은행대리업을 영위하는데 불건전한 영업행위가 일어나지 않도록 하는 장치가 필요하기 때문이다. 이외에도 임원의 자격 요건과 대주주 자격 요건 등에 관한 사항도 규정해야 한다. 물론 일반사업자와 금융기관의 경우에 등록 요건을 차별화 하여 규정해야 할 것이다. 특히 은행대리업자에게 겸업을 허용할 필요가 있기 때문에 겸업을 하는 은행대리업자의 경우 은행대리업 영위와 관련하여 이해상충 행위나 불공정거래 행위가 일어날 수 있으므로 이를 방지하기 위한 요건을 충족하도록 하는 별도의 규정을 두어야 할 것이다. 앞서 본 일본의 사례를 참조할 수 있다.

4. 은행대리업자의 겸업 허용 필요

은행대리업자가 다른 업무를 겸업하는 것을 허용할 필요가 있는지에 대해서도 논의할 필요가 있다. 이에 대해서는 전업주의(즉 은행대리업자가 은행대리업만 영위하도록 하는 것을 말한다)를 취할 필요가 있다는 주장도 있을 수 있는데, 일본의 사례에 비추어볼 때 전업주의를 고집할 필요는 없다고 본다. 일본도 전업주의를 취할 때는 은행대리업이 활성화가 되지 않았다는 점을 참고할 필요가 있다. 은행대리업 제도의 취지를 고려할 때 굳이 전업주의를 채택할 이유도 없다고 본다. 예를 들어, 전국적인 영업망을 갖춘 유통업자가 은행대리업을 영위하게 되면 전국적으로 은행 업무를 제공할 수 있다는 점에서 겸업을 하는 은행대리업자가 필요할 수도 있다. 이런 점에서 보면 **겸업을 허용**해도 무방할 것이다. 다만 겸업을 허용하되 겸업이 은행대리업을 영위하는데 지장이 있는지에 대한 심사 절차를 거칠 필요는 있다. 일본도 겸업에 대한 심사 기준을 설정해서 승인 절차를 거치도록 하고 있다. 우리도 일정한 심사 기준을 설정하고 승인 절차를 거치도록 하는 것이 필요하다. 다만 이미 겸업을 하고 있는 자가 은행대리업을 영위하려고 할 때에는 금융감독당국이 등록(등록제를 하는 경우) 요건 충족 여부를 심사할 때 겸업에 대한 승인을 같이 하면 되고, 후에 겸업을 신청하게 되면 그때 겸업 승인을 하면 될 것으로 본다. 물론 은행대리업만 영위하는 은행대리업자가 있을 수도 있고, 이 경우에는 별도의 겸업 승인은 필요가 없을 것이다.

5. 은행대리업자에 대한 영업행위 규제

은행대리업 제도 도입과 관련하여 또 하나 중요하게 다루어야 할 사항은 은행대리업 영위와 관련해서 이용자 피해가 발생하지 않도록 규제 체계를 잘 수립하는 일이다. 은행대리업자가 불건전 영업행위를 해서 이용자에게 손해를 입히는 것을 막을 수 있는 규제 체계 설정이 필요하다. 일본도 이러한 점을 인식하고 은행대리업자의 영업행위에 대한 규제를 하고 있다는 점에서 일본의 사례를 참고하여 규제 방안을 마련할 필요가 있다.

구체적으로 살펴보면, 첫째, 고객이 은행대리업자가 은행 지점이라고 오인을 해서 거래를 하는 경우가 있을 수 있기 때문에 은행 지점이라고 오인할 수 있는 광고 행위를 하거나 은행으로 오인할 수 있는 상호를 사용하는 것을 금지하는 규정을 두고, 위반할 때 형사 처벌을 할 수 있는 조항을 둘 필요가 있다. 둘째, 은행대리업자의 직원이 소속은행의 직원으로 오인할 수 있는 명칭을 사용하는 행위도 금지해야 한다. 셋째, 이용자에게 은행대리업자라는 사실을 반드시 고지하게 하는 규정도 두어야 한다. 넷째, 은행대리업자가 불법적인 수수료를 수취하는 행위 또는 다단계 조직을 이용하는 행위 등 불건전한 은행상품 모집 행위 유형 등에 대한 규제 조항을 두어야 한다. 다섯째, 은행대리업자의 고유 재산과 고객 재산을 구분·관리해야 하는 의무도 규정하여, 고객 재산을 보호하는 조치도 취할 필요가 있다. 여섯째, 은행대리업자의 명의 대여를 금지하여 자격이 없는 자가 은행대리업을 영위할 수 없도록 해야 한다. 그 밖의 사항에 대해서도 일본의 입법례를 참조하여 규제 조항을 두어야 할 것이다.

그리고, 앞에서 설명한 것처럼, 은행대리업자는 금융소비자법에 따른 금융상품판매대리·중개업자에 해당하므로 이에 따른 설명 의무(법 제19조)나 적합성 원칙(법 제17조) 등 영업행위 규칙이 적용된다. 따라서 「은행법」에는 금융소비자법에 따른 영업행위 규칙이 규정하고 있지 않는 사항에 대하여 은행대리업자의 특수성을 고려하여 필요한 영업행위 규칙을 마련할 필요가 있다.

또한 은행대리업자의 고객 신용정보나 개인정보의 관리와 이용 및 보호 등과 관련해서는, 뒤에서 설명하는 것처럼, 관련되는 법률인 신용정보법이나 「개인정보 보호법」이 적용되므로 이에 따른 규정 준수를 하도록 하면 될 것이다.

6. 소속은행 제도의 도입 방안

(1) 도입 필요성

앞서 일본의 사례에서 소속은행 제도를 도입하고 있음을 살펴보았는데, 일본 은행대리업 제도의 특징이다. 즉 은행대리업자의 **소속은행**이 기본적으로 은행대리업자에 대한 제1차적인 지도와 책임을 지는 제도이다. 이는 은행대리업자의 이용자를 보호하기 위한 특별한 입법 정책의 소산이라고 할 수 있다. 은행대리업자의 영업 행위로 인하여 이용자에게 손해를 입힌 경우 소속은행이 책임을 지도록 하고 있는 것이다. 아무래도 은행대리업자는 자본금 등 규모가 작아서 이용자가 손해를 입었을 때 은행대리업자가 직접 손해 배상을 하기에는 자본력이 떨어질 수 있다. 이 때 규모가 크고 자본력이 있는 소속은행으로 하여금 책임을 지도록 함으로써 이용자를 충분히 잘 보호할 수 있는 장점이 있게 된다. 물론 면책 조항도 필요할 것이다. 즉 소속은행이 은행대리업자를 관리·감독하는데 고의나 중과실이 없는 경우에는 책임을 지지 않도록 하는 면책 조항도 필요하다.

(2) 복수 소속은행 허용 필요

소속은행을 복수로 둘 수 있는지 여부도 논의할 필요가 있는데, 굳이 소속은행을 하나로 두도록 제한할 필요는 없을 것이다.[281] 하나의 소속은행으로 하는 전속 제도로 하게 되면 단순히 소속은행의 상품에 대한 판매 조직에 불과하고 은행 사이에 상품 경쟁을 유도할 수 없는 한계가 있을 수 있다.[282] **복수의 소속은행**을 두게 되면 은행 사이에 경쟁을 불러일으켜 다양한 은행상품 개발을 촉진할 수 있다는 점에서 오히려 더 긍정적인 효과가 있을 것이다.[283] 일본의 경우에도 복수의 소속은행을 둘 수 있도록 허용하고 있음은 앞서 본 바와 같다.

7. 은행대리업의 재위탁을 허용할지 여부

일본의 경우 소속은행으로부터 위탁받은 은행대리업자는 다른 은행대리업자에게 재위탁을 할 수 있도록 허용하고 있다. 물론 이러한 경우 은행대리업자에게 재위탁을 받은 은행대리업재수탁자에 대한 업무 지도·감독 의무를 부여하고 있어 이용자 보호에 만전을 기하고 있다. 그렇다면 우리도 재위탁을 허용할 필요가 있는가? 재위탁에 대해서는 장점과 단점이 있을 수 있다. 폭 넓은 은행상품 판매망을 확보할 수 있다는 점에서 장점이 있을 수 있다. 그러나 재위탁을 하게 되면 소속은행 입장에서는 은행대리업재수탁자를 관리·감독하는 것이 어려워질 수 있다. 일본의 경우도 소속은행은 은행대리업재수탁자에 대한 업무 지도·관리 의무가 없고, 은행대리업재위탁자가 은행대리업재수탁자에 대한 업무 지도·관리 의무가 있다. 은행대리업재수탁자는 은행대리업재위탁자에 의해 선임된 자이므로 은행대리업재위탁자가 은행대리업재수탁자를 지도·감독할 수 있겠지만[284] 은행보다 규모가 작고 인적 및 물적 시설이 은행보다 훨씬 부족한 은행대리업재위탁자가 제대로 관리·감독을 수행할 수 있을지 의문이다. 따라서 재

281) 금융당국 입장도 복수 소속은행을 허용할 방침이다(금융위원회·금융감독원(2023a), 5면).
282) 같은 설명은 노태석(2009), 81면.
283) 같은 견해는 노태석(2009), 81면.
284) 「민법」상 복대리인은 대리인에 의해 선임된 자이므로(「민법」 제120조) 대리인의 감독을 받는다(송덕수(2017), 233면).

위탁을 허용하지 않는 것이 바람직하다.

한편 은행대리업자는 금융소비자법에 따른 금융상품판매대리·중개업자에 해당하므로(법 제2조 제3호 나목, 제12조 제1항 제1호) 금융소비자법이 적용되는데, 금융소비자법은 "금융상품판매대리·중개업자가 대리·중개하는 업무를 제3자에게 하게 하[는 것을]" 원칙적으로 금지하고 있으므로(법 제25조 제1항 제2호), 은행대리업자는 금융소비자법에 의해서도 재위탁을 하는 것이 원칙적으로 금지된다고 보아야 할 것이다.

8. 분쟁 조정과 중재 제도의 활용 필요

은행대리업자와 이용자 사이에 분쟁이 발생할 수도 있다.[285] 이 경우 분쟁을 효율적으로 처리할 수 있는 법제 마련도 필요하다. 법원에 소송을 제기해서 해결할 수 있겠지만 비용이 많이 들고 소요되는 시간도 길다. 이런 점에서 대체적 분쟁 해결 수단(alternative dispute resolution: ADR)으로서 **조정**(調停, conciliation) **제도와 중재**(仲裁, arbitration) **제도**의 활용 방안을 검토할 필요가 있다. 이하에서 자세히 살펴본다.

(1) 분쟁 조정 제도 이용의 필요성

은행대리업자와 이용자 사이에 발생하는 분쟁 사건은 대부분 소액이고 다수의 이용자가 관련되어 있을 가능성이 높다. 따라서 법원에 의한 분쟁 해결 방법보다는 조정 제도를 활용하는 것이 효율적이다. 이용자 입장에서는 저렴한 비용으로 신속하고 효율적으로 분쟁을 해결할 수 있는 장점이 있다. 조정 주재자가 분쟁의 양 당사자에게 조정안을 제시해서 모든 당사자가 받아들이면 **재판상 화해**(和解)나[286] **「민법」상 화해의 효력을 부여**(「민법」 제732조)함으로써 분쟁을 해결한다. 물론 어느 한 당사자가 조정안을 수락하지 않으면 효력이 발생하지 않는다는 점에서 한계는 있다.

(2) 분쟁조정기관의 검토

그렇다면 현행 법제 아래서 은행대리업자와 이용자 사이에 분쟁 조정 제도를 이용할 수 있는가? 이하에서 검토해본다.

---

285) 일반적으로 대리행위의 법률 효과는 본인에게 귀속되지만, 대리인의 불법행위에 대해서는 본인이 책임을 지지 않으므로(송덕수(2017), 231면) 이러한 경우에는 대리인에게 책임을 물어야 하고 이에 관한 분쟁이 발생할 여지가 있다. 은행대리업자가 설명 의무를 위반하여 예금이나 대출 상품을 이용자에게 판매한 경우 발생하는 분쟁을 예로 들 수 있다. 물론 소속은행 제도를 도입하는 경우에는 소속은행에게 손해배상책임을 물을 수 있지만, 은행대리업자에게도 손해배상책임을 물을 수 있을 것이므로 이러한 경우에 발생하는 분쟁을 생각할 수 있다.

286) 금융분쟁조정 관련 법률인 금융소비자법 제39조는 재판상 화해와 동일한 효력이 있다고 규정하고 있다.

1) 한국소비자원이 운영하는 소비자분쟁조정위원회를 이용하는 방법

한국소비자원이 운영하는 소비자분쟁조정위원회의 분쟁 조정 제도를 이용하는 방법이 있을 수 있다. 근거 법률인 「소비자기본법」은 소비자분쟁조정위원회가 "소비자와 사업자 사이에 발생한 분쟁을 조정"한다고 규정하고 있다(제60조 제1항). 「소비자기본법」은 '소비자'를 "사업자가 제공하는 물품 또는 용역(시설물을 포함한다. 이하 같다)을 소비생활을 위하여 사용(이용을 포함한다. 이하 같다)하는 자"라고 하고 있고, '사업자'를 "물품을 제조(가공 또는 포장을 포함한다. 이하 같다)·수입·판매하거나 용역을 제공하는 자"라고 하고 있다. 은행대리업자는 용역을 제공하는 자"인 사업자에 해당하고, 이용자는 "용역을 소비생활을 위하여 사용하는 자"인 소비자에 각각 해당한다. 따라서 소비자분쟁조정위원회가 은행대리업자와 이용자 사이에 발생한 분쟁 사건을 조정할 수 있는 법적 근거가 있다. 그런데 소비자분쟁조정위원회는 다양한 소비자와 사업자 사이에 발생하는 분쟁 사건의 조정 업무를 담당하고 있어, 전문성이 필요한 은행 거래 관련 분쟁을 효율적으로 해결하는데 한계가 있을 수 있다.

2) 금융감독원이 운영하는 금융분쟁조정위원회의 관할 대상 여부

그렇다면 금융 분쟁에 전문성을 갖고 있는 금융감독원이 운영하는 금융분쟁조정위원회의 분쟁 조정 제도를 이용할 수 있는가? 금융분쟁조정위원회 설치 및 운영의 법적 근거는 금융소비자법이다. 금융분쟁조정위원회는 "[금융감독기구법] 제38조 각 호의 기관(이하 "조정대상기관"이라 한다), 금융소비자 및 그 밖의 이해관계인 사이에 발생하는 금융 관련 분쟁의 조정에 관한 사항을 심의·의결"한다(법 제33조).

따라서 은행대리업자가 조정대상기관인 금융감독기구법 제38조 각 호의 기관에 해당하는지를 검토해보아야 한다. 이러한 기관에는 은행, 보험회사 등 금융기관이 있는데, "다른 법령에서 금융감독원이 검사를 하도록 규정한 기관"(제9호) 및 "그 밖에 금융업 및 금융 관련 업무를 하는 자로서 대통령령으로 정하는 자"(제10호)도 있다. 금융감독기구법 시행령은 "대통령령으로 정하는 자"를 규정하고 있지 않다. 따라서 은행대리업자는 은행이나 보험회사 등 금융기관에 해당하지는 않으므로 "다른 법령에서 금융감독원이 검사를 하도록 규정한 기관"에 속하는지를 살펴보아야 한다. 금융소비자법은 금융감독원의 검사 대상 기관으로 "금융상품판매업자등"을 규정하고 있는데(법 제59조 제1항), "금융상품판매업자등"에는 금융상품판매대리·중개업자가 포함되고(법 제2조 제9호), 은행대리업자는 금융소비자법에 따른 금융상품판매대리·중개업자에 해당하므로(법 제2조 제3호 나목) 금융감독원의 검사 대상 기관이 된다. 따라서 은행대리업자는 조정대상기관에 해당하므로 금융분쟁조정위원회의 관할 대상이 된다.

(3) 중재 제도의 활용 필요성

은행대리업자와 이용자 사이에 발생하는 분쟁 해결 방법으로서 **중재 제도**의 활용 방안도

검토할 필요가 있다. 중재 제도에서는 분쟁 당사자가 소송 대신에 중재로 분쟁을 해결하기로 합의하면 3인으로 구성된 중재자가 중재 판정을 내리게 되는데, 중재 판정은 법원 판결과 같은 효력을 갖는다. 소송의 경우 3심까지 가게 되어 시간이 오래 걸리는데 비해, 중재의 경우 단심제이어서 시간이 단축되고 비용도 소송보다 덜 들 수 있으며, 중재인들이 금융전문가로 구성될 수 있어 효율적인 분쟁 해결 수단이 될 수 있다. 따라서 은행대리업자와 이용자 사이 발생하는 분쟁 해결 수단으로서 중재 제도를 이용할 수 있도록 법적 근거를 두는 것이 필요하다. 즉 은행대리업자와 이용자가 상호 합의하면 소송 대신에 중재를 이용할 수 있는 규정을 「은행법」에 둘 필요가 있다.

9. 은행대리업자에 대한 감독

은행대리업자에 대해서도 당연히 감독이 뒤따라야 한다. 은행업의 대리 업무를 수행한다는 점에서 감독이 없어서는 안 된다. 따라서 금융감독당국이 은행대리업자에게 직접 자료 제출을 요구할 수 있는 권한을 부여한다든지 직접 현장 검사를 할 수 있는 권한을 부여하고, 업무 개선 명령 권한 등 은행대리업자에 대한 검사 및 감독을 할 수 있는 권한을 부여하고, 이에 따른 제재권도 부여할 필요가 있다. 이외에도 은행대리업자에 대한 등록 취소 요건이나 영업의 일부 또는 전부 정지 등에 관한 사항도 규정해야 할 것이다.

특히 일본의 사례처럼 소속은행을 통한 간접적인 감독 방법도 고려할 필요가 있다. 일본의 경우 원칙적으로 소속은행에게 은행대리업자에 대한 지도·감독 의무를 부여해서 제1차적인 감독 책임을 소속은행에게 부여하고 있다. 소속은행이 자신의 업무를 은행대리업자에 위탁했다는 점에서 위탁자로서 수탁자의 업무를 감시·감독하는 것은 필요한 일이다. 따라서 소속은행이 은행대리업자를 상시 검사·감독할 수 있는 조직 체계 설치 의무 조항을 두거나 은행의 검사 내부 규칙에 은행대리업자에 대한 검사·감독에 관한 사항도 포함하도록 하는 조항을 둘 필요가 있다. 금융감독당국은 소속은행에 대한 검사를 할 때에는 소속은행이 은행대리업자에 대한 관리·감독이 제대로 이루어지고 있는 지를 검사·감독할 수 있도록 할 필요가 있다. 즉 은행대리업자에 대한 제1차적인 관리·감독 의무를 소속은행에게 부여하고, 금융감독당국은 필요한 경우 직접 은행대리업자에 대한 검사 및 감독을 할 수 있도록 하는 체계가 효율적일 수 있다.

10. 그 밖의 관련 법규의 적용 여부

은행대리업 제도 도입을 할 때 「은행법」 이외에도 관련 법률을 개정해야 할 내용이 없는지, 그리고 어떤 다른 관련 법률들이 적용되는지 여부도 검토해보아야 한다.

(1) 금융실명법의 적용에 따른 은행대리업자의 실명 확인 필요

은행대리업자가 소속은행을 대리해서 예금 계약 체결의 대리 업무를 수행할 때 이용자인 고객의 실명 확인을 할 필요가 있다. 이 경우 금융실명법이 적용된다. 금융실명법에 따르면, "금융회사등은 거래자의 실지명의(이하 "실명"이라 한다)로 금융거래를 하여야 한다."라고 하고 있어서(법 제3조 제1항) 은행 등 금융기관 종사자만이 거래자의 실명을 확인할 수가 있다고 해석된다. 그런데 금융기관은 실명 확인 업무를 위탁할 수 있는데, 이 경우도 다른 "금융회사등"으로 제한하고 있다(시행령 제4조의2 제2항). 따라서 금융실명법에 따르면, 은행대리업자는 은행의 위탁을 받아서 고객의 실명 확인을 할 수 없는 문제가 있다. 그러므로 은행대리업자의 소속 직원도 실명 확인을 할 수 있도록 실명 확인 위탁이 가능한 "금융회사등"의 범위에 은행대리업자도 포함하도록 시행령 개정이 이루어져야 한다.

(2) 특정금융정보법의 적용 여부

특정금융정보법은 자금세탁 방지 관련 대표적인 법률이다. 이 법률은 자금세탁행위와 공중협박자금조달행위를 규제하는 데 필요한 특정금융거래정보의 보고 및 이용 등에 관한 사항을 규정하고 있다. 이에 따르면 은행 등 금융기관이 고객과 예금 수입 등 금융거래를 하려고 할 때는 고객의 신원과 실제소유자를 확인하도록 하고 있다(법 제5조의2). 따라서 은행대리업자도 고객과 예금의 수입 거래를 하므로 이 법률의 취지에 맞게 고객의 신원과 실제소유주를 확인할 필요가 있다. 특정금융정보법은 적용 대상이 되는 "금융회사등"의 범위를 규정하고 있는데(법 제2조 제1호, 시행령 제2조), 은행대리업자는 그 범위에 포함되어 있지 않으므로 향후 은행대리업자를 추가해서 특정금융정보법이 적용되도록 해야 할 것이다.

(3) 신용정보법과 「개인정보 보호법」의 적용 여부

신용정보법은 개인신용정보의 제공과 이용에 관한 규제를 하고 있는 법률이다. 신용정보란 "금융거래 등 상거래에서 거래 상대방의 신용을 판단할 때 필요한 정보"를 말하는데(법 제2조 제1호), 은행대리업자는 은행 업무의 대리 업무를 수행하기 때문에 신용정보를 취급하게 된다. 또한 신용정보법은 '신용정보제공이용자' 등에 대해서 신용정보의 수집과 처리, 특히 개인신용정보의 이용과 제공 등에 대하여 여러 규제 내용을 담고 있는 법률이므로 은행대리업자가 신용정보제공이용자에 해당하면 이러한 규제의 적용을 받게 된다. 검토해보면, 신용정보법은 신용정보제공이용자를 "고객과의 금융거래 등 상거래를 위하여 본인의 영업과 관련하여 얻거나 만들어 낸 신용정보를 타인에게 제공하거나 타인으로부터 신용정보를 제공받아 본인의 영업에 이용하는 자"라고 하고 있어서(법 제2조 제7호), 은행대리업자는 고객과 은행 거래를 하면서 신용정보를 제공하거나 이용하게 되므로 신용정보제공이용자에 해당하고, 신용정보법에 따른 여러 규제의 적용을 받게 된다.

한편 「개인정보 보호법」의 적용 여부도 살펴보아야 한다. 「개인정보 보호법」은 '개인정보처리자'에 대해서 개인정보의 안전한 관리 의무 등 개인정보를 보호하기 위한 여러 의무를 규정하고 있어서, 은행대리업자가 개인정보처리자에 해당하는지 여부를 살펴볼 필요가 있다. 개인정보처리자란 "업무를 목적으로 개인정보파일을 운용하기 위하여 스스로 또는 다른 사람을 통하여 개인정보를 처리하는 공공기관, 법인, 단체 및 개인 등을 말한다"라고 하고 있고(법 제2조 제5호), 처리란 "개인정보의 수집, 생성, 연계, 연동, 기록, 저장, 보유, 가공, 편집, 검색, 출력, 정정(訂正), 복구, 이용, 제공, 공개, 파기(破棄), 그 밖에 이와 유사한 행위를 말한다"라고 하고 있어서(법 제2조 제2호), 은행대리업자도 개인정보를 처리하는 법인에 해당하므로 개인정보처리자에 해당한다. 따라서 은행대리업자는 「개인정보 보호법」에 따른 여러 의무 및 규제의 적용을 받는다.

(4) 「금융기관의 업무위탁 등에 관한 규정」의 적용에 따른 문제점과 개선 방안

은행 입장에서는 은행대리업자에게 은행 업무를 위탁하는 것이 되므로 관련 규정인 「금융기관의 업무위탁 등에 관한 규정」(이하 "업무위탁규정"이라 한다)도 검토할 필요가 있다. 금융위원회가 고시(告示)로 제정한 업무위탁규정은 은행 등 금융기관이 인가나 허가를 받거나 등록을 한 금융업의 본질적 업무를 제3자에게 위탁하는 것을 금지하고 있다. 자세히 살펴본다. 업무위탁규정은 업무위탁을 "금융기관이 인가등을 받은 금융업을 영위하기 위하여 제3자(개인을 포함한다)의 용역 또는 시설 등을 계속적으로 활용하는 행위"라고 정의하고 있다(제2조 제2항). 은행은 금융기관에 해당하고(제2조 제1항 제1호) 인가받은 '은행업'을 은행대리업자에게 위탁하는 것이므로 업무위탁규정에 따른 '업무위탁'에 해당한다. 업무위탁규정은 더 나아가서 "인가등을 받은 금융업 또는 다른 금융업의 본질적 요소를 포함하는 업무"를 제3자에게 위탁하는 것을 금지하고 있으며(제3조 제1항 단서 제1호), 그러한 본질적 요소는 [별표 2]에 자세히 규정하고 있다(제3조 제2항). [별표 2]에 따르면, "예금·적금의 수입 또는 유가증권, 그 밖의 채무증서의 발행과 그에 따른 계좌의 개설·해지 및 입금·지급 업무," "자금의 대출 또는 어음의 할인 업무(대출 및 어음의 할인의 심사 및 승인, 대출 및 어음의 할인계약의 체결 및 해지, 대출 및 어음의 할인의 실행)" 및 "내국환·외국환(환거래 관련 심사 및 승인, 환거래계약의 체결 및 해지) 업무"는 은행 업무의 본질적 요소로 규정되어 있다.

그렇다면 은행대리업자가 영위하는 업무는 은행의 본질적 업무에 해당하여 업무위탁규정에 따르면 위탁이 금지된다. 업무위탁규정에 위반되는 문제가 생기므로 업무위탁규정을 개정하는 것이 필요하다. 물론 「은행법」에 은행대리업에 관한 조항을 두어 법적 근거를 둔다면 하위 규정인 업무위탁규정보다 우선 적용된다고 해석해야 하므로 업무위탁규정의 위반 문제는 없게 될 수도 있다.[287] 그러나 논란의 소지를 없애기 위해서는 업무위탁규정에도 은행대리업자에게 은행 업무를 위탁하는 것이 가능하도록 하는 조항을 두는 것이 필요하다.

287) 같은 견해는 도제문(2015), 162면.

제7절

주요국 은행의 업무 범위[288)]

여기서는 주요국의 은행 업무 범위를 알아본다. 우리가 은행의 업무 범위 규제 개선 방안을 마련할 때 외국의 입법례가 도움이 될 수 있기 때문이다. 이하에서는 미국, 영국, 일본, 캐나다, 독일, 호주의 입법례를 살펴본다.

Ⅰ. 미국

1. 개관

미국은 연방정부가 인가한 '연방인가은행'(national banks)[289)]과 주(州) 정부가 인가한 '주인가은행'(state banks)으로 분류되는 이원적 은행 제도(dual banking system)를 유지하고 있다. 연방인가은행의 인가권은 재무부 산하 별도의 감독기관인 통화감독청(Office of the Comptroller of the Currency: OCC)이 갖고 있으며, 주인가은행의 인가권은 각 주 정부가 갖고 있다. 은행의 업무 범위와 관련해서는 주인가은행의 업무 범위가 연방인가은행과 거의 같으므로(12 U.S.C. § 335, 1831a(a)), 이하에서는 연방인가은행의 업무 범위를 살펴보기로 한다.

288) 이 절의 내용은 고동원(2015)을 수정·보완한 것이다.

289) 'national bank'는 통화감독청(OCC)이 인가를 한 은행을 말하는데, 국내에서는 일본이 사용하는 예에 따라 주로 '국법(國法)은행'이라고 번역되어 사용되고 있다. 그런데 '국법은행'이라는 용어 자체가 무엇을 의미하는 정확하지 않아 이해하기가 어려운 점을 고려해서 여기서는 의미가 정확하게 전달될 수 있도록 '연방인가은행,' 즉 연방정부가 인가한 은행이라는 의미로 쓰기로 한다. 한편, 주 정부가 인가한 은행인 'state bank'는 '주법은행'이라는 용어 대신에 '주인가은행'이라는 용어를 쓰기로 한다.

2. 은행의 업무 범위 현황

(1) 개관

연방인가은행의 업무 범위를 규정하고 있는 법은 「1864년 연방은행법」(National Bank Act of 1864)이다(12 U.S.C. § 24(Seventh)). 「1864년 연방은행법」은 연방인가은행은 "은행업"(business of banking)을 영위하기 위해서 필요한 "부수적인 모든 업무"(all such incidental powers as shall be necessary to carry on the business of banking)를 영위할 수 있다고 하면서, 5가지 은행 업무를 규정하고 있다(12 U.S.C. § 24(Seventh)). 5가지 은행 업무는 예금 업무 및 대출 업무 등을 말한다. 따라서 이러한 업무를 은행만이 영위할 수 있는 업무, 즉 고유 업무(core business)라고 분류할 수 있다.

한편 「1864년 연방은행법」은 "은행업에 부수적인 업무"의 범위에 대해서 특별히 규정하고 있지 않다. 따라서 결국 "부수적인 업무"의 범위는 감독기관인 통화감독청의 해석과 이와 관련한 분쟁 발생 시 최종 결정 권한을 갖고 있는 연방 대법원의 입장에 의해 결정된다고 할 수 있는데, 그 동안 통화감독청과 연방 대법원은 이러한 "부수적인 업무"의 범위를 확대 해석하는 경향을 보임으로써 은행의 부수 업무 범위를 넓혀주어 왔다.

또한 「1864년 연방은행법」은 연방인가은행의 증권 중개(brokerage) 업무나 인수(under-writing) 업무 등 증권 관련 업무 범위에 관한 내용도 규정하고 있고(12 U.S.C. § 24(Seventh)), 일정한 제한된 조건에서 보험상품의 판매 대리 업무 등 보험 업무에 대해서도 규정하고 있으며(12 U.S.C. § 92), 신탁 업무(12 U.S.C. § 92a)에 대해서도 규정하고 있다.

한편 은행 업무 범위의 분류와 관련해서는 우리는 은행만이 영위할 수 있는 고유 업무, 은행업에 부수한 부수 업무(incidental business), 다른 법령에 따라 인·허가를 받거나 등록을 하여 영위할 수 있거나 다른 법령에 따라 영위하도록 허용된 겸영 업무(concurrent business)로 분류하고 있는데(「은행법」 제27조, 제27조의2, 제28조), 이러한 분류 기준에 따라 미국 연방인가은행이 영위할 수 있는 업무를 분류하면, 「1864년 연방은행법」이 명시적으로 규정하고 있는 5가지 은행 업무를 고유 업무, 은행업에 부수적인 업무(incidental powers)를 부수 업무, 「1864년 연방은행법」이 별도로 규정하고 있는 증권 업무, 보험 업무 및 신탁 업무 등을 겸영 업무로 분류할 수 있다. 이하에서는 이러한 분류 체계에 따라 은행 업무 범위를 살펴본다.

(2) 고유 업무

1) 법에 규정된 5가지 은행업의 범위

「1864년 연방은행법」이 규정하고 있는 5가지 "은행업"(12 U.S.C. § 24(Seventh))을 연방인가은행의 고유 업무라고 할 수 있는데, 그러한 업무는 다음과 같다.

① 약속어음, 환어음 및 기타 채무증서의 할인 및 매입 업무(discounting and negotiating promissory notes, drafts, bills of exchange and other evidences of debt)
② 예금 수입 업무(receiving deposits)
③ 환(換), 동전 및 금의 매매 업무(buying and selling exchange, coin and bullion)
④ 인적 담보 대출 업무(loaning money on personal security)
⑤ 어음의 취득, 발행 및 유통 업무(obtaining, issuing and circulating notes)

위의 은행업의 범위와 관련해서는 2가지 쟁점이 있는데, 첫째는 각 해당하는 5가지 업무가 무엇을 의미하는지에 관한 것이며, 두 번째는 '은행업'의 범위를 열거된 5가지 업무에 한정하는 것으로 볼 것인지, 아니면 5가지 업무를 예시적인 것으로 보아 더 추가적인 은행업을 영위할 수 있는지에 관한 문제이다.

2) 5가지 은행업의 해석상 확장된 은행 업무

첫 번째 쟁점과 관련해서는 감독기관인 통화감독청과 연방 대법원은 5가지 업무의 해석을 보다 넓게 함으로써 추가적인 은행 업무를 인정해 왔다. 그러한 예로서 다음과 같은 업무가 있다.

우선 대여 금고(safe-deposit boxes) 업무가 있다. 예금 수입 업무의 범위를 해석함에 있어서 현금뿐만 아니라 "모든 종류의 가치가 있는 것"(valuables of all kinds)도 포함한다고 넓게 해석함으로써 금이나 증권 등 가치가 있는 것을 보관하는 대여 금고 업무도 인정해 주었다.[290] 또한 예금 수입 업무에서 이자가 주가(株價)지수에 연동하는 **주가연계예금**(equity-linked deposit: ELD)도 인정해주었다.[291] 통화감독청은 중개인에 의한 예금(deposit brokers) 수입 업무도 예금 업무에 포함한다고 해석했다.[292] 대출 업무에 있어서도 대출 이자가 차입자의 영업 수익에 연계되어 변동되는 상품의 경우에도 비록 사업에 투자하는 상품(investment in business), 즉 주식투자상품(equity investment)으로 볼 여지도 있지만(이렇게 보게 되면 은행은 이러한 대출 업무를 취급할 수 없게 된다) 차입자가 만기 때 원금을 상환하는 조건이라면 대출 상품으로 보는데 문제가 없다고 해석하여 인정한 사례도 있다.[293] 또한 인적 담보 대출(loan on personal security)의 범위도 넓게 해석하여 물적 담보(collateral) 대출뿐만 아니라 무담보 대출도 포함된다고 하였다.[294] 이처럼 5가지 업무에 대해서 통화감독청과 연방 대법원은 의미를 보다 넓게 해석하여 은행 업무의 범위를 확대해왔다고 할 수 있다.

---

290) Carnell, et. al.(2013), p. 110.
291) Carnell, et. al.(2013), p. 111.
292) Carnell, et. al.(2013), p. 111.
293) Carnell, et. al.(2013), p. 111.
294) Carnell, et. al.(2013), p. 111.

3) 5가지 은행업 이외의 추가적인 은행업의 범위

두 번째 쟁점과 관련해서 연방 대법원은 은행업의 범위는 5가지 열거된 은행 업무에만 한정되는 것이 아니라는 판결을 내림으로써 범위를 넓혀주었다.295) 다음과 같은 업무가 해당된다.

① 연금상품 판매 대리 업무

연방 대법원은 연방인가은행이 연금상품(annuities)의 판매 대리(agent) 업무를 영위하는 것을 은행업에 포함된다고 보았다.296)

② 정보 처리 업무

통화감독청은 정보 처리 업무(data processing services)도 은행업의 범위에 포함된다고 해석하였다. 즉 연방인가은행은 은행·금융·경제적 정보나 그러한 정보가 아닌 경우에는 파생된 또는 결과물이 은행·금융·경제적인 정보를 처리하거나 전송하는(transmission) 업무를 영위할 수 있다고 보았다.297)

③ 결제 업무

통화감독청은 연방인가은행이 계열회사나 다른 금융기관을 위한 결제 업무(corresponding banking services)(수표 결제 업무 등)도 은행업으로서 영위할 수 있다고 보았다.298)

④ 신용카드 업무

통화감독청은 연방인가은행이 신용카드 발행, 신용카드 분실 통지 처리, 신용 조회(credit verification) 업무 등 신용카드와 관련한 업무를 영위할 수 있다고 보고 있다.299) 연방 대법원도 신용카드 업무를 「1864년 연방은행법」이 규정하고 있는 은행업의 범위에 포함된다고 보고 있다.300)

⑤ 보증신용장 발행 업무

연방인가은행은 보증(guarantee) 업무를 영위할 수 없다.301) 그러나 통화감독청은 연방인가은행이 보증신용장(standby letters of credit: standby L/C)을 발행하는 업무를 은행 업무(banking

---

295) NationsBank of North Carolina v. Variable Annuity Life Insurance Co. 513 U.S. 251 (1995). 이 사건은 연방인가은행이 연금상품(annuities) 판매 대리를 한 업무가 「1864년 연방은행법」이 허용하고 있는 "은행업"(business of banking)에 해당하는지에 관한 문제이었는데, 그러한 업무가 은행업에 해당한다고 보면서, 은행업의 범위는 「1864년 연방은행법」이 규정한 5가지 업무에만 한정되는 것은 아니라고 보았다("the business of banking is not limited to the enumerated powers in Section 24 Seventh and that the [OCC] therefore has discretion to authorize activities beyond those specifically enumerated").

296) NationsBank of North Carolina v. Variable Annuity Life Insurance Co. 513 U.S. 251 (1995).

297) 12 C.F.R. § 7.5006.

298) 12 C.F.R. § 7.5007.

299) Comptroller's Manual for National Banks, Pars, 7.7376(b) and 7.7378.

300) Colorado Springs National Bank v. United States, 505 F.2d 1185, 1189 (10th Cir. 1974); United States v. Philadelphia National Bank, 374 U.S. 321 (1963).

301) Carnell, et. al.(2013), p. 158.

activity)라고 봄으로써 은행의 업무로 인정해주었다.[302] 즉 연방인가은행은 일반적인 채무보증 업무는 할 수 없지만, 보증과 유사한 기능을 수행하는 보증신용장 발행 업무를 영위할 수 있으므로 사실상 보증 업무를 하고 있다고 할 수 있다.

⑥ 인터넷은행서비스 업무

통화감독청은 연방인가은행이 인터넷은행서비스(internet banking services)를 제공하는 것은 은행업에 해당한다고 보았다.[303]

(3) 부수 업무

1) 파생상품 거래 업무

통화감독청은 연방인가은행의 파생상품 거래를 은행업의 일부 내지 부수적인 업무(part of or incidental to the business of banking)로 보고 있으므로[304] 여기서는 파생상품 거래 업무를 부수 업무로 분류하여 살펴본다.

① 금리·통화 파생상품 거래 업무

연방인가은행은 금리나 통화 등을 기초자산으로 하는 교환(swap) 거래, 캡(caps) 거래, 칼라(collars) 거래, 플로어(floor) 거래, 스왑션(swaptions) 거래 등의 파생상품 거래를 영위할 수 있다.[305] 또한 연방인가은행은 이러한 파생상품을 설계하고(originating), 시장을 조성하는 업무(making markets)도 영위할 수 있다.[306]

② 주식 파생상품 거래 업무

연방인가은행은 주식을 기초자산으로 하는 파생상품 거래 업무를 영위할 수 있다.[307]

③ 주가지수 파생상품 거래 업무

연방인가은행은 주가지수를 기초자산으로 하는 파생상품 거래 업무를 영위할 수 있다.[308]

④ 일반상품 파생상품 거래 업무

연방인가은행은 일반상품(commodity)을 기초자산으로 하는 파생상품 거래 업무도 영위할 수 있다.[309]

⑤ 전기 등 에너지 관련 파생상품 거래 업무

연방인가은행은 통화감독청이 요구하는 일정한 위험 관리 체제를 갖추는 조건으로 전기

302) 12 C.F.R. § 7.1016(a), § 337.2.
303) OCC Interpretive Letter No. 742 (1996).
304) OCC Interpretive Letter No. 684 (Aug. 4, 1994).
305) OCC Interpretive Letter No. 725 (May 10, 1996).
306) OCC Interpretive Letter No. 725 (May 10, 1996); OCC No-Objection Letter 90-1 (Feb. 16, 1990).
307) OCC Interpretive Letter No. 892 (Sep. 13, 2000).
308) OCC Interpretive Letter No. 1033 (June 14, 2005).
309) OCC Interpretive Letter No. 632 (June 30, 1993), 937 (June 27, 2002), 962 (April 21, 2003).

(electricity) 등 에너지를 기초자산으로 하는 파생상품 거래 업무를 영위할 수 있다.[310]

⑥ 탄소배출권 파생상품 거래 업무

연방인가은행은 통화감독청이 요구하는 일정한 위험 관리 체제를 갖추고, 은행의 건전성에 나쁜 영향을 미치지 않는다는 요건을 충족하는 조건으로 탄소배출권(emission)을 기초자산으로 하는 파생상품 거래 업무를 영위할 수 있다.[311]

⑦ 신용파생상품 거래 업무

연방인가은행은 신용위험을 기초자산으로 하는 신용파생상품 거래 업무를 영위할 수 있다.[312]

2) 여행자수표 발행 등 여행 관련 업무

연방인가은행은 여행자를 위한 여행자수표(travellers check) 발행 및 외화 판매 업무, 여행을 위한 대출 업무, 무료 여행 정보 제공 업무를 영위할 수 있다.[313] 그러나 연방 법원은 연방인가은행이 영업소 내에서 여행사 대리점(travel agent) 업무를 영위하는 것은 "은행업에 부수한 업무"로 보기는 어렵다고 판단하였다.[314]

3) 고객을 위한 금융 자문 및 상담 업무

연방인가은행은 고객을 위한 금융의 전략적 계획, 사업금융(project financing) 거래 관련 자문 및 구조적 업무, 시장의 경제적 정보의 제공 등 고객을 위한 금융 자문 및 상담 업무(financial advisory and counselling)를 영위할 수 있다.[315]

4) 기업 인수합병 거래 등의 자문 업무

연방인가은행은 기업 인수합병(merger and acquisition: M&A) 거래에 관한 자문 업무(advisory)를 영위할 수 있다.[316]

5) 부동산 매매 상담 업무

연방인가은행은 부동산의 매입이나 매도와 관련하여 소개 또는 추천 업무 등 부동산 관련 상담 업무(consulting)를 영위할 수 있다.[317]

6) 세금 관련 자문 업무

연방인가은행은 세금 계획이나 조정 업무 등 세금 관련 자문 업무를 영위할 수 있다.[318]

---

310) OCC Interpretive Letter No. 937 (June 27, 2002), 962 (April 21, 2003).
311) OCC Interpretive Letter No. 1040 (Sep. 15, 2005).
312) OCC Banking Bulletin 96-43 (Aug. 12, 1996).
313) Arnold Tours Inc. vs. Camp 472 F.2d 427 (1st Cir. 1972).
314) Arnold Tours Inc. vs. Camp 472 F.2d 427 (1st Cir. 1972).
315) 12 C.F.R. § 9.101(b)(2)(i).
316) 12 C.F.R. § 9.101(b)(2)(i).
317) 12 C.F.R. § 9.101(b)(2)(v).
318) 12 C.F.R. § 9.101(b)(2)(viii).

(4) 겸영 업무

1) 증권 업무

「1864년 연방은행법」은 은행의 증권 업무에 대해 규정하고 있으며, 이외에도 통화감독청의 해석에 의해 허용되는 기타 증권 관련 업무도 있다. 1930년대 대공황(Great Depression)이 발생하기 전에는 은행은 직접 또는 자회사를 통하여 증권 매매나 인수 업무 등 **투자은행**(investment banking: IB) **업무**를 영위할 수 있었다. 그러나 대공황 시기에 많은 은행들이 파산하면서 미국 의회는 이러한 파산 원인이 은행이 위험성이 높은 투자은행 업무를 영위한데 있었다는 분석을 토대로 은행이 원칙적으로 투자은행 업무를 영위할 수 없도록 하는 법을 제정하였는데, 이 법이 바로 **「1933년 은행법」**(Banking Act of 1933)의 한 부분인 **글래스-스티걸법**(Glass-Steagall Act)이다.[319]

그러나 글래스-스티걸법은 은행이 증권 중개 업무나 국·공채의 인수나 매매 업무 등 제한적인 증권 업무를 영위하는 것을 허용하고 있어(§ 16 of Glass-Steagall Act) 완전한 투자은행 업무 금지는 아닌 것으로 이해할 수 있다. 이하에서는 「1864년 연방은행법」이 규정하고 있는 증권 업무와 통화감독청의 해석에 의해 허용되고 있는 증권 관련 업무에 관해서 살펴보기로 한다.

① 증권 중개(brokerage) 업무

연방인가은행은 고객의 계산으로(for the account of customers) 주식 등 증권(securities and stocks)의 매매 업무(purchasing and selling)를 영위할 수 있다.[320] 즉 증권의 중개 업무를 말하며, 연방인가은행은 증권 중개 업무 영위가 가능한 것이다. 증권의 범위에 대한 제한은 없다.

② 국·공채 매매 업무

연방인가은행은 은행의 계산으로(for its own account) 미국 연방정부가 발행한 채권, 주 정부가 발행한 채권(general obligation), 연방정부나 주정부의 산하 기관(political subdivision)이 발행한 일정한 공공채의 매매(dealing) 업무를 영위할 수 있다.[321] 즉 상업은행 업무와 투자은행 업무의 분리 원칙에 따라 연방인가은행은 원칙적으로 증권 매매 업무를 영위할 수 없지만, 국·공채에 대해서는 예외적으로 매매 업무를 허용하고 있다. 이는 국·공채는 위험성이 거의 없는 채권이라 은행이 매매 업무를 하더라도 은행에 커다란 위험성을 초래하지 않을 것으로 보고 허용한 것으로 이해된다.

③ 국·공채 인수 업무

연방인가은행은 미국 연방정부가 발행한 채권, 주 정부가 발행한 채권(general obligation),

319) Glass-Steagall Act에 관한 자세한 논의는 Benston(1990), pp. 187~199.
320) 12 U.S.C. § 24(Seventh). § 16 of Glass-Steagall Act에 해당한다.
321) 12 U.S.C. § 24(Seventh).

연방정부나 주정부의 산하 기관(political subdivision)이 발행한 공공채의 인수(underwriting) 업무를 영위할 수 있다.[322] 즉 연방인가은행은 원칙적으로 증권 인수 업무를 영위할 수 없지만, 국·공채에 대해서는 예외적으로 허용하고 있는 것이다. 그 이유도 앞서 매매 업무에서 논의한 바와 같이 국·공채는 위험성이 거의 없는 채권이라는 점을 고려한 것으로 판단된다.

④ 자산유동화증권 매매 업무

연방인가은행은 자산유동화증권의 매매(dealing) 업무를 영위할 수 있다.[323]

⑤ 증권 투자 업무

연방인가은행은 자기의 계산으로(for its own account) '투자증권'(investment securities)의 매입(purchase) 업무를 영위할 수 있다.[324] 투자증권은 채권이나 어음 등 시장성이 있는 증권(marketable obligations)을 말한다.[325]

⑥ 환매조건부 증권 매매 업무

연방인가은행은 환매조건부 증권 매매(repurchase agreement: RP) 업무를 영위할 수 있다.[326]

⑦ 사모 증권 모집 업무

연방인가은행은 사모(私募) 형태로 증권 모집(private placement of securities) 업무를 영위할 수 있다.[327] 즉 49인 이하의 투자자에게 발행 증권의 매입이나 청약의 권유를 할 수 있다. 연방 법원은 사모는 인수 업무에 포함되지 않는다고 본 것이다.[328]

⑧ 증권 대여 업무

연방인가은행은 증권 대여(securities lending) 업무를 영위할 수 있다.[329] 통화감독청은 증권 대여 업무를 연방인가은행이 영위할 수 있는 증권 중개 업무에 부수적인 업무에 해당하는 것으로 보고 있다.[330]

⑨ 증권 대여 거래의 중개·대리 업무(securities conduit lending services)

연방인가은행은 증권 대여 거래의 중개(intermediary) 또는 대리(agency) 업무를 영위할 수 있다.[331]

---

322) 12 U.S.C. § 24(Seventh).
323) 12 C.F.R. § 1.2(l), (m).
324) 12 U.S.C. § 24(Seventh).
325) 12 U.S.C. § 24(Seventh).
326) OCC Interpretive Letter No. 629 (June 2, 1993).
327) Securities Industry Association v. Board of Governors of the Federal Reserve System 483 U.S. 1005 (1987).
328) Securities Industry Association v. Board of Governors of the Federal Reserve System 807 F.2d 1052 (D.C. Cir. 1986).
329) OCC Banking Circular No. 196 (May 7, 1985); OCC Interpretive Letter No. 380 (Dec. 29, 1986).
330) OCC Interpretive Letter No. 376 (Oct. 26, 1986).

⑩ 명의개서 대리 업무

연방인가은행은 증권의 명의개서 대리(transfer agent) 업무를 영위할 수 있다.[332]

2) 신탁 업무

① 수탁 업무

연방인가은행은 수탁 업무(fiduciary capacity)도 영위할 수 있다. 통화감독청은 연방인가은행이 소재한 주(州)의 법이 주인가은행에게 수탁 업무를 허용하는 범위 내에서 연방인가은행이 동일한 범위 내에서 수탁 업무를 영위할 수 있도록 인가해줄 수 있다.[333] 즉 연방인가은행이 수탁 업무를 영위하기 위해서는 통화감독청으로부터 별도의 인가를 받아야 하며,[334] 수탁 업무가 해당 주(州)의 법에 위반해서도 안 된다.[335] 그러한 수탁 업무는 수탁자(trustee), 관리인(administrator), 유언집행인(executor), 주식 및 채권의 등록관리인(registrar), 파산관재인(receiver) 및 그 밖에 수탁관리인(any other fiduciary capacity) 등의 업무이다.[336]

② 신탁자산 운용 업무

연방인가은행은 신탁의 수익자(beneficiary)를 위하여 신탁자산을 운용하는 업무를 영위할 수 있다. 이는 수탁 업무로서 인정되는 것이다.[337]

③ 투자자문 업무

연방인가은행은 수탁 업무로서 고객을 위한 투자자문(investment advice) 업무도 영위할 수 있다.[338]

④ 투자회사의 자산운용 및 자문 등의 업무

연방인가은행은 집합투자기구인 투자회사(mutual fund) 설립 업무, 투자회사 자산운용 업무, 투자회사에 대한 자문 업무, 사무관리 업무(administrative services), 자산보관 업무(custodian services)를 영위할 수 있다.[339] 이러한 업무를 영위하려면 증권거래위원회(SEC)에 **투자자문업자**(investment adviser)**로 등록**해야 한다.[340] 이러한 업무도 연방인가은행의 수탁 업무의 하나로 인정되고 있다.[341]

---

331) OCC Interpretive Letter No. 1026 (April 27, 2005).
332) 12 U.S.C. § 78q−1; 12 C.F.R. § 9.20.
333) 12 U.S.C. § 92a; 12 C.F.R. § 9.
334) 12 C.F.R. § 5.26.
335) Carnell et. al.(2013), p. 128.
336) 12 U.S.C. § 92a.
337) Carnell et. al.(2013), p. 129.
338) 12 C.F.R. § 9.101.
339) OCC Interpretive Letter No. 648 (May 4, 1994); Carnell et. al.(2013), p. 129.
340) Carnell et. al.(2013), p. 129.
341) Carnell et. al.(2013), p. 129.

3) 투자일임 업무

연방인가은행은 고객을 위한 **투자일임 업무**(investment management service)도 영위할 수 있다. 즉 연방인가은행은 고객을 위해서 고객의 일임을 받아 고객의 자산을 운용하는 업무를 영위할 수 있다.[342)]

4) 보험 업무

연방인가은행은 제한적인 보험 대리점 업무를 영위할 수 있다. 즉 인구 5,000명 이하의 지역에 소재하는 연방인가은행은 그 지역 보험회사의 보험상품인 화재보험, 생명보험 및 그 밖의 보험상품의 판매 대리 업무를 영위할 수 있다.[343)] 또한 연방인가은행은 그 소재 주인가은행이 **권리보험**(title insurance) **판매 대리** 업무를 할 수 있으면 해당 주에서 권리보험 판매 대리 업무를 영위할 수 있다.[344)] 한편 연방인가은행은 일반적으로 보험상품의 인수(underwriting) 업무(즉 보험회사의 업무를 말한다)를 영위할 수 없는데,[345)] 다만 1999년 1월 1일 당시에 통화감독청의 승인을 받은 신용 관련 보험상품(credit-related insurance)의 인수 업무는 계속 영위할 수 있다.[346)]

5) 금융리스 업무

연방인가은행은 금융리스(financing lease) 업무도 영위할 수 있는데, 대상 물건은 동산(personal property)에 한정된다. 즉 연방인가은행은 자동차, 조립 주택, 가구, 기계, 설비(equipment) 등 동산을 리스물건으로 하는 금융리스 업무를 영위할 수 있다.[347)]

6) 부동산 임대 업무

연방인가은행은 부동산 임대 업무도 영위할 수 있다.[348)] 다만 임대 대상인 부동산은 은행이 사용하지 않으면서 은행의 현재 또는 미래의 영업 수요와 밀접한 관계에 있는 것에 한한다.[349)]

3. 평가

미국은 기본적으로 전업주의 체제를 유지하고 있다. 그럼에도 불구하고 은행은 증권 중개 업무나 국·공채 증권의 매매·인수 업무, 보험상품 판매 대리 등의 보험 업무, 투자자문 및 투자일임 업무, 신탁 업무, 금융리스 업무 등 다양한 업무를 영위하고 있다. 특히 전업주의를 유

342) OCC Investment Management Services Handbook, Aug. 2001.
343) 12 U.S.C. § 92.
344) 15 U.S.C. § 6713.
345) 15 U.S.C. § 6712(a).
346) 15 U.S.C. § 6712(b).
347) 12 U.S.C. § 24(Tenth).
348) Carnell et. al.(2013), p. 125.
349) Carnell et. al.(2013), p. 125.

지하고 있는 미국에서도 증권업의 핵심이라고 할 수 있는 증권의 중개 업무를 증권의 종류에 제한을 받지 않고 은행이 영위할 수 있다는 점은 전업주의를 기본적으로 유지하고 있는 우리도 눈여겨 볼 점이다.

증권의 인수나 매매 업무에서도 제한적으로 국·공채 증권에 대해서 허용하고 있다는 점도 은행이 일부 증권업을 영위할 수 있다는 것을 뒷받침하고 있다. 연방인가은행이 소규모 도시에서는 보험상품의 판매 대리 업무를 할 수 있는 등 제한적인 보험 업무도 하고 있다. 파생상품 거래의 경우도 금리나 통화 등 금융상품 이외에도 일반상품, 에너지, 탄소배출권 등 다양한 기초자산으로 하는 파생상품 거래도 허용되어 있고, 특히 파생상품 거래를 은행업의 일부 내지는 부수적인 업무로 보고 있는 것이 우리의 경우 자본시장법에 따른 별도의 금융투자업으로 보는 것과 다른 점이다.

Ⅱ. 일본

1. 개관

일본의 은행 업무 범위는 「은행법」 제10조, 제11조 및 제12조에서 규정하고 있는데, 일본의 은행 업무 범위 규제 체계는 우리와 비슷하다. 즉 은행은 예금 업무, 대출 업무 및 환(換)거래 업무의 고유 업무, 채무보증 업무 등 부수 업무, 증권 매매 업무 등 증권 관련 업무를 겸영 업무로서 영위할 수 있어, 우리의 은행 업무 범위 분류 체계와 비슷하다. 증권 관련 업무에 대해서는 관련 법률인 「금융상품거래법」이 적용된다.

2. 은행의 업무 범위 현황

은행은 고유 업무, 부수 업무 및 겸영 업무를 영위할 수 있으므로 아래에서는 이런 분류 체계에 따라 살펴본다.

(1) 고유 업무

일본 「은행법」은 '은행업'의 정의를 "예금이나 정기적금의 수입과 자금의 대출 또는 어음의 할인을 모두 영업으로 하거나 또는 환거래(爲替取人)를 영업으로 하는 것"이라고 하고 있다(제2조 제2항). '환거래'란 서로 떨어져 있는 사람 사이에 있어서 직접 현금을 송금하지 않고 자금 수수(授受)의 목적을 달성하는 것으로서 내국환 거래와 외국환 거래를 포함한다.[350] 이러한 '환거래' 업무의 의미는 '지급결제'에 관련된 업무라고 할 수 있다.[351] 즉 일본의 경우 우리와

350) 小山嘉昭(2018), 64面.
351) 池尾和人(2004), 165面.

달리 별도의 환거래 업무만을 영위하는 것도 은행업에 포함된다. 반면에 우리의 경우 은행업은 예금 업무 및 대출 업무만을 의미한다(「은행법」 제2조). 은행업을 영위하려면 내각총리대신으로부터 허가를 받아야 한다(일본 「은행법」 제4조 제1항). 일본 「은행법」 제10조 제1항은 은행의 고유 업무를 ① 예금 또는 정기적금(부금도 포함함)의 수입 업무, ② 자금 대출 또는 어음할인 업무, ③ 환거래 업무라고 하고 있다.

(2) 부수 업무

은행은 「은행법」 제10조 제2항에서 열거하는 업무(즉 부수 업무) 및 "그 밖에 은행업에 부수하는 업무"를 영위할 수 있다(제10조 제2항). 즉 은행은 「은행법」에 예시적으로 열거된 부수 업무 이외에도 "그 밖의 은행업에 부수하는 업무"를 감독당국의 해석을 통해 추가적으로 영위할 수 있다. 「은행법」이 열거하고 있는 부수 업무는 다음과 같다(법 제10조 제2항).

① 채무 보증 및 어음 인수 업무(제1호)
② 투자 목적으로 하거나 고객의 서면에 의한 주문을 받아 하는 유가증권(양도성예금증서나 시행규칙으로 정하는 증서로 표시되는 금전채권이나 단기사채 등은 제외)의 매매 업무(유가증권 관련 파생상품 거래에 해당하는 것은 제외된다) 또는 유가증권 관련 파생상품 거래 업무(제2호)
③ 유가증권의 대여 업무(제3호)
④ 매출 목적이 아닌 국채·지방채·정부보증채의 인수 업무 또는 당해 인수에 관한 모집 업무(제4호)
⑤ 금전채권(양도성예금증서 또는 시행규칙에서 정하는 증서로 표시된 것을 포함한다)의 취득 또는 양도 업무(제5호)
⑥ 매출 목적이 아닌 특정목적회사가 발행한 특정사채(특정단기사채는 제외하고, 자산유동화계획에 의거하여 당해 특정사채 발행으로 조달한 금전으로 지명금전채권이나 지명금전채권을 신탁한 신탁수익권을 취득한 것에 한한다) 및 기타 이에 준하는 유가증권으로서 시행규칙에서 정한 유가증권(양도성예금증서나 시행규칙으로 정하는 증서로 표시되는 금전채권이나 단기사채 등은 제외한다)의 인수 업무 또는 당해 인수에 관한 특정사채 등의 모집 업무(제5호의2)
⑦ 단기사채 등의 취득 또는 양도 업무(제5호의3)
⑧ 유가증권(양도성예금증서나 시행규칙으로 정하는 증서로 표시되는 금전채권이나 단기사채 등은 제외)의 사모 취급 업무(제6호)
⑨ 지방채·사채·그 밖의 채권(債券)의 모집 또는 관리의 수탁 업무(제7호)
⑩ 은행이나 그 밖의 금융업을 영위하는 자(외국은행 제외)의 업무 대리 또는 중개(시행규칙에서 정한 것에 한한다) 업무(제8호)

⑪ 외국은행 업무의 대리 또는 중개 업무(은행의 자회사인 외국은행 업무의 대리 또는 중개를 해당 은행이 행하는 경우에 있어서 해당 대리나 중개 또는 그 밖에 시행규칙이 정하는 것에 한한다)(제8호의2)

⑫ 국가·지방공공단체·회사 등을 위한 금전의 수납 및 기타 금전에 관련된 사무의 취급 업무(제9호)

⑬ 유가증권·귀금속·그 밖의 물품의 보호예수 업무(제10호)

⑭ 대체(對替) 업무(振替業)[352](제10호의2)

⑮ 환전(両替) 업무(제11호)

⑯ 파생상품 거래(유가증권 관련 파생상품 거래에 해당하는 것은 제외) 업무로서 시행규칙이 정하는 것(제5호의 금전채권의 취득이나 양도는 제외)(제12호)

⑰ 파생상품 거래(시행규칙에서 정한 것에 한함)의 중개·위탁매매·대리 업무(제13호)

⑱ 금리, 통화 가격, 상품 가격, 산정할당량(「지구온난화대책의 추진에 관한 법률」 제2조 제6항에 규정된 산정할당량 및 그 밖의 유사한 것을 말한다)의 가격, 그 밖의 지표의 수치로서 사전에 당사자 사이에 약정된 수치와 장래의 일정한 시기에 현실의 당해 지표의 수치의 차이에 기초하여 산출되는 금전의 수수를 약속하는 거래 또는 이에 유사한 거래로서 시행규칙에서 정하는 것(이하 "금융 등 파생상품 거래"라 한다) 중에서 은행의 경영 건전성을 훼손할 우려가 없다고 인정되는 거래로서 시행규칙이 정하는 업무(제5호의 금전채권의 취득이나 양도 및 제12호의 파생상품 거래에 해당하는 것은 제외한다)(제14호). 즉 '금융 등 파생상품 거래'라 함은 유가증권 외의 기초자산을 대상으로 하는 파생상품을 말한다.

⑲ '금융 등 파생상품 거래'의 중개·위탁매매·대리 업무(파생상품 거래의 중개·위탁매매·대리 및 시행규칙에서 정하는 것은 제외)(제15호)

⑳ 유가증권 관련 장외 파생상품 거래(해당 유가증권 관련 장외 파생상품 거래에 관련된 유가증권이 양도성예금증서나 시행규칙이 정하는 증서로서 표시되는 금전채권에 해당하는 것 및 단기사채 등 이외의 것인 경우에는 차액의 수수로 결제되는 것에 한한다)(제2호에 규정된 유가증권 매매 업무 및 유가증권 관련 파생상품 거래 업무는 제외한다) 업무(제16호)[353]

㉑ 유가증권 관련 장외 파생상품 거래(해당 유가증권 관련 장외 파생상품 거래에 관련된 유가증권이 양도성예금증서나 시행규칙이 정하는 증서로서 표시되는 금전채권에 해당하는 것 및 단기사채 등 이외의 경우에는 차액의 수수로 결제되는 것에 한한다)의 중개·위탁매매·대리 업무(제17호)

㉒ 기계류 및 그 밖의 물건(즉 리스물건)을 사용하게 하는 계약으로서 (i) 리스물건 사용기간 중도에 계약 해제가 가능하지 않거나 그에 준하는 것으로서 내각부령으로 정하는 것, (ii)

352) 「사채·주식 등의 대체 업무에 관한 법률」에 따른 계좌관리기관으로서 행하는 업무를 말한다.

353) 즉 유가증권 관련 장외 파생상품 거래의 경우에는 현물 인도에 의한 결제는 금지된다. 이 의미는 유가증권 매매 업무가 증권회사의 고유 업무이어서 은행이 유가증권 매매 업무를 취급할 수 없기 때문에 유가증권 현물 인도에 의한 결제를 금지한 것이다.

리스물건의 취득가액으로부터 해당 리스물건의 사용기간 만료 시 양도하는 경우에 예상되는 양도가액을 공제한 금액, 고정자산세에 상당하는 금액, 보험료 및 그 밖에 리스물건을 사용하게 하기 위하여 필요한 부수비용으로서 내각부령(시행규칙)이 정하는 비용의 합계액을 사용기간 동안 대가로서 수령하는 것을 내용으로 할 것, 및 (iii) 사용기간 만료 후 리스물건의 소유권 또는 리스물건의 사용 및 수익을 목적으로 하는 권리가 상대방에게 이전한다는 내용이 정해지지 않을 것이라는 3가지 요건을 전부 충족시키면서 해당 물건을 사용하게 하는 업무(제18호)

㉓ 금융리스업무의 대리 또는 중개 업무(제19호)

㉔ 고객으로부터 취득한 해당 고객에 관한 정보를 해당 고객의 동의를 얻어 제3자에게 제공하는 업무 및 그 밖의 해당 은행이 보유하고 있는 정보를 제3자에게 제공하는 업무로서 해당 은행이 영위하는 은행업의 고도화 또는 해당 은행의 이용자의 편리를 향상시키는데 이바지하는 업무(제20호)

㉕ 해당 은행이 보유하는 인재, 정보통신기술, 설비 및 그 밖의 해당 은행이 영위하는 은행업에 관련된 경영자원을 주로 활용하는 업무이면서 지역 활성화, 산업 생산성의 향상 및 그 밖의 지속가능한 사회를 구축하는데 이바지하는 업무로서 내각부령(시행규칙)이 정하는 업무(제21호)

(3) 겸영 업무

1) 개관

은행은 위의 부수 업무 이외에도 다른 법률에서 규정하고 있는 업무를 겸영 업무로서 영위할 수 있다. 그 하나는 「은행법」 제11조에 의해서 영위할 수 있는 업무가 있고, 다른 하나는 「은행법」 제12조에 의해서 영위할 수 있는 업무가 있다. 「은행법」 제11조에 따르면, 은행은 "은행업"(즉 예금, 대출, 환거래 업무)의 영위에 방해되지 않는 범위 내에서 「금융상품거래법」에서 정하고 있는 투자자문 업무와 일정한 유가증권 관련 업무, 「신탁법」에 따른 신탁 관련 사무 업무 및 산정할당량의 취득이나 양도계약의 체결 또는 중개·위탁매매·대리 업무를 영위할 수 있다. 「은행법」 제12조에 따르면, 은행은 「담보부사채신탁법」 및 다른 법률에서 은행이 영위할 수 있도록 한 업무를 겸영 업무로 영위할 수 있고, 그 외의 업무는 영위할 수 없다. 다른 법률에 따라 은행이 영위할 수 있는 업무로는 신탁업무, 보험창구 판매 업무, 전자채권 기록 업무 등이 있다.

2) 투자자문 업무

은행은 「금융상품거래법」 제28조 제6항에 규정된 투자자문 업무를 영위할 수 있다(「은행법」 제11조 제1항).

3) 유가증권관련업

가) 개관

은행은 「금융상품거래법」 제33조 제2항 각 호(금융기관의 유가증권 관련업의 금지 등)에서 열거한 유가증권 거래에 관한 업무를 영위할 수 있다(「은행법」 제11조 제2호). 다만 「은행법」 제10조 제2항이 규정하고 있는 은행의 부수 업무로서 영위되는 유가증권 관련 업무는 제외된다(「은행법」 제11조 제2호 단서). 따라서 「은행법」 제11조가 정하고 있는 유가증권 관련 업무는 은행업에 부수하는 업무로 보지는 않지만, 은행이 영위할 필요가 있다고 판단되어 「은행법」이 특별히 인정하는 겸영 업무라고 할 수 있다. 이러한 유가증권 관련 업무를 영위하기 위해서는 내각총리대신에게 등록을 해야 한다(「금융상품거래법」 제33조의2 제1항).

나) 고객의 서면 주문에 의한 유가증권 매매·파생상품 거래의 중개 업무

은행은 고객의 서면 주문에 의한 유가증권의 매매나 유가증권 관련 파생상품 거래의 중개 업무를 영위할 수 있다. 이는 고객의 서면에 의한 주문을 받아 고객의 계산으로 유가증권의 매매 또는 유가증권 관련 파생상품의 거래를 하는 업무를 말한다(「금융상품거래법」 제33조 제2항 본문). 이러한 업무는 당해 주문이 은행이 고객에 대한 권유에 의하여 행해지는 경우는 제외되고, 당해 은행이 영위하는 투자자문 업무로서 고객으로부터 주문을 받아 유가증권의 매매 업무를 하는 경우도 제외된다(「금융상품거래법」 제33조 제2항 본문). 즉 수동적으로 고객으로부터 주문을 받아 유가증권이나 유가증권 관련 파생상품 거래를 하는 경우에 한하여 은행이 중개 업무를 영위할 수 있다는 것을 의미한다.

다) 유가증권 및 파생상품 거래에 관한 업무

① 국채증권 등의 매매·파생상품거래 등의 업무

은행은 다음과 같은 유가증권에 대해서 아래의 유가증권 관련 업무를 영위할 수 있다(「금융상품거래법」 제33조 제2항 제1호).

대상 유가증권은 다음과 같다(「금융상품거래법」 제33조 제2항 제1호).

(a) 국채증권, 지방채증권, 특별한 법률에 따른 법인이 발행한 채권, 단기채권, 단기농림채권, 「자산유동화에 관한 법률」에 따른 특정사채권, 「투자신탁 및 투자법인에 관한 법률」에 따른 투자법인 채권

(b) 「자산유동화에 관한 법률」에 따른 우선출자증권 또는 우선출자인수권을 표시하는 증권, 대출신탁수익증권, 특정목적신탁의 수익증권, 「신탁법」이 규정한 수익증권발행신탁의 수익증권, 기업어음(commercial paper: CP)(상환 기관이 1년 미만인 것에 한함), 외국법인의 대출채권신탁수익증권

(c) 「저당증권법」이 정하는 저당증권

(d) 외국증권 중 「금융상품거래법 시행령」에서 정하는 증권
(e) 「금융상품거래법 시행령」에서 정하고 있는 그 밖의 증권 또는 증서 및 「금융상품거래법」 제2조 제2항에 의해 유가증권으로 판단되는 각 호의 권리(외국법인의 사원권으로서 유가증권으로 판단되는 권리의 성질을 갖고 있는 것 중에서 시행령에서 정하는 권리는 제외됨)

업무 유형은 다음과 같다(「금융상품거래법」 제33조 제2항 제1호).

(a) 위의 대상 유가증권의 매매, 시장파생상품 거래, 외국시장파생상품 거래 업무(「금융상품거래법」 제2조 제8항 제1호)
(b) 위의 대상 유가증권의 매매, 시장파생상품 거래, 외국시장파생상품 거래의 중개·위탁매매·대리 업무(「금융상품거래법」 제2조 제8항 제2호)
(c) 거래소 금융상품시장에서 대상 유가증권의 매매 또는 시장파생상품거래 및 외국 금융상품시장에서 대상 유가증권의 매매 또는 외국시장파생상품거래 위탁의 중개·위탁매매·대리 업무(「금융상품거래법」 제2조 제8항 제3호)
(d) 대상 유가증권의 인수 업무(「금융상품거래법」 제2조 제8항 제6호)
(e) 대상 유가증권의 매출 업무(「금융상품거래법」 제2조 제8항 제8호)
(f) 대상 유가증권의 모집 또는 매출 업무 및 대상 유가증권의 사모 업무(「금융상품거래법」 제2조 제8항 제9호)

② 투자신탁수익증권 등의 매매·파생상품거래 등의 업무

은행은 다음의 유가증권에 대하여 아래의 유가증권 관련 업무를 영위할 수 있다(「금융상품거래법」 제33조 제2항 제2호).

대상 유가증권은 「투자신탁 및 투자법인에 관한 법률」에 따른 투자신탁수익증권 및 외국투자수익증권(「금융상품거래법」 제2조 제1항 제10호), 「투자신탁 및 투자법인에 관한 법률」에 따른 투자증권·투자법인채권·외국투자증권(단기투자법인채권 등은 제외)이다(「금융상품거래법」 제2조 제1항 제11호).

업무 유형은 다음과 같다.

(a) 대상 유가증권의 매매, 시장파생상품 거래, 외국시장파생상품 거래 업무(「금융상품거래법」 제2조 제8항 제1호)
(b) 대상 유가증권의 매매, 시장파생상품 거래, 외국시장파생상품 거래의 중개·위탁매매·대리 업무(「금융상품거래법」 제2조 제8항 제2호)
(c) 거래소 금융상품시장에서 대상 유가증권의 매매 또는 시장파생상품거래 및 외국 금융상품

시장에서 대상 유가증권의 매매 또는 외국시장파생상품거래 위탁의 중개·위탁매매·대리 업무(「금융상품거래법」 제2조 제8항 제3호)

(d) 대상 유가증권의 모집·매출 업무 및 대상 유가증권의 사모 업무(「금융상품거래법」 제2조 제8항 제9호)

③ 외국증권의 매매·파생상품거래 등의 업무

은행은 다음 대상 유가증권에 대하여 아래의 유형의 유가증권 업무를 영위할 수 있다(「금융상품거래법」 제33조 제2항 제3호). 대상 유가증권은 외국증권(「금융상품거래법」 제2조 제1항 제17호)이다.

업무 유형은 다음과 같다.

(a) 시장파생상품거래 및 외국시장파생상품거래 업무(「금융상품거래법」 제33조 제2항 제3호)

(b) 시장파생상품거래 및 외국시장파생상품거래의 중개·위탁매매·대리 업무(「금융상품거래법」 제2조 제8항 제2호)

(c) 거래소 금융상품시장에서 대상 유가증권 매매 또는 시장파생상품거래 위탁의 중개·위탁매매·대리 업무(「금융상품거래법」 제2조 제8항 제3호)

(d) 외국금융상품시장에서 대상 유가증권 매매 또는 외국시장파생상품거래 위탁의 중개·위탁매매·대리 업무(「금융상품거래법」 제2조 제8항 제3호)

(e) 사모 업무(「금융상품거래법」 제33조 제2항 제3호 나목)

(f) 제1종 금융상품거래업을 영위하는 금융상품거래업자의 위탁을 받아 당해 금융상품거래업자를 위하여 영위하는 다음의 업무(「금융상품거래법」 제33조 제2항 제3호 다목). 즉 ① 대상 유가증권 매매의 중개 업무(「금융상품거래법」 제2조 제11항 제1호), ② 거래소 금융상품시장에서 대상 유가증권 매매 또는 시장파생상품거래 위탁의 중개·위탁매매·대리 업무(「금융상품거래법」 제2조 제11항 제2호, 제2조 제8항 제3호), ③ 외국금융상품시장에서 대상 유가증권의 매매 또는 외국시장파생상품거래 위탁의 중개·위탁매매·대리 업무(「금융상품거래법」 제2조 제11항 제2호, 제2조 제8항 제3호), ④ 대상 유가증권의 모집·매출 업무 또는 사모 업무(「금융상품거래법」 제2조 제11항 제3호, 제2조 제8항 제9호), ⑤ 대상 유가증권에 대한 투자자문 계약 또는 투자일임 계약 체결의 중개 업무(「금융상품거래법」 제2조 제11항 제4호, 제2조 제8항 제13호)

④ 의제유가증권 등의 매매·파생상품거래 등의 업무

은행은 다음 대상 유가증권에 대하여 아래 유형의 업무를 영위할 수 있다(「금융상품거래법」 제33조 제2항 제4호).

대상 유가증권은 다음과 같다(「금융상품거래법」 제33조 제2항 제4호). 즉 (a) 위에 열거한 유가증권 이외의 유가증권, (b) 의제유가증권이 되는 합명회사, 합자회사 및 합동회사의 사원권 또는 외국법인의 사원권으로서 시행령에서 정한 유가증권이다.

업무 유형은 다음과 같다.

(a) 사모 업무(시행령에서 정하는 유가증권에 관한 것은 제외)(「금융상품거래법」 제33조 제2항 제4호 가목)
(b) 제1종 금융상품거래업을 영위하는 금융상품거래업자의 위탁을 받아 당해 금융상품거래업자를 위하여 하는 다음 유형의 업무(「금융상품거래법」 제33조 제2항 제4호 가목). 즉 ① 대상 유가증권 매매의 중개 업무(「금융상품거래법」 제2조 제11항 제1호), ② 거래소 금융상품시장에서 대상 유가증권 매매 또는 시장파생상품거래 위탁의 중개·위탁매매·대리 업무(「금융상품거래법」 제2조 제11항 제2호, 제2조 제8항 제3호), ③ 외국금융상품시장에서 대상 유가증권 매매 또는 외국시장파생상품거래 위탁의 중개·위탁매매·대리 업무(「금융상품거래법」 제2조 제11항 제2호, 제2조 제8항 제3호), ④ 대상 유가증권의 모집·매출 업무 또는 사모 업무(「금융상품거래법」 제2조 제11항 제3호, 제2조 제8항 제9호), ⑤ 대상 유가증권에 대한 투자자문 계약 또는 투자일임계약 체결의 중개 업무(「금융상품거래법」 제2조 제11항 제4호, 제2조 제8항 제13호)

⑤ 국채나 공공채 등에 관련된 장외 파생상품거래 업무

은행은 다음 대상 유가증권에 관련된 아래의 장외 파생상품거래 업무도 영위할 수 있다(「금융상품거래법」 제33조 제2항 제5호).

대상 유가증권(당해 유가증권에 관련되어 2개 이상의 유가증권 가격에 기초하여 당사자 사이에 결정된 방법으로 산출된 지수를 포함)은 다음과 같다(「금융상품거래법」 제33조 제2항 제5호 가목, 제2항 제1호).

(a) 국채증권, 지방채증권, 특별한 법률에 따른 법인이 발행한 채권, 단기채권, 단기농림채권, 「자산유동화에 관한 법률」에 따른 특정사채권, 「투자신탁 및 투자법인에 관한 법률」에 따른 투자법인 채권
(b) 「자산유동화에 관한 법률」에 따른 우선출자증권 또는 우선출자인수권을 표시하는 증권, 대출신탁수익증권, 특정목적신탁의 수익증권, 「신탁법」이 규정한 수익증권발행신탁의 수익증권, 기업어음(commercial paper)(상환 기간이 1년 미만인 것에 한함), 외국법인의 대출채권신탁수익증권
(c) 「저당증권법」이 정하는 저당증권

(d) 외국증권 중 「금융상품거래법 시행령」에서 정하는 증권
(e) 「금융상품거래법 시행령」에서 정하고 있는 그 밖의 증권 또는 증서
(f) 「금융상품거래법」 제2조 제2항에 의해 유가증권으로 판단되는 각 호의 권리(외국법인의 사원권으로서 유가증권으로 판단되는 권리의 성질을 갖고 있는 것 중에서 시행령에서 정하는 권리는 제외됨)

업무 유형은 장외 파생상품 거래 업무와 장외 파생상품거래의 중개·위탁매매(유가증권 등 청산 위탁매매를 제외) 또는 대리 업무이다.

⑥ 외국증권과 관련된 장외 파생상품거래 업무

은행은 다음 대상 유가증권에 관련된 아래의 장외 파생상품거래 업무도 영위할 수 있다(「금융상품거래법」 제33조 제2항 제5호).

대상 유가증권은 외국증권(당해 유가증권에 관련되어 2개 이상의 유가증권 가격에 기초하여 당사자 사이에 결정된 방법으로 산출된 지수를 포함)이다(「금융상품거래법」 제33조 제2항 제5호 나목, 제33조 제2항 제3호, 제2조 제1항 제17호).

업무 유형은 다음과 같다.

(a) 장외 파생상품 거래 업무(단 결제 방법이 차액의 수수에 제한된 것에 한함)
(b) 장외 파생상품거래의 중개·위탁매매(유가증권 등 청산 위탁매매를 제외) 또는 대리 업무(다만 균일한 조건으로 다수의 자를 상대방으로 하는 경우로서 시행령에서 정하는 경우는 제외된다)(「금융상품거래법」 제33조 제2항 제5호)

⑦ 장외 파생상품거래의 중개·위탁매매·대리 업무

은행은 장외 파생상품거래의 중개·위탁매매(유가증권 등 청산 위탁매매를 제외) 또는 대리 업무를 영위할 수 있다(「금융상품거래법」 제33조 제2항 제5호, 제2조 제8항 제4호).

⑧ 유가증권 등의 청산 위탁매매 업무

은행은 유가증권 매매 및 유가증권 관련 파생상품 거래, 그 밖의 시행령에서 정하는 거래로서 유가증권 등의 청산 위탁매매 업무를 영위할 수 있다(「금융상품거래법」 제33조 제2항 제6호).

4) 유가증권 관련 파생상품거래 이외의 금융상품거래업

은행은 「금융상품거래법」 제29조에 따른 금융상품거래업의 등록을 하지 않고, 유가증권 관련 파생상품 거래 이외의 파생상품 거래 업무 등 일정한 다음의 금융상품거래업을 영위할 수 있다(「금융상품거래법」 제33조 제3항). 다만 내각총리대신에게 등록은 해야 한다(「금융상품거래법」 제33조의2 제3호). 그러나 다른 법률의 규정에 의해 투자 목적 또는 신탁계약에 기초하여

신탁하는 자의 계산으로 하는 경우에는 내각총리대신에게 등록할 필요는 없다(「금융상품거래법」 제33조의2 제3호).

유가증권 관련 파생상품 거래 이외의 파생상품거래 업무는 시장파생상품 거래 업무, 시장파생상품 거래 또는 위탁의 중개·위탁매매·대리 업무, 장외 파생상품 거래 업무, 외국시장파생상품 거래 업무, 외국시장파생상품 거래 위탁의 중개·위탁매매·대리 업무를 말한다(「금융상품거래법」 제33조 제3항). 또한 「금융상품거래법」 제2조 제8항 제7호에 따른 일정한 유가증권의 모집 업무, 투자자문·대리 업무, 유가증권 등의 관리 업무도 영위할 수 있다(「금융상품거래법」 제33조 제3항).

5) 신탁 관련 사무 업무

은행은 「신탁법」에 따른 신탁 관련 사무 업무도 영위할 수 있다(「은행법」 제11조 제3호). 즉 「신탁법」 제3조 제3호에 규정된 신탁의 방법에 따른 신탁 관련 사무 업무를 겸영 업무로서 영위할 수 있다. 「신탁법」 제3조 제3호에 규정된 방법은 "특정의 자가 일정한 목적에 따라 자기가 보유하고 있는 재산의 관리 또는 처분 및 그 밖의 당해 목적의 달성을 위해서 필요한 행위를 하는 취지의 의사표시를 공정증서 및 그 밖의 서면이나 전자적 기록으로 당해 목적과 당해 재산의 특정에 필요한 사항 및 그 밖의 법무성령으로 정하는 사항을 기재 또는 기록한 것에 의하는 방법"을 말한다.

6) 산정할당량 관련 업무

은행은 「지구온난화대책의 추진에 관한 법률」 제2조 제6항에 규정된 산정할당량을 취득하거나 양도하는 것을 내용을 하는 계약의 체결 또는 그 중개·위탁매매 또는 대리 업무로서 내각부령으로 정하는 업무를 겸영 업무로 영위할 수 있다(「은행법」 제11조 제4호).

7) 담보부사채신탁업무

은행은 겸영 업무로서 「담보부사채신탁법」에 따른 신탁업무를 영위할 수 있다(「은행법」 제12조).

8) 그 밖의 법률이 정한 업무

「은행법」 제12조에 따라, 은행이 겸영 업무로서 영위할 수 있는 그 밖의 법률에서 정한 업무는 신탁업무, 보험상품 창구 판매 업무, 전자채권(電子債權) 기록 업무 등이 있다.[354]

가) 신탁업무

은행은 「금융기관의 신탁업무 겸영 등에 관한 법률」에 따라 내각총리대신으로부터 인가를 받아 신탁업무를 겸영 업무로서 영위할 수 있다(제1조 제1항).

나) 보험상품 창구 판매 업무

은행은 「보험업법」에 따라 내각총리대신에게 등록을 하여 생명보험업무에 대해서는 생명

---

354) 小山嘉昭(2018), 218面.

보험모집인으로서, 손해보험업무에 대해서는 손해보험대리점으로서 은행 창구를 통해서 고객에게 보험상품을 위탁 판매하는 업무를 겸영 업무로서 영위할 수 있다(「보험업법」 제275조, 제276조).

다) 전자채권 기록 업무

은행은 「전자채권기록법」에 따라 주무대신으로부터 지정을 받아서 전자채권 기록 업무를 겸영 업무로서 영위할 수 있다(「전자채권기록법」 제51조 제1항).

3. 평가

일본의 은행도 예금 및 대출 업무 등 전통적인 은행 업무 이외에 국채 및 공공채등 일정한 유가증권의 매매·중개·위탁매매·대리 업무 등 광범위하게 증권 관련 업무를 영위할 수 있다. 파생상품 거래도 일반상품을 기초자산으로 하거나 유가증권을 기초자산으로 하는 파생상품 거래의 경우에 현물 인도에 의한 결제를 금지하는 것 이외에는 원칙적으로 제한 없이 영위할 수 있다는 특징이 있다. 현물 인도에 의한 결제를 금지하는 것은 은행이 직접 유가증권 매매 업무나 일반상품 매매 업무를 취급할 수 없다는 생각에서 나온 것으로 이해된다.

일본의 경우 은행업의 정의에 지급결제 업무로 이해되는 환거래 업무가 포함되어 있어 환거래 업무를 영위하려면 별도의 은행업 허가를 받아야 한다. 우리의 경우에는 '지급결제 업무'로 이해되는 '내국환·외국환 업무'가 은행업의 정의에 포함되어 있지 않아, 법적으로 내국환·외국환 업무가 은행의 고유 업무에 해당되는지에 관한 논란이 제기되는 점과 대조적이다.

Ⅲ. 캐나다

1. 개관

은행의 업무 범위는 「연방은행법」(Canada Bank Act S.C. 1991 c. 46)에 규정되어 있다. 은행은 「연방은행법」에 특별히 규정되지 않는 한 '은행업'(business of banking)과 '은행업에 부수한 업무'(business generally as appertains thereto) 이외에는 다른 업무를 영위하지 못한다(Sec. 409(1)). 즉 은행은 기본적으로 은행업과 그에 부수한 업무를 영위할 수 있다. 따라서 은행은 증권업은 영위할 수 없다고 보아야 할 것이다. 이러한 규정에서 캐나다는 전업주의 제도를 채택하고 있음을 알 수 있다.

2. 은행의 업무 범위 현황

캐나다 「연방은행법」은 은행이 영위할 수 있는 업무로서, 주 업무(major business)인 은행업, 은행업 이외의 추가적인 업무(additional activities), 그 밖에 다른 업무를 영위할 수 있도록 규정하고 있다. 따라서 은행업을 고유 업무로, 은행업 이외의 추가적인 업무를 부수 업무, 그 밖에 다른 업무를 겸영 업무로 분류할 수 있다.

(1) 고유 업무

「연방은행법」에 따른 '은행업'은 다음과 같은 4가지 업무를 포함한다(Sec. 409(2)). ① 금융업(any financial service), ② 금융대리업(financial agent), ③ 투자자문업 및 투자일임업(investment counselling services and portfolio management services), ④ 지급카드, 신용카드, 선불카드(payment, credit or charge card)의 발급 업무 및 금융기관 등 다른 기관과 협력하여 위의 카드를 운영(operating)하는 업무이다. 이러한 업무를 은행의 고유 업무로 분류할 수 있다.

(2) 부수 업무

이외에도 은행은 다음과 같은 업무를 추가로 영위할 수 있다(Sec. 410(1)). 이러한 업무는 은행의 부수 업무로 분류할 수 있다.

1) 부동산 보유·운용 등의 업무

부동산의 보유·운용 등의 업무(hold, manage and otherwise deal with real property)이다(Sec. 410(1)).

2) 은행 관련 정보 처리 서비스 제공 업무

은행 관련 정보 처리 서비스(bank-related data processing services) 제공 업무이다(Sec. 410(1)).

3) 정보의 수집·처리 업무 등

재무부장관의 승인을 얻어서 외국이나 국내에서 영위하는 다음과 같은 업무이다(Sec. 410(1)). 총독(Governor in Council)은 아래 업무와 관련하여 은행이 영위할 수 있는 범위 또는 영위할 수 없는 업무 범위에 관한 규정(Regulation)을 제정할 수 있다(Sec. 410(3)(a)).

① 정보(information)(본질적으로 주로 금융 또는 경제적인 정보, 허가받은 금융기관(permitted entity)[355]의 업무와 관련된 정보, 그 밖에 재무부장관이 명령으로 정하는 정보를 말한다)의

355) '허가받은 금융기관'은 은행, 은행지주회사, 신탁 및 대출회사법(Trust and Loan Companies Act)이 적용되는 회사(body corporate), 협동조합법(Cooperative Credit Associations Act)이 적용되는 조합(association), 보험업법에 의해 설립된 보험회사 또는 공제조합(fraternal benefit society), 보험지주회사, 각 주법에 의해 설립된 신탁·대출 또는 보험 회사, 각 주법에 의해 설립된 협동조합(cooperative credit society), 의회가 제정한 법이나 각 주법에 의해 설립된 주로 증권업을 영위하는 회사, 의회가 제정한 법 또는 각 주법 이외의 법에 의해 설립되고 규제를 받는 캐나다 이외의 지역에서 은행업, 협동조합업(business of a cooperative credit society), 보험업, 수탁서비스제공업(providing fiduciary services), 증권업을 영위하는 기관을 말한다(Sec. 464(1), 468(1)).

수집, 처리(manipulating) 및 전달 업무

② 정보운영체계(information management systems)의 설계, 개발 또는 실행의 자문이나 그 밖의 서비스의 제공 업무

③ 컴퓨터 소프트웨어의 설계, 개발 또는 판매촉진(marketing) 업무

④ 위의 3가지 업무에 부수된 업무로서, 금융기관의 업무에 관련된 정보 서비스의 제공이나 금융업(financial services)의 제공에 통합된 컴퓨터 설비의 설계, 개발, 제조 또는 판매 업무

4) 정보 전송 체계 등의 개발·설계·보관·운영·제조·판매 등의 업무

재무부장관의 사전 서면 승인을 얻어서, 다음의 목적을 위해서 사용되는 정보 전송 체계(data transmission systems), 정보 위치(information sites), 의사 전달 장치(communication devices), 정보 중개운영체계(platform) 또는 포탈(portals)의 개발, 설계, 보관, 운영, 제조, 판매 등의 업무이다(Sec. 410(1)). 그 목적은 (i) 본질적으로 주로 금융 또는 경제적인 정보를 제공하기 위한 목적, (ii) 허가받은 금융기관(permitted entity)의 업무와 관련된 정보를 제공하기 위한 목적, (iii) 그 밖에 미리 정한 목적이다(Sec. 410(1)). 총독(Governor in Council)은 위의 업무와 관련하여 은행이 영위할 수 있는 업무 범위 또는 영위할 수 없는 업무 범위에 관한 규정(Regulation)을 제정할 수 있다(Sec. 410(3)(a)).

5) 영업 관리 및 자문 서비스 업무

미리 정한 일정한 조건 아래에서 영위하는 영업 관리 업무(business management) 또는 자문 서비스(advisory services) 업무이다(Sec. 410(1)). 총독(Governor in Council)은 위의 업무와 관련하여 은행이 영위할 수 있는 업무 범위 또는 영위할 수 없는 업무 범위에 관한 규정(Regulation)을 제정할 수 있다(Sec. 410(3)(a)).

6) 카드 소지인에 대한 상품 및 서비스의 판매 권유 업무

은행이 발급한 지급카드, 신용카드 또는 선불카드의 소지인에게 상품과 서비스를 판매 권유(promote)하는 업무이다(Sec. 410(1)).

7) 복권 등의 표 판매 업무

아래와 같은 표(tickets)를 판매하는 업무이다. (i) 지방이나 전국적으로 관심이 있는 특별하거나 일시적 또는 간헐적인 비상업적 축하 행사나 그 밖의 사업과 관련하여 공익적인 서비스 제공 목적으로 발행되는 복권(lottery tickets) 등의 표, (ii) 도시 교통표(urban transit tickets), (iii) 연방정부, 지방정부 또는 정부의 대행기관이 지원하는 복권과 관련된 표이다(Sec. 410(1)).

8) 재산 보관 관리 업무

재산 보관 관리 업무(custodian of property)이다(Sec. 410(1)).

9) 파산관재인 등의 업무

파산관재인, 청산인 또는 가압류인의 업무(receiver, liquidator or sequestrator)이다(Sec. 410(1)).

(3) 겸영 업무

「연방은행법」은 위의 업무 외에도 은행이 영위할 수 있는 업무를 별도로 규정하고 있는데, 이러한 업무를 겸영 업무로 분류할 수 있다.

1) 제3자를 위한 대리 업무

은행은 다음과 같은 대리 업무를 영위할 수 있다(Sec. 411(1)). 첫째, 금융기관, 허가받은 금융기관(permitted entity) 또는 그 밖에 규정된 기관(entity)이 제공하는 서비스 업무와 관련하여 제3자를 위한 대리 업무 및 그러한 서비스 업무에 관한 제3자를 위한 주선(arrangement) 업무, 둘째, 위의 금융기관이나 그 밖의 기관에게 제3자를 소개(refer)해주는 업무이다. 총독(Governor in Council)은 위의 대리 업무와 관련하여 대리 업무를 수행하는 본인의 이름 및 대리 업무와 관련하여 은행이 수수료를 수취하는지 여부에 관한 사항의 공개에 관한 규정(Regulation)을 제정할 수 있다(Sec. 411(2)).

2) 금융리스 업무

은행은 금융리스업자(financing leasing entity)에게 허용되어 있는 다음과 같은 금융리스업을 영위할 수 있다(Sec. 417, 464). 즉 동산(personal property)의 금융리스 업무 및 그와 관련된 업무(related activities)이다. 다만 다음과 같은 조건을 충족시켜야 한다. 첫째, 캐나다 내에서 금융리스 업무를 함에 있어 고객이나 잠재 고객을 리스 물건이나 리스 대상이 될 수 있는 물건을 취급하는 특정 매매업자에게 소개시켜서는 안 되며, 둘째, 총 중량이 21톤 미만인 자동차에 관한 금융리스 계약을 체결해서는 안 되고, 셋째, 가정용 동산에 관한 금융리스 계약을 일반 개인과 체결해서는 안 된다. 다만 은행은 금융리스업자가 영위할 수 없는 동산 금융리스 업무를 영위할 수는 없다(Sec. 417).

3) 보험 업무

은행은 원칙적으로 「은행법」이나 관련 규정(Regulation)에서 허용되어 있는 보험 업무 이외에는 보험업을 영위할 수 없다(Sec. 416(1)). 은행은 캐나다 내에서 보험 판매(placing) 대리 업무를 영위할 수 없다(Sec. 416(2)). 은행은 지점 영업소 내의 공간을 보험 판매자에게 임차할 수 없다(Sec. 416(2)). 총독은 은행이 영위할 수 있는 보험 업무에 관한 규정(Regulation)을 제정할 수 있는 권한이 있으며(Sec. 416(3)), 은행과 보험회사와 관계 또는 은행과 보험대리점 내지 보험중개인과 관계에 관한 규정(Regulation)을 제정할 수 있다(Sec. 416(3)).

3. 평가

캐나다의 은행은 전통적인 예금 및 대출 업무 이외에도 투자자문업이나 투자일임업 등을 은행업으로서 영위할 수 있으며, 은행업 이외에도 정보 처리 운영 업무나 재산 보관 관리 업무 등의 부수 업무를 영위할 수 있다. 또한 은행은 금융리스업자가 수행할 수 있는 범위 내에서 금융리스 업무도 영위할 수 있으며, 제3자를 위한 대리 업무도 영위할 수 있다. 다만 은행은 보험업 영위는 아주 제한적이어서 보험 판매 대리 업무 등은 영위할 수 없다. 그리고 증권업은 영위할 수 없다. 이런 점에서 전반적으로 캐나다 은행의 업무 범위는 전업주의를 취하고 있는 미국이나 일본에 비해서 좁다.

Ⅳ. 영국

1. 개관

영국에서 은행의 업무 범위는 「금융서비스·시장법」(Financial Services and Markets Act 2000: FSMA)(이하 "FSMA"이라 한다)에 규정되어 있다. FSMA는 **'규제대상업무'**(regulated activities)를 영위하려면 일정한 요건을 충족하여 금융감독당국의 허가를 받도록 하고 있다(Sec. 40). 이러한 규제대상업무의 범위에는 예금의 수입 및 대출 업무의 전통적인 은행 업무 이외에도 증권이나 파생상품 등 '투자상품'(investments)의 매매나 중개 등의 업무가 있어 거의 모든 금융업을 망라한다.

FSMA는 아래 열거한 규제대상업무 별로 허가를 받도록 하고 있어, 예금의 수입 및 대출 업무의 허가를 받은 금융기관(즉 은행이 됨)이 일정한 요건을 충족하여 허가를 받으면 추가적으로 투자상품의 매매나 중개 업무 등을 영위할 수 있다. 그리고 규제대상업무 영위의 허가를 받으면 자동적으로 금융업 인가(authorization)를 받은 것으로 간주된다(Sec. 31). 따라서 영국의 경우도 은행은 전통적인 예금 및 대출 업무 이외에도 증권의 매매나 인수 업무 등 종합적인 금융업을 영위할 수 있는 **증권업겸영은행**(unieversal banking system) 제도를 채택하고 있음을 알 수 있다. 즉 '규제대상업무'와 '투자상품'의 범위를 알아봄으로써 은행의 업무 범위를 알 수 있다. FSMA 부속서 2(Schedule 2)는 규제대상업무의 범위에 대해 자세히 규정하고 있다.[356)]

따라서 영국에서는 미국이나 우리와 달리 고유 업무, 겸영 업무, 부수 업무의 분류 체계를 따르기는 어렵다. 즉 예금 및 대출 업무 영위 허가를 받은 금융기관인 은행이 추가적인 규제대상업무 영위 허가를 받으면 거의 모든 금융업을 영위할 수 있기 때문에 업무 구분을 할 필요

---

356) 규제대상업무 및 투자상품의 범위에 관한 자세한 논의는 Blair(ed.)(2009), pp. 79~88; Blair & Walker (ed.)(2006), pp. 494~498.

가 없다.

2. 은행의 업무 범위 현황

은행이 영위할 수 있는 규제대상업무의 범위를 알아보려면, 우선 투자상품의 범위를 알아보는 것이 필요하다. 그 이유는 규제대상업무라는 것이 투자상품을 대상으로 하는 업무의 유형을 말하기 때문이다.

(1) 투자상품의 범위

투자상품은 자산, 권리(right) 또는 그 밖의 이익(interest)을 말한다(FSMA, Sec. 22(4)). FSMA 부속서 2(Schedule 2)는 투자상품의 범위에 대해 자세히 규정하고 있다. FSMA가 규정하는 투자상품의 범위는 아래에서 보는 것처럼 예금상품과 대출상품뿐만 아니라 증권, 선택권(option) 계약이나 선물 계약 등의 파생상품, 그리고 보험상품도 포함하고 있어 광범위한데, 구체적인 투자상품은 다음과 같다(Schedule 2, para. 10~24).

1) 주식

개방형투자회사(open−ended investment company)를 제외한 회사(body corporate)가 발행한 주식(shares or stocks)을 말한다(para. 11).

2) 채무증권

채무증권(instruments creating or acknowledging indebtedness)이다. 무담보채권(debenture), 무담보증권(debenture stock), 대출증권(loan stock), 담보채권(bonds), 양도성예금증서(certificate of deposits), 그 밖의 현재 또는 미래의 채무를 창설하거나 표창하는 증권을 말한다(para. 12).

3) 국·공채

정부증권 및 공공증권(government and public securities)이다. 정부, 지방정부 또는 공공기관(영국 또는 유럽경제구역(European Economic Area: EAA) 국가가 회원으로 가입한 국제기구를 포함)이 발행하거나 그러한 정부 등을 위해서 발행된 채무를 창설하거나 표창하는 대출증권(loan stock), 담보채권(bonds) 및 그 밖의 증권(instruments)을 말한다(para. 13).

4) 투자 권리 부여 증권

투자상품에 대한 투자 권리를 부여하는 증권(instruments giving entitlements to investments)이다. 증권 소지인에게 투자상품에 투자할 수 있는 권리를 부여하는 **권리증권**(warrants) 또는 그 밖의 증권을 말한다(para. 14).

5) 증권 표창 증서

증권을 표창하는 증서(certificates representing securities)이다. 계약권(contractual rights)이나 재산권(property rights)을 부여하는 증서나 그 밖의 증권을 말한다(para. 15).

6) 집합투자기구 수익권

집합투자기구의 수익권(units in collective investment schemes)이다. 개방형투자회사의 주식이나 증권 및 집합투자기구에 참가(participate)할 수 있는 권리를 말한다(para. 16).

7) 선택권(option)

재산을 취득하거나 처분할 수 있는 선택권(option)을 말한다(para. 17).

8) 선물

선물(futures)이다. 인도(delivery)가 장래에 이루어지는 일반상품이나 재산을 매도할 수 있는 계약상의 권리를 말한다(para. 18).

9) 차액결제계약

차액결제계약(contracts for differences: CFD)이다. (i) 차액결제계약상의 권리 또는 (ii) 재산의 가치나 가격 또는 지수나 그 밖의 지정된 요소의 변동을 반영함으로써 이익을 보전하거나 손실을 회피하려는 목적(또는 외관상의 목적)을 갖고 있는 그 밖의 계약을 말한다(para. 19).

10) 보험계약

보험계약(contracts for insurance)이다. 「상호조합법」(Friendly Societies Act 1992) 부속서(Schedule) 2에 해당되는 보험계약에 따른 권리를 포함한 보험계약 권리를 말한다(para. 20).

11) 로이드공동대출참가권

로이드공동대출참가권(participation in Lloyd's syndicates)이다. 로이드공동대출 인수권(underwriting capacity)과 로이드공동대출단 참여권(membership) 또는 장래 참가할 수 있는 권리를 말한다(para. 21).

12) 예금

예금이다. 이자나 수수료(premium)가 있거나 없는 조건으로, 상환 요구 즉시 또는 당사자가 합의하는 시기에 금전을 상환하기로 하고 금전을 수취하는 계약에 따른 권리를 말한다(para. 22).

13) 대출 및 그 밖의 신용공여

일방 당사자가 다른 당사자에게 신용(대출 또는 그 밖의 금융 약정을 말한다)을 공여하는 계약상의 권리(rights)를 말한다(para. 23). 차입자의 상환 의무가 재산으로 담보되어 있는지는 상관이 없다(para. 23).[357)]

14) 토지와 관련된 금융 약정

토지와 관련된 그 밖의 금융 약정(other finance arrangements involving land)이다. 금융을 제공하는 자가 제공받는 자로부터 토지에 대한 소유권 등을 취득하거나 처분할 수 있는 약정

357) Financial Services Act 2012 sec. 7에 의하여 종전의 "토지에 담보된 대출"이 변경된 것이다. Financial Services Act 2012에는 Bank of England Act 및 FSMA의 관련된 규정들을 개정하는 조항들이 있다.

(arrangements)에 따른 권리를 말한다(para. 23A).

15) 물품의 보관 위탁 계약

물품의 보관 위탁 계약(contracts for hire of goods)이다. 즉 회사 이외의 자에게 물품의 보관을 위탁하는 계약에 따른 권리를 말한다(para. 23B). 그리고 물품을 보관하는 자의 권리가 회사에게 양도되는 것은 상관이 없다(para. 23B).[358)]

16) 투자상품에 대한 권리

투자상품에 대한 권리(rights in investments)이다. 규제대상업무의 영위 결과로서 투자상품에 해당하는 것에 대한 권리나 이익을 말한다(para. 24).

(2) 규제대상업무의 범위

1) 서설

규제대상업무는 ① 특정 종류(specified kind)의 투자상품과 관련되어 영위되거나 어떠한 종류의 재산(property)과 관련하여 영위되는 특정 종류의 업무로서 영업으로 영위되는 업무이거나 ② 개인이나 법인의 금융 현황에 관한 정보 또는 기준지표(benchmark)(즉 지수, 이율이나 가격)[359)]의 설정과 관련하여 영업으로 영위되는 업무[360)]를 말한다(FSMA, Sec. 22(1), (1A)). 자세한 규제대상업무의 유형은 부속서 2(Schedule 2, para. 2~9A, 24A~24H)에 규정되어 있다. 부속서 2가 규정하고 있는 규제대상업무의 유형은 다음과 같다.

2) 투자상품 매매 업무

투자상품의 매매(dealing in investments) 업무이다. 즉 본인(principal)으로서 또는 대리인으로서 투자상품을 매입·매도 또는 인수(subscribing for or underwriting in investments)하거나 매입·매도 또는 인수의 청약, 또는 매입·매도 또는 인수의 약정을 하는 업무를 말한다(para. 2(1)). 보험계약상품의 경우에는 보험계약을 체결하는 업무를 포함한다(para. 2(2)).

3) 투자상품 매매의 주선 업무

투자상품 매매의 주선(arranging deals in investments) 업무이다. 즉 (i) 타인이 특정 투자상품을 매입·매도 또는 인수할 수 있도록 주선하거나 또는 그러한 주선의 청약을 하거나 주선하기로 약정하는 업무(para. 3(1)), (ii) 주선에 참가하는 자가 투자상품을 매입·매도 또는 인수할

---

358) Financial Services Act 2012 sec. 7에 의하여 추가된 것이다.

359) 기준지표(benchmark)는 (i) 시장 상황에 따라 수시로 결정이 되고, (ii) 무료 또는 유료로 다수 공중이 이용할 수 있고, (iii) 다음과 같은 목적, 즉 대출계약이나 투자상품에 관련된 계약에서 지급 이자나 기타 지급되어야 하는 금액을 결정하기 위한 목적, 투자상품이 매매되는 가격이나 투자상품의 가치를 결정하기 위한 목적, 또는 투자상품의 이행을 측정하기 위한 목적 중 하나 또는 그 이상을 위해 이용되는 지수(index), 이율(rate) 또는 가격(prices)을 말한다(FSMA sec. 22(6)). Financial Services Act 2012 sec. 7에 의해 추가된 내용이다.

360) FSMA sec. 22(1A). 이 업무는 Financial Services Act 2012 sec. 7에 의하여 추가된 업무 유형이다.

수 있도록 주선하거나 또는 그러한 주선의 청약을 하거나 주선하기로 약정하는 업무(para. 3(2))를 말한다.

4) 예금 수입 업무

예금 수입(deposit taking) 업무이다. 즉 예금을 수취하는 업무이다(para. 4).

5) 자산 보관·관리 업무

자산 보관 및 관리 업무(safekeeping and administration of assets)이다. 즉 (i) 투자상품을 구성하거나 포함하는 타인의 자산을 보관하고 관리하거나 또는 그러한 보관 및 관리의 청약을 하거나 그러한 보관 및 관리의 약정을 하는 업무(para. 5(1)), 또는 (ii) 타인의 자산을 보관하고 관리하는 것을 주선하거나 또는 그러한 주선의 청약을 하거나 주선의 약정을 하는 업무를 말한다(para. 5(2)).

6) 투자일임 업무

투자일임(managing investments) 업무이다. 자산이 투자상품을 구성 또는 포함하는 경우이거나 자산운용의 주선 결과 자산이 운용자의 재량에 의해(at the discretion) 투자상품을 구성 또는 포함하는 경우, 그러한 타인의 자산을 운용하는 업무 또는 운용의 청약이나 운용 약정을 하는 업무를 말한다(para. 6(1), (2)).

7) 투자자문 업무

투자자문(investment advice) 업무이다. 즉 투자상품의 매매 또는 인수에 관하여 또는 투자상품에 의하여 부여된 투자상품의 취득·처분·인수 또는 전환할 권리를 행사하는 것에 관하여 타인에게 자문을 제공하는 업무 또는 자문 제공의 청약을 하거나 약정하는 업무를 말한다(para. 7).

8) 집합투자기구의 설립·운영 등의 업무

집합투자기구 설립(establishing collective investment schemes) 등의 업무이다. 즉 (i) 집합투자기구의 설정, 운영(operating), 청산 업무, (ii) 투자신탁(unit trust scheme)의 수탁자 업무, (iii) 투자신탁 이외의 집합투자기구의 자산 보관(depositary) 업무, (iv) 개방형투자회사(open-ended investment companies)에 적용되는 규정에 의해 설립된 회사의 단독 이사의 역할 업무를 말한다(para. 8).

9) 컴퓨터 체계를 이용한 투자 지시 업무

컴퓨터 기반 체계를 이용한 투자 지시(using computer-based systems for giving investment instructions) 업무이다. 즉 (i) 컴퓨터 기반 체계를 이용하여 타인을 위하여 투자상품에 관련된 지시를 전송하는 업무(para. 9(1)), (ii) 타인을 위하여 컴퓨터 기반 체계를 이용한 지시를 전송하기로 하는 청약을 하거나 그러한 전송 약정을 하는 업무(para. 9(2)), (iii) 타인을 위하여 컴퓨터 기반 체계에 의하여 지시가 전송되도록 하는 업무(para. 9(3)), (iv) 타인을 위하여 컴퓨터 기반 체계에 의하여 지시가 전송되도록 하는 것을 청약하거나 전송되도록 약정하는 업무를 말한다(para. 9(4)).

10) 재상환청구기금 관리 업무

재상환청구기금(reclaim fund)에 관한 업무이다. 즉 「휴면은행 및 건축조합 계정에 관한 법률」(Dormant Bank and Building Society Association Accounts Act 2008)에 규정된 재상환청구기금에 관한 업무를 말한다(para. 9A).

11) 개인신용정보의 제공 업무

개인신용정보 제공 업무(providing credit reference services)이다. 즉 회사 이외의 자의 금융 상태(financial standing)와 관련이 있는 정보 및 정보 제공자에 의해 수집되는 정보를 제공하는 업무를 말한다(para. 24A).[361]

12) 금융기관 보유 개인신용정보의 제공 업무

금융기관이 보유하는 개인신용정보의 제공 업무이다(providing credit information services). 금융기관(regulated person)이 보유하거나 보유할 수도 있는 회사 이외의 자의 금융 상태와 관련이 있는 정보와 관련하여 그러한 회사 이외의 자를 위해서 단계별 조치를 취하는 업무이다. 여기서 '금융기관'은 규제대상업무를 영위하는 기관이거나 「1974년 소비자신용법」(Consumer Credit Act 1974) 제21조에 따른 허가를 받아 소비자금융 업무를 영위하는 기관을 말한다(para. 24C).[362]

13) 금융기관 보유 신용정보의 제공 관련 자문 업무

위의 금융기관 보유 신용정보 관련 단계별 조치를 취하는 업무와 관련하여 회사 이외의 자에게 자문을 제공하는 업무이다(para. 24D).

14) 기준지표(benchmark)의 결정 관련 정보나 의견 제공 업무

기준지표(benchmark)(지수, 이율, 가격을 말함)의 결정과 관련하여 다른 당사자에 의해 요구되고, 그 목적을 위해서 다른 당사자에게 제공되는 정보나 의견을 제공하는 업무이다(para. 24F).

15) 기준지표 결정 주선 관리 업무

기준지표의 결정을 위한 주선(arrangements)을 관리하거나 기준지표 결정의 목적을 위해서 정보나 의견을 수집·분석 또는 처리하는 업무이다(para. 24G).[363]

16) 기준지표의 결정 업무 또는 기준지표나 기준지표와 연결된 정보의 공표 업무

기준지표를 결정하거나 기준지표 또는 기준지표와 연결된 정보를 공표하는 업무이다

361) Financial Services Act 2012 sec. 7에 의하여 추가된 업무 유형이다.
362) Financial Services Act 2012 sec. 7에 의하여 추가된 업무 유형이다.
363) Financial Services Act 2012 sec. 7에 의하여 추가된 업무 유형이다.

(para. 24H).[364)]

3. 평가

영국의 경우 1960년대 말까지는 전업주의 체제를 유지하고 있었으나, 금리 자유화 조치와 은행의 담합을 없애기 위한 경쟁 체제의 조치를 취한 1971년부터 전업주의 체제는 서서히 무너지고, 1986년 '대규모규제완화조치'(소위 'Big Bang')에 의해 증권업겸업은행 제도가 본격화 되었다.[365)] 즉 영국은 은행이 예금 및 대출 업무 등 전형적인 은행 업무뿐만 아니라 증권이나 파생상품의 매매 및 인수 업무, 보험 업무, 자산 운용 업무, 투자 자문 업무 등 다양한 업무를 영위할 수 있는 증권업겸업은행 제도를 채택하고 있다. 다만 투자상품 및 규제대상업무 별로 금융감독기관으로부터 일정한 요건을 충족하여 허가를 받아야 한다는 점은 있다.

즉 투자상품과 규제대상업무가 서로 조합을 이루어 업무 범위가 결정되는 것이다. 예를 들어, 투자상품의 매매 업무의 범위에는 투자상품 별(주식, 채무증권, 선택권 또는 선물 등)로 업무 범위가 달라진다. 이는 우리의 자본시장법이 규정하고 있는 체계이다. 다음에서 보는 독일의 경우에는 은행업 또는 금융서비스업 영위 인가를 받으면 해당 업무 전부를 영위할 수 있는 점과 다르다. 특히 은행이 허가를 받으면 직접 보험계약 체결 업무도 영위할 수 있다는 점이 특징적이다. 다음에서 보는 독일의 경우에는 은행의 업무에 보험 업무가 제외되어 있어 자회사를 이용하여 보험 업무를 영위하고 있는 점과 다르다.

Ⅴ. 독일

1. 개관

은행의 업무 범위는 독일 「은행법」(Banking Act; Gesetz über das Kreditwesen)[366)]이 규정하고 있다. 「은행법」은 '은행업'(banking business)을 영위하는 기관을 **'신용기관'**(credit institutions)이라고 하고 있다(Sec. 1(1) sentence 1). 즉 신용기관은 은행이라고 할 수 있다(이하에서는 "은행"이라고 한다). 은행은 인가를 받은 은행업 이외에도 별도의 인가를 받아 증권 매매 업무나 자산 운용 업무 등 '금융서비스업'(financial services)을 영위할 수 있다(Sec. 1(1), 1(1a)). 은행업을 영위하려면 금융감독기관인 금융감독원(Federal Financial Supervisory Authority; Bundesanstalt für Finanzdienstleistungsaufsicht(BaFin))으로부터 일정한 요건을 충족하여 인가(authorization)를 받아야 하며, 금융서비스업을 영위하려고 하는 경우에도 별도의 인가를 받아야 한다(Sec.

364) Financial Services Act 2012 Sec. 7에 의하여 추가된 업무 유형이다.
365) 은행법학회(2008), 112~113면.
366) 독일 금융감독원 홈페이지에 있는 2014. 7. 개정본을 참조하였다(https://www.bafin.de/SharedDocs/Downloads/EN/Aufsichtsrecht/dl_kwg_en.pdf%3F__blob%3DpublicationFile).

32(1)).

즉 은행은 은행업 인가 외에도 별도의 금융서비스업 인가를 받아 금융서비스업을 영위할 수 있다. 금융서비스업은, 뒤에서 살펴보는 것처럼, 증권이나 파생상품 등 금융상품 관련 중개업 및 집합투자업 등을 말하므로 독일에서는 은행이 예금과 대출 업무 등 은행업 이외에도 증권 업무를 영위할 수 있는 증권업겸업은행 제도를 채택하고 있음을 알 수 있다.[367] 따라서 독일의 경우도 미국이나 우리와 달리 고유 업무, 겸영 업무, 부수 업무로 구분할 수가 없다. 독일의 경우에는 은행이 영위할 수 있는 업무로서 은행업과 금융서비스업으로 구분할 수 있다.

2. 은행의 업무 범위

독일의 경우에는 은행은 기본적으로 은행업 인가를 받아 은행업을 영위할 수 있으며, 추가적으로 금융서비스업 인가를 받으면 금융서비스업도 영위할 수 있으므로 이하에서는 은행업과 금융서비스업으로 나누어 살펴보기로 한다.

(1) 은행업

독일「은행법」제1조 제1항은 "은행업"의 범위에 대해 규정하고 있다. 은행은 "은행업을 상업적으로 또는 조직화된 영업 규모로 영위하는 기관"을 말한다(Sec. 1(1) sentence 1). 은행업의 범위는 다음과 같다(Sec. 1(1) sentence 2).

1) 예금 수입 업무

예금 수입 업무(deposit business)이다. "타인으로부터 예금으로서 자금을 수취하거나 그 밖에 무조건적으로 상환할 수 있는 자금을 불특정 다수로부터 수취하는 업무"를 말하는데, 다만 이자의 지급 여부를 불문하고 상환청구권은 무기명증권(bearer bonds)이나 지시식 증권(order bonds)으로 증권화 되어서는 안 된다(Sec. 1(1) sentence 2 number 1).

2) 이중상환청구권부채권 발행 업무

이중상환청구권부채권(Pfandbrief: covered bond) 발행 업무(Pfandbrief business)이다.「이중상환청구권부채권법」(Pfandbrief Act; Pfandbriefgesetz) 제1조 제1항 Sentence 2에서 규정된 이중상환청구권부채권 발행 업무를 말한다(Sec. 1(1) sentence 2 number 1a).

3) 대출 등 신용공여 업무

신용공여 업무(credit business)이다. 대출 및 (어음)인수신용(acceptance credits) 공여 업무를 말한다(Sec. 1(1) sentence 2 number 2).

4) 어음할인 업무

어음할인 업무(discount business)이다. 환어음 및 수표의 할인 매입 업무를 말한다(Sec.

367) Baums & Gruson(1993), p. 107; 독일의 증권업겸영은행 제도에 관한 소개는 Ko(2014), pp. 331~ 336.

1(1) sentence 2 number 3).

5) 금융상품 위탁매매 업무

금융상품 위탁매매 업무이다(principal brokering services). 은행의 명의로 타인의 계산에 의한 '금융상품'(financial instruments)의 매매 업무를 말한다(Sec. 1(1) sentence 2 number 4).

가) 금융상품의 종류

금융상품의 종류는 다음과 같다(Sec. 1(11) sentence 1 numbers 1 to 8).

① 독일 법인, 외국 법인, 상업적 조합(partnership) 및 그 밖의 기관(entity)의 주식 및 그 밖의 지분(stakes), 그리고 주식이나 지분을 나타내는 증서

② 「투자상품법」(Investment Products Act) 제1조 제1항에 정의된 투자상품(investment products). 다만 「협동조합법」(Cooperative Societies Act) 제1조에 규정된 협동조합의 지분은 제외된다.

③ 참가증서(participation certificates), 무기명채권(bearer bonds), 지시식 채권(order bonds) 등 채무증권(debt instruments), 이러한 채무증권과 유사하면서 자본시장에서 거래가 가능한 권리(rights) 및 이러한 채무증권을 표시하는 증서. 다만 지급증권(payment instrument)은 제외된다.

④ ①의 주식 등, 투자상품 및 채무증권 등에 따른 권리를 매매하도록 수권(授權)하는 그 밖의 권리나 그러한 권리, 통화, 이자율, 그 밖의 수입 원천(income streams), 상품, 지수 등과 관련하여 현금 지급을 하게 하는 그 밖의 권리

⑤ 「자본투자법」(Capital Investment Code) 제1조 제1항에 규정된 집합투자기구의 수익권(units)

⑥ 단기시장증권(money market instruments). 단기시장증권은 지급증권(payment instruments)을 제외하고 단기시장에서 정상적으로 거래되는 모든 형태의 채권증서(receivables)를 말한다(Sec. 1(11) sentence 2).

⑦ 외환 또는 계정 단위(units of account)

⑧ 파생상품(derivatives)

나) 파생상품의 종류

파생상품은 다음과 같은 상품을 말한다(Sec. 1(11) sentence 3 numbers 1 to 5).

① 증권, 단기시장증권, 외환, 이자율, 지수, 파생상품 등을 기초자산으로 하는 선물계약 또는 선택권(option)계약

② 일반상품(commodity), 탄소배출권(emission permits), 운임료(freight rates), 기후 또는 그

밖의 물리적 변수(physical variables), 물가상승률 또는 그 밖의 거시경제적 변수, 그 밖의 자산, 지수 등을 기초자산으로 하는 선도계약(forward contracts)

③ **차액결제계약**(financial contracts for difference: CFD)

④ 신용위험을 기초자산으로 하는 선물계약 또는 선택권(option)계약

⑤ 유럽연합위원회 규정(Commission Regulation (EC) No 1287/2006) 제39조에 규정된 자산을 기초자산으로 하는 선도계약

6) 보호예수 업무

보호예수 업무이다(safe custody business). 타인을 위한 증권의 보관 및 관리 업무를 말한다(Sec. 1(1) sentence 2 number 5).

7) 매각 대출채권의 재매입 약정 업무

매각 대출채권의 재매입 약정 업무이다. 매각된 대출채권을 만기 전에 재매입하는 약정(commitment)을 체결하는 업무를 말한다(Sec. 1(1) sentence 2 number 7).

8) 보증 업무

보증 업무(guarantee business)이다. 타인을 위한 연대보증(sureties), 일반 보증, 그 밖의 보장(warranties)의 인수 업무를 말한다(Sec. 1(1) sentence 1 number 8).

9) 수표·어음의 추심 업무 및 여행자 수표 발행 업무

수표·어음의 추심 업무 및 여행자 수표 발행 업무이다. 수표 및 어음(bill)의 추심 업무, 여행자 수표 발행 업무를 말한다(Sec. 1(1) sentence 2 number 9).

10) 금융상품의 인수 업무

금융상품 인수 업무(underwriting business)이다. 금융상품을 시장에 매도할 목적으로 은행 자신의 위험으로 금융상품을 매입하는 업무 또는 이와 동등한 보증의 인수 업무이다(Sec. 1(1) sentence 2 number 10).

11) 중앙청산기관 업무

중앙청산기관 업무이다. 장외 파생상품 거래 관련 중앙청산기관(central counterparty: CCP)의 기능을 수행하는 업무이다(Sec. 1(1) sentence 2 number 12). 중앙청산기관의 기능은 유럽연합(EU) 의회 및 이사회(Council)의 「장외 파생상품 거래, 중앙청산기관 및 거래 보고에 관한 규정」(Regulation (EU) 648/2012) 제2조에 규정되어 있다(Sec. 1(31)).

(2) 금융서비스업

독일 은행은 별도의 인가를 받아 '금융서비스업'(financial services)을 영위할 수 있다. 금융서비스업은, 아래에서 자세히 보는 것처럼, 증권 업무, 파생상품 업무, 자산운용 업무 등 우리

자본시장법에 따른 '금융투자업'과 유사하다고 볼 수 있다. 금융서비스업은 다음과 같다(Sec. 1(1a) sentence 2).

1) 투자중개 업무

투자중개 업무(investment broking)이다. 즉 금융상품(앞에서 살펴본 금융상품을 말한다. 이하 같다) 매매의 중개 업무를 말한다(Sec. 1(1a) sentence 2 number 1).

2) 투자자문 업무

투자자문 업무(investment advice)이다. 고객 또는 그 대리인에게 특정 금융상품의 거래와 관련하여 추천하는 업무를 말한다. 다만 그러한 추천은 투자자의 개인적인 상태의 평가에 근거하거나 투자자에게 적합한 추천을 해야 하며, 정보유통망(information distribution channel)을 이용하거나 일반 불특정 다수를 대상으로 한 것이어서는 안 된다(Sec. 1(1a) sentence 2 number 1a).

3) 다수당사자거래시설 운영 업무

다수당사자거래시설(multilateral trading facility: MTF) 운영 업무이다. 다수당사자가 참여하는 금융상품 매매 거래 시설의 운영 업무를 말한다(Sec. 1(1a) sentence 2 number 1b).

4) 금융상품 투자자 모집 업무

금융상품 투자자 모집 업무(placing business)이다. 확정적 인수 약정(firm commitment)이 없는 금융상품 투자자를 모집하는 업무를 말한다(Sec. 1(1a) sentence 2 number 1c).

5) 계약 중개 업무

계약 중개 업무(contract broking)이다. 타인을 위하거나 타인을 대리한 금융상품의 매매 업무를 말한다(Sec. 1(1a) sentence 2 number 2).

6) 투자일임 업무

투자일임 업무(portfolio management)이다. 투자자의 일임을 받아(on a discretionary basis) 금융상품의 투자 운용을 하는 업무를 말한다(Sec. 1(1a) sentence 2 number 3).

7) 자기계정 거래 업무

다음과 같은 **자기계정 거래 업무**(proprietary trading)이다(Sec. 1(1a) sentence 2 number 4).

① 거래소 시장이나 다수당사자거래시설(multilateral trading facility: MTF)에서 자신이 결정한 가격으로 계속적으로 하는 금융상품 매매의 청약 업무
② 제3자와 거래하기 위해서 제3자가 접근할 수 있는 체계(system)를 제공함으로써 거래소 시장이나 다수당사자거래시설 밖에서 조직화되고 체계화된 방법으로 자신의 계산으로 거래를 하는 업무
③ 타인을 위하여 자신의 계산으로 하는 금융상품 매매 업무

④ 국내 거래소 시장이나 다수당사자거래시설의 직접적 또는 간접적인 회원으로 참여하여 고빈도 알고리즘 거래(high-frequency algorithmic trading) 전략의 방법으로 자신의 계산으로 금융상품을 매매하는 업무

8) 예금 중개 업무

예금 중개 업무(non-EEA deposit broking)이다. 유럽경제구역(European Economic Area: EEA) 외의 국가에 본점 주소지를 둔 기업을 위한 예금 중개 업무를 말한다(Sec. 1(1a) sentence 2 number 5).

9) 외국통화 매매 업무

외국통화 매매 업무(foreign currency dealing)이다. 외국 지폐 및 주화의 매매 업무를 말한다(Sec. 1(1a) sentence 2 number 7).

10) 영업채권매입 업무

영업채권매입 업무(factoring)이다. 상환청구권이 있는 조건(with recourse) 또는 상환청구권이 없는 조건(without recourse)으로 표준계약에 근거한 영업채권(receivables)의 계속적인 매입 거래 업무를 말한다(Sec. 1(1a) sentence 2 number 9).

11) 금융리스 업무

금융리스 업무(finance leasing)이다. 금융리스업자로서 금융리스계약의 체결 업무 및 「자본투자법」(Capital Investment Code) 제1조 제1항에 따른 집합투자기구의 운용 업무를 제외하고, 하나의 리스자산(single leased asset)에 대한 자산리스투자기구(asset-leasing vehicles)의 운용 업무를 말한다(Sec. 1(1a) sentence 2 number 10, Sec. 2(6) sentence 1 number 17).

12) 집합투자업

집합투자업(asset management)이다. 「자본투자법」(Capital Investment Code) 제1조 제1항에 따른 집합투자기구의 운용 업무를 제외하고, 개인 투자자를 위해 투자자의 지시를 받지 않고 금융상품을 매매하는 업무를 말한다(Sec. 1(1a) sentence 2 number 11).

13) 증권 보호 예수 업무

제한된 증권 보호 예수 업무(limited custody business)이다. 「자본투자법」(Capital Investment Code) 제1조 제3항에 따른 대체투자기구(alternative investment fund: AIF)를 위한 증권의 보관 및 관리 업무(Sec. 1(1a) sentence 2 number 12)를 말한다.

3. 평가

독일의 은행은 예금 및 대출 업무 등 전통적인 은행업 이외에도 추가적인 인가를 받아 금융상품의 매매·중개 업무 및 자산운용 업무 등 '금융서비스업'을 영위할 수 있다는 점이 특징

적이다. 다만 보험업은 은행이 직접 영위할 수는 없다. '은행업'의 범위도 예금 및 대출 업무 이외에도 금융상품의 위탁매매 업무나 금융상품의 인수 업무 등 다양한 업무를 포함하고 있다. 따라서 독일은 전형적인 증권업겸업은행 제도를 채택하고 있는 국가이다. 특히 업무 단위별로 인가를 받아야 하는 영국과 달리, 은행이 금융서비스업 인가를 받으면 금융서비스업 전부를 영위할 수 있다는 점도 특징적이다. 이러한 독일의 증권업겸업은행 제도는 물론 역사적인 배경을 갖고 유지되어 온 제도이기는 하지만, 우리가 증권업겸업은행 제도를 채택할 때 많은 참고가 될 수 있다.

Ⅵ. 호주

1. 개관

호주에서 은행업 영위와 관련된 법은 「은행법」(Banking Act 1959)이다. 「은행법」은 은행업(banking business)을 영위하려면 건전성 금융감독기관인 호주건전성감독원(Australian Prudential Regulation Authority: APRA)으로부터 인가(authorization)를 받도록 하고 있다(Sec. 9). 은행은 은행업 이외에도 호주 「회사법」(Corporation Act 2001)(Act No. 50) 제7장(Chapter 7 Financial Services and Markets)에 따른 일정한 요건을 충족하여 인가를 받으면 증권업, 자산운용업, 파생상품업 등 금융서비스업을 영위할 수 있다. 또한 은행은 「2009년 소비자신용보호법」(National Consumer Credit Protection Act 2009)(No. 134)에 따라 소비자금융업 영위 인가를 받으면 소비자리스 업무 등 소비자금융 업무도 영위할 수 있다. 따라서 호주는 증권업겸업은행 제도를 채택하고 있다고 할 수 있다. 따라서 호주의 경우도 고유 업무, 겸영 업무, 부수 업무로 분류하기가 어렵다.

2. 은행의 업무 범위

호주는 기본적으로 은행업을 영위할 수 있으며, 추가적으로 인가를 받으면 금융서비스업 및 소비자금융 업무를 영위할 수 있다. 따라서 은행업, 금융서비스업, 소비자금융 업무의 범위를 각각 살펴보면 은행의 업무 범위를 알 수 있다.

(1) 은행업

1) 「은행법」에 따른 은행업

호주 「은행법」이 정의하고 있는 은행업은 다음과 같다(Sec. 5(1)). 첫째, 호주 헌법 제51(xiii)조에 규정된 '은행업'(banking), 둘째, 호주 헌법 제51(xx)조가 적용되는 회사가 영위하는 업무로서 (i) 예금 형태로 자금을 수취하고 자금을 대여하는 업무 또는 (ii) 관련 규정(Regulation)이 정하는 그 밖의 금융서비스업(financial services)을 말한다. 그런데 헌법 제51(xiii)

조는 특별히 '은행업'(banking)의 범위에 대해서 구체적인 정의를 하고 있지 않으며, 호주 의회가 은행업에 관한 법을 제정할 수 있다고만 규정하고 있다. 헌법 제51(xx)조가 적용되는 회사는 외국회사 및 호주 국내 무역회사 또는 금융회사를 말한다.

2) 「은행업감독규정」에 따른 금융서비스업

「은행법」에서 규정(Regulation)에 위임하고 있는 금융서비스업(financial services)의 범위는 「은행업감독규정」(Banking Regulation 1996)에 규정되어 있는데, 다음의 조건을 충족하는 매입지급상품(purchased payment facility)의 제공 업무가 있다(Banking Regulation Sec. 3). 첫째, 매입지급상품의 매입자가 저장된 가치(stored value)를 보유하고 있는 자의 매입지급상품 잔액에서 즉시 지급을 요구할 수 있거나, 둘째, 매입지급상품을 매입할 수 있는 자나 매입지급수단을 이용하여 지급을 받는 자의 수나 유형이 제한된 경우에 지급 수단으로 가능하여야 한다.

(2) 금융서비스업

호주 은행은 은행업 이외에도 영업행위 규제 금융감독기관인 호주증권투자위원회(Australian Securities and Investment Commission: ASIC)로부터 추가적인 별도의 인가(license)를 받으면 금융서비스업(financial services)을 영위할 수 있다(Australian Corporations Act 2001, Sec. 913B). 금융서비스업에 대해서는 호주 「회사법」(Corporation Act 2001)(Act No. 50) 제7장(Chapter 7 Financial Services and Markets)이 규정하고 있다. 금융서비스업의 범위는 다음과 같다(Corporations Act 2001, Sec. 766A(1), (1A)).

1) 금융상품 자문 업무

금융상품 자문(financial product advice) 제공 업무이다(Sec. 766B). 금융상품(financial product)은 다음과 같다(Sec. 762C, 763A).

① 일반적으로 금융투자의 대상이 되거나 또는 금융위험 관리의 대상이나 비현금 지급 대상이 되는 (i) 무형재산(intangible property), (ii) 약정(arrangement)이나 약정의 조건, 또는 (iii) 무형재산과 약정이나 약정 조건이 결합된 상품(facility)을 말한다(Sec. 762C, 763A). 비현금 지급 방식은 직불카드, 수표, 여행자수표, 선불카드(매입지급상품: purchased payment facility) 등에 의한 지급을 말한다(Sec. 763D(1)).

② 구체적인 금융상품의 예시는 다음과 같다(Sec. 764A).

(ⅰ) 증권(security)

(ⅱ) 등록집합투자기구의 지분(interests)이나 권리 또는 그러한 권리의 매입권

(ⅲ) 비등록집합투자기구의 지분(interests)이나 권리 또는 그러한 권리의 매입권

(ⅳ) 파생상품

(v) 일정한 조건에 해당하는 보험계약상품(contract of insurance)
(vi) 연금상품(superannuation contract)
(vii) 퇴직적립계좌(retirement savings account)
(viii) 최초주택마련계좌(first home saver account)
(ix) 예금상품(퇴직적립계좌는 제외)
(x) 정부 발행 채권 및 주식
(xi) 외환 상품(파생상품은 제외)
(xii) 호주탄소신용권 또는 국제 탄소배출권(Australian carbon credit unit or international emission unit)
(xiii) 증거금대출상품(margin lending facility)

2) 금융상품 매매 업무

금융상품(위에 정의된 금융상품을 말한다. 이하 같다)의 매매(dealing) 업무이다. 매매 업무에는 금융상품의 매입(acquiring), 발행, 처분(disposition), 변경(varying) 및 증권의 인수(securities underwriting) 업무가 포함된다(Sec. 766C).

3) 금융상품 시장 조성 업무

금융상품의 시장 조성(market making) 업무이다(Sec. 766D).

4) 집합투자기구의 운용 업무

등록 집합투자기구의 운용(operating a registered scheme) 업무이다. 단지 타인을 위한 대리인이나 피고용인(employee) 역할을 하는 것이나 집합투자기구(scheme)의 청산 업무를 수행하는 것은 운용 업무에 포함되지 않는다(Sec. 766A(4)).

5) 금융상품 보관·예탁 업무

금융상품의 보관 또는 예탁(custodial or depository service) 업무이다(Sec. 766E).

6) 수탁 업무

수탁회사(trustee company)의 수탁 업무이다(Sec. 766A(1A)).

7) 그 밖의 금융서비스 업무

그 밖에 관련 규정(Regulation)이 정하는 금융서비스 업무이다.

(3) 소비자금융업

호주 은행은 별도의 소비자금융 인가(license)를 받으면 소비자금융(credit activities) 업무도 영위할 수 있다. 소비자금융에 관련된 법률은 「2009년 소비자신용보호법」(National Consumer Credit Protection Act 2009)(No. 134)이다. 호주에서 소비자금융 업무를 영위하려면 호주증권투자위원회(ASIC)로부터 인가를 받아야 한다(Sec. 36, 38).

소비자금융 업무는 다음과 같다(Sec. 6).

① 신용공여계약(credit contract) 업무
② 신용서비스(credit service) 제공 업무[신용서비스는 소비자에게 신용 지원(특정 대출업자에게 대출 신청하는 것을 추천하거나 신용공여 한도의 증액을 추천하는 행위 등) 업무를 하거나 신용공여 중개 업무를 말한다](Sec. 7, 8)
③ 소비자리스(consumer lease) 업무
④ 주택담보대출(mortgage) 업무
⑤ 보증(guarantee) 업무
⑥ 그 밖에 관련 규정(Regulation)이 정하는 업무

3. 평가

호주도 은행업 인가를 받은 은행은 예금 및 대출 업무의 은행업 이외에도 추가적인 인가를 받아 금융서비스업이나 소비자금융 업무를 영위할 수 있어 다양한 업무를 영위하고 있다. 금융서비스업이나 소비자금융 업무는 일괄적으로 해당 업무를 영위할 수 있어서, 우리 자본시장법처럼 업무 단위별로 인가를 받아야 하는 체제와는 다르다. 금융서비스업은 증권이나 파생상품 등 금융상품의 매매나 인수 업무, 집합투자기구 운용 업무, 금융상품 투자 자문 업무 등 우리 자본시장법의 '금융투자업'과 유사한 업무를 말하는데, 이는 호주도 증권업겸영은행 제도를 채택하고 있음을 알 수 있다. 특히 금융상품의 범위에 제한적인 보험계약도 포함되어 있어, 은행은 금융서비스업 인가를 받으면 제한적으로 일부 보험 업무도 영위할 수 있다. 호주에서는 소비자리스, 주택담보대출, 보증 업무 등을 소비자금융 업무로 별도로 분리하여, 은행이 이러한 소비자금융 업무를 영위하기 위해서는 별도의 인가를 받도록 함으로써 은행도 소비자금융 업무를 영위하려면 은행업이 아닌 별도의 소비자금융 업무 인가를 받아야 한다.

이상 살펴본 주요국의 은행 업무 범위를 정리하면 [표 4-1]과 같다.

[표 4-1] 주요국 은행의 업무 범위 비교

국가	고유 업무	부수 업무	겸영 업무
미국	(i) 약속어음, 환어음 및 기타 채무증서의 할인 및 매입 (ii) 예금 수입 (iii) 환·동전·금의 매매 (iv) 대출 (v) 어음의 취득·발행·유통 (vi)	(i) 파생상품 거래 (ii) 여행자수표 발행 (iii) 금융 자문·상담, (iv) 기업 인수합병 거래 자문 (v) 부동산 매매 상담 (vi) 세금 관련 상담	(i) 증권 중개 (ii) 국공채의 매매·인수 (iii) 증권 대여 (iv) 증권 투자 (v) 사모 증권 모집 (vi) 자산유동화증권 매매 (vii) 명의개서 (viii) 환매조건부 증권 매매(RP) (ix) 신탁업 (xi) 투자자문 (xii) 투자일임 (xiii) 보험 판매 대리 (xiv) 금융리

	연금상품 판매 대리 (vii) 인터넷은행서비스 (viii) 보증신용장 발행, (ix) 신용카드 발급 (x) 정보 처리		스
일본	(i) 예금·정기적금의 수입 (ii) 자금 대출·어음 할인 (iii) 환거래	(i) 채무 보증 및 어음 인수 (ii) 투자 목적 또는 고객의 서면에 의한 주문을 받아 유가증권(양도성예금증서로 표시되는 금전채권이나 단기사채 등은 제외)의 매매(유가증권 관련 파생상품 거래에 해당하는 것은 제외) 또는 유가증권 관련 파생상품 거래 (iii) 유가증권의 대여 업무 (iv) 매출 목적이 아닌 국채·지방채·정부보증채의 인수 또는 당해 인수에 관한 모집 (v) 금전채권의 취득·양도 (vi) 매출 목적이 아닌 특정 목적회사가 발행한 특정사채·기타 이에 준하는 유가증권으로서 시행규칙에서 정한 유가증권의 인수 또는 당해 인수에 관한 투자 모집 (vii) 단기사채 등의 취득·양도 (viii) 유가증권 사모 (ix) 지방채·사채·기타 채권(債券)의 모집·관리의 수탁 (x) 은행·기타 금융업을 영위하는 자(외국은행 포함)의 업무의 대리·중개 (xi) 국가·지방공공단체·회사 등을 위한 금전의 수납 (xii) 유가증권·귀금속·기타 물품의 보호예수 (xiii) 대체(對替) (xiv) 환전 (xv) 파생상품 거래 (xvi) 파생상품 거래의 중개·위탁매매·대리 (xvii) 금융 등 파생상품 거래 (xviii) 금융 등 파생상품 거래의 중개·위탁매매·대리 (xix) 유가증권 관련 장외 파생상품 거래 (xx) 유가증권 관련 장외 파생상품 거래의 중개·위탁매매·대리 (xxi) 금융리스 (xxii) 금융리스 업무의 대리 또는 중개 (xxiii) 고객정보 등의 제3자 제공 (xxiv) 은행의 경영자원 활용 업무	(i) 고객의 서면 주문에 의한 유가증권 매매·파생상품 거래의 중개 (ii) 국채증권·투자수익증권·외국증권 등의 매매 (iii) 국공채와 외국증권 등의 장외 파생상품 거래 (iv) 장외 파생상품거래의 중개·위탁매매·대리 (v) 유가증권 등의 청산위탁매매 (vi) 유가증권 관련 파생상품거래 이외의 금융상품거래업 (vii) 투자자문 (viii) 신탁사무 (ix) 담보부사채신탁업무 (x) 신탁업무, (xi) 보험창구 판매 (xii) 전자채권 기록 업무
캐나다	(i) 금융서비스업 (ii) 금융대리업 (iii) 투자자문서비스업·자산운용서비스업 (iv) 카드 발급·운영 업무	(i) 부동산 보유·운용 (ii) 은행 관련 정보처리 서비스 제공 (iii) 정보의 수집·처리 (iv) 정보 전달 체계 등의 개발·설계·보관·운영·제조·판매 (v) 영업 관리 및 자문 서비스 (vi) 카드 소지인에 대한 상품·서비스의 판매 권유 (vii) 복권 등의 표 판매 (viii) 재산 보관 관리 (ix) 파산관재인·청산인 등의 업무	(i) 제3자를 위한 대리 업무 (ii) 금융리스 업무 (iii) 제한적인 보험 업무
영국	규제대상 업무(Regulated Activities)		
	(i) 투자상품의 매매 (ii) 투자상품 매매의 주선 (iii) 예금 수입 (iv) 자산 보관·관리 (v) 투자일임 (vi) 투자자문 (vii) 집합투자기구의 설립·운용 등 (viii) 컴퓨터 체계 이용 투자 지시 (ix) 재상환청구기금		

<table>
<tr><td></td><td colspan="3">(reclaim fund) 관리 (x) 개인신용정보의 제공 (xi) 금융기관 보유 신용정보의 제공 (xii) 금융기관 보유 신용정보의 제공 관련 자문 (xiii) 기준지표(benchmark)의 결정 관련 정보·의견 제공 (xiv) 기준지표 결정 주선·관리 (xv) 기준지표의 결정 (xvi) 기준지표·기준지표와 연결된 정보의 공표</td></tr>
<tr><td></td><td colspan="3">투자상품(Investments)</td></tr>
<tr><td></td><td colspan="3">(i) 주식 (ii) 채무증권 (iii) 국공채 (iv) 투자 권리 부여 증권 (v) 증권 표창 증서 (vi) 집합투자기구 수익권 (vii) 선택권(option) (viii) 선물 (ix) 차액결제계약(contracts for difference) (x) 보험계약 (xi) 로이드공동대출(Llyod's syndicate) 참가권 (xii) 예금 (xiii) 대출·기타 신용공여 (xiv) 토지와 관련된 금융 약정 (xv) 물품의 보관 위탁 계약 (xvi) 투자상품에 대한 권리</td></tr>
<tr><td rowspan="2">독일</td><td colspan="2">은행업</td><td>금융서비스업</td></tr>
<tr><td colspan="2">(i) 예금 수입 (ii) 이중상환조건부채권 발행 (iii) 대출 등 신용 공여 (iv) 어음 할인 (v) 금융상품(증권, 파생상품 등) 위탁매매 (vi) 보호예수 (vii) 매각 대출채권의 재매입 약정 (viii) 보증 (ix) 수표·어음의 추심 (x) 여행자 수표 발행 (xi) 금융상품의 인수 (xii) 중앙청산소 업무</td><td>(i) 투자중개 (ii) 투자자문 (iii) 다수당사자거래시설(Multilateral Trading Facility: MTF) 운영 (iv) 금융상품 투자자 모집 (v) 계약 중개 (vi) 투자일임 (vii) 자기계정 거래(proprietary trading) (viii) 예금 중개 (ix) 외국통화 거래 (x) 영업채권매입(factoring) (xi) 금융리스 (xii) 집합투자업 (xiii) 증권 보호예수</td></tr>
<tr><td rowspan="2">호주</td><td>은행업</td><td>금융서비스업</td><td>소비자금융업</td></tr>
<tr><td>(i) 예금 수입
(ii) 대출
(iii) 매입지급상품(purchased payment facility)의 제공</td><td>(i) 금융상품(증권, 파생상품, 연금상품, 예금, 증거금대출상품 등) 자문 (ii) 금융상품 매매 (iii) 금융상품 시장 조성 (iv) 집합투자업 (v) 금융상품 보관·예탁 (vi) 수탁서비스 (vii) 기타 금융서비스</td><td>(i) 신용공여계약 (ii) 신용 지원·신용공여 중개 (iii) 소비자리스 (iv) 주택담보대출 (v) 보증</td></tr>
</table>

<참고 문헌>

고동원, "은행업무 범위에 관한 법적 연구 – 부수업무를 중심으로–," 「상사법연구」 제26권 제3호, 한국상사법학회, 2007. 11.

______, 「금융규제와 법」, 박영사, 2008.

______, "2010년 개정 「은행법」의 법적 검토," 「은행법연구」 제3권 제2호, 은행법학회, 2010. 11.

______, "주요국 은행의 업무 범위 현황과 국내 법·제도적 시사점," 국회 입법조사처 정책연구보고서, 2015. 12. 18.

______, "은행의 업무 범위에 관한 법적 연구," 「은행법연구」 제11권 제2호, 은행법학회, 2018. 11.

______, "은행 보험대리업 규제의 개선 과제," 「금융감독연구」 제7권 제2호, 금융감독원, 2020. 10.

______, "은행대리업(Bank Agency) 제도의 규제법적 쟁점," KIF Working Paper 2023–13, 한국금융연구원, 2023. 11.

______, "은행대리업 제도의 도입에 따른 규제법적 과제," 「은행법연구」 제17권 제1호, 은행법학회, 2024. 5.

고동원·권태율, "「자본시장과 금융투자업에 관한 법률」에서 신탁업의 분리와 입법 과제," 「기업법연구」 제31권 제3호, 한국기업법학회, 2017. 9.

고은아, "은행대리점이 변화시킬 금융산업의 모습은?," 하나 Knowledge 제26호, 하나금융연구소, 2023. 7. 28.

금융위원회, "2021 금융위원회 「금융산업국」 업무계획," 보도자료의 첨부자료, 2021. 2. 4.

________, "금융규제혁신–금융회사의 플랫폼업무 활성화 및 온라인 플랫폼 금융상품 중개업 시범운영," 보도자료, 2022. 8. 23.

금융위원회·금융감독원(2023a), "금융회사 업무위탁 제도개선 및 은행대리업 도입 방향 검토," 제11차 은행권 경영·영업 관행·제도 개선 TF 실무작업반, 보도참고자료의 [별첨], 2023. 6. 7.

__________(2023b), "은행권 경영·영업 관행·제도 개선 방안," 보도자료의 [별첨3], 2023. 7. 5.

김건식·정순섭, 「자본시장법」, 두성사, 2009.

________, 「자본시장법」 제4판, 박영사, 2023.

김상규, "보험대리점의 법적 지위," 「법학논총」 제10집, 한양대학교 법학연구소, 1993.

김영완, "日本『銀行法』의 改正內容 및 課題," 「금융법연구」 제8권 제1호, 한국금융법학회, 2011. 4.

김용진, "은행예금의 소멸시효," 「판례월보」 제153호, 판례월보사, 1983.

김은경, "방카슈랑스의 법적 소고," 「기업법연구」 제14권 제3호, 한국기업법학회, 2003.

______, "방카슈랑스의 지속적 시행을 위한 법적 환경의 재고," 「외법논집」 제17집, 한국외국어대학교 법학연구소, 2004.

김홍기, "은행의 증권관련업무 영위에 대한 자본시장법 적용의 법적 문제," 「은행법연구」 제1권 제2호, 은행법학회, 2008. 11.

김효연, “옵션부 이종통화예금에 대한 자본시장법상 고찰,” 「은행법연구」 제2권 제2호, 은행법학회, 2009. 11.

노태석, “銀行代理業制度의 導入에 관한 法的 檢討,” 성균관대학교 석사학위논문, 2009. 12.

도제문, “은행대리업의 도입에 관한 제언,” 「금융법연구」 제12권 제2호, 한국금융법학회, 2015.

류성경, “일본의 방카슈랑스제도 운영에 관한 연구,” 「아시아연구」 제11권 제2호, 2008.

박세민, 「보험법」 제5판, 박영사, 2019.

박준·한민, 「금융거래와 법」 제4판, 박영사, 2024.

박철영, “증권대차거래에 관한 법적 고찰,” 「증권법연구」 제10권 제2호, 한국증권법학회, 2009. 12.

송덕수, 「신민법강의」 제10판, 박영사, 2017.

송옥렬, 「상법강의」 제13판, 홍문사, 2023.

송종준, “Repo 거래의 법적 성질론,” 「증권법연구」 제2권 제2호, 한국증권법학회, 2001. 12.

안성포, “신탁제도의 발전을 위한 입법과제－집단신탁을 중심으로－,” 「비교사법」 제14권 제3호(하), 한국비교사법학회, 2007.

______, “은행의 신탁업 및 집합투자업 영위에 대한 자본시장법 적용의 법적 문제,” 「은행법연구」 제1권 제2호, 은행법학회, 2008. 11.

안수현, “일본 은행법상의 銀行代理業制度 검토 및 시사점,” 「동북아법연구」 제3권 제2호, 전북대학교 동북아법연구소, 2009. 12.

오시정, 「여신거래계약의 이론과 실무(기업금융편)」, 한국금융법연구원, 2017.

오영표, “신신탁법 시행에 따른 자본시장법의 법적 쟁점,” 「금융법의 이론과 실무」, 은행법학회 편, 피앤시미디어, 2016.

은행법학회, 「은행의 경쟁력 향상을 위한 은행업무 범위의 확대 및 업무 규제 개선 방안에 관한 연구」, 전국은행연합회 연구용역보고서, 2008. 3

이기형, “일본 방카슈랑스의 소비자보호 규제 특징과 국내 시사점,” KIRI Weekly 제240호, 한국보험연구원, 2013.

이병화, 「축조해설 은행법」, 삼우사, 2008.

이상제, “은행대리업자 제도에 대한 단상,” 「주간 금융브리프」 제24권 제44호, 한국금융연구원, 2015. 11. 14~11. 20.

이석호, “방카슈랑스 시행 평가 및 과제,” 정책보고서, 한국금융연구원, 2013.

______, “방카슈랑스 25%룰에 대한 시행 평가 및 개선 과제,” 「주간금융브리프」 제24권 제47호, 한국금융연구원, 2015.

______, “방카슈랑스제도 시행 효과의 종합적 분석 및 시사점,” 「주간금융브리프」 제26권 제19호, 한국금융연구원, 2017.

______, “방카슈랑스제도의 도입 취지와 최근 금융산업 환경을 감안한 규제 개선 검토,” 「주간금융브리프」 제28권 제4호, 한국금융연구원, 2019.

이성남, 「보험모집규제론」, 마인트탭, 2017.

______, “금융복합점포 및 금융기관보험대리점제도 개선방안에 관한 연구,” 「금융법연구」 제15권 제1

호, 한국금융법학회, 2018.

______, "금융상품 불완전판매 방지를 위한 법적 과제," 「보험법연구」 제13권 제2호, 한국보험업법학회, 2019.

이헌영, "자본시장과 금융투자업에 관한 법률 시행 이후 장외파생상품 거래의 문제점과 개선 방안," 「증권법연구」 제13권 제1호, 한국증권법학회, 2012. 4.

______, "은행의 복합금융상품으로서 구조화예금 취급과 관련한 법적 문제," 「은행법연구」 제9권 제1호, 은행법학회, 2016. 5.

임연하, "일본의 은행대리업 제도 주요내용 및 시사점," 「조사연구 Review」, 2005 겨울호, 금융감독원, 2005.

임준, "금융기관보험대리점 규제 이슈 고찰," KIRI 리포트, 한국보험연구원, 2017.

임재연, 「2023년판 자본시장법」, 박영사, 2023.

장덕조, 「보험법」 제3판, 법문사, 2016.

정원석·김석영·박정희, "판매채널 변화가 보험산업에 미치는 영향," 연구보고서, 한국보험연구원, 2018.

정재황, 「신헌법입문」 제7판, 박영사, 2017.

정호열, "일본의 금융시장개혁과 방카슈랑스에 관한 법적 연구," 「상사법연구」 제25권 제3호, 한국상사법학회, 2006.

______, "방카슈랑스 시행의 법적 환경 -일본과 한국의 경우," 「성균관법학」 제19권 제1호, 성균관대학교 법학연구원, 2007.

재정경제부, "은행 부수업무 확대 및 정비," 보도자료, 2003. 7. 2.

재정경제부·금융감독위원회, "방카슈랑스 도입 방안," 보도자료의 별첨자료, 2003. 1. 17.

전경근, "예금계약에 관한 연구," 서울대학교 대학원 법학박사학위 논문, 1999.

정순섭, 「은행법」 제2판, 지원출판사, 2024.

최문희, "연금기금의 사모펀드 투자사례와 금융투자상품 분쟁 해결 법리의 적용," 「BFL」 제72호, 서울대학교 금융법센터, 2015.

최성현, 「여신실무법률」, 한국금융연수원, 2015.

한국금융연수원, 「수신실무법률(개정판)」, 1997.

한국은행, 「한국의 금융제도」, 2018.

________, 「한국의 지급결제제도」, 2014.

한국은행 은행감독원, 「은행법 해설」, 1993.

한기정, "보험대리점과 보험중개인의 법적 지위," 「한림법학 FORUM」 제7권, 한림대학교 법학연구소, 1998.

______, 「보험업법」 초판, 박영사, 2019.

______, 「신상법입문」 초판, 박영사, 2020.

한지은, "은행의 업무범위 규제 현황 및 문제점," 고려대학교 법학석사학위논문, 2013. 6.

홍영만, 「자본시장법 유권해석」, 세경사, 2009.

小山嘉昭,「銀行法精義」, 金融財政事情研究會, 平成 30年(2018年).

池尾和人 編著,「入門 金融論」, ダイヤモンド社, 平成 16年(2004年).

佐藤則夫 編著,「銀行法」, 金融財政事情研究會, 2017.

赤上博人·渡邉雅之(2006a), "銀行代理業の射程範囲と銀行代理業者となるための基準(上)," 旬刊金融法務事情 No. 1772, 金融財政事情研究会, 2006. 6. 5.

赤上博人·渡邉雅之(2006b), "銀行代理業の射程範囲と銀行代理業者となるための基準(下)," 旬刊金融法務事情 No. 1773, 金融財政事情研究会, 2006. 6. 15.

家根田正美, "銀行代理業制度に関する政省令の概要," 旬刊金融法務事情 No. 1771, 金融財政事情研究会, 2006. 5. 25.

青山正博(2019a), "銀証連携ビジネスの法律問題: 第7回 銀行代理業(1)," 旬刊金融法務事情 No. 2112, 金融財政事情研究会, 2019. 4. 25.

青山正博(2019b), "銀証連携ビジネスの法律問題: 第8回 銀行代理業(2)," 旬刊金融法務事情 No. 2114, 金融財政事情研究会, 2019. 5. 25.

Baums, Theodor & Michael Gruson, "The German Banking System: System of the Future?," *Brooklyn Journal of International Law*, 1993.

Benston, George, "Universal Banking," *8 Journal of Economic Perspectives*, 1994.

_________, *The Separation of Commercial and Investment Banking: The Glass-Steagall Act Revisited and Reconsidered*, Oxford University Press, 1990.

Blair, Michael QC (ed.), *Blackstone' Guide to The Financial Services and Markets Act 2000*, 2nd Edition, Oxford University Press, 2009.

Blair, Michael QC & George Walker (ed.), *Financial Services Law*, Oxford University Press, 2006.

Carnell, Richard S., Jonathan R. Macey & Geoffrey P. Miller, *The Law of Financial Institutions*, Wolters Kluwer Law and Business, 2013.

Lovett, William A. & Michael Malloy, *Banking and Financial Institutions Law* (*in a Nutshell*), Thomson West Publishing Co., 2014.

Ko, Dong Won, *Korean Financial Deregulation and Internationalization in the 1980s and 1990s*, Dongbang Publishing Inc., 2014.

Malloy, Michael P., *Principles of Bank Regulation*, second edition, 2003.

Office of the Comptroller of the Currency(OCC), *Insurance Activities: Comptroller's Handbook*, 2002.

Saunders, Anthony & Ingo Water, *Universal Banking In the United States*, Oxford University Press, 1994.

Shooner, Heidi Mandanis & Michael W. Taylor, *Global Bank Regulation: Principles and Policies*, Academic Press Elsevier, 2010.

제5장

금융채 발행

제1절

총 설

은행은 은행업의 정의에 나와 있듯이 유가증권이나 채무증서의 발행을 통하여 자금을 조달할 수 있고, 주식회사의 형태를 띠고 있으므로 당연히 유가증권의 하나인 사채(社債)를 발행할 수 있다. 「은행법」은 은행이 발행하는 사채를 **'금융채'**(金融債)라고 하고,[1] 「은행법」 제33조와 시행령 제19조에서 금융채의 종류와 금융채 발행 한도 등의 규제를 하고 있다. 금융채에는 「상법」에 따른 사채와 「은행법」에 근거해서 발행하는 **'조건부자본증권'**(contingent convertible bond)인 사채가 있다. 금융채 중 「상법」에 따른 사채의 발행과 관련해서는 「상법」 규정(제469조 내지 제516조의11)이 적용되고, 자본시장법에 따른 공모 규제 등 여러 규제가 적용된다. 조건부자본증권의 발행과 관련해서는 「은행법」이 적용된다. 은행의 자금 조달 수단의 하나인 금융채 발행에 대하여 「은행법」을 중심으로 살펴본다.

1) 그런데 금융기관에는 은행 이외에도 다른 금융기관도 있으므로 '금융채'라고 하기 보다는 '은행채'라고 하는 것이 좋을 것으로 본다.

제2절

금융채 일반

Ⅰ. 금융채 발행

1. 금융채의 종류

「은행법」은 금융채의 종류를 규정하고 있는데, 「상법」에 따른 사채뿐만 아니라 조건부자본증권인 사채도 포함하고 있다. 즉 그 종류는 ① **「상법」에 따른 사채**, ② **상각형 조건부자본증권**, ③ **은행주식 전환형 조건부자본증권**, ④ **은행지주회사주식 전환형 조건부자본증권**, ⑤ **① 내지 ④에 준하는 사채로서 대통령령으로 정하는 사채**이다(법 제33조 제1항 제1호 내지 제5호). ⑤의 '대통령령으로 정하는 사채'는 "은행이 국제결제은행의 기준에 따라 발행한 채무증권 또는 금융업을 경영하는 자가 금융관련법령 및 이에 상당하는 외국의 금융관련법령에 따라 발행할 수 있는 채무증권으로서 금융위원회가 정하여 고시한 사채"를 말한다(시행령 제19조 제5항). 이는 새로운 유형의 사채가 발행될 때 이를 포섭하기 위한 조항인데, 금융위원회가 고시한 사채는 아직 없다. 조건부자본증권에 대해서는 다음 제3절에서 자세히 살펴본다.

「은행법」에 규정된 "**「상법」에 따른 사채**"는 **일반사채**(즉 채무증권으로서 주식으로의 전환권이나 신주인수권 부여 등 특수한 정함이 없는 사채를 말한다)뿐만 아니라 「상법」 제469조 제2항이 규정하고 있는 **특수사채**로서 ① 이익배당에 참가할 수 있는 사채인 **이익참가부사채**(「상법 시행령」 제21조), ② 주식이나 그 밖의 다른 유가증권으로 교환 또는 상환할 수 있는 사채인 **교환사채**(「상법 시행령」 제22조) 및 **상환사채**(「상법 시행령」 제23조), ③ "유가증권이나 통화 또는 그 밖에 [상법 시행령]으로 정하는 자산이나 지표 등의 변동과 연계하여 미리 정하여진 방법에 따라 상환 또는 지급금액이 결정되는 사채"인 **파생결합사채**(「상법 시행령」 제24조)가 있고, 이외에 ④ **전환사채**

(「상법」 제513조), ⑤ **신주인수권부사채**(「상법」 제516조의2) 등의 특수사채도 포함된다. 파생결합사채에서 "[상법 시행령]으로 정하는 자산이나 지표"는 "[자본시장법] 제4조 제10항에 따른 기초자산의 가격·이자율·지표·단위 또는 이를 기초로 하는 지수"를 말한다(「상법 시행령」 제20조).

2. 발행 방법

(1) 「상법」과 자본시장법에 따른 발행

금융채의 발행 방법과 관련해서는 은행도 주식회사 형태를 취하므로 「상법」에 따른 사채를 발행할 때는 「상법」의 규정이 적용된다(조건부자본증권의 발행 방법은 「은행법」에 규정되어 있다). 따라서 「상법」 제474조가 규정하고 있는 공모 발행의 방법이나 제475조가 규정하고 있는 총액 인수의 방법에 의하여 사채를 발행할 수 있다. 이외에도 자본시장법이 규정하고 있는 사채의 모집이나 매출에 해당하는 경우(제9조 제7항, 제9항)에는 증권신고서 제출 의무(제119조 제1항)를 포함한 발행 공시 규제 등 여러 규제가 적용된다.

(2) 매출 방법에 의한 발행

「은행법 시행령」은 "매출기간을 미리 정하여 매출의 방법"으로 금융채를 발행할 수 있도록 허용하고 있다(제19조 제3항). 은행법령은 '매출'(賣出)의 정의를 하고 있지 않다. 매출의 정의를 발견할 수 있는 법률은 자본시장법이다. 자본시장법은 '**매출**'을 "50인 이상의 투자자에게 이미 발행된 증권의 매도의 청약을 하거나 매수의 청약을 권유하는 것"이라고 하고 있다(제9조 제9항). 이 정의를 참조하면, 금융채의 매출은 "이미 발행된 금융채권"을 매도하는 것이라고 할 수 있다. 즉 미리 작성한 금융채권(債券)을 투자자에게 매도하는 것으로서 발행의 편의를 도모하기 위함이다.[2] 그렇다고 해서 자본시장법이 규정하고 있는 50인 이상의 투자자에게만 금융채권을 매출해야 한다고 볼 필요는 없다. 자본시장법은 공모의 한 방법으로서 매출을 규정하여 투자자 보호를 위한 여러 규제를 적용하는 것이므로 은행이 50인 미만의 자에게도 금융채권을 매출하는 것은 허용될 수 있다. 이러한 매출 방법을 「은행법 시행령」에 규정한 이유는, 「상법」에 따르면 사채 전액의 납입이 완료된 후가 아니면 사채권을 발행할 수 없도록 하고 있는데(제478조 제1항), 이에 대한 예외로서 금융채 전액이 납입되지 않더라도 미리 금융채권을 발행해서 매도할 수 있도록 하기 위함이다.

이러한 매출 방법에 의한 채권(債券) 발행이 허용되는 사례는 한국산업은행이 발행하는 '**산업금융채권**'과 중소기업은행이 발행하는 '**중소기업금융채권**'에서 찾아볼 수 있다. 한국산업은행법 시행령에 따르면, 한국산업은행은 공모에 의한 산업금융채권의 발행 방법으로서 모집(경쟁입찰을 포함) 이외에 매출의 방법으로 발행할 수 있다(제12조 제2항). 이 경우 채권 발행 전액이

2) 이러한 설명은 한국산업은행 법무실(2009), 226면.

납입되지 않더라도 미리 매출기간을 정하여 산업금융채권을 발행할 수 있으며(제17조 단서, 제18조 제1항), 산업금융채권청약서를 작성할 필요가 없도록 하고 있다(제18조 제2항). 중소기업금융채권의 경우는 '매출' 대신에 '공매(公賣)'라는 용어를 사용하고 있다. 「중소기업은행법 시행령」에 따르면, 중소기업은행은 공매기간을 미리 정하여 공매 방법에 의하여 중소기업금융채권을 발행할 수 있다(제24조 제1항). 이 경우 채권 발행 전액이 납입되지 않더라도 중소기업금융채권을 발행할 수 있도록 하고 있으며(제23조 제1항), 중소기업금융채권청약서를 작성할 필요가 없도록 하고 있다(제24조 제2항). 은행법령은 매출 방법에 의한 금융채 발행이 가능하다는 조항 이외에는 다른 규정이 없는데, 산업금융채권이나 중소기업금융채권의 경우처럼 매출 발행과 관련한 자세한 사항을 규정할 필요가 있다.

3. 발행 한도

「은행법」은 과도한 금융채 발행으로 은행의 건전성이 악화되는 것을 막기 위해서 금융채 발행 한도를 두고 있다. 즉 은행은 **자기자본의 5배의 범위에서 대통령령으로 정하는 한도 내에서 금융채를 발행**할 수 있는데(법 제33조 제1항), 시행령은 그 한도를 자기자본의 5배 이내로 규정하고 있다(제19조 제1항 본문). 다만, 금융채를 새로 발행하지 아니하였음에도 불구하고 자기자본의 감소, 합병, 전환 등의 사유로 금융채의 발행 금액이 자기자본의 5배를 초과하게 되는 경우에는 그 발행 금액이 자기자본의 5배 이내가 될 때까지 새로 금융채를 발행할 수 없도록 하고 있다(시행령 제19조 제1항 단서). '자기자본'은 "국제결제은행의 기준에 따른 기본자본과 보완자본의 합계액"을 말하는데(법 제2조 제1항 제5호), 구체적인 자기자본의 범위는 시행령 제1조의2가 규정하고 있다.

그리고 은행이 이미 발행한 금융채를 상환하기 위하여 새로 금융채를 발행하는 경우에는 상환할 금융채의 발행 금액은 금융채 발행 한도에 산입하지 아니한다(시행령 제19조 제2항 전단). 어차피 상환하기로 예정되어 있어 새로 금융채를 발행하더라도 기존 금융채가 상환되면 총 발행 한도를 넘지 않기 때문이다. 이 경우 상환하기로 한 금융채는 새로 금융채를 발행한 후 1개월 이내에 상환하도록 하고 있다(시행령 제19조 제2항 후단).

4. 발행 절차

「은행법」은 조건부자본증권의 발행 절차 이외에는 특별히 사채 발행 절차에 대해서 별도로 규정하고 있지 아니하므로 주식회사인 은행이 「상법」에 따른 사채를 발행할 때는 「상법」의 적용을 받게 된다. 따라서 「상법」 제469조에 의거하여 **은행은 이사회 결의로 「상법」에 따른 사채를 발행**할 수 있으며, 정관으로 정하는 바에 따라 이사회는 대표이사에게 사채의 금액 및 종류를 정하여 1년을 초과하지 아니하는 기간 내에 사채를 발행할 것을 위임할 수도 있다. 그리고 이익참가부사채, 교환사채, 상환사채 및 파생결합사채의 발행 절차에 대해서는 「상법 시행령」 제21조 내지 제24조가 규정하고 있으며, 전환사채 및 신주인수권부사채의 발행 절차에 대해서는 「상법」 제513조 및 제516조의2가 규정하고 있다.

Ⅱ. 사채 등의 등록 제도

1. 의의

「은행법」은 사채 등의 등록에 관한 조문(제33조의5)을 두고 있다. 그 이유는 2016년 3월 22일 전자등록법이 제정되면서 지방자치단체가 발행한 채권이나 특별법에 따라 특수법인이 발행한 채권 등의 공공채(公共債) 및 사채 등의 등록에 관한 「공사채등록법」이 폐지되었는데, 전자등록법에 따라 의무적으로 전자등록을 해야 하는 사채를 제외하고는 유통의 편의를 위해서 실물의 사채권(社債券) 발행 대신에 등록을 할 필요가 있어 이에 관한 조항을 「은행법」에 두고 있다. 그래서 그 내용도 종전의 「공사채등록법」에 규정된 것과 상당히 비슷하다.

전자등록법에 의하면 "증권시장에 상장하는 사채," 즉 **상장 사채는 의무 전자등록 대상**이 된다(전자등록법 제25조 제1항 제1호). 그리고 "**「은행법」에 따른 조건부자본증권에 표시되어야 할 권리**"도 **반드시 전자등록을 해야 한다**(전자등록법 제25조 제1항 제3호, 시행령 제18조 제1항 제3호). 따라서 「은행법」에 따른 등록 대상이 되는 사채는 상장 사채를 제외한 사채, 즉 비상장 사채가 해당된다. 물론 비상장 사채라 할지라도 은행이 자발적으로 전자등록법에 따른 전자등록을 하는 것은 무방하다(전자등록법 제25조 제1항 본문). 그리고 반드시 「은행법」에 따른 사채 등록을 할 필요는 없으므로(「은행법」 제33조의5 제1항은 "… 등록할 수 있다"라고 규정하고 있다) 실물 사채권을 발행하거나 자본시장법에 따른 예탁 제도를 이용해서 한국예탁결제원에 사채권을 예탁하는 것(자본시장법 제294조 제1항)도 무방하다.

2. 등록 대상 사채

「은행법」에 따른 등록 대상이 되는 사채는 "사채, 그 밖에 등록에 적합한 것으로서 대통령령으로 정하는 권리"이다(법 제33조의5 제1항). "대통령령으로 정하는 권리"는 "① 「중소기업은행법」 제36조의2에 따른 중소기업금융채권에 표시될 수 있거나 표시되어야 할 권리, ② 「한국산업은행법」 제23조에 따른 산업금융채권에 표시될 수 있거나 표시되어야 할 권리, ③ 양도성예금증서에 표시될 수 있거나 표시되어야 할 권리"이다(시행령 제19조의3). 사채 이외에도 양도성예금증서도 등록 대상이 되므로 이하에서는 '사채 등'이라 한다. 그런데 일반은행을 규율하는 「은행법」에 특수은행이 발행하는 중소기업금융채권이나 산업금융채권을 등록 대상으로 규정한 것은 법 체계상 맞지 않다. 개별 법률에 규정하는 것이 바람직하다.

그리고, 위에서 본 것처럼, 금융채의 하나인 조건부자본증권은 전자등록법에 따라 의무적으로 전자등록을 해야 하므로 「은행법」에 따른 등록 대상에서 제외된다. 따라서 금융채 중 조건부자본증권을 제외한 사채(물론 상장 사채는 제외된다)가 등록 대상이 된다.

3. 등록 절차 등

(1) 등록기관

「은행법」에 따른 사채 등의 등록은 해당 사채 등의 발행은행에게 한다(법 제33조의5 제1항). 「공사채등록법」에서는 별도로 지정된 등록기관(한국예탁결제원 등)에 등록하도록 하였다(제3조).

(2) 등록 신청자

「은행법」에 따른 사채 등의 등록 신청자는 사채 등의 소유자·질권자, 그 밖의 이해관계자이다(법 제33조의5 제1항).

(3) 등록 절차

1) 등록신청서의 제출

사채 등의 등록 신청자는 등록을 하려는 경우에는 발행은행에 등록할 각 사채 등의 금액, 채권 번호 및 그 밖에 등록에 필요한 사항을 적은 등록신청서를 제출해야 한다(시행령 제19조의4 제1항).

2) 등록권리자 및 등록의무자의 공동 등록 신청

등록의 원인이 양도나 질권 설정 등 상대방이 있는 행위인 경우에는 등록으로 권리를 취득하는 자(대리인을 포함한다)인 등록권리자 및 그 상대방(대리인을 포함한다)인 등록의무자는 공동으로 등록을 신청해야 한다(시행령 제19조의4 제2항 본문). 다만 등록의무자의 승낙서를 등록신청서에 첨부한 경우에는 등록권리자가 단독으로 등록을 신청할 수 있다(시행령 제19조의4 제2항 단서).

3) 등록부의 작성·비치 및 관리

발행은행은 등록신청서가 제출되면 접수번호, 등록의 연월일, 등록권리자의 성명 및 주소, 등록의 원인 등 등록에 필요한 사항을 기재하여 등록부를 작성해야 한다(시행령 제19조의8 제1항).

4) 등록증명서의 발급

발행은행은 사채 등의 등록을 마친 경우에는 금융위원회가 정하여 고시하는 바에 따라 등록증명서를 발급해야 한다(시행령 제19조의5).

(4) 증권 또는 증서의 미발행

등록한 사채 등에 대해서는 증권(證券)이나 증서(證書)를 발행하지 아니하며, 발행은행은 이미 증권이나 증서가 발행된 사채 등을 등록하는 경우에는 그 증권이나 증서를 회수하여야 한다(법 제33조의5 제2항).

(5) 사채 등의 등록 말소

사채 등의 소유자는 언제든지 발행은행에 사채 등의 등록을 말소하고 사채 등이 표시된 증권이나 증서의 발행을 청구할 수 있다(법 제33조의5 제3항 본문). 다만 사채 등의 발행 조건에서 증권이나 증서를 발행하지 아니하기로 정한 경우에는 발행의 청구를 할 수 없다(법 제33조의5 제3항 단서). 등록된 사채 등의 등록 말소를 신청하려는 자는 등록말소신청서에 등록을 말소해야 할 각 사채 등의 금액 및 채권 번호와 그 밖에 필요한 사항을 적고 발급받은 등록증명서를 첨부하여 제출해야 한다(시행령 제19조의6 제1항).

등록권리자가 등록의무자의 행방을 알 수 없어 등록의 말소를 신청할 수 없는 경우에는 등록권리자는 「민사소송법」에 따라 공시최고(公示催告)를 신청할 수 있으며(시행령 제19조의7 제1항), 공시최고 절차 이후 제권판결(除權判決)이 있을 때에는 등록말소신청서에 제권판결 정본 또는 등본을 첨부하여 단독으로 등록 말소를 신청할 수 있다(시행령 제19조의7 제2항).

(6) 양도 등의 경우 발행은행 및 제3자에 대한 대항 요건

등록한 사채 등을 이전 또는 담보권의 목적으로 하거나 신탁재산으로 위탁한 경우에는 그 사실을 등록해야 발행은행이나 그 밖의 제3자에게 대항할 수 있다(법 제33조의5 제4항).

(7) 담보로서 사채 등의 공탁 또는 임치 사실의 등록

등록한 사채 등을 법령에 따라 담보로서 공탁(供託)하거나 임치(任置)하는 경우에는 그 사실을 등록함으로써 담보에 갈음할 수 있다(법 제33조의5 제5항).

(8) 등록 사채 등에 관한 권리의 순위

등록을 한 사채 등에 관한 권리의 순위는 등록을 한 순서에 따른다(시행령 제19조의9 제1항). 등록의 순서는 등록부 중 같은 난에서 한 등록의 경우는 순위 번호에 따르고, 별란(別欄)에서 한 등록의 경우는 접수 번호에 따른다(시행령 제19조의9 제2항). 부기등록(附記登錄)의 순위는 주등록(主登錄)의 순위에 따른다(시행령 제19조의9 제3항 본문). 다만 같은 주등록에 관한 부기등록 상호간의 순위는 부기등록을 한 순서에 따른다(시행령 제19조의9 제3항 단서).

(9) 등록한 무기명 사채의 등록증명서 공탁

「상법」이나 「담보부사채신탁법」에 따르면 무기명 사채권자는 사채권(社債券)을 공탁해야 사채권자집회에서 의결권 행사 등 일정한 권리를 행사할 수 있는데, 등록한 무기명 사채의 소유자는 등록증명서의 공탁으로 이를 갈음할 수 있도록 하고 있다(시행령 제19조의10). 우선 「상법」 제491조 제4항에 따르면 무기명 사채권자는 사채권을 공탁해야 사채권자집회 소집 청구권을 행사하거나 소집권자가 사채권자집회 소집 절차를 밟지 않은 경우 법원의 허가를 받아 사채권자집회를 직접 소집할 수 있는 권한을 행사할 수 있는데, 이 경우 등록한 무기명 사채의 소유자는 등록증명서를 공탁하면 이를 사채권의 공탁으로 간주하고 있다(시행령 제19조의10). 또한 「상법」 제492조 제2항에 따르면, 무기명 사채권자는 사채권자집회의 날로부터 1주일 전에 사채권을 공탁해야 사채권자집회에서 의결권을 행사할 수 있는데, 등록한 무기명 사채의 소유자는 등록증명서를 공탁하는 것으로 이를 갈음할 수 있다(시행령 제19조의10). 「담보부사채신탁법」에 따른 사채권자집회 결의에 대해서도 무기명 사채권자는 사채권을 공탁해야 의결권을 행사할 수 있는데(제45조 제2항),[3] 등록한 무기명 사채의 소유자는 등록증명서를 공탁하는 것으로 이를 갈음할 수 있다(시행령 제19조의10). 「담보부사채신탁법」 제84조 제2항에 따라 무기명 사채권자는 신탁업자에게 사채권을 공탁해야 신탁업자의 담보물 보관 상태를 검사할 수 있는데, 등록한 무기명 사채 등의 소유자는 등록증명서를 공탁하는 것으로 이를 갈음할 수 있다(시행령 제19조의10).

3) 「담보부사채신탁법」 제45조 제2항은 "집회의 결의에 관하여는 「상법」 제368조제2항부터 제4항까지의 규정을 준용한다"라고 하고 있는데, 「상법」 제368조 제2항부터 제4항은 무기명 사채권자의 채권 공탁에 관한 내용은 아니므로 잘못 규정된 것으로 볼 수 있다. 제45조 제1항이 "제2항에 따라 채권을 공탁한 자"라고 하고 있으므로 제2항은 무기명 사채권자의 사채권 공탁에 관한 내용이 규정되어야 한다.

제3절

조건부자본증권

Ⅰ. 개관

1. 의의

「은행법」은 금융채의 한 종류로서 **조건부자본증권**을 규정하고 있다. 조건부자본증권은 명칭은 '자본증권'이지만 사채의 속성을 갖고 있다. 즉 조건부자본증권은 **"영구적 성격을 지닌 자본증권"**으로서 자기자본을 계산할 때 기본자본(core capital)[4]으로서 자본 항목에 포함되지만(시행령 제1조의2 제1호 나목) 사채, 그 중에서도 특수한 사채에 해당한다.[5] 조건부자본증권은 「은행법」에 근거하여 발행되는 사채이므로 은행법령이 자세히 규정하고 있다.

이러한 조건부자본증권이 인정된 배경을 살펴보면, 2018년 세계적 금융위기를 겪으면서 금융기관의 파산 시 공적 자금 투입에 의한 구제("bail-out"이라고 한다) 대신에 채권자들이 손실을 부담함으로써("bail-in"이라고 한다) 납세자의 부담을 덜어주어야 한다는 주장이 제기되었

4) 조건부자본증권은 은행의 자기자본비율을 계산할 때 구체적으로는 '기타기본자본'에 속한다(기본자본은 보통주와 기타기본자본으로 구성된다). 금융감독원이 제정한 「은행업감독업무시행세칙」 [별표 3] 신용·운영리스크 위험가중자산에 대한 자기자본비율 산출 기준(바젤Ⅲ 기준), 6(기타자기자본) 참조.

5) 같은 견해는 양기진(2012), 267면("조건부자본증권은 자본시장법상의 '증권'으로서(법 제4조 제1항) 「상법」상 파생결합사채도 아니고 자본시장법상 파생결합증권도 아닌 일종의 특수한 사채라고 할 수 있을 것이다"); 박준·한민(2024), 462면("주식으로 전환되는 조건이 붙은 전환형 조건부자본증권[은] 자동전환사채에 해당한다"); 정순섭(2011), 38~39면("조건부자본증권을 원금소각형으로 발행하더라도 이는 발행회사와 사채권자 간 사적자치에 의한 발행 조건이며 「상법」에서 명시적으로 금지하는 사항이 아니므로 문제삼을 이유가 없다"). 이에 대해서 "대법원(2007. 2. 22 선고 2005다73020 판결)은 신주발행 시에 「상법」이 정한 방법과 절차에 의하지 아니한 신주 발행 내지는 주식으로의 전환을 예정한다면 이는 효력이 없다고 한다. 이러한 판례의 논리에 따르면 「상법」이 정하지 않은 방식으로 신주 발행 내지 전환을 예정하는 조건부자본증권은 「상법」상 사채가 아니다"라는 설명도 있다(양기진(2012), 264면). 또한 조건부자본증권은 자본시장법에 따른 파생결합증권으로 보기가 어렵다는 견해도 있다(송종준(2011), 233면.

고,[6] 이에 따라 국제금융기구인 바젤은행감독위원회(Basel Committee on Banking Supervision)를 중심으로 이에 관한 방안이 논의되었는데, 조건부자본증권이 이러한 장치로 고안된 것이다. 즉 바젤은행감독위원회가 2018년 금융위기 이후 제시한 은행의 자기자본비율 규제인 '바젤 Ⅲ (Basel Ⅲ)'에서 조건부자본증권을 '기타기본자본'(additional Tier Ⅰ capital)으로 인정하고 있다.[7] 이에 따라 우리나라도 2016년 「은행법」 개정으로 은행에게도 조건부자본증권 발행이 허용되었다.[8]

한편 일반회사도 조건부자본증권을 다양한 자금 조달 수단의 하나로 인정할 필요가 있다는 점에서 2013년 자본시장법 개정에 의하여 주권상장법인에 한해서 조건부자본증권의 발행이 허용되었는데(제165조의11), 주권상장법인이 아닌 비상장은행은 자본시장법에 따른 조건부자본증권 발행을 할 수 없다는 논란이 제기되면서[9] 이에 관한 법적 근거를 명확하게 하기 위해서 2016년 「은행법」을 개정하여 은행도 조건부자본증권을 발행할 수 있도록 관련 규정을 두었다.

조건부자본증권은 상각형과 주식 전환형의 2가지 형태가 있는데, **상각형은 은행이 부실금융기관으로 지정될 때 등 일정한 사유가 발생하면 사채 원리금이 감면되는 조건부자본증권**을 말하며, **주식 전환형은 이러한 사유가 발생할 때 발행은행의 주식으로 전환되거나 해당 발행은행을 완전자회사로 두고 있는 상장은행지주회사의 주식으로 전환되는 조건부자본증권**을 말한다(법 제33조 제1항 제2호 내지 제4호).[10] 즉 은행이 부실하게 되면 원리금 감면이나 주식 전환으로 사채권자들이 손실을 부담하게 되는 것이다. 이처럼 일정한 사유가 발생하지 않는 한 발행은행은 조건부자본증권의 상환 및 지급의무를 부담한다는 점에서 사채의 속성을 갖고 있다.

「은행법」이 규정하는 상각형과 발행은행 주식 전환형 조건부자본증권은 자본시장법에 따른 상각형과 주식 전환형 조건부자본증권을 토대로 하고 있으므로 은행법령은 자본시장법의 관련 조항들을 준용하는 규정을 두고 있다. 그러다보니 은행이 발행하는 조건부자본증권의 요건을 변경하고자 하면 자본시장법 관련 규정들을 개정해야 하는 문제가 발생한다. 따라서 은행이 발행하는 조건부자본증권의 특성을 반영할 수 있도록 「은행법」에 발행 절차 등에 관한 조항들을 별도로 두는 것이 바람직하다. 은행지주회사주식 전환형 조건부자본증권은 자본시장법에 따른 조건부자본증권은 아니어서 은행법령에만 규정을 두고 있다. 이하에서는 이러한 조건부자본증권에 대해서 은행법령을 중심으로 자세히 살펴본다.

---

6) 권세훈·김수연(2011), 14면.
7) 정신동(2011), 68면; 이장영(2011), 77면.
8) 도입 배경에 대한 논의는 최영주(2015), 4~5면.
9) 이에 대한 논의는 박준(2011), 51~52면; 정순섭(2011), 37면.
10) 조건부자본증권의 발행조건 등 구체적인 기준은 금융감독원이 제정한 「은행업감독업무시행세칙」 [별표 3의5] 조건부자본증권의 예정사유 등(제31조의2 관련)에 규정되어 있다.

2. 만기

조건부자본증권의 만기를 "발행 은행이 청산·파산하는 때"로 할 수 있기 때문에(시행령 제19조 제6항) 사실상 은행이 존속하는 한 만기가 영구적(永久的)이 된다고 할 수 있다. 즉 **영구채**(perpetual bond) **형태의 조건부자본증권을 발행**할 수 있다. 영구채는 은행이 존속하는 한 원금 상환 의무를 부담하지 않는다는 점에서 과연 사채의 개념에 포함될 수 있는지에 대한 의문 제기가 있을 수 있기 때문에 이러한 논란을 해소하기 위해서 둔 조항으로 이해할 수 있다. 그러나 영구채도 발행은행이 청산을 하는 경우 이에 따른 잔여재산 분배를 할 때(「상법」 제542조 제1항→제260조) 자본이 아닌 채무로 본다는 점에 비추어볼 때 여전히 사채의 성격을 갖는다고 보는 것이 타당할 것이다.[11]

Ⅱ. 상각형 조건부자본증권

1. 의의

「은행법」은 '**상각형 조건부자본증권**'을 "[자본시장법] 제165조의11 제1항에 따른 사채 중 해당 사채의 발행 당시 객관적이고 합리적인 기준에 따라 미리 정하는 사유(이하 "예정사유"라 한다)가 발생하는 경우 그 사채의 상환과 이자 지급 의무가 감면된다는 조건이 붙은 사채"라고 하고 있다(법 제33조 제1항 제2호).

자본시장법 제165조의11 제1항에 따른 사채는 "정관으로 정하는 바에 따라 이사회의 결의로 「상법」 제469조 제2항, 제513조 및 제516조의2에 따른 사채와 다른 종류의 사채로서 해당 사채의 발행 당시 객관적이고 합리적인 기준에 따라 미리 정하는 사유가 발생하는 경우 주식으로 전환되거나 그 사채의 상환과 이자지급 의무가 감면된다는 조건이 붙은 사채"라고 하고 있는데, 이 중 주식으로 전환되지 않고 사채 상환과 이자 지급 의무가 감면되는 사채가 상각형 조건부자본증권에 해당한다. 사채 상환이 감면된다는 의미는 원금 상환이 감면된다는 것으로 이해할 수 있다. 따라서 상각형 조건부자본증권은 '예정사유'가 발생하는 경우에 원금과 이자(즉 원리금)가 감면되는 사채를 말한다.

「상법」 제469조 제2항에 따른 사채는, 앞서 본 것처럼, 이익참가부사채, 교환사채, 상환사채, 파생결합사채를 말한다. 「상법」 제513조에 따른 사채는 전환사채를 말하며, 「상법」 제516조의2에 따른 사채는 신주인수권부사채를 말한다. 따라서 상각형 조건부자본증권은 「상법」이 규정하는 특수사채와는 다른 성격을 가진 사채로서 자본으로 계산되는 특수한 사채라는 점을 알 수 있다.

11) 같은 견해는 박준·한민(2024), 348면.

2. 발행 절차

(1) 발행은행

「은행법」은 주권비상장은행만이 '은행지주회사주식 전환형 조건부자본증권'을 발행할 수 있다고만 규정하고 있고(법 제33조 제1항 단서), 상각형 조건부자본증권에 대해서는 특별히 발행 주체에 대해서 규정하고 있지 않기 때문에 주권상장은행 및 주권비상장은행 모두 발행할 수 있다고 볼 수 있다.12)

(2) 원리금이 감면되는 '예정사유'

상각형 조건부자본증권의 원리금이 감면되는 '예정사유'는 다음의 조건을 모두 충족해야 한다(시행령 제19조 제7항 제1호, 제2호).13)

① 조건부자본증권을 발행하였거나 발행하려고 하는 은행(이하 "발행은행"이라 한다)이나 그 발행은행의 주주 및 투자자 등 조건부자본증권의 발행과 관련하여 이해관계를 가지는 자의 통상적인 노력으로 변동되거나 발생할 가능성이 현저히 낮은 사유로서 금융위원회가 정하여 고시하는 요건에 맞을 것

② [자본시장법 시행령] 제176조의12 제2항 제2호에 따라 충분히 공시·공표될 수 있을 것

①의 요건은 상당히 추상적으로 규정되어 있는데, 구체적인 요건은 「은행업감독규정」에 규정되어 있다. 즉 금융위원회가 정하여 고시하는 요건은 (i) "발행은행이 … 조건부자본증권의 채무재조정, 전환 또는 교환 없이는 생존이 불가능하다고 판단되어 [구조개선법] 제2조 제2호에 따른 부실금융기관 또는 「예금자보호법」 제2조 제5호에 따른 부실금융회사로 지정된 경우"이거나 (ii) "그 밖에 발행은행이 조건부자본증권을 발행할 당시 발행은행의 경영성과 또는 재무구조 등과 관련하여 미리 정한 일정한 조건을 충족하게 된 경우"이다(「은행업감독규정」 제47조의2 제1항 제1호, 제2호). 대표적으로 발행은행이 부실금융기관이나 부실금융회사로 지정된 경우가 원리금이 감면되는 예정사유에 해당한다고 할 수 있다.

그리고 ②의 요건인 자본시장법 시행령 제176조의12 제2항 제2호는 "금융위원회가 정하여 고시하는 기준과 방법에 따라 증권시장 등을 통하여 충분히 공시·공표될 수 있을 것"이라

---

12) 같은 견해는 최영주(2015), 16면.

13) 「은행법」 제33조의2에 의해 준용되는 자본시장법 제165조의11 제2항이 위임한 시행령 제176조의13 제4항은 시행령이 규정하는 상각형 조건부자본증권의 원리금 감면 사유를 적용하는 것으로 되어 있으나, 이미 「은행법」에서 감면 사유를 규정하고 있으므로 자본시장법 시행령에 따른 감면 사유는 적용되지 않는 것으로 보아야 할 것이고, 준용 규정에서 제외하는 조치를 취해야 할 것이다.

고 하고 있는데, 아직 금융위원회가 정한 것은 없다.[14)]

(3) 발행 절차 등

1) 이사회 결의에 의한 발행 결정

은행은 상각형 조건부자본증권을 이사회 결의로 발행할 수 있다. 상각형 조건부자본증권의 정의를 하고 있는 자본시장법 제165조의11 제1항이 "정관이 정하는 바에 따라 이사회 결의로" 발행할 수 있도록 하고 있기 때문이다. 이것은 「상법」에 따라 일반사채를 발행할 때 이사회 결의를 얻도록 하는 것(제469조 제1항)과 같다. 은행이 이사회의 의결을 거치지 아니하고 상각형 조건부자본증권을 발행한 경우 금융감독당국은 해당 은행에 대하여 6개월 이내의 기간을 정하여 상각형 조건부자본증권 발행의 금지를 명령할 수 있도록 하고 있어(법 제33조 제3항), 이사회 결의 절차를 중요하게 보고 있다.

2) 정관 기재 사항

상각형 조건부자본증권을 발행하려는 은행은 정관에 "① 상각형 조건부자본증권을 발행할 수 있다는 뜻, ② 상각형 조건부자본증권의 총액, ③ 사채의 상환과 이자 지급 의무가 감면(이하 "채무재조정"이라 한다)되는 조건, ④ 채무재조정으로 인하여 변경될 상각형 조건부자본증권의 내용"을 기재해야 한다(법 제33조의2 제1항→자본시장법 제165조의11 제2항→시행령 제176조의13 제1항 제1호 내지 제4호).[15)]

3) 사채청약서 및 사채원부 기재 사항

상각형 조건부자본증권의 사채청약서 및 사채원부에는 "① 상각형 조건부자본증권에 대한 채무재조정이 발생할 수 있다는 뜻, ② 채무재조정 사유 및 채무재조정의 조건, ③ 채무재조정으로 인하여 변경될 상각형 조건부자본증권의 내용"을 기재해야 한다(법 제33조의2 제1항→자본시장법 제165조의11 제2항→시행령 제176조의13 제2항). 여기서 "채무재조정 사유"는 위에서 살펴본 '예정사유'와 같은 의미라고 할 수 있다.

(4) 채무재조정의 효력 발생일

상각형 조건부자본증권의 채무재조정은 채무재조정 사유가 발생한 날부터 3영업일이 되

---

14) 자본시장법에 따른 조건부자본증권의 발행과 관련해서는 금융위원회가 정하여 고시하는 요건은 「증권의 발행 및 공시 등에 관한 규정」 제5-25조에 규정되어 있는데, 원리금 상각이나 전환되는 사유인 자본시장법 시행령 제176조의12 제2항 제1호에 관한 "금융위원회가 정하여 고시하는 요건"에 대해서는 규정하고 있지만 제2호의 요건은 규정되어 있지 않다.

15) 자본시장법 시행령이 적용되는 이유는 「은행법」은 은행의 상각형 조건부자본증권 발행에 대해서는 자본시장법 제165조의11 제2항을 준용하도록 하고 있고(제33조의2 제1항), 자본시장법 제165조의11 제2항은 "제1항에 따라 발행하는 사채의 내용, 발행 사항 및 유통 등의 방법, 조건의 세부내용 등 필요한 사항은 대통령령으로 정한다"라고 하고 있어서, 상각형 조건부자본증권에 대해서는 자본시장법 시행령 제176조의13이 규정하고 있기 때문이다. 이하에서도 동일하다.

는 날에 효력이 발생한다(법 제33조의2 제1항→자본시장법 제165조의11 제2항→시행령 제176조의13 제3항).

(5) 전자등록법에 따른 전자등록에 의한 발행 의무

주권상장법인이 상각형 조건부자본증권을 발행하는 경우에는 전자등록법에 따른 전자등록의 방법으로 발행하도록 하고 있어서(자본시장법 시행령 제176조의13 제4항→제176조의12 제3항), 주권상장은행이 발행하는 경우에 적용된다. 그러나 전자등록법은 은행이 발행하는 조건부자본증권에 대해서는 의무적으로 전자등록을 하도록 하고 있으므로(전자등록법 제25조 제1항 제3호, 시행령 제18조 제1항 제3호), 비주권상장은행이 발행하는 상각형 조건부자본증권도 전자등록의 방법으로 발행해야 한다.

Ⅲ 은행주식 전환형 조건부자본증권

1. 의의

「은행법」은 '**은행주식 전환형 조건부자본증권**'을 "[자본시장법] 제165조의11 제1항에 따른 사채 중 해당 사채의 발행 당시 예정사유가 발생하는 경우 은행의 주식으로 전환된다는 조건이 붙은 사채"라고 정의하고 있다(법 제33조 제1항 제3호). 앞서 본 상각형 조건부자본증권과 달리 당해 발행은행의 주식으로 전환된다는 조건이 붙은 사채이다. '예정사유'는 앞서 본 것과 같다.

은행주식 전환형 조건부자본증권은 증권 보유자가 전환에 의하여 발행은행의 주식을 보유한다는 점에서 제3자가 인수를 하게 되면 주주 구성이 달라지는 경우도 발생해서 주주의 이해관계에 영향을 미칠 수 있다. 이것은 주식으로 전환될 수 있는 전환사채나 신주인수권을 부여하는 신주인수권부사채 발행의 경우도 마찬가지이다. 그래서 신주 발행의 경우와 마찬가지로 전환사채의 경우 주주에게 전환사채 인수권을 부여하고 주주 외의 제3자에게 전환사채를 발행하는 경우에는 제418조 제2항 단서의 규정을 준용하도록 하여 신기술의 도입이나 재무구조의 개선 등 회사의 경영상 목적을 달성하기 위해서 필요한 경우에 발행하도록 제한하고 있다(「상법」 제513조 제1항 제5호, 제3항). 신주인수권부사채의 경우도 동일하다(「상법」 제516조의2 제1항 제7호, 제4항). 이런 점을 고려하여 은행주식 전환형 조건부자본증권을 발행함에 있어서 자본시장법 제165조의6이 규정하고 있는 신주 발행 및 배정에 관한 특례 규정을 준용하도록 하고 있는데(법 제33조의2 제2항), 아래 2.(4) 발행 방식에서 자세히 살펴보기로 한다.

2. 발행 절차

(1) 발행은행

「은행법」은 주권비상장은행만이 은행지주회사주식 전환형 조건부자본증권을 발행할 수 있다고만 규정하고 있고(법 제33조 제1항 단서), 은행주식 전환형 조건부자본증권에 대해서는 특별히 발행 주체를 규정하고 있지 않기 때문에 주권상장은행 및 주권비상장은행 모두 발행할 수 있다고 볼 수 있다.[16] 물론 주권비상장은행의 경우 은행 주식으로 전환하게 되면 투자자들은 비상장주식을 보유하게 되어 큰 이점이 없을 수도 있으나, 발행을 하지 못할 이유는 없을 것이다.

(2) 예정사유

발행은행의 주식으로 전환하게 되는 '예정사유'는 상각형 조건부자본증권의 예정사유와 같다(시행령 제19조 제7항).

(3) 발행 절차 등

1) 이사회 결의에 의한 발행 결정

은행주식 전환형 조건부자본증권은 이사회 결의로 발행할 수 있다. 은행주식 전환형 조건부자본증권의 정의를 하고 있는 자본시장법 제165조의11 제1항이 "정관이 정하는 바에 따라 이사회 결의로" 발행할 수 있도록 하고 있기 때문이다. 이것은 「상법」에 따라 일반사채를 발행할 때 이사회 결의를 얻도록 하는 것(제469조 제1항)과 같다.

은행이 이사회의 의결을 거치지 아니하고 은행주식 전환형 조건부자본증권을 발행한 경우 금융감독당국은 해당 은행에 대하여 6개월 이내의 기간을 정하여 은행주식 전환형 조건부자본증권 발행의 금지를 명령할 수 있도록 하고 있어(법 제33조 제3항), 이사회 의결 절차를 중시하고 있다.

2) 정관 기재 사항

발행은행의 정관에 기재해야 하는 사항은 "① 전환형 조건부자본증권을 발행할 수 있다는 뜻, ② 전환형 조건부자본증권의 총액, ③ 전환의 조건, ④ 전환으로 인하여 발행할 주식의 종류와 내용, ⑤ 주주에게 전환형 조건부자본증권의 인수권을 준다는 뜻과 인수권의 목적인 전환형 조건부자본증권의 금액, ⑥ 주주 외의 자에게 전환형 조건부자본증권을 발행하는 것과 이에 대하여 발행할 전환형 조건부자본증권의 금액"이다(법 제33조의2 제2항 → 자본시장법 제165조의11 제2항 → 시행령 제176조의12 제1항 제1호 내지 제6호).

16) 같은 견해는 최영주(2015), 16면.

3) 사채청약서 및 사채원부 기재 사항

은행주식 전환형 조건부자본증권의 사채청약서 및 사채원부에는 "① 조건부자본증권을 주식으로 전환할 수 있다는 뜻, ② 전환사유 및 전환의 조건, ③ 전환으로 인하여 발행할 주식의 종류와 내용"을 기재해야 한다(법 제33조의2 제2항→자본시장법 제165조의11 제2항→시행령 제176조의12 제4항).

4) 등기 사항

은행주식 전환형 조건부자본증권을 발행한 경우에는 「상법」 제476조에 따른 납입이 완료된 날부터 2주일 이내에 본점 소재지에서 "① 전환형 조건부자본증권의 총액, ② 각 전환형 조건부자본증권의 금액, ③ 각 전환형 조건부자본증권의 납입금액, ④ 조건부자본증권을 주식으로 전환할 수 있다는 뜻, ⑤ 전환사유 및 전환의 조건, ⑥ 전환으로 인하여 발행할 주식의 종류와 내용"을 등기해야 한다(법 제33조의2 제2항→자본시장법 제165조의11 제2항→시행령 제176조의12 제6항).

(4) 발행 방식

은행주식 전환형 조건부자본증권은 보유자가 전환에 의하여 발행은행의 주식을 보유하게 된다는 점에서 주주의 이해관계에 영향을 미칠 수 있으므로 주주를 보호하기 위해서 자본시장법 제165조의6이 규정하고 있는 신주 발행 및 배정에 관한 특례 규정을 준용하도록 하고 있다(법 제33조의2 제2항).

1) 3가지 방식: 주주 배정 방식, 제3자 배정 방식, 공모 방식

은행주식 전환형 조건부자본증권을 발행하는 경우 3가지 방식으로 할 수 있는데, ① **주주 배정 방식**, 즉 발행은행의 주주에게 주식 수에 비례하여 조건부자본증권 인수의 청약 기회를 부여하는 방식(「상법」 제418조 제1항), ② **제3자 배정 방식**, 즉 신기술의 도입이나 재무구조의 개선 등 발행은행의 경영상 목적을 달성하기 위하여 필요한 경우에 특정한 자(해당 발행은행의 주주를 포함한다)에게 조건부자본증권 인수의 청약 기회를 부여하는 방식(「상법」 제418조 제2항), 또는 ③ **공모 방식**, 즉 불특정 다수인(해당 발행은행의 주주를 포함한다)에게 조건부자본증권 인수의 청약 기회를 부여하는 방식으로 할 수 있다(법 제33조의2 제2항→자본시장법 제165조의6 제1항 제1호 내지 제3호). 이미 발행한 조건부자본증권을 매출하는 경우에는 공모 방식이 적용된다(법 제33조의2 제2항→자본시장법 제165조의6 제1항 본문).

2) 공모 방식

특히 공모 방식의 경우에 자본시장법은 더 자세하게 규정하고 있다. 즉 공모 방식의 경우에는 정관으로 정하는 바에 따라 이사회 결의로 다음 4가지 방식 중 어느 하나 방식을 선택해서 하도록 하고 있다(법 제33조의2 제2항→자본시장법 제165조의6 제4항).

① 조건부자본증권 인수의 청약 기회를 부여하는 자의 유형을 분류하지 아니하고 불특정 다수의 청약자에게 조건부자본증권을 인수하게 하는 방식

② 우리사주조합원(「근로복지기본법」에 따른 우리사주조합원을 말한다)에 대하여 조건부자본증권을 배정하고 청약되지 아니한 조건부자본증권까지 포함하여 불특정 다수인에게 조건부자본증권 인수의 청약 기회를 부여하는 방식

③ 주주에 대하여 우선적으로 조건부자본증권 인수의 청약 기회를 부여하고, 청약되지 아니한 조건부자본증권이 있는 경우 이를 불특정 다수인에게 조건부자본증권을 배정받을 기회를 부여하는 방식

④ 투자매매업자 또는 투자중개업자가 인수인 또는 주선인으로서 마련한 수요 예측 등 대통령령으로 정하는 합리적인 기준에 따라 특정한 유형의 자에게 조건부자본증권 인수의 청약 기회를 부여하는 경우로서 금융위원회가 인정하는 방식

④에서 "수요 예측 등 대통령령으로 정하는 합리적인 기준"은 "수요 예측(발행되는 주식의 가격 및 수량 등에 대한 투자자의 수요와 주식의 보유기간 등 투자자의 투자 성향을 금융위원회가 정하여 고시하는 방법에 따라 파악하는 것을 말한다)"을 말한다(자본시장법 시행령 제176조의8 제5항).

이러한 공모 방식의 경우에는 「상법」 제418조 제1항 및 제2항 단서를 적용하지 아니하도록 하고 있으므로(자본시장법 제165조의6 제4항 단서), 주주에게 조건부자본증권 인수의 청약 기회를 먼저 부여하지 않아도 되고, 신기술의 도입이나 재무구조의 개선 등 발행은행의 경영상 목적을 달성하기 위한 목적이 아니어도 조건부자본증권의 발행이 가능하다.

(5) 제3자 배정 방식의 경우 주주에 대한 통지 또는 공고의 특례

은행주식 전환형 조건부자본증권을 제3자 배정 방식으로 발행하는 경우에는 「상법」 제418조 제4항에 따른 주주에 대한 통지 또는 공고의 특례가 인정된다. 「상법」 제418조 제4항에 따르면, 신주를 제3자 배정을 하는 경우에는 신주의 발행가액 등 일정한 사항을 납입기일의 2주 전까지 주주에게 통지하거나 공고해야 한다. 「상법」 제418조 제4항은 은행주식 전환형 조건부자본증권을 제3자 배정 방식으로 발행하는 경우에도 적용된다. 그러나 이 경우에는 은행주식 전환형 조건부자본증권 발행에 따른 부채 증가가 포함된 주요사항보고서가 금융위원회에 제출되고 금융위원회와 한국거래소가 그 납입기일의 1주 전까지 그 주요사항보고서를 공시하면 주주에 대한 통지나 공고에 갈음하는 것으로 하고 있다(법 제33조의2 제2항 → 자본시장법 제165조의9).

(6) 인수 청약이나 납입을 하지 않은 조건부자본증권의 처리

자본시장법 제165조의6 제2항이 규정하고 있는 '실권주'(失權株)에 관한 사항도 은행주식

전환형 조건부자본증권에 적용된다(법 제33조의2 제2항). 따라서 조건부자본증권의 인수 청약 마감일까지 인수의 청약을 하지 아니하거나 납입 기일까지 해당 가액을 납입하지 아니한 경우(즉 실권(失權)이 된 경우)에는 발행은행은 원칙적으로 해당 조건부자본증권의 발행을 철회해야 한다(법 제33조의2 제2항→자본시장법 제165조의6 제2항 본문).

다만, "금융위원회가 정하여 고시하는 방법에 따라 산정한 가격" 이상으로 조건부자본증권을 발행하는 경우로서 다음의 ①에서 ③의 어느 하나에 해당하는 경우에는 발행 철회를 하지 않아도 된다(법 제33조의2 제2항→자본시장법 제165조의6 제2항 단서). 여기서 "금융위원회가 정하여 고시하는 방법에 따라 산정한 가격"은 감독규정인 「증권의 발행 및 공시에 관한 규정」에 규정되어 있는데, "청약일 전 과거 제3거래일부터 제5거래일까지의 가중산술평균가격(그 기간 동안 증권시장에서 거래된 해당 종목의 총 거래금액을 총 거래량으로 나눈 가격을 말한다)에서 [배정 방식에 따른] 할인율을 적용하여 산정한 가격"을 말한다(제5-15조의2 제1항 본문). 할인율은 주주 배정 방식의 경우는 100분의 40, 제3자 배정 방식의 경우는 100분의 10, 공모 방식의 경우는 100분의 30이다(「증권의 발행 및 공시에 관한 규정」 제5-15조의2 제1항 제1호 내지 제3호).

발행 철회를 하지 않아도 되는 경우는 다음과 같다(법 제33조의2 제2항→자본시장법 제165조의6 제2항 단서 제1호 내지 제3호).

① 실권이 발생하는 경우 대통령령으로 정하는 특수한 관계(계열회사 관계를 말한다. 시행령 제176조의8 제1항)에 있지 아니한 투자매매업자가 인수인으로서 그 실권된 조건부자본증권 전부를 취득하는 것을 내용으로 하는 계약을 해당 발행은행과 체결하는 경우
② 주주 배정의 경우 조건부자본증권 인수의 청약 당시에 해당 발행은행과 주주 사이에 별도의 합의에 따라 실권이 발생하는 때에는 조건부자본증권 인수의 청약에 따라 배정받을 조건부자본증권의 수를 초과하는 내용의 청약(이하 "초과청약"이라 한다)을 하여 초과청약을 한 주주에게 우선적으로 실권된 조건부자본증권을 배정하기로 하는 경우(다만 이 경우 조건부자본증권 인수의 청약에 따라 배정받을 조건부자본증권의 수에 대통령령으로 정하는 비율(20%이다. 시행령 제176조의8 제2항)을 곱한 조건부자본증권의 수를 초과할 수 없다)
③ 그 밖에 발행은행의 자금 조달의 효율성, 주주 등의 이익 보호, 공정한 시장질서 유지의 필요성을 종합적으로 고려하여 대통령령으로 정하는 경우이다(여기서 "대통령령으로 정하는 경우"는 (i) 증권신고서를 제출하지 아니하는 모집·매출의 경우 또는 (ii) 발행은행이 우리사주조합원에 대하여 자본시장법 제165조의7 또는 「근로복지기본법」 제38조 제2항에 따라 발행되는 조건부자본증권을 배정하지 아니하는 경우로서 실권된 조건부자본증권을 우리사주조합원에게 배정하는 경우이다. 자본시장법 시행령 제176조의8 제3항 제1호, 제2호).

(7) 전자등록법에 의한 전자등록 의무

전자등록법은 조건부자본증권의 전자등록을 의무화 하고 있으므로, 은행주식 전환형 조건부자본증권도 전자등록을 해야 한다.

(8) 주식 전환의 효력 발생일

은행주식 전환형 조건부자본증권의 주식으로의 전환은 전환 사유(즉 예정사유)가 발생한 날부터 3영업일이 되는 날에 효력이 발생한다(법 제33조의2 제2항→자본시장법 제165조의11 제2항→시행령 제176조의12 제5항).

(9) 주식으로의 전환 가격 결정

은행주식 전환형 조건부자본증권이 주식으로 전환되는 가격의 결정에 대해서는 「은행법」 제33조의2 제2항에 따른 자본시장법 제165조의11 제2항 및 시행령 제176조의12 제6항의 위임에 따라 「증권의 발행 및 공시에 관한 규정」 제5-25조 제1항이 규정하고 있다.

(10) 「상법」 규정의 준용

은행주식 전환형 조건부자본증권의 발행에 관하여는 「상법」 제424조(유지청구권), 제424조의2(불공정한 가액으로 주식을 인수한 자의 책임) 및 제429조(신주발행무효의 소), 제430조(준용규정), 제431조(신주발행무효판결의 효력) 제432조(무효판결과 주주에의 환급)를 준용하며, 발행은행주식으로 전환에 관하여는 「상법」 제339조(질권의 물상대위), 제346조(주식의 전환에 관한 종류주식) 제4항, 제348조(전환으로 인하여 발행하는 주식의 발행가액) 및 제350조(전환의 효력 발행) 제2항을 준용한다(법 제33조의2 제2항→자본시장법 제165조의11 제2항→시행령 제176조의12 제7항).

Ⅳ. 은행지주회사주식 전환형 조건부자본증권

1. 의의

'은행지주회사주식 전환형 조건부자본증권'은 비상장은행(즉 자본시장법 제9조 제15항 제4호에 따른 주권비상장법인인 은행)만이 발행할 수 있다(법 제33조 제1항 단서). 「은행법」은 '은행지주회사주식 전환형 조건부자본증권'을 "「상법」 제469조제2항, 제513조 및 제516조의2에 따른 사채와 다른 종류의 사채로서 해당 사채의 발행 당시[의] 예정사유가 발생하는 경우 비상장은행의 주식으로 전환됨과 동시에 그 전환된 주식이 상장은행지주회사(해당 사채의 발행 당시 비상장은행의 발행주식 총수를 보유한 [자본시장법] 제9조 제15항 제3호에 따른 주권상장법인인 은행지주회사를 말한다)의 주식과 교환된다는 조건이 붙은 사채"라고 하고 있다(법 제33조 제1항 제4호).

즉 일정한 사유가 발생하는 경우 발행은행의 주식 총수를 보유한(즉 주식 100% 보유) 상장은행지주회사('완전상장은행지주회사'라고 부를 수 있다)의 주식으로 전환하는 조건이 붙은 사채라고 할 수 있다. '상장회사'이므로 은행지주회사가 상장회사가 아니면 발행 요건을 충족하지 못하며, 또한 완전은행지주회사가 아니면 안 되도록 되어 있어 요건이 상당히 엄격하다. 상장은행지주회사로만 한정할 필요가 있는지는 의문이다.

다만 바로 상장은행지주회사의 주식으로 전환되지는 않고 먼저 발행한 은행의 주식으로 전환되면서 동시에 상장은행지주회사의 주식과 교환되는 사채라는 것을 알 수 있다. 이는 주권비상장은행의 경우 은행 주식으로 전환하게 되면 투자자들이 비상장은행 주식을 보유하게 되어 투자자들이 관심을 가지지 않을 수도 있다는 점을 고려해서 해당 은행의 발행주식 총수를 보유한 상장은행지주회사의 주식으로 보유할 수 있도록 허용하고 있는 것이다.

이처럼 은행지주회사주식 전환형 조건부자본증권을 발행할 수 있는 은행은 비상장은행이면서 그 모회사인 은행지주회사가 완전상장은행지주회사인 경우에만 발행이 가능하도록 되어 있어 상당히 제한적인 경우에만 발행이 허용되어 있다. 법문은 "해당 사채의 발행 당시" 완전상장은행지주회사일 것이라고 하고 있으므로 해석상 발행 후 완전상장은행지주회사가 되지 않더라도 무방하다고 보아야 할 것이다.

이러한 은행지주회사주식 전환형 조건부자본증권은 자본시장법에 따른 주권상장법인이 발행할 수 있는 것이 아니고 은행만이 발행할 수 있는 것이어서 상각형과 은행주식 전환형 조건부자본증권과 달리 「은행법」과 시행령이 자세히 규정하고 있다.

2. 발행 절차

(1) 예정사유

상장은행지주회사 주식으로 전환하게 되는 '예정사유'는 위의 상각형과 은행주식 전환형 조건부자본증권의 예정사유와 같다(시행령 제19조 제7항).

(2) 발행 절차 등

「은행법」과 시행령은 은행지주회사주식 전환형 조건부자본증권의 발행 절차 등에 대하여 자세히 규정하고 있다. 그 내용을 살펴보면 다음과 같다.

1) 이사회 결의와 주주총회 특별결의

가) 개관

비상장은행이 은행지주회사주식 전환형 조건부자본증권을 발행하려면 비상장은행 및 상장은행지주회사는 각각의 정관으로 정하는 바에 따라 조건부자본증권의 총액 등 "대통령령으로 정하는 사항"을 포함한 주식교환계약서를 작성하여 비상장은행의 경우 이사회의 의결, 상장은행지주회사의 경우 이사회의 의결과 「상법」 제434조에 따른 주주총회의 특별결의를 거쳐야 한다(법 제33조의3 제1항 제1호, 제2호).

나) 주식교환서 기재 사항

주식교환계약서에 포함되어야 하는 "대통령령으로 정하는 사항"은 "① 은행지주회사주식 전환형 조건부자본증권의 총액, ② 「은행법」 33조의3 제11항에 따라 비상장은행 및 상장은행지주회사의 정관에 규정하여야 하는 사항, ③ 비상장은행 및 상장은행지주회사의 자본금 또는 준비금이 증가하는 경우에는 증가하는 자본금 또는 준비금에 관한 사항, ④ 비상장은행의 이사회 의결일 및 상장은행지주회사의 이사회 의결일과 주주총회 결의일, ⑤ [상장은행지주회사의 지배권 변동에 따른 은행주식 전환형 조건부자본증권으로 변경에 관한] 「은행법」 제33조의3 제8항 단서에 따라 주식교환계약서에서 달리 정하려는 사항, ⑥ [소규모 은행지주회사주식 전환형 조건부자본증권의 발행 절차 등에 관한 특례를 규정하고 있는] 「은행법」 제33조의4 제1항 후단에 따라 [주주총회의] 특별결의를 거치지 아니하고 은행지주회사주식 전환형 조건부자본증권을 발행할 수 있다는 뜻"이다(시행령 제19조의2 제1항).

다) 금융감독당국의 발행 금지 명령권

발행은행이 이사회의 의결을 거치지 아니하고 은행지주회사주식 전환형 조건부자본증권을 발행한 경우 금융감독당국은 해당 은행에 대하여 6개월 이내의 기간을 정하여 은행지주회사주식 전환형 조건부자본증권 발행의 금지를 명할 수 있도록 하여(법 제33조 제3항), 발행 절차를 중요하게 취급하고 있다. 여기서 상장은행지주회사가 이사회의 의결과 주주총회의 특별결의를 얻지 않는 경우에도 발행은행에게 발행 금지를 명령할 수 있는가? 「은행법」 제33조 제3항은 "은행이 … 제33조의3에 따른 이사회의 의결 또는 주주총회의 결의를 거치지 아니하고 …"라고 하고 있어 발행은행에게만 적용되는 것으로 되어 있다.[17] 그러나 상장은행지주회사도 발행할 때 이사회 의결과 주주총회 특별결의를 얻도록 하고 있으므로 상장은행지주회사가 이러한 절차를 거치지 아니하면 발행 금지 명령 대상이 되어야 한다고 보아야 할 것이다. 이를 명확하게 규정할 필요가 있다.

라) 주주총회 특별결의 필요 여부 논의

상장은행지주회사에서 주주총회 특별결의가 필요한지에 대해서는 논란의 여지가 있다. 전환에 의해서 주식이 발행된다는 점에서 공통점을 갖고 있는 은행주식 전환형 조건부자본증권 발행의 경우 주주총회 결의를 요하지 않는 점과 비교가 된다. 이런 점에서 발행 절차가 더 엄격하다고 할 수 있고, 오히려 발행에 걸림돌이 될 여지도 있다. 그럼 이렇게 엄격한 요건을 요구하는 이유는 무엇일까? 일반적으로 「상법」에서 주주총회의 특별결의를 요구하는 경우는

17) 발행은행의 경우는 주주총회 결의를 거치지 않도록 되어 있지만 정관에 규정하여 주주총회 결의로 하는 것은 무방할 것이다.

합병이나 분할 등 회사의 조직 변경이나 정관의 변경 등 주주의 이해관계에 중대한 영향을 미치는 경우이다. 이런 점에서 보면 조건부자본증권이 상장은행지주회사의 주식으로 전환되면서 상장은행지주회사의 주주 구성이 달라지므로 기존 주주의 이해관계에 영향을 미치는 것으로 이해할 수 있다. 이는 마치 주식의 포괄적 교환의 경우에 주주총회의 특별결의를 얻도록 하는 것(「상법」 제360조의3 제1항, 제2항)과 같은 이유라고 볼 수 있다.

그러나 여기에 대해서 비판적인 견해도 있다. 즉 상장은행지주회사의 주주 구성에 변화가 있더라도, 이는 신주 발행으로 주주 구성이 변경되더라도 주주총회 특별결의를 요하지 않는다는 점을 고려할 때, 굳이 주주총회 특별결의가 필요하지 않다는 점과 조건부자본증권의 발행은 회사 조직 변경 행위인 주식의 포괄적 교환과는 성격이 다르다는 점에서 주식의 포괄적 교환의 경우와 동일하게 볼 수 없다는 논거이며, 오히려 비상장은행의 채권자가 상장은행지주회사의 주주가 되면서 자본금 증가가 이루어지므로 상장은행지주회사 주주의 이익에 해를 끼치는 행위도 아니라는 점을 근거로 든다.[18]

조건부자본증권의 전환에 의해서 주주 구성이 달라지는 점만으로 상장은행지주회사에서 주주총회 특별결의를 요하는 것은 오히려 조건부자본증권의 발행에 장애가 될 수 있다는 점과 은행주식 전환형 조건부자본증권의 경우도 주주총회 특별결의를 요하지 않는다는 점에서 상장은행지주회사에서도 이사회 결의만으로 발행이 가능하도록 재검토할 필요가 있을 것이다.

2) 정관 기재 사항

비상장은행 및 상장은행지주회사가 정관에 규정해야 하는 사항은 ① 은행지주회사주식 전환형 조건부자본증권을 발행할 수 있다는 뜻, ② 은행지주회사주식 전환형 조건부자본증권의 총액, ③ 예정사유, ④ 전환 및 교환으로 인하여 발행할 주식의 종류와 내용, ⑤ 주주에게 은행지주회사주식 전환형 조건부자본증권의 인수권을 준다는 뜻과 인수권의 목적인 조건부자본증권의 금액, ⑥ 주주 외의 자에게 은행지주회사주식 전환형 조건부자본증권을 발행한다는 뜻과 발행할 조건부자본증권의 금액이다(법 제33조의3 제11항, 시행령 제19조의2 제4항).

3) 사채청약서 및 사채원부 기재 사항

은행지주회사주식 전환형 조건부자본증권의 사채청약서 및 사채원부에 기재되어야 할 사항은 ① 은행지주회사주식 전환형 조건부자본증권을 비상장은행의 주식으로 전환함과 동시에 전환된 주식을 상장은행지주회사의 주식과 교환할 수 있다는 뜻, ② 예정사유, 주식으로 전환가격 등 전환 및 교환의 조건, ③ 전환 및 교환으로 인하여 발행할 주식의 종류와 내용이다(법 제33조의3 제11항, 시행령 제19조의2 제5항).

4) 전자등록법에 따른 전자등록 발행 의무

조건부자본증권은 전자등록법에 따른 의무 전자등록 대상이므로 은행지주회사주식 전환

18) 최영주(2015), 19면.

형 조건부자본증권을 발행할 때에도 전자등록을 해야 한다.[19]

5) 등기

비상장은행 및 상장은행지주회사는 비상장은행이 은행지주회사주식 전환형 조건부자본증권을 발행한 경우 「상법」 제476조에 따른 납입이 완료된 날부터 2주일 이내에 각각의 본점 소재지에서 조건부자본증권의 총액 등 "대통령령으로 정하는 사항"을 등기해야 한다(법 제33조의3 제3항).

"대통령령으로 정하는 사항"은 ① 조건부자본증권의 총액, ② 각 조건부자본증권의 금액, ③ 각 조건부자본증권의 납입금액, ④ 조건부자본증권을 비상장은행의 주식으로 전환함과 동시에 전환된 주식을 상장은행지주회사의 주식과 교환할 수 있다는 뜻, ⑤ 예정사유, 주식으로 전환가격 등 전환 및 교환의 조건, ⑥ 전환 및 교환으로 인하여 발행할 주식의 종류와 내용이다(시행령 제19조의2 제2항, 제5항).

(3) 발행 방식

은행주식 전환형 조건부자본증권과 마찬가지로 주주 배정 방식, 제3자 배정 방식, 공모 방식으로 발행할 수 있으며, 자본시장법 제165조의6 제2항이 규정하고 있는 실권주(失權株)에 관한 사항도 은행지주회사주식 전환형 조건부자본증권에 적용된다(법 제33조의3 제10항→자본시장법 제165조의6 제1항, 제4항). 주주에 대한 통지 또는 공고의 특례 조항인 자본시장법 제165조의9도 준용된다(법 제33조의3 제10항). 자세한 사항은 은행주식 전환형 조건부자본증권의 발행 방식에서 설명한 내용을 참조하면 된다.

(4) 인수 청약이나 납입을 하지 않은 조건부자본증권의 처리

인수 청약이나 납입을 하지 않은 조건부자본증권의 처리와 관련해서도 자본시장법 제165조의6 제2항이 규정하고 있는 '실권주'(失權株)에 관한 사항이 은행지주회사주식 전환형 조건부자본증권에도 적용된다(법 제33조의2 제10항→자본시장법 제165조의6 제2항). 자세한 사항은 은행주식 전환형 조건부자본증권에서 설명한 내용을 참조하면 된다.

(5) 반대주주의 주식매수청구권 행사

1) 개관

상장은행지주회사의 반대주주에게 주식매수청구권을 인정하고 있다(법 제33조의3 제4항). 다만, 뒤에서 보는 것처럼, 소규모 발행의 경우에는 주식매수청구권이 인정되지 않는다(법 제

19) 전자등록법 시행에 따라 「공사채 등록법」은 폐지되었으므로 「공사채 등록법」에 따라 등록하도록 규정하고 있는 「은행법」 제33조의3 제2항은 삭제되어야 할 것이다.

33조의4 제4항). 상장은행지주회사의 경우 이사회의 의결이 있을 때 그 의결에 반대하는 상장은행지주회사의 주주가 주주총회 전에 상장은행지주회사에 대하여 서면으로 의결에 반대하는 의사를 통지한 경우 주주총회의 결의일부터 20일 이내에 주식의 종류와 수를 적은 서면으로 상장은행지주회사에 대하여 자기가 소유하고 있는 주식의 매수를 청구할 수 있다(법 제33조의3 제4항 전단). 이 경우 주식의 매수기간 및 매수가액의 결정 등에 관하여는 「상법」에 따른 반대주주의 주식매수청구권 행사에 관한 규정(제374조의2 제2항부터 제5항)을 준용한다(법 제33조의3 제4항 후단).

2) 주식매수청구권 인정 여부 논의

이렇게 반대주주의 주식매수청구권을 인정하는 이유는 조건부자본증권의 발행과 전환에 의해서 조건부자본증권 보유자가 상장은행지주회사의 주주가 될 수 있어 기존 주주의 이해관계에 영향을 미칠 수 있기 때문에 조건부자본증권 발행에 동의하지 않은 주주에게 투자 회수(exit)의 기회를 주기 위한 것으로 이해할 수 있다. 이는 「상법」에 따른 주식의 포괄적 교환에서 반대주주의 주식매수청구권을 인정하는 것(제360조의5)과 같다고 할 수 있다.

그러나 이에 대해서는 비판적인 견해도 있다. 즉 조건부자본증권이 주식으로 전환되면 비상장은행의 채권자들이 상장지주회사의 주주가 되어 자본금 증액이 이루어지는 것이어서 상장지주회사의 기존 주주 입장에서는 불리한 것이 아니므로 굳이 반대주주의 주식매수청구권을 인정할 필요가 없다는 것 등을 근거로 들고 있다.[20]

반대주주의 주식매수청구에 따른 지급을 위해서는 발행은행 입장에서 보면 상당한 자금부담이 될 수 있어 오히려 조건부자본증권 발행에 장애 요인이 될 수 있다는 점과 조건부자본증권의 발행과 전환 및 교환이 「상법」에 따른 주식의 포괄적 교환과 성격이 다르다는 점(즉 주식의 포괄적 교환은 회사의 조직 변경 행위라는 성격을 갖고 있지만 조건부자본증권의 발행은 그렇지 않다는 점)에 비추어볼 때 반대주주의 주식매수청구권을 인정할 필요가 있는지에 대해서는 재검토가 필요하다.

(6) 주식으로의 전환 가격 결정

조건부자본증권의 주식으로의 전환 가격 결정에 대해서는 앞에서 본 「증권의 발행 및 공시 등에 관한 규정」 제5－25조 제1항을 준용한다(시행령 제19조의2 제6항→규정 제47조의2 제2항).

(7) 전환 및 교환의 효력발생일

은행지주회사주식 전환형 조건부자본증권의 비상장은행 주식으로 전환 및 전환된 주식의 상장은행지주회사 주식과 교환은 예정사유가 발생한 날부터 제15영업일이 되는 날까지 중 대

20) 최영주(2015), 21면.

통령령으로 정하는 날(즉 예정사유가 발생한 날부터 제10영업일이 되는 날을 말한다. 시행령 제19조의2 제3항)에 효력이 발생한다(법 제33조의3 제6항). 신주의 납입기일 후 지체없이 주권을 발행해야 한다는 「상법」 제355조 제1항에도 불구하고 비상장은행은 전환 및 교환의 효력이 발생하는 경우에도 주권을 발행하지 아니할 수 있다(법 제33조의3 제7항).

(8) 전환 및 교환으로 인한 신주 발행 수(數)의 유보

비상장은행 및 상장은행지주회사는 비상장은행이 조건부자본증권을 발행하는 날부터 주식 전환 및 교환의 효력발생일과 만기일 중 먼저 도래하는 날까지 전환 및 교환으로 인하여 새로 발행할 주식의 수(數)를 유보(留保)하여야 한다(법 제33조의3 제5항).

(9) 상장은행지주회사의 비상장은행에 대한 '지배' 상실과 조건부자본증권의 변경

비상장은행이 은행지주회사주식 전환형 조건부자본증권을 발행한 이후 상장은행지주회사가 비상장은행을 '지배'(「금융지주회사법」 제2조 제1항 제1호에 따른 지배를 말한다)하지 아니하게 된 때에는 그 때까지 발행된 예정사유가 발생하지 아니한 은행지주회사주식 전환형 조건부자본증권은 예정사유 및 전환의 조건이 동일한 은행주식 전환형 조건부자본증권으로 변경되는 것으로 간주한다(법 제33조의3 제8항 본문). 다만 주식교환계약서에서 달리 정한 경우에는 이에 따른다(법 제33조의3 제8항 단서).

「금융지주회사법」 제2조 제1항 제1호에 따른 '지배'는 "회사가 단독으로 또는 특수관계자와 합하여 계열회사의 '최다출자자'가 되는 것을 말하며(금융지주회사법 시행령 제2조 제3호), 금융지주회사가 되기 위한 하나의 요건이다.[21] 다만 회사가 소유하는 주식이 각각의 특수관계자가 소유하는 주식보다 적은 경우는 최다출자자 요건을 충족하지 못한다(금융지주회사법 시행령 제2조 제3호 단서). 특수관계자는 공정거래법 시행령 제11조 제1호 및 제2호에 규정된 자를 말하며, 계열회사란 공정거래법 제2조 제3호의 규정에 따른 계열회사를 말한다(시행령 제2조 제3호).

따라서 상장은행지주회사가 비상장은행을 "지배하지 아니하게 된 때"라는 것은 최다출자자가 되지 않는 것을 말하며, 결국은 비상장은행이 자회사에 해당하지 않게 되는 것을 말한다. 따라서 상장은행지주회사가 비상장은행의 최다출자자의 지위를 유지하면서 비상장은행의 주식 100%를 소유하지 않고 있는 경우(예를 들어, 70% 주식 소유의 경우)(즉 완전상장은행지주회사에 해당하지 않게 되는 경우를 말한다)에는 은행주식 전환형 조건부자본증권으로 변경되지는 않게 된다. 이것은 조건부자본증권 발행 당시에만 완전상장지주회사이면 된다는 것을 의미하는

21) 금융지주회사란 "주식(지분을 포함한다)의 소유를 통하여 금융업을 영위하는 회사(이하 "금융기관"이라 한다) 또는 금융업의 영위와 밀접한 관련이 있는 회사를 대통령령이 정하는 기준에 의하여 지배(이하 "지배"라 한다)하는 것을 주된 사업으로 하는 회사"를 말한다(금융지주회사법 제2조 제1항 제1호 본문).

데, 이는 은행지주회사주식 전환형 조건부자본증권의 정의에서 알 수 있다. 즉「은행법」제33조 제1항 제1호는 상장은행지주회사를 해당 조건부자본증권의 "발행 당시" 비상장은행의 발행주식 총수를 보유한 회사라고 하고 있기 때문에 조건부자본증권 발행 시점에만 완전상장은행지주회사의 지위를 유지하면 되고 발행 이후에는 그 지위를 유지할 필요는 없게 된다.

(10) 변경 등기

비상장은행 및 상장은행지주회사는 은행지주회사주식 전환형 조건부자본증권의 변경등기를, 전환 및 교환으로 인한 변경등기의 경우는 전환 및 교환의 효력발생일부터 2주일 이내, 상장은행지주회사의 비상장은행에 대한 지배권 상실로 인하여 은행주식 전환형 조건부자본증권으로 변경하게 됨에 따라 하는 변경등기의 경우는 변경되는 날부터 2주일 이내, 각각의 본점 소재지에서 하여야 한다(법 제33조의3 제9항).

(11)「상법」규정의 준용

은행지주회사주식 전환형 조건부자본증권의 발행에 관하여는「상법」제424조(유지청구권), 제424조의2(불공정한 가액으로 주식을 인수한 자의 책임) 및 제429조(신주발행무효의 소), 제430조(준용규정), 제431조(신주발행무효판결의 효력) 제432조(무효판결과 주주에의 환급)를 준용한다(「은행법」제33조의3 제10항).

또한 은행지주회사주식 전환형 조건부자본증권의 비상장은행 주식으로 전환 및 그 전환된 주식의 상장은행지주회사 주식과 교환에 관하여는「상법」제339조(질권의 물상대위), 제348조(전환으로 인하여 발행하는 주식의 발행가액), 제350조(전환의 효력 발행) 제2항·제3항, 제360조의4(주식교환계약서 등의 공시), 제360조의7(완전모회사의 자본금 증가의 한도액), 제360조의11(단주의 처리 등에 관한 규정의 준용), 제360조의12(주식교환사항을 기재한 서면의 사후공시) 및 제360조의14(주식교환무효의 소)를 준용한다(법 제33조의3 제10항).

(12) 소규모 발행 절차 등에 관한 특례

1) 개관

은행지주회사주식 전환형 조건부자본증권의 발행 규모가 소규모인 경우, 즉 비상장은행이 발행하는 조건부자본증권의 발행가액이 상장은행지주회사 자본총액(재무상태표상 자산총액에서 부채총액을 뺀 금액, 즉 순자산액을 말한다)의 100분의 5를 초과하지 아니하는 경우에는 상장은행지주회사의 주주총회 특별결의를 이사회 의결이나 주주총회 보통결의로 갈음하게 할 수 있는 등 여러 가지 발행 절차의 특례가 적용된다. 이에 대해서 살펴본다. 이러한 소규모 발행의 경우 기준은 건 별로 판단해야 할 것이다. 수차례의 발행으로 소규모 발행 기준을 넘더라도

이 특례 규정이 적용된다고 보아야 할 것이다.

2) 상장은행지주회사의 주주총회 특별결의를 이사회 결의나 주주총회 보통결의로 갈음

소규모 발행의 경우에는 상장은행지주회사 주주총회의 특별결의를 거칠 필요 없이 이사회의 의결로 갈음할 수 있다(법 제33조의4 제1항 전단). 다만 정관에서 주주총회의 보통결의를 거치도록 한 경우에는 주주총회의 보통결의로 갈음할 수 있다(법 제33조의4 제1항 전단). 이 경우 주식교환계약서에 특별결의를 거치지 아니하고 은행지주회사주식 전환형 조건부자본증권을 발행할 수 있다는 뜻을 적어야 한다(법 제33조의4 제1항 후단).

여기서 주주총회의 보통결의로 갈음하는 경우에 이사회 의결도 거쳐야 하는지에 대한 해석상의 문제 제기가 있을 수 있는데, 정관에서 이사회 의결 대신에 보다 강화된 요건인 주주총회 보통결의를 얻도록 자발적으로 정하는 것이기 때문에 여전히 이사회 의결은 거쳐야 한다고 보는 것이 타당할 것이다.

3) 주주에 대한 공고 및 통지

상장은행지주회사는 특별결의를 거치지 아니하고 은행지주회사주식 전환형 조건부자본증권을 발행할 수 있다는 뜻을 기재한 주식교환계약서를 작성한 날부터 2주일 이내에 ① 비상장은행의 상호와 본점, ② 은행지주회사주식 전환형 조건부자본증권을 발행할 날 및 ③ 특별결의를 거치지 아니하고 은행지주회사주식 전환형 조건부자본증권을 발행한다는 뜻을 공고하거나 주주에게 통지하여야 한다(법 제33조의4 제2항).

4) 반대주주의 이의 제기 시 주주총회 특별결의 필요

상장은행지주회사의 발행주식 총수의 100분의 20 이상에 해당하는 주식을 가지는 주주가 공고 또는 통지를 한 날부터 2주일 이내에 상장은행지주회사에 대하여 서면으로 은행지주회사주식 전환형 조건부자본증권 발행에 반대하는 의사를 통지하는 경우에는 주주총회 특별결의를 이사회 결의나 보통결의로 갈음하는 방식으로 은행지주회사주식 전환형 조건부자본증권을 발행할 수 없다(법 제33조의4 제3항). 즉 주주총회 특별결의 절차를 밟아야 한다.

5) 반대주주의 주식매수청구권 행사 불인정

소규모 발행인 경우에는 상장은행지주회사의 반대주주 주식매수청구권 행사는 인정되지 아니한다(법 제33조의4 제4항). 은행지주회사주식 전환형 조건부자본증권의 발행가액이 상장은행지주회사 자본총액의 100분의 5 이내이므로 규모가 작아 설령 주식으로 전환되더라도 상장은행지주회사의 기존 주주에게 큰 영향을 미치지 아니한다는 점을 고려한 것이다.

이는 「상법」에서 소규모 포괄적 주식교환의 경우(완전모회사가 되는 회사가 주식교환을 위하여 발행하는 신주 및 이전하는 자기주식의 총수가 그 회사 발행주식총수의 100분의 10을 초과하지 아니하는 주식교환을 말한다. 제360조의10 제1항)에 완전모회사가 되는 회사의 반대주주에게 주식매수청구권을 인정하지 않는 것(제360조의10 제7항)과 같다고 할 것이다.

「은행법」 제33조의4 제4항은 "[은행법 제33조의4] 제1항의 경우에는"이라고 하고 있어서 주주총회의 특별결의를 이사회 결의나 보통결의로 갈음하는 경우에만 반대주주의 주식매수청구권이 인정되지 아니한다. 만약 제3항에 따라 발행주식 총수의 100분의 20 이상에 해당하는 주주가 반대 의사를 통지하여 이사회 결의나 주주총회 보통결의로 갈음할 수 없는 경우(즉 주주총회 특별결의를 거치는 경우)에는 적용되지 아니하므로 이 경우에는 반대주주의 주식매수청구권이 인정된다.

<참고 문헌>

권세훈·김수연, "자본시장법 개정의 주요 과제: 기업금융법제 개선 방향," 『연세글로벌 비즈니스 법학연구』 제3권 제1호, 연세대학교 법학연구원 글로벌 비즈니스와 법센터, 2011.

박준, "기업금융 활성화와 신종증권에 관한 자본시장법의 개정," 「상사판례연구」 제24집 제3권, 한국상사판례학회, 2011.

박준·한민, 「금융거래와 법」 제4판, 박영사, 2024.

송종준, "조건부자본증권의 도입에 관한 소고: 자본시장법개정안을 중심으로," 「기업법연구」 제25권 제3호, 한국기업법학회, 2011.

양기진, "은행에서의 조건부자본증권 도입에 관한 연구 -자본시장법 개정안의 논의를 중심으로-," 「금융법연구」 제9권 제1호, 한국금융법학회, 2012.

이장영, 「바젤 Ⅲ와 리스크관리」, 박영사, 2011.

정순섭, "조건부자본증권에 대한 법적 연구," 「상사법연구」 제30권 제3호, 한국상사법학회, 2011.

정신동, 「바젤 Ⅲ와 글로벌 금융규제의 개혁」, 선출판사, 2011.

최영주, "은행의 조건부자본증권 발행에 관한 연구: 은행법 개정안을 중심으로," 「금융감독연구」 제2권 제2호, 금융감독원, 2015. 5.

한국산업은행 법무실, 「한국산업은행법 해설」, 2009. 12.

제6장
은행의 자회사

제1절

총 설[1)]

은행이 업무를 확대하는 방법은 직접 다른 업무를 겸영하는 방법이 있으나(「은행법」에 따른 겸영 업무 및 부수 업무를 말한다) 자회사를 설립하여 그 자회사를 통하여 업무를 확대하는 방법도 있다. 물론 금융지주회사를 통한 업무 확대 방법(즉 은행이 금융지주회사를 설립하고 그 산하에 자회사를 두는 방법)도 생각해볼 수 있다. 2000년 10월 「금융지주회사법」이 제정된 이후에는 금융지주회사를 통한 대형화·겸업화가 이루어지고 있다. 그러나 은행이 금융지주회사를 통하지 않고 직접 자회사를 설립하여 증권·보험 등 여러 영역에 진출할 수 있는 길도 있다.

「은행법」 제37조는 은행의 자회사 설립 등에 관한 규제 내용을 담고 있다. 「은행법」 제37조는 은행이 다른 회사에 대하여 출자하는 것에 대한 규제를 함으로써 은행의 자산 건전성을 도모하는 한편,[2)] 자회사에 대하여 규정함으로써 은행과 자회사의 거래 규제 및 자회사 경영평가 등 자회사를 효율적으로 관리하고자 하는데 있다. 은행이 자회사를 두는 경우에는 「은행법」 이외에도 구조개선법 제24조에 의거하여 다른 회사의 주식 취득에 따른 금융감독당국의 승인이 필요한지 여부가 문제가 되므로 구조개선법의 내용도 제4절에서 검토한다.

1) 이 장은 고동원(2007)의 내용을 수정·보완한 것이다.
2) 「은행법」 제37조의 취지는 은행의 자산 운용 건전성을 위해 둔 규정이라고 이해할 수 있다. 이러한 취지의 설명으로는 국회 재정경제위원회(1996), 39면.

제2절

자회사 개관

Ⅰ. 자회사의 의의

1. 정의

은행은 일정한 경우를 제외하고는 다른 '회사 등'의 의결권 있는 '지분증권' 15%를 초과하여 보유할 수 없다(법 제37조 제1항). 다만 ① 「은행업감독규정」 제49조에서 정하는 금융업종에 속하는 '회사 등'에 출자하는 경우 또는 ② 기업 구조 조정 촉진을 위해서 은행이 기존 대출을 출자 전환(즉 대출채권을 주식으로 전환)하고 금융감독당국이 승인한 '회사 등'의 경우에는 당해 '회사 등'의 의결권 있는 지분증권의 15%를 초과하여 보유할 수 있는데, 「은행법」은 그러한 회사 등을 '자회사 등'이라고 정의하고 있다(제37조 제2항).[3)]

여기서 '지분증권'은 자본시장법에 따른 지분증권을 말하므로(「은행법」 제35조의3 제1항), "주권, 신주인수권이 표시된 것, 법률에 의하여 직접 설립된 법인이 발행한 출자증권, 「상법」에 따른 합자회사·유한책임회사·유한회사·합자조합·익명조합의 출자지분, 그 밖에 이와 유사한 것으로서 출자지분 또는 출자지분을 취득할 권리가 표시된 것"이 포함된다(자본시장법 제4조 제4항). 따라서 자회사 등의 법적 형태에는 주권으로 표시되는 주식회사뿐만 아니라 출자지분으로 표시되는 합자회사[4)]·유한책임회사·유한회사·합자조합·익명조합 등의 형태도

3) 이는 「상법」에 따른 자회사 정의 규정에 대한 특칙이다. 「은행법」 제3조가 「은행법」이 「상법」에 우선하여 적용한다고 규정하고 있기 때문이다. 「상법」은 다른 회사의 발행주식 총수의 50%를 초과하는 주식을 가진 회사를 '모회사'라고 하고, 그 다른 회사를 '자회사'라고 정의하고 있다(제342조의2 제1항).

4) 무한책임사원과 유한책임사원으로 구성되는 합자회사의 경우 의결권 있는 출자지분이 있는지에 대한 검토가 필요하다. 은행은 합자회사의 유한책임사원이 될 수 있다. 일반적으로 업무집행권이 있는 경우에는 의사 결정에 참여할 수 있는 권리, 즉 의결권도 발생한다. 합자회사의 유한책임사원이 업무집행권이 있느냐에 대해서는 견해가 나누어진다. 통설의 입장에 따르면, "유한책임사원은 회사의 업무집행을 할 수 없다"는 「상법」 제278조는 회사의 내부관계에 불과하므로 정관 또는 총사원의 동의에 의하여 유한책임사원에게 업무집행권을 부여하는 것이 가능하다고 보는데(송옥렬(2023), 1321면), 이 견해에 따

가능하다.[5] 논의 편의상 이하에서는 조합을 제외한 회사 형태를 상정해서 '자회사'라고 하기로 한다.

은행의 자회사는 크게 **'금융자회사'**와 **'비금융자회사'**로 나눌 수 있다. 금융자회사로는 「은행업감독규정」 제49조가 규정하고 있는 은행, 증권회사, 보험회사, 자산운용회사, 여신전문금융회사, 상호저축은행 등의 금융기관이 포함된다. 비금융자회사는 「은행업감독규정」 제49조가 정하는 금융업종 회사가 아닌 회사가 해당된다. 특히 금융자회사가 은행에 해당하는 경우에는 「은행법」은 이를 **'자은행'**이라고 정의를 하고, 별도의 추가 규제 사항을 규정하고 있다(법 제37조 제5항 내지 제8항).[6] 한편 은행이 자회사에 대한 출자를 함에 있어서는, 뒤에서 논의하는 것처럼, 은행법령에 따른 출자총액 한도 규제 등 여러 규제가 적용된다(법 제37조 제2항, 시행령 제21조, 「은행업감독규정」 제50조, 제51조 제2항).

2. 관련 쟁점

(1) 외국회사 포함 여부

'다른 회사'의 범위에 외국법령에 따라 설립된 외국회사도 포함되는가? 은행도 외국에 있는 회사에 출자를 할 수 있고 외국에 자회사를 설립해서 영업을 확대할 수도 있으므로 특별히 외국회사를 배제할 이유는 없다고 본다. 「은행법」 제13조도 국외 현지법인 신설, 즉 외국 자회사에 대한 규정을 하고 있어 이를 확인하고 있다.

(2) 의결권 없는 지분증권의 취득

「은행법」은 명시적으로 "의결권 있는 지분증권"이라고 하고 있기 때문에(제37조 제1항) 은행이 다른 회사의 의결권 없는 주식(예를 들어, 이익배당우선주)이나 의결권이 없는 출자지분(예를 들어, 업무집행권이 없거나 경영권 행사 권한이 없는 출자지분, 즉 합자회사의 유한책임사원 지분이 해당된다)을 소유하는 경우에는 15% 기준 제한을 받지 않는다.

르면 유한책임사원은 의결권이 있다고 볼 수 있다. 그러나 「상법」 제278조가 강행규정이라고 보아 정관의 규정으로도 유한책임사원에게 업무집행권을 인정할 수 없다는 견해(이철송(2023), 190면)에 따르면, 「상법」상 특별히 총사원의 동의를 요하는 경우(회사의 조직변경(「상법」 제286조), 정관의 변경(「상법」 제269조, 제204조), 해산 결의(「상법」 제269조, 제227조 제2호))를 제외하고는 유한책임사원의 의결권은 부정될 것이다. 즉 제한적인 의결권을 갖게 된다고 볼 수 있다. 이렇게 본다면 합자회사의 유한책임사원은 최소한 제한적인 의결권은 가지기 때문에 자회사 대상 회사의 범위에 포함된다고 보아도 무리가 없다.

5) 여기서 「상법」에 따른 합명회사는 제외된다. 물론 자본시장법이 정의하고 있는 지분증권의 범위에서 제외되어 있는 것도 이유지만, 무한책임사원만으로 구성되는 합명회사의 경우에는 "회사는 다른 회사의 무한책임사원이 되지 못한다"는 「상법」 제173조에 의하여 은행은 합명회사의 무한책임사원이 될 수 없으므로 합명회사의 지분을 취득할 수 없기 때문이다.

6) 「은행법」이 2002년 4월 개정되기 전에는 은행은 다른 은행의 주식을 소유할 수 없도록 되어 있었으나(개정 전 「은행법」 제38조 제9호), 개정에 의하여 은행이 다른 은행의 주식을 소유할 수 있게 되었다.

그런데 15% 기준 계산에 포함되지 않는 의결권이 없는 이익배당우선주가 의결권이 부활하는 경우(우선 배당을 하지 않아서 의결권이 부활되는 경우)에는 어떻게 처리하여야 하는가? 자회사로 두기 위해 금융감독당국의 승인을 얻어야 하는 경우에는 의결권이 부활하기 전에 미리 승인을 얻는 방법도 고려해볼 수가 있으나, 주주 각자가 우선 배당을 하지 않을지 여부를 결정하는 것은 아니므로 의결권 부활 여부를 미리 알고 승인을 얻도록 하는 것은 합리적이지 않다. 이러한 경우에는 사후 승인을 받도록 하거나 사후에 처분하는 방법이 타당하다. 다만 일정한 유예기간을 부여하는 것이 바람직하다. 즉 의결권이 없는 이익배당우선주는 의결권을 부여하지 않는 것을 원칙으로 하여 발행된 것이고, 의결권이 부활하는 것은 일시적인 것에 불과하므로 의결권이 없는 상태에서 주식을 취득한 이후에 의결권이 부활하였다고 하여 바로 사후 승인을 받도록 하는 것은 합리적이지 않다. 일정 기간(예를 들어, 1년 내지 2년 정도)의 유예기간을 부여하고, 그 기간 동안 의결권 부활 상태가 계속되는 경우에는 사후 승인을 받도록 하거나, 그렇지 않으면 그 이후 일정 기간(예를 들어, 6개월 정도) 이내에 처분하도록 하는 것이 바람직하다.

3. 다른 법률에 따른 자회사 정의 규정 비교

「상법」 및 다른 금융 관련 법률에 따른 자회사 정의 규정을 살펴봄으로써 은행의 자회사와 어떤 차이가 있는지를 알아본다.

(1) 「상법」

「상법」에 따른 자회사의 정의는 "다른 회사의 발행주식 총수의 50%를 초과"하여 취득하고 있는 경우이다(제342조의2 제1항). 의결권 없는 주식도 포함하는 점이 다르다. 물론 의결권 있는 주식을 기준으로 해야 하는 것이 논리적이라는 설명도 있다.[7] 왜 50%를 기준으로 삼고 있느냐에 대해서는 명확한 설명을 하기가 어렵다고 보이나, 입법 정책의 문제라고 설명할 수밖에 없다. 이는 다른 나라의 입법례를 참고하여[8] 그 기준을 정한 것이라고 파악된다.

(2) 「보험업법」

보험회사의 자회사 정의는 은행과 마찬가지로 보험회사가 의결권 있는 발행주식총수(출자지분 포함)의 15%를 초과하여 보유하는 회사를 말한다(「보험업법」 제109조, 제115조).

---

7) 이철송(2023), 436면.

8) 의결권 과반수 소유가 모자 관계의 표준적인 기준이라고 하면서, 독일(§ 17 abs. 2 AktG), 미국(Model Business Corporation Act §7.21(b); NY Business Corporation Law Sec. 612), 프랑스(C. com. Art. L. 233-1)의 사례를 참고한 것으로 보인다는 설명은 이철송(2023), 436면 각주 2).

(3) 「금융지주회사법」

금융지주회사의 자회사 기준은 발행주식 총수(즉 의결권 없는 주식도 포함한다)를 기준으로 최다출자자로서 해당 회사가 주권비상장법인인 경우에는 50% 이상, 해당 회사가 주권상장법인이거나 출자자 사이의 출자 지분 변동이 어려운 '공동출자법인'인 경우에는 30% 이상을 소유하여야 한다(「금융지주회사법」 제43조의2 제1항).

(4) 소결

「보험업법」을 제외하고는 「상법」이나 금융지주회사법은 자회사의 정의를 은행과 다르게 하고 있다. 그러면 왜 이런 차이가 나는가? 이에 대한 답은 매우 어렵다. 이는 각 관련 해당 법률이 지향하는 규제의 목적이 다르기 때문이라고 설명할 수도 있으나, 보다 설득력 있는 답은 입법 정책의 문제라고 보아야 할 것이다. 물론 입법 정책 판단에 있어서는 과거의 운용 경험 사례(예를 들어, 다른 회사의 경영에 대한 영향력 행사 기준 등) 및 다른 나라의 입법례(예를 들어, 미국 「은행지주회사법」(Bank Holding Company Act of 1956)의 '지배'(control) 기준인 25% 기준(12 U.S.C. §1841(a)(1)) 등)도 참고가 될 수 있다. 이러한 정책적 판단에 있어서 금융업종 회사의 경우 해당 금융업종 회사의 위험 관리 능력이나 금융체제에 미치는 영향 등이 고려될 수 있을 것이다.

4. 자회사 정의 기준의 변경 방안

「은행법」 제37조는 자산 운용의 건전성을 도모하기 위한 목적과 자회사 규제의 목적을 갖고 있다고 볼 수 있다. 이런 2가지 목적을 갖고 있는 제37조가 추구하는 규제의 합리성을 도모하기 위한 개선 방안으로서 다음과 같은 방안을 고려할 수 있다.

첫째는 은행의 자산 운용의 폭을 넓혀주기 위한 방안으로서 15% 기준을 25%로 상향 조정하고,[9] 대신에 의결권 없는 지분증권을 포함하는 방안이다.[10] 둘째는 「은행법」에 따른 자회사

9) 1998년 2월 「은행법」이 개정되기 전에는 은행의 자회사 기준은 10%이었다. 상향 조정 시 기준에 대해서는 여러 가지 안이 제시될 수 있을 것이나, 미국 「은행지주회사법」(Bank Holding Company Act of 1956)에 따른 지배(control) 기준인 25%(12 U.S.C. §1841(a)(1))를 하나의 기준으로 제시할 수 있다.

10) 물론 이에 대해서는 은행의 자산 건전성을 해칠 수 있는 가능성이 높다는 점 등의 이유로 반대하는 견해도 있을 것이다. 그러나 은행의 총투자금액의 한도(주식을 포함한 유가증권의 투자 한도는 은행 자기자본의 100% 이내, 「은행법」 제38조 제1호)가 적용되고, 은행 스스로가 위험 관리를 철저히 한다면 은행 건전성에 크게 영향을 미치지는 않을 것이다. 그리고 자산 건전성 유지 측면에서는 의결권 없는 지분증권도 포함할 필요가 있다. 이런 비판에 대한 대안으로 생각할 수 있는 것은 금융자회사와 비금융자회사의 자회사 기준을 달리 두어 규정하는 방안을 고려할 수 있다. 즉 금융자회사의 경우에는 현행처럼 15%를 자산 운용 한도로 정하고(즉 15% 한도 내에서는 자유로이 소유하는 것을 허용하고) 금융자회사의 기준을 25%로 상향 조정하면서 실질적 지배의 개념을 도입하는 것이다. 그러면 이 경우에는 15% 초과 25%까지는 지분증권을 소유할 수 없고, 금융자회사를 두려면 25%를 초과하여 소유하게 하는 것이다. 물론 25% 이하로 소유하더라도 실질적 지배를 하게 되면 자회사로 포섭되는 것은 여전히 마찬가지

의 정의는 소유하고 있는 의결권 있는 지분증권만으로 판단하고 있어서 의결권 있는 지분증권을 15% 이하로 갖고 있으면서 실질적으로 지배하는 회사의 경우는 자회사의 범위에 포함되지 않아 규제할 수 없는 문제점이 있으므로 이를 해결하기 위해서 자회사를 '실질적 지배'의 관점에서 정의하는 방안이다.[11] 이 경우 여러 방안을 생각해볼 수 있으나, 미국 은행지주회사법(Bank Holding Company Act)에 따른 '지배'(control)의 개념을 원용하는 방안을 고려해볼 수 있다.[12] 즉 ① 다른 회사의 의결권 있는 지분증권 25%를 초과하여 소유하는 경우이거나[13] ② 다른 회사의 이사 과반수를 선임할 수 있는 권한을 행사할 수 있는 등 당해 회사의 경영에 직접적 또는 간접적으로 지배적인 영향력을 행사할 수 있는 경우를 생각해볼 수 있다. 이렇게 되면 다른 회사의 의결권 있는 지분증권을 25% 이하로 보유하고 있더라도 경영에 실질적 영향력을 행사하게 되면 자회사로 포섭하게 되어 자회사에 대한 경영평가 및 관리 등 여러 규제를 할 수 있는 장점이 있다.[14] 다만 이렇게 상향 조정을 하는 경우 개별 자회사에 대한 투자 한도가 높아진다는 점을 고려하여 은행 자체적으로 위험 관리 능력을 제고시키기 위한 방안을 강구할 필요는 있다.

Ⅱ. 자회사의 유형

은행의 자회사 유형에는 금융업종 회사인 '금융자회사'와 비금융업종 회사인 '비금융자회사'가 있다.

가 된다. 이는 「금융지주회사법」에서도 일단 자회사를 두게 되면 50%(비상장 자회사의 경우) 또는 30%(상장 자회사의 경우) 이상 소유하여야 하고, 그렇지 않은 경우에는 5%까지만 소유할 수 있게 하는 것(즉 5% 초과하면서 30% 또는 50%까지는 소유할 수 없게 하는 것)(「금융지주회사법」 제44조)과 같은 것이라고 볼 수 있다. 한편 비금융회사의 경우에는 현행처럼 15% 기준을 적용하여 15% 초과하여 소유하고 있으면 자회사로 보는 것(물론 실질적 지배 개념도 적용될 것이다)을 대안으로 고려해 볼 수 있다. 비금융자회사의 경우는 기업 구조 조정 등의 아주 제한적인 목적에 한해서만 자회사를 허용하는 것이므로 금융자회사와 차별을 두는 것이다.

11) 진홍수(2006), 157면도 자회사의 개념을 은행이 실질적으로 지배(지배·종속관계 형성)하는 회사로 변경할 것을 주장하고 있다.

12) 12 U.S.C. §1841(a)(1). 또한 연방인가은행(national banks)의 자회사(financial subsidiary) 판단 기준도 이러한 지배(control) 기준을 적용하고 있다(Financial Services Modernization Act (Gramm−Leach−Bliley Act), §121(a)(1)).

13) 자회사 기준은 경영에 영향력을 행사하는 기준이 되어야 하기 때문에 의결권 있는 지분증권을 포함한 것이다.

14) 물론 이에 대해서는 실질적 지배의 개념을 도입함으로써 실질적 지배의 기준을 구체적으로 제시하는 것이 어려워 규제의 투명성이 떨어지고, 은행으로서는 예측가능성이 줄어들게 되며, 금융감독당국의 자의성이 개입될 수 있는 소지가 있을 수 있는 문제점은 있을 수 있지만, 가능한 실질적 지배의 기준을 구체적으로 제시한다면 이런 문제는 해소할 수 있을 것이다.

1. 금융자회사

(1) 금융자회사의 범위

1) 금융자회사 업종

금융자회사는 은행이 의결권 있는 지분증권의 15%를 초과하여 소유하고 있는 금융업종 회사를 말한다(법 제37조 제2항). 금융업종 자회사의 유형은 「은행업감독규정」 제49조가 규정하고 있는데, 은행, 증권회사, 보험회사, 신탁회사, 상호저축은행, 자산운용회사, 신용카드회사, 신용정보회사, 외국 금융기관 등이 해당된다.[15)]

---

15) 제49조(자회사등의 업종) 법 제37조 제2항에서 정하는 "금융위원회가 정하는 업종"이라 함은 다음 각 호의 어느 하나에 해당하는 업종을 말한다.
 1. 「은행법」에 따른 은행업
 2. 「자본시장과 금융투자업에 관한 법률」에 따른 다음 각 목의 어느 하나에 해당하는 업종
  가. 금융투자업
  나. 종합금융회사의 업무
  다. 집합투자기구업무
  라. 일반사무관리회사업무
  마. 기관전용 사모집합투자기구의 지분소유를 목적으로 하는 회사의 업무
 2의2. 사모(私募)의 방법으로 금전등을 모아 운용·배분하는 것으로서 「자본시장과 금융투자업에 관한 법률」 제6조 제5항 제1호에 해당하는 업무
 3. 「보험업법」에 의한 보험업
 4. 「상호저축은행법」에 의한 상호저축은행업무
 5. 「여신전문금융업법」에 의한 여신전문금융업
 6. 「신용정보의 이용 및 보호에 관한 법률」에 따른 다음 각목의 어느 하나에 해당하는 업종
  가. 신용정보업
  나. 본인신용정보관리업
  다. 채권추심업
 7. 은행업무의 수행과 직접 관련된 금융연구업 및 다음 각 목의 어느 하나(해당 업무 수행과 관련된 매출액 또는 운영비용이 각각 총매출액 또는 총운영비용의 100분의 70 이상인 경우에 한한다)에 해당하는 금융전산업
  가. 은행업무 관련 자료를 처리·전송하는 프로그램을 제공하고 이를 관리하는 업무
  나. 은행업무 관련 전산시스템을 판매 또는 임대하는 업무
  다. 은행업무 관련 자료를 중계·처리하는 부가통신 업무
  라. 인터넷을 통해 지급결제서비스를 제공하는 업무
 8. 팩토링업
 9. 「자산유동화에 관한 법률」에 의한 유동화전문회사업무 및 자산관리업무
 10. 주택저당채권유동화회사법에 의한 주택저당채권유동화회사업무
 11. 「사회기반시설에 대한 민간투자법」 제8조의2에 따라 주무관청에 의하여 지정을 받은 민간투자대상사업(법인세법 제51조의2 제1항 제9호에 해당하는 회사를 통하여 영위하는 경우에 한한다)
 12. 은행의 자기자본 조달업무(해당 은행의 자기자본 조달만을 목적으로 설립되고, 의결권 있는 발행주식 또는 지분총수를 소유한 경우에 한한다)
 13. 제1호부터 제12호에 준하는 것으로서 국외현지법인이 해당 국가에서 영위하는 업종
 13의2. 국외현지법인이 해당 국가에서 영위하는 은행지주회사 업무 또는 이에 준하는 업무
 14. 그 밖에 제1호부터 제12호에 준하는 것으로 금융위가 인정하는 업무

2) 승인 여부

「은행법」 제37조 제2항의 해석상 은행이 금융자회사를 두는 경우에는 「은행법」에 따른 별도의 승인은 필요 없다. 다만 자회사에 출자한 때 금융감독당국에 사후 보고를 하면 된다(법 제47조 제7호). 그리고, 아래 논의하는 것처럼, 국외 금융자회사를 두는 경우에는 일정한 사유에 해당하면 금융감독당국에 사전 신고해야 하며(법 제13조 제2항), 그렇지 않은 경우에는 금융감독당국에 사후 보고만 하면 된다(법 제47조 제4호).

한편 제6장 제4절(구조개선법에 따른 승인)에서 논의하는 바와 같이 비록 「은행법」상으로는 금융자회사 출자에 대한 금융감독당국의 승인이 필요 없지만, 구조개선법 제24조에 의거하여 구조개선법에 따른 승인이 필요한 경우도 있을 수 있으므로 검토가 필요하다.

3) 간주 금융자회사

특히 자본시장법에 따른 기관전용 사모집합투자기구, 「벤처투자 촉진에 관한 법률」에 따른 벤처투자조합 또는 「여신전문금융업법」에 따른 신기술사업투자조합의 경우, 은행이 (i) 이러한 기관전용 사모집합투자기구, 벤처투자조합 또는 신기술사업투자조합의 업무집행사원 또는 무한책임사원이 되거나 (ii) 유한책임사원으로서 기관전용 사모집합투자기구, 벤처투자조합 또는 신기술사업투자조합의 출자총액의 30%를 초과하여 지분을 보유하면 자회사로 간주하고 있다(「은행업감독규정」 제49조의2). 즉, 「은행법」 제37조에 따르면, 원칙적으로 은행이 기관전용 사모집합투자기구, 벤처투자조합 또는 신기술사업투자조합의 의결권 있는 출자지분의 15%를 초과하여 소유하여야 자회사가 되는데(즉 의결권을 행사할 수 있는 사원(업무집행권이 있는 사원 등)으로서 출자총액의 15%를 초과하여 출자지분을 소유하고 있어야 하는데), 그렇지 않더라도 업무집행사원이나 무한책임사원이 되는 경우 또는 유한책임사원으로서 출자총액의 30%를 초과하여 지분을 보유하는 경우에는 특별히 자회사로 보겠다는 취지이다. 그런데 이는 「은행법」 제37조가 규정하고 있는 자회사의 정의 기준에 대한 예외가 되는데, 이러한 예외 사항을 하위 규정인 「은행업감독규정」이 규정하고 있는 것은 문제이므로 「은행법」에 명시적으로 규정하는 것이 바람직하다.

4) 자은행도 포함

금융업종 자회사의 범위에는 자은행도 포함되므로 자은행에 대하여 따로 규정하고 있지 않는 한 '자회사'라고 하는 경우에는 자은행도 포함하는 것으로 이해하여야 할 것이다.

(2) 국외 금융자회사 신설 시 신고제

1) 의의

「은행법」에 따르면, 은행이 외국에 자회사(즉 현지법인)나 지점을 "신설"하고자 하는 경우에는 사전에 "신설 계획"을 수립하여야 하고, 출자 규모가 큰 경우 등 일정한 사유에 해당하는 경우에는 그 계획을 미리 금융감독당국에 신고해야 한다(제13조 제1항, 제2항). 신고 대상은 금융업종 자회사에 한정한다고 보아야 한다. 「은행법」 제37조 제2항에 따르면, 금융자회사를 두는 경우에는 금융감독당국의 승인이 필요 없지만, 「은행법」 제13조에 따라 국외 금융자회사를 두려고 하는 경우에는 별도의 신고를 하도록 하고 있기 때문이다. 물론 신고 요건에 해당하지 않는 경우에는 신고 없이도 국외 금융자회사를 설립할 수 있고, 금융감독당국에 사후 보고만 하면 된다(법 제47조 제4호). 다만 「은행법」에 따라 신고를 하거나 신고 없이도 외국 금융자회사를 설립할 수 있다고 하더라도, 뒤에서 논의하는 것처럼, 구조개선법에 따라 승인을 얻어야 하는지는 추가적인 검토가 필요하다.

그리고 은행이 비금융업종 국외 자회사를 둘 수 있는지에 대해서는 논란이 있을 수 있지만 특별히 금지하고 있지 않으므로 여전히 「은행법」 제37조 제2항에 따라 기업 구조 조정 촉진 목적으로 금융감독당국의 승인이 있으면 가능하다고 보아야 할 것이다.

한편 기존 외국회사를 인수하거나 합병하여 현지법인화 하는 경우에도 현지법인을 설립할 때와 마찬가지로 보아 신고 대상으로 보아야 하는가? 「은행법」 제13조는 "신설"이라고 규정하고 있기 때문이다. '신설'이라는 의미가 새로 설립하는 것뿐만 아니라 기존 회사의 인수나 합병까지 포함할 수 있는지의 문제이다. 그런데 현지법인을 새로 설립하는 것이나 기존 외국회사의 주식을 인수하거나 합병하여 현지법인화 하는 것을 굳이 구분할 이유가 없다는 점에서 기존 외국회사의 인수 및 합병까지 포함하는 것으로 보는 것이 타당하다. 이는 신고 대상 요건을 규정하고 있는 「은행법 시행령」 제3조의3 제2호가 "출자 또는 인수·합병의 방법으로 국외 현지법인을 설립하려는 경우"라고 규정하고 있다는 점에서도 확인할 수 있다. 그러나 외국회사의 인수 및 합병까지 포함하도록 하는 문구 수정이 필요하다.

2) 신고 대상 요건

신고 대상 요건은 「은행법 시행령」이 자세히 규정하고 있다. 「은행법」 제13조 제2항은 다음과 같은 사항을 고려하여 「은행법 시행령」이 정하는 경우에는 금융감독당국에 신고하도록 하고 있는데, "① 해당 은행과 그 국외 현지법인의 경영 건전성, ② 해당 은행의 국외 현지법인의 진출 방식, ③ 해당 은행의 국외 현지법인의 업무 범위, ④ 해당 은행의 국외 현지법인이 소재할 국가의 특성"이다.

「은행법 시행령」이 규정하고 있는 신고 대상 요건은 다음과 같다. 개별 국외 현지법인에 대한 투자액이 은행 자기자본의 1%를 초과하는 경우로서 다음 ①에서 ⑤까지의 어느 하나에 해당하는 경우이다(시행령 제3조의3 제1항 본문).

① 해당 은행이 다음의 어느 하나에 해당하는 경우(제1호)

(i) 해당 은행의 전 분기 말 현재 국제결제은행(BIS)의 기준에 따른 위험가중자산에 대한

자기자본 비율이 금융위원회가 정하여 고시하는 기준 이하인 경우
(ii) 해당 은행에 대한 경영건전성을 평가한 결과가 금융위원회가 정하여 고시하는 기준 이하인 경우

② 금융위원회가 해당 은행의 자기자본 등을 고려하여 고시(告示)하는 규모를 초과하는 법인으로서 다음 어느 하나에 해당하는 법인에 대하여 출자 또는 인수·합병의 방법으로 국외현지법인을 설립하려는 경우(제2호)
(i) 금융위원회가 정하여 고시하는 투자적격 이하인 법인
(ii) 해당 법인의 경영건전성을 평가한 결과가 금융위원회가 정하여 고시하는 기준에 미치지 못하는 법인

③ 국외현지법인이 다음 업무 외의 업무를 수행할 예정인 경우(제3호)
(i) 「은행법」 제27조에 따른 은행 업무
(ii) 「은행법」 제27조의2에 따른 부수 업무
(iii) 「은행법」 제28조에 따른 겸영 업무

④ 국외현지법인이 있는 국가가 다음 어느 하나에 해당하는 국가인 경우(제4호)
(i) 금융위원회가 정하여 고시하는 투자적격 이하인 국가
(ii) 대한민국과 수교하지 아니한 국가

⑤ 그 밖에 금융위원회가 정하여 고시하는 경우(제5호)

3) 신고 내용에 대한 변경 및 제한 명령

금융감독당국은 "신고 받은 내용이 은행의 경영건전성 및 금융시장의 안정성을 해칠 우려가 있는 경우 신설 계획의 보완, 변경 및 제한"을 명령할 수 있다(법 제13조 제3항). 신고 내용에 대한 심사 권한을 금융감독당국에게 부여하고 있어서 단순한 신고라고 보기는 어렵다. "제한"이라는 의미는 신설을 허용하지 않는 것까지 포함하는 것으로 이해할 수 있기 때문에 금융감독당국의 판단이 중요하고 그 권한을 남용을 하면 안 될 것이다.

2. 비금융자회사

비금융자회사는 은행이 기업 구조 조정 촉진 목적으로 금융감독당국의 승인을 얻어 의결권 있는 지분증권의 15%를 초과하여 소유하고 있는 비금융업종 자회사를 말한다(법 제37조 제2항). 비금융자회사의 범위는 「은행업감독규정」 제49조가 규정하고 있는 금융업종 회사가 아닌 회사를 말한다(감독규정 제51조 제1항). 「은행법」에 따라 금융감독당국의 승인을 얻어야 하는 점이 금융자회사의 경우 승인이 필요 없는 것과 다르다.

한편 금융감독당국의 승인을 얻어서 15%를 초과하여 소유하고 있는 상태에서 추가로 의결권 있는 지분증권을 취득하는 경우에도 승인을 얻어야 하는가? 이에 대해 「은행업감독규정」

은 명시적으로 추가 승인을 얻어야 한다고 규정하고 있다(제51조 제1항 본문). 그리고 의결권 있는 지분증권을 추가로 취득하지 아니하였음에도 불구하고 의결권 있는 지분증권 수(數)의 변동 등의 사유로 인하여 15% 한도를 초과하게 된 경우에는 어떻게 되는가? 「은행업감독규정」은 이러한 경우에는 사유 발생일로부터 15일 이내에 승인을 신청해야 한다고 하고 있다(제51조 제1항 단서).

Ⅲ. 자회사 관련 쟁점

1. 「은행법」상 손자회사와 증손회사를 둘 수 있는지 여부

「은행법」은 은행의 자회사 정의 조항을 두고 있지만, 은행이 손자(孫子)회사 및 증손(曾孫)회사를 둘 수 있는 있는지에 대한 명시적인 규정을 두고 있지 않아 논란이 제기될 수 있다. 물론, 뒤에서 보는 것처럼, 자회사의 하나인 자은행의 범위에 손자은행을 포함하고 있어(법 제37조 제5항) 손자은행을 둘 수 있는 것은 확실한데, 이외의 손자회사 및 증손회사를 둘 수 있는지에 대한 검토가 필요하다.

「은행법」은 은행이 손자회사 및 증손회사를 두는 것을 특별히 금지하고 있지 않으므로 가능하다고 볼 수 있다. 다만 자회사가 금융업종 회사의 경우에는 해당 금융자회사에 적용되는 법률이 그 자회사나 손자회사를 두는 것을 허용하고 있는지 살펴볼 필요가 있다. 예를 들어, 은행이 보험회사를 자회사로 두고 있는 경우 보험회사 설립 근거 법률인 「보험업법」을 살펴볼 필요가 있는데, 「보험업법」은 보험회사가 자회사를 두는 것을 허용하고 있으므로(제2조 제18호, 제115조 제2항), 은행은 보험회사의 자회사인 손자회사를 둘 수 있다고 할 수 있다. 비금융업종 회사를 자회사로 두는 경우도 마찬가지이다. 비금융업종 회사에 적용되는 법률이 특별히 그 자회사나 손자회사를 두는 것을 금지하지 않는 한 은행의 비금융업종 자회사는 그 자회사나 손자회사를 둘 수 있을 것이다.

2. 금융지주회사의 손자회사와 은행 금융자회사의 범위 비교

(1) 서설

국내 은행은 대부분 금융지주회사의 자회사이다. 따라서 금융지주회사 및 그 자회사에 적용되는 「금융지주회사법」도 살펴볼 필요가 있다. 특히 금융지주회사의 자회사인 은행이 둘 수 있는 금융지주회사의 손자회사(즉 자회사인 은행의 자회사)의 범위에 대해 검토할 필요가 있다. 「금융지주회사법」은 금융지주회사의 손자회사 업종(業種)을 제한하고 있으며, 증손회사도 아주 제한적인 업종을 허용하고 있고, 고손(高孫)회사도 원칙적으로 둘 수 없도록 하고 있다(제19조 제1항). 이는 금융지주회사가 자회사 외에 손자회사와 증손회사를 무분별하게 두게 되면 금융지주회사 체제를 이용한 문어발식 확장이 될 수 있어서 이를 막기 위한 조치로 볼 수 있다.

(2) 금융지주회사의 손자회사 범위

「금융지주회사법」에 따른 자회사인 은행이 둘 수 있는 금융지주회사의 손자회사(즉 자회사인 은행의 자회사이다) 범위를 살펴보면 다음과 같다. ① 외국에서 설립된 금융기관,[16] ② 자회사인 은행이 영위할 수 있는 업무 중 법령에 의한 인가·허가 등을 요하지 아니하는 업무를 영위하는 금융기관, ③ 신용정보법에 따른 신용정보업자, 「여신전문금융업법」에 따른 신용카드업자, 자본시장법에 따른 신탁업자, 장내파생상품만 취급하는 투자매매업자·투자중개업자, 투자문업자, 투자일임업자 및 집합투자업자, ④ 금융기관에 대한 전산·정보처리 등의 용역 제공 회사, ⑤ 금융기관이 보유한 부동산 기타 자산의 관리 회사, ⑥ 금융업과 관련된 조사·연구 회사, ⑦ 자본시장법에 따라 설립된 기관전용 사모집합투자기구의 재산 운용 등 그 업무집행사원이 행하는 업무 영위 회사에 한정되어 있다(시행령 제15조 제1항, 제2항, 제2조 제2항). 이렇게 「금융지주회사법」에 따라 금융지주회사가 둘 수 있는 손자회사의 범위를 제한하고 있는 이유는 금융지주회사법령상 손자회사로서 허용되는 금융업종 이외의 다른 금융업종에 속하는 금융기관을 금융지주회사가 소유하려고 하는 경우에는 손자회사가 아닌 직접 자회사로 두게 하도록 하는 취지로 이해된다.

(3) 은행 금융자회사의 범위와 비교

이렇게 금융지주회사의 자회사인 은행이 둘 수 있는 금융지주회사의 손자회사(즉 은행의 자회사)의 범위는 「은행법」에 따라 은행이 금융자회사로 둘 수 있는 금융업종 회사보다 좁다는 것을 알 수 있다. 예를 들어, 은행의 금융업종 자회사 범위를 규정하고 있는 「은행업감독규정」 제49조는 보험회사, 상호저축은행, 본인신용정보관리업자, 영업채권매입업자(factor) 등을 은행의 금융자회사로 둘 수 있도록 허용되어 있는 반면에, 그러한 회사는 「금융지주회사법」에 따른 금융지주회사의 자회사인 은행이 둘 수 있는 금융지주회사의 손자회사 범위에는 제외되어 있다.

그렇다면 금융지주회사의 자회사인 은행은 「은행법」이 허용하고 있는 보험회사, 상호저축은행, 본인신용정보관리업자, 영업채권매입업자 등을 그 자회사(즉 금융지주회사의 손자회사)를 둘 수 없는가? 검토해보면, 금융지주회사의 자회사인 은행은 「금융지주회사법」의 적용도 받아야 한다고 보아야 하므로 비록 「은행법」이 허용하는 금융자회사라 할지라도 「금융지주회사법」

16) 금융지주회사법에 따른 '금융기관'은 "금융업을 영위하는 회사"를 말하는데(제2조 제1항 제1호), '금융업'은 "「통계법」 제22조 제1항의 규정에 의하여 통계청장이 고시하는 한국표준산업분류에 의한 금융 및 보험업"을 말한다(시행령 제2조 제1항). 그 범위가 상당히 넓다. 일반적으로 알고 있는 제도권 금융기관(즉 인가나 허가를 받거나 등록을 한 금융기관) 이외에도 일반 투자회사나 전당포 등이 포함된다.

이 허용하지 않은 회사를 은행의 자회사로 둘 수 없다고 보아야 할 것이다. 따라서 금융지주회사 산하에 있는 은행과 그렇지 않은 은행 사이에 규제의 차이가 발생하게 된다. 입법론적 해결이 필요한데, 금융지주회사 산하 자회사 은행도 그렇지 않은 은행과 동일하게 금융업종 자회사를 둘 수 있도록 일치시킬 필요가 있다.

제3절

자회사 및 자은행 규제

Ⅰ. 자회사 규제

1. 자회사에 대한 총출자액 한도 규제

(1) 서설

은행이 자회사를 소유하고자 하는 경우에는 은행법령에 따른 출자액 한도 규제가 적용된다. 즉 아무런 제한 없이 무한정 자회사의 지분증권을 소유할 수는 없다. 이에 대해 은행법령은 크게 2가지 한도 규제를 규정하고 있다.

(2) 원칙: 자회사에 대한 총출자액 한도는 자기자본의 20%

첫째는 **모든 자회사**(즉 자은행도 포함한 금융자회사, 그리고 비금융자회사를 말한다)**에 대한 출자총합계액은 당해 은행 자기자본**[17]**의 20% 범위 내**에서 시행령으로 정하는 비율 이내이어야 하는데, 시행령은 20%로 규정하고 있다(법 제37조 제2항 제1호, 시행령 제21조 제1항). 이 경우는 아래 두 번째 경우와 달리 당해 은행이나 금융자회사에 요구되는 경영실태 평가 등급 요건 등이 적용되지 않는다.

17) '자기자본'이라 함은 "국제결제은행(BIS) 기준에 따른 기본자본과 보완자본의 합계액"을 말한다(「은행법」 제2조 제1항 제5호). '기본자본'(core capital)은 ① "보통주 발행으로 인한 자본금·자본잉여금, 이익잉여금 등 은행의 손실을 가장 먼저 보전(補塡)할 수 있는 것"과 ② "영구적 성격을 지닌 자본증권의 발행으로 인한 자본금·자본잉여금 등으로서 은행의 손실을 ①의 기본자본 다음의 순위로 보전할 수 있는 것"을 말하며, '보완자본'(supplementary capital)은 기본자본에 준하는 성격의 자본으로서 후순위채무(subordinated debts) 등 은행의 청산 시 손실을 보전할 수 있는 것을 말한다(「은행법 시행령」 제1조의2).

(3) 예외: 자산건전성이 양호한 은행의 경우는 자기자본의 30%

둘째는 다음과 같은 일정한 요건을 충족하는 경우에는 모든 자회사에 대한 출자 총합계액이 당해 은행 자기자본의 40% 범위 내에서 시행령으로 정하는 비율에 해당하는 금액까지 출자할 수 있는데, 시행령은 30%로 규정하고 있다(법 제37조 제2항 제1호, 시행령 제21조 제4항). 여기서 출자총액을 산정할 때는 원본(元本) 보전(補塡)의 약정이 있는 신탁계정에서의 출자액은 포함하되, 법령에 따라 출자하는 금액과 구조 조정 등에 드는 금액으로서 금융위원회가 인정하는 금액은 제외한다(시행령 제21조 제3항).

일정한 요건은 ① 당해 은행의 경영실태 평가 결과가 1등급 또는 2등급이면서, 「은행업감독규정」 제26조 제1호의 경영지도비율(보통주 자본비율이 4.5% 이상, 기본자본비율이 6% 이상, 총자본비율이 8% 이상)과 제2호의 경영지도비율(향후 30일 동안 순현금유출액에 대한 고유동성자산의 비율이 100% 이상(외국은행 국내지점의 경우 60% 이상))을 유지하고 있을 것과 ② 당해 은행이 이미 출자한 금융자회사(비금융자회사는 적용되지 않는다)의 최근 경영실태 평가 결과가 1등급부터 3등급까지일 것이다(법 제37조 제2항 제2호, 시행령 제21조 제2항, 감독규정 제50조 제1항).

은행이 자회사로부터 준비금 또는 재평가적립금의 자본 전입에 따라 발행된 주식을 교부받는 경우나 이익배당을 주식으로 받는 경우에는 위의 ① 및 ②의 요건을 충족한 것으로 본다(감독규정 제50조 제2항). 또한 은행이 비금융회사를 자회사로 두는 경우에는 그러한 은행이 위험가중자산에 대한 자기자본비율이 8% 이상이거나 그러한 비율이 8% 미만이면서 「은행업감독규정」 제39조 제2항에 따라 경영개선계획의 승인을 받은 때에는 위의 ① 및 ②의 요건을 충족한 것으로 본다(감독규정 제51조 제2항).

두 번째 요건을 살펴보면, 해당 은행의 자산건전성이 양호하고 경영실태 평가 등급이 좋은 경우에는 그만큼 자회사 출자 총액 한도를 늘려주고 있다는 것을 알 수 있다.

2. 자회사에 대한 관리 및 경영실태 평가

은행은 자회사의 영업 성과와 재무 상태에 대한 경영평가를 매년 실시하는 등 자회사 업무를 적절히 지도하여 경영의 건전성을 유지하여야 한다(감독업무시행세칙 제34조). 금융감독원은 금융자회사에 대하여 경영실태 평가를 하는 등(비금융자회사는 평가 대상에서 제외된다)(감독규정 제50조 제3항, 감독업무시행세칙 제33조, [별표 13]) 자회사에 대한 관리를 하고 있다. 금융자회사의 경영실태평가 결과는 1등급(우수), 2등급(양호), 3등급(보통), 4등급(취약), 5등급(위험)의 5단계 등급으로 구분하며, 평가등급 산정을 위한 구체적인 사항은 금융감독원장이 정한다(감독규정 제50조 제3항).

3. 은행과 자회사 사이 거래 규제

은행과 자회사는 이해관계의 충돌 가능성이 많고, 관계회사 사이의 부당 지원에 따른 공정성 훼손 가능성이 있기 때문에 「은행법」은 은행의 자회사와 거래에 대하여 여러 규제를 가하고 있다. 여기서 자회사의 범위에는 자은행을 포함하는 것으로 보아야 할 것이다. 「은행법」이 자회사와 거래 규제에 관해 특별히 자은행을 배제하고 있지 않기 때문이다(법 제37조 제3항).

(1) 자회사에 대한 신용공여 제한

1) 의의

은행은 당해 자회사에 대한 신용공여[18]에 있어서 한도 제한을 받는다. 즉 **은행은 원칙적으로 자회사 각각에 대하여는 당해 은행 자기자본의 10%, 자회사 전체에 대하여는 당해 은행 자기자본의 20%를 초과하여 신용공여를 할 수 없다**(법 제37조 제3항 제1호, 시행령 제21조 제5항). 다만 ① 은행 이사회에서 합병하기로 결의한 자회사에 대한 신용공여를 하는 것이 불가피한 경우나 ② 은행 공동으로 경영 정상화를 추진 중인 자회사에 대하여 신용공여를 하기로 합의한 경우에는 위의 한도를 초과하여 신용공여를 할 수 있다(법 제37조 제3항 제1호, 시행령 제21조 제6항).

2) 추가적인 신용공여 없이 한도 초과 시 조치 의무

은행이 추가적인 신용공여를 하지 아니하였음에도 불구하고 일정한 사유에 해당하여 위의 10%, 20% 한도를 각각 초과하게 된 때에는 이를 적합하게 하기 위한 계획을 사유 발생일로부터 1개월 이내에 금융감독당국에 제출해야 한다(시행령 제21조 제7항). 그러한 사유는 "① 환율 변동에 따른 원화 환산액의 증가, ② 해당 은행의 자기자본 감소, ③ 자회사 사이의 합병 또는 영업의 양도·양수, ④ 지급보증대지급금 발생, ⑤ 금리 상승에 따른 사채지급보증액 증가, ⑥ 은행 재무상태표 계정과목의 변경, ⑦ 신용공여의 범위 변경, ⑧ 비금융회사의 의결권 있는 지분증권의 15%를 초과하는 지분증권을 소유하게 되는 경우"를 말한다(시행령 제21조 제7항, 감독규정 제52조 제2항).

3) 은행의 대주주 신용공여 한도 적용 여부

자회사에 대한 신용공여 규제와 관련하여, 은행의 대주주에 대한 신용공여 한도를 규정하고 있는 「은행법」 제35조의2가 자회사에 대해서도 추가적으로 적용되는지에 대하여 논란이 있을 수 있다. 즉 「은행법」 제35조의2는 대주주(법 제2조 제1항 제10호) 및 그 대주주의 특수관계

18) '신용공여'라 함은 "대출, 지급보증 및 유가증권의 매입(자금지원적 성격의 것에 한한다) 그 밖의 금융거래상의 신용위험을 수반하는 은행의 직접적·간접적 거래"를 말한다(「은행법」 제2조 제1항 제7호). 구체적인 신용공여의 범위는 「은행법 시행령」 제1조의3, 「은행업감독규정」 제3조 및 [별표 2]에 규정되어 있다.

인(시행령 제1조의4)[19]에게 할 수 있는 신용공여의 금액을 제한하고 있는데, 은행의 자회사가 특수관계인의 범위에 포함되는 경우 은행의 자회사에 대한 신용공여도 「은행법」 제35조의2가 적용되어야 하는지에 대한 문제이다.

검토해보면, 자회사에 대한 신용공여 제한은 자회사에 대한 신용공여에 대하여 별도로 규정하고 있는 「은행법」 제37조 제3항을 적용하면 충분하고, ① 「은행법」 제35조의2의 취지가 이러한 자회사에 대한 신용공여 제한까지 포섭하려는 것으로 보기가 어려운 점과 ② 은행에 대주주가 있는지 여부에 따라 자회사에 대한 거래가 달리 규제되는 문제점 등을 고려할 때, 형식적으로는 적용 가능하다고 볼 수도 있지만, 「은행법」 제35조의2를 은행의 자회사에 대한 신용공여까지 적용하는 것은 합리적인 해석은 아니라고 본다.

(2) 자회사의 지분증권을 담보로 한 신용공여 등의 금지

은행은 자회사 지분증권을 담보로 하는 신용공여와 자회사의 지분증권을 매입시키기 위한 신용공여를 해서는 아니 된다(법 제37조 제3항 제2호).

(3) 자회사의 임직원에 대한 대출 제한

은행은 금융감독당국이 정하는 소액대출을 제외하고는 자회사의 임직원에 대하여 대출을 해서는 안 된다(법 제37조 제3항 제3호). 이는 자회사의 임직원은 은행의 이해관계자가 되므로 그러한 이해관계를 이용하여 대출을 받는 경우 특혜 대출의 가능성이 있고 대출금 관리에 어려움이 있을 수 있는 가능성을 고려한 것이다

(4) 은행과 자회사의 불공정 거래 행위 등의 규제

은행은 자회사와 거래를 함에 있어서 **'통상의 조건'**(arms-length terms)에 따라야 하며, 다음과 같은 불공정거래 행위를 하는 것이 금지된다. 은행은 자회사와 거래를 할 때 "은행의 건전한 경영을 해치거나 예금자 등 은행이용자의 이익을 해칠 우려가 있는 행위로서 대통령령으로 정하는 행위"가 금지되는데(「은행법」 제37조 제3항 제4호), 그러한 행위는 다음과 같다.

즉 은행이 "① 정당한 사유 없이 자회사가 부담하여야 할 경비를 부담하는 행위, ② 업무상 알게 된 은행이용자에 대한 정보를 은행이용자의 동의 없이 자회사에 제공하거나 자회사로부터 제공받는 행위(다만 법령에 따라 제공하거나 제공받는 경우는 제외한다), ③ 그 밖에 정당한 사유 없이 자회사를 우대하는 행위로서 금융위원회가 정하여 고시하는 행위"가 해당된다(시행령 제21조 8항). 금융위원회가 정하여 고시하는 행위는 "① 정당한 사유 없이 자회사를 우대하는

19) 「은행법 시행령」 제1조의4는 특수관계인의 범위로서 공정거래법에 따른 기업집단에 속하는 회사 등을 규정하고 있다.

행위, ② 자회사 경영의 독립성 및 건전성을 침해하는 행위, ③ 자회사 또는 은행이용자에게 이익상충의 우려가 있는 거래를 하도록 영향력을 행사하는 행위"이다(감독규정 제52조 제3항).

금융감독당국은 은행의 건전 경영을 위하여 필요한 최소한의 범위 내에서 은행과 자회사와의 거래를 제한하는 등 필요한 조치를 취할 수 있다(감독규정 제52조 제5항).

Ⅱ. 자은행 규제

「은행법」은 은행을 자은행으로 둘 수 있도록 허용하면서 특별히 자은행과 거래 규제를 더 강화하고 있다. 그 이유는 동일 업종을 영위하는 기관이므로 다른 금융자회사에 비해 모은행과 이해상충의 문제가 더 클 수 있기 때문이다.

1. 자은행의 정의

(1) 의의

은행이 다른 은행의 의결권 있는 발행 주식 15%를 초과하여 소유하고 있는 경우 그 다른 은행을 자(子)은행이라고 하며, 당해 은행을 **모(母)은행**이라고 한다(법 제37조 제5항 전단). 또한 모은행과 자은행이 합하여 자은행이 아닌 다른 은행의 의결권 있는 발행 주식 총수의 15%를 초과하여 주식을 소유하는 경우 그 다른 은행은 당해 모은행의 자은행으로 "본다"라는 간주 규정을 두고 있다(법 제37조 제5항 후단). 즉 **손자은행도 자은행의 범위에 포함**된다. 예를 들어, 모은행이 다른 은행의 의결권 있는 주식 1%를 갖고 있고, 자은행이 그 다른 은행의 의결권 있는 주식 15%를 갖고 있으면 그 다른 은행은 모은행의 자은행이 된다. 이는 「상법」 제342조의2 제3항[20]에 규정된 자회사 정의와 유사하다.

(2) 관련 쟁점

그런데 모은행이 다른 은행의 의결권 있는 주식을 갖고 있지 않은데, 자은행이 다른 은행의 의결권 있는 주식 16%를 갖고 있으면, 그 다른 은행은 모은행의 자은행이 될 수 있는가? "합하여"라는 의미에 모은행과 자은행 어느 당사자가 적어도 1주 이상의 주식을 갖고 있어야 한다는 의미로 이해한다면 이 경우는 다른 은행은 모은행의 자은행이 될 수 없다고 볼 여지도 있지만, 그렇게 해석할 필요는 없다고 본다. 즉 모은행이 전혀 주식을 보유하지 않은 상태에서 자은행이 다른 은행의 의결권 있는 주식 15%를 초과해서 보유하면 그 다른 은행은 모은행의

20) 「상법」 제342조의2(자회사에 의한 모회사주식의 취득) ③ 다른 회사의 발행주식의 총수의 100분의 50을 초과하는 주식을 모회사 및 자회사 또는 자회사가 가지고 있는 경우 그 다른 회사는 이 법의 적용에 있어 그 모회사의 자회사로 본다.

자은행으로 보는 것이 보다 합리적인 해석이다. 그러나 「상법」 제342조의2 제3항과 같이 자은행이 단독으로 다른 은행의 의결권 있는 주식 15%를 초과하여 보유하는 경우에도 그 다른 은행을 모은행의 자은행으로 본다는 문구를 추가하는 것이 바람직하다.

2. 자은행 설립 시 한도 초과 보유에 대한 금융감독당국의 승인 문제

(1) 서설

「은행법」 제37조 제2항에 따르면, 은행이 금융자회사를 두는 경우에는 별도의 금융감독당국 승인이 필요 없다. 그런데 「은행법」 제15조는 은행의 의결권 있는 주식을 일정한 한도를 초과하여 보유하고자 하는 자는 일정한 요건을 충족하여 금융감독당국으로부터 승인을 얻도록 하고 있다.[21] 즉 금융주력자인 동일인은 전국은행의 의결권 있는 발행 주식 총수의 10%를 초과해서 보유하고자 하는 경우 또는 지방은행의 의결권 있는 발행 주식 총수 15%를 초과하여 보유하고자 하는 경우에는 원칙적으로 일정한 요건을 충족하여 금융감독당국의 승인을 얻어야 한다(「은행법」 제15조 제1항, 제3항). 은행은 당연히 금융주력자인 동일인에 포함된다.

(2) 「은행법」 제15조에 따른 별도의 승인 필요

그러면 은행이 금융자회사에 포함되는 자은행을 두는 경우(즉 새로 설립하거나 기존 은행을 인수하는 경우를 다 포함한다) 「은행법」 제15조에 따라 금융감독당국의 승인을 얻어야 하는가? 여기에 대해서는 금융자회사의 경우 「은행법」 제37조에 따라 별도의 금융감독당국 승인을 받을 필요가 없으므로 금융자회사에 속하는 자은행의 경우도 금융감독당국의 별도 승인이 필요 없다고 볼 수도 있으나, 그렇게 볼 것은 아니다.

「은행법」 제15조의 해석상 은행이라고 해서 특별히 금융감독당국 승인이 필요 없다고 볼 근거도 없으며, 특히 은행 주식 한도 초과 보유 요건을 규정하고 있는 「은행법 시행령」 및 「은행업감독규정」의 조항을 보더라도 명시적으로 은행에 대한 요건을 규정하고 있는 점(시행령 제5조 및 [별표 1](한도초과보유주주의 초과보유요건),[22] 감독규정 제14조의3 및 [별표 2의8](한도초과보유주주의 초과보유요건)) 등을 고려할 때, 은행이 자은행을 두려고 하는 경우(즉 의결권 있는 주식 15%를 초과해서 보유하고자 하는 경우)에는 「은행법」 제15조에 따른 한도 초과 보유 승인을 얻어야 한다고 보는 것이 타당하다. 따라서 이 경우는 뒤에서 논의하는 것처럼,

---

21) 원칙적으로 금융주력자가 전국은행의 경우 의결권 있는 발행 주식 총수의 10%, 지방은행의 경우 의결권 있는 발행 주식 총수 15%를 초과하여 은행의 주식을 보유하고자 하는 자는 일정한 요건을 충족하여 금융감독당국의 승인을 얻어야 한다(「은행법」 제15조).

22) 「은행법 시행령」 [별표 1](한도초과보유주주의 초과보유요건)을 보면 "한도초과보유주주가 「금융위원회의 설치 등에 관한 법률」 제38조에 따라 금융감독원으로부터 검사를 받는 기관"을 규정하고 있는데, 은행은 제38조에 규정된 금융기관에 해당한다.

구조개선법 제24조 제1항 단서 규정에 의하여 구조개선법에 따른 금융감독당국의 승인은 필요 없게 될 것이다.

3. 자은행의 모은행 및 다른 자은행과 거래 규제

(1) 서설

자은행이 모은행 및 다른 자은행과 행하는 거래에 대해서는 은행과 다른 자회사 사이에 이루어지는 거래보다 더 강화된 제한을 가하고 있다. 이는 자은행과 모은행 및 다른 자은행이 동일 업종인 '은행업'을 영위하고 있다는 점에서 신용공여 거래 등에 있어서 보다 강화된 규제가 적용될 필요성이 있다는 인식에서 나온 것이라고 할 수 있다. 「은행법」이 규제하는 것은 해당 은행이 아닌 자은행이 모은행과 다른 자은행과 거래하는 것에 대한 규제이다. 은행이 자은행과 거래하는 것에 대한 규제는 위에서 살펴본 은행이 자회사와 거래하는 것에 대한 규제에 포함된다.

(2) 자은행의 모은행 및 다른 자은행 주식 소유 제한

자은행은 모은행 및 다른 자은행이 발행한 주식을 원칙적으로 소유할 수 없다(법 제37조 제6항 제1호). 다만 다음과 같은 경우에는 예외적으로 소유할 수 있다. 즉 ① 자은행이 모은행의 새로운 다른 자은행이 발행한 주식을 이미 소유하고 있는 경우, ② 모은행의 새로운 자은행이 그 모은행 또는 그 자은행이 발행한 주식을 이미 소유하고 있는 경우, ③ 「상법」 제342조의2 제1항((i) 주식의 포괄적 교환, 주식의 포괄적 이전, 자은행이 모은행 및 다른 자은행의 주식을 가지고 있는 다른 은행을 흡수합병하거나 영업 전부를 양수하는 경우, 또는 (ii) 자은행의 권리를 실행함에 있어 그 목적을 달성하기 위하여 필요한 경우)에 의하여 자은행이 모은행 및 다른 자은행이 발행한 주식을 소유하는 경우이다(시행령 제21조 제9항). 이러한 예외의 경우에도 계속 소유할 수 있는 것이 아니라 소유한 날로부터 2년 이내에 처분하여야 하는데, 다만 금융감독당국은 자은행이 소유한 주식 규모, 증권시장의 상황 등에 비추어 부득이하다고 인정되는 경우에는 그 기간을 연장할 수 있다(시행령 제21조 제10항).

(3) 자은행의 다른 은행 주식 소유 제한

자은행은 다른 은행의 의결권 있는 발행주식의 15%를 초과하여 주식을 소유할 수 없다(법 제37조 제6항 제2호). 앞서 본 것처럼, 자은행의 범위에 손자은행도 포함되므로 결국 **손자은행이 그 자은행, 즉 모은행의 증손**(曾孫)**은행을 둘 수 없는 것으로** 이해할 수 있다.

(4) 자은행의 모은행 및 다른 자은행에 대한 신용공여 제한

자은행은 일정한 기준을 초과하여 모은행 및 당해 모은행의 다른 자은행에 대하여 신용공여를 할 수 없다(법 제37조 제6항 제3호). 즉 ① **자은행은 모은행에 대하여 신용공여를 할 수 없으며,** ② 자은행은 다른 자은행에 대하여 신용공여를 하고자 하는 경우에는 해당 자은행 자기자본의 10% 이내에서 해야 하며, ③ 자은행이 다른 자은행에 대하여 제공하는 신용공여 총합계액은 해당 자은행 자기자본의 20% 이내이어야 한다(시행령 제21조 제11항 제1호 내지 제3호).

다만 다음과 같은 사유가 발생한 경우에는 그 사유가 발행한 날로부터 2년 이내에 그 기준에 적합하도록 하여야 하며, 자은행의 신용공여 규모 등에 비추어 부득이하다고 인정되는 경우 금융감독당국은 그 기간을 연장할 수 있다(시행령 제21조 제11항 단서, 제21조 제12항). 그러한 사유는 "① 자은행이 모자은행 관계를 형성하기 이전에 이미 모은행에 신용공여를 한 경우, ② 자은행이 모은행의 새로운 자은행에 대하여 이미 다른 자은행의 신용공여 기준인 해당 자은행 자기자본의 10% 및 다른 자은행에 대한 신용공여 총합계액 기준인 해당 자은행 자기자본의 20% 한도를 초과한 경우, ③ 환율 변동에 따른 원화 환산액의 증가, 해당 자은행의 자기자본 감소, 다른 자은행과 합병 또는 영업의 양수, 또는 그 밖에 금융감독당국이 인정하는 불가피한 사유"로 인하여 자은행의 신용공여 기준(모은행에 대한 신용공여 금지, 다른 자은행에 대한 신용공여 한도 기준인 자기자본의 10%, 다른 자은행에 대한 총 신용공여 한도인 자기자본의 20% 기준)에 위반하게 되는 경우이다(시행령 제21조 제12항).

(5) 자은행의 모은행 및 다른 자은행의 주식을 담보로 한 신용공여 금지

"자은행의 건전 경영을 저해하거나 금융거래자의 이익을 침해할 우려가 있는 행위"의 하나로서 **자은행은 모은행 및 다른 자은행이 발행한 주식을 담보로 신용공여를 하는 것이 금지**된다(법 제37조 제6항 제4호, 시행령 제21조 제13항 제1호 전단).[23] 이는 자은행이 모은행이나 다른 자은행의 주식을 담보로 취득하여 신용공여를 해주는 경우, 신용공여를 받은 자가 상환을 하지 못할 때(신용공여를 받은 자가 지급불능이나 파산 등의 경우 등)에는 모은행이나 다른 자은행의 주식을 취득하게 되는데, 이는 자은행이 모은행 및 다른 자은행의 주식을 취득하는 것을 금지하는 조항(법 제37조 제6항 제1호)을 위반하게 되는 문제점이 있기 때문이다.

(6) 자은행의 모은행 및 다른 자은행의 주식을 매입시키기 위한 신용공여 금지

"자은행의 건전 경영을 저해하거나 금융거래자의 이익을 침해할 우려가 있는 행위"의 하

23) "모은행 등이 발행한 주식을 담보로 하거나 …"로 되어 있어서 "신용공여"에 연결되는 것인지 명확하지 않은 점이 있다. " … 주식을 담보로 하는 신용공여나 … "로 문구를 수정하는 것이 좋을 것으로 본다. 「은행법」 제37조 제3항 제2호의 경우에는 그렇게 되어 있다.

나로서 **자은행이 모은행 및 다른 자은행이 발행한 주식을 매입시키기 위한 신용공여를 하는 것을 금지**하고 있다(법 제37조 제6항 제4호, 시행령 제21조 제13항 제1호 후단). 이것도 마찬가지로 자은행으로부터 신용공여를 받은 자가 상환을 하지 못하는 경우에 자은행이 모은행 및 다른 자은행의 주식을 취득할 가능성이 있어서 금지하는 것으로 이해된다.

(7) 자은행의 모은행 및 다른 자은행의 임직원에 대한 대출 제한

"자은행의 건전 경영을 저해하거나 금융거래자의 이익을 침해할 우려가 있는 행위"의 하나로서 자은행이 모은행 및 다른 자은행의 임직원에 대하여 대출하는 것이 금융감독당국이 정하는 소액대출을 제외하고는 금지된다(법 제37조 제6항 제4호, 시행령 제21조 제13항 제2호). 이는 모은행이나 다른 자은행의 임직원은 자은행의 이해관계자가 되므로 그러한 이해관계를 이용하여 대출을 받는 경우 대출금 관리에 어려움이 있을 수 있는 가능성을 고려한 것이다.[24]

(8) 자은행과 모은행 및 다른 자은행 사이 신용공여 시 적정 담보 확보 의무

자은행과 모은행 및 다른 자은행 사이에 신용공여를 하는 경우에는 대통령령이 정하는 기준에 따라 적정한 담보를 확보해야 한다(법 제37조 제7항 본문). 즉 자은행이 모은행이나 다른 자은행에 대하여 신용공여를 하는 경우에는 신용공여 금액의 150% 범위 내에서 유가증권·부동산 등 담보의 종류에 따라 금융감독당국이 정하는 비율[25] 이상의 담보를 확보해야 한다(시행령 제21조 제14항 본문). 이 규정은 자은행의 자산 건전성 강화를 도모하기 위한 목적으로 이해할 수 있다.

다만 자은행과 모은행 및 다른 자은행의 구조 조정에 필요한 신용공여 등 대통령령이 정하는 요건에 해당하는 경우에는 적정한 담보 확보 의무가 면제된다(법 제37조 제7항 단서). 대통령령이 정하는 요건은 "① 해당 자은행과 모은행 및 다른 자은행의 구조조정에 필요한 신용공여에 해당하는 경우, ② 해당 자은행이 모은행의 자은행이 되기 전에 한 신용공여에 해당하는 경우(다만 해당 자은행이 모은행의 자은행이 된 날부터 2년 이내에 「은행법 시행령」 제21조 제11항에 적합하게 하는 경우로 한정한다), ③ [자본시장법]에 따른 자금중개회사를 통한 통상적 수준 이내의 단기자금거래에 해당하는 경우, ④ 추심 중에 있는 자산을 근거로 제공한 일시적 신용

---

24) 같은 설명은 한국은행 은행감독원(1993), 184면.

25) (i) 예·적금, 정부 및 한국은행에 대한 채권, 정부 및 한국은행이 보증한 채권, 정부 및 한국은행이 발행 또는 보증한 증권에 의해 담보된 채권의 경우는 담보 비율이 100%, (ii) 지방자치법에 의한 지방자치단체, 지방공기업법에 의한 지방공기업(다만, 결손이 발생하는 경우 정부 또는 지방자치단체로부터 제도적으로 결손보전이 이루어 질 수 있는 기관에 한한다), 「공공기관의 운영에 관한 법률」에 따른 공공기관에 대한 채권, 공공기관이 보증한 채권, 공공기관이 발행 또는 보증한 증권에 의해 담보된 채권의 경우는 담보 비율이 110%, (iii) (i) 및 (ii) 이외의 자산의 경우는 담보 비율이 130%이다(「은행업감독규정」 제52조의4).

공여에 해당하는 경우, 또는 ⑤ 당일 자금 상환을 조건으로 제공한 통상적 수준 이내에서의 당좌대출에 해당하는 경우"이다(시행령 제21조 제15항 제1호 내지 제5호).

(9) 자은행과 모은행 및 다른 자은행 사이 불량자산 거래 제한

자은행과 모은행 및 다른 자은행 사이에는 대통령령으로 정하는 불량자산을 거래해서는 아니 된다(법 제37조 제8항 본문). 대통령령으로 정하는 불량자산은 "경영내용, 재무상태 및 미래의 현금흐름 등을 고려할 때 상환에 어려움이 있거나 있을 것으로 판단되는 채무자 등에 대한 채권 등으로서 금융위원회가 정하여 고시하는 자산"을 말한다(시행령 제21조 제16항). 이러한 자산은 「은행업감독규정」 제27조의 자산건전성 분류에 따른 '요주의' 이하의 불량자산을 말한다(감독규정 제52조의5). 다만 해당 자은행과 모은행 및 다른 자은행의 구조 조정에 필요한 거래 등 금융감독당국이 정하는 요건에 해당하는 경우에는 불량자산 거래 금지 의무가 면제된다(법 제37조 제8항 단서). 이러한 거래 제한의 목적은 자은행, 모은행 및 다른 자은행의 건전성 강화를 도모하고, 자은행과 모은행 및 다른 자은행 사이에 부당한 거래가 이루어지는 것을 방지하기 위한 것이다.

제4절

구조개선법에 따른 승인

Ⅰ. 서설

「은행법」에 따르면 은행은 금융업종 자회사를 두는 경우 금융감독당국으로부터 별도의 승인을 받을 필요가 없다(제37조 제2항). 그렇다면 은행은 아무런 승인 없이도 금융자회사를 둘 수 있는가? 그렇지 않다. 구조개선법을 살펴보아야 한다. 구조개선법 제24조 제1항에 따르면, "동일계열 금융기관"이 다른 회사의 의결권 있는 주식 ① 20% 이상을 취득하는 경우이거나 ② 5% 이상 20% 미만으로 소유하면서 "사실상 지배"하고자 하는 경우에는 금융감독당국으로부터 승인을 얻도록 하고 있다. 다만 당해 금융기관의 설립 근거법에 따라 "인가·승인 등"을 얻은 경우에는 구조개선법에 따른 금융감독당국의 승인은 필요가 없다(제24조 제1항 단서). 따라서 은행이 비금융자회사를 두는 경우에는 「은행법」 제37조 제2항에 따라 금융감독당국의 승인을 얻어야 하므로 구조개선법에 따른 별도의 승인은 필요 없게 된다.

이하는 우선 구조개선법 제24조를 개관해보면서 금융감독당국의 승인 제도에 대해 살펴보고, 금융자회사를 두는 경우 국내 금융자회사와 국외 금융자회사로 나누어 금융감독당국의 승인이 필요한지 여부를 논하고, 자회사가 아닌 회사의 주식을 취득하는 경우에 관련되는 쟁점도 검토하기로 한다.

Ⅱ. 구조개선법 제24조 개관[26)]

1. 서설

(1) 개관

구조개선법 제24조는 금융기관이 비금융업종 회사의 의결권 있는 주식을 '사실상 지배'하는 수준으로 취득할 수 없도록 함으로써 **금융기관의 비금융업종 회사 지배를 금지**하고 있다. 그래서 금융자본의 산업자본 지배 금지라는 내용이라고 설명이 되고, 금융자본과 산업자본의 분리에 관한 법, 즉 금산분리법(金産分離法)의 영역이라고 할 수 있다. 관련되는 조문은 "제6절 금융기관을 이용한 기업결합의 제한" 부분의 제24조, 제24조의2 및 제24조의3이다. 제24조는 1997년 1월 13일 종전 「금융기관의 합병 및 전환에 관한 법률」을 전면 개정하여 구조개선법을 제정(1997년 3월 1일 시행)할 때 신설된 조항이다. 이후 2007년 1월 26일 개정(2007년 4월 27일 시행)되어 법 위반 주식에 대한 금융감독당국의 처분 명령권이 신설되고, 사후 승인 제도를 도입하는 등의 제도 개선이 이루어졌으며,[27)] 2016년 3월 승인 한도를 좀 더 세분화 하는 법 개정이 이루어졌다.

(2) 취지

구조개선법 제24조의 취지에 대해서 대법원은 "금융기관이 일정 규모 이상의 다른 회사의 주식을 소유하게 되는 경우 금융기관의 공공성에 반하여 금융기관이 아닌 다른 회사를 사실상 지배하고 관련 시장에서의 경쟁을 실질적으로 제한할 수 있으며, 또한 그 회사의 부실을 통하여 금융기관 자체가 부실화될 우려가 있으므로 이에 관하여 금융감독위원회의 사전 승인을 거치게 함으로써 금융기관의 사기업에 대한 지배를 제한함과 동시에 관련 시장에서의 경쟁을 보장하고 **금융기관의 부실화를 예방하여 자본의 충실화를 기하기 위한 것**"이라고 하고 있다.[28)]

(3) 법적 성격: 효력규정이 아닌 단속규정

대법원은 이 규정을 효력규정이 아닌 단속규정이라고 보고 있다. 즉 "위 규정에 위반하여 사전 승인을 받지 아니한 금융기관의 주식소유행위 자체가 그 사법상의 효력까지도 부인하지 않으면 안 될 정도로 현저히 반사회성, 반도덕성을 지닌 것이라고 할 수 없을 뿐만 아니라 그 행위의 사법상의 효력을 부인하여야만 비로소 입법목적을 달성할 수 있다고 볼 수 없고, 위 규

26) 이하의 논의는 고동원(2022), 282~288면.
27) 구조개선법 제24조의 신설 배경과 개정 논의 과정에 대한 자세한 설명은 전성인(2006), 17~28면.
28) 대법원 2003. 11. 27. 선고 2003다5337 판결.

정을 효력규정으로 보아 이에 위반한 금융기관의 주식소유행위를 일률적으로 무효라고 할 경우 승인기준에 해당하여 결과적으로 위 규정에 의하여 규제될 필요가 없는 행위나 담보권 실행으로 인한 주식취득 등 불가피한 사정이 있는 행위도 단지 사전승인을 받지 않았다는 이유로 그 효력이 부인되어 주식거래의 안전을 해칠 우려가 있을 뿐만 아니라 금융기관간의 건전한 경쟁을 촉진하고 금융업무의 효율성을 높임으로써 금융산업의 균형 있는 발전에 이바지함을 목적으로 입법된 법의 취지에 반하는 결과가 될 수 있으므로, 위 규정은 **효력규정이 아니라 단속규정이라고 보아야 한다.**"라고 하고 있다.[29]

2. 승인 대상이 되는 주식 취득 행위

(1) 4가지 경우

금융감독당국의 승인 대상이 되는 주식 취득 행위는 다음 4가지이다(제24조 제1항 제1호 내지 제4호).

① 동일계열 금융기관이 다른 회사의 의결권 있는 발행 주식 총수의 **20% 이상을 소유**하게 되는 경우

② 동일계열 금융기관이 다른 회사의 의결권 있는 발행 주식 총수의 **5% 이상 소유하면서** 동일계열 금융기관 또는 동일계열 금융기관이 속하는 기업집단이 당해 회사를 **사실상 지배하는 것으로 인정**되는 경우로서 대통령령이 정하는 경우

③ 동일계열 금융기관이 다른 회사의 의결권 있는 발행주식 총수의 **10% 이상을 소유하면서** 동일계열 금융기관이나 동일계열 금융기관이 속하는 기업집단이 당해 회사를 **사실상 지배하는 것으로 인정**되는 경우로서 대통령령으로 정하는 경우

④ 동일계열 금융기관이 다른 회사의 의결권 있는 발행주식 총수의 **15% 이상을 소유하면서** 동일계열 금융기관이나 동일계열 금융기관이 속하는 기업집단이 당해 회사를 **사실상 지배하는 것으로 인정**되는 경우로서 대통령령으로 정하는 경우

③과 ④는 2016년 3월 29일 개정(2016년 9월 30일 시행)에서 추가된 것인데, 종전 5% 이상에서 10%와 15%의 중간 단계를 더 두고 있다. 이렇게 추가적인 승인 단계를 둔 이유는 종전에는 동일계열 금융기관이 금융감독당국의 승인을 받아 다른 회사의 의결권 있는 주식을 5% 이상 소유하게 되면 20%까지는 추가적인 승인 없이도 다른 회사의 주식을 소유할 수 있어 금융감독당국의 통제가 미치지 못하였는데, 이러한 문제를 시정하기 위해서 추가적인 승인 단계를 만든 것이다.

---

29) 대법원 2003. 11. 27. 선고 2003다5337 판결.

(2) '사실상 지배'의 정의

위의 ②, ③, ④에서 "사실상 지배하는 것으로 인정되는 경우로서 대통령령으로 정하는 경우"는 동일한데, 시행령은 **'사실상 지배'**를 "① **주식 소유 비율이 제1위에 해당**하거나 ② **주식의 분산도로 보아 주주권 행사에 의한 지배 관계가 형성되는 것**"이라고 하고 있다(시행령 제6조 제2항). ①이나 ②의 어느 하나에 해당하면 된다. 즉 제24조의 **'사실상 지배'라는 의미는 당해 회사의 최대주주이거나 "주주권 행사에 의한 지배관계가 형성되는 것"**을 말하는 것이다.

여기서 "주주권 행사에 의한 지배관계가 형성되는 경우"에 대해서는 구조개선법과 시행령이 규정하고 있지 않아서 그 의미에 대해서 논란이 있을 수 있다. 「은행법」에 따른 대주주의 정의(제2조 제1항 제10호 나목)를 참고해보면 **'임원의 임면 등의 방법으로 대상 회사의 경영에 대하여 지배적인 영향력을 행사하거나 당해 회사의 업무집행이나 주요 의사결정에 사실상 영향력을 행사하는 경우'**라고 볼 수 있다.

(3) '동일계열 금융기관'의 범위

'동일계열 금융기관'은 "금융기관 및 그 금융기관과 같은 기업집단에 속하는 금융기관"을 말하며(제24조 제1항 본문), '기업집단'은 공정거래법 제2조 제11호에 따른 기업집단을 말한다(제24조 제2항).

(4) '다른 회사'의 범위

제24조는 "다른 회사"라고 하고 있기 때문에, 해석상 조합 형태인 경우(「민법」에 따른 조합이나 「상법」에 따른 익명조합 또는 합자조합)에는 적용되지 않는 것으로 보아야 한다. 금융감독당국도 제24조 제1항의 문언상 다른 '회사'로 명확히 규정하고 있기 때문에 별도의 법인격이 부여되지 않고 당사자 사이의 계약에 따라 성립하는 '조합'에 대한 투자의 경우에는 적용되지 않는 것으로 보고 있다.[30] 그러나 조합의 지분을 취득하는 경우에도 규제 대상으로 할 필요가 있으므로 명시적으로 포함하는 문구를 두어야 할 것이다.

또한 주식회사가 발행하는 '주식'이라고만 되어 있어 출자지분으로 표시되는 「상법」에 따른 유한회사나 합자회사 및 유한책임회사의 출자지분을 취득할 때도 승인 대상이 되는지 논란이 있을 수 있다.[31] 그러한 회사도 주식회사와 달리 취급할 필요가 없다는 점에서 주식의 범위에 출자지분이 포함된다고 해석하는 것이 타당하다. 물론 「은행업감독규정」이 "다른 회사의 지분증권(지분을 포함한다)"라고 해서(제54조) 실무상으로는 출자지분도 포함하여 운영하고 있

30) 금융위원회 법령회신문(2018. 10. 25), <금융위원회 금융규제·법령해석포탈>.

31) "[주식]회사는 다른 회사의 무한책임사원이 되지 못한다"라는 「상법」 제173조 규정에 의하여 주식회사 형태의 금융기관이 합명회사의 출자지분을 취득하지 못하기 때문에 합명회사는 대상이 되지 않을 것이다.

으나, 법에 '출자지분'을 명기하는 것이 필요하다.

(5) 외국회사도 포함되는지 여부

'다른 회사'의 범위에 외국회사가 포함되는지에 대해서도 논란이 제기될 수 있다. 구조개선법 제24조의 취지(즉 금융기관의 지배력 확장을 막고 금융자본의 산업자본 지배를 방지하기 위한 목적)를 고려할 때 그러한 폐해를 가져올 가능성이 거의 없는 외국회사까지 규제할 필요는 없다고 본다. 즉 금융기관의 산업자본 지배 문제가 국내 회사에 대한 지배 문제에서 생기는 점을 고려할 때 국내 회사로 한정하는 것이 타당하다고 본다. 유권해석기관인 당시 재정경제부도 구조개선법에 따른 '다른 회사'의 범위에 외국회사는 포함하지 않는 것으로 해석하였다.[32] 이것도 명확히 규정할 필요가 있다.

(6) 의결권 있는 주식의 범위

의결권 있는 주식의 범위에 「상법」에 따른 의결권이 제한되는 주식과 특별법에 의해서 의결권이 제한되는 주식도 포함할 수 있는지가 쟁점이 될 수 있다. 「상법」 제344조의3 제1항은 정관 규정에 의한 종류주식으로서 '의결권이 없는 주식'과 '의결권이 제한되는 주식'을 구분하고 있다. '의결권이 제한되는 주식'은 일정한 사항에 대해서만 의결권이 없는 주식(예를 들어, 이사 선임할 때만 의결권이 없는 주식)이나 특정한 안건에만 의결권이 있는 주식(예를 들어, 이사 선임할 때만 의결권이 있는 주식)을 말한다. 특별법에 의해서 의결권이 제한되는 주식은 의결권 있는 주식으로 발행되었으나 관련 법률에 따라 일시적으로 의결권을 행사할 수 없는 주식을 말한다. 예를 들어, 공정거래법 제11조에 따른 의결권을 행사할 수 없는 주식이나 「은행법」 제16조에 의하여 은행 주식 보유 한도를 초과하여 보유한 주식이 해당된다.

이러한 논란의 문제를 해소하기 위해서 구조개선법은 발행 주식의 범위에 대하여 금융감독당국이 고시로 정할 수 있도록 근거 조항을 두고 있다(제24조 제9항). 금융감독당국이 정한 기준에 따르면, '의결권 있는 주식'의 범위는 "「상법」 제344조의3 제1항에 의한 의결권 없는 주식을 제외한 발행 주식"이다(「은행업감독규정」 제54조의2 제1항, 「금융투자업규정」 제2-14조 제2항, 「보험업감독규정」 제5-13조의3 제1항). 그렇다면 해석상 「상법」 제344조의3 제1항에 의한 의결권이 제한되는 주식은 승인 대상 여부를 판단할 때 의결권이 있는 주식의 범위에 포함된다고 볼 수 있고, 특별법에 의하여 의결권을 행사할 수 없는 주식도 해석상 의결권 있는 주식의 범위에 포함된다고 볼 수 있다. 그러나 「상법」에 따른 의결권이 제한되는 주식도 의결권이 '있는' 주식은 아니라는 점에서 의결권 있는 주식의 범위에서 제외하는 것이 타당하고, 특별법에 의하여 의결권을 행사할 수 없는 주식도 의결권이 없으므로 의결권 있는 주식의 범위에서 제

32) 재정경제부의 금융감독원장에 대한 의견 회신(2003. 11. 29).

외하는 것이 타당할 것이다.

그리고 의결권이 없는 주식인 경우에도 정관의 규정에 의하여 의결권이 부활되는 때에는 의결권 있는 주식으로 보는 것이 타당할 것이다. 다만 이 경우 언제 승인을 취득해야 하는지와 관련하여 논란이 있을 수 있다. 의결권이 부활하기 전에 미리 승인을 얻는 방법도 생각해볼 수가 있으나, 의결권이 부활될지 여부를 미리 알기가 쉽지 않다는 점에서 사후 승인을 받도록 하는 방법이 타당할 것으로 보이는데, 2년 내지 3년 정도의 유예 기간을 두고 그 기간 동안 의결권 부활 상태가 계속 유지되는 경우 사후 승인을 받도록 하는 방법을 고려할 수 있다.

(7) 집합투자기구나 특정금전신탁을 통한 주식 소유의 경우

동일계열 금융기관이 다른 회사의 주식을 직접 소유하지 않고 집합투자기구나 특정금전신탁을 통하여 간접적으로 소유하는 것도 승인 대상 주식의 범위에 포함할지 여부도 쟁점이 될 수 있다. 즉 동일계열 금융기관이 집합투자기구를 통하여 주식을 취득하는 경우 주식 소유자는 집합투자기구가 되는데, 수익자는 동일계열 금융기관이 된다. 이 경우 다수의 투자자가 있는 집합투자기구의 경우에는 수익자를 특정하기가 어렵기 때문에 쟁점이 되지 않겠지만, 집합투자기구의 수익자가 1인인 단독집합투자기구의 경우가 문제될 수 있다. 특정금전신탁의 경우도 마찬가지이다. 특정금전신탁상품은 위탁자인 수익자가 신탁재산의 운용을 지시하는 상품이라 주식 소유자는 신탁회사이지만 실제 수익자는 위탁자이므로 쟁점이 될 수 있다.

금융위원회가 고시한 감독규정(監督規程)은 이러한 쟁점을 해결하고 있다. **동일계열 금융기관이 사모단독집합투자기구 또는 공모단독집합투자기구나 특정금전신탁을 통해 다른 회사의 주식을 간접적으로 소유한 경우에 이를 수익자인 당해 동일계열 금융기관이 소유한 것**으로 보도록 규정하고 있다. 즉 ① 동일계열 금융기관이 투자자인 사모단독집합투자기구(사모집합투자기구로서 투자자가 1인인 집합투자기구를 말한다) 및 공모단독집합투자기구(사모단독집합투자기구가 아닌 집합투자기구로서 그 투자자가 1인인 집합투자기구를 말한다)[33]가 소유한 다른 회사의 주식이나 ② 동일계열 금융기관이 신탁회사에 위탁한 특정금전신탁 자금으로 신탁회사가 취득한 다른 회사의 주식 또는 동일계열 금융기관이 신탁회사에 위탁한 다른 회사의 주식도 동일계열 금융기관이 소유한 주식 수에 합산하게 된다(「은행업감독규정」 제54조의2 제3항, 「금융투자업규정」 제2-14조 제4항, 「보험업감독규정」 제5-13조의3 제3항).

33) 2013년 자본시장법이 개정되면서, 투자자 수가 1인인 단독집합투자기구는 더 이상 설정될 수 없게 되었다. 왜냐하면 자본시장법 제6조 제5항의 '집합투자' 정의에서 종전의 "2인 이상에게 투자를 권유하여"에서 "2인 이상의 투자자로부터"로 변경하였기 때문이다. 다만 개정법 시행 당시에 등록한 1인 단독집합투자기구에 대해서는 예외를 두었기 때문에(자본시장법 부칙 제8조), 기존에 존재하던 단독집합투자기구만이 여기에 해당된다.

3. 승인 요건

(1) 개관

구조개선법 제24조 제1항은 금융감독당국의 승인이 필요한 경우를 규정하면서 승인을 할 수 있는 기준, 즉 승인 요건을 규정하고 있다. 즉 승인이 필요한 경우 승인 요건을 충족해야 주식을 취득할 수 있다. 구조개선법 제24조 제1항은 승인 기준을 시행령에서 정하도록 하고 있는데, 시행령에 따르면 승인 요건은 2가지이다. 첫째, **당해 주식 소유가 "금융업종에 속하는 회사가 아닌 다른 회사," 즉 비금융업종 회사를 '사실상 지배'하기 위한 것이 아닐 것**, 둘째, 당해 **주식 소유가 관련 시장에서의 경쟁을 실질적으로 제한하지 아니할 것**이다(시행령 제6조 제1항→법 제24조 제6항). 즉 비금융업종 회사를 사실상 지배해서는 안 된다는 것이 중요한 승인 요건이다. 금산분리 조문이라고 하는 이유가 바로 여기에 있다.

이렇게 해석되는 이유를 살펴보면, 제24조 제1항 본문이 "대통령령으로 정하는 기준"이라고 하고 있고, 이에 따른 시행령 제6조 제1항은 승인 기준을 법 제24조 제6항에 규정된 심사 기준으로 한다고 하고 있어서 결국 제24조 제6항의 심사 기준이 승인 기준이 되기 때문이다. 즉 위 2가지 요건을 모두 충족시켜야 금융감독당국이 승인을 해 줄 수 있다. 그리고 여기서 "금융업종에 속하는 회사"는 통계청장이 고시하는 한국표준산업분류에 의한 '금융 및 보험업'을 영위하는 회사(제24조 제6항 제1호 가목) 등을 말하는데,[34] 범위가 넓어서 인가받지 않는 투자회사 등도 포함된다. 따라서 "금융업종에 속하는 회사가 아닌 다른 회사"라는 것은 넓은 범위의 금융업종 회사 이외의 회사, 즉 비금융업종 회사를 말한다고 할 수 있다. 그리고 '사실상 지배'의 의미는 앞서 설명한 바와 같다.

제24조가 규정하는 승인 기준의 의미를 생각해보면, **동일계열 금융기관**(그 소속 기업집단을 포함한다)**은 비금융업종 회사를 '사실상 지배'하는 수준의 주식을 소유할 수 없고**, 또한 **관련 시장에서 경쟁을 실질적으로 제한하는 수준의 주식을 소유할 수도 없다**는 것이 된다. 이것을 다시 풀어보면, 첫째, **동일계열 금융기관은 금융업종 회사를 '사실상 지배'하는 것은 가능**하며, 다만 이 경우에 금융감독당국 승인을 얻어야 하는 요건에 해당하면 승인을 얻어야 하는데, 관련 시장에서 경쟁을 제한하지 않는 조건을 충족시켜야 한다는 의미가 된다. 둘째, **동일계열 금융기관은 비금융업종 회사의**

---

34) 여기서 "금융업종에 속하는 회사"는 (i) 금융업(「통계법」 제22조 제1항에 따라 통계청장이 작성·고시하는 한국표준산업분류에 따른 금융 및 보험업을 말한다)을 경영하는 회사(다만, 공정거래법 제18조 제2항 제5호에 따른 일반지주회사는 금융업을 경영하는 회사로 보지 아니한다). (ii) 「사회기반시설에 대한 민간투자법」 제8조의2에 따라 주무관청이 지정한 민간투자대상사업을 경영하는 회사(「조세특례제한법」 제104조의31 제1항 제1항의 회사만 해당하는데, 이는 사회간접자본시설 등에 투자하는 '프로젝트금융투자회사'를 말하며, 본점 외의 영업소를 설치하지 아니하고 직원과 상근 임원을 두지 아니할 것 등의 요건을 갖추어야 한다), (iii) 신용정보법에 따른 신용정보업 및 채권추심업 등 그 금융기관의 업무와 직접적인 관련이 있거나 그 금융기관의 효율적인 업무수행을 위하여 필요한 사업을 경영하는 회사를 말한다(구조개선법 제24조 제6항 제1호 가목, 나목, 다목).

주식을 '사실상 지배'하지 않는 수준으로는 소유할 수 있다는 것(이 경우에도 금융감독당국의 승인을 얻어야 하는 경우 또는 그렇지 않은 경우가 있다)을 의미한다. 물론 관련 시장에서 경쟁을 실질적으로 제한하지 않는 조건을 충족해야 한다.

(2) 사실상 지배 기준에서 5%를 고려해야 하는지 여부

1) 서설

'사실상 지배' 기준을 판단함에 있어 5% 요건을 고려하느냐 여부에 따라 사실상 지배의 기준은 다음과 같이 2가지로 나누어진다. 5% 기준을 삼는 이유는 제24조 제1항의 금융감독당국의 승인을 받아야 하는 경우 중 제2호의 "5% 이상 소유하면서 사실상 지배하는 경우"라고 하고 있어서, 사실상 지배의 기준을 5%와 연결시킬 수 있기 때문이다.

2) 5% 기준을 고려하지 않는 경우

첫 번째는 5% 기준을 고려하지 않고 보는 것이다. 즉 5% 미만이라도 사실상 지배의 경우가 있을 수 있다는 점을 생각하는 것이다. 이 경우 '사실상 지배'라는 것은 5%에 상관없이 시행령 제6조 제2항이 규정하는 ① 주식 소유 비율이 제1위에 해당하거나 ② 주식의 분산도로 보아 주주권 행사에 의한 지배관계가 형성될 것을 의미하게 된다. 즉 2가지 요건 중 어느 하나에 해당하게 되면 사실상 지배가 된다. 이렇게 보면, 주식 소유 비율에 관계없이 최대주주이거나 또는 주주권 행사에 의한 지배관계가 형성되면 사실상 지배하는 것이 된다. 따라서 5% 미만이라도 사실상 지배할 수 있는 가능성이 있게 된다. 예를 들어, 4%라 하더라도 비금융업종 회사를 사실상 지배하면(즉 최대주주가 되거나 주주권 행사에 의한 지배관계가 형성되면) 비금융업종 회사의 주식을 취득할 수 없다는 결론이 된다. 반대로 4%라 하더라도 비금융업종 회사를 사실상 지배하지 않으면(즉 최대주주도 아니고 주주권 행사에 의한 지배관계가 형성되지 않으면) 의결권 있는 주식 4%를 소유하는 것은 가능하게 된다. 그런데 이러한 해석의 문제점은 제24조가 5% 이상이 되는 경우에만 승인 대상이 되도록 규정하고 있어, 승인 대상이 되지 않는 5% 미만인 경우에 사실상 지배 여부 판단을 할 필요가 있는지에 대한 의문이 제기될 수 있다는 점이다.

3) 5% 기준을 고려하는 경우

두 번째 해석은 5% 기준을 같이 고려하여 판단하는 것이다. 즉 동일계열 금융기관이 비금융업종 회사의 의결권 있는 발행 주식 5% 이상 소유하면서 사실상 지배하는 경우(즉 최대주주가 되거나 주주권 행사에 의한 지배관계가 형성되는 경우)에만 사실상 지배가 되는 것으로 보는 것이다. 이런 경우는 우선 5% 미만으로 소유하고 있으면 설령 최대주주가 되거나 주주권 행사에 의한 지배관계가 형성되더라도 사실상 지배에 해당하지 않게 된다. 특히 제24조 제1항 본문이 "… 다음 각 호의 어느 하나에 해당하는 행위를 하려면 … 금융위원회의 승인을 받아야 한다"

라고 하고 있고, 제2호가 "다른 회사의 의결권 있는 발행주식 총수의 100분의 5 이상을 소유하고 …"라고 하고 있어서 결국 5% 이상의 경우에만 금융감독당국의 승인 대상이 되므로 사실상 지배의 기준도 5% 이상인 경우에만 고려해야 한다는 해석이 가능하다. 따라서 동일계열 금융기관은 비금융업종 회사의 의결권 있는 발행 주식의 5% 미만까지는 최대주주나 주주권 행사에 의한 지배 관계와 상관없이 소유할 수 있게 된다.

4) 소결

검토해보면, 5% 미만까지는 사실상 지배한다고 보기는 어렵다고 본다. 특히 제24조 제1항이 의결권 있는 주식 5% 미만인 경우에는 승인 대상이 되지 않는다고 규정하고 있는 점에서 5% 미만의 소유는 비금융업종 회사이건 금융업종 회사이건 상관없이 사실상 허용하고 있다고 해석하는 것이 합리적이라는 점에서 더욱 그러하다. 이런 점에서 5% 기준을 고려한 해석, 즉 5% 이상이면서 사실상 지배하는 경우로 해석하는 것이 타당하다.

4. 추가 주식 취득 시 금융감독당국의 재승인과 기준

(1) 재승인 사유

2007년 구조개선법이 개정되기 전에는 금융감독당국의 승인을 얻은 후 다시 추가로 주식을 취득하는 경우(예를 들어, 승인을 얻어 다른 회사의 의결권 있는 주식 25%를 취득한 후 추가로 3%를 취득하여 28%를 취득하는 경우) 금융감독당국의 승인을 다시 받아야 하는지에 대하여 논란이 제기되었는데, 2007년 개정법은 일정 한도를 초과할 때 금융감독당국의 승인을 다시 받도록 하여 이를 해결하고 있다. 즉 25% 또는 33% 초과할 때마다 다시 금융감독당국의 승인을 얻도록 하고 있다(법 제24조 제5항).

예를 들어, 동일계열 금융기관이 다른 회사의 의결권 있는 주식 20%를 취득할 때 제24조 제1항에 따라 금융감독당국의 승인을 얻어야 하고, 추가로 6%를 취득하고자 하는 경우에는 25%를 초과하기 때문에 제24조 제5항에 의거하여 금융감독당국의 승인을 다시 받아야 한다. 그런데 26%를 취득하고 있다가 33%가 되기 전인 30%를 취득하는 경우나 금융감독당국의 승인을 받고 34%를 취득하고 있다가 40% 취득하는 경우에는 금융감독당국의 승인이 필요 없다고 보아야 할 것이다. 그 이유는 제24조 제5항이 금융감독당국의 재승인을 받아야 하는 기준으로 25%와 33% 2가지 경우에 한해서만 규정하고 있기 때문이다.

(2) 재승인 요건

금융감독당국이 재승인하는 경우 그 요건은 애초 승인받을 때와 같은 요건이 적용된다(법 제24조 제6항).

5. 금융감독당국의 사후 승인과 기준

(1) 사후 승인의 대상

2007년 개정된 제24조는 동일계열 금융기관이 다른 주주의 감자(減資)(즉 자본금 감소) 등으로 인하여 일정 한도 이상의 다른 회사 주식을 소유하게 되는 경우 등 부득이한 사유가 있는 경우에는 사후에 금융감독당국의 승인을 얻도록 하는 조항을 신설하였다. 이는 사전 승인을 할 수 없는 불가피한 사유가 발생했음에도 불구하고 사후 승인 제도가 없어서 법 위반 상태가 되는 문제점을 해소하기 위한 것이다.

즉 다른 주주의 감자(減資) 등 "대통령령이 정하는 부득이한 사유"로 금융감독당국의 승인을 얻어야 하는 주식을 소유하게 된 경우에는 해당 동일계열 금융기관은 사유가 발생한 날로부터 대통령령이 정하는 일정한 기간 내에 금융감독당국에 승인 신청을 하여야 한다(법 제24조 제4항 전단).

"대통령령이 정하는 부득이한 사유"로는 "① 다른 주주의 감자(減資) 또는 주식 처분, ② 담보권의 실행 또는 대물변제(代物辨濟)의 수령으로 다른 회사의 주식을 소유하게 되는 경우, ③ 유증(遺贈)에 따라 다른 회사의 주식을 소유하게 되는 경우, ④ 투자매매업자·투자중개업자가 [자본시장법] 제9조 제11항에 따른 증권의 인수 업무를 영위하는 과정에서 다른 회사의 주식을 소유하게 되는 경우, ⑤ 동일계열 금융기관이 그 금융기관에 적용되는 법령에 따른 업무 또는 자산 운용의 범위 안에서 긴급하게 다른 회사의 주식을 소유할 필요가 있는 경우로서 금융위원회가 정하여 고시하는 경우"이다(시행령 제6조 제3항). '금융위원회가 정하여 고시하는 경우'는 금융감독당국의 "사전 승인을 얻을 시간적 여유가 없어야 한다"는 요건이 적용된다(「은행업감독규정」 제54조의3, 「보험업감독규정」 제5－13조의3 제4항, 「금융투자업규정」 제2－14조 제5항).[35)]

---

35) 이러한 "금융위원회가 정하여 고시하는 경우"는 은행 및 보험회사의 경우 다음의 어느 하나에 해당하는 경우로서 미리 금융감독당국의 사전 승인을 얻을 시간적 여유가 없는 경우를 말한다. 즉 (i) 동일계열 금융기관이 투자한 기관전용 사모집합투자기구의 해산 등에 따른 현물 수령으로 다른 회사의 주식을 소유하는 경우, (ii) 동일계열 금융기관이 구조개선법 제24조 제6항 제1호 나목의 규정에 의한 민간투자 대상 사업을 영위하는 회사(즉 「사회기반시설에 대한 민간투자법」에 의한 사회기반시설 민간투자 사업을 영위하는 프로젝트금융투자회사) 또는 「부동산투자회사법」에 의한 부동산투자회사의 주식을 소유하는 경우, (iii) 「채무자 회생 및 파산에 관한 법률」에 의해 회생 절차 개시의 결정을 받은 기업이나 「기업구조조정촉진법」에 따른 채권 금융기관 관리절차가 개시된 기업 또는 기업구조조정 촉진을 위한 금융기관협약에 의해 기업개선작업을 추진 중인 기업에 대한 기존 대출금 등의 출자 전환으로 다른 회사의 주식을 소유하는 경우를 말한다(「은행업감독규정」 제54조의3, 「보험업감독규정」 제5－13조의3 제4항). 그리고 금융투자회사의 경우에는 위의 (i) 내지 (iii)의 사유 이외에도 추가적으로 파생결합증권을 발행한 금융투자회사가 위험 회피 목적으로 다른 회사의 주식을 취득하는 경우가 해당된다(「금융투자업규정」 제2－14조 제5항).

(2) 사후 승인 신청 기간

사후 승인 신청을 해야 하는 기간은 위의 사후 승인 사유가 발생한 날 이후 최초로 소집되는 다른 회사의 주주총회일 전일까지의 기간이다(시행령 제6조 제4항 본문).

(3) 사후 승인 요건

사후 승인인 경우에도 사전 승인과 동일한 승인 요건이 적용된다(법 제24조 제4항 후단, 제6항).

6. 공정거래위원회와 협의 의무

금융감독당국이 승인을 함에 있어서는 당해 주식 소유가 관련시장에서 경쟁을 실질적으로 제한하는지 여부에 대하여 미리 공정거래위원회와 협의해야 한다(제24조 제3항 본문). 이러한 협의 의무는 금융감독당국이 당해 금융기관의 설립 근거가 되는 법률에 의하여 인가·승인 등을 하는 경우에 있어서도 적용된다(법 제24조 제3항 단서).

Ⅲ. 은행이 금융자회사의 주식을 취득하는 경우

은행이 금융자회사의 주식을 취득하려고 하는 경우에 금융감독당국의 승인이 필요한지에 대해서는 국내 금융자회사의 경우와 국외 금융자회사의 경우가 서로 다르므로 나누어서 살펴본다.

1. 국내 금융자회사의 경우

(1) 구조개선법에 따른 승인이 필요한지 여부 논의

은행이 국내 금융자회사를 두는 경우(즉 자회사를 신설하거나 기존의 주식을 인수하여 자회사를 두는 경우를 포함한다) 제24조에 따른 금융감독당국의 승인이 필요한가? 「은행법」 제37조 제2항에 따르면, 은행이 금융자회사를 두는 경우에는 별도의 금융감독당국 승인이 필요 없다.[36) 그렇다면 제24조에 따른 승인도 필요 없는지에 대한 논의가 필요하다.[37)]

1) 승인이 필요 없다는 견해

이에 대해서는 ① 해당 설립 근거법인 「은행법」에서 일정한 한도를 넘는 경우에 금융감독당국의 승인이 필요 없다는 것은 금융감독당국의 인가나 승인을 얻은 것으로 '간주'할 수 있다는 점, 및 ② 해당 설립 근거법에서 인가·승인 등을 얻은 경우에 구조개선법에 따른 승인이 필

36) 반대의 견해도 있다(윤희웅·이진국(2005), 22면).
37) 이하의 논의는 고동원(2006), 56면.

요 없다는 점(제24조 제1항 단서)을 고려할 때 더욱이 해당 설립 근거법에서 금융감독당국의 승인이 필요하지 않는 경우에는 당연히 구조개선법에 따른 승인도 필요 없다고 볼 수 있다는 점을 들어 제24조 제1항 단서 조항과 같이 취급을 해야 한다는 견해가 있을 수 있다. 즉 구조개선법에 따른 승인이 필요 없다는 견해이다.

2) 승인이 필요하다는 견해

그러나 다음과 같은 이유로 설립 근거법, 즉 「은행법」에 따른 승인을 얻은 것으로 볼 수 없어서 구조개선법에 따른 별도의 승인을 얻어야 한다고 보는 것이 타당하다.

① 금융기관 해당 설립 근거법에 따른 주식 소유 규제 목적과 구조개선법에 따른 주식 소유 규제 목적이 서로 다르다는 점이다. 금융기관 해당 설립 근거법인 「**은행법**」**에 따른 주식 소유 규제 목적은 자산 건전성 유지를 위한 규제**인 반면에 **구조개선법에 따른 주식 소유 규제 목적은 금융기관을 이용한 지배력 확장의 규제**라고 볼 수 있다. 즉 해당 설립 근거법에 따라 자산 운용 한도 이내이거나 한도를 넘더라도 금융감독당국의 승인 필요 없이 주식을 소유하는 행위는 해당 금융기관의 자산 건전성 측면에서는 큰 문제가 되지 않을 수도 있으나, 지배력 확장이라는 측면에서는 문제가 될 수 있는 것이어서 규제할 필요성이 있다. 따라서 설령 해당 설립 근거법에 따른 금융감독당국의 승인이 필요 없다고 하더라도 구조개선법에 따른 승인이 필요하다고 볼 수 있다.

② 금융기관 해당 설립 근거법에서 금융감독당국의 승인 필요 없이 주식을 소유하는 행위에 대해서 자동적으로 구조개선법에 따른 승인이 필요 없다고 보면 실질적으로 구조개선법의 존재 의의가 없게 된다. 제24조 제1항 단서 조항의 취지는 해당 설립 근거법에 의해서 금융감독당국의 인가나 승인을 받는 경우에는 금융감독당국이 자산 건전성 규제의 측면과 지배력 확장 규제의 측면을 모두 심사하여 승인할 수 있기 때문에 별도의 구조개선법에 따른 승인을 받는 번거로움을 줄이기 위한 것이라고 볼 수 있다. 따라서 해당 금융기관 설립 근거법에서 인가나 승인을 얻은 경우에 별도의 구조개선법에 따른 승인을 요구하지 않는 것은 이해가 될 수 있다. 그러나 해당 금융기관 설립 근거법에서 인가나 승인을 얻지 않는 경우에도 구조개선법에 따른 승인을 얻지 않도록 한다면 금융기관을 이용한 지배력 확장을 규제할 방법이 없게 되는 문제점이 있게 된다.

③ 제24조 제1항 단서가 "당해 금융기관의 설립 근거가 되는 법률에 의하여 인가·승인 등을 얻은 경우"라고 규정하고 있기 때문에 설립 근거법에서 적극적인 인가나 승인 등의 행위를 한 경우를 의미하는 것으로 보아야 한다. 따라서 문언 해석상 해당 설립 근거 법률에 따라 '인가·승인 등을 얻지 않은 경우'에는 제24조 제1항 단서가 적용되지 않는다고 보아야 한다.

결론적으로 해당 금융기관 설립 근거법에서 금융감독당국의 승인을 요하지 않는 경우에도 구조개선법에 따른 승인 사유에 해당하면 별도의 승인을 얻어야 한다고 보는 것이 타당하다. 금융감독당국도 이런 입장에서 금융기관 해당 설립 근거법에서 금융감독당국의 승인이 필요 없는 경우에도 별도의 구조개선법에 따른 승인을 얻어야 한다고 보고 실무상 그렇게 처리하고 있다.[38] 따라서 **은행이 금융업종 자회사를 두는 경우에 「은행법」에 따른 승인이 필요 없다고 하더라도 구조개선법에 따른 승인이 필요한 경우에 해당하면 금융감독당국의 승인을 받아야 할 것이다.**

(2) 승인이 필요한 경우

그러면 은행이 금융자회사를 둔다고 할 때 어떤 경우에 구조개선법에 따른 승인이 필요한가? 첫째는 **은행이 동일계열 금융기관과 함께 금융업종 회사의 의결권 있는 발행주식 총수의 20% 이상을 소유하는 경우**이다(예를 들어, 25% 소유의 경우)(제24조 제1항 제1호). 두 번째는 은행이 동일계열 금융기관과 함께 **금융업종 회사의 의결권 있는 주식을 15% 초과하면서 20% 미만으로 소유하는 경우**(예를 들어, 17% 소유의 경우를 들 수 있다. 15% 기준이 나오는 것은 「은행법」에 따른 자회사 기준이 15%이기 때문이다)에 **동일계열 금융기관 또는 그 소속 기업집단이 최대주주가 되는 경우이거나 주주권 행사에 의한 지배관계가 형성되는 경우**이다(법 제24조 제1항 제2호, 시행령 제6조 제2항).

그리고 금융업종 회사의 주식을 소유하는 경우이므로 앞서 본 승인 요건을 충족하는데도 문제가 없게 된다. 승인 요건은 '비금융업종 회사를 사실상 지배하지 않을 것'이기 때문이다.

(3) 승인이 필요하지 않은 경우

반면에 은행이 금융자회사를 두는 경우에 구조개선법에 따른 금융감독당국 승인이 필요하지 않게 되는 경우는 **은행이 동일계열 금융기관과 함께 금융자회사의 의결권 있는 주식을 15% 초과 20% 미만으로 소유하면서 은행을 포함한 동일계열 금융기관 또는 그 소속 기업집단이 최대주주가 아니면서 주주권 행사에 의한 지배관계가 형성되지 않는 경우**이다(법 제24조 제1항 제2호, 시행령 제6조 제2항).

(4) 자은행을 두는 경우 승인 불필요

한편, 은행이 자은행을 두는 경우에는, 앞에서 논의한 것처럼, 「은행법」 제15조에 따라 금융감독당국의 승인을 받아야 하는 경우가 있으므로 이러한 경우에는 구조개선법 제24조 제1항 단서가 적용되어 구조개선법에 따른 별도의 승인은 필요 없다고 보아야 할 것이다.

2. 국외 금융자회사의 경우

(1) '신고'가 '인가·승인 등'에 해당하는지 여부

구조개선법 제24조에 따른 '다른 회사'의 범위에 해석상 외국회사가 포함되지 않는다고 보면 논의할 필요는 없지만, 외국회사도 포함된다고 본다면 논의할 필요가 있다. 이하의 논의

---

38) 금융감독위원회·금융감독원(2004. 12. 24), 1면.

는 구조개선법 제24조가 외국회사에도 적용된다는 것을 전제로 한다.

은행이 국외 금융자회사를 두는 경우 「은행법」 제13조 제2항에 따라 일정한 사유에 해당하게 될 때는 금융감독당국에 사전 신고를 해야 한다. 따라서 금융감독당국에 '신고'하는 것이 구조개선법이 규정하고 있는 금융기관 해당 설립 근거법에 따른 '인가·승인 등'에 포함되는지가 문제된다. 즉 '신고'가 '인가·승인 등'에 포함된다고 보면 구조개선법에 따른 별도의 승인이 필요 없지만, 포함되지 않는다고 보면 앞서 국내 금융자회사를 두는 경우에서 논의한 것처럼, 구조개선법에 따른 승인이 필요한 경우가 발생한다.

(2) '신고'도 ''인가·승인 등'의 범위에 포함

이에 대해서는 견해가 나누어질 수 있다. 신고가 인가나 승인이 아니기 때문에 '인가·승인 등'의 범위에 포함되지 않는다는 견해가 있을 수 있다. 반면에 '인가·승인 등'의 범위가 인가나 승인만 포함되는 것이 아니라 금융감독당국의 심사권이 개재되는 경우도 포함될 수 있다는 견해도 제시될 수 있다. 엄격히 해석하면 신고가 '인가·승인 등'의 범위에 포함되지 않는다고 볼 여지도 있지만, 국외 금융자회사 신설 계획 신고에 대해서 금융감독당국이 "보완, 변경 및 제한"을 명령할 수 있다는 점(「은행법」 제13조 제3항)에서 어느 정도 금융감독당국의 심사권이 개재될 수 있기 때문에 '인가·승인 등'의 범위에 포함될 수 있다고 볼 수 있다. 따라서 국외 금융자회사를 두는 경우에도 구조개선법에 따른 승인은 필요 없다고 할 수 있다. 그리고 신고를 할 필요가 없는 경우는 앞서 국내 금융자회사에서 논의한 내용이 적용되어서 금융감독당국의 승인이 필요한 경우 또는 승인이 필요 없는 경우가 있을 수 있다.

Ⅳ. 은행이 자회사가 아닌 회사의 주식을 취득하는 경우

1. 서설

은행은 다른 회사 등의 의결권 있는 지분증권 15%까지는 「은행법」에 따라 금융감독당국의 승인 없이 자유로이 소유할 수 있다(법 제37조 제1항). 자산 운용 차원에서 허용하고 있다. 즉 은행은 금융업종 회사와 비금융업종 회사 상관없이 의결권 있는 지분증권 15%까지는 소유할 수 있다. 그렇다면 구조개선법에 따른 승인도 필요 없는가? 앞서 논의한 것처럼, 「은행법」에 따라 승인이 필요 없어도 구조개선법에 따라 승인 사유에 해당하면 승인을 받아야 하기 때문이다. 이 경우는 금융업종 회사의 주식을 소유하는 경우와 비금융업종 회사의 주식을 소유하는 경우의 논의가 다르므로 나누어서 살펴본다.

2. 금융업종 회사의 주식을 소유하는 경우

(1) 서설

은행이 금융업종 회사의 의결권 있는 주식을 15% 이하로 소유하려고 하는 때에는 금융감독당국의 승인이 필요한 경우가 있거나 그렇지 않은 경우가 있을 수 있다.

(2) 금융감독당국의 승인이 필요한 경우

우선 금융감독당국의 승인이 필요한 경우를 생각해보면, ① 은행을 포함한 동일계열 금융기관이 금융업종 회사의 의결권 있는 주식을 5% 이상 10% 미만으로 소유하면서 동일계열 금융기관 또는 그 소속 기업집단이 최대주주가 되거나 주주권 행사에 의한 지배관계가 있는 경우(즉 사실상 지배하는 경우), ② 은행을 포함한 동일계열 금융기관이 금융업종 회사의 의결권 있는 주식을 10% 이상 15% 미만으로 소유하면서 동일계열 금융기관 또는 그 소속 기업집단이 최대주주가 되거나 주주권 행사에 의한 지배관계가 있는 경우(즉 사실상 지배하는 경우), 또는 ③ 은행을 포함한 동일계열 금융기관이 금융업종 회사의 의결권 있는 주식을 15% 소유하면서 동일계열 금융기관 또는 그 소속 기업집단이 최대주주가 되거나 또는 주주권 행사에 의한 지배관계가 있는 경우(즉 사실상 지배하는 경우)가 있다(제24조 제1항 제2호, 제3호, 제4호). 이 경우 금융업종 회사의 주식을 취득하는 것이므로 앞서 논의한 승인 요건(즉 비금융업종 회사를 사실상 지배하지 않을 것)을 충족하는데 문제가 없다.

(3) 금융감독당국의 승인이 필요하지 않은 경우

반면에 금융감독당국의 승인이 필요하지 않게 되는 경우는 ① 은행을 포함한 동일계열 금융기관이 금융업종 회사의 의결권 있는 주식을 5% 이상 15% 이하로 소유하면서 동일계열 금융기관 또는 그 소속 기업집단이 최대주주가 아니면서 주주권 행사에 의한 지배관계가 형성되지 않는 경우(즉 사실상 지배하지 않는 경우) 또는 ② 은행을 포함한 동일계열 금융기관이 금융업종 회사의 의결권 있는 주식을 5% 미만으로 소유하는 경우가 된다. ②의 경우에는 동일계열 금융기관이 금융업종 회사의 최대주주가 되거나 주주권 행사에 의한 지배관계가 형성되더라도(즉 사실상 지배하더라도) 금융감독당국의 승인 없이 소유할 수 있게 된다. 즉 ②의 경우에는 사실상 지배 기준에 있어서 5%를 고려하는지 여부에 상관없이 5% 미만이 되면 금융감독당국의 승인 없이 소유할 수 있다. 다시 말해서, 5%를 고려하여 사실상 지배를 판단하는 입장의 경우에는 5% 미만이 되면 설령 최대주주가 되거나 주주권 행사에 의한 지배관계가 있어도 사실상 지배에 해당하지 않게 되고(사실상 지배는 5% 이상 소유하는 경우에만 적용되기 때문이다), 이 경우는 금융감독당국의 승인 대상에 해당하지 않게 되어 승인 없이 소유할 수 있게 된다. 설령

5%를 고려하지 않고 사실상 지배를 판단하는 입장의 경우에도 여전히 5% 미만이 될 때 금융업종 회사를 사실상 지배하더라도(즉 최대주주가 되거나 주주권 행사에 의한 지배관계가 있어도) 주식 소유가 가능하므로 금융감독당국의 승인 없이 소유할 수 있다.

3. 비금융업종 회사의 주식을 소유하는 경우

(1) 서설

은행이 비금융업종 회사의 의결권 있는 주식 15% 이하로 소유하려고 하는 경우에는 비금융업종 회사를 사실상 지배하지 않은 요건을 충족해야 한다. 비금융업종 회사를 사실상 지배하지 않으므로 금융감독당국의 승인은 필요 없다.

(2) 비금융업종 회사의 주식을 소유할 수 있는 경우

제24조 제1항의 해석상 다음과 같은 경우에는 비금융업종 회사의 주식을 소유할 수 있다. 즉 ① 은행을 포함한 동일계열 금융기관이 비금융업종 회사의 의결권 있는 주식을 5% 이상 15% 이하로 소유하면서 동일계열 금융기관 또는 그 소속 기업집단이 사실상 지배하지 않는 경우(예를 들어, 15% 소유하면서 최대주주가 아니면서 주주권 행사에 의한 지배관계가 없는 경우) 또는 ② 사실상 지배 기준에 있어서 5% 기준을 고려하여 보는 입장을 취할 때(즉 사실상 지배라는 것은 5% 이상 소유하면서 사실상 지배를 하는 경우), 은행을 포함한 동일계열 금융기관이 비금융업종 회사의 의결권 있는 주식을 5% 미만으로 소유하는 경우(이 경우는 사실상 지배에 해당하지 않기 때문이다)이다. 즉 5% 미만으로 소유하고 있는 경우(예를 들어, 4%)에는 최대주주가 되거나 주주권 행사에 의한 지배관계가 형성되더라도 소유할 수 있다.

만약 사실상 지배 기준에 있어서 5% 기준을 고려하지 않는 입장을 취하면, 비금융업종 회사의 의결권 있는 주식 5% 미만으로 소유하고 있더라도 최대주주이거나 주주권 행사에 의한 지배 관계가 형성되는 경우(즉 비금융업종 회사를 사실상 지배하는 경우)에는 해당 주식을 소유할 수 없고, 5% 미만으로 소유하고 있더라도 최대주주가 아니면서 주주권 행사에 의한 지배권 행사가 없는 경우에만 금융감독당국의 승인 없이 소유할 수 있게 된다.

<참고 문헌>

고동원, "「금융산업의 구조개선에 관한 법률」 제24조의 쟁점 분석과 개선 과제," 「금융연구」 제20권 1호, 한국금융학회, 한국금융연구원, 2006. 6.

______, 「금융규제법개론」, 박영사, 2022.

국회 재정경제위원회, "금융기관의합병및전환에관한법률개정법률안 심사보고서," 1996. 12.

금융감독위원회·금융감독원, 「우리은행의 우리제일호사모투자전문회사에 대한 출자 승인」, 보도자료, 2004. 12. 24.

송옥렬, 「상법강의」 제13판, 홍문사, 2023.

윤희웅·이진국, "사모투자전문회사의 합자회사 형태에 따른 법적 문제점," 「BFL」 제10호, 서울대학교 금융법센터, 2005. 3.

이철송, 「회사법강의」 제31판, 박영사, 2023.

전성인, "구조개선법의 제정과 운용(運用)의 역사," 「BFL」 제16호, 서울대학교 금융법센터, 2006. 3.

진홍수, "최근 은행법상의 주요 법적 이슈 검토(자료)," 「은행법연구」 제2집, 은행법연구회, 2006. 12.

한국은행 은행감독원, 「은행법해설」, 1993.

제7장

지배구조

제1절

총 설

Ⅰ. 서설

금융기관의 '지배구조'(corporate governance)는 중요한 금융 규제 영역 중의 하나이다. 금융기관도 주식회사이므로 「상법」의 적용을 받게 되고, 대표이사나 이사를 선임하는 경우에도 「상법」에 따라 선임하면 무방할 것이라고 생각할 수 있다. 그러나 금융기관의 경우 다른 일반 기업과 달리 예금자 및 투자자 등 금융소비자라는 이해관계자가 관여되어 있고, 금융기관이 파산하게 되면 전체 금융시장과 경제에 미치는 영향이 크기 때문에 규제와 감독이 이루어질 수밖에 없는 특성이 있다. 금융기관의 지배구조 문제도 이런 측면에서 생각해볼 필요가 있다. 이러한 금융 규제상의 특성이 없다면 사실 법이 금융기관의 지배구조에 대해서 특별히 개입할 필요가 없다. 오히려 자율성을 부여하는 것이 금융기관의 경영에 더 도움이 될 수 있다. 그러나 현실은 그렇지 못하기 때문에 법이 개입할 수밖에 없다. 그래서 금융기관의 지배구조에 적용되는 지배구조법이 제정되어 있다. 지배구조법은 「상법」의 특별법으로서 지배구조에 대한 여러 가지 규제와 통제를 하고 있다.

지배구조와 관련하여 또 하나 생각해보아야 할 것은 지배구조를 설계할 때 주주 이익을 우선할 것인지, 아니면 예금자나 투자자 등 다른 이해관계자의 이익을 우선할 것인지의 문제이다. 이에 대해서는 다양한 논의가 있을 수 있으나, **공공성이라는 금융기관의 특성을 고려할 때 이해관계자의 이익을 우선하는 지배구조 설계가 중요**하다고 본다.

은행 감독에 관한 국제적인 기준을 제시하고 있는 바젤은행감독위원회(Basel Committee on Banking Supervision: BCBS)의 「2015년 은행 지배구조 원칙」(Corporate Governance Principles for Banks)은 '지배구조'를 "은행의 목표가 설정되는 체계를 구성하고 그러한 은행의 목표를 달성하고 경영 성과를 감시하는 수단으로 작동하는 은행의 경영진, 이사회, 주주 및 그 밖의 이해관계자 사이의 일련의 관계"라고 정의하고 있다.[1] 이러한 정의에서 알 수 있듯이 바람직한 지배구조를 구축하는 것은 은행의 건전한 경영을 위해서 필수적인 요소이다. 특히 다수의 금융소비자와 거래하는 금융기관의 경우 그 필요성은 더욱 절실하다. '선량한' 예금자가 있는 은행의 경우도 마찬가지이다. 지급결제 기능을 갖고 있는 은행이 부실화될 때 전체 금융시장에 미치는 영향이 다른 금융기관에 비해 크다는 점을 고려할 때 은행의 지배구조는 더 강화되어야 한다는 주장도 가능하다. 이렇게 **금융기관 지배구조 문제는 건전성 규제**(prudential regulation)**의 핵심**으로 자리 잡고 있다.

은행을 비롯한 금융기관의 지배구조는 1997년 말 외환위기 후 시행된 금융 개혁 조치에 의하여 상당히 큰 변화가 있었다. 종전의 사내이사로 구성되었던 이사회가 사외이사(outside director)[2] 중심의 이사회가 되었고, 감사(auditor) 이외에 감사위원회(audit committee) 제도가 도입되었으며, 준법감시인(compliance officer) 등 내부통제(internal control) 제도가 도입된 것이 특징적이다.

지배구조법의 내용을 살펴보기 전에 금융기관 지배구조에 대한 국제적 기준을 제시하고 있는 바젤은행감독위원회의 「2015년 은행 지배구조 원칙」의 내용을 살펴본다.

Ⅱ. 바젤은행감독위원회의 「2015년 은행 지배구조 원칙」[3]

1. 개관

(1) 원칙의 연혁

바젤은행감독위원회의 은행 지배구조 원칙은 1999년 9월 「Enhancing Corporate Gover-nance for Banking Organizations」로 처음 제정 되었고, 이후 2006년 2월 개정된 후 2010년 10월 「Principles for Enhancing Corporate Governance」로 명칭이 변경되면서 개정되었다(para. 7).[4] 이 원칙은 세계경제개발기구(Organisation for Economic Co-operation and Development: OECD)가 제시한 「기업지배구조 원칙」(Principles of Corporate Governance)[5]을 토대로 하고 있다(Principle para. 4). 2010년 원칙은 2008년 세계적 금융위기에서 얻을 수 있는 교훈을 바탕으

1) Basel Committee on Banking Supervision, "Guidelines: Corporate Governance Principles for Banks," July 2015, Glossary ("A set of relationships between a company's management, its board, its share-holders and other stakeholders which provides the structure through which the objectives of the company are set, and the means of attaining those objectives and monitoring performance").

2) 독립이사(independent director)라고 불리기도 한다.

3) 이하는 고동원·황재학(2024), 4~14면 참조.

4) 이 원칙은 문단별로 번호를 매기고 있는데, para. 7은 7 문단(paragraph)이라는 의미이다(이하 같다).

5) 가장 최근 2023년 9월 개정된 "The G20/OECD Principles of Corporate Governance 2023"이다. <https://www.oecd-ilibrary.org/governance/g20-oecd-principles-of-corporate-governance-2023_ed750b30-en>.

로 제정되었지만(para. 7), 이후 새롭게 대두된 지배구조의 강화 움직임을 반영하여 2015년 7월 개정된 「**2015년 은행 지배구조 원칙**」(Guidelines: Corporate Governance Principles for Banks)이 발표되었다(para. 10).

(2) 위험 관리의 중요성 강조

특히 2008년 금융위기를 겪으면서 금융기관의 위험 관리가 중요하다는 인식이 확대되면서 「2015년 은행 지배구조 원칙」도 **위험 관리 내용을 강화**하였다. 위험 관리에 있어서 이사회의 역할과 책임을 강조하고, 금융기관의 **위험 '문화'**(culture) **정착**, 위험 성향 파악 및 위험 관리 능력 등이 위험 관리의 핵심적인 요소가 된다는 점을 강조하면서, 이사회, 위험관리위원회, 최고경영진(senior management), 최고위험관리자(chief risk officer: CRO)와 내부감사 등 내부통제책임자의 역할을 규정하고 있으며, 전체적인 '견제와 균형'을 유지할 것을 강조하고 있다(para. 11).

(3) 건전하고 효율적인 지배구조 구축의 필요성

이외에도 「2015년 은행 지배구조 원칙」은 은행에 **효율적인 지배구조를 구축하는 것은 은행산업뿐만 아니라 전체 경제에도 상당히 중요한 요소**라고 하면서(para. 1), 지배구조의 가장 중요한 목적은 공공의 이익에 지속적으로 부합할 수 있도록 주주와 채권자를 포함한 은행 이해관계자들의 이익을 보호하기 위한 것이라는 점을 밝히고 있다(para. 2). 특히 **건전한 지배구조 구축이야말로 은행의 건전성을 높일 수 있는 중요한 요소 중의 하나이며, 지배구조가 효율적으로 작동되지 않으면 은행의 위험 관리에 큰 악영향을 미칠 수 있다는 점**도 언급하고 있다(para. 5).

(4) 3개 방어선의 개념

「2015년 은행 지배구조 원칙」은 **효율적인 위험 관리**와 관련해서 소위 **'3개 방어선'**(three lines of defence)이라는 개념을 언급하고 있는데, 각 방어선이 제 역할을 잘 해야 건전한 지배구조가 구축될 수 있다는 점을 강조하고 있다. 즉 **'1차 방어선'**(first line of defence)은 '영업 방어선'(business line)을 말하는데, 영업 부서에서 업무를 수행하면서 발생하는 위험을 파악하고 관리하는 기능을 말한다(para. 13). **'2차 방어선'**(second line of defence)은 1차 방어선과 독립해서 은행의 전체적인 위험을 파악·평가·감시·보고하는 준법감시(compliance) 기능을 말한다(para. 13). **'3차 방어선'**(third line of defence)은 위험관리 체계 등 지배구조 체계가 효율적으로 제대로 작동하고 있는지를 감사하는 내부 감사(internal audit) 기능을 말한다(para. 13).

(5) 소결

이처럼 바젤은행감독위원회의 지배구조 원칙은 비록 은행에 대한 내용이지만 다른 금융기관에도 충분히 적용될 수 있는 사항이므로 이러한 원칙을 살펴보는 것은 지배구조에 관한 국제적인 기준을 이해할 수 있다는 점에서 시사점이 클 것으로 생각되어서 이하에서 자세히 살펴본다.

2. 원칙의 주요 내용

(1) 원칙 1: 이사회의 전반적인 책임 원칙

> 원칙 1: 은행 이사회는 경영진이 은행의 전략 목표, 지배구조 체제 및 조직 문화를 설정하고 이행하는 것을 승인하고 총괄하는 등 전반적인 책임을 져야 한다.[6]

원칙 1은 **지배구조와 관련된 이사회의 책임을 강조**하고 있다. 즉 이사회가 은행의 영업 전략, 건전한 재무 상태, 핵심 임원의 결정, 내부 조직, 지배구조 실무 관행, 위험 관리 및 법규준수(compliance) 의무 등에 대한 최종적인 책임을 져야 한다는 점을 강조하고 있다(para. 23). 이를 위해서 이사회는 이사회 및 최고경영진, 위험 관리 및 통제 업무 책임자의 핵심적인 권한과 책임을 명확히 하는 조직 체계를 갖추도록 하고 있다(para. 24). 특히 위험의 인식과 인수 및 관리 면에서 책임 있고 윤리적인 행위를 위한 적절한 규범을 강화하는 **'조직 문화'**(corporate culture)**가 건전한 지배구조의 핵심 요소**라는 점을 강조하고 있는데(para. 29), 이는 그만큼 은행 구성원들이 지배구조와 위험 관리의 중요성에 대하여 인식을 하고 이를 준수하는 조직 문화를 만들어 나가는 일이 필요하다는 점을 일깨워주고 있다. 이외에도 이사회는 '2차 방어선'인 위험 관리 및 법규 준수 기능과 '3차 방어선'인 내부 감사 기능이 적절하게 운영되고 해당 업무가 독립적이면서 효율적으로 수행될 수 있도록 해야 한다는 점도 강조하고 있다(para. 44). 더 나아가서 **이사회는** 최고경영자(CEO) 및 최고경영진을 포함한 임원을 선임하고 감시할 수 있는 권한이 있어야 하고, 특히 **최고경영자 등의 경영승계 계획에도 관여**해야 한다는 점을 밝히고 있다(para. 46).

---

6) Principle 1: Board's overall responsibilities
The board has overall responsibility for the bank, including approving and overseeing management's implementation of the bank's strategic objectives, governance framework and corporate culture.

(2) 원칙 2: 이사회 구성원의 자격 요건

> 원칙 2: 이사회 구성원은 개별적으로 그리고 전체적으로 일정한 자격 요건을 갖추고 이를 유지해야 한다. 이사회 구성원은 감시 및 지배구조의 역할을 이해하고 있어야 하며, 은행 업무에 대한 건전하고 객관적인 판단을 할 수 있어야 한다.7)

원칙 2는 이사회 구성원의 자격 요건에 대하여 규정하고 있다. 그만큼 지배구조에서 이사회의 역할이 중요하고 그러한 역할을 잘 수행하기 위해서는 이사회가 자격 있는 자로 구성되어야 한다는 점을 강조하고 있다. 즉 **이사회가 효율적인 감시 업무와 임무를 수행하기 위해서는 충분한**(sufficient) **수**(數)**의 독립이사**(independent directors)**로 구성되어야 한다**는 점을 밝히고 있다(para. 47). 또한 이사회 구성원의 자격 요건으로서 자본시장, 재무 분석, 금융 안정, 재무 보고, 정보 기술, 전략 기획, 위험 관리, 보수, 규제, 기업 지배구조 및 경영 기술 분야 등에서 지식과 경험을 갖춘 자이어야 한다는 점도 언급하고 있다(para. 49). 물론 아주 구체적으로 규정하고 있지는 않지만 전문성을 갖춘 자이어야 한다는 점에서 의미가 있는 규정이다. 또한 은행은 임원 후보를 추천하는 지명위원회(nomination committee)를 운영할 필요가 있고, 이 위원회는 충분한 수(數)의 독립이사로 구성되어야 한다는 점을 강조하고 있다(para. 54).

(3) 원칙 3: 이사회의 조직과 실무 관행

> 원칙 3: 이사회는 적절한 지배구조 체계와 이사회의 업무에 대한 실무 관행을 파악하고, 효율성이 지속되기 위해서 그러한 실무 관행이 준수되고 정기적으로 평가될 수 있는 방법을 마련해야 한다.8)

원칙 3은 **이사회의 조직과 운영에 대한 평가, 이사회 의장 및 산하 위원회**에 대하여 규정하고 있다. 특히 **이사회 의장은** 이사회 운영에 중요한 역할을 하므로 적합한 경험과 능력을 갖춘 자이어야 하며, 견제와 균형의 역할을 제대로 하기 위해서는 **독립이사나 비상임이사**(non-executive board member)**가 맡아야 하고,** 만약 각 나라의 법률이 사내이사가 이사회 의장을 맡는 것을 허용하는 경우에는 선임이사나 선임독립이사 또는 그와 유사한 지위를 갖는 자를 선임하거나 비상임이사가 과반수가 되도록 해서 견제와 균형에 악영향을 미칠 수 있는 요소를 완화할 수 있는 조치를 취해야 한다고 하고 있다(para. 61, 62). 또한 이사회는 그 운영의 효율성을 높이기

7) Principle 2: Board qualifications and composition
Board members should be and remain qualified, individually and collectively, for their positions. They should understand their oversight and corporate governance role and be able to exercise sound, objective judgment about the affairs of the bank.

8) Principle 3: Board's own structure and practices
The board should define appropriate governance structures and practices for its own work, and put in place the means for such practices to be followed and periodically reviewed for ongoing effectiveness.

위해서 산하에 전문성을 갖춘 위원회를 설치하여 운영할 수 있다고 하면서(para. 63), 그러한 위원회로서 감사위원회, 위험관리위원회, 보수위원회(compensation committee), 지명위원회, 윤리·법규준수위원회(ethics and compliance committee)를 들고 있다(para. 68, 71, 76, 77). 이 중 보수위원회와 관련해서는 임원에 대한 보수가 은행의 문화, 장기적인 영업과 위험 성향, 성과 및 통제 환경에 적합하고 적절하게 이루어지도록 이사회를 지원해야 하고, 보수위원회의 위원 구성도 보수 정책과 실무 관행 및 유인책(incentive)에 대해서 적절하고 독립적으로 결정할 수 있도록 되어야 한다는 점을 밝히고 있다(para. 76). **보수위원회의 위원장은 독립이사나 비상임이사가 맡아야 한다**(para. 67). 또한 은행에는 고객과 이해상충 등 다양한 이해상충이 발생할 수 있으므로 이사회는 잠재적인 이해상충을 인식하고 이를 적절하게 관리할 수 있는 감시 체계를 구축해야 한다는 점을 강조하고 있다(para. 82).

(4) 원칙 4: 최고경영진

원칙 4: 최고경영진은 이사회가 승인한 영업 전략, 위험 성향, 보수 및 그 밖의 정책에 맞추어 이사회의 지시와 감독을 받으면서 은행의 업무를 수행하고 관리해야 한다.[9]

원칙 4는 최고경영자(CEO)를 포함한 최고경영진의 자격 요건과 직무 등에 대하여 규정하고 있다. 최고경영진의 구성과 결정 절차는 명확성과 투명성을 갖추어야 할 뿐만 아니라 은행 경영을 효율적으로 추진할 수 있도록 해야 하며, 최고경영자를 포함한 최고경영진의 역할, 권한 및 책임을 명확하게 규정해야 한다(para. 88). 이외에도 최고경영진은 은행 업무와 직원을 잘 관리하는데 필요한 경험, 능력 및 도덕성(integrity)을 갖추어야 하며(para. 89), 이사회가 최고경영진을 감독하고 업무 성과를 평가하는데 필요한 정보와 자료를 정기적으로 적절하게 이사회에게 제공해야 할 의무도 있다(para. 94).

(5) 원칙 5: 금융기업집단의 경우 지배구조

원칙 5: 금융기업집단의 경우에는 모회사의 이사회가 금융기업집단 전체 회사의 조직과 업무 및 위험에 적합한 지배구조 체계를 구축하고 운영할 수 있도록 금융기업집단에 대한 총괄 관리 책임을 져야 한다.[10]

9) Principle 4: Senior management
Under the direction and oversight of the board, senior management should carry out and manage the bank's activities in a manner consistent with the business strategy, risk appetite, remuneration and other policies approved by the board.

10) Principle 5: Governance of group structures

원칙 5는 금융기업집단(group)을 구성하고 있는 경우 모회사의 이사회와 자회사의 이사회의 역할에 대하여 규정하고 있다. 금융기업집단 전체를 총괄하는 위치에 있는 모회사의 이사회는 모회사뿐만 아니라 전체 자회사에 영향을 미칠 수 있는 중요한 위험과 문제를 파악하고 있어야 하며, 자회사 이사회의 지배구조 책임과 법적 독립성을 존중하면서 전체 자회사에 대한 적절한 감시 기능을 수행해야 한다(para. 95). 이를 위해서 모회사의 이사회는 모회사 및 자회사의 이사회의 명확한 역할과 책임을 규정한 지배구조 체제를 설정하고, 지배구조 체제가 금융기업집단에 속하는 전체 회사의 위험 관리를 적절하게 수행하도록 구축되었는지를 평가하는 역할을 해야 한다(para. 95). 한편 자회사의 이사회와 최고경영진도 자체적으로 효율적인 위험 관리를 해야 할 책임이 있으며, 절차나 방법도 금융기업집단 전체의 효율성 있는 위험 관리를 지원하는 것이 되어야 한다(para. 97). 이외에도 자회사의 이사회는 자회사의 영업 목표, 위험 관리, 기업 가치 및 지배구조 원칙이 금융기업집단 전체에 적용되는 원칙에 부합하도록 해야 하는데, 다만 그러한 원칙을 적용할 때 자회사의 건전 경영에 해를 미치거나 관련 법규에 위반이 될 때는 필요한 변경을 할 수 있도록 허용하고 있다(para. 98).

(6) 원칙 6: 위험관리 기능

원칙 6: 은행은 최고위험관리자의 관리 아래 충분한 성과와 독립성 및 자원(resources)을 갖추고 이사회에 보고할 수 있는 효율적이고 독립적인 위험관리 기능을 갖추어야 한다.[11]

원칙 6은 은행의 위험관리 기능과 최고위험관리자(chief risk officer: CRO)의 역할에 대하여 규정하고 있다. **독립성을 갖춘 위험관리 기능**은 '2차 방어선'의 핵심 요소라는 점과 은행 전체에 걸쳐서 위험 인수 행위를 관리할 필요가 있다는 점을 강조하고 있다(para. 105). 또한 위험관리 부서는 영업 부서와 긴밀한 협력을 하면서도 위험관리 기능은 영업 부서로부터 충분히 독립해서 수행되어야 하며 수익을 창출하는 업무에 관여해서도 안 되는데, 그러한 독립성은 효율적인 위험 관리 기능의 핵심 요소라는 점을 강조하고 있다(para. 106). 특히 규모가 크고 국제적인 업무를 영위하는 은행의 경우에는 최고위험관리자를 선임해야 하는데, 최고위험관리자는 은행의 위험관리 기능을 제고하고 수행하는 총괄 책임을 진다(para. 108, 109). 이외에도 최고위험관리자는 다른 집행 업무와 독립되어서 업무를 수행해야 하는데, 이를 위해서 업무를 수행

In a group structure, the board of the parent company has the overall responsibility for the group and for ensuring the establishment and operation of a clear governance framework appropriate to the structure, business and risks of the group and its entities.

11) Principle 6: Risk management function
Banks should have an effective independent risk management function, under the direction of a chief risk officer (CRO), with sufficient stature, independence, resources and access to the board.

하는데 필요한 정보에 접근할 수 있는 권한이 부여되어야 하며, 최고재무책임자 등 영업 부서 책임자들이 최고위험관리자를 겸직해서는 안 된다(para. 110).

(7) 원칙 7: 위험 파악, 감시 및 통제

원칙 7: 위험은 지속적으로 기업집단 전체적으로 뿐만 아니라 각 개별 회사 기준으로 파악·감시·통제되어야 한다. 은행의 위험 관리와 내부통제 구조는 위험 특징과 외부 위험 환경의 변화 및 은행산업 실무 관행에 맞추어 고도화 되어야 한다.[12)]

원칙 7은 위험 파악과 감시 및 통제에 대한 규정을 하고 있다. 위험 파악과 관련해서 은행의 재무상태표 장부(帳簿) 내의 항목(on－balance)과 장부 외의 항목(off－balance)을 포함해서 은행뿐만 아니라 기업집단 전체적으로 발생할 수 있는 모든 중요한 위험을 파악해야 하는데, 효율적인 위험 측정을 위해서는 이사회 및 최고위험관리자를 포함한 최고경영진은 정기적으로 또는 필요한 경우에는 수시로 은행이 직면한 위험과 전체적인 위험 특징을 평가해야 한다(para. 113). 정보기술 기반 등 위험관리 기반도 은행 업무의 확대와 복잡성에 맞추어 고도화될 필요가 있으며, 위험을 파악하고 측정하고 완화시킬 수 있는 정확한 내부 및 외부 정보를 보유하고 있어야 한다(para. 117, 118). 또한 위험의 질적 및 양적 분석의 일환으로 은행은 잠재적인 위험 노출 요인을 파악하기 위해서 '위기상황 시험'(stress test)과 '상황 가정 분석'(scenario analysis) 방법을 사용할 필요가 있다(para. 120). 이외에도 위험 관리 기능은 위험 노출을 파악하고 측정하는 것 이외에도 이러한 위험 노출을 줄이기 위한 가능한 방법을 찾아내고 평가하는 것을 포함해야 한다(para. 122).

(8) 원칙 8: 위험에 관한 의사소통

원칙 8: 효율적인 위험 관리 체계를 구축하기 위해서는 은행 내부 및 외부에 걸쳐 이사회와 최고경영진에 대한 보고 체계를 통해서 위험에 관한 의사소통이 필요하다.[13)]

원칙 8은 위험에 관한 의사소통, 즉 보고 체계를 강조하고 있다. 은행의 위험 관리 전략을 포함한 위험 요소에 대한 지속적인 의사소통 체계는 건전한 위험관리 문화를 구축하는데 핵심

12) Principle 7: Risk identification, monitoring and controlling
Risks should be identified, monitored and controlled on an ongoing bank－wide and individual entity basis. The sophistication of the bank's risk management and internal control infrastructure should keep pace with changes to the bank's risk profile, to the external risk landscape and in industry practice.

13) Principle 8: Risk communication
An effective risk governance framework requires robust communication within the bank about risk, both across the organisation and through reporting to the board and senior management.

적인 원칙이 되며, 이러한 위험관리 문화는 위험 인식을 높이고 의사소통을 더 활발하게 한다(para. 126). 정보는 적시에 정확하고 이해할 수 있는 방법으로 이사회 및 최고경영진에게 보고되어 충분한 정보를 토대로 결정이 이루어지도록 해야 한다(para. 127). 특히 즉각적인 결정이나 조치를 요하는 중요한 위험 관련 정보는 즉시 최고경영진에게 보고되어야 하고, 필요한 경우에는 이사회 및 담당 임원이나 내부통제책임자에게도 보고되어 초기에 적절한 조치가 취해지도록 해야 한다(para. 128).

(9) 원칙 9: 준법감시

원칙 9: 이사회는 은행의 준법감시 위험을 관리할 전반적인 책임을 진다. 이사회는 준법감시 기능을 마련해야 하며, 준범감시 위험을 파악·평가·감시·보고·자문하기 위한 정책과 절차를 승인해야 한다.[14]

원칙 9는 준법감시에 대하여 규정하고 있다. **독립성을 갖춘 준법감시 기능은 은행 '2차 방어선'의 핵심 요소**이며, 이 기능은 은행이 법규 및 내부 정책을 준수해서 영업을 잘 영위할 수 있도록 한다(para. 132). 이사회와 경영진이 은행의 준법감시에 대하여 최종 책임을 지지만, 준법감시 기능은 은행 임직원이 법규를 준수하면서 책임 있는 영업 행위를 할 수 있도록 기업 가치와 정책 및 절차를 지원하는데 있어서 중요한 역할을 한다(para. 134). 준법감시 기능은 경영진으로부터 부당한 압력을 받지 않도록 독립성을 확보해야 하며, 준법감시 부서는 필요한 경우에는 준법감시 위험 관리에 대한 사항을 직접 이사회에 보고할 수 있어야 한다(para. 136). 준법감시 기능은 충분한 권한과 독립성 및 자원(resources)을 가지고 이사회에 보고할 수 있어야 하며, 경영진은 준법감시 업무에 관여해서는 안 되고, 준법감시인은 최고재무책임자 등 영업부서 책임자의 직위를 겸직해서는 안 된다(para 137).

(10) 원칙 10: 내부 감사

원칙 10: 내부 감사 기능은 이사회에 독립적인 확신을 제공해야 하며, 은행의 효율적인 지배구조 절차와 장기적인 건전성을 높일 수 있도록 이사회와 최고경영진을 지원해야 한다.[15]

14) Principle 9: Compliance
The bank's board of directors is responsible for overseeing the management of the bank's compliance risk. The board should establish a compliance function and approve the bank's policies and processes for identifying, assessing, monitoring and reporting and advising on compliance risk.

15) Principle 10: Internal audit
The internal audit function should provide independent assurance to the board and should support board and senior management in promoting an effective governance process and the long-term

원칙 10은 내부 감사(監査, audit) 기능에 대하여 규정하고 있다. 내부통제에서 '3차 방어선'에 해당하는 내부 감사 기능은 효과적이고 효율적이어야 하는데, 이는 은행의 내부통제, 위험관리 및 지배구조 체제와 절차의 질(quality) 및 효율성에 대해서 이사회와 최고경영진에게 독립적인 확신을 줌으로써 은행 조직과 평판을 유지하는데 기여한다(para. 138). 내부 감사 기능은 명확한 책무를 가져야 하며, 이사회에 책임을 져야 하고, 감사받는 업무와는 독립이 되어야 하며, 감사(監事, auditor)가 그 직무를 효율적이고 객관적으로 수행하기 위해서는 충분한 능력과 자원을 갖추고 권한을 부여받아야 한다(para. 139). 내부 감사 기능이 독립성을 유지하기 위해서는 내부 감사 보고서는 경영진을 거치지 않고 직접 이사회 및 감사위원회에 제공되어야 하며, 내부 감사(監事)는 이사회나 감사위원회에 직접 보고할 수 있도록 해야 한다(para 142). 그만큼 내부 감사 기능의 독립성 확보가 중요하다는 점을 알 수 있다.

(11) 원칙 11: 보수

원칙 11: 은행의 보수 체계는 건전한 지배구조와 위험관리를 지원할 수 있도록 마련되어야 한다.[16)]

원칙 11은 임원 보수(compensation) 체계에 대하여 규정하고 있다. 보수 체계도 은행 지배구조와 유인책(incentive) 구조의 핵심 요소가 된다(para 143). 이사회나 그 위임을 받은 보수위원회는 경영진의 보수 체계 집행에 대한 전체적인 관리 책임을 지며, 보수 체계가 위험과 자본 및 유동성을 관리하는데 필요한 유인책을 적절하게 제공하는지에 대한 정기적인 평가 결과를 조사하고 검토해야 한다(para. 143). 이사회는 보수위원회와 더불어 최고경영자, 최고위험관리자, 내부 감사(監事) 등을 포함한 최고경영진에 대한 보수 결정을 하며, 보수 정책과 체계 및 관련된 통제 절차를 개발하고 운영하는 관리 책임을 진다(para. 146). 또한 보수 체계는 은행의 업무, 위험 관리 전략, 목표, 가치 및 장기적인 이익에 맞추어져 있어야 한다(para. 148). 보수 지급은 위험 관리 결과에 맞추어서 여러 해에 걸쳐 이루어져야 하는데, 특히 주요 위험 부서에 근무하는 직원에게는 위험 결과가 나올 때까지 보수의 상당 부분에 대한 지급이 이연될 필요가 있으며, 실현된 위험 결과나 행위에 따라 보수가 감경되거나 이미 지급된 보수는 환수되어야 한다(para. 150).

---

soundness of the bank.

16) Principle 11: Compensation
The bank's remuneration structure should support sound corporate governance and risk management.

(12) 원칙 12: 지배구조의 공시 및 투명성

원칙 12: 은행의 지배구조는 주주, 예금자, 다른 관련 이해관계자 및 시장참여자에게 적절하고 투명하게 공개되어야 한다.[17]

원칙 12는 지배구조의 공시와 투명성에 대하여 규정하고 있다. 투명성은 건전하고 효율적인 지배구조를 유지하기 위해 필요한데, 이러한 투명성 확보의 목적은 은행의 이해관계자인 주주, 예금자, 관련 이해관계자 및 시장참여자들이 지배구조의 효율성을 평가하기 위해서 필요한 정보를 제공받기 위한 것이다(para. 151). 은행은 위험 노출 및 위험관리 전략에 관한 핵심 사항을 비밀 보장 법규를 위반하지 않는 범위 내에서 공개해야 하며, 은행이 중요하면서 복잡하고 투명하지 않은 행위에 관여된 경우에는 그러한 행위의 목적, 전략, 구조, 관련된 위험과 통제 등에 관한 적절한 정보를 공개해야 한다(para. 155). 정보 공개는 정확하고 명확해야 하며, 정보가 적시에 은행의 정보게시판이나 연간 내지 정기 재무보고서 또는 다른 적절한 방법으로 공개되어야 하고, 특히 연간 지배구조 보고서의 내용은 연간 재무보고서에 포함되어 발간되는 것이 필요하다(para. 156).

(13) 원칙 13: 감독기관의 역할

원칙 13: 감독기관은 은행의 지배구조에 대한 종합적인 평가와 은행 이사회 및 최고경영진과 정기적인 교류 등을 통하여 은행의 지배구조를 지도·감독해야 하며, 필요한 경우 개선 요구와 시정 조치를 취해야 하고, 다른 감독기관들과 지배구조에 관한 정보를 공유해야 한다.[18]

원칙 13은 지배구조에 관련된 감독기관의 역할에 대하여 규정하고 있다. 감독기관은 은행의 지배구조를 제대로 평가할 수 있는 절차와 규정을 마련해야 하는데, 그러한 평가는 자료나 보고서의 정기적인 검토, 이사회 구성원 및 직원과 면담, 검사, 은행 자체적인 평가 및 그 밖의 현장(on-site) 내지 상시(off-site) 감시 방법으로 이루어져 한다(para 159). 감독기관이 은행의 지배구조에 대한 전반적인 평가를 함에 있어서 특히 주의를 기울여야 할 부분은 위험관리, 준법감시 및 내부감사 기능인데, 내부통제가 건전한 지배구조에 기여하고 있는지를 평가할 필요

17) Principle 12: Disclosure and transparency
The governance of the bank should be adequately transparent to its shareholders, depositors, other relevant stakeholders and market participants.

18) Principle 13: The role of supervisors
Supervisors should provide guidance for and supervise corporate governance at banks, including through comprehensive evaluations and regular interaction with boards and senior management, should require improvement and remedial action as necessary, and should share information on corporate governance with other supervisors.

가 있다(para. 160). 감독기관은 이사회 구성원 및 최고경영진의 선임에 관한 은행의 절차와 기준을 평가하고, 필요하다고 판단하는 경우에는 이사회 구성원 및 최고경영진의 전문성과 특성에 관한 정보를 확보해야 하며, **이사회 구성원과 최고경영진의 자격 적합성에 대하여 지속적으로 관심을 기울여야 한다**(para. 161). 또한 감독기관이 은행의 전반적인 지배구조 평가를 함에 있어서는 은행 이사회와 최고경영진의 지배구조 효율성을 평가하려고 노력해야 하는데, 특히 은행의 위험 '문화'에 대한 평가에 주의를 기울여야 한다(para. 162). 이외에도 감독기관은 은행 이사회 구성원, 최고경영진, 위험관리책임자, 준법감시인, 내부 감사(監事) 등과 정기적인 회의나 특별회의 등 다양한 의사소통 수단을 통하여 정기적으로 교류해야 한다(para. 164). 또한 감독기관은 은행 지배구조의 개선이 필요하거나 제대로 작동되지 않는다고 판단하는 경우에는 개선 요구나 시정 조치를 할 수 있는 권한과 제재 조치를 취할 수 있는 권한을 가져야 한다(para. 166). 이외에도 감독기관은 다른 감독기관 등과 협력 및 적절한 정보 공유를 해야 하는데, 특히 국제적인 영업을 하는 은행에 대하여 외국 감독기관과 정보를 공유하는 것은 아주 중요하다고 강조하고 있다(para. 168).

3. 평가

「2015년 은행 지배구조 원칙」은 은행 이사회 및 최고경영진의 역할과 책임, 임원의 자격 요건, 이사회 구성과 운영, 위험관리, 내부통제,[19] 보수 규제, 감독기관의 역할 등 지배구조와 관련된 중요한 기준을 제시하고 있는데, 건전한 지배구조 구축이 은행의 건전성을 유지하기 위해서 아주 중요한 요소라는 점을 알 수 있다. 이런 점에서 우리의 은행 지배구조 체제도 이러한 국제적인 기준에 잘 부합하게 되어 있는지 살펴보면서 개선 방안을 모색하는 것은 의미가 있다. 예를 들어, 은행 임원은 일정한 전문성 자격 요건을 갖추어야 한다는 원칙이나 이사회 의장도 원칙적으로 독립이사가 맡아야 한다는 원칙은 우리가 참고할 필요가 있다. 특히 2008년 세계적 금융위기 이후 위험관리 및 내부통제가 중요한 지배구조 요소로 인식되면서 강화된 원칙이 규정되었다는 점은 우리에게 시사하는 바가 크다. 우리의 경우 2019년 및 2020년 발생한 사모집합투자기구의 불완전 판매 사건[20] 등 내부통제 체제 미비에 따른 금융소비자 피해 사건은 다시금 위험관리와 내부통제의 중요성을 일깨워주고 있다. 이런 점에서 바젤은행감독위원회가 제시한 은행 지배구조 원칙을 잘 이해하여 건전한 지배구조 구축을 위한 법제 정

---

19) 바젤은행감독위원회가 1998년 9월 발표한 「은행 내부통제 체제 원칙」(Framework for Internal Control Systems in Banking Organizations)은 내부통제 13가지 원칙을 제시하고 있다.

20) 사모집합투자기구의 불완전 판매가 은행이 내부통제기준 마련 의무를 제대로 준수하지 않아서 발생했다는 이유로 금융감독당국이 은행 등 판매회사를 상대로 제재한 사건에 대해서 이루어진 법원 판결에 대한 분석은 김홍기·문은경(2021), 96~97면; 장혜명 외 3인(2022), 102~108면; 관련된 논의는 조경준(2023), 394~395면.

비를 하는 것이 필요하다.

Ⅲ. 지배구조법 개관

1. 주요 내용

2015년 7월 31일 제정되고 2016년 8월 1일 시행된 지배구조법은 은행 등 주요 금융기관의 지배구조에 관하여 적용되는 법률이다. 종전에 각 금융기관의 설립 근거법에 규정되었던 내용을 이 법률에 통합하여 규정한 것이다. 2008년 세계적 금융위기 이후 금융기관의 지배구조 강화 추세를 반영하고, 금융기관 사이에 지배구조 규제의 통일성을 도모하기 위해서 통합법으로 제정되었다. 적용 대상 금융기관은 은행(한국산업은행, 중소기업은행, 농협은행, 수협은행 등 특수은행 포함), 자본시장법에 따른 금융투자업자(증권회사, 자산운용회사, 신탁회사, 투자자문회사 등), 종합금융회사, 보험회사, 상호저축은행, 여신전문금융회사, 금융지주회사이다(법 제2조 제1호). 이 법률은 ① 이사, 감사, 집행임원, 업무집행책임자 등 임원 자격 요건 및 겸직 제한 등에 관한 사항, ② 사외이사 자격 요건 및 선임에 관한 사항, ③ 이사회 구성 및 운영에 관한 사항, ④ 이사회 내 위원회(임원후보추천위원회, 감사위원회, 위험관리위원회, 보수위원회, 내부통제위원회 등) 구성 및 운영에 관한 사항, ⑤ 내부통제 및 위험관리에 관한 사항, ⑥ 소수주주권 행사 요건의 특례, ⑦ 대주주의 건전성 유지에 관한 사항(대주주 변경 승인 및 최대주주 자격 심사 등) 등을 규정하고 있다.

2. 다른 법률과 관계

은행도 주식회사 형태를 취하고 있어 주식회사에 적용되는 일반법인 「상법」도 적용된다. 그러면 지배구조법과 「상법」의 적용 문제가 있게 된다. 지배구조법은 이렇게 해결하고 있다. 즉 은행의 지배구조에 관하여 지배구조법에 특별한 규정이 없으면 「상법」을 적용하는 것으로 규정하여(법 제4조 제2항), **지배구조법이 특별법으로서 우선 적용**되도록 하고 있다. 그리고 다른 법률과 관계도 은행의 지배구조에 관하여 다른 금융관계법령에 특별한 규정이 있는 경우를 제외하고는 지배구조법에서 정하는 바에 따른다고 규정하여(법 제4조 제1항), 다른 금융관계법령이 우선 적용됨을 밝히고 있다. 여기서 '금융관계법령'은 시행령 제5조가 규정하고 있는 자본시장법, 「보험업법」 등 여러 금융 관련 법률을 말한다(법 제2조 제7호).

이하에서는 제2절 은행 지배구조에 대한 일반적인 규제 내용, 제3절 내부통제와 위험관리에 대한 내용, 제4절 대주주 변경 승인 및 최다출자자 적격성 심사 등 대주주 규제에 대한 내용으로 나누어 살펴본다.

제2절

지배구조 규제

Ⅰ. 서설

지배구조법의 핵심은 은행의 업무 수행에 있어서 중요한 역할을 하는 임원과 이사회에 대한 사항이다. 일정한 자격 요건을 갖춘 사람이 은행의 임원으로 선임되어야 은행이 건전하게 경영될 수 있다는 점에서 임원의 자격 요건을 규정하고 있다. 또한 이사회 구성원으로서 경영진과 대주주 견제 역할을 하는 사외이사가 지배구조에서 핵심적인 위치를 차지하므로 사외이사의 자격 요건과 선임 절차의 내용도 규정하고 있다. 은행의 업무가 법규를 준수하여 잘 영위되고 있는지 감시하는 역할을 하는 감사위원회도 마찬가지로 중요하므로 감사위원의 선임 절차 등에 관하여 규정하고 있다. 임원에 대한 성과보수 규제 등 임직원의 보수에 대한 규제도 특별히 규정하고 있으며, 「상법」에 따른 소수주주권 행사 요건에 대해서 그 요건을 완화하는 특례 규정도 두고 있다.

Ⅱ. 임원

1. 서설

은행의 임원은 일반 직원과 달리 은행의 경영 전략 수립 등 주요 업무에 관한 의사 결정을 하는 위치에 있기 때문에 은행에서 중요한 역할을 한다. 그래서 지배구조법은 임원의 자격 요건을 규정하고 겸직을 제한하는 조항을 두어 엄격히 규제하고 있다. 이하에서는 은행 임원의 범위, 자격 요건, 임원의 겸직 제한 등과 관련되는 내용과 쟁점을 살펴본다.

2. 임원의 범위

지배구조법 적용 대상이 되는 **'임원'은 이사, 감사, 집행임원, 업무집행책임자**이다(법 제2조 제2호). 「상법」은 임원인 이사와 감사(제312조) 및 집행임원(제408조의2)에 대해서 규정하고 있지만, 지배구조법은 업무집행책임자까지 포함하고 있다.

(1) 이사

1) 의의

지배구조법은 3가지 유형의 이사를 인정하고 있다. 즉 ① **사내이사**, ② **사외이사**, ③ **비상임이사**가 있다(법 제2조 제3호). 「상법」도 3가지 유형의 이사를 규정하고 있어서 이를 받아들인 것이다. 주식회사의 설립 등기 사항을 보면, "사내이사, 사외이사, 그 밖에 상무에 종사하지 않는 이사, 감사 및 집행임원의 성명과 주민등록번호"를 규정하고 있는데(제317조 제2항 제8호), "그 밖에 상무에 종사하지 않는 이사"가 바로 지배구조법에 따른 비상임이사에 해당한다.

지배구조법은 특별히 이사에 대한 정의를 하고 있지 않는데, 은행은 주식회사 형태이므로 주식회사에 적용되는 「상법」 조항을 살펴볼 필요가 있다. 「상법」도 특별히 이사에 대한 정의 조항은 없으나, 이사는 주주총회에서 선임되어야 하고(「상법」 제382조 제1항) 등기를 해야 하므로(「상법」 제317조 제2항 제8호), **이사는 주주총회에서 선임되고 등기된 사람**을 말한다고 할 수 있다.

2) 사내이사

은행의 상무에 종사하는 이사를 말한다. 대표이사인 은행장은 상무에 종사해야 하기 때문에 당연히 사내이사에 속한다.

3) 사외이사

사외이사는 "상시적인 업무에 종사하지 아니하는 이사"로서 지배구조법에 따라 일정한 자격 요건(법 제5조, 제6조)을 충족하고 규정된 절차(임원후보추천위원회의 추천 절차 등. 제17조)에 따라 선임되는 이사를 말한다(법 제2조 제4호). 그런데 사외이사라는 용어보다도 직무의 성격을 잘 나타내고 외국에서 많이 쓰이는 **'독립이사'**(independent director)라는 용어를 쓰는 것이 좋을 것으로 본다.[21)]

4) 비상임이사

비상임이사는 "사외이사가 아니면서 상시적인 업무에 종사하지 아니하는 이사"를 말한다(법 제2조 제3호). 「상법」도 비상임이사를 인정하고 있어서(제317조 제2항 제8호는 "그 밖에 상무에 종사하지 않는 이사"라고 하고 있다) 지배구조법도 이를 받아들인 것으로 판단된다.

---

21) 바젤은행감독위원회의 「2015년 은행 지배구조 원칙」도 보면 독립이사(independent director)라는 용어를 쓰고 있다.

그런데 비상임이사를 인정할 필요가 있는가? 비상임이사는 사외이사 자격 요건을 충족하지 않는 자이어서 대주주가 추천하는 자가 비상임이사로 선임될 가능성이 많고, 사외이사 제도를 우회적으로 회피하는 것으로 이용될 수가 있으며(예를 들어, 사외이사 결격 요건에 해당하는 자를 비상임이사로 선임하는 경우), 사외이사가 비상임인데 또 별도의 비상임 이사를 둔다는 것이 합리성과 효율성면에서 문제가 있기 때문에 입법론으로는 비상임이사를 두는 것을 금지하는 것이 바람직하다.[22]

(2) 감사

지배구조법은 감사(監事)에 대한 정의를 하지 않고 있기 때문에 「상법」 규정을 살펴보아야 하는데, 감사는 주주총회에서 선임되어야 하고(「상법」 제409조) 등기를 하여야 하므로(「상법」 제317조 제2항 제8호), **감사는 주주총회에서 선임되고 등기된 사람**을 말한다. 그리고 감사위원회의 위원은 이사에 해당하므로(법 제19조 제1항) 감사는 아니다.

(3) 집행임원

1) 의의

집행임원은 「상법」에 따른 집행임원을 말하는데(법 제2조 제2호), 「상법」은 집행임원에 대한 정의 조항을 두지 않고 있으나, 회사의 주요 업무를 집행하는 자인 사장, 부사장, 전무, 상무이사 등이라고 할 수 있다. 집행임원 제도를 도입하게 된 배경을 살펴보면, 1997년 말 외환위기 이후 금융기관을 포함한 상장회사에서 사외이사의 선임이 강제되고 감사위원회의 설치가 의무화 되면서 이사회의 감독 기능이 강화되었는데, 이에 따라 이사회가 수행하던 업무집행 기능과 감독 기능이 분리되는 현상이 일어나게 되었다. 즉 등기된 이사가 아닌 사장, 부사장, 전무이사, 상무이사 등이 업무집행을 담당하게 되었고, 이러한 자에 대한 법적 책임과 권한 및 의무를 명확하게 하기 위해서 집행임원 제도를 「상법」에 규정한 것이다.

다만 집행임원 제도를 의무화 하는 방안에 대해서 여러 찬반 논란이 제기되었고, 이에 따라 「상법」은 집행임원을 두는 것을 강제하지 않고 있다(제408조의2 제1항). 따라서 은행은 「상법」에 따른 집행임원을 두지 않을 수도 있다. 만약 정관에 집행임원 제도를 둔다면 「상법」에 따라 집행임원은 이사회에서 선임되어야 하고(제408조의2 제3항 제1호), 인적 사항을 등기해야 하며(제317조 제2항 제8호), 대표이사를 두지 못하므로(제408조의2 제1항) 회사는 대표이사와 집행임원 가운데 하나를 선택해야 하며, 2인 이상의 집행임원을 두는 경우에 대표집행임원을 선임해야 하는(제408조의5 제1항) 등 제408조의2에서 제408조의9가 적용된다.

---

22) 같은 주장은 정영철(2016), 175면("이사는 사내이사와 사외이사만을 규정하는 것이 보다 투명하고 분명한 지배구조의 이해에 도움이 될 것이다"); 고동원(2012), 6~7면.

2) 은행에 집행임원 제도의 의무화 필요성[23)]

2011년 개정(2012년 시행)된 개정 「상법」은 집행임원 제도를 도입하면서, 의무 규정이 아닌 임의 규정으로 하였다(제408조의2 제1항). 그러다 보니 「상법」에 따른 집행임원 제도를 자발적으로 도입하는 주식회사를 거의 찾아볼 수 없다. 그 이유는 집행임원 제도를 도입하는 경우 집행임원의 책임이 강화되고 집행임원의 의무 사항이 적용되는 등 회사 입장에서는 부담이 되기 때문이다. 주식회사가 「상법」에 따른 집행임원 제도를 도입하게 되면, 대표이사를 두지 못하며(제408조의2 제1항), 집행임원의 권한(제408조의4 제4항), 집행임원의 임기(제408조의3), 집행임원의 선임·해임(제408조의2 제3항), 대표집행임원(제408조의5), 집행임원의 회사나 제3자에 대한 손해배상책임(제408조의8), 집행임원의 의무(제408조의9) 등의 규정이 적용된다.

이와 같이 집행임원 제도를 도입하면 집행임원의 책임과 권한·의무 등 법적 관계를 명확히 할 수 있고, 지위도 확실해져 투명성을 확보할 수 있다. 그래서 집행임원 제도를 의무화해야 한다는 주장도 제기된다.[24)] 그러나 이에 대해 여전히 업계는 난색을 표시하고 있어[25)] 아직 의무 규정으로 되지 못한 상태이다.

그럼 은행의 경우 집행임원 제도를 의무화 하는 방안은 어떤가? 다음에서 논의하는 것처럼, 은행의 부행장이나 부행장보 등 '업무집행책임자'는 '주요업무집행책임자'를 제외하고는 은행장에 의해 임명되고 있다. 이렇다 보니 지위가 불안하여 업무집행책임자가 은행장의 독단적인 결정에 이의를 제기하기가 어렵고, 은행장을 견제할 수 없는 문제점이 있다.[26)] 은행이 「상법」에 따른 집행임원 제도를 도입하게 되면, 집행임원은 이사회에 의해 임명되며(제408조의2 제3항 제1호), 임기도 2년으로 할 수 있으며(제408조의3 제1항), 권한도 명확해지고(제408조의4), 이사회 소집 청구권 등 지위가 격상되며(제408조의7), 손해배상책임 관계도 명확해지는(제408조의8) 등 법적 관계가 확실해짐으로써 이와 같은 문제점을 해결할 수 있다.

은행의 경우 사외이사를 과반수로 두도록 하고 있는 사외이사 제도에서는 이사회가 감독기관의 성격을 갖게 되므로 「상법」에 따른 집행임원 제도가 필요하다. 그리고 대표집행임원을 두게 되면 대표이사를 두지 못하기 때문에(제408조의2 제1항), 자연스럽게 은행장이 대표집행임원을 맡게 되어 이사회 구성원이 되지 못하므로 이사회가 감독 기능을 충분히 다할 수 있는

23) 이하의 논의는 고동원·황재학(2024), 16~17면 참조.

24) 그러한 주장은 강희갑(2007), 정찬형(2004), 정찬형(2009), 황근수(2008) 등이 있다.

25) 업계의 주장은 다음과 같다. "… 회사의 업무집행기능과 감독기능을 분리함으로써 갈등구조를 형성하고 경영효율성을 떨어뜨릴 수 있으며, 신속한 의사결정 등 기업가 정신을 훼손하게 되며, 집행임원의 책임문제는 감사위원회제도나 업무집행지시자의 책임 등 현행법 규정으로도 보완이 가능하다는 입장이다"(최영주(2011), 163면).

26) 통상 최고경영자의 영향력이 크고 의존도가 높아 발생할 수 있는 과도한 위험 추구 내지 그로 인한 경영상의 내재된 위험을 "CEO리스크"라고 하는데(김동원·노형식(2013), 5면), 은행의 경우에도 이러한 위험이 있어 이에 대한 견제 기능이 필요하다고 할 수 있다.

효과가 있게 된다. 특히 은행의 경우 일반 회사에 비해 공공성이 더 강하다는 점과 예금자 등 다양한 이해 관계자가 있어 이들을 보호하기 위한 지배구조의 투명성과 건전성을 확보해야 한다는 점 등을 고려할 때 「상법」에 따른 집행임원 제도를 의무화하는 방안을 검토할 필요가 있다.[27] 이렇게 되면 지배구조법이 임원의 범위로 규정하고 있는 업무집행책임자는 굳이 둘 필요가 없게 될 것이다.[28]

(4) 업무집행책임자

1) 의의

업무집행책임자는 "[등기된] ① 이사가 아니면서 ② 명예회장·회장·부회장·사장·부사장·행장·부행장·부행장보·전무·상무·이사 등 업무를 집행할 권한이 있는 것으로 인정될 만한 명칭을 사용하여 ③ [은행]의 업무를 집행하는 사람"을 말한다(법 제2조 제5호).[29] ①, ②, ③의 3가지 요소가 갖추어져야 하고, ②의 명예회장 등은 예시적인 것이라고 보아야 할 것이다.[30] 업무집행책임자는 등기 사항은 아니다. 이 정의 조항은 「상법」 제401조의2 제1항 제3호의 '표현이사,' 즉 "이사가 아니면서 명예회장·회장·사장·부사장·전무·상무·이사 기타 업무를 집행할 권한이 있는 것으로 인정될 만한 명칭을 사용하여 회사의 업무를 집행한 자"와 상당히 유사하다는 점에서 표현이사의 정의를 가져온 것이라고 할 수 있다. 물론 「상법」 제401조의2가 규정한 표현이사 제도는 표현이사에 대한 책임을 묻기 위해서 규정한 것이기는 하다.

업무집행책임자를 규정한 이유는 「상법」에 따른 집행임원 제도가 임의규정이라 은행이 집행임원을 두지 않을 수도 있는데, 실무상 집행임원에 해당하는 사람이 선임되고 있는 상황이므로 법적 관계를 명확하게 하고 이를 규제하기 위해 지배구조법에 반영한 것이다. 따라서 「상법」에 따른 집행임원과 지배구조법에 따른 업무집행책임자는 구분해야 한다. 그리고 업무집행책임자가 업무 수행과 관련해서 제3자나 은행에게 손해를 끼쳤을 때는 업무집행책임자가 「상법」 제401조의2 제1항 제3호에 따른 표현이사에 해당하므로 이를 적용해서 책임을 물을 수 있다.[31]

지배구조법은 업무집행책임자도 임원의 범위에 포함하고 있으므로 지배구조법에 따른 임

---

27) 은행에 「상법」에 따른 집행임원 제도를 의무화 해야 한다는 주장으로는 김태진(2011), 326면; 김효신(2007), 532면; 최영주(2011), 163면; 강희주·조준우(2011), 248면("집행임원제도는 이사회의 감독기능을 강화한다는 점에서 은행에서 도입 여부를 긍정적인 측면에서 검토해 보아도 좋을 것이다").

28) 은행에 집행임원 제도를 의무화 할 때 발생할 수 있는 법적 쟁점에 대한 논의는 고동원(2011), 23~26면.

29) 업무집행책임자의 정의 요소 중 중요한 '업무집행'의 개념이 정의되어 있지 않아 업무집행책임자의 개념이 모호하다는 견해는 심인숙(2012), 394면. 이외에도 업무집행책임자 개념의 모호성을 지적하는 견해로는 김홍기(2015), 36면; 임정하(2016), 96면.

30) 같은 견해는 심인숙(2012), 393면; 정순섭(2024), 139면.

31) 같은 견해는 김태진(2011), 343면; 고동원(2011), 27면.

원 자격 요건(법 제5조), 업무집행책임자 선임 시 자격 요건 충족 여부 확인 및 선임과 해임 시 공시 의무(법 제7조), 겸직 제한 규정(법 제10조)의 적용을 받는다. 그러나 제재 조치 대상에서는 임원으로 분류되지 않고 직원으로 분류되고 있어(법 제35조 제1항, 제2항) 일관성이 없다. 그리고 업무집행책임자 선임 시 임원후보추천위원회의 후보 추천 절차를 거쳐야 하는 대상도 아닌 점(법 제17조 제1항)에서 다른 임원과 차이가 있다.

2) 주요업무집행책임자

가) 의의

지배구조법은 업무집행책임자 중 업무의 중요도가 높은 업무집행책임자를 **'주요업무집행책임자'** 라고 하여, 임면 절차나 임기 등에 관한 규정을 두고 있다. 주요업무집행책임자는 "전략기획, 재무관리, 위험관리 및 그 밖에 이에 준하는 업무로서 대통령령으로 정하는 주요업무를 집행하는 업무집행책임자"를 말한다(법 제8조 제1항). '대통령령으로 정하는 주요업무'는 "① 경영전략 수립 등 전략기획 업무, ② 재무·예산 및 결산 회계 등 재무관리 업무, ③ 자산의 운용 등에 대한 위험관리 업무"이다(시행령 제9조). 따라서 각 은행이 주요업무집행책임자의 업무 기준을 정해서 운영할 수 있을 것이다.

나) 이사회 의결에 의한 임면 및 임기

주요업무집행책임자는 이사회 의결을 거쳐 임면하도록 하고 있으며(법 제8조 제1항), 임기도 정관에 다른 규정이 없으면 3년을 초과하지 못하도록 하고 있다(법 제8조 제2항). 그만큼 수행하는 업무의 중요성을 고려하여 대표이사인 은행장에 종속되지 않도록[32] 임면에 있어서 은행장이 아닌 이사회 결의를 거치도록 하고 있으며, 임기도 보장하고 있는 것이다. 따라서 주요업무집행책임자가 아닌 업무집행책임자의 임면의 경우에는 이사회 의결 절차를 거칠 필요가 없기 때문에 결국 대표이사인 은행장이 임면하게 되며, 임기도 은행장이 정하게 된다고 할 수 있다.

다) 위임 관계

주요업무집행책임자와 해당 은행의 관계에 관하여는 이사에 적용되는 것과 마찬가지로 「민법」 중 위임에 관한 규정을 준용하도록 하여(법 제8조 제3항), 법률관계를 명확하게 하고 있다. 그러면 주요업무집행책임자가 아닌 업무집행책임자는 어떻게 되는가? 이에 대해서는 「민법」에 따른 위임 관계로 보아야 한다는 견해도 있으나,[33] 주요업무집행책임자에 대해서만 위임 규정을 준용한다고 명시적으로 규정하고 있기 때문에 반대 해석상 위임 관계가 아니라고 보아야 할 것이다.

---

32) 김홍기(2015), 37면.
33) 정순섭(2024), 140면.

라) 이사회 보고 의무

주요업무집행책임자는 이사회의 요구가 있으면 언제든지 이사회에 출석하여 요구한 사항을 보고해야 할 의무가 있다(법 제9조).

3. 임원의 자격 요건

(1) 서설

예금자를 보호해야 할 의무가 있는 은행은 건전 경영을 추구해야 한다. 이를 위해서는 은행의 주요 업무 집행을 결정하는 임원의 역할이 중요하므로 일정한 자격을 갖춘 자가 임원이 되어야 할 것이다. 그래서 지배구조법은 임원의 자격 요건을 규정하고 있는데, 소극적 요건인 결격 요건은 규정하고 있지만, 사외이사를 제외하고는 적극적 자격 요건인 전문성 요건은 규정하고 있지 않다. 뒤에서 자세히 논의하는 것처럼, 적극적 요건도 규정해야 할 것이다.

(2) 소극적 요건 - 결격 요건

은행의 임원은 업무 집행에 있어서 중요한 역할을 하는 자이므로 일정한 자격을 갖추게 할 필요가 있다. 은행의 건전 경영을 유지하기 위한 목적상 필요한 것이다. 지배구조법은 임원의 결격(缺格) 요건을 규정하고 있는데, 주로 미성년자 등 행위 무능력자, 형(刑)의 선고를 받은 자로서 일정한 기간이 경과하지 않은 자, 영업 인가 취소를 받은 금융기관에 재직하였고 그 인가 취소에 책임이 있는 자로서 일정한 기간이 경과하지 않는 자, 금융 관련 법령에 따라 징계 조치를 받은 자로서 일정 기간이 경과하지 않은 자 등을 결격 사유에 해당하는 자로 규정하고 있다(법 제5조 제1항). 아래에서 자세히 살펴본다.

1) 임원 결격 사유

아래 ①에서 ⑧까지 해당하는 사람은 은행의 임원이 될 수 없다(법 제5조 제1항).

① 미성년자·피성년후견인 또는 피한정후견인
② 파산선고를 받고 복권(復權)되지 아니한 사람
③ 금고 이상의 실형을 선고받고 그 집행이 끝나거나(집행이 끝난 것으로 보는 경우를 포함한다) 집행이 면제된 날부터 5년이 지나지 아니한 사람
④ 금고 이상의 형의 집행유예를 선고받고 그 유예기간 중에 있는 사람
⑤ 지배구조법 또는 금융관계법령에 따라 벌금 이상의 형을 선고받고 그 집행이 끝나거나(집행이 끝난 것으로 보는 경우를 포함한다) 집행이 면제된 날부터 5년이 지나지 아니한 사람
⑥ 다음 어느 하나에 해당하는 조치를 받은 금융기관의 임직원 또는 임직원이었던 사람(그 조치를 받게 된 원인에 대하여 직접 또는 이에 상응하는 책임이 있는 사람으로서 대통령령으

로 정하는(시행령 제7조 제1항) 사람으로 한정한다)으로서 해당 조치가 있었던 날부터 5년이 지나지 아니한 사람

(i) 금융관계법령에 따른 영업의 허가·인가·등록 등의 취소

(ii) 구조개선법 제10조 제1항에 따른 적기시정조치

(iii) 구조개선법 제14조 제2항에 따른 행정처분

⑦ 지배구조법 또는 금융관계법령에 따라 임직원 제재조치(퇴임 또는 퇴직한 임직원의 경우 해당 조치에 상응하는 통보를 포함한다)를 받은 사람으로서 조치의 종류별로 5년을 초과하지 아니하는 범위에서 '대통령령으로 정하는 기간'(시행령 제7조 제2항)이 지나지 아니한 사람

⑧ 해당 은행의 공익성 및 건전경영과 신용질서를 해칠 우려가 있는 경우로서 대통령령(시행령 제7조 제3항)으로 정하는 사람

2) 제재 조치에 따른 임원 결격 사유

이 중 ⑦의 요건이 중요하다. 금융기관의 임직원이 금융감독당국으로부터 일정한 제재 조치를 받으면 일정 기간 동안 임원이 될 수 없도록 하고 있기 때문이다. 미국이나 영국의 '금융업 취업 제한 명령'(prohibition order) 제도와 유사하다고 할 수 있다.[34] 물론 우리의 경우 임원의 결격 요건만 되는 것에 차이가 있다. 시행령이 정하고 있는 제재 조치의 종류와 기간을 살펴본다(제7조 제2항).

① 임원에 대한 제재 조치의 종류별로 다음에서 정하는 기간

(i) 해임(해임요구 또는 해임권고를 포함한다): 해임일(해임요구 또는 해임권고의 경우에는 해임요구일 또는 해임권고일을 말한다)부터 5년

(ii) 직무정지(직무정지의 요구를 포함한다) 또는 업무집행정지: 직무정지 종료일(직무정지 요구의 경우에는 직무정지 요구일을 말한다) 또는 업무집행정지 종료일부터 4년

(iii) 문책경고: 문책경고일부터 3년

② 직원에 대한 제재 조치의 종류별로 다음에서 정하는 기간

(i) 면직요구: 면직요구일부터 5년

---

34) 미국의 경우 금융기관 임직원이 법령에 위반한 행위 등을 하여 금융기관이나 예금자에게 피해를 입힌 경우 등에는 '금융업 취업 금지 명령'(prohibition order) 대상이 되어 예금수취금융기관이나 신용협동조합 등 금융기관에 취업할 수 없고, 예외적으로 감독당국의 서면 동의를 얻는 경우에는 취업이 가능하다(Federal Deposit Insurance Act Sec. 8(e), (g); 12 U.S.C. § 1818(e), (g)). 영국의 경우 금융감독기관인 금융행위감독원(Financial Conduct Authority: FCA)과 건전성감독원(Prudential Regulation Authority: PRA)은 금융기관 임직원이 해당 금융기관의 업무와 관련하여 관련 업무를 잘 수행할 수 있는 적임자(fit and proper person)가 아니라고 판단하는 경우, 그러한 임직원에 대하여 특정 업무 및 관련 업무를 수행하는 것을 금지하는 명령(prohibition order)을 내릴 수 있다(Financial Services and Markets Act 2000 Sec. 56(1), (2)).

(ii) 정직요구: 정직요구일부터 4년
(iii) 감봉요구: 감봉요구일부터 3년

③ 재임 또는 재직 당시 금융관계법령에 따라 그 소속기관 또는 금융위원회·금융감독원장 외의 감독·검사기관으로부터 위의 ① 또는 ②의 제재 조치에 준하는 조치를 받은 사실이 있는 경우 ① 또는 ②에서 정하는 기간

④ 퇴임하거나 퇴직한 임직원이 재임 또는 재직 중이었더라면 ①부터 ③의 조치를 받았을 것으로 인정되는 경우 그 받았을 것으로 인정되는 조치의 내용을 통보받은 날부터 ①부터 ③에서 정하는 기간

여기서 우선 임직원에 대한 제재 조치의 종류를 살펴볼 필요가 있는데, 지배구조법에 따르면 임원(업무집행책임자는 제외한다)에 대한 조치로서 ① 해임 요구, ② 6개월 이내의 직무 정지 또는 임원의 직무를 대행하는 관리인의 선임, ③ 문책 경고, ④ 주의적 경고, ⑤ 주의 등 5단계가 있다(법 제35조 제1항). 직원(업무집행책임자를 포함한다)에 대한 조치로서 당해 금융기관에 대한 ① 면직 요구, ② 6개월 이내의 정직 요구, ③ 감봉 요구, ④ 견책 요구, ⑤ 주의 요구의 5단계가 있다(법 제35조 제2항).[35] 5단계 중 3단계 이상의 경우에 임원 결격 요건이 적용됨을 알 수 있다. 그런데 문책 경고나 감봉 요구의 경우까지 대상에 포함시키는 것이 적절한지에 대해서는 검토가 필요하다. 그러한 제재 조치의 대상이 된 위반 행위가 임원이 될 수 없을 정도의 중대한 위반 행위에 해당하는지는 의문이다. 그리고 퇴임 또는 퇴직한 임직원의 경우 해당 조치에 상응하는 통보를 받은 사람도 위의 결격 요건이 적용된다는 점을 유의해야 한다(법 제5조 제1항 제7호).

3) 현직 임원에 대한 적용

은행의 임원으로 선임되어 재직하고 있는 사람이 위의 결격 요건에 해당하면 어떻게 되는가? 지배구조법은 은행의 임원으로 선임된 사람이 임원의 결격 요건에 해당하게 되면 그 직(職)을 잃게 된다고 규정하고 있다(법 제5조 제2항 본문). 다만 위 ⑦에 해당하는 사람으로서 '대통령령으로 정하는 경우'에는 그 직을 잃지 아니하도록 하고 있다(법 제5조 제2항 단서). 그러한 '대통령령으로 정하는 경우'는 "직무 정지, 업무집행 정지 또는 정직 요구[36](재임 또는 재직 중이었더라면 조치를 받았을 것으로 통보를 받은 경우를 포함한다) 이하의 제재를 받은 경우"를 말한다(시행령 제7조 제4항). 즉 현직 임원인 사람이 해임 요구를 제외하고 직무 정지 이하의 제재를

35) 다른 금융 관련 법률도 유사하다. 예를 들어 「은행법」의 경우는 제54조. 금융위원회가 제정한 「금융기관 검사 및 제재에 관한 규정」도 임원에 대한 제재 조치로서 ① 해임권고(해임요구, 개선(改選)요구를 포함), ② 업무집행의 전부 또는 일부의 정지, ③ 문책 경고, ④ 주의적 경고, ⑤ 주의 등 5단계로 나누고 있고(제18조), 직원에 대한 제재 조치로서 당해 금융기관의 장에 대한 ① 면직 요구, ② 정직 요구, ③ 감봉 요구, ④ 견책 요구, ⑤ 주의 요구의 5단계로 나누고 있다(제19조).

36) '정직 요구'는 직원에 대한 제재 조치라는 점에서 임원에 적용되는 것은 아니라 삭제할 필요가 있다.

받은 경우에는 임원의 직을 계속 유지할 수 있도록 하고 있다. 따라서 금융감독당국으로부터 해임 요구의 제재 조치를 받게 되면 현직 임원은 그 직을 바로 잃게 된다.

(3) 임원의 자격 요건 적합 여부 공시 및 보고 의무

은행은 임원을 선임하려는 경우 임원의 자격 요건(사외이사의 자격 요건 포함)을 충족하는지를 확인해야 할 의무가 있다(법 제7조 제1항). 은행은 임원을 선임한 경우에는 지체 없이 선임 사실 및 자격 요건 적합 여부를 정보게시판(인터넷 홈페이지) 등에 공시하고, 금융감독당국에 보고하여야 한다(법 제7조 제2항). 은행은 임원을 해임(사임을 포함)한 경우에도 지체 없이 그 사실을 정보게시판(인터넷 홈페이지) 등에 공시하고, 금융감독당국에 보고하여야 한다(법 제7조 제3항). 이렇게 공시 제도를 통하여 시장 규율(market discipline)이 작동되도록 함으로써 은행은 임원을 선임하거나 해임하는데 있어 보다 신중을 기할 수 있게 된다는 점에서 필요한 제도라고 할 수 있다.

(4) 개선 과제

1) 임원 자격 상실 사유 발생 시 집행력 확보를 위한 규정 신설 필요성

지배구조법은 임원이 된 후 결격 사유가 발생한 경우에 임원의 직(職)이 상실되는 것으로 규정하고 있는데(법 제5조 제2항 본문), 상실된 사실을 알았을 때 어떤 조치를 취해야 하는지에 관한 사항은 규정되어 있지 않다. 따라서 임원이 해당 직의 결격 사유가 발생함에도 불구하고 계속 직무를 수행할 가능성이 있다. 이를 방지하기 위해서는, 첫째, 금융감독당국이 임원 결격 사유를 알게 된 때에는 해당 임원에게 직무 정지를 명령할 수 있도록 하고, 둘째, 임원 결격 사유에 해당된다는 사실을 알고서도 계속 업무를 수행한 임원에 대해서는 벌칙 규정을 둠으로써 집행력을 확보할 필요가 있다.

2) 모든 임원에 대하여 전문성 등 적극적 자격 요건 적용 필요성[37)]

지배구조법은 임원의 전문성 등 적극적 자격 요건에 대하여 다음과 같이 규정하고 있다. 우선 책무구조도(법 제30조의3)에서 정하는 임원에 대해서는 "자신의 책무를 수행하기에 적합한 전문성, 업무경험, 정직성 및 신뢰성을 갖춘 사람"일 것을 요구하고 있고(법 제5조 제3항), 특히 사외이사에 대해서는 "금융, 경제, 경영, 법률, 회계 등 분야의 전문지식이나 실무경험이 풍부한 사람으로서 대통령령으로 정하는 사람"이라는 요건(법 제6조 제2항)을 규정하고 있다. 책무구조도에서 정하는 일부 임원에 대해서[38)] 전문성과 업무경험 등의 요건을 규정하고 있다

37) 이하의 논의는 고동원·황재학(2024), 18~19면 참조.

38) 모든 임원이 책무구조도 적용 대상이 아니다. 지배구조법도 "금융회사의 자산규모, 담당하는 직책의 특성 등을 고려하여 대통령령으로 정하는 임원"을 책무구조도 적용 대상의 임원에서 제외하고 있다(법 제30조의2 제1항). 사외이사는 상근을 하지 않으므로 당연히 책무구조도 적용 대상에서 제외될 것이다.

는 점에 바람직한 입법이라고 판단된다. 그러나 책무구조도가 정하지 않은 임원에 대해서는 여전히 전문성 등의 자격 요건이 적용되지 않는다는 점에서 한계가 있다.

따라서 책무구조도에서 정한 임원에 대해서만 전문성 등 적극적 요건이 적용되도록 할 것이 아니라, 임원 모두에 대해서 적극적 자격 요건이 적용되도록 할 필요가 있다.[39] 그리고 업무 수행에 적합한 임원을 선임하기 위해서는 전문성 등 적극적 요건에 대해서도 보다 구체적으로 규정하는 것이 필요하다. 앞서 본 「2015년 은행 지배구조 원칙」도 은행 임원의 적극적 자격 요건으로서 "자본시장, 재무 분석, 금융 안정, 재무 보고, 정보 기술, 전략 기획, 위험 관리, 보수, 규제, 기업지배구조 및 경영 기술 분야 등에서 지식과 경험을 갖춘 자"이어야 한다고 하고 있는데,[40] 적어도 이 정도의 전문성에 대한 자격 요건을 규정할 필요가 있다. 특히 은행업 근무 경력 기간을 규정하는 것이 필요하다. 은행업에 전혀 종사하지 않았던 사람이 은행의 임원이 되었을 때 은행 경영을 잘 할 수 있는가? 그렇지 않다고 본다. 임원의 역할이 아주 중요하다는 점에서 일정 기간(예를 들어, 5년 이상)의 은행업 종사 경력을 요구하는 것을 검토할 필요가 있다.

이렇게 모든 임원에 대해서 전문성 등 적극적 요건을 적용할 필요성은 다음과 같은 경우에 비추어보더라도 인정될 수 있다. 금융지주회사 체제에 있는 금융기관이나 금융복합기업집단에 속한 금융기관의 경우, 보험업이나 증권업에 전혀 근무 경험이 없는 사람이 금융지주회사의 임원으로 근무하다가 자회사인 보험회사나 증권회사의 대표이사가 되는 경우가 있고, 금융복합기업집단의 비금융계열회사 임원으로 근무하던 사람이 계열회사인 보험회사나 증권회사의 임원으로 근무하는 경우가 있는데, 이러한 임원이 보험회사나 증권회사 경영을 잘 할 수 있다고 보기는 어려울 것이다.

임원이 은행 경영을 잘 하려면 은행업에 대한 지식과 경험이 있어야 한다는 것은 당연하다. 투자자나 예금자 등 금융소비자를 보호하고 은행의 건전성을 잘 유지하려면 임원의 역할이 중요하다. 이런 점에서 은행의 모든 임원에 대해서 전문성 등 적극적 요건을 규정하는 것이 필요하다. 이에 대해서 헌법에 규정된 직업 선택의 자유(제15조)를 침해하는 것이라는 주장이 제기될 수도 있겠지만, 은행의 건전 경영을 통하여 금융소비자를 보호할 필요가 있다는 점을 고려할 때 헌법 제37조에 따라 충분히 인정될 수 있을 것으로 본다.[41] 헌법 제37조 제2항은 '공공복리'를 위해서 필요한 경우에는 법률로써 헌법에 규정된 기본권을 제한할 수 있도록 하

39) 2016년 개정 전 「은행법」 제18조 제2항은 "은행의 임원은 금융에 대한 경험과 지식을 갖춘 자로서 은행의 공익성 및 건전 경영과 신용질서를 해칠 우려가 없는 자이어야 한다"라고 하여, 임원은 금융에 대한 전문적인 지식과 경험을 갖춘 자이어야 한다는 점을 규정하고 있었다. 물론 추상적으로 규정되어 있기는 했지만, 고객의 예금을 운용·관리해야 하는 은행의 특성과 공공성을 고려할 때 금융 전문가가 은행을 경영해야 한다는 점에서 타당한 입법 방향이었다.

40) BCBS 2015 Principles, para. 49.

41) 이에 대한 논의는 고동원(2015), 211면.

고 있기 때문이다.

3) 금융감독당국의 임원 자격 심사가 필요한지 여부

지배구조법에 따르면, 은행 임원의 선임과 해임 또는 사임 사실은 금융감독당국에 대한 사후 보고 사항으로 되어 있고(법 제7조 제2항, 제3항), 사전 심사 사항으로 되어 있지 않다. 다만 예외적으로 은행 설립 인가를 할 때 인가 심사 요건으로서 금융감독당국이 해당 은행의 임원 자격 요건 충족 여부를 심사하도록 하고 있기는 하다(「은행법」 제8조 제2항 제6호).

이와 관련하여 바젤은행감독위원회가 제시한 「2015년 은행 지배구조 원칙」과 미국, 영국, 독일 등 외국의 사례를 들어, 금융감독당국이 은행장을 비롯한 은행 임원에 대한 자격 심사를 하는 제도를 도입해야 한다는 주장이 있다.[42] 그러나 우리나라와 같이 금융감독당국의 신뢰성이 확보되지 않고, 특히 '관치금융'의 논란이 항상 제기되는 금융감독 환경에서는 금융감독당국의 임원 자격 심사 제도 도입은 시기상조라고 본다. 금융감독당국이 이 권한을 남용할 가능성이 크고, '관치금융'의 행태가 더 심해질 가능성을 배제할 수 없다. 바젤은행감독위원회의 「2015년 은행 지배구조 원칙」도 "금융감독당국은 임원 선임에 관한 은행의 절차와 기준을 평가하고, 필요하다고 판단하는 경우 임원의 전문성과 특성에 관한 정보를 입수(obtain)해야 한다."[43]라고 하면서, "은행 임원의 적합성은 금융감독당국에 의하여 계속적인 관심(attention)의 대상이 되어야 한다."[44]는 정도로 규정하고 있지, 금융감독당국이 임원 자격 심사를 해야 한다고 명확하게 규정하지는 않고 있다.[45]

---

42) 최영주(2011), 164~165면; 김우진(2007), 21~23면(이 보고서 22면은 미국, 영국, 독일에 있어서 감독당국의 은행 임원 자격 심사 제도에 대해 소개하고 있다). 충분히 검토할 수 있는 방안이지만, 요건의 구체화 정도가 관건이라는 견해는 정순섭(2011), 31면.

43) BCBS 2015 Principles, para. 161("Supervisors should evaluate the processes and criteria used by banks in the selection of board members and senior management and, as they judge necessary, obtain information about the expertise and character of board members and senior management").

44) BCBS 2015 Principles, para. 161("The individual and collective suitability of board members and senior management should be subject to ongoing attention by supervisors").

45) 다만 「2010년 은행 지배구조 원칙」에 따르면 감독당국이 은행 임원 자격 심사에 관한 권한을 가져야 된다고 볼 만한 문구가 있었으나(para. 137: "Supervisors should obtain the information they judge necessary to evaluate the expertise and integrity of proposed board members and senior management. The fit and proper criteria should include, but may not be limited to: (1) the contributions that an individual's skills and experience can make to the safe and sound operation of the bank, including general management skills and (2) any record of criminal activities or adverse regulatory judgments that in the supervisor's judgment make a person unfit to uphold important positions in a bank")(밑줄 친 부분은 강조). 「2015년 은행 지배구조 원칙」은 본문에서 서술한 바와 같은 문구로 바뀌었기 때문에 감독당국이 임원 심사 권한을 가져야 한다고 보기는 어려워졌다고 할 것이다.

4. 임원의 겸직 제한

(1) 서설

지배구조법은 은행의 주요 업무를 충실히 수행해야 하는 임원의 특성을 고려해서 다른 금융기관 등의 임직원을 겸직하는 것을 원칙적으로 금지하는 규정을 두면서 일정한 경우에는 예외를 두고 있다. 특히 상근 임원에 대해서는 추가적인 겸직 금지 조항을 두고 있다. 이하에서는 상근과 비상근을 포함한 임원의 겸직 금지와 상근 임원의 겸직 금지로 나누어 살펴보기로 한다.

(2) 임원의 겸직 금지

1) 지배구조법에 따른 겸직 금지

가) 원칙: 한국은행, 다른 은행이나 은행지주회사의 임직원 겸직 금지

은행의 임원(직원을 포함한다)**은 한국은행, 다른 은행 또는 은행지주회사**(은행을 자회사로 두고 있는 금융지주회사를 말한다. 「금융지주회사법」 제2조 제1항 제5호)**의 임직원을 겸직할 수 없다**(법 제10조 제3항 본문). 이는 한국은행은 은행으로부터 예금을 수입하는(「한국은행법」 제54조) 등 은행과 거래 관계에 있고, 다른 은행이나 은행지주회사와는 경쟁 관계에 있어 임직원을 겸직할 때 발생할 수 있는 이해상충의 문제를 방지하기 위해서 둔 규정이라고 이해할 수 있다. 해석상 은행의 임원은 상근이건 비상근이건 다 해당한다고 보아야 할 것이고, 상대방인 한국은행이나 은행 또는 은행지주회사의 임직원도 상근이건 비상근이건 다 해당한다고 보아야 할 것이다. 대상이 되는 임원은 지배구조법이 정의하고 있는 이사, 감사, 집행임원을 둔 경우 그 집행임원, 업무집행책임자를 다 포함한다.

상대방이 되는 '은행'의 범위에 「은행법」에 따라 설립된 일반은행뿐만 아니라 특별법에 따라 설립된 특수은행(한국산업은행, 중소기업은행, 농협은행, 수협은행)도 포함된다고 보아야 하는가? 지배구조법이 적용 대상인 금융기관의 정의에서 "「은행법」에 따른 인가를 받아 설립된 은행"이라고 하고 있고(법 제2조 제1호 가목), 예외가 적용되는 자은행의 범위에 일반은행만 포함된다는 점(「은행법」 제37조 제5항)에서 일반은행만 포함한다고 보는 것이 타당할 것이다. 다만 입법론으로는 특수은행인 한국산업은행, 중소기업은행, 농협은행, 수협은행도 지배구조법 적용 대상 금융기관의 범위에 포함된다는 점(법 제2조 제1호 사목, 시행령 제2조)과 이러한 특수은행도 일반은행과 동일하거나 유사한 업무를 영위하고 있어 일반은행과 같은 이해상충 문제가 발생할 수 있다는 점에서 특수은행도 포함하도록 할 필요가 있다.

은행의 임원이 다른 은행의 임직원을 겸직할 수 없도록 하고 있기 때문에 해석상 은행의 임원은 보험회사나 금융투자회사 등 다른 금융기관의 임직원을 겸직할 수 있지만, 뒤에서 보는 것처럼, 지배구조법 제10조 제1항이 상근 임원은 다른 영리법인의 상시적인 업무에 종사할 수 없도록 하고 있으므로 은행의 상근 임원은 보험회사 등 다른 금융기관의 상근 임직원을 겸직할 수 없게 될 것이다. 그러나 은행의 비상임 임원, 예를 들어 사외이사는 보험회사나 금융투자회사 등 다른 금융기관의 상근 임직원을 겸직할 수 있다.

나) 예외

① 자은행의 임직원 겸직

은행의 임원(직원도 포함한다)은 **자은행의 임직원을 겸직할 수 있다**(법 제10조 제3항 단서). 즉 은행의 임원은 '다른 은행'의 임직원을 겸직할 수 없는데, 자은행에 대해서는 겸직을 허용하고 있다. 모은행과 자은행의 업무 협력 등의 필요성과 효율적인 업무 집행을 위해서 허용한 것으로 볼 수 있다. 상근 임원은, 뒤에서 보는 것처럼, 지배구조법 제10조 제1항에 따라 원칙적으로 다른 영리법인의 상시적인 업무에 종사할 수 없으나, 지배구조법 제10조 제2항에 따라 자회사의 상근 임직원의 겸직을 허용하고 있으므로, 자은행의 상근 임직원을 겸직할 수 있다. 따라서 은행의 비상근 및 상근 임원은 자은행의 상근 및 비상근 임직원을 겸직할 수 있게 된다.

② 은행지주회사의 임직원 겸직

은행이 「금융지주회사법」에 따른 금융지주회사의 자회사, 손자회사, 증손회사 또는 고손회사(이하 "자회사 등")에 해당하는 경우에는 그 **은행의 임원**(직원을 포함한다)**은 그 자회사 등을 두고 있는 금융지주회사의 임직원을 겸직**할 수 있다(법 제10조 제4항 제1호). 이렇게 겸직을 허용하는 이유는 금융지주회사와 자회사 등 사이에서 경영 효율성의 제고, 비용 절감 및 상승효과(synergy) 등을 도모하기 위한 것이다.[46]

자회사가 은행인 경우에는 그 은행을 자회사로 둔 금융지주회사는 은행지주회사가 되는데, 이렇게 되면 **은행의 임원**(상근과 비상근 다 해당된다)**은 그 은행을 자회사로 둔 당해 은행지주회사의 임직원을 겸직할 수 있다.** 따라서 위에서 본 은행의 임직원이 은행지주회사(당해 은행을 자회사로 두는 은행지주회사도 포함한다)의 임직원을 겸직할 수 없도록 하는 지배구조법 제10조 제3항 본문의 예외가 된다. 또한 뒤에서 보는 것처럼 지배구조법 제10조 제1항에 따라 은행의 상근 임원은 다른 영리법인의 상시적인 업무에 종사할 수 없지만, 이에 대한 예외로서 지배구조법 제10조 제2항 제4호 및 시행령 제10조 제1항 제2호에 의거하여 **은행의 상근 임원은 그 은행을 자회사 등으로 두는 은행지주회사의 상근 임원**(상근 직원은 제외)**을 겸직**할 수 있을 것이다.[47]

---

46) 같은 설명은 김홍기(2015), 38면.

47) 지배구조법 제10조 제2항 제4호에 따라 위임된 시행령 제10조 제1항 제2호를 보면, 금융지주회사의 상근 임원은 가목, 나목, 다목의 회사(즉 해당 금융지주회사의 최대주주나 주요주주인 회사, 해당 금융지주회사의 계열회사, 금융감독원의 검사를 받는 금융기관)를 제외한 다른 회사의 상근 임직원을 겸직할 수 있는데, 단서 조항이 명시적으로 "해당 금융지주회사의 자회사 등"을 가목, 나목, 다목의 회사 범위에서 제외하고 있으므로 결국 해당 금융지주회사의 자회사 등의 상근 임직원을 겸직할 수 있는 것이다.

③ 은행지주회사의 다른 자회사 등의 임직원 겸직

은행이 금융지주회사의 자회사 등에 해당하는 경우에는 그 **은행의 임원**(직원도 포함한다)**은 그 금융지주회사의 다른 자회사 등의 임직원을 겸직**할 수 있다(법 제10조 제4항 제2호). 동일한 금융지주회사 산하에 있는 자회사 등에 대해서는 상호 임직원을 겸직할 수 있도록 함으로써 겸직을 통한 업무의 효율성을 도모하기 위한 것이다. 따라서 **은행지주회사의 자회사인 은행의 임원**(직원도 포함한다)**은 다른 자회사인 보험회사나 금융투자회사 등의 임직원을 겸직**할 수 있다. 그리고 은행의 임원은 상근과 비상근 임원이 다 해당될 것이며, 다만 은행의 상근 임원은 지배구조법 제10조 제1항에 의거하여 다른 영리법인의 상시적인 업무에 종사할 수 없으므로 **은행지주회사의 자회사 등인 은행의 상근 임원은 그 은행지주회사의 다른 자회사 등의 비상근 임직원만 겸직**할 수 있을 것이다.

이러한 겸직에는 추가적인 제한 조건이 적용된다. 즉 은행지주회사의 자회사 등인 은행의 임직원이 다른 자회사 등의 임직원을 겸직하더라도 (i) 집합투자업(대통령령으로 정하는 경우는 제외하는데, 집합투자재산 중 외화자산의 운용·운용지시 업무 등을 말한다. 시행령 제10조 제3항), (ii) 변액보험계약에 관한 업무, (iii) 자회사 등의 고객과 이해가 상충하거나 해당 자회사 등의 건전한 경영을 저해할 우려가 있는 경우로서 금융위원회가 정하여 고시하는 업무[48]를 겸직할 수는 없다(법 제10조 제4항 제2호 가목 내지 다목).

2) 「상법」에 따른 이사의 겸직 제한

한편 은행의 이사에 대해서는 「상법」 제397조 제1항이 규정하고 있는 이사의 겸직 제한 조항도 적용되는데, 은행의 "이사는 이사회의 승인이 없으면 … 동종영업을 목적으로 하는 다른 회사의 무한책임사원이나 이사가 되지 못한다"라고 하고 있다. 여기서 "동종영업"(同種營業)의 범위가 문제될 수 있는데, '같은 종류의 영업'이라는 뜻을 고려하면 은행과 같은 업종, 즉 은행(일반은행뿐만 아니라 특수은행도 포함된다고 보아야 할 것이다)만 해당하고 증권회사 등 다른 금융업종의 금융기관은 포함되지 않는다고 보는 것이 타당하다. 그리고 대상이 되는 이사는 상근이건 비상근이건 상관없이 다 해당한다고 보아야 할 것이다. 그런데 「상법」은 은행의 이사가 이사회의 승인을 받고 다른 은행의 이사를 겸직할 수 있도록 허용하고 있지만, 「상법」에 대하여 특별법에 해당하는 지배구조법이 위에서 본 것처럼 은행의 이사를 포함한 임원은 다른 은행의 이사를 포함한 임직원을 겸직할 수 없도록 하고 있기 때문에, 지배구조법이 우선 적용되어 다른 은행의 이사를 겸직할 수 없다고 보아야 한다. 다만 지배구조법은 은행의 이사가 자은행의 임직원을 겸직할 수 있도록 허용하고 있는데(법 제10조 제3항 단서), 이 경우에도 자은행의 이사를 겸직하려고 하면 동종업종이므로 「상법」에 따라 이사회의 승인을 얻어야 할 것이다.

48) 아직 규정되지 않았다.

(3) 상근 임원의 겸직 금지

1) 원칙

지배구조법은 은행의 상근 임원에 대해서는 추가적인 겸직 금지 조항을 두고 있다. 즉 **은행의 상근 임원은 다른 '영리법인'의 상시적인 업무에 종사할 수 없다**(법 제10조 제1항 본문). '상근 임원'에만 한정하므로 사외이사나 비상임이사 등 비상임 임원은 해당하지 않는다. 은행에 상근을 하는 임원은 그 직책과 업무의 중요성을 고려하여 해당 업무에 전념을 하라는 취지에서 추가적인 겸직 금지 조항을 둔 것이다.[49] 따라서 은행의 상근 임원은 위에서 본 바와 같이 임직원 겸직을 허용하고 있는 경우(자은행, 해당 은행을 자회사로 두고 있는 은행지주회사 또는 그 은행지주회사의 자회사 등의 임직원 겸직을 허용하고 있는 경우)에도, 앞에서 본 것처럼 지배구조법 제10조 제2항 제4호 및 시행령 제10조 제1항 제2호에 의거하여 해당 은행을 자회사 등으로 두는 은행지주회사의 상근 임원을 겸직하는 경우와 아래 논의하는 것처럼 제10조 제2항 제1호에 따라 자은행을 포함한 자회사의 상근 임직원 겸직을 허용하고 있는 경우를 제외하고, 상대방 회사의 상근 임직원을 겸직할 수는 없다고 보아야 할 것이다.

여기서 '임원'은 지배구조법이 정의하고 있는 것처럼 이사, 감사, 집행임원, 업무집행책임자를 다 포함한다. '영리법인'의 범위에는 보험회사나 금융투자회사 등 다른 금융기관도 포함될 것이다. 그리고 '영리법인'이라고 하고 있기 때문에 해석상 비영리법인의 임직원을 겸직하는 것은 가능하다고 보아야 할 것이다. 또한 "상시적인 업무"라고 하고 있기 때문에 상근 임직원만 해당한다고 보아야 할 것이고, 따라서 은행의 상근 임원이 다른 영리법인의 비상근 임원이 되는 것은 가능하다고 보아야 할 것이다. 다만 은행의 상근 이사가 다른 은행의 비상근 이사를 겸직하려고 하는 경우에는 다른 은행이 동종(同種) 영업을 영위하는 것이므로 「상법」 제397조 제1항에 의하여 이사회 승인을 받아야 할 것이다.

그리고 이러한 겸직 금지는 상근 임원에 대해서만 적용되므로 비상근 임원은, 위에서 살펴본 것처럼, 한국은행이나 다른 은행 또는 은행지주회사의 임직원을 겸직하는 것이 금지되는 경우를 제외하면, 다른 영리법인의 상시적인 업무에 종사할 수 있다고 볼 수 있다.

2) 예외

가) 부실금융기관의 관리인으로 선임되는 경우 등

은행의 상근 임원은 다음과 같은 경우에는 겸직을 할 수 있다(법 제10조 제1항 단서).

① 채무자회생파산법 제74조에 따라 관리인으로 선임되는 경우
② 구조개선법 제10조 제1항 제4호에 따라 관리인으로 선임되는 경우
③ 당해 은행의 해산 등의 사유로 청산인으로 선임되는 경우

---

49) 같은 취지의 설명은 김홍기(2015), 37면.

해당 은행이 파산하거나 부실은행으로 지정된 경우에 해당 은행의 임원이 관리인으로서 역할을 수행하는 것이 효율적이라는 점을 고려하여 겸직을 허용한 것이다. 당해 은행이 청산되는 경우도 마찬가지이다.

나) 자회사의 상근 임직원을 겸직하는 경우

은행의 상근 임원은 해당 은행이 의결권 있는 발행주식 총수의 15%를 초과하는 주식을 보유하고 있는 다른 회사의 상근 임직원을 겸직할 수 있다(법 제10조 제2항 제1호). 은행이 의결권 있는 발행주식 총수의 15%를 초과하는 주식을 보유하고 있는 다른 회사는 「은행법」에 따른 자회사가 되므로(제37조 제2항) **은행의 상근 임원은 그 자회사의 상근 임직원을 겸직할 수 있다.** 예를 들어, 은행의 상근 임원은 그 자회사인 증권회사의 상근 임직원을 겸직할 수 있다. 또한 자회사의 범위에는 자은행도 포함되므로 **은행의 상근 임원은 자은행의 상근 임직원도 겸직**할 수 있다고 보아야 하는데, 은행의 임원이 자은행의 임직원을 겸직할 수 있도록 허용하는 별도의 조항(법 제10조 제3항 단서)이 있어서 문제가 없게 될 것이다.

또한 은행의 상근 이사가 자회사인 은행의 이사를 겸직하려고 하는 경우에는 자은행이 동종(同種) 영업을 하는 경우에 해당하므로 「상법」 제397조 제1항에 따라 이사회의 승인을 얻어야 할 것이다.

그리고 '다른 회사'라고 하고 있어서 회사가 아닌 익명조합이나 합자조합 등 '조합' 형태의 자회사의 상근 임직원은 겸직할 수 없다고 문리적으로 해석되는데, 입법론으로는 「은행법」 제37조 제2항이 자회사의 범위에 조합도 포함하고 있으므로 조합도 포함할 수 있도록 할 필요가 있다.

(4) 겸직 승인 및 보고

지배구조법은 임직원의 겸직에 대해서 승인과 보고로 나누어 규제하고 있다. 어느 경우가 승인 대상이고 보고 대상인지 시행령 제11조 제2항과 제3항이 자세히 규정하고 있으므로 이를 잘 살펴볼 필요가 있다.[50)]

1) 겸직 승인

지배구조법은 겸직에 대한 금융감독당국의 승인 제도를 규정하고 있다. 즉 은행은 그 임직원이 다른 회사의 임직원을 겸직하려는 경우에는 이해상충 방지 및 은행의 건전성 등에 관하여 대통령령으로 정하는 기준(임직원 겸직 운용 기준 마련 의무 등의 기준을 말한다. 시행령 제11조 제1항)을 갖추어 미리 금융감독당국의 승인을 얻어야 한다(법 제11조 제1항 본문, 시행령 제11조 제4항, 제5항, 제6항).

50) 겸직 승인 제도에 대해서 비판적인 견해는 정영철(2016), 178~179면.

2) 겸직 보고

이해상충 또는 금융기관의 건전성 저해의 우려가 적은 경우로서 대통령령으로 정하는 경우(시행령 제11조 제2항, 제3항)에는 ① 겸직하는 회사에서 수행하는 업무의 범위, ② 겸직하는 업무의 처리에 대한 기록 유지에 관한 사항, ③ 그 밖에 이해상충 방지 또는 은행의 건전성 유지를 위하여 필요한 사항으로서 대통령령으로 정하는 사항(겸직의 목적 및 기간 등을 말한다. 시행령 제11조 제8항)을 대통령령으로 정하는 방법 및 절차(겸직 현황을 반기별로 보고해야 한다. 시행령 제11조 제7항)에 따라 금융감독당국에 보고하여야 한다(법 제11조 제1항 단서).

또한, 지배구조법 제10조에 따른 겸직을 제외하고, 은행의 임원이 다른 금융기관(지배구조법 적용 대상이 되는 금융기관을 말한다)의 임원을 겸직하는 경우로서 대통령령으로 정하는 경우(은행의 사외이사, 비상임이사 또는 비상근감사가 다른 금융기관의 임원을 겸직하는 경우를 말한다. 시행령 제11조 제9항)에는 대통령령으로 정하는 방법 및 절차(겸직 현황을 반기별로 보고해야 한다. 시행령 제11조 제9항)에 따라 ① 겸직하는 회사에서 수행하는 업무의 범위, ② 겸직하는 업무의 처리에 대한 기록 유지에 관한 사항, ③ 그 밖에 이해상충 방지 또는 은행의 건전성 유지를 위하여 필요한 사항으로서 대통령령으로 정하는 사항(겸직의 목적 및 기간 등을 말한다. 시행령 제11조 제8항)을 금융감독당국에 보고하여야 한다(법 제11조 제2항).

(5) 위반한 경우 제재 조치

1) 행정적 제재

금융위원회는 은행이 겸직 기준을 충족하지 아니하는 경우 또는 겸직 보고 방법 및 절차를 따르지 아니하거나 보고한 사항을 이행하지 아니하는 경우에는 해당 임직원의 겸직을 제한하거나 그 시정을 명할 수 있다(법 제11조 제3항). 그리고 ① 지배구조법 제10조를 위반하여 겸직하게 하거나 겸직한 자, ② 지배구조법 제11조 제1항 본문을 위반하여 겸직 승인을 받지 아니한 자, ③ 지배구조법 제11조 제1항 단서 및 제2항을 위반하여 겸직 보고를 하지 아니하거나 거짓으로 보고한 자에 대해서는 3천만 원 이하의 과태료가 부과된다(법 제43조 제2항 제2호, 제2호의2, 제2호의3).

2) 손해배상책임

임직원을 겸직하게 한 금융지주회사와 해당 자회사 등(은행지주회사의 자회사인 은행을 포함한다)은 금융업의 영위와 관련하여 임직원 겸직으로 인한 이해상충 행위로 고객에게 손해를 끼친 경우에는 연대하여 손해를 배상할 책임이 있다(법 제11조 제4항 본문). 다만 ① 금융지주회사와 해당 자회사 등이 임직원 겸직으로 인한 이해상충의 발생 가능성에 대하여 상당한 주의를 한 경우, ② 고객이 거래 당시에 임직원 겸직에 따른 이해상충 행위라는 사실을 알고 있었거나 이에 동의한 경우, 또는 ③ 그 밖에 금융지주회사와 해당 자회사 등의 책임으로 돌릴 수 없는 사유로 손해가 발생한 경우로서 대통령령으로 정하는 경우[51]에는 손해배상책임을 지지 않는다(법 제11조 제4항 단서).

위에서 논의한 은행 임원의 겸직 제한에 관한 사항은 다소 복잡하게 되어 있지만 정리하면 아래 [표 7-1]과 같다.

[표 7-1] 은행 임원의 겸직 제한

	임직원 겸직 제한	상근 임원 겸직 제한
원칙	은행 임직원은 한국은행, 다른 은행 또는 은행지주회사의 임직원 겸직 금지(법 제10조 제3항 본문)	은행 상근 임원은 다른 영리법인의 상근 임직원 겸직 금지(제10조 제1항 본문)
예외	① 은행 임직원은 자은행의 임직원 겸직 가능(법 제10조 제3항 단서) ② 은행 임직원은 당해 은행지주회사의 임직원 겸직 가능(법 제10조 제4항 제1호) ③ 은행 임직원은 당해 은행지주회사의 다른 자회사 등의 임직원 겸직 가능(법 제10조 제4항 제2호)	① 채무자회생파산법 제74조에 따라 선임된 관리인 겸직 가능(제10조 제1항 단서) ② 구조개선법 제10조 제1항 제4호에 따라 선임된 관리인 겸직 가능(제10조 제1항 단서) ③ 당해 은행의 해산 등의 사유로 선임된 청산인 겸직 가능(제10조 제1항 단서) ④ 자회사(자은행 포함)의 상근 임직원 겸직 가능(법 제10조 제2항 제1호) ⑤ 당해 은행지주회사의 상근 임원 겸직 가능(법 제10조 제2항 제4호, 시행령 제10조 제1항 제2호) ⑥ 당해 은행지주회사의 다른 자회사 등의 비상근 임직원 겸직 가능(법 제10조 제4항 제2호, 제10조 제1항 본문)

Ⅲ. 이사회의 구성과 운영

1. 서설

지배구조에서 최고 업무 집행 의결 기관인 이사회의 구성과 역할은 중요하다. 지배구조법은 이사회 구성과 관련해서 사외이사 수(數), 이사회 의장, 지배구조내부규범 제정 및 공시 의무, 이사회 산하 위원회 등에 관한 조항을 두고 있는데, 지배구조법이 규정하지 않은 이사회 구성과 운영 등에 관한 사항에 대해서는 「상법」이 적용된다. 따라서 「상법」에 따라 은행의 이사는 주주총회에서 선임되며(제382조 제1항), 이사 수(數)는 3인 이상이어야 하고(제383조 제1항), 이사의 임기는 원칙적으로 3년을 초과하지 못한다(제383조 제2항). 이사회 운영과 관련해서는 지배구조법은 이사회의 심의·의결 사항을 특별히 별도로 규정하고 있어(예를 들어, 경영목표 및 평가에 관한 사항 등)(법 제15조 제1항), 「상법」에 따른 이사회 권한 사항(제393조) 이외에

51) 아직 정한 것은 없다.

도 지배구조법이 규정하는 이사회 심의·의결 사항이 적용된다. 다만 지배구조법은 「상법」에 이사회 권한으로 되어 있는 "지배인의 선임 또는 해임과 지점의 설치·이전 또는 폐지에 관한 사항"을 은행의 정관이 정하는 바에 따라 위임할 수 있도록 예외를 두고 있다(법 제15조 제3항). 이는 은행의 경우 지점과 지배인의 숫자가 많아서 일일이 이사회 결의 절차를 밟는 것이 번거로운 점을 고려하여 예외 조항을 둔 것으로 이해할 수 있다.

2. 이사회의 구성

(1) 이사

1) 선임

이사회의 구성원인 이사는 사외이사, 사내이사, 비상임이사가 있다. 「상법」에 따라 이사는 주주총회에서 선임된다(제382조 제1항). 이사는 등기 사항이다(「상법」 제317조 제2항 제8호). 따라서 주주총회에서 선임되지 않는 이사는 설령 등기가 되어 있다 하더라도 이사가 아니다.[52]

2) 이사 수

「상법」에 따르면, 이사 수(數)는 3인 이상이어야 하는데, 자본금 총액이 10억 원 미만인 회사는 1명 또는 2명으로 할 수 있다(제383조 제1항). 은행의 자본금 규모가 10억 원 미만일 수는 없기 때문에 은행의 이사 수는 3인 이상이어야 한다.

3) 임기

이사의 임기는 3년을 초과하지 못한다(「상법」 제383조 제2항). 따라서 각 은행이 3년 이내에서 정관에서 정하면 된다.

(2) 사외이사

1) 사외이사 수

지배구조법은 사외이사를 반드시 두도록 하고 있다. 즉 은행 이사회에는 사외이사를 3인 이상 두어야 하며(법 제12조 제1항), 사외이사가 총 이사 수(數)의 과반수가 되어야 한다(법 제12조 제2항). 사외이사가 과반수가 되면 이사회에서 주도권을 가질 수 있다. 이는 독립성을 갖추고 있는 사외이사가 은행 경영진과 대주주를 견제하는 역할을 충실히 수행할 수 있도록 하기 위함이다. 바젤은행감독위원회의 「2015년 은행 지배구조 원칙」도 이사회가 효율적인 감시 업무를 수행하기 위해서는 "충분한 숫자의 독립이사"로 구성되어야 한다고 하고 있는 점[53]에 비추어 보아 사외이사가 과반수가 되도록 한 것은 국제적인 기준에도 부합하는 조치이다.

52) 대법원 2003. 9. 26. 선고 2002다64681 판결.

53) BCBS 2015 Principles para. 47 ("The board must be suitable to carry out its responsibilities and have a composition that facilitates effective oversight. For that purpose, the board should be comprised of a sufficient number of independent directors").

2) 결원 시 조치

은행은 사외이사의 사임·사망 등의 사유로 사외이사의 수가 3인 미만이 되거나 총 이사 수의 과반수에 미달하게 된 경우에는 그 사유가 발생한 후 최초로 소집되는 주주총회에서 요건을 충족하도록 조치하여야 한다(법 제12조 제3항). '주주총회'라고 하고 있기 때문에 정기주주총회뿐만 아니라 임시주주총회도 포함될 것이다.

(3) 이사회 의장

1) 원칙적으로 사외이사 중에서 선임

원칙적으로 이사회는 매년 사외이사 중에서 이사회의 의장을 선임해야 한다(법 제13조 제1항). 이것 또한 사외이사가 이사회에서 주도적인 역할을 할 수 있도록 하기 위함이다. '매년'이라고 하고 있어서 이사회 의장의 임기는 1년임을 알 수 있다. 이렇게 이사회 의장을 사외이사 중에서 선임하도록 한 것은 이사회 의장과 최고경영자인 은행장을 분리하고, 사외이사 중심으로 이사회를 운영함으로써 이사회의 독립성을 확보하기 위한 것이라고 할 수 있다.[54] 그런데 지배구조법은 사외이사가 이사회 의장이 되도록 하는 것은 강제하고 있지 않아서, 뒤에서 보는 것처럼, 사외이사가 아닌 이사가 이사회 의장이 되면 이를 견제할 수 있도록 '선임사외이사'를 선임하도록 하고 있다. 그러나 선임사외이사의 법적 지위와 역할 등이 명확하지 않아 견제 역할을 충실히 잘 할 수 있는지는 의문이다.

2) 선임사외이사

가) 선임사외이사의 선임

이사회가 사외이사가 아닌 자를 이사회 의장으로 선임하는 경우에는 이사회는 그 사유를 공시하고, 사외이사를 대표하는 자인 **선임사외이사**를 별도로 선임하여(법 제13조 제2항), 선임사외이사가 사외이사 전원으로 구성되는 사외이사 회의를 소집하고 주재할 수 있도록 하는 등(법 제13조 제3항) 선임사외이사가 이사회 의장을 견제할 수 있도록 하고 있다.

나) 선임사외이사의 업무

선임사외이사는 "① 사외이사 전원으로 구성되는 사외이사 회의의 소집 및 주재, ② 사외이사의 효율적인 업무 수행을 위한 지원, ③ 사외이사의 책임성 제고를 위한 지원" 업무를 수행한다(법 제13조 제3항). 그런데 사외이사 회의에서 어떤 안건을 다루어야 하는지, 그리고 사외이사 회의의 결의 효력이 어떻게 되는지 등 그 역할이 애매한 점이 있어 이 제도가 잘 운영될 수 있는지는 의문이다.

다) 선임사외이사에 대한 업무 협조

은행 및 그 임직원은 선임사외이사가 업무를 원활하게 수행할 수 있도록 적극 협조해야

54) 같은 설명은 김홍기(2015), 17면.

할 의무가 있다(법 제13조 제4항).

3) 사외이사를 이사회 의장으로 선임 의무화 필요성

지배구조법은 사외이사가 이사회 의장으로 선임하는 것을 강제하고 있지 않기 때문에 대표이사인 은행장이 이사회 의장으로 선임될 가능성이 크다.[55] 그런데 대표이사인 은행장이 이사회의 의장이 되어 이사회를 주도하게 되면 은행장의 영향력이 커져 경영진의 업무 수행에 대한 감시 역할을 하는 이사회가 제대로 역할을 수행하기가 어렵다.[56] 이런 점에서 이사회 의장은 사외이사가 맡도록 의무화할 필요가 있다.[57] 바젤은행감독위원회의 「2015년 은행 지배구조 원칙」도 이사회 의장은 독립이사나 비상임이사(independent or non-executive board member)가 맡도록 할 필요가 있다는 점[58]을 강조하고 있어서 사외이사가 이사회 의장이 되도록 하는 방향이 맞다.

(4) 근로자이사제 도입 논의[59]

이하에서는 이사회 구성과 관련하여 **근로자이사제 또는 근로자추천이사제 도입 논의**가 있으므로 이에 대해서 살펴본다.

1) 근로자이사제 도입의 배경

친(親)근로자 정책을 표방하는 문재인 정부는 근로자이사제[60] 내지 노동이사제[61] 도입을 추진하였다. 문재인 정부의 정책 방향에 대한 큰 그림을 제시하는 역할을 한 국정기획자문위원회는 2017년 7월 「문재인정부 국정운영 5개년 계획」을 발표하면서 공공기관에 대해 근로자이사제를 실시한다고 하였다.[62] 이에 따라 관련 법률인 「공공기관의 운영에 관한 법률」이 2022년 2월 3일 개정되어 '근로자이사제'가 도입되었는데, 이 법률의 적용을 받는 공공기관 중 공기업이나 일정한 규모 이상의 준정부기관의 경우 "3년 이상 재직한 해당 기관 소속 근로자 중에서 근로자대표(근로자의 과반수로 조직된 노동조합이 있는 경우 그 노동조합의 대표자를 말한다)의 추천이나 근로자 과반수의 동의를 받은 사람" 1명을 비상임이사로서 임명해야 한다(법

55) 같은 설명은 김홍기(2015), 18면.
56) 같은 견해는 김홍기(2015), 17면.
57) 같은 주장은 김홍기(2015), 17면(최고경영자와 이사회 의장을 분리하는 외국 입법례가 다수라고 한다).
58) BCBS 2015 Principles para. 62("To promote checks and balances, the chair of the board should be an independent or non-executive board member"). 물론 각 나라가 사내이사가 이사회 의장이 되는 것을 허용하고 있는 경우에는 선임독립이사 선임 등 견제와 균형을 유지하기 위한 조치를 취할 필요가 있다고 하고 있다(BCBS 2015 Principles para. 62).
59) 이하는 고동원(2018), 164~171면을 수정·보완한 것이다.
60) 근로자이사제에 대한 소개는 이진수(2017), 168면; 최성환 외 5인(2016), 15~16면.
61) 노동이사제에 대한 자세한 소개는 배규식(2017), 91~92면.
62) 국정기획자문위원회(2017), 37면. 서울특별시는 2016년 9월 '서울특별시 근로자이사제 운영에 관한 조례'를 제정해 근로자를 대표하는 1~2명이 이사회에 참여하는 '근로자이사제'를 서울교통공사 등 16개 공사·공단·출연기관에 국내 최초로 도입하였다(<https://news.seoul.go.kr/gov/worker_move>).

제25조 제3항, 제26조 제3항).

한편 2017년 12월 금융위원회의 자문기구로서 금융행정 혁신을 위한 여러 방안을 제시하였던 금융행정혁신위원회[63]도 금융기관에 대해 '근로자추천이사제' 도입을 권고한 바 있다. 금융행정혁신위원회는 근로자추천이사제 도입이 "근로자의 경영참여로 내부 견제가 이루어져 경영 의사결정의 투명성과 책임성이 제고될 것으로 기대되며, 근로자도 경영의 결과를 책임져야 하므로 노사간 소통이 원활해지면서 노사간 시너지를 발휘하고 갈등이 줄어들 수 있으며, 경영진이 갖지 못한 근로자의 관점이나 경험 등을 통해 생산성도 개선될 수 있으며, 금융회사가 근로자추천이사제를 채택하면 '노동존중' 문화가 확산되면서 노사를 운명공동체로 만들어 줄 것으로 기대된다."[64]는 긍정적인 의견을 피력한 바 있다. 금융행정혁신위원회가 제시한 근로자추천이사제는 근로자가 직접 사외이사 내지 비상임이사가 되는 것이 아니고, 근로자가 추천하는 외부 전문가가 이사가 된다는 점에서 근로자가 직접 이사가 되는 근로자이사제 내지 노동이사제와는 다르다고 할 수 있다.

2) OECD 「기업지배구조원칙」에 따른 근로자의 경영 참여

근로자의 경영 참여에 대하여 국제적인 기준은 어떤 태도를 취하고 있을까? 참고가 될 만한 것이 기업지배구조와 관련하여 국제적인 기준을 제시하고 있는 경제협력개발기구(OECD)의 「기업지배구조원칙」(Principles of Corporate Governance)이다. 경제협력개발기구가 G20와 공동으로 발표한 「기업지배구조원칙」은 근로자(employee)의 경영 참여에 대하여 긍정적이다.[65] 우선 기업의 이해관계자(stakeholders)인 투자자, 채권자, 고객, 공급자, 근로자 등의 권리를 인정해줄 필요가 있으며, 그들이 기업의 가치 제고에 이바지할 것이라는 점을 강조하고 있다.[66] 특히 근로자의 경영 참여가 이루어질 수 있는 체계가 만들어질 필요가 있다고 하면서, 그러한 경영 참여는 결국 기업에 혜택(benefits)이 될 것이라는 점을 언급하고 있다.[67] 이러한 근로자의 경영 참여 방법으로서 근로자의 이사회 참여(employee representation on boards)와 주요 경영 의사 결정 과정에서 근로자의 의견이 반영될 수 있는 노사협의회(work councils) 설치 등의 방법을 제시하고 있다.[68] 이처럼 기업지배구조에 관한 국제적인 기준은 근로자이사제를 긍정적으로 보고 있다는 점을 알 수 있다. 근로자 대표가 경영 참여를 하게 되는 경우 그 근로자 대표가 충실히 임무를 수행할 수 있도록 관련된 신뢰성 있는 정보에 충분히 접근할 수 있도록 해야 한다는 점도 강조하고 있다.[69]

---

63) 2017. 8.부터 2017. 12.까지 운영되었다.
64) 금융행정혁신위원회(2017), 89면.
65) OECD(2023), p. 48("VI.D.3. Mechanisms for employee participation should be permitted to develop").
66) OECD(2023), p. 48.
67) OECD(2023), p. 48.
68) OECD(2023), p. 48.
69) OECD(2023), p. 49.

3) 외국 입법례

유럽 국가들이 근로자이사제를 도입하고 있는 대표적인 국가들이다. '공동결정'(Mitbes-timmung) 제도를 도입하고 있는 독일이 대표적이며, 그 밖에도 프랑스, 오스트리아, 덴마크, 헝가리, 핀란드, 스웨덴 등이 민간과 공공 부문에서 근로자이사제를 채택하고 있으며, 그리스, 아일랜드, 포르투갈 등은 국영 기업에 한해 근로자이사제를 채택하고 있다.[70] 이하에서는 대표적인 국가인 독일과 프랑스의 입법례에 대해 알아본다.

가) 독일

독일은 1951년 「공동결정법」(Mitbestimmungsgesetz)을 제정하여 석탄 및 철강 기업의 경우 근로자 대표가 경영에 참여하여 공동 결정을 할 수 있도록 하였고, 1956년 「공동결정법」 개정을 통해 철강 지주회사까지 이를 확대하였다.[71] 이후 1972년 「노동위원회법」(Betreibsverfas-sungsgesetz)을 통해 석탄 및 철강 기업 이외의 기업의 경우까지 확대하였으며, 감독이사회(supervisory board) 구성원의 3분의 1을 근로자 대표로 구성할 것을 규정하였다.[72] 나아가 2004년 개정된 「3분의 1 참여법」(Drittelbeteiligungsgesetz)은 500명 이상 2,000명 이하의 근로자를 고용한 기업(주식회사, 주식합자회사, 유한회사, 협동조합 사업장 등)으로 하여금 감독이사회 구성원의 3분의 1을 근로자 대표로 구성하도록 규정하고 있다.[73] 근로자들에 의해 선출된 감독이사회의 근로자 이사는 18세 이상으로서 적어도 1년 이상 해당 기업에 근무한 자이어야 한다.[74] 한편 2,000명을 초과한 근로자를 고용한 기업에 대해서는 「공동결정법」이 적용되는데, 감독이사회 구성원의 2분의 1을 근로자 대표로 구성하도록 하고 있다.[75] 그러다 보니 이를 피하기 위해 기업들이 1,950명만 고용하고 나머지 인력들은 간접 고용으로 인력을 대체하여 공동결정 제도의 적용을 벗어나려는 경향이 있다는 지적도 있다.[76] 감독이사회는 주요 경영진을 임명하거나 해임할 수 있으며, 경영진의 성과를 평가하고, 기업의 경영 전략 수립에 참여하며, 재무 및 기타 정보를 제공받을 수 있는데, 경영이사회(management board)의 기능을 수행할 수는 없다.[77]

나) 프랑스

프랑스는 근로자의 권리가 강하게 보호되고 있는 대표적인 국가 중의 하나이다. 「고용법」

---

70) <http://www.worker-participation.eu/About-WP/What-s-new/Board-level-employee-representation-state-of-play-in-2017>.
71) Wooldridge(2011), p. 31.
72) Wooldridge(2011), p. 31.
73) Wooldridge(2011), p. 31.
74) Drittelbeteiligungsgesetz - DrittelbG § 4 Zusammensetzung (2)-(3).
75) Mitbestimmungsgesetz - MitbestG §1.
76) 김영문(2013), 125면.
77) <https://www.worker-participation.eu/National-Industrial-Relations/Countries/Germany/Board-level-Representation>.

(Code du Travail)은 근로자의 고용 조건 및 고용과 관련한 표현의 자유 권리를 규정하고 있는데, 근로자들이 이러한 권리를 행사할 때 해고나 제재를 할 수 없도록 하고 있다.[78] 각 기업에는 근로자의 숫자에 따라 근로자의 이익을 대변하는 3개의 조직 중 하나 또는 그 이상을 둘 수 있는데, 그러한 조직은 노사협의회(works council), 직원대표회(personnel representatives), 노동조합대표회(trade union representatives)이며, 각 조직들의 구성원은 중복되는 경우가 많다.[79] 근로자이사제를 규정하고 있는 법은 「상법」(Commercial Code)이다. 「상법」에 따르면, 비상장회사의 경우 4인, 상장회사의 경우 5인까지 근로자 이사를 선임할 수 있는데, 전체 이사 수의 3분의 1을 초과할 수 없도록 하고 있다.[80] 이사회는 3인 이상의 이사로 구성되며, 이사의 임기는 6년을 초과할 수 없다.[81] 근로자 이사를 두어야 하는 대상 기업은 2015년 「사회 소통 및 고용에 관한 법률」이 개정되면서 직원 5,000명 이상인 세계적 기업(프랑스 및 해외 소재 기업)과 직원 1,000명 이상인 프랑스 국내 기업의 경우로 확대되었는데, 그 전에는 대상 기업이 직원 수가 10,000명 이상인 세계적 기업과 직원 5,000명 이상인 프랑스 국내 기업이었다.[82]

4) 근로자이사제 도입에 대한 찬반 논거

근로자이사제 도입은 장단점이 있으며, 찬성과 반대의 논거가 있다. 이를 정리해보면 다음과 같다. 근로자이사제에 대한 반대 주장의 근거는 다음과 같다. 근로자이사는 전문적 능력이 부족하여 특수하고 신속한 결정을 요구하는 기업의 의사 결정 과정에 방해가 될 수 있다는 점과 의사 결정의 질적인 면까지도 저하시켜 오히려 기업의 성장에 방해가 될 수 있다는 주장이 있다.[83] 근로자이사의 경우 기업의 이익을 우선하는 기업측 이사들과 달리 근로자의 이익을 대변하기 때문에 상호 이익 충돌이 발생할 가능성이 높다는 점도 지적된다.[84] 우리나라의 경우 「근로자참여 및 협력증진에 관한 법률」 제4조에 따라 노사협의회를 설치하도록 의무화하고 있고, 노사협의회가 고용 조정, 인사 제도, 성과 배분 등 주요 경영 사항을 협의하도록 하고 있어서 근로자의 의사를 충분히 대변할 수 있기 때문에 근로자이사제를 새로이 둘 필요가 없다는 주장도 있다.[85] 독일의 경우에는 이원적 이사회를 갖고 있고 감독이사회에 근로자이사를 두도록 하고 있어, 단일화된 이사회 제도인 우리나라에는 적합하지 않다는 주장도 제기될 수 있다. 이외에도 이사회에서 의사 결정을 할 때 근로자이사를 의식하게 되면서 왜곡된 의사 결

78) Code du Travail, Article L461－1.

79) Wooldridge(2002), p. 27. 노사협의회가 직원대표회 및 노동조합대표회의 역할을 조정하며, 노동조합이 노사협의회의 구성에 영향을 미치기도 하는데, 해당 기업의 근로자 숫자가 적어서 노사협의회가 조직되지 않는 경우에는 직원대표회가 노사협의회의 역할을 담당하기도 한다(Wooldridge(2002), p. 28).

80) Commercial Code, Article L. 225－27.

81) Commercial Code, Article L. 225－17 & L. 225－18.

82) LOI n°－2015－994 du 17 août 2015 relative au dialogue social et à l'emploi, Article 11.

83) Institut der deutschen Wirtschaft Köln(eds.)(2006), p. 5(이정언(2007), 77면에서 재인용).

84) Stiftung(eds.)(2004)(이정언(2007), 79면에서 재인용).

85) 최준선(2017), 18면.

정이 나올 수 있다는 문제점도 지적할 수 있다. 노동조합이 근로자이사를 추천하는 경우에는 노동조합의 영향에 따른 정치적 성향이 나타날 수 있는 문제도 있을 것이다.

반면에 근로자이사제에 대한 찬성의 근거는 다음과 같다. 우선 근로자측과 경영진이 정보를 공유하여 정보의 불균형을 방지할 수 있다는 점을 든다.86) 근로자이사가 경영에 참가하게 될 경우 근로자들의 의견을 대변하기 때문에 근로자들의 동기 부여를 고취시킬 수 있다는 주장이 있다.87) 또한 근로자이사제가 시행되면 경영진과의 정보 불균형에서 벗어나 해당 기업의 사업 등에 관련된 전반적인 정보를 취득할 수 있고, 근로자의 복지 향상 등 근로자와 직접적으로 관련된 사항에 대한 의사 결정에 참여하면서 근로자의 이익을 대변할 수 있으며, 나아가 기업 구조 조정이나 기업의 조직 변경 등 회사의 중요한 결정에도 근로자측의 의견을 제시할 수 있는 통로가 될 수 있는 장점이 있다는 견해도 있다.88) 그리고 근로자이사제는 근로자의 권익을 효과적으로 대변할 수 있기 때문에 근로자의 노동 생산성을 제고할 수 있으며, 이사회에서 감시 역할을 함으로써 불필요한 비용의 지출을 막아 기업의 수익성 향상에도 도움을 줄 수 있다는 주장도 있다.89) 이외에도 근로자이사가 이사회에 참여함으로써 이사회가 보다 투명하게 경영에 관한 의사 결정을 할 수 있는 장점도 있을 것이다. 그리고 우리나라 이사회도 경영 전략의 수립 등 독일의 감독이사회와 유사한 기능을 수행한다는 점에서 독일처럼 이원적 이사회 제도를 갖고 경우에만 근로자이사제가 적합한 제도라고 볼 것은 아닐 것이다.

5) 근로자추천이사제의 도입 방안

은행 등 금융기관에 대해서 근로자추천이사제를 도입하는 방안도 검토할 필요가 있다. 공공성이 강조되고 예금자나 투자자 등 금융소비자가 이해 당사자가 되는 금융기관의 경우는 일반 기업과 달리 보아야 할 필요도 있다. 이런 점에서 본다면 금융기관에게 근로자이사제 내지 근로자추천이사제를 도입하는 것은 긍정적인 면이 있을 수 있다. 물론 근로자가 직접 이사가 되는 근로자이사제보다는 근로자가 추천하는 외부 전문가가 이사가 되는 근로자추천이사제가 시장에 충격을 덜 줄 수 있다는 점에서 바람직하다고 본다. 이사회 구성의 다양성을 확보하여 효율적인 이사회 운영을 추구할 수 있다는 면에서 보면 근로자추천이사제의 도입은 검토할 만하다. 특히 경영진과 대주주를 견제하는 역할을 하는 사외이사 제도가 제대로 작동하지 않는 현실을 고려할 때, 사외이사 제도를 보완할 수 있다는 점에서 근로자추천이사제 도입은 긍정적인 면이 있다고 본다.

사실 사외이사 제도는 법적으로 보면 경영진이나 대주주로부터 독립성을 확보하고 있다

86) Stiftung(eds.)(2004)(이정언(2007), 78면에서 재인용).
87) Irawanto(2015), p. 160.
88) Uma(2015), p. 100~101.
89) Bainbridge(1998), pp. 1061~1062. <https://ssrn.com/abstract=38600> or <http://dx.doi.org/10.2139/ssrn.38600>.

고 할 수 있다. 지배구조법은 대주주 등 특수관계인과 당해 금융기관의 임직원이거나 임직원이었던 자를 사외이사 결격 사유로 규정하고 있기 때문에(법 제6조) 일견 경영진과 대주주로부터 독립성을 확보하고 있다고 할 수 있다. 하지만 실제 운영 면에서 사외이사가 그러한 견제 역할을 충실히 수행하지 못하고 있다는 비판이 있는 것도 사실이다. 그렇다면 근로자추천이사제는 사외이사 제도를 보완할 수 있는 제도로서 도입할 수 있지 않을까 생각한다.

특히 근로자가 추천한 외부 전문가가 이사회 구성원이 될 때 회의 운영의 투명성을 기할 수 있는 장점도 있을 것이다. 또한 금융기관 경영진이 근로자 추천 이사를 의식할 수밖에 없으므로, '밀실 경영'이 이루어지가 어려워 투명 경영을 할 수 있는 장점도 있을 것이다. 이에 따라 금융기관의 경쟁력이 더 높아져 금융기관의 기업 가치를 올릴 수도 있다. 또한 근로자의 이익을 대변하는 경영 전략이 수립될 수 있어서 근로자들의 복지 향상에 도움이 될 수 있고, 이에 따라 노동 생산성을 높일 수 있는 장점도 있을 것이다. 그리고 구조 조정 등 금융기관의 중요 의사 결정 과정에서 근로자의 의견이 반영되는 통로가 될 수 있어 오히려 중요한 현안 사항이 원활하게 추진될 수 있는 장점도 있을 것이다. 이런 점에서 은행 등 금융기관에 근로자추천이사제를 도입하는 방안을 검토할 필요가 있을 것이다.

3. 이사회의 권한

(1) 서설

이사회의 권한에 대하여 「상법」도 규정하고 있지만(제393조 제1항) 지배구조법도 규정하고 있다. 따라서 두 법이 다 적용되고, 상충되는 부분은 지배구조법이 특별법이라는 점(법 제4조 제2항)에서 우선 적용될 것이다.

(2) 「상법」 규정

「상법」에 따른 이사회 결의 사항은 "중요한 자산의 처분 및 양도, 대규모 재산의 차입, 지배인의 선임 또는 해임과 지점의 설치·이전 또는 폐지 등 회사의 업무집행"에 관한 사항이다(제393조 제1항). 이러한 사항은 반드시 이사회 결의를 거쳐야 하며, 대표이사가 이사회 결의를 거치지 않고 이러한 행위를 하면 권한 없는 대표행위(소위 '전단적(專斷的) 대표행위')가 되어 무효가 될 수 있다. 즉 판례에 따르면 회사가 이사회 결의 없이 제3자와 거래를 한 경우에 제3자가 이사회 결의가 없었음을 알았거나(즉 악의) 알지 못하는데 중과실이 있으면 그 거래는 무효가 된다.[90] 다시 말하면 거래 상대방인 제3자가 이사회 결의 없었음을 몰랐거나 모르는데 경과실이 있으면 거래는 유효하게 된다. 한편 지배구조법은 「상법」에 따른 이사회의 권한 중 "지배인의 선임 또는 해임과 지점의 설치·이전 또는 폐지"에 관한 사항은 정관에서 정하는 바에

90) 대법원 2021. 2. 18. 선고 2015다45451 판결.

따라 위임할 수 있도록 하고 있어(법 제15조 제3항) 「상법」 조항을 배제하고 있다.

(3) 지배구조법 규정

지배구조법은 이사회의 심의·의결 사항으로 "① 경영목표 및 평가에 관한 사항, ② 정관의 변경에 관한 사항, ③ 예산 및 결산에 관한 사항, ④ 해산·영업양도 및 합병 등 조직의 중요한 변경에 관한 사항, ⑤ 내부통제기준 및 위험관리기준의 제정·개정 및 폐지에 관한 사항, ⑥ 최고경영자의 경영승계 등 지배구조 정책 수립에 관한 사항, ⑦ 대주주·임원 등과 회사 간의 이해상충 행위 감독에 관한 사항"을 규정하고 있다(법 제15조 제1항).

이사회의 심의·의결 사항은 정관으로 정하여야 한다(법 제15조 제2항). 은행은 「상법」이나 지배구조법이 정하고 있는 이사회 결의 사항 이외에도 자체적으로 이사회 결의가 필요한 사항을 결정할 수 있다는 점에서 제15조 제2항의 의미는 「상법」이나 지배구조법이 정하고 있는 이사회 결의 사항 이외에도 은행 자체적으로 이사회 결의 사항이라고 판단하는 사항은 정관에 규정해야 한다고 해석해야 할 것이다.[91]

4. 지배구조내부규범의 제정 및 공시

(1) 의의

지배구조법은 지배구조내부규범을 제정해서 공시하도록 하는 규정을 두고 있다(법 제14조). 공시를 통해서 시장 규율이 작동할 수 있도록 하는 취지임을 알 수 있다. **지배구조내부규범**은 "주주와 예금자, 투자자, 보험계약자, 그 밖의 금융소비자의 이익을 보호"하기 위하여 은행의 "① 이사회의 구성과 운영, ② 이사회 내 위원회의 설치, ③ 임원의 전문성 요건, ④ 임원 성과 평가 및 최고경영자의 자격 등 경영 승계에 관한 사항 등에 관하여 지켜야 할 구체적인 원칙과 절차"를 말한다(법 제14조 제1항). 이러한 지배구조내부규범 제정 의무를 두는 취지는 무엇인가? 지배구조법은 그 목적을 "주주와 예금자 [등]의 이익을 보호하기 위하여"라고 하고 있어서(법 제14조 제1항) 은행의 이해관계자인 주주와 예금자 등 채권자를 보호하기 위한 것을 알 수 있다. 즉 지배구조내부규범의 제정 및 운영을 통한 건전한 지배구조의 유지가 은행의 건전성을 담보할 수 있고, 이것이 결국은 주주와 예금자 등을 보호할 수 있는 길이라는 점을 인식한 것이라고 볼 수 있다.

91) 반면에 "지배구조법 제15조 제2항을 반대 해석하면 정관 규정이 없으면 이사회 권한 사항이 아니라는 해석도 가능하게 되었다"고 하면서 "금융회사 이사회의 권한은 「상법」 제393조에서 규정한 것보다도 오히려 축소 해석될 위험이 있다"고 하면서 제15조 제2항을 삭제해야 한다는 견해도 있다(심인숙(2016), 391면).

(2) 규정 사항

지배구조내부규범에 규정되어야 할 사항은 지배구조법 시행령이 자세히 규정하고 있는데, 다음과 같다(법 제14조 제2항, 시행령 제13조 제1항).

1) 이사회의 구성과 운영에 관한 사항

이사회의 구성과 운영에 관한 사항으로서는 "① 이사회의 구성 방법 및 절차, ② 이사회의 소집 절차 및 의결권 행사 방법, ③ 이사회 운영 실적 등의 평가에 관한 사항, ④ 이사회 및 이사의 권한과 책임, ⑤ 이사의 자격 요건, ⑥ 이사의 선임과 퇴임에 관한 기준 및 절차"이다(시행령 제13조 제1항 제1호).

2) 이사회 내 위원회에 관한 사항

이사회 내 위원회(법 제16조 제1항에 따라 설치된 「상법」 제393조의2에 따른 이사회 내 위원회뿐만 아니라 임원으로 구성되는 다른 위원회도 포함한다)의 설치와 운영에 관한 사항으로서는 "① 이사회 내 위원회의 종류와 그 위원회의 구성·기능·운영 절차, ② 이사회 내 위원회 운영 실적 등의 평가에 관한 사항"이다(시행령 제13조 제1항 제2호).

3) 임원에 관한 사항

임원에 관한 사항으로서는 "① 임원의 자격 요건, ② 임원의 권한과 책임, ③ 경영승계 계획을 포함한 임원의 선임과 퇴임에 관한 기준 및 절차, ④ 임원 및 임원 후보(해당 은행의 임직원만 해당한다)에 대한 교육 제도, ⑤ 임원에 대한 성과 평가 및 보수 지급 방법에 관한 사항"이다(시행령 제13조 제1항 제3호). 지배구조법은 지배구조내부규범에 임원의 전문성 요건도 포함하도록 하고 있으므로(법 제14조 제1항) 임원의 자격 요건에 전문성 요건도 포함시켜야 할 것이다.

4) 최고경영자의 자격 등 경영 승계에 관한 사항

최고경영자(대표이사 또는 대표집행임원을 말한다)의 자격 등 경영 승계에 관한 사항으로서는 "① 최고경영자의 경영 승계 원칙, ② 최고경영자의 자격, ③ 최고경영자 후보의 추천 절차, ④ 최고경영자 추천 관련 공시, ⑤ 책임 경영 체제 확립"이다(시행령 제13조 제1항 제4호).

(3) 공시 의무

은행은 지배구조내부규범을 제정하거나 변경한 경우 그 내용과 매년 지배구조내부규범에 따라 이사회 등을 운영한 현황을 정보게시판(인터넷 홈페이지) 등에 공시하여야 한다(법 제14조 제3항). 각 은행이 운영하고 있는 지배구조 체제에 대하여 공시 제도를 통하여 시장규율이 작동할 수 있도록 한 것이라고 이해할 수 있다. 즉 이러한 공시 제도를 통하여 시장이 해당 은행의 지배구조가 잘 운영이 되는지를 알 수 있으므로 은행도 투자자 등을 의식하여 가능한 좋은 지배구조를 만들려고 할 것이기 때문이다. 특히 바젤은행감독위원회의 「2015년 은행 지배구조

원칙」도 지배구조의 공시 및 투명성을 강조하고 있다는 점(원칙 12)[92]에서 국제적인 기준을 충족하고 있어서 바람직한 정책이라고 할 수 있다.

(4) 지배구조내부규범에 자율적으로 정한 사항을 위반했을 때 제재 대상이 되는지 여부

은행이 제정한 이러한 지배구조내부규범을 준수하지 않았을 때 제재 대상이 될 수 있는가? 물론 지배구조내부규범 자체를 제정하지 않았거나 지배구조내부규범에 정한 사항이 지배구조법 등 관련 법령상 의무적인 사항인 경우(예를 들어, 임원 자격 요건을 충족하지 못하는 임원을 선임한 경우)에는 당연히 법령 위반 사항이 되므로 제재 대상이 되는 것은 틀림없으나, 지배구조내부규범에 정한 사항 중 은행이 자체적으로 규정한 사항을 위반한 경우에 제재 대상이 될 수 있는지의 문제이다. 예를 들어, 관련 법령상 의무 규정으로 되어 있지 않은 경영승계에 관한 사항이나 임원 성과 평가 방법에 관한 사항을 지배구조내부규범에 정했을 때 규정된 경영승계 원칙을 따르지 않은 경우나 규정된 임원 성과 평가 방법을 따르지 않고 다른 방법으로 성과 평가를 한 경우가 해당될 수 있다.

검토해보면, 지배구조법은 은행에 대한 제재 조치를 취할 수 있는 사유의 하나로서 지배구조내부규범의 제정과 공시를 규정하고 있는 지배구조법 "제14조를 위반하여 지배구조내부규범과 관련된 의무를 이행하지 아니하는 경우"를 규정하고 있다(법 제34조 제1항, [별표] 제13호). 그렇다면 여기서 "지배구조내부규범과 관련된 의무"가 무엇인지 살펴볼 필요가 있다. 그러한 의무로서 지배구조법이 규정하도록 한 사항을 포함한 지배구조내부규범을 마련해야 할 의무(제14조 제1항)와 공시해야 할 의무(제14조 제3항)가 있다. 따라서 이러한 의무를 이행하지 않았을 때만 제재 대상이 된다고 보는 것이 타당하다. 이런 점에서 관련 법령에 따른 의무 사항이 아니고 은행이 자체적으로 정한 지배구조내부규범 사항을 위반했을 때 제재 대상이 된다고 보기는 어렵다. 이런 점을 볼 때, 지배구조법에 따른 지배구조내부규범 제도의 취지는 공시를 통한 시장규율에 의해 은행의 지배구조가 잘 정착이 되도록 하는데 있다고 할 수 있다.

5. 이사회 내 위원회

(1) 개관

1) 서설

지배구조법은 이사회가 효율적으로 운영할 수 있도록 의무적으로 두어야 하는 이사회 내 산하 위원회를 규정하고 있다. 위원회는 「상법」 제393조의2에 따른 이사회 내 위원회를 말하

92) Principle 12: Disclosure and transparency
The governance of the bank should be adequately transparent to its shareholders, depositors, other relevant stakeholders and market participants.

므로(법 제16조 제1항) 이사로만 구성된다. 다만 지배구조법은 규모가 작은 금융기관(예를 들어, 자산총액이 7천억 원 미만인 상호저축은행, 자산총액이 5조 원 미만인 보험회사, 자산총액이 5조 원 미만인 여신전문금융회사 등)에 대해서는 이사회 산하 위원회 설치를 면제하고 있지만(법 제3조 제3항 제2호, 시행령 제6조 제3항) 은행은 여기에 해당하지 않으므로 반드시 설치해야 한다.

2) 의무적으로 설치해야 하는 위원회

은행이 의무적으로 두어야 하는 위원회는 **임원후보추천위원회, 감사위원회, 보수위원회, 위험관리위원회, 내부통제위원회** 등 5개이다(법 제16조 제1항). 따라서 그 이외의 위원회(예를 들어, 운영위원회 등)는 은행이 자율적으로 정관에 정해서 설치할 수 있다. 여기서는 임원후보추천위원회에 대해서만 자세히 살펴보고, 나머지 위원회에 대한 설명은 뒤의 해당 부분에서 한다.

3) 위원 구성 및 위원장

각 위원회의 구성 인원은 위원회별로 다르다. 임원후보추천위원회는 3인 이상의 이사로(법 제17조 제2항), 감사위원회도 3인의 이사로(법 제19조 제1항), 나머지 위원회는 2인 이상의 이사로 구성된다(「상법」 제393조의2 제3항). 감사위원회는 3분의 2 이상이 사외이사이어야 하며(법 제19조 제2항, 「상법」 제415조의2 제2항 단서), 감사위원회를 제외한 나머지 위원회의 경우 과반수가 사외이사이어야 한다(법 제16조 제4항). 위원회의 대표인 위원장은 사외이사이어야 한다(법 제16조 제5항).

4) 완전자회사 등의 경우 위원회 설치 면제

이사회 내 위원회를 설치하지 않아도 되는 경우가 있다. 즉 금융지주회사의 완전자회사(금융지주회사가 발행주식 총수를 소유하는 자회사)나 완전손자회사(자회사가 발행주식 총수를 소유하는 손자회사) 및 완전증손회사(손자회사가 발행주식 총수를 소유하는 증손회사)는 경영의 투명성 등 대통령령이 정하는 일정한 요건(시행령 제18조)을 충족하는 경우에는 이사회 내 위원회를 설치하지 않을 수 있다(법 제23조 제1항). 즉 은행이 완전자회사 등에 해당하면, 물론 투명성 등 일정한 요건을 충족해야 하지만, 위원회를 설치하지 않을 수 있다. 다만 완전자회사 등이 감사위원회를 설치하지 아니한 경우에는 상근감사를 두어야 한다(법 제23조 제2항).

위원회 설치 목적이 전문성과 독립성이 필요한 사항은 위원회에서 논의하라는 취지를 고려한다면 설령 완전자회사라 할지라도 위원회가 필요하다. 이런 점에서 위원회 설치 면제는 재고할 필요가 있다.

(2) 임원후보추천위원회

1) 위원회 구성

가) 위원 및 위원장

임원후보추천위원회는 3명 이상의 위원으로 구성된다(법 제17조 제2항). 감사위원회(감사위원회는 3인 이상의 이사로 구성되어야 한다. 법 제19조 제1항)를 제외한 다른 이사회 산하 위원회의 위원 수가 2인 이상이면 되는 것(「상법」 제393조의2 제3항)과 차이가 있다. 위원의 과반수는 사외이사로 구성되어야 한다(법 제16조 제3항). 위원장은 사외이사이어야 한다(법 제16조 제4항).

그런데 독립성을 가진 임원후보추천위원회가 사외이사나 대표이사 등 지배구조에서 중요한 역할을 하는 자를 추천할 필요가 있다는 점과 추천에 있어서 대표이사인 은행장의 영향력을 배제할 필요가 있다는 점을 고려할 때, 임원후보추천위원회는 대표이사를 포함한 사내이사나 비상임이사를 배제한 사외이사 전부로 구성하도록 해야 할 것이다. 특히 대표이사를 선임하는 경우 현직 대표이사가 임원후보추천위원회의 위원이 되면 자연스럽게 자신의 영향력이 커지게 된다. 물론 지배구조법은 본인을 임원 후보로 추천하는 경우에는 임원후보추천위원회에서 의결권을 제한하고 있지만(법 제17조 제5항), 의결권 제한만으로는 현직 대표이사의 영향력 행사에서 자유롭지 못하다. 따라서 대표이사를 임원후보추천위원회의 구성에서 배제하는 것은 아주 필요한 일이다.

나) 최초 이사회 구성하는 경우 예외

최초로 이사회를 구성하는 은행이 임원을 선임할 때에는 임원후보추천위원회는 3명의 위원으로 구성할 필요가 없으며, 위원회의 과반수도 사외이사일 필요는 없고, 위원장이 사외이사일 필요도 없다(법 제17조 제6항).

2) 추천 대상 임원

임원후보추천위원회가 추천하는 대상 임원은 사외이사, 대표이사, 대표집행임원, 감사위원에 한한다(법 제17조 제1항). 따라서 대표이사를 제외한 사내이사나 비상임이사를 선임하는 경우에는 임원후보추천위원회의 추천을 받을 필요가 없다. 적격 임원을 추천하기 위해서 임원후보추천위원회의 역할이 중요하다는 점을 고려할 때 사내이사나 비상임이사를 굳이 제외할 필요는 없을 것이다. 임원후보추천위원회의 추천을 받은 사람 중에서 주주총회나 이사회에서 해당 임원을 선임하여야 하므로(법 제17조 제3항), 이러한 추천 절차를 거치지 않고 선임된 해당 임원은 자격을 상실한다고 보아야 한다.

3) 의결권 제한

가) 본인을 후보로 추천하는 경우 의결권 제한

임원후보추천위원회의 위원은 본인을 임원 후보로 추천하는 임원후보추천위원회 결의에 관하여 의결권을 행사하지 못한다(법 제17조 제5항). 예를 들어, 은행장이나 사외이사가 자신을 후보로 추천하기 위해서 위원이 되면 공정한 후보 추천이 이루어질 수 없기 때문이다. 이러한 경우는 본인이 연임되는 경우에 발생할 수 있다. 본인을 후보로 추천하는 안건에만 의결권 행사가 제한되기 때문에 다른 안건이 있는 경우에는 그 안건과 분리하여 결의를 해야 할 것이다.

그런데 이렇게 의결권 행사를 제한하는 것은 「상법」에 따른 판례와 통설에 따를 때 의결권을 행사할 수 있다는 해석과는 다르다. 「상법」에 따르면 주주총회나 이사회 또는 이사회 내 위원회 결의에 있어서 특별이해관계가 있는 자는 의결권을 행사할 수 없는데(「상법」 제368조 제3항, 제391조 제3항, 제393조의2 제5항), 특별이해관계인의 범위에 이사 선임 등 지배구조에 관련되는 안건인 경우에는 이해관계가 없다고 보는 '개인법적 이해관계설'이 판례이고[93] 통설의 입장[94]이기 때문이다. 따라서 지배구조법에 따른 의결권 행사 제한은 이러한 해석을 입법으로 배제하고 있다고 할 수 있다.

나) 의결정족수 계산 문제

의결정족수는 어떻게 계산하여야 하는가? 지배구조법은 의결권을 행사할 수 없는 임원 후보가 있는 경우 결의 요건을 별도로 규정하고 있지 않기 때문에 「상법」에 따른 결의 요건을 따라야 할 것이다. 「상법」에 따르면, 위원회의 결의 방법은 위원 과반수 출석과 출석위원의 과반수로 한다(제393조의2제5항→제391조 제1항). 전자를 의사정족수, 후자를 의결정족수라고 한다. 판례에 따르면, 이해관계인이 있어서 의결권을 행사할 수 없는 경우 그러한 의결권은 의사정족수 계산을 할 때에는 분모와 분자에 포함되지만(「상법」 제393조의2 제5항→제391조 제3항→제371조 제2항) 의결정족수 계산을 할 때에는 분모와 분자에서 제외된다.[95] 따라서 임원후보추천위원회에서도 마찬가지로 적용해야 할 것이다.

다) 재적 위원 3분의 2 이상의 의결 요건인 경우

감사위원 후보를 추천하는 경우에는 임원후보추천위원회 위원 총수의 3분의 2 이상의 찬성으로 의결하도록 하고 있는데(법 제19조 제4항), 이 경우 의결정족수를 어떻게 정해야 하는가? 「상법」에 따른 이사회 결의를 할 때 3분의 2 이상이 필요한 경우(「상법」 제398조에 따른 이사의 자기거래 등)에는 의결권이 없는 이해관계인을 제외한(즉 분모에서 제외) 재적 이사의 3분의 2 이상이라고 보는 것이 다수설인데,[96] 이러한 견해가 여기서도 타당할 것이다. 즉 "위원 총수의 3분의 2 이상의 찬성으로 의결한다"고 하고 있으므로 이는 의사정족수 없이 의결정족수만 있는 것으로 보아야 하고, 그렇다면 의결정족수가 되는 재적 이사의 수를 계산할 때 이해관계가 있는 자를 제외하는 것이 타당할 것이기 때문이다. 즉 본인을 감사위원 후보로 추천하는 경우에는 그 본인을 제외한 위원 총수의 3분의 2 이상의 결의로 하는 것이 타당하다.

4) 임원 후보 추천 과정의 공개

금융기관 지배구조와 관련된 감독규정인 「금융회사 지배구조 감독규정」은 은행이 매년 작성해서 공시해야 하는 지배구조 운영 현황 보고서, 즉 **지배구조연차보고서**의 항목 하나로 "임원 후보의 자격 요건, 후보 추천 절차, 임원 후보자와 그 제안자와의 관계, 사외이사 후보자 추

---

93) 대법원 2007. 9. 6. 선고 2007다40000 판결.
94) 송옥렬(2023), 934면.
95) 대법원 1991. 5. 28. 선고 90다20084 판결.
96) 송옥렬(2023), 1015, 1071면; 김건식 외 2인(2023), 447~448면.

천 이유 및 사외이사 후보자의 경력, 최고경영자 후보자 추천 이유 및 최고경영자 후보자의 경력" 등을 포함하도록 하고 있어(제5조 제5항 제3호), 임원 후보 추천 절차에 대해 어느 정도의 투명성을 갖추고 있다고 할 수 있다. 다만 이는 금융감독당국이 정하는 감독규정에서 정한 사항이라 법적 구속력이 약하다는 점(즉 언제든지 감독당국이 변경을 하여 이러한 사항을 제외할 수도 있다는 점)을 고려할 때 지배구조법에 명확히 규정하여 법적 확실성을 확보하는 것이 필요하다. 특히 임원후보추천위원회의 의사록을 공개하도록 하여 투명성과 공정성을 확보하는 것도 필요하다.

Ⅳ. 사외이사 제도

은행 지배구조에서 중요하고 또 논란도 많이 제기되는 것이 사외이사 제도이다. 사외이사가 은행장 등 경영진 견제 역할을 충실히 잘 하지 못하고 있다는 비판이 대표적이다. 여기서는 지배구조법에 규정된 사외이사 제도에 대하여 살펴본다.

1. 개관

(1) 정의

지배구조법은 사외이사를 "상시적인 업무에 종사하지 아니하는 이사로서 [지배구조법] 제17조에 따라 선임되는 이사"라고 하고 있다(제2조 제4호). 이 정의 조항에서 사외이사는 비상임 임원에 해당한다는 점을 알 수 있고, 지배구조법 제5조에 규정된 임원 결격 요건과 제6조에 규정된 사외이사 결격 요건에 해당하지 않으면서 제6조에 규정된 적극적 요건을 충족하고 제17조에 규정된 임원후보추천위원회의 추천을 거쳐 주주총회에서 선임되는 자라고 할 수 있다.

(2) 사외이사 수

지배구조법은 사외이사를 3인 이상 두도록 하고 있으며, 전체 이사 수의 과반수가 되도록 하고 있다(제22조 제1항).[97] 이 과반수 요건도 의미가 있다. 2010년 「은행법」 개정 전에는 "2분의 1 이상" 즉 50% 이상으로 하고 있었는데, 이렇게 되는 경우(즉 동수(同數)가 될 수 있으므로) 사외이사가 경영진 견제 역할을 충분히 잘 수행할 수 없다는 비판이 제기되면서 과반수로 변경되었다.[98]

---

97) 예를 들어, 10명의 이사가 있는 경우에 사외이사는 적어도 6인 이상이어야 한다는 의미이고, 나머지는 사내이사 또는 비상임이사로 구성될 수 있다.

98) 바젤은행감독위원회의 「2015년 은행 지배구조 원칙」도 이사회는 충분한 숫자의 독립이사로 구성되어야 한다고 하고 있다(BCBS 2015 Principles, para. 45: "… [T]he board should be comprised of a sufficient number of independent directors").

(3) 임기

지배구조법은 사외이사의 임기에 대하여 규정하고 있지 않으므로 「상법」이 적용되는데, 「상법」은 "이사의 임기는 3년을 초과하지 못한다"라고 규정하고 있다(제383조 제2항). 따라서 3년 범위 내에서 은행의 정관에서 사외이사를 포함한 이사의 임기를 정할 수 있게 된다. 다만 사외이사 결격 요건의 하나로서 "해당 은행에서 6년 이상 사외이사로 재직한 사람"을 규정하고 있으므로(법 제6조 제1항 제7호) 연임을 하더라도 최장 임기는 6년이 된다.

(4) 완전자회사 등에 대한 사외이사 설치 면제 특례

지배구조법은 금융지주회사의 완전자회사, 완전손자회사 및 완전증손회사는 경영 투명성 등 대통령령이 정하는 일정한 요건(시행령 제18조)을 충족하면 사외이사를 두는 것을 면제해주고 있다(법 제23조 제1항). 취지는 완전자회사나 완전손자회사 또는 완전증손회사의 경우에는 해당 금융지주회사가 유일한 주주이어서 보호할 소수주주가 존재하지 않아 사외이사를 둘 필요가 없다는 것이다.[99] 그러나 사외이사의 역할이, 아래에서 논의하는 것처럼, 대주주뿐만 아니라 경영진을 견제하여 궁극적으로는 예금자 등 은행의 이해관계자를 보호하기 위한 것이라는 점을 고려하면 은행이 완전자회사 등이라고 할지라도 사외이사를 두도록 하는 것이 필요하다.[100] 대안으로 완전자회사 등의 업종과 규모를 고려하여 차별화하는 방안도 제시될 수 있다. 예를 들어, 보호해야 할 다수의 예금자가 관련되어 있는 은행 등 중요한 금융기관이거나 규모가 큰 금융기관에게는 특례 규정을 배제하고, 규모가 작은 금융기관이나 보호해야 할 다수의 채권자가 존재하지 않는 금융기관에게만 이러한 특례 규정을 적용하는 방안도 고려할 수 있다.[101]

2. 사외이사의 역할론[102]

(1) 서설

왜 사외이사 제도를 도입했는가? 다시 말해서 사외이사의 역할론에 관해 논의할 필요가 있다. 1997년 외환위기 전에는 은행의 이사회는 사내이사로만 구성되었기 때문에 사내이사가 업무 집행도 하는 구조이었다. 즉 은행 이사회는 대표이사인 은행장, 사내이사인 전무이사와

---

99) "완전자회사와 완전손자회사의 경우에는 사외이사 제도로서 보호할 소수주주가 존재하지 않음에도 불구하고 사외이사 설치 의무를 엄격히 준수하도록 하는 것은 불필요한 기관을 설치하도록 강제하는 것으로 금융지주회사 및 완전자회사 등에 과도한 규제로 작용"한다는 것이다(재정경제부(2006), 1면); 찬성하는 견해는 김우진(2005), 130면.

100) 같은 주장은 심인숙(2016), 385~386면; 사외이사 제도의 도입 취지가 약화된다는 문제를 지적하는 견해는 김홍기(2015), 30면.

101) 고동원(2012), 34면.

102) 고동원(2015), 235면 참조.

상무이사 등으로 구성되었다. 그러다 보니 자연스럽게 은행장의 영향력이 커지게 되었고, 다른 사내이사인 전무이사나 상무이사 등은 은행장의 지시를 받아 업무를 집행하는 자이어서 이사회가 은행장을 견제하는 역할을 제대로 할 수가 없는 구조이었다. 이에 따라 부실 대출의 결정 사례가 많이 발생하기도 하였다.

(2) 경영진에 대한 견제 역할론

그래서 이사회에서 은행장인 대표이사를 견제할 수 있는 역할을 할 사람이 필요하다고 생각한 것인데, 이것이 바로 사외이사이다. 즉 '외부인'(상근이 아니고 은행이나 대주주와 이해관계가 없는 자이므로 그렇게 부를 수 있다)으로서 사외이사는 은행장의 지시를 받는 자가 아니므로 이사회에서 보다 독립적인 역할을 수행하여 이사회의 합리적인 의사 결정을 도모할 수 있다는 점이다. 여기서 바로 **사외이사의 역할은 은행장 등 경영진에 대한 견제 역할을 수행**한다고 볼 수 있다. 그래서 지배구조법도 은행과 이해관계가 있는 자를 사외이사의 결격 요건으로 규정하고 있다. 예를 들어, 은행이나 그 계열회사의 상근 임직원이거나 최근 3년 이내에 상근 임직원이었던 자는 은행의 사외이사가 될 수 없도록 하고 있다(법 제6조 제1항 제3호).

(3) 대주주에 대한 견제 역할론

더 나아가서 사외이사가 대주주(법 제2조 제6호)에 대한 견제 역할도 하는지에 관한 논의가 있을 수 있다. 이 논의는 결국 사외이사의 결격 사유로서 대주주나 그 특수관계인(법 제2조 제1호 가목)도 포함이 되어야 하는지에 관한 논의로 연결되는데, 지배구조법은 은행의 대주주인 최대주주나 그 특수관계인 및 주요주주를 사외이사의 결격 사유로 규정하고 있기 때문에(법 제6조 제1항 제1호, 제2호), **사외이사는 대주주에 대한 견제 역할, 즉 소수주주를 보호하는 역할을 수행**한다고 할 수 있다.[103)]

3. 자격 요건

(1) 서설

사외이사도 임원에 해당하므로 사외이사에 대해서는 위에서 본 임원의 자격 요건(법 제5조)에 더하여 아래와 같은 추가 자격 요건이 요구된다. 사외이사의 역할이 그만큼 중요하다는 것을 반영한 것이라고 할 수 있다.

103) 바젤은행감독위원회의 「2015년 은행 지배구조 원칙」도 "이사 후보자는 경영진이나 주주로부터 부당한 영향력의 행사를 받지 않는 자"이어야 한다고 규정하고 있는 점에 비추어 보더라도 이러한 점을 인정할 수 있다. BCBS 2015 Principles, para. 50("Board candidates should not have any conflicts of interest that may impede their ability to perform their duties objectively and subject them to undue influence from […] other persons (such as management or other shareholders) …").

(2) 소극적(결격) 요건 - 독립성 확보 요건

사외이사는 은행의 경영진과 대주주를 견제하는 중요한 역할을 한다. 사외이사가 이러한 역할을 충실히 수행하기 위해서는 **독립성이 요구**된다. 그래서 지배구조법은 사외이사가 독립성을 갖추도록 요구하고 있다. 즉 은행의 최대주주나 주요주주 등의 영향력을 받지 않고 독립성을 갖추어 사외이사의 역할을 수행할 수 있도록 해당 은행의 최대주주와 그 특수관계인 및 주요주주 등은 사외이사가 될 수 없도록 하고 있다(법 제6조 제1항 제1호, 제2호). 다만 사외이사가 됨으로써 은행 최대주주의 특수관계인에 해당하게 되는 사람은 사외이사가 될 수 있다(법 제6조 제1항 단서).

또한 사외이사가 해당 은행 경영진의 영향으로부터 독립성을 유지하기 위해 해당 은행 및 그 계열회사의 상근 임직원 또는 비상임이사이거나 최근 3년 이내에 상근 임직원 또는 비상임이사이었던 사람도 사외이사가 될 수 없다(법 제6조 제1항 제3호). 이외에도 은행과 "중요한 거래 관계에 있거나 사업상 경쟁 관계 또는 협력관계에 있는 법인의 상근 임직원이거나 최근 2년 이내에 상근 임직원이었던 자"도 은행과 이해관계가 있는 자로 보아 사외이사 결격 사유로 규정하고 있다(법 제6조 제1항 제6호).

구체적인 사외이사의 결격 요건은 아래와 같다(법 제6조 제1항 제1호 내지 제8호). 이외에도 시행령 제8조도 자세히 규정하고 있으므로 세심히 볼 필요가 있다.

① 최대주주[104] 및 그의 특수관계인[105](최대주주 및 그의 특수관계인이 법인인 경우에는 그 임직원을 말한다)

② 주요주주[106] 및 그의 배우자와 직계존속·비속(주요주주가 법인인 경우에는 그 임직원을 말한다)

③ 해당 은행 또는 그 계열회사(공정거래법 제2조 제12호에 따른 계열회사를 말한다)의 상근(常勤) 임직원 또는 비상임이사이거나 최근 3년 이내에 상근 임직원 또는 비상임이사이었던 사람

---

104) 지배구조법 제2조 제6호 가목(금융회사의 의결권 있는 발행주식(출자지분을 포함한다. 이하 같다) 총수를 기준으로 본인 및 그와 대통령령으로 정하는 특수한 관계가 있는 자(이하 "특수관계인"이라 한다)가 누구의 명의로 하든지 자기의 계산으로 소유하는 주식(그 주식과 관련된 증권예탁증권을 포함한다)을 합하여 그 수가 가장 많은 경우의 그 본인(이하 "최대주주"라 한다)을 말한다).

105) "본인 및 그와 대통령령으로 정하는 특수한 관계가 있는 자"를 말한다(지배구조법 제2조 제6호 가목). 시행령 제3조 제2항은 은행의 경우 「은행법 시행령」 제1조의4에 규정된 특수관계인을 말한다고 하고 있다.

106) 지배구조법 제2조 제6호 나목. 다음 각 1) 및 2)의 어느 하나에 해당하는 자(이하 "주요주주"라 한다)
1) 누구의 명의로 하든지 자기의 계산으로 금융회사의 의결권 있는 발행주식 총수의 100분의 10 이상의 주식(그 주식과 관련된 증권예탁증권을 포함한다)을 소유한 자
2) 임원(업무집행책임자는 제외한다)의 임면(任免) 등의 방법으로 금융회사의 중요한 경영사항에 대하여 사실상의 영향력을 행사하는 주주로서 대통령령으로 정하는 자

④ 해당 은행 임원의 배우자 및 직계존속·비속

⑤ 해당 은행 임직원이 비상임이사로 있는 회사의 상근 임직원

⑥ 해당 은행과 대통령령으로 정하는(시행령 제8조 제1항, 제2항)[107] 중요한 거래관계가 있거나 사업상 경쟁관계 또는 협력관계에 있는 법인의 상근 임직원이거나 최근 2년 이내에 상근 임직원이었던 사람

⑦ 해당 은행에서 6년 이상 사외이사로 재직하였거나 해당 은행 또는 그 계열회사에서 사외이사로 재직한 기간을 합산하여 9년 이상인 사람

⑧ 그 밖에 은행의 사외이사로서 직무를 충실하게 이행하기 곤란하거나 그 은행의 경영에 영향을 미칠 수 있는 사람으로서 대통령령으로 정하는 사람(시행령 제8조 제3항)[108]

---

107) 제8조(사외이사의 자격요건) ① 법 제6조 제1항 제6호에서 "대통령령으로 정하는 중요한 거래관계가 있거나 사업상 경쟁관계 또는 협력관계에 있는 법인"이란 다음 각 호의 어느 하나에 해당하는 법인을 말한다.

1. 최근 3개 사업연도 중 해당 금융회사와의 거래실적 합계액이 자산총액(해당 금융회사의 최근 사업연도 말 현재 재무상태표 상의 자산총액을 말한다) 또는 영업수익(해당 금융회사의 최근 사업연도 말 현재 손익계산서 상의 영업수익을 말한다)의 100분의 10 이상인 법인
2. 최근 사업연도 중에 해당 금융회사와 매출총액(해당 금융회사와 거래계약을 체결한 법인의 최근 사업연도 말 현재 손익계산서 상의 매출총액을 말한다)의 100분의 10 이상의 금액에 상당하는 단일 거래계약을 체결한 법인
3. 최근 사업연도 중에 해당 금융회사가 금전, 유가증권, 그 밖의 증권 또는 증서를 대여하거나 차입한 금액과 담보제공 등 채무보증을 한 금액의 합계액이 다음 각 목의 구분에 따른 자본 또는 자본금의 100분의 10 이상인 법인
   가. 해당 금융회사가 은행, 보험회사 또는 금융지주회사인 경우: 해당 법인의 최근 사업연도 말 현재 재무상태표 상의 자본(해당 금융회사가 보험회사인 경우에는 해당 법인의 자본금을 말한다)
   나. 해당 금융회사가 금융투자업자, 상호저축은행, 여신전문금융회사인 경우: 해당 금융회사의 최근 사업연도 말 현재 재무상태표 상의 자본금(해당 금융회사가 금융투자업자인 경우에는 해당 금융회사의 자본을 말한다)
4. 해당 금융회사의 정기주주총회일(「보험업법」 제2조 제7호에 따른 상호회사인 보험회사의 경우에는 정기사원총회일을 말한다) 현재 해당 금융회사가 자본금(해당 금융회사가 출자한 법인의 자본금을 말한다)의 100분의 5 이상을 출자한 법인
5. 해당 금융회사와 기술제휴계약을 체결하고 있는 법인
6. 해당 금융회사의 회계감사인(「주식회사 등의 외부감사에 관한 법률」 제2조제7호에 따른 감사인을 말한다. 이하 같다)으로 선임된 회계법인
7. 해당 금융회사와 주된 법률자문, 경영자문 등의 자문계약을 체결하고 있는 법인

② 제1항에도 불구하고 다음 각 호의 어느 하나에 해당하는 법인 및 이에 준하는 외국법인은 제외한다.

1. 「한국은행법」에 따른 한국은행
2. 「자본시장과 금융투자업에 관한 법률 시행령」 제10조 제2항 각 호의 어느 하나에 해당하는 자
3. 「자본시장과 금융투자업에 관한 법률 시행령」 제10조 제3항 제1호부터 제13호까지의 어느 하나에 해당하는 자

108) 제8조(사외이사의 자격요건) ③ 법 제6조 제1항 제8호에서 "대통령령으로 정하는 사람"이란 다음 각 호의 어느 하나에 해당하는 사람을 말한다.

1. 해당 금융회사의 최대주주와 제1항 각 호의 어느 하나에 해당하는 관계에 있는 법인(제2항 각 호의 어느 하나에 해당하는 법인은 제외한다)의 상근 임직원 또는 최근 2년 이내에 상근 임직원이었던 사람. 이 경우 제1항 각 호의 "해당 금융회사"는 "해당 금융회사의 최대주주"로 본다.
2. 해당 금융회사가 은행인 경우
   가. 최대주주가 아닌 대주주의 특수관계인

(3) 적극적 요건 - 전문성 요건

지배구조법은 사외이사의 전문성을 확보하기 위해서 적극적인 요건으로서 전문성 요건도 규정하고 있다. 즉 사외이사는 "금융, 경제, 경영, 법률, 회계 등 분야의 전문 지식이나 실무 경험이 풍부한 사람으로서 대통령령으로 정하는 사람"이어야 한다(법 제6조 제2항). '대통령령으로 정하는 사람'이란 "금융, 경영, 경제, 법률, 회계, 소비자 보호 또는 정보기술 등 금융회사의 금융업 영위와 관련된 분야에서 연구·조사 또는 근무한 경력이 있는 사람으로서 사외이사 직

나. 다음의 어느 하나와 제1항 각 호의 어느 하나의 관계에 있는 법인(제2항 각 호의 어느 하나에 해당하는 법인은 제외한다)의 상근 임직원 또는 최근 2년 이내에 상근 임직원이었던 사람
1) 해당 은행, 그 은행의 자회사등 및 자은행
2) 해당 은행을 자회사로 하는 은행지주회사 및 그 은행지주회사의 자회사등

다. 나목 1) 또는 2)의 상근 임직원 또는 최근 2년 이내에 상근 임직원이었던 사람의 배우자, 직계존속 및 직계비속

3. 해당 금융회사가 금융지주회사인 경우 해당 금융지주회사의 자회사등과 제1항 각 호의 어느 하나에 해당하는 관계에 있는 법인(제2항 각 호의 어느 하나에 해당하는 법인은 제외한다)의 상근 임직원 또는 최근 2년 이내에 상근 임직원이었던 사람
4. 해당 금융회사 외의 둘 이상의 다른 주권상장법인의 사외이사, 비상임이사 또는 비상임감사로 재임 중인 사람. 다만, 해당 금융회사가 주권상장법인, 은행 또는 은행지주회사인 경우에는 다음 각 호의 구분에 따른 사람을 말한다.
   가. 해당 금융회사가 주권상장법인인 경우: 해당 금융회사 외의 둘 이상의 다른 회사의 이사·집행임원·감사로 재임 중인 사람
   나. 해당 금융회사가 은행인 경우: 해당 은행 외의 다른 회사(해당 은행의 자회사등, 해당 은행의 자은행, 해당 은행을 자회사로 하는 은행지주회사 및 그 은행지주회사의 자회사등은 제외한다)의 사외이사, 비상임이사 또는 비상임감사로 재임 중인 사람
   다. 해당 금융회사가 은행지주회사인 경우: 해당 은행지주회사 외의 다른 회사(해당 은행지주회사의 자회사등은 제외한다)의 사외이사, 비상임이사 또는 비상임감사로 재임 중인 사람
5. 다음 각 목의 어느 하나에 해당하는 사람
   가. 해당 금융회사에 대한 회계감사인으로 선임된 감사반(「주식회사 등의 외부감사에 관한 법률」 제2조 제7호 나목에 따른 감사반을 말한다) 또는 주된 법률자문·경영자문 등의 자문계약을 체결하고 있는 법률사무소(「변호사법」 제21조 제1항에 따른 법률사무소를 말한다)·법무조합(「변호사법」 제58조의18에 따른 법무조합을 말한다)·외국법자문법률사무소(「외국법자문사법」 제2조 제4호에 따른 외국법자문법률사무소를 말한다)에 소속되어 있거나 최근 2년 이내에 소속되었던 공인회계사, 세무사 또는 변호사
   나. 그 밖에 해당 금융회사에 대한 회계감사 또는 세무대리를 하거나 해당 금융회사와 주된 법률자문, 경영자문 등의 자문계약을 체결하고 있는 공인회계사, 세무사, 변호사 또는 그 밖의 자문용역을 제공하고 있는 사람
6. 해당 금융회사의 지분증권(「자본시장과 금융투자업에 관한 법률」 제4조제4항에 따른 지분증권을 말한다. 이하 같다) 총수의 100분의 1 이상에 해당하는 지분증권을 보유(「자본시장과 금융투자업에 관한 법률」 제133조 제3항 본문에 따른 보유를 말한다)하고 있는 사람
7. 해당 금융회사와의 거래(「약관의 규제에 관한 법률」 제2조 제1호에 따른 약관에 따라 이루어지는 정형화된 거래는 제외한다) 잔액이 1억원 이상인 사람
8. 「신용정보의 이용 및 보호에 관한 법률」 제25조 제2항 제1호에 따른 종합신용정보집중기관에 신용질서를 어지럽힌 사실이 있는 자 또는 약정한 기일 내에 채무를 변제하지 아니한 자로 등록되어 있는 자(기업이나 법인인 경우에는 해당 기업이나 법인의 임직원을 말한다)
9. 「채무자 회생 및 파산에 관한 법률」에 따라 회생 절차 또는 파산 절차가 진행 중인 기업의 임직원
10. 「기업구조조정 촉진법」에 따른 부실징후기업의 임직원

무 수행에 필요한 전문 지식이나 실무 경험이 풍부하다고 해당 금융회사가 판단하는 사람"을 말한다(시행령 제8조 제4항). 시행령에 구체적인 요건을 정하도록 위임하고 있지만 여전히 구체성은 떨어지고 있어 진정한 전문가가 사외이사로 선임되어 역할을 충실히 잘 해낼 수 있는지에 대한 의구심을 가지게 된다. 특히 전문성 요건의 판단을 전적으로 해당 은행에 맡기고 있어(시행령 제8조 제4항)[109] 금융감독당국에 의한 임원 적격성 심사 제도가 도입되어 있지 않은 상태에서는 더욱 그러하다.

물론 은행이 매년 공시해야 하는 **지배구조연차보고서**(법 제14조 제2항, 「금융회사 지배구조 감독규정」 제5조 제4항)에 "임원 자격 요건 충족 여부 및 근거"를 기재하도록 하고 있으나(「금융회사 지배구조 감독규정」 제5조 제5항 제3호 마목), 근거를 자세히 기재하지 않으면 역시 형해화될 가능성도 있다. 예를 들어, 1년 정도의 금융업 근무 경력이나 연구·조사 경력을 가진 사람이 과연 "사외이사 직무 수행에 필요한 전문 지식이나 실무 경험이 풍부"하다고 볼 수 있는가? 이런 점에 비추어 보면 사외이사의 적극적 요건을 좀 더 구체화 하는 방법을 생각해 볼 필요가 있다. 지배구조법은 준법감시인이나 위험관리책임자의 자격 요건을 구체적으로 규정하고 있는데(법 제26조 제1항, 제28조 제3항), 이처럼 사외이사의 자격 요건도 구체적으로 규정하는 방안을 검토할 수 있다. 예를 들어, 5년 이상의 금융업 근무 경력이나 연구·조사 경력을 가진 사람 등을 규정하는 방안도 고려할 수 있다.[110] 물론 이에 대해서는 사외이사 후보군이 적어지는 문제점도 지적할 수 있겠으나, 사외이사가 전문성을 갖추고 대주주와 경영진의 견제 역할을 제대로 수행할 수 있도록 하기 위해서는 필요한 방안이라고 본다.

(4) 사외이사 결격 요건 적용과 관련한 지배구조법과 「상법」의 적용 문제

1) 서설

「상법」도 사외이사의 결격 요건 조항을 별도로 두고 있기 때문에(예를 들어, 이사·감사·집행임원의 배우자 및 직계 존속·비속 등)(제382조 제3항), 이 결격 요건도 은행에게 적용된다. 더욱이 상장회사인 은행의 경우에는 「상법」에 따른 상장회사 특례 규정이 적용되어 사외이사 결격 요건(「상법」 제542조의8 제2항)이 추가로 적용된다.

2) 상충되는 경우 적용 문제

이렇게 2개의 법이 적용되다 보니 2개의 법이 서로 상충될 때 어느 법을 우선 적용해야

---

109) 사외이사의 적극적인 요건에 대하여 일률적인 기준을 제시하기는 어려울 것이지만 "그럼에도 불구하고 결국 해당 금융회사에게 전문성 요건 충족 여부의 결정을 맡긴 것은 사실상 기준이 없는 것이나 마찬가지 결과가 되지 아니할지 입법론적으로 진지한 고민이 필요하다"는 견해는 심인숙(2016), 389면.

110) 유사하게 "사외이사가 제대로 역할을 하기 위해서는 금융회사의 업무에 대해서 충분한 지식을 보유하고 있어야 [하므로] 금융업 실무 경력을 자격 요건에 반영할 필요가 있다"는 견해는 김홍기(2015), 35면.

하는지에 관한 쟁점이 있을 수 있다. 2가지 경우가 있을 수 있는데, 첫째는 지배구조법의 결격 사유가 「상법」의 결격 사유보다 더 강화된 경우이고, 둘째는 지배구조법의 결격 사유가 「상법」보다 완화되어 규정된 경우(즉 「상법」에 따르면 결격 사유인데 지배구조법에 따르면 결격 사유가 아닌 경우)이다.

예를 들어, 지배구조법은 금고 이상의 형의 실형을 선고받고 집행이 끝나거나 집행이 면제된 날로부터 5년이 경과하지 아니한 자를 임원(사외이사도 해당된다)의 결격 사유로 규정하고 있는데(법 제5조 제1항 제3호), 「상법」은 상장회사의 경우 그 기간을 2년으로 규정하고 있다(제542조의8 제2항 제3호). 이것은 첫 번째 경우의 사례가 된다. 두 번째 경우의 사례로는 지배구조법은 은행 임직원이 비상임이사로 있는 회사의 상근 임직원만 결격 요건으로 규정하고 있는데 비하여(법 제6조 제1항 제6호), 「상법」은 회사의 임직원이 이사나 집행임원으로 있는 회사의 임직원도 결격 사유로 규정하고 있는 경우(제382조 제3항 제7호)이다.

이에 대해서 2가지 견해가 있을 수 있다. 2개의 법이 둘 다 적용되고 그 중에서 보다 강화된 요건(즉 결격 사유의 범위가 확대되는 경우를 말한다)을 적용해야 한다는 견해가 있을 수 있고, 반면에 지배구조법이 「상법」에 우선하여 적용한다는 지배구조법 제4조 제2항에 근거하여(즉 지배구조법이 「상법」에 대한 특별법이 된다) 지배구조법이 우선하여 적용된다고 보는 견해가 있을 수 있다.

3) 소결

검토해보면, 첫 번째의 사례의 경우는 2가지 견해 둘 다 결론에서 차이가 없게 된다. 즉 지배구조법이 보다 강화된 요건을 규정하고 있으므로 지배구조법에 따른 결격 사유가 적용된다. 문제는 두 번째 사례의 경우이다. 보다 강화된 요건을 적용해야 한다는 견해에 따르면 「상법」에 따른 요건을 적용해야 하지만, 지배구조법이 우선 적용된다는 견해에 따르면(즉 지배구조법이 「상법」에 따른 결격 사유를 배제했다고 보는 것이다) 「상법」에 따른 요건은 적용되지 않는다. 첫 번째 사례처럼 특별법인 지배구조법이 일반법인 「상법」에 비해서 보다 강화된 결격 사유를 규정하는 것은 이해하기가 어렵지 않다. 그런데 두 번째 사례처럼, 지배구조법이 보다 완화된 결격 사유를 규정하는 경우 문제가 되는데, 입법자의 의도가 「상법」보다 완화된 결격 사유를 적용하려고 하는 것이라고 볼 여지도 있지만, 은행의 특성상 일반 회사보다 강화된 요건을 규정하는 것이 당연하고 합리적이라는 점을 볼 때 「상법」에 따른 엄격한 요건을 적용하는 것이 타당하다는 견해도 제시될 수 있다.

합리적인 해석은 「상법」에 따른 보다 엄격한 결격 사유도 적용된다고 보는 것이겠지만, 입법론으로는 지배구조법이 「상법」에 규정된 결격 요건을 다 포섭할 수 있도록 세심하게 규정하면서 강화된 요건을 추가적으로 규정하거나 아니면 「상법」에 규정된 사외이사 결격 요건 이외에 추가적인 결격 요건이 적용된다는 명시적인 문구를 두는 것이 필요하다.

(5) 이해관계인의 범위 확대를 통한 사외이사 결격 사유의 강화 필요

전반적으로 사외이사의 결격 사유는 엄격하게 규정되어 있어서 이해관계인을 배제하기에는 어느 정도 충분하다고 본다. 다만 추가적인 개선 과제로 생각할 수 있는 것은 이해관계인의 범위를 조금 더 넓힐 필요가 있다는 점이다.[111)]

우선 지배구조법은 은행의 최대주주 및 그 특수관계인 또는 주요주주를 사외이사 결격 사유로 규정하면서 최대주주 및 그 특수관계인 또는 주요주주가 법인인 경우에는 그 법인의 현직 임직원만을 포함하고 있는데(법 제6조 제1항 제1호), 사외이사의 독립성을 보다 강화하기 위해서는 그러한 법인에서 과거 5년 이내에 임직원이었던 자도 사외이사 결격 사유로 추가하여 사외이사가 최대주주나 그 특수관계인 또는 주요주주의 영향으로부터 벗어나도록 할 필요가 있다.

그리고 은행이나 그 계열회사의 최근 3년 이내의 상근 임직원이나 비상임이사이었던 자 및 중요한 거래 관계 등이 있는 법인의 최근 2년 이내의 상임 임직원이었던 자의 요건(법 제6조 제1항 제3호, 제6호)도 5년으로 늘려 사외이사의 독립성을 강화할 필요가 있다.

4. 사외이사에 대한 정보 제공 의무

사외이사가 경영진 견제 역할을 충실히 잘 수행하려면 은행 경영 정보에 대한 정확한 내용을 파악하고 있어야 한다. 이를 위해서 은행은 사외이사의 원활한 직무 수행을 위하여 대통령령으로 정하는 바에 따라(시행령 제15조) 충분한 자료나 정보를 제공하여야 할 의무가 있다(법 제18조 제1항). 또한 사외이사도 해당 은행에 대하여 그 직무를 수행할 때 필요한 자료나 정보의 제공을 요청할 수 있으며, 이 경우 은행은 특별한 사유가 없으면 이에 따르도록 하고 있다(법 제18조 제2항).

5. 개선 과제[112)]

(1) 사외이사 후보군 관리 운영 제도 도입을 통한 사외이사의 독립성 강화 방안

은행이 매년 공시해야 하는 지배구조연차보고서에는 "[사외이사] 후보자 및 그 제안자의 관계, 사외이사 후보자 추천 이유, 사외이사 후보군 관리현황, 임원후보추천위원회가 이사회에 사외이사 후보군 추천과 관련하여 보고한 내용, 사외이사 지원부서가 임원후보추천위원회에 사외이사 후보군 관리 업무와 관련하여 주기적으로 보고한 내용" 등을 포함하도록 하고 있다(법 제14조 제3항, 「금융회사 지배구조 감독규정」 제5조 제4항, 제5항 제3호 라목, 사목, 자목, 차목,

111) 반대로 사외이사의 결격 사유를 완화하고 대신 업계의 실무 경험이 있는 전문성 있는 인사를 사외이사로 활용하는 것이 더 효율적인 방안이라는 견해도 있다(송옥렬(2013), 18면).

112) 이하 논의는 고동원·황재학(2024), 23~29면 참조.

카목).

여기서 알 수 있는 것은 비록 임원후보추천위원회에서 위원이 사외이사 후보자를 추천하는 제안을 하지만, 사외이사 후보군(pool) 관리는 해당 은행이 하고 있다는 점이다. 이렇게 되면 사외이사 후보 추천 과정에서 여전히 해당 은행 경영진의 영향력이 미칠 여지가 크다. 특히 사외이사 후보를 추천하는 임원후보추천위원회의 위원으로 대표이사나 사내이사가 참여할 수 있는 현행 제도에서는 그렇게 될 가능성이 크다. 이런 과정을 거쳐 선임된 사외이사가 과연 경영진 견제 역할을 제대로 할 수 있는가? 그렇게 보기가 어렵다.

이런 점에서 사외이사 후보 추천 절차의 객관성과 공정성을 갖출 수 있는 규정을 두어 통제할 필요가 있다. 이를 위해서는 **사외이사 후보군 관리를 해당 금융기관이 할 것이 아니라 제3의 기관이 하도록 하는 방안**을 검토할 필요가 있다. 즉 전문성과 독립성을 가지는 전문기관(head hunter 회사 등)을 통해서 사외이사 후보를 추천받는 방법[113]이나 은행을 회원으로 하여 조직된 전국은행연합회에서 사외이사후보군을 관리하고 은행으로부터 사외이사 후보 추천 의뢰가 들어오면 적임자를 추천하도록 하여 사외이사가 독립성을 확보할 수 있도록 할 필요가 있다. 이렇게 되면 객관성과 전문성을 가진 기관이 사외이사 후보 추천을 하게 되므로 보다 독립성을 갖고 경영진 견제 역할을 제대로 수행할 수 있는 사외이사를 선임할 수 있어 사외이사 제도의 취지를 잘 살릴 수 있을 것이다. 다만 전국은행연합회가 사외이사 후보 추천을 함에 있어서는 공정성과 투명성을 기하기 위해 전원 외부 인사로 구성된 내부 '사외이사후보추천관리위원회'를 구성하고, 이 위원회가 적합한 사외이사 후보를 선정하도록 할 필요가 있다. 그래야 외부로부터 올 수 있는 영향력을 차단할 수 있다. 또한 위원회의 회의록 및 후보 추천 과정을 자세히 공개하도록 하여 공정성과 투명성을 확보하도록 해야 한다.

(2) 사외이사후보추천위원회의 분리 설치를 통한 사외이사의 독립성 강화 필요

지배구조법은 사외이사 선임 과정에서 경영진이나 대주주의 영향력을 배제하기 위하여 사외이사 후보를 추천하는 임원후보추천위원회를 두고 있다. 즉 지배구조법은 이사회 산하 위원회로서 임원후보추천위원회 설치를 의무화 하고 있다(법 제16조 제1항 제1호). 지배구조법은 임원후보추천위원회를 3인 이상의 위원으로 구성하도록 하면서(법 제17조 제2항), 사외이사가 총 위원의 과반수가 되도록 하고(법 제16조 제3항), 사외이사가 위원장이 되도록 하여(법 제16조 제4항), 나름 후보 추천 과정에서 독립성을 갖추도록 하고 있다.

그러나 문제는 설령 사외이사가 과반수가 되더라도 은행장 등 사내이사가 임원후보추천

113) 사외이사 후보 추천 과정에 있어서 "외부자문기관(헤드헌터 또는 pool)" 등 외부 추천을 적극적으로 활용하자는 주장은 구본성(2013), 30면; 사외이사 후보자를 제3의 외부 추천기관이 제시하는 후보자 군으로 제한하자는 방안을 제시하면서 동시에 제3의 외부 추천기관의 독립성과 전문성을 확보하는 방안을 마련하는 것이 필요하다는 견해는 심인숙(2011), 53면.

위원회의 위원이 되면 사외이사 후보자에 관한 정보가 부족한 사외이사가 자연스럽게 은행장이나 다른 사내이사에게 의존하게 되어 사외이사 후보 추천 과정에서 은행장 등 경영진이 주도할 가능성이 높다는 점이다. 사외이사 후보 추천 과정에서 은행장 등 경영진의 영향력을 최소화 하는 장치가 필요한 이유이다. 따라서 사외이사 후보를 추천하는 **별도의 사외이사후보추천위원회를 두고** 은행장 등 사내이사와 비상임이사를 배제하여 **사외이사 전원으로 구성되도록 하는 방안**이 필요하다. 더 나아가서 사외이사의 역할이 소수주주를 보호하는 것뿐만 아니라 은행 이해관계자(예금자 등 채권자와 종업원 등)의 이익을 보호하기 위한 것이라는 점을 고려할 때, 위원 구성에 있어서 금융소비자 대표자와 종업원 대표자를 각각 적어도 1인 이상 포함시키도록 하는 방안을 검토할 필요가 있다. 따라서 이 경우에는 사외이사후보추천위원회는 「상법」에 따른 이사회 산하 위원회일 필요는 없다.

(3) 사외이사 임기의 단임제 방안

지배구조법은 사외이사의 임기에 대해 특별히 규정하고 있지 않다. 따라서 각 금융기관별로 사외이사의 임기를 정하면 된다. 다만 「상법」상 이사의 임기는 3년을 초과하지 못하도록 하고 있어서(제383조 제2항), 사외이사의 임기도 3년을 초과할 수는 없다. 그런데 사외이사의 독립성을 보장하기 위해서 연임 제한을 할 필요가 있다. 사외이사가 대주주와 경영진 견제라는 본연의 역할을 제대로 하기 위해서는 경영진의 '눈치'를 보지 않고 '제 목소리'를 낼 수 있어야 한다. 이를 위해서는 임기의 단임제도 고려할 필요가 있다. 사외이사는 해당 은행에서 6년까지 연임될 수 있기 때문에(법 제6조 제1항 제7호) 자연스럽게 연임을 하려는 동기가 충분하다. 그렇게 되면 경영진에 대한 견제의 목소리를 제대로 내기가 어려울 수 있다. 사외이사의 임기를 2년으로 하고 평가 결과에 따라 1년 연임하는 방안을 고려할 수 있다. 사실상 단임제를 도입하는 것이다.

(4) 소수주주의 사외이사 후보 추천권 행사 관련 개선 방안

1) 서설

지배구조법은 일정한 소수주주권 행사 요건을 갖춘 소수주주에게 사외이사 후보를 추천할 수 있는 권한을 부여하고 있는데, 상당히 의미 있는 규정이다. 즉 임원후보추천위원회가 사외이사 후보를 추천하는 경우에는 지배구조법 "제33조 제1항에 따른 주주제안권을 행사할 수 있는 요건을 갖춘 주주"가 추천한 사외이사 후보를 포함시키도록 하고 있다(법 제17조 제4항). 선택 사항이 아니라 의무 사항이므로 요건을 갖춘 소수주주가 사외이사 후보를 추천하면 이 후보를 반드시 추천 대상으로 포함시켜야 한다. 구체적으로 6개월 전부터 계속하여 은행의 의결권 있는 발행주식 총수의 0.1% 이상에 해당하는 주식을 보유한 주주(법 제33조 제1항)는 임원후보추천위원회에 사외이사 후보를 추천할 수 있는 권리가 있다.

소수주주의 이해관계를 반영한다는 점에서 의미 있는 제도라고 평가된다. 다만 이 제도가 실효성 있게 작동하기 위해서는 몇 가지 개선 방안이 필요하다. 우선 몇 가지 검토해야 할 사항이 있는데, 첫째, 「상법」에 따른 주주제안권 행사 요건을 갖춘 소수주주도 사외이사 후보를 추천하는 것이 가능한지, 둘째, 구체적으로 어떤 절차를 거쳐 소수주주가 사외이사 후보를 추천할 수 있는지, 셋째, 임시주주총회 소집요구권을 가진 소수주주에게도 사외이사 후보 추천권을 부여할 필요가 있는지, 넷째, 집중투표제를 의무화 할 필요가 있는지에 관한 쟁점이 제기될 수 있다. 이하에서 자세히 살펴본다.

2) 「상법」에 따른 주주제안권 행사 요건을 갖춘 소수주주도 사외이사 후보 추천 가능한지 여부

우선 「상법」 제363조의2에 따라 주주제안권을 행사할 수 있는 요건을 갖춘 주주(즉 6개월 계속 보유 요건을 갖추지 못해도 의결권 없는 주식을 제외한 발행주식 총수의 3% 이상에 해당하는 주식을 가진 주주)도 사외이사 후보를 추천할 수 있는가? 지배구조법 문언이 명시적으로 「상법」 제363조의2에 따른 주주제안권을 포함하고 있지 않아서 사외이사 후보를 추천할 수 없다는 견해도 제시될 수 있으나, 지배구조법 제33조 제8항이 지배구조법에 따른 소수수주권 행사는 「상법」에 따른 소수주주권 행사에 영향을 미치지 않는다고 규정하고 있으므로 선택적으로 행사할 수 있다고 보아야 할 것이다.[114] 즉 「상법」에 따른 요건을 갖춘 소수주주도 사외이사 후보를 추천할 수 있을 것이다.

3) 소수주주의 사외이사 후보 추천 절차와 관련된 규정 필요

지배구조법은 구체적으로 어떤 절차를 거쳐 소수주주가 사외이사 후보를 추천할 수 있는지에 대한 규정을 하고 있지 않아 절차 면에서 명확하지 않은 점이 있다. 임원후보추천위원회의 개최 전날까지 후보 추천을 하면 되는지, 아니면 회의 개최 직전까지 후보 추천을 하면 되는지 등 애매한 점이 있다.[115]

주주제안권 행사를 할 수 있는 요건을 갖춘 소수주주에게 후보 추천권을 주는 것이라 주주제안에 관한 사항을 규정하고 있는 「상법」 제363조의2를 적용하는 방법(주주총회일의 6주 전에 후보를 추천하는 방법)도 있으나, 이는 주주총회 안건에 대한 주주제안을 하는 것이어서 후보 추천을 하는 것과 달라 적용하는 것이 쉽지 않다. 한편 「상법」은 자산총액이 2조원 이상인 상장회사인 경우 「상법」에 따른 주주제안권이나 임시주주총회 소집요구권을 행사할 수 있는 소수주주에게 사외이사 후보 추천권을 부여하면서 주주총회일(정기주주총회의 경우 직전연도의 정

---

114) 해석상 명확하지 않으므로 입법을 통해서 명확히 해야 한다는 주장은 심인숙(2016), 397면.

115) 이에 대해서 "주주총회일까지 언제든지 추천요구 가능한지, 아니면 주주총회 소집 통지 이전까지 추천요구 가능하다고 볼 수 있는지, 또는 주주총회일 6주 전(정기주총의 경우에는 전년도 주총일 기준 6주 전)에 추천 요구하여야 한다고 엄격하게 해석하여야 하는지"에 대해 해석론이 나뉠 수 있다는 분석은 심인숙(2016), 398면.

기주주총회일에 해당하는 해당 연도의 해당일)의 6주 전에 추천하도록 하고 있는데(제542조의8 제5항), 자산총액이 2조원 이상인 상장회사인 은행의 경우에는 이 조항을 적용할 여지가 있으나, 비상장회사인 은행의 경우에는 여전히 이 조항을 적용할 수 없는 문제가 있다. 따라서 소수주주가 사외이사 후보를 추천하는 절차에 대한 자세한 규정을 마련하는 것이 필요하다.[116)]

4) 임시주주총회 소집요구권을 가진 소수주주에게도 사외이사 후보 추천권 부여 필요

임시주주총회 소집요구권을 가진 소수주주에게도 사외이사 후보 추천권을 부여할 필요는 없는가? 임시주주총회 소집요구권 행사 요건은 주주제안권에 비해서 차이가 있다. 즉 6개월 전부터 계속하여 은행의 발행주식 총수의 1.5% 이상(최근 사업연도 말 현재 자산총액이 5조원 이상인 은행의 경우에는 0.75% 이상)에 해당하는 주식을 가진 주주에게 허용하고 있으므로(법 제33조 제2항) 의결권 없는 주식도 포함한 발행주식 총수를 기준으로 한다는 점에서 요건이 완화되어 있다.

소수주주가 사외이사 선임을 목적으로 하는 임시주주총회 소집 요구를 할 수 있다는 점에서 사외이사 후보 추천권을 배제할 이유는 없다. 「상법」 제542조의8 제5항도 상장회사의 경우 주주제안권 행사 요건을 갖춘 소수주주뿐만 아니라 임시주주총회 소집요구권 행사 요건을 갖춘 소수주주에게도 사외이사 후보 추천권을 인정하고 있다. 자산총액 2조원 상장회사인 은행의 경우에는 적용될 수 있지만, 그렇지 않은 은행의 경우에는 적용할 여지가 없다. 따라서 지배구조법에 임시주주총회 소집 요구권을 가진 소수주주도 사외이사 후보를 추천할 수 있는 권리를 부여하는 조항을 둘 필요가 있다.[117)]

5) 집중투표제의 의무화 필요

소수주주가 추천한 후보자가 사외이사로 선출되기 위해서는 집중투표제(「상법」 제382조의2)를 의무화 할 필요가 있다. 집중투표제란 2인 이상의 이사를 선임할 때 1주마다 선임할 이사의 수와 동일한 수(數)의 의결권을 부여하여, 그 의결권을 이사 후보자 1인 또는 여러 후보자에게 집중하여 투표하는 방법으로 행사할 수 있는 제도를 말한다(「상법」 제382조의2 제1항, 제3항). 통상적으로 이사를 선임할 때는 후보 1인에 대하여 찬반 투표를 하게 되므로 아무리 소수주주가 추천한 후보자가 주주총회에 사외이사 후보로 추천되더라도 집중투표제 없이는 사외이사로 선임될 가능성이 거의 없기 때문이다. 「상법」은 정관에 달리 정해서 집중투표제를 배제할 수 있도록 하고 있는데(제382조의2 제1항), 은행의 경우에는 **집중투표제를 의무화** 하는 조항을 지배구조법에 둘 필요가 있다.

116) 같은 주장은 심인숙(2016), 398면.

117) 주주총회 소집요구권을 갖고 있는 소수주주의 사외이사 후보 추천권을 배제할 이유가 없다면서 입법론으로는 명확하게 해야 한다는 주장은 심인숙(2016), 398면.

Ⅴ. 감사위원회 제도

1. 서설

은행 지배구조의 또 하나의 축을 이루는 것이 감사위원회이다. 1997년 말 외환위기 이후 새로 도입된 제도인데, 종전에 감사(監事)의 역할이 제대로 작동되지 않으면서 은행의 부실을 막을 수 없었던 점을 인식하고 감사위원회 제도를 도입한 것이다. 「상법」에 따르면, 비상장회사의 경우 감사위원회 설치가 선택적 사항이지만(제415조의2 제1항), 자산총액 2조원 이상인 상장회사의 경우는 감사위원회 설치가 의무이며, 그렇지 않은 상장회사는 감사위원회 설치가 회사의 선택적 사항이다(제415조의2 제1항, 제542조의11 제1항). 그러나 지배구조법은 규모가 작은 일정한 금융기관(자산총액이 7천억 원 미만인 상호저축은행이나 자산총액이 5조 원 미만인 보험회사 등)을 제외하고는(법 제3조 제3항 제2호, 시행령 제6조 제3항) 감사위원회 설치를 의무화 하고 있다(법 제16조 제1항 제2호). 은행은 그러한 예외 금융기관에 해당하지 아니하므로 반드시 감사위원회를 설치해야 한다. 「상법」에 따르면, 감사위원회는 감사의 역할과 동일하므로(제415조의2 제6항) 이사의 직무 집행 감사 권한, 이사에 대한 영업 보고 요구 권한, 은행 업무와 재산 상태 조사 권한 등을 갖는다(제415조의2 제6항, 제412조).

2. 구성

(1) 위원 구성

1) 사외이사 중심의 독립성 및 전문성 확보

은행이 의무적으로 설치해야 하는(법 제16조 제1항 제2호) 감사위원회는 이사회 산하 위원회이므로 이사로 구성되고, 감사위원의 수는 3인 이상이 되어야 하며(법 제19조 제1항), 위원장은 사외이사가 되어야 한다(법 제16조 제4항). 다른 이사회 산하 위원회의 경우에는 사외이사가 과반수이면 되는데(법 제16조 제3항), 감사위원회의 3분의 2 이상은 사외이사로 구성하도록 하고 있다(법 제19조 제2항). 이는 감사위원회가 경영진이나 대주주의 영향을 받지 않고 독립성을 갖고 역할을 충실히 수행할 수 있도록 하기 위함이다. 감사위원 중 1명 이상은 시행령 제16조[118]가 규정하고 있는 회계 또는 재무 전문가일 것을 요구하고 있어(법 제19조 제1항) 전문성

118) 제16조(감사위원의 자격요건 및 선임) ① 법 제19조 제1항 후단에서 "대통령령으로 정하는 회계 또는 재무 전문가"란 다음 각 호의 어느 하나에 해당하는 사람을 말한다.
1. 공인회계사 자격을 취득한 후 그 자격과 관련된 업무에 5년 이상 종사한 경력이 있는 사람
2. 재무 또는 회계 분야의 석사 이상의 학위가 있는 사람으로서 해당 학위 취득 후 연구기관이나 대학에서 재무 또는 회계 관련 분야의 연구원 또는 조교수 이상의 직에 5년 이상 근무한 경력이 있는 사람
3. 주권상장법인에서 재무 또는 회계 관련 업무에 임원으로 5년 이상 또는 임직원으로 10년 이상 근무

을 구비하도록 하고 있다. 즉 감사위원회의 독립성과 전문성을 유지하기 위한 법적 장치를 두고 있다.

2) 결원 시 조치

은행은 감사위원의 사임·사망 등의 사유로 감사위원의 수가 감사위원회의 구성요건에 미치지 못하게 된 경우에는 그 사유가 발생한 후 최초로 소집되는 주주총회에서 요건을 충족하도록 조치하여야 한다(법 제19조 제3항). '주주총회'라고 하고 있어서 임시주주총회도 포함된다고 해석된다. 이렇게 감사위원회 구성 요건에 미치지 못하는 경우는 감사위원의 수가 3인 미만이 되는 경우, 재무나 회계 전문가인 감사위원이 1인 이상이 되지 않는 경우, 사외이사인 감사위원의 수가 3분의 2 이상이 되지 않는 경우가 해당한다(법 제19조 제1항, 제2항).

3) 상임감사위원

가) 상임감사위원을 반드시 두어야 하는지 여부

감사위원회 구성과 관련해서 상임(근)감사위원(즉 사내이사인 감사위원)을 반드시 두어야 하는지에 관한 해석상 문제가 있다. 지배구조법이 '사외이사가 아닌 감사위원'의 결격 사유에 관한 규정을 별도로 두고 있어서(법 제19조 제10항), 이 조항 때문에 사외이사가 아닌 감사위원으로서 사내이사인 상임감사위원을 반드시 두어야 하는 것으로 해석할 수도 있다. 그러나 지배구조법은 단지 총 위원의 3분의 2 이상을 사외이사로 구성하도록 하고 있지(법 제19조 제1항) 반드시 상임감사위원을 두도록 하는 조항은 두고 있지 않다. 지배구조법 제19조 제10항은 은행이 "사외이사가 아닌 감사위원"으로서 상임감사위원을 두는 경우(물론 비상임이사도 감사위원이 될 수도 있다)에는 별도의 결격 사유가 적용된다는 것으로 해석하는 것이 타당하다.

따라서 **상임감사위원을 두지 않고 전원을 사외이사로 구성할 수 있다**고 보아야 한다. 즉 상임감사위원을 둘지 여부는 결국 해당 은행이 판단할 사항이다. 다만 상임감사위원을 두는 경우에는 결격 사유에 해당하지 않는 자를 선임해야 한다는 것으로 이해해야 한다. 따라서 사외이사 결격 요건에 해당하는 자인 은행의 최대주주나 그 특수관계인 또는 당해 은행의 상근 임직원이거나 최근 3년 이내에 상근 임직원이었던 자 등은 상임감사위원이 될 수 없다(법 제19조 제10항→제6조 제1항, 제2항). 은행과 이해관계가 있는 자는 그 직무를 충실히 수행하기가 어렵다고 본 것이다.

한 경력이 있는 사람

4. 국가, 지방자치단체, 「공공기관의 운영에 관한 법률」에 따른 공공기관, 「금융위원회의 설치 등에 관한 법률」에 따른 금융감독원, 「자본시장과 금융투자업에 관한 법률」에 따른 한국거래소 또는 같은 법 제9조 제17항에 따른 금융투자업관계기관(같은 항 제8호에 따른 금융투자 관계 단체는 제외한다)에서 재무 또는 회계 관련 업무 또는 이에 대한 감독업무에 5년 이상 종사한 경력이 있는 사람
5. 「금융위원회의 설치 등에 관한 법률」 제38조에 따른 검사대상기관(이에 상응하는 외국금융기관을 포함한다)에서 재무 또는 회계 관련 업무에 5년 이상 종사한 경력이 있는 사람
6. 그 밖에 제1호부터 제5호까지의 규정에 준하는 사람으로서 금융위원회가 정하여 고시하는 자격을 갖춘 사람

한편 입법론으로 상임감사위원을 반드시 두는 것이 바람직한지에 관한 논의도 제기되는데, 은행의 복잡한 감사 업무를 효율적으로 수행하기 위해서는 상임감사위원을 의무화하여야 한다는 주장[119]도 있으며, 그 반대의 주장[120]도 있어 양립하고 있다. 어쨌든 법적으로는 상임감사위원을 두지 않고 운영하더라도 문제는 없다.

나) 상임감사위원의 은행업 경력 요건 신설

상임감사위원을 두는 경우에 정부나 금융감독기관 또는 감사원에서 근무했던 사람이 은행 상임감사위원으로 선임되는 문제도 생각해볼 필요가 있다. 이에 대해서는 찬반 논란이 제기될 수 있겠지만, 감독기관과 유착 관계의 형성 가능성 및 은행에서 근무한 사람이 감사 업무를 효율적으로 수행할 수 있다는 점 등을 고려하면 외부인이 상임감사위원을 맡는 것은 바람직하지 않다. 이런 점에서 상임감사위원을 두는 경우에는 상임감사위원의 적극적 자격 요건으로서 은행 근무 경력(예를 들어, 5년 이상)을 요구하는 방안도 검토할 필요가 있다.

다) 상임감사위원의 임기 제한 필요

지배구조법은 상임감사위원의 임기 제한 규정을 두고 있지 않다. 다만 「상법」상 이사의 임기는 3년을 초과하지 못하도록 하고 있어서(제383조 제2항), 사내이사인 상임감사위원의 임기도 3년을 초과할 수는 없다. 따라서 각 은행 별로 임기를 정하면 된다. 연임 제한이 없어 장기간 재임함에 따라 경영진과 유착이 발생할 가능성이 있고, 자기권력화 가능성도 있다. 연임을 위해서 감사위원으로서 경영진에 대한 견제 역할을 충실히 수행하지 못할 가능성도 있다. 이를 막기 위해서 연임 제한이 필요하다. 상임감사위원의 임기는 2년으로 하고, 평가 결과에 따라 1년 연임할 수 있도록 하는 사실상의 단임제를 채택할 필요가 있다.

(2) 완전자회사 등의 경우 감사위원회 대신 상근감사 설치 가능

은행이 금융지주회사의 완전자회사나 완전손자회사 또는 완전증손회사인 경우에는 경영의 투명성 등 대통령령으로 정하는 요건(시행령 제18조)을 충족하면 감사위원회를 설치하지 않을 수 있다(법 제23조 제1항). 이는 앞서 사외이사 설치 면제와 관련해서 논의한 바와 같이 완

---

119) 고동원(2007), 291면(사외이사만으로 구성되는 감사위원회가 업무 집행에 대한 상시 감사 역할을 충분히 잘 수행하기가 어렵다는 점을 그 이유로 들고 있다). 상임감사위원 선임을 권고하거나 경영 평가에 반영하자는 견해로는 김우진(2007), 29면.

120) 김건식(2005), 41면(그 이유를 "상근을 하게 되면 감사위원회의 독립성이 훼손될 가능성이 커진다. 따로 생업이 있는 일반 감사위원과는 달리 상근 감사위원은 아무래도 그 자리 유지에 더 신경을 쓰고 그 결과 감사 대상인 경영진의 눈치를 보게 되기 십상이다. 또한 상근 감사위원과 일반 감사위원과의 사이에 정보의 격차가 생기고 일반 감사위원이 상근 감사위원에 의존함으로써 상근 감사위원이 감사위원회를 지배할 우려가 있다"라고 하고 있다); 강희주·조준우(2011), 250면("감사위원회의 독립성을 담보하는 주요 요소인 사외이사들의 역할이 계속 감소한다면 감사위원회의 독립성에 부정적인 영향을 미칠 가능성이 존재하는바, 이러한 상황을 개선하기 위해 감사위원회 감사위원 전원을 사외이사로 구성하는 방안을 고려해 볼 수 있다").

전자회사 등의 경우 보호해야 할 소수주주가 없기 때문인 것으로 이해할 수 있다.

다만 감사위원회를 설치하지 않은 경우에는 대신에 상근감사를 선임하도록 하고 있다(법 제23조 제2항). 상근감사의 자격 요건은 사외이사에 적용되는 결격 요건(법 제16조 제1항, 제2항)이 적용되는데(법 제23조 제3항 본문), 완전자회사 등의 상근감사 또는 사외이사가 아닌 감사위원으로 재임 중이거나 재임하였던 사람은 지배구조법 제6조 제1항 제3호에도 불구하고 상근감사가 될 수 있다(법 제23조 제3항).

그런데 은행이 완전자회사 등이라 할지라도 감사위원회 제도 도입의 목적을 고려할 때 은행 자체적으로 영업을 하면서 독립적이고 전문적인 감사 업무가 필요하다는 점에서 감사위원회 제도를 두지 않고 상근감사를 두도록 하는 것은 재검토할 필요가 있다.

3. 결격 요건

(1) 사외이사인 감사위원

사외이사인 감사위원은 사외이사이므로 앞서 본 사외이사 결격 요건이 적용된다(법 제6조).

(2) 사외이사가 아닌 감사위원

사외이사가 아닌 감사위원은 사내이사일 수도 있고 비상임이사일 수도 있다. 사내이사이면 상임감사위원이 된다. 지배구조법은 사외이사가 아닌 감사위원에 대해서도 사외이사의 결격 요건을 적용하도록 하고 있다(법 제19조 제10항→제6조 제1항, 제2항). 따라서 은행의 최대주주 및 그 특수관계인이나 주요주주 등의 이해관계인은 사외이사가 아닌 감사위원이 될 수 없다는 점에서 감사위원회의 독립성을 보장하고 있어 타당한 입법이라고 본다.

한편 상장회사 특례 규정인「상법」제542조의11 제3항은 상장회사의 사외이사가 아닌 감사위원(즉 사내이사일 수도 있고 비상임이사일 수도 있다)의 결격 사유를 규정하고 있어서, 상장회사인 은행의 경우에는「상법」에 따른 결격 사유도 적용된다. 다만 2개의 법이 상충될 때에는 앞의 사외이사 결격 사유에서 살펴본 바와 같은 논의가 적용될 수 있다.

4. 선임 절차[121)]

(1) 서설

은행의 감사위원회는 이사회 산하 위원회이지만 **감사위원의 선임 및 해임 권한은 이사회가 아니라 주주총회에 있다**(법 제19조 제6항 전단). 감사위원은 임원후보추천위원회의 추천을 받아야 하며(법 제19조 제4항), 주주총회에서 선임할 때는 의결권 있는 주식 3%를 초과하는 주식을 보유하고 있는 주주는 의결권 행사가 제한된다(법 제19조 제6항). 주주총회에서 감사위원을 선출할

121) 이하의 논의는 고동원·황재학(2024), 32~34면 참조.

때는 **'일괄 선출 방식'**(먼저 이사를 선출하고 난 후에 선임된 이사 중에서 감사위원을 선출하는 방식)과 **'분리 선출 방식'**(처음부터 감사위원이 되는 이사를 선출하는 방식)으로 나누어 선출하게 된다.

(2) 임원후보추천위원회를 통한 추천

지배구조법은 감사위원 선임 절차에 관하여 규정하고 있다. 우선 사외이사가 과반수로 구성되는 임원후보추천위원회에서 감사위원 후보를 추천하도록 하고 있다(법 제19조 제4항, 제16조 제3항). 의결은 임원후보추천위원회 위원 총수의 3분의 2 이상의 찬성으로 하도록 하고 있어서(법 제19조 제4항), 다른 임원 후보를 추천할 때 위원 과반수 출석과 출석 위원의 과반수로 결의하는 요건(「상법」 제393조의2 제5항→제391조 제1항)보다 엄격한 결의 요건을 규정하고 있다.

그런데 임원후보추천위원회에서 감사위원 후보를 추천할 때 분리 선출되는 후보와 일괄 선출되는 후보를 정해서 추천해야 하는지의 문제가 있다. 지배구조법은 이에 관한 명확한 규정을 두고 있지 않아 해석상의 문제가 제기될 수 있다. 지배구조법이 임원후보추천위원회에 감사위원 후보 추천권을 부여하고 있는 이상 임원후보추천위원회가 정해야 한다고 보는 것이 합리적일 것이고,[122] 이를 명확히 규정할 필요가 있다.

(3) 선임권자 및 해임권자

1) 이사회가 아닌 주주총회

지배구조법은 감사위원회를 「상법」 제393조의2에 따른 이사회 산하 위원회로 규정하면서 "「상법」 제415조의2에 따른 감사위원회로 본다."라는 규정을 두고 있다(법 제16조 제1항). 그렇다면 「상법」 제393조의2 제2항 제2호에 따라 이사회가 주주총회에서 선임된 이사 중 감사위원을 선임하고 해임할 수 있는 권한이 있게 된다. 그러나 지배구조법은 **"감사위원을 선임하거나 해임하는 권한은 주주총회에 있다"**라고 규정하여(법 제19조 제6항 전단), 주주총회에 그 권한을 부여하고 있다.

집행임원 제도가 의무화 되어 있지 않아 이사회의 감독 기능 수행이 아직 잘 이루어지지 않고 있는 상태라는 점과 감사위원회의 역할이 대주주의 부당한 영향력 행사를 막아 은행의 건전한 경영을 도모하기 위하는 것이라는 점을 고려한다면, 아래에서 보는 것처럼, 대주주의 의결권 행사 제한은 필요한 것이고, 자격 요건을 충족하는 감사위원을 선임하기 위해서는 주주총회에서 감사위원 선임을 확정할 수밖에 없다. 따라서 이사회의 감사위원 선임권을 배제하고 주주총회가 선임권을 갖도록 한 것은 타당한 입법으로 평가된다.[123]

---

122) 법문상 명확하지 않다는 견해는 심인숙(2016), 400면.

123) 같은 견해로는 강희주·조준우(2011), 251면. 반대 견해로는 김건식(1999), 38면(임충희(2011), 314면에서 재인용). 그 이유를 "감사위원을 주주총회에서 선·해임하도록 하지 못한 이유가 이사회는 사외이사가 과반수 이상을 차지하므로 이사회에서도 선임해도 독립성이 문제되지 않으며, 주주총회에서 선임한

2) 감사위원 해임 시 특별결의 요건 규정 필요

지배구조법은 주주총회에서 감사위원을 선임하거나 해임할 때 결의 요건을 규정하고 있지 아니하므로 보통결의로 선임하거나 해임할 수 있다고 해석된다. 그러나 해임의 경우에는 이사의 해임 요건(「상법」 제385조 제1항)처럼 결의 요건을 보다 엄격해야 한다는 점을 고려하면, 「상법」 제434조에 따른 주주총회 특별결의(출석주주의 의결권의 3분의 2 이상의 수와 의결권 있는 발행주식총수의 3분의 1 이상의 수로 결의해야 하는 요건)로 해임할 수 있도록 하는 것이 타당하다. 상장회사의 경우 주주총회 특별결의로 감사위원을 해임할 수 있도록 규정하고 있는 점(「상법」 제542조의12 제3항)에 비추어 보아 더욱 그러하다.

3) 감사위원 해임 시 이사 지위 상실 여부 명확화 필요

분리 선출 방식으로 선임된 감사위원을 해임하면 이사의 지위와 감사위원의 지위를 모두 상실하는지에 관한 규정이 지배구조법에 없어서 해석상 문제가 제기될 수 있으므로 「상법」 제542조의12 제3항 단서 규정처럼 이사와 감사위원 지위 모두를 상실한다는 규정을 둘 필요가 있다. 반면에 일괄 선출 방식으로 선임된 감사위원의 경우는 이사 지위 해임과 감사위원 지위 해임을 구분해서 보아야 할 것이고, 감사위원직에서 해임되더라도 이사 지위가 자동적으로 상실되는 것은 아니라고 보는 것이 타당할 것이다.[124)]

(4) 감사위원 선임과 해임 시 의결권 제한

1) 서설

지배구조법은 감사위원을 선임할 때 은행의 대주주나 최대주주 등의 의결권 행사를 제한함으로써 대주주 등의 영향력을 받지 않는 자를 감사위원으로 선임할 수 있도록 하여 감사위원회가 독립성을 가질 수 있도록 하고 있다. 특히 최대주주의 경우에는 특수관계인을 합하여 감사위원을 선임하거나 해임할 때 의결권 제한이 적용되도록 하고 있다. 이러한 의결권 제한은 일괄 선출 방식으로 감사위원을 선출할 때에는 두 번째 단계(즉 먼저 이사를 선임한 후 선임된 이사 중에서 감사위원을 선출할 때)에 적용된다고 보아야 하고, 분리 선출 방식의 경우에는 바로 감사위원을 선출할 때 적용될 것이다.

2) 감사위원 선임 시 3% 초과 보유 주주의 의결권 제한

감사위원이 되는 이사(즉 사외이사인 감사위원과 사외이사가 아닌 감사위원 다 포함한다)를 선임할 때에는 의결권 제한을 규정하고 있는 「상법」 제409조 제2항이 준용되어(법 제19조 제6항), 의결권 없는 주식을 제외한 발행주식의 총수의 3%(정관에서 더 낮은 주식 보유비율을 정할 수 있

다고 해서 반드시 독립성이 확보된다는 보장이 없고, 위원의 교체 시에 일일이 주주총회를 소집해야 한다는 불편도 있기 때문이다"라고 하고 있다.

124) 같은 견해는 김건식 외 2인(2023), 543면.

으며, 정관에서 더 낮은 주식 보유비율을 정한 경우에는 그 비율로 한다)를 초과하는 수의 주식을 가진 주주는 그 초과하는 주식에 대하여 감사위원이 되는 이사를 선임할 때 의결권을 행사하지 못한다(「상법」 제409조 제2항). 개별 주주별로 의결권 제한이 적용된다.

감사위원을 해임할 때는 의결권 행사 제한이 적용되지 않는다는 점을 유의해야 한다. 그러나 감사위원을 해임할 때도 대주주의 영향력을 배제하기 위해서는 의결권 행사 제한이 적용되도록 해야 할 것이다. 상장회사의 경우 감사위원을 해임할 때 3% 초과 보유 주식에 대한 의결권 행사를 제한하고 있다는 점(「상법」 제542조의12 제4항)에서 보면 더욱 그러하다.

3) 감사위원 선임 및 해임 시 최대주주 및 그 특수관계인 등의 3% 초과 보유 주식에 대한 의결권 행사 제한

더욱이 은행의 최대주주, 최대주주의 특수관계인, 그 밖에 '대통령령으로 정하는 자'가 소유하는 의결권 있는 주식의 합계가 그 은행의 의결권 없는 주식을 제외한 발행주식 총수의 3%(정관으로 3%보다 낮은 비율을 정할 수 있다)를 초과하는 경우 그 주주는 3%를 초과하는 주식에 대하여 감사위원이 되는 이사를 선임하거나 해임할 때에 의결권을 행사하지 못한다(법 제19조 제7항).[125] 최대주주와 그 특수관계인 등의 주식을 합하여 100분의 3 초과 여부를 판단하게 된다. 여기서 '대통령령으로 정하는 자'는 ① 최대주주 또는 그 특수관계인의 계산으로 주식을 보유하는 자 및 ② 최대주주 또는 그 특수관계인에게 의결권을 위임하거나 의결권의 행사를 지시할 수 있는 권한을 위임한 자(해당 위임분만 해당한다)가 해당된다(시행령 제15조 제2항). 이러한 의결권 제한은 감사위원을 선임할 때뿐만 아니라 해임할 때도 적용된다는 점을 유의할 필요가 있다.

(5) 전자투표 시 보통결의 요건 완화

한편 감사위원을 선임할 때 3%를 초과하는 주식을 보유하는 주주가 의결권을 행사할 수 없어서 주주총회 의결 정족수를 충족하지 못할 가능성이 있기 때문에 「상법」은 보통결의 요건을 완화해주고 있다. 즉 「상법」 제368조의4 제1항에 따라 전자적 방법으로 의결권을 행사할 수 있도록 한 경우(즉 전자투표를 허용한 경우)에는 보통결의 요건(출석한 주주의 의결권의 과반수와 의결권 있는 발행주식 총수의 4분의 1 이상의 수로써 의결하여야 한다. 「상법」 제368조 제1항)에도 불구하고 출석한 주주의 의결권의 과반수로써 감사위원이 되는 이사를 선임할 수 있도록 하고 있다(법 제19조 제6항→「상법」 제409조 제3항).

125) 주주평등의 원칙상 다른 주요주주(2대주주나 3대주주)에게도 동일하게 의결권 제한이 적용되어야 한다는 견해는 김홍기(2015), 25면.

(6) 분리 선출 방식과 일괄 선출 방식

지배구조법은 **감사위원이 되는 사외이사 1명 이상에 대해서는 분리 선출 방식으로 선임**하도록 하고 있다(법 제19조 제5항). 사외이사가 아닌 감사위원을 선임하는 때에는 적용되지 않는다는 점을 유의해야 한다. 그렇다면 사외이사가 아닌 감사위원을 선출하거나 분리 선출 방식이 적용되지 않는 사외이사인 감사위원을 선출하는 경우에는 어떠한 방식으로 선출해야 하는가? 지배구조법은 이에 관해서 명확하게 규정하지 않고 있지만, 지배구조법 제19조 제5항의 반대 해석상 「상법」 제542조의12 제2항이 규정하고 있는 것처럼 주주총회에서 이사를 먼저 선임한 후 선임된 이사 중에서 감사위원을 선출하는 일괄 선출 방식이 적용된다고 보아야 할 것이다.[126) 이렇게 되면 처음 이사를 선임할 때에는 대주주 등의 의결권 제한 없이 이사를 선임한 상태이기 때문에 이사 중에서 감사위원을 선임할 때 의결권을 제한하더라도 실익이 크지 않다. 이런 이유 때문에 분리 선출 조항이 필요한 것이다. 이렇게 분리 선출 조항이 적용되면 처음부터 감사위원이 되는 사외이사를 선출할 때에는 의결권 행사 제한이 되어 대주주 등의 영향을 받지 않는 감사위원을 선임할 수 있게 된다. 그런데 이러한 취지는 사외이사가 아닌 감사위원에게도 동일하게 적용되어야 한다는 점을 고려하면 분리 선출 방식은 모든 감사위원 선출에 적용되는 것이 타당할 것이다.

(7) 상장회사 특례 규정 적용 관련 입법적 해결 필요

상장회사인 은행의 경우에는 상장회사의 감사위원회 구성과 감사위원 선임 및 해임에 관한 조항인 「상법」 제542조의11 및 제542조의12가 적용된다. 이 경우 지배구조법과 「상법」이 상충할 때 어느 법을 적용해야 하는지에 대한 문제가 있게 된다. 예를 들어, 지배구조법에는 감사위원을 해임할 때 특별결의를 요한다는 조항이 없어서 주주총회 보통결의를 요한다고 해석되는데, 「상법」은 특별결의로 해임할 수 있도록 하고 있다(제542조의12 제3항). 3% 초과 보유주주의 의결권 행사 제한도 지배구조법은 감사위원을 선임할 때만 적용하도록 하고 있지만(법 제19조 제6항), 「상법」은 해임할 때도 의결권 행사 제한이 적용되도록 하고 있다(「상법」 제542조의12 제4항).

이에 대해서는 앞서 사외이사의 결격 요건에서 논의한 바와 같이 2가지 견해가 있을 수 있다. 지배구조법이 「상법」에 대한 특별법이라는 점을 고려할 때 지배구조법이 우선 적용된다는 견해가 있을 수 있고, 2개의 법률 중 보다 강화된 요건을 적용해야 한다는 입장에서는 보다 강화된 요건을 규정하고 있는 「상법」 규정이 적용된다고 볼 여지도 있다. 합리적인 해석은 「상법」에 따른 보다 강화된 요건을 적용된다고 보는 것이겠지만, 입법론으로는 이를 명확하게 규정하여 2개의 법률 사이에 충돌되는 부분이 없도록 할 필요가 있다.

126) 같은 견해는 심인숙(2016), 401면.

5. 은행의 감사위원회 및 감사위원에 대한 지원

지배구조법은 감사위원회 및 감사위원에 대한 지원에 관한 규정을 두고 있다. 감사위원회는 은행의 비용으로 전문가의 조력을 구할 수 있다(법 제20조 제1항). 은행은 감사위원회의 업무를 지원하는 담당부서를 설치해야 한다(법 제20조 제2항). 은행은 감사위원회의 업무 내용을 적은 보고서를 정기적으로 금융위원회가 정하는 바에 따라 금융감독당국에게 제출하여야 한다(법 제20조 제3항). 그리고 은행은 감사위원의 원활한 직무수행을 위하여 대통령령(시행령 제15조)으로 정하는 바에 따라 충분한 자료나 정보를 감사위원에게 제공하여야 한다(법 제20조 제4항→법 제18조 제1항). 감사위원은 해당 은행에 대하여 직무를 수행할 때 필요한 자료나 정보의 제공을 요청할 수 있으며, 이 경우 은행은 특별한 사유가 없으면 이에 따라야 한다(법 제20조 제4항→법 제18조 제1항).

Ⅵ. 임직원 보수 규제

1. 서설

지배구조법은 은행 임직원에 대한 보수 결정의 적정성을 확보하기 위해서 자산총액이 5조원 이상인 은행의 경우에는 이사회 산하 위원회로서 보수위원회 설치를 의무화 하고 있으며, 임직원에게 과도한 보수가 지급되지 않도록 하기 위한 내용을 두고 있는데, 특히 단기 성과를 위한 과도한 위험 추구 행위가 발생하지 않도록 하기 위해서 성과보수 지급에 대한 규제 내용을 두고 있다. 이러한 내용은 바젤은행감독위원회의 「2015년 은행 지배구조 원칙」이 제시하고 있는 임원 보수 규제 원칙(원칙 11)[127]을 잘 따르고 있는 것으로 국제적인 기준에도 부합하는 제도라고 할 수 있다.

2. 보수위원회

(1) 「상법」 규정

「상법」에 따르면, 임원인 이사와 감사의 보수는 "정관에 그 액을 정하지 아니한 때에는 주주총회의 결의로 이를 정한다."라고 하여(제388조, 제415조) 정관이나 주주총회의 보통결의로 이사의 보수 금액을 정하도록 하고 있다. 이는 이사나 감사에 대한 보수는 이사나 감사의 직무집행에 대한 보상으로 지급되는 것이고, 보수가 과다하게 지급되면 주주와 채권자 등 이해관

---

127) BCBS(2015), Principle 11: Compensation
The bank's remuneration structure should support sound corporate governance and risk management.

계자의 이익을 해칠 수도 있기 때문에[128] 정관이나 주주총회 결의로 결정하도록 하고 있다. 다만 판례는 "주주총회에서는 임원 보수의 총액 또는 한도액만을 정하고 개별 이사에 대한 지급액 등 구체적인 사항은 이사회에 위임할 수 있다."라고 하여,[129] **구체적인 임원 보수 금액 결정은 이사회에 위임**할 수 있도록 하고 있으며, 학설도 이사회나 대표이사에게 위임할 수 있다고 보고 있다.[130] 따라서 구체적인 임원 보수 금액은 이사회가 결정할 수 있는 것이고, 이사회 결정 사항은 이사회 산하 위원회에 위임할 수 있으므로(「상법」 제393조의2 제2항) 지배구조법은 임원 보수 금액 결정의 공정성과 객관성 및 전문성을 도모하기 위해서 보수위원회를 설치하여 각 개별 임원의 보수 금액을 결정하도록 하고 있다.

그리고 **보수의 범위에는** 이사의 직무 대가에 대한 보상인 급여나 상여금뿐만 아니라, 판례는 **퇴직금 또는 퇴직위로금,**[131] **그리고 해직보상금도 포함한다**고 보고 있어,[132] 범위를 넓게 인정하고 있다.

(2) 보수위원회 설치

1) 서설

최근 사업연도 말 기준 자산총액이 5조원 이상인 은행은 반드시 보수위원회를 설치해야 한다(법 제16조 제2항, 시행령 제14조). 자산총액이 5조원 미만인 은행은 정관에서 정하는 바에 따라 감사위원회가 임원 보수에 관한 사항을 심의·의결하는 경우에는 보수위원회를 설치하지 아니할 수 있도록 하고 있다(법 제16조 제2항, 시행령 제14조).

2) 권한

보수위원회는 '대통령령이 정하는 임직원'의 보수와 관련한 "① 보수의 결정 및 지급 방식에 관한 사항, ② 보수 지급에 관한 연차보고서의 작성 및 공시에 관한 사항, ③ 그 밖에 금융위원회가 정하여 고시하는 사항(「금융회사 지배구조 감독규정」 제9조 제1항)"을 심의·의결한다(법 제22조 제1항). 여기서 보수의 결정에는 각 개별 대상 임직원의 보수 금액을 정해야 하는 것으로 보아야 한다.

3) 심의·의결 대상 임직원

보수위원회의 심의·의결 대상이 되는 '대통령령으로 정하는 임직원'은 ① 임원(사외이사, 비상임이사, 감사위원, 준법감시인 및 위험관리책임자는 제외한다)과 ② 자본시장법에 따른 증권 또는 파생상품의 설계·판매·운용 업무를 담당하는 직원으로서 보수위원회가 심의·의결한 사람

128) 대법원 2016. 1. 28. 선고 2014다11888 판결.
129) 대법원 2012. 3. 29. 선고 2012다1993 판결.
130) 송옥렬(2023), 1005면.
131) 대법원 2004. 12. 10. 선고 2004다25123 판결.
132) 대법원 2006. 11. 23. 선고 2004다49570 판결.

인 금융투자업무담당자이다(시행령 제17조 제1항). 대상이 되는 임원은 사내이사와 감사, 그리고 집행임원 및 업무집행책임자에 한정된다는 것을 알 수 있다. 따라서 대상에서 제외되는 임원에 대한 보수 결정은 정관이나 주주총회에서 결정하지 않는 한 이사회에서 해야 할 것이다. 그런데 보수위원회의 설치 목적이 전문성을 가진 위원으로 구성하여 임원 보수 통제를 통하여 임원에 대한 적정한 보수가 지급되도록 하기 위한 것이라는 점을 고려할 때 제외되어 있는 사외이사, 비상임이사, 감사위원뿐만 아니라 임원에 해당하는 준법감시인 및 위험관리책임자도 보수위원회의 심의·의결 대상이 되어야 할 것이다.

3. 보수체계 마련 의무

(1) 서설

은행은 **"임직원이 과도한 위험을 부담하지 아니하도록 보수체계를 마련"**해야 하는 의무가 있다(제22조 제2항). 단기적인 성과를 거두기 위해서 과도한 위험을 추구하는 행위를 해서는 안 된다는 취지이다. 임원의 직무 수행에 비해 과도한 보수가 지급되어서는 안 된다는 대법원 판례의 입장[133]에 비추어 볼 때 적절한 보수 체계 마련은 필요하다. 특히 과도한 보수를 지급받은 임원이 그러한 과다한 보수 결정 행위에 관여한 경우에는 배임 행위에 해당할 가능성이 있다는 대법원 판례의 입장[134]에 비추어 보더라도 적정한 보수 체계 마련은 필요한 일이다. 보수위원회에서 임원에 대한 개별 보수 금액을 결정할 때는 이러한 보수체계를 고려해야 할 것이다.

(2) 성과보수 규제 - 성과보수의 이연 지급 의무

1) 의의

성과보수는 "성과에 연동(連動)하여 미리 정해진 산정 방식에 따른 보수"를 말한다(법 제22조 제3항). 은행은 '대통령령으로 정하는 임직원'에 대하여 **보수의 일정 비율을 성과보수로 일정기**

133) 대법원 2016. 1. 28. 선고 2014다11888 판결("「상법」이 정관 또는 주주총회의 결의로 이사의 보수를 정하도록 한 것은 이사들의 고용계약과 관련하여 사익 도모의 폐해를 방지함으로써 회사와 주주 및 회사채권자의 이익을 보호하기 위한 것이므로, 비록 보수와 직무의 상관관계가 「상법」에 명시되어 있지 않더라도 이사가 회사에 대하여 제공하는 직무와 지급받는 보수 사이에는 합리적 비례관계가 유지되어야 하며, 회사의 채무 상황이나 영업실적에 비추어 합리적인 수준을 벗어나서 현저히 균형성을 잃을 정도로 과다하여서는 아니 된다").

134) 대법원 2016. 1. 28. 선고 2014다11888 판결("회사에 대한 경영권 상실 등으로 퇴직을 앞둔 이사가 회사에서 최대한 많은 보수를 받기 위하여 그에 동조하는 다른 이사와 함께 이사의 직무내용, 회사의 재무상황이나 영업실적 등에 비추어 지나치게 과다하여 합리적 수준을 현저히 벗어나는 보수 지급 기준을 마련하고 지위를 이용하여 주주총회에 영향력을 행사함으로써 소수주주의 반대에 불구하고 이에 관한 주주총회결의가 성립되도록 하였다면, 이는 회사를 위하여 직무를 충실하게 수행하여야 하는 「상법」 제382조의3에서 정한 의무를 위반하여 회사재산의 부당한 유출을 야기함으로써 회사와 주주의 이익을 침해하는 것으로서 회사에 대한 배임행위에 해당하므로, 주주총회결의를 거쳤다 하더라도 그러한 위법행위가 유효하다 할 수는 없다").

간 이상 이연(移延)하여 지급하여야 한다(법 제22조 제3항). 어느 한 회계연도에 일시적으로 과도한 성과보수가 지급되지 않도록 하기 위한 것으로 임직원이 단기 성과에 치중해서 과도한 위험을 추구하는 행위를 막기 위한 취지이다.

2) 대상 임직원

대상이 되는 '대통령령으로 정하는 임직원'은 ① 임원(감사, 감사위원, 준법감시인 및 위험관리책임자는 제외한다), ② 자본시장법에 따른 증권 또는 파생상품의 설계·판매·운용 업무를 담당하는 직원으로서 보수위원회가 심의·의결한 사람인 금융투자업무담당자, ③ 단기 실적에 따른 성과보수를 지급할 경우 과도한 위험을 추구하는 등 부작용이 나타날 수 있는 업무로서 (i) 대출, 지급보증 및 어음의 할인·인수, 팩토링 업무, (ii) 보험상품 개발 및 보험계약 인수에 관한 업무, (iii) 매출채권의 양수 및 신용카드의 발행 업무, 또는 (iv) 그 밖에 단기 실적에 따른 성과보수를 지급할 경우 부작용이 나타날 수 있는 것으로 은행이 판단하여 정하는 업무에 종사하는 직원 중 고용계약에 따라 담당 업무로부터 발생하는 이익의 일부를 성과보수로 받는 직원이다(법 제22조 제3항, 시행령 제17조 제2항).

3) 성과보수의 비율

성과보수의 비율은 직무의 특성, 업무책임의 정도 및 해당 업무의 투자성(자본시장법 제3조 제1항에 규정된 투자성을 말한다) 등을 고려하여 달리 정해야 한다(시행령 제17조 제3항 제1호).

4) 성과보수 이연 기간

임원(사외이사 및 비상임이사는 제외한다) 및 위에서 본 금융투자업무담당자에 대해서는 해당 업무의 투자성 및 업무의 존속기간 등을 고려하여 성과보수의 100분의 40 이상에 대하여 이연(移延) 기간을 3년 이상으로 해야 하는데, 다만 해당 업무의 존속 기간이 3년 미만인 경우에는 성과보수의 이연 기간을 3년 미만으로 할 수 있다(시행령 제17조 제3항 제2호).

4. 보수 공시 의무

(1) 연차보고서 작성 및 공시

은행은 '대통령령으로 정하는 임직원'의 보수 지급에 관한 연차보고서를 작성하고 결산 후 3개월 이내에 금융위원회가 정하는 바에 따라 정보게시판(인터넷 홈페이지) 등에 내용을 공시하여야 한다(법 제22조 제4항). '대통령령으로 정하는 임직원'은 위에서 기술한 성과보수 이연 지급 대상이 되는 임직원이다(시행령 제17조 제2항). 보수 공시를 통해서 시장 규율이 작동될 수 있게 하기 위한 것이다.

(2) 연차보고서의 내용[135)]

1) 서설

연차보고서에는 "① 보수위원회의 구성, 권한 및 책임 등 및 ② 임원의 보수총액(기본급, 성과보수, 이연 성과보수 및 이연 성과보수 중 해당 회계연도에 지급된 금액 등)"이 포함되어야 한다(법 제22조 제5항).

2) 보수총액 공시 대상 임원의 범위

보수총액 공시 대상이 되는 임원은 연차보고서 작성 대상이 되는 임원을 말하므로(법 제22조 제4항) 임원 중 감사, 감사위원, 준법감시인 및 위험관리책임자는 제외된다(시행령 제17조 제2항 제1호). 그런데 공시 규제가 보수 금액에 대한 통제 목적이라는 점을 고려하면 이들을 특별히 제외할 필요는 없다고 생각된다. 감사 및 감사위원뿐만 아니라 임원에 해당하는 준법감시인 및 위험관리책임자도 포함해야 할 것이다.

3) 전체 임원의 보수총액 공시 의무

"임원의 보수총액"이라고 되어 있어 대상이 되는 전체 임원의 보수총액인지 아니면 개별 임원의 보수총액인지 명확하지 않으나, '개별 임원'이라고 되어 있지 않아 대상이 되는 전체 임원의 보수총액으로 읽힌다.[136)] 또한 보수 체계 연차보고서의 내용에 대하여 자세한 사항을 규정하고 있는 「금융회사 지배구조 감독규정」도 "회계연도 중 임직원에게 지급된 보수금액, 직급별 보수액 및 성과보수액"에는 "임원 및 직원의 보수에 관한 총계정보를 포함하여야 한다"라고 하고 있는데(제9조 제5항 단서, 제6호) 역시 '개별 임원'이라고 되어 있지 않아 개별 임원에 대한 보수 금액으로 읽히기가 어렵다. 다만 사외이사에 대해서는 "개인별 보수 총액과 내역"을 지배구조 연차보고서에 포함하도록 하고 있어(「금융회사 지배구조 감독규정」 제5조 제5항 제4호 자목) 통제되고 있다.

4) 개별 임원에 대한 보수액 공시 필요

그러나 개별 임원에 대한 보수액이 기재될 필요가 있다.[137)] 각 개별 임원에 대한 적정한 보수 금액이 결정될 수 있도록 하기 위해서는 시장 규율이 작동될 필요가 있고, 이를 위해서는 공시되는 연차보고서에 각 개별 임원의 보수 금액이 별도로 기재되어야 하는 것이 바람직하다. 이는 자본시장법도 주권상장법인 등 사업보고서 제출 대상 법인의 경우 금융위원회와 한국거래소에 제출해야 하는 사업보고서에 5억 원 이상의 임원 개인별 보수와 그 구체적인 산정

---

135) 이하의 논의는 고동원·황재학(2024), 36~38면 참조.

136) 같은 해석은 김홍기(2015), 29면.

137) 같은 주장은 김홍기(2015), 29면("일본의 경우, 종전에는 임원보수의 총액만을 공시하도록 하였으나, 2010. 2. 12. 일본 금융청이 개정·공표한 「기업내용 등의 공시에 관한 내각부령(企業内容等の開示に関する内閣府令)」(http://www.fsa.go.jp)에서 임원 개인별 보수에 대한 공시를 하도록 하였다. 특히 연 1억 엔 이상 고액의 보수를 받는 임원에 대해서는 개인 별로 각 항목에 대해 구체적으로 금액을 공시하도록 하고 있다."라고 소개하고 있다).

기준 및 방법을 포함하도록 하고 있다는 점(제159조 제2항 제2호, 제3호, 제4호)에서도 임원 개인별 공시 제도는 필요하다.

(3) 연차보고서 작성 기준

연차보고서를 작성할 때는 "① 보수위원회의 구성, 심의·의결 절차 등 보수체계에 대한 의사 결정 절차와 ② 임직원에 대한 성과측정, 성과와 보수의 연계방식, 성과보수의 이연 등 그 밖에 보수체계의 주요 내용"이 기재되어야 한다(시행령 제17조 제4항).

Ⅶ. 소수주주권 행사 요건에 대한 특례

1. 서설

지배구조법은 「상법」에 규정된 소수주주권 행사 요건에 대한 특례 규정을 두어 그 요건을 완화하고 있다. 지배구조법은 규모가 작은 금융기관(예를 들어, 자산총액이 7천억 원 미만인 상호저축은행, 자산총액이 5조 원 미만인 보험회사, 자산총액이 5조 원 미만인 여신전문금융회사 등)에 대해서는 소수주주권 특례 조항의 적용을 배제하고 있지만(법 제3조 제3항 제5호, 시행령 제6조 제3항) 은행은 이에 해당하지 않으므로 지배구조법에 따른 소수주주권 행사 특례 요건이 적용된다. 이는 은행을 포함한 금융기관의 공공성에 따른 특성을 고려하여 소수주주가 권리 행사를 보다 쉽게 하도록 하기 위한 것이다.

지배구조법에 따른 소수주주권 행사 요건에 미치지 못하지만 「상법」에 따른 소수주주권 행사 요건을 충족하는 경우에는 「상법」에 따른 소수주주권 행사를 선택적으로 할 수 있게 하기 위해서, 지배구조법은 지배구조법에 따른 소수주주권 규정이 「상법」의 해당 규정에 따른 소수주주권의 행사에 영향을 미치지 아니하는 것으로 규정하고 있다(법 제33조 제8항). 그리고 소수주권 행사 요건에서 의결권 있는 주식을 기준으로 하는 경우도 있고 그렇지 않은 경우도 있으므로 유의해야 한다. 아래에서 단순히 '발행주식총수'라고 되어 있으면 이것은 의결권 있는 주식과 의결권 없는 주식을 다 포함한다는 의미로 이해하면 된다.

2. 개별 소수주주권 행사 요건

(1) 주주제안권

「상법」에 따르면, 의결권 없는 주식을 제외한 발행주식총수의 3% 이상에 해당하는 주식을 가진 주주는 이사에게 주주총회일의 6주 전에 서면 또는 전자문서로 일정한 사항을 주주총회의 목적 사항으로 하거나 의안의 요령으로 할 것을 제안할 수 있는 주주제안권을 행사할 수 있다(제363조의2 제1항, 제2항). 상장회사의 경우에는 6개월 전부터 계속하여 상장회사의 의결권 없는 주식을 제외한 발행주식총수의 1%(최근 사업연도 말 현재의 자본금이 1천억 원 이상인 상장회사의 경우에는 0.5%이다. 「상법 시행령」 제32조) 이상에 해당하는 주식을 보유한 자가 주주제안권을 행사할 수 있다(제542조의6 제2항). 물론 상장회사의 경우도 「상법」 제363조의2에 따른 주주제안권 행사 요건을 갖추면 이에 따른 주주제안권을 선택적으로 행사할 수 있다(「상법」 제542조의6 제10항). 이는 아래 다른 소수주주권 행사에도 동일하게 적용된다.

지배구조법에 따르면, 6개월 전부터 계속하여 은행의 의결권 있는 발행주식총수의 0.1% 이상에 해당하는 주식을 주식의 소유나 주주권 행사에 관한 위임장의 취득 또는 주주 2인 이상의 주주권 공동행사의 방법(시행령 제28조 제1항)으로 보유한 자는 주주제안권을 행사할 수 있다(법 제33조 제1항). 물론 「상법」에 따른 주주제안권 행사 요건을 갖춘 경우에는 「상법」에 따른 주주제안권을 선택적으로 행사할 수 있다(법 제33조 제8항). 이는 아래 다른 소수주주권 행사에도 동일하게 적용된다.

(2) 임시주주총회 소집 요구권

「상법」에 따르면, 발행주식총수의 3% 이상에 해당하는 주식을 가진 주주는 임시주주총회 개최의 소집을 청구할 수 있고(제366조 제1항), 상장회사의 경우에는 6개월 전부터 계속하여 상장회사 발행주식 총수의 1.5% 이상에 해당하는 주식을 보유한 자는 임시주주총회 개최의 소집을 청구할 수 있다(제542조의6 제1항).

반면에 지배구조법에 따르면, 6개월 전부터 계속하여 은행의 발행주식총수의 1.5% 이상(최근 사업연도 말 현재 자산총액이 5조원 이상인 은행의 경우에는 0.75% 이상)에 해당하는 주식을 주식의 소유나 주주권 행사에 관한 위임장의 취득 또는 주주 2인 이상의 주주권 공동행사의 방법(시행령 제28조 제1항)으로 보유한 자는 임시주주총회 소집 요구권을 행사할 수 있다(법 제33조 제2항). 「상법」에 따르면 의결권 없는 주식도 포함한 발행주식 총수를 기준으로 하고 있으나, 은행의 경우에는 의결권 있는 주식만을 기준으로 한다는 점이 차이점이다.

(3) 검사인 선임 청구권

「상법」에 따르면, 회사의 업무집행에 관하여 부정행위 또는 법령이나 정관에 위반한 중대한 사실이 있음을 의심할 사유가 있는 때에는 발행주식총수의 3% 이상에 해당하는 주식을 가진 주주는 회사의 업무와 재산 상태를 조사하기 위하여 법원에 검사인의 선임을 청구할 수 있다(제467조 제1항). 상장회사의 경우에는 6개월 전부터 계속하여 상장회사 발행주식 총수의 1.5% 이상에 해당하는 주식을 보유한 자가 이 권리를 행사할 수 있다(제542조의6 제1항).

반면에 지배구조법에 따르면, 6개월 전부터 계속하여 은행의 발행주식총수의 1.5%(최근 사업연도 말 현재 자산총액이 5조원 이상인 은행의 경우에는 0.75%) 이상에 해당하는 주식을 주식의 소유나 주주권 행사에 관한 위임장의 취득 또는 주주 2인 이상의 주주권 공동행사의 방법(시행령 제28조 제1항)으로 보유한 자는 검사인 선임 청구권을 행사할 수 있다(법 제33조 제2항).

(4) 이사 및 감사 해임 청구권

「상법」에 따르면, 이사나 감사가 그 직무에 관하여 부정행위 또는 법령이나 정관에 위반한 중대한 사실이 있음에도 불구하고 주주총회에서 그 해임을 부결한 때에는 발행주식총수의 3% 이상에 해당하는 주식을 가진 주주는 주주총회의 결의가 있은 날부터 1개월 이내에 그 이사나 감사의 해임을 법원에 청구할 수 있다(제385조 제2항, 제415조). 상장회사의 경우는 6개월 전부터 계속하여 상장회사 발행주식 총수의 0.5%(최근 사업연도 말 현재의 자본금이 1천억 원 이상인 상장회사의 경우에는 0.25%이다. 「상법 시행령」 제32조) 이상에 해당하는 주식을 보유한 자가 이 권리를 행사할 수 있다(제542조의6 제3항).

반면에 지배구조법에 따르면, 6개월 전부터 계속하여 은행 발행주식총수의 0.25%(최근 사업연도 말 현재 자산총액이 5조원 이상인 은행의 경우에는 0.125%) 이상에 해당하는 주식을 주식의 소유나 주주권 행사에 관한 위임장의 취득 또는 주주 2인 이상의 주주권 공동행사의 방법(시행령 제28조 제1항)으로 보유한 자는 이 권리를 행사할 수 있다(법 제33조 3항).

(5) 청산임 해임 청구권

「상법」에 따르면, 회사의 청산인이 그 업무를 집행함에 현저하게 부적임하거나 중대한 임무에 위반한 행위가 있는 때에는 발행주식총수의 3% 이상에 해당하는 주식을 가진 주주는 법원에 그 청산인의 해임을 청구할 수 있다(「상법」 제539조 제2항). 이 경우 상장회사의 소수주주권 행사 요건(제542조의6 제3항)과 지배구조법에 따른 소수주주권 행사 요건(법 제33조 3항)은 위의 (4) 이사 및 감사 해임 청구권 요건과 같다.

(6) 이사의 위법행위에 대한 유지청구권

「상법」에 따르면, 이사가 법령 또는 정관에 위반한 행위를 하여 이로 인하여 회사에 회복할 수 없는 손해가 생길 염려가 있는 경우에는 발행주식총수의 1% 이상에 해당하는 주식을 가진 주주는 회사를 위하여 이사에 대하여 그 행위를 유지(留止, 멈추게 하는 것)할 것을 청구할 수 있다(제402조). 상장회사의 경우에는 6개월 전부터 계속하여 상장회사 발행주식총수의 0.05%(최근 사업연도 말 현재의 자본금이 1천억 원 이상인 상장회사의 경우에는 0.025%) 이상에 해당하는 주식을 보유한 자는 이 권리를 행사할 수 있다(제542조의6 제5항).

반면에 지배구조법에 따르면, 6개월 전부터 계속하여 은행 발행주식총수의 0.025%(최근 사업연도 말 현재 자산총액이 5조원 이상인 은행의 경우에는 0.0125%) 이상에 해당하는 주식을 주식의 소유나 주주권 행사에 관한 위임장의 취득 또는 주주 2인 이상의 주주권 공동행사의 방법(시행령 제28조 제1항)으로 보유한 자는 이 유지청구권을 행사할 수 있다(법 제33조 제4항).

(7) 주주 대표소송 제기권

「상법」에 따르면, 발행주식총수의 1% 이상에 해당하는 주식을 가진 주주는 회사에 대하여 이사나 감사의 책임을 추궁할 소의 제기를 청구할 수 있다(제403조 제1항, 제415조). 상장회사의 경우는 6개월 전부터 계속하여 상장회사 발행주식총수의 0.01% 이상에 해당하는 주식을 보유한 자가 이 권리를 행사할 수 있다(제542조의6 제6항).

반면에 지배구조법에 따르면, 6개월 전부터 계속하여 은행 발행주식총수의 0.001% 이상에 해당하는 주식을 주식의 소유나 주주권 행사에 관한 위임장의 취득 또는 주주 2인 이상의 주주권 공동행사의 방법(시행령 제28조 제1항)으로 보유한 자는 이 권리를 행사할 수 있다(법 제33조 제5항). 그리고 소수주주가 주주대표 소송을 제기해서 승소한 경우에는 은행에 소송비용, 그 밖에 소송으로 인한 "모든" 비용의 지급을 청구할 수 있다(법 제33조 제7항). 「상법」에 따르면, 소수주주가 승소한 때에는 소송비용 및 그 밖에 소송으로 인하여 지출한 비용 중 "상당한" 금액의 지급을 청구할 수 있도록 하고 있는데(제405조 제1항), 은행의 경우에는 "모든" 비용을 청구할 수 있는 것이 차이점이다. 지배구조법에 「상법」에 대한 특별법이라는 점에서 지배구조법이 적용되어야 할 것이다.

한편 위의 요건은 다른 주주대표 소송 제기 요건에도 동일하게 적용된다. 즉 ① 발기인에 대한 주주대표 소송 제기(「상법」 제324조), ② 이사와 통모하여 현저하게 불공정한 발행가액으로 주식을 인수한 자에 대하여 공정한 발행가액과의 차액에 상당한 금액의 지급을 청구하는 주주대표 소송 제기(「상법」 제424조의2), ③ 주주의 권리 행사와 관련하여 재산상의 이익을 회사로부터 공여받은 자에 대하여 그 공여받은 금액을 회사에 반환하라는 주주대표 소송 제기(「상법」 제467조의2), ④ 청산인에 대한 주주대표 소송 제기(「상법」 제542조)에도 동일하게 적용된다(법 제33조 제5항). 또한 소수주주의 소송비용 지급 청구권도 마찬가지로 적용된다(법 제33조 제7항).

(8) 주주의 회계장부열람권

「상법」에 따르면, 발행주식총수의 3% 이상에 해당하는 주식을 가진 주주는 이유를 붙인 서면으로 회계의 장부와 서류의 열람 또는 등사를 청구할 수 있다(제466조 제1항). 상장회사의 경우에는 6개월 전부터 계속하여 상장회사 발행주식총수의 0.1%(최근 사업연도 말 현재의 자본금이 1천억 원 이상인 상장회사의 경우에는 0.05%) 이상에 해당하는 주식을 보유한 자는 이 권리를 행사할 수 있다(제542조의6 제4항).

반면에 지배구조법에 따르면, 6개월 전부터 계속하여 은행 발행주식총수의 0.05%(최근 사업연도 말 현재 자산총액이 5조원 이상인 은행의 경우에는 0.025%) 이상에 해당하는 주식을 주식의 소유나 주주권 행사에 관한 위임장의 취득 또는 주주 2인 이상의 주주권 공동행사의 방법(시행령 제28조 제1항)으로 보유한 자는 이 권리를 행사할 수 있다(법 제33조 제6항).

(9) 정리

아래 [표 7-2]은 소수주주권 행사 요건을 정리한 것이다. 앞서 언급한 것처럼, 지배구조법이 규정하고 있는 소수주주권 행사 요건을 충족하지 못하더라도 「상법」에 따른 소수주주권 행사 요건을 충족하면 이에 따른 소수주주권을 행사할 수 있다(지배구조법 제33조 제8항)는 점을 알아둘 필요가 있다.

[표 7-2] 소수주주권 행사 요건

	비상장회사(「상법」)	상장회사(「상법」)	금융기관(지배구조법)
주주제안권	의결권 있는 발행주식총수의 3% 이상(제363조의2 제1항, 제2항)	6개월 보유+의결권 있는 발행주식총수의 1%(자본금 1천억 원 이상인 회사는 0.5%) 이상(제542조의6 제2항, 시행령 제32조)	6개월 보유+의결권 있는 발행주식총수의 0.1% 이상(제33조 제1항)
임시주주총회 소집요구권	발행주식총수의 3% 이상(제366조 제1항)	6개월 보유+발행주식총수의 1.5% 이상(제542조의6 제1항)	6개월 보유+발행주식총수의 1.5%(자산총액이 5조원 이상인 은행의 경우 0.75%) 이상(제33조 제2항)
검사인 선임 청구권	발행주식총수의 3% 이상(제467조 제1항)	6개월 보유+발행주식총수의 1.5% 이상(제542조의6 제1항)	6개월 보유+발행주식총수의 1.5%(자산총액이 5조원 이상인 은행의 경우 0.75%) 이상(제33조 제2항)
이사 및 감사 해임 청구권	발행주식총수의 3% 이상(제385조 제2항, 제415조)	6개월 보유+발행주식총수의 0.5%(자본금 1천억원 이상인 경우 0.25%) 이상(제542조의6 제3항, 시행령 제32조)	6개월 보유+발행주식총수의 0.25%(자산총액이 5조원 이상인 은행의 경우 0.125%) 이상(제33조 3항)
청산임 해임 청구권	발행주식총수의 3% 이상(제539조 제2항)	6개월 보유+발행주식총수의 0.5%(자본금이 1천억 원 이상인 경우 0.25%) 이상(제542조의6 제3항, 시행령 제32조)	6개월 보유+발행주식총수의 0.25%(자산총액이 5조원 이상인 은행의 경우 0.125%) 이상(제33조 3항)
이사의 위법행위에 대한 유지 청구권	발행주식총수의 1% 이상(제402조)	6개월 보유+발행주식총수의 0.05%(자본금이 1천억 원 이상인 경우 0.025%) 이상(제542조의6 제5항)	6개월 보유+발행주식총수의 0.025%(자산총액이 5조원 이상인 은행의 경우 0.0125%) 이상(제33조 제4항)
주주 대표 소송 제기권	발행주식총수의 1% 이상(제403조 제1항, 제415조)	6개월 보유+발행주식총수의 0.01% 이상(제542조의6 제6항)	6개월 보유+발행주식총수의 0.001% 이상(제33조 제5항)
주주의 회계 장부열람권	발행주식총수의 3% 이상(제466조 제1항)	6개월 보유+발행주식총수의 0.1%(자본금이 1천억 원 이상인 경우 0.05%) 이상(제542조의6 제4항)	6개월 보유+발행주식총수의 0.05%(자산총액이 5조원 이상인 은행의 경우 0.025%) 이상(제33조 제6항)

제3절

내부통제와 위험관리

Ⅰ. 서설

1997년 말 외환위기 이후 새로 도입된 금융기관 지배구조의 또 하나 중요한 구성 요소는 내부통제 및 준법감시인 제도이다. 외환위기 전에 은행 등 금융기관이 부실하게 되었던 이유 중의 하나가 은행 등 금융기관이 위험관리에 대한 사전 통제가 미비하고 법규준수 관리가 미흡했다는 비판이 제기되면서 위험관리와 법규준수 여부를 잘 감시할 수 있는 **내부통제 제도**를 새로이 도입한 것이다. 2001년 1월「은행법」개정을 통해서 내부통제 제도가 도입된 이후 각 금융기관 개별 법률에 내부통제 제도의 설치 근거 조항을 두었다가 지배구조법이 제정되면서 이를 이관하여 통합 규정하고 있다. 이에 따라 은행도 자체적으로 **내부통제기준**을 정하고, 이의 준수 여부를 감시하는 **준법감시인**(compliance officer)을 두도록 하고 있다. 특히 금융기관의 신뢰성이 중요하다는 점에서 금융사고가 발생하지 않도록 내부통제 체제를 잘 구축할 필요가 있다. 지배구조법은 금융기관으로 하여금 실효적인 내부통제 장치를 갖추도록 하여 금융사고가 발생하지 않도록 하고 있다.

Ⅱ. 내부통제와 준법감시인

1. 내부통제

(1) 개관[138)]

1) 내부통제의 의의

내부통제(internal control)는 말 그대로 외부통제(external control)의 반대말이다. 즉 금융감독

138) 이하의 논의는 고동원(2024)의 내용을 토대로 하였다.

당국 등에 의한 외부통제 대신에 금융기관 스스로 내부적으로 통제를 하는 것을 말한다. 내부통제에 대한 국제적인 기준을 제시하고 있는 '트레드웨이위원회의 지원조직위원회'(Committee of Sponsoring Organization of the Treadway Commission: COSO)[139]는 내부통제를 "조직의 운영, 보고 및 법규준수 등과 관련된 목적을 달성하기 위한 합리적인 확신을 제공하기 위한 것으로서 조직의 이사회, 경영진 및 직원이 수행해야 할 절차"라고 정의하고 있다.[140]

이 정의를 분석해보면 다음과 같은 핵심 개념을 갖고 있는데, "내부통제는 결과가 아닌 하나의 절차이고, 조직의 모든 구성원이 실행하는 것이며, 조직의 경영진이나 이사회에 '절대적'이 아닌 오직 '합리적인 확신'(reasonable assurance)을 제공하는 것이고, 하나 또는 그 이상의 영역에서 관련된 목적을 달성하기 위한 것"이라고 할 수 있다.[141] 그리고 내부통제의 5가지 요소로서 ① 통제 환경(control environment), ② 위험 평가(risk assessment), ③ 통제 행위(control activities), ④ 정보 및 의사소통(information and communication), ⑤ 감시 행위(monitoring activities)를 들고 있다.[142]

바젤은행감독위원회도 1998년 발표한 「**은행 내부통제 체제 원칙**」(Framework for Internal Control Systems in Banking Organizations)에서 내부통제를 "은행의 이사회, 최고경영진 및 모든 직원들이 수행해야 할 절차"라고 정의하고 있다.[143] 또한 내부통제의 5가지 요소로서 ① 경영진 감시 및 통제 문화(management oversight and the control culture), ② 위험 인식과 평가(risk recognition and assessment), ③ 통제 행위 및 직무 분리(control activities and segregation of duties), ④ 정보 및 의사소통(information and communication), ⑤ 감시 행위 및 시정 조치(monitoring activities and correcting deficiencies)를 들고 있다.[144] 위의 COSO가 제시한 5가지 요소와 유사하다는 점을 알 수 있다.

2) 내부통제의 중요성

금융기관 내부통제는 지배구조의 중요한 한 부문을 차지하고 있다. **건전한 내부통제는 금융기관의 건전 경영, 소비자 보호 및 금융시장의 건전한 질서 유지를 위한 핵심 요소**이다. 금융기관에서 발생하고 있는 대출 사기와 직원의 횡령 및 유용 사건, 그리고 금융상품의 불완전 판매 등 크

---

139) COSO는 조직의 내부통제, 위험관리, 지배구조, 사기방지 등에 관한 사항을 연구하고 발전시키기 위해서 미국회계협회 등 국제 회계 및 감사 관련 5개의 협회 및 기관이 모여서 1985년에 조직한 단체이다(COSO(2023), p. 16). COSO는 1992년 내부통제에 관한 보고서(Internal Control-Integrated Framework)을 발표한 후 2013년에 개정한 바 있다(COSO(2023), p. 5).

140) "Internal control is a process, effected by an entity's board of directors, management, and other personnel, designed to provide reasonable assurance regarding the achievement of objectives relating to operations, reporting, and compliance." COSO(2023), p. 19.

141) <https://audit.org.uiowa.edu/sites/audit.org.uiowa.edu/files/2020-04/COSO.pdf>.

142) COSO(2023), p. 19.

143) "Internal control is a process effected by the board of directors, senior management and all levels of personnel." BCBS(1998), p. 8.

144) BCBS(1998), p. 10.

고 작은 금융사고의 원인은 적절하고 실효적인 내부통제 체제가 갖추어지지 않았다는 점에서도 찾아볼 수 있다.

바젤은행감독위원회 등 국제금융기구도 이를 강조하고 있다. 즉 "효율적인 내부통제 체제는 은행 경영의 핵심적인 요소이며, 은행의 안전하고 건전한 운영을 위한 기초"라는 점을 강조하고 있다.[145] 또한 "강건한 내부통제 체제는 은행의 목표와 목적을 달성하는데 도움을 줄 수 있으며, 은행도 장기적인 수익 목표를 달성하고, 신뢰가 있는 재무 및 경영 보고서를 작성할 수 있다"고 한다.[146] 더 나아가서 "강건한 내부통제 체제는 은행의 정책이나 계획 또는 내부 규칙뿐만 아니라 법규를 준수하는데 도움을 줄 수 있으며, 예상하지 못한 손실의 위험 가능성을 줄이고, 은행의 평판에 해를 끼치는 위험도 감소시키는데 도움을 줄 수 있다"고 한다.[147] 특히 바젤은행감독위원회가 회원국들의 은행에서 발생한 여러 금융사고의 원인을 분석한 결과 은행이 효율적인 내부통제 체제를 구축했더라면 이러한 금융 사고를 막을 수 있었을 것이라는 분석[148]은 실효적인 내부통제 구축이 얼마나 중요한지를 암시해주고 있다. 여러 내부통제 실패 사례들을 분석한 결과물이 바로 「1998년 은행 내부통제 체제 원칙」인 것이고, 여기서 13가지 기본원칙(Principles)을 제시하였다.[149]

이러한 원칙 중 가장 중요하게 강조하는 것이 바로 "**적절하고 효율적인 내부통제 체제의 구축과 유지의 최종적인 책임은 이사회에 있다**"는 것이다.[150] 그만큼 은행 이사회가 실효적인 내부통제 체제 구축에 있어서 중요한 역할과 위치를 차지하고 있다는 점을 강조하고 있다. 이외에도 은행 이사회는 "은행의 전체적인 영업 전략과 중요한 정책을 승인하고 정기적으로 검토해야 하고, 은행이 직면한 주요 위험을 이해해야 하며, 받아들일 수 있는 적정한 수준의 위험 단계를 설정하고, 최고경영진이 이러한 위험을 측정·감시·통제하는데 필요한 적절한 단계를 취할 수 있도록 하며, 조직 구조를 승인하고, 최고경영진이 내부통제 체제의 효율성을 감시할 수 있도록 하는데 있어서 책임을 져야 한다"고 하고 있다.[151] 그만큼 내부통제에 있어서 은행의 최고 의사 결정 기관인 이사회의 책임이 크다는 점을 강조하고 있다.

---

145) BCBS(1998), p. 1.

146) BCBS(1998), p. 1.

147) BCBS(1998), p. 1.

148) BCBS(1998), p. 1.

149) BCBS(1998), p. 1.

150) BCBS Principle 1("The board of directors is ultimately responsible for ensuring that an adequate and effective system of internal controls is established and maintained").

151) BCBS Principle 1("The board of directors should have responsibility for approving and periodically reviewing the overall business strategies and significant policies of the bank; understanding the major risks run by the bank, setting acceptable levels for these risks and ensuring that senior management takes the steps necessary to identify, measure, monitor and control these risks; approving the organ-isational structure; and ensuring that senior management is monitoring the effectiveness of the internal control system").

또 하나 중요한 점은 내부통제 제도가 성공하려면 조직 구성원 모두가 내부통제를 중시하고 스스로 법규를 지키려는 **건전한 내부통제 '문화'**(culture)를 만들어내는 것이다. 바젤은행감독위원회의 1998년 내부통제 원칙도 이를 강조하고 있다. 이 원칙은 내부통제 실패로 인해 은행에 손실을 끼친 사건의 대부분은 건전한 내부통제 문화가 형성되어 있었다면 막을 수 있었던 것이라고 분석하고 있다.[152] 건전한 내부통제 문화를 만들려면 이사회와 최고경영진의 역할이 중요한데, 이들이 "말과 행동을 통하여 조직 구성원들에게 내부통제 체재의 중요성을 강조하는 것"이라고 하고 있다.[153] 예를 들어, 최고경영진이 수익은 창출했지만 내부통제를 준수하지 못해서 발생한 문제를 해결하지 못한 직원에 대해서 보상을 해주고 승진을 시켜주는 것은 내부통제 문화를 약화시키는 좋은 사례라고 지적하고 있다.[154] 즉 이러한 행위가 내부통제가 다른 목표보다 후순위라는 것을 나타냄으로써 내부통제 문화를 약화시키는 요소가 된다는 것이다.[155]

한편 우리나라의 경우도 판례의 경향이 점차 회사의 내부통제 체제 구축의 중요성을 강조하고 있다는 점에서도 내부통제에 대해서 관심을 기울일 필요가 있다. 「상법」에는 내부통제 구축에 대한 명시적인 규정은 없지만, 판례는 이사의 감시 의무로서 이를 인정을 하고 내부통제 체제 구축 실패에 따른 책임을 이사에게 물리고 있다. 즉 "모든 이사는 적어도 회사의 목적이나 규모, 영업의 성격 및 법령의 규제 등에 비추어 높은 법적 위험이 예상되는 업무와 관련해서는 제반 법규를 체계적으로 파악하여 그 준수 여부를 관리하고 위반사실을 발견한 경우 즉시 신고 또는 보고하여 시정조치를 강구할 수 있는 형태의 내부통제시스템을 구축하여 작동되도록 하는 방식으로 감시의무를 이행하여야 한다."라고 하면서,[156] "회사의 업무집행을 담당하지 않는 사외이사 등은 내부통제시스템이 전혀 구축되어 있지 않는데도 내부통제시스템 구축을 촉구하는 등의 노력을 하지 않거나 내부통제시스템이 구축되어 있더라도 제대로 운영되고 있지 않다고 의심할 만한 사유가 있는데도 이를 외면하고 방치하는 등의 경우에 감시의무 위반으로 인정될 수 있다."고 하여,[157] 업무 집행을 맡고 있지 않은 사외이사에게도 책임을 묻고 있어 그만큼 내부통제 체제 구축의 중요성을 강조하고 있다고 할 수 있다.

---

152) BCBS(1998), p. 25.
153) BCBS(1998), pp. 12, 25.
154) BCBS(1998), p. 25.
155) BCBS(1998), p. 25.
156) 대법원 2022. 5. 12. 선고 2021다279347 판결.
157) 대법원 2022. 5. 12. 선고 2021다279347 판결.

(2) 내부통제기준의 제정 의무

1) 의의

내부통제 제도에서 중요한 것이 **내부통제기준**이다. 지배구조법은 은행으로 하여금 내부통제기준을 마련하도록 하고 있다(법 제24조 제1항) 내부통제기준은 "**법령을 준수하고 경영을 건전하게 하며 주주 및 예금자 등을 보호하기 위하여 그 은행의 임직원이 직무를 수행할 때 따라야 할 기본적인 절차와 기준**"을 말한다(법 제24조 제1항). 지배구조법령이 정한 내부통제기준을 제대로 마련하지 않았을 때 법규 위반이 되어 제재 조치 대상이 된다는 점에서 중요한 사항이다.

2) 내부통제기준의 제·개정은 이사회 의결 사항

내부통제기준의 제정·개정 및 폐지에 관한 사항은 이사회 의결 사항이다(법 제15조 제1항 제5호). 그만큼 내부통제기준이 중요하다는 점을 말하고 있다.

3) 내부통제기준에 포함되어야 할 사항

가) 지배구조법에 따라 내부통제기준에 포함되어야 하는 사항

내부통제기준에 포함되어야 할 사항은 대통령령에 정하도록 위임하고 있는데(법 제24조 제3항), 시행령 제19조 제1항은 "**내부통제기준에는 금융회사의 내부통제가 실효성 있게 이루어질 수 있도록**" 다음과 같은 사항이 포함되어야 한다고 규정하고 있다.

1. 업무의 분장 및 조직 구조
2. 임직원이 업무를 수행할 때 준수하여야 하는 절차
3. 내부통제와 관련하여 이사회, 임원 및 준법감시인이 수행하여야 하는 역할
4. 내부통제와 관련하여 이를 수행하는 전문성을 갖춘 인력과 지원조직
5. 경영의사결정에 필요한 정보가 효율적으로 전달될 수 있는 체제의 구축
6. 임직원의 내부통제기준 준수 여부를 확인하는 절차·방법과 내부통제기준을 위반한 임직원의 처리
7. 임직원의 금융관계법령 위반행위 등을 방지하기 위한 절차나 기준(임직원의 금융투자상품 거래내용의 보고 등 불공정행위를 방지하기 위한 절차나 기준을 포함한다)
8. 내부통제기준의 제정 또는 변경 절차
9. 준법감시인의 임면 절차
10. 이해상충을 관리하는 방법 및 절차 등(금융지주회사인 경우는 예외로 한다)
11. 상품 또는 서비스에 대한 광고의 제작 및 내용과 관련한 준수사항(금융지주회사만 해당한다)
12. [지배구조]법 제11조 제1항에 따른 임직원 겸직이 [시행령] 제11조 제4항 제4호 각 목의 요건을 충족하는지에 대한 평가·관리
13. 그 밖에 내부통제기준에서 정하여야 할 세부적인 사항으로서 금융위원회가 정하여 고시하는 사항

금융위원회가 정하여 고시(告示)하는 사항은 「금융회사 지배구조 감독규정」 제11조 제2항 및 [별표 3](내부통제기준에 포함해야 하는 사항)에 규정하고 있는데, 내부고발자(whistle blower) 제도 운영, 명령휴가제 실시, 자금세탁행위 방지를 위한 사항 등이 있다.

나) 「은행법」에 따라 내부통제기준에 포함되어야 하는 사항

「은행법」은 금융사고 예방 대책을 마련하여 이를 내부통제기준에 반영하고 이를 준수하도록 하는 조항을 두고 있다(「은행법」 제34조의3 제1항). 내부통제기준에 반영되어야 할 사항은 다음과 같다. ① 지점(대리점, 국외 현지법인 및 국외 지점을 포함한다)의 금융사고 관리에 관한 사항으로서 대통령령으로 정하는 사항인데, (i) 은행 임직원의 사기·횡령·배임·절도·금품수수 등 범죄혐의가 있는 행위에 대한 방지 대책, (ii) 과거에 발생한 금융사고 또는 이와 유사한 금융사고에 대한 재발 방지 대책, (iii) 그 밖에 위법 또는 부당한 업무처리로 은행이용자의 보호에 지장을 가져오는 행위를 방지하기 위한 대책으로서 금융위원회가 정하여 고시하는 사항이다(「은행법」 제34조의3 제1항 제1호, 시행령 제20조의3 제1항). ② 지점(대리점, 국외 현지법인 및 국외 지점을 포함한다)의 업무 운영에 관한 자체적인 검사에 관한 사항으로서 대통령령으로 정하는 사항인데, 금융사고 예방대책 이행 상황에 대한 점검·평가 등 지점의 업무 운영에 관한 자체적인 검사 계획 및 검사 실시 기준을 말한다(「은행법」 제34조의3 제1항 제2호, 시행령 제20조의3 제2항). ③ 은행이용자의 정보 보호에 관한 사항으로서 대통령령으로 정하는 사항인데, 은행이용자의 정보 보호를 위하여 예금과 대출 등 은행이 취급하는 상품의 홍보·판매 등의 과정에서 준수하여야 하는 은행이용자의 정보 이용 기준 및 절차를 말한다(「은행법」 제34조의3 제1항 제3호, 시행령 제20조의3 제3항). ④ 전산사무와 현금수송사무 등 금융사고 가능성이 높은 사무에 관한 사항으로서 대통령령으로 정하는 사항인데, 필요한 검사 기법 개발·운영 대책 및 이와 관련된 금융사고 예방대책을 말한다(「은행법」 제34조의3 제1항 제4호, 시행령 제20조의3 제4항).

은행은 은행의 경영에 중대한 영향을 미칠 수 있는 금융사고에 관한 사항으로서 대통령령으로 정하는 사항이 발생한 경우에는 대통령령으로 정하는 기간 이내에 그 내용을 금융위원회에 보고하고, 정보게시판(인터넷 홈페이지) 등을 이용하여 공시하여야 한다(「은행법」 제34조의3 제3항, 시행령 제20조의3 제5항).

4) 실효성 있는 내부통제 마련 의무와 관련한 쟁점

지배구조법 시행령이 규정하고 있는 "실효성 있는" 내부통제 마련 의무와 관련해서 지배구조법령이 정하고 있는 사항을 다 반영하기만 하면 실효성 있는 내부통제를 마련한 것으로 볼 수 있는가? 즉 내부통제기준에 포함되어야 하는 사항을 단순히 형식적으로만 규정해도 내부통제 마련 의무를 다한 것으로 볼 수 있는가에 대한 논의이다. "실효성"이라는 문구에 비추어보면 단순히 형식적으로 법령이 규정하고 있는 사항을 내부통제기준에 반영했다고 해서 내부통제 마련 의무를 다했다고 보기는 어려울 것이다. 이는 개별 사안에 따라 내부통제 제도의 취지나 원칙 등 여러 요소를 고려해서 실질적인 측면에서 내부통제기준이 잘 마련되었는지 여부를 판단해야 한다.

하급심 판결도 이러한 입장에서 '실효적인 내부통제 마련 의무'를 위반했는지 여부는 "단순히 형식적 기준만으로 판단할 것은 아니고, 해당 법령 및 수권 규정이 의도하는 핵심적인 '내부통제기능,' 즉 그 내부통제의 대상 및 책임 주체, 보호 대상 또는 업무 등이 무엇인지를 분명히 한 후, 그 기준에 따라 해당 법정사항이 실질적으로 흠결된 것으로 볼 수 있는지 여부 및 수범자인 금융기관의 입장에서 예측가능성의 한계를 개별적·구체적으로 판단해야 한다."라고 하고 있다.158)

한편 내부통제기준의 설정·운영 기준을 규정하고 있는 「금융회사 지배구조 감독규정」 제11조 제1항에 따른 [별표 2](내부통제기준의 설정·운영 기준)가 지배구조법령이 정하고 있는 내부통제기준에 포함되어야 하는 법정사항에 해당하는지와 관련해서 하급심 판결은 엇갈리고 있는데, 우리은행의 사모집합투자기구 불완전 판매와 관련한 1심 판결은 [별표 3]은 법정사항이고 [별표 2]는 고려사항이라고 보면서 법정사항을 포함한 내부통제기준을 마련한 이상 [별표 2]의 고려사항의 미비가 있다고 하더라도 이는 핵심적 기준의 위반이라고 볼 수 없다고 보았으나,159) 하나은행의 사모집합투자기구 불완전 판매와 관련한 1심 판결은 [별표 2]에 따른 내부통제기준의 현실적인 운영 절차까지 반영되어야 '실효성 있는 내부통제기준'을 마련한 것이라고 판단하였다.160) 이에 대해서 우리은행 사건에 대한 2심 판결은 [별표 2] 기재사항 중에서 내부통제기준을 '설정'함에 있어 준수하여야 할 기준은 내부통제기준의 '마련' 의무의 이행 여부를 판단하는데 있어 고려되어야 할 사항이라고 보아 [별표 2]도 법정사항으로 포함해야 한다고 보았으며,161) 이에 대한 대법원 판결도 같은 입장을 취하고 있다.162)

이를 검토해보면, [별표 2]는 내부통제기준을 설정하고 운영하는데 필요한 내용(예를 들어, 내부통제에 관한 이사회, 경영진 및 준법감시인 등의 역할을 명확히 구분할 것이나 내부통제기준 및 절차는 문서화되어야 할 것 등)도 있지만 내부통제기준의 마련에 관련되는 사항(예를 들어, 일반투자자를 대상으로 장외파생상품을 신규 취급하는 경우 해당 상품 구조의 적정성에 대한 심사 절차 마련 의무 등)도 있어 법정사항인지 여부는 해당 내용 별로 판단할 수밖에 없을 것이다.163)

---

158) 서울행정법원 2021. 8. 27. 선고 2020구합57615 판결, 27면.
159) 서울행정법원 2021. 8. 27. 선고 2020구합57615 판결.
160) 서울행정법원 2022. 3. 14. 선고 2020구합65654 판결.
161) 서울고등법원 2022. 7. 22. 선고 2021누60238 판결.
162) 대법원 2022. 12. 15. 선고 2022누60238 판결.
163) 같은 견해는 김홍기·문은경(2021), 96~97면("[별표 2]는 … 내부통제기준을 운영함에 있어서 자율적으로 규정할 수 있는 사항인 것은 사실이나, 내부통제기준의 마련에 관한 내용을 어느 정도 포함하고 있다는 사실을 고려하면 [별표 2]의 내용 모두를 법정사항에서 제외하는 해석에는 다소 의문이 있다"). 내부통제 마련 의무와 관련된 두 하급심 판결에 대한 자세한 분석은 장혜명 외 3인(2022), 102~108면 참조. 또한 시행령 제19조 제1항 및 「금융회사 지배구조 감독규정」 제11조([별표 2]와 [별표 3] 포함)가

5) 금융지주회사의 자회사 등의 특례

지배구조법은 "금융지주회사가 금융회사인 자회사등의 내부통제기준을 마련하는 경우 그 자회사등은 내부통제기준을 마련하지 아니할 수 있다."라고 규정하고 있다(법 제24조 제2항). 이는 금융지주회사가 자회사 등(즉 자회사나 손자회사 또는 증손회사)을 위한 내부통제기준을 제정하면 해당 자회사 등이 자체적인 내부통제기준을 마련하지 않아도 된다고 해석해야지, 해당 자회사 등의 내부통제기준이 없어도 된다고 볼 것은 아니다.[164] 즉 은행지주회사가 자회사인 은행의 내부통제기준을 마련하면 해당 은행은 그 내부통제기준을 자체의 내부통제기준으로 쓸 수 있다는 의미로 이해해야 할 것이다. 해당 은행의 내부통제기준으로 간주되는 셈이다. 이는 자회사 등을 관리하는 은행지주회사가 전체 자회사 등을 통할하는 내부통제기준을 만들어서 자회사 등 전체 회사의 효율적인 내부통제 체제를 구축하도록 하라는 취지로 이해할 수 있다. 다만 자회사인 은행의 특수성을 반영한 내부통제기준 마련이 필요할 수도 있으므로 해당 은행의 의견을 반영해서 내부통제기준을 마련하도록 하는 보완 규정은 필요할 것이다.

그리고 이렇게 은행지주회사가 자회사인 은행을 위해서 내부통제기준을 제정했을 때는 책임 문제가 있을 수 있는데, 법령에 규정된 내부통제기준을 마련하지 못해서 문제가 발생하면 결국 미비된 내부통제기준을 마련한 은행지주회사에게 책임을 물을 수 있다고 보아야 할 것이다.

6) 「상법」에 따른 준법통제기준과 관계

2011년 개정(2012년 시행) 「상법」은 **자산 총액이 5천억 원 이상인 상장회사에 대하여 '준법통제기준'** 제정 의무를 부여하고 있다(제542조의13 제1항, 시행령 제39조). 그렇다면 자산 총액이 5천억 원 이상인 상장회사 은행도 내부통제기준을 갖고 있음에도 불구하고 별도의 준법통제기준을 제정하여야 하는가? 준법통제기준은 "법령을 준수하고 회사경영을 적정하게 하기 위하여 임직원이 그 직무를 수행할 때 따라야 할 준법통제에 관한 기준 및 절차"인데(「상법」 제542조의13 제1항), 내부통제기준과 상당히 유사하다는 점에서 그러한 의문이 들 수 있다. 그러나 「상법 시행령」 제39조 제1항 단서가 다른 법률에 따라 내부통제기준을 두는 상장회사에는 적용하지 않도록 하고 있어 이를 해결하고 있다. 법 체계적으로는 시행령이 아닌 법에 규정하는 것이 좋다고 본다. 더 나아가서 이러한 사항은 「상법」에 대한 특별법인 지배구조법에 규정하여 명확하게 하는 것이 적절하다.[165]

내부통제기준이 대상으로 삼는 통제위험을 명확히 구체화 하지 못하고 있다는 비판은 조경준(2023), 394~395면.

164) 자회사 등의 내부통제기준은 없어도 되는 것인지 명확하지 않다고 하면서 "금융지주회사가 그 자회사등의 내부통제기준 등을 마련하는 경우 자회사등이 당연히 이를 당해 회사의 내부통제기준 등으로 채택하고 준수할 의무를 부과하거나 아니면 금융지주회사가 마련한 내부통제기준 등을 자회사등의 내부통제기준 등으로 '간주'하는 규정의 보완이 필요하다"는 견해는 심인숙(2016), 384면.

165) 같은 견해는 윤성승(2011), 164면.

(3) 내부통제위원회 설치

1) 서설

2024년 1월 2일 지배구조법 개정(2024년 7월 3일 시행)에 의하여 내부통제위원회가 이사회 내 위원회로서 격상되기 전까지 내부통제위원회는 대표이사를 위원장으로 하는 내부 위원회이었다. 은행은 원칙적으로 **내부통제위원회**를 설치해야 하는데(법 제16조 제1항 제5호), 은행의 정관으로 정하는 바에 따라 감사위원회 또는 위험관리위원회가 내부통제위원회의 심의·의결 사항을 심의·의결하고, 임원의 내부통제 관리 의무 및 대표이사의 내부통제 총괄 관리 의무에 대한 점검·평가 및 필요한 조치를 요구하는 경우에는 내부통제위원회를 설치하지 아니할 수 있다(법 제16조 제3항).

2) 심의·의결 사항

내부통제위원회가 심의·의결하는 사항은 "① 내부통제의 기본방침 및 전략 수립, ② 임직원의 직업윤리와 준법정신을 중시하는 조직문화의 정착 방안 마련, ③ 지배구조내부규범의 마련 및 변경, ④ 내부통제기준의 제정 및 개정, ⑤ 그 밖에 금융위원회가 정하여 고시하는 사항"이다(법 제22조의2 제1항). 내부통제위원회는 지배구조법 제30조의2 제1항에 따른 임원과 지배구조법 제30조의2 제2항에 따른 대표이사가 각각 임원의 내부통제 관리 의무(법 제30조의2) 및 대표이사의 내부통제 총괄 관리 의무(법 제30조의4)에 따른 관리 조치와 보고를 적절하게 수행하고 있는지 여부를 점검·평가하고 미흡한 사항에 대해서는 개선 등 필요한 조치를 요구하여야 한다(법 제22조의2 제2항). 그러나 '대통령령으로 정하는 사항'에 대해서는 은행 정관으로 정하는 바에 따라 내부통제위원회가 아닌 감사위원회나 위험관리위원회가 이러한 업무를 담당하도록 할 수 있다(법 제22조의2 제3항).

(4) 내부통제 전담 조직 마련 의무

은행은 금융위원회가 정하여 고시하는 바에 따라 내부통제를 전담하는 조직을 마련해야 한다(시행령 제19조 제3항). 은행은 "내부통제업무가 효율적으로 수행될 수 있도록 충분한 경험과 능력을 갖춘 적절한 수의 인력으로 지원 조직을 구성·유지하여 준법감시인의 직무 수행을 지원"해야 한다(「금융회사 지배구조 감독규정」 제11조 제3항).

(5) 임원의 내부통제 및 위험관리 의무

1) 의의

2024년 1월 지배구조법 개정에 의하여 도입된 제도로서, 은행의 임원은 **책무구조도**(법 제30조의3 제1항)에서 정하는 자신의 책무와 관련하여 **내부통제 및 위험관리가 효과적으로 작동**할 수 있도록 다음과 같은 관리 조치를 취할 의무가 있다(법 제30조의2 제1항). 이러한 의무를 준수하지 못했을 때는 제재 조치가 내려질 수 있다는 점에서 그만큼 주요 업무를 수행하는 임원에 대한 내부통제 준수 의무를 강화한 것이라고 할 수 있다.

1. [지배구조]법 및 금융관계법령에 따른 내부통제기준 및 위험관리기준(이하 "내부통제기준등"이라 한다)이 적정하게 마련되었는지 여부에 대한 점검
2. 내부통제기준등이 효과적으로 집행·운영되고 있는지 여부에 대한 점검
3. 임직원이 법령 또는 내부통제기준등을 충실하게 준수하고 있는지 여부에 대한 점검
4. 제1호부터 제3호까지에 따른 점검 과정에서 알게 된 법령 및 내부통제기준등의 위반사항이나 내부통제등에 관한 미흡한 사항에 대한 시정·개선 등 필요한 조치
5. 제1호부터 제4호까지에 따른 조치에 준하는 조치로서 내부통제등의 효과적 작동을 위하여 대통령령으로 정하는 관리 조치(시행령 제25조의2 제3항)[166]

2) 대상 임원의 범위

이러한 의무를 부담하는 임원의 범위에서 "해당 은행의 책무에 사실상 영향력을 미치는 다른 회사 임원을 포함하며, 금융회사의 자산 규모와 담당하는 직책의 특성 등을 고려하여 대통령령으로 정하는 임원을 제외하거나 대통령령으로 정하는 직원을 포함"한다(법 제30조의2 제1항). "대통령령으로 정하는 임원"이란 사외이사(법 제13조 제1항에 따른 이사회 의장인 사외이사는 제외한다)를 말한다(시행령 제25조의2 제1항). "대통령령으로 정하는 직원"이란 지배구조법 제25조 제2항 단서에 따라 선임되는 직원인 준법감시인, 직원인 위험관리책임자, 그 밖에 금융회사의 자산규모, 담당하는 직책의 특성 등을 고려하여 금융위원회가 정하여 고시하는 자(담당 업무에서 임원에 준하여 해당 업무를 수행하는 직원을 말하며, 해당 업무를 담당하는 임원이 없는 경우에 한한다)가 해당된다(시행령 제25조의2 제2항, 「금융회사 지배구조 감독규정」 제14조의2).

한편 "해당 은행의 책무에 사실상 영향력을 미치는 다른 회사 임원"의 범위와 관련해서는, 추상적으로 규정하고 있어서 대상 범위가 문제가 될 수 있다. 금융지주회사 임원이 자회사의 업무에 영향을 미치는 경우 그러한 임원을 자회사 책무구조도에 포함시키거나, 외국 금융기관 본점의 임원이 국내지점에 실질적으로 영향을 미치는 경우 국내지점 책무구조도에 포함시키는 것을 생각할 수 있다. 그러나 과연 어떤 경우에 "사실상 영향력"을 미치는지에 대해서는 여전히 불분명한 점이 있어 향후 분쟁이 발생할 여지가 많다. 시행령이나 감독규정에 이를

166) ③ 법 제30조의2 제1항 제5호에서 "대통령령으로 정하는 관리조치"란 다음 각 호의 조치를 말한다.
1. 법 제30조의2 제1항 제4호에 따른 조치의 이행 여부에 대한 점검
2. 임직원이 법령 또는 법 제30조의2 제1항 제1호에 따른 내부통제기준등(이하 "내부통제기준등"이라 한다)을 준수하도록 하기 위하여 필요한 교육·훈련 등의 지원
3. 법 제30조의2 제1항 제1호부터 제3호까지의 규정에 따른 점검 과정에서 임직원의 법령 또는 내부통제기준등의 위반 사항이나 내부통제 및 위험관리(이하 "내부통제등"이라 한다)에 관한 미흡한 사항을 알게 된 경우 해당 임직원에 대해 조사 및 제재조치를 할 것을 소속 금융회사에 요구하는 것

구체화 하는 작업이 필요할 것이다.

3) 대표이사에 대한 보고 의무

은행의 대상 임원은 "① 관리 조치의 내용과 결과, ② 관리 조치를 수행하는 과정에서 알게 된 내부통제 및 위험관리에 관한 사항, ③ 이에 준하는 사항으로서 대통령령으로 정하는 사항"에 대하여 대표이사(「상법」에 따른 집행임원을 둔 경우에는 대표집행임원, 외국금융회사의 국내지점의 경우 그 대표자를 포함한다)에게 보고하여야 한다(법 제30조의2 제2항).

(6) 책무구조도 마련 의무

1) 의의

2024년 1월 지배구조법 개정에 의하여 도입된 제도로서, 은행은 책무구조도를 마련해야 할 의무가 있다. **책무구조도**란 "지배구조법 제30조의2에 따른 관리 의무를 이행해야 하는 임원의 직책별로 지배구조법, 「상법」, 「형법」, 금융관계법령 및 그 밖에 대통령령으로 정하는 금융관련 법령에서 정한 사항으로서 대통령령으로 정하는 책무를 배분한 문서"를 말한다(법 제30조의3 제1항, 시행령 제25조의3 제1항, 제2항).

2) 책무의 범위

대통령령으로 정하는 책무는 시행령 [별표 1]이 규정하고 있는데(시행령 제25조의3 제2항), 다음과 같다.

[별표 1] 책무(제25조의3 제2항 관련)

구분	책무
1. 지정 책임자가 총괄적으로 수행하는 책무	가. 책무구조도의 마련·관리 업무와 관련된 책무
	나. 내부감사업무와 관련된 책무
	다. 위험관리업무와 관련된 책무
	라. 준법감시업무와 관련된 책무
	마. 자금세탁방지업무와 관련된 책무
	바. 내부회계관리업무와 관련된 책무
	사. 정보보안업무와 관련된 책무
	아. 개인정보 및 신용정보 등 보호업무와 관련된 책무
	자. 그 밖에 금융관계법령등에 따른 지정 책임자가 수행하는 책무
2. 금융영업 관련 책무	가. 자금 대출 또는 어음 할인 업무와 관련된 책무
	나. 예금 및 적금 업무와 관련된 책무
	다. 유가증권 그 밖의 채무증서의 발행업무와 관련된 책무
	라. 내국환·외국환 업무와 관련된 책무
	마. 투자매매업무와 관련된 책무
	바. 투자중개업무와 관련된 책무

	사. 집합투자업무와 관련된 책무
	아. 투자자문업무와 관련된 책무
	자. 투자일임업무와 관련된 책무
	차. 신탁업무와 관련된 책무
	카. 보험상품 개발업무와 관련된 책무
	타. 보험계리업무와 관련된 책무
	파. 보험모집 및 보험계약 체결 업무와 관련된 책무
	하. 보험계약 인수업무와 관련된 책무
	거. 보험계약 관리업무와 관련된 책무
	너. 보험금 지급업무와 관련된 책무
	더. 신용카드업무와 관련된 책무
	러. 시설대여업무와 관련된 책무
	머. 할부금융업무와 관련된 책무
	버. 신기술사업금융업무와 관련된 책무
	서. 전자금융업무와 관련된 책무
	어. 혁신금융서비스업무와 관련된 책무
	저. 본인신용정보 관리업무와 관련된 책무
	처. 연금(개인연금 및 퇴직연금을 포함한다) 업무와 관련된 책무
	커. 그 밖에 금융관계법령등에 따른 금융영업 관련 책무
3. 경영관리 관련 책무	가. 이사회 운영업무와 관련된 책무
	나. 인사업무와 관련된 책무
	다. 보수업무와 관련된 책무
	라. 고유자산 운용업무와 관련된 책무
	마. 건전성 및 재무관리 업무와 관련된 책무
	바. 공시업무와 관련된 책무
	사. 업무의 위탁 및 수탁 업무와 관련된 책무
	아. 광고업무와 관련된 책무
	자. 자회사 관리업무와 관련된 책무
	차. 영업점 관리업무와 관련된 책무
	카. 영업점 외 판매채널 관리업무와 관련된 책무
	타. 전산시스템 운영·관리 업무와 관련된 책무
	파. 그 밖에 금융관계법령등에 따른 경영관리 관련 책무

비고

1. "금융관계법령등"이란 다음 각 목의 법령을 말한다.
   가. 법
   나. 「상법」
   다. 「형법」
   라. 금융관계법령
   마. 제25조의3 제1항 각 호의 법령
2. "책무"란 금융관계법령등에 따라 금융회사 또는 금융회사 임직원이 준수해야 하는 사항에 대한 내부통제 등의 집행 및 운영에 대한 책임을 말한다.

3. “지정 책임자가 총괄적으로 수행하는 책무”란 금융관계법령등에서 준법감시인, 위험관리책임자 등 금융회사의 특정 책임자를 지정하여 수행하게 하는 업무와 관련한 책무를 말한다.
4. “금융영업 관련 책무”란 금융회사가 허가·인가·승인·등록·신고 등(이하 “허가등”이라 한다)을 받은 업무와 그 부수업무 및 겸영(兼營)업무와 관련한 책무를 말한다.
5. “경영관리 관련 책무”란 금융회사가 허가등을 받은 업무와 그 부수업무 및 겸영업무의 영위를 위해 수행하는 경영관리 업무와 관련한 책무를 말한다.
6. 금융회사는 위 표에 따른 책무를 각 금융회사별 조직, 업무특성, 업무범위 등에 맞게 세분하거나 병합하는 등 적절히 조정할 수 있다.

책무구조도의 내용을 구체적으로 규정하는 것이 쉽지 않다는 점에서 책무구조도 위반 사유와 관련해서 금융감독당국의 재량권 행사가 커질 가능성이 있고, 이에 따라 제재권 남용의 발생 가능성도 배제할 수 없는 문제점이 있을 것이다.[167]

3) 요건

책무구조도는 “① 책무별로 담당하는 임원이 반드시 존재할 것, ② 책무별로 담당하는 임원이 복수로 존재하지 아니할 것, ③ 이에 준하는 요건으로서 내부통제 및 위험관리의 효과적 작동을 위하여 대통령령으로 정하는 요건”을 갖추어야 한다(법 제30조의3 제2항). 대통령령으로 정하는 요건은 “책무를 배분할 때 특정 임원에게 편중되지 않을 것”을 말한다(시행령 제25조의3 제3항).

4) 이사회 의결 절차

은행이 책무구조도를 마련하려는 경우에는 이사회의 의결을 거쳐야 한다(법 제30조의3 제3항 본문). 다만 외국은행 국내지점의 경우에는 대통령령으로 정하는 절차에 따라야 하는데(법 제30조의3 제3항 단서), 해당 외국은행 국내지점의 대표자가 참여하는 내부 의사결정기구의 의결을 거쳐야 한다(시행령 제25조의3 제4항).

5) 금융감독당국의 정정 내지 보완 요구

은행은 마련한 책무구조도를 금융감독당국에 제출해야 하며(법 제30조의3 제4항), 금융감독당국은 “① 제출된 책무구조도가 형식을 제대로 갖추지 아니한 경우, ② 중요사항을 누락한 경우, ③ 기재 내용이 불분명한 경우, ④ 금융위원회가 정하여 고시하는 사항(책무구조도에 오류가 있는 경우, 책무구조도의 기재내용이 사실과 다른 경우) 등에 해당하는 경우”에는 책무구조도의 기재 내용을 정정하거나 보완하여 제출할 것을 요구할 수 있도록 하고 있어서(법 제30조의3 제5항, 「금융회사 지배구조 감독규정」 제14조의3 제1항), 금융감독당국이 통제를 하고 있다. 결국 은행이 책무구조도를 작성함에 있어서 금융감독당국의 영향에서 자유로울 수가 없을 것인데, 책무구조도 작성을 은행에게 맡긴 이상 금융감독당국이 굳이 개입할 필요는 없을 것이다.

167) 비슷한 설명은 최현정(2023), 86면.

6) 책무구조도 작성 방법 등

이외에 책무구조도의 작성 방법, 기재 내용, 제출 방법 및 정정·보완 요구 등에 관하여 필요한 사항은 금융위원회가 정하여 고시하도록 해서(법 제30조의3 제7항, 「금융회사 지배구조 감독규정」 제14조의3[168]), 자세한 사항은 금융감독당국에게 위임하고 있다.

(7) 대표이사의 내부통제 총괄 관리 의무

1) 의의

2024년 1월 지배구조법 개정에 의하여 도입된 제도로서, **대표이사에게 내부통제 총괄 관리 의무를 부여**하고 있다. 은행의 대표이사(「상법」에 따른 집행임원을 둔 경우에는 대표집행임원, 외국은행 국내지점의 경우에는 대표자)는 "**내부통제 및 위험관리의 전반적 집행 및 운영에 대한 최종적인 책임자**"로서 다음의 "**총괄적인 관리 조치를 실효성 있게" 해야 할 의무**가 있다(법 제30조의4 제1항). 이 규정에 의해서 해당 은행에 내부통제 위반에 따른 금융사고가 발생했을 때 대표이사에게 책임을 물을 수 있게 될 것이다.

1. 내부통제등 정책·기본방침 및 전략의 집행·운영
2. 임직원이 법령 및 내부통제기준등을 준수하기 위하여 필요한 인적·물적 자원의 지원 및 그 지원의 적정성에 대한 점검
3. 임직원의 법령 또는 내부통제기준등 위반사실을 대표이사등이 적시에 파악할 수 있도록 하기 위한 제보·신고 및 보고 등에 대한 관리체계의 구축·운영
4. 각 임원이 법 제30조의2에 따른 관리 의무를 적절하게 수행하고 있는지 여부에 대한 점검
5. 임직원의 법령 또는 내부통제기준등 위반을 초래할 수 있는 대통령령으로 정하는 잠재적 위험요인 또는 취약분야에 대한 점검(시행령 제25조의4 제1항)[169]

---

168) ② 대표이사등은 법 제30조의3 제1항에 따른 책무구조도의 작성과 관련하여 다음 각 호를 준수하여야 한다.
1. 대표이사등은 법 제30조의2 제1항에 따른 임원별로 책무의 상세내용을 기술한 문서(이하 "책무기술서"라 한다)와 임원의 직책별 책무체계를 일괄적으로 파악할 수 있는 도표(이하 "책무체계도"라 한다)를 작성한다.
2. 책무기술서와 책무체계도의 내용은 일치하여야 하며 각 책무가 명확하게 구분되도록 작성해야 한다.
3. 대표이사등은 임원의 책무 현황을 일괄하여 파악할 수 있도록 도식화하여 책무체계도를 작성하여야 한다.
4. 책무기술서에는 소관부서, 겸직 여부·내용, 주관회의체, 유관법령, 소관내규 등을 포함한 임원 및 직책의 기본정보, 책무의 상세 내용 등이 포함되어야 한다.
5. 책무체계도에는 임원별 성명, 직책, 책무 등이 포함되어야 한다.
6. 책무기술서와 책무체계도에는 임원의 책무 배분일자를 명확하게 표기해야 한다.

169) ① 법 제30조의4 제1항 제5호에서 "대통령령으로 정하는 잠재적 위험요인 또는 취약분야"란 다음 각 호의 사항을 말한다.
1. 금융회사의 업무가 신규로 추가되는 등의 사유로 해당 업무와 관련된 내부통제기준등의 제정·개정이 필요한 사항

6. 임직원의 법령 또는 내부통제기준등 위반이 장기화 또는 반복되거나 조직적으로 또는 광범위하게 이루어지는 것을 방지하기 위한 조치로서 대통령령으로 정하는 조치(시행령 제25조의4 제1항)[170]
7. 제1호부터 제6호까지 및 제8호에 따른 관리조치를 하는 과정에서 알게 된 법령 및 내부통제기준등의 위반사항이나 내부통제등에 관한 미흡한 사항에 대한 시정·개선 등 필요한 조치
8. 그 밖에 내부통제등의 효과적 작동을 위한 대통령령으로 정하는 조치(시행령 제25조의4 제3항)[171]

2) 이사회 보고 의무

은행의 대표이사는 위의 관리 조치의 내용과 결과, 관리 조치를 수행하는 과정에서 알게 된 내부통제 및 위험관리에 관한 중요한 사항, 지배구조법 제30조의2 제2항에 따라 임원이 보고하는 사항 중 중요한 사항 등을 이사회에 보고해야 할 의무가 있다(법 제30조의4 제2항).

2. 준법감시인

(1) 의의

내부통제기준 제도의 운영과 맞물려 있는 것이 준법감시인 제도이다. 지배구조법은 **준법감시인을 "내부통제기준의 준수 여부를 점검하고 내부통제기준을 위반하는 경우 이를 조사하는 등 내부통제 관련 업무를 총괄하는 사람"**이라고 하고 있어(법 제25조 제1항), 준법감시인의 업무가 내부통제기

---

2. 내부통제등과 관련하여 임원이 담당하는 업무 간 또는 임직원과 소속 금융회사 간의 이해상충이 발생했거나 발생할 우려가 있는 사항
3. 금융회사의 특정 사업 부문 또는 취급 상품과 관련된 자산 또는 영업수익의 급격한 변동 또는 이상 징후가 있는 사항
4. 복수의 임원이 법 제30조의2 제2항에 따라 보고한 동일하거나 유사한 내부통제등에 관한 사항
5. 금융회사가 특정 사업 부문 또는 취급 상품과 관련하여 임직원의 성과보수체계 또는 성과평가지표를 신설하거나 상당한 수준으로 변경 또는 조정하는 경우 해당 성과보수체계 또는 성과평가지표에 관한 사항
6. 그 밖에 제1호부터 제5호까지에 준하는 사항으로서 금융위원회가 정하여 고시하는 사항

170) ② 법 제30조의4 제1항 제6호에서 "대통령령으로 정하는 조치"란 다음 각 호의 조치를 말한다.
1. 임직원의 법령 또는 내부통제기준등 위반사항을 알게 된 경우 다음 각 목의 조치
   가. 해당 위반행위와 연관된 다른 임직원이 있는지에 대한 점검
   나. 동일하거나 유사한 위반행위가 발생할 가능성에 대한 점검
   다. 동일하거나 유사한 위반행위의 발생을 방지하기 위한 조치
2. 특정 임직원이 동일하거나 유사한 업무를 장기간 수행함에 따라 발생할 수 있는 법령 또는 내부통제기준등의 위반행위를 방지하기 위한 조치
3. 법령 또는 내부통제기준등의 위반행위가 금융회사 본점의 여러 부서 또는 지점이나 그 밖의 영업소에 걸쳐 발생할 가능성에 대한 점검
4. 그 밖에 임직원의 법령 또는 내부통제기준등 위반이 장기적, 반복적 또는 조직적으로 이루어지거나 광범위하게 이루어지는 것을 방지하기 위한 조치로서 금융위원회가 정하여 고시하는 조치

171) ③ 법 제30조의4 제1항 제8호에서 "대통령령으로 정하는 조치"란 같은 항 제7호에 따른 조치의 이행 여부에 대한 점검을 말한다.

준의 준수 여부를 점검하고 위반 여부를 조사하는 자임을 밝히고 있다. 내부통제기준의 내용이 광범위한 만큼 준법감시인의 업무도 과중하다고 하겠다.

(2) 자격 요건

은행의 준법감시인은 임원인 사내이사나 업무집행책임자 중에서 선임하여야 하므로(법 제25조 제3항 본문) 지배구조법 제5조에 규정된 임원에 대한 결격 요건에 추가하여 다음과 같은 자격 요건을 충족해야 준법감시인이 될 수 있다.

1) 적극적 요건

준법감시인은 다음 요건의 어느 하나를 충족하는 사람이어야 한다(법 제26조 제1항 제2호).

① 금융감독기구법 제38조에 따른 검사 대상 기관(이에 상당하는 외국금융회사를 포함한다)에서 10년 이상 근무한 사람
② 금융 관련 분야의 석사학위 이상의 학위소지자로서 연구기관 또는 대학에서 연구원 또는 조교수 이상의 직에 5년 이상 종사한 사람
③ 변호사 또는 공인회계사의 자격을 가진 사람으로서 그 자격과 관련된 업무에 5년 이상 종사한 사람
④ 기획재정부, 금융위원회, 금융감독기구법 제19조에 따른 증권선물위원회, 감사원, 금융감독원, 한국은행, 「예금자보호법」 제3조에 따라 설립된 예금보험공사, 그 밖에 금융위원회가 정하여 고시하는 금융 관련 기관에서 7년 이상 근무한 사람으로서 해당 기관에서 퇴임하거나 퇴직한 후 5년이 지난 사람
⑤ 예금보험공사의 직원으로서 「예금자보호법」 제2조 제5호에 따른 부실금융회사 또는 같은 조 제6호에 따른 부실우려금융회사와 같은 법 제36조의3에 따른 정리금융회사의 업무 수행을 위하여 필요한 경우에는 7년 이상 근무 중인 사람
⑥ ①에서 ⑤의 규정에 준하는 자격이 있다고 인정되는 사람으로서 대통령령으로 정하는 사람(금융업 관련 협회 등에서 7년 이상 종사한 사람 등을 말한다. 시행령 제21조 제2항)

④의 자격 요건과 관련해서, 금융감독기관 등에서 근무했던 사람은 퇴직한 후 5년이 경과한 사람만 준법감시인이 되도록 하고 있는데, 이는 사실상 금융감독기관 등에서 근무한 사람은 준법감시인이 될 수 없는 결과가 될 수 있다. 금융감독기관 등에서 근무했던 사람도 금융기관의 준법감시 업무를 잘 할 수 있다는 점에서 5년 제한 요건은 폐지할 필요가 있다.

2) 소극적 요건 - 결격 요건

금융감독당국으로부터 중한 제재 조치를 받은 사람은 준법감시인이 될 수 없다. 최근 5년간 지배구조법 또는 금융관계법령을 위반하여 금융위원회 또는 금융감독원장, 그 밖에 대통령

령으로 정하는 기관(해당 임직원이 소속되어 있거나 소속되었던 기관이나 금융관계법령에서 조치 권한을 가진 자를 말한다. 시행령 제21조 제1항)으로부터 문책경고 또는 감봉요구 이상에 해당하는 조치를 받은 사람은 준법감시인이 될 수 없다(법 제26조 제1항 제1호). 임원(업무집행책임자 제외)의 경우에는 해임요구, 6개월 이내의 직무정지 또는 임원의 직무를 대행하는 관리인의 선임, 문책경고를 받은 경우가 해당하고, 직원(업무집행책임자 포함)의 경우에는 면직, 6개월 이내의 정직, 감봉 조치를 받은 경우가 해당한다(법 제35조 제1항 제1호 내지 제3호, 제2항 제1호 내지 제3호).

그런데 이런 결격 요건을 적용할 필요가 있는지 의문이다. 중한 제재 조치를 받았다고 해서 준법감시 업무를 수행할 수 없는 것은 아니다. 더욱이 임원의 경우도, 앞서 임원 결격 요건에서 본 것처럼, 일정한 중한 제재 조치를 받은 경우 3년 내지 5년이 경과하면 임원이 될 수 있도록 하고 있는데 비하여, 준법감시인의 경우는 이러한 제재 조치를 받으면 아예 준법감시인이 될 수 없도록 하고 있다는 점에서 지나친 결격 요건이라고 판단된다. 이 결격 요건을 폐지하는 것이 필요하다.

한편 준법감시인이 된 사람이 재직 중 이러한 제재 조치를 받게 되면 준법감시인의 직을 잃게 된다(법 제26조 제2항). 이러한 결격 요건도 준법감시인에게는 상당한 부담이 된다. 특히 다른 임직원의 경우 해임 요구나 면직 조치를 받은 경우에 한해서 그 직을 잃는데 비해서, 준법감시인의 경우 직무정지나 문책경고 또는 정직이나 감봉 조치를 받으면 바로 그 직을 잃게 되는 것은 과중한 조치라고 판단된다. 이렇게 과중한 조치를 취할 필요가 있는지 의문이다.

3) 적극적 자격 요건 폐지 필요성

준법감시인의 적극적 자격 요건을 법에 규정할 필요가 있는지에 대해서도 생각해볼 필요가 있다. 예를 들어, 지배구조법은 준법감시인 자격 요건의 하나로서 금융기관에서 10년 이상 근무한 경력이 있는 자라고만 하고 있지, 준법감시 업무에 종사했는지 여부는 묻지 않고 있다. 따라서 금융기관 총무 부서에서 10년 이상 근무한 자도 준법감시인이 될 수 있는데, 과연 그러한 경력자가 전문적인 법률 지식과 경영 지식을 요구하는 준법감시 업무를 충분히 잘 수행할 수 있을지 의문이다. 오히려 적극적 요건을 규정한다면 근무 연수를 기준으로 할 것이 아니라 준법감시 업무에 종사했는지 여부를 기준으로 규정하는 것이 보다 합리적이다. 그러나 보다 바람직한 것은 적극적인 요건을 법에 규정하지 않고, 은행이 준법감시인 업무에 적합한 자를 자체 기준에 의하여 자율적으로 선임하도록 하는 것이다. 만약 적임자를 선임하지 않아 문제가 발생하면 은행이 책임을 져야 하기 때문에 설령 법이 적극적인 요건을 규정하지 않더라도 은행 스스로가 준법 감시 업무의 중요성을 고려하여 적임자를 선임할 것이다.

(3) 임면

은행은 준법감시인을 1명 이상 임명해야 한다(법 제25조 제1항). 둘 이상도 둘 수 있는데, 그런 경우는 거의 없을 것이다.

1) 이사회 결의로 임면

지배구조법은 준법감시인 역할의 중요성을 고려하여 준법감시인의 임면(任免) 절차를 규정하고 있다. 준법감시인의 임면은 이사회 의결을 거쳐야 하는데, 해임할 경우에는 이사 총수의 3분의 2 이상의 찬성으로 의결하도록 하고 있다(법 제25조 제3항). 준법감시인이 법령 준수 감시 의무를 잘 수행하기 위해서는 은행장 등 경영진의 영향으로부터 벗어나서 독립적으로 업무를 수행할 필요가 있기 때문에 이사회 의결 절차를 거치도록 하고 있다. 만약에 준법감시인이 은행장에 의해 임면된다면 임면권자가 법령을 준수하고 있는지 여부를 준법감시인이 잘 감시하기가 쉽지 않을 것이다. 특히 해임 시 의결 요건을 가중함으로써 준법감시인이 임기 동안 그 직무를 충실히 수행할 수 있도록 하고 있음을 알 수 있다.

2) 사내이사 또는 업무집행책임자 중에서 선임

은행은 사내이사 또는 업무집행책임자 중에서 준법감시인을 선임하여야 한다(법 제25조 제3항 본문). 임원 가운데서 선임하도록 함으로써 그만큼 준법감시인의 역할이 중요하다는 점을 의미한다. 다만 외국은행 국내지점은 사내이사 또는 업무집행책임자가 아닌 직원 중에서 준법감시인을 선임할 수 있다(법 제25조 제3항 단서). 직원 중에서 준법감시인을 선임하는 경우에는 「기간제 및 단시간근로자 보호 등에 관한 법률」에 따른 기간제근로자 또는 단시간근로자를 선임하여서는 아니 된다(법 제25조 제5항).

3) 임기

준법감시인의 임기는 2년 이상으로 해야 한다(법 제25조 제4항). 이렇게 임기를 보장함으로써 준법감시인이 책임감을 갖고 그 업무를 충실히 독립적으로 잘 수행할 수 있을 것이고, 이것이 궁극적으로 은행의 건전성을 유지하는데 도움이 될 것이다.

4) 임면 시 금융감독당국에 대한 보고 의무

은행은 준법감시인을 임면하였을 때에는 대통령령으로 정하는 바에 따라(임면일로부터 7영업일 이내. 시행령 제25조 제1항) 그 사실을 금융감독당국에 보고하여야 한다(법 제30조 제2항).

(4) 감사위원회 또는 감사에 대한 보고

준법감시인은 임직원이 내부통제기준을 위반하는 경우 이를 조사하는 업무를 수행하므로 조사 결과 필요하다고 판단하는 경우에는 **조사 결과를 감사위원회 또는 감사에게 보고할 수 있다**(법 제25조 제1항). 종전 「은행법」은 준법감시인을 "내부통제기준의 준수 여부를 점검하고 내부통제기준을 위반하는 경우 이를 조사하여 감사위원회에 보고하는 자"로 규정하고 있어서(제23조의3 제2항), 준빕감시인이 감사위원회의 하부 조직으로 인식할 수 있었는데, 지배구조법은 준법감시인은 "필요하다고 판단하는 경우 조사결과를 감사위원회 또는 감사에게 보고할 수 있다"라고 변경함으로써(법 제25조 제1항), 준법감시인과 감사위원회 또는 감사는 서로 독립적 관계에 있다는 점을 확인하고 있다.[172] 즉 준법감시 기능과 감사 기능이 구분된다는 점을 의미한다.

(5) 보수

은행은 준법감시인에 대하여 은행의 재무적 경영 성과와 연동하지 아니하는 별도의 보수 지급 및 평가 기준을 마련하여 운영하여야 한다(법 제25조 제6항). 성과에 연동한 보수를 지급하는 경우 준법감시인의 업무 성격상 그 업무를 잘 수행하는데 지장이 될 수 있기 때문에 둔 조항이다.

(6) 겸직 금지

은행의 준법감시인은 **선량한 관리자의 주의로 그 직무를 수행**하여야 하며, 다음과 같은 업무를 수행하는 직무를 담당해서는 아니 된다(법 제29조 제1항). 준법감시인의 업무를 충실히 수행하도록 하는 취지라고 할 수 있다. 겸직이 금지되는 업무는 ① 자산 운용에 관한 업무, ② 은행의 본질적 업무(「은행법」 제27조에 따른 은행 업무를 말한다. 시행령 제24조 제1항 제1호) 및 그 부수업무, ③ 은행의 겸영 업무, ④ 그 밖에 이해가 상충할 우려가 있거나 내부통제에 전념하기 어려운 경우로서 대통령령으로 정하는 업무(위험관리책임자의 위험 점검·관리 업무를 말한다. 시행령 제24조 제2항 제2호)이다(법 제29조 제1항 제1호 내지 제3호, 제5호).

(7) 독립적 업무 수행의 보장

은행은 준법감시인이 직무를 독립적으로 수행할 수 있도록 하여야 할 의무가 있다(법 제30조 제1항). 준법감시인 업무가 임직원의 법령 준수 여부를 점검하는 업무이므로 경영진 등으로부터 간섭을 받지 않고 독립적으로 수행할 필요성을 반영한 것이다. 은행 및 그 임직원은 준법감시인이 그 직무를 수행할 때 필요한 자료나 정보의 제출을 요구하는 경우 이에 성실히 응하여야 한다(법 제30조 제3항). 은행은 준법감시인이었던 사람에 대하여 그 직무수행과 관련된 사유로 부당한 인사상의 불이익을 주어서는 아니 된다(법 제30조 제4항).

(8) 「상법」에 따른 준법통제인과 관계

한편, 앞서 준법통제기준에서도 본 것처럼, 자산 총액 5천억 원 이상인 상장회사인 은행

172) 같은 설명은 정순섭(2024), 156면.

의 경우에 「상법」에 따른 준법통제인(준법통제기준의 준수에 관한 업무를 담당하는 사람. 「상법」 제542조의13 제2항)을 별도로 두어야 하는지에 관한 의문이 있을 수 있는데, 「상법 시행령」 제39조가 이를 해결하고 있다. 즉 지배구조법에 따라 준법감시인을 둔 경우에는 준법통제인을 별도로 둘 필요가 없다. 앞서 준법통제기준에서 논의한 바와 같이, 시행령이 아닌 「상법」에 규정하는 것이 필요하고, 더 나아가서 지배구조법에도 명확하게 규정하는 것이 바람직하다.

Ⅲ. 위험관리와 위험관리책임자

1. 위험관리

(1) 서설

금융기관의 위험관리도 중요하다. 위험관리를 잘 하지 못하면 금융기관 건전성에 심각한 위협을 초래할 수 있다. 특히 2008년 세계적 금융위기는 금융기관의 위험관리 중요성을 다시금 일깨워준 사건이다. 그래서 지배구조법은 은행을 포함한 금융기관 위험관리에 관한 규정을 두고 있다. 바젤은행감독위원회의 「2015년 은행 지배구조 원칙」도 위험관리에 관한 여러 원칙(원칙 6: 위험 관리 기능, 원칙 7: 위험 파악, 감시 및 통제, 원칙 8: 위험에 관한 의사소통)을 규정하고 있는 것은 그만큼 위험 관리가 중요하다는 것을 말한다.

(2) 위험관리기준

1) 위험관리기준의 제정 의무

은행은 위험관리기준을 마련해야 한다(법 제27조 제1항). **위험관리기준은 "자산의 운용이나 업무의 수행, 그 밖의 각종 거래에서 발생하는 위험을 제때에 인식·평가·감시·통제하는 등 위험 관리를 위한 기준 및 절차**"를 말한다(법 제27조 제1항).[173] 다만 은행지주회사가 그 자회사나 손자회사인 은행의 위험관리기준을 마련하는 경우에는 해당 은행은 위험관리기준을 마련하지 아니할 수 있다(법 제27조 제2항). 즉 자회사나 손자회사인 은행은 별도의 위험관리기준을 만들 필요는 없고, 해당 은행지주회사가 제정한 위험관리기준을 해당 은행의 위험관리기준으로 쓸 수 있다는 의미로 이해할 수 있다. 이와 관련된 쟁점에 대해서는 앞서 내부통제기준 마련 의무에서 논의한 내용이 동일하게 적용될 수 있다.

2) 위험관리기준에 포함되어야 할 사항

위험관리기준에는 포함되어야 할 사항은 다음과 같다(법 제27조 제3항, 시행령 제22조 제1

173) 내부통제 제도의 실효성 있는 운영을 위해서는 지배구조법 제24조 제1항이 규정하는 내부통제기준의 개념은 지배구조법 제27조의 위험관리기준 개념까지 포함해야 한다는 견해가 있다(최현정(2023), 86면).

항). "① 위험관리의 기본방침, ② 은행의 자산 운용 등과 관련하여 발생할 수 있는 위험의 종류, 인식, 측정 및 관리, ③ 은행이 부담 가능한 위험 수준의 설정, ④ 적정투자한도 또는 손실허용한도의 승인, ⑤ 위험관리를 전담하는 조직의 구조 및 업무 분장, ⑥ 임직원이 업무를 수행할 때 준수하여야 하는 위험관리 절차, ⑦ 임직원의 위험관리기준 준수 여부를 확인하는 절차·방법과 위험관리기준을 위반한 임직원의 처리, ⑧ 위험관리기준의 제정이나 변경, ⑨ 위험관리책임자의 임면, ⑩ 그 밖에 위험관리기준에서 정하여 할 세부적인 사항으로서 금융위원회가 정하여 고시하는 사항"(금융사고 등 우발상황에 대한 위험관리 비상계획 등을 말한다. 「금융회사 지배구조 감독규정」 제13조 제1항)이다(시행령 제22조 제1항 제1호 내지 제10호).

(3) 위험관리위원회 설치

은행은 이사회 산하 위원회로서 **위험관리위원회**를 설치해야 한다(법 제16조 제1항 제3호). 위원의 과반수는 사외이사로 구성하고, 위원장은 사외이사로 해야 한다(법 제16조 제3항, 제4항). 위험관리위원회의 심의·의결 사항은 "① 위험관리의 기본방침 및 전략 수립, ② 은행이 부담 가능한 위험 수준 결정, ③ 적정투자한도 및 손실허용한도 승인, ④ 위험관리기준의 제정 및 개정, ⑤ 그 밖에 금융위원회가 정하여 고시하는 사항"(위험관리조직 구조 및 업무 분장에 관한 사항 등을 말한다. 「금융회사 지배구조 감독규정」 제8조[174])이다(법 제21조).

(4) 위험관리 전담 조직 설치

은행은 금융위원회가 정하여 고시하는 바에 따라 위험관리를 전담하는 조직을 마련하여야 한다(시행령 제22조 제2항). 즉 은행은 "위험관리 업무가 효율적으로 수행될 수 있도록 충분한 경험과 능력을 갖춘 적절한 수의 인력으로 위험관리를 전담하는 조직을 구성·유지하여 위험관리책임자의 직무 수행을 지원"하여야 한다(「금융회사 지배구조 감독규정」 제13조 제3항).

---

174) 「금융회사 지배구조 감독규정」 제8조(위험관리위원회의 심의·의결) 법 제21조 제5호에서 "그 밖에 금융위원회가 정하여 고시하는 사항"이란 다음 각 호를 말한다. 다만, 제4호 및 제5호는 해당 금융회사가 은행 또는 보험회사인 경우에 한한다.
1. 위험관리조직 구조 및 업무 분장에 관한 사항
2. 위험관리정보시스템의 운영에 관한 사항
3. 각종 한도의 설정 및 한도초과의 승인에 관한 사항
4. 각 국외 현지법인 및 국외지점의 상황을 고려한 위기상황분석(「은행업감독규정」 또는 「보험업감독규정」에 따른 위기상황분석을 말한다. 이하 같다) 결과와 관련된 자본관리계획·자금조달계획에 관한 사항. 단, 위기상황분석 결과는 반기 1회 이상 위험관리위원회에 보고한다.
5. 자산건전성 분류기준·대손충당금 등 적립기준(각 국외 현지법인 및 국외 지점의 상황을 고려하여야 한다)에 관한 사항

2. 위험관리책임자

(1) 의의

위험관리책임자는 "자산의 운용이나 업무의 수행, 그 밖의 각종 거래에서 발생하는 위험을 점검하고 관리하는 자"를 말한다(법 제28조 제1항).

(2) 자격 요건

은행의 위험관리책임자는 사내이사나 업무집행책임자 중에서 선임되어야 하므로(법 제28조 제2항→법 제25조 제2항) 지배구조법 제5조에 규정된 임원 결격 요건이 적용될 뿐만 아니라 추가적으로 아래 결격 요건과 적극적 요건이 적용된다.

1) 적극적 요건

적극적 요건은 다음과 같다(법 제28조 제3항 제2호).

① 금융감독기구법 제38조에 따른 검사 대상 기관(이에 상당하는 외국금융회사를 포함한다)에서 10년 이상 근무한 사람

② 금융 관련 분야의 석사학위 이상의 학위소지자로서 연구기관 또는 대학에서 위험관리와 관련하여 연구원 또는 조교수 이상의 직에 5년 이상 종사한 사람

③ 금융감독원, 한국은행, 예금보험공사, 그 밖에 금융위원회가 정하는 금융 관련 기관에서 위험관리 관련 업무에 7년 이상 종사한 사람으로서 해당 기관에서 퇴임하거나 퇴직한 후 5년이 지난 사람

④ 그 밖에 ①부터 ③까지의 규정에 준하는 자격이 있다고 인정되는 사람으로서 대통령령으로 정하는 사람(금융업 관련 협회 등에서 위험관리 관련 업무에 7년 이상 종사한 사람 등을 말한다. 시행령 제23조 제3항)

앞서 준법감시인의 적극적 요건에서 논의한 바와 같이 금융감독기관 등에서 근무했던 사람이 바로 위험관리책임자가 되지 못하도록 하는 것은 과도한 규제라고 보며, 궁극적으로 적극적 요건을 폐지하여 은행 자체가 스스로 적임자를 찾아서 위험관리책임자를 선임할 수 있도록 할 필요가 있다. 적임자를 선임하지 않고 문제가 발생하면 은행이 책임을 져야 하므로 이러한 적극적 요건이 없더라도 은행 자체적으로 적임자를 선임할 유인은 충분히 있을 것이다.

2) 소극적 요건 - 결격 요건

금융감독당국으로부터 중한 제재 조치를 받은 사람은 위험관리책임자가 될 수 없다. 최근 5년간 지배구조법 또는 금융관계법령을 위반하여 금융위원회 또는 금융감독원장, 그 밖에 대

통령령으로 정하는 기관(해당 임직원이 소속되어 있거나 소속되었던 기관이나 금융관계법령에서 조치 권한을 가진 자를 말한다. 시행령 제21조 제1항)으로부터 문책경고 또는 감봉요구 이상에 해당하는 조치를 받은 사람은 준법감시인이 될 수 없다(법 제28조 제3항 제1호). 즉 임원(업무집행책임자 제외)의 경우에는 해임요구, 6개월 이내의 직무정지 또는 임원의 직무를 대행하는 관리인의 선임, 문책경고를 받은 경우가 해당하고, 직원(업무집행책임자 포함)의 경우에는 면직, 6개월 이내의 정직, 감봉 조치를 받은 경우가 해당한다(법 제35조 제1항 제1호 내지 제3호, 제2항 제1호 내지 제3호). 이러한 결격 요건 적용이 타당하지 않다는 점은 앞서 준법감시인의 결격 요건에서 논의한 바와 같다.

(3) 임면

은행은 위험관리책임자를 1명 이상 두어야 한다(법 제28조 제1항).

1) 이사회 결의로 임면

위험관리책임자의 임면은 이사회 의결을 거쳐야 하는데, 해임할 경우에는 이사 총수의 3분의 2 이상의 찬성으로 의결하도록 하고 있다(법 제28조 제2항→제25조 제3항). 위험관리책임자가 은행장에 예속되지 않고 독립적으로 업무를 수행할 수 있도록 하기 위해서 **이사회 의결로 임면**하도록 하고 있다. 특히 해임 시 의결 요건을 가중함으로써 쉽게 위험관리책임자를 해임할 수 없도록 하고 있다.

2) 사내이사 또는 업무집행책임자 중에서 선임

은행은 사내이사 또는 업무집행책임자 중에서 위험관리책임자를 선임하여야 한다(법 제28조 제2항→법 제25조 제3항 본문). 임원 가운데서 선임하도록 함으로써 그만큼 위험관리책임자의 역할이 중요하다는 점을 의미한다. 다만 외국은행 국내지점은 사내이사 또는 업무집행책임자가 아닌 직원 중에서 위험관리책임자를 선임할 수 있다(법 제28조 제2항→법 제25조 제3항 단서). 직원 가운데서 준법감시인을 선임하는 경우에는 「기간제 및 단시간근로자 보호 등에 관한 법률」에 따른 기간제근로자 또는 단시간근로자를 선임하여서는 아니 된다(법 제28조 제2항→법 제25조 제5항).

3) 임기

위험관리책임자의 임기는 2년 이상으로 해야 한다(법 제28조 제2항→법 제25조 제4항). 이렇게 임기를 보장함으로써 위험관리책임자가 책임감을 갖고 업무를 충실히 독립적으로 잘 수행할 수 있도록 하기 위함이다.

4) 임면 시 금융감독당국에 대한 보고 의무

은행은 위험관리책임자를 임면하였을 때에는 대통령령으로 정하는 바에 따라(임면일로부터 7영업일 이내. 시행령 제25조 제1항) 그 사실을 금융감독당국에 보고하여야 한다(법 제30조 제2항).

(4) 보수

은행은 위험관리책임자에 대하여 은행의 재무적 경영 성과와 연동하지 아니하는 별도의 보수 지급 및 평가 기준을 마련하여 운영하여야 한다(법 제28조 제2항→법 제25조 제6항). 성과에 연동한 보수를 지급하게 되면 위험관리책임자가 업무를 수행하는데 지장이 될 수 있기 때문이다.

(5) 겸직 금지

은행의 **위험관리책임자는 선량한 관리자의 주의로 직무를 수행할 의무**가 있다(법 제29조 제1항). 그리고 다음과 같은 직무를 담당하는 것이 금지된다(법 제29조 제1항). 위험관리책임자가 업무를 충실히 수행하도록 하라는 취지라고 할 수 있다. 겸직이 금지되는 업무는 "① 자산 운용에 관한 업무, ② 은행의 본질적 업무(「은행법」 제27조에 따른 은행 업무를 말한다. 시행령 제24조 제1항 제1호) 및 그 부수 업무, ③ 은행의 겸영 업무, ④ 그 밖에 이해가 상충할 우려가 있거나 내부통제에 전념하기 어려운 경우로서 대통령령으로 정하는 업무"(준법감시인의 내부통제 관련 업무를 말한다. 시행령 제24조 제2항 제1호)이다(법 제29조 제1항 제1호 내지 제3호, 제5호).

(6) 독립적 업무 수행의 보장

은행은 위험관리책임자가 직무를 독립적으로 수행할 수 있도록 하여야 할 의무가 있다(법 제30조 제1항). 위험관리책임자의 업무가 위험관리를 하는 업무이므로 경영진 등으로부터 간섭을 받지 않고 독립적으로 수행할 필요성이 있기 때문이다. 은행 및 그 임직원은 위험관리책임자가 직무를 수행할 때 필요한 자료나 정보의 제출을 요구하는 경우 이에 성실히 응하여야 한다(법 제30조 제3항). 은행은 위험관리책임자이었던 사람에 대하여 직무 수행과 관련된 사유로 부당한 인사상의 불이익을 주어서는 아니 된다(법 제30조 제4항).

제4절

대주주 규제

Ⅰ. 서설

지배구조법은 대주주에 대한 규제 내용도 규정하고 있다.175) 금융기관의 대주주 변경에 대해 금융감독당국의 승인을 얻도록 하고 있으며(법 제31조 제1항), 금융감독당국으로 하여금 최대주주에 대해서 주기적으로 적격성 심사를 하도록 하고 있다(법 제32조 제1항).176) 은행의 경우에는 「은행법」에서 '한도초과보유주주'에 대한 승인과 한도초과보유주주에 대한 주기적 적격성 심사를 규정하고 있어 지배구조법의 적용에서 배제하고 있다(법 제31조 제1항, 제32조 제1항). 물론 지배구조법에 따른 대주주의 범위와 「은행법」에 따른 한도초과보유주주의 범위가 다르지만, 취지는 같기 때문에 「은행법」에 규정된 것을 인정하고 있다.

「은행법」에 따른 한도초과보유주주의 승인은 「은행법」 제15조에서 제16조의3이 규정하고 있으며, 한도초과보유주주에 대한 주기적 적격성 심사는 「은행법」 제16조의4가 규정하고 있다. 그 내용을 정리해보면, 금융주력자의 경우 전국은행의 의결권 있는 주식 10%를 초과해서 보유하고 있는 '동일인'과 지방은행의 의결권 있는 주식 15%를 초과해서 보유하고 있는 '동일인'인 금융주력자가 한도초과보유주주에 해당하며, 비금융주력자의 경우에는 예외적으로 허용되는 경우로서 전국은행의 의결권 있는 주식 10%를 초과해서 보유하고 있는 '동일인'과 지방은행의 의결권 있는 주식 15%를 초과해서 보유하고 있는 '동일인'인 비금융주력자가 해당된다(「은행법」 제15조 제3항, 제16조의2 제3항). 한도초과보유주주가 되려는 자는 일정한 요건을 충족

175) 대주주 규제에 대한 분석은 김연미(2016), 40~54면.

176) "'대주주의 변경 승인'이나 '최대주주 주기적 자격심사제도'는 기본적으로 주식의 소유 즉 재산권의 행사에 관련된 것이고, 회사의 관리·통제를 의미하는 이사회, 사외이사, 최고경영자 등의 선임이나 자격, 업무 등 지배구조의 문제와는 직접적인 연결성이 약하기 때문"에 각 개별 금융법에 규정하는 것이 바람직하다는 견해는 김홍기(2015), 45면.

해서 금융감독당국의 승인을 얻어야 한다. 그리고 주기적 사후 적격성 심사의 경우 6개월마다 한도초과보유주주가 승인 요건을 충족하는지 심사해야 한다(「은행법」 제16조의4 제1항). 자세한 내용은 제3장 제2절 Ⅱ.와 Ⅳ.를 참고하면 된다.

지배구조법이 규정하고 있는 대주주에 대한 규제 내용은 중요하므로 여기서는 지배구조법에 규정된 대주주 변경 승인과 주기적 적격성 심사에 대한 내용을 살펴보기로 한다.

Ⅱ. 대주주 변경 승인

1. 대상 금융기관의 범위

지배구조법에 따른 대주주 변경 승인 대상이 되는 금융기관은 자본시장법에 따른 투자매매업자·투자중개업자·신탁업자·종합금융회사, 보험회사, 신용카드회사, 비은행지주회사가 해당된다(법 제31조 제1항). 자본시장법에 따른 투자자문업자 및 투자일임업자, 「여신전문금융업법」에 따른 시설대여업자·할부금융업자·신기술사업금융업자의 경우는 진입 단계에서 인가제가 아닌 등록제가 적용되므로 승인이 아닌 사후 보고 사항으로 하여 규제를 완화하고 있다(법 제31조 제5항).[177] 적용이 되지 않는 금융기관은 은행 이외에도 은행지주회사와 상호저축은행이 해당된다(법 제31조 제1항). 각 설립 근거 법률에 별도의 대주주 변경 승인 제도가 있기 때문이다.[178]

2. 변경 승인 대상 대주주의 범위

변경 승인 대상이 되는 대주주의 범위는 최대주주와 주요주주이다. 따라서 적용 대상 금융기관의 대주주가 되려는 자는 금융감독당국의 승인을 얻어야 한다.

(1) 최대주주

변경 승인 대상이 되는 대주주의 범위에는 최대주주가 해당된다. **최대주주**는 적용 대상 금융기관의 "의결권 있는 발행 주식(출자지분을 포함) 총수를 기준으로 본인 및 그와 대통령령으로 정하는 특수한 관계가 있는 자가 누구의 명의로 하든지 자기의 계산으로 소유하는 주식(출자지분을 포함하며 그 주식 및 출자지분과 관련된 증권예탁증권을 포함한다)을 합하여 그 수가 가장 많은 경우의 그 본인"을 말한다(법 제2조 제6호 가목). 대통령령으로 정하는 특수관계에 있는 자, 즉 특수관계인의 범위는 시행령 제3조가 규정하고 있는데, 은행의 경우에는 「은행법 시행

177) 진입 규제의 정도가 약한 등록제인 경우에는 대주주 변경 승인의 필요성이 없기 때문이다.

178) 상호저축은행의 경우는 「상호저축은행법」 제10조의6(대주주의 자격심사 등), 금융지주회사의 경우 「금융지주회사법」 제8조(은행지주회사주식의 보유제한 등), 제8조의2(비금융주력자의 주식보유제한 등), 제10조의2(한도초과보유주주등에 대한 적격성심사 등).

령」 제1조의4에 규정된 특수관계인을 말한다(시행령 제3조 제2항 제1호). 즉 **최대주주는 특수관계인을 포함한 주주를 말하는 것이 아니라 기준이 되는 본인만을 의미**한다는 점을 유의해야 한다.

그런데 변경 승인 대상이 최대주주의 경우에는 그 범위에 "최대주주 및 그 최대주주의 특수관계인(즉 시행령 제3조에 규정된 특수관계인을 말한다)인 주주"를 포함하도록 하고 있고(법 제31조 제1항), 최대주주가 법인인 경우에는 "그 법인의 중요한 경영사항에 대하여 사실상 영향력을 행사하고 있는 자로서 대통령령으로 정하는 자"도 포함하고 있다(법 제31조 제1항). 여기서 '대통령령으로 정하는 자'는 "최대주주인 법인의 최대주주(최대주주인 법인의 주요 경영사항을 사실상 지배하는 자가 그 법인의 최대주주와 명백히 다른 경우에는 그 사실상 지배하는 자를 포함한다) 및 최대주주인 법인의 대표자"를 말한다(시행령 제26조 제1항). 이렇게 범위를 확대함으로써 **승인 요건을 심사할 때는 최대주주뿐만 아니라 그 특수관계인, 그리고 최대주주 법인의 최대주주와 그 대표자까지도 심사 대상이 된다.** 따라서 최대주주의 특수관계인 등이 금융관련법령을 위반해서 벌금형 이상의 형을 받은 때에는 해당 금융기관의 대주주가 될 수 없게 된다(시행령 [별표 1](변경승인 대상 대주주의 요건)).

(2) 주요주주

변경 승인 대상이 되는 대주주의 범위에는 **주요주주**도 해당된다(법 제31조 제1항, 제2조 제6호 나목). 지배구조법 적용 대상 금융기관의 주요주주가 되려는 자는 금융감독당국으로부터 승인을 받아야 한다. 주요주주는 "① 누구의 명의로 하든지 자기의 계산으로 금융회사의 의결권 있는 발행주식 총수의 100분의 10 이상의 주식(출자지분을 포함하며 그 주식 및 출자지분과 관련된 증권예탁증권을 포함한다)을 소유한 자"이거나 "② 임원(업무집행책임자는 제외한다)의 임면(任免) 등의 방법으로 금융회사의 중요한 경영사항에 대하여 사실상의 영향력을 행사하는 주주로서 대통령령으로 정하는 자"를 말한다(법 제2조 제6호 나목).

'대통령령으로 정하는 자'는 시행령 제4조가 규정하고 있는데, "① 혼자서 또는 다른 주주와의 합의·계약 등에 따라 대표이사 또는 이사의 과반수를 선임한 주주, ② 적용 대상 금융기관인 금융투자업자(겸영금융투자업자는 제외)가 투자자문업, 투자일임업, 집합투자업, 집합투자증권에 한정된 투자매매업·투자중개업 또는 온라인소액투자중개업 외의 다른 금융투자업을 겸영하지 아니하는 경우에는 임원(「상법」 제401조의2 제1항 각 호의 자를 포함한다)인 주주로서 의결권 있는 발행주식 총수의 100분의 1 이상을 소유하는 사람, ③ 적용 대상 금융기관인 금융투자업자(겸영금융투자업자는 제외)가 투자자문업, 투자일임업, 집합투자업, 집합투자증권에 한정된 투자매매업·투자중개업 또는 온라인소액투자중개업 외의 다른 금융투자업을 영위하는 경우에는 임원(「상법」 제401조의2 제1항 각 호의 자를 포함한다)인 주주로서 의결권 있는 발행주식 총수의 100분의 5 이상을 소유하는 사람, ④ 적용 대상 금융기관이 금융투자업자가 아닌 경우에는 그 금융기관(금융지주회사인 경우 그 금융지주회사의 자회사 및 손자회사를 포함한다)의 경영전략·조직변경 등 주요 의사결정이나 업무집행에 지배적인 영향력을 행사한다고 인정되는 자"가 해당한다(시행령 제4조).

3. 승인 요건

(1) 원칙

적용 대상 금융기관의 대주주가 되려는 자는 건전한 경영을 위하여 공정거래법, 「조세범 처벌법」 및 금융과 관련하여 '대통령령으로 정하는 법령'을 위반하지 아니하는 등 '대통령령으로 정하는 요건'을 갖추어 미리 금융감독당국의 승인을 받아야 한다(법 제31조 제1항). '대통령령으로 정하는 법령'이란 「은행법」, 「보험업법」 등 지배구조법 시행령 제5조가 규정하고 있는 '금융관련법령'을 말한다(시행령 제26조 제2항).

'대통령령으로 정하는 요건'은 시행령 [별표 1](변경승인 대상 대주주의 요건)에 규정된 요건이다(시행령 제26조 제3항). 이러한 요건 중에서 "최근 5년간 금융관련법령, 공정거래법 또는 「조세범 처벌법」을 위반하여 벌금형 이상에 상당하는 처벌받은 사실이 없을 것"이라는 요건이 있어서 대주주 변경 승인을 받기가 어려운 경우가 있다. 특히 대주주의 범위에서 최대주주의 특수관계인도 포함되므로 최대주주의 특수관계인이 이러한 벌금형을 받은 경우에도 승인을 받을 수 없어 상당한 부담이 되는 요건이다. 벌금형을 받은 사실이 대주주가 되는데 장애 요인이 될 정도로 중대한 요건이 될 필요가 있는지 의문이다. 이 요건을 보다 완화하는 방안을 검토할 필요가 있다.

(2) 승인 예외 적용이 되는 대주주

다음과 같은 자는 대주주가 되더라도 승인을 받을 필요가 없다(법 제31조 제1항 단서, 시행령 제26조 제4항).

1. 국가
2. 「예금자보호법」에 따른 예금보험공사
3. 「한국산업은행법」에 따른 한국산업은행(「금융산업의 구조개선에 관한 법률」에 따라 설치된 금융안정기금의 부담으로 주식을 취득하는 경우만 해당한다)
4. 자본시장법에 따른 일반 사모집합투자업자 및 온라인소액투자중개업자의 대주주가 되려는 자(다만, 자본시장법 [별표 1]에 따른 금융투자업 인가를 받은 자의 대주주가 되려는 자는 제외한다)
5. 최대주주 또는 그의 특수관계인인 주주로서 금융기관의 의결권 있는 발행주식 총수 또는

지분의 100분의 1 미만을 소유하는 자(다만, 시행령 제4조에 규정된 주요주주에 해당하는 자는 제외한다)

6. 「한국자산관리공사 설립 등에 관한 법률」에 따른 한국자산관리공사
7. 「국민연금법」에 따른 국민연금공단
8. 회사의 합병·분할에 대하여 금융관련법령에 따라 금융위원회의 승인을 받은 금융기관의 신주를 배정받아 대주주가 된 자

4. 사후 승인

대주주가 되는 사유가 기존 대주주의 사망 등 대통령령으로 정하는 사유로 인한 때에는 해당 주식을 취득하거나 양수받은 날로부터 3개월 이내에서 대통령령으로 정하는 기간 이내에 금융감독당국에 승인을 신청하여야 한다(법 제31조 제2항). 그 사유와 기간은 "① 기존 주주의 사망에 따른 상속·유증·사인증여로 인하여 주식을 취득·양수(실질적으로 해당 주식을 지배하는 것을 말한다)하여 대주주가 되는 경우에는 기존 주주가 사망한 날부터 3개월(다만, 불가피한 사유가 있으면 금융위원회의 승인을 받아 3개월의 범위에서 그 기간을 연장할 수 있다), ② 담보권의 실행, 대물변제의 수령 또는 그 밖에 이에 준하는 것으로서 금융위원회가 정하여 고시하는 원인에 의하여 주식을 취득하거나 양수하여 하여 대주주가 되는 경우에는 주식을 취득하거나 양수한 한 날부터 1개월, ③ 다른 주주의 감자(減資)(자본금 감소) 또는 주식 처분 등의 원인에 의하여 대주주가 되는 경우에는 대주주가 된 날부터 1개월 이내"이다(시행령 제26조 제5항).

5. 의결권 제한 및 처분 명령

(1) 의결권 제한

승인을 받지 않고 취득 또는 양수한 주식이나 기한 내에 사후 승인을 신청하지 않고 취득 또는 양수한 주식에 대해서는 의결권을 행사할 수 없다(법 제31조 제4항).

(2) 처분 명령

금융감독당국은 승인을 받지 아니하고 취득이나 양수를 한 주식과 기한 내에 사후 승인을 신청하지 않고 취득이나 양수한 주식에 대하여 6개월 이내의 기간을 정하여 처분을 명할 수 있다(법 제31조 제3항). 처분 방법에 대해서 특별히 규정하지 않고 있으므로 금융감독당국이 처분 명령을 할 때 그 방법을 지정할 수 있을 것이고, 이 경우 시장에서 매각이나 임의 매각 등의 방법을 지정할 수 있을 것이다.

Ⅲ. 최다출자자에 대한 주기적 적격성 심사

1. 서설

지배구조법은 금융감독당국으로 하여금 금융기관의 "**최대주주 중 최다출자자 1인**"이 대주주 변경 승인 요건 중 지배구조법 시행령으로 정하는 적격성 유지 요건을 충족하는지를 주기적으로(원칙적으로 2년 마다. 시행령 제27조 제2항) 심사하도록 하고 있다(법 제32조 제1항). 적용 대상 금융기관은 대주주 변경 승인 대상이 되는 금융기관이다(법 제32조 제1항). 따라서 은행, 은행지주회사, 상호저축은행, 그리고 보고 대상이 되는 투자자문업자·투자일임업자, 시설대여업자, 할부금융업자, 신기술사업금융업자는 제외된다.

2. 심사 대상인 최다출자자

적격성 유지 심사 대상이 되는 자는 해당 금융기관의 "**최대주주 중 최다출자자 1인**"에 한한다(법 제32조 제1항). 여기서 최다출자자가 개인인 경우에는 바로 해당 개인이 최다출자자로서 심사 대상이 된다. 만약 최다출자자 1인이 법인인 경우에는 그 법인의 최대주주 중 최다출자자 1인을 말하며, 그 최다출자자 1인도 법인인 경우에는 최다출자자 1인이 개인이 될 때까지 같은 방법으로 선정한다(법 제32조 제1항). 다만 법인 사이에 순환출자 구조인 경우에는 최대주주 중 '대통령령으로 정하는 최다출자자' 1인으로 한다(제32조 제1항). '대통령령으로 정하는 최다출자자'는 "순환출자 구조의 법인이 속한 기업집단(공정거래법 제2조 제11호에 따른 기업집단을 말한다)의 '동일인'(공정거래법 제2조 제11호에 따른 동일인을 말한다) 또는 그 밖에 이에 준하는 자로서 금융위원회가 정하는 자"를 말한다(시행령 제27조 제1항 본문). 다만 동일인이 법인인 경우에는 그 법인의 최대주주 중 최다출자자 1인을 말하며, 그 최다출자자 1인도 법인인 경우에는 최다출자자 1인이 개인이 될 때까지 같은 방법으로 선정한다(시행령 제27조 제1항 단서).

그런데 지배구조법에 따른 최대주주의 정의는 본인 및 그 특수관계인이 합하여 주식 소유수가 가장 많은 경우의 그 본인만을 말하므로(법 제2조 제6호 가목), **최대주주란 1인 주주만을 말한다.** 즉 최대주주의 범위에 특수관계인이 포함되지 않는다. 따라서 "최대주주 중 최다출자자 1인"이라는 의미는 **최대주주인 본인이 개인인 경우는 바로 해당 본인이 최다출자자 1인이 된다.** 이 경우는 최대주주가 최다출자자가 된다. 그런데 통상 우리가 '… 중'이라고 하면 여러 개 있는 것을 전제로 하는 것으로 이해하는데, 이러한 점에서 보면 "최대주주 중 최다출자자 1인"이라 하면 최대주주에 여러 주주(예를 들어, 최대주주를 구성하는 일원 중의 하나인 주주 등)가 있는데 그 중에서 가장 많은 출자를 한 자를 의미하는 것으로 이해하게 된다. 그러나 지배구조법에 따른 "최대주주 중 최다출자자 1인"은 그렇게 읽히기가 어려우므로 타당한 문구는 아니다.

그리고 대주주 변경 승인 대상으로서 '주요주주'도 포함하면서 주요주주의 적격성 심사는 하지 않는 것은 규제의 취지상 맞지 않는다. 주요주주에 대한 적격성 심사도 할 필요가 있다. 이 경우 은행의 경우도 주요주주를 적격성 심사 대상으로 하는 입법 조치가 필요하다. 앞서 본 것처럼, 은행의 경우 한도초과보유주주를 대상으로 적격성 심사 제도를 운영하고 있는데(「은행법」 제16조의4), 한도초과보유주주는 은행의 의결권 있는 주식 10%를 초과하여 보유하는 주주를 말하므로(「은행법」 제16조의4) 경영에 사실상 영향력을 행사하는 주요주주는 포함하고 있지 않다. 다른 금융기관과 형평성을 고려할 때, 그리고 규제의 필요성이 인정되므로 주요주주를 대주주 적격성 심사 대상에 포함시킬 필요가 있다.

3. 심사 주기 및 적격성 유지 요건

(1) 심사 주기

원칙적으로 2년마다 심사한다(시행령 제27조 제2항 본문). 다만 적용 대상 금융기관이 해당 금융기관의 적격성 심사 대상인 최다출자자가 적격성 유지 요건을 충족하지 못하는 사유가 발생한 사실을 인지하여 그 사실을 금융감독당국에 보고한 경우와 적격성 심사 대상과 금융기관 사이에 불법거래 징후가 있는 등 특별히 필요하다고 인정하는 경우에는 2년 이내의 기간으로 할 수 있다(시행령 제27조 제2항 단서).

(2) 적격성 유지 요건

금융감독당국은 대주주 변경 승인 요건 중 공정거래법, 「조세범 처벌법」, 지배구조법 시행령 제4조에 규정된 금융관련법령을 위반하지 아니하는 등 '대통령령으로 정하는 요건'에 부합하는지 여부를 심사하여야 한다(법 제32조 제1항). '대통령령으로 정하는 요건'은 다음과 같다(시행령 제27조 제4항).

1. [지배구조]법 제5조 제1항 제1호,[179] 제2호,[180] 제5호,[181] 제6호,[182] 제7호[183]에 해당하지

179) 1. 미성년자·피성년후견인 또는 피한정후견인

180) 2. 파산선고를 받고 복권(復權)되지 아니한 사람

181) 5. 이 법 또는 금융관계법령에 따라 벌금 이상의 형을 선고받고 그 집행이 끝나거나(집행이 끝난 것으로 보는 경우를 포함한다) 집행이 면제된 날부터 5년이 지나지 아니한 사람

182) 6. 다음 각 목의 어느 하나에 해당하는 조치를 받은 금융회사의 임직원 또는 임직원이었던 사람(그 조치를 받게 된 원인에 대하여 직접 또는 이에 상응하는 책임이 있는 사람으로서 대통령령으로 정하는 사람으로 한정한다)으로서 해당 조치가 있었던 날부터 5년이 지나지 아니한 사람
가. 금융관계법령에 따른 영업의 허가·인가·등록 등의 취소
나. 「금융산업의 구조개선에 관한 법률」 제10조 제1항에 따른 적기시정조치
다. 「금융산업의 구조개선에 관한 법률」 제14조 제2항에 따른 행정처분

183) 7. 이 법 또는 금융관계법령에 따라 임직원 제재조치(퇴임 또는 퇴직한 임직원의 경우 해당 조치에 상응하는 통보를 포함한다)를 받은 사람으로서 조치의 종류별로 5년을 초과하지 아니하는 범위에서

아니할 것

2. 다음 각 목의 요건을 모두 충족할 것. 다만, 그 위반 등의 정도가 경미하다고 인정되거나 해당 금융회사의 건전한 업무 수행을 어렵게 한다고 볼 수 없는 경우는 제외한다.
   가. 최근 5년간 금융관계법령, 「독점규제 및 공정거래에 관한 법률」 또는 「조세범 처벌법」을 위반하여 벌금형 이상에 상당하는 형사처벌을 받은 사실이 없을 것
   나. 「금융산업의 구조개선에 관한 법률」에 따라 부실금융기관으로 지정되었거나 금융관계법령에 따라 영업의 허가·인가·등록 등이 취소된 금융기관의 대주주 또는 그 특수관계인이 아닐 것. 다만, 법원의 판결에 따라 부실책임이 없다고 인정된 자 또는 부실에 따른 경제적 책임을 부담하는 등 금융위원회가 정하여 고시하는 기준에 해당하는 자는 제외한다.
   다. 최근 5년간 부도발생 및 그 밖에 이에 준하는 사유로 은행거래정지처분을 받은 사실이 없을 것
   라. 최근 3년간 「신용정보의 이용 및 보호에 관한 법률」 제25조 제2항 제1호에 따른 종합신용정보집중기관에 금융질서 문란정보 거래처 또는 약정한 기일 내에 채무를 변제하지 아니한 자로 등록된 사실이 없을 것
   마. 최근 5년간 「채무자 회생 및 파산에 관한 법률」에 따른 회생절차 또는 파산절차를 진행 중인 기업의 최대주주 또는 주요주주로서 해당 기업을 회생절차 또는 파산절차에 이르게 한 책임이 인정되지 아니하고 이에 직접 또는 간접으로 관련된 사실이 없을 것

4. 의결권 제한 및 이행 명령

(1) 의결권 제한

금융감독당국은 심사 결과 적격성 심사 대상인 최다출자자가 ① 공정거래법, 「조세범 처벌법」, 지배구조법 시행령 제4조에 규정된 금융관련법령에 위반하여 금고(禁錮) 1년 이상의 형을 받아 형이 확정된 경우 또는 ② 그 밖에 건전한 금융질서 유지를 위하여 '대통령령으로 정하는 경우'(시행령 제27조 제8항)에는 5년 이내의 기간으로서 대통령령이 정하는 기간(5년을 말하는데, 금융감독당국은 적격성 심사 대상의 법령 위반 정도를 고려하여 그 기간을 줄일 수 있다. 시행령 제27조 제7항) 내에는 해당 금융기관의 의결권 있는 발행주식(최다출자자 1인이 법인인 경우 그 법인이 보유한 해당 금융기관의 의결권 있는 발행주식을 말한다) 총수의 10% 이상에 대해서는 의결권을 행사할 수 없도록 명령할 수 있다(법 제32조 제5항). '명령할 수 있도록' 하고 있어서 금융감독당국에 재량권을 부여하고 있으나, 의무적 규정을 둘 필요가 있을 것이다.

'대통령령으로 정하는 경우'는 "① [구조개선법]에 따라 부실금융기관으로 지정되었거나 금융관계법령에 따라 영업의 허가·인가·등록 등이 취소된 금융기관의 대주주 또는 그 특수관

대통령령으로 정하는 기간이 지나지 아니한 사람

계인이 아닐 것을 충족하지 못하는 경우(다만 법원의 판결에 따라 부실책임이 없다고 인정된 자 또는 부실에 따른 경제적 책임을 부담하는 등 금융위원회가 정하여 고시하는 기준에 해당하는 자는 제외한다), ② 최근 5년간 부도 발생 및 그 밖에 이에 준하는 사유로 인하여 은행거래정지 처분을 받은 경우, ③ 최근 3년간 [신용정보법] 제25조 제2항 제1호에 따른 종합신용정보집중기관에 금융질서 문란정보 거래처 또는 약정한 기일 내에 채무를 변제하지 아니한 자로 등록된 경우" 이다(시행령 제27조 제8항).

(2) 이행 명령

금융감독당국은 적격성 심사 대상인 최다출자자가 적격성 요건을 충족하지 못한다고 인정되는 경우에는 해당 적격성 심사 대상인 최다출자자에게 6개월 이내의 기간을 정하여 해당 금융기관의 경영 건전성을 확보하기 위한 "① 적격성 유지 요건을 충족하기 위한 조치, ② 해당 적격성 심사 대상인 최다출자자와 거래의 제한 등 이해상충 방지를 위한 조치, ③ 그 밖에 금융기관의 경영건전성을 위하여 필요하다고 인정되는 조치로서 '대통령령으로 정하는 조치'의 전부 또는 일부를 포함한 조치를 이행할 것을 명"할 수 있다(법 제32조 제4항).

'대통령령으로 정하는 조치'는 "① 적격성 심사 대상인 최다출자자의 적격성 유지 조건을 충족하지 못하는 사유 및 적격성 유지 요건을 충족하기 위한 조치와 해당 적격성 심사 대상인 최다출자자와 거래의 제한 등 이해상충 방지를 위한 조치와 관련한 사항을 해당 금융기관의 주주 및 금융소비자들이 알 수 있도록 정보게시판(인터넷 홈페이지) 등에 공시해야 하는 조치와 ② 그 밖에 금융기관의 경영건전성을 위하여 필요하다고 인정되는 조치로서 금융위원회가 정하여 고시하는 조치"(「금융회사 지배구조 감독규정」 제17조 제1항)를 말한다(시행령 제27조 제6항).

그런데 이러한 이행 조치를 이행하지 않았을 때 어떻게 해야 하는지에 대해서는 지배구조법은 규정하고 있지 않은데, 주식 처분 명령을 할 수 있도록 규정해야 할 것이다.

<참고 문헌>

강희갑, “집행임원 제도의 도입과 기업환경(모두 발제),” 「상사법연구」 제25권 제4호, 한국상사법학회, 2007. 2.

강희주 · 조준우, “은행지배구조에 대한 소론,” 「증권법연구」 제12권 제3호, 한국증권법학회, 2011. 12.

금융행정혁신위원회, 「금융행정혁신보고서」, 2017. 12. 20.

고동원, “은행 경영지배구조의 법 · 제도적 문제점과 개선 방향,” 「증권법연구」 제8권 제2호, 한국증권법학회, 2007. 12.

______, “은행 집행임원 제도에 관한 법적 검토,” 「은행법연구」 제4권 제2호, 은행법학회, 2011. 11.

______, “금융지주회사의 경영지배구조에 관한 법적 검토,” 「은행법연구」 제5권 제1호, 은행법학회, 2012. 5.

______, “은행 경영지배구조의 법제도적 개선 과제,” 특별기획연구보고서 2024−01호, 성균관대학교 법학연구소, 2015. 3.

______, “금융기관 경영지배구조의 현안과 법제도적 개선 과제,” 「경희법학」 제53권 제2호, 경희대학교 법학연구소, 2018.

______, “신용협동조합 내부통제 제도의 개선 과제,” 「신협연구」 제82호, 신협중앙회 신협연구소, 2024. 6.

고동원 · 황재학, “금융기관 지배구조 규제의 주요 쟁점과 개선 과제,” 「은행법연구」 제17권 제1호, 은행법학회, 2024. 5.

구본성, “금융회사 지배구조 선진화 방안,” 공청회 발표 자료, 한국금융연구원, 2013. 6. 17.

국정기획자문위원회, 「문재인정부 국정운영 5개년 계획」, 2017. 7.

김건식, “법적 시각에서 본 감사위원회,” 「BFL」 제13호, 서울대학교 금융법센터, 2005. 9.

______, “상법개정요강안에 대한 발표의견(II),” 상법 개정 공청회 자료, 1999. 9. 14.

김동원 · 노형식, 「금융지주회사의 CEO 리스크와 지배구조의 개선 방안」, 한국금융연구원, 2013. 11.

김건식 · 노혁준 · 천경훈, 「회사법」 제7판, 박영사, 2023.

김연미, “금융회사 지배구조법에 따른 대주주 건전성 및 소수주주권,” 금융법연구 제13권 제3호, 한국금융법학회, 2016.

김영문, “외부노동력 활용을 위한 법적 형태의 진화 - 산업서비스 용역 계약으로의 진화에 관한 독일법의 발전과 시사점,” 「노동법논총」 제27집, 한국비교노동법학회, 2013. 4.

김우진, “금융지주회사제도의 발전 방향,” 「계간 금융동향 − 분석과 전망」, 제15권 제2호, 한국금융연구원, 2005년 여름.

______, “은행 경영지배구조 개선,” 정책조사보고서, 한국금융연구원, 2007. 3.

김태진, “개정 상법하의 집행임원제 운용을 위한 법적 검토,” 「상사법연구」 제30권 제2호, 한국상사법학회, 2011. 8.

김홍기, "건전한 금융회사 지배구조의 원칙과 운용방안 – 금융회사의 지배구조에 관한 법률을 중심으로 –," 「상사판례연구」 제28집 제3권, 한국상사판례학회, 2015. 9.

김홍기·문은경, "금융회사 내부통제의 의의와 판단기준," 「금융소비자연구」 제11권 제3호, 금융소비자학회, 2021. 12.

김효신, "집행임원제도 도입과 회사지배구조의 변화," 「중앙법학」 제9집 제3호, 중앙대학교 법학연구소, 2007. 10.

배규식, "공공기관 노동이사제 도입 방안: 유럽의 노동이사제를 참조하여," 「월간 노동리뷰」, 2017년 8월호, 2017.

송옥렬, "새로운 금융환경하의 은행의 구조와 행위에 대한 법적 고찰," 한국금융연구원 연구보고서, 2013. 4.

______, 「상법강의」 제13판, 홍문사, 2023.

심인숙, "상법상 사외이사 제도 개선 방안에 관한 소고," 「선진상사법률연구」 통권 제56호, 법무부, 2011. 10.

______, "「금융회사의 지배구조에 관한 법률」시행상 문제점에 관한 소고," 중앙법학 제18집 제2호, 2016.

윤성승, "개정 상법상 준법지원인 제도의 문제점과 그 개선방안," 「기업법연구」 제25권 제4호, 한국기업법학회, 2011. 12.

이정언, "독일 공동결정제도: 효율성 논의와 개선 노력," 「국제노동브리프」 제5권 제2호, 한국노동연구원, 2007. 2.

이진수, "근로자이사제 도입에 관한 법적 검토," 「기업법연구」 제31권 제3호, 한국기업법학회, 2017. 9.

임정하, "금융회사의 내부통제," 「BFL」 제79호, 서울대학교 금융법센터, 2016. 9.

임충희, "감사위원회제도의 현상과 과제," 「상사법연구」 제20권 제3호, 한국상사법학회, 2001. 11.

장혜명·김주영·박석현·라웅진, "금융기관의 DLF 불완전판매 관련 징계취소소송 판례의 시사점," 「동아법학」 제96호, 동아대학교 법학연구소, 2022.

재정경제부, "「금융지주회사법」 개정안 차관회의 통과," 보도자료, 2006. 10. 27.

정순섭, "금융회사의 조직규제," 「상사판례연구」 제24집 제2권, 한국상사판례학회, 2011. 6.

______, 「은행법」 제2판, 지원출판사, 2024.

정영철, "금융회사의 지배구조에 관한 법률 시행상 고려사항 및 앞으로의 개선방향," 「금융감독연구」 제3권 제1호, 금융감독원, 2106.

정찬형, "한국 주식회사에서의 집행임원에 대한 연구," 「고려법학」 제43호, 고려대학교 법학연구소, 2004.

______, "주식회사의 지배구조," 「상사법연구」 제28권 제3호, 한국상사법학회, 2009. 11.

조경준, "금융회사 지배구조법상 내부통제의 업무 범위에 관한 고찰 – 통제위험의 분화의 관점에서 –," 「상사판례연구」 제36집 제3권, 한국상사판례학회, 2023. 9.

최성환 외 5인, "지방공공기관 근로자이사제 도입에 관한 법적 연구," 정책연구 2016–89, 경기연구원, 2016.

최영주, "은행CEO리스크와 지배구조에 관한 연구,"「법학논고」 제36집, 경북대학교 법학연구원, 2011. 6.

최준선, "상법상 근로자이사제 도입의 문제점," KERI Insight 17-01, 한국경제연구원, 2017. 3.

최현정, "개정 금융회사 지배구조법의 주요 내용과 실무상 문제점, 향후 과제에 대한 소고,"「경제법연구」 제22권 제3호, 한국경제법학회, 2023. 12.

황근수, "한국에 있어서 집행임원제도의 현황과 향후의 운용방향,"「법학」 제49권 제2호, 서울대학교 법학연구소, 2008. 6.

Bainbridge, Stephen M., "Privately Ordered Participatory Management: An Organizational Failures Analysis," *Delaware Journal of Corporation Law*, Vol. 23, 1998.

Basle Committee on Banking Supervision(BCBS), "FRAMEWORK FOR INTERNAL CONTROL SYSTEMS IN BANKING ORGANISATIONS," Sept. 1998.

________, "Guidelines: Corporate Governance Principles for Banks," July 2015.

Committee of Sponsoring Organizations of the Treadway Commission (COSO), "ACHIEVING EFFECTIVE INTERNAL CONTROL OVER SUSTAINABILITY REPORTING (ICSR): Building Trust and Confidence through the COSO Internal Control—Integrated Framework," 2023. <https://www.coso.org/_files/ugd/3059fc_a3a66be7a48c47e1a285cef0b1f64c92.pdf>.

Organisation for Economic Co-operation and Development (OECD), *G20/OECD Principles of Corporate Governance*, 2023. <https://www.oecd-ilibrary.org/governance/g20-oecd-principles-of-corporate-governance-2023_ed750b30-en>.

Institut der Deutschen Wirtschaft Köln (eds.), "Unternehmensmitbestimmung: Schwieriger Abstimmungsprozess," *IWD* No. 45, 2006.

Irawanto, Dodi W., "Employee Participation in Decision-making: Evidence from a State-owned Enterprise in Indonesia," *Management*, Vol. 20, Jan. 2015.

Stiftung, Hans Böckler (eds.), *Zur aktuellen Kritik der Mitbestimmung im Aufsichtsrat*, 2004.

Uma, M. H., "Employee Participation: A Tool of Motivation and High Productivity," *Pacific Business Review International*, Vol. 8 Issue 3, Sept. 2015.

Wooldridge, Frank, "Employee participation in France and Germany," *Amicus Curiae*, Issue No. 43, September/October 2002.

________, "Employee participation under German company law," *Amicus Curiae*, Issue No. 87, Autumn 2011.

제8장

건전성 규제

제1절

총 설

은행의 **건전성 규제**(prudential regulation or sound and safety regulation)는 다음 제9장에서 살펴볼 영업행위 규제(business of conduct regulation)와 더불어 은행 규제의 중요한 축 가운데 하나이다. 은행이 부실 또는 파산하지 않도록 잘 규제하는 것을 말한다. 그래서 금융기관의 건전성만 규제·감독하는 별도의 전담 금융감독기구를 두고 있는 영국과 호주 등의 국가도 있다. 이러한 건전성 규제 중의 대표적인 것은 은행의 자기자본비율 규제인데, 우리나라가 1997년 말 외환위기가 발생하면서 많은 은행이 부실화되었을 때 구조 조정 대상에 해당하는지 여부의 판가름을 소위 '바젤 I'이라고 하는 위험가중자산에 대한 자기자본비율이 8%에 달하는지 여부를 갖고 결정했다는 점에서 그만큼 중요한 규제라고 할 수 있다. 이러한 건전성 규제의 내용 중에는 자기자본비율 규제와 같은 재무건전성 규제도 있지만, 신용공여 한도 제한이라든지 증권 투자 한도 제한 등 은행의 경영건전성을 유지하기 위한 여러 규제도 있다. 특히 은행의 대주주에 대해서는 대주주의 은행에 대한 부당한 영향력 행사를 막기 위해서 신용공여 한도를 더 엄격하게 규제하고 있고 대주주가 발행한 지분증권의 취득 한도를 제한하는 등 더 까다로운 규제를 하고 있다. 이외에도 은행의 경영 상태에 대한 공시 의무를 부여해서 시장 규율이 잘 작동할 수 있도록 하는 규제도 있다.

제2절

재무건전성 규제

Ⅰ. 서설

「은행법」은 은행의 경영 건전성을 유지하기 위해서 **경영지도기준**을 지키도록 규정하고 있는데, 여기에는 ① 자본의 적정성에 관한 사항, ② 자산의 건전성에 관한 사항, ③ 유동성에 관한 사항, ④ 그 밖에 경영의 건전성 확보를 위하여 필요한 사항이 포함된다(법 제34조 제2항). 시행령은 이러한 경영지도기준에 포함되어야 할 사항을 보다 구체적으로 규정하고 있는데, "① 국제결제은행의 기준에 따른 위험가중자산에 대한 자기자본비율 등 은행의 신용위험에 대응하는 자기자본의 보유 기준에 관한 사항, ② 대출채권 등 은행이 보유하는 자산의 건전성 분류 기준에 관한 사항, ③ 유동성부채에 대한 유동성자산의 보유 기준에 관한 사항, ④ 그 밖에 은행 경영의 건전성 확보를 위하여 금융위원회가 정하여 고시하는 사항"이 각각 해당된다(시행령 제20조 제1항 제1호, 제2호, 제4호). 이러한 사항들은 재무건전성 규제로 분류할 수 있는데, 이하에서는 ①에 관한 자기자본비율 규제, ②에 관한 자산건전성 분류 기준 규제, ③에 관한 유동성비율 규제 내용에 대하여 살펴본다.

그리고 이러한 경영지도기준의 실효성을 확보하기 위해서 "은행이 경영지도기준을 충족시키지 못하는 등 경영의 건전성을 크게 해칠 우려가 있거나 경영의 건전성을 유지하기 위하여 불가피하다고 인정될 때"에는 금융감독당국은 "자본금의 증액, 이익배당의 제한, 유동성이 높은 자산의 확보, 일정한 규모의 조건부자본증권의 발행·보유 등 경영 개선을 위하여 필요한 조치를 요구"할 수 있다(법 제34조 제4항).

Ⅱ. 자기자본비율 규제

1. 개관

(1) 의의

자기자본비율 규제는 대표적인 은행 건전성 규제의 하나이다. 은행의 자기자본이 위험성 있는 자산에 비하여 얼마나 적정하게 보유하고 있는지 판단하는 기준이 된다. **은행의 손실 흡수 능력을 나타내는 지표**로서 은행의 적정한 자본 건전성을 유지하게 하는 핵심적인 규제가 된다.

(2) 국제 기준: 바젤 Ⅰ, 바젤 Ⅱ, 바젤 Ⅲ

자기자본비율 규제는 국제적인 은행 감독 기준을 제시하고 있는 바젤은행감독위원회가 제안한 국제 기준 중의 하나이다. 바젤은행감독위원회는 1988년 국제적인 업무를 영위하는 은행의 재무 건전성을 확보하기 위한 기준으로서 위험가중자산(risk-weighted assets)에 대한 자기자본비율을 규정한 「자본 측정과 기준에 관한 국제 기준」("International Convergence of Capital Measurement and Capital Standards")[184]을 발표하였는데, 이것을 소위 **'바젤 Ⅰ'**(Basel Ⅰ)이라고 하고,[185] 1996년 시장위험을 반영한 개정("Amendment to the Capital Accord to Incorporate Market Risks")[186]이 이루어졌다.[187] 이후 2004년 차입자의 신용도와 무관하게 자산에 대한 위험가중치를 적용하는 '바젤 Ⅰ'을 개선하여 차입자의 신용 등급에 따라 자산에 대한 위험가중치에 차이를 두는 **'바젤 Ⅱ'**("Basel Ⅱ: International Convergence of Capital Measurement and Capital Standards: A Revised Framework")[188]가 발표되었다. 그리고 2008년 세계적 금융위기를 거치면서 나타난 바젤 Ⅱ의 문제점을 반영하여 2010년 **'바젤 Ⅲ'**("Basel Ⅲ: A Global Regulatory Framework for More Resilient Banks and Banking System")"[189]가 발표되었다. 바젤 Ⅲ는 보통주자본을 중심으로 한 자기자본의 질적 강화, 차입비율(leverage ratio)과 유동성비율 규제 등을 도입하였다.[190] 바젤은행감독위원회가 제시한 국제적인 기준은 각 나라가 의무적으로 반영해야 할 의무는 없다. 즉 '연성법'(soft law)으로서 기능한다. 우리나라는 회원국이므로 이 기준에 따라 아래에서 보는 것처럼 은행법령과 「은행업감독규정」에 반영하여 자기자본비율 규제를 실시하고 있다.

---

184) <https://www.bis.org/publ/bcbsc111.pdf>.
185) 바젤 I에 대한 자세한 논의는 고동원(1998), 175~201면.
186) <https://www.bis.org/publ/bcbs119.pdf>.
187) 개정 내용에 대한 자세한 논의는 고동원(2004), 95~128면.
188) <https://www.bis.org/publ/bcbs107.pdf>.
189) <https://www.bis.org/publ/bcbs189.pdf>.
190) 바젤 III에 대한 자세한 소개는 정신동(2011), 이장영(2011).

(3) 자기자본비율 규제 개관

1) 의의

「은행법」은 "은행은 은행업을 경영할 때 자기자본을 충실하게 하고 적정한 유동성을 유지하는 등 경영의 건전성을 확보하여야 한다"라고 규정하고 있으며(법 제34조 제1항), "은행은 경영의 건전성을 유지하기 위하여 [자본의 적정성]에 관하여 대통령령으로 정하는 바에 따라 금융위원회가 정하는 경영지도기준을 지켜야 한다"라고 규정하고 있는데(법 제34조 제2항 제1호), 시행령은 "국제결제은행의 기준에 따른 위험가중자산에 대한 자기자본비율 등 은행의 신용위험에 대응하는 자기자본의 보유 기준에 관한 사항"을 경영지도기준에 포함하도록 하고 있다(제20조 제1항 제1호). 그런데 자기자본비율에 관한 국제적인 기준은 국제결제은행이 아니라 바젤은행감독위원회가 정하고 있으므로 바젤은행감독위원회로 변경하는 것이 좋을 것이다.[191]

2) 최소 준수 자기자본비율

가) 보통주자본비율, 기본자본비율, 총자본비율

은행의 자기자본비율 규제는 경영지도기준의 하나로서 건전성 규제의 핵심 사항이 된다. 「은행업감독규정」은 경영지도 비율의 하나로서 자기자본비율의 최소 준수 비율을 규정하고 있는데, **보통주자본비율은 100분의 4.5 이상, 기본자본비율은 100분의 6 이상, 총자본비율은 100분의 8 이상을 유지**하도록 하고 있다(제26조 제1항 가목 내지 다목).

나) 자본보전완충자본

"은행의 손실 흡수 능력을 높이기 위하여 추가적으로 유지해야 하는 자본"(감독규정 제26조 제4항)인 '**자본보전완충자본**'으로서 보통주자본비율, 기본자본비율, 총자본비율에 각각 100분의 2.5를 추가한 비율로서 「은행업감독규정」 [별표 2의10](자본보전완충자본 등을 포함한 자본비율)[192]에서 정하는 자본비율을 유지해야 한다(감독규정 제26조 제4항).

---

191) 바젤은행감독위원회는 28개 회원국의 중앙은행 총재 및 금융감독기구의 장으로 구성된 회의체(forum)인데, 국제결제은행이 지원(supported by a BIS secretariat)하고 있다(https://www.bis.org/stability.htm?m=70; https://www.bis.org/bcbs/index.htm). 이에 대한 설명은 Schooner & Taylor(2010), p. 80("The BIS serves as the location for the Basel Committee on Banking Supervision…"). 따라서 국제결제은행과 바젤은행감독위원회는 다른 기구로 보아야 할 것이다.

192) [별표 2의10] 자본보전완충자본 등을 포함한 자본비율

(단위 : %)

	보통주자본비율	기본자본비율	총자본비율
2015년 이전	없음		
2016년 1월 1일 이후	5.125 + K/4	6.625 + K/4	8.625 + K/4
2017년 1월 1일 이후	5.75 + K/2	7.25 + K/2	9.25 + K/2
2018년 1월 1일 이후	6.375 + K*3/4	7.875 + K*3/4	9.875 + K*3/4
2019년 1월 1일 이후	7.0 + K	8.5 + K	10.5 + K

* K : 제26조의2 제4항에 따른 시스템적 중요 은행 추가자본과 제26조의3 제1항 및 제4항에 따른 경기대응완충자본의 합

다) 경기대응완충자본

'경기대응완충자본'으로서 위험가중자산의 100분의 0부터 2.5까지의 범위 내에서 추가적으로 부과될 수 있다(감독규정 제26조의3 제2항). 경기대응완충자본은 "신용공급에 따른 경기변동이 금융시스템 및 실물경제에 미치는 효과를 고려"하여 은행에 적립을 요구하는 추가적인 자본을 말한다(감독규정 제26조의3 제1항).

라) 금융체계상 중요한 은행의 추가 자본 적립

① 금융체계상 중요한 은행의 의의

금융감독당국은 **'금융체계상 중요한 은행'**(systemically important bank)에 대해서는 추가적인 자본의 적립을 요구할 수 있다. 금융감독당국은 은행의 규모, 다른 금융기관과의 연계성 등 국내 금융시스템에 미치는 영향력을 고려하여 금융체계상 중요한 은행을 선정해야 하는데(구조개선법 제9조의2 제1항, 감독규정 제26조의2 제1항), 「금융지주회사감독규정」 제25조의2에 따라 선정한 금융체계상 중요한 은행지주회사의 소속 자회사인 은행을 금융체계상 중요한 은행으로 선정할 수 있다(감독규정 제26조의2 제1항). 금융체계상 중요한 은행의 선정, 자체정상화계획 및 부실정리계획에 대한 자세한 논의는 제13장 제3절에서 하고 있다.

② 추가 자본의 적립

금융감독당국이 **금융체계상 중요한 은행에 대하여 적립을 요구할 수 있는 추가 자본**은 다음에서 정하는 비율 중 가장 큰 값으로 한다(감독규정 제26조의2 제4항). ①「은행업감독규정」[별표 2의12](시스템적 중요도 평가점수에 따른 시스템적 중요 은행 추가자본)에서 정하는 기준에 따른 자본비율,[193] ② 모회사인 은행지주회사에 「금융지주회사감독규정」 제25조의2에 따라 부과된 금융체계상 중요한 은행지주회사 추가자본에 해당하는 자본비율, ③ 바젤은행감독위원회가 정하는 '글로벌 시스템적 중요한 은행'(G－SIB; Global Systemically Important Banks)에 해당하는 경우 바젤은행감독위원회가 요구하는 자본비율이다(감독규정 제26조의2 제4항 제1호 내지 제3호).

3) 최소 자기자본비율을 준수하지 못한 경우 조치 사항

가) 경영개선을 위한 필요한 조치 요구

금융감독당국은 최소 준수 자기자본비율을 포함해서 경영지도기준을 충족시키지 못하는 등 경영의 건전성을 크게 해칠 우려가 있거나 경영의 건전성을 유지하기 위하여 불가피하다고 인정될 때에는 **자본금의 증액, 이익배당의 제한, 유동성이 높은 자산의 확보, 일정한 규모의 조건부자본**

193) [별표 2의12](시스템적 중요도 평가점수에 따른 시스템적 중요 은행 추가자본)

시스템적 중요도 평가 점수	시스템적 중요 은행 추가자본 (위험가중자산 대비 보통주자본 비율)
600 미만	0.0%
600 이상 1400 미만	1.0%
1400 이상	2.0%

증권의 발행·보유 등 경영개선을 위하여 필요한 조치를 요구할 수 있다(법 제34조 제4항).

구체적으로 금융감독원장은 경영실태 분석 및 평가 결과 최소 자기자본비율을 포함한 경영지도비율이 악화될 우려가 있거나 경영상 취약 부문이 있다고 판단되는 은행에 대하여 이의 개선을 위한 계획 또는 약정서를 제출하도록 하거나 해당 은행과 경영개선협약을 체결할 수 있다(감독규정 제26조 제3항 본문). 다만 구조개선법 제10조에 따른 적기시정조치로서 경영개선권고, 경영개선요구 또는 경영개선명령을 받고 있는 은행의 경우에는 적용되지 않는다(감독규정 제26조 제3항 단서).

나) 이익배당, 자사주 매입, 성과연동형 상여금의 지급의 제한 조치

은행이 자본보전완충자본을 포함한 자본비율로서 「은행업감독규정」 [별표 2의10](자본보전완충자본 등을 포함한 자본비율)에서 정하는 자본비율에 은행의 자본비율이 미달되는 경우, 「은행업감독규정」 [별표 2의11](이익배당 등의 최저 내부유보비율)[194]에 규정된 비율에 따라 이익배당(기본자본 중 임의적으로 이자를 지급 하지 않을 수 있는 자본증권의 당해 이자의 지급을 포함한다), 자사주 매입 및 성과연동형 상여금(주식보상을 포함한다)의 지급이 제한된다(감독규정 제26조 제4항).

이러한 제한 조치는 '금융체계상 중요한 은행'에게 요구되는 추가자본을 포함한 자본비율로서 「은행업감독규정」 [별표 2의10]에서 정하는 자본비율에 해당 은행의 자본비율이 미달되는 경우에도 적용된다(감독규정 제26조의2 제6항).

4) 자기자본비율의 구체적인 산정 기준

자기자본비율의 구체적인 산정 기준은 금융감독원장이 정하도록 위임하고 있다(감독규정 제26조 제2항). 자기자본비율은 은행 연결재무상태표를 기준으로 하되 연결재무상태표의 작성 방식과 자본비율의 계산 방법 등은 국제결제은행이 제시한 기준을 참작하여 정하도록 하고 있다(감독규정 제26조 제2항 단서).

이에 따라 금융감독원장이 제정한 「은행업감독업무시행세칙」은 [별표]에서 자기자본비율의 산정 기준을 규정하고 있는데, 이는 다음과 같다. ① **단순기본자본비율 산출 기준**은 [별표 3의8],

---

194) [별표 2의11](이익 배당 등의 최저 내부유보비율) 5. 2019년 1월 1일 이후

(단위 : %)

보통주비율	5.125 + K 미만	5.75 + K 미만	6.375 + K 미만	7 + K 미만	7 + K 이상
또는 기본자본비율	6.625 + K 미만	7.25 + K 미만	7.875 + K 미만	8.5 + K 미만	8.5 + K 이상
또는 총자본비율	8.625 + K 미만	9.25 + K 미만	9.875 + K 미만	10.5 + K 미만	10.5 + K 이상
최저 내부유보비율	100	80	60	40	0

② **신용리스크 위험가중자산에 대한 자기자본비율 산출 기준**(바젤 I 기준)은 [별표 3의3], ③ **신용·운영리스크 위험가중자산에 대한 자기자본비율 산출 기준**(바젤 Ⅱ 기준)은 [별표 3의4], ④ **신용·운영리스크 위험가중자산에 대한 자기자본비율 산출 기준**(바젤 Ⅲ 기준)은 [별표 3], ⑤ **신용·운영·시장리스크 위험가중자산에 대한 자기자본비율 산출 기준**은 [별표 3의2]에 각각 규정되어 있다.

자기자본비율 규제를 이해하기 위해서는 우선 그 기준이 되는 자기자본을 이해해야 하므로 자기자본의 범위에 대해서 먼저 살펴보고, 다음에 구체적인 자기자본비율 규제를 살펴본다.

2. 자기자본의 범위

(1) 자기자본의 의의

자기자본이라 함은 "국제결제은행(BIS) 기준에 따른 기본자본과 보완자본의 합계액"을 말한다(법 제2조 제1항 제5호). 여기서 "국제결제은행(BIS) 기준"은 앞서 언급한 것처럼 엄격히 말하면 바젤은행감독위원회 기준을 말한다. 「은행법」은 기본자본의 범위에 대하여 시행령과 「은행업감독규정」에서 자세히 정할 수 있도록 하고 있다(법 제2조 제2항).

(2) 기본자본과 보완자본

기본자본(core capital)은 **보통주자본과 기타기본자본**으로 나누어지는데, **보통주자본**은 "보통주 발행으로 인한 자본금·자본잉여금, 이익잉여금 등 은행의 손실을 가장 먼저 보전(補塡)할 수 있는 것"을 말하며, **기타기본자본**은 "영구적 성격을 지닌 자본증권의 발행으로 인한 자본금·자본잉여금 등으로서 은행의 손실을 보통주자본 다음의 순위로 보전할 수 있는 것"을 말한다(시행령 제1조의2 제1호). 따라서 자기자본은 납입자본금과 다르다는 것을 알 수 있다. **보완자본**(supplementary capital)은 "기본자본에 준하는 성격의 자본으로서 기본자본에 포함되지 않은 후순위채권 등 은행의 청산 시 손실을 보전할 수 있는 것"을 말한다(시행령 제1조의2 제2호).

(3) 구체적인 자기자본의 범위

「은행업감독규정」은 자기자본의 범위에 대해서 더 자세히 규정하고 있는데, 자기자본은 은행의 개별재무제표를 기준으로 보통주자본, 기타기본자본 및 보완자본에서 공제항목을 차감하여 산출한다(제2조 제1항). 해당 은행이 보유하고 있는 자기주식 등 실질적으로 자본 충실에 기여하지 아니하는 것은 자기자본에서 제외된다(시행령 제1조의2 제3호). 다만 외국은행 국내지점의 을기금은 전액 자기자본으로 인정된다(감독규정 제2조 제2항 단서). 보통주자본, 기타기본자본, 보완자본 및 공제항목의 범위는 「은행업감독규정」 [별표 1]에 규정되어 있으며(감독규정 제2조 제2항 전단), 개별 항목의 구체적인 산정 기준은 금융감독원장이 정하도록 하고 있다(감독규정 제2조 제2항 후단).

3. 단순기본자본비율

(1) 의의

단순기본자본비율의 산출 기준은 「은행업감독업무시행세칙」 [별표 3의8]이 규정하고 있다. **단순기본자본비율**은 "국제결제은행에서 정하는 레버리지비율(Leverage ratio)로서 **기본자본**(분자)을 **총위험노출액**(분모)**으로 나눈 값**"이다([별표 3의8] 4.). **은행은 단순기본자본비율을 100분의 3 이상 유지**해야 한다(감독규정 제26조 제1항 제5호).

(2) 기본자본의 범위

기본자본은 "국제결제은행의 기준에 따른 위험가중자산에 대한 자기자본비율 산출 시 정의된 기본(Tier 1)자본"을 말하는데, 「은행업감독업무시행세칙」 [별표 3](신용·운영리스크 위험가중자산에 대한 자기자본비율 산출 기준)에서 정의한 기본자본으로 하며 공제항목과 경과 규정을 고려한다([별표 3의8] 2, 6.).

(3) 총위험노출액의 범위

총위험노출액은 "국제결제은행의 기준에 따른 위험가중자산에 대한 자기자본비율 산출 시 위험에 노출된 금액으로 난내자산, 파생상품, 증권금융거래, 부외항목을 통해 산출된 익스포저의 합계"를 말하는데, "재무상태표상 익스포저, 파생상품 익스포저, 증권금융거래 익스포저, 부외항목 익스포저의 합계"로 구성되며([별표 3의8] 2, 8.), 각 항목의 자세한 사항은 [별표 3의8]에 규정되어 있다.

(4) 분기별 공시 의무

은행은 재무제표와 같이 매분기말 기준 기본자본, 총위험노출액, 단순기본자본비율을 직전 3개 분기말 자료와 함께 공시해야 한다([별표 3의8] 24.).

4. 바젤 I

(1) 의의

'바젤 I'은 **신용리스크 위험가중자산에 대한 자기자본비율**을 말하는데, 산출 기준에 대해서 「은행업감독업무시행세칙」 [별표 3의3]이 자세히 규정하고 있다. 이에 따르면, 신용리스크 위험가중자산에 대한 자기자본비율은 연결재무상태표의 자기자본 및 총자산을 기준으로 산출하며, 위험가중자산에 대한 자기자본비율 산출 시 위험 정도에 따라 신용리스크 기준 자기자본비율과 통합 리스크 기준 자기자본비율로 구분하여 산출하되, 시장리스크 기준 자기자본비율은

[별표 3의2](신용·운영·시장리스크 위험가중자산에 대한 자기자본비율 산출 기준)에 따라 산출한다([별표 3의3] 가. 자기자본비율 산출 원칙).

[별표 3의3]은 기본자본, 보완자본 및 공제항목 등 자기자본의 범위에 대해서 자세히 규정하고 있으며, 자산의 위험가중치 등 위험가중자산의 계산에 대해서도 규정하고 있다.

(2) 산정 방식

신용리스크 기준 자기자본비율의 산정 방식은 다음과 같다.

$$\text{신용리스크 기준 자기자본비율} = \frac{\text{자기자본}}{\text{위험가중자산}} \times 100$$

5. 바젤 Ⅱ

(1) 의의

'바젤 Ⅱ'인 신용·운영리스크 위험가중자산에 대한 자기자본비율 산출 기준은 「은행업감독업무시행세칙」 [별표 3의4]에 규정되어 있다. [별표 3의4]는 기본자본과 보완자본 및 공제항목 등 자기자본의 범위에 대해 자세히 규정하고 있으며, 신용리스크[195]에 대한 위험가중자산을 산출하는 방법으로 표준방법과 내부등급법을 규정하고 있고, 운영리스크[196]에 대한 위험가중자산을 산출하는 방법으로서 기초지표법, 운영표준방법, 고급측정법을 각각 규정하고 있다([별표 3의4] 3.).

(2) 산정 방식

신용·운영리스크 기준 자기자본비율(바젤 Ⅱ)은 연결재무제표를 기준으로 산출하고, 자기자본을 신용위험가중자산과 운영위험가중자산의 합계액에 리스크평가조정을 합산한 값으로 나누어 산출하는데, 그 산정 방식은 다음과 같다([별표 3의4] 2.가, 4).

$$\text{신용·운영리스크기준 자기자본비율} = \frac{\text{자기자본}}{\text{위험가중자산} + \text{리스크평가조정}} \times 100$$

$$= \frac{\text{기본자본} + \text{보완자본} - \text{공제항목}}{\text{신용위험가중자산} + \text{운영위험가중자산} + \text{리스크평가조정}} \times 100$$

여기서 자기자본은 기본자본과 보완자본을 합산한 후 공제항목을 차감하여 산출하는데,

195) '신용리스크'라 함은 "채무자의 부도, 거래상대방의 계약불이행 등 채무불이행으로 인하여 발생할 수 있는 잠재적인 경제적 손실 위험을 말한다."(「은행업감독업무시행세칙」 [별표 3의4] 3.가).

196) '운영리스크'라 함은 "부적절하거나 잘못된 내부의 절차, 인력 및 시스템 또는 외부의 사건으로 인하여 발생할 수 있는 손실 위험을 말하며 법률리스크를 포함한다."(「은행업감독업무시행세칙」 [별표 3의4] 3.나).

이 경우 공제항목은 달리 명시되지 않는 한 기본자본과 보완자본에서 각각 50%씩 차감하며, 위험가중자산은 신용위험가중자산과 운영위험가중자산을 합산하여 산출하고, 리스크평가조정은 「은행업감독업무시행세칙」 [별표 9]에서 정하는 리스크평가 등급별 위험가중치 조정 기준에 의거하여 산출한다([별표 3의4] 4.가, 나, 다).

6. 바젤 Ⅲ

(1) 의의

'바젤 Ⅲ'인 신용·운영리스크 위험가중자산에 대한 자기자본비율 산출 기준은 「은행업감독업무시행세칙」 [별표 3]이 규정하고 있다. [별표 3]은 기본자본과 보완자본 및 공제항목 등 자기자본의 범위에 대하여 자세히 규정하고 있으며, 신용위험가중자산을 산출하는 방법으로 표준방법과 내부등급법을 규정하고 있고, 운영위험가중자산 산출을 위한 표준방법의 구성 요소에 대하여 규정하고 있다.

(2) 신용·운영리스크 기준 자기자본비율(바젤 Ⅲ)의 산정 방식

신용·운영리스크 위험가중자산에 대한 자기자본비율(바젤 Ⅲ)은 자기자본을 위험가중자산과 리스크평가조정을 합산한 값으로 나누어 산출하며, 구성 항목의 범위에 따라 각각 보통주자본비율, 기본자본비율, 총자본비율을 산출하는데, 산정 방식은 다음과 같다([별표 3] 4.).

$$\text{신용·운영리스크기준 보통주자본비율} = \frac{\text{보통주자본}}{\text{신용위험가중자산} + \text{운영위험가중자산} + \text{리스크평가조정}} \times 100$$

$$\text{신용·운영리스크기준 기본자본비율} = \frac{\text{기본자본}}{\text{위험가중자산} + \text{리스크평가조정}} \times 100$$
$$= \frac{\text{보통주자본} + \text{기타기본자본}}{\text{신용위험가중자산} + \text{운영위험가중자산} + \text{리스크평가조정}} \times 100$$

$$\text{신용·운영리스크기준 총자본비율} = \frac{\text{총자본}}{\text{위험가중자산} + \text{리스크평가조정}} \times 100$$
$$= \frac{\text{보통주자본} + \text{기타기본자본} + \text{보완자본}}{\text{신용위험가중자산} + \text{운영위험가중자산} + \text{리스크평가조정}} \times 100$$

여기서 총자본은 기본자본(보통주자본과 기타기본자본의 합)과 보완자본을 합산하여 산출하는데, 공제항목의 경우 각각의 자본 범위에 맞추어 '대응공제법'[197]을 적용하여 계산하며, 위험가중자산은 신용위험가중자산과 운영위험가중자산을 합산하여 산출하고, 리스크평가조정은 「은행업감독업무시행세칙」 [별표 9]에서 정하는 리스크평가 등급별 위험가중치 조정 기준에 의거하여 산출한다([별표 3] 4.가, 나, 다).

7. 신용·운영·시장리스크 기준 자기자본비율

(1) 의의

신용·운영·시장리스크[198] 기준 자기자본비율은 「은행업감독업무시행세칙」 [별표 3의2]에 규정되어 있다. 이 자기자본비율은 연결재무상태표의 총자산에 대한 트레이딩계정(단기매매 목적 등으로 보유하는 상품의 집합을 말한다)[199] 합계액의 비율이 일별 5% 이상인 경우이거나 트레이딩계정 합계액이 일별 최대 1천억 원 이상인 은행에 적용된다([별표 3의2] 1.가).

(2) 산정 방식

신용·운영·시장리스크가 모두 반영된 통합 리스크 기준 자기자본비율은 자기자본을 위험가중자산과 리스크평가조정을 합산한 값으로 나누어 산출하며, 산정 방식은 다음과 같다([별표 3의2] 3.).

$$\text{보통주자본 비율} = \frac{\text{보통주자본}}{[\text{신용위험가중자산} - \text{트레이딩계정 상품의 신용위험가중자산}] + \text{시장위험가중자산} + \text{운영위험가중자산} + \text{하한 초과 위험가중자산} + \text{리스크평가 조정}}$$

$$\text{기본자본 비율} = \frac{\text{보통주자본} + \text{기타기본자본}}{[\text{신용위험가중자산} - \text{트레이딩계정 상품의 신용위험가중자산}] + \text{시장위험가중자산} + \text{운영위험가중자산} + \text{하한 초과 위험가중자산} + \text{리스크평가 조정}}$$

$$\text{총자본비율} = \frac{\text{보통주자본} + \text{기타기본자본} + \text{보완자본}}{[\text{신용위험가중자산} - \text{트레이딩계정 상품의 신용위험가중자산}] + \text{시장위험가중자산} + \text{운영위험가중자산} + \text{하한 초과 위험가중자산} + \text{리스크평가 조정}}$$

197) '대응공제법'이란 "은행이 투자한 자본증권을 동 은행이 발행하였다고 가정하였을 때 분류되는 자본의 구성(보통주자본, 기타기본자본, 보완자본)에서 동 증권을 차감하는 방법"을 말한다(「은행업감독업무시행세칙」 [별표 3] 3.거).

198) '시장리스크'란 "시장가격의 비우호적인 변동으로 인하여 은행 난내·외 익스포져에서 손실이 발생하는 리스크"를 말한다(「은행업감독업무시행세칙」 [별표 3의2] 3.가(1)).

199) 트레이딩계정 합계액은 다음에 따라 산출한다. ① 단기매매항목으로 분류된 유가증권: 시가평가액, ② 차입유가증권: 시가평가액, ③ 장내파생상품: 재무상태표상 "기타 예치금" 중 관련 "증거금," ④ 장외파생상품: 재무상태표상 "파생상품평가자산"과 "파생상품평가부채"의 절댓값의 합계, ⑤ 기타: 공정가액(「은행업감독업무시행세칙」 [별표 3의2] 각주 1]).

자기자본은 보통주자본, 기타기본자본 및 보완자본으로 구분되어 각각 「은행업감독업무시행세칙」 [별표 3]에서 정하는 항목 및 요건에 따르며, 자기자본 산출의 경우 총자본은 보통주자본, 기타기본자본 및 보완자본의 합에서 [별표 3]에서 정하는 공제항목을 차감하여 산출하되, 공제항목은 달리 명시되지 않는 한 보통주자본에서 차감하는 것으로 한다([별표 3의2] 3.다).

위험가중자산은 조정 신용위험가중자산, 시장위험가중자산 및 운영위험가중자산을 합산한 것으로 한다. 조정 신용위험가중자산은 「은행업감독업무시행세칙」 [별표 3]의 신용리스크 산출 기준에 따라 산출한 위험가중자산에서 [별표 3의2] 제2장에 규정된 트레이딩계정으로 분류되는 상품의 위험가중자산을 차감하여 산출한다([별표 3의2] 3.가). 시장위험가중자산은 [별표 3의2] 제5장에 규정된 시장리스크 산출 기준에 따라 산출하는데, 표준방법(바젤은행감독위원회가 제시하는 시장리스크 소요자기자본[200]에 대한 표준화된 산출 방법)과 간편법(트레이딩계정이 소규모이거나 단순한 은행에 대하여 허용되는 시장리스크 소요자기자본에 대한 간편한 산출 방법)이 있다([별표 3의2] 3.가). 운영위험가중자산은 [별표 3]의 운영리스크 산출 기준에 따라 산출한다([별표 3의2] 3.가).

리스크평가조정은 [별표 9]에서 정하는 리스크평가 등급별 위험가중치 조정 기준에 따라 산출한다([별표 3의2] 3.나).

Ⅲ. 자산건전성 분류 기준 규제

1. 서설

은행의 재무건전성 규제 중의 하나로서 자산건전성 분류 기준 규제가 있다. 「은행법」은 "은행은 은행업을 경영할 때 자기자본을 충실하게 하고 적정한 유동성을 유지하는 등 경영의 건전성을 확보하여야 한다."라고 규정하고 있으며(법 제34조 제1항), "은행은 경영의 건전성을 유지하기 위하여 [자산의 건전성]에 관하여 대통령령으로 정하는 바에 따라 금융위원회가 정하는 경영지도기준을 지켜야 한다."라고 규정하고 있는데(법 제34조 제2항 제2호), 시행령은 "대출채권 등 은행이 보유하는 자산의 건전성 분류 기준에 관한 사항"을 경영지도기준에 포함하고 있다(제20조 제1항 제2호). 자산건전성 분류 기준의 구체적인 사항은 「은행업감독규정」 제27조 및 [별표 3](자산건전성 분류 기준)이 규정하고 있다.

200) 소요자기자본은 "위험가중자산 대비 총자본비율이 최저기준(8%)을 준수하기 위하여 요구되는 자기자본의 규모를 말하며, 위험가중자산에 8%를 곱하여 산출한다"(「은행업감독업무시행세칙」 [별표 3] 3.차).

2. 자산건전성 분류 기준의 대상 자산 범위

자산건전성 분류 기준의 대상이 되는 '보유자산 등'의 범위에는 "① 명칭 등 형식에 불구하고 경제적 실질이 이자 수취 등을 목적으로 반환을 약정하고 자금을 대여하여 발생한 대출채권 및 지급보증대지급금 등의 구상채권(求償債權), ② 주(主)채무가 확정된 지급보증, ③ 유가증권, ④ 리스자산, ⑤ 가지급금 및 미수금, ⑥ 미수이자, ⑦ 그 밖에 은행이 건전성 분류가 필요하다고 인정하는 자산 등"이 포함되며, 신탁계정 및 종합금융계정(어음관리계좌 운용자산을 포함한다)의 해당 자산 등을 포함한다(감독규정 제28조).

3. 자산건전성 분류 단계별 정의

은행은 정기적으로 차입자의 채무 상환능력과 금융거래 내용 등을 고려하여 '보유자산 등'의 건전성을 **정상, 요주의, 고정, 회수의문, 추정손실의 5단계**로 분류하도록 하고 있는데(감독규정 제27조 제2항), 각각의 정의는 [별표 3](자산건전성 분류 기준)에 규정되어 있다. 그 내용은 다음과 같다.

(1) 정상

"경영내용, 재무상태 및 미래현금흐름 등을 감안할 때 채무상환능력이 양호하여 채권회수에 문제가 없는 것으로 판단되는 거래처(정상거래처)에 대한 자산"을 말한다.

(2) 요주의

다음의 어느 하나에 해당하는 자산을 말한다.

① 경영내용, 재무상태 및 미래현금흐름 등을 감안할 때 채권회수에 즉각적인 위험이 발생하지는 않았으나 향후 채무상환능력의 저하를 초래할 수 있는 잠재적인 요인이 존재하는 것으로 판단되는 거래처(요주의거래처)에 대한 자산

② 1월 이상 3월 미만 연체대출채권을 보유하고 있는 거래처에 대한 자산

(3) 고정

다음의 어느 하나에 해당하는 자산을 말한다.

① 경영내용, 재무상태 및 미래현금흐름 등을 감안할 때 채무상환능력의 저하를 초래할 수 있는 요인이 현재화되어 채권회수에 상당한 위험이 발생한 것으로 판단되는 거래처(고정거래

처)에 대한 자산

② 3월 이상 연체대출채권을 보유하고 있는 거래처에 대한 자산 중 회수예상가액 해당 부분

③ 최종 부도 발생, 청산·파산절차 진행 또는 폐업 등의 사유로 채권회수에 심각한 위험이 존재하는 것으로 판단되는 거래처에 대한 자산 중 회수예상가액 해당 부분

④ “회수의문거래처” 및 “추정손실거래처”에 대한 자산 중 회수예상가액 해당 부분

(4) 회수의문

다음의 어느 하나에 해당하는 자산을 말한다.

① 경영내용, 재무상태 및 미래현금흐름 등을 감안할 때 채무상환능력이 현저히 악화되어 채권회수에 심각한 위험이 발생한 것으로 판단되는 거래처(회수의문거래처)에 대한 자산 중 회수예상가액 초과 부분

② 3월 이상 12월 미만 연체대출채권을 보유하고 있는 거래처에 대한 자산 중 회수예상가액 초과 부분

(5) 추정손실

다음의 어느 하나에 해당하는 자산을 말한다.

① 경영내용, 재무상태 및 미래현금흐름 등을 감안할 때 채무상환능력의 심각한 악화로 회수불능이 확실하여 손실처리가 불가피한 것으로 판단되는 거래처(추정손실거래처)에 대한 자산 중 회수예상가액 초과 부분

② 12월 이상 연체대출채권을 보유하고 있는 거래처에 대한 자산중 회수예상가액 초과 부분

③ 최종 부도 발생, 청산·파산절차 진행 또는 폐업 등의 사유로 채권회수에 심각한 위험이 존재하는 것으로 판단되는 거래처에 대한 자산 중 회수예상가액 초과 부분

4. 자산건전성 분류 및 대손충당금 적립 기준

(1) 정기적인 자산건전성 분류 및 대손충당금 등 적립 의무

은행은 정기적으로 ‘보유자산 등’의 건전성을 정상, 요주의, 고정, 회수의문, 추정손실의 5단계로 분류하고, 적정한 수준의 **대손충당금**(貸損充當金) 등(지급보증충당금, 미사용약정충당금 및 대손준비금을 포함한다)을 적립·유지하여야 한다(감독규정 제27조 제1항).

(2) 자산건전성 분류 기준 및 대손충당금 등 적립 기준 설정 의무

은행은 자산건전성 분류 및 대손충당금 등 적립을 위하여 「은행업감독규정」 [별표 3](자

산건전성 분류 기준) 및 제29조에서 정하는 대손충당금 등 적립 기준을 반영하여 차입자의 채무 상환 능력 평가 기준을 포함한 자산건전성 분류 기준 및 대손충당금 등 적립 기준을 설정하여야 한다(감독규정 제27조 제2항).

(3) 독립된 여신감리 기능 유지 등 내부통제 체제 구축 운영 의무

은행은 자산건전성 분류 및 대손충당금 등 적립의 적정성·객관성 확보를 위하여 독립된 여신감리(credit review) 기능을 유지하는 등 필요한 내부통제 체제를 구축·운영하여야 한다(감독규정 제27조 제3항).

(4) 부실자산 조기 상각 의무

은행은 회수의문 또는 추정손실로 분류된 **부실자산**(non－performing assets)을 **조기에 상각**하여 자산의 건전성을 확보하여야 한다(감독규정 제27조 제4항).

Ⅳ. 유동성비율 규제

1. 의의

은행의 재무건전성 규제의 하나로서 **유동성비율 규제**도 있다. 「은행법」은 "은행은 은행업을 경영할 때 자기자본을 충실하게 하고 적정한 유동성을 유지하는 등 경영의 건전성을 확보하여야 한다."라고 규정하고 있으며(법 제34조 제1항), "은행은 경영의 건전성을 유지하기 위하여 [유동성]에 관하여 대통령령으로 정하는 바에 따라 금융위원회가 정하는 경영지도기준을 지켜야 한다."라고 규정하고 있는데(법 제34조 제2항 제3호), 시행령은 "유동성부채에 대한 유동성자산의 보유 기준에 관한 사항"을 경영지도기준에 포함하고 있다(제20조 제1항 제2호).

2. 유동성커버리지비율 규제

유동성비율 규제에 대하여는 「은행업감독규정」 제26조가 자세히 규정하고 있다. 은행은 향후 30일간 **순현금유출액에 대한 고유동성자산의 비율**(이를 "유동성커버리지비율"이라 한다)을 **100분의 100 이상**(외국은행지점의 경우에는 100분의 60 이상) 유지해야 하는데, 다만 금융위원회가 급격한 경제 여건의 변화 또는 국민생활 안정 목적 등 불가피한 사유가 있다고 인정하여 6개월 이내의 기간을 정하는 경우 100분의 100 미만에서 금융위원회가 정하는 비율 이상을 유지하면 된다(감독규정 제26조 제1항 제2호).

제3절

경영건전성 규제

Ⅰ. 서설

「은행법」은 은행의 경영건전성을 유지하기 위해서 동일 개인이나 법인 등에 대한 신용공여 한도와 동일차주(同一借主)에 대한 신용공여 한도 규제 및 거액 신용공여 한도 규제 등 신용공여 한도를 규제하고 있다. 특히 대주주에 해당하면 더 엄격한 신용공여 제한이나 대주주 발행 지분증권의 취득 한도 규제 및 대주주의 은행에 대한 부당한 영향력 행사 금지 등 대주주와 거래에 대한 규제가 가해지고 있다. 그 밖의 경영건전성 규제로서 증권 투자 한도, 비업무용 부동산의 소유 금지, 업무용 부동산 소유 제한, 당해 은행 주식 담보 대출 금지, 해당 은행 주식 매입 목적의 자금 대출 금지, 해당 은행의 임직원에 대한 대출 제한 등의 은행 업무와 관련된 규제를 하고 있다. 이외에 경영정보 공시에 대한 규제도 있다.

Ⅱ. 신용공여 한도 규제

1. 의의

「은행법」은 은행의 건전성을 유지하기 위해서 **신용공여 한도 규제**를 하고 있다. 3가지 경우를 규정하고 있는데, ① 동일 개인이나 법인에 대한 신용공여 한도 규제, ② **'동일차주'**(同一借主)에 대한 신용공여 한도 규제, ③ 거액 신용공여 한도 규제이다(법 제35조). 이를 이해하기 위해서는 우선 (i) '신용공여'의 범위, (ii) 신용공여 한도 기준이 되는 '자기자본'의 범위, (iii) '동일차주'의 개념을 이해해야 한다. 이외에도 정부대행기관에 대한 대출 규제도 하고 있다.

(1) 신용공여의 범위

신용공여란 "대출, 지급보증 및 유가증권의 매입(자금지원적 성격인 것만 해당한다), 그 밖에 금융거래상의 신용위험이 따르는 은행의 직접적·간접적 거래"를 말한다(법 제2조 제1항 제7호). 지급보증 등을 포함하고 있어 대출보다 범위가 넓은 개념이다. 「은행법」은 신용공여의 범위에 대해서 시행령이 자세히 정할 수 있도록 하고 있는데(법 제2조 제2항), "① 대출, ② 지급보증, ③ 지급보증에 따른 대지급금(代支給金)의 지급, ④ 어음 및 채권의 매입, ⑤ 그 밖에 거래 상대방의 지급불능 시 이로 인하여 은행에 손실을 끼칠 수 있는 거래, ⑥ 은행이 직접적으로 ①부터 ⑤까지에 해당하는 거래를 한 것은 아니나 실질적으로 그에 해당하는 결과를 가져올 수 있는 거래"를 신용공여의 범위로 규정하고 있다(시행령 제1조의3 제1항). 다만 금융감독당국은 "(i) 은행에 손실을 끼칠 가능성이 매우 적은 것으로 판단되는 거래 또는 (ii) 금융시장에 미치는 영향 등 해당 거래의 상황에 비추어 신용공여의 범위에 포함시키지 아니하는 것이 타당하다고 판단되는 거래"에 대해서는 이를 신용공여의 범위에서 제외시킬 수 있다(시행령 제1조의3 제2항). 자세한 신용공여의 범위는 「은행업감독규정」 [별표 2]에 규정되어 있다.

(2) 자기자본의 범위

자기자본의 범위는 앞서 자기자본비율 규제에서 논의한 자기자본의 범위와 같다.

(3) 동일차주

「은행법」은 "**동일한 개인·법인 및 그 개인·법인과 대통령령으로 정하는 신용위험을 공유하는 자**"를 '**동일차주**'라고 정의하고 있는데(법 제35조 제1항), "대통령령으로 정하는 신용위험을 공유하는 자"는 공정거래법 제2조 제11호에 따른 기업집단에 속하는 회사를 말한다(시행령 제20조의4). 즉 동일차주란 기업집단을 말하게 된다. '동일차주'라고 해서 마치 하나의 개인이나 법인으로 오해할 수 있으나, 의미는 그렇지 않다. '기업집단'이라는 용어로 변경할 필요가 있다.

2. 동일 개인 또는 법인에 대한 신용공여 한도 규제

(1) 신용공여 한도

은행은 동일한 개인이나 법인 각각에 대하여 그 은행의 자기자본의 100분의 20을 초과하는 신용공여를 할 수 없다(법 제35조 제3항 본문).

(2) 예외 사유

「은행법」은 예외 사유를 규정하고 있다. 즉 ① "국민경제를 위하여 또는 은행의 채권 확보의 실효성을 높이기 위하여 필요한 경우" 또는 ② "은행이 추가로 신용공여를 하지 아니하였음에도 불구하고 자기자본의 변동, 동일차주 구성의 변동 등으로 인하여 한도를 초과하게 되는 경우"에는 예외가 된다(법 제35조 제3항 단서).

시행령이 그러한 사유를 자세히 규정하고 있는데, ①의 사유에 해당하는 경우는 "(i) 채무자회생파산법에 따른 회생절차가 진행 중이거나 기업구조조정 등을 위하여 은행 공동으로 경영 정상화를 추진 중인 회사에 대하여 추가로 신용공여를 하는 경우, (ii) 위 (i)에 해당하는 회사를 인수한 자에 대하여 인수계약에서 정하는 바에 따라 추가로 신용공여를 하는 경우, 또는 (iii) 사회기반시설사업의 추진 등 산업 발전 또는 국민생활 안정을 위하여 불가피하다고 금융위원회가 인정하는 경우"가 해당한다(시행령 제20조의5 제1항).

그리고 ②의 사유에 해당하는 경우는 "(i) 환율 변동에 따라 원화 환산액이 증가한 경우, (ii) 해당 은행의 자기자본이 감소한 경우, (iii) 동일차주(同一借主)의 구성에 변동이 있는 경우, (iv) 신용공여를 받은 기업 간의 합병 또는 영업의 양도·양수가 있는 경우, 또는 (v) 그 밖에 급격한 경제 여건의 변화 등 불가피한 사유로 은행의 귀책사유 없이 신용공여 한도를 초과하였다고 금융위원회가 인정하는 경우"가 해당한다(시행령 제20조의5 제2항).

또한 ②의 사유에 해당하여 한도를 초과하는 경우에는 그 한도가 초과하게 된 날부터 1년 이내에 규정된 한도에 맞도록 하여야 한다(법 제35조 제2항 본문). 다만 대통령령으로 정하는 부득이한 사유에 해당하는 경우에는 금융위원회가 기간을 정하여 연장할 수 있다(법 제35조 제2항 단서). 그러한 사유는 "(i) 이미 제공한 신용공여의 기한이 도래하지 아니하여 기간 내에 회수가 곤란한 경우, (ii) 환율 변동에 따라 원화 환산액이 증가한 사유나 해당 은행의 자기자본이 감소한 사유가 장기간 지속되고 해당 신용공여를 회수할 경우 신용공여를 받은 자의 경영 안정을 크게 해칠 우려가 있는 경우, 또는 (iii) 그 밖에 (i)이나 (ii)에 준하는 경우로서 한도 초과 상태가 일정 기간 계속되어도 해당 은행의 자산건전성을 크게 해치지 아니한다고 금융위원회가 인정하는 경우"이다(시행령 제20조의6).

3. 동일차주에 대한 신용공여 한도

(1) 신용공여 한도

은행은 동일차주에 대하여 그 은행의 자기자본의 100분의 25를 초과하는 신용공여를 할 수 없다(법 제35조 제1항 본문).

(2) 예외 사유

위의 2.의 동일한 개인 또는 법인에 대한 신용공여 한도의 예외 사유가 여기에도 적용되어 그러한 사유에 해당하면 한도 초과를 할 수 있다(법 제35조 제1항 단서). 또한 은행 자기자본의 변동이나 동일차주 구성의 변동 등으로 인하여 한도를 초과하게 되는 경우 한도 초과 사유를 해소해야 하는 기간 및 기간 연장 사유도 위 2.에서 설명한 내용이 동일하게 적용된다(법 제35조 제2항).

4. 거액 신용공여 한도

(1) 신용공여 한도

은행은 동일한 개인이나 법인 또는 동일차주 각각에 대한 은행의 신용공여가 그 은행의 자기자본의 100분의 10을 초과하는 **거액 신용공여**인 경우 총 합계액은 그 은행의 자기자본의 5배를 초과할 수 없다(법 제35조 제4항 본문).

(2) 예외 사유

다만 위의 2.의 동일한 개인 또는 법인에 대한 신용공여 한도의 예외 사항도 여기에 적용되어 이러한 예외 사항에 해당하는 경우에는 한도를 초과할 수 있다(법 제35조 제4항 단서). 또한 은행 자기자본의 변동이나 동일차주 구성의 변동 등으로 인하여 한도를 초과하게 되는 경우에 한도 초과 사유를 해소해야 하는 기간 및 기간 연장 사유도 위 2.에서 설명한 내용이 동일하게 적용된다(법 제35조 제2항).

5. 정부대행기관에 대한 대출 규제

은행이 「한국은행법」에 따른 정부대행기관에게 대출을 할 때는 정부가 그 대출 원리금의 상환을 보증한 경우에만 할 수 있도록 해서(법 제36조) 제한하고 있다. 「한국은행법」에 따른 정부대행기관은 "생산·구매·판매 또는 배급에 있어서 정부를 위하여 공공의 사업 또는 기능을 수행하는 법인으로서 정부가 지정한 법인"을 말한다(제77조 제2항). 정부대행기관은 기획재정부장관이 관계부처의 장과 협의한 후 국무회의의 심의를 거쳐 대통령의 승인을 얻어 지정하며, 지정 취소도 마찬가지의 절차를 거쳐야 한다(「한국은행법 시행령」 제15조 제1항). 이렇게 지정된 정부대행기관으로는 농업협동조합중앙회의 비료사업부문이 있다(1961. 10. 23. 재무부고시 제256호).[201]

그리고 다른 법률에서 정부대행기관으로 지정된 경우는 「한국자산관리공사 설립 등에 관한 법률」에 따라 설치된 '부실채권정리기금'(법 제39조 제3항)과 '구조조정기금'(법 제39조 제3항)이 있다. 이 법률은 부실채권정리기금과 구조조정기금이 한국은행으로부터 자금을 차입하는 경우에 「한국은행법」 제77조 제2항에 따른 정부대행기관으로 지정된 것으로 간주하는 조항을 두고 있다.

---

201) 한국은행 법규실(2012), 315~316면.

Ⅲ. 은행의 대주주와 거래 규제

은행의 대주주에 해당하면 신용공여 제한이나 당해 은행에 대한 부당한 영향력 행사 금지 등 여러 규제를 받는다.

1. 대주주의 정의

대주주가 되는 경우는 다음과 같이 3가지이다(법 제2조 제1항 제10호 가목, 나목).

① 당해 주주 1인을 포함한 동일인이 전국은행의 의결권 있는 발행 주식 총수의 10%, 지방은행의 경우는 15%를 각각 초과하여 보유하는 경우의 당해 주주 1인
② 당해 주주 1인을 포함한 동일인이 전국은행(지방은행은 적용되지 않는다)의 의결권 있는 발행 주식 총수의 4%를 초과하여 보유하면서 그 동일인이 최대주주가 되는 경우의 당해 주주 1인
③ 당해 주주 1인을 포함한 동일인이 전국은행(지방은행은 적용되지 않는다)의 의결권 있는 발행 주식 총수의 4%를 초과하여 보유하면서 그 동일인이 대통령령으로 정하는 바에 따라 임원을 임면하는 등의 방법으로 그 은행의 주요 경영사항에 대하여 사실상 영향력을 행사하는 자인 경우의 당해 주주 1인

'동일인'의 범위는 앞서 제3장 은행 주식 보유 한도 규제에서 설명한 내용이 해당된다. 그리고 대통령령으로 정하는 "은행의 주요 경영사항에 대하여 사실상 영향력을 행사하는 자"는 다음의 어느 하나에 해당하는 자를 말한다(시행령 제1조의6 제1항 제1호, 제2호).

(i) 단독으로 또는 다른 주주와의 합의·계약 등으로 은행장 또는 이사의 과반수 이상을 선임한 주주
(ii) 경영전략·조직변경 등 주요 의사결정이나 업무집행에 지배적인 영향력을 행사한다고 인정되는 자로서 금융위원회가 지정한 자

대주주 정의에서 유의할 점은 동일인이 대주주가 되는 것이 아니고 특정 주주만이 대주주에 해당한다는 점이다. 앞서 본 한도초과보유주주의 경우에는 동일인이 그 대상이 된다는 점과 차이가 있다.

그리고 ①의 경우는 「은행법」 제15조 제3항에 따라 은행 주식을 취득한 금융주력자(금융주력자인 기관전용 사모집합투자기구와 투자목적회사도 포함하게 될 것이다)뿐만 아니라 「은행법」 제16조의2 제3항에 따라 비금융주력자이면서 금융주력자와 마찬가지로 「은행법」 제15조 제1

항의 적용을 받아 한도 초과 보유를 할 수 있는 비금융주력자도 해당된다.

②와 ③의 경우는 금융주력자 및 일정한 요건을 충족하는 비금융주력자에 한정될 것이다. 비금융주력자의 경우를 살펴보면, 「은행법」 제16조의2 제3항에 따라 금융주력자와 마찬가지로 「은행법」 제15조 제1항의 적용을 받아 전국은행의 주식을 보유할 수 있는 비금융주력자가 해당한다. 즉 이러한 비금융주력자가 「은행법」 제15조 제1항의 적용을 받아 전국은행의 의결권 있는 주식을 4% 초과하여 10%까지 보유하는 경우에는 사후 보고만으로 취득할 수 있는데(법 제15조 제2항 제1호), 이러한 경우가 해당한다. 이를 제외하고 비금융주력자가 4% 초과해서 의결권 있는 주식을 보유할 수 있는 경우는 「은행법」 제16조의2 제2항에 따라 의결권을 행사하지 않는 조건으로 해서 전국은행의 의결권 있는 주식 4%를 초과해서 10%까지 보유할 수 있는 경우를 생각할 수 있는데, 이러한 경우에는 4% 초과 보유하는 주식은 의결권 있는 주식의 계산에서 제외되므로(법 제2조 제1항 제10호 나목), 이러한 경우는 해당되지 않을 것이다.

그런데 ②와 ③의 경우는 지방은행은 제외하고 있어서 지방은행의 의결권 있는 주식 4%를 초과해서 15%까지 보유하고 있는 금융주력자나 비금융주력자는 그 동일인이 최대주주가 되거나 은행의 주요 경영사항에 대하여 사실상 영향력을 행사하더라도 대주주의 범위에 해당하지 않아 규제를 받지 않게 되는데, 이러한 입법이 맞는지 의문이다. 지방은행도 대상이 되도록 해야 할 것이다.

2. 대주주에 대한 신용공여 제한

「은행법」 제35조의2는 은행의 대주주에 대한 신용공여 제한을 하고 있는데, 그 범위에 대주주의 국외 현지법인을 제외한 특수관계인도 포함하므로 사실상 동일인에 대한 신용공여 한도 제한이 된다.

(1) 개별 대주주에 대한 신용공여 제한

개별 대주주에 대한 신용공여를 제한하고 있다. 은행이 대주주(국외 현지법인을 제외한 특수관계인을 포함한다)에게 할 수 있는 신용공여는 그 은행 자기자본의 100분의 25 범위에서 대통령령으로 정하는 비율(100분의 25이다. 시행령 제20조의7 제1항)에 해당하는 금액과 그 대주주의 해당 은행에 대한 출자비율에 해당하는 금액 중 적은 금액을 초과할 수 없다(법 제35조의2 제1항). 대주주의 해당 은행에 대한 출자비율에 해당하는 금액은 대주주가 보유하는 해당 은행의 의결권 있는 발행주식 총수를 해당 은행의 의결권 있는 발행주식 총수로 나눈 비율에 해당 은행의 자기자본을 곱한 금액으로 한다(시행령 제20조의7 제2항).

(2) 전체 대주주에 대한 신용공여 제한

은행이 그 은행의 전체 대주주(국외 현지법인을 제외한 특수관계인을 포함한다)에게 할 수 있는 신용공여는 그 은행 자기자본의 100분의 25 범위에서 대통령령으로 정하는 비율(100분의 25이다. 시행령 제20조의7 제3항)에 해당하는 금액을 초과할 수 없다(법 제35조의2 제2항). 대주주가 여러 있는 경우에 적용된다.

(3) 교차 신용공여 금지

은행은 개별 대주주 및 전체 대주주에 대한 신용공여 한도를 회피하기 위한 목적으로 다른 은행과 교차하여 신용공여를 하여서는 아니 된다(법 제35조의2 제3항).

(4) 대주주의 다른 회사 출자 지원 목적의 신용공여 금지

은행은 당해 은행의 대주주의 다른 회사에 대한 출자를 지원하기 위한 신용공여를 해서는 안 된다(법 제35조의2 제7항).

(5) 은행에 불리한 조건의 거래 금지

은행은 당해 은행의 대주주에게 자산을 무상으로 양도하거나 통상의 거래 조건에 비추어 당해 은행에 현저하게 불리한 조건으로 매매 또는 교환하거나 신용공여를 해서는 아니 된다(법 제35조의2 제8항). 여기서 대주주의 범위에는 그 특수관계인 중에서 「상속세 및 증여세법」 제16조 제1항에 따른 비영리법인·조합 또는 단체에 해당하고 양도 또는 매매 등이 금융위원회가 정하여 고시하는 기준을 준수하는 경우에는 제외된다(시행령 제20조의7 제8항).

(6) 이사회 의결 사항

1) 의의

은행은 그 은행의 대주주에 대하여 대통령령으로 정하는 금액 이상의 신용공여(대통령령으로 정하는 거래를 포함한다)를 하려는 경우에는 미리 이사회의 의결을 거쳐야 한다(법 제35조의2 제4항 전단). 이 경우 이사회는 재적이사 전원의 찬성으로 의결한다(법 제35조의2 제4항 후단). “대통령령으로 정하는 금액”이란 단일 거래 금액이 자기자본의 0.001%에 해당하는 금액 또는 50억 원 중 적은 금액을 말한다(시행령 제20조의7 제5항). “대통령령으로 정하는 거래”란 자본시장법 제9조 제7항 및 제9항에 따른 모집 또는 매출의 방법으로 발행되는 사채권을 취득하는 거래를 말한다(시행령 제20조의7 제6항).

2) 재적이사 전원 찬성 요건의 완화 필요성

여기서 재적이사 전원의 찬성을 요구하는 문제에 대하여 생각해볼 필요가 있다. 이해관계가 큰 대주주와 거래 관계에서 투명성을 확립하는 등 공정한 거래를 확보하기 위해서 보다 강화된 이사회 의결 요건을 두고 있는 것으로 이해되지만, 기본적으로 합의체 의사결정기구로서 이사회 운영 원칙에는 반한다고 볼 여지가 있다. 이사회는 주식회사의 합의체 의사결정기구로서 원칙적으로 이사 과반수의 출석과 출석이사 과반수의 찬성으로 결정하며(「상법」 제391조 제1항 본문), 예외적으로 정관에 규정함으로써 의결 요건을 더 강화할 수는 있다(「상법」 제391조 제1항 단서). 문제는 이사 전원의 찬성을 얻도록 하는 강화된 요건이 과연 가능한지 여부인데, 이에 대해서는 정관으로 이사회의 결의 요건을 이사 전원의 과반수로 하거나 이사 전원의 4분의 3 이상 등으로 강화하는 것은 가능할 것이나, 일부 이사에게 거부권을 주는 정도로 의결 요건을 강화하는 것은 합의체 의사결정기구의 성격에 반한다고 본다.[202]

따라서 대주주와 신용공여 거래 시 필요한 이사회의 의결 요건을 출석 또는 재적 이사의 4분의 3 이상 등과 같이 상향 조정하는 것은 몰라도 재적이사 전원의 찬성을 요구하는 것은 이사회의 기본 운영 원칙에 반할 가능성이 있다. 설령 이사회 의결 요건을 재적이사 전원의 찬성으로 강화하는 것이 정관이 아닌 법률에 근거하더라도 합의체 의사결정기구인 이사회 운영 원칙과 충돌하므로 바람직한 입법 방향은 아니다.

특히 실무상으로도 재적이사 전원 찬성의 의결 요건은 이사회 운영의 효율성을 저해하는 측면도 있다. 실무적으로 재적이사 전원이 참석하는 이사회를 개최하는 것이 쉽지 않고, 이사회의 과반수를 차지하는 사외이사(지배구조법 제12조 제2항)가 이사회에 참여하여 경영진 및 대주주를 견제할 수 있으므로, 대주주에 대한 신용공여 거래에 대하여 충분히 규제할 수 있다. 굳이 재적이사 전원이 찬성하는 이사회 의결을 얻도록 할 필요가 있는지 의문이다. 결의 요건을 재적이사 3분의 2 이상으로 완화하는 것을 검토할 필요가 있다.

(7) 공시 의무

은행은 그 은행의 대주주에 대하여 대통령령으로 정하는 금액 이상의 신용공여를 한 경우에는 지체 없이 그 사실을 금융감독당국에 보고하고 정보게시판(인터넷 홈페이지) 등을 이용하여 공시하여야 한다(법 제35조의2 제5항). "대통령령으로 정하는 금액"이란 단일 거래 금액이 자기자본의 0.001%에 해당하는 금액 또는 50억 원 중 적은 금액을 말한다(시행령 제20조의7 제5항). 또한 은행은 그 은행의 대주주에 대한 신용공여에 관한 사항을 대통령령으로 정하는 바에 따라 분기별로 정보게시판(인터넷 홈페이지) 등을 이용하여 공시하여야 한다(법 제35조의2 제6항). 즉 은행은 매 분기 말 현재 대주주에 대한 신용공여 규모, 분기 중 신용공여의 증감액, 신용공여의 거래 조건, 그 밖에 금융위원회가 정하여 고시하는 사항을 매 분기가 지난 후 1개월

202) 같은 견해로서 이철송(2023), 713면(특히 이사 과반수 출석에 전원 동의를 요구하는 것은 무효라고 한다); 정찬형(2015), 934면.

이내에 공시하여야 한다(시행령 제20조의7 제7항).

3. 대주주가 발행한 지분증권의 취득 한도

(1) 의의

「은행법」 제35조의3은 은행이 대주주가 발행한 지분증권을 일정한 한도를 초과하여 취득하는 것을 금지하고 있다. 은행이 대주주의 지분증권을 유리한 조건으로 취득해서 대주주에게 이익을 제공할 가능성이 있어 이를 막기 위한 조치이다. 또한 대주주가 발행한 부실 지분증권을 은행이 취득한 경우 은행의 건전성에도 위협이 될 수 있는 문제점이 발생할 수 있다. 그 내용은 다음과 같다.

(2) 대주주 지분증권 취득 한도

1) 취득 한도

은행은 자기자본의 100분의 1의 범위에서 대통령령으로 정하는 비율(100분의 1이다. 시행령 제20조의8 제1항)에 해당하는 금액을 초과하여 그 은행의 대주주(「은행법」 제37조 제2항에 따른 자회사 등을 제외한 특수관계인을 포함한다)가 발행한 지분증권(자본시장법 제4조 제4항에 따른 지분증권을 말한다)을 취득하는 것이 금지된다(법 제35조의3 제1항 본문). 금융감독당국은 지분증권의 취득 한도 내에서 지분증권의 종류별로 취득 한도를 따로 정할 수 있다(법 제35조의3 제2항).

2) 신탁업에 따른 대주주 지분증권 취득 한도와 예외

은행이 신탁업을 영위하면서 대주주 발행 지분증권을 취득하는 것도 은행이 고유계정으로 취득하는 것과 마찬가지로 취득 한도에 포함된다(법 제35조의3 제1항 본문). 다만 은행이 위탁자(위탁자가 지정하는 자를 포함한다)가 신탁재산인 금전의 운용 방법을 지정하는 신탁, 즉 특정금전신탁에 의하여 지분증권을 취득하는 것은 지분증권의 취득으로 보지 아니한다(시행령 제20조의8 제2항).

3) 취득 한도의 예외

은행지주회사(「금융지주회사법」 제2조 제1항 제5호)의 자회사 등(「금융지주회사법」 제4조 제1항 제2호에 따른 자회사 등)인 은행이 그 은행지주회사의 다른 자회사 등이 업무집행사원인 기관전용 사모집합투자기구에 출자하는 경우에는 대주주 발행 지분증권 취득 한도 제한이 적용되지 않는다(법 제35조의3 제1항 단서).

(3) 대주주가 된 자의 한도 초과 지분증권 처분 의무

은행의 대주주가 아닌 자가 새로 대주주가 됨에 따라 은행이 대주주 발행 지분증권 취득 한도를 초과하게 되는 경우 그 은행은 대통령령으로 정하는 기간(1년이다. 시행령 제20조의8 제3

항) 이내에 한도를 초과한 지분증권을 처분하여야 한다(법 제35조의3 제3항). 다만 금융감독당국은 은행이 초과 보유한 지분증권의 규모, 증권시장의 상황 등에 비추어 부득이하다고 인정되는 경우에는 기간을 정하여 연장할 수 있다(시행령 제20조의8 제3항 단서).

(4) 일정 금액 이상의 대주주 지분증권 취득 시 사전 이사회 의결

은행이 그 은행의 대주주가 발행한 지분증권을 대통령령으로 정하는 금액 이상으로 취득하려는 경우에는 미리 이사회의 의결을 거쳐야 하며, 이 경우 이사회는 재적이사 전원의 찬성으로 의결한다(법 제35조의3 제4항). "대통령령으로 정하는 금액"은 단일 거래 금액(자본시장법에 따른 증권시장 또는 이와 유사한 시장으로서 외국에 있는 시장에서 취득하는 금액은 제외한다)이 은행 자기자본의 0.001%에 해당하는 금액 또는 50억 원 중 적은 금액을 말한다(시행령 제20조의8 제4항). 재적이사 전원의 찬성을 요구하는 요건은 앞서 논의한 것처럼 완화할 필요가 있다.

(5) 대주주 지분증권 취득에 관한 사항의 공시 의무

은행이 그 은행의 대주주가 발행한 지분증권을 대통령령으로 정하는 금액 이상으로 취득한 경우에는 지체 없이 그 사실을 금융감독당국에 보고하고, 정보게시판(인터넷 홈페이지) 등을 이용하여 공시하여야 한다(법 제35조의3 제5항). "대통령령으로 정하는 금액"은 단일 거래 금액이 은행 자기자본의 0.001%에 해당하는 금액 또는 50억 원 중 적은 금액을 말한다(시행령 제20조의8 제4항).

은행은 그 은행의 대주주가 발행한 지분증권의 취득에 관한 사항을 대통령령으로 정하는 바에 따라 분기별로 정보게시판(인터넷 홈페이지) 등을 이용하여 공시하여야 한다(법 제35조의3 제6항). 즉 은행은 매 분기 말 현재 대주주가 발행한 지분증권을 취득한 규모, 분기 중 보유한 지분증권의 증감액, 보유한 지분증권의 취득 가격, 그 밖에 금융위원회가 정하여 고시하는 사항을 매 분기가 지난 후 1개월 이내에 공시하여야 한다(시행령 제20조의8 제5항).

(6) 은행의 의결권 행사 제한 및 예외

은행은 그 은행의 대주주가 발행한 지분증권의 의결권을 행사할 때 그 대주주의 주주총회에 참석한 주주의 지분증권 수(數)에서 그 은행이 소유한 지분증권 수를 뺀 지분증권 수의 의결 내용에 영향을 미치지 아니하도록 의결권을 행사하여야 한다(법 제35조의3 제7항 본문). 다만 대주주의 합병, 영업의 양도·양수, 임원의 선임, 그 밖에 이에 준하는 사항으로서 그 은행에 손실을 입히게 될 것이 명백하게 예상되는 경우에는 그러하지 아니하다(법 제35조의3 제7항 단서).

4. 대주주의 은행에 대한 부당한 영향력 행사 금지

(1) 의의

「은행법」 제35조의4는 대주주가 당해 은행에 대하여 부당한 영향력을 행사하는 것을 금지하고 있다. 특히 2009년 6월 개정된 「은행법」은 대주주가 당해 은행의 개별 대주주 및 전체 대주주에 대한 신용공여 한도(법 제35조의2 제1항, 제2항)를 초과하여 당해 은행으로부터 신용공여를 받는 행위를 금지(법 제35조의4 제3의2호)하는 등 대주주의 부당한 영향력 행사 금지 조치를 더 강화하였다. 여기서 '대주주'는 특수관계인은 포함되지 않는다.

(2) 부당한 영향력 행사 금지 내용

대주주의 부당한 영향력 행사 금지 내용은 다음과 같다. 은행의 대주주는 그 은행의 이익에 반하여 대주주 개인의 이익을 취할 목적으로 다음 어느 하나에 해당하는 행위를 하는 것이 금지된다(법 제35조의4 제1호 내지 제4호).

① 부당한 영향력을 행사하기 위하여 그 은행에 대하여 외부에 공개되지 아니한 자료 또는 정보의 제공을 요구하는 행위. 다만 「상법」 제466조(주주의 회계장부열람권) 및 지배구조법 제33조 제6항(소수주주권 행사 특례)에 따른 권리의 행사에 해당하는 경우를 제외한다.
② 경제적 이익 등 반대급부의 제공을 조건으로 다른 주주와 담합하여 그 은행의 인사 또는 경영에 부당한 영향력을 행사하는 행위
③ 경쟁사업자의 사업 활동을 방해할 목적으로 신용공여를 조기 회수하도록 요구하는 등 은행의 경영에 영향력을 행사하는 행위
④ 은행의 개별 대주주 및 전체 대주주에 대한 신용공여 한도(법 제35조의2 제1항, 제2항)에서 정한 비율을 초과하여 은행으로부터 신용공여를 받는 행위
⑤ 은행으로 하여금 신용공여 한도를 회피하기 위한 목적으로 다른 은행과 교차하여 하는 신용공여 금지(법 제35조의2 제3항)를 위반하게 하여 다른 은행으로부터 신용공여를 받는 행위
⑥ 은행으로 하여금 그 은행의 대주주의 다른 회사에 대한 출자를 지원하기 위한 신용공여 금지(법 제35조의2 제7항)를 위반하게 하여 신용공여를 받는 행위
⑦ 은행으로 하여금 그 은행의 대주주에게 자산을 무상으로 양도하거나 통상의 거래 조건에 비추어 그 은행에게 현저하게 불리한 조건으로 매매 또는 교환하거나 신용공여를 하는 행위 금지(법 제35조의2 제8항)를 위반하게 하여 대주주에게 자산의 무상양도·매매·교환 및 신용공여를 하게 하는 행위
⑧ 대주주가 발행한 지분증권의 취득 한도(법 제35조의3 제1항)에서 정한 비율을 초과하여 은행으로 하여금 대주주의 주식을 소유하게 하는 행위

⑨ 위의 ①에서 ③까지의 행위에 준하는 행위로서 대통령령으로 정하는 행위((i) 경쟁사업자에 대한 신용공여 시 정당한 이유 없이 금리, 담보 등 계약조건을 불리하게 하도록 요구하는 행위, (ii) 은행으로 하여금 공익법인 등(비영리법인·조합 또는 단체를 말한다)에게 자산을 무상으로 양도하게 하거나 통상의 거래조건에 비추어 그 은행에게 현저하게 불리한 조건으로 매매·교환 또는 신용공여를 하게 하는 행위. 시행령 제20조의9)

5. 금융감독당국의 대주주에 대한 자료 제출 요구권

(1) 의의

「은행법」은 금융감독당국에게 대주주에 대하여 자료 제출 요구를 할 수 있는 권한을 부여하고 있다. 금융감독당국은 일반적으로 금융기관에 대한 검사·감독을 하는데, 금융기관이 아닌 은행의 대주주에게 자료 제출 요구를 할 수 있는 권리를 부여한 것은 그만큼 대주주에 대한 감독 강화의 필요성을 인정한 결과라고 할 수 있다.

(2) 자료 제출 요구할 수 있는 경우

은행이 대주주에게 자료 제출을 요구할 수 있는 경우는 다음과 같다(법 제35조의5 제1항 내지 제3항).

① 금융감독당국은 은행 또는 그 대주주가 은행의 대주주에 대한 신용공여 한도(법 제35조의2), 은행의 대주주 발행 지분증권 취득 한도(법 제35조의3), 대주주의 부당한 영향력 행사 금지(법 제35조의4)를 위반한 혐의가 있다고 인정될 때에는 은행 또는 그 대주주에 대하여 필요한 자료의 제출을 요구할 수 있다.

② 금융감독당국은 은행 대주주(회사만 해당한다)의 부채가 자산을 초과하는 등 재무구조의 부실화로 인하여 은행의 경영건전성을 현저히 해칠 우려가 있는 경우로서 대통령령(시행령 제20조의10 제1항)으로 정하는 경우에는 그 은행 또는 그 대주주에 대하여 필요한 자료의 제출을 요구할 수 있으며, 그 은행에 대하여 그 대주주에 대한 신용공여의 제한을 명령하는 등 대통령령(시행령 제20조의10 제2항)으로 정하는 조치를 할 수 있다.

③ 금융감독당국은 은행의 주주가 은행에 대하여 「은행법」 제2조 제1항 제10호 나목에 따른 사실상 영향력을 행사하고 있는 자인지 여부를 확인하기 위하여 은행 및 주주에게 필요한 자료의 제출을 요구할 수 있다. 여기서는 그 대상이 반드시 대주주에 한정되지 않는다.

6. 금융감독당국의 대주주에 대한 현장 검사권

(1) 의의

2009년 6월 개정된 「은행법」에 의하여 비금융주력자에 대한 은행 주식 보유 한도 규제를 완화하는 대신에 은행 대주주에 대한 현장 검사권(on-site examination)(즉 업무 및 재산 상황에 대한 검사권)을 금융감독당국에 부여하는 등 감독 강화 방안이 이루어졌다. 은행의 대주주에 대한 금융감독당국의 현장 검사권을 부여하고 있다는 점에서 그만큼 대주주에 대한 감독의 필요성을 인정한 결과라고 할 수 있다. 「은행법」 제48조의2에 따르면, 현장 검사의 대상은 은행의 대주주뿐만 아니라 대주주가 되려고 하는 자도 포함한다(법 제48조의2 제1항 제3호).[203] 「은행법」은 이러한 현장 검사권의 남용을 막기 위하여 "그 목적에 필요한 최소한의 범위"에서만 현장 검사권을 행사할 수 있도록 하고 있다(법 제48조의2 제1항 본문).

(2) 현장 검사권 발동 사유

대주주 또는 대주주가 되려는 자에 대한 현장 검사권이 발동될 수 있는 경우는 다음과 같다(법 제48조의2 제1항 제3호).

① 「은행법」 제15조 제3항에 따른 은행 주식 한도 초과 보유 승인 심사를 위하여 필요한 경우
② 대주주의 은행에 부당한 영향력 행사 금지(법 제35조의4)를 위반한 혐의가 인정되는 경우
③ 그 밖에 ① 및 ②에 준하는 경우로서 대통령령으로 정하는 경우(아직 시행령에 규정되어 있지 않다)

Ⅳ. 그 밖의 경영건전성 규제

1. 증권 투자 한도 규제

(1) 의의

은행은 증권 투자를 겸영 업무의 하나로서 영위할 수 있다(시행령 제18조의2 제4항 제5호). 은행법령은 은행의 **증권 투자 한도**에 대하여 규정하고 있다. 「은행법」은 아래 ①에서 ④의 증권에 대한 투자의 총 합계액이 은행 자기자본의 100분의 100의 범위 내에서 대통령령이 정하는 비율에 해당하는 금액을 초과하는 투자를 금지하고 있다(법 제38조 제1호 전단). 시행령이 정하는 비율은 자기자본의 100분의 100이다(제21조의2 제1항). 금융감독당국은 필요한 경우 총 투자 한도의 범위 내에서 아래 ①에서 ④의 증권 별로 투자 한도를 따로 정할 수 있다(법 제38조 제1호 후단).

203) 이외에도 금융감독당국의 현장 검사 대상은 ① 비금융주력자로 전환하는 전환대상자 및 ② 「은행법」 제16조의2 제3항 제3호에 따라 일정한 요건을 갖추고 금융감독당국의 승인을 얻어 전국은행의 의결권 있는 발행 주식 총수의 10%(지방은행의 경우는 15%)를 초과하여 보유하고 있는 비금융주력자인 기금 등도 해당한다(「은행법」 제48조의2 제1항 제1호, 제2호).

(2) 투자 한도 적용되는 증권의 범위

투자 한도가 적용되는 증권의 범위는 다음과 같다(법 제38조 제1호 가목 내지 라목).

① 자본시장법 제4조 제3항에 따른 채무증권으로서 상환기간이 3년을 초과하는 증권. 다만 국채 및 한국은행통화안정증권, 구조개선법 제11조 제6항 제2호에 따른 채권(債券)(즉 정부가 원리금 지급을 보증한 채권)[204]은 제외한다. 즉 국채 등은 투자 한도 계산에서 제외된다. 국채나 한국은행통화안정증권은 일반 주식이나 사채와 달리 가액의 안전성이 크고 환가성도 확실해서 한국은행의 공개시장운영 수단인 증권으로도 이용되므로 제외하고 있다.[205] 지방채는 한도 대상에 포함되는데, 지방채도 위험성이 높지 않다는 점에서 제외할 필요가 있다.

② 지분증권. 다만 구조개선법 제11조 제6항 제1호에 따른 주식(즉 기존의 대출금을 출자로 전환함으로써 은행이 소유하게 된 주식)은 제외한다. 즉 출자전환주식은 투자 한도에서 제외된다. 출자전환주식의 대상 기업은 (i) 회생절차 개시 결정을 받은 기업, (ii) 기업개선작업 대상 기업 또는 (iii) 그 밖의 은행 공동으로 정상화를 추진 중인 기업에 한한다(감독규정 제59조).

③ 자본시장법 제4조 제7항에 따른 파생결합증권 중 대통령령으로 정하는 증권(파생결합증권으로서 상환기간이 3년을 초과하는 것을 말한다. 시행령 제21조의2 제2항)

④ 그 밖에 자본시장법 제4조 제2항 각 호의 증권 중 대통령령으로 정하는 증권(수익증권, 투자계약증권 및 증권예탁증권으로서 상환기간이 3년을 초과하는 증권을 말한다. 시행령 제21조의2 제3항)

여기서 상환기간 3년의 기준을 판단할 때 발행 당시 만기일로 볼 것인지 아니면 투자 시점에서 잔존(殘存) 기간(즉 남아 있는 기간)으로 볼 것인지에 대한 논의가 있다. 자금의 고정화를 방지하기 위한 목적의 규제 취지에서 보면 투자 시점에서 잔존 기간으로 보는 것이 타당할 것이다.[206]

(3) 제재 조치

은행이 증권 투자 한도를 위반한 경우에는 과징금과 형사벌이 부과되는데, 투자 한도 초과 금액의 100분의 30 이하의 금액에서 과징금이 부과되며, 해당 은행의 관련 임직원에 대해서는 1년 이하의 징역이나 3천만 원 이하의 벌금이 부과되고(법 제68조 제1항 제4호), 해당 은행

204) 정부가 원리금의 지급을 보증한 채권(債券)으로는 예금보험공사가 발행하는 예금보험기금채권이나 예금보험기금채권상환기금채권을 들 수 있다(「예금자보호법」 제26조의2 제5항, 제26조의3 제4항).

205) 한국은행 은행감독원(1993), 143면.

206) 같은 견해는 한국은행 은행감독원(1993), 143면; 정순섭(2024), 208면.

에 대해서 양벌 규정에 의하여 벌금형이 부과된다(법 제68조의2). 형사벌이 부과된다는 점에서 강한 규제를 하고 있음을 알 수 있는데, 이렇게 형사벌까지 부과해야 필요가 있는지는 의문이다. 행정 제재로 전환할 필요가 있다.

금융감독당국의 제재 조치도 취해질 수 있다. 금융감독당국은 해당 은행에 대해서 시정명령이나 경고 등의 제재 조치를 취할 수 있고, 해당 관련 임원에 대해서는 업무집행의 정지를 명령하거나 해임을 권고할 수 있으며, 금융감독원장은 해당 직원에 대해서는 면직, 정직, 감봉, 견책 등의 조치를 취할 것을 해당 은행에 요구할 수 있다(법 제53조, 제54조).

(4) 규제 취지 및 폐지 방안

증권 투자 한도 규제의 취지는 무엇인가? 2가지 측면에서 볼 수 있다. 주식 등 지분증권의 경우에는 위험성이 높다는 점에서 위험성 있는 지분증권에 과도하게 투자하여 발생할 수 있는 손실 위험을 방지하기 위한 것이고, 채권 등 다른 증권의 경우에는 상환기간이 3년 이상인 증권으로 제한하고 있다는 점에서 자산의 장기 운용에 따른 자금의 고정화를 방지하기 위한 취지로 이해할 수 있다.[207] 즉 과도한 증권 투자로 인하여 손실이 발생하거나 자금의 장기 운용에 따른 자금 운용의 경직성으로 인하여 해당 은행의 건전성에 영향을 미칠 수 있기 때문에 이를 규제하기 위한 것이다. 이는 결국 자산 위험 관리와 관련되어 있는 문제이다. 그렇다면 은행이 스스로 자산 운용 위험 관리 기준에 따라 증권 투자를 하도록 해도 충분하지, 법에서 증권 투자 한도까지 규정할 필요가 있는지는 의문이다.

2. 비업무용 부동산 소유 금지

(1) 의의

「은행법」은 업무용 부동산이 아닌 부동산, 즉 **비업무용 부동산의 소유를 금지**하고 있는데, 다만 저당권 등 담보권의 실행으로 취득한 비업무용 부동산은 예외적으로 소유할 수 있다(법 제38조 제2호).

(2) 처분 의무 및 문제점

관련해서 「은행법」 제39조는 "은행은 그 소유물이나 그 밖의 자산 중 이 법에 따라 그 취득 또는 보유가 금지되거나 저당권 등 담보권의 실행으로 취득한 자산이 있는 경우에는 금융위원회가 정하는 바에 따라 금융위원회에 보고하고, 이를 처분하여야 한다."라고 하고 있고, 「은행업감독규정」은 "은행은 소유물 또는 기타 자산 중 법에 의하여 보유가 금지되거나 저당권 등 담보권의 실행으로 인하여 취득한 자산(이하 "비업무용자산"이라 한다)을 법의 규정에 부

207) 같은 설명은 한국은행 은행감독원(1993), 142면.

합되지 아니하는 날로부터 3년 이내에 처분하여야 한다. 다만, 공매유찰 및 공매보류의 사유로 비업무용자산 처분 연기 보고를 하였을 경우에는 연기보고일 이후 1년 이내에 처분하여야 한다."라고 하고 있다(감독규정 제58조 제1항).

이 조항과 관련해서 다음과 같은 문제점을 지적할 수 있다. 우선 「은행법」에 의해 보유가 금지되는 자산인데 3년 이내에 처분하라는 것은 보유가 금지된 자산이라도 3년 동안 보유를 할 수 있다는 의미인데, 과연 3년 동안 유예 기간을 줄 필요가 있는지 의문이다. 법에 의해 소유가 금지되는 부동산이라면 그 자체로 법 위반이 되는 것이므로 지체 없이 처분하도록 하는 것이 논리적으로 타당하다. 그리고 "저당권 등 담보권의 실행으로 인하여 취득한 자산"의 경우에는 취득이 「은행법」에 의해서 허용되는 부동산이므로 「은행업감독규정」의 "법의 규정에 부합되지 아니하는 날"이라는 의미가 타당하지 않다. 취득한 날로부터 3년 이내라고 개정해야 할 것이다.

(3) 제재 조치

위반 시 제재 조치로서 법이 허용한 경우를 제외하고 비업무용 부동산을 소유한 경우에는 소유한 비업무용 부동산 취득가액의 100분의 30 이하의 금액에서 과징금이 부과되며(법 제65조의3 제10호), 해당 은행의 관련 임직원에 대해서는 1년 이하의 징역 또는 3천만 원 이하의 벌금에 처해질 수 있으며(법 제68조 제1항 제4호), 해당 은행에 대해서도 양벌 규정에 의해서 벌금형이 부과될 수 있다(법 제68조의2). 물론 금융감독당국의 시정명령이나 경고 등의 제재 조치와 임직원에 대한 제재 조치도 취해질 수 있다(법 제53조, 제54조).

3. 업무용 부동산 소유 제한

(1) 의의

「은행법」은 **업무용 부동산을 소유**할 수 있도록 하면서 그 범위를 제한하고 있다. 즉 은행이 소유할 수 있는 업무용 부동산의 범위는 "① 영업소, 사무소 등 영업시설, ② 연수시설, ③ 복리후생시설, ④ ①부터 ③의 시설 용도로 사용할 토지·건물 및 그 부대시설"로 한정하고 있다(시행령 제21조의2 제4항). 금액도 제한하고 있는데, 은행 자기자본의 100분의 100의 범위에서 대통령령으로 정하는 비율에 해당하는 금액을 초과해서 업무용 부동산을 소유할 수 없다(법 제38조 제3호). 시행령이 정하고 있는 비율은 100분의 60이다(시행령 제21조의2 제5항).

그리고 은행이 허용되는 업무용 부동산을 새로 취득하지 아니하였음에도 불구하고 손실 발생 등으로 부득이 하게 자기자본이 감소하여 한도를 초과하게 된 경우에는 초과하게 된 날부터 1년 이내에 한도에 적합하게 하여야 한다(시행령 제21조의2 제6항 본문). 다만 금융감독당국은 "은행이 초과 보유한 업무용 부동산의 규모, 부동산시장의 상황 등에 비추어 부득이하다고 인정되는 경우"에는 해당 은행의 신청에 따라 기간을 연장할 수 있다(시행령 제21조의2 제6항 단서).

(2) 제재 조치

위반 시 제재 조치로서 법이 허용한 업무용 부동산 소유 한도를 초과한 경우에는 초과 소유한 부동산 취득가액의 100분의 30 이하의 금액에서 과징금이 부과되며(법 제65조의3 제11호), 해당 은행의 관련 임직원에 대해서는 1년 이하의 징역 또는 3천만 원 이하의 벌금에 처해질 수 있으며(법 제68조 제1항 제4호), 해당 은행에 대해서도 양벌 규정에 의해서 벌금형이 부과될 수 있다(법 제68조의2). 물론 금융감독당국의 시정명령이나 경고 등의 제재 조치와 임직원에 대한 제재 조치도 취해질 수 있다(법 제53조, 제54조).

4. 해당 은행 주식 담보 대출 금지

(1) 의의

은행은 직접·간접을 불문하고 **당해 은행의 주식을 담보로 하는 대출을 할 수 없다**(법 제38조 제4호). 이렇게 자기 은행이 발행한 주식을 대출에 대한 담보로 취득할 수 없도록 규정한 것은 은행의 자산 운용 건전성을 유지하기 위한 것이다. 원래 은행의 주식은 증권으로서 재산의 일종인 점에서 이를 담보로 취득하는 것은 불가능하지가 않을 것이다. 그러나 담보는 대출 실행 후 차입자의 도산이나 그 밖의 다른 사정으로 회수 불능에 처할 경우에 대비하여 차입자의 재산을 미리 확보하기 위한 수단이므로, 은행이 자기가 발행한 주식을 담보로 취득하는 경우에는 은행의 재산적 기초가 위태롭게 될 위험성이 있다.[208] 따라서 「은행법」은 은행이 대출을 실행할 때 직접·간접을 불문하고 해당 은행 주식을 담보로 취득할 수 없도록 하고 있는데, 이는 「상법」상 회사가 원칙적으로 자기주식을 질권(質權)의 목적으로 취득할 수 없도록 하는 규정(「상법」 제341조의3)[209]과 같은 취지로 이해할 수 있다.

(2) 제재 조치

주식 담보 대출 금지를 위반한 경우에는 당해 은행에 대해서는 과징금이 부과되며, 관련 임직원에 대해서는 징역 또는 벌금 등 형사벌이 가해진다. 즉 은행이 해당 은행의 주식을 담보로 대출한 경우에는 대출금액의 5% 이하에 해당하는 금액의 과징금이 부과될 수 있다(법 제65조의3 제12호). 또한 이러한 규정을 위반한 해당 은행의 관련 임직원에 대해서는 1년 이하의 징

208) 한국은행 은행감독원(1993), 182면.

209) "회사는 일정한 경우를 제외하고는 발행주식 총수의 20분의 1를 초과하여 자기의 주식을 질권의 목적으로 받지 못한다"(「상법」 제341조의3).

역 또는 3천만 원 이하의 벌금에 처해질 수 있으며(법 제68조 제1항 제4호), 해당 은행에 대해서도 양벌 규정에 의해서 벌금형이 처해질 수 있다(법 제68조의2). 즉 이러한 규정 위반에 대해서 과징금 부과라는 행정적 제재뿐만 아니라 형사벌이 과해지는 등 규제의 강도가 높다. 그런데 형사벌까지 부과할 필요가 있는지는 의문이다. 이외에도 금융감독당국의 행정 제재 조치도 취해질 수 있다. 즉 금융감독당국은 해당 은행에 대해서 시정명령이나 경고 등의 제재 조치를 취할 수 있고, 해당 관련 임직원에 대해서 제재 조치를 취할 수 있다(법 제53조, 제54조).

5. 해당 은행 주식 매입 목적의 자금 대출 금지

(1) 의의

은행은 직접·간접을 불문하고 **당해 은행의 주식을 매입시키기 위한 대출을 할 수 없다**(법 제38조 제5호). 이는 당해 은행의 주식을 매입하기 위하여 취급된 대출금이 회수 불능이 될 때 자신의 주식을 환수해야 하는 등 자본 환급과 같은 결과를 초래하고, 이에 따라 은행의 재산 기초를 위태롭게 할 수 있기 때문에 이를 방지하기 위한 것이다.[210)]

(2) 제재 조치

이러한 규정을 위반하여 대출한 경우에는 대출금액의 100분의 5 이하에 해당하는 금액의 과징금이 부과될 수 있으며(법 제65조의3 제13호), 해당 은행의 관련 임직원에 대해서는 1년 이하의 징역이나 3천만 원 이하의 벌금이 부과될 수 있고(법 제68조 제1항 제4호), 해당 은행에 대해서 양벌 규정에 의해서 벌금형이 과해질 수 있다(법 제68조의2). 이외에도 금융감독당국의 행정 제재 조치도 취해질 수 있다. 즉 금융감독당국은 해당 은행에 대하여 시정명령이나 경고 등의 제재 조치를 취하거나 해당 관련 임직원에 대하여 제재 조치를 취할 수 있다(법 제53조, 제54조).

6. 은행의 임직원에 대한 대출 제한

(1) 의의

은행은 해당 은행의 임직원에 대한 대출을 할 수 없다(법 제38조 제6호 본문). 다만 금융감독당국이 정하는 소액대출은 제외된다(법 제38조 제6호 단서). 그러한 소액대출은 일반자금대출의 경우 20백만 원(급부 포함) 이내, 주택자금대출(일반자금대출 포함)의 경우 50백만 원 이내, 사고금 정리 대출(일반자금 및 주택자금대출 포함)의 경우 60백만 원 이내이다(감독규정 제56조). 은행이 해당 임직원에 대한 대출을 규제하지 않으면 도덕적 해이가 일어날 수 있고 대출금 관리가 어려울 수 있어[211)] 부실 대출이 될 가능성이 높기 때문에 이를 금지하면서 다만 기본적

210) 한국은행 은행감독원(1993), 184면.

으로 필요한 대출은 허용하고 있다.

(2) 제재 조치

위반한 경우 과징금 부과는 없으며, 해당 은행의 관련 임직원에 대해서는 1년 이하의 징역이나 3천만 원 이하의 벌금이 부과될 수 있고(법 제68조 제1항 제4호), 해당 은행에 대해서 양벌 규정에 의해서 벌금형이 과해질 수 있다(법 제68조의2). 물론 금융감독당국의 행정 제재 조치도 취해질 수 있다. 즉 금융감독당국은 해당 은행에 대해서 시정명령이나 경고 등의 제재 조치를 취하거나 해당 관련 임직원에 대하여 제재 조치를 취할 수 있다(법 제53조, 제54조).

7. 이익준비금 적립 의무 특례

(1) 의의

은행은 이익준비금의 적립액이 자본금의 총액에 달할 때까지 결산순이익금을 배당할 때마다 순이익금의 100분의 10 이상을 이익준비금으로 적립하여야 한다(법 제40조). 이는 주식회사에 대하여 적용되는 「상법」상 자본금의 2분의 1에 달할 때까지 매 결산기의 금전에 의한 이익배당액의 100분의 10 이상의 금액을 이익준비금으로 적립하도록 하고 있는 규정(「상법」 제458조)에 대한 특례 규정이다.

이렇게 이익준비금 적립 의무를 두고 있는 이유는 은행의 순이익이 외부로 과다하게 유출되지 않고 이익금의 일정 비율을 내부에 유보하도록 하여 예금채권자 등 은행의 채권자들을 보호하고, 은행이 장래의 영업 부진 또는 재산의 가격 변동 등으로 인하여 예상하지 못하는 손실이 발생했을 경우 이의 보전에 사용될 재원을 내부에 유보하도록 함으로써 건전 경영의 유지를 도모하기 위한 것이다.[212] 특히 일반 회사보다 은행에 대하여 더 무거운 적립 의무를 부여하는 이유는 일반 영리회사에 비해 공공성이 더 강하게 요구되기 때문이다.

(2) 적립 시기

은행이 이익준비금을 적립해야 할 시기는 매년 결산에 의하여 주주에게 "이익을 배당할 때"이다(법 제40조). 외국은행 국내지점의 경우에는 국내 은행과 달리 주주가 없어서 이익 배당을 하지 않고 결산에 의한 이익을 본국으로 송금하므로 이익준비금을 적립할 시기를 "결산할 때"라고 별도로 규정하고 있다(시행령 제23조).

---

211) 한국은행 은행감독원(1993), 184면.
212) 한국은행 은행감독원(1993), 106면.

(3) 제재 조치

「은행법」 제40조를 위반하여 이익준비금을 적립하지 않는 경우 해당 은행의 관련 임직원에 대해서는 1년 이하의 징역이나 3천만 원 이하의 벌금이 부과되고(법 제68조 제1항 제11호), 해당 은행에 대해서 양벌 규정에 의해서 벌금형이 과해진다(법 제68조의2). 이외에도 금융감독당국의 행정 제재 조치도 취해질 수 있다. 즉 금융감독당국은 해당 은행에 대해서 시정명령이나 경고 등의 제재 조치를 취할 수 있고, 해당 관련 임직원에 대해서도 제재 조치를 취할 수 있다(법 제53조, 제54조). 다만 과징금 부과 조치는 취해지지 않는다(법 제65조의3 참조).

8. 불건전한 자산을 위한 적립금 보유 의무

(1) 의의

금융감독원장은 은행의 경영건전성 유지를 위하여 필요하다고 인정할 때에는 은행에 대하여 불건전한 자산을 위한 적립금의 보유 등 일정한 조치를 요구할 수 있다(법 제50조).

(2) 조치 내용

금융감독원장이 은행에 요구할 수 있는 조치는 ① 불건전한 자산을 위한 적립금의 보유, ② 자산의 장부가격의 변경, ③ 가치가 없다고 인정되는 자산의 손실 처리이다(시행령 제24조의4)

9. 은행의 지급준비금 및 지급준비자산 보유 의무

(1) 의의

「은행법」 제30조는 예금지급준비금과 금리 등에 관한 은행의 준수 사항에 대하여 규정하고 있다. 즉 은행은 「한국은행법」 제55조에 따른 지급준비금 적립 대상 채무에 대한 지급준비를 위하여 「한국은행법」 제4장 제2절(금융기관의 예금과 지급준비)에 의한 **지급준비금 최저율 이상의 지급준비금과 지급준비자산을 보유**하여야 한다(법 제30조 제1항 본문). 다만 은행이 겸영 업무로 영위하는 신탁업무에 대하여는 지급준비금과 지급준비자산을 보유하지 아니할 수 있다(법 제30조 제1항 단서).

(2) 「한국은행법」에 따른 지급준비금 등 보유 의무

이러한 준수 의무 사항은 「한국은행법」에도 규정되어 있다. 「한국은행법」 제55조 제1항도 "은행은 예금채무와 그 밖에 대통령령으로 정하는 채무(이하 "지급준비금 적립대상 채무"라 한다)에 대하여 제56조에 따른 지급준비율을 적용하여 산정한 금액 이상의 금액을 지급준비금으로 보유"하도록 규정하고 있으며, 「한국은행법」 제63조도 금융통화위원회가 필요하다고 인정하는 경우에는 은행에 대하여 지급준비금과는 별도의 지급준비자산을 보유하도록 요구할 수 있도록 하고 있다.

(3) 이중 규제의 문제

「은행법」 제30조 제1항이 규정하고 있는 지급준비금 및 지급준비자산 보유 의무는 「한국은행법」(제55조 제1항, 제63조)에도 규정되어 있는 사항이어서 의무를 위반한 경우에는 동시에 「은행법」 및 「한국은행법」 위반 사항이 된다. 즉 「은행법」에 따라 이 규정을 위반한 해당 은행은 과태료 대상이 되며(법 제69조 제1항 제5호), 「한국은행법」에 따라 과태금도 부과된다(「한국은행법」 제63조). 이외에도 「은행법」 제53조 및 제54조에 의거하여 금융감독당국이 해당 은행이나 관련 임직원에 대하여 제재 조치를 내릴 수 있다. 그런데 「한국은행법」에 따라 금융통화위원회 및 한국은행이 관할하는 사항에 대해서 굳이 「은행법」에서 별도로 규제할 필요가 있는지 의문이다. 「은행법」에서 별도로 규제하는 것은 이중 규제에 해당한다. 「은행법」의 조문을 삭제할 필요가 있다.

10. 금융통화위원회가 정하는 금리 등의 준수 의무

(1) 의의

은행은 금융통화위원회가 심의·의결하는 "(i) 은행의 각종 예금에 대한 이자 및 그 밖의 지급금의 최고율의 결정, (ii) 은행의 각종 대출 등 여신업무에 대한 이자 및 그 밖의 요금의 최고율의 결정, (iii) 은행이 행하는 대출의 최장기한 및 담보의 종류에 대한 제한, (iv) 극심한 통화팽창기 등 국민경제상 긴절한 경우 일정한 기간 내의 은행의 대출과 투자의 최고 한도 또는 분야별 최고 한도의 제한, (v) 극심한 통화 팽창기 등 국민경제상 긴절한 경우 은행의 대출에 대한 사전 승인 등의 사항에 대한 결정 및 제한" 등을 준수하여야 한다(법 제30조 제2항).

(2) 「한국은행법」에 따른 준수 의무

「한국은행법」은 금융통화위원회가 은행의 금리 등에 관한 사항(즉 「은행법」 제30조 제2항에 규정되어 있는 사항)의 결정을 심의·의결할 수 있는 권한이 있음을 규정하고 있다(제28조 제15호 내지 제19호).

(3) 이중 규제의 문제

「은행법」에 따라 금융통화위원회가 결정하는 은행의 금리 등에 관한 사항을 준수하지 못하는 은행은 과태료 부과 대상이 되고(법 제69조 제1항 제5호), 「은행법」 제53조 및 제54조에 의거하여 금융감독당국이 해당 은행이나 관련 임직원에 대하여 제재 조치를 내릴 수 있다. 또한 「한국은행법」에 따른 관련 규정에 의하여 제재 조치 대상이 된다. 즉 은행의 예금에 대한 이자나 그 밖의 수신 조건 또는 은행의 대출 등의 여신업무에 대한 이자나 그 밖의 요금의 최고율 등에 관하여 금융통화위원회가 정한 규정을 위반한 경우에는 한국은행이 은행에게 행한 대출금의 한도 축소 또는 회수 등의 제재 조치가 취해질 수 있다(금융통화위원회 제정 「금융기관 여수신 이율 등에 관한 규정」 제5조). 이는 앞서 논의한 바와 같은 이중 규제의 문제가 제기될 수 있다. 「은행법」의 조문을 삭제해도 될 것이다.

Ⅴ. 경영정보 공시 규제

1. 경영공시

은행은 예금자와 투자자를 보호하기 위하여 필요한 사항으로서 대통령령으로 정하는 사항을 금융위원회가 정하는 바에 따라 공시하여야 한다(법 제43조의3). 시행령으로 정하는 사항은 "① 재무 및 손익에 관한 사항, ② 자금의 조달 및 운용에 관한 사항, ③ 「은행법」 제53조에 따른 제재 조치나 [구조개선법] 제10조에 따른 적기시정조치 및 제14조에 따른 행정처분을 받은 경우에는 그 내용"이다(시행령 제24조 제1항). 「은행업감독규정」은 경영공시에 관한 사항에 대하여 자세히 규정하고 있는데, 경영공시 사항을 결산일로부터 3개월 이내에 공시하도록 하고 있으며, 부실 여신이 발생한 경우 등 경영의 건전성을 크게 해치거나 해칠 우려가 있는 경우에도 그러한 사항을 공시하도록 하고 있다(감독규정 제41조 제1항 내지 제5항).

2. 재무제표의 공고

은행은 결산일 후 3개월 이내에 금융위원회가 정하는 서식에 따라 결산일 현재의 재무상태표, 결산기의 손익계산서 및 연결재무제표(연결재무상태표와 연결손익계산서를 말한다)를 공고하여야 한다(법 제41조 제1항 본문, 감독규정 제32조 제3항). 공고는 전자문서의 방법으로 할 수 있다(법 제65조의2). 다만 부득이한 사유로 3개월 이내에 공고할 수 없는 서류에 대하여는 금융감독당국의 승인을 받아 공고를 연기할 수 있다(법 제41조 제1항 단서). 재무상태표, 손익계산서 및 연결재무제표에는 대표자 및 담당 책임자가 서명·날인하여야 한다(법 제41조 제2항). 은행의 결산일은 12월 31일로 한다(법 제41조 제3항 본문). 다만 금융감독당국은 결산일의 변경을 지시할 수 있으며, 은행은 금융감독당국의 승인을 받아 결산일을 변경할 수 있다(법 제41조 제3항 단서). 은행은 회계처리 및 재무제표 작성에 있어서 「주식회사 등의 외부감사에 관한 법률」 제5조 제1항 제1호에 따른 국제회계기준위원회의 국제회계기준을 채택하여 정한 회계처리기준을 따라야 한다(감독규정 제32조 제1항).

3. 재무상태표 등의 한국은행에 대한 제출 의무

「은행법」은 은행의 재무상태표 등 필요한 통계 자료나 정보를 중앙은행인 한국은행에게 제출해야 하는 의무 규정도 두고 있다. 은행은 매월 말일을 기준으로 한 재무상태표를 다음 달 말일까지 한국은행이 정하는 서식에 따라 작성하여 한국은행에 제출하여야 하며, 한국은행은 이를 한국은행 통계월보(統計月報)에 게재하여야 한다(법 제42조 제1항). 재무상태표에는 담당 책임자 또는 그 대리인이 서명·날인하여야 한다(법 제42조 제2항). 은행은 관련 법률에서 정하는 바에 따라 재무상태표 외에 한국은행의 업무 수행에 필요한 정기적 통계 자료 또는 정보를 한국은행에 제공하여야 한다(법 제42조 제3항). 재무상태표 등 자료나 정보의 제출은 전자문서의 방법으로 할 수 있다(법 제65조의2).

4. 업무보고서의 금융감독원장에 대한 제출 의무

「은행법」은 은행의 업무보고서를 금융감독당국에게 제출해야 하는 의무도 규정하고 있다. 은행은 매월의 업무 내용을 기술한 보고서를 다음 달 말일까지 금융감독원장이 정하는 서식에 따라 금융감독원장에게 제출하여야 한다(법 제43조의2 제1항). 보고서 제출은 전자문서의 방법으로 할 수 있다(법 제65조의2). 업무보고서에는 대표자와 담당 책임자 또는 그 대리인이 서명·날인하여야 한다(법 제43조의2 제2항). 이외에도 은행은 금융감독원장이 감독 및 검사 업무를 수행하기 위하여 요구하는 자료를 제공하여야 한다(법 제43조의2 제3항).

5. 정기주주총회에 보고 사항

「은행법」은 은행이 정기주주총회에 보고해야 하는 사항도 규정하고 있다. 그러한 사항은 "① 해당 회계연도 중 변동된 부실 여신 현황, ② 대통령령으로 정하는 금액(100억 원이다. 시행령 제24조의2) 이상의 대출 및 지급보증 이용자에 대하여 해당 회계연도 중 신규 발생한 채권재조정 현황, ③ 해당 회계연도 중 지출한 기부금 내역, ④ 자회사 등의 영업 성과와 재무 상태에 관한 경영평가 결과, ⑤ 그 밖에 은행의 경영건전성에 영향을 미치고 주주가 알아야 할 필요가 있는 사항으로서 대통령령으로 정하는 사항"이다(법 제43조의4 제1항). 시행령에 정한 사항은 없으나, 「은행업감독규정」 제41조 제6항은 자세한 보고 사항을 규정하고 있다.

6. 자료 공개의 거부

은행은 「상법」 제466조 제1항에 따른 회계장부와 서류의 열람 또는 등사의 청구가 있는 경우에도 "은행이용자의 권익을 심하게 해칠 염려가 있을 때"에는 그 청구를 거부할 수 있다(법 제43조). 「상법」에 대한 특칙 규정이다. 「상법」 제466조 제1항은 "발행주식의 총수의 100분의 3 이상에 해당하는 주식을 가진 주주는 이유를 붙인 서면으로 회계의 장부와 서류의 열람 또는 등사를 청구할 수 있"도록 하고 있고, 제2항은 "회사는 제1항의 주주의 청구가 부당함을 증명하지 아니하면 이를 거부하지 못한다"라고 하고 있는데, 「은행법」은 거부 사유인 부당한 청구의 유형으로 이를 명확하게 규정하고 있는 것이다.

<참고 문헌>

고동원, "BIS 자기자본 규제 제도,"「국제법무연구」 제1권 제1호, 경희대학교 국제법무대학원, 1998. 12.

______, "신 바젤 자기자본 협약안의 주요 내용과 국내 은행의 대응 방안에 관한 연구,"「경영법률」 제14집 제2호, 한국경영법률학회, 2004. 3.

이장영,「바젤 Ⅲ와 리스크관리」, 박영사, 2011.

이철송,「회사법강의」 제31판, 박영사, 2023.

정신동,「바젤 Ⅲ와 글로벌 금융규제의 개혁」, 선출판사, 2011.

정찬형,「상법강의(상)」 제18판, 박영사, 2015.

한국은행 법규실,「한국은행법 해설」, 2012. 4.

한국은행 은행감독원,「은행법 해설」, 1993.

Schooner, Heidi M. & Michael W. Taylor, *Global Bank Regulation: Principles and Policies*, Academic Press Elsevier, 2010.

제9장

영업행위 규제와 금융소비자 보호

제1절

총 설

은행에 대한 **영업행위 규제**는 금융소비자법이 적용된다. 금융소비자법은 금융상품판매업자의 금융상품 판매 행위나 금융상품자문업자의 금융자문 행위에 적용되는 법률이다. 은행도 예금이나 대출 상품을 직접 고객에게 판매하기도 하고, 보험상품이나 집합투자기구상품인 집합투자증권을 판매하는 영업을 하기 때문에 금융상품판매업자로서 금융소비자법이 적용된다. 2020년 3월 24일 제정되고 2021년 3월 25일부터 시행된 금융소비자법은 2008년 세계적 금융위기 이후 금융소비자 보호 강화 움직임과 더불어 그 동안 크고 작은 금융사고가 발생하면서 금융소비자 보호 강화 필요성이 제기되면서 제정된 법률이다. 금융소비자법은 종전에 자본시장법, 「은행법」, 「보험업법」 등에 규정되었던 금융소비자 보호에 관련된 규정들을 이관하면서 추가적으로 금융소비자 보호를 강화하기 위한 여러 새로운 제도를 도입하였다. 예를 들어, 금융소비자가 행사할 수 있는 위법계약 해지권(법 제47조)이라든지 금융감독당국의 금융상품 판매 제한 명령권(법 제49조 제2항) 등이 새로 도입된 제도이다.

금융소비자법은 금융상품판매업자나 금융상품자문업자가 금융상품을 판매하거나 금융상품에 관한 자문을 제공하는 영업 행위를 하는 경우에 적합성 원칙이나 설명 의무(법 제19조) 등 영업행위 규칙이나 청약철회권(법 제46조) 및 위법계약 해지권(법 제47조) 등의 적용을 통해서 금융소비자를 보호하기 위한 장치를 마련하고 있다. 특히 '동일 기능 동일 규제 원칙'의 적용을 통해 금융기관의 유형에 상관없이 동일한 기능을 수행하고 있는 금융상품판매업자나 금융상품자문업자에게 동일한 규제를 적용하고 있는 것도 의미가 있다. 이외에 금융소비자법은 금융 분쟁 조정 제도에 관한 사항도 규정하고 있다.

제2절에서는 금융소비자법에 대한 개관과 영업행위 규제 내용에 대하여 살펴보며, 제3절에서는 금융 분쟁 조정 제도에 대하여 논의한다.

제2절

영업행위 규제

금융상품 판매 및 금융자문 행위와 관련하여 적용되는 영업행위 규칙을 살펴보기 전에, 금융소비자법 적용 대상이 되는 금융상품의 범위, 금융상품판매업과 금융상품판매업자, 금융상품자문업과 금융상품자문업자, 금융소비자의 분류 등에 대하여 알아본다.

Ⅰ. 금융소비자법 적용 범위

1. 금융상품의 정의 및 분류

(1) 금융상품의 정의

금융소비자법은 **금융상품**의 정의를 하고, 이를 4가지 유형으로 분류하여 규제의 대상이나 정도를 달리하고 있다. 금융상품은 ① 「은행법」에 따른 예금 및 대출, ② 자본시장법에 따른 금융투자상품, ③ 「보험업법」에 따른 보험상품, ④ 「상호저축은행법」에 따른 예금 및 대출, ⑤ 「여신전문금융업법」에 따른 신용카드, 시설대여, 연불판매, 할부금융, ⑥ ①부터 ⑤까지의 상품과 유사한 것으로서 대통령령으로 정하는 것인데, 이는 (i) 대부업법에 따른 대부, (ii) 「신용협동조합법」에 따른 예탁금, 대출 및 공제, (iii) 온라인투자연계금융업법에 따른 연계투자 및 연계대출, (iv) 자본시장법에 따른 신탁계약 및 투자일임계약, (v) 「중소기업은행법」에 따른 예금 및 대출, (vi) 「한국산업은행법」에 따른 예금 및 대출, (vii) 그 밖에 (i)부터 (vi)까지의 금융상품에 준하는 금융상품으로서 금융위원회가 정하여 고시하는 것이다(법 제2조 제1호, 시행령 제2조 제1항).

(2) 금융상품의 분류

금융상품은 예금성 상품, 대출성 상품, 투자성 상품, 보장성 상품으로 분류된다(법 제3조).

예금성 상품은 「은행법」에 따른 예금, 「상호저축은행법」에 따른 예금, 「신용협동조합법」에 따른 예탁금이 포함된다(법 제3조 제1호, 시행령 제3조 제1항). **대출성 상품**은 「은행법」에 따른 대출, 「상호저축은행법」에 따른 대출, 「여신전문금융업법」에 따른 신용카드·시설대여·연불판매·할부금융, 「신용협동조합법」에 따른 대출, 대부업법에 따른 대부, 온라인투자연계금융업법에 따른 연계대출이 해당한다(법 제3조 제2호, 시행령 제3조 제2항). **투자성 상품**은 자본시장법에 따른 금융투자상품·신탁계약·투자일임계약, 온라인투자연계금융업법에 따른 연계투자가 해당한다(법 제3조 제3호, 시행령 제3조 제3항). **보장성 상품**은 「보험업법」에 따른 보험상품, 「신용협동조합법」에 따른 공제상품이 해당한다(법 제3조 제4호, 시행령 제3조 제4항).

2. 금융상품판매업과 금융상품판매업자

(1) 금융상품판매업

금융상품판매업이란 "이익을 얻을 목적으로 계속적 또는 반복적인 방법으로 하는 행위"로서 금융상품직접판매업과 금융상품판매대리·중개업을 말한다(제2조 제2호).

금융상품직접판매업이란 "자신이 직접 계약의 상대방으로서 금융상품에 관한 계약의 체결을 영업으로 하는 것 또는 자본시장법 제6조 제3항에 따른 투자중개업"을 말한다(법 제2조 제2호 가목). 금융상품을 제조한 자가 직접 판매하는 경우는 금융상품직접판매업이 된다. 예를 들어, 은행이 예금과 대출 계약을 고객과 직접 체결하는 경우와 보험회사가 직접 보험계약을 체결하는 경우가 해당된다.

다만 자본시장법에 따른 투자중개업의 경우는, 투자신탁이나 투자익명조합의 집합투자업자나 투자회사 등이 수익증권이나 주식 등 집합투자증권을 판매할 때는 투자중개업자와 집합투자증권의 '위탁 판매 계약'을 체결하도록 하고 있어서(자본시장법 제184조 제5항), 이는 「상법」에 따른 위탁매매에 해당하므로(제101조) 집합투자기구의 계산으로 투자중개업자 자신의 명의로 집합투자증권 판매 계약을 금융소비자와 체결하는 것이어서 금융상품직접판매업으로 분류한 것으로 이해할 수 있다.[1)]

금융상품판매대리·중개업이란 "금융상품에 관한 계약의 체결을 대리하거나 중개하는 것을 영업으로 하는 것"을 말한다(법 제2조 제2호 나목).

금융소비자법은 행위의 성격이나 금융소비자 보호의 필요성 여부 등을 고려하여 금융상품판매업에서 제외할 필요가 있는 경우에는 이를 제외하여 금융소비자법 적용 대상에서 제외하고 있다. 그러한 것으로서 「담보부사채신탁법」에 따른 신탁업과 「저작권법」에 따른 저작권

1) "투자중개업자 자신이 직접 금융상품에 관한 계약의 체결을 영업으로 한다는 점"에서 금융상품직접판매업으로 분류한 것이라는 설명도 같은 취지로 이해할 수 있다(금융소비자보호재단(2021), 11면(노태석 집필 부분)).

신탁관리업 등이 있다(시행령 제2조 제2항 각 호).

(2) 금융상품판매업자

1) 서설

금융상품판매업자는 금융상품판매업을 영위하는 자를 말하는데, 해당 금융업법에서 금융상품판매업에 해당하는 업무에 대하여 인가나 허가를 받거나 등록을 한 금융기관뿐만 아니라 금융소비자법 제12조 제1항에 따라 금융상품판매업의 등록을 한 자를 말한다(법 제2조 제3호). 금융상품판매업자에는 금융상품직접판매업을 영위하는 자인 **금융상품직접판매업자**와 금융상품판매대리·중개업을 영위하는 자인 **금융상품판매대리·중개업자**가 있다(법 제2조 제3호 가목, 나목).

2) 금융상품직접판매업자

금융상품직접판매업자는 "자신이 직접 계약의 상대방으로서 금융상품에 관한 계약의 체결을 영업으로 하는 자"를 말한다(법 제2조 제2호 가목, 제3호 가목). 은행의 경우 「은행법」에 따른 인가를 받아 예금 및 대출 업무를 영위할 수 있는데(「은행법」 제2조 제1항 제1호, 제8조), 은행이 직접 고객과 예금 계약이나 대출 계약을 체결하게 되면 이는 금융상품 직접 판매 행위가 되므로 은행은 금융상품직접판매업자가 된다. 즉 금융상품 제조업자가 금융상품직접판매업자가 되는 것이다.

3) 금융상품판매대리·중개업자

금융상품판매대리·중개업자는 "금융상품에 관한 계약의 체결을 대리하거나 중개하는 것을 영업으로 하는 자"를 말한다(법 제2조 제2호 나목, 제3호 나목). 보험상품을 판매 대리 또는 중개하는 보험대리업을 영위하는 은행(「보험업법」 제91조 제1항, 시행령 제40조 제1항)이나 자본시장법에 따라 금융투자업자로부터 금융투자상품의 투자권유를 위탁받은 투자권유대행인(제51조)이 금융상품판매대리·중개업자의 지위를 가지게 된다.

그럼 금융상품판매대리·중개업자는 「상법」에 따른 '대리상'과 '중개인'에 다 해당하는가? 「상법」은 대리상을 "일정한 본인을 위하여 상업사용인이 아니면서 상시 그 영업부류에 속하는 거래의 대리 또는 중개를 영업을 하는 자"라고 하고 있다(제87조). '일정한 본인을 위하여'라고 하고 있기 때문에 본인이 특정되어 있다는 것을 의미한다. "대리 또는 중개를 영업으로 하는 자"라고 하고 있기 때문에 **대리상은 대리 행위뿐만 아니라 중개 행위도 하는 자**를 말한다. **전자를 '체약(締約)대리상,' 후자를 '중개(仲介)대리상'**이라고 한다.

반면에 「상법」에 따른 '중개인'은 "타인간의 상행위의 중개를 영업을 하는 자"를 말한다(제93조). 그렇다면 중개대리상과 중개인은 어떤 차이가 있는가? 사실 행위에 해당하는 중개 행위를 하는 자를 말한다는 점에서 중개대리상과 중개인은 같지만, **중개대리상은 특정한 본인을 위해서 중개 행위를 하는 것이고, 중개인은 불특정 다수를 위해서 타인 사이의 상행위의 중개를 영업으로 한**

다는 점에서 다르다고 할 수 있다.[2)] 이런 점에서 보면, **금융상품판매대리·중개업자는 「상법」에 따른 대리상과 중개인을 다 포함**하는 것으로 이해할 수 있을 것이다. 즉 '대리'라는 의미에는 체약대리상과 중개대리상을 다 포함하는 것으로 이해할 수 있고, '중개'의 의미에는 중개인을 의미하는 것으로 이해하는 것이 타당할 것이다. 이는 「보험업법」에서 대리상을 의미하는 보험대리점(제2조 제10호)과 중개인을 의미하는 보험중개사(제2조 제11호)를 다 인정하고 있는 것과 같다고 할 수 있다.

그렇다면 금융상품판매대리·중개업자는 행위에 따라 「상법」에 따른 대리상에 적용되는 통지 의무(제88조), 경업금지 의무(제89조), 영업비밀 준수 의무(제92조의3) 등의 의무와 보수청구권(제61조), 유치권(제91조), 보상청구권(제92조의2) 등의 권리를 가지게 되며, 중개인에 적용되는 중개인의 급여수령대리권(제94조), 결약서 교부 의무(제96조), 중개인의 이행책임(제99조), 보수청구권(제100조) 등이 적용된다.

3. 금융상품자문업과 금융상품자문업자

(1) 금융상품자문업

금융상품자문업이란 "이익을 얻을 목적으로 계속적 또는 반복적인 방법으로 금융상품의 가치 또는 취득과 처분 결정에 관한 자문에 응하는 것"을 말한다(법 제2조 제4호 본문). 다만 "불특정 다수인을 대상으로 발행되거나 송신되고, 불특정 다수인이 수시로 구입하거나 수신할 수 있는 간행물·출판물·통신물 또는 방송 등을 통하여 조언을 하는 것"은 제외된다(법 제2조 제4호 단서 가목). 이는 자본시장법에서 유사투자자문업을 투자자문업에서 제외하는 것(자본시장법 제6조 제7항, 제101조 제1항)과 같은 취지로 볼 수 있다. 또한 "그 밖에 변호사, 변리사, 세무사가 해당 법률에 따라 자문 업무를 수행하는 경우 등 해당 행위의 성격 및 금융소비자 보호의 필요성을 고려하여 금융상품자문업에서 제외할 필요가 있는 것으로서 대통령령으로 정하는 것"도 제외하고 있다(법 제2조 제4호). 이는 변호사, 변리사, 세무사 등 전문가가 해당 법률에서 허용된 자문을 하는 과정에서 금융 관련 자문을 할 가능성이 있어서 이를 제외하기 위한 것이다.

(2) 금융상품자문업자

금융상품자문업자란 금융상품자문업을 영위하는 자로서 해당 금융업법에서 금융상품자문업에 해당하는 업무에 대하여 인가나 허가를 받거나 등록을 한 금융기관 및 금융소비자법 제12조 제1항에 따라 금융상품자문업 등록을 한 자를 말한다(법 제2조 제5호). 예를 들어, 자본시장법에 따라 투자자문업 등록을 한 투자자문업자는 금융상품자문업자에 해당한다. 금융상품판매업자와 이해관계를 갖지 않는 **'독립금융상품자문업자'**(법 제12조 제2항 제6호, 제27조 제3항 제1

2) 송옥렬(2023), 152면.

호)는 금융소비자법에 따라 금융상품자문업 등록을 한 자에 해당한다.

4. 금융소비자

(1) 의의

보호 대상이 되는 '**금융소비자**'는 "금융상품에 관한 계약의 체결 또는 계약 체결의 권유를 하거나 청약을 받는 것에 관한 금융상품판매업자의 거래 상대방 또는 금융상품자문업자의 자문 업무의 상대방인 전문금융소비자 또는 일반금융소비자"를 말한다(법 제2조 제8호).

(2) 일반금융소비자

일반금융소비자란 **전문금융소비자가 아닌 금융소비자**를 말한다(법 제2조 10호).

(3) 전문금융소비자

전문금융소비자란 "**금융상품에 관한 전문성 또는 소유 자산 규모 등에 비추어 금융상품 계약에 따른 위험감수능력이 있는 금융소비자**"를 말한다(법 제2조 제9호). 금융소비자법과 시행령은 전문금융소비자에 해당하는 자를 열거하고 있다(시행령 제2조 제10항). 국가, 한국은행, 은행이나 증권회사 등 금융기관, 주권상장법인, 공법인 등이 해당되며, 투자성 상품의 경우 일정한 자산이나 소득 요건 또는 금융 전문성을 가진 개인도 해당된다(법 제2조 제9호, 시행령 제2조 제10항). 다만 주권상장법인이나 개인전문투자자 등 대통령령으로 정하는 전문금융소비자가 일반금융소비자와 같은 대우를 받겠다는 의사를 금융상품판매업자 또는 금융상품자문업자에게 서면으로 통지해서 금융상품판매업자나 금융상품판매업자가 이에 동의한 경우에는 해당 금융소비자는 일반금융소비자로 간주한다(법 제2조 제9호 단서, 시행령 제2조 제7항). 전문투자자 중에서 개인전문투자자 등 일정한 전문투자자는 일반금융소비자로 전환하여 투자자 보호를 받을 수 있도록 하고 있는 것이다.

5. 금융상품판매업자 및 금융상품자문업자에 대한 진입 규제

(1) 등록 의무

금융상품판매업이나 금융상품자문업을 영위하려는 자는 금융감독당국에 **등록**을 해야 한다. 인가나 허가보다 약한 진입 규제를 설정하고 있다. 즉 금융상품판매업이나 금융상품자문업을 영위하려는 자는 금융상품직접판매업자, 금융상품판매대리·중개업자 또는 금융상품자문업자 별로 예금성 상품, 대출성 상품, 투자성 상품 및 보장성 상품 중 취급할 금융상품의 범위를 정하여 금융감독당국에 등록하여야 한다(법 제12조 제1항 본문).

(2) 등록 요건

금융상품직접판매업자 또는 금융상품자문업자로 등록하려는 자는 일정한 등록 요건을 충족해야 하는데, 인력과 전산 설비, 그 밖의 물적 설비 요건, 등록하려는 업무별로 일정한 금액 이상의 자기자본 요건, 건전한 재무 상태와 사회적 신용 요건, 임원의 자격 요건 등을 갖추어야 한다(제12조 제2항). 자세한 등록 요건은 시행령 제5조에 규정되어 있다.

다만 금융상품자문업자로 등록하려는 자는 금융상품판매업자와 이해관계를 갖지 않는 자이어야 하는데, ① 금융상품판매업(투자일임업은 제외)과 대통령령으로 정하는 금융업(금융투자업 등)을 겸영하지 아니할 것, ② 금융상품판매업자(투자일임업자는 제외)와 공정거래법 제2조 제12호에 따른 계열회사 또는 대통령령으로 정하는 관계가 있는 회사가 아닐 것, ③ 임직원이 금융상품판매업자의 임직원 직위를 겸직하거나 그로부터 파견받은 자가 아닐 것 등의 요건을 모두 충족해야 한다(법 제12조 제2항 제6호, 시행령 제5조 제5항, 제6항). 이러한 금융상품자문업자를 '**독립금융상품자문업자**'라고 한다(법 제27조 제3항 제1호).

(3) 등록 의무 예외

등록을 하지 않고 영업을 할 수 있는 경우가 있는데, ① 해당 금융업법에서 금융상품판매업이나 금융상품자문업에 해당하는 업무에 대하여 인가나 허가를 받거나 등록을 한 경우 또는 ② 해당 금융업법에서 금융상품판매업이나 금융상품자문업에 해당하는 업무에 대하여 해당 법률에 따른 인가나 허가를 받지 않거나 등록을 하지 아니하여도 업무를 영위할 수 있도록 규정한 경우가 해당한다(법 제12조 제1항 단서). 예를 들어, 은행의 경우 예금이나 대출 상품의 계약을 고객과 체결하는 직접 판매의 경우에는 「은행법」에서 은행업 인가를 받아 이러한 업무를 영위할 수 있으므로 금융소비자법에 따른 등록을 할 필요가 없으며, 자본시장법에 따른 투자자문업자도 자본시장법에 따라 투자자문업 등록을 해야 하므로(제18조 제1항) 금융소비자법에 따른 등록을 할 필요가 없다.

Ⅱ. 영업행위 규칙

1. 서설

금융소비자법은 금융상품판매업자가 금융상품 판매 행위를 하거나 금융상품자문업자가 금융자문 행위를 할 때 금융소비자를 보호하기 위한 영업행위 규칙을 규정하고 있다. 기본원칙 이외에 적합성 원칙, 적정성 원칙, 설명 의무, 불공정거래행위 금지, 부당권유행위 금지, 금융상품 광고 관련 준수 의무 등 6가지 개별 원칙을 규정하고 있다. 이 중 중요한 영업행위 규칙인 **적합성 원칙, 적정성 원칙 및 설명 의무는 일반금융소비자에게만 적용**된다. 그만큼 일반금융소비자가 전문금융소비자에 비하여 금융 전문성이나 위험 감수 능력 면에서 떨어지기 때문에 일반 금융소비자를 보호하기 위해서 둔 규정이다.

2. 기본원칙

금융소비자법은 다소 추상적이기는 하지만 금융소비자 보호 기본원칙을 규정함으로써 금융상품판매업자나 금융상품자문업자가 영업을 수행하는데 있어서 금융소비자 보호를 중점으로 두어 영업할 것을 요구하고 있다.

(1) 금융소비자의 권익 우선 고려 원칙

금융소비자법은 금융소비자법에 규정된 "영업행위 준수 사항에 관한 규정을 해석·적용하려는 경우 **금융소비자의 권익을 우선적으로 고려**하여야 하며, 금융상품 또는 계약관계의 특성 등에 따라 금융상품 유형별 또는 금융상품판매업자나 [금융상품자문업자]의 업종별로 형평에 맞게 해석·적용되도록 하여야 한다."라고 함으로써(법 제13조 제1항) 금융소비자의 권익을 우선적으로 고려해야 한다는 원칙을 규정하고 있다.

(2) 신의성실 원칙

금융상품판매업자나 금융상품자문업자의 신의성실 원칙도 규정하여 "금융상품 또는 금융상품자문에 관한 계약의 체결, 권리의 행사 및 의무의 이행"에 있어서 **신의성실 원칙**에 따라 하도록 하고 있다(법 제14조 제1항).

(3) 업무 공정 수행 의무 및 금융소비자 이익 우선 의무

금융상품판매업자나 금융상품자문업자의 **업무 공정 수행 의무**도 규정하여 금융상품판매업이나 금융상품자문업을 영위할 때 "업무의 내용과 절차를 공정히" 하도록 하고 있으며, 더 나아가 금융상품판매업자나 금융상품자문업자의 **금융소비자 이익 우선 의무**도 규정하여 "정당한 사유 없이 금융소비자의 이익을 해치면서 자기가 이익을 얻거나 제3자가 이익을 얻도록 해서는 아니 된다"고 하고 있다(법 제14조 제2항).

(4) 차별 금지 원칙

금융상품판매업자나 금융상품자문업자는 "금융상품 또는 금융상품자문에 관한 계약을 체결하는 경우 정당한 사유 없이 성별·학력·장애·사회적 신분 등을 이유로 계약 조건에 관하여 금융소비자를 부당하게 차별해서는 아니 된다"고 규정하고 있다(법 제15조). 연령에 대해서는 규정하지 않고 있지만, 그렇다고 차별이 가능하다고 볼 것은 아니고, 오히려 고령의 금융소비자는 더 보호해야 할 필요성이 있을 것이다.

3. 적합성 원칙

(1) 의의

적합성 원칙이란 금융상품판매업자가 금융상품 계약 체결을 권유하거나 금융상품자문업자가 자문에 응하는 경우 투자 목적·재산 상황 및 투자 경험 등 일반금융소비자에 관한 정보를 고려하여 그 **일반금융소비자에게 적합하지 아니하다고 인정되는 금융상품 계약의 체결을 권유하거나 자문에 응해서는 아니 된다는 원칙**을 말한다(법 제17조 제2항, 제3항). **적합성 원칙은 일반금융소비자에게만 적용**된다. 적합성 원칙은 일반금융소비자에게 적합한 금융상품의 계약 체결을 권유하거나 자문을 하는 적극적 의무가 아니고, 적합하지 않은 금융상품의 계약 체결을 권유하지 않거나 자문에 응하지 않을 소극적 의무이다. 적합성 원칙은 금융상품판매업자의 금융상품 판매 권유와 관련되어 적용되는 원칙이므로 금융상품판매업자의 금융상품 계약 체결 권유 없이 금융소비자 스스로 금융상품 계약을 체결하려고 하는 경우에는 적합성 원칙은 적용되지 않는다.

(2) 적용되는 금융상품

적합성 원칙이 적용되는 금융상품은 변액보험 등의 보장성 보험상품, 투자성 상품, 운용실적에 따라 수익률 등의 변동 가능성이 있는 예금성 상품, 대출성 상품이다(법 제17조 제2항). 적합성 원칙은 대출성 상품을 제외한 금융상품이 손실 가능성이 있는 금융상품이라 일반금융소비자가 이러한 상품의 위험을 제대로 파악하고 이해할 수 있는지를 먼저 파악하고 적합하지 않은 금융상품의 계약 체결을 권유하지 않도록 하거나 자문에 응하지 않도록 하는 취지이다. 그러나 대출성 상품의 경우에는 이미 대출 심사를 하면서 차입자의 상환 능력 등의 신용을 파악하므로 적합성 원칙을 적용할 필요가 있는지 의문이다.

4. 적정성 원칙

(1) 의의

적정성 원칙은 금융상품판매업자가 보장성 상품, 투자성 상품 및 대출성 상품에 대하여 일반금융소비자의 투자 목적·재산 상황 및 투자 경험 등을 고려하여 **해당 금융상품이 일반금융소비자에게 적정하지 아니하다고 판단되는 경우에는 그 사실을 알리고, 그 일반금융소비자로부터 서명이나 녹취 등의 방법으로 확인을 받아야 한다는 원칙**을 말한다(법 제18조). **적정성 원칙도 일반금융소비자에게만 적용**된다. 적합성 원칙이나 설명 의무는 금융상품판매업자가 금융상품 계약 체결을 권유하는 경우에 적용되는 원칙이지만, 적정성 원칙은 금융상품 계약 체결 권유가 없더라도 일반금융소비자가 스스로 금융상품 계약 체결을 하려고 하는 경우에 적용된다는 점에서 차이가 있다. 또한 적합성 원칙이나 설명 의무는 금융상품판매업자 및 금융상품자문업자 모두에게 적용되지만, 적정성 원칙은 금융상품판매업자에게만 적용된다는 점도 차이점이다.

(2) 적용 대상 금융상품

적정성 원칙이 적용되는 금융상품의 범위는 시행령이 자세히 규정하고 있는데, 변액보험 등의 보장성 상품, 파생상품 및 파생결합증권, 자본시장법 시행령이 규정하고 있는 고난도금융투자상품·고난도투자일임계약 및 고난도금전신탁계약(제2조 제7호, 제8호, 제9호), 주택이나 증권 등을 담보로 하는 대출성 상품이 해당한다(시행령 제12조 제1항). 대출성 상품의 경우 대출을 할 때 상환 능력 등 대출 심사를 하므로 적정성 원칙을 적용할 필요가 있는지 의문이다.

5. 설명 의무

(1) 의의

설명 의무는 중요한 영업행위 규칙 중의 하나이다. 설명 의무란 금융상품판매업자나 금융상품자문업자가 일반금융소비자에게 계약 체결을 권유하거나 자문에 응하는 경우 및 일반금융소비자가 설명을 요청하는 경우 **금융상품에 관한 "중요한 사항"**(일반금융소비자가 특정 사항에 대한 설명만을 원하는 경우 해당 사항으로 한정한다)**을 일반금융소비자가 이해할 수 있도록 설명하여야 한다는 원칙**을 말한다(법 제19조 제1항). 여기서 **"중요한 사항"이란 "금융소비자의 합리적인 판단 또는 금융상품의 가치에 중대한 영향을 미칠 수 있는 사항"**을 의미한다고 할 수 있다(법 제19조 제3항).

또한 금융상품판매업자나 금융상품자문업자가 설명을 할 때 "일반금융소비자의 합리적인 판단 또는 금융상품의 가치에 중대한 영향을 미칠 수 있는 사항을 거짓으로 또는 왜곡(불확실한 사항에 대하여 단정적 판단을 제공하거나 확실하다고 오인하게 할 소지가 있는 내용을 알리는 행위를 말한다)하여 설명해서는 아니 되며, 중요한 사항을 빠뜨려서는 아니 된다"(법 제19조 제3항, 시행령 제13조 제10항).

따라서 **설명 의무의 범위에는 금융상품의 '중요한 사항'을 설명해야 하는 의무뿐만 아니라 설명을 할 때 '중요한 사항'을 거짓 또는 왜곡하여 설명해서는 아니 된다는 것까지 포함**한다. **설명 의무는 일반금융소비자에게만 적용**된다.

(2) 설명 사항의 확인 의무

금융상품판매업자나 금융상품자문업자는 "설명에 필요한 설명서를 일반금융소비자에게 제공하여야 하며, 설명한 내용을 일반금융소비자가 이해하였음을 서명, 기명날인, 녹취 등의 방법으로 확인"을 받아야 한다(법 제19조 제2항).

(3) 적용 대상 금융상품의 '중요한 사항'

설명 의무 대상이 되는 금융상품의 '중요한 사항'은 금융소비자법과 시행령이 자세히 규정하고 있다. ① 보장성 상품의 경우, 상품의 내용, 보험료, 보험금의 지급 제한 사유 및 지급 절차, 위험보장의 범위 등, ② 투자성 상품의 경우, 상품의 내용, 투자에 따른 위험, 상품의 위험 등급 등, ③ 예금성 상품의 경우, 상품의 내용, 이자율, 수익률 등, ④ 대출성 상품의 경우, 금리 및 변동 여부, 중도상환수수료 부과 여부·기간 및 수수료율, 상환 방법에 따른 상환 금액·이자율·시기, 저당권 등 담보권 설정이나 실행 등에 관한 사항, 대출계약의 해지에 관한 사항 등이 포함된다(법 제19조 제1항, 시행령 제13조). 따라서 설명 대상이 되는 중요한 사항에 대해서는 금융소비자법과 시행령을 자세히 살펴볼 필요가 있다. 예금성 상품의 경우 원금이 보장되는 특성을 고려할 때 굳이 설명 의무 대상으로 할 필요가 있는지 의문이다.

(4) 손해배상책임

금융상품판매업자나 금융상품자문업자가 설명 의무를 위반하여 일반금융소비자에게 손해를 발생시킨 경우에는 **손해를 배상할 책임을 지는데, 금융상품판매업자나 금융상품자문업자가 고의 및 과실이 없음에 대한 증명**을 하도록 하고 있어서(법 제44조 제2항) 입증 책임을 전환해주고 있는데, 일반금융소비자의 입증 책임 부담을 덜어주고 있다. 특히 투자성 상품의 경우에는 금융상품판매업자나 금융상품자문업자인 금융투자업자가 설명 의무를 위반하여 일반금융소비자에게 손해를 입힌 경우에는 자본시장법에 따른 손해액 추정 규정이 적용되어(자본시장법 제48조 제2항),[3] 일반금융소비자는 손해액을 증명하지 않아도 된다.

6. 불공정영업행위 금지

(1) 의의

금융소비자법은 영업행위 규칙의 하나로서 불공정영업행위의 금지 규정도 두고 있다. 즉 **금융상품판매업자나 금융상품자문업자는 우월적 지위를 이용하여 금융소비자의 권익을 침해하는 불공정영업행위를 하는 것이 금지**된다(법 제20조). 대상이 되는 금융상품은 대출성 상품과 대통령령으로 정하는 금융상품에 적용되며, 자세한 불공정영업행위의 유형과 기준은 금융소비자법과 시행령이 규정하고 있다(법 제20조, 시행령 제15조).

---

3) "금융투자상품의 취득으로 인하여 일반투자자가 지급하였거나 지급하여야 할 금전등의 총액에서 그 금융투자상품의 처분, 그 밖의 방법으로 그 일반투자자가 회수하였거나 회수할 수 있는 금전등의 총액을 뺀 금액은 제1항에 따른 손해액으로 추정한다"(자본시장법 제48조 제2항).

(2) 불공정영업행위 유형

금융소비자법이 규정하고 있는 **불공정영업행위**는 다음과 같다(법 제20조 제1항).

1. 대출성 상품, 그 밖에 대통령령으로 정하는 금융상품에 관한 계약체결과 관련하여 금융소비자의 의사에 반하여 다른 금융상품의 계약체결을 강요하는 행위
2. 대출성 상품, 그 밖에 대통령령으로 정하는 금융상품에 관한 계약체결과 관련하여 부당하게 담보를 요구하거나 보증을 요구하는 행위
3. 금융상품판매업자등 또는 그 임직원이 업무와 관련하여 편익을 요구하거나 제공받는 행위
4. 대출성 상품의 경우 다음 각 목의 어느 하나에 해당하는 행위
   가. 자기 또는 제3자의 이익을 위하여 금융소비자에게 특정 대출 상환방식을 강요하는 행위
   나. 1)부터 3)까지의 경우를 제외하고 수수료, 위약금 또는 그 밖에 어떤 명목이든 중도상환수수료를 부과하는 행위
      1) 대출계약이 성립한 날부터 3년 이내에 상환하는 경우
      2) 다른 법령에 따라 중도상환수수료 부과가 허용되는 경우
      3) 금융소비자 보호 및 건전한 거래질서를 해칠 우려가 없는 행위로서 대통령령으로 정하는 경우(시행령 제15조 제1항)
   다. 개인에 대한 대출 등 대통령령으로 정하는 대출상품의 계약과 관련하여 제3자의 연대보증을 요구하는 경우(시행령 제15조 제2항)
5. 연계·제휴서비스등이 있는 경우 연계·제휴서비스등을 부당하게 축소하거나 변경하는 행위로서 대통령령으로 정하는 행위(시행령 제15조 제3항). 다만, 연계·제휴서비스등을 불가피하게 축소하거나 변경하더라도 금융소비자에게 그에 상응하는 다른 연계·제휴서비스등을 제공하는 경우와 금융상품판매업자등의 휴업·파산·경영상의 위기 등에 따른 불가피한 경우는 제외한다.
6. 그 밖에 금융상품판매업자등이 우월적 지위를 이용하여 금융소비자의 권익을 침해하는 행위

7. 부당 권유 행위 금지

(1) 의의

금융소비자법은 금융상품판매업자가 금융상품 계약 체결을 권유하거나 금융상품자문업자가 자문에 응하는 경우에는 **부당한 권유 행위를 하는 것을 금지**하고 있다(제21조). 부당 권유 행위로는 “불확실한 사항에 대하여 단정적 판단을 제공하거나 확실하다고 오인하게 할 소지가 있는 내용을 알리는 행위 또는 금융상품의 내용을 사실과 다르게 알리는 행위” 등이 포함되며, 부당 권유 행위의 자세한 유형은 금융소비자법 및 시행령이 규정하고 있다(법 제21조, 시행령 제16조). 이러한 부당 권유 금지 행위 대상이 되는 상품은 모든 유형의 금융상품이 해당된다.

(2) 부당 권유 행위 유형

금융소비자법이 규정하고 있는 부당 권유 행위는 다음과 같다(법 제21조 본문). 다만, 금융소비자 보호 및 건전한 거래질서를 해칠 우려가 없는 행위로서 대통령령으로 정하는 행위는 제외한다(법 제21조 단서, 시행령 제16조 제1항).

1. 불확실한 사항에 대하여 단정적 판단을 제공하거나 확실하다고 오인하게 할 소지가 있는 내용을 알리는 행위
2. 금융상품의 내용을 사실과 다르게 알리는 행위
3. 금융상품의 가치에 중대한 영향을 미치는 사항을 미리 알고 있으면서 금융소비자에게 알리지 아니하는 행위
4. 금융상품 내용의 일부에 대하여 비교대상 및 기준을 밝히지 아니하거나 객관적인 근거 없이 다른 금융상품과 비교하여 해당 금융상품이 우수하거나 유리하다고 알리는 행위
5. 보장성 상품의 경우 다음 각 목의 어느 하나에 해당하는 행위
   가. 금융소비자(이해관계인으로서 대통령령으로 정하는 자를 포함한다. 이하 이 호에서 같다)가 보장성 상품 계약의 중요한 사항을 금융상품직접판매업자에게 알리는 것을 방해하거나 알리지 아니할 것을 권유하는 행위(시행령 제16조 제2항)
   나. 금융소비자가 보장성 상품 계약의 중요한 사항에 대하여 부실하게 금융상품직접판매업자에게 알릴 것을 권유하는 행위
6. 투자성 상품의 경우 다음 각 목의 어느 하나에 해당하는 행위
   가. 금융소비자로부터 계약의 체결권유를 해줄 것을 요청받지 아니하고 방문·전화 등 실시간 대화의 방법을 이용하는 행위
   나. 계약의 체결권유를 받은 금융소비자가 이를 거부하는 취지의 의사를 표시하였는데도 계약의 체결권유를 계속하는 행위
7. 그 밖에 금융소비자 보호 또는 건전한 거래질서를 해칠 우려가 있는 행위로서 대통령령으로 정하는 행위(시행령 제16조 제3항)

8. 금융상품 광고 규제

(1) 준수 사항

금융소비자법은 금융상품판매업자나 금융상품자문업자가 **업무에 관한 광고를 하거나 금융상품에 관한 광고를 할 때 준수해야 할 기준**에 관한 사항도 규정하고 있다(법 제22조). 즉 금융상품에 관한 광고를 하는 경우에는 "금융소비자가 금융상품의 내용을 오해하지 아니하도록 명확하고 공정하게 전달"해야 하는 원칙이라든지(법 제22조 제2항), 금융상품의 광고에 들어가야 할 사항(법 제22조 제3항) 및 부당한 광고 유형 행위 등을 규정하고 있다(법 제22조 제4항). 그 밖에 자

세한 광고 규제 내용에 대해서는 시행령이 규정하고 있다(시행령 제17조 내지 제21조).

(2) 광고 금지 대상자

금융소비자법은 업무나 금융상품에 관한 광고를 해서는 안 되는 자도 규정하고 있다. 금융상품판매업자나 금융상품자문업자가 아닌 자가 광고를 하는 것이 금지되며, 금융상품판매업자 중에서 금융상품판매대리·중개업자도 금융상품직접판매업자가 허용한 경우를 제외하고(다만 투자성 금융상품에 대해서는 허용할 수 없다)는 금융상품에 관한 광고를 하는 것이 금지된다(법 제22조 제1항). 다만 금융업협회 또는 금융상품판매업자나 금융상품자문업자를 자회사나 손자회사로 두고 있는 금융지주회사는 업무나 금융상품에 관한 광고를 할 수 있으며(법 제22조 제1항 단서), 광고를 하는 경우에는 금융소비자법이 규정하고 있는 광고 기준을 준수해야 한다(법 제22조 제2항). 금융상품판매업자에는 금융상품직접판매업자도 포함되므로 금융상품을 제조한 금융상품직접판매업자는 해당 금융상품에 관한 광고를 할 수 있다.

9. 불건전 영업행위 규제

(1) 「은행법」에 규정된 불건전 영업행위

「은행법」은 은행의 **불건전 영업행위 금지**에 대한 사항도 규정하고 있다. 은행은 다음과 같은 불건전 영업행위를 하는 것이 금지된다(법 제34조의2 제1항).

① 실제 자금을 수취하지 아니하였음에도 입금 처리하는 행위 등 은행이용자에게 부당하게 편익을 제공하는 행위
② 예금, 대출 등 은행이 취급하는 상품을 비정상적으로 취급하여 은행이용자의 조세포탈·회계분식·부당내부거래 등 부당한 거래를 지원하는 행위
③ 은행 업무, 부수 업무 또는 겸영 업무와 관련하여 금융위원회가 정하여 고시하는 정상적인 수준(감독규정 제29조의3 제1항)을 초과하여 재산상 이익을 제공하는 행위
④ 그 밖에 은행업무, 부수업무 또는 겸영업무와 관련하여 취득한 정보 등을 활용하여 은행의 건전한 운영 또는 신용질서를 해치는 행위로서 금융위원회가 정하여 고시하는 행위(감독규정 제29조의3 제2항)

(2) 「은행법 시행령」에 규정된 불건전 영업행위

「은행법 시행령」은 더 구체적인 불건전 영업행위의 유형을 규정하고 있는데, 다음과 같다(제20조의2).

① 은행이용자에게 부당하게 편익을 제공하기 위하여 자기앞수표·양도성예금증서 등을 선(先) 발행하는 등 실제 자금을 수취하지 아니하였음에도 입금 처리하는 행위
② 은행이용자의 조세포탈·회계분식·부당내부거래 등 부당한 거래를 지원하기 위하여 은행이용자가 대출을 받아 그 재원을 예금하고 예금담보대출을 받게 하는 행위 또는 타인이 은행이용자 명의로 양도성예금증서 또는 자본시장법 제4조 제3항에 따른 채무증권을 발행·매매하도록 하는 행위
③ 은행이용자에게 은행 업무, 부수 업무 또는 겸영 업무(시행령 제18조의2 제2항 제1호부터 제6호까지, 제8호부터 제10호까지, 제13호 및 제18호에 따른 업무를 제외한다)와 관련하여 금융위원회가 정하여 고시하는 정상적인 수준을 초과하여 재산상 이익을 제공하는 행위
④ 은행과 은행이용자 간, 특정 은행이용자와 다른 은행이용자 간에 이해상충이 발생할 수 있는 거래에 활용하기 위하여 은행업무, 부수업무 또는 겸영업무와 관련하여 취득한 정보 등을 이용하는 행위
⑤ 그 밖에 은행업무, 부수업무 또는 겸영업무와 관련하여 은행의 건전한 운영 또는 신용질서를 해치는 행위로서 금융위원회가 정하여 고시하는 행위

10. 약관 규제

(1) 서설

은행의 **약관**(約款)**에 대한 규제**는 금융소비자법이 아닌 「은행법」이 규정하고 있다. **약관**이라 함은 “그 명칭이나 형태 또는 범위에 상관없이 계약의 한쪽 당사자가 여러 명의 상대방과 계약을 체결하기 위하여 일정한 형식으로 미리 마련한 계약의 내용”을 말한다(「약관의 규제에 관한 법률」 제2조 제1호).

(2) 원칙적인 사후 신고제 및 예외적인 사전 신고제

1) 서설

「은행법」은 은행이 약관을 제정하거나 개정할 때 금융감독당국에 대하여 사후 보고를 하는 것을 원칙으로 하면서, 예외적으로 사전 신고해야 하는 경우를 규정하고 있다. 그러나 단순한 사후 보고제 또는 사전 신고제가 아니며, 금융감독당국뿐만 아니라 전체 약관 심사 업무를 담당하는 공정거래위원회도 약관 내용에 대한 심사권을 갖고 있어 통제를 하고 있다.

2) 사후 신고제

은행은 「은행법」에 따른 업무를 취급할 때 은행 이용자의 권익을 보호하여야 하며, 금융거래와 관련된 약관을 제정하거나 변경하는 경우에는 약관의 제정 또는 변경 후 10일 이내에 금융감독당국에 보고하여야 한다(법 제52조 제1항 본문). 원칙적인 사후 보고제이다.

3) 사전 신고제

가) 의의

은행 “이용자의 권리나 의무에 중대한 영향을 미칠 우려가 있는 경우로서 대통령령으로 정하는 경우”에는 약관의 제정 또는 변경 전에 미리 금융감독당국에 신고하여야 한다(법 제52조 제1항 단서). 즉 약관의 시행 예정일부터 10영업일 전까지 해당 약관 및 약관 내용을 이해하는데 필요한 관련 서류를 금융감독원장에게 제출하여야 한다(감독규정 제86조의2 제1항). 원칙적으로 사후 보고제를 채택하면서 예외적으로 사전 신고제를 채택하고 있는 것이다.

나) 사전 신고 대상

시행령으로 정하는 사전에 신고해야 하는 경우는 다음과 같다(시행령 제24조의5 제1항).

① 금융거래와 관련된 약관의 제정으로서 기존 금융서비스의 제공 내용·방식·형태 등과 차별성이 있는 내용을 포함하는 경우
② 은행이용자의 권리를 축소하거나 의무를 확대하기 위한 약관의 변경으로서 (i) 변경 전 약관을 적용받는 기존 이용자에게 변경된 약관을 적용하는 경우 또는 (ii) 기존 금융서비스의 제공 내용·방식·형태 등과 차별성이 있는 내용을 포함하는 경우의 어느 하나에 해당하는 경우
③ 그 밖에 은행이용자 보호 등을 위하여 금융위원회가 정하여 고시하는 경우

다) 예외

그러나 다음과 같은 경우에는 사전 신고 대상에서 제외된다(시행령 제24조의5 제2항).

① 보고 또는 신고된 약관과 동일하거나 유사한 내용으로 약관을 제정하거나 변경하는 경우
② 「은행법」 제44조에 따른 명령 또는 「은행법」 제52조 제5항에 따른 약관 변경 권고에 따라 약관을 제정하거나 변경하는 경우
③ 「약관의 규제에 관한 법률」 제19조의3에 따른 표준약관의 제정 또는 변경에 따라 약관을 제정하거나 변경하는 경우
④ 법령의 제정 또는 개정에 따라 약관을 제정하거나 변경하는 경우
⑤ 그 밖에 이용자의 권리나 의무에 중대한 영향을 미칠 우려가 없다고 인정하는 경우로서 금융위원회가 정하여 고시하는 경우

(3) 약관 제·개정 시 준수 사항

은행은 약관을 제정 또는 변경하는 경우 다음의 사항을 준수하여야 한다(법 제52조 제2항). 「은행업감독규정」은 구체적인 약관의 작성 기준을 규정하고 있다(제86조).

① 「은행법」 또는 다른 법령에 위반되는 내용을 포함하지 아니할 것
② 부당하게 은행이용자에게 불리한 내용을 포함하지 아니할 것
③ 예금자 등 은행이용자의 권익을 보호하고 건전한 금융거래질서를 유지하기 위하여 금융위원회가 정하여 고시하는 기준에 적합할 것

(4) 금융감독당국의 약관 심사 및 변경 권고권

금융감독당국은 약관 변경 권고권을 가지고 있다. 즉 금융감독당국은 건전한 금융거래질서를 유지하기 위하여 필요한 경우에는 은행에 대하여 약관의 변경을 권고할 수 있다(법 제52조 제5항). 사전 신고 대상 약관뿐만 아니라 사후 보고 대상인 약관도 대상이 될 것이다. 「은행업감독규정」은 금융감독원장의 약관 심사권을 인정하면서 약관 내용에 대한 심사 기준을 규정하고 있는데(제87조 제2항), 이 기준에 어긋나면 약관 변경을 권고할 수 있을 것이다. 그러면 약관 변경 권고에 응하지 않은 경우는 어떻게 되나? '권고'이므로 문언 의미상 반드시 따라야 할 의무는 없을 것이다. 그러나 금융감독당국의 변경 권고에 따르지 않을 은행은 없을 것이다.

(5) 공정거래위원회의 약관 심사권

일반 약관 심사권을 갖고 있는 **공정거래위원회의 약관 심사권도 인정**하고 있다. 금융위원회는 제정 또는 개정의 보고나 신고를 받은 약관을 공정거래위원회에 통보하여야 하며, 공정거래위위원회는 통보받은 약관이 「약관의 규제에 관한 법률」 제6조부터 제14조까지의 규정에 해당하는 사실이 있다고 인정될 때에는 금융위원회에 그 사실을 통보하고 시정에 필요한 조치를 취하도록 요청할 수 있으며, 금융위원회는 특별한 사유가 없는 한 이에 응하여야 한다(법 제52조 제4항).

그런데 이렇게 두 규제당국에 약관 심사권을 부여하는 것에 대해서는 재검토할 필요가 있다. 금융거래에 전문화되어 있지 않은 공정거래위원회가 은행 약관을 잘 심사할 수 있을지 의문이다. 이중 규제에 해당하므로 금융감독당국의 규제로 일원화해야 할 것이다.

(6) 약관의 공시

은행은 약관을 제정하거나 변경한 경우에는 정보게시판(인터넷 홈페이지) 등을 이용하여 공시하여야 한다(법 제52조 제3항).

11. 금융거래상의 중요 정보 제공 의무

(1) 서설

「은행법」은 은행에 대하여 **금융거래상의 중요 정보를 은행이용자에게 제공할 의무**를 부여하고 있다. 즉 은행은 예금자 등 은행이용자를 보호하고 금융 분쟁의 발생을 방지하기 위하여 은행이용자에게 금융거래상 중요 정보를 제공하는 등 적절한 조치를 마련하여야 한다(법 제52조의2 제2항).

(2) 조치 내용

은행이 취해야 하는 조치 내용은 다음과 같다. ① 금리, 계약 해지 및 예금자 보호에 관한 사항 등 은행이용자가 유의하여야 할 사항을 공시해야 한다(시행령 제24조의6 제2항 제1호). ② 금융거래(금융소비자법에 따른 금융상품의 계약에 따른 거래는 제외한다) 단계별로 (i) 계약 체결을 권유하는 경우에는 계약 조건, 거래 비용 등 계약의 주요 내용, (ii) 은행이용자가 청약하는 경우에는 약관, (iii) 계약을 체결하는 경우에는 계약 서류를 각각 제공하고 그 내용을 설명해야 한다(시행령 제24조의6 제2항 제2호 본문). 다만 이미 체결된 계약과 같은 내용으로 계약을 갱신하는 경우 등 금융위원회가 정하여 고시하는 경우에는 정보나 자료의 제공 및 설명을 생략할 수 있다(시행령 제24조의6 제2항 제2호 단서).

(3) 은행이용자의 약관 및 계약 서류에 대한 열람 신청권

은행이용자(금융소비자법에 따른 금융소비자는 제외한다)는 약관 및 계약 서류에 대한 열람을 신청할 수 있으며, 이 경우 은행은 정당한 사유가 없으면 이에 따라야 한다(시행령 제24조의6 제3항).

12. 금리 인하 요구권

(1) 의의

「은행법」은 은행이용자가 은행과 대출 등 신용공여 계약을 체결한 이후 신용 상태의 개선에 따라서 은행에게 금리를 인하해 줄 것을 요구할 수 있는 권한을 부여하고 있다. 즉 은행과 신용공여 계약을 체결한 자는 재산 증가나 신용등급 또는 개인신용평점 상승 등 신용 상태에 개선이 나타났다고 인정되는 경우에는 은행에 금리 인하를 요구할 수 있다(법 제30조의2 제1항). '신용공여'는 「은행법」이 정의하고 있는 "대출, 지급보증 및 유가증권의 매입(자금지원적 성격인 것만 해당한다), 그 밖에 금융거래상의 신용위험이 따르는 은행의 직접적·간접적 거래"를 말한다(법 제2조 제1항 제7호).

(2) 은행의 고지 의무

은행은 신용공여 계약을 체결하려는 자에게 금리 인하를 요구할 수 있음을 미리 알려야 한다(법 제30조의2 제2항).

(3) 금리 인하를 요구할 수 있는 경우

은행이용자가 은행에게 금리 인하를 요구할 수 있는 경우는 다음과 같다. ① 개인이 신용공여 계약을 체결한 경우에는 취업, 승진, 재산 증가 또는 개인신용평점 상승 등 신용 상태의 개선이 나타났다고 인정되는 경우, ② 개인이 아닌 자(개인사업자를 포함한다)가 신용공여 계약을 체결한 경우에는 재무상태 개선, 신용등급 또는 개인신용평점 상승 등 신용 상태의 개선이 나타났다고 인정되는 경우이다(시행령 제18조의4 제1항 제1호, 제2호).

(4) 요구의 수용 여부 판단 시 고려 사항

금리 인하 요구를 받은 은행은 해당 요구의 수용 여부를 판단할 때 신용 상태의 개선이 금리 산정에 영향을 미치는지 여부 등 금융위원회가 정하여 고시하는 사항을 고려할 수 있다(시행령 제18조의4 제2항).

(5) 절차

은행은 은행이용자로부터 금리 인하 요구를 받은 날부터 10영업일 이내(금리 인하 요구자에게 자료의 보완을 요구하는 날부터 자료가 제출되는 날까지의 기간은 포함하지 않는다)에 해당 요구의 수용 여부 및 사유를 금리 인하 요구자에게 전화, 서면, 문자메시지, 전자우편, 팩스 또는 그 밖에 이와 유사한 방법으로 알려야 한다(시행령 제18조의4 제3항).

Ⅲ. 그 밖의 금융소비자 보호 규정

1. 일반금융소비자의 청약철회권

(1) 의의

금융소비자법은 **일반금융소비자가 금융상품 계약의 청약을 한 후 일정 기간 이내에 그 청약을 철회할 수 있는 권리**를 부여하고 있다(법 제46조). 일반금융소비자에게만 청약 철회를 부여하고 있고 전문금융소비자에게는 이러한 권리가 인정되지 않는다.

(2) 적용 대상 금융상품의 범위

청약 철회가 인정되는 금융상품은 보장성 상품, 투자성 상품 및 대출성 상품에 한정되는데, 그 범위는 시행령이 정하고 있으며(법 제46조 제1항, 시행령 제37조 제1항), 금융상품 자문에 관한 계약도 포함된다(법 제46조 제1항). 예금성 상품은 금융소비자가 언제든지 계약을 해지할 수 있고 이에 따른 추가적인 비용이 요구되지 않기 때문에 청약 철회 대상에서 제외하고 있다. 구체적인 금융상품의 범위는 다음과 같다(시행령 제37조 제1항).

1. 보장성 상품: 다음 각 목의 것을 제외한 금융상품
   가. 「보험업법」에 따른 보증보험 중 청약의 철회를 위해 제3자의 동의가 필요한 보증보험
   나. 「자동차손해배상 보장법」에 따른 책임보험. 다만, 일반금융소비자가 동종의 다른 책임보험에 가입한 경우는 제외한다.
   다. 해당 금융상품에 대한 보장기간이 1년 이내의 범위에서 금융위원회가 정하여 고시하는 기간 이내인 금융상품
   라. 그 밖에 청약의 철회가 건전한 시장질서를 해칠 우려가 높은 것으로서 금융위원회가 정하여 고시하는 보장성 상품
2. 투자성 상품: 다음 각 목의 금융상품. 다만, 일반금융소비자가 법 제46조 제1항 제2호에 따른 청약 철회의 기간 이내에 예탁한 금전등을 운용하는 데 동의한 경우는 제외한다.
   가. 「자본시장과 금융투자업에 관한 법률 시행령」에 따른 고난도금융투자상품(일정 기간에만 금융소비자를 모집하고 그 기간이 종료된 후에 금융소비자가 지급한 금전등으로 「자본시장과 금융투자업에 관한 법률」에 따른 집합투자를 실시하는 것만 해당한다)
   나. 「자본시장과 금융투자업에 관한 법률 시행령」에 따른 고난도투자일임계약
   다. 신탁계약(「자본시장과 금융투자업에 관한 법률」에 따른 금전신탁은 제외한다)
   라. 「자본시장과 금융투자업에 관한 법률 시행령」에 따른 고난도금전신탁계약
3. 대출성 상품: 다음 각 목의 것을 제외한 금융상품
   가. 「여신전문금융업법」에 따른 시설대여·할부금융·연불판매(법 제46조 제1항 제3호에 따른 청약 철회의 기간 이내에 해당 계약에 따른 재화를 제공받은 경우만 해당한다)
   나. 「온라인투자연계금융업 및 이용자 보호에 관한 법률」에 따른 연계대출
   다. 「자본시장과 금융투자업에 관한 법률」 제72조제1항에 따른 신용의 공여(법 제46조 제1항 제3호에 따른 청약 철회의 기간 이내에 담보로 제공된 증권을 처분한 경우만 해당한다)
   라. 그 밖에 청약의 철회가 건전한 시장질서를 해칠 우려가 높은 것으로서 금융위원회가 정하여 고시하는 대출성 상품

(3) 청약 철회 기간

청약 철회 기간은 금융상품에 따라 다른데, 대출성 상품의 경우 계약 서류를 제공받은 날로부터 14일 이내, 투자성 상품이나 금융상품 자문의 경우에는 계약 서류를 제공한 날로부터

7일 이내, 보장성 상품의 경우는 보험증권을 받은 날부터 15일과 청약을 한 날부터 30일 중 먼저 도래하는 기간 이내이다(법 제46조 제1항 제1호 내지 제3호).

(4) 청약 철회의 효과

청약을 철회하게 되면 금융상품판매업자나 금융상품자문업자는 일반금융소비자로부터 받은 금전·재화 등을 반환해야 하며(법 제46조 제3항), 청약 철회에 따른 손해배상 또는 위약금 등 금전의 지급을 일반금융소비자에게 청구할 수 없다(제46조 제4항).

2. 금융소비자의 위법계약 해지권

(1) 의의

금융소비자법이 새로이 도입한 제도로서 금융소비자에게 위법계약 해지권을 부여하고 있다. **금융상품판매업자나 금융상품자문업자가 적합성 원칙**(법 제17조 제3항), **적정성 원칙**(법 제18조 제2항), **설명 의무**(법 제19조 제1항, 제3항), **불공정영업행위 금지**(법 제20조 제1항) **또는 부당권유행위 금지**(법 제21조)**를 위반하여 대통령령으로 정하는 금융상품에 관한 계약을 체결**한 경우, 금융소비자는 5년 이내의 대통령령으로 정하는 기간 내에 서면 등으로 해당 계약의 해지를 요구할 수 있다(법 제47조 제1항). **금융상품판매업자나 금융상품자문업자가 "정당한 사유 없이" 금융소비자의 계약 해지 요구를 따르지 않는 경우 금융소비자는 해당 계약을 해지**할 수 있다(법 제47조 제2항). 적합성 원칙이나 설명 의무 등 영업행위 규칙을 위반한 경우에 위법계약 해지권을 인정하고 있다는 점에서 그만큼 금융상품판매업자나 금융상품자문업자가 이러한 영업행위 규칙을 잘 준수할 것을 요구하는 취지라고 할 수 있다. 금융상품 계약을 체결한 이후에 해당 계약을 해지할 수 권리를 금융소비자에게 부여한다는 점에서 금융소비자의 보호를 강화하기 위한 제도라고 할 수 있다.

'해지'는 계속적 계약의 효력을 장래에 향하여 소멸하게 하는 법률행위인데, 계약의 효력을 소멸시키는 점에서 '해제'와 동일하나, 계속적 계약 관계에서만 해당되고 소급적 효력이 없다는 점에서 해제와 차이가 있다.[4] 해지의 효과를 발생시키는 의사표시인 해지권은 당사자 사이의 계약이나 법률 규정에 의해서 발생하는데(「민법」 제543조), 법률의 규정에 의하여 발생하는 해지권을 '법정해지권'이라고 한다. 따라서 **금융소비자법이 규정하고 있는 위법계약 해지권은 법률에서 규정하고 있는 것이어서 법정해지권에 해당**한다.[5]

(2) 해지권 대상 금융상품의 범위

위법계약 해지권은 금융상품 계약의 효력을 장래에 발생하지 않게 하는 효과가 있는 것이

---

4) 송덕수(2016), 1340면.

5) 위법계약 해지권에 대한 자세한 설명은 이상훈(2017), 217~243면.

므로 언제든지 계약 해지가 가능한 금융상품에는 인정할 필요가 없을 것이다. 금융소비자법은 위법계약 해지권의 대상이 되는 금융상품을 규정하고 있는데, 시행령으로 정하는 금융상품은 "금융소비자와 금융상품직접판매업자 또는 금융상품자문업자 간 계속적 거래가 이루어지는 금융상품 중 금융위원회가 정하여 고시하는 금융상품"을 말한다(시행령 제38조 제1항). 「금융소비자 보호에 관한 감독규정」 제31조는 대상 금융상품의 범위를 자세히 규정하고 있다.[6] 계속적 거래가 이루어지는 금융상품을 대상으로 하고 있어서 해지권의 법적 성격을 반영한 조문이다.

(3) 해지권 행사 기간

5년 이내의 대통령령으로 정하는 기간은 "금융소비자가 계약 체결에 대한 위반 사항을 안 날부터 1년 이내의 기간"을 말하는데, 해당 기간은 계약체결일부터 5년 이내의 범위에 있어야 한다(시행령 제38조 제2항).

(4) 계약 해지 요구를 거절할 수 있는 정당한 사유

금융소비자의 계약 해지 요구를 따르지 않아도 되는 "정당한 사유"는 "① 위반 사실에 대한 근거를 제시하지 않거나 거짓으로 제시한 경우, ② 계약 체결 당시에는 위반 사항이 없었으나 금융소비자가 계약 체결 이후의 사정 변경에 따라 위반 사항을 주장하는 경우, 또는 ③ 금융소비자의 동의를 받아 위반 사항을 시정한 경우"가 해당한다(시행령 제38조 제4항).

비록 정당한 사유의 범위에 대해서 시행령이 정하고 있으나, 여전히 기준이 구체적이지 않다는 점에서 위법계약 해지권 행사 요건에 해당하는지 여부와 관련하여 금융상품판매업자 및 금융상품자문업자와 금융소비자 사이에 분쟁이 발생할 여지가 크다. 따라서 해지권 행사 요건 해당 여부를 결정하는 독립적인 기구를 관련 금융업협회나 금융감독당국에 설치하여 운영하는 방안도 검토해볼 수 있다.

(5) 계약 해지 관련된 비용 요구 금지

금융상품 계약이 해지된 경우 금융상품판매업자나 금융상품자문업자는 수수료, 위약금

---

6) 제31조(위법계약의 해지) ① 영 제38조제1항에서 "금융위원회가 정하여 고시하는 금융상품"이란 금융소비자와 금융상품직접판매업자 또는 금융상품자문업자 간 계속적 거래(계약의 체결로 「자본시장과 금융투자업에 관한 법률」 제9조제22항에 따른 집합투자규약이 적용되는 경우에는 그 적용기간을 포함한다)가 이루어지고 금융소비자가 해지 시 재산상 불이익이 발생하는 금융상품 중 다음 각 호의 금융상품을 제외한 것을 말한다.
1. 「온라인투자연계금융업 및 이용자 보호에 관한 법률」에 따른 온라인투자연계금융업자와 체결하는 계약
2. 「자본시장과 금융투자업에 관한 법률」에 따른 원화로 표시된 양도성 예금증서
3. 「자본시장과 금융투자업에 관한 법률 시행령」에 따른 표지어음
4. 그 밖에 제1호부터 제3호까지의 규정과 유사한 금융상품

등 계약의 해지와 관련된 비용을 금융소비자에게 요구할 수 없다(법 제47조 제3항).

3. 금융감독당국의 금융상품 판매 제한 명령권

(1) 의의

금융소비자법이 새로이 도입한 제도로서 금융소비자의 보호를 강화하기 위해서 **금융소비자에게 피해를 입힐 가능성이 있는 금융상품에 대해서 판매를 제한하거나 금지할 수 있는 권한을 금융감독당국에게 부여**하고 있다. 금융감독당국은 "금융상품으로 인하여 금융소비자의 재산상 현저한 피해가 발생할 우려가 있다고 명백히 인정되는 경우로서 대통령령으로 정하는 경우"에는 그 금융상품을 판매하는 금융상품판매업자에 대하여 "해당 금융상품 계약 체결의 권유 금지 또는 계약 체결의 제한·금지"를 명할 수 있다(법 제49조 제2항).

(2) 명령권 행사가 가능한 경우

금융상품 판매 제한 명령권을 행사할 수 있는 '대통령령으로 정하는 경우'란 "투자성 상품, 보장성 상품 또는 대출성 상품에 관한 계약 체결 및 그 이행으로 인해 **금융소비자의 재산상 현저한 피해가 발생할 우려가 있다고 명백히 인정되는 경우**"를 말한다(시행령 제40조 제2항). 금융상품 판매 제한권이 발동될 수 있는 사유를 구체적으로 규정하는 것이 쉽지 않고 그럴 필요도 없을 것이다. 결국은 금융감독당국이 적절히 판단하여 금융소비자에게 피해를 입히거나 입힐 가능성이 있는 금융상품에 대해서 개입할 수 있는 권한을 부여하고 있다고 이해할 수 있다. 금융소비자를 보호하기 위한 강력한 제도라는 점을 알 수 있다.

4. 손해배상책임

(1) 의의

금융소비자법은 금융상품판매업자나 금융상품자문업자의 손해배상책임 규정도 두고 있다. 금융상품판매업자나 금융상품자문업자가 "고의 또는 과실로 [금융소비자]법을 위반하여 금융소비자에게 손해를 발생시킨 경우에는 그 손해를 배상할 책임이 있다"는 일반 규정을 두고 있다(법 제44조 제1항). 설령 이러한 조항이 없더라도 「민법」에 따른 불법행위책임(제750조)을 물을 수 있으므로 이 조항은 큰 의미가 없다고 할 수 있다.

(2) 설명 의무의 경우 입증 책임의 전환

다만 설명 의무를 위반하여 금융소비자에게 손해를 발생시킨 경우에는 고의나 과실에 대한 입증 책임을 금융상품판매업자나 금융상품자문업자에게 지우고 있어(법 제44조 제2항) 의미가 있다. 금융소비자법은 "금융상품판매업자등이 [설명 의무]를 위반하여 금융소비자에게 손해를 발생시킨 경우에는 그 손해를 배상할 책임을 진다. 다만, 그 금융상품판매업자등이 고의 및 과실이 없음을 입증한 경우에는 그러하지 아니하다"라고 규정하고 있다(법 제44조 제2항). 원래 손해를 입은 금융소비자가 가해자인 금융상품판매업자나 금융상품자문업자의 고의나 과실이 있음을 증명해야 하나, 설명 의무 위반인 경우에는 그러한 입증 책임을 전환시키고 있다.

(3) 손해액 추정

자본시장법에 따른 손해액 추정 조항도 알아둘 필요가 있다. 금융상품판매업자나 금융상품자문업자인 금융투자업자가 투자성 상품과 관련한 설명 의무를 위반한 경우에는 손해액 추정 규정(자본시장법 제48조 제2항)이 적용되어 금융소비자가 손해액을 증명할 필요가 없게 된다. 금융상품판매업자나 금융상품자문업자인 금융투자업자의 경우에만 적용되는데, 입법론으로 손해액 추정 규정은 다른 금융상품판매업자나 금융상품자문업자에게도 적용되도록 할 필요가 있다.

(4) 연대 손해배상책임

금융소비자법은 **금융상품직접판매업자의 금융상품판매대리·중개업자와 연대 손해배상책임** 조항도 두어 금융소비자를 두텁게 보호하고 있다. 금융상품직접판매업자는 금융상품 계약 체결 등의 업무를 대리·중개한 금융상품판매대리·중개업자(「보험업법」 제2조 제11호에 따른 보험중개사는 제외한다) 또는 「보험업법」 제83조 제1항 제4호에 해당하는 임원 또는 직원(즉 보험상품을 판매하는 임직원을 말한다)이 대리·중개 업무를 할 때 금융소비자에게 손해를 발생시킨 경우에는 그 손해를 배상할 책임을 지도록 하고 있다(법 제45조 제1항 본문). 다만 금융상품직접판매업자가 금융상품판매대리·중개업자 및 보험상품 판매 임직원의 "선임과 그 업무 감독에 대하여 적절한 주의를 하였고 손해를 방지하기 위하여 노력한 경우"에는 이러한 연대 손해배상책임을 지지 않는다(법 제45조 제1항 단서).

제3절

금융 분쟁 조정 제도[7)]

Ⅰ. 서설

금융소비자법은 금융 분쟁 조정(調停) 제도에 관한 내용도 규정하고 있다. 금융감독기관인 금융감독원이 금융 분쟁 조정 업무를 수행한다는 점에서 종전에는 금융감독기구법에 규정되어 있었으나, 금융 분쟁 조정 제도가 금융소비자 피해에 대한 사후적 구제 제도라는 점을 고려해서 금융소비자법에 이관하여 규정하였다. **'분쟁 조정'이란 소송 이외의 방법으로 분쟁을 해결하는 대체적 분쟁 해결 수단**(alternative dispute resolution: ADR)의 한 방법이다. **분쟁 당사자 모두가 조정자가 제시한 조정안을 수락하면 조정안이 재판상 화해**(和解) **또는 「민법」상 화해 계약의 효력**(「민법」 제732조)**이 발생하는 분쟁 해결 수단**이다.

조정 제도는 소송에 비하여 비용이 절감되고 소요 기간도 단축할 수 있어 소액 분쟁의 경우에 많이 이용되는데, 금융 분쟁 사건의 경우 다수의 금융소비자가 관련된 소액 사건이 많다는 점에서 금융 분쟁 조정 제도를 이용할 실익이 크다. 이런 점에서 금융 분쟁 조정 제도가 금융소비자 피해에 대한 사후적 구제 장치의 하나로 인정되고 있다. 은행도 금융기관으로서 금융소비자와 분쟁이 발생할 수 있기 때문에 금융 분쟁 조정 제도를 이용하게 된다.

Ⅱ. 금융 분쟁 조정 제도의 현황

1. 개관

소송 외의 대체적 분쟁 해결 제도의 하나로서 분쟁 조정 제도는 분쟁 당사자 사이의 합의를 도출하는 절차로서 당사자의 합의에 바탕을 둔 분쟁 해결 제도이다. 금융 분쟁 조정은 여러

7) 고동원(2013), 63~89면의 내용을 수정·보완한 것이다.

분쟁 조정 기구에 의해서 이루어지고 있다. 금융감독원이나 한국소비자원과 같은 '공적' 기구에서 운영하는 분쟁 조정 제도가 있으며, 자율 규제 기관인 한국금융투자협회와 한국거래소에서 운영하고 있는 분쟁 조정 제도도 있다. 일반적으로 전자를 '공적 분쟁 조정 제도'라고 분류할 수 있으며, 후자를 '자율적 분쟁 조정 제도'라고 분류할 수 있다. 공적 분쟁 조정 기구로서는 금융감독원의 '금융분쟁조정위원회'와 한국소비자원의 '소비자분쟁조정위원회' 이외에도 대부업 관련 분쟁 조정을 하는 시·도지사 소속의 '대부업분쟁조정위원회'와 우체국 예금과 보험 업무 관련 분쟁 조정을 하는 과학기술정보통신부 소속의 '우체국예금보험분쟁조정위원회'도 있다. 자율적 분쟁 조정 기구로서는 한국거래소의 '시장감시위원회'와 한국금융투자협회의 '분쟁조정위원회'가 있다. 이하에서는 각 분쟁 조정 기구의 운영과 조정 절차에 대하여 살펴본다.

2. 금융감독원의 금융분쟁조정위원회

(1) 법적 근거

금융감독원 내에 설치된 **금융분쟁조정위원회**는 금융감독원의 검사를 받는 금융기관과 금융소비자 사이에 발생하는 금융 관련 분쟁의 조정에 관한 심의 사항을 의결하는 기구로서 금융소비자법 제33조에 근거하여 설치되었다. 금융분쟁조정위원회의 운영과 분쟁 조정 절차 등에 관한 구체적 사항은 금융소비자법 제33조 내지 제43조, 시행령 제32조 내지 제36조, 금융감독원장이 제정한 「금융분쟁조정세칙」이 규정하고 있다.

(2) 분쟁 조정 대상

분쟁 조정 대상은 금융기관과 예금자 등 금융수요자 및 그 밖의 이해관계인 사이에 발생하는 금융 분쟁에 관한 사항이다(법 제33조). 조정대상기관인 금융기관의 범위에는 금융감독기구법 제38조 각 호의 금융기관이 해당한다. 그러한 금융기관에는 일반은행뿐만 아니라 자본시장법에 따른 금융투자업자, 증권금융회사, 종합금융회사 및 명의개서대행회사(名義改書代行會社), 보험회사, 상호저축은행과 그 중앙회, 신용협동조합 및 그 중앙회, 「여신전문금융업법」에 따른 여신전문금융회사 및 겸영여신업자, 농협은행, 수협은행, "다른 법령에서 금융감독원이 검사를 하도록 규정한 기관," "그 밖에 금융업 및 금융 관련 업무를 하는 자로서 대통령령으로 정하는 자"[8)]가 있다.

여기서 "다른 법령에서 금융감독원이 검사를 하도록 규정한 기관"의 범위에는 금융소비자법에 따른 금융상품판매대리·중개업자가 해당한다(법 제50조). 따라서 새마을금고의 공제 사업[9)]과 우체국의 예금 및 보험 업무[10)]는 분쟁 조정 대상이 되지 않는다. 대부업자의 대부업과

8) 현재 규정된 기관은 없다.

9) 「새마을금고법」 제69조는 새마을금고의 공제 사업 시행과 관련한 분쟁을 신속·공정하게 해결하기 위하

관련하여 발생하는 분쟁은 원칙적으로 분쟁 조정 대상이 되지 않는데, 다만 금융위원회에 등록을 한 대형 대부업자는 금융분쟁조정위원회의 분쟁 조정 대상이 된다. 그 이유는 대부업법에 따라 금융감독원의 검사 대상이 되고(제12조 제2항), 그렇게 되면 금융감독기구법 제38조에 따라 금융감독원의 검사를 받는 금융기관이 되기 때문이다. 대부업법은 이를 명확히 하기 위해서 금융분쟁조정위원회의 관할 대상임을 규정하고 있다(제18조 제4항).

(3) 구성

1) 위원장

금융분쟁조정위원회는 위원장 1인을 포함하여 35인 이내의 위원으로 구성되며(법 제34조 제1항), 위원장은 금융감독원장이 소속 부원장 중에서 지명하는 자가 된다(법 제34조 제2항). 위원장이 부득이한 사유로 직무를 수행할 수 없는 때에는 금융감독원장이 지명하는 위원이 위원장의 직무를 대행한다(법 제34조 제5항). 금융 분쟁 조정의 공정성과 독립성을 유지하기 위해서는 위원장은 금융감독원 소속 부원장이 아닌 외부 위원 중에서 선임하는 것이 바람직할 것이다.

2) 위원 자격

조정 위원은 금융감독원장이 소속 부원장보 중에서 지명하는 자와 일정한 자격을 충족하는 자 중에서 금융감독원장이 위촉하는 자로 구성된다(법 제34조 제3항). 위촉하는 위원의 자격요건은 "① 판사·검사 또는 변호사 자격이 있는 사람, ② 「소비자기본법」에 따른 한국소비자원 및 같은 법에 따라 등록한 소비자단체의 임원, 임원으로 재직하였던 사람 또는 15년 이상 근무한 경력이 있는 사람, ③ 조정대상기관 또는 금융 관계 기관·단체에서 15년 이상 근무한 경력이 있는 사람, ④ 금융 또는 소비자 분야에 관한 학식과 경험이 있는 사람, ⑤ 전문의(專門醫) 자격이 있는 의사, ⑥ 그 밖에 분쟁 조정과 관련하여 금융감독원장이 필요하다고 인정하는 사람"이다(법 제34조 제3항 제1호 내지 제6호).

3) 위원의 임기

금융분쟁조정위원회 위원 중 금융감독원 부원장보를 제외한 위촉된 위원의 임기는 2년이다(법 제34조 제4항). 연임 제한에 대한 규정이 없으므로 연임할 수 있다고 보아야 할 것이다.

(4) 회의

1) 회의 소집

금융분쟁조정위원회의 회의는 위원장 1인과 위원장이 회의마다 지명하는 6인 이상 10인

여 새마을금고중앙회에 '공제분쟁조정심의위원회'를 두도록 하고 있다.

10) 「우체국예금·보험에 관한 법률」 제51조는 우체국 예금 및 보험업무와 관련된 분쟁을 해결하기 위하여 '우체국예금보험분쟁조정위원회'를 과학기술정보통신부 소속으로 두도록 하고 있다.

이하의 위원으로 구성하며, 위원장이 회의를 소집한다(법 제37조 제1항).

2) 당사자로부터 의견 청취

금융분쟁조정위원회는 특별한 사유가 없는 한 당사자가 회의에 참석하여 진술을 할 수 있도록 해야 한다(시행령 제34조 제3항). "특별한 사유가 없는 한"이라고 하고 있어 당사자가 의견 진술할 수 있는 기회를 확대하고 있다고 할 수 있다. 당사자의 의견 진술이 중요한 만큼 시행령이 아닌 법에 규정할 필요가 있다. 이외에 금융분쟁조정위원회는 당사자 기타 이해관계인·감정인·참고인 등의 의견을 들을 필요가 있다고 인정되는 때에는 이들에게 회의에 출석하여 의견을 진술할 것을 요청할 수 있다(「금융분쟁조정세칙」 제24조 제2항).

3) 의결 정족수

금융분쟁조정위원회는 6인 이상 10인 이하로 구성되는 위원회 구성원 과반수의 출석과 출석위원 과반수의 찬성으로 의결한다(법 제37조 제2항).

(5) 분쟁 조정 절차

1) 금융감독원장에게 분쟁 조정 신청

조정대상기관, 금융소비자 및 그 밖의 이해관계인이 금융감독원에 분쟁 조정을 신청할 수 있다(법 제36조 제2항).

2) 금융감독원장의 합의 권고

분쟁 조정 신청을 받으면 금융감독원장은 먼저 관계 당사자에게 통지를 하고 합의할 것을 권고할 수 있다(법 제36조 제2항 본문). 합의 권고에 따른 당사자 사이의 합의의 효력에 대해서는 금융소비자법에 명문의 규정이 없으므로 「민법」상 화해 계약(「민법」 제731조)이 성립한 것으로 보는 것이 타당할 것이다. 따라서 당사자는 합의한 내용에 따라 의무를 부담하고 권리를 취득하며, 종전의 법률관계를 주장하지 못하게 된다.[11]

3) 금융분쟁조정위원회에 조정 회부

금융 분쟁 조정 신청을 받은 날로부터 30일 이내에 당사자 사이에 합의가 성립되지 아니한 때에는 사건은 금융분쟁조정위원회에 회부(會付)된다(법 제36조 제4항).

4) 합의 권고 거부 또는 금융분쟁조정위원회에 회부 거부 사유

금융감독원장은 분쟁 조정의 신청 내용이 다음과 같은 경우에는 합의를 권고하지 아니하거나 금융분쟁조정위원회에 회부하지 아니할 수 있다(법 제36조 제2항 단서). 그러한 경우는 "① 분쟁 조정 대상으로서 적합하지 아니하다고 금융감독원장이 인정하는 경우, ② 관련 법령 또는 객관적인 증명 자료 등에 따라 합의 권고 절차 또는 조정 절차를 진행할 실익이 없는 경우, 또는 ③ 그 밖에 ①이나 ②에 준하는 사유로서 대통령령으로 정하는 경우"이다. '대통령령

11) 대법원 2004. 8. 20. 선고 2002다20353 판결.

으로 정하는 경우'는 "(i) 금융분쟁조정위원회에 회부되기 전에 소(訴)가 제기된 경우, (ii) 신청 내용의 보완을 2회 이상 요구하였으나 이에 응하지 않은 경우, 또는 (iii) 신청 내용이 신청인과 직접적인 이해관계가 없는 경우"이다(시행령 제33조 제4항).

그런데 ①이나 ②의 사유는 상당히 추상적으로 규정되어 있어 합의 권고나 회부를 하지 않을 수 있는 사유에 대한 판단이 전적으로 금융감독원의 재량으로 맡겨져 있다. 신청인으로서는 금융분쟁조정위원회의 공정한 조정의 혜택을 받아보지 못할 수도 있다. 금융분쟁조정위원회에 회부되지 않는 경우를 보다 구체적으로 규정할 필요가 있다.

5) 조정안 작성 및 수락 권고

금융분쟁조정위원회는 조정 회부를 받은 날로부터 60일 이내에 심의하여 조정안을 작성한다(법 제36조 제5항). 금융감독원장은 금융분쟁조정위원회가 조정안을 작성하였을 때에는 신청인과 관계 당사자에게 제시하고 수락을 권고할 수 있다(법 제36조 제6항). 신청인과 관계 당사자가 조정안을 제시받은 날부터 20일 이내에 조정안을 수락하지 아니한 경우에는 조정안을 수락하지 아니한 것으로 본다(법 제36조 제7항). 일방 당사자가 조정안을 수락하지 않으면 조정 절차가 종료되지 않기 때문에 일정한 기간을 설정하여 분쟁 조정 절차가 신속히 종료되도록 하기 위한 조치이다.

6) 조정의 효력

분쟁 당사자 모두가 조정안을 수락하는 경우 당해 **조정안은 재판상 화해와 동일한 효력**이 있다(법 제39조). 당사자 모두가 수락한 조정안에 재판상 화해와 동일한 효력을 부여하는 것이 조정 제도의 큰 장점 중의 하나이다. 다만 당사자 모두가 조정안을 수락한 경우에만 재판상 화해와 동일한 효력을 갖는다는 점이 한계이나, 이 조정 제도를 잘 활용하면 보다 효율적으로 분쟁을 해결할 수 있는 방법이 된다. **재판상 화해는 확정 판결과 동일한 효력이 있기 때문에**(「민사소송법」 제220조), **'집행력·형성력·기판력(旣判力)' 등이 발생**하게 된다. 즉 조정안에 의무 이행을 명시한 경우 집행력이 발생하며, 일정한 권리 의무를 발생·변경·소멸시키는 대세적(對世的) 효력이 있는 형성력이 발생하고, 기판력이 발생하므로 이를 소송으로 다시 다툴 수 없게 된다.[12] 따라서 조정 결정 내용이 이행되지 않은 경우에는 법원을 통한 소송 절차 없이 곧바로 집행문을 부여받아 강제 집행할 수 있다(대법원 규칙 제1768호 「각종 분쟁조정위원회 등의 조정조서 등에 관한 집행문 부여에 관한 규칙」).

(6) 시효 중단 효력

분쟁 조정의 신청은 시효 중단의 효력이 있게 된다(법 제40조 제1항 본문). 그러나 금융감독원장이 합의 권고를 하지 아니하거나 금융분쟁조정위원회에 회부하지 아니할 때에는 시효

12) 김주(2010), 72~98면.

중단의 효력이 없는데(법 제40조 제1항 단서), 이 경우 1개월 이내에 재판상의 청구, 파산절차 참가, 압류 또는 가압류, 가처분을 한 때에는 시효는 최초의 분쟁 조정의 신청으로 인하여 중단된 것으로 간주된다(법 제40조 제2항). 중단된 시효는 ① 양 당사자가 조정안을 수락한 경우나 ② 분쟁 조정이 이루어지지 아니하고 조정 절차가 종료된 경우에는 그 때부터 새로이 진행한다(법 제40조 제3항).

(7) 분쟁 조정 종료 전 소송 절차 중지

분쟁 조정이 신청된 사건에 대하여 **신청 전 또는 신청 후 소송이 제기되어 소송이 진행 중일 때에는 수소법원(受訴法院)은 분쟁 조정이 종료될 때까지 소송 절차를 중지**할 수 있다(법 제41조 제1항). 이는 금융소비자가 분쟁 조정 신청을 한 경우에 상대방 당사자인 금융기관이 소송을 제기하면 분쟁 조정 절차가 중지되는데, 이렇게 되면 상대적으로 약자인 금융소비자가 분쟁 조정 절차를 이용하여 분쟁 해결을 할 수 없게 되어 불리하게 되는 점을 시정하기 위해서 도입된 제도이다.

즉 분쟁 조정 신청 전이나 후에 소송이 진행되는 경우에 해당 법원은 먼저 조정 절차를 거칠 것을 요구할 수 있는 것이다. 분쟁 조정 제도의 실효성을 높이기 위한 제도이다. 물론 법원이 소송 절차를 중지하지 않게 되면 당연히 해당 사건의 분쟁 조정 절차는 중지되어 종료된다(법 제41조 제2항). 한편 금융분쟁조정위원회는 조정이 신청된 사건과 동일한 원인으로 다수인이 관련되는 동종·유사 사건에 대한 소송이 진행 중인 경우에는 조정 절차를 중지할 수 있다(법 제41조 제3항).

(8) 소액분쟁사건에 대한 금융기관의 소송 제기 제한

일정한 **소액분쟁사건에 대하여 분쟁 조정 절차가 개시된 경우에는 조정안을 제시받기 전에는 금융기관이 소송을 제기할 수 없다**(법 제42조). 다만 금융감독원장이 합의 권고를 하지 아니하거나 금융분쟁조정위원회에 회부하지 않기로 결정해서 당사자가 이에 관한 결정 통지를 받은 경우나 회부받은 날로부터 60일 이내에 조정안을 제시받지 못하는 경우에는 적용되지 아니한다(법 제42조 단서). 소액 분쟁 사건에 대해서는 분쟁 조정 절차를 거치고 나야 소송을 제기할 수 있도록 하고 있어서 약자인 금융소비자를 보호하기 위한 제도이다. 금융기관만 구속하기 때문에 금융소비자가 분쟁 조정 절차 중에 소송을 제기하는 것은 상관이 없다. 대상이 되는 소액 분쟁 사건의 요건은 일반금융소비자가 분쟁 조정을 신청한 사건이어야 하고, 조정을 통하여 주장하는 권리나 이익의 가액이 2,000만 원 이내이어야 한다(법 제42조 제1항, 시행령 제36조). 금융 분쟁 조정 제도의 실효성을 높여 금융소비자를 보호하기 위한 것이다.

3. 그 밖의 금융 분쟁 조정 기구

금융 분쟁 조정 기구는 금융감독원에 의한 금융분쟁조정위원회뿐만 아니라 다른 분쟁 조정 기구도 있으므로 여기서 살펴보기로 한다.

(1) 한국소비자원의 소비자분쟁조정위원회

1) 법적 근거

한국소비자원 내에 설치된 '소비자분쟁조정위원회'는 「소비자기본법」 제60조에 근거를 두고 있으며, 위원회의 운영과 조정 절차 등 구체적 사항은 시행령과 「소비자분쟁조정규칙」에서 정하고 있다.

2) 분쟁 조정 대상

조정 대상은 소비자와 사업자 사이에 발생한 분쟁이다(법 제60조 제1항). 은행도 사업자에 해당하므로 은행과 금융소비자 사이에 발생하는 분쟁도 해당한다. 소비자분쟁조정위원회의 분쟁 조정은 「소비자기본법」이 정한 일정한 경우를 제외하고는 소비자와 사업자 사이에서 발생한 모든 분쟁에 대해서 이루어질 수 있다. 그러나 다른 법률에 따른 분쟁 조정 기구에 분쟁 조정이 신청된 경우에는 소비자분쟁조정위원회에 조정을 신청할 수 없다(법 제35조 제2항, 시행령 제28조). 따라서 소비자가 금융감독원의 금융분쟁조정위원회에 분쟁 조정을 신청하면 소비자분쟁조정위원회의 조정 대상에서 제외된다.

3) 구성 및 운영

소비자분쟁조정위원회는 위원장을 포함하여 150인 이내의 위원으로 구성되며, 위원장을 포함한 5인은 상임이며, 나머지 위원은 비상임이다(법 제61조 제1항). 위원장은 상임위원 중에서 공정거래위원장이 임명한다(법 제61조 제3항). 조정위원회의 회의는 분쟁조정회의와 조정부로 구분된다(법 제63조 제1항).

4) 분쟁 조정 절차

조정위원회에 분쟁 조정을 신청할 수 있는 자는 국가와 지방자치단체가 소비자의 불만 또는 피해 구제를 위해 설치한 관련 기구의 장(법 제16조 제1항), 소비자단체의 장, 그리고 당사자이다(법 제65조 제1항). 위원장은 10일 이내의 기간을 정하여 분쟁 당사자에게 합의를 권고할 수 있다(시행령 제54조). 조정위원회는 조정 신청을 받은 날로부터 원칙적으로 30일 이내에 조정 결정을 하여야 한다(법 제66조 제1항). 조정 내용의 통지를 받은 당사자는 통지를 받은 날부터 15일 이내에 분쟁조정의 내용에 대한 수락 여부를 조정위원회에 통보하여야 하며, 15일 이내에 의사표시가 없는 때에는 수락한 것으로 본다(법 제67조 제2항). 조정위원회의 분쟁 조정 내용을 당사자가 수락하거나 수락한 것으로 보는 때에는 그 내용은 재판상 화해와 동일한 효력을 갖는다(법 제67조 제4항).

5) 집단 분쟁 조정 제도

소비자분쟁조정위원회에 의한 분쟁 조정 제도의 큰 특징 중의 하나는 집단 분쟁 조정 제도가 있다는 점이다. 이는 다수의 소비자에게 동일하거나 비슷한 유형의 분쟁이 발생할 때 분쟁을 일괄적으로 조정하는 제도이다. 이 제도는 집단 소송에 갈음할 수 있는 일괄적인 조정을 통하여 소송으로 인한 부작용을 막고, 여러 당사자 사이의 분쟁을 간편하게 해결하기 위한 것으로 2006년 「소비자기본법」 개정(2007년 3월 27일 시행)으로 도입되었다. 이 제도에 대해서는 독일식의 단체 소송이 가지는 악덕 소비자에 의한 남소 방지라는 측면과 미국식의 집단 소송이 가지는 다수 피해자에 대한 일괄적인 권리 구제의 장점을 융합한 절충적인 형태라고 평가되고 있다.[13)]

이 조정 절차는 ① 조정 신청, ② 조정 개시 결정과 공고, ③ 조정 결정, ④ 보상 권고 순으로 진행된다. 조정 신청 대상은 피해가 같거나 비슷한 유형으로 발생한 소비자의 수가 50명 이상이고, 사건의 중요한 쟁점(피해의 원인이나 결과)이 사실상 또는 법률상 공통된 사건이다(법 제68조 제1항, 시행령 제56조). 이 조정 신청은 국가, 지방자치단체, 한국소비자원, 소비자단체, 소비자 또는 사업자가 할 수 있다(법 제68조 제1항). 조정이 성립된 경우 그 조정 내용은 재판상 화해와 동일한 효력을 갖는다(법 제67조 제4항).

(2) 대부업분쟁조정위원회

대부업법은 관할 시·도지사(특별시장·광역시장·도지사 또는 특별자치도지사)에 등록한 대부업자 등과 거래 상대방 사이의 분쟁을 해결하기 위한 기구로서 시·도지사 소속으로 대부업분쟁조정위원회를 두도록 하고 있다(법 제18조 제1항). 이 조정위원회에서 분쟁이 해결되지 아니하는 경우에는 한국소비자원의 소비자분쟁조정위원회에 분쟁 조정을 신청할 수 있다(법 제18조 제2항). 따라서 대부업분쟁조정위원회는 대부업과 관련된 분쟁의 1차적 해결 기관이 된다. 대부업법은 당사자가 조정안을 수락한 경우 그 효력에 대하여 특별히 규정하고 있지 아니하므로 「민법」에 따른 화해 계약이 성립한 것으로 보아야 할 것이다. 조정 절차는 앞서 살펴본 다른 기구에 의한 조정 절차와 비슷하다.

(3) 우체국예금보험분쟁조정위원회

「우체국예금·보험에 관한 법률」은 우체국 예금과 보험 관련 이해관계인 사이에 발생하는 예금계약, 보험 모집 및 보험 계약 등과 관련된 분쟁을 조정하기 위하여 '우체국예금보험분쟁조정위원회'를 두고 있다(법 제51조 제1항). 이 법은 조정 결정에 대한 효력에 대하여 특별히 규

13) 이병준(2008), 147면.

정하고 있지 아니하므로 「민법」상 화해의 효력이 있는 것으로 보아야 할 것이다. 우체국예금·보험은 금융감독원의 금융분쟁조정위원회의 조정 대상에서 제외되어 있을 뿐만 아니라(금융감독기구법 제38조), 소비자분쟁조정위원회의 조정 대상도 아니기 때문에(소비자기본법 제35조 제2항, 시행령 제28조), 우체국 예금 및 보험과 관련된 분쟁 조정은 우체국예금보험분쟁조정위원회에서 전적으로 처리해야 한다.

(4) 한국거래소 시장감시위원회의 금융 분쟁 조정

자율적 금융 분쟁 조정 기구인 한국거래소 내 시장감시위원회의 분쟁 조정 업무의 법적 근거는 자본시장법이다(제402조 제1항 제4호). 시장감시위원회는 분쟁의 자율 조정을 위하여 필요한 「분쟁조정규정」을 마련해두고 있다. 분쟁 조정 대상은 유가증권시장·코스닥시장 및 파생상품시장 등에서 매매와 관련된 분쟁(법 제377조 제10호)으로서 매매 거래와 관련하여 발생한 권리·의무 또는 이해관계에 관한 분쟁이다(「분쟁조정규정」 제3조). 예를 들면, 과도한 일임매매, 임의매매, 부당권유, 주문 집행 오류, 전산 장애로 인한 손해 발생 등 투자자와 한국거래소 회원인 금융기관(증권회사 등) 사이에 발생한 분쟁이 그 대상이 된다.

시장감시위원회는 총 5인으로 구성되며(자본시장법 제402조 제2항), 분쟁 조정 사건을 심의하기 위하여 '분쟁조정심의위원회'를 설치하여 운영하고 있다(「분쟁조정규정」 제13조 제1항). 분쟁 조정을 신청할 수 있는 당사자는 투자자 등의 위탁자(그 밖의 이해관계인 포함)와 한국거래소 회원(증권회사 등 금융기관)이며, 당사자는 거래와 관련하여 분쟁이 있는 때에는 한국거래소에 조정을 신청할 수 있다(「분쟁조정규정」 제4조 제1항). 시장감시위원회는 일정한 경우(법원에 제소된 사건인 경우, 조정 신청이 있은 후 소송이 제기된 경우, 「민사조정법」에 따른 법원에 민사조정의 신청이나 금융감독원에 조정 신청 등이 있었거나 당해 기관의 조정안을 수락하지 아니한 경우)에는 조정 절차를 진행하지 않으므로(「분쟁조정규정」 제18조 제1항, 제4항), 이중으로 분쟁 조정을 신청할 수는 없다. 성립된 조정 결정의 효력에 대해서는 자본시장법에 특별한 규정이 없기 때문에 「민법」상 화해 계약(제731조)이 성립된 것으로 보아야 할 것이다.

(5) 한국금융투자협회의 분쟁조정위원회

자율적 금융 분쟁 조정 기구인 한국금융투자협회의 분쟁 조정 업무는 자본시장법에 근거를 두고 있으며(제286조 제1항 제2호), 이 법에 근거하여 한국금융투자협회는 「분쟁조정에 관한 규정」(이하 "분쟁조정규정")을 제정(2008. 12. 30)하여 운영하고 있다. 분쟁 조정 대상은 협회 회원인 금융기관(증권회사 등)의 영업 행위와 관련한 분쟁이다(분쟁조정규정 제2조). 은행과 보험회사도 자본시장법상 겸영금융투자업자로서 협회 회원이기 때문에 겸영업무와 관련하여 고객과 분쟁이 발생한 경우에는 분쟁 조정의 당사자가 될 수 있다.

한국금융투자협회는 분쟁의 자율 조정에 관한 업무를 수행하기 위해 자율규제위원회 내에 분쟁조정위원회를 두고 있으며(정관 제49조 제1항), 이 위원회는 위원장을 포함하여 15인 이내의 위원으로 구성된다(분쟁조정규정 제4조 제1항). 조정 절차는 다른 분쟁 조정 기구의 조정 절차와 비슷한데, 법원 또는 다른 분쟁 조정 기관에 조정 신청을 한 경우에는 사건을 종결 처리할 수 있기 때문에(분쟁조정규정 제13조 제3항), 이중으로 다른 조정 기구에 조정 신청할 수는 없다. 그리고 조정 결정의 효력에 관해서 자본시장법에 특별한 규정이 없으므로 「민법」상 화해 계약의 효력(제731조)이 발생하는 것으로 보는 것이 타당할 것이다.

Ⅲ 금융 분쟁 조정 제도의 개선 과제

1. 서설

금융 분쟁 조정 제도의 개선 과제는 크게 2가지 측면에서 생각할 수 있다. 첫째는 분쟁 조정 제도의 운영 개선과 관련된 방안이고, 둘째는 금융 분쟁 조정 기구의 개편 방향이다. 첫 번째 문제와 관련해서는 금융기관 자체 분쟁 해결 절차 단계의 의무화 방안, 전면적인 조정 전치(前置) 제도의 도입 방안, 조정안에 대한 편면적(일방적) 구속력 부여 방안, 집단 분쟁 조정 제도의 도입 방안을 생각할 수 있고, 두 번째 방안과 관련해서는 금융감독원이 수행하는 금융 분쟁 조정 기능을 분리해서 독립된 별도의 기구를 만들고 여러 금융 분쟁 조정 기구를 통합하는 방안, 중재 기능도 부여하는 방안, 위원을 상임위원제로 운영하는 방안, 전문성 제고 방안을 검토할 수 있다.

2. 분쟁 조정 제도의 활성화 방안

(1) 서설

금융소비자법은 분쟁 조정 신청 후 조정안이 제시되기 전까지는 금융기관이 소송을 제기하는 것을 금지하는 제도(법 제42조)와 분쟁 조정의 신청 전이나 후에 소송이 제기되면 조정이 끝날 때까지 법원이 소송 절차를 중지할 수 있는 제도(법 제41조)를 도입하는 등 분쟁 조정 제도의 활성화를 위한 제도를 도입하여 실시하고 있으나, 조정 제도가 본격적으로 활성화되기에는 아직 미흡하다. 금융 분야에서 분쟁 조정 제도의 활성화가 필요하다는 점에서 이하에서는 그 방안에 대하여 알아본다.

(2) 금융기관 자체 분쟁 해결 절차 단계의 의무화 방안

금융소비자가 금융 분쟁 조정 기구에 분쟁 조정을 신청하기 전에 반드시 먼저 해당 금융기관에 민원을 제기해서 해당 금융기관과 협의를 통해 분쟁을 처리하도록 하고, 협의가 안 될 때 분쟁 조정 신청을 하도록 하는 내용도 법률에 반영할 필요가 있다. 그 이유는 금융기관과 협의를 통해서 해결할 수 있는 분쟁 사건도 바로 금융 분쟁 조정 기구에 조정 신청을 함으로써 금융 분쟁 조정 기구의 업무가 상당히 늘어나고, 이에 따라 조정 사건의 해결에 시간이 많이 소요되기 때문이다. 이렇게 되면 일단 해당 금융기관이 자체적으로 적극적으로 금융소비자의 민원을 해결하도록 하는 유인이 생기고 금융 분쟁 조정 신청 남용을 막을 수도 있어서 분쟁 해결의 효율성을 도모할 수 있다. 이를 위해서는 금융기관 자체적으로 내부에 금융 분쟁 처리 조직을 설치하도록 의무화하는 것도 필요할 것이다. 영국의 경우도 특별한 경우를 제외하고는 금융소비자는 우선 해당 금융기관에 민원 제기 절차를 거치고 나서 금융 분쟁 조정기구인 금융분쟁조정원(Financial Ombudsman Service Limited: FOSL)에 분쟁 조정을 신청하도록 하고 있다.[14]

(3) 전면적인 조정 전치(前置) 제도의 도입 방안

앞서 살펴본 것처럼, 2,000만 원 이하의 소액 분쟁 사건의 경우에는 분쟁 조정 절차가 개시되어 조정안을 제시받기 전에는 금융기관은 소송 제기를 할 수 없도록 하고 있다(법 제42조). 일정 부분 소송 제기 전에 분쟁 조정 절차를 거치게 한다는 점에서 금융소비자를 보호하기 위한 바람직한 입법 조치이다. 그러나 여전히 소액 분쟁 사건이 아닌 경우에는 적용되지 않는 문제는 있다. 「헌법」에서 보장되는 기본권인 재판청구권(제27조 제1항)의 침해라는 위헌 논란이 제기될 수 있어서,[15] 소액 분쟁 사건으로 한정한 것으로 판단된다.

그러나 소액 분쟁 사건에 한정하지 않고 전면적인 조정 전치 제도를 도입하더라도 위헌 문제는 없을 것으로 본다.[16] 분쟁 조정 절차를 먼저 거치라는 것이지, 소송 제기를 전혀 하지 못하도록 하는 것은 아니기 때문이다. 조정 절차를 거친 후에 소송 제기를 하라는 것으로 그 시기를 늦추는 것에 불과한 것이라 재판청구권 침해라고 보기는 어렵다.

전면적인 조정 전치 제도의 도입에 따른 이점으로는 신속하고 효율적인 권리 구제가 가능하고, 조정을 통해 쟁점 사항에 대한 심리가 정리되어 후에 소송이 제기되더라도 소송에서 심리 부담이 경감되고, 이에 따라 효율적이고 신속한 재판 절차의 진행이 가능하다는 점이다. 또한 상대적으로 열악한 지위에 있는 금융소비자를 두텁게 보호할 수 있고, 높은 전문성을 요구하는 금융 분야에서 사법적 기능을 보충할 수도 있다.

---

14) Financial Services and Markets Act 2000 Schedule 17(The Ombudsman Scheme). Sec. 13(3)("The FCA may make rules providing that a complaint is not to be entertained (except in specified circumstances) if the complainant has not previously communicated its substance to the respondent and given him a reasonable opportunity to deal with it").

15) 이택길(2011), 41-42면; 김윤정(2013), 65면.

16) 2011년 11월 조문환 국회의원이 제출한 금융감독기구법 개정 법률안(의안 번호 1809789, 제안 일자 2011. 11. 3)은 필요적 조정 전치 제도의 도입을 규정하고 있었다.

(4) 조정안에 대한 편면적(일방적) 구속력 부여 방안

분쟁 조정 제도에서는 당사자 모두가 조정안을 받아들이지 않으면 조정 결정은 효력이 없게 된다. 이것이 소송이나 중재 제도와 큰 차이점이면서 조정 제도의 한계이기도 하다. 따라서 금융소비자가 조정안을 수락하고 싶어 해도 다른 당사자인 금융기관이 조정안을 받아들이지 않으면 조정안은 실효성이 없게 된다. 자금력이 충분한 금융기관 입장에서는 법원에 소송을 제기하여 분쟁을 해결할 수도 있기 때문에 조정안을 받아들이지 않으려는 경향이 있게 된다. 이렇게 되면 금융소비자 입장에서는 다시 법원에 소송을 제기를 하여야 하는데, 금액이 소액이거나 자금력이 미약한 금융소비자는 선뜻 소송을 제기하는 것이 쉽지 않을 것이고, 결국은 구제받을 수 있는 방법이 마땅하지 않게 될 수 있다. 금융 분쟁 조정 제도의 실효성이 반감되는 것이다.

따라서 금융 분쟁 조정 제도의 실효성을 높이기 위해서는 **조정안에 대한 편면적**(내지는 일방적) **구속력 제도를 도입**할 필요가 있다.[17] 금융소비자가 조정안을 수락하면 다른 당사자인 금융기관은 무조건 수락하도록 하는 제도이다. 이러한 편면적 구속력 부여는 불필요한 소송 제기를 방지함으로써 분쟁 해결에 소요되는 시간과 비용을 절감하는 효과가 있게 된다. 이것은 헌법이 규정하고 있는 기본권인 재판청구권 침해의 논란의 여지가 제기될 수 있는 법적인 문제가 있다.[18] 이에 대해서는 일정한 범위의 소액 분쟁 사건에 대해서만 편면적 구속력을 부여하고 법적 근거를 명확히 한다면, 기본권 제한의 법률 유보 원칙과 과잉 금지 원칙에 비추어 볼 때 위헌 문제가 해소될 여지가 있을 것이다.[19] 일정한 금액 이하의 소액 사건(예를 들어, 「소액사건심판법」 적용 대상인 3,000만 원 이하의 사건)에 대해서만 편면적 구속력을 인정하는 것이다.

영국과 호주의 입법례가 참고가 될 수 있다. 영국의 경우, 일정한 금액 이하의 소액 사건의 경우 신청인인 소비자가 금융 분쟁 조정 기구인 금융분쟁조정원(FOSL)의 조정 결정을 받아들이면 해당 금융기관은 그 결정에 당연히 구속된다.[20] 즉 금융기관은 금융분쟁조정원이 한 결정의 수락 여부를 선택할 수 없는 것이다. 호주의 경우도 금융소비자가 금융 분쟁 조정 기구인 금융분쟁조정원(Australian Financial Complaints Authority Limited: AFCAL)의 결정을 받아들이면 해당 금융기관은 이에 구속된다.[21]

17) 같은 주장으로는 김윤정(2013), 68면; 노태석(2011), 99면.

18) 이와 같은 논의는 손영화(2011), 27면; 성희활(2010), 747면.

19) 같은 견해는 손영화(2011), 27면; 성희활(2010), 746면.

20) Financial Services and Market Act 2000 Section 228(5) ("(5) If the complainant notifies the ombudsman that he accepts the determination, it is binding on the respondent and the complainant and final.").

21) Complaint Resolution Scheme Rules Section A.15.3("A Determination by an AFCA Decision Maker is a final, and is binding upon the parties if accepted by the Complainant within 30 days of the Complainant's receipt of the Determination").

(5) 집단 분쟁 조정 제도의 도입 방안

금융 분쟁의 경우 대부분 소액·다수의 사건이 많이 발생하는 것이 특징이다. 2008년 금융위기 이후 집합투자기구 상품 관련 분쟁 등 여러 집단적 금융 분쟁 사건이 발생하였다. 금융상품 관련 집단적 분쟁의 경우, 「증권 관련 집단소송법」에 의한 집단 소송을 고려할 수 있으나, 이 법의 적용 대상을 주권상장법인이 발행한 증권의 매매 등과 관련한 자본시장법에 따른 증권신고서의 부실 기재(제125조)나 불공정거래행위(제175조, 제177조, 제179조) 등으로 한정하고 있어(제3조 제2항), 소액·다수의 피해자가 발생하는 일반 금융 분쟁 사건에 적용할 수 없는 한계가 있다. 따라서 각 피해자가 공동으로 분쟁 조정 신청을 하거나, 「민사소송법」에 따른 '공동 소송'(제65조 내지 제70조)이나 '선정 당사자'(제53조, 제54조) 제도를 이용하여 해결할 수밖에 없는데, 다수의 피해자가 집단적으로 대응하기에는 한계가 있다.[22] 이외에도 피해 금액이 소액인 사건의 경우 다수 금융소비자는 비용이 많이 드는 소송을 꺼려하는 경향이 있어 소송을 잘 이용하지 않는 한계도 있다.

따라서 다수 피해자가 발생하는 분쟁 사건의 경우 이를 집단적으로 조정하여 해결하는 방안을 검토할 필요가 있다. 이 경우 집단 분쟁 조정 절차를 가지고 있는 소비자분쟁조정위원회를 이용할 수도 있으나, 대부분의 금융 분쟁 사건을 처리하는 금융분쟁조정위원회는 집단 금융 분쟁 조정 제도를 가지고 있지 않아, 금융 분쟁에서는 사실상 집단 분쟁 조정 제도가 활성화되어 있지 않다. 물론 다수 당사자가 공동으로 분쟁 조정을 신청하는 경우 신청인 중 3명 이내의 대표자를 선정하여(금융소비자법 시행령 제33조 제1항) 분쟁을 처리할 수도 있으나, 조정 신청을 한 금융소비자에게만 조정 효력이 미치므로 피해를 입은 모든 금융 소비자를 구제하기에는 한계가 있다.

따라서 다수의 금융소비자가 관련된 금융 분쟁 사건을 효율적으로 해결할 수 있는 제도로서 **집단 분쟁 조정 제도**를 도입할 필요가 있다.[23] 구체적인 도입 방안과 관련해서는 「소비자기본법」에 따라 도입된 집단 분쟁 조정 제도를 참고할 필요가 있다(법 제68조 제1항, 시행령 제56조). 우선 조정 대상을 금융상품으로 인한 분쟁의 사실상 또는 법률상의 중요한 쟁점이 50인 이상의 피해자에게 공통되는 경우로 하고, 조정이 성립한 경우에는 조정 당사자가 아니지만 피해를 입은 금융소비자에게도 보상을 하도록 하여 조정에 참여하지 않은 소극적 금융소비자도 구제할 필요가 있다.

---

22) 백병성(2006), 11~12면(그 이유를 구체적으로 살펴보면, '공동소송'의 경우 당사자가 2인 이상이라는 점이 일반 소송과 다를 뿐이며, 소송 그 자체는 독립된 것으로 보고 처리되므로 하나의 분쟁에 대해서 한 번에 해결하는 제도로는 한계가 있으며, '선정 당사자' 제도의 경우도 피해자 전원의 수권(授權)을 받지 못한 경우에는 활용될 수 없는 문제가 존재한다).

23) 같은 주장은 김윤정(2013), 71~72면; 노태석(2011), 102면.

3. 금융 분쟁 조정 기구의 개편 방향

(1) 독립된 통합 금융 분쟁 조정 기구의 설립

1) 설립 필요성

금융 분야에서 분쟁 조정 업무를 수행하는 기관은 여러 개가 있다. 금융감독원 내에 있는 금융분쟁조정위원회뿐만 아니라 한국소비자원이 운영하는 소비자분쟁조정위원회, 대부업 분쟁 관련 조정 업무를 수행하는 각 시·도의 대부업분쟁조정위원회, 우체국 예금과 보험 업무 관련 분쟁 조정 업무를 수행하는 우체국예금보험분쟁조정위원회, 자율 분쟁 조정 기구로서 자본시장법에 따른 한국거래소 내의 시장감시위원회와 한국금융투자협회 내의 분쟁조정위원회 등 여러 분쟁 조정 기구가 있다. 이렇게 다기화된 분쟁 조정 기구 제도는 장점이 있다고 볼 수도 있지만, 다른 한편으로는 문제점도 있다. 즉 다양한 분쟁 조정 기구의 존재는 금융소비자가 본인의 선택에 따라 선호하는 분쟁 조정 기구의 조정 절차를 이용할 수 있는 장점이 있지만, 금융소비자 사이에 형평성 문제를 야기할 수 있으며, 분쟁 조정 제도의 신뢰성을 훼손시킬 수 있다. 동일한 사안에 대하여 다수 피해자가 발생하여 각기 다른 분쟁 조정 기구에 조정 신청을 한 경우, 분쟁 조정 기구에 따라 조정 결과가 다를 수 있는 문제점이 있다. 이에 따라 일관성이 결여되어 시장에 혼란을 주며 해당 분쟁 조정 기구에 대한 신뢰성이 저하될 수 있다.[24] 이러한 문제는 결국 조정 제도의 불신을 초래하여 조정 제도의 무용성이 제기될 가능성도 있다. 또한 분쟁 조정 기구의 다기화는 조직과 인력의 중복 문제가 발생하여 비효율성을 초래할 수 있다. 그리고 각 분쟁 조정 기구가 경쟁적으로 업무를 수행하게 됨에 따라 금융소비자의 도덕적 해이를 야기할 수 있다는 주장도 있다.[25] 이런 점에서 금융 분쟁 조정의 효율성을 높이기 위해서는 여러 기구로 나누어져 있는 금융 분쟁 조정 기구를 통합할 필요가 있다.[26] 이러한 통합 기구가 분쟁 조정 업무를 수행함으로써 분쟁 조정의 전문성과 신뢰성을 도모할 수 있어서 금융소비자 보호에 더 효율적일 수 있다.

특히 **통합된 금융 분쟁 조정 기구는 독립성과 공정성을 유지하는 것이 중요**하므로 독립된 기구로 설치하는 것이 필요하다. 조정 제도는 중립적이고 독립적인 조정자가 조정안을 만들어내어 분쟁 당사자들이 이를 수락함으로써 자율적으로 분쟁 조정을 꾀하는 절차로서 조정자의 역할이 상당히 중요하다. 합리적이고 공정한 조정을 위해서는 조정자는 분쟁 당사자와 "경제적·감정적·심리적·명령적 관계"가 없는 자이어야 한다.[27] 즉 조정자는 분쟁 당사자와 이해관계를 갖지 않는 자이어야 한다. 조정자의 독립성이 확보되지 않으면 협상력의 균형을 유지하기가 어

24) 같은 설명은 노태석(2011), 88면; 김춘(2010), 161면; 주규준(2011), 62면.

25) 성희활(2010), 731~732면.

26) 같은 주장으로는 김윤정(2013), 76면; 노태석(2011), 93~97면.

27) 서정일(2010), 55면.

렵고, 조정자의 신뢰를 떨어뜨리게 되고 조정안에 대한 수용을 어렵게 만든다.[28] 이런 점에서 보면 금융감독기관인 금융감독원이 수행하는 금융 분쟁 조정 제도는 독립성 면에서 문제가 있다. 금융분쟁조정위원회는 금융감독기관 내에 설치되어 있어 공정하고 독립적인 조정 기구로서 역할을 수행하기에는 한계가 있다.[29] 특히 감독을 받는 금융기관은 금융감독원이 제시한 조정안에 대해서 규제로 받아들이는 경향이 있기 때문에 조정안을 쉽게 거부할 수 없는 입장에 있어 불리한 면이 있다. 즉 금융분쟁조정위원회의 조정 제도는 사실상 금융감독기관의 영향력에 바탕을 두고 있다고 볼 수 있다. 또한 금융소비자는 금융감독기관이 조정 업무를 수행함에 있어 금융소비자의 권익 보호보다는 금융기관의 기득권을 보호할 것이라는 불신으로 인하여 금융감독기관에 의한 분쟁 조정을 신뢰하지 않게 될 수도 있다.[30] 따라서 공정하고 신뢰성 있는 분쟁 조정을 위해서는 조정 기능을 금융감독기관으로부터 분리할 필요가 있다.

2) 구체적인 설립 방향

독립된 통합 금융 분쟁 조정 기구는 어느 정도 금융감독기관에 의한 통제를 받을 필요가 있다는 점과 금융감독기관과 업무 협조(예를 들어, 분쟁 조정 과정에서 발견된 금융 감독 제도의 개선 방안의 반영 필요성)가 필요하다는 점을 고려할 때, 금융감독기관의 산하 기관으로 두면서 업무의 독립성을 보장하는 방안이 바람직하다. 영국과 호주의 경우에도 금융 분쟁 조정 기구를 금융감독기관으로부터 분리하여 별도의 독립적인 기구가 분쟁 조정 업무를 수행하도록 하면서 금융감독기관의 감독을 받도록 하고 있다.

영국의 금융분쟁조정원(FOSL)은 은행 등 금융기관의 금융상품 판매와 관련한 금융소비자의 분쟁을 해결하는 기관으로서 「2000년 금융서비스 및 시장법」(Financial Services and Markets Act 2000: FSMA)에 근거하여 2001년에 설립되었고, 정부 조직이 아닌 독립된 법인 형태의 기관(independent organization)으로서 금융감독기관인 영업행위감독원(Financial Conduct Authority: FCA)의 감독을 받는 기관이다.[31] **호주의 경우도 금융분쟁조정원**(AFCAL)은 「2018년 금융분쟁조정원설치법」(Australian Financial Complaints Authority Act 2018)[32]에 의해 설립된 독립된 금융 분쟁 조정 기구로서 영업행위 감독기관인 호주증권투자위원회(Australia Securities and Investments Commission)의 감독을 받는 기관이다.[33]

---

28) 같은 설명은 노태석(2011), 90면.

29) 같은 견해는 노태석(2011), 91면; 주규준(2011), 61면.

30) 김상조(2009), 112면.

31) Financial Services and Markets Act 2000 Sec. 225, Schedule 17; Blair & Walker(2006), p. 166; Blair (ed.)(2009), p. 191. 영국의 FOSL에 대한 자세한 사항은 <http://www.financial-ombudsman.org.uk> 참조.

32) Treasury Laws Amendment (Putting Consumers First—Establishment of the Australian Financial Complaints Authority) Act 2018.

33) 2018년 종전의 Financial Ombudsman Service (FOS), Credit and Investments Ombudsman (CIO), Superannuation Complaints Tribunal (SCT)를 통합하여 설립된 금융 분쟁 조정 기구이다. <https:// www.afca.org.au/about-afca/rules-and-guidelines/enabling-legislation>. FOS는 2008년 7월 1일 종전의

금융감독기관의 산하에 두더라도 가장 중요한 것은 운영상의 독립성을 보장해야 한다는 점이다. 영국의 경우도 금융분쟁조정원(FOSL)이 금융감독기관 산하에 있지만 독립적으로 운영되고 있고,[34] 호주의 금융분쟁조정원(AFCAL)도 독립성이 보장되고 있어,[35] 분쟁 조정의 신뢰성을 확보하고 있다. 독립성을 확보하기 위해서는 통합 금융 분쟁 조정 기구를 무자본 특수법인으로 설립하여, 분쟁 조정 업무에 있어 외부의 영향이나 간섭을 받지 않고 독립적으로 활동할 수 있도록 하고, 이해 당사자 사이의 충돌이 발생하지 않도록 할 필요가 있다. 특히 금융분쟁 조정 업무를 효율적으로 처리하기 위해서는 전문적인 금융거래 관련 법률 지식과 경험이 있는 전문가가 필요한데, 독립된 기구가 설립되면 유능한 법률 전문가를 채용하여 전문성을 높이는 것이 보다 용이할 수 있는 장점도 있다. 이렇게 전문화되고 공정한 금융 분쟁 조정 기구가 되면 조정 결정에 대한 신뢰성이 높아지면서 당사자들이 금융 분쟁 조정 절차를 이용하는 사례가 많아져 보다 효율적인 제도가 될 것이다.

(2) 금융 분쟁 조정 기구에 중재 기능도 부여

금융 분쟁은 소액·다수의 사건이 많으며, 금융시장에서 복잡하고 다양한 금융 분쟁의 해결을 위해서는 신속한 분쟁 해결이 이루어져야 한다. 그러나 분쟁 조정 제도의 경우 양 당사자가 합의를 하지 못하면 조정이 성립하지 않아 결국 소송을 통하여 분쟁을 해결할 수밖에 없기 때문에 시간과 비용 면에서 금융소비자에게 부담이 된다. 따라서 소송 외의 대체적 분쟁 해결 수단으로 중재(arbitration) 제도의 활용 방안을 검토할 필요가 있다. 중재 제도는 이미 발생하였거나 앞으로 발생할 분쟁에 대하여 분쟁 당사자 사이의 합의에 의하여 제3자인 중재인이 중재 판정을 내려 당사자들이 이 중재 판정에 구속하게 하는 제도로서 조정 제도에 비하여 당사자를 구속하는 강제력이 있기 때문에 분쟁 해결의 실효성을 상당히 높일 수 있다.[36]

따라서 금융소비자가 분쟁 해결 방법으로 중재를 선택하는 경우에 금융기관이 이에 반드시 응해야 하는 편면적(일방적) 중재 제도의 도입도 고려해볼 수 있다.[37] 이러한 편면적 중재 제도 도입에 대해서는 재판청구권 침해 논란이 제기될 수 있는데, 일정 금액 이하의 소액 사건에 대해서 이 제도를 도입한다면 이러한 논란의 여지는 줄어들 수 있다. 이러한 편면적 중재

Financial Industry Complaints Service (FICS), Banking and Financial Services Ombudsman (BFSO) 및 Insurance Ombudsman Service (IOS)가 통합해서 만들어진 금융 분쟁 조정 기구이었다(<http://www.fos.org.au/centric/home_page.jsp>).

34) Financial Services and Markets Act 2000 Schedule 17 Sec. 3(2), (3); Blair(eds.)(2009), p. 191; 김춘(2010), p. 142.

35) <https://www.afca.org.au/about-afca/independence>.

36) 중재 제도는 양 당사자에게 공평하고 재판청구권 침해라는 위헌의 문제도 발생할 여지가 없다는 견해는 이재우(2001), 78면; 손영화(2011), 28면.

37) 같은 주장은 오영수 외 2인(2009), 137면; 김상수(2012), 14면.

제도의 도입을 통해 중재 제도가 활성화된다면 금융 분쟁 중재를 다루는 전문 기관이 필요하다. 이 경우 중재 업무를 담당하는 대한상사중재원이 금융 분쟁 중재 업무를 담당하게 하는 방안도 고려할 수 있으나, 금융 분쟁의 전문성과 복잡성을 고려할 때 다른 전문 기관이 담당하는 것이 더 효율적일 것이다. 따라서 독립된 통합 금융 분쟁 조정 기구가 출범하게 되면 이 기구가 중재 기능까지도 수행하도록 하는 것이 바람직하다.[38] 이렇게 중재 기능을 부여하는 경우에는 새로 설립되는 통합 분쟁 조정 기구의 명칭은 '**금융분쟁조정중재원**'을 고려할 수 있다.[39]

(3) 금융 분쟁 조정·중재 기구의 상임위원제 운영 방안

금융감독기관으로부터 독립된 통합 금융 분쟁 조정·중재 기구는 금융 분쟁 조정과 중재에 관한 전문가로 구성된 '**금융분쟁조정중재위원회**'를 내부 심의·의결 기구로 설치하여, 전문성과 신뢰성이 있는 조정안이나 중재안을 도출할 필요가 있다. 이러한 목적을 달성하기 위해서는 이 위원회를 상임제로 운영하는 방안을 검토할 필요가 있다. 즉 전문성을 갖춘 상임위원(예를 들어, 7인)이 금융 분쟁 조정과 중재 업무를 담당함으로써 조정안이나 중재안의 신뢰성을 확보할 수 있고, 분쟁 당사자가 위원회의 조정안이나 중재안을 받아들일 수 있는 가능성이 더 높아져, 소송 외의 대체적 금융 분쟁 해결 수단으로서 많이 이용될 수 있다. 특히 상임위원의 자격 요건을 법령에 구체적으로 규정함으로써 위원회의 전문성을 확보해야 한다. 예를 들어, 일정 기간 이상의 법조 경력이나 금융 분야 경험을 갖고 있는 자 또는 금융에 관한 연구를 하는 자 등 적극적인 자격 요건을 규정함으로써 전문가가 상임위원으로 선임되도록 해야 한다. 이렇게 되면 금융 분쟁과 관련한 조정안이나 중재안이 법원의 판결보다 더 전문성을 갖출 수 있게 되고 신뢰성을 높일 수 있다. 따라서 분쟁 당사자가 소송보다 비용이 적게 드는 조정이나 중재 제도를 활용할 가능성이 더 커질 수 있다.

(4) 금융 분쟁 조정·중재 기구의 전문성 제고 방안

금융 분쟁 조정이나 중재 제도 성공의 핵심은 조정기관이나 중재기관이 제시한 조정안이나 중재안이 분쟁 당사자에게 합리적으로 받아들여질 수 있는 것인지 여부에 달려 있다. 즉 당사자들이 조정안이나 중재안이 합리적이고 양 당사자를 만족시킬 수 있는 것이라면 분쟁 당사자들이 비용이 많이 들고 시간이 많이 소요되는 소송 제도를 굳이 이용할 실익은 사라질 것이다. 따라서 이러한 조정안이나 중재안의 신뢰성을 도모하는 것이 필요하다. 이를 위해서 가장 중요한 것은 조정 기구나 중재 기구에서 이 업무를 담당하는 인력의 전문성을 확보하는 것이

38) 같은 주장은 오영수 외 2인(2009), 139면; 김윤정(2013), 69면.

39) 유사하게 「의료사고 피해구제 및 의료분쟁 조정 등에 관한 법률」 제6조에 근거하여 설립된 '한국의료분쟁조정중재원'이 있다. 이 기관은 의료 분쟁의 조정뿐만 아니라 중재 기능도 수행한다(제8조).

다. 전문 인력에 의해 당사자들이 만족할 수 있는 조정안이나 중재안이 나올 때 소송 외의 대체적 금융 분쟁 해결 제도의 효율성을 도모할 수 있다.

따라서 조정과 중재에 관한 전문 인력을 확보하는 것이 필요하다. 특히 법률적인 쟁점이 있는 금융 분쟁 사건도 많으므로 법률 전문 인력도 가능한 많이 확보할 필요가 있다. 물론 종사하는 직원들의 업무 연수 교육을 통한 전문 인력 양성 방법도 있겠지만, 보다 효율적인 방법은 우수한 전문 인력을 채용하는 것이다. 이를 위해서 합리적인 보수를 제공하는 것이 필요하기 때문에 이를 위한 예산 지원이 이루어져야 한다. 이런 점에서 새로운 조정·중재기구를 공적 민간기구화 하는 것이 필요하며(정부 조직인 경우 충분한 예산 확보가 쉽지 않고, 전문 인력을 확보하기도 쉽지 않다), 이를 뒷받침할 수 있는 충분한 재원 확보가 필요하다. 따라서 관련 법령에 인력 전문화와 재원 확보에 관한 규정을 둘 필요가 있다.

<참고 문헌>

고동원, "금융 분쟁 조정 제도의 개선을 위한 입법 과제," 「입법과 정책」 제5권 제1호, 국회입법조사처, 2013. 6.

금융소비자보호재단, 「금융소비자보호법 해설」, 부크크, 2021.

김상수, "ADR법 운영현황과 발전전망," 우리나라 ADR 법제의 운영현황과 발전방향 간담회 자료집, 국회입법조사처, 2012. 2. 27.

김상조, "금융소비자 피해 사후구제 제도의 현황 및 정책 과제," 한국금융연구센터 2009년 하반기 정례 정책심포지엄 발표 자료집, 2009. 11. 11.

김윤정, "현행 금융분쟁해결제도의 평가 및 개선방안," 「기업법연구」 제27권 제1호, 한국기업법학회, 2013. 3.

김 주, "재판상 화해의 기판력에 관한 연구," 「저스티스」 통권 제117호, 한국법학원, 2010. 6.

김 춘, "금융분쟁조정제도의 개선방안에 관한 연구," 「증권법연구」 제11권 제2호, 한국증권법학회, 2010. 12.

노태석, "현행 금융 분쟁 해결제도에 관한 법적 연구," 「일감법학」 통권 제19호, 건국대학교 법학연구소, 2011. 2.

백병성, 「집단소비자분쟁해결제도에 관한 연구」, 「소비자문제연구」 제30호, 한국소비자원, 2006. 12.

서정일, "ADR분쟁조정제도의 통합적 운영방안," 「계간 중재」 2010년 봄호, 대한상사중재원, 2010. 3.

성희활, "금융소비자보호법의 바람직한 제정 방향에 대한 고찰," 「상사법연구」 제30권 제2호, 한국상사법학회, 2011. 8.

손영화, "금융분쟁조정제도의 합리적 개선 방안," 「법과 정책연구」 제11집 제3호, 한국법정책학회, 2011. 9.

송덕수, 「신민법강의」 제9판, 박영사, 2016.

송옥렬, 「상법강의」 제13판, 박영사, 2023.

이병준, "소비자법 내에서의 소비자기본법상 집단분쟁조정제도의 역할과 과제," 「중재연구」 제18권 제3호, 한국중재학회, 2008. 12.

이상훈, "금융소비자보호 기본법(안)의 위법계약 해지권 소고(小考)," 「은행법연구」 제10권 제1호, 은행법학회, 2017.

이재우, "금융시장에서의 중재," 「계간 중재」 제299호, 대한상사중재원, 2001.

이택길, "금융분쟁조정 전치주의와 재판청구권," 「법제」 통권 제638호, 법제처, 2011. 2.

오영수·김경환·이종욱, "보험분쟁의 재판외적 해결 활성화 방안 – 금융분쟁조정제도를 중심으로," 보험연구원 보고서, 2009. 3.

주규준, "금융소비자 보호체계의 문제점과 개선방안," 「입법과 정책」 제3권 제1호, 국회입법조사처, 2011. 6.

Blair, M. QC and George Walker, *Financial Services Law*, Oxford University Press, 2006.

Blair, M. QC (ed.), *Blackstone's Guide to the Financial Services and Markets Act 2000*, Oxford University Press, 2009.

제10장

외국은행 국내지점

제1절

총 설

외국은행이 국내에서 영업 활동을 할 수 있는 방법에는 「은행법」에 의거하여 ① 새로운 자회사 은행이나 합작은행을 설립하는 방법, ② 기존의 국내 은행을 인수하여 자회사로 두는 방법, 또는 ③ 국내 지점이나 대리점을 설립하는 방법이 있다.[1] 이 중 새로운 자회사 은행 또는 합작은행을 설립하는 방법은 「은행법」에 따라 일정한 요건을 충족하여 금융감독당국으로부터 인가를 받으면 되고, 기존 국내 은행을 인수하여 자회사로 두는 방법은 「은행법」에 따라 일정한 요건을 충족하여 금융감독당국으로부터 승인을 받아 국내 은행의 주식을 취득하면 된다.[2] 현재 외국은행의 자회사 은행은 한국씨티은행과 SC제일은행이 있다.[3]

외국은행이 자회사 은행 또는 합작은행을 설립하지 않거나 기존 국내 은행을 인수하지 않을 때 선택할 수 있는 방법은 국내지점(이하 "외은지점")이나 대리점을 설치하는 방법이다. 이 중 대리점 설립은 「은행법」에 따라 허용되고 있는 방법이긴 하지만(법 제58조 제1항) 실제 사례가 없다. 외국은행이 국내에서 영업을 하고 있는 형태는 지점을 설립하는 방법이 보편적이다.

---

1) 자회사 은행 또는 합작은행의 설립 근거 조항은 「은행법」 제8조, 기존의 국내 은행 인수와 관련된 근거 조항은 「은행법」 제15조, 외국은행의 국내지점 또는 대리점의 설립 근거 조항은 「은행법」 제58조. 이외에도 「은행법」에 의거하여 외국은행은 영리 목적의 영업 활동을 하지는 않지만 "은행업에 관한 정보의 수집 및 제공, 금융결제동향 조사, 본·지점 또는 고객과의 업무 연락 등의 사무를 수행하기 위하여 직원을 상주시키고 있는 영업소 이외의 시설"(「은행업감독규정」 제84조 제1항)인 국내 사무소도 금융감독당국에 신고하여 설립할 수 있다(법 제58조 제3항).

2) 국내 은행 설립을 할 때 최저 자본금 등 인가 요건을 충족해야 한다(법 제8조 제2항). 기존의 국내 은행의 주식을 인수하는 경우에도 전국은행의 의결권 있는 주식 10%를 초과하여 취득하고자 할 때에는 「은행법 시행령」에 규정된 주식 한도 초과 보유 요건을 충족해야 한다(법 제15조 제5항, 시행령 제5조 및 [별표 1](한도초과보유주주의 초과보유요건). 2004년 3월 금융감독당국이 미국 씨티그룹(Citicorp Inc.)에 대하여 한미은행의 의결권 있는 주식 10%를 초과하여 취득하는 것을 승인해 준 것은 외국은행이 기존 국내 은행을 인수한 첫 사례가 된다(금융감독원, "씨티그룹에 대한 (주)한미은행의 주식 취득 승인," 보도자료, 2004. 3. 26. <http://www.fss.or.kr/kor/nav/framecheck.jsp>).

3) 한국씨티은행은 2004년 11월 한미은행을 인수하여 설립되었고, SC제일은행은 2005년 4월 뉴브리지캐피탈(Newbridge Capital)사모집합투자기구로부터 제일은행을 인수하여 설립되었다.

1967년 미국의 체이스맨해턴은행(Chase Manhattan Bank)이 최초로 국내에 외은지점을 설립하였다.[4)]

「은행법」은 외은지점의 설립, 폐쇄, 영업 행위 등에 대해서 규정하고 있다. 외국 입법례를 보면, 외은지점에 대한 별도의 법률을 제정하여 규제를 하는 경우도 있으나,[5)] 우리는 국내 은행과 동일하게 (물론 일부 조항은 적용을 받지 않지만) 「은행법」의 적용을 받도록 하고 있다. 즉 「은행법」은 외은지점을 "[은행]법에 따른 은행"으로 본다고 규정함으로써(법 제59조 제1항), 법인 형태의 은행과 마찬가지로 「은행법」이 적용된다는 것을 명확히 하고 있다. 이는 법인 형태의 은행과 동일하게 규제 감독을 하겠다는 의미이다. 그런데 「은행법」은 기본적으로 법인 형태의 은행을 염두에 두고 제정된 법률이어서 지점 형태의 외은지점에게 적용하기 어려운 조항들도 있다. 그래서 「은행법」은 일부 조항의 적용을 배제하고 있다. 「은행법」은 외은지점에 대한 별도의 장(章)(제9장)을 두고 외은지점에만 적용되는 조항들(제58조 내지 제63조의 외은지점 설립과 폐쇄에 관한 조항 등)을 두고 있다. 그러나 「은행법」은 외은지점에 적용 배제하는 조항들을 다 열거하여 규정하고 있지 않아(법 제59조 제1항 단서), 적용 배제되는 조항 이외의 모든 조항들이 외은지점에게 적용되는지에 관한 논란이 제기된다.

4) 한국은행(2018), 178면.

5) 미국의 International Banking Act of 1978 (12 U.S.C. § 3101 *et seq*) 및 이의 주요 부분을 개정하여 제정된 Foreign Bank Supervision Enhancement Act of 1991 (12 U.S.C. § 3101 *et seq*) 참조. 물론 다른 법률에도 외국은행을 규제하는 사항이 들어 있으나, 이 2개의 법률이 외국은행 지점 등의 설치 및 영업 행위 등에 대하여 규정하고 있는 기본법이다.

제2절

설립 규제[6]

Ⅰ. 서설

외은지점의 설립에 대해서는 인가 제도를 채택하고 있다. 즉 외국은행이 국내에서 영업활동을 하기 위해서는 「은행법」에 따라 금융감독당국으로부터 국내지점 설립 인가를 받아야 한다(법 제58조 제1항). 외국은행은 국내에 복수의 지점을 개설할 수 있으며(법 제59조 제2항), 추가 지점을 설치할 때에도 인가를 받아야 한다(법 제58조 제1항). 따라서 외은지점의 설립 절차는 최초 지점을 설립할 때와 추가 지점을 설립할 때의 인가 절차로 나누어진다.

「은행법」 제58조 제1항은 외은지점을 설립할 때 시행령으로 정하는 바에 따라 금융감독당국으로부터 인가를 받도록 규정함으로써 인가 요건 등에 관한 사항은 시행령에 위임하고 있다. 시행령은 금융감독당국이 외은지점 신설 인가를 할 때는 해당 외국은행의 본점 및 대표자에 관한 사항을 확인하도록 규정하고(제24조의8 제1항), 인가의 세부 요건, 인가 신청 서류, 그 밖에 필요한 사항은 금융감독당국이 정할 수 있도록 위임하고 있다(제24조의8 제3항). 그런데 외은지점 설립 인가 요건과 절차는 해당 외국은행에게는 중요한 사항인데, 이러한 중요 사항을 포괄적으로 금융감독당국에 위임한 것은 '포괄위임금지 원칙'[7]에 위반될 소지가 있다. 「은행법」에 외은지점 설립 인가 요건과 절차에 관한 근거 조항을 두면서 구체적인 사항은 시행령이나 「은행업감독규정」에 위임하는 방식을 취하는 것이 바람직하다.

인가 요건에 대해서는 외국은행이 최초에 국내에 지점을 신설하는 경우와 추가로 지점을 신설하는 경우를 구분하여 인가 요건에 차이를 두고 있는데, 추가 지점 신설 인가 요건이 다소

6) 고동원(2004)의 내용을 수정·보완한 것이다.

7) '포괄 위임 금지 원칙'이란 헌법 제75조에 규정된 내용을 말한다. 헌법 제75조는 "대통령은 법률에서 구체적으로 범위를 정하여 위임받은 사항 … 에 관하여 대통령령을 발할 수 있다"고 하고 있어, 법률에서 구체적으로 위임의 범위를 정하여야 하고, 법률이 포괄적으로 대통령령에게 위임해서는 안 된다는 원칙이다.

완화되어 있다. 그만큼 최초 진출 시에는 본점에 관한 사항 등을 좀 더 자세히 심사하겠다는 취지이며, 추가 지점 설치의 경우 일단 인가를 받은 상태이므로 인가 요건을 완화한 것이다.

Ⅱ. 최초 외은지점 설립

1. 서설

외국은행이 국내에서 최초 지점을 설립하여 영업을 하기 위해서는 금융감독당국으로부터 인가를 받아야 한다. 외국은행이 국내에서 은행업을 영위할 수 있는 적격 요건을 갖추었는지 심사하는 것은 필요한 일이다. 예비인가와 본인가의 2단계 절차를 거쳐 인가를 받게 된다. 인가를 받은 후 영업소 설치 등기를 하게 되며, 본점으로부터 영업기금을 도입하여 영업을 개시하게 된다. 「외국환거래법」에 따른 외국환업무를 영위하고자 하는 경우에는 일정한 요건을 갖추어 기획재정부장관에게 등록을 해야 한다.

2. 설립 절차

(1) 개요

실무적으로 행해지는 최초 외은지점의 설립 절차는 다음과 같다.

1) 금융감독당국에 외은지점 설립 예비인가 신청
2) 금융감독당국의 외은지점 설립 예비인가
3) 금융감독당국에 외은지점 설립 본인가 신청
3) 금융감독당국의 외은지점 설립 본인가
4) 관할 등기소에 영업소 설치 등기
5) 관할 세무서에 사업자 등록
6) 영업기금으로서 갑기금(甲基金) 도입
7) 외국환업무 등록(외국환업무를 영위하려고 하는 경우)

(2) 금융감독당국의 인가

1) 인가 절차

「은행법」 제58조 제1항은 시행령이 정하는 바에 따라 금융감독당국의 인가를 받도록 규정하고 있으며, 시행령 제24조의10 제3항은 금융감독당국이 인가의 세부 요건, 인가 신청 서류 및 그 밖에 필요한 사항을 정할 수 있다고 규정하고 있다. 이에 따라 금융위원회가 제정한 「은행업감독규정」 제5조의4, [별표 2의5], [별표 2의6], [별표 2의7]은 인가 요건, 인가 신청 서류,

인가 절차에 관하여 자세히 규정하고 있다.[8)]

외은지점의 설립 인가 절차는 **제1단계의 예비인가와 제2단계의 본인가 절차**로 나누어질 수 있다. 「은행업감독규정」 제5조의4 제4항에 의하여 준용하는 「은행법」 제11조의2 제1항은 "인가(이하 이 조에서 "본인가"라 한다)를 받으려는 자는 미리 금융위원회에 예비인가를 신청할 수 있다"라고 하고 있어서, 해석상 예비인가 절차를 거칠 것인지 여부는 인가를 받으려는 자인 신청인에게 달려 있다고 할 수 있다.

예비인가 제도를 두는 이유는 신청인이 예비인가를 받은 후 지점 설립에 대한 준비를 할 수 있도록 하기 위함이다. 특히 예비인가 절차를 거침으로써 본인가를 받을 수 있는지를 알 수 있는 기회가 된다는 점에서 예비인가가 오히려 더 중요한 절차가 될 수도 있다. 이런 점에서 감독규정에 규정할 것이 아니라, 법에 규정하는 것이 바람직하다. 법인 형태의 은행 설립 인가의 경우에는 예비인가에 관한 법적 근거를 명확히 해 놓고 있다(법 제11조의2).

가) 예비인가 절차

① 절차 안내

금융감독원장은 신청인에 대하여 인가 절차, 인가 심사 기준, 신청서류 등 인가 관련 제반 문의 사항에 대하여 서면으로 안내하거나 면담·협의할 수 있다(감독규정 제8조).

② 예비인가 신청서의 접수

신청인은 「은행업감독규정」 [별표 2의6]이 정하고 있는 예비인가 신청서 및 첨부서류를 금융위원회에 제출해야 한다(감독규정 제5조의4 제4항→제5조 제13항). 신청인은 본점의 대표자나 권한을 위임받은 자가 되어야 할 것이다.

③ 예비인가 신청 사실의 공고 및 의견 수렴

금융위원회는 예비인가 신청이 있는 경우 신청 내용에 관한 이해관계자 등의 의견을 수렴하기 위하여 신청 일자, 신청 내용, 의견 제시 방법 및 기간 등을 정보게시판(인터넷 홈페이지) 등에 공고해야 한다(감독규정 제5조의4 제4항→제5조 제15항→제5조 제9항). 또한 금융위원회는 접수된 의견 중 신청인에게 불리하다고 인정되는 의견을 신청인에게 통보하고, 기한을 정하여 소명하도록 할 수 있다(감독규정 제5조의4 제4항→제5조 제15항→제5조 제10항). 이외에도 금융위원회는 예비인가가 금융시장에 중대한 영향을 미칠 우려가 있는 등 필요하다고 인정되는 경우에는 공청회를 개최할 수 있다(감독규정 제5조의4 제4항→제5조 제15항→제5조 제11항).

④ 예비인가의 심사

금융감독원장은 신청 내용에 관한 사실 여부를 확인하고, 이해관계자 등으로부터 수렴된 의견을 고려하여 신청 내용이 예비인가 요건을 충족하는지 심사해야 한다(감독규정 제5조의4

8) 2010년 11월 「은행업감독규정」이 개정되기 전에는 「은행업인가지침」에 외은지점 설립 인가 요건과 절차 등에 관한 사항이 규정되었었는데, 이를 「은행업감독규정」에 반영한 것이다.

제4항→제5조 제15항→제5조 제4항). 금융위원회는 신청 내용을 확인하기 위하여 필요한 경우에는 금융감독원장으로 하여금 이해관계자 등과 면담 등의 방법으로 실지 조사를 실시하도록 할 수 있으며, 이 경우 신청인은 이에 적극 협조해야 한다(감독규정 제5조의4 제4항→제5조 제15항→제5조 제7항). 금융감독원장은 예비인가 심사와 관련하여 사업계획 등의 타당성을 평가하기 위하여 필요하다고 판단하는 경우에는 평가위원회를 구성·운영할 수 있다(감독규정 제7조).

⑤ 예비인가

금융위원회는 예비인가 신청을 받은 경우에는 본인가 요건을 갖출 수 있는지 여부를 심사하고 신청받은 날로부터 2개월 이내에 예비인가 여부를 결정하여 그 결과와 이유를 지체 없이 신청인에게 문서로 통지하여야 하며, 이 경우 예비인가 신청에 관하여 흠결이 있는 때에는 보완을 요구할 수 있다(감독규정 제5조의4 제4항→제5조 제14항, 법 제11조의2 제2항). 금융위원회는 예비인가에 조건을 붙일 수 있다(감독규정 제5조의4 제4항→법 제11조의2 제3항).

나) 본인가 절차

① 본인가 신청서의 접수

신청인은 예비인가의 내용 및 조건을 이행한 후 「은행업감독규정」 [별표 2의6]이 정하고 있는 본인가 신청서 및 첨부서류를 금융위원회에 제출한다(감독규정 제5조의4 제1항). 본인가 신청인은 본점의 대표자나 권한을 위임받은 자가 되어야 할 것이다.

② 본인가 신청 사실의 공고 및 의견 수렴

금융위원회는 본인가 신청이 있는 경우 신청 내용에 관한 이해관계자 등의 의견을 수렴하기 위하여 신청 일자, 신청 내용, 의견 제시 방법 및 기간 등을 정보게시판(인터넷 홈페이지) 등에 공고해야 한다(감독규정 제5조의4 제4항→제5조 제9항). 금융위원회는 접수된 의견 중 신청인에게 불리하다고 인정되는 의견을 신청인에게 통보하고, 기한을 정하여 소명하도록 할 수 있다(감독규정 제5조의4 제4항→제5조 제10항). 이외에도 금융위원회는 본인가가 금융시장에 중대한 영향을 미칠 우려가 있는 등 필요하다고 인정되는 경우에는 공청회를 개최할 수 있다(감독규정 제5조의4 제4항→제5조 제11항).

③ 본인가의 심사

금융감독원장은 본인가 신청 내용에 관한 사실 여부를 확인하고, 이해관계자 등으로부터 수렴된 의견을 고려하여 신청 내용이 본인가 요건을 충족하는지 심사해야 한다(감독규정 제5조의4 제4항→제5조 제4항). 금융위원회는 신청 내용을 확인하기 위하여 필요한 경우에는 금융감독원장으로 하여금 이해관계자 등과 면담 등의 방법으로 실지 조사를 실시하도록 할 수 있으며, 이 경우 신청인은 이에 적극 협조해야 한다(감독규정 제5조의4 제4항→제5조 제7항).

④ 본인가

금융위원회는 본인가 신청에 대하여 「은행업감독규정」 [별표 2의5]에 규정된 인가 심사 기준에 부합한지 여부에 대하여 심사한 후 본인가 여부를 결정한다(감독규정 제5조의4 제4항→제5조 제4항). 금융위원회는 예비인가에 조건이 붙은 경우에는 예비인가 조건을 이행하였는지 여부와 본인가 요건을 모두 충족하는지 여부를 확인한 후 본인가 여부를 결정해야 한다(감독규정 제5조의4 제4항→법 제11조의2 제4항). 금융위원회는 예비인가 절차를 거친 경우에는 본인가 신청서를 받은 날로부터 1개월 이내에, 예비인가를 거치지 아니한 경우에는 인가 신청서를 받은 날로부터 3개월 이내에[9] 본인가 여부를 결정하고 결과와 이유를 지체 없이 신청인에게 문서로 통지해야 하며, 이 경우 신청서에 흠결이 있을 때는 보완을 요구할 수 있다(감독규정 제5조의4 제4항→제5조 제5항).

금융위원회는 본인가를 하는 경우 금융시장의 안정, 외은지점의 건전성 확보 및 예금자 보호를 위하여 필요한 조건을 붙일 수 있다(법 제58조 제2항→법 제8조 제4항). 조건이 붙은 본인가를 받은 자는 사정의 변경, 그 밖에 정당한 사유가 있는 경우에는 금융위원회에 조건의 취소 또는 변경을 신청할 수 있으며, 이 경우 금융위원회는 2개월 이내에 조건의 취소 또는 변경 여부를 결정하고 결과를 지체 없이 신청인에게 문서로 알려야 한다(법 제58조 제2항→법 제8조 제5항).

⑤ 인가 효력 발생일과 영업 개시 의무

신청인은 인가(예비인가가 있는 경우는 본인가를 말한다)를 받은 날로부터 6개월 이내에 영업을 시작하여야 하며, 다만 인가 시 기간을 따로 정하거나 인가를 받은 자의 신청을 받아 기간을 연장한 경우에는 기한 이내에 인가받은 영업을 시작할 수 있다(감독규정 제5조의4 제4항→제5조 제12항). 따라서 인가일로부터 6월 이내의 기한 내에 영업을 시작하지 않으면 인가의 효력은 없어진다고 보아야 하며, 이 경우에는 다시 새로운 외은지점 설립 절차를 밟아야 할 것이다. 인가 효력 발생일과 영업의 의미 등과 관련되는 자세한 논의는 제2장을 참조하면 된다.

2) 인가 심사 기준

금융감독당국이 외은지점 설립 인가를 하고자 하는 경우에는 당해 외국은행의 본점 및 대표자에 관한 사항을 확인하여야 하며(시행령 제24조의10 제1항), 금융감독당국은 인가의 세부 요건, 인가 신청 서류, 그 밖에 필요한 사항을 정할 수 있다(시행령 제24조의10 제3항). 이에 따라 「은행업감독규정」 [별표 2의5]에서 최초 외은지점 설립 인가 심사 기준에 대하여 규정하고 있는데(감독규정 제5조의4 제2항), ① 인가를 신청하는 외국은행 본점에 관한 사항, ② 설립되는 외은지점에 관한 사항 및 ③ 설립되는 외은지점의 대표자에 관한 사항으로 나누어 규정하고 있다.

가) 외국은행 본점에 관한 사항

외국은행 본점에 관한 사항으로서는 "① 본국 감독당국의 적법한 설립 동의가 있을 것, ② 본국에서 은행업 영위 인가를 받고, 감독당국으로부터 체계적인 감독을 받고 있을 것, ③

9) 이러한 심사 기간을 산정할 때는 일정한 사유에 해당하는 경우(인가신청서 흠결의 보완을 요구한 경우에 그 보완 기간 등)에는 심사 기간에 산입하지 아니한다(감독규정 제5조의4 제4항→제5조 제6항).

재무상태 및 경영상태가 양호하여 은행 이용자의 보호에 지장이 없을 것, ④ 외은지점의 운영에 필요한 업무 능력을 보유하고, 모든 국내외 영업점을 체계적으로 관리하고 있을 것"을 심사 기준으로 정하고 있다(감독규정 [별표 2의5] I.1.가).

나) 외은지점 자체에 관한 사항

설립되는 외은지점에 관한 사항으로서는 "① 외은지점의 운영에 필요한 영업기금, 조직 및 인력을 갖출 것, ② 업무범위 및 규모에 부합하는 영업시설 및 전산체계를 갖출 것, ③ 위험관리, 내부통제 및 필요 여신심사체계를 갖출 것, ④ 외은지점의 영업계획의 타당성이 인정될 것, ⑤ 외은지점, 본점 및 관계회사의 영업활동과 관련하여 감독상 필요한 정보를 충분히 제공할 수 있을 것"을 심사 기준으로 규정하고 있다(감독규정 [별표 2의5] I.1.나).

다) 외은지점 대표자에 관한 사항

외은지점 대표자에 관한 사항으로서는 "외은지점 대표자(즉, 지점장)는 경영에 관한 충분한 지식과 경험, 성실성 등 경영 능력을 구비하고 법규 준수 면에서 하자가 없을 것"을 심사 기준으로 정하고 있다(감독규정 [별표 2의5] I.1.다).

3) 인가 신청 서류

최초 외은지점 설립 인가(예비인가 및 본인가) 신청을 할 때 제출하여야 하는 서류의 목록은 「은행업감독규정」 [별표 2의6]에 규정되어 있다. 인가 신청 서식은 금융감독원장이 정할 수 있도록 하고 있는데, <별책서식>에 정해져 있다(감독규정 제5조의4 제3항, 「은행업감독업무시행세칙」 제5조의4).

(3) 영업소 설치 등기

외국은행은 금융감독당국의 인가를 얻고 나서, 외은지점도 외국회사의 국내 영업소에 해당하므로 「상법」이 적용되어 「상법」 제614조[10]에 따라 관할 등기소에 외은지점 영업소 설치 등기를 해야 한다. 이 경우 상업등기에 관하여 규정하고 있는 「상업등기법」(제23조 제3항 등)이 적용된다.

(4) 관할 세무서에 사업자 등록

외은지점도 영업 활동을 하므로 영업소 설립 등기를 하고 나서 「부가가치세법」에 의거하여 설립 인가서 사본 등을 첨부하여 관할 세무서에 사업자 등록을 해야 한다(「부가가치세법」 제8조, 시행령 제11조).

10) 외국회사가 국내에서 영업을 하고자 하는 경우에는 국내에서 대표자를 정하고 영업소를 설치하거나 대표자 중 1명 이상이 국내에 주소를 두어야 하며, 이 경우 외국회사는 동종의 회사 또는 가장 유사한 회사의 지점과 동일한 등기를 하도록 되어 있다(「상법」 제614조 제1항, 제2항). 또한 등기할 때에는 국내 대표자의 성명과 그 주소를 등기해야 한다(「상법」 제614조 제3항).

(5) 영업기금으로서 갑기금 도입

1) 영업기금의 범위

「은행법」은 외은지점에 대해서는 대통령령이 정하는 **영업기금을 자본금으로 의제**한다고 규정하고 있다(법 제63조, 시행령 제26조). 외국은행이 국내에 복수 지점을 두는 경우에는 각 지점의 영업기금을 합산하여 이를 당해 외국은행의 자본금으로 본다(감독규정 제11조 제8항). 시행령 제26조가 규정하는 영업기금은 갑기금과 을기금으로 나누어진다(감독규정 제11조 제1항).

갑기금은 ① 외은지점의 설치 및 영업행위를 위하여 그의 본점이 한국은행, 한국산업은행, 한국수출입은행, 중소기업은행, 농협은행, 수협은행, 일반은행에 외화자금을 매각하여 해당 지점에 공급한 원화 자금, ② 「은행법」 제40조(즉 법정 적립금을 말한다)[11]에 따른 해당 외은지점의 적립금에서 전입하는 자금 및 ③ 외은지점을 추가로 설치하기 위하여 이미 국내에 설치된 외은지점의 이월이익잉여금에서 전입하는 자금으로 구성된다(시행령 제26조 제1호 내지 제3호, 규정 제11조 제2항). 갑기금은 지점마다 30억 원 이상이어야 한다(감독규정 제11조 제3항).

을기금은 ① 외은지점이 외화자금을 한국은행에 매각하여 조달한 원화 자금 및 ② 외은지점이 본점 또는 국외지점으로부터 상환기간이 1년을 초과하는 조건으로 차입한 자금 중 국내에서 운용하는 자금(이를 "본지점 장기차입금"이라고 한다)을 말한다(시행령 제26조 제4호, 제5호, 감독규정 제11조 제4항).[12] 을기금은 외은지점 재무상태표에 있는 자본 총계의 200%를 초과할 수 없다(감독규정 제11조 제4항). 본점으로부터 과도한 차입을 막기 위함이다.

2) 금융감독당국의 갑기금 인정

최초 외은지점을 설립할 때 갑기금을 도입하려고 하는 경우 금융감독당국으로부터 외은지점 설립 인가만 받으면 다른 절차 없이 자동적으로 갑기금을 도입할 수 있는가? 「은행업감독규정」 제13조 제4항은 외국은행의 최초 국내지점 설립에 따른 갑기금은 금융감독당국이 "인정"한다고 규정하고 있으므로 금융감독당국은 외은지점 설립 인가 절차와 동시에 갑기금 인정 절차를 거쳐야 할 것이다.

3) 한국은행 등에 외화자금 매각

「은행법 시행령」 제26조 제1호는 외은지점의 설치를 위하여 외국은행 본점이 한국은행 등에 외화자금을 매각하여 당해 지점에 공급한 원화 자금을 갑기금의 하나로 보고 있으므로, 금융감독당국으로부터 갑기금 인정을 받고 나서 신청인인 외국은행 본점은 한국은행 등에 외화자금을 매각하여 원화 자금을 조달하여야 한다.

---

11) 외은지점의 경우에는 자본금(즉 영업기금)의 총액에 달할 때까지 결산할 때마다 결산 순이익금의 10% 이상을 적립하여야 한다(「은행법」 제40조, 시행령 제23조).

12) 을기금 중 '본지점 장기차입금'은 2000년 7월 2일부터 새로이 인정된 자금이다. 도입 배경을 살펴보면, 한국은행이 외은지점과 스왑자금으로 인정되는 을기금에 대해서 외환스왑거래 한도를 감축하게 됨에 따라 그 보전책으로 본점이나 국외지점으로부터 장기차입금을 인정해준 것이다.

(6) 외국환업무 등록

신설 외은지점이 외국환업무를 영위하고자 하는 경우에는 「외국환거래법」, 시행령 및 「외국환거래규정」에 따라 '외국환업무'[13] 등록을 하여야 한다.

1) 등록 신청 서류

「외국환거래법」, 시행령 및 「외국환거래규정」에 따르면, 외국환업무를 업(業)으로 영위하고자 하는 자는 ① 명칭, ② 외국환업무취급기관의 본점 및 국내 영업소의 소재지,[14] ③ 외국환업무의 취급 범위, ④ 자본·시설 및 전문 인력에 관한 사항 등이 기재된 외국환업무등록신청서(「외국환거래규정」 <별지 제2−1호 서식>)에 (a) 당해 금융기관의 설립인가서(외은지점의 경우 본국 감독당국의 본점 설립 인가서) 사본 또는 이에 갈음하는 서류, (b) 당해 금융기관의 최근 재무상태표 및 손익계산서,[15] (c) 외국환업무를 취급하고자 하는 국내 영업소 내역[16]의 서류를 첨부하여 기획재정부장관에게 등록을 신청해야 한다(「외국환거래법」 제8조 제1항, 시행령 제13조 제1항, 「외국환거래규정」 제2−1조 제1항, <별지 제2−1호 서식> 외국환업무등록신청서).

2) 등록 요건

「외국환거래법 시행령」에 따른 외국환업무 등록 요건은 "① 금융감독당국이 정하는 당해 금융기관에 적용되는 재무건전성 기준에 비추어 자본 규모 및 재무 구조가 적정할 것, ② 외국환거래, 지급 또는 수령 등에 관한 자료를 중계·집중·교환하는 기관(즉 외환정보집중기관)과 전산망이 연결되어 있을 것, ③ 외국환업무 및 그에 따른 사후관리를 원활하게 수행할 수 있는 전산설비를 갖출 것, ④ 외국환업무에 2년 이상 종사한 경력이 있는 자 또는 기획재정부장관이 정하는 교육을 이수한 자를 영업소별로 2명 이상 확보할 것"이다(제13조 제2항). 기획재정부장관은 일정한 사유(등록 요건을 갖추지 못한 경우 등)를 제외하고는 등록을 해주어야 한다(「외국환거래법 시행령」 제13조 제4항).

이 중 ①번 항목의 "금융감독당국이 정하는 당해 금융기관에 적용되는 재무건전성 기준"

---

13) 「외국환거래법」에 따른 '외국환업무'는 외국환의 발행 또는 매매, 비거주자와의 예금·금전의 대차 또는 보증, 거주자와 비거주자간의 신탁·보험 및 파생금융거래 등을 말한다(제3조 제1항 제14호, 시행령 제5조). 또한 '외국환'이라 함은 대외지급수단·외화증권 및 외화채권(債權)을 말한다(「외국환거래법」 제3조 제1항 제11호). 외국환업무취급기관에 따라 위 열거한 외국환업무 중 취급할 수 있는 외국환업무의 범위에 차이가 있으며(「외국환거래법 시행령」 제14조, 「외국환거래규정」 제2−12조), 외은지점을 포함한 은행의 경우에는 위 열거한 모든 업무를 영위할 수 있다(「외국환거래법 시행령」 제14조 제1호).

14) 국내 영업소의 소재지에 관한 사항은 국내 금융기관을 염두에 두고 만들어진 문구이어서 외은지점의 경우에는 적용하기가 어려울 것으로 보인다. 따라서 외은지점의 경우에는 외은지점 자체의 소재지(즉 주소지)를 외국환업무취급기관의 본점으로 보아 취급하면 될 것으로 생각한다.

15) 새로 설립되는 외은지점의 재무상태표 및 손익계산서는 등록 신청 단계에서는 준비가 되지 않을 것이다. 설령 준비된다 하더라도 영업기금인 자본금 이외에 다른 금액이 나타나지는 않을 것이기 때문에 신청 금융기관의 재무 상태를 파악하려는 목적을 달성할 수는 없다. 따라서 이 경우에는 외국은행 본점의 재무상태표 및 손익계산서로 대체하는 방법도 생각할 수 있다.

16) 외은지점의 경우에는 외국환업무취급기관의 본점으로 보고 국내 영업소로 보지 않는다면 이 서류는 필요 없을 것이다.

이라 함은 은행의 경우에는 최저 자본금 기준 및 보통주자본비율이 4.5% 이상의 기준을 말한다(감독규정 제61조 제1항 제1호, 제2호). 외은지점의 경우 최저 자본금 요건은 최저 갑기금 금액인 30억 원을 말한다. ④의 요건 중 외국 금융기관에서 외국환업무를 담당한 자도 외국환 전문인력에 해당될 수 있는 지가 문제될 수 있으나, 취지가 외국환업무 취급 경력자 내지는 전문가를 두어야 한다는 것으로 이해되므로 외국환 전문 인력이 국내 금융기관에서 근무를 했던지 외국 금융기관에서 근무를 했던지 상관할 바가 아니어서 외국 금융기관에서 외국환업무를 담당했던 자도 이에 해당된다고 보는 것이 타당하다.

3) 등록 사항의 변경 신고

외국환업무 등록을 한 외국환업무취급기관이 등록 사항 중 "① 명칭, ② 외국환업무취급기관의 본점 및 ③ 외국환업무 취급 범위"에 변경이 있는 경우에는 기획재정부장관에게 변경하려는 날의 7일 전까지 「외국환거래규정」 <별지 제2-2호 서식>의 외국환업무등록내용변경신고서와 서류를 제출하여 신고해야 한다(「외국환거래법」 제8조 제4항, 시행령 제16조 제1항 제1호, 제2항, 「외국환거래규정」 제2-1조 제2항).

3가지 변경 사항 이외에 외국환업무등록신청서에 기재된 외국환업무취급기관의 대표자나 자본금 등이 변경되었을 때도 변경 사항을 신고하여야 하는가? 그러한 변경 사항도 신고하여 한다는 견해도 있을 수 있으나, 「외국환거래법 시행령」 제16조 제1항 제1호가 명시적으로 신고하여야 할 사항을 위의 3가지에 한정하고 있으므로 그 이외의 사항에 변경이 있는 경우에는 신고할 의무는 없다고 보는 것이 타당하다.

Ⅲ. 추가 외은지점 설립

1. 서설

「은행법」 제59조 제2항은 "하나의 외국은행이 대한민국에 둘 이상의 지점 또는 대리점을 두는 경우 그 지점 또는 대리점 전부를 하나의 은행으로 본다."라고 규정하고 있어, 「은행법」은 외국은행이 국내 지점을 설립한 후 추가 지점을 국내에 설립하는 것을 허용하고 있다. 「은행법」은 복수 지점을 두는 경우 "그 전부를 하나의 은행으로 본다"고 규정함으로써(법 제59조 제2항) 신용공여 한도(법 제35조), 증권 투자 한도(법 제38조 제1호), 업무용 부동산 소유 한도(법 제38조 제3호) 등 업무 규제에 있어서 복수 외은지점을 모두 합하여 한도 준수 여부를 관리하고 있다.

그렇다면 외국은행이 추가로 외은지점을 설립하는 경우에도 금융감독당국의 인가를 별도로 얻어야 하는가? "지점 …을 신설 … 하려는 경우에는 … 인가를 받아야 한다"라는 「은행법」 제58조 제1항의 해석상 추가 외은지점을 설립하는 경우에도 금융감독당국으로부터 인가를 별도로 얻어야 한다고 보아야 할 것이다. 「은행업감독규정」도 추가 외은지점 설립 시 인가 요건 및 제출 서류에 대하여 별도로 규정하고 있다([별표 2의5], [별표 2의6]). 1998년 개정 전 「은행법」 제37조의2는 "외국[은행]이 대한민국내에서 은행업을 영위하기 위하여 지점 …을 신설하고자 할 때에는 지점 …마다 … 인가를 받아야 한다"라고 규정하고 있어 추가 외은지점 설립 시에도 인가 대상임을 명시적으로 밝히고 있었다.

그런데 이미 최초 외은지점을 설립할 때에 인가를 받아서 국내에 진출한 이상 추가 지점을 설치할 때도 별도의 인가를 받아야 하는지에 대해서는 검토할 여지가 있다. 신고제로 운영해도 충분하다고 본다. 최초 진출 시에 당해 외국은행에 대한 심사가 이루어져서 굳이 추가 진입을 엄격하게 규제할 필요는 없을 것이다. 외국의 입법례를 볼 때, 물론 미국의 경우 추가 지점 설치 시에도 승인(approval)을 얻도록 하고 있으나,[17] 일본의 경우 「은행법」 제47조 제1항은 일본에서 은행업 영위의 본거(本據)가 되는 '주된' 지점에 대해서만 허가를 받도록 하고 있어서 추가 지점 설치 시 별도의 허가를 받을 필요는 없으며,[18] 독일의 경우도 추가 지점 설치를 할 때 감독당국에 대한 신고로 충분하다.[19]

추가 외은지점 설립 절차는 기본적으로 최초 외은지점 설립 절차와 동일하다.[20] 다만 「은행업감독규정」은 추가 지점 설치 시 최초 지점 신설 시 보다 완화된 심사 기준을 적용하고 있다([별표 2의5]). 신청 서류는 「은행업감독규정」 [별표 2의6]에 규정되어 있다. 인가 절차도 최초 외은지점 설립과 마찬가지로 예비인가와 본인가의 두 단계로 나누어진다. 다만 예비인가 절차를 거칠 것인지 여부는 인가를 받으려는 자가 결정할 수 있다(감독규정 제5조의4 제4항→법 제11조의2 제1항).

2. 설립 절차

(1) 개요

실무적으로 행해지는 추가 외은지점 설립 절차는 다음과 같이 정리할 수 있다.

1) 금융감독당국에 추가 외은지점 설립 예비인가 신청
2) 금융감독당국의 추가 외은지점 설립 예비인가
3) 금융감독당국에 추가 외은지점 설립 본인가 신청

17) 12 U.S.C. § 3102(h)(1)−(2).
18) 小山嘉昭(2018), 464面.
19) German Banking Act Sec. 53(2) No. 7.
20) 다만 추가 외은지점이 기존 외은지점과 동일한 행정구역에 있는 경우에는 영업소 설치 등기 및 사업자 등록의 절차가 필요 없으며, 본점으로부터 갑기금을 도입하지 않을 경우에는 갑기금 도입 절차가 필요 없을 것이다.

3) 금융감독당국의 추가 외은지점 설립 본인가

4) 관할 등기소에 영업소 설치 등기(기존 외은지점과 다른 행정구역에 있는 경우)

5) 관할 세무서에 사업자 등록(기존 외은지점과 다른 행정구역에 있는 경우)

6) 영업기금으로서 갑기금 도입(본점으로부터 외화자금을 들여오는 경우)

7) 외국환업무 등록(외국환업무를 영위하려고 하는 경우)

(2) 금융감독당국의 설립 인가

1) 인가 절차

추가 외은지점 설립 인가 절차는 앞에서 서술한 최초 외은지점 설립 인가 절차와 동일하다. 추가 외은지점 설립 인가 신청을 할 때에 신청인을 외국은행 본점의 대표자가 아닌 기존 외은지점 대표자의 명의로 할 수 있는가? 「은행법」이 추가 지점을 설립할 때도 최초 외은지점 설립 시와 마찬가지로 별도의 인가를 받도록 하고 있는 점을 고려할 때, 신청인은 외국은행 본점의 대표자 명의가 되어야 할 것이다.[21] 다만 외국은행 본점 대표자의 위임을 받은 기존 외은지점의 대표자가 위임장에 근거하여 신청인 명의로 하는 것은 가능할 것이다.

2) 인가 심사 기준

추가 설립되는 외은지점에 대한 인가 심사 기준도 ① 외국은행 본점에 관한 사항, ② 외은지점에 관한 사항, ③ 추가 설립되는 외은지점의 대표자에 관한 사항이 된다(감독규정 [별표 2의5]).

가) 외국은행 본점에 관한 사항

외국은행 본점에 관한 사항으로서는 "① 본국 감독당국의 적법한 설립 동의가 있을 것 및 ② 재무상태 및 경영상태가 양호하여 은행이용자 보호에 지장이 없을 것"을 요건으로 하고 있다(감독규정 [별표 2의5] Ⅰ.2.가).

나) 외은지점에 관한 사항

외은지점에 관한 사항으로서는 "① 국내에 이미 설치된 당해 외은지점의 경영상태 및 관계법규 준수 상태가 양호할 것, ② 추가 외은지점의 운영에 필요한 영업기금, 조직, 업무 운영체계 및 내부통제제도를 갖출 것, ③ 추가 외은지점의 영업계획의 타당성이 인정될 것"을 요건으로 하고 있다(감독규정 [별표 2의5] Ⅰ.2.나).

다) 외은지점의 대표자에 관한 사항

외은지점의 대표자에 관한 사항으로서 "추가 외은지점 대표자는 경영에 관한 충분한 지식과 경험, 성실성 등 경영능력을 구비하고 법규 준수 면에서 하자가 없을 것"을 요건으로 하고 있다(감독규정 [별표 2의5] Ⅰ.2.다).

21) 같은 견해로는 한국은행 은행감독원(1993), 238면.

3) 인가 신청 서류

추가 외은지점 설립을 할 때 인가(예비인가 및 본인가) 신청 서류는 「은행업감독규정」 [별표 2의6]에 규정되어 있다.

(3) 영업소 설치 등기(기존 외은지점과 다른 행정구역에 있는 경우)

추가 외은지점이 기존 외은지점과 같은 행정구역에 있는 경우에는 별도의 등기를 할 필요는 없고, 추가 외은지점 지점장의 지배인 등기만 하면 된다. 다만 추가 외은지점이 기존 외은지점과 다른 행정구역에 있는 경우에는 추가 외은지점에 대한 별도의 영업소 설치 등기를 관할 등기소에 해야 한다.

(4) 관할 세무서에 사업자 등록(기존 외은지점과 다른 행정구역에 있는 경우)

추가 외은지점이 기존 외은지점과 다른 행정구역에 있는 경우에는 별도의 사업자 등록을 관할 세무서에 해야 한다.

(5) 영업기금으로서 갑기금 도입(본점으로부터 외화자금을 들여오는 경우)

국내에 설치된 기존 외은지점의 이월이익잉여금에서 전입하는 자금이 갑기금의 하나로서 인정되므로(시행령 제26조 제3호) 이 자금을 추가 외은지점의 갑기금으로 사용하려는 경우에는 별도로 본점으로부터 외화자금을 들여올 필요가 없으나, 추가로 본점으로부터 외화자금을 도입하려고 하는 경우에는 최초 외은지점 설립 시 갑기금 도입 절차와 같은 절차를 거쳐야 할 것이다.

(6) 외국환업무 등록

추가 외은지점이 외국환업무를 영위하고자 하는 경우에 추가 외은지점에 대한 외국환업무 등록을 별도로 하여야 하는지, 아니면 기존 외은지점이 외국환업무 등록을 했기 때문에 추가 외은지점은 별도의 외국환업무등록을 할 필요가 없는지에 대하여 의문이 있을 수 있다. 그러나 추가 외은지점은 외국환업무취급기관의 국내 영업소로 보기는 어렵다는 점과 별도의 인가를 필요로 한다는 점을 고려해 볼 때, 최초 외은지점을 설립할 때 요구되는 외국환업무 등록과 같은 절차를 거쳐 외국환업무 등록을 해야 할 것이다.

Ⅳ. 관련 쟁점

1. 설립 인가 시 은행업 영위 인가도 포함되는지 여부

외은지점 설립 인가를 받으면 당연히 은행업 영위 인가(법 제8조)도 받은 것으로 볼 수 있는가?「은행법」은 명시적인 규정을 두고 있지 않지만 그렇게 해석해도 무방할 것이다.[22] 외은지점 설립을 인가한다는 것은 은행업을 영위하기 위하여 설립 인가를 해주는 것이기 때문이다. 그러나 조항 적용 면에서는 애매한 점이 있다.「은행법」 제8조가 적용된다고 볼 여지가 있다.「은행법」 제59조 제1항 단서 조항이 외은지점에 대해서「은행법」 제8조 적용 배제를 하지 않은 것으로 보아 그렇게 볼 여지가 있다. 또한「은행법」 제58조 제1항이 제8조 제2항(은행업 인가 요건)의 적용을 명시적으로 배제하는 대신에,「은행법」 제58조 제2항은 제8조 제4항(은행업 인가 시 붙이는 조건)과 제8조 제5항(조건의 취소와 변경)을 준용한다고 하고 있어, 은행업 영위 인가 요건(법 제8조 제2항)만을 제외하고는「은행법」 제8조가 외은지점에게도 적용된다고 해석할 여지도 있다. 그러나「은행법」 제8조는 법인 형태의 은행을 설립하는 경우에 적용되는 조항이라고 보아야 하기 때문에「은행법」 제8조가 외은지점의 은행업 영위 인가에 적용된다고 해석하는 것이 쉽지 않다. 입법론으로 외은지점 설립 인가와 동시에 은행업 인가를 받은 것으로 본다는 별도의 조항을 두는 것이 바람직하다.

2. 국내 대표자

(1) 최초 외은지점 대표자의 임원 자격 요건 충족 여부 확인 문제

외은지점의 '국내 대표자'는「은행법」에 따른 '임원'[23]으로 간주되기 때문에(법 제59조 제1항) 최초 설립되는 외은지점의 대표자(즉 지점장)는「은행법」에 따른 임원이 될 것이고, 지배구조법에 따른 임원의 자격 요건(제5조 제1항)을 충족하여야 한다.

그런데「은행업감독규정」은 인가 요건으로서 외은지점 대표자가 지배구조법에 따른 임원 자격 요건을 충족할 것을 명시적으로 규정하지 않고 있으며(단지 "경영에 관한 충분한 지식과 경험, 성실성 등 경영능력을 구비하고 법규 준수 면에서 하자가 없을 것"이라고 하고 있다. [별표 2의5] Ⅰ.1.다), 신청 서류에도 이를 증명하는 서류를 명시하지 않고 있다. 인가권자인 금융감독당국 입장에서는 외은지점 영업을 총괄하는 국내 대표자가 임원 자격 요건을 충족하는지를 파악할 필요가 있다. 따라서 이러한 사항을 인가 요건으로 명시적으로 규정하고, 이에 관한 확인서도 인가 신청 서류의 하나로 규정할 필요가 있다.

(2) 추가 외은지점 대표자도 '국내 대표자'에 해당하는지

추가 설립되는 외은지점의 대표자도「은행법」에 따른 임원으로 간주되어 지배구조법이 규정하고 있는 임원 자격 요건을 충족해야 하는가?「은행법」 제59조 제1항이 "외국은행의 국

22) 같은 견해로는 한국은행 은행감독원(1993), 238면.

23)「은행법」은 '임원'의 정의를 하고 있지 않은데, 지배구조법이 정의하고 있는 '임원'(이사, 감사, 집행임원(「상법」에 따른 집행임원을 둔 경우로 한정한다) 및 업무집행책임자)(제2조 제2호)을 의미한다고 할 수 있다.

내 대표자는 [은행]법에 따른 은행의 임원으로 본다."라고 하고 있으므로 해석상 '국내 대표자' 만이 임원으로 간주된다. 따라서 추가 설립되는 외은지점의 대표자를 별도로 국내 대표자로 선임하거나 추가 외은지점의 대표자를 기존의 외은지점 대표자와 국내 공동대표자로 선임하지 않는 한, 추가 외은지점 대표자는 「은행법」에 따른 임원으로 보기는 어렵고, 이에 따라 자격 요건 관련 규정이 적용되지 않는다고 보아야 한다. 또한 동일한 행정구역 내에 기존 외은지점 및 추가 외은지점이 있는 경우(예를 들어, 서울특별시 내에 있는 경우)에 추가 외은지점의 대표자인 지점장을 지배인으로 등기하고 있는 점으로 비추어 보아도[24] 추가 외은지점의 대표자를 국내 대표자로 보기는 어렵다.

3. 추가 외은지점 설립 시 「예금자보호법」에 따른 출연금 납부 의무 여부

(1) 출연금 납부 의무

「예금자보호법」과 시행령에 따르면, 부보금융기관인 은행은 "예금보험의 적용을 받게 된 이후 업무를 개시한 날부터 1개월 이내에 인가 또는 허가에 필요한 최저자본금 또는 최저자기자본"에 1%를 곱한 금액을 출연금으로서 예금보험공사에 납부해야 한다(법 제24조 제4항, 시행령 제14조 제1항). 「예금자보호법」에 따르면, 외은지점은 은행인 부보금융기관에 해당하고(제2조 제1호 바목), 외은지점의 영업기금은 「은행법」에 따라 자본금으로 의제되며(제63조, 시행령 제26조), 최저 영업기금은 30억 원이므로(감독규정 제11조 제3항)(최초 외은지점의 경우 업무를 개시할 때에는 을기금은 없을 것이므로 최저 갑기금 금액만 적용될 것이다) 이 금액에 1%를 곱한 금액을 출연금으로 예금보험공사에 납부하여야 한다. 최초 외은지점 설립 시 출연금을 납부해야 하는 의무가 있는 것은 명확하다.

(2) 추가 외은지점 설립 시 출연금 납부 의무 여부

추가 외은지점을 설립할 때에도 출연금 납부 의무가 적용되는가? 문제는 「은행법」에 복수의 외은지점은 전체를 하나의 은행으로 본다는 조항이 있어서이다(제59조 제2항). 납부 의무가 있다고 보는 견해와 그렇지 않다는 견해로 나누어질 수 있다. 납부 의무가 없다는 견해의 근거로는 ① 「예금자보호법」에 따른 부보금융기관은 외은지점 전체를 말하는 것으로 보아야 한다는 점, ② 「예금자보호법」에 따라 예금보험기금에 납부하는 보험료도 복수 지점 전체의 예금 금액을 기준으로 한다는 점(제2조 제2호 가목, 제30조 제1항), ③ 복수 지점 전체의 영업기금을 자본금으로 의제하고 있는 점(감독규정 제11조 제8항)을 들 수 있다. 반면에 납부 의무가 있다고 보는 견해의 근거로는 ① 「예금자보호법 시행령」 제14조 제1항은 부보금융기관이 "업무를 개시한 날로부터 … 인가 또는 허가에 필요한 최저자본금"이라고 규정하고 있어 추가 외은지점

24) 고동원(2004), 78면.

도 별도의 인가를 받아야 하므로 여기에 해당한다고 볼 수 있다는 점, ② 추가 외은지점에도 갑기금(30억 원 이상)을 별도로 보유하도록 하고 있는 점(감독규정 제11조 제3항)을 들 수 있다. 납부 의무가 있다고 보는 견해가 타당하다.

4. 인가 없이 외은지점 설립 시 벌칙 조항 적용 문제

외국은행이 인가를 받지 않고 외은지점을 설립했을 때 적용할 수 있는 벌칙 조항이 모호한 점이 있다. 「은행법」 제68조 제1항 제7호는 외은지점의 임원, 지배인, 청산인이나 직원이 「은행법」 제58조 제1항을 위반한 경우 1년 이하의 징역 또는 3천만 원 이하의 벌금에 처하는 것으로 규정하고 있지만, 외은지점을 신설하기 위하여 인가를 받아야 하는 경우는 명시적으로 제외하고 있다. 따라서 인가를 받지 않고 외은지점을 신설하는 경우는 「은행법」 제68조 제1항 제7호에 따른 벌칙 조항이 적용되지 않는다. 그러나 인가를 받지 않고 외은지점을 폐쇄하는 경우는 「은행법」 제68조 제1항 제7호의 적용을 받게 된다. 이는 외은지점 폐쇄의 경우 처벌 대상인 외은지점의 임원(외은지점의 국내 대표자가 이에 해당된다. 「은행법」 제59조 제1항), 지배인, 청산인 또는 직원이 존재하기 때문이다. 그런데 외은지점 설립 시에는 처벌 대상인 외은지점의 직원 등이 존재하지 않기 때문에 외은지점 설립의 경우에 「은행법」 제68조 제1항 제7호를 적용하기는 어렵다. 그래서 명시적으로 적용을 배제하고 있다.

그러면 외국은행이 인가를 받지 않고 국내지점을 설립하여 은행업을 영위하였을 때 처벌 근거 조항이 문제될 수 있는데, 「은행법」에서는 명시적인 조항을 찾아볼 수 없다. "[은행법] 제8조에 따른 인가를 받지 아니하고 은행업을 경영한 자"에 대한 벌칙 조항인 제66조 제2항을 적용할 여지도 있으나, 정확한 근거 조항이라고 보기에는 애매한 점이 있다. 이유는 은행업 인가 근거 조항인 「은행법」 제8조는 은행을 신설하는 경우에 적용되는 조항이지 외은지점 설립 인가의 근거 조항은 아니기 때문이다. 또한 「은행업감독규정」도 「은행법」 제8조에 의한 은행업 영위 인가 심사 기준([별표 2의2])과 「은행법」 제58조 제1항에 의한 외은지점 설립 인가 심사 기준([별표 2의5])을 구분하여 규정하고 있는데, 이것도 근거 조항을 달리 보고 있다는 점을 확인해주고 있다. 외은지점 설립 시 인가를 받지 않은 경우에 적용되는 벌칙 조항을 별도로 두는 것이 바람직하다.

5. 인가 요건의 다양화 방안

외은지점을 설립하려는 경우 외은지점의 영업 규모나 특성에 상관없이 인가 요건을 전부 충족시켜야 한다. 그런데 외은지점의 영업 특성을 고려한 영업 행태를 볼 때, 파생상품 투자 업무 등 주로 투자은행 업무를 영위하는 지점들, 기업 대출 업무 등 주로 기업금융 업무를 영위하는 지점들, 환전이나 해외 송금 등의 업무를 주로 영위하는 지점들로 구분할 수 있다.[25]

파생상품 투자 등 위험성이 있는 업무를 영위하는 외은지점에게는 강화된 위험 관리 체계와 충분한 전산 설비 체계의 설치를 요구하는 것은 당연하지만, 환전이나 해외 송금 업무를 주로 취급하는 외은지점에게 투자은행 업무를 주로 영위하는 외은지점만큼의 위험 관리 체계나 전산 설비를 요구하는 것은 불합리하다. 또한 위험성이 거의 없는 업무를 취급하는 외은지점에게 그렇지 않은 외은지점과 동일한 규제·감독의 수준을 요구하는 것도 불합리하다. 외은지점의 영업 행태를 고려할 때 외은지점의 영업 특성을 고려한 인가 요건의 다양화 및 규제 감독의 차등화 방안을 검토할 필요가 있다.

25) 이종호(2013), 155면.

제3절

영업 규제[26)]

Ⅰ. 서설

1. 외은지점의 법적 성격

「은행법」은 **외은지점을 「은행법」에 따른 은행으로 간주**함으로써(제59조 제1항) 규제 목적상 법인 형태의 은행과 동일하게 취급하고 있다. 즉 외국은행의 국내 영업소인 외은지점은 본점의 지휘를 받으며 권리·의무의 주체가 될 수 없지만, 은행업을 영위함에 있어 독립된 기관으로 보아 법인 형태의 은행과 동일하게 「은행법」을 준수하도록 하고 있는 것이다.[27)]

그런데 법적인 면에서 보면, 외은지점은 외국회사인 외국은행 본점의 국내 영업소의 지위를 갖고 있다. 즉 외국은행은 「상법」에 따른 외국회사이므로 별도의 규정이 없는 한 외국회사와 관련된 「상법」 조항(제614조 내지 제621조)이 적용된다. 「상법」에 따른 외국회사는 "대한민국에서 설립된 같은 업종이나 가장 유사한 회사"로 보기 때문에(제621조) 성질이 허용하는 한 내국회사와 동일하게 취급하게 된다. 그리고 「상법」에 따라 외국회사가 국내에서 영업을 하고자 하는 경우에는 국내에 영업소를 설치하고 대표자를 정하여야 하므로(제614조 제1항), 외국은행 본점이 국내에서 영업을 하기 위해서는 영업소인 지점을 설치하고 국내 대표자를 선임해야 한다.

이처럼 외은지점은 「상법」에 따른 외국회사 국내 영업소의 지위를 가지지만, 「은행법」에 따라 별도의 '은행'으로 간주되는 지위를 가지고 있다는 점에서 규제 방향을 정립하는데 있어서 혼란이 온다. 법적인 측면에서 보면 국내 '지점' 내지 '영업소'이지만, 규제의 목적에서 보면

26) 고동원(20014)의 내용을 수정·보완한 것이다.
27) 같은 설명은 한국은행 은행감독원(1993), 242면.

「은행법」에 따른 별도의 독립된 기관으로서 취급되고 있는 것이다.

2. 외은지점 대표자의 법적 지위

외은지점은 외국회사의 국내 영업소이므로 「상법」도 적용된다. 「상법」에 따르면 외은지점은 국내 대표자를 선임해야 한다. 즉 「상법」은 외국회사가 국내에서 영업을 하고자 하는 경우에는 국내 대표자를 정하여야 한다고 하고 있다(제614조 제1항). 「상법」은 선임된 국내 대표자에 대해서는 외국회사의 국내 영업에 관하여 재판상 또는 재판 외의 모든 행위를 할 권한을 부여하고 있다(제614조 제4항, 제209조 제1항). 더 나아가 「상법」은 국내 대표자가 업무 집행을 하면서 타인에게 손해를 입힌 때에는 손해 배상 책임을 지도록 하고 있다(제614조 제4항, 제210조).

또한 「은행법」에 따라 **외은지점의 대표자는 「은행법」에 따른 '임원'으로 간주**되어(제59조 제1항), 지배구조법에 따른 자격 요건을 갖출 것이 요구된다(제5조 제1항). 즉 국내 대표자 역할의 중요성을 고려하여 일정한 자격 요건을 갖춘 자만이 대표자가 될 수 있도록 하고 있다. 이러한 규제는 국내 대표자의 역할의 중요성을 고려할 때 타당하다.

3. 지점 이전 시 신고

외은지점이 설치한 지점을 다른 "시·도" 등으로 이전하고자 하는 경우에는 별도의 인가는 필요 없고, 금융감독당국에 사전 신고하면 된다(법 제58조 제2항). 여기서 "시·도"는 서울특별시, 광역시, 특별자치도 등을 의미하는 것이므로 서울특별시 내에서 지점을 이전하는 것은 신고가 필요 없다.

Ⅱ. 업무 관련 규제

1. 업무 범위

외은지점이 영위할 수 있는 업무 범위는 법인 형태의 은행과 차이가 없다. 즉 외은지점도 일반은행과 동일하게 고유 업무, 겸영 업무, 부수 업무를 영위할 수 있다. 외은지점은 고유 업무로서 예금 업무와 대출 업무를 영위할 수 있으며(법 제27조), 겸영 업무로서 자본시장법에 따른 파생상품의 매매·중개 업무, 파생결합증권의 매매 업무, 신탁업, 투자자문업 등의 업무와 「보험업법」에 따른 보험대리점 업무를 영위할 수 있다(법 제28조, 시행령 제18조의2). 물론 관련 법률에 따라 요구되는 인가나 허가를 받거나 등록을 해야 한다. 이외에도 부수 업무로서 채무보증 업무, 어음인수 업무, 영업채권매입업(factoring) 등을 영위할 수 있다(법 제27조의2). 외은지점은 겸영 업무나 부수 업무를 영위하려는 경우 금융감독당국에 사전에 신고하면 가능하다(법 제27조의2, 제28조). 복수 지점이 있는 경우 어느 하나의 외은지점이 겸영 업무나 부수 업무를 신고하면(법 제27조의2, 제28조) 다른 지점은 별도의 겸영 업무나 부수 업무 신고를 하지 않아도 그러한 겸영 업무나 부수 업무를 영위할 수 있다고 보아야 할 것이다.

2. 건전성 규제

외은지점도 일반은행과 같이 「은행법」에 따라 건전성 규제를 받는다. 즉 자본 적정성 규제, 자산 건전성 규제, 유동성 규제 등 전형적인 건전성 규제를 받는다(법 제34조). 이러한 건전성 규제의 주요 내용을 살펴보면, 바젤은행감독위원회의 자기자본비율 규제(감독규정 제26조 제1항), 원화 유동성 비율 규제(감독규정 제26조 제1항), 거액 신용공여 한도 규제(법 제35조 제4항), '동일차주' 신용공여 한도 규제(법 제35조 제1항), 업무용 부동산 소유 제한 규제(법 제38조, 시행령 제21조의2), 증권 투자 한도 규제(법 제38조, 시행령 제21조의2) 등이 있다.

물론 자세히 살펴보면, 일반은행과 동일하게 취급할 수 없는 면이 있으므로 이러한 사항에 대해서는 「은행업감독규정」에서 차별화하여 달리 적용하고 있다. 예를 들어, 경영 실태 평가 기준을 들 수 있다. 일반은행에 대해서는 CAMEL－R 방식[28]을 적용하여 경영 실태 평가를 하고 있으나(감독규정 제33조 제3항 제1호), 외은지점에 대해서는 ROCA 방식[29]을 채택하고 있다(감독규정 제33조 제3항 제2호). 또한 신용공여 한도(법 제35조, 제35조의2)나 증권 투자 한도(법 제38조 제1항) 등의 계산에 있어서 기준이 되는 것은 은행의 '자기자본'인데[예를 들어, 동일 차주에 대한 신용공여 한도는 은행 자기자본의 25% 이내이고(법 제35조 제1항), 증권 투자 한도는 은행 자기자본의 100% 이내이다(법 제38조, 시행령 제21조의2)], 외은지점에 적용할 때는 자기자본 계산에 있어서 본점의 자본금이 아니라 외은지점의 영업기금(즉 갑기금과 을기금의 합계액)을 기준으로 한다(법 제63조). 이러다 보니 동일인 신용공여 한도 계산에 있어서 일반은행보다 불리하게 되는데, 이 때문에 본점 자본금 기준으로 신용공여 한도 등의 계산을 해야 한다는 주장이 제기되고 있다. 이에 관한 자세한 논의는 뒤 Ⅲ.2.에서 한다.

3. 영업행위 규제

외은지점도 일반은행과 동일한 영업행위 규제를 받는다. 즉 예금 및 대출 업무와 금융상품 판매 행위와 관련해서는 일반은행과 마찬가지로 금융소비자법에 규정된 여러 영업행위 규제의 적용을 받는다. 다만 「은행법」은 약관 규제(법 제52조)와 금융거래상 중요 정보 제공 행위(법 제52조의2)에 대한 규제는 하고 있다. 금융소비자법이 규정하는 영업행위 규제는 신의성실의 원칙 등 기본원칙(법 제13조, 제14조, 제15조), 적합성 원칙(법 제17조 제2항, 제3항), 적정성 원

28) 자본 적정성(Capital adequacy), 자산 건전성(Asset quality), 경영관리 적정성(Management), 수익성(Earnings), 유동성(Liquidity), 위험 관리(Risk management)를 말한다.

29) 위험 관리(Risk management), 경영관리 및 내부통제(Operational control), 법규 준수(Compliance), 자산 건전성(Asset quality)을 말한다.

칙(법 제18조), 설명 의무(법 제19조 제1항), 불공정거래행위 금지(법 제20조), 부당권유행위 금지(법 제21조), 금융상품 관련 광고 준수 의무(법 제22조) 등이 있다.

4. 지배구조 규제

(1) 개관

은행의 지배구조에 대해서는 지배구조법이 적용된다. 외은지점도 지배구조법의 적용 대상이다. 그러나 지점의 형태이므로 법인 형태에 적용되는 이사회 구성 등에 관한 조항은 적용되지 않는다. 외은지점에 적용되는 조항은 임원의 자격 요건 조항과 자격 요건 적합 여부 보고 의무 조항(법 제5조, 제7조), 제4장(내부통제 및 위험관리 등) 및 제7장(처분 및 제재 절차)만이 외은지점에게 적용된다(지배구조법 제3조 제2항).

(2) 임원의 범위

외은지점의 임원 범위에는 「은행법」이 규정하고 있는 국내 대표자뿐만 아니라 "명예회장·회장·부회장·사장·부사장·대표·부대표·전무·상무·이사 등 업무를 집행할 권한이 있는 것으로 인정될 만한 명칭을 사용하여 … 국내지점에서 업무를 집행하는 사람"도 포함된다(지배구조법 제3조 제2항, 시행령 제6조 제2항). 외은지점에서 '부대표' 또는 '전무' 등의 명칭을 사용해서 업무를 집행하는 사람이 있어서 이를 규제하기 위해 둔 규정이다. 따라서 임원의 자격 요건과 자격 요건 적합 여부 보고 의무에 관한 조항(지배구조법 제5조, 제7조)이 적용된다.

(3) 내부통제 규제

1) 내부통제기준 마련 의무 및 준법감시인 임면

외은지점은 내부통제기준을 마련해야 하며(지배구조법 제24조), 준법감시인도 1인 이상 임명해야 하는데(법 제25조 제1항), 직원 중에서 준법감시인을 선임할 수 있다(법 제25조 제2항). 이 경우 「기간제 및 단시간근로자 보호 등에 관한 법률」에 따른 기간제근로자 또는 단시간근로자를 준법감시인으로 선임하는 것이 금지된다(법 제25조 제5항). 준법감시인의 임기는 2년 이상이 되어야 한다(법 제25조 제4항). 준법감시인 임명이나 해임도 이사회 의결을 거칠 필요가 없다(법 제25조 제3항). 이는 외은지점이 이사회가 없다는 점을 고려한 것인데, 따라서 국내 대표자가 임명해도 된다. 준법감시인은 일정한 자격 요건을 충족해야 한다(법 제26조). 준법감시인은 선량한 관리자의 주의로 직무를 수행하여야 하며, 자산운용 업무나 본질적 업무 등 일정한 업무를 겸직하는 것이 금지된다(법 제29조 제1항). 외은지점은 준법감시인이 직무를 독립적으로 수행할 수 있도록 해야 할 의무가 있다(법 제30조 제1항).

2) 위험관리기준 마련 의무 및 위험관리책임자 임면

외은지점은 위험관리기준을 마련해야 하며(지배구조법 제27조 제1항), 위험관리책임자를 1명 이상 두어야 하는데(법 제28조 제1항), 직원 중에서 위험관리책임자를 선임할 수 있다(법 제28조 제2항→법 제25조 제2항). 이 경우 「기간제 및 단시간근로자 보호 등에 관한 법률」에 따른 기간제근로자 또는 단시간근로자를 위험관리책임자로 선임하는 것이 금지된다(법 제28조 제2항→법 제25조 제5항). 위험관리책임자의 임기는 2년 이상이 되어야 한다(법 제28조 제2항→법 제25조 제4항). 위험관리책임자 임명이나 해임도 이사회 의결을 거칠 필요가 없다(법 제28조 제2항→법 제25조 제3항). 위험관리책임자는 일정한 자격 요건을 충족해야 한다(법 제28조 제3항). 위험관리책임자는 선량한 관리자의 주의로 직무를 수행하여야 하며, 자산운용 업무나 본질적 업무 등 일정한 업무를 겸직하는 것이 금지된다(법 제29조 제1항). 외은지점은 위험관리책임자가 직무를 독립적으로 수행할 수 있도록 해야 할 의무가 있다(법 제30조 제1항).

5. 국내 자산 보유 의무

(1) 의의

외은지점은 **자산의 전부 또는 일부를 국내에 보유**해야 한다(법 제62조 제1항). 이는 일정한 자산을 국내에 보유하도록 함으로써 외은지점의 파산이나 청산 시 국내 예금자 및 그 밖의 채권자에 대한 변제를 확실히 하기 위한 것으로 국내 채권자를 보호하기 위한 규정이다.

(2) 국내 보유 자산의 범위

국내에 보유해야 하는 자산은 '영업기금'에 상당하는 자산이다(시행령 제25조). 따라서 외은지점이 국내에서 영업 활동을 하기 위하여 본점으로부터 공급한 자금 이외에 본점으로부터 1년 이상의 기한으로 차입한 자금(즉 '본점 장기차입금')은 국내에 보유하고 있어야 한다(시행령 제26조). 국내에 보유하여야 하는 자산의 범위에는 외은지점이 운용하는 자산의 소재지가 국내로 되어 있는 원화 자산 이외에도 외화 자산도 포함된다(감독규정 제12조 제2항).

(3) 영업기금 상당액 미달 시 보전 의무

외은지점의 국내 보유 자산이 영업기금 상당액에 미달할 때는 사유 발생일로부터 90일 이내에 이를 보전하여야 한다(감독규정 제12조 제1항). 이러한 보전은 국외 보유 자산의 국내로 회수 또는 본점으로부터 자금 공급에 의하여야 한다(감독규정 제12조 제4항). 따라서 외은지점을 폐쇄하려는 경우 해당 외은지점은 영업기금에 상당하는 자산을 국내에 보유한 상태에서 외은지점의 폐쇄가 이루어져야 하며, 손실이 발생하여 영업기금 상당액에 미달될 때에는 부족분을 보전한 후에야 외은지점 폐쇄를 할 수 있게 된다.

6. 예금보험 제도의 대상

(1) 의의

외은지점을 예금보험 제도의 대상 금융기관으로 포함시킬 것인지의 문제도 제기된다. 이는 각 국가의 정책에 따라 달라질 수 있기는 하나, 우리 예금보험 제도는 외은지점도 예금보험 대상 금융기관, 즉 부보(附保)금융기관의 범위에 포함시켜(「예금자보호법」 제2조 제1호 자목), 외은지점의 예금자를 보호하고 있다. 예금이 보호 대상이 되며, 양도성예금증서와 환매조건부채권의 매도에 의한 자금 조달은 제외된다(시행령 제3조 제2항). 외화예금은 2008년 11월 전에는 예금보험 대상에서 제외되었으나, 이후 예금보험 대상에 포함되어 있다(「예금자보호법」 제2조 제2호 가목).

(2) 예금보험의 중복 적용 문제

한편 외은지점의 본점 국가의 예금보험 제도가 해외 지점(즉 우리나라 외은지점)의 예금도 보호한다면 우리나라 예금보험 제도와 중복되는 문제가 발생한다.[30] 「예금자보호법」은 이런 경우를 예상해 시행령을 통해 일정한 외은지점을 부보금융기관에서 제외할 수 있도록 근거 규정을 두고는 있으나(제2조 제1호 자목),[31] 시행령은 이에 관한 규정을 두고 있지 않아, 중복적으로 예금보험 대상이 될 수 있다. 그러나 어느 한쪽 국가에서 보험금을 지급받으면 다른 국가에서는 보험금을 지급받을 수 없고, 중복적으로 보험금을 지급받을 수 없다고 보아야 할 것이다. 물론 이 경우 예금자는 보험금 액수 등 보다 유리한 국가의 예금보험 제도를 선택할 수는 있다. 한편 국내 은행의 해외 지점의 경우에는 이를 입법적으로 해결하고 있다. 즉 국내 은행의 해외 지점이 소재한 국가의 예금보험 제도에 의해 예금보험이 되는 경우에는 우리나라 예금보험 대상에서 제외될 수 있도록 하고 있다(시행령 제3조 제5항).

7. 정보 처리 업무의 본점 등에 대한 위탁 규제

(1) 정보 처리 업무의 위탁 필요성

외은지점의 설립 인가 요건 중의 하나는 "업무 범위 및 규모에 부합하는 영업 시설 및 전산 체계를 갖출 것"이다(감독규정 [별표 2의5]). 이에 따라 외은지점은 국내 영업을 위해서 일정 규모의 전산 시설을 갖추어야 한다. 문제는 과연 어느 범위까지의 전산 시설을 갖추어야 하느냐의 문제이다. 인가권자와 다툼이 일어날 소지가 많은 부분이다. 금융감독당국은 국내 영업에

30) 같은 논의는 노태석(2013), 38면.

31) "「은행법」 제58조 제1항에 의하여 인가를 받은 외국은행의 국내지점 및 대리점(대통령령이 정하는 외국은행의 국내지점 및 대리점을 제외한다)"라고 되어 있어, 시행령으로 본국에서 예금보험의 적용을 받는 외은지점을 부보금융기관에서 제외할 수 있을 것이다.

필요한 충분한 전산 시설을 갖추어야 한다는 입장일 것이다. 즉 핵심 전산 설비는 국내에 설치하도록 요구한다고 볼 수 있다. 그러나 외은지점의 경우에는 전산 체계가 본점이나 해외 계열회사와 연결되어 있고, 전체 차원에서 관리할 필요가 있어 외은지점만의 전산 체계는 큰 의미가 없다. 본점이나 해외 계열회사가 일정 부분 전산 설비를 활용한 정보 처리 관련 업무를 할 필요도 있다. 이 경우 외은지점의 본점이나 해외 다른 지점 또는 계열회사에게 전산 설비를 활용한 정보 처리 업무를 위탁할 필요가 있다.

(2) 정보처리위탁규정에 따른 규제

2013년 6월 「금융회사의 정보처리 업무 위탁에 관한 규정」(이하 "정보처리위탁규정")[32]이 제정되기 전까지는 전산설비를 활용한 정보 처리[33]의 위탁 허용 여부 및 기준이나 범위 등이 명확하지 않아 문제가 있었다. 정보처리위탁규정이 제정되면서 규제의 명확성이 높아져 원칙적으로 정보 처리의 위탁이 가능해졌다. 그리고 2015년 7월 정보처리위탁규정이 개정되기 전까지는 외은지점의 본점이나 해외 계열회사에게 정보 처리를 위탁하는데 있어서 여러 제약이 있었다. 2015년 7월 정보처리위탁규정이 개정되어 외은지점이 본점이나 해외 계열회사에게 정보 처리 업무를 위탁하고자 하는 경우에는 종전에는 금융감독당국의 승인을 얻어야 했으나 현재는 위탁받은 업무를 수행하려고 하는 날의 30일 영업일 이전에 금융감독원장에게 보고하면 가능하다(제7조 제1항). 또한 정보 처리를 위탁받은 자가 제3자에게 재위탁하는 것도 종전에는 원칙적으로 금지되었으나 현재는 허용되어 있다(제4조 제3항).

Ⅲ. 관련 쟁점

1. 외은지점에 적용 배제되는 「은행법」 조항 문제

(1) 서설

「은행법」 제59조 제1항 단서에서 외은지점에게 적용 배제되는 조항들이 모두 다 망라되어 규정되어 있지 않아 명시적으로 배제되지 않은 조항들 중 지점의 성질상 외은지점에 적용되기 어려운 조항들이 있는지와 관련해서 논란이 제기될 수 있다. 예를 들어, 외은지점이 금융채(사채)를 발행할 수 있느냐와 외은지점이 자회사를 둘 수 있느냐의 문제가 대표적이다.

외은지점에 대하여 적용을 배제하는 조항은 제4조(법인), 제9조(최저자본금), 제15조(동일인

32) 제정 당시는 명칭이 「금융회사의 정보처리 및 전산설비 위탁에 관한 규정」이었으나, 2015년 7월 「금융회사의 정보처리 업무 위탁에 관한 규정」으로 변경하였다.

33) '정보처리'의 정의는 "금융회사가 전산설비를 활용하여, 정보의 수집, 생성, 기록, 저장, 보유, 가공, 편집, 검색, 출력, 정정, 복구, 이용, 제공, 공개, 파기 및 기타 이와 유사한 행위를 하는 것"을 말한다(정보처리위탁규정 제2조 제5항).

의 주식보유한도 등), 제15조의3(기관전용 사모집합투자기구등의 주식보유에 대한 승인 등)부터 제15조의5(기관전용 사모집합투자기구등의 의무)까지, 제16조(한도초과주식의 의결권 제한 등), 제16조의2(비금융주력자의 주식보유제한 등)부터 제16조의5(외국은행등에 대한 특례)까지, 제48조의2(대주주등에 대한 검사) 및 제53조의2(기관전용 사모집합투자기구등에 대한 제재 등)이다(제59조 제1항 단서). 그리고 외은지점의 설립 인가와 관련해서는 제8조 제2항(법인 형태의 은행 설립 시 인가 요건)이 적용 배제되며, 은행의 합병·해산·폐업의 인가 조항인 제55조도 적용 배제된다(제58조 제1항). 여기서 제55조 제1호의 "분할이나 다른 은행과의 합병(분할합병 포함)"은 성질상 외은지점에 적용할 수 없는 것이고, 제2호인 "해산 또는 은행업의 폐업"의 경우는 외은지점의 폐쇄에 관한 별도의 조항(제58조 제1항)이 있어 당연히 적용 배제된다. 그러나 제3호가 규정하고 있는 "영업의 전부나 중요한 일부의 양도·양수"를 외은지점에 적용 배제하는 것은 의문이다. 외은지점의 경우도 영업의 일부 양도·양수가 있을 수 있기 때문이다. 2004년 씨티은행 서울지점이 폐쇄되면서 영업 전부를 한미은행에게 양도하고 영업 양도를 받은 한미은행이 한국씨티은행으로 상호를 변경한 사례가 있다.

그렇다면 이러한 명시적으로 적용 배제되는 조항이 없으면 「은행법」 모든 조항이 다 외은지점에게 적용되는 것인가? 「은행법」이 명시적인 배제 조항을 두고 있지 않아도 외은지점의 성격상 외은지점에 적용할 수 없다고 명확하게 볼 수 있는 조항이 있어서 문제이다. '대주주'에 관련된 조항이 해당된다. 외은지점에 '대주주'라는 개념이 존재할 수 없다. 따라서 은행의 대주주에 대한 신용공여 한도를 규정하고 있는 제35조의2, 은행의 대주주가 발행한 지분증권의 취득 한도에 관한 제35조의3, 대주주의 부당한 영향력 행사의 금지 조항인 제35조의3, 대주주의 부당한 영향력 행사의 금지 조항인 제35조의4는 외은지점에게는 적용되지 않는다고 보아야 할 것이다.

결국 명시적인 배제 조항이 없더라도 각 조항마다 외은지점에 적용될 수 있는지를 검토해 보아야 한다. 외은지점의 성질상 「은행법」이 적용될 수 없는 사항에 대해 명시적인 배제 조항이 없는 것은 입법 미비라고 볼 수밖에 없다. 문제는 이렇게 명확한 사항이 아닌 경우가 있다는 점이다. 다음과 같은 경우이다.

(2) 외은지점이 자회사(자은행 포함)를 둘 수 있는지

1) 서설

외은지점이 자회사 내지 자은행을 둘 수 있느냐의 문제이다. 「은행법」 제37조 제2항과 제5항은 은행이 다른 회사의 의결권 있는 지분증권(주식이나 출자지분을 말한다)의 15%를 초과해서 소유하고 있는 경우에 그러한 회사를 '자회사'라고 정의하고 있고, 그 다른 회사가 은행이면 '자은행'이라고 정의하고 있다. 자회사에 해당하면 「은행법」에 따른 자회사 출자 한도 규제와 자회사와 거래 규제 등 여러 규제를 받는다(법 제37조 제2항, 제4항). 자은행도 마찬가지이다(법 제37조 제5항, 제6항). 그리고 외은지점은 증권 투자에 따른 증권 보유가 가능하기 때문에 다른 회사의 의결권 있는 지분증권 15%까지는 아무런 제한 없이 보유할 수 있다(법 제37조 제1항). 그런데 문제는 외은지점이 그러한 15% 한도를 초과해서 자회사 내지 자은행을 둘 수 있는지에 관한 것이다. 이하의 논의는 자회사와 자은행 둘 다 적용되기 때문에 자회사에 관한 논의만 하기로 한다.

2) 외은지점이 자회사를 둘 수 있다는 견해

이에 대해서는 견해가 나누어질 수 있다. 우선 자회사를 둘 수 있다고 볼 수 있는 근거는 ① 「은행법」은 외은지점이 자회사를 소유하는 것을 금지하는 규정을 두지 않고 있는 점과 ② 「은행법」에 따르면 외은지점도 법인 형태의 '은행'으로 간주되므로 「은행법」 제37조를 적용하는데 문제가 없다는 점을 들 수 있다.

3) 외은지점은 자회사를 둘 수 없다는 견해

외은지점이 자회사를 둘 수 없다는 견해의 근거로는 ① 「은행법」에 명시적인 금지 규정이 없지만 금융감독원이 제정한 「은행업감독업무시행세칙」 제3조가 명시적으로 자회사에 관련되는 규정(즉 「은행업감독업무시행세칙」 제33조 내지 제36조의3이 규정하고 있는 자회사 경영실태 평가, 자회사 관리 등에 관한 규정)의 적용을 배제하고 있는 점(즉 외은지점이 자회사를 둘 수 없기 때문에 관련 규정을 배제하고 있는 점), ② 외은지점에게도 적용되는 「외국인투자촉진법」은 국내지점을 폐쇄하여 국내 법인으로 전환하는 경우 지점의 청산 후 남은 자금으로만 출자를 하도록 하고 있어서(제2조 제8호 마목) 반대 해석으로 지점 청산 자금 이외의 자금으로는 현지법인을 설립할 수 없다는 점, ③ 국내 지점이 자회사를 소유할 수 있도록 허용한다면 결국은 「외국인투자촉진법」에 따른 투자 절차를 거치지 않고 자회사에 투자할 수 있게 되어 불합리하다는 점, ④ 외은지점의 경우 본점의 자본금이 아닌 금융감독당국이 인정하는 영업기금을 자본금으로 의제하고 있어서(시행령 제26조) 법인 형태의 은행의 경우와 다르다는 점, ⑤ 독립적 법인격이 없는 지점 자체가 자회사를 소유한다고 하는 것은 지점의 성질상 허용하기가 어렵다는 점 등을 들 수 있다.[34] 「은행업감독업무시행세칙」 제3조에서 자회사 관련 규정을 외은지점에 적용하는 것을 배제하는 것으로 보아 금융감독당국도 외은지점은 자회사를 소유할 수 없다는 입장을 취하고 있다고 이해할 수 있다.

4) 소결

지점의 성질을 고려할 때 비록 법은 아니지만 하위 감독규정인 「은행업감독업무시행세칙」이 은행의 자회사 관련 규정의 적용을 배제하고 있는 점, 「외국인투자촉진법」의 관련 규정, 독립적 법인격이 없는 지점의 성격 등을 고려할 때 외은지점은 자회사를 소유할 수 없다고 보는

---

34) 고동원(2007), 223~224면.

것이 타당하다. 이렇게 본다면 외은지점은 다른 회사의 주식이나 출자지분 등 지분증권을 15% 초과하여 소유할 수 없고, 15% 한도 이내에서만 다른 회사의 주식이나 출자지분을 소유해야 할 것이다(법 제37조 제1항). 그러나 「은행법」에 외은지점은 자회사를 둘 수 없다는 조항을 명시적으로 추가하는 것이 바람직하다.

(3) 외은지점이 금융채(사채)를 발행할 수 있는지

외은지점이 사채(즉 은행이 발행하는 금융채)를 발행할 수 있느냐에 관한 문제도 마찬가지이다. 명시적인 배제 규정이 없으므로 외은지점도 금융채를 발행할 수 있다고 주장할 수 있다. 그러나 사채 발행은 법인이 발행하는 것이지 지점이 발행할 수 있는 것이 아니라는 점에서 외은지점은 금융채를 발행할 수 없다고 보는 것이 타당하다. 그렇다면 외은지점은 「상법」에 따른 파생결합사채(제469조 제2항 제3호, 시행령 제24조)도 발행할 수 없는 것으로 보아야 할 것이다. 역시 「은행법」에 명시적인 배제 조항을 추가하는 것이 필요하다.

2. 본점 자본금 인정 여부

(1) 외은지점의 자본금 규제 - 영업기금의 자본금 의제

외은지점 규제와 관련한 쟁점 중 가장 논란이 많은 문제가 본점의 자본금을 신용공여 한도나 증권 투자 한도 규제 등 업무 규제에 있어서 기준이 되는 '자기자본'으로 인정할 것인가 여부의 문제이다. 「은행법」은 본점의 자본금을 인정하지 않고 외은지점의 **영업기금**(갑기금과 을기금)을 **외은지점의 자본금으로 의제**하고 있다(법 제63조, 시행령 제26조). 갑기금과 을기금의 범위는 앞에서 살펴보았다.

복수 지점이 있는 경우에는 각 지점의 영업기금을 합산하여 자본금으로 보고 있다(감독규정 제11조 제8항). 외은지점의 자기자본 비율 계산에서 갑기금은 기본자본(core capital: Tier I capital)으로, 을기금은 보완자본(supplementary capital: Tier Ⅱ capital)으로 인정된다(감독규정 [별표 1]).

이렇게 지점의 영업기금을 자본금으로 의제하여 별도의 영업기금을 보유하도록 하는 것은 「은행법」에서 외은지점을 은행으로 간주하여 규제하는 취지에 비추어 본다면 타당할 수 있다. 더욱이 영업기금이 지점 설립 비용과 운영에 충당되고, 파산할 때 채권자에 대한 채무 변제 확보를 위해서 필요하다는 점을 고려하면 영업기금의 필요성을 인정할 수 있다. 더 나아가 영업기금을 업무 규제의 기준으로 삼는 것도 인정할 수 있다. 마치 현지법인인 외국은행의 경우에 투자하는 자본금을 기준으로 하는 것과 같은 이치이다.

(2) 본점 자본금 인정 필요성에 관한 논의

그런데 한편으로 지점이라는 법적 성격을 고려하면 본점 자본금을 업무 규제의 기준으로 삼아야 한다는 주장도 제기될 수 있다. 특히 지점의 영업기금을 자본금으로 의제하게 되면 지점을 독립된 별개의 영업소로 인정하는 것이므로, 외은지점의 과다한 채무로 국내 채권자가 변제를 받지 못하는 경우에 국내 채권자가 본점에 청구권을 행사하는 것이 어려워질 가능성이 있다는 점을 지적하면서 본점 자본금을 인정해야 한다는 주장도 있다.[35] 또한 본점 자본금을 인정하는 방안을 검토할 필요가 있다고 하면서 다만 보완책이 있어야 한다는 주장도 있는데, 그러한 보완책으로 외은지점 부채의 일정 비율을 유동성이 높은 자산으로 보유하는 것을 의무화하는 '자산담보예치'(pledged asset requirement) 제도의 도입, 본점의 경영 위기 시 외은지점의 국내 보유 자산이 부채를 상회하도록 하는 '자산유지의무'(minimum asset maintenance requirements) 제도의 도입, 본점의 자본 적정성 등 재무 상태 및 본점의 지원 능력을 평가하여 외은지점에 대한 감독과 검사에 활용하는 '본점의 지원 평가'(strength of support assessment) 제도의 도입을 해야 한다고 한다.[36]

(3) 본점 자본금 인정 정책 수립 시 고려 사항

본점 자본금을 외은지점의 자본금으로 인정할 것인가의 문제는 결국 감독 정책의 문제이다. 그래서 미국처럼 본점 자본금을 인정하는 국가도 있지만,[37] 독일처럼 국내 영업기금을 자본금으로 의제하는 국가도 있다.[38] 본점 자본금을 인정하게 되면 외은지점에게는 큰 혜택이 될 수도 있지만, 국내 은행이나 현지법인 외국은행에게는 상대적으로 불리하게 작용할 수도 있다. 특히 규모가 큰 외국은행은 국내에서 영업력을 확대하기 위해서 현지법인보다는 지점 형태를 선호할 수도 있다. 본점 자본금을 인정하게 되면 아무래도 규모가 큰 외국은행의 경우 영업력이 신장되고 공격적인 영업을 할 가능성이 크다. 이 경우 부실 가능성이 커질 수도 있다. 결국 외은지점이 부실화되거나 파산될 때에 국내 채권자를 충분히 보호할 수 있는 방안을

35) 김병태(2004), 82면.

36) 이종호(2013), 140~141면.

37) "12 USC § 3102 – Establishment of Federal branches and agencies by foreign bank
(b) Rules and regulations; rights and privileges; duties and liabilities; exceptions; coordination of examinations
"… except that (1) any limitation or restriction based on the capital stock and surplus of a national bank shall be deemed to refer, as applied to a Federal branch or agency, to the dollar equivalent of <u>the capital stock and surplus of the foreign bank</u>, and if the foreign bank has more than one Federal branch or agency the business transacted by all such branches and agencies shall be aggregated in determining compliance with the limitation;" (밑줄친 부분은 강조)

38) Grunson(2000), p. 385; "A branch's own funds consist of the sum of the amounts shown in the monthly return as working capital as supplied to the branch by its head office plus the operating profits retained by the branch …" Section 53(2) No. 4, Sentence 1 of German Banking Act.

강구할 수 있느냐의 문제로 연결된다.

즉 본점 자본금을 인정하는 정책 방향을 정하더라도 보완책이 마련될 필요가 있다. 예를 들어, 국내에 보유해야 하는 자산이 항상 부채보다 초과되도록 하는 '자산유지의무' 제도의 도입이 그것이다. 이렇게 해야 채권자 보호를 충실히 할 수 있기 때문이다. 본점에 대한 감독 권한도 일정 부분 가질 필요가 있다. 물론 직접적인 감독은 어렵겠지만, 본점 감독당국과 업무협약(MOU)을 체결하여 본점의 재무 상태 파악을 위한 자료 제공 협조와 일정한 사유(여신의 부실 발생 등) 발생 시 본점 검사 내지 검사 요청 권한 부여 등의 방안을 검토할 수 있다. 또한 'ring－fencing rule'[39]의 적용을 배제하는 조항을 「은행법」에 두어 국내 채권자가 본점에 대하여 상환청구권을 행사하는데 법적 제한이 없도록 하는 것도 필요하다. 결국 이 문제는 국내 채권자 보호를 확실하게 보장할 수 있는 방안 마련과 더불어 논의되어야 할 것이다.

3. 본점에 대한 업무 위탁

(1) 업무위탁규정에 따른 업무 위탁 규제

외은지점이 본점에게 업무 위탁을 어느 정도 할 수 있는지에 관한 문제도 검토가 필요하다. 외은지점을 포함한 금융기관의 업무 위탁 및 수탁과 관련해서는 금융위원회가 제정한 「금융기관의 업무위탁 등에 관한 규정」(이하 "업무위탁규정")이 적용된다(제2조). 업무위탁규정은 법의 위임에 근거하여 제정된 것이 아니라는 비판이 제기될 수 있으나, 실무에서는 중요한 업무 위탁 및 수탁 기준이 된다. 다만 자본시장법은 금융투자업자의 제3자에 대한 업무 위탁에 관한 근거 조항을 두고 있어(제42조),[40] 외은지점도 금융투자업을 겸영하는 경우에는 자본시장법이 적용된다.

업무위탁규정은 적용 대상 금융기관의 하나로서 "「은행법」에 의해 설립된 금융기관"이라고 하고 있는데(제2조 제1항 제1호), 문구 해석상 그 범위에 외은지점도 포함된다고 볼 수 있다.

---

39) 외국은행의 지점을 별도의 조직으로 취급하는 원칙을 말한다(The 'ring－fencing rule' refers to "a practice in which branches of foreign banks are treated as separate entities." Schooner & Taylor(2010), p. 255). 외은지점이 고객과 이러한 내용의 계약을 체결하면, 국내 채권자가 채권 전액을 변제받지 못한 경우에 본점이나 계열회사에 청구하는 것이 어렵게 될 가능성이 있다.

40) 제42조(금융투자업자의 업무위탁) ① 금융투자업자는 금융투자업, 제40조 제1항 각 호의 업무 및 제41조 제1항의 부수업무와 관련하여 그 금융투자업자가 영위하는 업무의 일부를 제삼자에게 위탁할 수 있다. 다만, 대통령령으로 정하는 내부통제업무(해당 업무에 관한 의사결정권한까지 위탁하는 경우만 해당한다)는 제삼자에게 위탁하여서는 아니 된다.
④ 제1항 본문에 따라 위탁받는 업무가 본질적 업무(해당 금융투자업자가 인가를 받거나 등록을 한 업무와 직접적으로 관련된 필수업무로서 대통령령으로 정하는 업무를 말한다. 이하 이 항에서 같다)인 경우 그 본질적 업무를 위탁받는 자는 그 업무 수행에 필요한 인가를 받거나 등록을 한 자이어야 한다. 이 경우 그 업무를 위탁받는 자가 외국 금융투자업자로서 대통령령으로 정하는 요건을 갖춘 경우에는 인가를 받거나 등록을 한 것으로 본다.
⑤ 제1항에 따라 금융투자업자의 업무를 위탁받은 자는 위탁한 자의 동의를 받은 경우에 한정하여 위탁받은 업무를 제삼자에게 재위탁할 수 있다.

설령 그렇지 않더라도 "외국 금융기관 국내지점의 국내외 본지점간의 용역 또는 시설 등의 공급계약은 이 규정에 의한 업무 위탁 또는 수탁으로 간주한다"라고 하고 있어서(제2조 제3항), 업무위탁규정이 외은지점에게 적용된다고 보는 데에는 문제가 없을 것이다.

(2) 대출 심사·승인 행위의 본점 위탁 문제

업무위탁규정에 따르면, 금융기관은 "인가 등을 받은 금융업의 본질적 요소를 포함하는 업무"를 제3자에게 위탁할 수 없다(제3조 제1항 제1호). 그러한 본질적 업무의 예는 업무위탁규정 [별표 1]에 규정되어 있는데, 은행업 인가를 받은 경우에 있어서 대출 업무 중 "대출 심사 및 승인 행위"와 "대출 실행"을 본질적 업무로 규정하고 있다.

그런데 외은지점의 경우에는 업무를 처리하는데 있어서 본점과 업무 연락이 필요하다. 아무래도 지점이다 보니 본점과 긴밀한 업무 연락이나 승인을 받는 경우가 있는 것이다. 예를 들어, 외은지점이 기업에 대한 대출 업무를 할 때 대출 규모에 따라 또는 모든 대출 거래에 대하여 본점의 승인을 얻어 취급하는 경우가 있다.[41] 이 경우 업무위탁규정의 위반 소지가 있다. 물론 감독규정 위반이라 법 위반만큼 중대한 위반 행위는 아니라고 볼 여지도 있지만 위반의 문제는 제기된다.

(3) 제한적인 대출 승인 행위의 본점 위탁 허용 필요

이 문제 역시 지점이라는 법적인 성격과 규제 목적상 별도의 은행으로 간주하는「은행법」규정과 충돌하는 문제로 귀결된다.「은행법」규정을 충실히 따른다면 외은지점의 본질적 업무를 본점에 위탁하는 것이 금지되는 것이 타당하다. 그러나 한편으로 본점에 종속된 지점이라는 성격을 고려하면 예외 규정을 둘 필요성도 있다. 이 문제도 전체적으로 외은지점의 규제 방향을 어떻게 잡아야 하는지와 연결되는 문제이긴 하지만, 업무 위탁 문제는 다른 면에서 접근할 필요가 있다.

즉 위탁이 금지된 업무의 성격을 개별적으로 분석할 필요가 있다. 예를 들어, 예금계약 체결 행위를 외은지점의 본점에 위탁하는 것은 문제가 있지만, 대출 업무는 좀 달리 생각해볼 필요가 있다. 대출 업무의 경우 본점의 관리를 받아야 하는 업무의 성격을 고려하면 대출 업무와 관련하여 본점의 승인 등 일정 부분 본점의 관리·감독을 받는 것은 당연할 수 있다. 특히 대출 금액이 상당히 크다면 본점의 승인을 받는 것은 당연할 수 있다. 물론 모든 대출 승인 행위를 본점에 위탁하는 것은 문제이나 금액 기준으로 해서 일정 금액 이상의 경우에는 본점의 대출 승인을 허용해주는 방법이 있다.

이 문제도 본점의 자본금 인정 여부의 문제와 더불어 규제의 큰 틀을 재정립하는 것이라

---

41) 이종호(2013), 144면.

결정하기가 어려운 문제일 수도 있으나, 규제의 목적을 고려한다면 받아들일 수도 있다. 외은지점을 은행으로 간주한다는 「은행법」 조항에 너무 얽매이다 보면 합리적 규제를 기대하기가 어렵다. 규제의 목적을 고려하여 필요하면 외은지점을 본점의 지점으로 취급하는 것도 필요하다. 업무위탁규정이 바로 전형적인 예가 된다.

4. 본점 등에 대한 금융거래 정보의 제공

(1) 금융실명법에 따른 금융거래 정보 제공 관련 규제

외은지점 업무 규제와 관련하여 또 하나 제기되는 문제는 금융실명법에 따라 외은지점이 보유하고 있는 고객의 금융거래 정보를 본점에 제공할 때 고객의 동의를 어떻게 얻어야 하는지에 관한 것이다. 금융실명법에 따르면 외은지점을 포함한 금융기관은 고객의 예금거래 등 금융거래 정보를 고객의 사전 동의를 얻지 않고는 제3자에게 제공할 수 없다(제4조). 사전 동의는 고객과 거래할 때마다 건 별로 징구해야 한다.[42]

그러나 국내 금융기관의 본점과 지점 사이의 고객 금융거래 정보의 공유는 사전 서면 동의를 얻을 필요가 없다(금융실명법 제4조 제1항 제5호). 따라서 국내 금융기관의 본점이 해외 지점에게 고객의 금융거래 정보를 제공하는 것은 고객의 동의를 얻을 필요가 없다. 그러나 외은지점의 경우 「은행법」에 따라 별도의 은행으로 간주되므로 국내 금융기관 달리 고객의 사전 서면 동의를 얻어야 하는 의무에서 면제되지 않는다는 것이 유권해석권자인 금융위원회의 입장이다.[43]

(2) 금융거래 정보의 본점에 대한 제공 시 포괄적인 사전 서면 동의

그런데 외은지점의 경우에는 본점 전체 차원의 위험 관리 목적을 위해서 본점에게 고객의 금융거래 정보를 제공하는 것이 불가피한 경우가 많다. 그런데 건 별로 고객의 사전 동의를 얻어야 한다면 외은지점에게는 상당한 업무 부담이 된다. 사실 건 별로 동의를 얻는 것이 쉽지 않다. 물론 국내 고객의 금융거래 정보를 아무런 장치 없이 해외 금융기관(그것이 설령 외은지점의 본점이라 하더라도)에게 제공하는 것은 고객 정보의 비밀 보장 차원과 금융실명법의 목적에 비추어볼 때에 바람직하지 않다. 즉 고객이 본인의 금융거래 정보가 해외 금융기관에게 제공된다는 것을 인지할 필요가 있으며, 필요하면 고객으로부터 동의를 얻도록 하는 것이 타당하다. 국내 금융기관이 해외 지점에게 고객 정보를 제공하는 것과는 다르게 보아야 한다. 이 경우에는 국내 금융기관 본점이 해외 지점의 고객 정보 관리를 통제할 수 있기 때문이다.

---

42) 전국은행연합회(2013), 83면("금융회사 등이 명의인으로부터 동의서를 제공받은 경우 … 동의서의 유효기간 중 … 포괄적인 동의에 의한 계속적인 정보 제공은 허용되지 않[는다]").

43) 구 재정경제원 유권해석(실명(금) 46000-453, '95. 11. 6).

이런 점에서 외은지점의 본점에 대한 고객 정보의 제공을 무조건 허용하는 것은 바람직하지 않지만, 고객으로부터 사전 서면 동의 징구 절차를 간소화할 필요성은 있다. 즉 포괄적인 사전 서면 동의로도 충분하다고 본다.[44] 첫 거래를 할 때 고객이 인지하고 거기에 동의한다면 다음 거래 시에는 별도로 동의서를 징구할 필요는 없을 것이다. 물론 이렇게 허용하는 경우에도 금융거래 정보를 제공받은 본점의 정보 관리 체계가 적정해야 한다는 요건을 충족하도록 할 필요는 있다. 금융위원회는 외은지점의 경우 건 별 사전 동의를 얻어야 한다는 입장에서 2014년 포괄적인 사전 서면 동의를 얻어도 된다는 입장으로 변경했는데, 다만 포괄적인 사전 동의에 대하여 매년 고객의 동의를 별도로 얻도록 하고 있다.[45]

(3) 해외 계열금융기관에 대한 금융거래 정보 제공 문제

외은지점의 해외 계열 금융기관에게 고객의 금융거래 정보를 제공하는 문제는 달리 보아야 한다. 이는 본점이 아니라 계열회사이기 때문이다. 금융실명법도 국내 금융기관의 경우 계열회사에게 고객 정보를 제공하는 데 있어서 예외를 두고 있지 않다. 이런 점에서 외은지점이 그 해외 계열회사에게 고객 금융거래 정보를 제공하는 것은 사전 서면 동의 없이는 어려울 것이다. 이 경우 본점이 아닌 제3자라는 점에서 건 별 동의를 얻도록 하는 것은 불가피할 것이다.

5. 본점과 지점 사이 신용공여 규제

(1) 규제 현황

신용공여의 범위를 규정하고 있는 「은행업감독규정」은 신용공여 규제 대상에서 본지점계정(즉 본점과 지점 사이의 신용공여)을 제외하고 있다([별표 2]). 즉 국내 은행은 해외 지점에 신용공여를 하는 경우에 규제 한도를 받지 않게 된다. 그런데 이 원칙이 외은지점이 본점에게 신용공여를 하는 경우에도 적용되는지가 명확하지 않다. 문언대로 본다면 국내 은행과 마찬가지로 외은지점도 신용공여 한도 대상에서 제외되는 것으로 볼 여지도 있다. 그러나 외은지점을 별도의 은행으로 간주하는 「은행법」의 취지를 고려한다면 그대로 적용하기에는 어렵다고 볼 수 있다. 다시 말해서 이 문제도 역시 지점이라는 법률적 성격과 별도의 독립적인 기관인 은행으로 보는 「은행법」 규제의 목적과 충돌에서 나오는 것이다. 후자를 강조한다면 당연히 신용공여 규제 대상으로 보는 것이 타당하다. 그래서 외은지점의 영업적 측면(즉 외은지점이 본점과 독립하여 회계 처리를 하고 있고, 예금과 대출 업무를 수행한다는 점)과 독립성을 보다 중시하여 본점에 대한 신용공여를 신용공여 규제 대상으로 하여야 한다는 주장도 있다.[46] 금융감독당국의

44) 같은 주장은 이금호(2013), 24면.
45) 금융위원회, "금융실명제 관련 문의에 대한 회신," 2014. 11. 3.
46) 이종호(2013), 142면.

입장도 외은지점을 별개의 은행으로 보아 본지점계정을 신용공여 규제 대상으로 포함시키고 있다.[47] 그러나 반대의 주장도 있다. 신용공여 규제의 목적이 차입자의 부실화에 따른 은행의 부실화를 막고, 편중된 신용공여를 억제하기 위한 것이라는 점을 고려하면 그러한 가능성이 없는 본지점계정에 대한 신용공여를 굳이 규제 대상으로 할 필요는 없다는 주장이다.[48]

(2) 일정 금액 초과 시 신용공여 규제 대상에 포함 필요

결국 이 문제도 외은지점의 성격을 어떻게 보느냐에 따라 규제의 방향이 달라진다. 본지점 사이의 거래라는 점을 본다면 굳이 신용공여 규제 대상으로 할 필요가 없다는 주장도 가능하나, 「은행법」에서 별도의 은행으로 간주하는 취지를 본다면 신용공여 규제의 필요성을 인정할 수가 있다. 특히 외은지점이 국내에서 자금을 조달하여 본점에 신용공여를 한 경우에 그 신용공여가 부실화되면 외은지점에게도 영향이 미치기 때문에 규제할 필요성이 있다.

이런 점을 고려할 때 본점과 지점 사이 신용공여 한도 규제는 탄력성 있게 운영할 필요가 있다. 즉 금액 제한을 하는 방안이 있을 수 있다. 일정한 금액을 초과하는 경우에 신용공여 한도 규제 대상으로 하는 방안이다. 또한 국내 자산 보유 의무 제도가 강화되어 부채까지 포함한 금액에 상당하는 자산을 국내에 보유하는 제도가 도입되어 국내 채권자 보호 장치가 충분히 갖추어질 때 신용공여 규제 대상에서 제외하는 방안도 고려할 수 있을 것이다.

6. 국내 보유 자산 의무 제도의 강화

외은지점 규제의 특징적인 것은 **일정한 자산을 국내에 보유**하도록 하는 규제이다. 이는 국내 채권자를 보호하기 위한 특별 규정이다. 외은지점이 파산하거나 청산을 하게 되는 경우 예금자 등 국내 채권자가 외은지점 보유자산에서 충분히 보전을 받지 못하면 결국 해외 본점을 상대로 상환청구권을 행사할 수밖에 없다. 이 경우 본점이 외은지점에 대한 청구권을 부인할 수도 있으며, 설령 인정되더라도 외국 관할권 등의 사유로 채권 행사가 곤란하거나 불편할 수가 있다. 결국 이 규제의 핵심은 국내 채권자를 보호할 만한 충분한 자산을 국내에 보유하도록 하는 것이다.

은행법령은 **영업기금에 상당하는 자산을 국내에 보유**하도록 하고 있다(법 제62조, 시행령 제25조). 그런데 외은지점의 부채가 자산을 초과하는 경우에는 영업기금에 상당하는 금액만큼만 국내에 자산을 보유하도록 하는 제도만으로는 국내 채권자를 충분히 보호하지 못할 수 있다. 따라서 외은지점의 영업기금 이외에도 부채 금액에 상당하는 자산도 국내에 보유하도록 강화할 필요가 있다. 외국 금융투자업자의 국내지점의 경우에 영업기금과 부채의 합계액에 상당하는

47) 이금호(2013), 15면.
48) 이금호(2013), 15면; 노태석(2013), 44면.

자산을 국내에 보유하도록 하는 규제(자본시장법 제65조 제2항)를 참고할 수가 있다. 특히 국내 보유 자산 강화의 필요성은 본점 자본금을 인정하는 제도로 개편될 때는 더욱 크게 된다.

7. 중소기업 의무 대출 비율 규제

(1) 규제 필요성

한국은행 금융통화위원회가 제정한 「금융기관 여신운용규정」은 은행의 중소기업에 대한 의무 대출 비율 규제를 하고 있다. 즉 전국은행과 지방은행의 경우 원화 금융 자금 대출 증가액의 50% 이상, 외은지점의 경우 35% 이상(다만 한국은행의 「금융기관 대출규정」 제2조에 의한 '금융중개지원대출'[49]을 한국은행으로부터 받지 않기로 하면 25% 이상)을 중소기업에게 대출하도록 하고 있다(제2조 제8호). 이 의무 비율을 지키지 못한 금융기관에 대해서는 한국은행의 대출 한도 감축과 기존 대출금 회수라는 제재 조치가 취해진다(제3조). 즉 한국은행의 **금융중개지원대출**과 연계해서 이 제도를 운영하고 있다. 이 제도는 금융기관으로부터 대출을 받기가 어려운 중소기업에게 자금을 원활히 공급해주기 위해 특별히 정책적으로 시행되고 있는 것이다. 즉 통화를 공급하는 중앙은행이 은행에게 자금을 대출해주면서 이러한 조건을 부여함으로써 중소기업에 대하여 자금을 지원하기 위한 목적이다. 이는 은행의 공공성이라는 측면을 강조한 정책이라고 할 수 있다.

(2) 금융중개지원대출을 받지 않는 외은지점에 대한 중소기업 의무 대출 비율 규제 적용 폐지 방안

이러한 중소기업 의무 대출 비율 규제에 대해서는 비판도 제기된다. 즉 과거 자금의 공급이 충분히 이루어지지 않았던 시기에는 필요한 규제로 보일 수도 있었으나, 자금의 공급이 원활히 이루어지고 있고 수요자 중심의 시장이 된 상황에서 계속 이 규제를 시행하는 것은 문제가 있다는 주장이다.[50] 그러나 일정 부분 이러한 중소기업 의무 대출 비율 규제의 필요성도 인정할 수 있다. 따라서 이 제도가 한국은행의 '금융중개지원대출'과 연계해서 운영되고 있는 점을 고려할 때 한국은행으로부터 '금융중개지원대출'을 받지 않는 외은지점에게는 이러한 비율 규제를 적용하지 않는 방안을 고려할 수 있다. 이런 점은 특히 한국은행으로부터 '금융중개지원대출'을 받지 않은 외은지점의 경우에 중소기업 의무 대출 비율을 지키지 못하면 경영 실태 평가 시 법규 준수의 세부 항목으로 반영되는 것 이외에는 특별한 제재 조치가 없어서 규제의 실효성도 별로 없다는 점에서 검토할 만하다.

---

49) 한국은행의 금융기관에 대한 대출로서 "금융기관이 중소기업 등에 대한 금융중개기능을 수행하는 데 필요한 자금을 지원하는 대출"을 말하는데(한국은행의 「금융기관 대출규정」 제2조 제2호), 2013년 12월 26일 개정 전에는 '총액 한도 대출'이라고 하였다.

50) 이종호(2013), 152면.

제4절

폐쇄 규제[51)]

Ⅰ. 서설

외은지점의 폐쇄에 대하여도 인가 제도를 채택하고 있다. 즉 외국은행이 국내에서 영업활동을 중단하고 철수하기 위하여 국내지점을 폐쇄고자 하는 경우에는 「은행법」에 따라 금융감독당국으로부터 외은지점 폐쇄 인가를 받아야 한다(법 제58조 제1항). 외은지점을 폐쇄할 때 국내 채권자에 대한 보호가 필요하다는 점에서 금융감독당국으로부터 인가를 받도록 하여 통제를 하는 것은 적절한 정책이라고 본다.

Ⅱ. 폐쇄 절차

외은지점이 폐쇄되는 경우는 ① 외국은행이 자발적으로 국내 지점을 폐쇄하는 경우(법 제58조 제1항)와 ② 「은행법」에 따른 외은지점 설립 인가 취소 사유가 발생하여 당연히 지점이 폐쇄되는 경우(법 제60조, 제61조)로 나눌 수 있다.

1. 자발적 폐쇄 절차

(1) 개관

외은지점을 자발적으로 폐쇄할 때도 금융감독당국의 인가가 필요하다(법 제58조 제1항). 인가 요건에서 특징적인 것은 국내 채권자 보호가 적절히 이루어졌는지와 내국인 근무 직원에 대한 퇴직금 지급 등이 적절히 이루어졌는지를 인가 심사 기준의 하나로 명시적으로 규정하고 있다는 점이다(시행령 24조의10 제2항). 외은지점 폐쇄 시 국내 채권자와 국내 근로자를 보호하

51) 고동원(2005)의 내용을 수정·보완한 것이다.

는 것이 필요하다는 점을 반영한 것이다.

외은지점의 자발적인 폐쇄 시에는 폐쇄 인가를 받아 영업을 폐지한 후 「상법」 규정에 따라 **청산 절차**를 거쳐야 한다. 외은지점도 「상법」상 외국회사의 국내 영업소에 해당하므로 「상법」이 적용된다. 「상법」 제620조 제1항 및 제3항에 따르면, 외국회사가 자발적으로 영업소를 폐쇄한 경우 법원이 청산 개시 명령을 할 수 있도록 재량권을 부여하고 있는데, 실무적으로는 법원은 예금자 등 국내 채권자를 보호하기 위하여 청산 개시 명령을 내리고 청산인을 선임한다.[52] 청산 개시가 되면 성질상 적용되지 않는 경우를 제외하고는 「상법」에 따른 주식회사의 청산 절차에 관한 규정(제535조 내지 제537조, 제542조)(채권자에 대한 최고(催告) 조항 등)이 준용된다(제620조 제2항). 청산 절차를 거치게 하는 이유는 외은지점을 폐쇄하면서 국내에 있는 자산이 국외로 반출될 가능성이 있어 국내 채권자를 보호할 필요가 있기 때문이다.

외은지점 청산의 경우에는 「상법」 규정 이외에도 「비송사건절차법」[53]도 적용된다(제128조). 이에 따라 외은지점의 청산은 법원의 감독을 받게 되며(제118조), 청산인의 선임에 대해서는 불복 신청을 할 수 없게 된다(제119조). 청산인의 업무 대행자 선임에 관한 조항(제120조), 청산인의 결격 사유에 관한 조항(제121조), 청산인의 보수에 관한 조항(제123조) 등이 외은지점 청산의 경우에도 적용된다. 또한 외은지점의 청산 시 국내 채권자 등에 대한 우선 변제 의무가 있다(「은행법」 제62조 제2항).

(2) 절차 개요

외은지점의 폐쇄 절차는 다음과 같이 정리할 수 있다.

1) 금융감독당국에 외은지점 폐쇄 예비인가 신청
2) 금융감독당국의 외은지점 폐쇄 예비인가
3) 금융감독당국에 외은지점 폐쇄 본인가 신청
4) 외은지점의 자산·부채 이전 및 처분
5) 금융감독당국의 외은지점 폐쇄 인가
6) 외국환업무 폐업 신고(외국환업무를 영위하는 경우)
7) 외은지점 영업 폐지

---

52) 고동원(2005), 108면.

53) "비송(非訟) 사건"이란 법원의 관할에 속하는 사건 중 소송 절차로 처리하지 않는 사건, 즉 소송이 아닌 사건을 말하는데, 이에 관한 내용과 절차에 관한 사항을 정한 법이 「비송사건절차법」이다. 「비송사건절차법」은 민사비송사건과 상사비송사건에 대하여 규정하고 있는데, 민사비송사건은 신탁에 관한 사건과 법인의 등기에 관한 사건이 해당되며, 상사비송사건은 회사와 경매에 관한 사건, 사채에 관한 사건, 회사의 청산에 관한 사건 등이 있다.

8) 관할 세무서에 폐업 신고(사업자등록증 반환)

9) 관할 법원에 청산 절차 개시 신청 및 청산인 선임 결정 신청

10) 관할 등기소에 외은지점 폐쇄 등기 및 청산인 선임 등기

11) 채권 신고 최고

12) 법인세 신고(세무 조정 신고)

13) 청산 대금 본점 송금

14) 청산보고서 작성 및 본점의 청산보고서 승인

15) 청산 종결 등기

(3) 금융감독당국의 폐쇄 인가

1) 인가 절차

외은지점의 폐쇄 인가와 관련하여 「은행법」 제58조 제1항은 시행령이 정하는 바에 따라 금융감독당국의 인가를 받도록 규정하고 있으며, 시행령 제24조의10 제3항은 금융감독당국이 인가의 세부 요건, 인가 신청 서류 및 그 밖의 필요한 사항을 정할 수 있도록 규정하고 있다. 이에 따라 「은행업감독규정」은 외은지점의 폐쇄 인가 절차, 인가 심사 기준, 인가 신청 서류에 대하여 자세히 규정하고 있다([별표 2의5], [별표 2의6], [별표 2의7]).

외은지점의 폐쇄 인가 절차도 제1단계의 예비인가와 제2단계의 본인가로 나눌 수 있다. 앞서 외은지점의 신설 부분에서 언급한 것처럼, 「은행업감독규정」 제5조의4 제4항은 「은행법」 제11조의2를 준용하도록 하고 있고, 「은행법」 제11조의2 제1항은 예비인가 절차를 거칠지 여부를 신청인이 결정할 수 있도록 하고 있다. 따라서 신청인이 예비인가 절차를 거치길 원하는 경우에는 2단계의 절차를 거치게 된다. 그 절차는 앞서 본 최초 외은지점 신설 시의 절차가 동일하게 적용될 것이다.

2) 인가 심사 기준

금융감독당국은 외은지점의 폐쇄 인가를 하는 경우에 "① 지점 폐쇄에 따른 자산 및 부채의 정리 계획이 적정하고, 국내 예금자 등 채권자 보호에 지장을 초래하지 아니할 것, 및 ② 내국인 근무 직원에 대한 퇴직금 지급 등의 조치 계획이 적정할 것"인지 여부를 심사하여야 한다(시행령 제24조의10 제2항, 감독규정 [별표 2의5]).

3) 인가 신청 서류

외은지점 폐쇄 인가(예비인가 및 본인가) 신청 시 제출하여야 하는 서류는 「은행업감독규정」 [별표 2의6]에 규정되어 있다. 인가 신청 서식은 금융감독원장이 정할 수 있도록 하고 있는데, <별책서식>에 정해져 있다(감독규정 제5조의4 제3항, 감독업무시행세칙 제5조의4).

(4) 외은지점의 자산·부채 이전 및 처분

외은지점의 영업을 폐지하고 청산 절차를 거쳐 청산 대금을 본점으로 송금하기 위해서는 외은지점의 자산(대출채권 등) 및 부채(예금채무 등)를 제3자에게 양도하거나 처분하여 현금화하는 것이 필요하다. 자산 및 부채를 제3자(주로 다른 국내 은행이나 외은지점이 해당될 것이다)에게 양도하기 위해서는 관련 당사자가 자산 및 부채 양도 계약을 체결하여야 한다. 해당 자산이 채권자가 특정되어 있는 지명채권의 경우에는 대항 요건으로서 채무자에게 양도의 통지를 하거나 채무자로부터 양도에 대한 승낙을 얻어야 한다(「민법」 제450조 제1항). 또한 부채를 양도하고자 하는 경우에는 해당 채무의 채권자의 승낙을 얻어야 양도의 효력이 생긴다(「민법」 제454조 제1항).

(5) 외국환업무 폐업 신고(외국환업무를 영위하는 경우)

외국환업무를 영위하는 외은지점은 「외국환거래규정」 <별지 제2-2호 서식>의 외국환업무등록내용변경신고서[54]를 외국환업무를 폐지하고자 하는 날의 7일 전까지 기획재정부장관에게 제출하여 외국환업무 폐업 신고를 하여야 한다(「외국환거래법」 제8조 제4항, 시행령 제16조 제2항, 「외국환거래규정」 제2-1조 제2항). '7일'이라고 하고 있기 때문에 '영업일'이 아닌 'calendar day'로 보아야 할 것이다.

(6) 영업 폐지

금융감독당국의 외은지점 폐쇄 인가를 받은 후 외은지점의 영업을 종료해야 한다. 지점을 폐쇄한다는 것은 은행업의 영업을 종료함을 의미하며, 외은지점은 인가일 이후의 특정한 날을 정하여 영업을 폐지해야 할 것이다.

(7) 관할 세무서에 폐업 보고(사업자등록증 반환)

「부가가치세법」에 의거하여, 외은지점이 영업을 종료한 후에는 지체 없이 사업자등록증 원본 및 지점 폐쇄 인가서 사본 등을 첨부하여 관할 세무서에 폐업 신고를 하여야 한다(「부가가치세법」 제8조 제8항, 시행령 제13조 제1항, 제2항).

(8) 청산 절차 개시

1) 개관

외은지점이 영업을 폐지하고 나서는 「상법」에 따라 **청산 절차**를 거치게 된다.[55] 「상법」 제

---

54) 신고 양식은 비록 외국환업무등록내용변경신고서이지만 신고 내용에 외국환업무를 폐지한다는 사항을 기재하면 될 것이다. 이 신고서는 외은지점 대표자 명의로 가능할 것이다.

620조 제3항 및 제1항에 의거하여, 외국회사가 스스로 영업소를 폐쇄한 경우에 법원이 청산 개시 명령을 할 수 있고, 이 경우 법원은 청산인을 선임하도록 되어 있다. 비록 법원이 청산 개시 여부에 대하여 재량권을 갖고 있으나 실무적으로 외은지점 폐쇄의 경우 법원은 예금자 등 국내 채권자를 보호하기 위하여 청산 개시 명령을 내리고 청산인을 선임하고 있다. 청산 개시가 되는 경우 성질상 허용되지 않는 경우를 제외하고는 「상법」에 따른 주식회사의 청산 절차에 관한 규정(「상법」 제535조 내지 제537조, 제542조)[56]이 준용된다. 외국회사의 국내 영업소가 폐쇄될 때 청산 절차를 밟게 하는 이유는 국내에 있는 자산이 국외로 반출될 염려가 있어 국내 채권자를 보호할 필요성이 있기 때문이다. 한편 외은지점 청산의 경우에는 「상법」 규정 이외에 **「비송사건절차법」(제128조)도 적용**된다.

2) 관할 법원에 청산 절차 개시 신청 및 청산인 선임 결정 신청

① 청산 절차 개시 신청

「상법」에 따르면, 외국회사가 스스로 영업소를 폐쇄한 경우에 법원은 이해관계인[57]의 신청에 의하거나 직권으로 국내에 있는 외국회사의 재산 전부에 대하여 청산의 개시를 명할 수 있으며, 이 경우 **법원은 청산인을 선임**하여야 한다(제620조 제1항, 제3항). 실무적으로는 대개 이해관계인의 한 사람인 외은지점의 대표자가 청산 절차 개시 신청을 법원에 하며, 이 때 특정한 자(대개는 청산되는 외은지점의 대표자나 직원)를 청산인으로 선임해줄 것을 법원에 신청한다.

② 금융감독원장 또는 소속 직원의 청산인 선임 의무

여기서 **"은행이 해산 … 한 경우에는 금융감독원장 또는 그 소속 직원 1명이 청산인 …으로 선임되어야 한다"**는 「은행법」 제57조 제1항이 외은지점의 자발적인 폐쇄의 경우에도 적용되는지를 검토할 필요가 있다. '해산'은 「상법」상 규정된 개념이어서 외은지점의 영업 폐쇄까지 포함하는 개념으로 보기가 어렵다는 견해가 제시될 수도 있으나, 외은지점도 은행으로 간주되고(법 제59조 제1항) 외은지점의 영업 폐쇄는 결국 '해산'하는 것으로 볼 수 있다는 점에서 「은행법」 제57조 제1항도 외은지점의 자발적인 폐쇄의 경우에 적용된다고 볼 수 있다. 실무적으로 법원도 이 규정에 근거하여 금융감독원 소속 직원 1명을 청산인으로 선임하고 있다.

따라서 법원은 청산 절차 개시 명령을 하면서 여러 사람의 청산인을 선임하게 된다. 법원

55) 외은지점도 외국회사의 국내 영업소에 해당하므로 「상법」 규정이 적용된다.

56) 따라서 채권자에 대한 채권신고의 최고(「상법」 제535조), 채권신고기간 내의 변제(「상법」 제536조), 제외된 채권자에 대한 변제(「상법」 제537조), 청산의 목적 범위 내에서의 회사의 존속(「상법」 제245조), 청산인의 등기(「상법」 제253조), 청산인의 직무 권한(「상법」 제254조), 청산인의 회사 대표(「상법」 제255조), 채무의 변제(「상법」 제259조), 잔여재산의 분배(「상법」 제259조) 및 청산종결의 등기(「상법」 제264조) 등에 관한 규정이 준용된다.

57) 이해관계인이라 함은 "(1) [외국]회사의 채권자, (2) 대한민국에서의 대표자, (3) [외국]회사, (4) 외국회사의 무한책임사원, (5) 외국회사의 준거법상 청산의 권한이 있는 자" 등이다(권오복 편저(전계원 감수)(2002), 1209면).

이 여러 사람의 청산인을 선임하는 경우에는 대표청산인을 정할 수 있으므로(「상법」 제620조 제2항→제542조 제1항→제255조 제2항), 실무적으로 법원은 이해관계인이 청산인으로 선임해줄 것을 법원에 요청한 자 및 금융감독원 소속 직원 1명을 청산인으로 각각 선임하면서 이해관계인이 요청한 자를 대표청산인으로 선임하는 결정을 한다.

3) 관할 등기소에 외은지점 폐쇄 등기 및 청산인 선임 등기

법원이 청산 절차 개시 명령 및 청산인 선임 결정을 한 후, 외은지점은 관련 서류를 갖추어 관할 등기소에 외은지점 영업소 폐쇄 등기 및 청산인 선임 등기(「상법」 제620조 제2항→제542조→제253조 제1항)[58]를 하여야 한다.

4) 채권 신고 최고

외은지점의 채권자를 보호하기 위하여 「상법」에 따라 외은지점의 채권자에 대하여 채권을 신고할 것을 최고(催告)하여야 한다. 즉 외은지점의 청산인은 취임한 날로부터 2개월 이내에 외은지점의 채권자에 대하여 일정한 기간(적어도 2개월 이상) 내에 채권을 신고할 것과 그 기간 내에 신고하지 아니하면 청산에서 제외된다는 뜻을 2회 이상 공고로써 최고하여야 한다(「상법」 제620조 제2항, 제3항→제535조 제1항).[59] 청산인은 알고 있는 채권자에 대하여는 개별적으로 채권의 신고를 최고하여야 하며, 채권자가 신고하지 아니한 경우에도 이를 청산에서 제외하지 못한다(「상법」 제620조 제2항, 제3항→제535조 제2항).

5) 법인세 신고(세무 조정 신고)[60]

「법인세법」에 의거하여, 외은지점은 영업을 폐지한 날로부터 3개월 이내에 당해 사업연도의 소득에 대한 법인세의 과세표준과 세액을 세무조정계산서 등의 첨부서류와 함께 관할 세무서에 신고하여야 한다(「법인세법」 제8조 제6항, 제97조 제1항, 제60조 제1항, 제2항).[61]

6) 청산 대금의 본점 송금

실무적으로 외은지점 청산 대금의 본점 송금은 외국기업의 국내지사가 청산대금을 송금할 때 지정거래외국환은행의 확인을 받도록 하고 있는 「외국환거래규정」 제9－37조 제2항의 규정을 준용하여 지정거래외국환은행의 확인을 거쳐 이루어지고 있다.

---

58) 청산인이 선임된 날로부터 2주간 내에 청산인의 성명 및 주소 등을 등기하여야 한다(「상법」 제253조 제1항).

59) 주요 일간지에 채권 신고 공고를 한다.

60) 「상법」에 따른 청산 절차는 아니나 실무상으로 채권 신고를 받고 난 후에 처리하기 때문에 여기서 다루기로 한다.

61) 「법인세법」 제8조 제6항은 "국내사업장이 있는 외국법인이 사업연도 중에 그 국내사업장을 가지지 아니하게 된 경우에는 그 사업연도 개시일부터 그 사업장을 가지지 아니하게 된 날까지의 기간을 1사업연도로 본다"라고 규정하고 있기 때문에 사업연도의 소득에 대한 법인세를 납부하게 된다. 외국법인에 대해서는 청산소득에 대한 법인세는 부과되지 않기 때문에(「법인세법」 제3조 제4항), 내국법인과 달리 해산에 의한 청산소득에 대한 법인세(「법인세법」 제79조)는 납부하지 않게 되고, 당해 사업연도의 소득에 대한 법인세만 납부하면 된다.

7) 청산보고서의 작성 및 본점의 승인[62)]

실무적으로 청산인은 청산 임무가 종료한 때에는 청산보고서를 작성한 후 본점에 청산대금을 송부한 후 본점의 이사회 결의에 의하여 청산보고서에 대한 본점의 승인을 받고 있다. 근거 규정은 「상법」 제264조(「상법」 제620조 제2항이 준용하는 「상법」 제542조 제1항이 다시 준용하고 규정)에서 찾을 수 있다. 「상법」 제264조의 해석상 외국회사의 경우에는 본점의 사원총회(또는 주주총회)의 청산 종결에 대한 계산서(즉 청산보고서) 승인이 있어야 하는 것으로 보는 것이 타당하다.[63)] 따라서 조문을 엄격하게 해석하면 청산보고서에 대하여 본점의 사원총회(주주총회)의 승인이 있어야 될 것으로 생각되나, 실무적으로는 사원총회(주주총회)의 결의에 갈음하여 이사회 결의에 의한 청산보고서 승인을 얻고 있는데, 이는 법원이 본점의 이사회 결의에 의하여 승인된 청산보고서도 청산 종결 등기의 첨부 서류로서 받아주고 있기 때문이다.

8) 청산 종결 등기

마지막 절차로서 외은지점은 위에서 서술한 청산 절차가 종료한 후에 본점의 승인을 받은 청산보고서를 첨부하여 청산 종결 등기를 하여야 한다(「상법」 제620조 제2항, 제3항→제542조 제1항→제264조).[64)]

2. 당연 폐쇄 사유 및 절차

「은행법」은 일정한 사유가 발생하여 은행업 인가가 취소되는 경우 또는 외은지점 설립 인가가 취소되거나 취소된 것으로 간주되는 경우에는 당연 외은지점 폐쇄 사유로 규정하고, 이 경우에는 청산 절차를 반드시 거치도록 하고 있다(제61조 제1항).

(1) 당연 폐쇄 사유

외은지점의 당연 폐쇄 사유는 ① 외은지점이 인가 내용 또는 인가 조건에 위반하거나 영업의

---

62) 실무적으로 법원이 청산 종결 등기를 할 때 본점이 승인한 청산보고서를 징구하는데, 청산보고서의 첨부서류로서 자산과 부채의 잔액이 0(제로)인 재무상태표를 요구하기 때문에 청산 대금을 본점에 송금하고 나서 청산보고서가 작성된다. 또한 「상법」 제264조가 언급하고 있는 「상법」 제263조가 "청산인은 그 임무가 종료한 때에는 지체없이 계산서를 작성"하도록 하고 있기 때문에, 해석상 청산 대금을 송금하는 것이 청산인의 임무가 종료한 것으로 볼 수 있으므로 청산 대금 송금 후에 청산보고서가 작성되는 것이 타당하다. 물론 「상법」 제263조는 「상법」 제620조 제2항이 직접적으로 준용하는 규정은 아니지만 제620조 제2항이 준용하는 제264조(제542조에 의해)가 언급하고 있는 규정이기 때문에 이와 같은 해석도 가능하다고 본다.

63) 같은 견해로 권오복 편저(전계원 감수)(2002), 1211면.

64) 「상법」 제264조는 청산이 종결된 때에는 (합명회사의 경우) 총사원의 승인이 있는 날로부터 지점 소재지에서는 3주간 내에 청산 종결의 등기를 하도록 되어 있으나, 실무적으로는 본점이 승인한 청산보고서가 국내에 도달한 날로부터 3주간 내에 행해지고 있는데, 이는 외국회사의 국내 영업소를 국내회사의 지점으로 보고, 등기 사항이 외국에서 발생한 것인 때에는 등기 기간이 통지가 도달한 날로부터 기산한다는 「상법」 제615조(영업소 신설 등기의 경우에 관한 규정)를 준용하여 처리하고 있다.

정지 기간 중에 영업을 한 사유 등에 의하여 금융위원회의 의결에 의하여 **은행업의 인가가 취소된 경우**(법 제53조 제2항)(은행업 인가가 취소된다는 것은 외은지점 설립의 인가가 취소되는 것을 의미하는 것으로 보아야 할 것이다), ② **외은지점의 본점이** (i) **합병이나 영업의 양도로 인하여 소멸한 경우,** (ii) **위법행위, 불건전한 영업행위 등의 사유로 감독기관으로부터 징계를 받은 경우, 또는** (iii) **휴업 또는 영업을 중지한 경우에** 금융위원회의 의결에 의하여 **당해 외은지점의 설립 인가가 취소된 경우**(법 제60조 제1항), 또는 ③ 외은지점의 본점이 해산 또는 파산하였거나 또는 은행업을 폐업하거나 은행업의 인가가 취소되어 **당해 외은지점의 설립 인가가 취소된 것으로 '간주'되는 경우**(법 제60조 제3항)이다.

(2) 청산 절차

외은지점이 당연 폐쇄되는 경우에는 **국내에 있는 재산의 전부에 대하여 반드시 청산하여야 한다**(법 제61조 제1항). 법원은 이 경우 이해관계인 또는 금융감독당국의 청구에 의하거나 직권으로 청산인을 선임하거나 해임할 수 있다(법 제61조 제2항). 또한「상법」에 따른 주식회사의 청산 절차에 관한 일부 규정(제535조 내지 제537조 및 제542조)이 준용되고(법 제61조 제3항,「상법」제620조 제2항),「비송사건절차법」도 적용된다(제128조). 이렇게 청산 의무를 부여하는 이유는 외은지점의 설립 인가가 취소되는 경우 외은지점의 재산이 국외로 유출될 염려가 있어 지점 폐쇄와 동시에 청산 의무를 부여하여 예금자 등 국내 채권자의 이익을 보호하려는 것이다.[65] 당연 폐쇄인 경우에도 자발적인 폐쇄 경우와 마찬가지로 국내 채권자에 대한 우선 변제 의무 규제가 적용된다.

(3) 외은지점 폐쇄일

「은행법」은 외은지점이 당연 폐쇄되는 경우 외은지점 폐쇄일을 언제로 보아야 하는지에 대하여 명확히 규정하고 있지 않아 문제가 있을 수 있는데, ① 외은지점의 은행업 인가가 취소되는 경우나 외은지점의 설립 인가가 취소되는 경우에는 금융감독당국의 인가 취소 의결의 효력이 발생하는 날, ② 외은지점의 설립 인가가 취소되는 것으로 간주되는 경우에는 그 사유가 발생한 날로 보는 것이 타당하다.

(4) 복수지점이 있는 경우

외국은행이 국내에 둘 이상의 지점을 갖고 있는 경우에 어느 하나의 지점에 위의 인가 취소 사유가 발생하여(예를 들어, 인가 조건 위반 등으로 은행업 인가가 취소된 경우) 해당 지점이 폐쇄되는 경우에도 그 지점에 대하여 청산 절차를 반드시 거쳐야 하는지에 대하여 의문이 있을

---

65) 같은 설명은 한국은행 은행감독원(1993), 249면.

수 있다. 그러나 어느 하나의 지점이 폐쇄되더라도 여전히 국내에 다른 지점이 있고, 존속 지점이 폐쇄되는 지점의 자산 및 부채를 승계하므로 국내 채권자 보호에는 문제가 없다. 따라서 폐쇄되는 지점에 대해서는 청산 절차가 필요 없다고 보는 것이 타당하다.[66)]

Ⅲ. 관련 쟁점

1. 외은지점의 파산이나 청산 시 국내 채권자에 대한 우선 변제 의무

(1) 의의

외은지점이 **"청산을 하거나 파산한 경우 그 자산, 자본금, 적립금, 그 밖의 잉여금은 대한민국 국민과 국내에 주소나 거소(居所)를 둔 외국인의 채무를 변제하는 데에 우선 충당"되어야 한다**(법 제62조 제2항). 이는 국내 채권자를 우선적으로 보호하기 위함이다. 즉 외은지점이 청산하거나 파산하는 경우에 그 영향이 일반 기업의 국내 영업소가 청산 또는 파산하는 경우보다 크고 우리나라 신용질서에 미치는 영향도 크기 때문에 외은지점이 국내에 보유하고 있는 자산을 외국 채권자에 우선하여 국내 채권자의 채권 변제에 우선 충당되도록 하기 위한 것이다.[67)] 국내 채권자가 우선적으로 보호를 받지 못하면 결국 국내 채권자는 외국에 있는 본점을 상대로 하여 청구권을 행사해야 하는데, 그 절차가 어렵고 번거로울 뿐만 아니라 청구권을 인정하지 않는 국가도 있을 수 있기 때문에 필요한 규제이다.

(2) 요건

국내 채권자에 대한 우선 변제 의무에 대한 요건을 살펴보면, 첫째, 외은지점이 청산하거나 파산한 경우인데, 외은지점 자체의 청산이나 파산의 경우뿐만 아니라, 그 본점이 청산되거나 파산되어 외은지점이 당연히 인가가 취소되어 폐쇄되고 이에 따라 청산이나 파산되는 경우(「은행법」 제60조 제3항, 제61조)도 적용될 것이다. 둘째, 우선 충당이 되는 자산은 외은지점이 보유하고 있는 자산, 자본금, 적립금, 그 밖의 잉여금이고, 본점의 자산 등은 해당되지 않는다. 그리고 실제 충당될 수 있는 자산은 국내 보유 의무의 대상이 되는 자산(법 제62조 제1항)이 될 것이다.[68)] 셋째, 우선 변제가 되는 외은지점의 채무는 "대한민국 국민과 국내에 주소나 거소(居所)를 둔 외국인"에 대한 채무에 한정한다. "대한민국 국민"이라고 하고 있어서 국내에 거주하는 국민뿐만 아니라 외국에 거주하는 국민도 포함된다고 보아야 할 것이다. 1950년 제정

66) 같은 견해로는 한국은행 은행감독원(1993), 249면(① 「은행법」상 외국은행이 국내에 둘 이상의 지점을 두는 경우 당해 지점 전부를 하나의 (「은행법」상의) 은행으로 간주하고 있는 점 및 ② 「은행법」 제61조 제1항이 "… 대한민국에 있는 재산의 전부"에 대하여 청산하도록 하고 있는 점을 그 이유로 들고 있다).
67) 같은 설명은 한국은행 은행감독원(1993), 252면.
68) 같은 견해는 정순섭(2024), 624면.

「은행법」에서는 '한국 국민'이라고 되어 있었는데, 이후 국내에 주소나 거소(居所)를 둔 외국인이 추가되었다.

2. 외은지점의 자발적 폐쇄 시 청산 절차의 강제 여부

외은지점도 외국회사의 국내 영업소에 해당하므로 「은행법」에 특별한 규정이 없는 한 「상법」이 적용되는데, 「상법」 제620조 제3항이 준용하고 있는 「상법」 제620조 제1항은 외국회사 국내 영업소가 스스로 영업을 폐쇄한 경우에 "법원은 이해관계인의 신청에 의하여 또는 직권으로 … 청산의 개시를 명할 수 있다"라고 규정하고 있다. 이는 청산 개시 여부에 대하여 법원이 재량권을 갖고 있는 것으로 해석된다. 실제로 이에 근거하여 대법원 등기 선례는 청산 절차를 거치지 아니하고 국내 영업소 폐쇄 등기를 할 수 있다고 보고 있다. 즉 "대한민국에 영업소를 설치한 외국회사가 스스로 영업소를 폐쇄한 경우, 법원이 이해관계인의 신청에 의하여 또는 직권으로 대한민국에 있는 그 회사 재산의 전부에 대한 청산의 개시를 명하고 청산인을 선임한 경우가 아닌 한, 청산 절차를 거치지 않고도 영업소 폐지의 등기를 신청할 수 있다."라고 하고 있다.[69]

물론 실무적으로는 외은지점이 자발적으로 폐쇄할 때 청산 절차를 거치고 있으나, 「상법」 제620조에 따르면 해석상 청산 절차를 거치지 않을 수도 있다. 그러나 국내 영업소가 폐쇄되는 경우에 국내에 있는 재산이 국외로 유출될 염려가 있고, 이에 따라 국내 채권자를 보호할 필요성이 있기 때문에 청산 절차의 강제성이 필요하다. 특히 외은지점의 경우 영업 성격상 거래하는 채권자가 많고 금융기관이라는 공공성 특성 때문에 청산 절차의 강제성은 더욱 필요하다.

"은행이 해산하거나 파산한 경우에는 금융감독원장 또는 그 소속 직원 1명이 청산인이나 파산관재인으로 선임되어야 한다."고 규정하고 있는 「은행법」 제57조 제1항이 외은지점의 자발적인 폐쇄의 경우에도 적용할 수 있다는 점에서 금융감독원장 또는 그 소속 직원 1명이 청산인으로 선임되어야 한다고 볼 수 있는데, 이 조항에 의하여 간접적으로 외은지점의 경우 반드시 청산 절차를 거쳐야 한다고 이해할 수 있다. 「은행업감독규정」도 외은지점 폐쇄 인가 신청 시 제출하는 서류로서 "청산 절차에 관한 일정"을 규정하고 있어서([별표 2의6]), 이것 역시

69) 외국회사 영업소의 폐지 등기에 관한 절차, 2000. 9. 27. 등기 3402−680 질의 회답. 이와 관련하여, 권오복 편저(전계원 감수)(2002), 1212면에서는 그 이유를 다음과 같이 설명하고 있다. 즉 "그 취지는 외국회사의 국내 재산 전부에 대하여 법원이 관여하는 청산 절차는 회사 채권자 등 이해관계인의 신청 또는 법원의 직권에 의하여 개시되는 것이고, 또한 신청이 있는 경우라도 법원은 무조건 청산인을 선임하여야 하는 것은 아니고 재량으로 선임 여부를 결정할 수 있으며(「상법」 제620조 제1항), 그 외에 「상법」 제620조의 준용 규정에서 「상법」 제531조 등 청산인 선임에 관한 규정을 준용하지 아니하고 외국회사의 국내 영업소가 폐쇄되는 모든 경우에 법원이 관여하는 청산 절차가 개시되는 것은 아니라는 이유로 보인다."라고 하고 있다.

외은지점 폐쇄 시 청산 절차를 거치는 것을 전제로 한 조항이라고 보아야 할 것이다. 다만 청산인 선임을 강제하는 「은행법」 제57조 제1항만으로 자발적인 외은지점 폐쇄의 경우 반드시 청산 절차를 거쳐야 한다고 해석하기에는 다소 논란이 있을 수 있기 때문에 자발적인 외은지점의 폐쇄의 경우 반드시 청산 절차를 개시하도록 하는 내용으로 「상법」 제620조에 대한 특칙 규정을 두는 것이 바람직하다.[70]

반면에 「은행법」 제61조 제1항은 외은지점의 설립 인가가 취소되거나 취소되는 것으로 간주되어 해당 외은지점이 당연히 폐쇄되는 경우에는 반드시 청산 절차를 거치도록 하고 있다.

3. 본점 합병 시 관련 문제

(1) 본점의 합병에 따른 소멸은행만이 국내에 지점을 두고 있는 경우

외은지점의 본점이 합병으로 소멸하는 경우에 해당 외은지점도 자동적으로 폐쇄되는가? 물론 이 경우는 국내에 합병으로 인한 존속은행이나 신설은행의 지점이 존재하지 않는 경우를 전제로 한다. 만약 국내에 존속은행 또는 신설은행의 지점이 존재하는 경우에는 아래 (2)에서 논의하는 바와 같이 처리하면 될 것이다.

외은지점의 본점이 합병으로 인하여 소멸하는 경우 「은행법」은 금융감독당국이 당해 외은지점의 설립 인가를 취소할 수 있도록 하고 있으며(법 제60조 제1항 제1호), 해당 외은지점은 그 사유가 발생한 날로부터 7일 이내에 그 사실을 금융감독당국에 보고하여야 한다(법 제60조 제2항). 이는 흡수합병에 따라 해당 은행이 다른 은행에 흡수되거나 신설 합병에 따라 새로운 은행이 되는 경우 해당 은행 자체가 소멸하므로 이를 해당 외은지점의 설립 인가 취소 사유로 규정하고 있는 것이다.[71] 그러나 해당 외국은행이 합병으로 소멸하더라도 신설은행이나 존속은행이 소멸은행의 권리·의무를 포괄적으로 승계(「상법」 제235조)하므로 해당 외은지점의 은행업 인가도 승계될 것이기 때문에 여전히 신설은행이나 존속은행의 국내지점으로 될 수 있다. 따라서 소멸은행의 국내지점 인가를 취소할 필요는 없다.[72]

이런 점에서 본점이 합병으로 소멸하는 경우에 금융감독당국이 해당 국내지점의 설립 인가를 취소할 수 있다는 「은행법」 제60조 제1항은 문제가 있다. 본점이 흡수합병이나 신설합병에 의하여 소멸하더라도 존속은행이나 신설은행이 소멸은행의 권리·의무를 포괄적으로 승계하므로 소멸은행의 국내지점도 당연히 신설은행이나 존속은행의 국내지점이 된다. 따라서 소

70) 권오복 편저(전계원 감수)(2002), 1212면도 "입법론으로는 국내 채권자 보호를 위하여 외국회사가 스스로 영업소를 폐쇄하는 경우에는 청산인을 선임하여 채권자 보호 절차를 거친 후에 영업소 폐쇄를 하도록 하여야 함이 상당하다고 생각한다"라고 주장하고 있다.

71) 같은 설명은 한국은행 은행감독원(1993), 246면.

72) 실무적으로도 기존 지점의 설립 인가 취소와 신설은행이나 존속은행의 국내 지점에 대한 신설 인가 등의 절차를 생략하고 외은지점의 명칭 변경 보고로 처리하고 있다고 한다(한국은행 은행감독원(1993), 246면).

멸은행의 국내지점 설립 인가 취소 사유로서는 합당하지 않다. 이 조항은 폐지하는 것이 바람직하다.

(2) 본점의 합병에 따른 소멸은행 및 존속은행(또는 신설은행)이 각각 국내에 지점을 두고 있는 경우

합병에 따른 소멸은행 및 존속은행(또는 신설은행)이 각각 국내지점을 두고 있을 때 본점이 합병하는 경우 그 국내지점들도 합병하는 것으로 보아, 은행이 다른 은행과 합병하고자 할 때 금융감독당국으로부터 인가를 얻도록 하고 있는 「은행법」 제55조가 외은지점에도 적용되는지 여부에 대한 문제가 생기게 된다. 즉 「은행법」상 외은지점도 은행으로 간주되기 때문에(법 제59조 제1항) 「은행법」 제55조가 외은지점에도 적용될 수 있는지가 문제된다. 「은행법」 제59조 제1항 단서가 외은지점에 대해서 「은행법」의 적용을 배제하고 있는 조항으로서 제55조는 언급을 하고 있지 않기 때문에, 문리적인 해석을 한다면 제55조가 외은지점에도 적용된다고 주장할 여지도 있다. 그러나 단지 어떤 규정이 적용 배제 대상에서 제외되어 있기 때문에 그 규정이 외은지점에도 적용된다고 볼 것은 아니고, 대상 행위의 성격 내지 성질을 파악하여 해당 조항이 외은지점에 적용하는 것이 타당한지 여부를 판단하는 것이 합리적이다. 합병이라고 하는 것은 성질상 본점이 합병하는 것으로 보아야 하지 지점이 합병한다고 보기는 어렵기 때문에 「은행법」 제55조는 외은지점에는 적용되지 않는다고 보는 것이 타당하다.

한편 본점이 합병으로 소멸하는 경우에 금융감독당국이 해당 국내지점의 설립 인가를 취소할 수 있도록 되어 있어(법 제60조 제1항), 이 조항에 의하여 소멸은행의 국내지점 설립 인가가 취소될 수 있는지에 대한 문제가 있을 수 있다. 즉 합병에 따른 소멸은행 및 존속은행(또는 신설은행)이 각각 국내에 하나의 지점을 두고 있는 때에, 본점이 합병하는 경우 소멸은행의 국내 지점의 인가를 취소해야 하는지에 관한 문제이다.

「은행법」 제60조 제1항이 "인가를 취소할 수 있다"라고 하고 있으므로 금융감독당국이 취소권을 행사하지 않고 처리하는 것이 가능하다. 따라서 「은행법」이 외국은행은 국내에 둘 이상의 지점을 둘 수 있도록 허용하고 있으므로(법 제59조 제2항) 본점의 합병 기일에 소멸은행의 국내 지점이 존속은행 또는 신설은행의 또 다른 국내지점이 된다고 보아(금융감독당국이 소멸은행의 국내지점 설립 인가를 취소하지 않는다고 보고) 처리하는 것이 가능하다. 즉 합병 기일에 존속은행(또는 신설은행)의 2개의 국내지점이 존속하게 된다(예를 들어, 존속은행(또는 신설은행)인 ○○은행 서울지점과 ○○은행 서울중앙지점으로). 그리고 나서 금융감독당국이 소멸은행의 국내지점 설립 인가를 취소하지 않는 한, 해당 은행은 2개의 지점을 존속시켜 영업을 계속할 것인지, 아니면 그 중 어느 하나의 지점을 폐쇄할지 여부에 대하여 결정하면 된다. 물론 대개 소멸은행의 국내 지점이 폐쇄될 것이다. 따라서 이 경우에는 외은지점의 자발적인 폐쇄 절차를 거치면 된다. 이 경우에는 존속은행(또는 신설은행)의 다른 지점이 국내에 존속하게 되고 존속 지점이 폐쇄 지점의 자산 및 부채를 승계하기 때문에 청산 절차는 밟게 될 필요가 없으며, 폐쇄되는 지점의 갑기금을 존속 지점이 승계하는 경우에는 존속 지점이 갑기금 증액 사실을 금융감독당국에 보고하면 될 것이다(감독규정 제13조 제5항 단서).[73]

73) 존속 지점이 폐쇄 지점의 갑기금을 승계하여 갑기금을 증액하는 것은 「은행법 시행령」 제26조에 규정되어 있는 갑기금 인정 사유에 해당하지 않아 인정할 수 없다는 견해가 있을 수 있으나, 폐쇄 지점이 이미 갑기금을 인정받은 상태에서 존속 지점이 인정받은 갑기금을 승계하는 것이므로 「은행법 시행령」 제26조에 규정되어 있는 갑기금 인정 사유와는 다르게 보아야 할 것이다.

<참고문헌>

고동원, "외국은행 국내지점의 설립에 대한 규제 내용 및 그 법적 문제점에 관한 고찰,"「상사법연구」 제23권 제2호, 한국상사법학회, 2004.

______, "외국은행 국내지점의 폐쇄에 대한 규제 및 법적 문제점,"「인권과정의」 제341호, 대한변호사협회, 2005.

______, "은행 자회사 규제에 관한 법적 고찰,"「규제연구」 제16권 제2호, 한국규제학회, 2007.

금융감독원, "씨티그룹에 대한 (주)한미은행의 주식 취득 승인," 보도자료, 2004. 3. 26. <http://www.fss.or.kr/ kor/nav/framecheck.jsp>.

권오복 편저(전계원 감수),「이론실무 상업등기(하)」, 육법사, 2002.

김병태, "외국은행 국내지점의 자본금 의제에 관한 법률적 규제의 문제점,"「법조」 통권 579호, 2004.

노태석, "외국은행 국내지점 감독상 법적 쟁점 검토," (사)은행법학회 2013년 10월 특별정책세미나 발표 자료, 2013.

이금호, "외은지점 감독규제 개선과제," (사)은행법학회 2013년 10월 특별정책세미나 발표 자료, 2013.

이종호, "외국은행 국내지점에 대한 감독 규제의 현황과 개선 과제,"「은행법연구」 제6권 제1호, 은행법학회, 2013.

전국은행연합회,「금융실명거래 업무해설」, 2013.

정순섭,「은행법」 제2판, 지원출판사, 2024.

한국은행,「한국의 금융제도」, 2018.

한국은행 은행감독원,「은행법해설」, 1993.

小山嘉昭,「銀行法精義」, 金融財政事情研究會, 平成 30年(2018年).

Grunson, Michael, "Banking Regulation and Treatment of Foreign Banks in Germany in Grunson," Michael and Ralph Reiner (ed.), *Regulation of Foreign Banks*, 3rd ed. Volume 2, Lexis Publishing, 2000.

Schooner, Heidi M. & Michael W. Taylor, *Global Bank Regulation: Principles and Policies*, Academic Press Elsevier, 2010.

제11장

개인신용정보

제1절

총 설[1]

Ⅰ. 서설

개인신용정보는 개인의 '신용'(credit)에 관한 '정보'(data)를 말한다. 특정 개인의 대출 채무나 예금 거래 내역이 대표적인 개인신용정보에 해당한다. 개인신용정보는 이용 내지 활용될 가치가 있는 정보이기도 하지만, 한편으로는 보호되어야 할 가치가 있는 정보이기도 하다. 그래서 개인신용정보의 활용과 보호에 관한 법률이 제정되어 있는데, 이 법이 바로 신용정보법이다. 1995년에 제정된 신용정보법은 여러 차례 개정되었고, 개인신용정보의 활용 활성화를 통해서 신용정보 관련 산업을 육성하기 위해서 2020년 2월 4일 개정(2020년 8월 5일 시행)되어 가명정보 및 익명정보의 새로운 개념과 본인신용정보관리업이나 데이터전문기관 등의 여러 새로운 제도가 도입된 바 있다. 신용정보법은 신용정보제공이용자의 개인신용정보 이용과 보호에 대해서 규정하고 있는데, 은행도 신용정보제공이용자에 해당하므로 신용정보법의 규제를 받는다. 개인신용정보의 활용도 중요하지만 이에 못지않게 그 보호도 중요하다는 점에서 점점 개인신용정보에 대한 관심이 커지고 있다. 이하에서는 신용정보법이 규정하고 있는 개인신용정보의 보호와 이용에 관한 내용을 중심으로 해서 살펴본다.

Ⅱ. 신용정보법 개관

1. 서설

신용정보법은 개인신용정보의 이용과 보호에 관한 내용도 포함되어 있지만 기업이나 법

1) 이 장은 고동원·강경훈·이재영(2023)에서 필자가 집필한 제1장과 제2장의 부분에 고동원(2015)의 일부 내용을 추가하여 수정·보완한 것이다.

인의 신용에 관한 정보도 규제의 대상으로 삼고 있다. 신용정보법은 크게 ① **신용정보의 수집 및 이용에 관한 내용**, ② **개인신용정보의 보호에 관한 내용**, **그리고** ③ **신용정보의 이용 및 보호와 관련된 회사나 기관에 대한 규제 내용**으로 구성되어 있다. 이 중 특히 개인신용정보 보호의 중요성을 인식하여 이에 관한 많은 내용을 담고 있다.

2. 주요 내용

1) 신용정보법은 신용정보의 이용과 관련하여 신용정보의 수집·조사 및 처리에 관한 사항을 규정하고 있는데(법 제15조 내지 제17조의2), 신용정보회사 또는 신용정보제공이용자(금융기관이나 일반기업 등을 말한다) 등이 개인에 관한 신용정보를 수집할 때는 원칙적으로 동의를 받도록 하여(법 제15조 제2항), 개인신용정보의 수집 단계에서 개인신용정보를 보호하고 있다.

2) 신용정보법은 신용정보의 유통 및 관리에 관한 사항도 규정하고 있는데(법 제18조 내지 제21조), 신용정보회사나 신용정보제공이용자 등으로 하여금 신용정보전산체계 안전 관리 대책을 수립·시행하고, 신용정보의 최신성 및 정확성을 유지하도록 하는(법 제18조, 제19조) 등 신용정보의 유통 단계에서도 신용정보가 안전하게 관리되도록 하고 있다.

3) 신용정보법은 신용정보주체인 개인의 신용정보 보호에 관한 사항을 중점적으로 규정하고 있는데(법 제31조 내지 제43조의2), 이는 개인의 신용정보가 헌법상의 기본권인 사생활 비밀을 보호받을 권리(「헌법」 제17조)의 하나로 인정되므로 그만큼 보호의 필요성이 크기 때문이다. 그래서 신용정보회사나 신용정보제공이용자 등이 개인으로부터 신용정보를 수집하거나 제3자에게 제공하는 경우에는 원칙적으로 해당 개인으로부터 동의를 얻도록 하고 있다(법 제15조, 제32조).

4) 신용정보법은 법 위반을 하여 개인신용정보가 유출되는 경우에는 관련자에게 형벌을 부과할 뿐만 아니라 해당 신용정보회사 등에게는 과징금을 부과할 수 있도록 함으로써(법 제42조의2, 제50조), 법 위반 유인 행위를 사전에 방지하고자 하고 있다. 이외에 개인신용정보의 유출사고가 발생하여 손해를 입은 피해자를 보다 효율적으로 구제하기 위하여 손해배상책임 소송에서 고의나 과실의 입증 책임을 가해자에 지게 함으로써(법 제43조), 피해자들이 보다 쉽게 손해배상을 받을 수 있도록 하고 있다. 이외에 징벌적 손해배상책임 제도(법 제43조 제2항)와 법정 손해배상책임 제도(법 제43조의2)를 인정함으로써 피해자 구제 조치를 보다 강화하고 있다.

5) 신용정보법은 신용정보의 이용에 관련된 회사나 기관에 대한 규제 내용도 담고 있는데, 대상 기관은 **신용정보회사**, **본인신용정보관리회사**, **채권추심회사**, **신용정보집중기관**, **데이터전문기관**, **신용정보제공이용자**(이하 "신용정보회사 등"이라 한다)이다(법 제15조 제1항). 신용정보회사는 신용정보업을 영위하는 회사인데, 신용정보업은 개인신용평가업, 개인사업자신용평가업, 기업신용조회업, 신용조사업을 말한다(법 제2조 제4호, 제5호). **본인신용정보관리회사**는 "신용정보주체의 신용관리를 지원하기 위하여 대통령령이 정하는 신용정보의 전부 또는 일부를 대통령령으로 정

하는 방식으로 통합하여 해당 신용정보주체에게 제공하는 행위를 영업으로 하는 회사"를 말한다(법 제2조 제9호의2). 채권추심회사는 "채권자의 위임을 받아 채권자를 대신하여 추심채권을 행사하는 행위를 영업으로 하는 회사"를 말한다(법 제2조 제10호). 신용정보업이나 본인신용정보관리업 또는 채권추심업을 영위하려면 금융감독당국으로부터 허가를 받아야 한다(법 제4조 제2항). 신용정보법은 신용정보회사, 본인신용정보관리회사, 채권추심회사 등의 허가 요건 및 절차, 겸영 업무, 부수 업무 등에 관하여 규정하고 있다(법 제4조 내지 제13조). **신용정보집중기관**은 신용정보를 집중하여 관리·활용하는 기관을 말하는데, 종합신용정보집중기관과 개별신용정보집중기관이 있으며, 금융감독당국으로부터 허가를 받아야 한다(법 제2조 제6호, 제25조 제1항). 신용정보법은 아울러 신용정보집중기관의 업무 등에 관하여 규정하고 있다(법 제25조 내지 제26조의3). 데이터전문기관은 "정보집합물의 결합 및 개인신용정보 익명처리의 적정성 평가를 전문적으로 수행하는 법인 또는 기관"으로서 금융감독당국으로부터 지정을 받은 자를 말한다(법 제26조의4). **신용정보제공이용자**는 "고객과의 금융거래 등 상거래를 위하여 본인의 영업과 관련하여 얻거나 만들어 낸 신용정보를 타인에게 제공하거나 타인으로부터 신용정보를 제공받아 본인의 영업에 이용하는 자"를 말하는데(법 제2조 제7호), 주로 은행이나 보험회사 등 금융기관이 해당되고, 일반 기업이나 법인도 해당된다.

6) 신용정보법은 신용정보 관련 기관 등에 대한 규제 및 감독에 관한 사항(법 제45조 내지 제49조)과 법 위반자 등에 대한 과태료나 형사 처벌 등에 관한 내용(법 제50조 내지 제52조)도 담고 있다.

Ⅲ. 신용정보법과 「개인정보 보호법」의 관계

1. 의의

신용정보법은 「개인정보 보호법」과도 관련되어 있다.[2] **신용정보법에 따른 개인신용정보는 개인정보도 해당**하므로 개인정보 보호에 관한 일반법인 「개인정보 보호법」도 적용되기 때문이다. 구체적으로 보면, 「개인정보 보호법」은 '개인정보'를 "살아 있는 개인에 관한 정보로서 성명, 주민등록번호 및 영상 등을 통하여 개인을 알아볼 수 있는 정보나 해당 정보만으로는 특정 개인을 알아볼 수 없더라도 다른 정보와 쉽게 결합하여 알아볼 수 있는 정보"라고 하고 있다(법 제2조 제1호). 개인을 식별할 수 있는 성명이나 주민등록번호 등을 말한다. 그런데 신용정보법에 따른 개인신용정보의 범위에 개인을 알아볼 수 있는 정보나 해당 정보만으로는 특정 개인

2) 한편 「정보통신망 이용촉진 및 정보보호 등에 관한 법률」이 2020년 2월 4일 개정되면서 이 법에 규정되었던 개인정보 보호에 관한 사항이 「개인정보 보호법」으로 이관되어 정보통신서비스사업자 등의 개인정보 처리 특례 조항(제39조의3부터 제39조의15)으로 규정되어 있으므로, 이제는 개인신용정보와 관련해서는 이 법이 적용되지 않는다.

을 알아볼 수 없더라도 다른 정보와 쉽게 결합하여 알아볼 수 있는 정보인 개인에 관한 **식별정보**도 포함된다(법 제2조 제2호)(예를 들어, "홍길동 A은행 대출 채무 5백만원"이라는 신용정보). 따라서 개인신용정보는 「개인정보 보호법」에 따른 개인정보에도 해당하여[3] 2개의 법률이 적용된다. 즉 개인신용정보에 대해서는 2개의 법률이 중첩적으로 적용된다.

그리고 개인의 식별정보 자체만으로는 신용정보법에 따른 개인신용정보에 해당하지는 않게 되므로, 개인의 식별정보 자체에 대해서는 신용정보법은 적용되지 않고(왜냐하면 개인식별정보도 다른 신용정보와 결합될 때만 개인신용정보에 해당하기 때문이다. 법 제2조 제1호 가목), 「개인정보 보호법」만이 적용된다. 개인의 식별정보가 신용정보에 포함되어 있어 별도로 구분할 필요성이 없다는 견해도 있으나,[4] 엄밀히 보면 개인의 식별정보와 개인신용정보는 구분된다. 즉 개인의 식별정보 자체는 개인정보에는 포함되지만 개인신용정보에는 포함되지는 않는다. 예를 들어, 이름인 "홍길동"이라고 하는 식별정보는 개인신용정보는 아니지만 개인정보에는 해당되는 것이다.

2. 일반법과 특별법의 관계

개인정보의 보호와 관련해서는 「개인정보 보호법」이 일반법이고, 신용정보법이 특별법인 관계에 있어, 2개의 법 사이에 충돌이 있게 되면 특별법 우선의 원칙에 따라 신용정보법이 우선 적용된다. 이러한 점은 신용정보법과 「개인정보 보호법」이 확인해주고 있다. 즉 신용정보법은 "개인정보의 보호에 관하여 이 법에 특별한 규정이 있는 경우를 제외하고는 「개인정보 보호법」에서 정하는 바에 따른다"라고 하고 있고(법 제3조의2 제2항), 「개인정보 보호법」도 "개인정보 보호에 관하여는 다른 법률에 특별한 규정이 있는 경우를 제외하고는 이 법에서 정하는 바에 따른다"라고 하고 있다(법 제6조). 즉 개인정보를 포함한 개인신용정보와 관련해서 신용정보법과 개인정보법이 충돌할 때는 신용정보법이 우선 적용되고, 신용정보법에 규정되어 있지 않는 사항은 「개인정보 보호법」이 보충적으로 적용된다는 의미로 이해해야 할 것이다. 이와 관련해서는 다음과 같은 쟁점이 있게 된다.

신용정보법이 「개인정보 보호법」에 비해 강한 규제를 하고 있는 경우에는 당연히 신용정보법이 우선 적용된다고 보는 것이 타당한데, 문제는 신용정보법이 「개인정보 보호법」보다 약한 규제를 하고 있는 경우에도 신용정보법이 우선 적용될 것인가 하는 점이다. 이에 대해서는 개인정보를 보호한다는 「개인정보 보호법」의 취지에 비추어 보아 「개인정보 보호법」이 우선 적용되어야 한다고 볼 여지도 있지만,[5] 신용정보법이 개인신용정보의 보호와 이용 및 신용정

3) 같은 설명은 정순섭·양기진(2012), 28면.

4) 국회 정무위원회(2014), 20면.

5) 「개인정보 보호법」과 개별법의 적용 순위와 관련하여 「개인정보 보호법」 관할 부처인 행정안전부(현재는 개인정보보호위원회)는 무조건 개별법이 우선 적용된다고 볼 것은 아니라고 하고 있다. 즉 개별법이

보업의 육성 등을 위해서 「개인정보 보호법」보다 특별히 규제를 완화할 목적으로 규정될 수도 있다는 점에서 특별법 우선의 원칙상 신용정보법이 우선 적용되어야 한다고 보는 것이 타당할 것이다.[6)]

3. 신용정보법 제3조의2 제1항과 제2항의 관계

신용정보법 제3조의2 제1항은 "신용정보의 이용 및 보호에 관하여 다른 법률에 특별한 규정이 있는 경우를 제외하고는 이 법에서 정하는 바에 따른다."라고 하고 있다. 그렇다면 앞서 본 제3조의2 제2항과 어떤 관계가 있는지 검토해볼 필요가 있다. 제1항에서는 신용정보와 관련해서 다른 법률(즉 「개인정보 보호법」 등)이 우선 적용되고 신용정보법이 일반법이라고 하고 있는데, 제2항은 개인정보와 관련해서 신용정보법이 우선 적용되고 「개인정보 보호법」이 일반법으로 적용된다고 규정하고 있다.

자세히 분석해보면, 제1항은 개인신용정보(즉 「개인정보 보호법」에 따른 개인정보)와 관련해서도 적용되므로, 제1항에 의하면 「개인정보 보호법」이 우선하여 적용하게 된다. 그런데 제2항에 따르면 개인신용정보(즉 「개인정보 보호법」에 따른 개인정보)에 대해서 신용정보법이 우선 적용되게 되어, 서로 충돌이 된다. 이는 제1항에서 신용정보법이 신용정보의 이용과 보호에 관하여 일반법이라는 통상적인 내용을 추가하고, 제2항에서 「개인정보 보호법」과의 관계를 규정하면서 발생한 문제이다. 따라서 해결 방안은 제1항에 「개인정보 보호법」을 예외로 한다는 문구를 추가함으로써 제2항의 내용과 일치시키도록 하거나, 아니면 제1항을 삭제함으로써 신용정보법이 다른 법률보다 우선 적용된다는 특별법임을 확인하도록 할 필요가 있다.[7)]

우선 적용되려면 개별법의 목적이나 취지 등을 전반적으로 고려해서 「개인정보 보호법」을 배제할 의도가 분명하게 있는 경우 또는 「개인정보 보호법」을 그대로 적용할 때 「개인정보 보호법」과 개별법 사이에 모순이 발생하거나 불합리한 상황이 발생하는 경우에만 개별법이 우선 적용될 수 있다고 제한적으로 보고 있다(한국인터넷진흥원 편(2011), 37~38면). 이와 같은 주장은 이창범(2012), 70~71면.

6) 같은 견해는 김주영(2014), 117면; 노혁준(2014), 26면. 정보 보호 관련 법률들 사이의 적용 우선 순위에 관한 논의는 노혁준(2014), 26~27.

7) 이러한 논의는 고동원(2015), 13면.

제2절

개인신용정보의 이용 및 보호

Ⅰ. 개인신용정보 개관

1. 개념

신용정보법은 **개인신용정보를 "기업 및 법인에 관한 정보를 제외한 살아 있는 개인에 관한 신용정보**"라고 하고 있다(법 제2조 제2호). 죽은 사람에 대한 개인신용정보는 포함되지 않는다. 개인신용정보는 '개인'에 관한 '신용정보'이므로 단순한 개인정보와 다르다. 즉 **개인정보에 신용정보의 개념이 추가**된 것이다. 따라서 개인신용정보의 개념을 이해하려면 개인정보의 개념과 신용정보의 개념을 이해해야 한다. 개인정보는 성명이나 주민등록번호 등 특정 개인을 식별할 수 있는 정보를 말하며, 개인정보에 관해서는 「개인정보 보호법」이 기본적으로 적용된다. 신용정보는 특정 개인이나 법인 등의 '신용'에 관한 정보를 말한다. 신용정보법은 **'신용정보'를 "금융거래 등 상거래에서 거래 상대방의 신용을 판단할 때 필요한 정보**"라고 하고 있다(법 제2조 제1호). 특정 개인이나 법인의 대출이나 예금 거래 내역에 관한 정보가 해당한다.

따라서 개인신용정보는 개인정보와 신용정보가 결합된 것이라고 할 수 있다. 신용정보법도 개인신용정보를 '신용정보'로서 "해당 정보의 성명, 주민등록번호 및 영상 등을 통하여 특정 개인을 알아볼 수 있는 정보"이거나 "해당 정보만으로는 특정 개인을 알아볼 수 없더라도 다른 정보와 쉽게 결합하여 특정 개인을 알아볼 수 있는 정보"라고 하고 있다(법 제2조 제2호 가목, 나목). 즉 **신용정보라고 해도 특정 개인을 알아볼 수 없는 정보는 개인신용정보에 포함되지 않는다.** 그래서 다른 정보와 쉽게 결합해서 특정 개인을 식별할 수 있게 되는 신용정보도 개인신용정보의 개념에 포함시키고 있다.

여기서 2020년 2월 4일 신용정보법 개정에 의하여 새롭게 도입된 **'가명정보'**(pseudonymized data)와 **'익명정보'**(anonymized data)의 개념을 익힐 필요가 있다. 개인신용정보의 이용 활성화를 통해서 신용정보 산업의 진흥을 도모하기 위해서 도입된 개념이다. 결론적으로 말하면, **가명정보는 개인신용정보에 해당하고, 익명정보는 개인신용정보에 해당하지 않는다. 가명정보란 "추가 정보를 사용하지 아니하고는 특정 개인인 신용정보주체를 알아볼 수 없도록 개인신용정보를 처리"한 정보**를 말한다(법 제2조 제15호). 즉 추가 정보가 있으면 언제든지 해당 개인을 특정할 수 있는 정보가 되므로 개인신용정보의 범위에 포함된다. 예를 들어, 특정 개인의 이름, 생년월일, 직장 및 집 전화번호, 주소, 직업 등을 삭제하고 휴대전화번호만을 암호화한 경우를 들 수 있다. 즉 암호화된 휴대전화번호를 제외한 정보로서는 특정 개인을 식별할 수 없지만, 암호화된 휴대전화번호를 복호화할 때 특정 개인을 식별할 수 있게 되므로 가명정보에 해당한다. 신용정보법은 가명정보의 이용 활성화를 위해서 통계 작성이나 연구 등 일정한 목적을 위한 경우에는 해당 개인의 동의가 없더라도 수집이나 이용 및 제공을 할 수 있도록 허용하고 있다(법 제32조 제6항 제9호의2, 제33조 제4호). 반면에 **익명정보란 "더 이상 특정 개인인 신용정보주체를 알아볼 수 없도록 개인신용정보를 처리"한 정보**를 말하므로(법 제2조 제17호) **개인신용정보에 해당하지 않는다.** 예를 들어, 특정 개인의 이름, 생년월일, 전화번호, 주소, 직업 등을 전부 삭제하여 특정 개인을 식별할 수 없게 될 때 해당 정보가 해당된다.

2. 종류

(1) 개관

신용정보법은 개인신용정보를 개인에 관한 **신용거래정보, 신용도(度)판단정보, 신용거래능력정보, 공공기록정보, 개인신용평점정보, 그리고 이들과 결합된 개인식별정보 등 6가지로 구분**하고 있다(법 제2조 제1호, 제1호의6).[8] 신용거래정보란 "신용정보주체의 거래 내용을 판단할 수 있는 정보"를 말하는데(법 제2조 제1호 나목), 대출이나 보증 거래 및 예금 거래 등에 관한 정보가 해당된다. 신용도(度)판단정보는 "신용정보주체의 신용도를 판단할 수 있는 정보"를 말하는데(법 제2조 제1호 다목), 연체나 부도 등의 정보가 해당된다. 신용거래능력정보란 "신용정보주체의 신용거래능력을 판단할 수 있는 정보"를 말하는데(법 제2조 제1호 라목), 개인의 재산이나 채무 총액 등에 관한 정보가 해당된다. 공공기록정보란 법원의 재판이나 행정처분 또는 조세 등과 관련된 정보를 말한다(법 제2조 제1호의6 가목, 나목, 다목). 개인신용평점정보는 "개인의 신용상태를 평가하기 위해 새로이 만들어지는 정보로서 점수나 등급으로 표시된 정보"를 말한다(법 제2조 제1호의6 라목). 개인식별정보란 다른 신용정보와 결합하여 "신용정보주체를 식별할 수 있는 정보"를 말하는데(법 제2조 제1호 가목), 개인의 성명이나 주민등록번호 등이 해당된다. 이하에서

8) 2020년 2월 4일 신용정보법 개정 전에는 신용정보의 구체적인 정의를 신용정보법 시행령에 규정하고 있었으나, 개정법은 이를 법에 이관하여 반영하면서 명시적으로 규정하였다.

는 각 개인신용정보의 구체적인 내용을 살펴보기로 한다.

(2) 신용거래정보

신용거래정보는 **"신용정보주체의 거래 내용을 판단할 수 있는 정보"**를 말하는데, 구체적으로 다음과 같은 신용정보를 말한다. ① 신용정보제공이용자에게 신용위험이 따르는 거래로서 대출·보증·담보제공·당좌거래 등의 신용공여 거래, 신용카드 거래, 시설대여 거래, 할부금융 거래 등의 종류, 기간, 금액, 금리, 한도 등에 관한 정보, ② **금융실명법에 따른 금융거래**(예금거래 등)의 종류, 기간, 금액, 금리 등에 관한 정보,[9] ③「보험업법」에 따른 보험상품의 종류, 기간, 보험료 등 보험계약에 관한 정보 및 보험금의 청구와 지급에 관한 정보, ④ 자본시장법에 따른 금융투자상품의 종류, 발행·매매 명세, 수수료·보수 등에 관한 정보, ⑤「상법」에 따른 상행위에 따른 상거래의 종류, 기간, 내용, 조건 등에 관한 정보를 말한다(법 제2조 제1호의3).

(3) 신용도판단정보

신용도판단정보란 **"신용정보주체의 신용도를 판단할 수 있는 정보"**를 말하는데, 구체적으로 다음과 같은 신용정보를 말한다. ① "금융거래 등 상거래와 관련하여 발생한 채무의 불이행, 대위변제, 그 밖에 약정한 사항을 이행하지 아니한 사실과 관련된 정보," ② "금융거래 등 상거래와 관련하여 신용질서를 문란하게 하는 행위와 관련된 정보로서 (i) 금융거래 등 상거래에서 다른 사람의 명의를 도용한 사실에 관한 정보, (ii) 보험사기·전기통신금융사기를 비롯하여 사기 또는 부정한 방법으로 금융거래 등 상거래를 한 사실에 관한 정보, (iii) 금융거래 등 상거래의 상대방에게 위조·변조하거나 허위인 자료를 제출한 사실에 관한 정보, (iv) 대출금 등을 다른 목적에 유용(流用)하거나 부정한 방법으로 대출·보험 계약 등을 체결한 사실에 관한 정보"를 말한다(법 제2조 제1호의4).

(4) 신용거래능력정보

신용거래능력정보란 **"신용정보주체의 신용거래능력을 판단할 수 있는 정보"**로서 "개인의 직업·재

---

9) 2020년 2월 4일 신용정보법 개정 전에는 금융실명법에 따른 '금융거래'가 신용정보법에 따른 신용정보의 범위에 명확하게 규정하고 있지 않아서 논란이 제기된 바 있다. 즉 2020년 8월 4일 개정 전 신용정보법 시행령 제2조 제1항 제2호에 따르면, 신용거래정보는 "대출, 보증, 담보제공, 당좌거래(가계당좌거래를 포함한다), 신용카드, 할부금융, 시설대여와 금융거래 등 상거래와 관련하여 그 거래의 종류, 기간, 금액 및 한도 등에 관한 사항"이라고 규정하고 있었다. 그래서 대출 거래나 보증 거래는 신용거래정보로 보는 데 문제가 없으나, 당좌예금을 제외한 일반 예금 거래도 신용거래정보로 볼 수 있느냐에 대해 논란이 제기되었다. 이에 대해 시행령이 규정하고 있는 신용거래정보의 유형은 예시적이라고 보아야 하고, 금융실명법이 "금융거래 등"이라고 하고 있어서 예금 거래도 금융거래에 포함되므로 예금 거래 정보도 신용정보의 범위에 포함된다고 보는 것이 타당하다는 견해가 있었다(정성구(2001), 315면; 고동원(2015), 11면 각주 7)). 개정 신용정보법은 이를 명확히 규정한 것이다.

산·채무·소득의 총액 및 납세실적"의 신용정보를 말한다(법 제2조 제1호의5).

(5) 공공기록정보

공공기록정보는 "① 신용정보주체가 받은 법원의 재판·행정처분 등과 관련된 정보, ② 신용정보주체의 조세·국가채권 등과 관련된 정보, ③ 신용정보주체의 채무조정에 관한 정보"를 말한다(법 제2조 제1호의6 가목, 나목, 다목). 법원의 재판 등과 관련된 정보로서는 법원의 개인회생이나 파산선고·면책·복권과 관련된 결정이나 경매개시결정·경락허가결정 등 경매와 관련된 결정에 관한 정보를 들 수 있다. 조세 등과 관련된 정보로서는 국세·지방세·관세 또는 국가채권의 납부 및 체납 관련 정보가 해당된다.

(6) 개인신용평점정보

개인신용평점정보란 "개인의 신용상태를 평가하기 위하여 정보를 처리함으로써 새로이 만들어지는 정보로서 기호, 숫자 등을 사용하여 점수나 등급 등으로 나타낸 정보"를 말한다(법 제2조 제1호의6 라목).

(7) 개인식별정보

개인식별정보란 **"특정 신용정보주체를 식별할 수 있는 정보"**를 말하는데, 살아 있는 개인에 관한 정보로서 "① 성명, 주소, 전화번호, 전자우편주소, 사회관계망서비스(SNS)주소, ② 법령에 따라 특정 개인을 고유하게 식별할 수 있도록 부여된 개인식별번호(주민등록번호, 여권번호, 운전면허번호, 외국인등록번호 등), ③ 개인의 신체 일부의 특징을 컴퓨터 등 정보처리장치에서 처리할 수 있도록 변환한 문자, 번호, 기호, ④ 그 밖에 이와 유사한 정보로서 대통령령으로 정하는 특정 개인을 식별할 수 있는 정보"를 말한다(법 제2조 제1호의2, 시행령 제2조 제1항, 제2항, 제3항). 다만 이러한 **개인식별정보가 개인신용정보에 해당하려면 위에서 언급한 신용정보와 결합되는 경우에만 해당한다**(법 제2조 제1호 가목). 예를 들어, "홍길동"이라는 성명 정보 그 자체는 신용정보와 결합되지 않아서 개인신용정보에 해당하지 않고, "홍길동 A은행 대출 채무 500만원"이라는 정보는 개인신용정보에 해당하지만, "A은행 대출 채무 500만원"이라는 신용거래정보는 식별정보와 결합되지 않은 신용정보이기 때문에 개인신용정보에 해당하지 않는다. 그래서 개인신용정보는 「개인정보 보호법」에 따른 개인정보에도 해당한다.

3. 개인신용정보의 중요성

개인신용정보는 이용할 가치가 있는 정보이면서 동시에 보호할 필요가 있는 정보이기도 하다. 이런 점에서 개인신용정보의 중요성을 인정할 수 있다. 금융기관이나 기업 등이 개인인 고객과 거래를 할 때 고객에 대한 신용정보를 잘 파악할 수 있어야 금융거래나 상거래의 신뢰성이 확보되어 건전한 거래 시장이 형성될 수 있다. 그래서 금융기관 등의 입장에서는 개인신용정보 이용이 필요하다. 해당 개인 입장에서는 신용등급이 좋으면 그만큼 낮은 금리로 대출을 받을 수 있는 혜택을 받을 수 있는 긍정적인 측면이 있게 되므로 개인신용정보의 이용 가치는 크다. 물론 그렇지 않은 경우에는 불리할 수도 있지만 그만큼 좋은 신용등급을 받기 위한 노력을 하게 되는 유인이 되므로 전반적으로는 건전한 신용거래 질서가 유지되는 장점이 있게 된다.

반면에 신용정보 파악 대상이 되는 개인은 이용되는 신용정보가 잘 관리되고 있는지가 관심 대상이 된다. 그래서 한편으로는 신용정보의 보호도 중요하게 된다. 만약에 개인신용정보가 잘 관리되지 못하여 유출된다면 그러한 정보가 금융사기(phishing)나 기타 범죄에 이용될 수도 있고, 개인의 비밀이 노출되어 개인 사생활 침해를 야기할 수도 있어 해당 개인이 피해를 입을 수 있다. 이런 점에서 개인신용정보의 보호도 이용에 못지않게 중요하다.

그래서 신용정보법도 목적 조항에서 "신용정보의 효율적 이용과 체계적 관리를 도모하며 신용정보의 오용·남용으로부터 사생활의 비밀 등을 적절히 보호함으로써 건전한 신용질서를 확립하고 국민경제의 발전에 이바지함을 목적으로 한다"라고 하고 있다(법 제1조). 바로 개인신용정보의 이용과 보호가 균형 있게 잘 유지되어야 신용정보 시장과 신용정보 산업이 발전할 수 있다. 이용만 너무 강조하면 보호가 문제될 수 있고, 반면에 보호만 너무 강조하다 보면 이용이 위축될 수 있다는 점에서 균형 있는 규제가 필요하다. 이런 점에서 개인신용정보의 중요성을 찾아 볼 수 있다.

Ⅱ. 개인신용정보의 수집과 처리 및 위탁

신용정보법은 신용정보회사 등이 개인신용정보를 수집하고 처리를 할 수 있도록 하고 있고, 이 경우 해당 개인으로부터 동의를 얻도록 하고 있다. 또한 신용정보회사 등이 개인신용정보 처리 업무를 제3자에게 위탁할 수 있도록 허용하고 있다.

1. 개인신용정보의 수집

(1) 수집의 기본 원칙

신용정보법은 개인신용정보를 수집할 수 있는 기관을 정하면서 이들로 하여금 수집의 목적을 명확하게 하고 목적 달성에 필요한 최소한의 범위에서 수집하도록 규정하여, **명확성 원칙과 최소한의 원칙**을 준수하도록 하고 있다(법 제15조 제1항). 우선 개인신용정보를 수집할 수 있는 기관은 신용정보회사 등에 한한다. 그리고 신용정보회사 등은 신용정보법이나 각 회사 또는 기관의 정관으로 정한 업무 범위에서 개인신용정보 수집의 목적을 명확히 해야 한다(법 제15조 제1항 후단). 또한 신용정보회사 등은 목적 달성에 필요한 최소한의 범위에서 적법하고 정당하게 합리적이고 공정한 수단을 사용하여 신용정보를 수집해야 한다(법 제15조 제1항 후단, 「개인정보 보호법」 제3조 제1항, 제2항).

(2) 수집 시 동의 및 예외

신용정보법은 개인신용정보 수집의 남용을 막기 위해서 **신용정보회사 등이 개인신용정보를 수집할 때에는 원칙적으로 해당 신용정보주체의 동의를 얻도록 하고 있다**(법 제15조 제2항 본문). 다만 불가피한 경우에는 예외를 허용하고 있다. 그러한 사유는 다음과 같다. "① 법률에 특별한 규정이 있거나 법령상 의무를 준수하기 위하여 불가피한 경우, ② 공공기관이 법령 등에서 정하는 소관 업무의 수행을 위하여 불가피한 경우, ③ 신용정보주체와 계약의 체결 및 이행을 위하여 불가피하게 필요한 경우, ④ 신용정보주체 또는 그 법정대리인이 의사표시를 할 수 없는 상태에 있거나 주소 불명 등으로 사전 동의를 받을 수 없는 경우로서 명백히 정보주체 또는 제3자의 급박한 생명, 신체, 재산의 이익을 위하여 필요하다고 인정되는 경우, ⑤ 신용정보처리자의 정당한 이익을 달성하기 위하여 필요한 경우로서 명백하게 신용정보주체의 권리보다 우선하는 경우(다만, 신용정보처리자의 정당한 이익과 상당한 관련이 있고 합리적인 범위를 초과하지 아니하는 경우에 한한다), ⑥ 법령에 따라 공시(公示)되거나 공개된 정보를 수집하는 경우, ⑦ 출판물이나 방송매체 또는 「공공기관의 정보공개에 관한 법률」에 따른 공공기관의 인터넷 홈페이지 등의 매체를 통하여 공시 또는 공개된 정보를 수집하는 경우, ⑧ 신용정보주체가 스스로 사회관계망서비스 등에 직접 또는 제3자를 통하여 공개한 정보(이 경우 해당 신용정보주체의 동의가 있었다고 객관적으로 인정되는 범위 내로 한정한다)를 수집하는 경우"이다(법 제15조 제2항 단서 제1호 내지 제3호).

2. 개인신용정보의 처리

신용정보법은 신용정보회사 등으로 하여금 수집한 개인신용정보를 '처리'할 수 있도록 허용하고 있다. **'처리'라 함은 "개인신용정보의 수집**(조사를 포함)**, 생성, 연계, 연동, 기록, 저장, 보유, 가공, 편집, 검색, 출력, 정정**(訂正)**, 복구, 이용, 결합, 제공, 공개, 파기**(破棄)**, 그 밖에 이와 유사한 행위"**를 말한다(법 제2조 제13호). 다만 신용정보회사 등이 수집한 개인신용정보를 처리하고자 할 때에는 처리의 목적을 명확히 해야 하며, 목적 달성에 필요한 최소한의 범위에서 목적에 적합하게 합리적이고 공정한 수단을 사용하여 처리해야 할 의무가 있다(법 제15조 제1항 후단, 「개인정보 보호법」 제3조 제2항).

3. 정보집합물의 결합

(1) 정보집합물의 정의

정보집합물이란 "정보를 체계적으로 관리하거나 처리할 목적으로 일정한 규칙에 따라 구성되거나 배열된 둘 이상의 정보들"을 말한다(법 제2조 제15호 나목).

(2) 개인신용정보의 결합

신용정보회사 등이 '보유'하고 있는 개인신용정보를 제3자가 보유하는 개인신용정보와 '결합'하여 자신의 업무에 활용할 필요도 있다. 이를 위해서 신용정보법은 금융위원회가 지정한 데이터전문기관을 통하여 개인신용정보를 결합할 수 있도록 하고 있다(법 제17조의2 제1항). 여기서 신용정보회사 등이 **'보유'한 정보집합물에는 자신이 원래 보유한 정보집합물 이외에도 다른 기관으로부터 제공받아 갖고 있는 정보집합물도 관리할 수 있는 상태에 있는 것이기 때문에 포함하는 것으로 볼 수 있다.** 또한 '결합'이라는 의미는 2개 이상의 정보집합물을 합쳐서 새로운 정보집합물을 생성하는 행위라고 할 수 있다. 정보집합물의 결합 목적이 활용 가치가 더 높은 새로운 개인신용정보를 생성하여 각 개인신용정보 보유자가 생성된 개인신용정보를 보다 효율적으로 활용하기 위한 취지이기 때문이다.

(3) 사전 동의 면제 및 가명처리와 익명처리 요건

신용정보회사 등이 정보 결합 목적으로 데이터전문기관에게 개인신용정보를 제공하는 경우에는 해당 개인으로부터 사전 동의를 받을 필요가 없도록 하고 있다(법 제32조 제6항 제9호의3). 또한 데이터전문기관이 결합된 정보집합물을 해당 신용정보회사 등이나 제3자에게 전달하는 경우에는 가명처리 또는 익명처리가 된 상태로 전달해야 한다(법 제17조의2 제2항).

4. 개인신용정보 처리의 위탁

(1) 위탁자의 의무

신용정보법은 신용정보회사 등이 제3자에게 개인신용정보 처리를 위탁하는 것을 허용하고 있다(법 제17조 제1항). 신용정보회사 등이 자체적으로 개인신용정보를 처리하는 것이 어려운 경우 등 필요한 경우에는 제3자로 하여금 이를 처리하도록 할 필요가 있기 때문이다. 개인신용정보의 처리 업무를 위탁받은 자를 수탁자라고 한다.

신용정보회사 등이 개인신용정보의 처리 업무를 위탁하는 경우에는 다음과 같은 사항을 준수해야 한다. ① 신용정보회사 등은 문서, 즉 계약서 작성을 통하여 처리 업무의 위탁을 해야 하는데, 계약서에는 (i) 위탁 업무 수행 목적 외 개인정보의 처리 금지에 관한 사항과 (ii) 개인신용정보의 기술적·관리적 보호 조치에 관한 사항이 포함되어야 하며, ② 신용정보회사 등은 위탁하는 업무의 내용과 수탁자를 신용정보주체가 언제든지 쉽게 확인할 수 있도록 공개하여야 하며, ③ 신용정보회사 등이 재화 또는 서비스를 홍보하거나 판매를 권유하는 업무를 위탁하는 경우에는 위탁하는 업무의 내용과 수탁자를 신용정보주체에게 알려야 하며, 위탁하는 업무의 내용이나 수탁자가 변경된 경우에도 이를 신용정보주체에게 알려야 한다(법 제17조 제1항 후단).

신용정보회사 등은 개인신용정보의 처리를 위탁하기 위하여 수탁자에게 개인신용정보를 제공하는 경우 특정 신용정보주체를 식별할 수 있는 정보는 암호화 등의 보호 조치를 하여야 한다(법 제17조 제4항). 신용정보회사 등은 수탁자에게 개인신용정보를 제공한 경우에는 개인신용정보를 분실·도난·유출·위조·변조 또는 훼손당하지 아니하도록 수탁자를 교육하여야 하고, 수탁자의 안전한 개인신용정보 처리에 관한 사항을 위탁계약에 반영하여야 한다(법 제17조 제5항). 신용정보회사, 본인신용정보관리회사, 채권추심회사, 신용정보집중기관, 은행 등 금융기관인 신용정보제공이용자가 개인신용정보의 처리를 수탁자에게 위탁하는 경우에는 제공하는 개인신용정보의 범위 등을 금융감독당국에 통보해야 한다(법 제17조 제3항, 시행령 제14조 제2항).

(2) 수탁자의 의무

수탁자는 위탁자와 동일하게 개인신용정보 처리 업무를 수행할 의무가 있다(법 제17조 제2항). 그러한 준수 사항으로는 ① 수탁자는 신용정보전산체계에 대한 제3자의 불법적인 접근 등 운영에 따른 위험 발생을 막기 위해서 기술적·물리적·관리적 보안 대책을 수립하고 시행할 의무가 있다(법 제19조). ② 수탁자는 위탁자와 마찬가지로 개인신용정보의 처리 업무와 관련한 신용정보관리기준을 준수해야 하며(법 제20조 제1항), 개인신용정보의 처리에 대한 기록을 3년 동안 보존해야 한다(법 제20조 제2항). ③ 수탁자는 위탁자와 마찬가지로 개인신용정보 처리 업무를 총괄하고 책임지는 **'신용정보관리보호인'**을 지정해야 한다(법 제20조 제3항). ④ 수탁자는 일정한 경우를 제외하고는 신용정보주체의 금융거래 등 상거래 관계가 종료된 날로부터 최장 5년 이내에 해당 신용정보주체의 개인신용정보를 관리 대상에서 삭제하여야 한다(법 제20조의2). ⑤ 수탁자가 폐업하려는 경우에는 보유하고 있는 개인신용정보를 처분하거나 폐기해야 한다(법 제21조).[10)]

수탁자가 개인신용정보를 이용하거나 제3자에게 제공하는 경우에는 신용정보회사 등으로

10) 이외에도 수탁자에 대해서는 신용정보법 제22조의4부터 제22조의7까지, 제22조의9, 제40조, 제43조, 제43조의2, 제45조, 제45조의2 및 제45조의3(해당 조문에 대한 벌칙 및 과태료규정을 포함한다)이 준용된다(법 제17조 제2항).

부터 위탁받은 해당 업무 범위를 초과하여 개인신용정보를 이용하거나 제3자에게 제공하는 것이 금지된다(법 제17조 제6항). 또한 **수탁자는 위탁받은 업무를 제3자에게 재위탁하는 것이 금지되는**데, 다만 신용정보의 보호 및 안전한 처리를 저해하지 아니하는 범위에서 금융감독당국이 인정하는 경우에는 재위탁할 수 있다(법 제17조 7항).

Ⅲ. 개인신용정보의 관리

1. 개인신용정보의 정확성 및 최신성 유지 의무

신용정보회사 등은 개인신용정보의 정확성과 최신성이 유지될 수 있도록 개인신용정보의 등록·변경 및 관리를 해야 한다(법 제18조 제1항). 신용정보회사 등은 신용정보주체에게 불이익을 줄 수 있는 개인신용정보를 그 불이익을 초래하게 된 사유가 해소된 날부터 최장 5년 이내에 등록·관리 대상에서 삭제하여야 한다(법 제18조 제2항 본문). 다만 신용정보주체가 금융기관 등 신용정보제공이용자로부터 부담한 채무의 양도 및 양수 등 채무 변동 정보를 해당 신용정보주체에게 교부하거나 열람하도록 하는 경우에는 예외가 인정된다(법 제18조 제2항 단서).

2. 신용정보전산체계의 보안 유지 의무

신용정보회사 등은 "신용정보공동전산망을 포함한 신용정보전산체계에 대한 제3자의 불법적인 접근, 입력된 정보의 변경·훼손 및 파괴, 그 밖의 위험에 대하여 기술적·물리적·관리적 보안 대책"을 수립·시행하여야 한다(법 제19조 제1항). 신용정보제공이용자가 다른 신용정보제공이용자 또는 개인신용평가회사, 개인사업자신용평가회사, 기업신용조회회사와 서로 신용정보를 제공하는 경우에는 신용정보 보안 관리 대책을 포함한 계약을 체결하여야 한다(법 제19조 제2항).

3. 신용정보관리기준 준수 의무

신용정보회사 등은 신용정보의 수집·처리·이용 및 보호 등에 대하여 금융위원회가 정하는 신용정보관리기준을 준수하여야 한다(법 제20조 제1항). 신용정보회사 등은 신용정보의 처리에 대한 기록을 3년간 보존하여야 하는데, 보존 대상은 다음과 같다. "① 신용정보를 수집·이용한 경우에는 수집·이용한 날짜, 수집·이용한 정보의 항목, 수집·이용한 사유와 근거, ② 신용정보를 제공하거나 제공받은 경우에는 제공하거나 제공받은 날짜, 제공하거나 제공받은 정보의 항목, 제공하거나 제공받은 사유와 근거, ③ 신용정보를 폐기한 경우에는 폐기한 날짜, 폐기한 정보의 항목, 폐기한 사유와 근거"이다(법 제20조 제2항).

4. 신용정보관리보호인의 선임

(1) 선임 의무 대상 기관

신용정보관리보호인은 신용정보의 보호 및 관리 업무를 총괄하고 책임을 지는 자를 말한다(법 제20조 제3항). 신용정보관리보호인을 선임해야 하는 의무가 있는 기관은 신용정보회사, 본인신용정보관리회사, 채권추심회사, 신용정보집중기관 및 일정한 신용정보제공이용자(은행, 증권회사, 보험회사 등 금융기관 및 공제조합 등을 말한다. 시행령 제17조 제1항)이다(법 제20조 제3항). 그리고 총자산이나 종업원 수에 있어서 규모가 큰 신용정보회사 등은 임원(신용정보의 관리·보호 등을 총괄하는 지위에 있는 자로서 "대통령령으로 정하는 자"를 포함한다)으로 선임해야 한다(법 제20조 제3항 단서, 시행령 제17조 제4항). 그만큼 규모가 큰 회사의 경우에는 신용정보관리보호인의 역할이 중요하다는 점을 인식하여 지위가 높은 임원급으로 임명하도록 하고 있는 것이다. 여기서 "대통령령으로 정하는 자"는 집행임원(「상법」 제408조의2에 따라 집행임원을 둔 경우에 해당한다) 및 「상법」 제401조의2 제1항 제3호에 해당하는 자("이사가 아니면서 명예회장·회장·사장·부사장·전무·상무·이사 기타 회사의 업무를 집행할 권한이 있는 것으로 인정될 만한 명칭을 사용하여 회사의 업무를 집행한 자"인 표현이사를 말한다)로서 신용정보의 제공·활용·보호 및 관리 등에 관한 업무집행 권한이 있는 사람을 말한다(시행령 제17조 제4항). 즉 임원에 해당하는 사내이사 외에도 집행임원이나 표현이사에 해당하는 자도 신용정보관리보호인이 될 수 있다. 임원에 속하는 사외이사는 상근을 하지 않는다는 점에서, 그리고 감사는 담당 업무에 비추어볼 때 신용정보관리보호인이 될 수 없다고 보아야 한다. 그런데 지배구조법에 따라 '업무집행책임자'라는 개념이 도입되어 있으므로(제2조 제5호), 「상법」에 따른 표현이사보다 업무집행책임자라고 하는 것이 좋을 것이다.

(2) 임무

1) 개인신용정보 관리 임무

신용정보관리보호인은 개인신용정보의 관리와 관련해서 "개인신용정보 보호 계획의 수립 및 시행, 개인신용정보 처리 실태 및 관행의 정기적인 조사 및 개선, 개인신용정보 처리와 관련한 불만의 처리 및 피해 구제, 개인신용정보 유출 및 오용·남용 방지를 위한 내부통제 체계의 구축, 개인신용정보 보호 교육 계획의 수립 및 시행, 임직원 및 전속 모집인 등의 신용정보보호 관련 법령 및 규정 준수 여부 점검" 업무 등을 수행한다(법 제20조 제4항 제1호).

2) 기업신용정보 관리 임무

신용정보보호관리인은 기업신용정보의 관리와 관련해서 "기업신용정보의 수집·보유·제공·삭제 등 관리 및 보호 계획의 수립 및 시행, 기업신용정보의 수집·보유·제공·삭제 등 관리 및 보호 실태와 관행에 대한 정기적인 조사 및 개선, 기업신용정보 열람 및 정정 청구 등 신용정보주체의 권리 행사 및 피해 구제, 기업신용정보 유출 등을 방지하기 위한 내부통제 체계의 구축 및 운영, 임직원 및 전속 모집인 등에 대한 신용정보 보호 교육 계획의 수립 및 시행, 임직원 및 전속 모집인 등의 신용정보 보호 관련 법령 및 규정 준수 여부 점검" 업무 등을 수행한다(법 제20조 제4항 제2호).

3) 그 밖의 임무

신용정보관리보호인은 업무를 수행함에 있어서 필요한 경우 개인정보의 처리 현황이나 처리 체계 등에 대하여 수시로 조사하거나 관계 당사자로부터 보고를 받을 수 있다(법 제20조 제5항). 신용정보회사 등은 신용정보관리보호인에게 정당한 이유 없이 불이익을 주거나 받게 해서는 아니 된다(법 제20조 제5항). 대통령령으로 정하는 신용정보회사 등(신용정보회사, 본인신용정보관리회사, 채권추심회사, 신용정보집중기관 및 은행, 증권회사, 보험회사 등의 금융기관 등을 말한다. 시행령 제17조 제7항)의 신용정보관리보호인은 처리하는 개인신용정보의 관리 및 보호 실태를 정기적으로 점검하고, 그 결과를 금융감독당국에 제출하여야 한다(법 제20조 제6항).

4) 고객정보관리인은 신용정보관리보호인으로 간주

「금융지주회사법」에 따라 선임된 고객정보관리인은 신용정보관리보호인의 자격 요건을 충족하면 신용정보법에 따라 선임된 신용정보관리보호인으로 간주된다(법 제20조 제8항). 유사한 업무를 수행하는 복수의 신용정보 보호 관리자를 두는 경우에 발생할 수 있는 비효율을 줄여주기 위한 것이다.

5. 개인신용정보의 관리 및 보유 기간 규제

(1) 개인신용정보의 관리 의무

신용정보제공이용자는 금융거래 등 상거래관계(고용관계는 제외)가 종료된 날부터 금융위원회가 정하여 고시하는 기한(3개월을 말한다. 신용정보업감독규정 제22조의3 제1항)까지 해당 신용정보주체의 개인신용정보가 안전하게 보호될 수 있도록 접근 권한을 강화하는 등 관리 의무를 다하여야 한다(법 제20조의2 제1항).

(2) 개인신용정보의 삭제 의무 및 예외

1) 삭제 의무

신용정보제공이용자는 금융거래 등 상거래관계가 종료된 날부터 최장 5년 이내(해당 기간 이전에 정보 수집·제공 등의 목적이 달성된 경우에는 그 목적이 달성된 날부터 3개월 이내)에 해당 신용정보주체의 개인신용정보를 관리 대상에서 삭제하여야 한다(법 제20조의2 제2항 본문).

2) 예외 사유

다음과 같은 경우에는 예외이다. "① 신용정보법 또는 다른 법률에 따른 의무를 이행하기 위하여 불가피한 경우, ② 개인의 급박한 생명·신체·재산의 이익을 위하여 필요하다고 인정되는 경우, ③ 가명정보를 이용하는 경우로서 그 이용 목적, 가명처리의 기술적 특성, 정보의 속성 등을 고려하여 "대통령령으로 정하는 기간" 동안 보존하는 경우, ④ 예금·보험금의 지급을 위한 경우, 보험사기(詐欺)자의 재가입 방지를 위한 경우, 개인신용정보를 처리하는 기술의 특성 등으로 개인신용정보를 보존할 필요가 있는 경우 또는 이와 유사한 경우로서 개인신용정보를 보존할 필요가 있는 경우 등의 어느 하나로서 대통령령이 정하는 경우"이다(법 제20조의2 제2항 단서, 시행령 제17조의2 제3항, 제4항).

③에서 '대통령령으로 정하는 기간'은 (i) 추가정보 및 가명정보에 대한 관리적·물리적·기술적 보호 조치 수준, (ii) 가명정보의 재식별 시 정보주체에 미치는 영향, (iii) 가명정보의 재식별 가능성, (iv) 가명정보의 이용 목적 및 그 목적 달성에 필요한 최소 기간을 고려하여 가명처리한 자가 가명처리를 할 때 정한 기간을 말한다(시행령 제17조의2 제3항).

④에서 '대통령령이 정하는 경우'는 "(i) 「서민의 금융생활 지원에 관한 법률」 제2조 제3호에 따른 휴면예금 등의 지급을 위해 필요한 경우, (ii) 대출사기, 보험사기, 거짓이나 부정한 방법으로 알아낸 타인의 신용카드 정보를 이용한 거래, 그 밖에 건전한 신용질서를 저해하는 행위를 방지하기 위하여 그 행위와 관련된 신용정보주체의 개인신용정보가 필요한 경우, (iii) 위험관리체제의 구축과 신용정보주체에 대한 신용평가모형 및 위험관리모형의 개발을 위하여 필요한 경우(이 경우 다른 법률에 따른 의무를 이행하기 위하여 불가피한 경우 등을 제외하고 개인인 신용정보주체를 식별할 수 없도록 조치해야 한다), (iv) 신용정보제공이용자 또는 제3자의 정당한 이익을 달성하기 위하여 필요한 경우로서 명백하게 신용정보주체의 권리보다 우선하는 경우(이 경우 신용정보제공이용자 또는 제3자의 정당한 이익과 상당한 관련이 있고 합리적인 범위를 초과하지 아니하는 경우로 한정한다), (v) 신용정보주체가 개인신용정보[시행령 제15조 제4항 각 호의 개인신용정보(연체나 체납 또는 개인회생 결정 관련 개인신용정보 등)는 제외한다]의 삭제 전에 그 삭제를 원하지 아니한다는 의사를 명백히 표시한 경우, (iv) 개인신용정보를 처리하는 기술의 특성상 개인신용정보 삭제 시 신용정보전산시스템의 안전성, 보안성 등을 해치는 경우로서 금융위원회가 정하여 고시하는 보호 조치를 하는 경우"이다(시행령 제20조의2 제4항).

3) 보존하는 경우 관리 의무 등

신용정보제공이용자는 예외가 적용되어 개인신용정보를 삭제하지 아니하고 보존하는 경우에는 현재 거래 중인 신용정보주체의 개인신용정보와 분리하는 등 적절하게 관리해야 한다(법 제20조의2 제3항). 신용정보제공이용자가 분리하여 보존하는 개인신용정보를 활용하는 경우에는 신용정보주체에게 통지하여야 한다(법 제20조의2 제4항). 한편 신용정보제공이용자를 제외한 신용정보회사 등은 폐업하려는 경우에는 보유하고 있는 신용정보를 처분하거나 폐기해야 할 의무가 있다(법 제21조).

Ⅳ. 개인신용정보의 활용

1. 개인신용정보의 이용과 제한

(1) 의의

신용정보법은 신용정보회사 등이 개인신용정보를 이용할 수 있도록 허용하고는 있지만, 남용을 방지하기 위해서 이용할 수 있는 경우를 제한하고 있다.

(2) 이용이 가능한 경우

다음의 경우에만 개인신용정보를 이용할 수 있다.

"① 해당 신용정보주체가 신청한 금융거래 등 상거래관계의 설정 및 유지 여부 등을 판단하기 위한 목적으로 이용하는 경우, ② 위 ①의 목적 외의 다른 목적으로 이용하는 것에 대하여 신용정보주체로부터 동의를 받은 경우, ③ 개인이 직접 제공한 개인신용정보(그 개인과의 상거래에서 생긴 신용정보를 포함한다)를 제공받은 목적으로 이용하는 경우(상품과 서비스를 소개하거나 그 구매를 권유할 목적으로 이용하는 경우는 제외한다), ④ 신용정보회사 및 채권추심회사가 다른 신용정보회사 및 채권추심회사 또는 신용정보집중기관과 서로 집중 관리·활용하기 위하여 제공하는 경우, ⑤ 개인신용정보의 처리를 수탁자에게 위탁하기 위하여 제공하는 경우, ⑥ 영업양도·분할·합병 등의 이유로 권리·의무의 전부 또는 일부를 이전하면서 그와 관련된 개인신용정보를 제공하는 경우, ⑦ 채권추심(추심채권을 추심하는 경우만 해당한다), 인가·허가의 목적, 기업의 신용도 판단, 유가증권의 양수 등의 목적으로 사용하는 자에게 제공하는 경우, ⑧ 법원의 제출 명령 또는 법관이 발부한 영장에 따라 제공하는 경우, ⑨ 범죄 때문에 피해자의 생명이나 신체에 심각한 위험 발생이 예상되는 등 긴급한 상황에서 법원의 영장을 발부받을 시간적 여유가 없는 경우로서 검사 또는 사법경찰관의 요구에 따라 제공하는 경우(이 경우 개인신용정보를 제공받은 검사는 지체 없이 법관에게 영장을 청구하여야 하고, 사법경찰관은 검사에게 신청하여 검사의 청구로 영장을 청구하여야 하며, 개인신용정보를 제공받은 때부터 36시간 이내에 영장을 발부받지 못하면 지체 없이 제공받은 개인신용정보를 폐기하여야 한다), ⑩ 조세에 관한 법률에 따른 질문·검사 또는 조사를 위하여 관할 관서의 장이 서면으로 요구하거나 조세에 관한 법률에 따라 제출 의무가 있는 과세자료의 제공을 요구함에 따라 제공하는 경우, ⑪ 국제협약 등에 따라 외국의 금융감독기구에 금융기관이 가지고 있는 개인신용정보를 제공하는 경우, ⑫ 연체나 부도 등의 신용도 판단 개인신용정보를 개인신용평가회사, 개인사업자신용평가회사,

기업신용등급제공업무와 기술신용평가업무를 하는 기업신용조회회사, 신용정보집중기관에 제공하거나 그로부터 제공받는 경우, ⑬ **통계 작성**(시장조사 등 상업적 목적의 통계 작성을 포함한다), **연구**(산업적 연구를 포함한다), **공익적 기록 보존 등을 위하여 가명정보를 제공하는 경우**, ⑭ **정보집합물의 결합 목적으로 데이터전문기관에 개인신용정보를 제공하는 경우**, ⑮ (i) 당초 수집한 목적과 이용 목적 사이의 관련성, (ii) 신용정보회사 등이 신용정보주체로부터 개인신용정보를 수집한 경위, (iii) 해당 개인신용정보의 제공이 신용정보주체에게 미치는 영향, (iv) 해당 개인신용정보에 대하여 가명처리를 하는 등 신용정보의 보안 대책을 적절히 시행하였는지 여부 등을 고려하여 당초 수집한 목적과 상충되지 아니하는 목적으로 개인신용정보를 제공하는 경우, ⑯ 신용정보법 및 다른 법률에 따라 제공하는 경우, ⑰ 장외파생상품 거래의 매매에 따른 위험 관리 및 투자자 보호를 위해 장외파생상품 거래와 관련된 정보를 금융위원회, 금융감독원 및 한국은행에 제공하는 경우, ⑱ 「상법」 제719조에 따른 책임보험계약의 제3자에 대한 정보를 보험사기 조사·방지를 위해 신용정보집중기관에 제공하거나 그로부터 제공받는 경우, ⑲ 「상법」 제726조의2에 따른 자동차보험계약의 제3자의 정보를 보험사기 조사·방지를 위해 신용정보집중기관에 제공하거나 그로부터 제공받는 경우"이다(법 제33조 제1항 제1호 내지 제3호→제32조 제6항 제1호 내지 제11호, 시행령 제28조 제11항).

(3) 개인 의료 정보의 이용 제한

특히 **개인 의료 관련 정보의 이용**과 관련해서는 더 엄격한 요건을 요구하고 있다. 즉 신용정보회사 등이 개인 의료 관련 정보(개인의 질병, 상해 또는 그 밖에 이와 유사한 정보를 말한다)를 수집·조사하거나 제3자에게 제공하려면 해당 신용정보주체로부터 서면이나 전자문서 또는 개인비밀번호를 입력하는 방식이나 유무선 통신으로 동의 내용을 해당 개인에게 알리고 동의를 받는 방법으로 미리 동의를 받아야 하며, '대통령령이 정하는 일정한 목적'으로만 그 정보를 이용해야 한다(법 제33조 제2항). 여기서 '대통령령이 정하는 일정한 목적'이라 함은 보험회사나 신용카드회사 등이 보험업이나 채무 면제 또는 상환 유예 업무 등을 수행하기 위해 필요한 경우로서 "개인의 질병, 상해 또는 그 밖에 이와 유사한 정보를 그 업무와 관련하여 이용하기 위한 목적" 등을 말한다(시행령 제28조의2).

2. 가명정보와 익명정보의 활용

(1) 서설

2020년 2월 4일 개정된 신용정보법은 개인신용정보의 활용 활성화를 통하여 관련 산업이 성장할 수 있도록 가명정보와 익명정보의 개념을 새로이 도입했다. **가명정보는 추가 정보를 사용하지 않으면 특정 개인을 알아볼 수 없는 개인신용정보**를 말하는데(즉 추가 정보를 사용하면 식별화가 가능해서 개인신용정보에 해당한다), 해당 신용정보주체의 동의를 얻지 않고도 통계 작성이나 연구 등의 목적으로 이용할 수 있도록 허용함으로써 관련 산업이 이를 활용한 다양한 사업을 할 수 있도록 하고 있다. 그리고 **익명정보는 완전히 비식별화된 정보를 말하므로 개인신용정보에 해당하지 않아 자유롭게 활용**할 수 있게 된다.

(2) 가명정보와 익명정보의 개념

1) 가명정보와 가명처리

가명정보란 가명처리한 개인신용정보를 말한다(법 제2조 제16호). **가명처리란 "추가 정보를 사용하지 아니하고는 특정 개인인 신용정보주체를 알아볼 수 없도록 개인신용정보를 처리하는 것"**을 말한다(법 제2조 제15호). 즉 가명정보란 추가 정보를 사용해야만 특정 개인을 식별할 수 있는 정보이므로 추가 정보를 사용하기 전에는 특정 개인을 알아볼 수 없다. 따라서 가명정보는 추가 정보를 사용해서 개인을 식별할 수 있기 때문에 개인신용정보에 해당한다. 다만 **통계 작성이나 연구 등 일정한 목적을 위한 경우에는 해당 개인의 동의가 없어도 이용 및 제공을 할 수 있도록 허용**하여(법 제32조 제6항 제9호의2, 제33조 제4호), 가명정보의 이용 활성화를 도모하고 있다.

그리고 신용정보법은 가명처리의 개념을 보다 확대해주고 있다. 즉 가명처리를 한 결과가 "① 어떤 신용정보주체와 다른 신용정보주체가 구별되거나 ② 하나의 정보집합물(정보를 체계적으로 관리하거나 처리할 목적으로 일정한 규칙에 따라 구성되거나 배열된 둘 이상의 정보들을 말한다)에서나 서로 다른 둘 이상의 정보집합물 사이에서 어떤 신용정보주체에 관한 둘 이상의 정보가 연계되거나 연동되지만 그 추가 정보를 분리하여 보관하는 등 특정 개인인 신용정보주체를 알아볼 수 없도록 개인신용정보를 처리한 경우"에도 가명처리를 한 것으로 간주하고 있다(법 제2조 제15호). 즉 가명처리를 한 결과물이 추가 정보를 더하면 누구인지 알아볼 수 있어도 가명처리를 한 결과물과 추가 정보를 분리 보관하는 등 보호 조치를 취하면 이는 적정한 가명처리로 간주하고 있는 것이다.

2) 익명정보와 익명처리

익명처리란 "더 이상 특정 개인인 신용정보주체를 알아볼 수 없도록 개인신용정보를 처리하는 것"을 말하므로(법 제2조 제17호), **익명정보는 완전히 비식별화가 된 정보**를 뜻한다. 추가 정보를 사용해도 특정 개인을 알아볼 수 없게 비식별화가 된 정보를 의미하므로 개인신용정보에 해당하지 않는다.

(3) 가명처리와 익명처리의 관리

신용정보법은 신용정보회사 등이 가명처리와 익명처리와 관련하여 준수해야 할 보안 대책 수립 등 행위규칙을 규정하여, 가명처리와 익명처리가 적정하게 이루어질 수 있도록 하고 있다.

1) 가명처리의 관리

신용정보회사 등이 가명처리와 관련해서 준수해야 할 사항은 다음과 같다. ① "신용정보회사 등은 가명처리에 사용한 추가 정보를 일정한 방법으로 분리하여 보관하거나 삭제"해야 한다(법 제40조의2 제1항). ② "신용정보회사 등은 가명처리한 개인신용정보에 대하여 제3자의 불법적인 접근, 입력된 정보의 변경·훼손 및 파괴, 그 밖의 위험으로부터 가명정보를 보호하기 위하여 내부관리 계획을 수립하고 접속 기록을 보관하는 등 기술적·물리적·관리적 보안대책을 수립·시행"해야 한다(법 제40조의2 제2항). ③ "신용정보회사 등은 영리 또는 부정한 목적으로 특정 개인을 알아볼 수 있게 가명정보를 처리"하는 것이 금지된다(법 제40조의2 제6항). ④ "신용정보회사 등은 가명정보를 이용하는 과정에서 특정 개인을 알아볼 수 있게 된 경우 즉시 그 가명정보를 회수하여 처리를 중지하고, 특정 개인을 알아볼 수 있게 된 정보는 즉시 삭제"하여야 한다(법 제40조의2 제7항). ⑤ 신용정보회사 등은 개인신용정보를 가명처리를 한 경우 조치 기록을 3년간 보존하여야 한다(법 제40조의2 제8항). 즉 개인신용정보를 가명처리한 경우에는 가명처리를 한 날짜, 가명처리를 한 정보의 항목, 가명처리를 한 사유와 근거를 보존해야 한다(법 제40조의2 제8항 제1호, 제2호).

2) 익명처리의 관리

특정 개인을 완전히 식별할 수 없게 하는 것이 익명처리이므로 익명처리가 제대로 되었는지 확인하는 것이 중요하다. 그래서 신용정보법은 금융위원회에 익명처리의 적정성에 대한 심사를 요청할 수 있도록 하고 있다. 즉 신용정보회사 등은 개인신용정보에 대한 익명처리가 적정하게 이루어졌는지 여부에 대하여 금융위원회에 심사를 요청할 수 있으며(법 제40조의2 제3항), 금융위원회가 심사하여 적정하게 익명처리가 이루어졌다고 인정하게 되면 더 이상 해당 개인인 신용정보주체를 알아볼 수 없는 정보로 추정된다(법 제40조의2 제4항). 금융위원회는 이러한 심사 및 인정 업무를 데이터전문기관에 위탁할 수 있다(법 제40조의2 제5항). 그리고 신용정보회사 등은 개인신용정보를 익명처리한 경우 조치 기록을 3년간 보존하여야 한다(법 제40조의2 제8항). 즉 개인신용정보를 익명처리한 경우에는 "익명처리한 날짜, 익명처리한 정보의 항목, 익명처리 사유와 근거"를 보존해야 한다(법 제40조의2 제8항 제1호, 제2호).

(4) 가명정보에 대한 특례 규정

신용정보법은 가명정보가 비록 개인신용정보에 해당하지만 가명정보의 활용 활성화를 위해서 여러 관련 조항의 적용을 배제하는 특례 규정을 두고 있다(법 제40조의3). 그러한 사항은 다음과 같다.

① **통계작성**(시장조사 등 상업적 목적의 통계작성을 포함한다), **연구**(산업적 연구를 포함한다), **공**

익적 기록 보존 등을 위하여 가명정보를 제공하는 경우에는 해당 개인의 동의를 받을 필요가 없다(법 제32조 제6항 제9호의2). ② 가명정보를 타인에게 제공하려는 자 또는 제공받은 자는 가명정보의 제공 사실 및 이유 등을 사전에 해당 신용정보주체에게 알릴 필요가 없다(법 제32조 제7항). ③ 신용정보주체의 정보 전송 요구권(법 제33조의2)도 배제된다. ④ 신용정보주체의 신용정보 이용 및 제공 사실의 조회권(법 제35조)도 배제된다. ⑤ 개인신용평점 하락 가능성 등에 대한 설명 의무(법 제35조의2)도 적용되지 않는다. ⑥ 신용정보제공이용자가 개인신용정보 제공 시 본인에게 통지해야 하는 의무(법 제35조의3)도 적용되지 않는다. ⑦ 상거래 거절 근거 신용정보의 고지 의무(법 제36조)도 적용되지 않는다. ⑧ 개인신용정보의 자동화 평가 결과에 대한 설명 요구권(법 제36조의2)도 배제된다. ⑨ 개인신용정보 제공 동의 철회권이나 연락 중지 요청권(법 제37조)도 적용되지 않는다. ⑩ 신용정보의 열람 및 정정 청구권(법 제38조)도 배제된다. ⑪ 신용 조회 사실의 통지 요청권(법 제38조의2)도 배제된다. ⑫ 개인신용정보의 삭제 요구권(법 제38조의3)도 적용되지 않는다. ⑬ 개인신용평점 등의 무료 열람권(법 제39조)도 배제된다. ⑭ 채권자변동정보의 열람권(법 제39조의2)도 배제된다. ⑮ 신용정보주체의 권리 행사 방법 및 절차에 관한 규정(법 제39조의3)도 적용 배제된다. ⑯ 개인신용정보 누설 통지 의무(법 제39조의4)도 적용되지 않는다.

Ⅴ. 개인신용정보주체의 동의

1. 서설

신용정보법은 신용정보회사 등이 개인신용정보를 수집하거나 제3자에게 제공하는 경우 등 개인신용정보를 활용하려고 하는 경우에는 해당 신용정보주체로부터 원칙적으로 동의를 얻도록 하고 있으며, 일정한 사유에 해당하는 경우 등 제한적인 경우에는 동의를 얻지 않고 활용할 수 있도록 예외를 두고 있다. 즉 원칙적인 동의(opt-in) 제도를 운영하고 있다.

2. 개인신용정보의 제3자 제공에 대한 동의

(1) 원칙적인 동의

1) 제3자에 대한 제공 시 동의

신용정보법은 금융기관 등 **신용정보제공이용자가 수집한 개인신용정보를 타인에게 제공하려면 해당 개인으로부터 서면 등의 방법으로 미리 동의를 얻도록** 하게 하여(법 제32조 제1항), 해당 신용정보주체를 보호하는 장치를 마련하고 있다. 특히 개인신용정보를 **"제공할 때마다 미리 개별적으로" 동의를 얻도록 하고 있어**(법 제32조 제1항), **포괄적인 동의를 원칙적으로 금지**하고 있다.

이렇게 개인신용정보를 제공할 때마다 동의를 얻으라고 하는 것은 신용정보주체의 자기정보에 대한 결정권의 보장이라는 면에서는 일면 타당한 면도 없지 않으나,[11] 과연 그런 실익이 있는지 의문이다. 처음에 동의를 한다는 것은 거래 관계가 지속되는 한 계속적으로 제공하는 것에 대해 동의한다고 볼 수 있으므로 1회의 동의로 충분한다고 본다.[12] 또한 동의의 횟수가 많아지게 되면 오히려 고객의 불편이 초래될 수도 있다. 신용정보제공이용자의 입장에서도 물론 유무선 통신의 방법으로 동의를 얻을 수 있지만(법 제32조 제1항 제4호), 그럼에도 불구하고 비용과 시간이 많이 소요되므로 업무 부담이 커지게 된다. 또한 개인신용정보를 제공할 때마다 미리 동의를 받아야 하므로 동의를 받기까지 시간이 걸려 거래의 신속성이 저해될 수도 있다.[13] 따라서 해당 신용정보제공이용자 입장에서는 상당한 부담이 된다.

물론 "기존에 동의한 목적 또는 이용 범위에서 개인신용정보의 정확성·최신성을 유지하기 위한 경우"에는 동의를 받을 필요가 없도록 하고 있어(제32조 제1항 단서), 부담을 덜어주고는 있다. 이 단서 조항에 의하여 포괄적 동의로 가능한 경우가 있을 수 있다. 예를 들어, 차입자가 대출을 받은 후에 추가 대출을 받는 경우에 신용정보제공이용자가 이 개인신용정보를 신용정보집중기관에게 제공하고자 하는 때(즉 최신성의 유지가 될 것이다)에 기존의 정보 제공 목적인 거래 관계의 설정 여부 판단이라면 추가적인 동의는 필요 없게 되는 것이다.[14] 그러나 목적이 변경된다면 동의를 별도로 얻어야 할 것이다. 이렇게 단서 조항이 있으므로 개인신용정보 제공 시마다 개별적인 사전 동의를 얻어야 하는 경우는 많지 않을 것이라고 보이지만, 단서 조항의 애매함으로 인하여 해석과 관련하여 여전히 분쟁이 발생할 여지가 있다. 위와 같은 여러 문제점을 고려할 때, 동의 절차를 강화한 것은 개인신용정보 보호 강화라는 취지에도 불구하고 규제 부담의 증가와 고객 불편의 확대 등 규제 준수 비용에 비추어 보면 바람직한 방향으로 보이지 않는다.[15]

또한 신용정보법은 "신용정보제공이용자가 개인신용정보를 타인에게 제공하려는 경우"라고 하고 있어(법 제32조 제1항), 동의를 얻어야 하는 대상이 모든 개인신용정보가 된다고 해석된다. 예를 들어, 연체나 부도 정보도 동의를 얻어야 한다.[16] 이러한 개인신용정보는 개인의 신용도 판단을 위해서 반드시 필요한 정보인데, 사전에 동의를 얻으라고 했을 때 선뜻 동의를 해 줄 개인이 있을지 의문이다. 동의 없이 제공하거나 제공받을 수 있는 개인신용정보로 하지 않는 한, 동의를 얻기가 어려워 신용정보회사 등이 업무를 수행하는 데 어려움이 많게 되고,

11) 맹수석(2010), 310면.
12) 고동원(2015), 29면.
13) 고동원(2015), 29면.
14) 고동원(2015), 29면.
15) 이러한 견해는 고동원(2015), 30면.
16) 이러한 연체 정보 등을 종합신용정보집중기관에게 집중하기 전에 고객에게 사전에 통지하는 제도를 도입하여 해당 신용정보주체가 자신의 신용정보를 관리할 수 있도록 하자는 주장은 김유니스·김성은(2006), 102면.

건전한 신용정보업 시장 육성에도 저해될 가능성이 있어서 재검토할 필요가 있다.[17)]

그리고 개인신용정보를 타인에게 제공한 신용정보제공이용자는 동의를 받았는지 여부 등에 대한 다툼이 있는 경우 이를 증명해야 할 책임이 있다(법 제32조 제11항). 또한 신용정보회사 등이 개인신용정보를 타인에게 제공하는 경우에는 개인신용정보를 제공받는 자의 신원(身元)과 이용 목적을 확인해야 할 의무가 있다(법 제32조 제10항). 관련해서 신용정보제공이용자가 동의서에 명시된 개인신용정보의 내용, 제공 대상자 또는 용도와 다르게 개인신용정보를 제공했다면 이는 동의를 얻지 않고 개인신용정보를 제공한 경우에 해당한다고 본 대법원 판례[18)]도 주목할 만하다.

2) 신용정보제공이용자의 개인신용정보 수령 시 동의

금융기관 등 신용정보제공이용자가 개인신용평가회사, 개인사업자신용평가회사, 기업신용조회회사, 신용정보집중기관으로부터 개인신용정보를 제공받으려고 하는 경우에도 해당 신용정보제공이용자는 개인신용정보를 "제공받을 때마다 신용정보주체로부터 개별적으로 동의"를 받아야 한다(법 제32조 제2항). 신용정보제공이용자인 금융기관이 고객의 신용 등급을 산출하기 위해서 필요한 개인신용정보를 신용평가회사 등으로부터 받을 필요가 있는데, 이러한 경우에 동의가 필요한 것이다. 다만 "기존에 동의한 목적 또는 이용 범위에서 개인신용정보의 정확성·최신성을 유지하기 위한 경우"는 동의를 받을 필요는 없다(법 제32조 제2항). 이러한 개별적 동의 원칙은 위에서 언급한 동일한 문제점이 발생할 수 있을 것이다.

3) 개인신용정보를 제공받는 자의 고지 의무

개인신용정보를 제공받으려는 자는 개인신용정보 조회 시 개인신용평점이 하락할 수 있는 때에는 해당 신용정보주체에게 이를 고지하여야 한다(법 제32조 제2항). 또한 개인신용평가회사, 개인사업자신용평가회사 또는 신용정보집중기관이 개인신용정보를 금융기관 등 신용정보제공이용자에게 제공하는 경우에는 해당 개인신용정보를 제공받으려는 자가 해당 개인으로부터 동의를 받았는지를 서면이나 전자적 기록 등으로 확인하고, 확인한 사항의 진위 여부를 주기적으로 점검하도록 하고 있어(법 제32조 제3항, 시행령 제28조 제7항). 개인신용정보를 제공받으려는 자에게 확인 의무를 지우고 있다.

(2) 동의 방법

1) 동의 방식

동의를 받는 방식은 ① 서면, ② 「전자서명법」에 따른 전자서명(서명자의 실지 명의를 확인할 수 있는 것을 말한다), ③ 개인신용정보의 제공 내용 및 제공 목적 등을 고려하여 정보 제공

17) 고동원(2015), 30면.
18) 대법원 2006. 6. 15. 선고 2004도1639 판결.

동의의 안정성과 신뢰성이 확보될 수 있는 유·무선 통신으로 개인비밀번호를 입력하는 방식, ④ 유·무선 통신으로 동의 내용을 해당 개인에게 알리고 동의를 받는 방법(이 경우 본인 여부 및 동의 내용, 그에 대한 해당 개인의 답변을 음성 녹음하는 등 증거 자료를 확보·유지하여야 하며, 사후 고지 절차를 거쳐야 한다)이 있다(법 제32조 제1항 제1호 내지 제4호).

2) 필수적 동의 사항과 선택적 동의 사항의 구분

신용정보회사 등은 개인신용정보의 제공 및 활용과 관련하여 해당 개인으로부터 동의를 받을 때에는 서비스 제공을 위하여 **'필수적 동의 사항'과 '선택적 동의 사항'을 구분하여 설명한 후 각각 동의를 받아야 한다**(법 제32조 제4항). 필수적 동의 사항은 서비스 제공과의 관련성을 설명하여야 하며, 선택적 동의 사항은 정보 제공에 동의하지 아니할 수 있다는 사실을 고지하여야 한다(법 제32조 제4항). 신용정보회사 등은 신용정보주체가 선택적 동의 사항에 동의하지 아니한다는 이유로 신용정보주체에게 서비스의 제공을 거부해서는 아니 된다(법 제32조 제5항).

관련하여 '필수적 동의 사항'이라는 용어가 적절한지 검토해볼 필요가 있다. 왜냐하면 '동의'라는 말 자체가 동의자의 선택권이 보장되는 것인데, 필수적 동의 사항이라고 하는 의미는 반드시 동의를 해야 한다는 것이고, 이는 동의자의 선택권이 없는 것이어서 동의라는 의미에 맞지 않기 때문이다. 「개인정보 보호법」은 "정보주체의 동의 없이 처리할 수 있는 개인정보와 정보주체의 동의가 필요한 개인정보를 구분"하도록 하고 있는데(제22조 제2항), 이렇게 「개인정보 보호법」이 규정하고 있는 것처럼, '신용정보주체의 동의 없이 제공할 수 있는 개인신용정보'와 '신용정보주체의 동의가 필요한 개인신용정보'로 구분하는 것이 더 합리적이다.[19] 그래서 신용정보주체의 동의 없이 제공할 수 있는 개인신용정보에 대해서는 신용정보주체에게 고지하는 방식으로 하는 것이 바람직할 것이다. 이렇게 하려면, 신용정보법에 신용정보주체의 동의 없이 제공할 수 있는 개인신용정보의 범위를 명확하게 규정하여(물론 법에 주요 범위를 규정하고, 추가적인 사항은 시행령에 위임하는 방식도 고려할 수 있을 것이다) 신용정보회사 등이 자의적으로 정할 수 없도록 통제할 필요가 있다.

(3) 동의가 필요 없는 경우

신용정보법은 개인신용정보를 타인에게 제공할 때 해당 개인으로부터 동의를 얻을 필요가 없는 사유를 규정하여 개인신용정보의 이용 활성화를 도모하고 있다. 그러한 사유는 다음과 같다.

"① 신용정보회사 및 채권추심회사가 다른 신용정보회사 및 채권추심회사 또는 신용정보집중기관과 서로 집중 관리·활용하기 위하여 제공하는 경우, ② 개인신용정보의 처리를 수탁자에게 위탁하기 위하여 제공하는 경우, ③ 영업양도·분할·합병 등의 이유로 권리·의무의 전

19) 고동원(2015), 31면.

부 또는 일부를 이전하면서 그와 관련된 개인신용정보를 제공하는 경우, ④ 채권추심(추심채권을 추심하는 경우만 해당한다), 인가·허가의 목적, 기업의 신용도 판단, 유가증권의 양수 등의 목적으로 사용하는 자에게 제공하는 경우, ⑤ 법원의 제출 명령 또는 법관이 발부한 영장에 따라 제공하는 경우, ⑥ 범죄 때문에 피해자의 생명이나 신체에 심각한 위험 발생이 예상되는 등 긴급한 상황에서 법원의 영장을 발부받을 시간적 여유가 없는 경우로서 검사 또는 사법경찰관의 요구에 따라 제공하는 경우(이 경우 개인신용정보를 제공받은 검사는 지체 없이 법관에게 영장을 청구하여야 하고, 사법경찰관은 검사에게 신청하여 검사의 청구로 영장을 청구하여야 하며, 개인신용정보를 제공받은 때부터 36시간 이내에 영장을 발부받지 못하면 지체 없이 제공받은 개인신용정보를 폐기하여야 한다), ⑦ 조세에 관한 법률에 따른 질문·검사 또는 조사를 위하여 관할 관서의 장이 서면으로 요구하거나 조세에 관한 법률에 따라 제출 의무가 있는 과세 자료의 제공을 요구함에 따라 제공하는 경우, ⑧ 국제협약 등에 따라 외국의 금융감독기구에 금융기관이 가지고 있는 개인신용정보를 제공하는 경우, ⑨ 연체나 부도 등의 신용도 판단 개인신용정보를 개인신용평가회사, 개인사업자신용평가회사, 기업신용등급제공업무와 기술신용평가업무를 하는 기업신용조회회사, 신용정보집중기관에 제공하거나 그로부터 제공받는 경우, ⑩ 통계 작성(시장조사 등 상업적 목적의 통계 작성을 포함한다), 연구(산업적 연구를 포함한다), 공익적 기록 보존 등을 위하여 가명정보를 제공하는 경우, ⑪ 정보집합물의 결합 목적으로 데이터전문기관에 개인신용정보를 제공하는 경우, ⑫ (i) 당초 수집한 목적과 이용 목적 사이의 관련성, (ii) 신용정보회사 등이 신용정보주체로부터 개인신용정보를 수집한 경위, (iii) 해당 개인신용정보의 제공이 신용정보주체에게 미치는 영향, (iv) 해당 개인신용정보에 대하여 가명처리를 하는 등 신용정보의 보안대책을 적절히 시행하였는지 여부 등을 고려하여 당초 수집한 목적과 상충되지 아니하는 목적으로 개인신용정보를 제공하는 경우, ⑬ 신용정보법 및 다른 법률에 따라 제공하는 경우"이다(법 제32조 제6항 제1호 내지 제10호).

위에서 보는 것처럼 ⑩ 항목의 경우에는 통계 작성이나 연구 등의 목적으로 가명정보를 제공하는 때에는 해당 개인의 동의를 받을 필요가 없도록 함으로써 개인신용정보의 활용도를 높이는 제도적 장치를 마련하고 있다.

이렇게 개인신용정보를 제공하는 경우에 해당 개인으로부터 동의를 얻을 필요가 없다고 하고 있지만, 해당 개인에게는 사전에 통지하도록 함으로써 해당 개인이 이러한 사실을 인지하도록 하고 있다. 즉 개인신용정보를 타인에게 제공하려는 자 또는 제공받은 자는 개인신용정보의 제공 사실 및 이유 등을 사전에 해당 개인에게 알리도록 하고 있으며, 일정한 불가피한 사유가 있는 경우에는 인터넷 홈페이지 게재 또는 그 밖에 유사한 방법을 통하여 사후에 알리거나 공시할 수 있도록 하고 있다(법 제32조 제7항).

다만 위 ③의 경우, 즉 영업양도·분할·합병 등의 이유로 권리·의무의 전부 또는 일부를 이전하면서 그와 관련된 개인신용정보를 타인에게 제공하는 신용정보제공이용자는 제공하는 개인신용정보의 범위 등에 관하여 미리 금융감독당국의 승인을 받아야 한다(법 제32조 제8항). 이러한 승인을 받아 개인신용정보를 제공받은 자는 해당 개인신용정보를 현재 거래 중인 신용정보주체의 개인신용정보와 분리하여 관리해야 한다(법 제32조 제9항).

3. 개인신용정보의 활용에 대한 고지와 동의

(1) 고지와 동의

신용정보회사 등은 ① 개인신용정보를 수집하는 경우, ② 개인신용정보를 타인에게 제공하거나 제공받는 경우, ③ 개인신용정보를 원래 목적 이외의 용도로 이용하려는 경우, 또는 ④ 개인식별정보를 수집·이용 및 제공함에 따라 해당 신용정보주체로부터 정보 활용 동의를 받는 경우에는 개인신용정보의 수집 및 이용 목적 등 일정한 고지 사항을 해당 신용정보주체에게 알리고 정보 활용 동의를 받아야 한다(법 제34조의2 제1항 본문). 다만 동의 방식이나 개인신용정보의 특성 등을 고려하여 '대통령령으로 정하는 일정한 경우'에는 동의를 받을 필요가 없다(법 제34조의2 제1항 단서). '대통령령으로 정하는 일정한 경우'는 "전화 등 동의 방식의 특성상 동의 내용을 전부 표시하거나 알리기 어려운 경우로서 신용정보회사 등의 인터넷 홈페이지 주소나 사업자 전화번호 등 동의 내용을 확인할 수 있는 방법을 안내하고 동의를 받는 경우" 등을 말한다(시행령 제29조의2 제1항).

(2) 고지 사항

신용정보회사 등이 개인신용정보주체로부터 개인신용정보 활용 동의를 받는 경우에 해당 신용정보주체에게 고지해야 할 사항은 다음과 같다.

1) 개인신용정보 수집 시 고지 사항

신용정보회사 등이 개인신용정보를 수집하기 위해서 해당 신용정보주체로부터 동의를 받을 때에 신용정보주체에게 고지해야 할 사항은 "① 개인신용정보의 수집·이용 목적, ② 수집하려는 개인신용정보의 항목, ③ 개인신용정보의 보유 및 이용 기간, ④ 동의를 거부할 권리가 있다는 사실 및 동의 거부에 따른 불이익이 있는 경우에는 그 불이익의 내용"이며, 이러한 고지 사항을 변경하는 경우에도 이를 알리고 동의를 받아야 한다(법 제34조의2 제1항, 「개인정보보호법」 제15조 제2항).

2) 제3자에 대한 제공 시 고지 사항

신용정보회사 등이 개인신용정보를 제3자에게 제공하기 위해서 해당 신용정보주체로부터 동의를 받을 때에 해당 신용정보주체에게 고지해야 할 사항은 "① 개인신용정보를 제공받는 자, ② 개인신용정보를 제공받는 자의 개인신용정보 이용 목적, ③ 제공하는 개인신용정보의 항목, ④ 개인신용정보를 제공받는 자의 개인신용정보 보유 및 이용 기간, ⑤ 동의를 거부할 권리가 있다는 사실 및 동의 거부에 따른 불이익이 있는 경우에는 그 불이익의 내용"이며, 고지 사항을 변경하는 경우에도 이를 알리고 동의를 받아야 한다(법 제34조의2 제1항, 「개인정보 보호법」 제17조 제2항).

3) 목적 이외의 용도 이용이나 제3자 제공 시 고지 사항

신용정보회사 등이 개인신용정보를 목적 이외의 용도로 이용하거나 제3자에게 제공하기 위해서 신용정보주체로부터 동의를 얻어야 할 때, 해당 신용정보주체에게 고지해야 하는 사항은 "① 개인신용정보를 제공받는 자, ② 개인신용정보의 이용 목적(제공 시에는 제공받는 자의 이용 목적을 말한다), ③ 이용 또는 제공하는 개인신용정보의 항목, ④ 개인신용정보의 보유 및 이용 기간(제공 시에는 제공받는 자의 보유 및 이용 기간을 말한다), ⑤ 동의를 거부할 권리가 있다는 사실 및 동의 거부에 따른 불이익이 있는 경우에는 그 불이익의 내용"이며, 이러한 고지 사항을 변경하는 경우에도 이를 알리고 동의를 받아야 한다(법 제34조의2 제1항, 「개인정보 보호법」 제18조 제3항).

4) 고지 사항의 일부 생략

신용정보제공이용자는 고지 사항 중 일부를 생략하거나 중요한 사항만을 발췌하여 신용정보주체에게 알리고 정보 활용 동의를 받을 수 있는데, 신용정보주체가 고지 사항 전부를 알려줄 것을 요청한 경우에는 전부를 알려주어야 한다(법 제34조의2 제3항). 그리고 신용정보제공이용자가 하는 고지 사항 중 일부를 생략하거나 중요한 사항만을 발췌하여 개인신용정보 활용 동의를 받는 경우에는 해당 신용정보주체에게 고지 사항 전부를 별도로 요청할 수 있음을 알려야 한다(법 제34조의2 제4항).

(3) 정보 활용 동의를 얻을 경우 고려 사항

신용정보제공이용자가 정보 활용 동의를 받을 때는 다음의 사항을 고려하여야 한다. "① 보다 쉬운 용어나 단순하고 시청각적인 전달 수단 등을 사용하여 신용정보주체가 정보 활용 동의 사항을 이해할 수 있도록 할 것, ② 정보 활용 동의 사항과 금융거래 등 상거래관계의 설정 및 유지 등에 관한 사항이 명확하게 구분되도록 할 것, ③ 정보를 활용하는 신용정보회사 등이나 정보 활용의 목적별로 정보 활용 동의 사항을 구분하여 신용정보주체가 개별적으로 해당 동의를 할 수 있도록 할 것(선택적 동의사항으로 한정한다)"을 고려해야 한다(법 제34조의2 제2항).

4. 정보 활용 동의 등급

(1) 의의

대통령령이 정하는 신용정보제공이용자(은행, 증권회사, 보험회사 등의 금융기관 등을 말한다. 시행령 제29조의3 제1항)는 정보 활용 동의 사항에 대하여 금융위원회가 평가한 등급을 신용정보주체에게 알리고 정보 활용 동의를 받아야 한다(법 제34조의3 제1항 본문). 정보 활용 동의 사항 중 중요 사항을 변경한 경우에도 신용정보주체에게 알리고 동의를 받아야 한다(법 제34조의3 제1항 단서).

(2) 정보 활용 동의 등급 평가 시 고려 사항

금융위원회는 정보 활용 동의 사항에 대한 평가를 할 때 다음의 사항을 고려하여 정보 활용 동의 등급을 부여하여야 한다. 즉 "① 정보 활용에 따른 사생활의 비밀과 자유를 침해할 위험에 관한 사항(활용되는 개인신용정보가 「개인정보 보호법」에 따른 민감 정보인지 여부를 포함한다), ② 정보 활용에 따라 신용정보주체가 받게 되는 이익이나 혜택, ③ 보다 쉬운 용어나 단순하고 시청각적인 전달 수단 등을 사용하여 신용정보주체가 정보 활용 동의 사항을 이해할 수 있도록 하고 있는지, ④ 정보 활용 동의 사항과 금융거래 등 상거래 관계의 설정 및 유지 등에 관한 사항이 명확하게 구분되도록 하고 있는지"를 고려해야 한다(법 제34조의3 제2항). 금융위원회는 신용정보제공이용자가 거짓이나 그 밖의 부정한 방법으로 정보 활용 동의 등급을 부여받은 경우 등에는 부여한 정보 활용 동의 등급을 취소하거나 변경할 수 있다(법 제34조의3 제3항).

5. 개인신용정보 제공 동의의 철회

(1) 의의

개인신용정보주체는 문서 등으로 자신의 동의를 받은 신용정보제공이용자에게 개인신용평가회사, 개인사업자신용평가회사 또는 신용정보집중기관에 제공하여 개인의 신용도 등을 평가하기 위한 목적 외의 목적으로 행한 개인신용정보의 제공 동의를 철회할 수 있다(법 제37조 제1항 본문). 다만 동의를 받은 신용정보제공이용자 외의 신용정보제공이용자에게 해당 개인신용정보를 제공하지 아니하면 해당 신용정보주체와 약정한 용역의 제공을 하지 못하게 되는 등 계약 이행이 어려워지거나 해당 신용정보주체가 신청한 금융거래 등 상거래 관계의 설정 및 유지 여부 등을 판단하기 위한 목적을 달성할 수 없는 경우에는 개인신용정보주체가 동의를 철회하려면 용역의 제공을 받지 아니할 의사를 명확하게 밝혀야 한다(법 제37조 제1항 단서).

(2) 철회권의 고지 의무

신용정보제공이용자는 서면, 전자문서 또는 구두에 의한 방법으로 동의 철회를 할 수 있는 권리의 내용과 행사 방법 등을 거래 상대방인 신용정보주체에게 고지하고, 거래 상대방이 동의 철회를 하면 즉시 이에 따라야 한다(법 제37조 제3항 전단). 이때 구두에 의한 방법으로 이를 고지한 경우 추가적인 사후 고지 절차를 거쳐야 한다(법 제37조 제3항 후단).

Ⅵ. 개인신용정보주체의 권리

신용정보법은 신용정보주체의 개인신용정보에 대한 권리를 강화하기 위한 개인신용정보 전송요구권, 개인신용정보 교부·열람 및 정정 청구권 등의 권리에 대한 사항을 규정하고 있다.

1. 개인신용정보의 전송요구권

(1) 개인신용정보의 전송 요구

신용정보주체는 신용정보제공이용자 등에 대하여 그가 보유하고 있는 본인에 관한 개인신용정보를 본인신용정보관리회사 등 일정한 자에게 전송해줄 것을 요구할 수 있는 권리가 있다(법 제33조의2 제1항). 이는 2020년 2월 개정 신용정보법이 도입한 제도로서 개인신용정보주체의 권리를 강화하기 위한 조치이다. 즉 개인신용정보주체는 신용정보제공이용자 등에 대하여 ① 해당 신용정보주체 본인, ② 본인신용정보관리회사, ③ 대통령령으로 정하는 신용정보제공이용자(은행, 증권회사, 보험회사 등 금융기관을 말한다. 시행령 제28조의3 제1항), ④ 개인신용평가회사, 또는 ⑤ 개인사업자신용평가회사에게 본인의 개인신용정보를 전송해줄 것을 요구할 수 있다(법 제33조의2 제1항, 시행령 제28조의3 제2항). 개인신용정보주체가 개인신용정보의 전송을 요구하는 경우 신용정보제공이용자 등에 대하여 해당 개인신용정보의 정확성 및 최신성이 유지될 수 있도록 정기적으로 같은 내역의 개인신용정보를 전송하여 줄 것을 요구할 수 있다(법 제33조의2 제4항). 그리고 신용정보주체는 개인신용정보의 전송 요구를 철회할 수도 있다(법 제33조의2 제7항).

(2) 전송 요구 방법과 범위

1) 전송 요구 방법

개인신용정보주체가 해당 신용정보주체 본인, 본인신용정보관리회사, 대통령령으로 정하는 신용정보제공이용자(은행, 증권회사, 보험회사 등 금융기관 등을 말한다. 시행령 제28조의3 제1항), 개인신용평가회사 또는 개인사업자신용평가회사 중 어느 하나에 해당하는 자에게 전송 요구를 할 때에는 "① 신용정보제공이용자 등으로서 전송 요구를 받는 자, ② 전송을 요구하는 개인신용정보, ③ 전송 요구에 따라 개인신용정보를 제공받는 자, ④ 정기적인 전송을 요구하는지 여부 및 요구하는 경우 그 주기"를 모두 특정하여, 전자문서나 그 밖에 안전성과 신뢰성이 확보된 방법으로 해야 한다(법 제33조의2 제5항).

2) 전송 요구 범위

개인신용정보주체가 전송을 요구할 수 있는 본인에 관한 개인신용정보의 범위는 다음의 요소를 모두 고려하여 정한다. 즉 "① 해당 신용정보주체(법령 등에 따라 그 신용정보주체의 신용정보를 처리하는 자를 포함한다)와 신용정보제공이용자 등 사이에서 처리된 개인신용정보로서 (i) 신용정보제공이용자 등이 신용정보주체로부터 수집한 정보, (ii) 신용정보주체가 신용정보제공이용자 등에게 제공한 개인신용정보, (iii) 신용정보주체와 신용정보제공이용자 등 사이의 권리·의무 관계에서 생성된 개인신용정보일 것, ② 컴퓨터 등 정보처리장치로 처리된 개인신용정보일 것, ③ 신용정보제공이용자 등이 개인신용정보를 기초로 별도로 생성하거나 가공한 신용정보가 아닐 것"이라는 요소를 고려해야 한다(법 제33조의2 제2항).

(3) 전송 요구의 거절 등

본인으로부터 개인신용정보의 전송 요구를 받은 신용정보제공이용자 등은 지체 없이 본인에 관한 개인신용정보를 컴퓨터 등 정보처리장치로 처리가 가능한 형태로 전송하여야 한다(법 제33조의2 제3항). 본인으로부터 개인신용정보의 전송 요구를 받은 신용정보제공이용자 등은 신용정보주체의 본인 여부가 확인되지 아니하는 경우 등에는 전송 요구를 거절하거나 전송을 정지·중단할 수 있다(법 제33조의2 제7항). 그리고 개인신용정보를 제공한 신용정보제공이용자 등은 개인신용정보의 전송 사실을 해당 신용정보주체 본인에게 통보하지 아니할 수 있다(법 제33조의2 제6항).

2. 개인신용정보 이용 및 제공 사실의 조회권

신용정보법은 신용정보주체에게 신용정보회사 등이 개인신용정보를 이용하거나 제공한 사실에 대한 조회를 할 수 있는 권리를 부여하고 있다(법 제35조). 즉 신용정보회사 등은 "① 개인신용정보를 이용한 경우에는 이용 주체, 이용 목적, 이용 날짜, 이용한 개인신용정보의 내용, ② 개인신용정보를 제공한 경우에는 제공 주체, 제공받은 자, 제공 목적, 제공한 날짜, 제공한 개인신용정보의 내용"을 신용정보주체가 조회할 수 있도록 하여야 한다(법 제35조 제1항 본문). 다만 내부 경영 관리의 목적으로 이용하거나 반복적인 업무 위탁을 위하여 제공하는 경우 등에는 조회할 수 있도록 할 필요가 없다(법 제35조 제1항 단서). 신용정보회사 등은 조회를 한 신용정보주체의 요청이 있는 경우에는 개인신용정보를 이용하거나 제공하는 때에 조회한 사항을 신용정보주체에게 통지하여야 한다(법 제35조 제2항). 신용정보회사 등은 신용정보주체에게 통지를 요청할 수 있음을 알려주어야 한다(법 제35조 제3항).

3. 개인신용정보의 교부·열람 및 정정 청구권

(1) 개인신용정보의 교부·열람권

개인신용정보주체는 신용정보회사 등에게 본인에 관한 신용정보의 교부 또는 열람을 청구할 수 있는 권리가 있다. 즉 개인신용정보주체는 신용정보회사 등에 본인의 신분을 나타내는 증표를 내보이거나 전화 또는 인터넷 홈페이지의 이용 등의 방법으로 본인임을 확인받아 신용정보회사 등이 가지고 있는 본인에 관한 신용정보의 교부 또는 열람을 청구할 수 있다(법 제38조 제1항).

(2) 개인신용정보 정정 청구권

1) 정정 청구 및 삭제 또는 정정 처리

자신의 신용정보를 열람한 개인신용정보주체는 본인 개인신용정보가 사실과 다른 경우에는 정정(訂正)을 청구할 수 있다(법 제38조 제2항). 정정 청구를 받은 신용정보회사 등은 정정 청구에 정당한 사유가 있다고 인정하면 지체 없이 해당 신용정보의 제공·이용을 중단한 후 사실 인지를 조사하여 사실과 다르거나 확인할 수 없는 개인신용정보는 삭제하거나 정정해야 한다(법 제38조 제3항). 개인신용정보를 삭제하거나 정정한 신용정보회사 등은 해당 개인신용정보를 최근 6개월 이내에 제공받은 자와 해당 신용정보주체가 요구하는 자에게 해당 개인신용정보에서 삭제하거나 정정한 내용을 알려야 한다(법 제38조 제4항).

2) 삭제 또는 정정 처리 결과에 대한 시정 요청

신용정보회사 등은 해당 개인신용정보를 삭제하거나 정정한 처리 결과를 7일 이내에 해당 신용정보주체에게 알려야 하며, 해당 신용정보주체는 처리 결과에 이의가 있으면 금융위원회에게 시정을 요청할 수 있다(법 제38조 제5항 본문). 다만 개인신용정보에 대한 상거래기업 및 법인의 처리에 대하여 이의가 있으면, 「개인정보 보호법」에 따라 설치된 개인정보보호위원회에 시정을 요청할 수 있다(법 제38조 제5항 단서). 금융위원회 또는 개인정보보호위원회는 시정 요청을 받으면 금융감독원장 또는 개인정보보호위원회가 지정한 자로 하여금 그 사실 여부를 조사하게 하고, 조사 결과에 따라 신용정보회사 등에 대하여 시정을 명하거나 그 밖에 필요한 조치를 할 수 있다(법 제38조 제6항). 신용정보회사 등이 금융위원회 또는 개인정보보호위원회의 시정 명령에 따라 시정조치를 한 경우에는 결과를 금융위원회 또는 개인정보보호위원회에 보고하여야 한다(법 제38조 제8항).

4. 신용 조회 사실의 통지 요청권

개인신용정보주체는 개인신용평가회사나 개인사업자신용평가회사에 대하여 본인의 개인신용정보가 조회되는 사실을 통지하여 줄 것을 요청할 수 있으며, 이 경우 신용정보주체는 금융위원회가 정하는 방식(신용정보업감독규정 제43조의2 제1항→시행령 제30조 제3항)에 따라 본인임을 확인받아야 한다(법 제38조의2 제1항). 통지 요청을 받은 개인신용평가회사 또는 개인사업자신용평가회사는 명의 도용 가능성 등에 해당하는 개인신용정보 조회가 발생한 때에는 해당 조회에 따른 개인신용정보의 제공을 중지하고 그 사실을 지체 없이 해당 신용정보주체에게 통지하여야 한다(법 제38조의2 제2항).

5. 개인신용정보의 삭제 요구권

(1) 의의

개인신용정보주체는 금융거래 등 상거래관계가 종료되고 일정한 기간이 경과한 경우에는 신용정보제공이용자에게 본인의 신용정보를 삭제해줄 것을 요구할 수 있다(법 제38조의3 제1항 본문).

(2) 예외

다음에 해당하는 경우에는 삭제를 요구할 수 없다. 즉 "① 신용정보법 또는 다른 법률에 따른 의무를 이행하기 위하여 불가피한 경우, ② 개인의 급박한 생명·신체·재산의 이익을 위하여 필요하다고 인정되는 경우, ③ 가명정보를 이용하는 경우로서 이용 목적, 가명처리의 기술적 특성, 정보의 속성 등을 고려하여 일정한 기간 동안 보존하는 경우, ④ 예금·보험금의 지급을 위한 경우나 보험사기자의 재가입 방지를 위한 경우, ⑤ 개인신용정보를 처리하는 기술의 특성 등으로 개인신용정보를 보존할 필요가 있는 경우"에는 삭제를 요구할 수 없다(법 제38조의3 제1항 단서, 시행령 제20조의2 제2항 제1호 내지 제3호).

(3) 통지 의무

신용정보제공이용자가 삭제 요구를 받았을 때에는 지체 없이 해당 개인신용정보를 삭제하고, 결과를 신용정보주체에게 통지해야 한다(법 제38조의3 제2항). 신용정보제공이용자는 위의 개인신용정보의 삭제를 요구할 수 없는 사유(시행령 제20조의2 제2항 제1호 내지 제3호)에 해당될 때에는 다른 개인신용정보와 분리하는 등 일정한 방법으로 관리하여야 하며, 결과를 신용정보주체에게 통지하여야 한다(법 제38조의3 제3항).

6. 신용정보의 무료 열람 권리

개인신용정보주체는 1년 이내로서 일정한 기간마다 개인신용평가회사(전문개인신용평가회사는 제외한다. 시행령 제34조 제2항)에 대하여 ① 개인신용평점과 ② 개인신용평점의 산출에 이용된 개인신용정보를 1회 이상 무료로 교부받거나 열람할 수 있다(법 제39조 제1항).

7. 채권 변동 정보의 교부 청구·열람권

대통령령이 정하는 신용정보제공이용자(은행, 증권회사, 보험회사 등 금융기관을 말한다. 시행령 제34조의2 제1항)는 개인신용정보주체와 일정한 금융거래로 인하여 발생한 채권을 취득하거나 제3자에게 양도하는 경우에는 해당 채권의 취득·양도·양수 사실에 관한 정보 및 그 밖에 신용정보주체의 보호를 위하여 필요한 정보를 종합신용정보집중기관에게 제공해야 하는데(법 제39조의2 제1항), 개인신용정보주체는 종합신용정보집중기관이 제공받아 보유하고 있는 본인에 대한 채권의 변동 정보를 교부받거나 열람할 수 있다(법 제39조의2 제2항). 종합신용정보집중기관은 제공받은 채권 변동 정보를 집중 관리·활용하는 정보와 분리하여 보관해야 한다(법 제39조의2 제3항).

8. 자동화 평가 결과에 대한 설명 요구권

(1) 의의

개인신용정보주체는 개인신용평가회사 등에 대하여 개인신용평가에 대한 자동화 평가 여부 및 평가 결과에 대한 설명을 해줄 것을 요구할 수 있고, 필요한 경우 평가 결과에 대한 재산출을 요구할 수 있는 권리가 있다(법 제36조의2). 2020년 2월 개정 신용정보법이 도입한 제도이다.

(2) 자동화 평가 여부에 대한 설명 요구

우선 개인신용정보주체는 개인신용평가 등에 대한 자동화 평가를 하는지 여부를 설명해줄 것을 요구할 수 있다. 즉 개인신용정보주체는 개인신용평가회사 및 대통령령이 정하는 일정한 신용정보제공이용자(은행, 증권회사, 보험회사 등 금융기관을 말한다. 시행령 제31조의2 제1항)에 대하여 "① 개인신용평가 행위, ② 대통령령이 정하는 일정한 금융거래(시행령 제31조의2 제2항)의 설정 및 유지 여부, 내용의 결정 행위(은행, 증권회사, 보험회사 등 대통령령이 정하는 신용정보제공이용자에 한정한다. 시행령 제31조의2 제3항→제1항), ③ 컴퓨터 등 정보처리장치로만 처리하면 개인신용정보 보호를 저해할 우려가 있는 행위" 등에 자동화 평가를 하는지 여부를 설명해줄 것을 요구할 수 있다(법 제36조의2 제1항). 자동화 평가를 하는 경우 "① 자동화 평가의 결과, ② 자동화 평가의 주요 기준, ③ 자동화 평가에 이용된 기초 정보의 개요"를 설명하여 줄 것을 요구할 수 있다(법 제36조의2 제1항).

(3) 자동화 평가 결과에 대한 이의 제기

개인신용정보주체는 자동화 평가 결과에 대하여 이의가 있는 경우에는 기초 정보에 대한 정정 또는 삭제 요구를 하거나 평가 결과의 재산출을 요구할 수 있다. 즉 개인신용정보주체는 개인신용평가회사 및 대통령령이 정하는 신용정보제공이용자(은행, 증권회사, 보험회사 등 금융기관을 말한다. 시행령 제31조의2 제1항)에 대하여 "① 해당 신용정보주체에게 자동화 평가 결과의 산출에 유리하다고 판단되는 정보의 제출을 요구하거나 ② 자동화 평가에 이용된 기초 정보의 내용이 정확하지 아니하거나 최신의 정보가 아니라고 판단되는 경우에 (i) 기초 정보를 정정하거나 삭제할 것을 요구하거나 (ii) 자동화 평가 결과를 다시 산출할 것을 요구"할 수 있다(법 제36조의2 제2항).

개인신용평가회사 및 대통령령이 정하는 신용정보제공이용자(은행, 증권회사, 보험회사 등 금융기관을 말한다. 시행령 제31조의2 제1항)는 ① 신용정보법 또는 다른 법률에 특별한 규정이 있거나 법령상 의무를 준수하기 위하여 불가피한 경우나 ② 해당 신용정보주체의 요구에 따르게 되면 금융거래 등 상거래관계의 설정 및 유지 등이 곤란한 경우에는 개인신용정보주체의 요구를 거절할 수 있다(법 제36조의2 제3항).

9. 연락 중지 요청권

(1) 의의

개인신용정보주체는 신용정보제공이용자에 대하여 상품이나 용역을 소개하거나 구매를 권유할 목적으로 본인에게 연락하는 것을 중지하도록 청구할 수 있다(법 제37조 제2항).

(2) 고지 의무

신용정보제공이용자는 서면, 전자문서 또는 구두에 의한 방법으로 연락 중지를 할 수 있는 권리의 내용과 행사 방법 등을 거래 상대방인 신용정보주체에게 고지하고, 거래 상대방이 연락 중지의 요구를 하면 즉시 이에 따라야 한다(법 제37조 제3항 전단). 이 때 구두에 의한 방법으로 이를 고지한 경우 추가적인 사후 고지 절차를 거쳐야 한다(법 제37조 제3항 후단). 신용정보제공이용자는 고지나 연락 중지의 의무를 이행하기 위한 절차를 갖추어야 한다(법 제37조 제4항). 신용정보제공이용자는 연락 중지의 청구에 따라 발생하는 전화 요금 등 금전적 비용을 신용정보주체가 부담하지 아니하도록 필요한 조치를 하여야 한다(법 제37조 제5항).

Ⅶ. 신용정보회사 등의 의무

1. 신용정보 활용 체제의 공시 의무

(1) 의의

신용정보법은 신용정보회사 등으로 하여금 신용정보 보호와 관리 등에 관한 사항을 공시하게 함으로써 신용정보회사 등이 신용정보를 제대로 보호하고 관리하고 있는지에 대하여 시장이 감시하도록 하고 있다.

(2) 공시 사항

개인신용평가회사, 개인사업자신용평가회사, 기업신용조회회사, 신용정보집중기관, 대통령령이 정하는 신용정보제공이용자(은행, 보험회사 등 금융기관을 말한다. 시행령 제27조 제1항)는 다음의 사항을 공시해야 한다(법 제31조 제1항).

즉 "① 신용정보 보호 및 관리에 관한 기본 계획, ② 관리하는 신용정보의 종류 및 이용목적, ③ 신용정보를 제공받는 자, ④ 신용정보주체의 권리의 종류 및 행사 방법, ⑤ 신용평가에 반영되는 신용정보의 종류, 반영 비중 및 반영 기간(개인신용평가회사, 개인사업자신용평가회사, 기업신용등급제공업무와 기술신용평가업무를 하는 기업신용조회회사에 한정한다), ⑥ 신용정보관리보호인의 성명 또는 신용정보 보호 업무 및 관련 고충 사항을 처리하는 부서의 명칭과 전화번호 등 연락처, ⑦ 인터넷 접속 정보 파일 등 신용정보를 자동으로 수집하는 장치의 설치·운영 및 그 거부"에 관한 사항이다(법 제31조 제1항). 공시 사항을 변경하는 경우에도 신용정보주체가 쉽게 확인할 수 있도록 공개하여야 한다(법 제31조 제2항).

2. 업무 목적 외 신용정보 누설 및 이용 금지 의무

(1) 의의

신용정보회사 등과 신용정보의 처리를 위탁받은 자의 임직원이거나 임직원이었던 자는 업무상 알게 된 타인의 신용정보 및 사생활 등 개인적 비밀을 업무 목적 외에 누설하거나 이용해서는 아니 된다(법 제42조 제1항). 다만 신용정보회사 등과 신용정보 처리 수탁자의 임직원이거나 임직원이었던 자가 신용정보법에 따라 신용정보회사 등에 신용정보를 제공하는 행위는 업무 목적 외의 누설이나 이용으로 보지 아니한다(법 제42조 제2항).

(2) 누설 금지 의무 위반 시 조치

누설 금지 의무를 위반하여 누설된 신용정보와 개인 비밀을 취득한 자(그로부터 누설된 개인 비밀을 다시 취득한 자를 포함한다)는, 그 신용정보와 개인 비밀이 누설 금지 의무를 위반하여 누설된 것임을 알게 된 경우, 그 신용정보와 개인 비밀을 타인에게 제공하거나 이용해서는 아니 된다(법 제42조 제3항).

(3) 개인신용정보의 타인 제공 금지

신용정보회사 등과 신용정보 처리 수탁자의 임직원이거나 임직원이었던 자로부터 개인신용정보를 제공받은 자는, 신용정보법 또는 다른 법률에 따라 제공이 허용되는 경우를 제외하고는, 그 개인신용정보를 타인에게 제공해서는 아니 된다(법 제42조 제4항).

3. 신용정보 누설 시 통지 의무

(1) 의의

신용정보회사 등은 신용정보가 업무 목적 외로 누설되었음을 알게 된 때에는 지체 없이 해당 신용정보주체에게 그 사실을 통지해야 한다(법 제39조의4 제1항 전단).

(2) 통지 사항

통지해야 하는 사항은 "① 유출된 신용정보의 항목, ② 유출된 시점과 그 경위, ③ 유출로 인하여 발생할 수 있는 피해를 최소화하기 위하여 신용정보주체가 할 수 있는 방법 등에 관한 정보, ④ 신용정보회사 등의 대응 조치 및 피해 구제 절차, ⑤ 신용정보주체에게 피해가 발생한 경우 신고 등을 접수할 수 있는 담당부서 및 연락처"이다(법 제39조의4 제1항 후단, 「개인정보 보호법」 제34조 제1항).

(3) 신용정보회사 등의 조치 의무

신용정보회사 등은 신용정보가 누설된 경우 피해를 최소화하기 위한 대책을 마련하고 필요한 조치를 해야 한다(법 제39조의4 제2항). 신용정보회사 등은 일정한 규모 이상의 신용정보(1만 명 이상의 신용정보주체의 개인신용정보)가 누설된 경우에 통지 및 조치 결과를 지체 없이 금융위원회 또는 대통령령으로 정하는 기관(금융감독원을 말한다. 시행령 제34조의4 제5항)에 신고해야 한다(법 제39조의4 제3항 전단, 시행령 제34조의4 제4항). 이 경우 금융위원회나 금융감독원은 피해 확산 방지와 피해 복구 등을 위한 기술을 지원할 수 있다(법 제39조의4 제3항 후단). 다만 상거래기업 및 법인은 개인정보보호위원회 또는 대통령령으로 정하는 기관(한국인터넷진흥원을 말한다. 시행령 제34조의4 제8항, 「개인정보 보호법」 제34조 제3항, 「개인정보 보호법 시행령」 제39조 제2항)에 신고해야 한다(법 제39조의4 제4항). 금융위원회나 금융감독원은 신용정보 누설 신고를 받은 때에는 이를 개인정보보호위원회에 알려야 한다(법 제39조의4 제5항). 금융위원회,

금융감독원, 개인정보보호위원회 또는 한국인터넷진흥원은 신용정보회사 등이 행한 조치에 대하여 조사할 수 있으며, 그 조치가 미흡하다고 판단되는 경우 금융위원회 또는 개인정보보호위원회는 시정을 요구할 수 있다(법 제39조의4 제6항).

4. 개인신용평점(신용점수) 하락 가능성 설명 의무

대통령으로 정하는 신용정보제공이용자(은행, 증권회사, 보험회사 등 금융기관을 말한다. 시행령 제30조의2 제1항)는 개인신용정보주체와 신용위험이 따르는 금융거래를 하는 경우 ① "해당 금융거래로 인하여 개인신용평가회사가 개인신용평점을 만들어 낼 때 해당 신용정보주체에게 불이익이 발생할 수 있다는 사실" 및 ② "그 밖에 해당 금융거래로 인하여 해당 신용정보주체에게 영향을 미칠 수 있는 사항으로서 대통령령으로 정하는 사항"을 해당 신용정보주체에게 설명해야 할 의무가 있다(법 제35조의2).

'대통령령으로 정하는 사항'은 "① 개인신용평점 하락 시 불이익 발생 가능성이 있는 금융거래 종류, ② 평균적으로 연체율이 높은 금융권역의 신용공여는 은행 등 다른 금융권역의 신용공여보다 신용점수가 더 큰 폭으로 하락할 수 있다는 사실, ③ 평균적으로 연체율이 높은 형태의 신용공여는 일반적인 신용공여보다 신용점수가 더 큰 폭으로 하락할 수 있다는 사실, ④ 그 밖에 해당 금융거래로 해당 신용정보주체에게 영향을 미칠 수 있는 사항으로서 금융위원회가 정하여 고시하는 사항"이다(시행령 제30조의2 제3항).

5. 신용정보제공이용자의 사전 통지 의무

대통령령으로 정하는 신용정보제공이용자(은행, 증권회사, 보험회사 등 금융기관, 공제조합 등, 상거래 기업 및 법인 등을 말한다. 시행령 제30조의3 제1항)가 신용정보주체의 신용도를 판단할 수 있는 정보를 개인신용평가회사, 개인사업자신용평가회사, 기업신용조회회사 또는 신용정보집중기관에 제공하여 그 업무에 이용하게 하는 경우에는 "① 채권자, ② 약정한 기일까지 채무를 이행하지 아니한 사실에 관한 정보로서 금액 및 기산일, 해당 정보 등록이 예상되는 날짜, ③ 정보 등록 시 개인신용평점이 하락하고 금리가 상승하는 등 불이익을 받을 수 있다는 사실(신용정보집중기관에 등록하는 경우에는 신용정보집중기관이 제3자에게 정보를 제공함으로써 신용정보주체가 불이익을 받을 수 있다는 사실을 포함한다)"을 신용정보주체 본인에게 통지하여야 한다(법 제35조의3 제1항).

6. 상거래 거절 근거의 신용정보 고지 의무

신용정보제공이용자가 개인신용평가회사, 개인사업자신용평가회사, 기업신용조회회사(기업정보조회업무만 하는 기업신용조회회사는 제외한다) 또는 신용정보집중기관으로부터 제공받은 신용정보에 근거하여 상대방과 상거래 관계 설정을 거절하거나 중지한 경우에는 해당 신용정보주체의 요구가 있으면 거절 또는 중지의 근거가 된 정보를 본인에게 고지해야 한다(법 제36조 제1항). 신용정보주체는 고지를 받은 본인 신용정보의 내용에 이의가 있으면 고지를 받은 날부터 60일 이내에 해당 신용정보를 수집·제공한 개인신용평가회사, 개인사업자신용평가회사, 기업신용조회회사(기업정보조회업무만 하는 기업신용조회회사는 제외한다) 또는 신용정보집중기관에게 그 신용정보의 정확성을 확인하도록 요청할 수 있다(법 제36조 제1항).

Ⅷ. 손해배상책임과 과징금 부과

신용정보법은 신용정보가 유출되어 손해를 입은 피해자를 구제하기 위해서 손해배상책임 제도를 규정하고 있으며, 더 나아가 신용정보 유출에 책임이 있는 신용정보회사 등에게 행정적 제재인 과징금 부과 제도를 규정하고 있다.

1. 손해배상책임

개인신용정보 유출 등으로 인하여 손해를 입은 피해자를 구제하기 위하여 신용정보법은 일반 손해배상책임 제도 이외에도 징벌적 손해배상책임 제도 및 법정 손해배상책임 제도를 두고 있다.[20]

(1) 일반 손해배상책임

신용정보회사 등과 그로부터 개인신용정보를 제공받은 자가 신용정보법을 위반하여 신용정보주체에게 손해를 가한 경우에는 해당 신용정보주체에 대하여 손해배상의 책임을 지도록 하고 있다(법 제43조 제1항). 다만 피해자가 가해자의 고의 또는 과실에 대한 입증이 어려움을 고려하여 고의 또는 과실이 없다는 점에 대한 입증 책임을 가해자인 신용정보회사 등이나 개인신용정보를 제공받은 자에게 지우고 있다(법 제43조 제1항). 이것은 「민법」에 따른 불법행위 책임이고(제750조), 다만 입증 책임만 전환시키고 있는 것이다. 그리고 신용정보법은 손해배상책임을 지는 자로서 개인신용정보 처리 수탁자를 규정하지 않고 있지만 수탁자도 포함된다고 보아야 할 것이다. 그 이유는 수탁자에 관한 조항인 법 제17조 제2항이 법 제43조의 손해배상책임과 관련하여 수탁자에게도 적용한다고 하고 있기 때문이다. 한편 수탁자가 피해를 입힌 경우에는 위탁자와 수탁자가 연대하여 손해배상책임을 진다(제43조 제6항).

20) 증거가 금융업자 등에 편제되어 있어 법령 위반 사실과 손해액을 입증하기가 어려워 손해배상 제도의 이용이 결코 쉽지 않다는 견해도 있다(정순섭(2017), 726면).

(2) 징벌적 손해배상책임

1) 도입 배경

신용정보법은 손해배상책임을 엄격하게 묻기 위하여 **신용정보회사 등이나 그 밖의 개인신용정보 이용자**(수탁자를 포함한다)**에 대한 징벌적**(punitive) **손해배상 제도를 도입**하고 있다.[21] 즉 **손해액의 5배 이내에서 손해배상책임**을 지도록 하고 있다(법 제43조 제2항). 2015년 개정 신용정보법이 도입한 제도이다. 2014년 신용카드회사의 개인신용정보 유출 사건으로 인하여 피해자의 구제를 보다 강화할 필요가 있다는 여론이 반영되어 입법화된 것이다. 실제 손해액 이외에 징벌적 의미의 추가적인 손해배상책임을 묻는 것은 신용정보 유출의 유인을 감소시킬 수 있다는 점에서 신용정보 유출 사고를 막기 위한 예방적인 기능을 하게 된다. 다만 과도한 손해 배상 부담으로 해당 신용정보회사 등이 파산에 이르게 함으로써 금융시장이 마비될 수도 있다는 점에서 손해액 인정에 신중을 기할 필요는 있다.[22]

2) 손해배상책임을 지는 자

징벌적 손해배상책임을 지는 자는 신용정보회사 등이나 그 밖의 개인신용정보 이용자(수탁자를 포함)가 해당되는데(법 제43조 제2항), 여기서 수탁자는 개인신용정보 이용자의 수탁자뿐만 아니라 신용정보회사 등의 수탁자도 포함된다고 보아야 할 것이다. 왜냐하면 신용정보회사 등도 업무 처리를 위탁할 수 있고, 이 경우 수탁자의 책임 문제가 발생할 수 있기 때문이다. 그리고 수탁자가 피해를 끼친 경우에는 신용정보법은 위탁자로 하여금 수탁자와 연대하여 손해배상책임을 지도록 하고 있어(법 제43조 제6항), 위탁자에게도 책임을 묻고 있다.

3) 손해배상책임 요건

손해배상책임이 커진 대신에 요건은 일반 손해배상책임보다 까다롭게 하고 있다. 즉 적용대상이 "고의 또는 중대한 과실로 신용정보법을 위반하여 개인신용정보가 누설되거나 분실·도난·누출·변조 또는 훼손되어 신용정보주체에게 피해를 입힌 경우"에 한한다(법 제43조 제2항). 일반 손해배상책임과 달리 경과실은 제외된다. 또한 일반 손해배상책임과 달리 개인신용정보에만 해당되고 기업이나 법인의 신용정보는 제외된다. 그리고 일반 손해배상책임의 경우와 마찬가지로 고의나 중과실에 대한 입증 책임은 가해자가 지도록 하고 있다. 즉 신용정보회사 등이나 그 밖의 개인신용정보 이용자(수탁자를 포함)가 고의나 중과실이 없었음을 증명해야 한다(법 제43조 제2항 단서).

한편 조문 해석상 유출된 사실 자체만으로도 설사 불특정 다수인이 개인신용정보를 이용

---

21) 징벌적 손해배상책임 제도는 2011년 「하도급거래 공정화에 관한 법률」에서 기술 자료 유용 행위(제12조의3 제3항)에 대하여 최초로 도입된 이후, 2013년 5월 부당한 하도급 대금 결정(제4조), 부당한 위탁의 취소(제8조), 부당 반품(제10조), 하도급대금의 감액(제11조) 등에 대해 확대 적용하고 있는 제도이다(제35조 제2항).

22) 고동원(2015), 43면.

할 가능성이 없어도 책임을 지게 된다고 볼 여지가 있어 검토할 필요가 있다. 즉 손해배상 요건으로서 개인신용정보가 유출되어 불특정 다수인이 그 정보에 접근할 수 있는 가능성이 있는 경우에만 한정하도록 입법적으로 명확하게 할 필요가 있다.[23] 도난, 분실, 변조, 훼손 등의 경우도 마찬가지이다. 도난 등의 사실 자체만으로도, 설령 불특정 다수인의 이용 가능성이 없어도, 요건에 해당한다고 볼 여지가 있는 것이다. 중한 징벌적 손해배상책임을 인정하는 대신에 요건을 강화할 필요가 있다. 물론 대법원이 손해 인정의 요건으로서 불특정 다수가 유출된 개인신용정보에 접근이 가능한 상태에 있는 경우에만 제한적으로 손해를 인정하고 있지만,[24] 법원에 맡겨두는 것보다 입법적으로 명확하게 하는 것이 바람직하다.[25] 이러한 제한은 일반 손해배상책임의 경우도 마찬가지로 적용되어야 할 것이다.

4) 손해의 범위

개인신용정보가 유출되었을 때 실제 발생한 손해는 어떻게 되는가? 유출 그 자체만으로도 손해 발생이 인정될 수 있을까? 「민법」은 재산적 손해 외에 정신적 손해도 인정하므로(제751조) 개인신용정보 유출로 인한 손해도 재산적 손해와 정신적 손해를 인정할 수 있을 것이다. 그런데 개인신용정보 유출 자체만으로 재산적 손해의 발생을 입증하기가 쉽지 않을 것이므로 개인신용정보 유출 사건의 경우에는 대부분 정신적 손해가 해당될 것이다. 법원도 개인신용정보가 유출된 그 자체만으로도 정신적 손해를 인정한 바 있는데, 개인신용정보의 유출 그 자체만으로도 「헌법」상의 사생활의 비밀을 보호받을 권리(제17조) 내지 그 하나의 내용으로서 개인정보 자기 결정권의 침해를 당하여 그로 인한 정신적 고통을 입었다고 보기 때문이다.[26] 다만, 앞서 본 것처럼, 법원은 유출이 되었더라도 불특정 다수가 유출된 개인신용정보에 접근이 가능한 상태에 있는 경우에만 제한적으로 손해를 인정하고 있다.[27] 유출된 개인신용정보를 이용할 수 있는 가능성이 없는 경우까지 사생활의 비밀이 침해되었다고 보기는 어렵기 때문에 타당하다고 본다.[28] 한편 재산적 손해가 인정되는 사례는 유출된 개인신용정보가 전화 금융사기(phishing)에 이용되어 피해를 입은 경우를 생각해볼 수 있다.

5) 손해배상액 산정 시 고려 사항

신용정보법은 법원이 징벌적 손해배상액을 산정할 때 의무적으로 고려하여야 하는 사항

23) 입법적 해결까지는 주장하고 있지는 않지만 그러한 취지의 주장은 허성욱(2009), 327면.
24) 대법원은 "원고들의 아이디와 비밀번호가 기록된 로그파일은 원고 등이 집에서 사용하는 개인용 컴퓨터에 생성 저장되었을 뿐이라는 것이고, 이에 따르면 원고들의 아이디와 비밀번호가 다른 사람에게 실제로 유출되었다고 볼 만한 자료가 없는 이 사건에서, 로그파일의 저장기간 및 유출 가능성 등에 비추어, 그와 같은 사정만으로는 원고들이 피고의 손해배상책임을 인정할 만한 정신적 고통을 입었다고 보기 어렵다고 할 것"이라고 하였다(대법원 2008. 8. 21. 선고 2007다17888 판결).
25) 고동원(2015), 44면.
26) 서울중앙지법 2006. 4. 28. 선고 2005가단240057 판결; 대법원 2008. 8. 21. 선고 2007다17888 판결.
27) 대법원 2008. 8. 21. 선고 2007다17888 판결.
28) 고동원(2015), 44면.

도 규정하고 있다(제43조 제3항). 즉 위반 행위로 인하여 입은 피해 규모, 고의 또는 손해 발생의 우려를 인식한 정도, 위반행위로 취득한 경제적 이익 등이 그 예이다(제43조 제3항 각 호).

(3) 법정 손해배상 청구

신용정보법은 **신용정보의 유출 등 신용정보법 위반 사유로 인해서 신용정보주체가 손해를 입은 경우 300만 원 이하의 범위에서 일정한 금액을 손해액으로 간주하여 손해배상을 청구할 수 있는 제도**를 두고 있다(법 제43조의2 제1항). 신용정보법은 이를 "**법정**(statutory) **손해 배상의 청구**"라고 하고 있다(법 제43조의2). 신용정보법 위반 사유로 인해서 신용정보주체에게 손해가 발생하였으나 피해자가 손해액을 입증하기가 어려운 점을 고려하여 손해액의 입증 없이 쉽게 손해배상 청구를 할 수 있도록 하고 있다. 즉 일반 손해배상 청구 대신에 법정 손해배상책임 제도를 이용할 수 있다. 손해배상 청구의 상대방은 신용정보회사 등이나 그로부터 신용정보를 제공받은 자이다(법 제43조의2 제1항). 그리고 고의나 과실에 대한 입증 책임은 가해자가 진다. 즉 신용정보회사 등이나 그로부터 신용정보를 제공받은 자가 고의나 과실이 없었음을 증명해야 한다(법 제43조의2 제1항 단서). 법원은 법정 손해배상 청구가 있는 경우에 변론 전체의 취지와 증거 조사의 결과를 고려하여 300만 원의 범위에서 상당한 손해액을 인정할 수 있다(법 제43조의2 제2항). 그리고 일반 손해배상 청구나 징벌적 손해배상 청구를 한 신용정보주체는 사실심(事實審)의 변론이 종결되기 전까지 그 청구를 법정 손해배상 청구로 변경할 수 있다(법 제43조의2 제2항).

(4) 손해배상책임의 이행 보장

신용정보법은 신용정보회사 등으로 하여금 일반 손해배상책임이나 징벌적 손해배상책임의 이행을 위하여 금융위원회가 정하는 기준에 따라 보험이나 공제에 가입하거나 준비금을 적립하도록 하고 있다(제43조의3). 대상이 되는 신용정보회사 등은 신용정보회사, 신용정보집중기관, 신용정보제공이용자인 은행 등 일정한 금융기관이다(시행령 제35조의9).

2. 행정적 제재로서 과징금 부과

(1) 의의

신용정보법은 행정적 제재로서 신용정보회사 등에 대한 과징금 제도를 규정하고 있다. 개인신용정보 유출 사고에 책임이 있는 신용정보회사 등에게 상당한 금액의 금전적 제재를 부과한다는 것을 미리 알림으로써 신용정보회사 등이 개인신용정보 유출 사고를 방지하기 위한 보다 다양한 보안 대책을 강구하는 효과가 있다는 점에서 필요한 제재 조치라고 할 것이다.

(2) 과징금 부과 대상자

과징금 부과 대상자는 신용정보회사 등이나 업무 처리 수탁자이다(제42조의2 제1항). 그런데 법 위반 행위의 주체는 신용정보회사 등이나 수탁자의 임직원인 경우도 있다(제42조의2 제1항 제2호).

(3) 과징금 부과 대상 행위

과징금 부과 대상 행위는 다음과 같다. “① 신용정보전산체계의 보안 관리 소홀로 개인신용정보를 분실·도난·누출·변조 또는 훼손당한 경우, ② 신용정보주체의 동의를 요하지 않는 통계 작성, 연구, 공익적 기록 보존 등을 위하여 가명정보를 제공하는 경우에 해당하지 아니함에도 신용정보주체의 동의를 받지 아니하고 개인신용정보를 제3자에게 제공한 경우 및 그 사정을 알면서도 영리 또는 부정한 목적으로 개인신용정보를 제공받은 경우, ③ 동의를 요하지 않고 개인신용정보를 제공할 수 있는 사유에 해당하지 아니함에도 개인신용정보를 이용한 경우, ④ 영리 또는 부정한 목적으로 특정 개인을 알아볼 수 있게 가명정보를 처리한 경우, ⑤ 신용정보회사 등과 업무 처리 수탁자의 임직원 또는 임직원이었던 자가 업무상 알게 된 타인의 개인신용정보 및 사생활 등 개인적 비밀을 업무 목적 외에 누설하거나 이용한 경우, ⑥ 불법 누설된 개인적 비밀임을 알고 있음에도 그 취득자가 그러한 개인 비밀 등을 타인에게 제공하거나 이용한 경우”이다(제42조의2 제1항).

①의 경우 신용정보회사 등이 신용정보전산체계의 보안 관리를 위하여 필요한 조치를 다 했는데도 외부 전산 침입자가 신용정보를 유출한 경우에도 과징금 부과 대상이 되는지가 문제될 수 있는데, 보안 대책을 규정대로 잘 수립하여 시행하고 있다면 보안 관리 의무 위반이 아니기 때문에 설령 신용정보가 유출되더라도 과징금을 부과할 수 없다고 보아야 할 것이다.

⑤의 경우 신용정보회사 등과 수탁자의 임직원이 위반 행위를 한 경우에 해당 신용정보회사 등과 수탁자가 과징금 부과 대상이 되는데, 임직원과 회사의 책임 관계는 「민법」에 따른 사용자 책임의 법리(제756조)가 적용되므로 해당 신용정보회사 등과 수탁자가 그 소속 임직원에 대한 사무 관리 감독 의무를 다 한 경우에는 과징금 부과 대상이 되지 않는 것으로 보아야 할 것이다. 그리고 수탁자의 임직원이 신용정보법 위반 행위를 하여 수탁자가 과징금 부과 대상이 되는 경우에 업무 위탁을 한 신용정보회사 등도 동시에 과징금 부과 대상이 되는지도 의문이 제기될 수 있지만, 해석상 위탁자가 수탁자의 선임에 있어서 과실이 있거나 수탁자에 대한 관리 감독을 소홀히 하는 등 귀책사유가 있는 경우에는 위탁자인 신용정보회사 등도 과징금 부과 대상이 된다고 보아야 할 것이다. 이는 「민법」에 따른 사용자 책임에서 “사용자가 피용자의 선임 및 사무 감독에 상당한 주의를 한 때 또는 상당한 주의를 하여도 손해가 있을 경우”에는 사용자의 면책이 허용된다는 규정(제756조 제1항 후단)에 비추어 볼 때, 위탁자와 수탁자의

관계에도 적용될 수 있기 때문이다.

(4) 과징금 부과 금액

과징금 부과 금액의 상한은 위반 행위와 관련된 전체 매출액의 3% 이하에 해당하는 금액인데, 다만 신용정보전산체계의 보안 관리 소홀로 신용정보가 유출된 경우에는 상한은 50억 원이다(제42조의2 제1항). 위반 행위와 관련된 매출액의 범위는 "해당 신용정보회사 등의 위반 행위와 관련된 신용정보를 이용한 사업 부문의 직전 3개 사업연도의 연평균 매출액"을 말한다(시행령 제35조의3 제1항). 다만 매출액이 없거나 매출액의 산정이 곤란한 경우에는 200억 원 이하의 과징금을 부과할 수 있다(제42조의2 제2항 단서). 그러한 경우는 ① 영업을 개시하지 아니하거나 영업을 중단하는 등의 사유로 영업 실적이 없는 경우이거나 ② 재해 등으로 인하여 매출액 산정 자료가 소멸되거나 훼손되는 등 객관적인 매출액의 산정이 곤란한 경우가 해당된다(시행령 제35조의3 제2항).

(5) 과징금 부과 결정

과징금 부과 결정 권한은 금융위원회 또는 개인정보보호위원회에 있다. 즉 금융위원회의 감독을 받는 신용정보회사 등과 수탁자에 대해서는 금융위원회가 과징금 부과 결정을 하고, 금융위원회의 감독을 받지 아니하는 신용정보제공이용자인 상거래기업 및 법인에 대해서는 개인정보보호위원회가 과징금 부과 결정을 한다(법 제42조의2 제1항). 과징금 부과를 결정할 때 위반행위의 내용 및 정도, 위반행위의 기간 및 횟수, 위반행위로 인하여 취득한 이익의 규모를 고려하여 산정한다(법 제42조의2 제3항).

제3절

신용정보업 등의 규제

이하에서는 신용정보를 관리하는 신용정보기관, 개인신용평가업 등 신용정보업, 그리고 감독 및 제재의 내용에 대하여 살펴본다.

Ⅰ. 신용정보관리기관

신용정보를 관리하는 기관으로는 신용정보집중기관, 본인신용정보관리회사, 데이터전문기관이 있다.

1. 신용정보집중기관

(1) 의의

신용정보집중기관은 "신용정보를 집중하여 수집·보관함으로써 체계적·종합적으로 관리하고, 신용정보회사 등 상호 간에 신용정보를 교환·활용하는 기관"을 말하며, 금융감독당국으로부터 허가를 받아야 한다(법 제25조 제1항).

(2) 종류

신용정보집중기관은 **종합신용정보집중기관과 개별신용정보집중기관**이 있다. 종합신용정보집중기관은 대통령령으로 정하는 금융기관(은행, 증권회사, 보험회사 등 금융기관 및 공제조합 등을 말한다. 시행령 제21조 제2항) 전체로부터 신용정보를 집중 관리·활용하는 신용정보집중기관을 말하며,[29] 개별신용정보집중기관은 대통령령으로 정하는 금융기관(은행, 증권회사, 보험회사 등 금융기관을 말한다. 시행령 제21조 제2항) 외의 같은 종류의 사업자가 설립한 협회[30] 등의 협약 등

29) 한국신용정보원이 있다.

에 따라 신용정보를 집중 관리·활용하는 신용정보집중기관을 말한다(법 제25조 제2항).

2015년 개정 전에는 민간 단체인 금융업협회가 종합신용정보집중기관(전국은행연합회) 내지 개별신용정보집중기관(생명보험협회, 손해보험협회, 금융투자협회, 여신전문금융업협회)의 역할을 수행했었는데, 민간 금융업협회가 신용정보집중기관의 역할을 하는 것은 중립성과 독립성에 문제가 있다고 보아 별도의 공적 신용정보집중기관 제도를 도입한 것이다.[31]

(3) 허가 요건

신용정보집중기관으로 허가를 받으려는 자는 다음의 요건을 갖추어야 한다. "① 「민법」에 따라 설립된 비영리법인일 것, ② 신용정보를 집중관리·활용하는 데 있어서 공공성과 중립성을 갖출 것, ③ 일정한 시설·설비 및 인력을 갖출 것"이다(법 제25조 제3항). 신용정보집중기관은 신용정보공동전산망을 구축할 수 있으며, 공동전산망에 참여하는 자는 유지·관리 등에 필요한 협조를 하여야 하는데, 이 경우 신용정보집중기관은 「전기통신사업법」에 따른 전기통신사업자이어야 한다(법 제25조 제6항).

(4) 종합신용정보집중기관의 업무

1) 신용정보집중관리위원회

종합신용정보집중기관은 집중되는 신용정보의 정확성·신속성을 확보하기 위하여 내부 최고 의사결정기관인 신용정보집중관리위원회가 정하는 바에 따라 신용정보를 제공하는 금융기관(은행, 증권회사, 보험회사 등 금융기관 및 공제조합 등을 말한다. 시행령 제21조 제2항)의 신용정보 제공 의무 이행 실태를 조사할 수 있다(법 제25조 제5항).

2) 업무

종합신용정보집중기관의 업무는 다음과 같다. "① 대통령령이 정하는 금융기관(은행, 증권회사, 보험회사 등 금융기관을 말한다. 시행령 제21조 제2항) 전체로부터 신용정보의 집중 관리·활용 업무, ② 공공기관으로부터 수집한 신용정보의 집중 관리·활용 업무, ③ 신용정보주체가 금융기관에게 지고 있는 채무의 양도 및 양수 등 채무 변동 정보를 교부하거나 열람하게 하는 업무, ④ 공공 목적의 조사 및 분석 업무, ⑤ 신용정보의 가공·분석 및 제공 등과 관련하여 대통령령으로 정하는 업무, ⑥ 개인신용평가체계검증위원회의 운영 업무, ⑦ 신용정보법 및 다른 법률에서 종합신용정보집중기관이 할 수 있도록 정한 업무, ⑧ 그 밖의 대통령령으로 정하는 업무"이다(법 제25조의2 제1항).

⑤에서 '대통령령으로 정하는 업무'는 "(i) 신용정보를 활용하여 통계작성, 연구, 공익적 기

30) 한국정보통신진흥협회 등이 있다.

31) 노태석(2014), 123면.

록보존 등의 목적을 위하여 가명처리 또는 익명처리한 정보로 제공하는 업무, (ii) 신용정보의 상호 교환 대상자로부터 위탁받은 조사 및 분석 업무, (iii) 신용정보의 이용에 관한 컨설팅 업무"이다(시행령 제21조의2 제1항).

⑧에서 '대통령령으로 정하는 업무'는 "(i) 신용정보와 관련한 교육·홍보·출판 업무, (ii) 기술신용정보를 만들어 내는 데에 필요한 기술에 관한 정보의 수집·조사 및 처리, (iii) 신용정보주체가 동의 내역 등을 관리할 수 있도록 지원하는 업무, (iv) 신용정보주체 식별, 전송요구 권리행사 현황 관리, 개인신용정보의 전송(중계기관을 통한 전송을 포함한다) 요구가 원활히 운영될 수 있도록 지원하는 업무, (v) 신용정보의 표준화에 관한 업무, (vi) 그 밖에 금융위원회가 정하여 고시하는 업무"이다(시행령 제21조의2 제2항).

(5) 신용정보집중기관의 공공기관에 대한 공공정보 제공 요청

1) 의의

신용정보집중기관은 공공기관으로부터 직접 공공기관이 보유하고 있는 신용정보를 제공받을 수 있다(법 제23조 제2항). 공공기관은 국가나 지방자치단체 또는 대통령령이 정하는 공공단체(「공공기관의 운영에 관한 법률」 제4조에 따른 공공기관 등을 말한다. 시행령 제19조 제1항)를 말한다(법 제23조 제2항). 즉 신용정보집중기관이 공공기관의 장에게 신용정보주체의 신용도·신용거래능력 등의 판단에 필요한 신용정보로서 '대통령령으로 정하는 신용정보'의 제공을 요청하면 그 요청을 받은 공공기관의 장은 「공공기관의 정보공개에 관한 법률」이나 「개인정보 보호법」 등 관련 법률에도 불구하고 해당 신용정보집중기관에게 그러한 공공정보를 제공할 수 있다(법 제23조 제2항).

2) 공공정보의 범위

'대통령령으로 정하는 신용정보'인 공공(公共)정보는 ① 고용보험, 산업재해보상보험, 국민건강보험 및 국민연금에 관한 정보로서 보험료 납부 정보, ② 전기사용에 관한 정보로서 전력사용량 및 전기요금 납부 정보, ③ 정부 납품 실적 및 납품액, ④ 사망자 정보, 주민등록번호 및 성명 변경 정보, ⑤ 국외 이주신고 및 이주포기신고의 정보, ⑥ 공공기관이 보유하고 있는 신용정보로서 관계 법령에 따라 신용정보집중기관에 제공할 수 있는 신용정보, ⑦ 사회적기업, 협동조합 및 사회적협동조합, 자활기업, 마을기업 등의 인증·인가·인정·지정·등록 등의 여부에 관한 정보 등이다(시행령 제19조 제2항).

3) 제공받은 공공정보를 신용정보의 이용자에게 제공 가능

신용정보집중기관은 제공받은 공공정보를 대통령령이 정하는 "신용정보의 이용자"에게 제공할 수 있다(제23조 제3항). '대통령령이 정하는 신용정보의 이용자'는 은행 등 금융기관뿐만 아니라 개인신용평가회사, 개인사업자신용평가회사, 기업신용조회회사(기업정보조회업무만을 하는 기업신용조회회사는 제외한다) 등을 포함한다(시행령 제19조 제6항). 즉 **개인신용평가회사 등은 공공기관으로부터 직접 공공정보를 받을 수 없고, 신용정보집중기관을 통해 받을 수 있는 것**이다. 이 경우 공공정보 중 개인신용정보를 제공받는 신용정보의 이용자는 해당 개인으로부터 정보 제공과 이용에 대한 동의를 얻었는지를 확인해야 할 의무가 있다(법 제23조 제4항 본문). 다만 개인신용정보 제공에 대한 동의가 필요 없는 경우(법 제32조 제6항 각 호의 사항)에는 확인할 필요가 없다(법 제23조 제4항 단서).

2015년 개정 전에는 개인신용평가회사 등도 공공기관으로부터 직접 공공정보를 받을 수 있었는데(개정 전 제23조 제1항), 개정법은 민간 회사인 개인신용평가회사 등이 공공기관의 정보를 취급하는 것이 적당하지 않다고 보고 개인신용평가회사 등이 공공기관으로부터 직접 공공정보를 제공받는 것을 금지한 것으로 이해된다.

그런데 반드시 그럴 필요가 있는지는 의문이다. 전기료, 수도료, 건강보험료 등의 납부 내역 등 긍정적인 공공정보가 개인의 신용 평가에 긍정적으로 작용한다는 점을 고려한다면 민간 개인신용평가회사 등이 이러한 공공정보를 적극적으로 이용하는 것이 필요하고, 그렇다면 민간 개인신용평가회사 등이 공공정보에 보다 쉽게 접근할 수 있도록 하는 것이 더 필요하다. 신용정보집중기관을 통하여 공공정보를 얻게 된다면 업무의 효율이 떨어진다. 미국이나 영국 등 선진국에서는 공공정보의 민간 활용이 활발하게 이루어지고 있고, 민간 개인신용평가회사 등이 직접 공공기관에게 공공정보의 이용을 신청할 수 있다는 점[32]을 고려하면, 우리도 개인신용평가회사 등이 직접 공공기관으로부터 공공정보를 제공받을 수 있도록 할 필요가 있다.

4) 개인공공정보를 제공받는 자의 동의 여부 확인 의무

신용정보집중기관으로부터 공공정보를 제공받은 신용정보의 이용자(즉 개인신용평가회사 등)는 제공받은 공공정보 중 개인신용정보를 타인에게 제공할 수 있는데, 이 경우에는 개인신용정보를 제공받으려는 자가 해당 개인으로부터 신용정보 제공과 이용에 대한 동의를 받았는지를 확인하여야 한다(법 제23조 제4항 본문). 다만 개인신용정보 제공에 대한 동의가 필요 없는 경우(법 제32조 제6항 각 호의 사항)에는 동의 여부를 확인할 필요가 없다(법 제23조 제4항 단서).

5) 개인공공정보를 제공받은 자의 제3자 제공 금지

신용정보의 이용자인 개인신용평가회사 등으로부터 공공정보 중 개인신용정보를 제공받은 자는 그 개인신용정보를 다시 제3자에게 제공하는 것은 금지된다(법 제23조 제5항). 공공정보인 개인신용정보가 남용되어 사용되는 것을 방지하기 위한 목적이다.

---

32) 고동원·권영준(2011), 267~272면.

2. 본인신용정보관리회사

(1) 의의

본인신용정보관리업이란 "**개인인 신용정보주체의 신용관리를 지원하기 위하여** 다음의 전부 또는 일부의 **개인신용정보를 통합하여 그 신용정보주체에게 제공하는 행위를 영업으로 하는 것**"을 말한다(법 제2조 제9호의2). 그러한 정보는 "① 대출이나 보증 등 신용공여 거래 정보, 신용카드·시설대여 및 할부금융 거래 정보, 금융실명법에 따른 금융거래 정보, ② 「보험업법」에 따른 보험상품의 종류, 기간, 보험료 등 보험계약에 관한 정보와 보험금의 청구 및 지급에 관한 정보, ③ [자본시장법]에 따른 금융투자상품의 종류, 발행·매매 명세, 수수료·보수 등에 관한 정보, ④ 「상법」에 따른 상행위에 따른 상거래의 종류, 기간, 내용, 조건 등에 관한 정보"이다.

본인신용정보관리회사란 본인신용정보관리업에 대하여 금융감독당국으로부터 허가를 받은 자를 말한다(법 제2조 제9호의3). 즉 개인신용정보를 통합 관리하여 해당 개인에게 제공하는 것을 영업으로 하는 회사를 말한다. 예를 들어, 본인의 대출, 예금, 보험 거래 등의 정보를 취합하여 어떤 금융상품에 투자하는 것이 좋은 지에 대한 정보를 제공하거나 어떤 대출 상품을 선택하면 좋은 지에 대한 정보를 제공하는 것을 말한다.

(2) 허가 요건

허가 요건은 ① 본인신용정보관리업을 하기에 충분한 전산설비 등 물적 시설을 갖출 것, ② 사업계획이 타당하고 건전할 것, ③ 대주주가 충분한 출자능력, 건전한 재무상태 및 사회적 신용을 갖출 것, ④ 임원이 지배구조법 제5조의 요건을 충족할 것, ⑤ 본인신용정보관리업을 하기에 충분한 전문성을 갖출 것, ⑥ 자본금 또는 기본재산이 5억 원 이상일 것이다(법 제6조 제1항).

(3) 겸영 업무

본인신용정보관리회사는 겸영 업무로서 자본시장법에 따른 투자자문업 또는 투자일임업 중에서 신용정보주체의 보호 및 건전한 신용질서를 저해할 우려가 없는 업무(전자적 투자조언 장치를 이용한 투자자문업 또는 투자일임업을 말한다. 시행령 제11조 제5항) 및 신용정보업 등 대통령령으로 정하는 업무를 영위할 수 있다(법 제11조 제6항, 시행령 제11조 제6항). '대통령령으로 정하는 업무'는 "(i) 「전자금융거래법」 제28조에 따른 전자금융업, (ii) [금융소비자법] 제2조 제4호에 따른 금융상품자문업, (iii) 신용정보업, (iv) 금융관계법률에 따라 허가·인가·등록 등을 받아 영업 중인 금융기관의 경우 해당 법령에서 허용된 고유·겸영·부대 업무, (v) 비금융법률이 금지하지 않는 업무(비금융법률에 따라 행정관청의 인가·허가·등록 및 승인 등의 조치가 있는 경우 할 수 있는 업무로서 해당 행정관청의 인가·허가·등록 및 승인 등의 조치가 있는 경우를 포함한다), (vi) 대출의 중개 및 주선 업무(은행의 신용공여 거래 등 금융 거래의 확정 금리·한도를 비교·분석하고 판매를 중개하는 업무를 말한다), (vii) 그 밖에 금융위원회가 정하여 고시하는 업무"이다(시행령 제11조 제6항).

(4) 부수 업무

본인신용정보관리회사는 부수 업무로서 "① 해당 신용정보주체에게 제공된 본인의 개인신용정보를 기초로 그 본인에게 하는 데이터 분석 및 자문 업무, ② 신용정보주체 본인에게 자신의 개인신용정보를 관리·사용할 수 있는 계좌를 제공하는 업무, ③ 신용정보제공이용자에 대한 개인신용정보 전송 요구, 상거래 거절 근거 개인신용정보의 고지 요구, 개인신용평가 등의 자동화 평가 결과에 대한 설명 및 이의제기 요구, 개인신용정보 동의 철회 및 연락 중지 청구, 개인신용정보 열람 및 정정 청구, 신용조회 사실의 통지 요청, 개인신용정보 무료 열람 신청, 신용정보주체의 금융기관에 대한 채무 양도나 양수 등 채무 변경 정보의 교부 및 열람 청구 등의 권리를 대리 행사하는 업무, ④ 신용정보주체 보호 및 건전한 신용질서를 저해할 우려가 없는 업무로서 대통령령으로 정하는 업무"를 영위할 수 있다(법 제11조의6 제6항, 시행령 제11조의2 제4항). '대통령령으로 정하는 업무"는 "(i) 금융상품에 대한 광고, 홍보 및 컨설팅 업무, (ii) 본인신용정보관리업과 관련된 연수, 교육 및 출판, 행사기획 등 업무, (iii) 본인신용정보관리업과 관련된 연구·조사 용역 및 상담 업무, (iv) 본인인증 및 신용정보주체의 식별확인 업무, (v) 그 밖에 금융위원회가 정하여 고시하는 업무"이다(시행령 제11조의2 제4항).

(5) 행위 규칙

1) 금지 행위

본인신용정보관리회사는 ① 개인신용정보주체에게 개인신용정보의 전송 요구를 강요하거나 부당하게 유도하는 행위 및 ② 신용정보주체의 보호 또는 건전한 신용질서를 저해할 우려가 있는 행위를 하는 것이 금지된다(법 제22조의9 제1항).

2) 내부관리규정 제정 의무

본인신용정보관리회사는 투자자문업이나 투자일임업 등의 겸영 업무와 개인신용정보 전송 요구 권리 등의 대리 행사 업무 등의 부수 업무를 수행하는 과정에서 개인신용정보주체와 본인신용정보관리회사 사이에 발생할 수 있는 이해상충을 방지하기 위한 내부관리규정을 마련하여야 한다(법 제22조의9 제2항).

3) 접근수단의 직접 보관 등의 방법에 의한 개인신용정보 수집 금지

본인신용정보관리회사는 다음의 접근수단을 '대통령령이 정하는 방식'으로 사용·보관함으로써 신용정보주체에게 교부할 개인신용정보를 수집해서는 아니 된다(법 제22조의9 제3항). **접근수단**이라 함은 ① 대통령령이 정하는 신용정보제공이용자(은행, 증권회사, 보험회사 등 금융기관, 전자금융업자, 신용정보회사, 본인신용정보관리회사 및 채권추심회사 등을 말한다. 시행령 제18조의6 제4항)나 「개인정보 보호법」에 따른 일정한 공공기관 또는 본인신용정보관리회사가 선정하여 사용·관리하는 신용정보주체 본인에 관한 수단으로서 「전자금융거래법」에 따른 접근매체 수단이나 ② 신용정보주체가 신용정보회사 등에 본인의 신분을 나타내는 증표를 내보이거나, 전화 또는 정보게시판(인터넷 홈페이지) 등을 이용하여 본인임을 확인받은 방법을 말한다(법 제22조의9 제3항 제1호, 제2호, 시행령 제18조의6 제6항).

'대통령령이 정하는 방식'이란 접근수단을 다음의 어느 하나에 해당하는 방법을 통해 위임·대리·대행, 그 밖에 이와 유사한 방식으로 신용정보주체의 이름으로 열람하는 것을 말한다(시행령 제18조의6 제3항). 즉 "① 접근수단을 직접 보관하는 방법, ② 개인인 신용정보주체의 접근수단에 접근할 수 있는 권한을 확보하는 방법, ③ 접근수단에 대한 지배권, 이용권 또는 접근권 등을 사실상 확보하는 방법, ④ 그 밖에 ①부터 ③까지의 규정에 따른 방법과 유사한 방법으로서 금융위원회가 정하여 고시하는 방법"을 말한다(시행령 제18조의6 제3항 제1호 내지 제4호).

4) 안전한 전송 방식의 사용

대통령령이 정하는 신용정보제공이용자(은행, 증권회사, 보험회사 등 금융기관, 전자금융업자, 신용정보회사, 채권추심회사 등을 말한다. 시행령 제18조의6 제4항)와 대통령령이 정하는 공공기관 또는 본인신용정보관리회사는 개인신용정보주체가 본인신용정보관리회사에게 본인에 관한 개인신용정보의 전송을 요구하는 경우에는 정보 제공의 안전성과 신뢰성이 보장될 수 있는 방식으로 해당 개인신용정보를 본인신용정보관리회사에게 직접 전송하여야 한다(법 제22조의9 제4항). 다만 신용정보제공이용자, 공공기관 또는 본인신용정보관리회사의 규모, 금융거래 등 상거래의 빈도 등을 고려하여 대통령령으로 정하는 경우(자산 규모, 관리하고 있는 개인신용정보의 수, 시장 점유율, 외부 전산시스템 이용 여부 등을 말한다. 시행령 제18조의6 제8항)에는 해당 신용정보제공이용자, 공공기관 또는 본인신용정보관리회사는 중계기관인 종합신용정보집중기관이나 금융결제원 등을 통하여 본인신용정보관리회사에게 개인신용정보를 전송할 수 있다(법 제22조의9 제5항, 시행령 제18조의6 제9항).

5) 비용 부담

신용정보제공이용자, 공공기관 또는 본인신용정보관리회사는 개인신용정보를 해당 본인신용정보관리회사에게 정기적으로 전송할 경우에는 필요한 범위에서 최소한의 비용을 전송받는 본인신용정보관리회사가 부담하도록 할 수 있다(법 제22조의9 제6항).

(6) 임원의 자격 요건

본인신용정보관리회사의 임원에 관하여는 임원의 자격 요건을 규정하고 있는 지배구조법 제5조를 준용한다(법 제22조의8). 그러한 요건은 임원의 결격 요건을 말하는데, 미성년자·피성년후견인 또는 피한정후견인, 파산선고를 받고 복권(復權)되지 아니한 사람, 일정한 형사 처벌을 받아 집행이 끝나거나 집행이 면제된 날부터 5년이 지나지 아니한 사람, 금융감독당국으로부터 일정한 중한 제재 조치를 받아 3년 내지 5년이 경과하지 아니한 사람 등이 해당한다.

3. 데이터전문기관

(1) 의의

데이터전문기관은 정보집합물의 결합 및 익명처리의 적정성 평가를 전문적으로 수행하는 법인 또는 기관으로서 금융위원회가 지정한 자를 말한다(법 제26조의4 제1항). 데이터전문기관은 ① 신용정보회사 등이 보유하는 정보집합물과 제3자가 보유하는 정보집합물 사이의 결합 및 전달 업무와 ② 신용정보회사 등의 익명처리에 대한 적정성 평가 업무를 수행한다(법 제26조의4 제2항).

(2) 적정성평가위원회 설치

데이터전문기관은 익명처리에 대한 적정성 평가 업무를 전문적으로 수행하기 위하여 필요하면 적정성평가위원회를 둘 수 있다(법 제26조의4 제3항).

(3) 위험관리 체계 마련 의무

데이터전문기관은 ① 정보집합물 간의 결합 및 전달 업무와 익명처리의 적정성 평가 업무를 함께 수행하는 경우 및 ② ①의 업무와 신용정보법 및 다른 법령에 따른 업무를 함께 수행하는 경우는 위험관리 체계를 마련하여야 한다(법 제26조의4 제4항).

Ⅱ. 신용정보업

1. 개관

신용정보법은 신용정보에 관련되는 영업, 즉 신용정보업에 대하여도 규정하고 있다. 2020년 2월 신용정보법 개정 전에는 신용정보업이 신용조회업, 신용조사업, 채권추심업으로 구분되어 있었는데, 개정 신용정보법은 신용조회업을 세분화 하여 개인신용평가업, 개인사업자신용평가업, 기업신용조회업으로 나누었으며, 신용조사업은 그대로 유지하고, 채권추심업이 신용정보업의 성격에 맞지 않는다는 점을 고려하여 신용정보업에서 제외하였다(법 제2조 제4호). 신용정보업을 영위하려면 일정한 자격 요건을 충족하여 금융감독당국으로부터 허가를 받아야 한다(법 제4조 제2항). 신용정보업 허가를 받은 회사를 **신용정보회사**라고 한다(법 제4조 제5호).

2. 개인신용평가업

(1) 의의

개인신용평가업이란 "개인의 신용을 판단하는 데 필요한 정보를 수집하고 개인의 신용상태를 평가하여 그 결과(개인신용평점을 포함)를 제3자에게 제공하는 행위를 영업으로 하는 것"을 말하며(법 제2조 제8호), 금융감독당국으로부터 허가를 받은 자를 개인신용평가회사라고 한다. 개인신용평가회사에는 **전문개인신용평가회사**도 있는데, 대통령령으로 정하는 금융거래에 관한 개인신용정보(즉 신용정보주체의 거래내용을 판단할 수 있는 정보 중 금융거래와 관련된 개인신용정보 또는 신용정보주체의 신용도를 판단할 수 있는 정보 중 금융거래와 관련된 개인신용정보 등을 말한다. 시행령 제5조 제1항) 및 종합신용정보집중기관이 집중 관리·활용하는 개인신용정보를 제외한 개인신용정보만 처리하는 개인신용평가회사를 말한다(법 제5조 제1항 단서). 예를 들어, 이동통신회사가 휴대전화 요금 납부나 연체 실적 등을 기반으로 개인신용평가를 하는 것을 생각할 수 있다.

(2) 허가 요건

개인신용평가업의 허가를 받을 수 있는 자는 일정한 요건을 충족하는 자로 제한되어 있다. 전문개인신용평가업을 제외한 개인신용평가업의 허가를 받을 수 있는 자는 "① 대통령령으로 정하는 금융기관(은행, 증권회사, 보험회사 등 금융기관을 말한다. 시행령 제5조 제2항) 등이 100분의 50 이상을 출자한 법인, ② 「신용보증기금법」에 따른 신용보증기금, ③ 「기술보증기금법」에 따른 기술보증기금, ④ 「지역신용보증재단법」에 따라 설립된 지역신용보증재단, ⑤ 「무역보험법」에 따라 설립된 한국무역보험공사, ⑥ 신용정보업이나 채권추심업의 전부 또는 일부를 허가받은 자가 100분의 50 이상을 출자한 법인(다만 출자자가 출자를 받은 법인과 같은 종류의 업을 하는 경우는 제외한다)"에 한한다(법 제5조 제1항). 따라서 전문개인신용평가업을 영위하기 위한 허가를 받을 때는 위의 ①에서 ⑥의 요건을 충족할 필요가 없게 된다.

이외에도 "① 개인신용평가업을 영위하기에 충분한 인력과 전산 설비 등 물적 시설을 갖추어야 하고, ② 사업계획이 타당하고 건전해야 하며, ③ 대주주가 충분한 출자능력, 건전한 재무상태 및 사회적 신용을 갖추어야 하며, ④ 개인신용평가업을 영위하기 위한 전문성을 갖추어야 하며, ⑤ 임원은 일정한 자격 요건을 갖추어야 하며, ⑥ 자본금 또는 기본재산도 50억 원 이상"이어야 한다(법 제6조 제1항, 제2항). 다만 전문개인신용평가업을 영위하려는 경우에는 자본금 또는 기본재산은 처리하려는 개인신용정보의 범위에 따라 5억 원 또는 20억 원 이상이어야 한다(법 제6조 제2항 제1호 단서).

(3) 겸영 업무

개인신용평가회사의 겸영 업무는 ① 개인신용평가업 외의 신용정보업, ② 채권추심업, ③ 「정보통신망 이용촉진 및 정보보호 등에 관한 법률」에 따른 본인확인기관의 업무, ④ 본인신용정보관리업 등 대통령령으로 정하는 업무이다(법 제11조 제2항, 시행령 제11조 제1항). 겸영 업무를 영위하려면 미리 금융감독당국에 신고하면 된다(법 제11조 제1항).

(4) 부수 업무

개인신용평가회사도 개인신용평가업에 부수하는 업무를 금융감독당국에 미리 신고하여 영위할 수 있는데(법 제11조의2 제1항), 부수 업무는 다음과 같다. "① 새로이 만들어 낸 개인신용평점, 그 밖의 개인신용평가 결과를 신용정보주체 본인에게 제공하는 업무, ② 개인신용정보나 이를 가공한 정보를 본인이나 제3자에게 제공하는 업무, ③ 가명정보나 익명처리한 정보를 이용하거나 제공하는 업무, ④ 개인신용정보, 그 밖의 정보를 기초로 하는 데이터 분석 및 자문 업무, ⑤ 개인신용정보 관련 전산처리체계, 솔루션(solution) 및 소프트웨어(개인신용평가 및 위험관리 모형을 포함한다) 개발 및 판매 업무, ⑥ 본인인증 및 신용정보주체의 식별확인 업무 등 대통령령으로 정하는 업무"이다(법 제11조의2 제2항, 시행령 제11조의2 제1항).

3. 개인사업자신용평가업

(1) 의의

개인사업자신용평가업이란 "개인사업자의 신용을 판단하는 데 필요한 정보를 수집하고 개인사업자의 신용 상태를 평가하여 그 결과를 제3자에게 제공하는 행위를 영업으로 하는 것"을 말한다(법 제2조 제8호의2 본문). 다만 자본시장법에 따라 기업이나 기업이 발행한 증권에 대한 신용평가 행위를 영업으로 하는 신용평가업은 제외한다(법 제2조 제8호의2 단서). 금융감독당국으로부터 허가를 받은 자를 개인사업자신용평가회사라고 한다.

(2) 허가 요건

개인사업자신용평가업 허가를 받을 수 있는 자도 일정한 요건을 충족하는 자로 제한되어 있는데, "① 개인신용평가회사(전문개인신용평가회사를 제외한다), ② 기업신용등급제공업무를 하는 기업신용조회회사, ③ 「여신전문금융업법」에 따른 신용카드업자, ④ 대통령령으로 정하는 금융기관(은행, 증권회사, 보험회사 등 금융기관을 말한다. 시행령 제5조 제2항) 등이 100분의 50 이상을 출자한 법인, ⑤ 신용정보업이나 채권추심업의 전부 또는 일부를 허가받은 자가 100분의 50 이상을 출자한 법인(다만 출자자가 출자를 받은 법인과 같은 종류의 업을 하는 경우는 제외한다)"에 한한다(법 제5조 제2항). 이외에도 자본금 또는 기본재산이 50억 원 이상이 되어야 하는 등 개인신용평가업 허가 요건과 같은 허가 요건이 적용된다(법 제6조 제1항, 제2항).

(3) 겸영 업무

개인사업자신용평가회사의 겸영 업무는 "① 개인사업자신용평가업 외의 신용정보업, ② 채권추심업, ③ 「정보통신망 이용촉진 및 정보보호 등에 관한 법률」에 따른 본인확인기관의 업무"이다(법 제11조 제3항, 시행령 제11조 제2항). 겸영 업무를 영위하려면 미리 금융감독당국에 신고하면 된다(법 제11조 제1항).

(4) 부수 업무

개인사업자신용평가회사도 부수 업무를 영위하려면 미리 금융감독당국에 신고해야 하며(법 제11조의2 제1항), 부수 업무는 다음과 같다. "① 새로이 만들어 낸 개인사업자의 신용상태에 대한 평가의 결과를 해당 개인사업자에게 제공하는 업무, ② 개인사업자에 관한 신용정보나 이를 가공한 정보를 해당 개인사업자나 제3자에게 제공하는 업무, ③ 가명정보나 익명정보를 이용하거나 제공하는 업무, ④ 개인사업자에 관한 신용정보, 그 밖의 정보를 기초로 하는 데이터 분석 및 자문 업무, ⑤ 개인사업자신용정보 관련 전산처리체계, 솔루션(solution) 및 소프트웨어(개인사업자의 신용상태에 대한 평가 및 위험관리 모형을 포함한다) 개발 및 판매 업무"이다(법 제11조의2 제3항).

4. 기업신용조회업

(1) 의의

기업신용조회업이란 "① 기업정보조회 업무, ② 기업신용등급 제공 업무, ③ 기술신용평가 업무를 영업으로 하는 것"을 말한다(법 제2조 제8호의3 본문). 다만 자본시장법에 따른 신용평가업은 제외한다(법 제2조 제8호의3 단서). ① **기업정보조회 업무**란 "기업 및 법인인 신용정보주체의 거래 내용, 신용거래능력 등을 나타내기 위하여 대통령령으로 정하는 일정한 정보(기업신용등급 및 기술신용정보를 말한다. 시행령 제2조 제10항)를 제외한 신용정보를 수집하고, 이를 통합·분석 또는 가공하여 제공하는 업무"를 말한다(법 제2조 제8호의3 가목). ② **기업신용등급 제공 업무**란 "기업 및 법인인 신용정보주체의 신용상태를 평가하여 기업신용등급을 생성하고, 해당 신용정보주체 및 그 신용정보주체의 거래상대방 등 이해관계를 가지는 자에게 제공하는 업무"를 말한다(법 제2조 제8호의3 나목). ③ **기술신용평가 업무**란 "기업 및 법인인 신용정보주체의 신용상태 및 기술에 관한 가치를 평가하여 기술신용정보를 생성한 다음 해당 신용정보주체 및 그 신용정보주체의 거래상대방 등 이해관계를 가지는 자에게 제공하는 업무"를 말한다(법 제2조 제8호의3 다목).

(2) 허가 요건

기업신용조회업 중 기업신용등급 제공 업무 또는 기술신용평가 업무를 영위하는 기업신용조회업 허가를 받을 수 있는 자는 "① 대통령령으로 정하는 금융기관(은행, 증권회사, 보험회사 등 금융기관을 말한다. 시행령 제5조 제2항) 등이 100분의 50 이상을 출자한 법인, ② 신용보증기금, ③ 기술보증기금, ④ 지역신용보증재단, ⑤ 한국무역보험공사, ⑥ 신용정보업이나 채권추심업의 전부 또는 일부를 허가받은 자가 100분의 50 이상을 출자한 법인(다만 출자자가 출자를 받은 법인과 같은 종류의 업을 하는 경우는 제외한다), ⑦ 기술신용평가업무의 특성, 법인의 설립 목적 등을 고려하여 대통령령으로 정하는 법인(특허법인 및 회계법인을 말한다. 시행령 제5조 제3항)"에 한한다(법 제5조 제3항). 기업정보조회 업무를 영위하는 기업신용조회업자의 경우에는 위 ①에서 ⑦뿐만 아니라 추가로 「상법」에 따라 설립된 주식회사도 허가를 받을 수 있다(법 제5조 제3항).

허가 요건도 개인신용평가업 허가 요건과 마찬가지의 요건이 적용되며, 다만 자본금 또는 기본재산은 기업정보조회 업무를 영위하는 기업신용조회업의 경우에는 5억 원 이상, 기업신용등급 제공 업무를 영위하는 기업신용조회업의 경우에는 20억 원 이상, 기술신용평가 업무를 영위하는 기업신용조회업의 경우에는 20억 원 이상이 되어야 한다(법 제6조 제1항).

(3) 겸영 업무

기업신용조회회사도 미리 금융감독당국에 신고하여 ① 기업신용조회업 외의 신용정보업, ② 채권추심업, ③ 본인신용정보관리업 등 대통령령으로 정하는 업무를 겸영업무로 영위할 수 있다(법 제11조 제1항, 제4항, 시행령 제11조 제3항).

(4) 부수 업무

기업신용조회회사도 부수 업무를 영위하려면 미리 금융감독당국에 신고해야 하며(법 제11조의2 제1항), 부수업무는 다음과 같다. "① 기업 및 법인에 관한 신용정보나 이를 가공한 정보를 본인이나 제3자에게 제공하는 업무(다만 기업신용등급제공업무 또는 기술신용평가업무를 하는 기업신용조회회사로 한정한다), ② 가명정보나 익명정보를 이용하거나 제공하는 업무, ③ 기업 및 법인에 관한 신용정보, 그 밖의 정보를 기초로 하는 데이터 분석 및 자문 업무, ④ 기업 및 법인에 관한 신용정보 관련 전산처리체계, 솔루션(solution) 및 소프트웨어(기업신용등급 산출 및 위험관리 모형을 포함한다) 개발 및 판매 업무, ⑤ 기업 및 법인의 유동자산에 대한 가치평가 업무 등 대통령령으로 정하는 업무"이다(법 제11조의2 제4항, 시행령 제11조의2 제2항).

5. 신용조사업

(1) 의의

신용조사업이란 “제3자의 의뢰를 받아 신용정보를 조사하고, 그 신용정보를 그 의뢰인에게 제공하는 행위를 영업으로 하는 것”을 말한다(법 제2조 제9호).

(2) 허가 요건

신용조사업 허가를 받을 수 있는 자는 개인신용평가업 허가받을 수 있는 자와 같다(법 제5조 제1항). 허가 요건은 개인신용평가업 허가 요건과 같은 요건이 적용되며, 다만 자본금 또는 기본재산은 50억 원 이내에서 대통령령으로 정하는 금액(30억 원이다. 시행령 제7조) 이상이 되어야 한다(법 제6조 제1항, 제2항).

(3) 겸영 업무

신용조사회사의 겸영 업무는 ① 신용조사업 외의 신용정보업, ②「자산유동화에 관한 법률」에 따른 유동화자산 관리 업무, ③ 채권추심업 등 대통령령으로 정하는 업무이며(법 제11조 제5항, 시행령 제11조 제4항), 겸영 업무를 영위하려면 미리 금융감독당국에 신고해야 한다(법 제11조 제1항).

(4) 부수 업무

신용조사회사도 부수 업무를 영위하려면 미리 금융감독당국에 신고해야 하며(법 제11조의2 제1항), 부수 업무는 ① 부동산과 동산의 임대차 현황 및 가격조사 업무, ② 사업체 및 사업장의 현황 조사 업무, ③ 허가받은 신용정보업과 관련된 연수, 교육 및 출판, 행사 기획 업무 등 대통령령으로 정하는 업무이다(법 제11조의2 제5항, 시행령 제11조의2 제3항).

Ⅲ. 감독 및 제재

1. 감독

(1) 감독 및 검사

금융위원회는 신용정보회사 등(데이터전문기관을 포함한다)에 대하여 신용정보법 또는 신용정보법에 따른 명령의 준수 여부를 감독한다(법 제45조 제1항). 금융위원회는 감독에 필요하면 신용정보회사 등에 대하여 업무 및 재산 상황에 관한 보고 등 필요한 명령을 할 수 있다(법 제45조 제2항). 금융감독원장은 소속 직원으로 하여금 신용정보회사 등의 업무와 재산 상황을 검사하도록 할 수 있다(법 제45조 제3항). 금융감독원장은 검사에 필요하다고 인정하면 자료의 제출, 관계자의 출석 및 의견의 진술을 신용정보회사 등에게 요구할 수 있다(법 제45조 제4항). 금융감독원장은 검사를 마치면 결과를 금융위원회에 보고하여야 한다(법 제45조 제6항).

(2) 제재 조치

금융위원회는 신용정보회사 등이 신용정보법 또는 신용정보에 따른 명령을 위반하여 신용정보 관련 산업의 건전한 경영과 신용정보주체의 권익을 해칠 우려가 있다고 인정하면 ① 신용정보회사 등에 대한 주의 또는 경고, ② 임원에 대한 주의 또는 경고, ③ 직원에 대한 주의 및 정직, 감봉, 견책 등의 문책 요구, ④ 임원에 대한 해임권고, 직무정지 또는 직원에 대한 면직 요구, ⑤ 위반 행위에 대한 시정명령, ⑥ 신용정보제공의 중지의 제재 조치를 취할 수 있으며, 금융감독원장으로 하여금 ①에서 ③의 조치를 하게 할 수 있다(법 제45조 제7항). 금융위원회는 개인신용정보가 유출되는 등 신용질서의 중대한 침해가 발생하지 않도록 관리할 책임을 진다(법 제45조 제8항).

(3) 금융위원회의 조치명령권

금융위원회는 신용정보주체를 보호하고 건전한 신용질서를 확립하기 위하여 신용정보회사 등에게 ① 신용정보회사 등이 보유하는 신용정보에 관한 사항, ② 신용정보의 처리에 관한 사항, ③ 신용정보회사 등의 업무 개선에 관한 사항, ④ 신용정보 활용 체제의 공시에 관한 사항에 관하여 자료 제출, 처리 중단, 시정 조치, 공시 등 필요한 조치를 명령할 수 있다(법 제45조의2).

(4) 개인정보보호위원회의 자료 제출 요구·조사권

개인정보보호위원회는 다음의 어느 하나에 해당하는 경우에는 금융위원회의 감독을 받지 아니하는 신용정보제공이용자인 상거래기업 및 법인에게 관계 물품·서류 등 자료를 제출하게 할 수 있다(법 제45조의3 제1항). 즉 ① 상거래기업 및 법인이 상거래정보보호규정을 위반하는 사항을 발견하거나 혐의가 있음을 알게 된 경우, 또는 ② 상거래기업 및 법인의 상거래정보보호규정 위반에 대한 신고를 받거나 민원이 접수된 경우이다(법 제45조의3 제1항).

개인정보보호위원회는 상거래기업 및 법인이 자료를 제출하지 아니하거나 상거래정보보호규정을 위반한 사실이 있다고 인정되면 소속 공무원으로 하여금 상거래기업 및 법인과 상거래정보보호규정 위반 사실과 관련한 관계인의 사무소나 사업장에 출입하여 업무 상황, 장부 또는 서류 등을 조사하게 할 수 있다(법 제45조의3 제2항 전단).

개인정보보호위원회는 제출받거나 수집한 서류·자료 등을 신용정보법에 따른 경우를 제외하고는 제3자에게 제공하거나 일반에게 공개해서는 아니 된다(법 제45조의3 제3항). 개인정보보호위원회는 정보통신망을 통하여 자료의 제출 등을 받은 경우나 수집한 자료 등을 전자화한 경우에는 개인신용정보·영업비밀 등이 유출되지 아니하도록 제도적·기술적 보안 조치를 하여야 한다(법 제45조의3 제4항).

(5) 개인정보보호위원회의 시정 조치

개인정보보호위원회는 상거래정보보호규정과 관련하여 개인신용정보가 침해되었다고 판단할 상당한 근거가 있고, 이를 방치할 경우 회복하기 어려운 피해가 발생할 우려가 있다고 인정되면 상거래기업 및 법인에 대하여 ① 개인신용정보 침해 행위의 중지, ② 개인신용정보 처리의 일시적인 정지, 또는 ③ 그 밖에 개인정보의 보호 및 침해 방지를 위하여 필요한 조치를 명령할 수 있다(법 제45조의4).

(6) 개인신용정보 활용·관리 실태에 대한 상시 평가

금융위원회는 대통령령으로 정하는 신용정보회사 등(시행령 제36조의5 제1항→제17조 제7항)이 신용정보관리보호인을 통하여 점검한 결과를 제출받아 확인하고, 그 결과를 점수 또는 등급으로 표시할 수 있다(법 제45조의5 제1항). 금융위원회는 표시한 점수 또는 등급 등을 금융감독원장에게 송부하여 검사에 활용하도록 할 수 있다(법 제45조의5 제2항).

(7) 업무보고서의 제출

신용정보회사, 본인신용정보관리회사, 채권추심회사, 신용정보집중기관 및 데이터전문기관은 매 분기 업무보고서를 금융감독원장에게 제출해야 한다(법 제47조 제1항). 업무보고서에는 대표자, 담당 책임자 또는 그 대리인이 서명 또는 기명·날인하여야 한다(법 제47조 제2항).

2. 벌칙 및 과태료

(1) 벌칙

신용정보법을 위반한 경우에는 형사 처벌 대상이 될 수 있다. 가장 중한 형사 처벌은 ① 신용정보회사 등과 임직원 등이 업무상 알게 된 타인의 신용정보 및 사생활 등 개인적 비밀을 업무 목적 외에 누설하거나 이용한 경우와 ② 누설된 타인의 신용정보 및 개인 비밀을 취득한 자가 그 신용정보 및 개인 비밀을 타인에게 제공하거나 이용한 경우에 적용된다(법 제42조 제1항, 제3항). 이를 위반한 경우에는 10년 이하의 징역 또는 1억 원 이하의 벌금에 처해질 수 있다(법 제50조 제1항). 양벌 규정이 적용되어 법인의 대표자나 법인 또는 개인의 대리인, 사용인, 그 밖의 종업원이 그 법인 또는 개인의 업무에 관하여 형사 처벌 적용 조항(법 제50조)에 해당하는 행위를 하면 그 행위자를 벌하는 외에 그 법인 또는 개인에게도 해당 조문의 벌금형을 과(科)하게 된다(법 제51조 본문). 다만 법인 또는 개인이 그 위반 행위를 방지하기 위하여 해당 업무에 관하여 상당한 주의와 감독을 게을리하지 아니한 경우에는 벌금형을 과하지 아니 한다(법 제51조 단서)

(2) 과태료

신용정보법을 위반한 경우에는 과태료 부과 처분 대상이 될 수 있다. 금융위원회의 자료 또는 정보의 제공 요구에 따르지 아니하거나 거짓 자료 또는 정보를 제공한 경우 등에는 1억원 이하의 과태료를 부과하는 등 행정 제재 조치도 취할 수 있다(법 제52조 제1항).

제4절

주요국의 개인신용정보 관련 법규

Ⅰ. 유럽연합

1. 개관

2016년 5월 27일 제정되어 2018년 5월 25일부터 시행된 유럽연합(European Union)의 「**일반개인정보보호규정**」(General Data Protection Regulation: GDPR)(이하 "GDPR"이라 한다)은 개인정보의 보호와 개인정보의 국제적인 이전(移轉)에 관한 중요한 사항들을 담고 있어 개인정보와 관련한 중요한 법규가 되고 있다. 유럽연합에서 '규정'(Regulation)은 그 자체로 모든 유럽연합 회원국에 적용되어 효력이 발생하며, '지침'(Directive)은 각 회원국이 지침에 의거하여 국내법을 제정해야 효력이 발생한다는 점에서 차이가 있다. GDPR은 ① 적용 범위 ② 개인정보의 정의, ③ 개인정보주체의 동의 요건, ④ 개인정보주체의 권리 강화, ⑤ 개인정보처리자와 수탁처리자의 책임 강화, ⑥ 개인정보의 제3국 이전 요건, ⑦ 과징금 제재 조치 등에 관한 사항을 규정하고 있다.

2. 적용 범위

GDPR은 개인정보를 유럽연합 국가 내에서 처리(processing)하는 것뿐만 아니라 유럽연합 국가 밖에서 처리하는 경우에도 적용된다(제3조 제1항). 따라서 유럽연합 국가 밖에서 유럽연합 국가 내의 정보주체와 관련된 정보를 처리하더라도 GDPR이 적용된다는 특징이 있다. 또한 유럽연합 국가에서 설립된 개인정보처리자(controller)나 개인정보처리수탁자(processor)가 아니더라도 유럽연합 국가에 상품이나 용역을 제공하는 자에게도 적용된다(제3조 제1항). 따라서 유럽연합 지역 내의 소비자에게 상품이나 용역을 제공하는 우리나라 기업도 GDPR이 적용된다는 점에서 주목해야 할 법규가 된다.

3. 개인정보의 정의

개인정보는 "식별되었거나 식별될 수 있는 살아 있는 개인에 관한 모든 정보"로 정의됨으로써(제4조 제1항), 상당히 포괄적인 정의를 하고 있다. 좀 더 구체적으로, 정보 자체로는 개인을 식별하지 못해도 여러 정보를 결합함으로써 개인을 식별할 수 있게 되면 그러한 정보도 개인정보로 간주된다. 즉 "직접 또는 간접적으로 이름, 식별번호, 위치정보, 정보통신망상의 식별자를 통해서 식별되거나 특정 개인의 신체적, 심리적, 유전적, 정신적, 경제적, 문화적 또는 사회적 정체성에 특이한 하나 이상의 정보를 결합함으로써 식별될 수 있는 정보"도 개인정보가 된다(제4조 제2항).

4. 가명정보와 익명정보의 개념

GDPR은 가명정보와 익명정보라는 새로운 개념을 제시하고 있다. 가명정보는 개인을 특정할 수 있는 추가 정보가 별도로 보관되어 관리되고, 기술 및 관리적 조치가 적용되어 추가 정보 없이는 특정 개인을 식별하지 못하도록 처리된 정보를 말한다(제4조 제5항). 즉 추가 정보에 의해서 특정 개인이 식별될 수 있다는 점에서 개인정보의 범위에 속한다(전문 제26항). 익명정보는 특정 개인을 알아볼 수 없도록 개인정보를 복원 불가능한 상태로 처리한 정보를 말한다(전문 제26항). 그래서 개인정보의 범위에 속하지 않게 된다. 우리나라가 2020년 2월 신용정보법을 개정하면서 도입한 가명정보와 익명정보의 개념도 바로 이 GDPR을 참조한 것이다.

5. 동의 요건

개인정보처리자는 원칙적으로 해당 개인정보주체의 동의가 있어야만 개인정보를 처리할 수 있으며, 동의가 있었는지에 대한 입증 책임은 개인정보처리자가 진다(제7조 제1항). 또한 개인정보주체는 언제든지 본인의 동의를 철회할 권리를 가진다(제7조 제2항). 어린이의 동의 요건도 있는데, 어린이에게 직접 이루어지는 정보사회서비스 제공과 관련하여 어린이의 개인정보 처리는 해당 어린이가 16세 이상인 경우에만 적법하며, 16세 미만인 경우 개인정보 처리는 친권자가 동의한 경우에만 적법하다(제8조 제1항).

6. 개인정보주체의 권리 강화

GDPR은 개인정보주체의 개인정보통제권을 강화하고 있다. 우선 **정보삭제요청권**(right to erasure)을 인정하고 있다. 소위 '잊혀질 권리(right to be forgotten)를 말한다. 개인정보주체는 본인에 관한 개인정보를 삭제하도록 개인정보처리자에게 요청할 권리를 가지며, 개인정보처리자는 일정한 사유에 해당하는 경우에는 지체 없이 개인정보를 삭제할 의무를 가진다(제17조 제1항). 다만 표현의 자유나 정보의 자유를 이행하기 위해 필요한 경우나 공공 이익을 위해서 필요한 경우 등 일정한 사유에 해당하는 경우에는 예외가 인정된다(제17조 제3항). 또한 **개인정보이동요구권**(right of portability)이 인정되고 있다. 즉 개인정보주체는 개인정보처리자에게 제공한 본인에 관련된 개인정보를 수령할 권리를 갖고 있을 뿐만 아니라 다른 개인정보처리자에게 해당 개인정보를 이전할 것을 요구할 수 있는 권리도 가진다(제20조 제1항). 우리나라 신용정보법상의 개인신용정보 전송요구권에 해당한다.

7. 개인정보처리자 및 수탁처리자의 책임 강화

GDPR은 개인정보처리자와 수탁처리자에 대한 책임도 명시적으로 규정하여 개인정보주체를 보호하는 조치를 취하고 있다. 즉 ① 개인정보처리자는 개인정보의 처리가 개인정보주체의 권리 및 자유에 미치는 위험의 다양한 가능성 및 정도와 함께 최신 기술, 실행 비용, 정보처리의 성격·범위·상황·목적을 고려하여 개인정보 처리가 GDPR에 따라 적절하게 이루어졌음을 보장하고 입증할 수 있도록 적절한 기술적·관리적 조치를 취할 의무가 있다(제24조 제1항). ② 개인정보처리자는 기본 설정(by default)을 통해 각 특정 처리 목적에 필요한 개인정보만 처리되도록 적절한 기술적·관리적 조치를 이행할 의무가 있다(제25조 제2항). ③ 개인정보처리자는 적절한 기술적·관리적 조치 이행을 통해 개인정보의 처리가 GDPR의 요건을 충족시키고 개인정보주체의 권리를 보호하도록 충분한 보증을 제공할 수 있는 수탁처리자만을 이용해야 한다(제28조 제1항). ④ 수탁처리자는 미리 개인정보처리자의 서면 승인을 얻지 않고는 재위탁할 수 없다(제28조 제2항). ⑤ **대규모 개인정보**(big data)를 처리하는 개인정보처리자 및 수탁처리자로 하여금 개인정보 보호 업무를 총괄하는 **개인정보관리보호인**(Data Protection Officer)을 선임하도록 하여(제37조 제1항), 개인정보 보호가 보다 체계적으로 이루어질 수 있도록 하고 있다. ⑥ 개인정보처리자와 수탁처리자는 개인정보 처리 활동에 관한 기록을 보존해야 한다(제30조 제1항, 제2항). ⑦ 개인정보처리자와 수탁처리자는 개인정보의 보안 유지를 위해서 가명처리 내지 익명처리 등 적정한 기술적 또는 조직적 조치를 취할 의무가 있다(제32조 제1항). ⑧ 개인정보처리자는 개인정보 침해 사실을 알게 된 경우에는 72시간 이내에 해당 감독기관에 이를 통지해야 하며, 수탁처리자는 개인정보 침해 사실을 알게 된 경우에는 개인정보처리자에게 통지해야 한다(제33조 제1항, 제2항). ⑨ 개인정보처리자 및 수탁처리자는 개인정보 침해 사실을 해당 개인정보주체에게도 통지해야 한다(제34조). ⑩ 개인정보처리자는 신기술을 사용하는 개인정보 처리가 개인정보주체의 권리와 자유에 중대한 위험을 초래할 가능성이 있는 경우에는 처리 전에 처리가 개인정보에 미치는 영향을 평가할 의무가 있다(제35조 제1항).

8. 개인정보의 제3국 이전

GDPR은 개인정보가 제3국으로 이전하는 것을 허용하면서 요건을 구체적으로 정하고 있다. 즉 적정한 보호 수준 평가를 받은 제3국으로만 개인정보 이전이 가능하며(제45조 제1항), 적정한 보호 수준에 대한 기준이 규정되어 있다. 그러한 적정한 보호 수준에 해당하는지 여부는 법치주의나 관련 법률 등 개인정보주체를 보호하기 위한 사법적 체계, 독립적인 감독기관의 존재 및 효율적인 기능의 작동 여부, 개인정보 보호와 관련된 국제협약 등을 고려하여 판단하게 된다(제45조 제2항).

9. 과징금 제재 조치

GDPR은 GDPR 위반 시 상당한 금액의 과징금을 부과할 수 있도록 하여 집행력을 높이고 있다. 과징금 부과 체계를 이원화 하여, 기록 보존 의무와 같은 경미한 위반 사항인 경우에는 전 세계에 걸친 매출액의 2% 또는 1천만 유로(Euro) 중 높은 금액을 상한으로 하고, 정보주체의 권리 침해와 같은 중대한 위반 사항인 경우에는 전 세계에 걸친 매출액의 4% 또는 2천만 유로 중 높은 금액을 상한으로 하여 과징금을 부과할 수 있다(제83조 제4항, 제5항).

Ⅱ. 미국

1. 개관

미국의 경우 개인신용정보 규제에 관한 단일 법률은 없고, 여러 관련 법률에 흩어져 있는데, 이 중에서 주요한 법률은 **「공정신용보고법」**(Fair Credit Reporting Act: FCRA)**과 「금융서비스현대화법」**(Financial Service Modernization Act; Gramm-Leach-Bliley Act of 1999)이라고 할 수 있다. 전자는 소비자신용평가기관인 '소비자신용보고기관'(Consumer Reporting Agency: CRA)이 관리하는 개인신용정보에 대하여 규정하는 법률이고, 후자는 금융거래에서 소비자의 개인신용정보를 보호하기 위한 법률이다. 이하에서는 2개의 법률의 주요 내용에 대하여 살펴보기로 한다.

2. 「공정신용보고법」

(1) 서설

「공정신용보고법」은 우리나라의 개인신용평가회사에 해당하는 '소비자신용보고기관'이 관리하는 **'소비자신용보고서'**(consumer report)의 이용과 보호에 대하여 규제하기 위해서 1970년 제정된 연방법이다. 「공정신용보고법」은 소비자신용보고기관이 소비자의 신용정보 수집과 평가에 있어서 공정하고 정확한 정보의 축적과 사용을 촉진하면서 동시에 개인의 사생활 비밀 보호를 위한 내용을 규정하고 있다. 즉 소비자신용보고기관이 개인신용정보의 정확성과 기밀성을 유지하기 위하여 필요한 요건들을 규정하고 있으며, 개인신용정보를 공정한 방법으로 상업적 목적으로 이용하기 위한 절차를 규정하고 있다.

(2) 소비자신용보고기관 및 소비자신용보고서

1) 소비자신용보고기관의 업무

소비자신용보고기관은 소비자신용보고서를 수수료를 받고 제3자에게 제공하기 위하여 소비자의 신용정보를 수집하고 평가하는 것을 영업으로 하는 기관을 말한다(제603(f)조). 소비자신용보고기관이 작성하는 소비자신용보고서는 소비자의 신용도, 신용상태나 능력, 인격, 평판, 개인적 특성이나 생활 방식을 판단할 수 있는 정보를 담고 있다(제603(d)(1)조).

2) 소지자신용보고서의 제3자 제공

소비자신용보고기관이 제3자에게 소비자신용보고서를 제공할 수 있는 경우는 ① 본인의 서면 지시가 있는 경우, ② 소비자신용보고서가 여신, 고용, 보험 인수, 지급 능력의 평가 등의 특정 목적으로 이용되는 경우, 또는 ③ 법원이나 공공기관의 요청이 있는 경우 등에 한정되며, 이러한 사유를 제외하고는 소비자신용보고서를 제3자에게 제공할 수 없다(제604(a)조). 특히 민감 정보에 해당하는 의료 정보에 대해서 보다 엄격한 규제가 이루어진다. 의료 정보를 제공할 수 있는 경우를 엄격히 제한하고 있는데, ① 소비자가 보험거래와 관련하여 의료 정보의 제공에 동의한 경우와 ② 고용이나 여신 판단에 밀접하게 관련되어 의료 정보의 제공에 동의한 경우에 한해서만 소비자신용보고기관이 해당 의료 정보를 제3자에게 제공할 수 있다(제604(g)(1)조).

3) 소비자신용보고서 내용의 정확성 유지 의무 등

소비자신용보고기관은 소비자신용보고서 내용의 정확성을 유지할 의무가 있으며(제607(b)조), 소비자의 요청을 받을 때는 본인에 관한 모든 정보와 그 정보원(源), 정보취득자의 성명 등을 정확하게 알려주어야 할 의무가 있다(제609(a)조). 또한 소비자에 관한 신용정보를 소비자신용보고기관에게 제공하는 자는 정확한 신용정보를 제공할 의무가 있다(제623(a)조). 소비자신용보고서를 이용하여 소비자에게 불리한 판단을 하는 자는 불리한 내용을 해당 소비자에게 알려줄 의무가 있다(제615(a)조). 또한 금융기관이 연체나 채무불이행 등에 관한 부정적인 정보를 소비자신용보고기관에게 제공하는 경우 이 사실을 해당 소비자에게 서면으로 통지해야 한다(제623(a)(7)(A)조).

4) 소비자의 신용정보 정정 또는 삭제 요청권

소비자의 신용정보 정정 또는 삭제 요청권도 인정하고 있다. 즉 소비자가 본인 신용정보의 정확성에 대해 이의를 제기한 경우에는 30일 이내에 조사하여 결과를 소비자에게 알려주어야 하며, 조사 결과 해당 소비자의 신용정보가 정확하지 않다는 사실을 알았을 때는 지체 없이 해당 신용정보를 정정하거나 삭제해야 한다(제611조).

(3) 손해배상책임과 소비자 보호

「공정신용보고법」은 법 위반 시 관련자에 대한 손해배상책임 규정을 두어 소비자를 보호하는 장치를 두고 있다. 즉 고의나 과실로 「공정신용보고법」에 따른 의무를 준수하지 않아서 소비자에게 피해를 입힌 경우에는 손해배상책임을 져야 한다(제616(a)조, 제617(a)조).

3. 「금융서비스현대화법」

(1) 서설

「금융서비스현대화법」 제5편(Title V - Privacy)**은 금융 계열회사 사이에 고객 금융거래 정보인 '비공개 개인금융정보'**(non-public personal information)**의 공유를 통한 활용을 인정하면서도 비공개 개인금융정보를 보호하기 위한 규정**을 두고 있다. 즉 금융지주회사 체제의 금융기관 계열회사 사이에 비공개 개인금융정보의 공유를 허용하여 금융지주회사 체제의 효율성을 도모하면서도 비공개 개인금융정보의 기밀성과 안전성을 유지하도록 함으로써 비공개 개인금융정보를 보호하기 위한 여러 규정을 두고 있다.

(2) 보호되는 비공개 개인금융정보

보호되는 정보는 금융 거래에서 소비자의 '비공개 개인금융정보'이다. 비공개 개인금융정보는 일반적으로 수집 가능한 정보가 제외된 **특정 개인을 식별할 수 있는 금융정보**를 말한다. 즉 "① 금융상품을 구입할 때 소비자가 금융기관에게 제공하는 금융정보, ② 금융기관과 소비자 사이의 거래에 수반하여 발생하는 금융정보, ③ 그 밖의 방법으로 금융기관이 취득하는 금융정보"를 말한다(제509(4)조). 이런 점에서 「공정신용보고법」이 규정하고 있는 소비자신용보고서에 포함되어 있는 개인신용정보의 범위보다 좁다고 볼 수 있다.

(3) 금융기관의 통지 의무

금융기관은 고객 관계를 유지하고 있는 자에 대하여 고객 관계를 맺기 시작한 때부터 정기적으로 비공개 개인금융정보의 공유에 관한 금융기관의 정책과 지침 등을 소비자에게 통지해야 한다(제503(a)조). 이러한 통지 내용에는 금융기관이 수집하고 있는 비공개 개인금융정보, 계열회사와 상관없이 제3자에게 제공하는 비공개 개인금융정보의 종류, 제공받는 제3자 등이 포함되어야 한다(제503(a)(b)조).

(4) 비공개 개인금융정보의 제3자 제공

금융기관이 비공개 개인금융정보를 제3자에게 제공할 때는 제공 대상 기관이 계열회사인지 여부에 따라 규제 차이가 있다. 금융지주회사 계열회사 사이의 비공개 개인금융정보 공유에 대해서는 특별한 규제가 없다. 이는 금융지주회사 체제에서 계열회사 사이에 고객의 비공개 개인금융정보를 공유함으로써 업무의 효율성을 도모하기 위한 목적이다.

반면에 금융기관이 계열회사가 아닌 제3자에게 고객의 비공개 개인금융정보를 제공하는 경우에는 해당 고객에게 개인금융정보 제공에 관한 정책이나 지침 등을 통지하면서 해당 고객이 거부할 경우에는 제공하지 않을 수 있다는 내용(opt－out)을 알려야 한다. 즉 "① 비공개 개인금융정보가 계열회사가 아닌 제3자에게 제공될 수 있다는 사실을 고객에게 서면이나 기타 전자적 방법으로 확실히 알려줄 것, ② 고객에게 비공개 개인금융정보를 제3자에게 제공하는 것에 대해서 거부할 수 있는 기회를 충분히 보장할 것, ③ 고객이 비공개 개인금융정보의 제3자 제공에 대하여 거부할 권리를 행사할 수 있는 방법에 관하여 설명을 들었을 것"이라는 요건이 모두 충족될 때 금융기관은 고객의 비공개 개인금융정보를 계열회사가 아닌 제3자에게 제공할 수 있다(제502(b)조). 사전에 정보주체로부터 동의를 얻도록 하는 우리나라와 같은 방식(opt－in)과는 다르다는 점을 알 수 있다.

Ⅲ. 영국

1. 개관

영국도 **민간 및 공공 부문의 개인정보 처리와 보호에 관한 일반법인 「개인정보 보호법」**(Data Pro－tection Act)이 있다. 1984년에 제정된 「개인정보 보호법」은 1998년에 개정된 바 있고, 이후 유럽연합이 제정한 GDPR을 반영하여 2018년 대폭 개정되었다. 「개인정보 보호법」은 GDPR의 영국 내 적용에 관한 사항, GDPR 적용 범위 이외에 관한 사항, 법 집행기관 및 개인정보 처리에 대한 사항 등을 담고 있다. 「개인정보 보호법」은 기본적으로 GDPR를 그대로 적용하고 있어 GDPR의 내용을 중복하여 규정하지 않고 있으며, GDPR이 회원국에게 세부 사항을 정하도록 위임하거나 회원국 재량으로 정하는 사항과 기타 GDPR이 규정하지 않는 사항을 추가적으로 규정하고 있다.

제1장에서는 법률 개요와 주요 용어를 정의하고 있으며, 제2장에서는 개인정보 처리에 관한 일반 원칙을 규정하고 있다. 제3장에서는 개인정보 처리 원칙, 개인정보주체의 권리 및 개인정보처리자의 준수 사항 등을 규정하고 있다. 제4장에서는 정보기관(intelligence service)의 법 집행을 위한 개인정보 처리에 관한 사항을 규정하고 있다. 제5장에는 개인정보 감독당국인 정보보호위원회(Information Commissioner's Office)의 권한과 업무를 규정하고 있으며, 제6장에서

법 집행 절차, 민원 처리 및 피해 구제 등에 관한 사항을 규정하고 있다. 제7장은 보충 규정 및 벌칙 등에 관한 사항을 규정하고 있다.

2. 개인정보의 정의

「개인정보 보호법」은 개인정보를 GDPR과 동일하게 정의를 하고 있다. 즉 개인정보라 함은 "식별되었거나 식별될 수 있는 살아 있는 개인에 관한 모든 정보로서 직접 또는 간접적으로 ① 이름, 식별번호, 위치정보, 정보통신망상의 식별자를 통해서 식별되거나 ② 특정 개인의 신체적, 심리적, 유전적, 정신적, 경제적, 문화적 또는 사회적 정체성에 특이한 하나 이상의 정보를 결합함으로써 식별될 수 있는 정보"를 말한다(제3조 제3항).

3. 개인정보의 처리 원칙

「개인정보 보호법」은 개인정보 처리에 관한 6대 원칙을 규정하고 있다. ① 법 집행 목적으로 하는 개인정보 처리는 항상 적법하고 공정해야 한다. 즉 개인정보 처리에 대한 법적 근거가 있고 정보주체의 동의가 있거나 감독당국이 수행하는 업무의 집행을 위해서 필요한 경우는 적법한 것으로 본다(제35조). ② 개인정보 수집 목적은 특정되어야 하고, 명확해야 하며, 정당성을 가져야 하고, 수집된 개인정보는 수집 목적에 위배되어 처리되어서는 아니 된다(제36조). ③ 개인정보 처리는 목적에 비추어 적정해야 하며, 관련성이 있어야 하며, 과도해서도 안 된다(제37조). ④ 처리된 개인정보는 정확해야 하고, 필요한 경우에는 최근의 것으로 수정되어야 하며, 정확하지 않은 개인정보는 지체 없이 삭제되거나 정정될 수 있도록 합리적인 조치를 취해야 한다(제38조). ⑤ 처리된 개인정보는 처리 목적에 필요한 기간을 초과해서 보관되어서는 아니 된다(제39조). ⑥ 처리된 개인정보는 적절한 기술적 조치 등을 통해서 적절한 보안 조치를 취해야 한다(제40조).

4. 개인정보주체의 권리

(1) 개인정보 교부·열람권

개인정보주체는 개인정보처리자로부터 본인의 개인정보가 처리되고 있는지 여부에 대한 확인을 할 수 있고, 처리되는 경우에는 해당 개인정보뿐만 아니라 처리의 목적과 법적 근거, 관련되는 개인정보의 범위, 개인정보가 제공된 기관, 개인정보 보관 기관 등에 관한 사항을 교부·열람할 수 있는 권리가 있다(제45조 제1항, 제2항). 개인정보주체가 요청하는 경우에는 그러한 개인정보를 지체 없이 서면으로 제공해야 한다(제45조 제3항).

(2) 개인정보 정정 및 삭제 요구권

개인정보주체가 요구하는 경우에는 개인정보처리자는 정확하지 않은 개인정보를 지체 없이 정정해야 한다(제46조 제1항). 또한 개인정보 처리가 개인정보 처리 원칙에 위반되는 경우나 개인정보처리자가 삭제해야 할 법적 의무가 있는 경우에는 개인정보처리자는 지체 없이 해당 개인정보를 삭제해야 한다(제47조 제1항). 개인정보를 삭제해야 하나 아직 증거 보전 목적 때문에 삭제하지 못하는 경우에는 개인정보 처리를 제한해야 하며, 개인정보주체가 정보의 정확성에 이의를 제기한 경우 아직 정확성 판단이 어려울 때는 개인정보 처리를 제한해야 한다(제47조 제2항, 제3항). 개인정보주체는 그러한 삭제나 제한의 요구를 할 수 있는 권리가 있다(제47조 제4항).

(3) 자동화 처리에 구속받지 않을 권리

개인정보처리자는 법이 허용하는 경우를 제외하고는 자동화 처리에만 근거해서 개인정보주체에 대해 불리한 법적 효과를 가져 오게 하거나 상당한 영향을 미치는 결정을 해서는 아니 된다(제49조). 다만 개인정보처리자가 법에 의하여 자동화 처리에 근거한 결정을 한 경우에는 해당 개인정보주체에게 그 사실을 서면으로 통지해야 한다(제50조).

5. 개인정보처리자의 의무

「개인정보 보호법」은 개인정보처리자의 의무도 규정하고 있다. 주요 사항을 살펴보면 다음과 같다. ① 개인정보처리자는 개인정보 처리가 법률이 요구하는 조건을 준수할 수 있도록 적절한 기술적·조직적 조치를 취해야 하며(제56조 제1항), 이러한 조치에는 개인정보를 보호하기 위한 내용도 포함되어야 하고(제56조 제2항), 기술적·조직적 조치는 필요한 경우 검토하여 최신의 것으로 수정되어야 한다(제56조 제3항). ② 개인정보처리자는 개인정보 처리 업무를 위탁하는 경우에는 법을 준수하고 개인정보주체의 권리를 보호할 수 있도록 적절한 기술적·조직적 조치를 이행할 수 있는 수탁처리자를 선임해야 한다(제59조). ③ 개인정보처리자는 개인정보 처리에 관한 기록을 보존 유지해야 한다(제61조). ④ 개인정보처리자는 개인정보 처리가 해당 정보주체의 권리와 자유에 중대한 위험을 초래할 가능성이 높은 경우에는 처리 전에 개인정보 보호 영향 평가를 해야 한다(제64조). ⑤ 개인정보처리자 및 수탁처리자는 개인정보 처리와 관련해서 적절한 보안 체계를 구축해야 한다(제66조). ⑥ 개인정보처리자는 정보관리보호인(Data Protection Officer)을 선임해야 한다(제69조). ⑦ 개인정보처리자는 허용되는 일정한 경우를 제외하고는 제3국이나 국제기구에게 개인정보를 이전해서는 아니 된다(제73조).

Ⅳ. 일본

1. 개관

일본도 개인정보 활용과 보호에 관한 일반법인 「**개인정보 보호에 관한 법률**(個人情報の保護に関する法律)」(이하 "개인정보보호법"이라 한다)이 있다. 2003년 5월 제정되어 2005년 4월부터 시행된 이 법은 정보사회 환경이 변화하면서 개인정보의 자유로운 활용과 더불어 보호를 강화하기 위한 개정의 필요성이 높아지면서 2015년 9월 개정되어 2017년 5월부터 시행되고 있다.

개정법은 ① '개인식별부호'의 신설에 의한 개인정보 범위의 확대, ② 인종이나 병력(病歷) 등 민감 정보인 '요배려개인정보(要配慮個人情報)'에 대한 특별 규제, ③ 익명가공정보 개념 도입에 의한 개인정보 활용의 활성화, ④ 개인정보의 적정한 유통의 확보, ⑤ 단일 규제감독기구인 개인정보보호위원회의 신설, ⑥ 개인정보 취급에 있어서 국제적 동향을 반영한 개인정보의 국외 이전 및 역외 적용 규정 신설 등 새로운 환경에 대응한 여러 제도를 도입하였다.

한편 금융 분야에 있어서 개인정보보호법의 적용에 따른 구체적인 사항은 금융당국인 금융청이 제정한 「금융분야에 있어서 개인정보 보호에 관한 지침(金融分野における個人情報保護に関するガイドライン)」이 있어, 금융 분야에 적용되는 특수성을 반영하여 규정하고 있다. 이하에서는 개인정보보호법의 주요 내용을 살펴보기로 한다.

2. 개인정보의 정의

개인정보는 "생존한 개인에 관계된 정보로서 ① 당해 정보에 포함되어 있는 성명, 생년월일 및 그 밖의 기술 등에 의해 특정의 개인을 식별할 수 있는 것 또는 ② 개인식별부호(個人識別符號)가 포함된 것"을 말한다(제2조 제1항). 따라서 개인정보에 해당하는 것으로서 본인의 성명, 생년월일, 연락처(주소·전화번호·전자우편주소), 본인을 판별할 수 있는 영상정보, 특정 개인을 식별할 수 있는 음성 녹음정보 등을 들 수 있다.

3. 개인식별부호

개인식별부호도 개인정보에 포함된다. 개인식별부호는 다음의 어느 하나에 해당하는 문자, 번호, 기호 및 그 밖의 부호 중 정령(政令)(즉 시행령)으로 정하는 것을 말한다(제2조 제2항). 즉 "① 특정 개인의 신체 일부의 특징을 전자계산기의 용도에 이용하기 위하여 변환된 문자, 번호, 기호 및 그 밖의 부호로서 당해 특정 개인을 식별할 수 있는 것이나 ② 개인에게 제공되는 서비스의 이용이나 개인에게 판매되는 상품의 구입과 관련하여 할당되거나 개인에게 발행된 카드 및 그 밖의 서류에 기재되거나 또는 전자적 방식에 의해 기록된 문자, 번호, 기호 및 그 밖의 부호로서 이용자나 구입자 또는 발행을 받은 자마다 달라지도록 할당되거나 기재 내지 기록됨으로써 특정의 이용자나 구입자 또는 발행을 받은 자를 식별할 수 있는 것"을 말한다(제2조 제2항). 정령인 시행령이 정하고 있는 개별식별부호는 ①에 해당하는 것으로서 지문 인식 정보, 안면 인식 정보 등이 있으며, ②에 해당하는 것으로서 여권 번호, 기초연금번호, 운전면허증 번호, 개인번호 등이 있다(제1조).

4. 요배려개인정보

개인정보보호법은 인종이나 병력 등 민감한 정보에 대해서는 좀 더 신중한 취급이 요구된다는 점을 고려하여 특별히 추가적인 규제를 하고 있다. **요배려개인정보**(要配慮個人情報), 즉 '배려가 필요한 정보'란 "본인의 인종, 신조, 사회적 신분, 병력(病歷), 범죄 경력, 범죄로 인해 피해를 입은 사실 및 그 밖에 본인에 대한 부당한 차별이나 편견 및 그 밖의 불이익이 생기지 않도록 취급에 특별히 배려를 요하는 것으로서 정령(政令)으로 정하는 기술 등이 포함되는 개인정보"를 말한다(제2조 제3항). 개인정보보호법은 일정한 경우를 제외하고 본인의 동의를 얻지 않고서는 요배려개인정보를 취득하는 것을 원칙적으로 금지하고 있어(제17조 제2항), 본인의 의사에 반해서 요배려개인정보가 취득되는 것을 금지하고 있다.

5. 익명가공정보

2015년 개정법은 개인정보의 활용을 통한 관련 산업의 육성을 도모하기 위해서 본인의 동의를 얻지 않고 수집해서 활용할 수 있는 '**익명가공정보**(匿名加工情報)'라는 개념을 도입하고 있다. 익명가공정보란 "특정의 개인을 식별할 수 있는 개인정보에 포함되는 기술 등의 일부를 삭제하거나 해당 개인정보에 포함되는 **개인식별부호의 전부를 삭제하는 방법에 의해 특정 개인을 식별할 수 없도록 개인정보를 가공해서 얻어진 개인정보로서 당해 개인정보를 복원할 수 없도록 한 것**"을 말한다(제2조 제9항). 익명가공정보에 대해서는 개인정보보호위원회가 정하는 기준에 따라 적절하게 가공하거나(제36조 제1항) 가공에 관한 정보가 외부에 누설되지 않도록 하는(제36조 제2항) 등 일정한 요건을 충족하게 되면 자유롭게 활용할 수 있도록 하고 있다. 이에 따라 의료기관이 갖고 있는 의료정보를 활용하여 신약 개발이나 임상 시험 등을 할 수 있어 의료 산업의 발전에 도움이 될 수 있다.

6. 개인정보보호위원회의 설치

개인정보보호위원회는 개인정보의 보호에 관한 독립된 감독기관인 독립행정위원회로서 내각부 산하에 설치되어 있다(제59조). 위원장과 위원 8인은 상원 및 하원의 동의를 얻어 내각총리대신에 의해 임명되며(제63조), 5년 임기 중에는 법정 사유에 해당하지 않는 한 면직되지 않도록 하여(제62조) 신분 보장을 하고 있다. 개인정보보호위원회는 "개인정보의 유용성에 배려하면서 개인의 권리 이익을 보호하기 위해 개인정보의 적정한 취급을 도모한다"라는 목적(제60조)을 위해서 보고, 검사, 지도, 조언, 권고 및 명령 권한과 규칙 제정권 등을 갖고 있다(제40조 내지 제42조, 제74조).

7. 개인정보의 외국에 있는 제3자에 대한 제공

2015년 개정법은 외국에 있는 제3자에 대한 개인정보의 제공 제한에 대하여 새로이 규정하고 있는데, 이는 기업 활동의 국제화에 따라 외국으로 개인정보 이전이 증가하고 있어 외국에 개인정보를 제공할 때 규율의 필요성이 증대되면서 도입한 것이다. 즉 개인정보취급사업자는 외국에 있는 제3자에게 개인정보를 제공하는 경우에는 법령에 근거한 경우와 같은 예외 사유에 해당하는 경우(제23조 제1항)를 제외하고는 본인의 동의를 얻어야만 한다(제24조 본문). 다만 개인의 권리 이익을 보호함에 있어서 일본과 동등한 수준에 있다고 인정되는 개인정보보호제도를 가지고 있는 국가나 개인정보 취급에 관하여 개인정보보호법에 근거하여 개인정보취급사업자가 강구해야 하는 조치에 상당하는 조치를 계속적으로 강구하기 위해 필요한 체제를 정비하고 있는 자에 대해서는 본인의 동의 없이 개인정보 제공이 허용되며(제24조), 이 경우 해당 본인이 개인정보 제공의 정지를 요구하면 개인정보 제공이 금지된다(제23조 제2항).

8. 역외 적용

2015년 개정법은 "국내에 있는 자에 대한 물품 또는 용역의 제공에 관련하여 그 자를 본인으로 하는 개인정보를 취득한 개인정보취급사업자가 외국에서 당해 개인정보 또는 당해 개인정보를 사용하여 작성한 익명가공정보를 취급하는 경우에 대해서도 「개인정보보호법」을 적용한다"라고 하여(제75조) 역외 적용 규정을 새로이 두고 있다. 기업 활동의 국제화에 따라 외국에서 일본 거주자에 대하여 정보통신망 등으로 물품의 판매나 용역을 제공하고 개인정보를 취득하는 외국 사업자가 증가함에 따라 이러한 외국 사업자에 대하여도 개인정보의 적정한 취급을 확보할 필요성이 대두됨에 따라 역외 적용 규정을 둔 것이다. 다만 개인정보보호법의 모든 규정에 적용되는 것이 아니고, 개인정보보호위원회의 검사나 명령 등 일부 규정에 대해서는 역외 적용의 대상이 되지 않는다(제75조).

Ⅴ. 주요국의 비교 평가

유럽연합의 GDPR은 개인정보의 활용과 보호에 관한 아주 선도적인 법규라고 할 수 있다. GDPR은 개인정보 보호에 관한 광범위하고 새로운 제도를 도입하고 있어 개인정보 보호에 관한 국제적인 모범 규준이 되고 있다. 우리나라가 2020년 2월 「개인정보 보호법」과 신용정보법을 개정하여 가명정보와 익명정보의 새로운 개념을 도입하고 개인정보주체의 정보 전송요구권 보장 등 권리 강화를 한 것은 바로 GDPR의 영향이 컸다는 점에서 GDPR을 눈여겨볼 필요가 있다. 특히 우리나라 기업이 유럽연합 지역 내의 소비자에게 상품이나 용역을 제공할 때 GDPR이 적용된다는 점에서 더욱 주목해야 할 규정이다.

미국의 경우 영국이나 일본과 달리 개인정보나 개인신용정보의 이용과 보호에 관한 단일한 법률은 없고, 연방법인 「공정신고보고법」에서 소비자신용평가기관인 소비자신용보고기관(CRA)이 소비자신용보고서 작성과 관련하여 신용평가의 정확성과 기밀성을 유지하도록 하는 등 소비자 신용 평가와 소비자신용보고서의 상업적 활용에 대한 규제를 하고 있으며, 연방법인 「금융서비스현대화법」에서 금융기관의 고객 금융정보의 이용과 보호와 대한 규제를 하고 있다. 특히 금융기관이 비계열회사에게 개인 금융정보를 제공하는 경우 동의 방식에 있어서 사후에 동의를 거부할 수 있는 방식(opt-out)을 채택하고 있는 점이 영국이나 일본 등과 비교하여 다른 점이라고 할 수 있다.

영국의 경우 GDPR를 반영한 「개인정보 보호법」을 제정·운영하고 있어 그 규제 내용은 GDPR과 거의 같다고 할 수 있으며, 특히 2018년 시행된 GDPR을 반영하여 「개인정보 보호법」이 개정되면서 가명정보와 익명정보 개념을 도입하는 등 개인정보 활용 활성화를 위한 여러 제도를 규정하고 있는 점도 주목할 만하다.

일본의 경우도 개인정보의 이용과 보호에 관한 단일 법률인 개인정보보호법이 제정되어 운영되고 있으며, 2015년 개정법은 단일 규제감독기관인 개인정보보호위원회를 설치하여 규제감독 체계를 정비하였으며, 익명가공정보의 개념을 도입하여 개인정보 활용의 활성화를 통한 관련 산업의 발전을 도모하고 있다. 이외에도 외국에 있는 제3자에 대한 개인정보 제공과 역외 적용에 관한 조항 등을 새로이 규정하여 기업 활동의 국제화 추세를 반영한 개인정보 보호조치 강화를 도모하고 있는 점도 특징적이다.

<참고 문헌>

고동원, "2015년 개정 「신용정보의 이용 및 보호에 관한 법률」에 관한 법적 검토," 「금융정보연구」 제4권 제2호, 한국금융정보학회, 2015.

고동원·강경훈·이재영, 「헬로, 핀테크!: 개인신용정보 활용 및 관리」개정2판, 한국핀테크지원센터, 2023. 11.

고동원·권영준, "공공정보 이용의 활성화를 위한 법적 개선 방안," 「성균관법학」 제23권 제2호, 성균관대학교 법학연구원, 2011.

국회 정무위원회, "신용정보의 이용 및 보호에 관한 일부개정법률안 검토보고서." 2014.

김유니스·김성은, "신용정보법 제23조 및 제24조의 개선방향에 대하여," 「BFL」 제16호. 서울대학교 금융법센터, 2006.

김주영, "2014년의 신용정보 유출 관련 개인정보 보호법제 개정안의 검토," 「법학논총」 제21집 제1호. 2014.

노태석, "신용정보의 이용 및 보호에 관한 법률 개정안에 대한 검토," 「은행법연구」 제7권 제1호. 은행법학회, 2014.

노혁준, "금융지주회사의 정보 공유 법리," 「금융정보연구」 제3권 제1호. 한국금융정보학회, 2014.

맹수석, "금융거래에 있어서 개인신용정보 보호법제의 주요 내용과 법적 문제," 「법학연구」 제37집, 충남대학교 법학연구소, 2010.

이창범, 「개인정보 보호법」, 법문사. 2012.

정성구, "신용정보의 이용 및 보호에 관한 법률의 현황과 문제점," 「증권법연구」 제2권 제2호, 한국증권법학회, 2001.

정순섭, 「은행법」 제12판, 지원출판사, 2024.

정순섭·양기진, "개인신용정보의 보호법제에 관한 연구," 「금융정보연구」 제1권 제1호, 한국금융정보학회, 2012.

한국인터넷진흥원 편, 「개인정보 보호법령 및 지침 고시 해설」, 2011.

허성욱, "개인정보유출소송의 현황과 법적 과제," 「저스티스」 통권 제110호, 한국법학원, 2009.

제12장

금융실명거래와 자금세탁방지

제1절

총 설

자금세탁방지(anti-money laundering: AML) **규제**도 점점 중요한 은행 규제의 하나가 되고 있다. 은행이 테러자금이나 불법적인 목적으로 이용되는 자금을 취급하게 되는 경우 금융시장과 금융질서에 혼란이 발생하기 때문에 자금세탁 방지 규제가 필요하다. 세계적으로도 자금세탁 방지 규제는 중요한 과제 중의 하나이다. 이를 위해서 국제기구인 **국제자금세탁방지기구**(Financial Action Task Force: FATF)[1]가 설립되어 자금세탁 방지를 위한 국제적인 기준을 제시하고 있다. 특히 2017년 12월 우리나라 농협은행 뉴욕지점이 자금세탁 방지를 위한 내부통제 체제가 제대로 갖추어지지 않았다는 이유로 미국 감독당국으로부터 거액의 제재금을 받게 되면서[2] 국내에서도 자금세탁 방지를 위한 내부통제 구축의 중요성에 대한 관심이 더 커졌다.

우리나라는 3개의 자금세탁방지 관련 법률이 있는데, 이 중 특정금융정보법이 중요한 법률이다. 은행을 포함한 금융기관이 고객과 금융거래를 할 때는 고객의 신원을 확인하도록 하면서 '실제 소유주'까지 확인하도록 하는 제도는 자금세탁 방지 규제의 핵심으로 자리를 잡고 있다. 또한 범죄수익 은닉(隱匿)이나 가장(假裝) 행위를 막기 위한 범죄수익은닉규제법도 있다. 이외에 테러자금 등 불법적인 목적으로 자금이 사용되는 것을 막기 위한 테러자금금지법도 있다.

한편 자금세탁방지 관련 법률들이 제정되기 전인 1997년 제정된 금융실명법은 은행 등 금융기관으로 하여금 금융거래자의 **'실지명의'**를 확인하도록 하고 있는데, 이는 특정금융정보법

1) 우리나라도 회원으로 가입되어 있다 <https://www.fatf-gafi.org/en/the-fatf.html>.

2) 농협은행 미국 뉴욕지점은 자금세탁방지 내부통제 체제가 미흡하다는 사유로 미국 뉴욕주 감독당국으로부터 1,100만 달러의 제재금을 부과받았는데, 그 사유는 본점이 미국 뉴욕지점의 내부감시인 선정 및 관리를 함에 있어서 부적절했다는 점, 고객 확인 등의 부문에서 위반 사항이 반복적으로 이루어졌다는 점, 준법감시 인력의 전문성이 부족하다는 점, 의심 거래 감시 체계 운영이 미흡한 점 등이 지적되었다 (김민상, "미국 금융당국, 농협은행 뉴욕지점에 과태료 118억원 부과," 중앙일보, 2017. 12. 22).

이 규정하고 있는 고객 신원 확인 제도와 유사하다. 이런 점에서 금융실명법이 특정금융정보법과 관련이 있다고 할 수 있어서 여기서 같이 살펴본다. 금융실명법은 금융거래 비밀 보장에 관한 내용도 있는데, 이는 제11장에서 살펴본 개인신용정보의 제3자 제공과 관련된 내용과 유사한 점이 있다.

제2절

금융실명거래 규제

Ⅰ. 서설

1. 개관

예금 거래 등 금융기관과 금융거래를 할 때 예금자의 **'실지명의'**(實地名義)(즉 실명(實名))로 거래해야 한다는 금융실명제는 1993년 8월 12일 대통령 긴급경제명령인 「금융실명거래 및 비밀보장에 관한 긴급재정경제명령」3)에 의하여 도입되었고, 1997년 12월 31일 금융실명법으로 법제화되었다. 금융실명법은 "실지명의에 의한 금융거래를 실시하고 그 비밀을 보장하여 금융거래의 정상화를 기함으로써 경제정의를 실현하고 국민경제의 건전한 발전을 도모함"을 목적으로 하고 있다(법 제1조). 금융실명법은 **금융거래는 실명으로 하도록 하고**(법 제3조 제1항), 대신에 **금융거래의 비밀은 보장**하도록 하고 있다(법 제4조). 더 나아가서 2014년 개정 금융실명법은 **탈법**(脫法) **목적의 차명**(借名) **거래**(즉 타인의 명의를 빌어 하는 금융거래)**를 금지**하여(법 제3조 제3항) **차명 거래가 탈법 목적으로 이용되는 것을 막고 있다.**

2. 적용 금융기관의 범위

금융실명법이 적용되는 금융기관의 범위는 은행을 포함하여 다음과 같다. ① 「은행법」에 따른 은행, ② 중소기업은행, ③ 한국산업은행, ④ 한국수출입은행, ⑤ 한국은행, ⑥ 자본시장법에 따른 투자매매업자·투자중개업자·집합투자업자·신탁업자·증권금융회사·종합금융회사 및 명의개서대행회사, ⑦ 상호저축은행 및 상호저축은행중앙회, ⑧ 농업협동조합과 그 중앙회

3) 이 긴급재정경제명령은 금융실명법 부칙 2조에 의하여 폐지되었다.

및 농협은행, ⑨ 수산업동조합과 그 중앙회 및 수협은행, ⑩ 신용협동조합 및 신용협동조합중앙회, ⑪ 새마을금고 및 그 중앙회, ⑫ 보험회사, ⑬ 「우체국예금·보험에 관한 법률」에 따른 체신관서, ⑭ 그 밖에 대통령령으로 정하는 기관이다(법 제2조 제1호).

시행령으로 정하는 기관은 ① 「여신전문금융업법」에 따른 여신전문금융회사 및 신기술사업투자조합, ② 「기술보증기금법」에 따른 기술보증기금, ③ 대부업법에 따른 대부업 또는 대부중개업의 등록을 한 자, ④ 「벤처투자 촉진에 관한 법률」 제2조 제10호 및 제11호에 따른 벤처투자회사 및 벤처투자조합, ⑤ 「신용보증기금법」에 따른 신용보증기금, ⑥ 「산림조합법」에 따른 지역조합·전문조합과 그 중앙회, ⑦ 「지역신용보증재단법」에 따른 신용보증재단, ⑧ 「온라인투자연계금융업 및 이용자 보호에 관한 법률」 제5조에 따라 등록한 온라인투자연계금융업자, ⑨ 자본시장법에 따른 거래소(자본시장법 제392조 제2항에 따라 같은 법 제391조 제2항 제1호의 신고 사항과 같은 항 제3호에 따른 신고 또는 확인 요구 사항에 대하여 정보의 제공을 요청하는 경우만 해당한다), ⑩ 「한국주택금융공사법」에 따른 한국주택금융공사, ⑪ 「외국환거래법」 제8조 제3항 제2호에 따라 등록한 소액해외송금업자, ⑫ 그 밖에 사실상 금융거래를 하는 개인 또는 법인으로서 총리령으로 정하는 자[4]이다(시행령 제2조).

3. '금융거래'와 '금융자산'의 정의

(1) '금융거래'의 정의

금융실명법은 금융기관과 고객 사이에 이루어지는 금융거래에 적용되는 법률이므로 금융거래의 정의를 살펴볼 필요가 있다. '금융거래'는 "[금융기관]이 금융자산을 수입(受入)·매매·환매·중개·할인·발행·상환·환급·수탁·등록·교환하거나 그 이자, 할인액 또는 배당을 지급하는 것과 이를 대행하는 것 또는 그 밖에 금융자산을 대상으로 하는 거래로서 총리령[5]으로 정하는 것"을 말한다(법 제2조 제3호).

(2) '금융자산'의 정의

'금융자산'이란 "[금융기관]이 취급하는 예금·적금·부금(賦金)·계금(契金)·예탁금·출자금·신탁재산·주식·채권·수익증권·출자지분·어음·수표·채무증서 등 금전 및 유가증권과 그 밖에 이와 유사한 것으로서 총리령으로 정하는 것"을 말한다(법 제2조 제2호). "총리령으로 정하는 것"은 "신주인수권을 표시한 증서와 외국이나 외국법인이 발행한 증권 또는 증서"를 말한다(시행규칙 제2조).

---

4) 총리령으로 정해진 기관은 없다.
5) 총리령으로 정해진 것은 없다.

(3) 금융거래의 범위

위의 금융거래와 금융자산의 정의에 비추어볼 때, 순수한 **대출 거래나 보증 및 담보 거래는 명시적으로 규정되어 있지 않아 금융거래의 범위에서 제외**된다. 다만 예금거래와 대출거래가 함께 발생하는 당좌대출이나 종합통장대출 거래 또는 할인어음 거래는 금융거래에 해당하여 실명 확인 대상이 된다. 보험·공제 거래, 여신거래, 골드(실버)바 거래, 상품권 거래는 금융거래의 정의에 해당하지 않으므로 실명 확인 대상에서 제외되나, 할인어음은 실명 확인 대상이다.[6] 또한 신용카드 발급과 관련한 업무 등(가맹점 가입, 신용카드를 이용한 매출, 현금서비스, 기타 회원·가맹점·채무 관리 등에 관한 정보 및 자료)도 금융거래에서 제외되어 실명 확인 대상이 아니다.[7] 그러나 신용카드의 결제 계좌는 실지명의가 확인된 계좌이어야 한다.[8]

Ⅱ. 실명 확인

1. 실명 확인 의무

(1) 서설

금융실명법은 "거래자의 실지 명의로 금융거래를 하여야 한다"라고 하면서(제3조 제1항) 금융기관으로 하여금 **금융거래자의 실명을 확인**하도록 하고 있다(제3조 제7항). 실명거래의 확인 방법 및 절차에 관한 사항은 시행령이 규정하고 있다(제3조, 제4조의2). 개인인 경우 주민등록증이나 운전면허증으로, 법인의 경우 사업자등록증 등으로 실명을 확인하도록 하고 있다(시행령 제3조).

(2) 실지명의의 정의

실지명의란 "**주민등록표상의 명의, 사업자등록증상의 명의**, 그 밖에 대통령령으로 정하는 명의"를 말하는데(법 제2조 제4호), 자세한 구분은 시행령이 하고 있다(제3조 제1호 내지 제5호).

1) 개인의 경우

주민등록표에 기재된 성명 및 주민등록번호[다만 재외국민의 경우에는 여권에 기재된 성명 및 여권번호(여권이 발급되지 아니한 재외국민은 「재외국민등록법」에 의한 등록부에 기재된 성명 및 등록번호)]

2) 법인(「국세기본법」에 의하여 법인으로 보는 법인격 없는 사단 등을 포함)의 경우

「법인세법」에 의하여 교부받은 사업자등록증에 기재된 법인명 및 등록번호(다만 사업자등

---

6) 전국은행연합회(2016), 10면.
7) 실명(금) 46000-235, '93. 10. 8; 실명 46000-142, '97. 10. 22.
8) 전국은행연합회(2016), 28면.

록증을 교부받지 아니한 법인은 「법인세법」에 의하여 납세번호를 부여받은 문서에 기재된 법인명 및 납세번호)

3) 법인이 아닌 단체의 경우

당해 단체를 대표하는 자의 실지명의(다만 「부가가치세법」에 의하여 고유번호를 부여받거나 「소득세법」에 의하여 납세번호를 부여받은 단체의 경우에는 그 문서에 기재된 단체명과 고유번호 또는 납세번호)

4) 외국인의 경우

「출입국관리법」에 의한 등록외국인기록표에 기재된 성명 및 등록번호(다만 외국인등록증이 발급되지 아니한 자의 경우에는 여권 또는 신분증에 기재된 성명 및 번호)

(3) 실지명의 확인 방법

금융거래를 할 때 실지명의는 다음의 구분에 따른 증표·서류에 의하여 확인한다(시행령 제4조의2 제1항 제1호 내지 제5호).

1) 개인의 경우

① 주민등록증 발급대상자는 주민등록증(다만 주민등록증에 의하여 확인하는 것이 곤란한 경우에는 국가기관, 지방자치단체 또는 「교육기본법」에 따른 학교의 장이 발급한 것으로서 실지명의의 확인이 가능한 증표 또는 주민등록번호를 포함한 주민등록표 초본과 신분을 증명할 수 있는 증표에 의하여 확인한다)

② 주민등록증 발급대상자가 아닌 자는 주민등록번호를 포함한 주민등록표 초본과 법정대리인의 ①의 증표 또는 실지명의의 확인이 가능한 증표·서류

③ 재외국민은 여권(여권이 발급되지 아니한 재외국민의 경우 「재외국민등록법」에 따른 재외국민등록증)

2) 법인의 경우

「법인세법」에 의하여 교부받은 사업자등록증이나 납세번호를 부여받은 문서 또는 그 사본

3) 법인이 아닌 단체의 경우

해당 단체를 대표하는 자의 실지명의를 확인할 수 있는 위 1)의 증표·서류(다만 「부가가치세법」에 의하여 고유번호를 부여받거나 「소득세법」에 의하여 납세번호를 부여받은 단체의 경우에는 고유번호 또는 납세번호를 부여받은 문서나 그 사본)

4) 외국인의 경우

「출입국관리법」에 의한 외국인등록증, 외국인등록증이 발급되지 아니한 자의 경우에는 여권 또는 신분증

5) 그 밖에 실지명의를 확인하기 곤란한 경우

관계 기관의 장의 확인서·증명서 등 금융위원회가 정하는 증표·서류

(4) 실명 확인을 하지 않아도 되는 경우

1) 실지명의가 확인된 계좌에 의한 계속 거래

실지명의가 확인된 계좌에 의한 계속 거래의 경우는 금융거래자의 실지명의를 확인하지 않아도 된다(법 제3조 제2항 제1호). 이는 실지명의 확인이 된 계좌에 의하여 통장이나 카드(현금카드·직불카드 포함) 등으로 거래하는 경우를 말한다.

2) 공과금의 수납 거래

각종 공과금의 수납 거래도 실지명의 확인 대상이 아니다(법 제3조 제2항 제1호).

3) 100만 원 이하의 송금 또는 무통장입금 거래

100만 원 이하의 원화 또는 그에 상당하는 외국통화의 송금이나 무통장 입금 또는 100만 원 이하에 상당하는 외국통화의 매입이나 매각 거래도 실지명의 확인 대상이 아니다(법 제3조 제2항 제1호, 시행령 제4조 제1항 제3호).

(5) 실지명의 확인자

실지명의 확인자는 실지명의 확인 업무에 대한 권한 의무가 주어진 영업점(본부의 영업부서 포함) 직원(계약직, 시간제 근무자, 도급직 포함)이며, 후선 부서 직원(본부 직원, 서무원, 청원경찰 등)은 실지명의를 확인할 수 없으나.[9] 본부 부서 근무 직원이 실지 명의 확인 관련 업무를 처리하도록 명령받은 경우는 실명을 확인할 수 있다.[10] 금융기관의 임원 및 직원이 아닌 업무수탁자(대출모집인, 카드모집인, 보험모집인, 공제 모집인 등) 등은 실명을 확인할 수 없다.[11]

(6) 실명거래 확인 업무의 위탁

금융기관은 **실명거래의 확인 업무를 다른 금융기관에게 위탁**할 수 있다(시행령 제4조의2 제2항). 수탁자의 범위가 금융실명법이 규정하고 있는 금융기관에 한정하고 있음을 알 수 있다. 예를 들어, 甲금융기관이 다른 乙금융기관과 업무 제휴 계약을 체결한 경우 甲(또는 乙)의 근거계좌와 연결된 乙(또는 甲)의 연결계좌에 대하여 甲(또는 乙)이 실명 확인을 할 수 있다.[12]

---

9) 실명(총) 46000－509, '96. 11. 21; 전국은행연합회(2016), 7면.

10) 전국은행연합회(2016), 7면.

11) 전국은행연합회(2016), 7면.

12) 전국은행연합회(2016), 31면.

(7) 실명 확인 의무 위반 시 제재 조치

실명 확인 의무를 위반한 금융기관의 임원이나 직원에게는 3천만 원 이하의 과태료가 부과되고(법 제7조 제1항), 과징금이나 형벌은 부과되지 않는다.

(8) 실명 확인 대상 및 방법 관련 문제

금융 실명 확인과 관련해서 금융당국(구 재정경제원)이 내린 유권해석의 내용을 살펴본다.

1) 금융기관에 의한 비금융거래 업무 시 실명 확인 의무

금융기관이 배당금 지급, 신주청약 사무, 유상·무상 증자와 관련한 주권 교부 및 명의개서 등 주식 관련 업무를 위탁받아 처리하는 경우에는 반드시 금융거래자의 실명 확인을 하여야 한다.[13]

2) 전화나 컴퓨터에 의해 계좌를 신규 개설하는 경우 실명 확인 의무

실명 확인된 계좌(근거계좌)를 보유한 거래자가 전화나 컴퓨터에 의해 근거계좌에서 인출하여 근거계좌와 연결된 신규 계좌(연결계좌)를 개설한 경우(이 경우 금융기관은 업무제휴 관계를 맺은 다른 금융기관을 대신하여 연결계좌에 대한 실명 확인을 할 수 있다), 연결계좌에서 최초 인출 시 등에 실명을 확인하여야 할 범위는 (i) 연결계좌에서 현금 등으로 직접 인출하거나 다른 계좌에 이체하는 경우 또는 (ii) 근거계좌를 해지하는 경우이다. 다만 연결계좌에서 인출하여 근거계좌로 대체입금하는 경우(즉 연결계좌를 해지하면서 잔액 및 해지 이자를 근거계좌로 대체 입금하는 경우)는 별도 실명 확인이 생략될 수 있다.[14]

3) 업무 제휴에 의한 다른 금융기관의 실명 확인 대행

금융기관("甲")이 다른 금융기관("乙")과 업무 제휴 계약을 체결한 경우 甲(또는 乙)의 근거계좌에 연결된 乙(또는 甲)의 연결계좌에 대하여 甲(또는 乙)이 실명 확인을 할 수 있다. 다만 이 경우 당해 금융기관들은 업무제휴 시 직접 실명을 확인을 한 금융기관 및 직원이 실명 확인에 대한 책임을 부담하는 등 실명 확인 책임 소재에 대한 사항을 당사자 사이 업무 제휴 계약서 등에 명시적으로 규정하여야 한다.[15]

4) 우편 신청에 의한 통장 개설 시 실명 확인 의무

우편 신청에 의하여 통장을 개설할 때 실명 확인 전에는 입출금 등 금융거래를 정지하였다가 추후 고객이 금융기관을 방문하는 시점에서 실명확인증표에 의해 실명 여부를 확인하고 실명확인증표의 사본을 보관한 후 이후 금융거래를 개시하도록 허용하면 실명거래의 의무를 위반하는 것은 아니다.[16]

13) 실명(금) 46000-235, '93. 10. 8.
14) 실명 46000-138, '98. 5. 25.
15) 전국은행연합회(2016), 26면.
16) 실명(금) 46000-166, '94. 5. 19.

5) 전화에 의한 신규 계좌 및 수표 발행 의뢰

전화에 의한 신규 계좌 개설 및 수표 발행 의뢰 등의 금융거래는 고객과 사전에 폰뱅킹(phone banking) 서비스 약정을 체결한 경우에도 금융거래자의 실명 확인 및 실명확인증표 사본을 보관할 수 없으므로 허용될 수 없는 거래이다.[17] 즉 실명 확인 대상 거래이다.

6) 외화 환전 시 실명 확인 의무

외화 환전 시에도 고객의 실명을 확인할 의무가 있다.[18]

2. 비대면 실명 확인[19]

(1) 서설

금융실명법은 고객과 대면(對面)을 하여 금융거래자의 실명을 하도록 명시적으로 규정하고 있지 않지만, 2015년 12월 전까지는 금융당국이 유권해석을 통하여 실지 대면을 통한 실명 확인만 허용했다. 그러다가 금융기술(FinTech) 산업의 육성 정책에 따른 인터넷전문은행의 도입과 관련하여 **비대면(非對面) 실명 확인**을 허용하는 입장으로 유권해석이 변경되어 이제는 비대면 실명 확인이 가능하다. 그래서 **지문이나 생체(生體) 인식 또는 화상(畫像) 통화 등을 통한 비대면 실명 확인 방식이 허용**되고 있다. 인터넷 금융거래 등 비대면으로 이루어지는 금융거래가 대세라는 점에서 비대면 실명 확인은 필요한 일이다.

(2) 비대면 실명 확인 허용 배경

금융실명법과 시행령에는 실명확인증표(주민등록증이나 운전면허증 등)를 반드시 대면으로 확인하도록 하는 명시적인 규정은 없다. 그러나 유권해석권자인 구 재정경제부(현재 금융위원회)는 대면 확인을 통한 실명확인증표의 실물 확인이 필요하다는 입장을 취하고 있었다.[20][21] 이러한 금융당국의 입장은 금융실명 제도가 시행된 1993년 이래 무려 22년간 유지되고 있었는데, 2015년 12월 1일 금융위원회는 이러한 입장을 바꾸어 비대면 실명 확인 방법을 허용하였다.[22]

---

17) 실명(금) 46000－168, '94. 5. 19.

18) 실명(총) 46000－326, '96. 6. 20.

19) 이하 논의는 고동원(2017), 439－442면.

20) 이에 관한 명시적인 유권 해석은 찾아볼 수 없으나, 재정경제부(1999), 139면은 "실명확인은 성명과 주민등록 번호의 확인뿐만 아니라 실명확인증표에 첨부된 사진 등에 의하여 반드시 거래가 본인 여부를 확인(제시된 실명확인증표의 사진에 의하여 본인 여부의 식별이 곤란한 경우에는 다른 실명확인증표를 보완적으로 사용 가능)"이라고 하고 있고, 141면은 "신규 계좌 개설 시 실명확인증표 원본에 의하여 거래자의 실명을 확인하여야 하며 …"라고 하고 있어서, 이에 비추어 보면 대면 확인을 요구하는 것으로 이해할 수 있다. 같은 내용은 전국은행연합회(2002), 5면 및 8면에서도 찾아볼 수 있다.

21) 같은 설명은 이준희(2015), 92면.

22) 금융위원회 보도자료(2015. 12. 2), 1면.

과거에 금융당국이 대면 확인에 의한 실명 확인을 요구하는 입장을 취한 이유 중의 하나는 비대면 실명 확인을 허용할 경우에 소위 '대포통장'의 범람이나 서류의 위·변조 등 악용 사례의 증가 등 문제가 많이 발생할 수 있기 때문이다. 그러나 2014년 금융실명법 개정에 의해 차명 거래 금지 조항이 신설되어(법 제3조 제3항) 이러한 문제점을 방지할 수 있다는 점에서 설득력이 약화되었다. 또한 생체 인식이나 지문 등 비대면에 의한 실명 확인 방법의 기술이 계속 발전하고 있어서 기술상의 문제점도 해결되고 있기 때문에 금융당국이 비대면 실명 확인을 허용하는 입장으로 바꾼 것은 정보통신기술 시대에 비추어 타당한 결정이라고 할 수 있다.

(3) 비대면 실명 확인 방법

금융위원회가 발표한 비대면 실명 확인 방법은 ① 신분증 사본 제출, ② 영상통화, ③ 접근 매체 전달 시 확인, ④ 기존 계좌 활용, ⑤ 기타 이에 준하는 새로운 방식(손바닥정맥지도 등 생체 인증 등) 중 2가지를 의무적으로 하고, 추가적으로 ⑥ 다른 금융기관의 실명 확인 결과 활용(휴대폰 인증 등) 및 ⑦ 다수의 개인정보 검증까지 포함하여, 이미 선택한 2가지를 제외하고 ①에서 ⑦ 중 추가 확인을 권고하는 방식이다.[23] 다시 말해서 ①에서 ⑤ 중에서 만약 ①과 ②를 선택했다면, 나머지 ③에서 ⑦ 중 하나(또는 그 이상)를 택하여 3중 확인을 하는 방식이다.

이러한 비대면 실명 확인 방법은 금융기관 실무에서 활용되고 있는 「금융실명거래 업무해설」(전국은행연합회 발간)에 반영되어 있는데, 아래 방식 중 2가지 이상을 활용하여 비대면 실명 확인이 가능하도록 규정하고 있다. 즉 "① 거래자의 실명확인증표 사본을 제출받아 확인, ② 거래자와의 영상통화를 통해 확인, ③ 「전자금융거래법」 제2조 제10호에 따른 접근매체 전달업무 위탁기관 등을 통하여 실명확인증표 확인, ④ 금융실명법상 실명확인을 거쳐 거래자 명의로 금융회사에 이미 개설된 계좌와의 거래를 통한 확인, ⑤ 기타 ①~④에 준하는 새로운 방식을 통하여 확인(금융회사가 금융실명법상 실명 확인을 거친 거래자의 동의를 받아 「전자금융거래법」 제2조 제10호 라목에 따른 생체 정보를 직접 등록받은 후 이와 대조하여 확인하는 방식도 ⑤에 해당)" 방식을 규정하고 있다.[24]

정보통신망에 의한 비대면 실명 확인 방법이 허용되지 않으면 인터넷전문은행의 출범이 현실적으로 기대하기가 어렵다는 점에서 금융당국의 유권해석 변경은 불가피한 것이었다고 할 수 있다. 대면 확인에 의한 실명 확인을 하려면, 다른 은행이나 금융기관과 업무 제휴를 통해서 실명 확인을 하거나 직원이 직접 고객을 방문하여 실명 확인을 하여야 하는데, 이 경우에 발생하는 비용 문제를 고려할 때 인터넷전문은행이 사실상 영업을 할 수 없기 때문이다.

---

23) 금융위원회 보도자료(2015. 12. 2), 1면.
24) 전국은행연합회(2016), 9면.

(4) 자율적인 비대면 실명 확인 방법 선택 허용 및 개발 필요

다만 금융당국이 비대면 실명 확인 방법을 지정해주는 것은 바람직한 방안은 아니라고 본다. 왜냐하면 금융당국이 정해주게 되면 은행(다른 금융기관에게도 동일하게 적용될 것이다)이 자율적으로 비대면 확인 방법을 개발할 유인이 적어지기 때문이다. 물론 금융당국이 정해주지 않을 때 은행 스스로가 비대면 확인 방법을 선택하는 데 있어 혼란이 있을 수 있고, 금융당국이 은행이 자율적으로 선택하는 비대면 확인 방법을 신뢰하지 못한다는 점에서 이러한 방식을 택한 것이라고 이해할 수도 있다.

그러나 비대면 실명 확인의 방법은 다양할 수 있기 때문에 새로운 비대면 실명 확인 방법을 개발하는 유인을 주기 위해서라도 은행이 자율적으로 비대면 실명 확인 방법을 선택할 수 있도록 하는 것이 좋을 것으로 본다.[25] 물론 은행에게 자율적으로 정할 수 있도록 하면서 비대면 실명 확인이 제대로 되지 않을 때 책임을 묻는 제도적 장치도 함께 마련하여야 제도의 실효성이 있을 것이다.[26] 더 나아가서 비대면 실명 확인 방법이 가능하다는 것을 금융실명법이나 시행령에 반영하여 법적 확실성과 안정성을 높일 필요도 있다.[27] 물론 법령에 반영할 때는 비대면 실명 확인 방법을 구체적으로 정할 필요는 없고, 근거에 관한 조항만을 두어 은행이 자율적으로 비대면 실명 확인 방법을 정할 수 있도록 하는 것이 좋을 것이다.

3. 특정금융정보법에 따른 고객 실지명의 및 실제 소유자 확인과 금융실명법 관계

(1) 서설

금융실명법에 따른 금융거래자의 실지명의 확인 의무 조항과 유사한 규정이 자금세탁 방지를 목적으로 하는 특정금융정보법에도 규정되어 있어 2개 법률 사이의 적용 관계를 살펴볼 필요가 있다. 특정금융정보법에 따르면, 금융기관은 고객의 실지명의 및 실제 소유자를 확인해야 하는 의무(법 제5조의2 제1항)가 있다. 그래서 2개 법률 사이에 중복되거나 상충되는 부분이 있을 수 있고, 이 경우 어느 법률을 적용해서 해결해야 하는지의 문제가 발생한다.

(2) 금융실명법과 특정금융정보법의 적용 관계

우선 2개 법률 사이의 적용 관계를 살펴볼 필요가 있다. 즉 2개 법률 사이에 상충이 될 때 어느 법률을 적용하는지의 문제가 있다. 이에 대해 금융실명법 제9조 제1항은 "[금융실명법]과 다른 법률이 서로 일치하지 아니하는 경우에는 [금융실명법]에 따른다"라고 규정하여 금융실

25) 같은 취지의 주장은 이준희(2015), 94면("금융회사가 자율적으로 실지명의의 방법을 선택하도록 하되, 그 방법의 기술적, 관리적 문제점에 따른 결과에 대하여는 엄격한 책임을 묻는 방식으로 보완될 수 있을 것이다"라고 하고 있어서, 자율성을 부여하되 책임을 묻는 방식을 취할 것을 주장하고 있다).

26) 같은 취지의 주장은 이준희(2015), 94면.

27) 같은 주장은 김경석(2016), 53면.

명법이 우선하여 적용된다는 점을 밝히고 있다. 특정금융정보법도 금융실명법과 적용 문제에 관한 조항을 두고 있는데, 불법재산 등으로 의심되는 거래의 보고(제4조) 등 몇 개의 조문이 금융실명법 제4조(금융거래의 비밀 보장)에 우선해서 적용한다는 규정은 있지만(제14조 제1항) 아래 살펴볼 거래자의 실지명의 확인과 관련해서는 특별히 규정하지 않고 있다. 따라서 2개 법률 사이에 상충되는 부분이 있는 경우에는 금융실명법이 우선해서 적용한다고 보아야 할 것이다.

(3) 중복되는 부분

1) 거래자의 실지명의 확인 부분

금융실명법은 원칙적으로 금융기관으로 하여금 금융거래자의 '실지명의'를 확인하도록 하고 있다(법 제3조 제1항, 제2항, 시행령 제4조 제1항). 특정금융정보법도 금융기관으로 하여금 고객이 신규로 계좌를 개설하거나 1천만 원(전신송금의 경우 1백만 원) 이상 금액 등의 일회성 금융거래를 할 때에는 고객의 신원에 관한 사항을 확인하도록 하고 있는데, 개인 및 법인의 경우 그 "실지명의"를 확인하도록 하고 있다(법 제5조의2 제1항 제1호, 시행령 제10조의3 제1항 제1호 내지 제3호, 제10조의4 제1호 내지 제3호). 따라서 고객이 신규로 계좌를 개설하거나 1천만 원(전신송금의 경우 1백만 원) 이상의 금융거래를 할 때에 고객의 실지명의를 확인해야 하는 것은 2개 법률 사이에 중복되는 부분에 해당한다.

2) 금융거래자의 실제 소유자 확인 부분

다음은 금융거래의 실제 소유자를 확인하는 문제이다. 금융실명법 제3조 제1항은 단지 '실지명의'를 확인하도록 규정하고 있어서, '실지명의'의 범위에 실제 소유자까지 확인해야 할 의무가 있는지에 대한 해석의 문제가 생긴다. 즉 금융실명법 제3조 제1항은 "[금융기관]은 거래자의 실지명의(이하 '실명'이라 한다)로 금융거래를 하여야 한다."라고만 되어 있어서, 여기서 '거래자'가 '실제 소유자'까지 포함하는지가 명확하지 않은 점이 있다. 타인의 동의를 받고 그 명의를 빌려 계좌를 개설하는 합의 차명인 경우, 금융기관 직원이 그 사실을 모르는 한 명의인이 '거래자'에 해당한다고 볼 수밖에 없고, 따라서 명의인의 실명을 확인하면 된다고 볼 수 있다. 그러나 금융기관 직원이 실제 소유자가 따로 있는 차명계좌인 사실을 안 경우는 명의인이 아닌 실제 소유자를 거래자로 보고 실제 소유자의 실명을 확인할 의무가 있다고 볼 여지도 있다.

대법원 판결도 서로 엇갈리고 있는데, "특별한 사정이 없는 한 주민등록증을 통해 실명확인을 한 예금명의자"가 금융실명법 제3조의 '거래자'라고 판단하는 판결[28]도 있어 실제 소유자의 실명을 확인할 의무가 없다고 볼 수도 있지만,[29] 물론 소수의견이기는 하지만 "거래자

---

28) 대법원 2009. 3. 19. 선고 2008다45828 전원합의체 판결.

29) "금융실명법은 … 거래자의 차명금융거래를 금지하는 법률이 아니다"라는 견해(정순섭(2017), 347면)는

자신이 아닌 타인의 실명에 의한 거래(예컨대 합의차명)는 여기의 실명에 의한 금융거래에 포함되지 않는다."라고 하는 대법원 판결[30]도 있어 차명 계좌는 실제 소유자의 실명으로 전환을 해야 한다는 취지이므로 이를 위해서는 실제 소유자의 실명을 확인할 필요가 있다고 볼 여지도 있다.[31] 그리고 2014년 금융실명법 개정으로 "불법재산의 은닉, 자금세탁행위 또는 공중협박자금조달행위 및 강제집행의 면탈, 그 밖에 탈법행위를 목적으로 타인의 실명으로 금융거래를 하여서는 아니 된다"라는 조항(제3조 제3항)이 신설되었으므로 탈법 목적의 차명 거래는 금지되었다고 볼 수 있다. 따라서 금융기관 직원이 실제 소유자를 알게 된 사정이 있는 경우에는 실제 소유주의 실명을 확인해야 한다고 볼 수도 있다. 하여튼 금융실명법상으로는 금융기관의 직원이 거래자의 실제 소유자를 확인해야 하는지는 여전히 불명확한 점이 있다.

반면에 특정금융정보법은 명시적으로 실제 소유자 확인 의무를 부여하고 있다. 특정금융정보법은 고객이 계좌를 신규로 개설하거나 1천만 원(전신송금의 경우 1백만 원) 이상 금액 등의 일회성 금융거래를 하는 경우에는, **개인 고객의 경우 그 "고객을 최종적으로 지배하거나 통제하는 자연인"인 '실제 소유자'에 관한 사항을 확인**해야 하며, **고객이 법인 또는 단체인 경우에는 그 법인이나 단체의 지분 25% 이상 지배하는 자 등의 실제 소유자의 신원을 확인**하여야 한다(법 제5조의2 제1항 제1호 나목, 시행령 제10조의5 제1항, 제2항 제1호 내지 제3호). 여기서 "고객을 최종적으로 지배하거나 통제하는 자연인"인 '실제 소유자'의 범위에는 자금을 출연한 실제 소유자도 포함한다고 볼 수 있다. 특히 특정금융정보법 시행령은 **합의 차명의 경우 실제 소유자의 실지명의를 확인**하도록 명시적으로 규정하고 있다. 즉 "개인인 고객의 실지명의로 금융거래를 하기로 하는 약정 또는 합의를 한 다른 개인 등 그 **고객을 최종적으로 지배하거나 통제하는 사람인 실제 소유자**가 있으면 그 실제 소유자의 실지명의를 확인"해야 한다(법 제5조의2 제1항 제1호 나목, 시행령 제10조의5 제1항). 따라서 금융실명법상 거래자의 실제 소유자를 확인해야 한다는 해석에 따르면 특정금융정보법에 따른 실제 소유자의 신원 확인 규정과 중복된다고 할 수 있다.

(4) 금융실명법과 특정금융정보법 사이의 상충되는 부분

금융실명법상 금융거래의 실제 소유자까지 확인할 필요가 없다고 보는 입장에 따르면, 금융실명법과 특정금융정보법 사이에 상충되는 부분이 되고, 금융실명법이 우선해서 적용된다는 규정에 의하면 금융거래의 실제 소유자까지 확인할 필요가 없다는 결론이 된다. 그러나 금융거래의 실제 소유자까지 확인할 필요성이 있다는 점을 고려할 때 실제 소유자를 확인해야 한다는 규정이 금융실명법에 반영될 필요가 있을 것이다.

이러한 입장에 있다고 볼 수 있다.

30) 대법원 1997.4.17. 선고 96도3377 전원합의체 판결.

31) "거래자가 아닌 명의자의 실명에 의한 예금계약은 실명거래가 아니라고 본다"라는 입장(오시정(2009), 35면)은 실제 소유자까지 확인해야 한다는 입장으로 이해할 수 있다.

(5) 소결

금융실명법과 특정금융정보법 사이에 금융거래자의 실지명의 및 실제 소유자 확인과 관련해서 중복되거나 상충되는 부분이 있음을 알 수 있다. 법제 정비가 필요한데, 금융실명법 중심으로 해서 통합하는 방안도 생각할 수 있지만, 자금세탁 방지 목적의 실지명의 확인이 중요하다는 점에서 특정금융정보법 중심으로 해서 통합하는 방안이 합리적이라고 본다. 금융실명법 시행에 의해 과거 허무인(虛無人)이나 가명(假名)으로 했던 금융거래가 없어지고 실명으로 금융거래가 이루어지는 것이 보편적이라는 점을 고려할 때 금융실명제 도입 목적이 일정 부분 달성되었고, 지금은 자금세탁 방지 목적의 실제 소유자 확인 문제가 더 중요해졌다는 점을 고려할 때 특정금융정보법 중심으로 통합하는 방안이 나을 것이라고 본다.

Ⅲ. 차명 거래 규제

1. 서설

금융실명법은 금융기관은 "거래자의 실지명의"로 금융거래를 하여야 한다고 규정하고 있는데(법 제3조 제1항), **실지명의**의 범위와 관련하여, 허무인(虛無人) 명의나 가명(假名)에 의한 거래가 실지명의에 해당하지 않는 것은 명확하지만, 차명 거래가 실지명의가 아닌 비실명거래에 해당하는지 여부에 대해서는 명확하지 않은 면이 있다.

판례는 "가명에 의한 거래는 물론 거래자 자신이 아닌 타인의 실명에 의한 거래는 '거래자의 실명에 의한 금융거래'에 포함되지 아니한다"고 하여,[32] 차명 거래를 실지명의에 의한 거래로 보고 있지 않지만, 차명 거래에 의한 금융거래의 사법상의 효력을 부인하지 않고 있어서[33] 사실상 차명 거래가 이루어지고 있다. 특히 금융실명법상 실지명의 확인을 하지 않은 금융기관 임직원에게 500만 원의 과태료를 부과하는 규제만이 있고(법 제7조 제1항), 차명 거래 당사자에 대한 처벌 조항은 없어서 차명 거래가 여전히 이루어지고 있다. 이렇다 보니 개인이나 기업 등에 의한 차명 거래를 통한 비자금(秘資金) 조성 행위, 조세 포탈 행위, 범죄 수익 은닉 행위, 주가 조작 행위 등 사회적 문제가 제기되면서 차명 거래를 금지해야 할 필요성이 제기되었고, 이에 따라 2014년 개정 금융실명법은 탈법 행위 목적의 차명 거래를 금지하는 조항(제3조 제3항)을 신설하였다.

2. 차명 거래의 경우 실명 확인 의무 위반인지 여부

차명 거래가 "금융기관은 거래자의 실지명의로 금융거래를 해야 한다"는 금융실명법 제3

32) 대법원 1998. 8. 21. 선고 98다12027 판결.
33) 대법원 2009. 3. 19. 선고 2008다45828 판결.

조 제1항 위반인지 여부에 대해서는 2가지 경우로 나누어서 살펴보아야 한다. 첫째는 금융기관 임직원이 차명 거래라는 사실을 모르고 금융거래를 한 경우이고, 둘째는 금융기관 임직원이 차명 거래라는 사실을 알고 거래를 한 경우이다.

금융기관 임직원이 차명 거래라는 사실을 모르고 명의인과 거래를 한 경우에는, 금융기관 임직원은 금융실명법 시행령 제3조 및 시행규칙 제3조에 따라 거래 당사자의 실명을 확인하면 되므로 명의인의 주민등록증 등 증표를 확인하여 거래를 하면 금융실명법 위반은 아니라고 보아야 할 것이다.

금융기관 임직원이 차명 거래라는 사실을 알고 금융거래를 한 경우는 다르게 보아야 할 것이다. 이 경우 '실지명의'는 명의인이 아닌 실지 권리자 내지 실제 소유자인 출연자가 실지 거래 당사자이고, 출연자의 실명을 확인해야 하는 것이므로 금융실명법 제3조 제1항 위반이라고 보아야 할 것이다. 금융기관 입장에서는 금융거래의 실제 당사자가 출연자라는 것을 알고 있는 것이고, 그렇다면 출연자의 실명을 확인하는 것이 타당할 것이기 때문이다.

3. 탈법 행위 목적의 차명 거래 금지

(1) 의의

금융실명법 제3조 제3항은 탈법 행위 목적으로 차명 거래를 하는 것을 금지하고 있다. 즉 "누구든지 [특정금융정보법] 제2조 제4호에 따른 불법재산의 은닉, 같은 조 제5호에 따른 자금세탁행위 또는 같은 조 제6호에 따른 공중협박자금조달행위 및 강제집행의 면탈, **그 밖에 탈법 행위를 목적으로 타인의 실명으로 금융거래를 하여서는 아니 된다**"라고 하고 있다(법 제3조 제3항). "그 밖의 탈법 행위"라고 하고 있어서 포괄적으로 규정하고 있지만 다른 법률에 의해 탈법 행위에 해당하는 것을 생각할 수 있다. 예를 들어, 조세 관련 법률을 위반한 조세 회피 목적의 차명 거래를 들 수 있다. 반면에 탈법 행위 목적이 아닌 경우의 차명 거래는 허용된다고 해석이 된다. 즉 세금 회피 목적이 아닌 배우자나 자녀 명의의 금융 거래, 동창회 자금을 동창회 대표 개인 명의로 하는 금융거래(소위 '선의(善意)의 차명 거래')는 허용된다고 볼 수 있다.

(2) 탈법 행위 목적의 차명 거래 알선 또는 중개 행위 금지

금융기관 종사자는 이러한 탈법 행위 목적의 차명 거래를 알선하거나 중개할 수 없도록 하여(법 제3조 제4항) 금융기관 직원이 탈법 행위 목적의 차명 계좌 개설에 관여하는 것을 금지하고 있다.

(3) 실명확인계좌 자산의 명의자 소유 추정

금융실명법은 "실명이 확인된 계좌 또는 외국의 관계 법령에 따라 이와 유사한 방법으로

실명이 확인된 계좌에 보유하고 있는 금융자산은 명의자의 소유로 추정한다."라고 하고 있다(법 제3조 제5항), 차명 거래의 유인을 차단하려는 조항이다.

(4) 벌칙

탈법 행위 목적의 차명 거래를 한 자는 5년 이하의 징역 또는 5천만 원 이하의 벌금에 처하도록 하여(법 제6조 제1항) 강력한 처벌을 하고 있다. 불법 목적의 차명 거래를 금지하기 위한 조치이다. 더불어 탈법 행위 목적의 차명 거래를 알선하거나 중개한 금융기관 종사자도 5년 이하의 징역 또는 5천만 원 이하의 벌금에 처한다(법 제6조 제1항). 그리고 탈법 행위 목적의 차명 거래 및 알선 또는 중개와 관련된 금융기관 임직원에게는 3천만 원 이하의 과태료가 부과된다(법 제7조 제1항).

4. 차명 거래 관련 쟁점

명의인의 실명 확인 절차를 거친 차명 계좌와 관련해서 금융실명법은 그 효력에 관하여 아무런 규정을 두고 있지 않아[34] 사법상 효력이 인정될 수 있는지의 문제가 있고, 더 나아가서 차명계좌로 된 예금계약의 당사자가 예금명의인인지 아니면 실제 자금을 출연한 출연자인지의 문제도 있다.[35]

(1) 차명 거래의 유효성 여부

차명계좌로 된 예금계약, 즉 출연자가 아닌 명의인의 실명 확인 절차를 거친 차명계좌의 예금계약이 사법상 효력이 있는지에 대해서는 유효설과 무효설이 있다.

1) 무효설

무효설은 차명 계좌는 강행규정에 위반되는 것으로서 무효라고 본다. 즉 대법원 판례(별개 의견)는 "[금융실명법] 제3조 제1항은 실명확인 절차를 거칠 것을 예금계약의 효력 요건으로 규정한 것이고, 위 규정의 취지에 반하는 예금계약의 효력을 부정하는 강행규정이라고 보아야 한다. 출연자 등이 예금명의자 명의로 실명확인 절차를 거쳐 예금계약을 하면서, 금융기관과의 합의하에 출연자 등을 예금계약상의 예금반환청구권을 갖는 예금계약의 당사자로 하기로 별도로 약정한 경우 등에는 … 그러한 별도의 약정 자체는 강행규정인 금융실명거래 및 비밀보장에 관한 법률 제3조 제1항에 위반되어 효력이 없는 것으로 보아야 한다."고 한다.[36]

---

34) 반면에 「부동산 실권리자명의 등기에 관한 법률」은 차명 거래로 이루어지는 명의신탁 약정을 무효로 하고(제4조 제1항), 명의신탁 약정에 따른 등기로 이루어진 부동산 물권 변동도 무효로 함으로써(제4조 제2항) 부동산 거래에 있어서는 차명 거래가 거의 이용되지 않는 효과를 가져오고 있다.

35) 차명금융거래에 관련된 쟁점 논의는 김완석(2004) 및 최성근(2012) 참조.

36) 대법원 2009. 3. 19. 선고 2008다45828 전원합의체 판결(대법관 박시환의 별개 의견).

2) 유효설

유효설은 차명 계좌는 사법상의 효력에 영향이 없다고 보아 유효라고 본다. 즉 대법원 판례는 "특별한 사정으로 출연자와 금융기관 사이에 예금명의인이 아닌 출연자에게 예금반환채권을 귀속시키기로 하는 명시적 또는 묵시적 약정이 있는 경우에는 출연자를 예금주로 하는 금융거래계약이 성립하는 것이고, 위 긴급재정경제명령이나 [금융실명법]에서 비실명거래행위를 금지하고, 비실명거래자에게 실명전환의무를 부과하며, 이를 위반하는 경우 금융기관의 임원 또는 직원에 대하여 과태료 부과처분을 하고, 실명전환의무위반자에게 과징금 부과처분을 하도록 규정하고 있더라도 비실명금융거래계약의 사법상 효력에는 영향이 없다."라고 보고 있다.[37)]

더 나아가 대법원 판례(별개 의견)는 "예금거래의 효력을 일률적으로 부정할 경우에는 국민의 일상생활과 재산권 행사에 매우 큰 영향을 미치게 된다. 따라서 만일 입법자가 금융실명법 제3조 제1항을 위반한 예금계약의 사법상 효력을 부정할 의도를 가지고 있었다면, 그 중대성과 파급효를 고려하여 당연히 [부동산 실권리자명의 등기에 관한 법률] 제4조 제1항과 같이 그 사법적 효력을 부정하는 명문의 규정을 두었을 것이라고 봄이 합리적이다. 그러나 금융실명법은 같은 법 제3조 제1항을 위반한 행위의 사법적 효력을 부정하는 규정을 두지 않고 있다. 이러한 점은 입법자가 위 조항을 강행규정으로 의도하지 아니하였다는 점을 잘 나타낸다."라고 하여 사법상의 효력을 인정하고 있다.[38)]

3) 소결

차명 거래의 사법상 효력을 인정할 것인지 여부는 차명 계좌 개설의 목적을 보고 판단하는 것이 타당할 것이다. 즉 불법 목적으로 개설한 차명 계좌는 선량한 풍속 기타 사회질서 위반에 해당한다고 보아야 하고(「민법」 제103조), 따라서 이 경우는 사법상 효력도 부정하는 것이 타당하다고 본다.[39)] 특히 2014년 개정 금융실명법이 탈법 목적의 차명 거래를 금지하고 있다는 점에서 더욱 그렇다. 그래서 금융실명법에 탈법 목적의 차명 거래는 무효라는 규정을 두는 것이 필요하다. 다만 불법 목적이 아닌 차명 계좌의 사법상 효력까지 부인할 필요는 없다고 본다.

---

37) 대법원 2001. 12. 28. 선고 2001다17565 판결.

38) 대법원 2009. 3. 19. 선고 2008다45828 전원합의체 판결(대법관 차한성의 별개 의견).

39) 같은 견해는 오시정(2009), 44면. 대법원 2009. 3. 19. 선고 2008다45828 전원합의체 판결의 대법관 차한성 별개 의견도 "금융기관과 출연자 등 사이의 예금계약이 범죄수익금 등의 은닉·보관이나 뇌물 등의 제공을 위하여 체결된 경우 등에는, 이러한 개별 예금계약의 동기, 목적, 경위 및 내용과 금융기관의 인식 및 관여 정도 등을 따져서 당해 예금계약을 「민법」 제103조에 의하여 무효로 하는 것이 얼마든지 가능하다."라고 하고 있어서 불법 목적의 차명 계좌는 무효로 보는 입장이다.

(2) 차명 거래의 예금계약 당사자 문제[40)]

1) 서설

차명 거래와 관련해서 예금명의자와 출연자 중에서 누구를 예금계약의 당사자로 보아야 하는지에 대한 논의가 있다. 실명 확인 절차를 거쳐 예금계약을 체결한 경우 예금계약의 당사자는 예금명의자인지, 아니면 실제 출연을 한 출연자로 보아야 하는지에 대해서 주목할 만한 대법원 판결이 있다. 요약하면, 대법원은 실명 확인 절차를 거친 예금계약의 당사자는 일반적으로 예금명의자로 보아야 한다고 하고, 설령 차명 계좌라 할지라도 예금명의자를 예금계약의 당사자로 보고 있으며, 출연자를 예금계약의 당사자로 보려면 금융기관과 출연자 사이에 예금명의자와의 예금계약을 부정하여 출연자에게 예금반환청구권을 귀속시키겠다는 명확한 의사합치가 있어야 한다고 보아 아주 예외적인 경우에 한해서 인정하고 있다.

2) 원칙적으로는 예금명의자가 예금계약의 당사자

즉 대법원은 "금융실명거래 및 비밀보장에 관한 법률에 따라 실명확인 절차를 거쳐 예금계약을 체결하고 그 실명 확인 사실이 예금계약서 등에 명확히 기재되어 있는 경우에는, **일반적으로 그 예금계약서에 예금주로 기재된 예금명의자나 그를 대리한 행위자 및 금융기관의 의사는 예금명의자를 예금계약의 당사자로 보려는 것이라고 해석하는 것이 경험법칙에 합당**하고, 예금계약의 당사자에 관한 법률관계를 명확히 할 수 있어 합리적이다. 그리고 이와 같은 예금계약 당사자의 해석에 관한 법리는, 예금명의자 본인이 금융기관에 출석하여 예금계약을 체결한 경우나 예금명의자의 위임에 의하여 자금 출연자 등의 제3자(이하 '출연자 등'이라 한다)가 대리인으로서 예금계약을 체결한 경우 모두 마찬가지로 적용된다고 보아야 한다. 따라서 예금명의자의 의사에 따라 예금명의자의 실명확인 절차가 이루어지고 예금명의자를 예금주로 하여 예금계약서를 작성하였음에도 불구하고, **예금명의자가 아닌 출연자 등을 예금계약의 당사자라고 볼 수 있으려면, 금융기관과 출연자 등과 사이에서 실명확인 절차를 거쳐 서면으로 이루어진 예금명의자와의 예금계약을 부정하여 예금명의자의 예금반환청구권을 배제하고 출연자 등과 예금계약을 체결하여 출연자 등에게 예금반환청구권을 귀속시키겠다는 명확한 의사의 합치가 있는[41)] 극히 예외적인 경우로 제한되어야 한다**. 그리고 이러한 의사의 합치는 금융실명거래 및 비밀보장에 관한 법률에 따라 실명확인 절차를 거쳐 작성된 예금계약서 등의 증명력을 번복하기에 충분할 정도의 명확한 증명력을 가진 구체적이고 객관적인 증거에 의하여 매우 엄격하게 인정하여야 한다."라고 판단했다.[42)]

---

40) 이에 대한 자세한 논의는 오시정(2009), 31~64면.

41) 종전에는 금융기관과 출연자 사이에 묵시적 또는 명시적인 별도의 금융거래 계약이 있다고 볼 수 있는 경우에 차명 거래가 유효하다는 입장을 취하고 있었는데(대법원 2001. 12. 28. 선고 2001다17565 판결), 이를 변경한 것이다.

42) 대법원 2009. 3. 19. 선고 2008다45828 전원합의체 판결.

3) 출연자와 약정한 예금계약의 효력 부인

이 판결의 별개 의견도 결론은 같지만 근거는 달리하고 있는데, "출연자 등이 예금명의자 명의로 실명확인 절차를 거쳐 예금계약을 하면서 금융기관과의 합의하에 출연자 등을 예금계약상의 예금반환청구권을 갖는 예금계약의 당사자로 하기로 별도로 약정한 경우" 그 약정 자체는 강행규정인 금융실명법 제3조 제1항에 위반하여 효력이 없기 때문에 "금융기관과 예금명의자 사이의 예금계약만이 유효하게 성립할 뿐이어서, 예금반환청구권을 갖는 예금계약의 당사자는 예금명의자이다."라고 하여[43] 출연자와 약정한 예금계약의 효력을 아예 부인하고 있다.

Ⅳ. 금융거래의 비밀 보장

1. 서설

금융실명법은 금융거래를 실명으로 하도록 하는 대신에 **금융거래의 비밀을 보장**하고 있다. 즉 금융기관 종사자는 "명의인(신탁의 경우에는 위탁자 또는 수익자를 말한다)의 서면상의 요구나 동의를 받지 아니하고는 금융거래의 내용에 대한 정보 또는 자료를 타인에게 제공하거나 누설"하는 것이 금지되며, "누구든지 [금융기관]에 종사하는 자에게 금융거래의 내용에 대한 정보 또는 자료의 제공을 요구하여서는 아니 된다"(법 제4조 제1항). "금융거래의 내용에 대한 정보 또는 자료"를 **'금융거래정보'**라고 할 수 있다. 다만 법원의 제출 명령이나 세금 조사 목적 또는 금융감독의 목적상 필요한 제한적인 경우에는 예외가 적용되어 명의인의 동의 없이 제공할 수 있다(법 제4조 제1항 제1호 내지 제8호). 금융기관 종사자는 이 규정에 위반하여 금융거래 정보의 제공을 요구받은 경우에는 이를 거부하여야 한다(법 제4조 제3항). 금융거래 비밀 조항을 위반한 경우 5년 이하의 징역 또는 3천만 원 이하의 벌금에 처하며(법 제6조 제1항), 징역형과 벌금형이 병과(倂科)될 수 있다(법 제6조 제2항)

2. 금융거래정보의 제3자 제공

(1) 원칙: 제3자에게 금융거래정보 제공 시 해당 명의인의 사전 동의 필요

1) 의의

아래 (2)의 예외적인 경우를 제외하고, 금융기관에 종사하는 자는 **금융거래자인 명의인의 동의가 있어야 금융거래정보를 제3자에게 제공**할 수 있다(법 제4조 제1항). 명의인에 대해서 특별히 규정하고 있지 않으므로 개인뿐만 아니라 법인도 포함한다고 보아야 한다. 따라서 법인에 관한 금융거래정보도 해당 법인의 동의가 없으면 제3자에게 제공할 수 없다.

---

43) 대법원 2009. 3. 19. 선고 2008다45828 전원합의체 판결(대법관 박시환의 별개 의견).

2) 금융기관 종사자의 범위

'금융기관에 종사하는 자'는 금융기관의 임·직원 및 그 대리인·사용인 기타 종업원으로서 금융거래의 내용에 대한 정보 또는 자료를 취급·처리하는 업무에 사실상 종사하는 자를 말한다(시행령 제5조). 이는 용역직, 계약직, 아르바이트, 파트타임 등 고용 형식이나 직위 등에 관계 없이 금융기관의 업무에 종사하면서 금융거래 정보를 알게 된 자는 자기가 취급하는 업무에 의해서 직접적으로 알게 된 경우뿐만 아니라 간접적으로 알게 된 경우에도 비밀 보장 의무를 지게 된다.[44] 따라서 금융기관의 용역업체인 전산위탁업체에서 금융기관에 파견된 임·직원도 금융기관에 종사하는 자의 범위에 포함된다.[45]

3) 금융거래정보의 범위

금융거래정보의 범위는 "특정인의 금융거래 사실과 금융기관이 보유하고 있는 금융거래에 관한 기록의 원본·사본 및 그 기록으로부터 알게 된 것"을 포함한다(시행령 제6조 본문). 그러나 금융거래 사실을 포함한 금융거래의 내용이 누구의 것인지를 알 수 없는 것은 금융거래정보에서 제외한다(시행령 제6조 단서). 따라서 금융거래에 관한 단순 통계자료나 금융거래자의 성명·주민등록번호가 삭제된 자료는 금융거래의 내용이 누구의 것인지를 알 수 없으므로 금융거래정보의 범위에 속하지 않게 된다. 그러나 당해 금융거래정보만으로 그 거래자를 알 수 없더라도 다른 금융거래정보와 용이하게 결합하여 그 거래자를 알 수 있는 것은 금융거래정보의 범위에 포함된다(시행령 제6조 단서). 따라서 특정 명의인의 전화번호, 주소, 근무처 등이 포함된 금융거래정보는 비밀 보장 대상이 된다.

한편 순수한 대출 거래, 보증 및 담보 거래 내역에 관한 정보 및 자료,[46] 신용카드 발급, 가맹점 가입, 신용카드를 이용한 매출, 현금서비스, 그 밖에 회원·가맹점·채무 관리 등에 관한 정보 및 자료는 금융거래에 해당하지 않으므로[47] 비밀 보장 대상이 되지 않는다.

(2) 예외: 명의인의 동의 없이 금융거래정보를 제공할 수 있는 경우

다음의 어느 하나에 해당하는 경우로서 "사용 목적에 필요한 최소한의 범위에서 금융거래정보를 제공하거나 제공을 요구하는 경우"에는 해당 명의인의 동의를 얻을 필요가 없다(법 제4조 제1항 단서 제1호 내지 제8호).

1) 법원의 제출 명령 또는 영장의 경우

법원의 제출명령 또는 법관이 발부한 영장에 따른 금융거래정보의 제공

---

44) 전국은행연합회(2016), 45면.

45) 실명(금) 46000－191, '94. 5. 31.

46) 실명(금) 46000－267, '94. 7. 30. 그러나 예금거래와 대출거래가 함께 발생하는 당좌대출, 종합통장대출 등은 비밀 보장 대상이 된다고 보아야 할 것이다.

47) 실명(세) 46000－45, '95. 2. 6.

2) 세무 조사의 경우

조세에 관한 법률에 따라 제출 의무가 있는 과세 자료 등의 제공과 소관 관서의 장이 상속·증여 재산의 확인, 조세 탈루의 혐의를 인정할 만한 명백한 자료의 확인, 체납자(체납액 5천만 원 이상인 체납자의 경우에는 체납자의 재산을 은닉한 혐의가 있다고 인정되는 아래 가)에서 다)에 해당하는 사람을 포함한다)의 재산조회, 「국세징수법」 제9조 제1항 각 호의 어느 하나에 해당하는 사유로 조세에 관한 법률에 따른 질문·조사를 위하여 필요로 하는 금융거래정보의 제공

가) 체납자의 배우자(사실상 혼인관계에 있는 사람을 포함한다)
나) 체납자의 6촌 이내 혈족
다) 체납자의 4촌 이내 인척

3) 국정조사에 필요한 경우

「국정감사 및 조사에 관한 법률」에 따른 국정조사에 필요한 자료로서 해당 조사위원회의 의결에 따른 금융감독원장 및 예금보험공사사장의 금융거래정보의 제공

4) 금융감독·검사에 필요한 경우

금융위원회(증권시장·파생상품시장의 불공정거래 조사의 경우에는 증권선물위원회를 말한다), 금융감독원장 및 예금보험공사사장이 금융기관에 대한 감독·검사를 위하여 필요로 하는 금융거래정보의 제공으로서 아래 가)에서 마)의 어느 하나에 해당하는 경우와 「국정감사 및 조사에 관한 법률」에 따른 국정조사에 필요한 자료로서 해당 조사위원회에 제공하기 위한 경우

가) 내부자거래 및 불공정거래행위 등의 조사에 필요한 경우
나) 고객예금 횡령, 무자원(無資源) 입금 기표(記票) 후 현금 인출 등 금융사고의 적발에 필요한 경우
다) 구속성예금 수입(受入), 자기앞수표 선발행(先發行) 등 불건전 금융거래행위의 조사에 필요한 경우
라) 금융실명거래 위반, 장부 외 거래, 출자자 대출, 동일인 한도 초과 등 법령 위반행위의 조사에 필요한 경우
마) 「예금자보호법」에 따른 예금보험업무 및 구조개선법에 따라 예금보험공사사장이 예금자표(預金者表)의 작성업무를 수행하기 위하여 필요한 경우

5) 금융기관 내부 또는 금융기관 사이의 금융거래정보 제공

동일한 금융기관의 내부 또는 금융기관 상호간에 업무상 필요한 금융거래정보의 제공. 구

체적으로 ① 업무 위탁의 경우, ② 외은지점이 본점에게 금융거래정보를 제공하는 경우, ③ 금융기관 상호 간에 금융거래정보를 제공하는 경우와 관련하여 아래와 같은 쟁점이 있으므로 살펴본다.

가) 업무 위탁의 경우

시행령은 금융기관이 업무 위탁을 하는 경우도 금융기관 내부에서 금융거래정보를 제공하는 경우에 해당한다고 규정하고 있다. 즉 "동일한 금융기관의 내부에서 업무상 필요한 금융거래정보를 제공하는 경우"는 "해당 금융기관의 본점·지점·영업소 및 해당 **금융기관의 위탁을 받거나 그 밖의 계약에 의하여 그 금융기관의 업무의 일부를 처리하는 자 간에 업무상 필요한 금융거래정보를 제공하는 경우**"를 말한다(시행령 제9조 제1항). 금융기관이 업무를 위탁한 수탁자에게 금융거래정보를 제공하는 것은 금융거래자의 동의를 얻을 필요가 없는 것이다.

당해 금융기관의 위탁을 받아 금융기관의 업무를 처리하는 자에 해당하는 자는 당해 금융기관의 회계 감사 업무를 담당하는 외부감사인(監査人)과 외국은행 국내 지점의 경우 해당 국내 지점의 감사 업무를 담당하는 본국 본점의 감사팀이 해당된다.[48] 또한 한국거래소가 금융투자회사의 업무의 일부를 처리하기 위하여 금융투자회사로부터 금융투자회사 및 위탁자(고객)의 증권 매매 관련 정보를 제공받는 것은 업무 위탁을 받은 경우로서 동일 금융기관 내부의 정보 제공에 해당한다.[49]

관련하여 금융기관이 외부 변호사의 법률 자문을 받기 위하여 고객의 금융거래정보를 외부 변호사에게 제공할 때 고객 동의가 필요한지 여부가 문제될 수 있다. 검토해보면, 법률 자문 업무를 외부 법률 전문가인 변호사에게 위탁하는 것이고, 이는 위탁 가능한 업무라는 점, 금융기관이 법률 자문 의뢰 목적으로 개인정보를 포함한 금융거래정보를 외부 변호사에게 이전하는 것은 「개인정보 보호법」에 따라 '개인정보 처리 업무'의 위탁에 해당하여 해당 정보주체인 개인의 동의를 얻을 필요가 없다는 점(제26조), 금융기관이 금융거래정보를 외부 변호사에게 전달하더라도 변호사의 직무상 비밀 유지 의무로 인해서 고객의 금융거래정보가 남용될 가능성이 낮다는 점 등을 고려할 때, 위탁 업무로서 고객의 동의가 필요 없다고 보는 것이 타당할 것이다.

나) 외은지점의 본점에 대한 금융거래정보 제공 문제

외은지점이 외국 본점에 고객의 금융거래정보를 제공하는 경우에도 고객의 동의를 얻어야 하는가? 외은지점도 본점의 영업소라는 점에서 보면 금융기관 내부라고 볼 수 있어 고객의 동의 없이 금융거래정보를 제공할 수 있다고 볼 여지도 있다. 그러나 「은행법」은 외은지점을

48) 구 재정경제원 유권해석(실명(금) 46000－255, '94. 7. 27).

49) 구 재정경제원 유권해석(실명(금) 46000－254, '94. 7. 27). 유권해석 당시 한국거래소는 증권거래소, 금융투자회사는 증권회사이었다.

「은행법」에 따른 은행으로 간주한다는 조항을 두고 있어서(제59조 제1항), 별도의 기관으로 보아야 하기 때문에 외은지점이 본점에 고객의 금융거래정보를 제공하는 경우에는 별도의 동의를 얻어야 한다고 볼 수도 있다. 금융당국은 후자의 입장을 취하고 있다.[50] 다만 일일이 거래 건 별로 고객의 동의를 얻는 것이 부담이 있다는 점을 반영하여 **포괄적인 동의**를 얻어도 무방하다고 하면서, 다만 고객에게 매년마다 이를 통지하여 이에 대한 동의를 얻도록 하고 있다.[51]

다) 금융기관 상호 간 금융거래정보의 제공

"금융기관 상호 간에 업무상 필요한 금융거래정보를 제공하는 경우"는 ① 금융기관이 다른 금융기관에게 업무상 필요한 금융거래정보를 제공하거나 ② 금융기관이 법령 또는 금융기관 사이의 협약 등에 의하여 금융거래정보를 수집·관리·제공하는 자[52]나 거래자 사이의 금융자산 이체 업무를 취급하는 자[53]에게 업무상 필요한 금융거래정보를 제공하는 경우를 말한다(시행령 제9조 제2항). 금융기관이 다른 금융기관에게 업무상 필요한 금융거래정보를 제공하는 경우는 다음과 같다.[54]

① 은행의 공동채권관리를 위하여 필요한 경우
② 불량거래처 규제, 거래정지처분의 해제 또는 취소 신청과 관련하여 필요한 경우
③ 무통장입금, 계좌송금(타행송금 포함) 등과 관련한 오류 정정을 위하여 필요한 경우
④ 세금우대저축 등과 관련한 위규·중복 계좌의 정리를 위해 필요한 경우
⑤ 금융회사등이 법령 또는 금융회사등의 협약 등에 의하여 정보 등을 수집·관리·제공하는 자나 거래자 간의 금융자산 이체업무를 취급하는 자(전국은행연합회, 금융결제원 등)에게 업무상 필요한 정보 등을 제공하는 경우
⑥ 부정수표 고발장 작성을 위하여 수표 지급은행이 수표제시인의 인적사항에 관한 정보를 요청하는 경우(팩스·전문 등에 의한 요청을 받고 수표제시인의 성명, 실명번호, 주소 등 제공 가능)
⑦ 어음할인 등과 관련하여 다른 금융회사등으로부터 어음발행인에 대한 정보(사업자등록번호, 인적사항, 주소 등) 제공 요청 시(팩스 등에 의한 서면 요청을 받고 제공 가능(금융거래정보 제공동의서를 제출한 거래처에 대하여는 서면 요청 생략 가능))
⑧ 전화금융사기 혐의계좌 정보 교환 업무를 위해 필요한 경우
⑨ 금융회사등간 공동협약에서 정한 사항과 관련된 경우
⑩ 금융회사등간 공동협약에 따라 기업 투자자의 외환 관련 파생상품(통화선도(선물환), 통화옵션, 외환스왑) 거래정보를 은행연합회에 집중하는 경우

50) 재정경제원 유권해석(실명(금) 46000-453, '95. 11. 6).
51) 금융위원회, 금융실명제 관련 문의에 대한 회신(2014. 11. 3).
52) 한국신용정보원이나 한국예탁결제원을 들 수 있다.
53) 금융결제원을 들 수 있다.
54) 전국은행연합회(2016), 63면.

⑪ 햇살론 취급 금융회사등이 '거래내역조회표' 발급 금융회사등에 동 조회표의 발급 사실 및 기재내역의 진위 여부 확인을 FAX 등 서면으로 요청하고 발급 금융회사등이 요청 사항을 확인하여 회신하는 경우
⑫ 「정치자금법」 제17조 제13항에 의거 정보 제공하는 경우
⑬ 기타 금융회사가 다른 금융회사에게 업무상 필요한 정보 등을 제공하는 경우로 금융위원회가 승인한 사항

6) 외국금융감독기관과 업무 협조의 경우

금융위원회 및 금융감독원장이 그에 상응하는 업무를 수행하는 외국 금융감독기관(국제금융감독기구를 포함한다)과 다음 가) 및 나)의 사항에 대한 업무 협조를 위하여 필요로 하는 금융거래정보의 제공

가) 금융기관 및 금융기관의 해외지점·현지법인 등에 대한 감독·검사
나) 자본시장법 제437조에 따른 정보 교환 및 조사 등의 협조

7) 한국거래소의 금융거래정보 제공의 경우

자본시장법에 따라 거래소 허가를 받은 한국거래소가 다음 가) 및 나)의 경우에 필요로 하는 투자매매업자·투자중개업자가 보유한 금융거래정보의 제공

가) 자본시장법 제404조에 따른 이상거래(異常去來)의 심리 또는 회원의 감리를 수행하는 경우
나) 이상거래의 심리 또는 회원의 감리와 관련하여 한국거래소에 상응하는 업무를 수행하는 외국거래소 등과 협조하기 위한 경우(다만 금융위원회의 사전 승인을 받은 경우로 한정한다)

8) 그 밖에 법률에 따른 경우

그 밖에 법률에 따라 불특정 다수인에게 의무적으로 공개하여야 하는 것으로서 해당 법률에 따른 금융거래정보의 제공

(3) 포괄적 동의가 가능한지 여부

금융실명법 제4조 제1항은 "… 명의인의 서면상의 요구나 동의를 받지 아니하고는…"이라고만 하고 있어, 금융거래정보를 제공할 때마다 건(件) 별로 명의인의 동의를 얻어야 하는지, 아니면 포괄적인 1회의 동의로 가능한지가 해석상 애매한 점이 있다. 이에 대해서 금융당국은 **포괄적 동의가 가능**하다는 입장을 취하면서, 고객에게 매년마다 이를 통지하여 이에 대한 동의를

얻도록 하고 있다는 점은 앞에서 언급한 바가 있다.[55)]

3. 금융거래 비밀 보장 의무

(1) 금융거래정보를 알게 된 자의 금융거래 비밀 보장 의무

1) 금융거래정보의 타인 제공 또는 누설 금지 의무

금융거래자인 명의인의 서면상의 요구나 동의 없이도 금융기관에 금융거래정보의 제공을 요구할 수 있게 되어 명의인의 금융거래정보를 알게 된 자는 그 알게 된 금융거래정보를 타인에게 제공 또는 누설하거나 목적 외의 용도로 이를 이용하여서는 아니 된다(법 제4조 제4항 본문). 또한 누구든지 금융거래정보를 알게 된 자에게 금융거래정보의 제공을 요구하여서는 아니 된다(법 제4조 제4항 본문). 이 규정을 위반한 자는 5년 이하의 징역 또는 3천만 원 이하의 벌금에 처하며(법 제6조 제1항), 징역형과 벌금형이 병과될 수 있다(법 제6조 제2항).

2) 예외

다만 ① 금융위원회 또는 금융감독원장이 금융기관에 대한 감독·검사를 위하여 필요로 하는 경우(법 제4조 제1항 제4호)에 알게 된 금융거래정보나 외국 금융감독기관과 업무 협조를 위하여 필요로 하는 경우(법 제4조 제1항 제6호)에 알게 된 금융거래정보를 외국 금융감독기관에 제공하거나, ② 한국거래소가 이상거래에 대한 심리 또는 감리를 수행하는 경우에 필요로 하는 투자매매업자·투자중개업자가 보유한 금융거래정보(법 제4조 제1항 제7호)를 외국거래소에 제공하는 경우에는 비밀 보장 의무가 적용되지 않는다(법 제4조 제4항 단서).

(2) 누설된 금융거래정보를 취득한 자의 금융거래 비밀 보장 의무

금융실명법에 위반하여 제공 또는 누설된 금융거래정보를 취득한 자(그로부터 금융거래 정보를 다시 취득한 자를 포함한다)는 위반 사실을 알게 된 경우 이를 타인에게 제공 또는 누설하여서는 아니 된다(법 제4조 제5항). 이 규정을 위반한 자는 5년 이하의 징역 또는 3천만 원 이하의 벌금에 처하며(법 제6조 제1항), 징역형과 벌금형이 병과될 수 있다(법 제6조 제2항).

4. 금융거래정보의 제공 절차

(1) 명의인의 요구에 의한 금융거래 정보의 제공 절차

금융기관 종사자는 명의인으로부터 금융거래정보의 제공을 요구받은 경우에는 그 요구자가 명의인인지 여부를 확인하여야 한다(시행령 제7조 제1항). 또한 금융기관 종사자는 명의인의 상속인 또는 유증(遺贈)에 의한 수증자(受贈者) 등 명의인의 금융자산에 대하여 법률상 명의인의 권한을 행사할 수 있는 지위에 있는 자가 금융거래정보의 제공을 요구하는 때에는 권한의 유무

55) 금융위원회, 금융실명제 관련 문의에 대한 회신(2014. 11. 3).

를 확인하여야 한다(시행령 제7조 제2항).[56] 금융기관은 명의인의 확인이나 금융거래정보의 제공 과정에서 금융거래정보가 다른 사람에게 유출되지 아니하도록 하여야 하며, 이를 위하여 명의인의 확인과 금융거래정보의 제공에 관한 방법 및 절차를 정하여야 한다(시행령 제7조 제3항).

(2) 명의인의 동의에 의한 금융거래정보의 제공 절차

금융기관은 명의인의 동의에 의하여 명의인 외의 자에게 금융거래정보를 제공하고자 하는 경우에는 다음의 사항이 모두 기재된 동의서를 제출받아야 하며, 명의인이 2인 이상인 경우에는 명의인 전원의 동의서를 제출받아야 한다(시행령 제8조 제1항). 동의서에는 "(i) 금융거래정보를 제공받을 자, (ii) 금융거래정보를 제공할 금융기관, (iii) 제공할 금융거래정보의 범위, (iv) 동의서의 작성 연월일, (v) 동의서의 유효 기간, (vi) 명의인이 당해 금융기관에 등록한 인감(서명감을 포함) 또는 읍·면·동사무소(법인의 경우에는 등기소를 말한다)에 등록한 인감의 날인"이 모두 포함되어 있어야 한다(시행령 제8조 제1항 제1호 내지 제6호). 다만 명의인이 동의서를 직접 제출하거나 공무원이 공무 수행을 위하여 명의인으로부터 동의서를 받아 제출하는 경우에는 인감 날인 대신에 명의인의 자필서명 또는 무인(無印)으로 할 수 있다(시행령 제8조 제1항 제6호). 금융기관은 명의인의 동의서 기재 내용이 불분명하거나 의심스러운 경우에는 명의인에게 내용을 확인할 수 있다(시행령 제8조 제2항).

(3) 명의인의 요구나 동의가 필요 없는 경우 금융거래정보의 제공 요구 절차

1) 개관

금융기관이 금융거래자인 명의인의 사전 서면 요구나 동의 없이 금융거래정보를 제공하게 되는 경우(동일한 금융기관 내부 또는 금융기관 상호간에 금융거래정보를 제공하는 경우는 제외한다)에 있어서 금융거래정보의 제공을 요구하는 자는 원칙적으로 금융기관의 해당 특정 점포에 요구하여야 하며, 예외적인 경우에는 해당 금융기관의 관리 부서에 요구할 수 있다(법 제4조 제2항).

2) 특정 점포에 요구

금융거래정보의 제공을 요구하는 자는 "(i) 명의인의 인적 사항, (ii) 요구 대상 거래 기간, (iii) 요구의 법적 근거, (iv) 사용 목적, (v) 요구"하는 금융거래정보의 내용, (vi) 요구하는 기관의 담당자 및 책임자의 성명과 직책 등 인적 사항이 포함된 금융위원회가 정하는 표준양식[57]

56) 채권자는 법률상 명의인의 권한을 행사할 수 있는 자가 아니다.

57) 제4조(금융거래의 비밀보장) ⑥ 다음 각 호의 법률의 규정에 따라 금융거래정보의 제공을 요구하는 경우에는 해당 법률의 규정에도 불구하고 제2항에 따른 금융위원회가 정한 표준양식으로 하여야 한다.
1. 「감사원법」 제27조 제2항
2. 「정치자금법」 제52조 제2항

에 의하여 금융기관의 특정 점포에 이를 요구"하여야 한다(법 제4조 제2항). 여기서 "명의인의 인적 사항"이라 함은 "(i) 명의인의 성명(법인 또는 단체의 경우에는 법인명 또는 단체명), (ii) 주민등록번호(여권번호·사업자등록번호 등 금융거래 시 명의인의 확인을 위하여 사용하는 모든 번호를 포함), (iii) 계좌 번호, (iv) 증서 번호, (v) 그 밖에 금융기관이 누구의 금융거래정보를 요구하는 것인지를 알 수 있는 것"을 말한다(시행령 제10조). 금융기관 종사자는 이 규정에 위반하여 금융거래 정보의 제공을 요구받은 경우에는 이를 거부하여야 한다(법 제4조 제3항). 이를 위반한 자는 5년 이하의 징역 또는 3천만 원 이하의 벌금에 처하며(법 제6조 제1항), 징역형과 벌금형이 병과(倂科)될 수 있다(법 제6조 제2항).

3) 예외적으로 관리 부서에 요구

① 법원의 제출 명령이나 영장 발급에 의하여 금융거래정보의 제공을 요구하는 경우(법 제4조 제1항 제1호)나 ② 조세에 관한 법률 등에 의하여 금융거래정보의 제공을 요구하는 경우(법 제4조 제1항 제2호)로서 (i) 부동산(부동산에 관한 권리를 포함)의 보유 기간·보유 수·거래 규모 및 거래 방법 등 명백한 자료에 의하여 대통령령이 정하는 부동산 거래(시행령 제6조의2 제1항)와 관련한 소득세 또는 법인세의 탈루 혐의가 인정되어 탈루 사실의 확인이 필요한 자(당해 부동산 거래를 알선·중개한 자를 포함)에 대한 금융거래정보의 제공을 요구하는 경우, 또는 (ii) 체납액 1천만 원 이상인 체납자의 재산 조회를 위하여 필요로 하는 금융거래정보의 제공을 대통령령이 정하는 바에 따라 요구하는 경우(시행령 제6조의2 제2항)에는 금융거래정보를 보관 또는 관리하는 부서에 이를 요구할 수 있다(법 제4조 제2항 단서).

5. 금융거래 정보 제공 사실의 통보

(1) 명의인에 대한 사후 통보[58)]

1) 금융거래정보 제공일로부터 10일 이내 사후 통보 의무

금융기관은 명의인의 서면상의 동의에 따라 금융거래정보를 제공하거나 명의인의 동의

---

3. 「공직자윤리법」 제8조 제5항
4. 삭제 <2020. 12. 29.>
5. 「상속세 및 증여세법」 제83조제1항
6. 「특정 금융거래정보의 보고 및 이용 등에 관한 법률」 제13조 제3항
7. 「과세자료의 제출 및 관리에 관한 법률」 제6조 제1항

58) 금융거래정보 제공 사실의 통보에 관한 절차 규정은 다음의 법률의 규정에 의하여 금융거래정보의 제공을 요구하는 경우에도 적용된다(법 제4조의2 제5항).
1. 「감사원법」 제27조 제2항
2. 「정치자금법」 제52조 제2항
3. 「공직자윤리법」 제8조 제5항
4. 삭제 <2020. 12. 29.>
5. 「상속세 및 증여세법」 제83조 제1항
6. 「과세자료의 제출 및 관리에 관한 법률」 제6조 제1항

없이 제공하는 일정한 예외 사유에 해당하여 금융거래정보를 제공한 경우에는 제공한 날(사후 통보가 유예되는 경우에는 통보 유예 기간이 종료한 날)부터 10일 이내에 제공한 금융거래정보의 주요 내용·사용목적·제공받은 자·제공일자 등을 명의인에게 서면으로 통보하여야 한다(법 제4조의2 제1항).

2) 명의인에 대한 사후 통보 의무 적용 대상 거래

명의인의 동의 없이 금융거래정보를 제공하게 되는 경우에 있어서 이러한 사후 통보 의무가 적용되는 경우는 (i) 법원의 제출 명령이나 영장에 의해 금융거래정보를 제공하는 경우, (ii) 세무 조사의 경우(조세에 관한 법률에 의하여 제출 의무가 있는 과세 자료 등의 경우를 제외한다)에 금융거래정보를 제공하는 경우, (iii) 국정 조사위원회의 요청에 따라 금융감독원장이나 예금보험공사 사장이 금융거래정보를 제공하는 경우, (iv) 그 밖의 법률에 의하여 불특정 다수인에게 의무적으로 공개하여야 하는 것으로서 당해 법률에 의하여 금융거래정보를 제공하는 경우에 한한다(법 제4조의2 제1항).

3) 과태료 부과

금융실명법 제4조의2 제1항의 규정에 위반한 금융기관의 임원 또는 직원은 500만 원 이하의 과태료에 처한다(법 제7조 제1항).

(2) 통보의 유예

1) 금융거래정보 요구자의 요청에 의한 통보 유예

금융기관은 통보 대상 금융거래정보의 요구자로부터 다음의 어느 하나에 해당하는 사유에 의한 통보의 유예(猶豫)를 서면으로 요청받은 때에는 유예 요청 기간 동안 통보를 유예하여야 한다(법 제4조의2 제2항). 즉 "(i) 당해 통보가 사람의 생명이나 신체의 안전을 위협할 우려가 있는 경우, (ii) 당해 통보가 증거 인멸·증인 위협 등 공정한 사법 절차의 진행을 방해할 우려가 명백한 경우, 또는 (iii) 당해 통보가 질문·조사 등의 행정 절차의 진행을 방해하거나 과도하게 지연시킬 우려가 명백한 경우"이다(법 제4조의2 제2항 제1호 내지 제3호). 유예 요청 기간은 요구자로부터 요청한 기간이 되나, 위의 (ii)와 (iii)의 경우에 있어서 유예 요청 기간이 6개월 이상인 경우에는 6개월이 된다(법 제4조의2 제2항).

2) 통보 유예 기간의 연장

금융기관은 금융거래정보의 요구자가 통보 유예 사유가 지속되고 있음을 제시하고 통보의 유예를 서면으로 반복하여 요청하는 경우에는 요청받은 날부터 2회에 한하여(당해 통보가 사람의 생명이나 신체의 안전을 위협할 우려가 있는 경우에는 2회의 제한을 받지 아니한다) 매 1회 3개월의 범위 내에서 유예 요청 기간 동안 통보를 유예하여야 한다(법 제4조의2 제3항). 다만 세무 조사의 경우(법 제4조 제1항 제2호의 경우를 말한다)(조세에 관한 법률에 의하여 제출 의무가 있는 과세자료 등의 경우를 제외한다)에 금융거래정보의 제공을 요구하는 자가 통보 유예를 요청하는 경우에는 요청을 받은 때마다 그 날부터 6개월의 범위 내에서 유예 요청 기간 동안 통보를 유예하여야 한다.

6. 금융거래정보 제공 내용의 기록·관리

(1) 기록·관리[59)]

1) 기록·관리 의무

금융기관은 "(i) 명의인의 서면상의 동의에 따라 명의인 외의 자에게 금융거래 정보를 제공하거나 (ii) 명의인의 동의 없이 제공하는 일정한 예외 사유에 해당하는 경우에 해당하여 명의인 외의 자로부터 금융거래정보의 제공을 요구받거나 명의인 외의 자에게 금융거래정보를 제공한 경우에는, 금융위원회가 정하는 표준양식에 의하여 기록·관리"하여야 한다(법 제4조의3 제1항). 표준양식에 포함하여야 하는 사항은 "(i) 요구자(담당자 및 책임자)의 인적 사항, 요구하는 내용 및 요구 일자, (ii) 제공자(담당자 및 책임자)의 인적 사항 및 제공 일자, (iii) 제공된 금융거래정보의 내용, (iv) 제공의 법적 근거, (v) 명의인에게 통보한 날"이다(법 제4조의3 제1항 제1호 내지 제5호).

2) 예외

금융기관 내부 또는 상호간 금융거래 정보의 제공의 경우와 과세자료 등의 제공의 경우는 기록·관리할 의무가 없다(법 제4조의3 제1항).

3) 과태료 부과

이 규정을 위반한 금융기관의 임원 또는 직원은 500만 원 이하의 과태료에 처한다(법 제7조 제1항).

(2) 기록 보관 기간

1) 5년 동안 기록 보관 의무

금융기관은 금융거래정보를 제공한 날(제공을 거부한 경우에는 제공을 요구받은 날)부터 5년 동안 금융거래정보 제공 사실에 관한 기록을 보관하여야 한다(법 제4조의3 제2항).

---

59) 금융거래정보 제공 내용의 기록 및 관리에 관한 규정은 다음의 법률의 규정에 의하여 금융거래정보의 제공을 요구하는 경우에도 적용된다(법 제4조의3 제3항).
1. 「감사원법」 제27조 제2항
2. 「공직선거 및 선거부정방지법」 제134조 제2항
3. 「공직자윤리법」 제8조 제5항
4. 「독점규제 및 공정거래에 관한 법률」 제50조 제5항
5. 「상속세 및 증여세법」 제83조 제1항 및 제2항
6. 「특정 금융거래 정보의 보고 및 이용 등에 관한 법률」 제10조 제3항
7. 「과세자료의 제출 및 관리에 관한 법률」 제6조 제1항

2) 과태료 부과

이 규정을 위반한 금융기관의 임원 또는 직원은 500만 원 이하의 과태료에 처한다(법 제7조 제1항).

7. 신용정보법에 따른 개인신용정보의 제3자 제공과 금융실명법의 관계

(1) 서설

금융실명법에 따른 금융거래정보의 제3자 제공과 관련해서 신용정보법에 따른 '신용정보'의 범위에 금융실명법 따른 예금 거래 등 **'금융거래정보'**도 포함되므로(신용정보법 제2조 제1호의3 나목) 2개 법률의 적용 문제를 살펴볼 필요가 있다. 즉 2개 법률 사이에 상충되거나 중복되는 경우에 어느 법률을 적용해야 하는지가 문제가 된다. 이런 경우는 금융실명법에 따른 금융거래정보의 타인에 대한 제공(제4조)과 신용정보법에 따른 개인신용정보의 제3자 제공(제32조)의 경우에 발생한다. 금융실명법에 따라서 금융기관이 금융거래정보를 타인에게 제공할 때와 신용정보법에 따라서 신용정보제공이용자에 해당하는 금융기관이 개인신용정보를 제3자에게 제공할 때 원칙적으로 해당 거래자나 신용정보주체의 동의를 얻도록 하면서 예외적으로 동의 없이도 제공할 수 있도록 허용하고 있다는 점에서 유사한 점이 있지만 세부적으로 보면 차이가 있는 부분도 있다.

(2) 금융실명법과 신용정보법의 적용 관계

우선 2개의 법률 사이의 적용 관계를 살펴볼 필요가 있다. 2개의 법률 사이에 상충이 될 때 어느 법률을 적용하는지의 문제가 생긴다. 이에 대해 금융실명법과 신용정보법은 다음과 같이 규정하고 있다. 금융실명법 제9조 제1항은 "[금융실명법]과 다른 법률이 서로 일치하지 아니하는 경우에는 [금융실명법]에 따른다."라고 규정하여 금융실명법이 우선하여 적용된다는 점을 밝히고 있다. 신용정보법 제3조의2 제1항도 "신용정보의 이용 및 보호에 관하여 다른 법률에 특별한 규정이 있는 경우를 제외하고는 [신용정보법]에서 정하는 바에 따른다."라고 하여, 신용정보와 관련해서는 다른 법률이 우선하여 적용된다는 점을 규정하고 있다. 즉 금융거래정보에 해당하는 신용정보와 관련해서는 금융실명법이 우선하여 적용된다. 따라서 신용정보법에 위반되지 않는 개인신용정보의 제공이라고 하더라도 금융실명법에 따라 금지되는 것이면 금융실명법이 적용되어 제공할 수 없다고 보아야 할 것이다.

(3) 상충되는 경우

1) 법인의 금융거래정보를 제3자에게 제공하는 경우

금융실명법에 따르면 금융거래자가 법인인 경우에도 금융기관이 제3자에게 금융거래정보를 제공하려면 원칙적으로 동의를 얻도록 하고 있는 반면에(제4조는 특별히 기업이나 법인을 제외하고 있지 않기 때문이다), 신용정보법에 따르면 신용정보주체가 법인인 경우에는 해당 법인의 동의 없이도 금융거래정보를 포함한 신용정보를 제3자에게 제공할 수 있도록 하고 있는 점(제32조에 따르면 동의를 요하는 것은 개인신용정보에만 해당하기 때문이다)이 차이가 있다. 신용정보법의 취지는 어차피 기업 등 법인에 관한 신용정보는 영업 활동을 하면서 공개되는 정보라는 점에서 굳이 법인의 신용정보를 보호할 필요가 없다는 점에 있다. 이런 점에서 보면 신용정보법의 취지가 타당하다고 본다.

그러나 금융실명법이 특별법의 위치에 있으므로 금융실명법이 우선 적용되어 금융기관이 법인의 금융거래정보를 타인에게 제공하려면 예외 사항에 해당하지 않는 한 동의를 얻어야 한다. 물론 금융실명법에 따른 예금 거래 등 금융거래정보에 한정되는 문제이기는 하지만, 2개의 법률 사이에 상충되는 부분이다. 이런 점이 금융실명법과 신용정보법이 동시에 적용되면서 발생하는 문제이다. 신용정보법에 맞게 법인의 금융거래정보도 금융실명법에 따른 동의 요건이 적용되지 않도록 할 필요가 있다.

2) 예외 사유 중 금융실명법에 규정되지 않는 경우

금융거래자나 신용정보주체의 동의 없이 예외적으로 금융거래정보나 개인신용정보를 제공할 수 있는 사유를 보면, 그 사유는 신용정보법에 더 많이 규정되어 있다. 즉 금융실명법에는 규정되지 않는 사유가 신용정보법에는 규정된 경우가 있다. 예를 들어, 금융기관이 영업양도나 합병을 하면서 금융거래정보(예금 거래 내역 등)를 제공하는 경우가 있다(신용정보법 제32조 제6항 제3호). 그렇다면 이 경우 신용정보법에 따라 동의 없이 제공할 수 있다고 볼 수 있는가? 그렇지 않을 것이다. 금융실명법이 우선해서 적용되기 때문에 금융기관이 신용정보에 해당하는 금융거래정보를 제3자에게 제공하려면 금융실명법에는 동의를 받지 않아도 되는 예외 사유로 규정되어 있지 않아 동의를 얻어야 한다고 볼 수밖에 없다. 이러한 금융거래정보가 "불특정 다수인에게 의무적으로 공개해야 하는" 정보가 아니라는 점에서 금융실명법이 규정하고 있는 예외 사유의 하나인 "그 밖에 법률에 따라 불특정 다수인에게 의무적으로 공개하여야 하는 것으로서 해당 법률에 따른 금융거래정보"(금융실명법 제4조 제1항 제8호)의 제공이라고 보기도 어렵다. 신용정보법의 취지에 비추어보면 예외 사유로 하는 것이 맞는데, 그렇게 해석하기가 어렵다. 이것이 2개의 법률이 적용되면서 발생하는 또 하나의 문제이다.

3) 예외 사유가 금융실명법에만 규정된 경우

금융실명법에 따라 금융거래자의 동의 없이 타인에게 제공할 수 있는 경우로서 금융실명법에만 규정된 사안의 경우는 어떠한가? 예를 들어, 국회의 국정 조사에 따라 금융거래정보를 제공하는 경우가 해당한다(금융실명법 제4조 제1항 제4호). 상충되는 경우에 해당한다. 신용정보법에 따르면 예외 사유로 규정되어 있지 않아 동의를 얻어야 한다고 볼 수 있지만, 금융실명법이 우선 적용되므로 금융실명법에 따라 동의 없이 제공할 수 있다고 보는 것이 타당할 것이다.

(4) 중복되는 경우

금융거래정보인 개인신용정보의 제3자 제공과 관련하여 2개 법률 사이에 중복되는 경우의 하나는 금융거래자나 신용정보주체의 동의 없이 금융거래정보나 개인신용정보를 제3자에게 제공하는 경우이다. 법원의 제출 명령 등의 경우와 조세 목적에 따른 경우가 해당한다. 여기서는 동의 없이 제공하는 경우이므로 큰 문제가 없다.

그러나 2개의 법률에 따라 다 동의를 얻어야 하는 경우에는 어느 하나의 법에 따라 동의를 얻으면 되는지, 금융실명법이 우선 적용되므로 금융실명법에 따른 동의만 얻으면 되는지, 아니면 2개의 법률에 따라 다 동의를 얻어야 하는지의 문제가 있게 된다. 금융실명법에 따른 동의를 얻어야 한다고 주장할 여지도 있지만 상충되는 경우가 아니라서 2개의 법률에 따라 다 동의를 얻어야 한다고 볼 여지도 있다. 이렇게 되면 같은 사안인데 2개의 법률에 따라 각각 동의를 얻어야 하기 때문에 중복에 따른 비효율성이 발생할 수 있다.

(5) 소결

이처럼 금융기관의 금융거래정보 제공과 관련해서는 금융실명법과 신용정보법 사이에 중복되거나 상충되는 부분이 있음을 확인할 수 있다. 입법적 해결을 모색할 필요가 있는데, 금융실명법 중심으로 통합하는 방안도 있지만 신용정보법에 금융실명법의 내용(금융거래정보의 정의 내용 포함)을 이관하면서 신용정보법 중심으로 법제 정비를 하는 방안이 더 합리적이라고 본다.

제3절

자금세탁방지 규제

Ⅰ. 서설

자금세탁이 범죄에 이용되는 등 문제가 커지자 국제적으로 자금세탁을 방지하기 위한 활동이 활발히 전개되고 있다. 우리나라도 이러한 추세에 맞추어 자금세탁을 방지하기 위한 입법을 하였다. 대표적인 관련 법률들로서 특정금융정보법, 범죄수익은닉규제법, 테러자금금지법이 있다. 이하에서 각 법률의 주요 내용을 살펴본다.

Ⅱ. 특정금융정보법

1. 개관

(1) 서설

특정금융정보법은 은행을 포함한 금융기관으로 하여금 불법재산으로 의심되는 금융거래나 일정한 금액 이상의 고액 현금 거래를 금융위원회 내에 둔 '금융정보분석원'에게 보고하게 함으로써 금융거래를 이용한 자금세탁 행위와 공중협박자금조달 행위를 규제하기 위한 법이다(법 제1조, 제4조, 제4조의2). 금융정보분석원은 금융기관으로부터 보고받은 사항을 정리·분석하고 필요한 경우 수사기관 등에게 정보를 제공하는 것을 주 업무로 하는 금융위원회에 소속된 정부 기관이다(법 제3조). 고액 현금 거래의 경우 금융정보분석원에 보고해야 하는 금액은 1천만 원 이상이다(법 제4조의2 제1항, 시행령 제8조의2 제1항). 또한 금융기관은 금융거래를 이용한 자금세탁 행위 및 공중협박자금조달 행위를 방지하기 위하여 합당한 주의(注意)로서 거래 고객의 신원을 확인하여야 하는 **고객 확인 의무**가 있다(법 제5조의2). 고객이 계좌를 신규로 개설하는 경우나 일정한 금액 이상으로 일회성 금융 거래를 하는 경우에는 **금융기관은 해당 고객의 신원**

확인뿐만 아니라 "고객을 최종적으로 지배하거나 통제하는 자연인"인 '실제 소유자'(beneficial owner)**까지 확인**해야 하는 의무가 있다(법 제5조의2 제1항 제1호).

특정금융정보법과 시행령 이외에 자세한 사항은 금융정보분석원 고시(告示)인 「특정 금융거래정보 보고 및 감독규정」, 「자금세탁방지 및 공중협박자금조달금지에 관한 업무규정」, 「특정 금융거래정보 보고 등에 관한 검사 및 제재규정」이 있다.

(2) 적용 금융기관의 범위

특정금융정보법 적용 대상이 되는 '금융기관'의 범위는 다음과 같다. 은행, 한국산업은행, 한국수출입은행, 중소기업은행, 자본시장법에 따른 투자매매업자·투자중개업자·집합투자업자·신탁업자·증권금융회사·종합금융회사·명의개서대행회사, 상호저축은행과 상호저축은행중앙회, 농업협동조합과 농협은행, 수산업협동조합과 수협은행, 신용협동조합과 신용협동조합중앙회, 새마을금고와 새마을금고중앙회, 보험회사, 「우체국예금·보험에 관한 법률」에 따른 체신관서, 「관광진흥법」에 따라 허가를 받아 카지노업을 하는 카지노 사업자, 가상자산법에 따른 **가상자산사업자**, 신용보증기금, 기술보증기금, 자본시장법에 따른 투자일임업자, 온라인투자연계금융업법에 따라 등록한 온라인투자연계금융업자, 「여신전문금융업법」에 의한 여신전문금융회사와 신기술사업투자조합, 산림조합과 산림조합중앙회, 금융지주회사, 「벤처투자 촉진에 관한 법률」에 따른 벤처투자회사 및 벤처투자조합, 「외국환거래법」 제8조 제3항 제1호에 따라 등록한 환전영업자, 「농업협동조합법」 제161조의12에 따른 농협생명보험 및 농협손해보험, 「외국환거래법」 제8조 제3항 제2호에 따라 등록한 소액해외송금업자, 「전자금융거래법」에 따른 전자금융업자, 대부업법 제3조 제2항 제5호에 따라 등록한 대부업자 중 대부업법 제9조의7 제1항에 정한 자산 규모 이상인 자이다(법 제2조 제1호, 시행령 제2조). 가상자산사업자도 적용 대상 금융기관의 범위에 포함되어 있다는 것을 알 수 있다.

(3) 금융거래의 범위

특정금융정보법이 적용되는 **'금융거래'**는 다음과 같다(법 제2조 제2호, 시행령 제3조 제1항, 제2항).

① 금융기관이 금융자산(금융실명법 제2조 제2호에 따른 금융자산을 말한다)을 수입·매매·환매·중개·할인·발행·상환·환급·수탁·등록·교환하거나 그 이자·할인액 또는 배당을 지급하는 것과 이를 대행하는 것, 그 밖에 금융자산을 대상으로 하는 거래로서 총리령으로 정하는 것[60]

60) 총리령으로 정한 것은 없다.

② 자본시장법에 따른 파생상품시장에서의 거래, 그 밖에 시행령으로 정하는 것[61)]
③ 카지노사업자의 영업장에서 현금 또는 수표를 대신하여 쓰이는 칩[62)]과 현금 또는 수표를 교환하는 거래
④ 가상자산사업자가 가상자산법에 따라 수행하는 가상자산의 매도 또는 매수 등 가상자산거래. 가상자산거래도 금융거래에 포함되어 있다는 것을 알 수 있다.

(4) 금융정보분석원

자금세탁 방지 업무를 수행하는 조직은 **금융위원회 소속으로 둔 금융정보분석원**이다. **금융정보분석원은 권한에 속하는 사무를 독립적으로 수행**하며, 소속 공무원은 특정금융정보법과 테러자금금지법에 따른 업무 외에 다른 업무에 종사하지 못한다(법 제3조 제2항). 금융정보분석원의 업무는 다음과 같다(법 제3조 제1항).

① 의심거래 보고와 고액현금거래 보고에 관한 사항 및 한국은행 등이 통보하는 외국환거래자료의 정리·분석 및 제공 업무
② 금융기관의 자금세탁방지 관련 업무에 대한 감독 및 검사 업무
③ 외국금융정보분석기구와 협조 및 정보 교환 업무
④ 가상자산사업자의 신고에 관한 업무
⑤ 외국 금융감독·검사기관과 협조 및 정보 교환 업무
⑥ 테러자금금지법에 따른 업무

또한 금융정보분석원은 업무 수행과 관련하여 보고 건수(件數)나 통계 자료 등에 관한 사항을 매년 정기국회에 보고하여야 한다(법 제3조 제4항). 그런데 금융당국인 금융위원회(소속 금융정보분석원을 통해서)가 직접 자금세탁방지 업무를 수행하는 것이 적절한지에 대해서는 검토

61) 제3조(금융거래등) ① 법 제2조 제2호 나목에서 "그 밖에 대통령령으로 정하는 것"이란 다음 각 호의 것을 말한다.
1. 대출·보증·보험·공제·팩토링(기업이 물품 또는 용역의 제공에 의하여 취득한 매출채권을 양수·관리 또는 회수하는 업무를 말한다)·보호예수·금고대여 업무에 따른 거래
2. 「여신전문금융업법」에 따른 신용카드·직불카드·선불카드·시설대여·연불판매·할부금융·신기술사업금융 업무에 따른 거래
3. 「외국환거래법」에 따른 외국환업무에 따른 거래(이하 "외국환거래"라 한다)
4. 「전자금융거래법」에 따른 전자금융거래(이하 "전자금융거래"라 한다)
5. 「대부업 등의 등록 및 금융이용자 보호에 관한 법률」에 따른 대부 및 대부채권매입추심 업무에 따른 거래
6. 「온라인투자연계금융업 및 이용자 보호에 관한 법률」 제13조제1호부터 제3호까지의 업무에 따른 거래

62) 시행령 제3조(금융거래등) ② 법 제2조 제2호 다목에서 "카지노사업자의 영업장에서 현금과 수표를 대신하여 쓰이는 것으로서 대통령령으로 정하는 것"이란 「관광진흥법」 제25조에 따라 문화체육관광부장관이 정하여 고시하는 카지노에서 베팅에 사용되는 도구인 칩을 말한다.

할 필요가 있다. 금융감독기관이 자금세탁방지 업무를 수행하는 것이 타당하다는 점에서 금융감독기구 개편과 관련해서 논의해야 할 사항이다.

2. 의심거래 보고 의무

(1) 의의

금융기관은 불법재산 등으로 의심되는 거래를 금융정보분석원에 보고해야 할 의무가 있다. 즉 금융기관은 "① 금융거래등과 관련하여 수수(授受)한 재산이 불법재산이라고 의심되는 합당한 근거가 있는 경우, ② 금융거래의 상대방이 불법 목적의 차명 거래 금지(금융실명법 제3조 제3항)를 위반하여 불법적인 금융거래를 하는 등 자금세탁행위나 공중협박자금조달행위를 하고 있다고 의심되는 합당한 근거가 있는 경우, ③ 범죄수익은닉규제법 제5조 제1항 및 테러자금금지법 제5조 제2항에 따라 [금융기관]의 종사자가 관할 수사기관에 신고한 경우"에는 지체 없이 그 사실을 금융정보분석원장에게 보고하여야 한다(법 제4조 제1항). 이 경우 금융기관은 의심되는 합당한 근거를 분명하게 밝혀야 한다(법 제4조 제3항).

(2) 보고 사실의 누설 금지

금융기관에 종사하는 자는 의심거래를 보고하려고 하거나 보고를 하였을 때에는 그 사실을 보고와 관련된 금융거래의 상대방을 포함하여 다른 사람에게 누설해서는 아니 된다(법 제4조 제6항 본문). 다만 ① 자금세탁 행위와 공중협박자금조달 행위를 방지하기 위하여 동일한 금융기관 내부에서 보고 사실을 제공하는 경우, 또는 ② 외국금융정보분석기구에게 해당 외국의 법령에 따라 의심거래 보고에 상당하는 보고를 하는 경우는 예외이다(법 제4조 제6항 단서 제1호, 제2호).

(3) 의심거래 보고 관련 자료 및 정보의 보존 기간

금융기관은 의심거래 보고 의무 이행과 관련된 자료(금융거래 상대방의 실지명의를 확인할 수 있는 자료, 보고 대상이 된 금융거래 자료, 의심되는 합당한 근거를 기록한 자료) 및 정보를 금융거래의 관계가 종료한 때부터 5년간 보존하여야 한다(법 제5조의4 제1항 제1호).

(4) 의심거래 보고 관련 자료의 열람 또는 복사의 제한

금융정보분석원장은 금융기관으로부터 보고받은 의심거래 사항을 분석할 때에는 보고받은 사항이 보고 요건에 해당하는지를 심사하기 위하여 필요한 경우에만 금융기관이 보존하는 관련 자료를 열람하거나 복사할 수 있다(법 제4조 제5항).

(5) 손해배상책임의 면제

의심거래를 보고한 금융기관(금융기관의 종사자를 포함한다)은 고의 또는 중대한 과실로 인하여 거짓 보고를 한 경우 외에는 보고와 관련된 금융거래의 상대방 및 그의 관계자에 대하여 손해배상책임을 지지 아니한다(법 제4조 제7항).

3. 고액현금거래 보고 의무

(1) 의의

금융기관은 **5천만 원의 범위에서 시행령으로 정하는 금액**(1,000만 원이다. 시행령 제8조의2 제1항) **이상의 현금**(외국통화는 제외한다)이나 현금과 비슷한 기능의 지급수단으로서 시행령으로 정하는 것(카지노사업자가 지급 또는 영수하는 수표 중 권면액이 100만원을 초과하는 수표를 말한다. 시행령 제8조의3)(이하 "현금 등")을 금융거래의 상대방에게 지급하거나 그로부터 영수(領收)한 경우에는 그 사실을 30일 이내에 금융정보분석원장에게 보고하여야 한다(법 제4조의2 제1항 본문).

(2) 보고 의무 면제

다음의 어느 하나에 해당하는 경우에는 보고할 필요가 없다. 즉 ① 다른 금융기관[대통령령으로 정하는 자(카지노사업자 및 가상자산사업자. 시행령 제8조의4)는 제외한다]과 현금 등의 지급 또는 영수, ② 국가, 지방자치단체, 그 밖에 시행령이 정하는[63] 공공단체와 현금 등의 지급 또는 영수, 또는 ③ 자금세탁의 위험성이 없는 일상적인 현금 등의 지급 또는 영수로서 시행령으로 정하는 것[64]에 해당하는 경우이다(법 제4조의2 제1항 단서 제1호 내지 제3호).

(3) 고액현금거래 보고 회피 목적의 분할 거래 보고 의무

금융기관은 금융거래의 상대방이 고액현금거래 보고 사항을 회피할 목적으로 금액을 분할하여 금융거래를 하고 있다고 의심되는 합당한 근거가 있는 경우에는 그 사실을 금융정보분석원장에게 보고하여야 한다(법 제4조의2 제2항).

(4) 중계기관의 지정 및 운영

금융정보분석원장은 전국은행연합회, 한국금융투자협회, 상호저축은행중앙회를 고액현금거래 보고에 관한 자료를 중계하는 기관으로 지정·운영할 수 있다(법 제4조의2 제3항).

---

63) 현재 규정된 것은 없다.

64) 현재 규정된 것은 없다.

4. 자금세탁 방지를 위한 금융기관의 조치 의무

(1) 의의

금융기관은 의심거래 보고 및 고액현금거래 보고 의무에 따른 보고를 원활하게 하고 금융기관을 통한 자금세탁 행위와 공중협박자금조달 행위를 효율적으로 방지하기 위하여 내부 보고 체제 수립 및 업무지침의 작성·운용 등의 조치를 하여야 한다(법 제5조 제1항).

(2) 조치의 내용

금융기관이 취해야 하는 조치는 다음과 같다. "① 보고 업무를 담당할 자의 임명 및 내부 보고 체제의 수립, ② 자금세탁 행위와 공중협박자금조달 행위의 방지를 위하여 해당 금융기관 임직원이 직무를 수행할 때 따라야 할 절차 및 업무지침의 작성·운용, ③ 자금세탁 행위와 공중협박자금조달 행위의 방지를 위한 임직원의 교육 및 연수"이다(법 제5조 제1항 제1호 내지 제3호).

(3) 절차 및 업무지침에 포함되어야 하는 사항

금융기관이 마련해야 하는 절차 및 업무지침에는 다음의 사항을 포함하여야 한다. "① 금융거래에 내재된 자금세탁 행위와 공중협박자금조달 행위의 위험을 식별, 분석, 평가하여 위험도에 따라 관리 수준을 차등화 하는 업무체계의 구축 및 운영에 관한 사항, ② 자금세탁 행위와 공중협박자금조달 행위의 방지 업무를 수행하는 부서로부터 독립된 부서나 기관에서 업무수행의 적절성과 효과성을 검토·평가하고 이에 따른 문제점을 개선하기 위한 업무체계의 마련 및 운영에 관한 사항, ③ 그 밖에 자금세탁 행위와 공중협박자금조달 행위를 효율적으로 방지하기 위하여 시행령으로 정하는 사항"(금융거래에 대한 감시체계의 구축 및 운영에 관한 사항 등이다. 시행령 제9조 제2항)이다(법 제5조 제3항 제1호 내지 제3호).

5. 고객 확인 의무

(1) 의의

'고객 확인'(customer due diligence: CDD)에 대한 정의는 「자금세탁방지 및 공중협박자금조달금지에 관한 업무규정」에서 하고 있는데, "[금융기관]이 고객과 금융거래를 하는 때에 자신이 제공하는 금융상품 또는 서비스가 자금세탁행위 등에 이용되지 않도록 [특정금융정보]법 제5조의2에 따라 **고객의 신원 확인 및 검증, 거래 목적 및 실제소유자 확인 등 고객에 대하여 합당한 주의를 기울이는 것**"이라고 하고 있다(제20조 제1항). 특정금융정보법은 가상자산사업자를 포함한 금융기관으로 하여금 금융거래를 이용한 자금세탁 행위 및 공중협박자금조달 행위를 방지하기 위하여 **합당한 주의**(注意)**로서** 다음과 같은 **고객 확인 의무를 이행**하도록 하고 있다(법 제5조의2 제1항 전단).

1) 신규 계좌 개설 및 일회성 금융거래의 경우 고객 확인 의무

고객이 신규로 계좌를 개설하거나[65] 일정한 금액 이상의 일회성 금융거래[66]를 하는 경우에는 ① **고객의 신원**에 관한 사항과 ② 그 **고객을 최종적으로 지배하거나 통제하는 실제 소유자**에 관한 사항을 **확인**해야 한다(법 제5조의2 제1항 제1호 가목, 나목).

가) 고객 확인이 필요한 일회성 금융거래

고객이 계좌를 신규로 개설하거나 일정한 금액 이상으로 일회성 금융거래를 하는 경우에 고객 확인이 필요한데, 그러한 금융거래는 ① 카지노사업자의 영업장에서 베팅에 사용되는 칩(chip)과 현금 또는 수표를 교환하는 거래의 경우, 3백만 원 또는 그에 상당하는 다른 통화로 표시된 금액 이상, ② 가상자산 거래의 경우, 1백만 원에 상당하는 가상자산의 금액 이상, ③ 전신송금의 경우, 1백만 원 또는 그에 상당하는 다른 통화로 표시된 금액 이상, ④ 그 밖의 일회성 금융거래의 경우로서 외국통화로 표시된 외국환거래의 경우, 1만 미합중국달러 또는 그에 상당하는 다른 통화로 표시된 금액 이상, ⑤ **그 밖의 일회성 금융거래의 경우, 1천만 원 이상**이다(시행령 제10조의3).

나) 고객의 신원에 관한 사항

확인해야 하는 고객의 신원에 관한 사항은 ① **개인**(다른 개인, 법인 또는 그 밖의 단체를 위한 것임을 표시하여 금융거래를 하는 자를 포함한다)의 경우, **실지명의**(전자금융거래의 경우 금융정보분석원장이 정하여 고시하는 고객에 대해서는 실지명의 대신 성명, 생년월일 및 성별 등 금융정보분석원장이 정하여 고시하는 사항을 말한다), 주소, 연락처(전화번호 및 전자우편주소를 말한다), ② 영리법인의 경우, 실지명의·업종·본점 및 사업장의 소재지·연락처, 대표자의 성명·생년월일·국적, ③ 비영리법인 및 그 밖의 단체의 경우, 실지명의·설립목적·주된 사무소의 소재지·연락처, 대표자의 성명·생년월일·국적, ④ 외국인 및 외국단체의 경우, 위 ① 내지 ③에 의한 분류에 따른 각 해당 사항, 국적, 국내의 거소(居所) 또는 사무소의 소재지이다(시행령 제10조의4).

다) 개인 고객의 경우 실제 소유자의 신원 확인

개인 고객의 경우에는, 고객의 실지명의로 금융거래를 하기로 하는 약정 또는 합의를 한 다른 개인 등 그 **고객을 최종적으로 지배하거나 통제하는 사람인 '실제 소유자'가 있으면 그 실제 소유자의**

---

65) 계좌의 신규 개설은 금융거래를 개시할 목적으로 금융기관과 계약을 체결하는 것을 말한다(시행령 제10조의2 제2항). 「자금세탁방지 및 공중협박자금조달금지에 관한 업무규정」은 계좌 신규 개설에 포함되는 사례를 예시하고 있다(제22조).

66) 일회성 금융거래는 금융기관과 계속하여 거래할 목적으로 계약을 체결하지 않은 고객에 의한 금융거래를 말한다(시행령 제10조의2 제2항). 「자금세탁방지 및 공중협박자금조달금지에 관한 업무규정」은 일회성 금융거래에 포함되는 사례를 예시하고 있다(제23조).

실지명의를 확인해야 하고, 실제 소유자가 외국인인 경우에는 그 국적을 확인해야 한다(법 제5조의2 제1항 제1호 나목, 시행령 제10조의5 제1항). 즉 합의 차명의 경우에는 실제 소유자의 실지명의를 확인하도록 하고 있다.

라) 고객이 법인 또는 단체인 경우 실제 소유자의 신원 확인

고객이 법인 또는 단체인 경우에는, 다음과 같은 실제 소유자의 성명, 생년월일 및 국적을 확인해야 한다(법 제5조의2 제1항 제1호 나목, 시행령 제10조의5 제2항 제1호 내지 제3호). 이 경우 아래 ①에 해당하는 사람을 확인할 수 없는 때에는 ② 내지 ④에 해당하는 사람을, ② 내지 ④에 해당하는 사람을 확인할 수 없는 때에는 ⑤에 해당하는 사람을 각각 확인해야 한다(시행령 제10조의5 제2항 단서).

① 법인 또는 단체인 고객의 실제 소유자가 해당 법인 또는 단체의 의결권 있는 발행주식총수(출자총액을 포함한다)의 100분의 25 이상의 주식, 그 밖의 출자지분(그 주식, 그 밖의 출자지분과 관련된 증권예탁증권을 포함한다)을 소유하는 자(이하 "주주 등"이라 한다)
② 해당 법인 또는 단체의 의결권 있는 발행주식총수를 기준으로 소유하는 주식, 그 밖의 출자지분의 수가 가장 많은 주주 등
③ 단독으로 또는 다른 주주 등과 합의·계약 등에 따라 대표자·업무집행사원 또는 임원 등의 과반수를 선임한 주주 등
④ 해당 법인 또는 단체를 사실상 지배하는 자가 위의 ② 및 ③에 해당하는 주주 등과 명백히 다른 경우에는 그 사실상 지배하는 자
⑤ 해당 법인 또는 단체의 대표자

마) 법인 또는 단체인 고객에 대하여 사실상 영향력을 행사하는 사람의 신원 확인

위 라) ① 또는 ②에 따른 주주 등이 법인 또는 단체인 경우에는, **그 주주 등인 법인 또는 단체의 중요한 경영사항에 대하여 사실상 영향력을 행사할 수 있는 사람**으로서 아래 ① 또는 ②에 해당하는 사람이 있으면 그 사람의 성명, 생년월일 및 국적을 확인할 수 있다(시행령 제10조의5 제3항 전단). 이 경우 아래 ① 또는 ②(i)에 해당하는 자가 또 다른 법인 또는 단체인 때에는 그 또 다른 법인 또는 단체에 대하여 아래 ① 또는 ②에 해당하는 사람의 성명, 생년월일 및 국적을 확인할 수 있다(시행령 제10조의5 제3항 후단).

① 의결권 있는 발행주식총수의 100분의 25 이상을 소유하는 주주 등
② (i) 의결권 있는 발행주식총수를 기준으로 소유하는 주식, 그 밖의 출자지분의 수가 가장 많은 주주 등, (ii) 단독으로 또는 다른 주주 등과 합의·계약 등에 따라 대표자·업무집행사원 또는 임원 등의 과반수를 선임한 주주 등, 또는 (iii) 그 주주 등인 법인 또는 단체를 사실상 지배

하는 자가 (i) 및 (ii)에 해당하는 주주 등과 명백히 다른 경우에는 그 사실상 지배하는 자

2) 고객이 실제 소유자인지 여부가 의심되는 경우 강화된 고객 확인 의무

고객이 실제 소유자인지 여부가 의심되는 등 고객이 자금세탁 행위나 공중협박자금조달 행위를 할 우려가 있는 경우에는 ① 위의 1)에 서술된 사항과 ② 금융거래의 목적과 거래 자금의 원천 등 금융정보분석원장이 정하여 고시하는 사항(금융기관이 자금세탁 행위나 공중협박자금조달 행위의 위험성에 비례하여 합리적으로 가능하다고 판단하는 범위에 한정한다)을 확인해야 한다(법 제5조의2 제1항 제2호). 이를 **'강화된 고객 확인'**(enhanced due diligence: EDD) 제도라고 한다. 즉 **고객 신원 확인 사항 이외에 추가적으로 금융거래의 목적이나 자금 원천 등을 확인**하도록 하고 있는 것이다.

3) 고객이 가상자산사업자의 경우 확인 의무

금융기관의 고객이 가상자산사업자인 경우에는 금융기관은 ① 위의 2)① 및 ②의 사항, ② 가상자산사업자 신고 및 변경신고 의무의 이행에 관한 사항, ③ 신고 수리에 관한 사항, ④ 신고 또는 변경 신고의 직권 말소에 관한 사항, ⑤ 예치금(가상자산사업자의 고객으로부터 가상자산거래와 관련하여 예치받은 금전을 말한다)을 고유재산(가상자산사업자의 자기재산을 말한다)과 구분하여 관리해야 하는 사항의 이행, ⑥ 「정보통신망 이용촉진 및 정보보호 등에 관한 법률」 제47조 또는 「개인정보 보호법」 제32조의2에 따른 정보보호관리체계 인증의 획득에 관한 사항의 이행을 확인해야 한다(법 제5조의2 제1항 제3호)

(2) 업무지침 작성 운영 의무

금융기관은 고객 확인 의무 이행을 위한 업무지침을 작성하고 운영하여야 한다(법 제5조의2 제1항 후단). 업무지침에는 고객 및 금융거래의 유형별로 자금세탁 행위 또는 공중협박자금조달 행위의 방지와 관련되는 적절한 조치의 내용·절차·방법이 포함되어야 한다(법 제5조의2 제2항).

(3) 금융거래 거절 및 거래 종료 사유

금융기관은 다음의 어느 하나에 해당하는 경우에는 계좌 개설 등 해당 고객과 신규 거래를 거절하고, 이미 거래 관계가 수립되어 있는 경우에는 해당 거래를 종료하여야 한다(법 제5조의2 제4항 제1호 내지 제3호).

① 고객이 신원 확인 등을 위한 정보 제공을 거부하는 등 고객 확인을 할 수 없는 경우
② 가상자산사업자인 고객이 (i) 가상자산사업자 신고 및 변경 신고 의무를 이행하지 아니한

사실이 확인된 경우, (ii) 정보보호관리체계 인증을 획득하지 못하거나 실명확인이 가능한 입출금 계정을 통하여 금융거래를 하지 아니한 사실이 확인된 경우, (iii) 신고가 수리되지 아니한 사실이 확인된 경우, (iv) 신고 또는 변경 신고가 직권으로 말소된 사실이 확인된 경우
③ 그 밖에 고객이 자금세탁 행위나 공중협박자금조달 행위를 할 위험성이 특별히 높다고 판단되는 경우로서 시행령(제10조의7)으로 정하는 경우

다만 거래를 거절 또는 종료하는 경우에는 금융기관은 의심되는 거래를 금융정보분석원에 보고해야 하는지 여부를 검토하여야 한다(법 제5조의2 제5항).

6. 전신송금 시 정보 제공 의무

(1) 의의

금융기관은 송금인이 전신송금(電信送金: 송금인의 계좌 보유 여부를 불문하고 금융기관을 이용하여 국내외의 다른 금융기관으로 자금을 이체하는 서비스를 말한다)의 방법으로 500만 원의 범위에서 대통령령으로 정하는 금액(국내송금의 경우는 원화 1백만 원 또는 그에 상당하는 다른 통화로 표시된 금액, 해외송금의 경우는 1천 미합중국달러 또는 그에 상당하는 다른 통화로 표시된 금액. 시행령 제10조의8) 이상을 송금하는 경우에는 송금인 및 수취인에 관한 정보를 송금받는 금융기관에게 제공하여야 한다(법 제5조의3 제1항). 소위 'travel rule'을 말한다.

(2) 송금인 및 수취인에 관한 정보의 내용

금융기관이 수취 금융기관에 제공해야 하는 송금인 및 수취인에 관한 정보의 내용은 다음과 같다. 국내송금의 경우는 ① 송금인의 성명(법인인 경우 법인의 명칭), ② 송금인의 계좌번호(계좌번호가 없는 경우 참조 가능한 번호), ③ 수취인의 성명(법인인 경우 법인의 명칭) 및 계좌번호(계좌번호가 없는 경우 참조 가능한 번호)를 말하며, 해외송금의 경우는 ① 송금인의 성명(법인인 경우 법인의 명칭), ② 송금인의 계좌번호(계좌번호가 없는 경우 참조 가능한 번호), ③ 송금인의 주소 또는 주민등록번호(법인인 경우 법인등록번호, 외국인인 경우에는 여권번호 또는 외국인등록번호), ④ 수취인의 성명(법인인 경우 법인의 명칭) 및 계좌번호(계좌번호가 없는 경우 참조 가능한 번호)를 말한다(법 제5조의3 제1항 제1호, 제2호).

(3) 국내송금의 경우 송금 금융기관에 대한 송금인 정보 제공 요청

국내송금의 경우 수취 금융기관과 금융정보분석원장은 송금 금융기관에게 ① 수취 금융기관이 의심거래 보고를 하기 위하여 필요한 경우 또는 ② 금융정보분석원장이 수취 금융기관으로부터 보고받은 정보를 심사·분석하기 위하여 필요한 경우에는 송금인의 주소 또는 주민

등록번호(법인인 경우 법인등록번호, 외국인인 경우 여권번호 또는 외국인등록번호)를 제공하여 줄 것을 요청할 수 있다(법 제5조의3 제2항). 송금 금융기관은 송금인 정보의 제공을 요청받은 경우 3영업일 이내에 그 정보를 제공하여야 한다(법 제5조의3 제3항).

7. 금융거래 정보의 보유 기간

(1) 의의

금융기관은 의심거래 보고, 고액현금거래 보고, 고객 확인 의무, 전신송금 시 정보 제공 의무의 이행과 관련된 자료 및 정보를 "금융거래의 관계가 종료한 때"부터 5년간 보존하여야 한다(법 제5조의4 제1항).

(2) 보존 대상이 되는 자료 및 정보의 범위

보존해야 하는 자료 및 정보의 범위는 다음과 같다. "① 의심거래 및 고액현금거래 보고와 관련해서는 (i) 금융거래 상대방의 실지명의를 확인할 수 있는 자료, (ii) 보고 대상이 된 금융거래 자료, (iii) 금융기관이 의심거래 보고에서 의심되는 합당한 근거를 기록한 자료, ② 고객 확인 의무에 따른 고객 확인 자료, ③ 전신송금의 경우 송금인 및 수취인에 관한 정보, ④ 그 밖에 의무 이행과 관련하여 금융정보분석원장이 정하여 고시하는 자료"이다(법 제5조의4 제1항 제1호 내지 제4호).

(3) 금융거래 관계의 종료일의 기준

"금융거래의 관계가 종료한 때"의 기준은 다음 각각의 날로 한다(법 제5조의4 제2항 제1호 내지 제5호).

① 금융자산의 수입·매매·환매·중개·할인·발행·상환·환급·수탁·등록·교환 등의 거래(법 제2조 제2호 가목의 거래)의 경우에는 금융기관과 고객 사이에 모든 채권채무관계가 종료한 날
② 파생상품시장에서 거래(법 제2조 제2호 나목의 거래)의 경우에는 거래 종료 사유 발생으로 거래 종료일이 도래한 날(다만 고객의 계좌가 개설되어 있는 경우에는 계좌가 폐쇄된 날로 본다)
③ 카지노사업장의 경우 카지노사업자와 고객 사이에 현금 또는 수표를 교환하는 카지노거래(법 제2조 제2호 다목의 거래)로 인한 채권채무관계를 정산한 날
④ 가상자산사업자의 경우 가상자산사업자와 고객 사이에 가상자산거래(법 제2조 제2호 라목의 거래)로 인한 채권채무관계를 정산한 날

⑤ 그 밖의 금융거래의 경우에는 대통령령으로 정하는 날(해지권, 해제권 또는 취소권의 행사 등의 사유로 인하여 금융거래가 종료되는 날. 시행령 제10조의9 제4항)

8. 가상자산사업자에 대한 규제

(1) 서설

2020년 3월 24일 개정(2021년 3월 25일 시행)된 특정금융정보법은 가상자산사업자에 대한 신고 수리 제도를 도입하였다. 비트코인[67] 등 '거래정보연결기술'(block chain)을 이용한 **가상자산**(virtual asset)(또는 암호자산(crypto−asset))[68] 거래가 늘어나고 가상자산 거래의 익명성이라는 특징으로 테러자금이나 탈세 등 자금세탁에 많이 이용되는 현상이 나타나면서 이를 규제하기 위해 특정금융정보법에 규정한 것이다. 특히 국제자금세탁방지기구(FATF)가 가상자산 거래에 대한 규제의 필요성을 강조했고, 2018년 10월 각 회원국에 자금세탁 방지를 위한 규제 체계를 수립할 것으로 권고하였는데,[69] 이에 따라 회원국인 우리나라도 자금세탁 방지 법률인 특정금융정보법의 개정을 통하여 입법화 한 것이다.

(2) 가상자산의 정의와 문제점

1) 가상자산의 정의

가상자산의 정의는 2023년 7월 18일 제정(2024년 7월 19일 시행)된 가상자산법에서 하고 있다. 원래 특정금융정보법에 규정되어 있었으나, 가상자산법이 제정되면서 가상자산법으로 이관되었다. **가상자산이란 "경제적 가치를 지닌 것으로서 전자적으로 거래 또는 이전될 수 있는 전자적 증표**(그에 관한 일체의 권리를 포함한다)"를 말한다(가상자산법 제2조 제1호 본문). 그런데 이렇게 정의를 하면 해석에 따라서는 선불지급수단이나 전자어음 또는 전자등록주식 등도 가상자산의 범위에 속하게 되는 불합리한 결과가 될 수 있는 문제가 생긴다. 그래서 특정금융정보법은 가

67) 2008년 사토시 나카모토(Satoshi Nakamoto)의 "Bitcoin: a Peer−to−Peer Electronic Cash System"라는 논문을 통하여 분산원장기술(distributed ledger technology)인 '거래정보연결기술'(block chain)을 활용하여 전자적인 형태의 새로운 지급수단인 비트코인이 만들어지게 되었다.

68) 비트코인 등 암호자산이 등장한 초창기에는 '가상화폐,' '암호화폐,' '가상통화,' 또는 '암호통화'라는 용어로 많이 쓰였는데, 발권력을 갖고 있는 중앙은행인 한국은행만이 '화폐'를 발행할 수 있다는 점(「한국은행법」 제47조)에서 비트코인 등을 화폐라고 부르는 것이 적절하지 않다는 것이 지적되었고, 이에 따라 '금'(gold)와 같은 자산의 성격을 갖고 있다는 점에서 이제는 암호자산이라는 용어가 보편적으로 많이 쓰이고 있다. '통화'라는 것도 '강제통용력 있는 화폐'라는 의미이어서 마찬가지로 적절한 용어는 아니라고 본다. 자세한 논의는 고동원(2018), 298면.

69) FATF Recommendation 2012, updated on June 2021 − International Standards on Combating Money Laundering and the Financing of Terrorism & Proliferation. 2018년 10월 권고안 15(Recommendation 15)가 개정되었다("Revision of Recommendation 15 and addition of two new definitions in the Glossary: Revision of R.15 and addition of new definitions "virtual asset" and "virtual asset service provider" in order to clarify how AML/CFT requirements apply in the context of virtual assets"). FATF Recommendation 2012 updated on June 2021, p. 136.

상자산의 정의에 포함될 수 있지만, 이미 다른 법령에 의해서 규제를 하고 있거나 규제의 필요성이 없는 것은 열거하여 제외하는 입법 형식을 취하고 있다. 그러한 것은 다음과 같다(가상자산법 제2조 제1호 단서 가목 내지 아목).

① 화폐·재화·용역 등으로 교환될 수 없는 전자적 증표 또는 그 증표에 관한 정보로서 발행인이 사용처와 그 용도를 제한한 것
② 「게임산업진흥에 관한 법률」 제32조 제1항 제7호에 따른 게임물의 이용을 통하여 획득한 유·무형의 결과물
③ 「전자금융거래법」 제2조 제14호에 따른 선불전자지급수단 및 같은 조 제15호에 따른 전자화폐
④ 「주식·사채 등의 전자등록에 관한 법률」 제2조 제4호에 따른 전자등록주식등
⑤ 「전자어음의 발행 및 유통에 관한 법률」 제2조 제2호에 따른 전자어음
⑥ 「상법」 제862조에 따른 전자선하증권
⑦ 「한국은행법」에 따른 한국은행이 발행하는 전자적 형태의 화폐 및 그와 관련된 서비스
⑧ 거래의 형태와 특성을 고려하여 대통령령으로 정하는 것

가상자산의 정의를 분석해보면, 우선 "경제적 가치"가 있는 것이어야 하고, "전자적으로 거래 또는 이전"될 수 있어야 하며, "전자적 증표"이어야 한다는 요건을 충족시켜야 한다. 다만 국제자금세탁방지기구(FATF)의 권고안은 "지급이나 투자 목적"(for payment or investment purposes)을 규정하고 있으나[70] 우리의 가상자산 정의는 이러한 것을 포함하고 있지 않다. 이에 대해서는 "가상자산이 지급수단으로서의 범용성을 갖추거나 제도권 내로 편입되지 않은 현실을 감안하고 투기의 대상으로 인식될 수 있는 표현을 지양함으로써 가치중립적으로 규정할 필요가 있다는 공감대에 따른 것으로 생각한다"는 분석이 있다.[71] 또한 일본의 「자금결제에 관한 법률」도 우리와 유사하게 '암호자산'을 정의하고 있으며,[72] 유럽연합이 2023년 5월 31일

70) "A virtual asset is a digital representation of value that can be digitally traded, or transferred, and can be used for payment or investment purposes." FATF Recommendation 2012, updated on June 2021, p. 130.

71) 김지웅(2020), 26면.

72) 資金決済に関する法律 第2條 第5項, この法律において「暗号資産」とは´ 次に掲げるものをいう° ただし´ 金融商品取引法(昭和二十三年法律第二十五号)第二条第三項に規定する電子記録移転権利を表示するものを除く°
一 物品を購入し´ 若しくは借り受け´ 又は役務の提供を受ける場合に´ これらの代価の弁済のために不特定の者に対して使用することができ´ かつ´ 不特定の者を相手方として購入及び売却を行うことができる財産的価値(電子機器その他の物に電子的方法により記録されているものに限り´ 本邦通貨及び外国通貨並びに通貨建資産を除く° 次号において同じ°)であって´ 電子情報処理組織を用いて移転することができるもの
二 不特定の者を相手方として前号に掲げるものと相互に交換を行うことができる財産的価値であって´ 電子情報処理組織を用いて移転することができるもの

제정한 「암호자산시장규정」(Regulation on Markets in Crypto－Assets: MiCA)[73]은 암호자산을 "**분산원장기술**(distributed ledger technology) **또는 이와 유사한 기술을 사용하여** 전자적으로 이전 또는 저장이 가능한 가치나 권리의 전자적 증표(digital representation)"라고 정의하고 있는데(Art. 3(1), Point (5)),[74] "분산원장기술이나 그 유사한 기술을 사용한 것"이라고 함으로써 암호자산의 기술적 특성을 반영한 정의를 하고 있어서 우리와 다소 다르다는 것을 알 수 있다.

2) 가상자산 정의의 재검토[75]

이렇게 가상자산의 정의가 상당히 포괄적으로 규정되어서 규제의 필요성이 없는 가상자산까지 규제의 대상이 되면서 이들을 규제 대상에서 제외할 필요가 있기 때문에 가상자산 규제의 목적에 맞지 않는 것은 열거하는 방식으로 규정하고 있다. 이러다 보니 새로이 가상자산법의 규제 대상에서 제외되어야 하는 것이 나오면 일일이 새롭게 법령에 추가해야 하는 문제가 생긴다. 이러한 입법 방식이 타당한지는 검토할 필요가 있다. 또한 가상자산의 정의에서 암호자산의 특성인 분산원장기술의 요소가 반영되어 있지 않다 보니 가상자산에 해당하는지에 대해서 논란이 제기될 여지가 크다. 이런 점에서 MiCA에 규정된 '암호자산'의 정의를 참고할 필요가 있다. MiCA는 "분산원장기술 내지 그와 유사한 기술"을 사용하지 않는 것은 암호자산의 정의에 포함되지 않는다는 점에서 기술적 특징을 중요시 하고 있다는 점을 알 수 있고, 이러한 정의 방식이 타당하다고 본다. MiCA의 암호자산 정의를 참고하여 가상자산법에 따른 가상자산 정의도 변경할 필요가 있다.

3) 가상자산 용어의 재검토[76]

가상자산이라는 용어도 재검토할 필요가 있다. 일본과 MiCA는 '암호자산'이라는 용어를 사용하고 있는데, 가상자산법이나 특정금융정보법은 '가상자산'이라는 용어를 사용하고 있다. 어느 용어가 적절한지 살펴볼 필요가 있다. 가상자산은 영어 'virtual'을 번역한 용어인데, 국어사전을 찾아보면, **'가상'**(假想)**이란 "사실이 아니거나 존재하지 않는 것을 사실이거나 실제로 있는 것처럼 가정하여 생각함"**이라고 하고 있다. 암호자산이 전자화 되어 '존재'하고 있다는 점에 비추어 보면 가상자산이라는 용어는 정확하지 않은 면이 있다. 가상자산은 국제자금세탁방지기구(FATF)의 보고서[77]에서 사용하는 용어로서 자금세탁 방지 규제에 관한 법률인 특정금융정보법을 2020년 3월 개정하면서 가상자산이라는 용어를 쓴 것이 가상자산법에도 그대로 쓰고 있는

73) Regulation (EU) 2023/1114 of the European Parliament and of the Council of 31 May 2023 on markets in crypto－assets, and amending Regulations (EU) No 1093/2010 and (EU) No 1095/2010 and Directives 2013/36/EU and (EU) 2019/1937.

74) Article 3 Definitions 1 (5) 'crypto－asset' means a digital representation of a value or of a right that is able to be transferred and stored electronically using distributed ledger technology or similar technology.

75) 고동원(2023), 33면.

76) 고동원(2023), 32면.

77) FATF(2012), p. 135.

것이다. 그런데 가상자산법은 암호자산에 대한 일반법이라고 할 수 있으므로 용어를 그대로 답습할 필요는 없다고 본다. 특히 일본을 비롯하여 바젤은행감독위원회[78]나 금융안정위원회(Financial Stability Board: FSB)[79] 등 국제금융기구들도 암호자산이라는 용어를 사용하고 있다는 점에서 국제적으로도 보편적으로 많이 사용하고 있는 암호자산이라는 용어를 쓰는 것이 좋다고 본다. 특히 암호자산이라는 용어가 암호화가 되었다는 특성을 잘 나타내는 용어라는 점에서 암호자산이라는 용어를 쓰는 것이 적절하다고 본다.

(3) 가상자산사업자

1) 가상자산사업자의 정의

가상자산사업자의 정의는 가상자산법에서 하고 있다. 원래 특정금융정보법에 규정되어 있었으나, 가상자산법이 제정되면서 가상자산법으로 이관되었다. '가상자산사업자'란 가상자산과 관련하여 "① **가상자산을 매도·매수하는 행위, ② 가상자산을 다른 가상자산과 교환하는 행위, ③ 가상자산을 이전하는 행위 중 대통령령으로 정하는 행위, ④ 가상자산을 보관 또는 관리하는 행위,**[80] **또는 ⑤ ① 및 ②의 행위를 중개·알선하거나 대행하는 행위**"의 어느 하나에 해당하는 행위를 영업으로 하는 자를 말한다(가상자산법 제2조 제2호). ③의 '대통령령으로 정하는 행위'는 ①에서 ④에 따른 "영업을 하기 위해 가상자산을 하나의 가상자산주소(가상자산의 전송 기록 및 보관 내역의 관리를 위하여 전자적으로 생성시킨 고유식별번호를 말한다)에서 다른 가상자산주소로 전송하는 등 이용자 상호 간에, 가상자산사업자 상호 간에 또는 이용자와 가상자산사업자 간에 가상자산을 전송하는 행위"를 말한다(시행령 제3조). 그리고 ①에서 ⑤의 행위에 대한 겸업을 금지하는 규정이 없으므로 가상자산사업자는 위의 행위 전부를 영위할 수 있다고 볼 수 있다.

2) 가상자산사업자의 업무 범위 확대 필요

가상자산법이 규정하고 있는 가상자산사업자의 업무 범위에 대해서도 검토할 필요가 있다. 가상자산사업자의 업무 범위는 MiCA에 따른 '암호자산업자'(crypto-asset service provider)의 업무 범위와 상당히 유사하지만, MiCA의 업무 범위가 더 넓다. MiCA의 '암호자산업자'는 다음의 암호자산업 중 하나 이상을 고객에게 전문적으로 제공하는 법인이나 사업체(undertaking)를 말한다(MiCA, Art. 3(1), Point (15)).

'암호자산업'은 "(a) 고객을 위한 암호자산의 보관·관리 업무, (b) 암호자산거래소(trading platform)[81]의 운영 업무, (c) 법정화폐와 암호자산의 교환 업무, (d) 암호자산과 다른 암호자산

78) Basel Committee on Banking Supervision(2021).

79) Financial Stability Board(2018).

80) 가상자산의 보관·관리하는 행위의 대상에는 가상자산 자체뿐만 아니라 가상자산에 접근하거나 통제할 수 있는 매체인 비밀키도 포함된다고 보는 견해는 블록체인법학회(2022), 44면.

81) Art. 3(1), Point (18) 'operation of a trading platform for crypto-assets' means the management of one

의 교환 업무, (e) 고객들을 위한 암호자산 주문의 집행 업무, (f) 암호자산의 판매 모집 주선(placing) 업무,[82] (g) 고객을 위한 암호자산 주문의 접수 및 전송 업무, (h) 암호자산에 대한 자문 업무, (i) 암호자산에 대한 일임자산운용(portfolio management) 업무,[83] (j) 고객을 위한 암호자산 이전(transfer) 업무" 등 10개 업무이다(Art. 3(1), Point (16), (a)~(j)).

이처럼 MiCA는 암호자산에 대한 자문 업무와 일임자산운용 업무를 규정하고 있는데, 가상자산법은 이를 포함하고 있지 않다. 따라서 우리의 경우 가상자산에 대한 자문 업무와 일임자산운용 업무를 영위하는 자가 있더라도, 자본시장법 등 다른 관련 법률에서 규제 대상이 되지 않는 한, 가상자산법이 규제할 수 없는 문제가 발생한다. 즉 특정금융정보법에 따른 가상자산사업자 신고 수리(법 제7조)를 받지 않더라도 영업 행위를 할 수 있는 문제가 생긴다. 규제의 사각 지대가 발생하는 셈이다. 이런 점에서 MiCA를 참고하여 가상자산사업자의 업무 범위를 재검토할 필요가 있다.

(4) 가상자산사업자에 대한 신고 수리

1) 서설

특정금융정보법은 가상자산사업자에 대한 신고 의무를 부여하고 규제를 하고 있다. 그런데 단순한 신고가 아니라 비교적 까다로운 일정한 요건을 충족해야 신고 수리를 받을 수 있어 사실상 등록제 내지 인가제에 가깝게 운영하고 있다고 할 수 있다. 국제자금세탁방지기구(FATF)의 권고안은 인가제나 등록제(licensed or registered)로 규제를 하도록 권고하고 있는데,[84] 향후 법제를 정비할 때는 등록제나 인가제로 변경하는 것을 고려할 필요가 있다.

2) 신고 사항

가상자산사업자의 신고는 금융정보분석원장에게 하도록 하고 있는데, 신고 사항은 "상호

---

or more multilateral systems, which bring together or facilitate the bringing together of multiple third-party purchasing and selling interests in crypto-assets, in the system and in accordance with its rules, in a way that results in a contract, either by exchanging crypto-assets for funds or by the exchange of crypto-assets for other crypto-assets.

82) Art. 3(1), Point (22) 'placing of crypto-assets' means the marketing, on behalf of or for the account of the offeror or a party related to the offeror, of crypto-assets to purchasers. 즉 청약 권유자나 관련된 자를 위해서 또는 청약 권유자나 관련된 자의 계산으로 암호자산을 매입자에게 판매 권유하는 것을 말한다.

83) Art. 3(1), Point (25) 'providing portfolio management of crypto-assets' means managing portfolios in accordance with mandates given by clients on a discretionary client-by-client basis where such portfolios include one or more crypto-assets. 즉 일임자산운용업이라고 할 수 있다.

84) Recommendation 15: "To manage and mitigate the risks emerging from virtual assets, countries should ensure that virtual asset service providers are regulated for AML/CFT purposes, and <u>licensed or registered</u> and subject to effective systems for monitoring and ensuring compliance with the relevant measures called for in the FATF Recommendations." FATF Recommendation 2012 updated on June 2021, p. 17. (밑줄친 부분은 강조)

및 대표자의 성명, 사업장의 소재지, 연락처 등 대통령령으로 정하는 사항"이다(법 제7조 제1항). '대통령령으로 정하는 사항'은 "국적 및 성명(법인의 경우 대표자 및 임원의 국적 및 성명), 전자우편주소 및 인터넷도메인 이름, 호스트서버의 소재지, 그 밖에 금융정보분석원장이 정하여 고시하는 사항"이다(시행령 제10조의11 제2항). '금융정보분석원장이 정하여 고시하는 사항'은 "① 가상자산사업자가 수행할 행위의 유형, ② 실명확인이 가능한 입출금 계정에 관한 정보, ③ 외국 가상자산사업자[본점 또는 주사무소가 외국에 있는 자(사업의 실질적 관리장소가 국내에 있지 않은 경우만 해당한다)로서 내국인을 대상으로 가상자산거래를 영업으로 하는 자를 말한다]의 경우 국내 사업장의 소재지 및 연락처, 국내에 거주하면서 외국 가상자산사업자를 대표할 수 있는 자의 국적 및 성명"이다(「특정 금융거래정보 보고 및 감독규정」 제27조 제4항). 외국에서 영업을 하는 외국 가상자산사업자도 내국인을 대상으로 가상자산거래를 영업으로 하게 되면 금융정보분석원에게 신고를 하도록 요구하여 규제를 하고 있음을 알 수 있다.

신고한 사항이 변경된 경우에는 시행령이 정하는 바에 따라 금융정보분석원장에게 변경 신고를 하도록 하고 있다(법 제7조 제2항). 즉 변경 신고를 하려는 자는 신고한 사항이 변경된 날부터 30일 이내에 금융정보분석원장이 정하여 고시하는 변경신고서에 변경 사항을 증명하는 서류를 첨부하여 금융정보분석원장에게 제출해야 한다(시행령 제10조의11 제3항).

3) 신고 수리 요건

특정금융정보법은 "다음의 어느 하나에 해당하는 자에 대해서는 대통령령으로 정하는 바에 따라 가상자산사업자의 신고를 수리하지 아니할 수 있다"라고 하고 있어서(법 제7조 제3항), 신고 수리 요건을 규정하고 있다. **신고 수리**가 되지 않는 요건은 다음과 같다(법 제7조 제3항).

① **정보보호 관리체계 인증**을 획득하지 못한 자
② **실명확인이 가능한 입출금 계정**[동일 금융회사등(대통령령으로 정하는 금융회사등에 한정한다)에 개설된 가상자산사업자의 계좌와 그 가상자산사업자의 고객의 계좌 사이에서만 금융거래등을 허용하는 계정을 말한다]을 통하여 금융거래등을 하지 아니하는 자. 다만, 가상자산거래의 특성을 고려하여 금융정보분석원장이 정하는 자에 대해서는 예외로 한다.
③ 특정금융정보법, 범죄수익은닉규제법, 테러자금금지법, 「외국환거래법」 및 자본시장법 등 대통령령으로 정하는 금융 관련 법률에 따라 벌금 이상의 형을 선고받고 집행이 끝나거나(집행이 끝난 것으로 보는 경우를 포함한다) 집행이 면제된 날부터 5년이 지나지 아니한 자(가상자산사업자가 법인인 경우에는 그 대표자와 임원을 포함한다)
④ 신고 또는 변경 신고가 말소되고 5년이 지나지 아니한 자

신고 수리 요건 중 "실명확인이 가능한 입출금 계정" 확보와 "정보보호관리체계 인증"[85]

85) ISMS (Information Security Management System)을 말하는데, "기업·기관이 수립·관리·운영하는 정보

을 획득해야 하는 요건이 중요하다. 특히 실명확인 입출금 계정을 확보하지 못하게 되면 원화를 통한 거래를 하지 못하게 되어 가상자산사업자의 영업에 큰 영향을 줄 수 있다.

4) 신고의 유효기간 및 갱신

특정금융정보법은 신고 유효기간을 규정하고 있다. 가상자산사업자의 신고 유효기간은 신고를 수리한 날부터 5년 이하의 범위에서 시행령으로 정하는 기간으로 하도록 하고 있는데(법 제7조 제6항 전단), 그 기간은 3년이다(시행령 제10조의15 제1항). 신고 유효기간이 끝난 후에는 신고를 갱신해야 하는데(법 제7조 제6항 후단), 유효기간이 만료되기 45일 전까지 갱신신고서와 첨부서류(정보보호관리체계 인증에 관한 자료 및 실명확인 입출금계정에 관한 자료)를 금융정보분석원장에게 제출해야 한다(시행령 제10조의15 제2항).

5) 신고 또는 변경신고의 직권 말소

특정금융정보법은 신고 사항 등 일정한 요건이 충족되지 못했을 때는 금융정보분석원장이 신고 또는 변경신고를 직권으로 말소할 수 있도록 하고 있다(법 제7조 제4항). '직권'이라는 의미가 무엇인지 정확하지는 않으나, 금융정보분석원장이 신고나 변경신고 사항을 충족하지 못한다고 판단할 때는 가상자산사업자의 이의 신청이나 청문 절차 없이 바로 신고 또는 변경신고를 말소할 수 있다고 볼 수 있다. 이를 반영하듯 특정금융정보법은 이의 신청이나 청문 절차에 관한 사항을 규정하지 않고 있고, 단지 금융정보분석원장이 신고 또는 변경신고를 직권으로 말소하는 경우에는 서면(전자문서를 포함한다)으로 그 사실 및 사유를 신고인에게 알리도록 규정하고 있다(시행령 제10조의13 제1항). 그런데 가상자산사업자의 영업을 폐지하는 결과를 가져오는 신고 말소를 아무런 이의 신청 제기와 심의 절차 없이 이렇게 직권으로 하는 것이 타당한지에 대해서는 재검토가 필요하다.

(5) 가상자산사업자에 대한 영업 전부 또는 일부 정지 명령 조치

특정금융정보법은 신고한 가상자산사업자가 금융정보분석원장이 내린 시정 명령을 이행하지 않은 경우 등 일정한 사항에 해당하는 경우에는 금융정보분석원장이 6개월의 범위에서 영업의 전부 또는 일부의 정지를 명할 수 있도록 하고 있다(법 제7조 제5항). 금융정보분석원장이 영업의 정지를 명령하는 경우에는 "위반행위의 동기 및 배경, 위반행위의 유형 및 성격, 위반행위의 효과 및 영향력, 법 위반상태의 시정 노력"의 사항을 종합적으로 고려한다(시행령 제10조의14 제1항). 금융정보분석원장이 영업 정지 명령권을 행사함에 있어서 재량권을 갖고 있다고 할 수 있는데, 재량권 남용을 막기 위해서 일정한 기준을 제시한 것이라고 할 수 있다.

보호 관리체계의 적합성에 대해 인증을 부여하는 제도"를 말한다(미래창조과학부·한국인터넷진흥원(2017), 11면). 법적 근거는 「정보통신망 이용촉진 및 정보보호 등에 관한 법률」 제47조, 「정보통신망 이용촉진 및 정보보호 등에 관한 법률 시행령」 제47조~제54조, 「정보보호 관리체계 인증 등에 관한 고시」이다.

그러나 여전히 기준이 추상적으로 규정되어 있기 때문에 재량권 남용의 가능성을 완전히 막는 데는 한계가 있다.

(6) 가상자산사업자의 금융거래 등에 대한 역외 적용

특정금융정보법은 가상자산사업자의 "금융거래"(법 제2조 제2호)에 대해서는 "국외에서 이루어진 행위로서 그 효과가 국내에 미치는 경우"에도 특정금융정보법을 적용하도록 하고 있다(법 제6조 제2항). 따라서 가상자산사업자가 예금 거래 등 금융거래를 하게 되는 경우 비록 그 거래가 국외에서 이루어졌다고 할지라도 법적 효과가 국내 당사자에게 영향을 미치게 되는 경우에는 특정금융정보법이 적용된다.

Ⅲ. 범죄수익은닉규제법

1 개관

(1) 서설

범죄수익은닉규제법은 **범죄수익을 은닉(隱匿)하거나 가장(假裝) 행위를 한 자에 대해서 형사 처벌**을 할 수 있도록 함으로써(법 제3조) 범죄수익을 은닉하지 못하도록 하고 있다. 또한 은행 등 금융기관 종사자로 하여금 금융거래와 관련하여 수수(授受)한 재산이 범죄수익 등이라는 사실을 알았을 때나 금융거래 상대방이 범죄수익 등의 은닉 및 가장 행위를 하고 있다는 사실을 알았을 때는 지체 없이 수사기관에 신고하도록 하고 있다(법 제5조 제1항). 그리고 '특정범죄'와 관련된 범죄수익의 몰수(沒收) 및 추징(追徵)에 관한 특례 조항을 두어(법 제8조, 제10조) 특정범죄를 조장(助長)하는 경제적 요인을 근원적으로 제거하고자 하고 있다.

(2) 특정범죄

'특정범죄'란 "재산상의 부정한 이익을 취득할 목적으로 범한 죄"로서 다음의 어느 하나에 해당하는 것을 말한다. ① 사형, 무기 또는 장기 3년 이상의 징역이나 금고에 해당하는 죄(아래 (3)②에 규정된 죄는 제외한다), ② 범죄수익은닉규제법 [별표]에 규정된 죄[86][① 및 ②에 해당하

86) [별표] 제2조 제1호 나목 관련 범죄(제2조 제1호 관련)
1. 「형법」 중 다음 각 목의 죄
가. 제2편 제19장 유가증권, 우표와 인지에 관한 죄 중 제224조(제214조 및 제215조의 예비·음모만 해당한다)의 죄
나. 제2편 제22장 성풍속에 관한 죄 중 제243조 및 제244조의 죄
다. 제2편 제34장 신용, 업무와 경매에 관한 죄 중 제315조의 죄
라. 제2편 제40장 횡령과 배임의 죄 중 제357조 제2항의 죄
2. 「관세법」 제270조의2의 죄
3. 「정보통신망 이용촉진 및 정보보호 등에 관한 법률」 제74조 제1항 제2호·제6호의 죄

는 죄를 “중대범죄”라 한다], ③ 아래 (3)②에 규정된 죄, ④ 중대범죄 및 아래 (3)②에 규정된 죄와 다른 죄가 「형법」 제40조에 따른 상상적 경합(想像的 競合) 관계에 있는 경우에는 그 다른 죄, ④ 외국인이 대한민국 영역 밖에서 한 행위가 대한민국 영역 안에서 행하여졌다면 중대범죄 또는 아래 (3)②에 규정된 죄에 해당하고 행위지(行爲地)의 법령에 따라 죄에 해당하는 경우 그 죄를 말한다(법 제2조 제1호).

(3) 범죄수익

‘범죄수익’이란 다음의 어느 하나에 해당하는 것을 말한다(법 제2조 제2호).

① 중대범죄에 해당하는 범죄행위에 의하여 생긴 재산 또는 그 범죄행위의 보수(報酬)로 얻은 재산

② (i) 「성매매알선 등 행위의 처벌에 관한 법률」 제19조 제2항 제1호(성매매알선등 행위 중 성매매에 제공되는 사실을 알면서 자금·토지 또는 건물을 제공하는 행위만 해당한다)의 죄, (ii) 「폭력행위 등 처벌에 관한 법률」 제5조 제2항 및 제6조(제5조 제2항의 미수범만 해당한다)의 죄, (iii) 「국제상거래에 있어서 외국공무원에 대한 뇌물방지법」 제3조 제1항의 죄, (iv) 「특정경제범죄 가중처벌 등에 관한 법률」 제4조의 죄, (v) 「국제형사재판소 관할 범죄의 처벌 등에 관한 법률」 제8조부터 제16조까지의 죄, (vi) 테러자금금지법 제6조 제1항·제4항(제6조 제1항 제1호의 미수범에 한정한다)의 죄 중 어느 하나의 죄에 관계된 자금 또는 재산

(4) 범죄수익에서 유래한 재산

‘범죄수익에서 유래한 재산’이란 “범죄수익의 과실(果實)로 얻은 재산, 범죄수익의 대가(對價)로 얻은 재산 및 이들 재산의 대가로 얻은 재산, 그 밖에 범죄수익의 보유 또는 처분에 의하여 얻은 재산”을 말한다(법 제2조 제3호).

(5) 범죄수익 등

‘범죄수익 등’이란 “범죄수익, 범죄수익에서 유래한 재산 및 이들 재산과 그 외의 재산이 합쳐진 재산”을 말한다(법 제2조 제4호).

---

4. 「영화 및 비디오물의 진흥에 관한 법률」 제95조 제6호의 죄
5. 「여권법」 제25조 제2호의 죄
6. 「한국토지주택공사법」 제28조 제1항의 죄

(6) 다중인명피해사고

'다중인명피해사고'란 "고의 또는 과실에 의한 화재, 붕괴, 폭발, 선박·항공기·열차 사고를 포함하는 교통사고, 화생방사고, 환경오염사고 등으로서 국가 또는 지방자치단체 차원의 대처가 필요한 인명피해를 야기한 사고"를 말한다(법 제2조 제5호).

2. 범죄수익 등의 은닉·가장(假裝) 행위와 수수(收受) 행위에 대한 처벌

(1) 범죄수익 등의 은닉·가장죄

"① 범죄수익 등의 취득 또는 처분에 관한 사실을 가장한 자, ② 범죄수익의 발생 원인에 관한 사실을 가장한 자, 또는 ③ 특정범죄를 조장하거나 적법하게 취득한 재산으로 가장할 목적으로 범죄수익 등을 은닉한 자"는 5년 이하의 징역 또는 3천만 원 이하의 벌금에 처한다(법 제3조 제1항). 미수범은 처벌한다(법 제3조 제2항). ①, ② 또는 ③의 죄를 범할 목적으로 예비하거나 음모한 자는 2년 이하의 징역 또는 1천만 원 이하의 벌금에 처한다(법 제3조 제3항). 이러한 죄를 범한 자에게는 징역과 벌금을 병과(併科)할 수 있다(법 제6조). 대한민국 영역 밖에서 이러한 죄를 범한 내국인에게도 적용한다(법 제7조의2).

(2) 범죄수익 등의 수수죄(收受罪)

정황을 알면서 범죄수익 등을 수수(收受)한 자는 3년 이하의 징역 또는 2천만 원 이하의 벌금에 처한다(법 제4조 본문). 징역과 벌금을 병과(併科)할 수 있다(법 제6조). 대한민국 영역 밖에서 이러한 죄를 범한 내국인에게도 적용한다(법 제7조의2). 다만 "법령에 따른 의무 이행으로서 제공된 것을 수수한 자 또는 계약(채권자가 상당한 재산상의 이익을 제공하는 것만 해당한다) 시에 계약에 관련된 채무의 이행이 범죄수익 등에 의하여 행하여지는 것이라는 정황을 알지 못하고 계약과 관련된 채무의 이행으로서 제공된 것을 수수한 자의 경우"에는 죄가 성립하지 아니한다(법 제4조 단서).

3. 금융기관의 신고 의무

(1) 의의

특정금융정보법에 따른 금융기관에 종사하는 사람은 '금융거래'(특정금융정보법 제2조 제3호)와 관련하여 ① 수수한 재산이 범죄수익 등이라는 사실을 알게 되었을 때, 또는 ② 금융거래의 상대방이 범죄수익 등의 은닉 및 가장에 관한 죄(법 제3조)에 해당하는 행위를 하고 있다는 사실을 알게 되었을 때에는 다른 법률의 규정에도 불구하고 지체 없이 관할 수사기관에 신고하여야 한다(법 제5조 제1항).

(2) 신고 사실의 누설 금지

금융기관에 종사하는 사람은 신고를 하려는 경우 또는 신고를 한 경우에 그 사실을 신고와 관련된 금융거래의 상대방 및 그의 관계자에게 누설하여서는 아니 된다(법 제5조 제2항).

(3) 위반 시 형사 처벌

위의 (1)이나 (2)를 위반한 사람은 2년 이하의 징역 또는 1천만 원 이하의 벌금에 처해지며(법 제5조 제3항), 징역과 벌금을 병과(併科)할 수 있다(법 제6조).

4. 범죄수익 등의 몰수

(1) 몰수대상재산

① 범죄수익, ② 범죄수익에서 유래한 재산, ③ 범죄수익 등의 은닉·가장죄와 수수(收受)죄의 범죄행위에 관계된 범죄수익 등, ④ 범죄수익 등의 은닉·가장죄와 수수죄의 범죄행위에 의하여 생긴 재산 또는 그 범죄행위의 보수로 얻은 재산, ⑤ ③이나 ④에 따른 재산의 과실 또는 대가로 얻은 재산 또는 이들 재산의 대가로 얻은 재산, 그 밖에 그 재산의 보유 또는 처분에 의하여 얻은 재산은 몰수할 수 있다(법 제8조 제1항).

(2) 혼화재산의 경우 몰수대상재산의 범위

위 (1)에 따른 몰수대상재산이 그 외의 재산과 합쳐진 경우 그 몰수대상재산을 몰수하여야 할 때에는 합쳐짐으로써 생긴 재산인 **혼화**(混化)**재산** 중 몰수대상재산(합쳐지는 데에 관련된 부분만 해당한다)의 금액 또는 수량에 상당하는 부분을 몰수할 수 있다(법 제8조 제2항).

(3) 범죄피해재산의 몰수대상재산에서 제외

위 (1)의 몰수대상재산이 범죄피해재산(재산에 관한 죄, 「특정범죄 가중처벌 등에 관한 법률」 제5조의2 제1항 제1호·제2항 제1호의 죄 또는 채무자회생파산법 제650조·제652조 및 제654조의 죄에 해당하는 범죄행위에 의하여 그 피해자로부터 취득한 재산 또는 그 재산의 보유·처분에 의하여 얻은 재산을 말한다)인 경우에는 몰수할 수 없으며(법 제8조 제3항), 위 (1)의 몰수대상재산 중 일부가 범죄피해재산인 경우에는 그 부분에 대하여도 몰수할 수 없다(법 제8조 제3항).

(4) 몰수 요건

몰수는 몰수대상재산 또는 혼화재산이 범인 외의 자에게 귀속(歸屬)되지 아니하는 경우에만 할 수 있다(법 제9조 제1항 본문). 다만 범인 외의 자가 범죄 후 그 정황을 알면서 몰수대상재산 또는 혼화재산을 취득한 경우(몰수대상재산 또는 혼화재산의 취득이 범죄수익 등의 수수죄에 해당하지 않는 사유(법 제4조 단서)에 해당하는 경우는 제외한다)에는 몰수대상재산 또는 혼화재산이 법인 외의 자에게 귀속된 경우에도 몰수할 수 있다(법 제9조 제1항 단서). 그리고 "지상권·저당권 또는 그 밖의 권리가 설정된 재산을 몰수하는 경우 법인 외의 자가 범죄 전에 권리를 취득하였을 때, 또는 범죄 후 정황을 알지 못하고 권리를 취득하였을 때에는 그 권리를 존속"시킨다(법 제9조 제2항).

5. 범죄수익 등의 추징

(1) 의의

몰수할 재산을 몰수할 수 없거나 재산의 성질, 사용 상황, 재산에 관한 법인 외의 자의 권리 유무(有無), 그 밖의 사정으로 인하여 재산을 몰수하는 것이 적절하지 아니하다고 인정될 때에는 그 가액(價額)을 법인으로부터 추징(追徵)할 수 있다(법 제10조 제1항). 그러나 해당 재산이 범죄피해재산인 경우에는 그 가액을 추징할 수 없다(법 제10조 제2항).

(2) 추징 집행의 특례

다중인명피해사고 발생에 형사적 책임이 있는 개인, 법인 및 경영지배·경제적 연관 또는 의사결정에 참여 등을 통해 법인을 실질적으로 지배하는 자에 대한 몰수대상재산에 관한 추징은 범인 외의 자가 정황을 알면서 취득한 몰수대상재산 및 그로부터 유래한 재산에 대하여 그 범인 외의 자를 상대로 집행할 수 있다(법 제10조의2).

Ⅳ. 테러자금금지법

1. 서설

테러자금금지법은 은행을 포함한 금융기관으로 하여금 금융감독당국의 허가를 받은 경우를 제외하고는 **'금융거래제한대상자'**(공중협박자금조달과 관련된 행위나 대량살상무기확산과 관련되어 있는 것으로 판단되는 개인·법인 또는 단체를 말한다)**로 지정되어 고시된 자**(법 제4조)**와 금융거래를 할 수 없도록 하고 있으며**(법 제5조 제1항), 금융기관 종사자로 하여금 금융거래와 관련하여 수수(授受)한 재산이 공중협박자금이나 대량살상무기확산자금이라는 사실을 알게 되는 경우에는 관할 수사기관에게 지체 없이 신고하도록 하고 있다(법 제5조 제2항).

2. 금융거래제한대상자 지정

(1) 의의

금융위원회는, ① 우리나라가 체결한 조약 및 일반적으로 승인된 국제법규를 성실히 준수하기 위하여 **공중협박자금조달 관련 행위** 또는 **대량살상무기확산 행위**의 규제가 필요한 경우, 또는 ② 국제평화와 안전유지를 위한 국제적 노력에 특히 기여하기 위하여 그러한 행위의 규제가 필요한 경우에 해당한다고 인정되는 경우로서 개인·법인 또는 단체가 그러한 행위와 관련되어 있는 것으로 판단되는 때에는, 그 개인·법인 또는 단체를 **'금융거래제한대상자'로 지정하여 고시**할 수 있다(법 제4조 제1항).

여기서 '**공중협박자금조달 관련 행위**'란 공중에게 위해를 가하고자 하는 등 공중을 협박할 목적으로 행하는 행위로서 사람 살해 행위 등, 항공기와 관련된 불법 행위, 선박이나 해상구조물과 관련된 불법행위, 핵물질과 관련된 불법행위 등을 말한다(법 제2조 제1호 가목 내지 마목). '**대량살상무기확산 행위**'란 핵무기, 화학무기, 생물무기 또는 이러한 무기의 운반수단을 제조, 취득, 보유, 개발, 운송, 이전 또는 사용하는 행위를 말한다(법 제2조 제2호).

(2) 제한되는 거래 행위

금융거래제한대상자로 지정되면 "① 금융기관과 금융거래 및 그에 따른 지급·영수(領收) 행위, 또는 ② 동산, 부동산, 채권 및 그 밖의 재산 또는 재산권에 관한 양도나 증여 등 처분 행위와 그 점유의 이전 및 원상의 변경 행위"가 제한된다(법 제4조 제1항, 제4항 제1호, 제2호).

(3) 지정 시 관련 부처의 동의

금융위원회는 금융거래제한대상자를 지정하여 고시하려는 경우에는 기획재정부장관, 외교부장관, 법무부장관의 동의를 미리 받아야 한다(법 제4조 제2항 본문). 다만 공중협박자금조달 관련 행위 또는 대량살상무기확산 행위 등으로 인하여 사람의 생명·신체 또는 재산에 피해를 주거나 그 밖에 공공의 안전을 위태롭게 할 긴박한 사정이 있는 경우에는 미리 동의를 받지 아니하고 지정·고시할 수 있다(법 제4조 제2항 단서).

(4) 금융거래제한대상자의 제한 거래 행위 시 허가 필요

금융거래제한대상자로 지정되어 고시된 자가 금융거래제한대상 행위를 하려는 경우 시행령으로 정하는 바에 따라 금융위원회의 허가를 받아야 한다(법 제4조 제4항, 시행령 제2조).

(5) 지정의 취소

금융위원회는 금융거래제한대상자로 지정되어 고시된 자가 공중협박자금조달 관련 행위 또는 대량살상무기확산 행위와 관련성이 없어지게 된 때에는 금융거래제한대상자의 지정을 취소하고 이를 고시하여야 하는데, 이 경우 기획재정부장관, 외교부장관, 법무부장관의 동의를 미리 받아야 한다(법 제4조 제6항).

3. 금융기관 종사자의 의무

(1) 의의

금융기관(그 종사자를 포함한다)은, 금융거래제한대상자로 지정되어 고시된 자가 거래를 위한 허가를 받은 경우를 제외하고는, 금융거래제한대상자로 지정되어 고시된 자와 금융거래 및 그에 따른 지급·영수 업무를 해서는 아니 된다(법 제5조 제1항).

(2) 수사기관에 신고 의무

금융기관 종사자는 ① 금융거래와 관련하여 수수한 재산이 공중협박자금 또는 대량살상무기확산자금이라는 사실을 알게 되거나 ② 금융거래의 상대방인 금융거래제한대상자가 허가를 받지 아니하고 금융거래나 그에 따른 지급·영수를 하고 있다는 사실, 또는 ③ 아래 (4)의 행위에 위반한 죄(법 제6조 제1항의 죄)에 해당하는 행위를 하고 있다는 사실을 알게 된 때에는 다른 법률에도 불구하고 지체 없이 관할 수사기관에 그 사실을 신고하여야 한다(법 제5조 제2항).

(3) 신고 사실 누설 금지

금융기관 종사자는 수사기관에 신고를 하려 하거나 신고한 경우에는 그 사실을 해당 금융거래의 상대방을 포함한 다른 사람에게 누설하는 것이 금지된다(법 제5조 제3항 본문). 다만 동일한 금융기관 내부에서 공중협박이나 대량살상무기확산을 방지하기 위하여 필요한 경우에는 신고 사실을 제공하는 것은 가능하다(법 제5조 제3항 단서).

(4) 공중협박자금조달 관여 행위 금지

① 누구든지 공중협박자금조달 관련 행위(법 제2조 제1호 가목 내지 마목)를 하거나 하려고 하는 개인, 법인 또는 단체라는 정(情)을 알면서 그를 이롭게 할 목적으로 그 개인, 법인 또는 단체에 직접 또는 제3자를 통하여 자금 또는 재산을 제공해서는 아니 된다(법 제5조의2 제1항). ② 누구든지 ①에 따른 개인, 법인 또는 단체라는 정(情)을 알면서 그를 이롭게 할 목적으로 자금 또는 재산을 모집하거나 운반·보관해서는 아니 된다(법 제5조의2 제2항). ③ 누구든지 ①에 따른 개인, 법인 또는 단체라는 정을 알면서 그를 이롭게 할 목적으로 ① 또는 ②에 따른 행위를 강요하거나 권유해서는 아니 된다(법 제5조의2 제3항).

<참고 문헌>

고동원, "인터넷전문은행의 설립에 따른 법적 과제,"「성균관법학」 제29권 제1호, 성균관대학교 법학연구원, 2017. 3.

______, "암호화자산 거래와 제도화 방향,"「상사판례연구」 제31집 제4권, 한국상사판례학회, 2018. 12.

______, "유럽연합(EU)의 「암호자산시장규정」(MiCA) 제정과 시사점,"「예탁결제」 제127호, 한국예탁결제원, 2023. 11.

금융위원회, "임종룡 금융위원장, 국내 제1호 비대면 실명확인 통장 발급," 보도자료, 2015. 12. 2.

김경석, "인터넷전문은행 도입에 관한 소고 －법적 쟁점을 중심으로－,"「중앙법학」 제18집 제3호, 중앙법학회, 2016. 9.

김완석, "차명금융거래의 문제점과 개선방안,"「중앙법학」 제6집 제3호, 중앙대학교 법학연구소, 2004. 10.

김지웅, "가상자산에 관한 개정 특정금융거래정보법에 대한 검토,"「BFL」 제102호, 서울대학교 금융법센터, 2020. 7.

미래창조과학부·한국인터넷진흥원, 「ISMS 인증제도 안내서」, 2017. 4.

블록체인법학회, 「특정금융정보법 주해」, 박영사, 2022.

오시정, "금융실명거래에 관한 판례의 변천과 금융실무상의 법률관계,"「은행법연구」 제2권 제2호, 은행법학회, 2019. 11.

이준희, "인터넷전문은행 관련 법률적 쟁점에 관한 소고,"「기업법연구」 제30권 제1호, 한국기업법학회, 2015. 3.

전국은행연합회, 「금융실명거래 업무해설」, 2002. 7.

_________, 「금융실명거래 업무해설」, 2016. 6.

재정경제부, 「금융실명제 종합편람－법령·예규편」, 1999. 5.

최성근, "차명금융거래에 대한 실효적 규제를 위한 입법론(상),"「한양법학」 제23권 제1집, 한양대학교 법학연구소, 2012. 2.

Basel Committee on Banking Supervision, "Consultative Document: Prudential treatment of crypto asset exposures," June 2021.

Financial Action Task Force, "INTERNATIONAL STANDARDS ON COMBATING MONEY LAUNDE－RING AND THE FINANCING OF TERRORISM & PROLIFERATION: The FATF Recommenda－tions," Adopted by the FATF Plenary in February 2012 (updated February 2023). <https://www.fatf－gafi.org/content/dam/fatf－gafi/recommendations/FATF%20Recommendations%202012.pdf.coredownload.inline.pdf>.

Financial Stability Board, "Crypto－Assets: Report to the G20 on Work by the FSB and Standard－Setting Bodies," July 16, 2018.

제13장

은행 조직 변경과 퇴출 규제

제1절

총 설

이 장에서는 은행의 조직 변경과 퇴출(exit) 규제에 대해서 살펴본다. 제2절에서는 은행의 합병 등 조직 변경, 제3절에서는 **'금융체계상 중요한 은행'**(systemically important banks), 제4절에서는 부실은행의 정리(resolution), 제5절에서는 은행의 해산, 청산 및 파산에 대하여 각각 살펴본다. 이러한 규제 내용은 구조개선법이 규정하고 있으므로 구조개선법을 중심으로 하여 각각의 내용에 대하여 살펴본다. 「은행법」은 은행의 합병 등에 대한 인가 조항과 청산인 및 파산관재인 선임에 관한 특례 조항을 두고 있는 정도이다.

「은행법」은 은행의 합병, 분할, 분할합병, 영업양도 및 영업양수, 해산, 은행업 폐업에 대해서 금융감독당국의 인가를 받도록 하고 있다. 은행의 합병 및 전환에 대하여는 구조개선법이 「상법」에 따른 절차에 대한 특례 규정으로서 주주총회 결의 절차와 채권자 보호 절차의 간소화 내용 등을 규정하고 있어서 이에 대한 내용을 중심으로 하여 살펴본다. 금융체계상 중요한 은행에 대해서는 구조개선법이 **'자체정상화계획'**(recovery plan)**과** **'부실정리계획'**(resolution plan)을 미리 작성하여 경영 위기 상황이 발생할 때 계획대로 조치를 취하도록 하고 있는데, 이에 대한 내용을 알아본다. 부실은행의 정리와 관련해서는 ① **적기시정조치**(適期是正措置, prompt corrective action: PCA) **제도**를 중심으로 하여 ② 부실은행에 대한 정부나 예금보험공사의 출자 등 공적자금 투입에 대한 내용, ③ 금융감독당국에 의한 자본금 감소 명령에 따른 자본금 감소 절차의 「상법」에 대한 특례 규정, ④ 부실은행 임원의 직무 대행을 하는 관리인에 관한 사항 등을 알아본다. 은행의 해산 및 청산은 「상법」에 규정된 절차에 따르게 되나, 「은행법」은 은행의 해산에 대한 인가 조항과 청산인 선임에 대한 특례 규정을 두고 있고, 구조개선법은 청산인 선임에 대한 특례 조항을 두고 있으므로 이에 관한 내용을 살펴본다. **은행의 파산 절차와 관련해서는 채무자회생파산법이 적용**되는데, 「은행법」과 구조개선법이 파산관재인 선임 특례 조항을 두고 있으므로 이에 관한 내용에 대하여 알아본다.

제2절

은행의 조직 변경

Ⅰ. 서설

은행의 합병, 분할, 분할합병, 영업양도 및 영업양수 등 은행의 조직 변경에 관한 사항의 경우 그 절차에 대해서는 「상법」이 적용된다. 「은행법」은 이에 대한 금융감독당국의 인가 조항을 두고 있으며, 구조개선법은 은행의 합병과 전환에 대해서 「상법」에 따른 합병 절차에 대한 특례 조항을 둠으로써 합병과 전환이 원활하게 이루어질 수 있도록 하고 있다. 「은행법」은 은행이 합병, 분할, 분할합병, 영업양도와 영업양수, 영업의 폐지 및 해산을 하려고 하는 경우에는 금융감독당국으로부터 인가를 받도록 하고 있다. 특히 구조개선법은 ① 은행이 다른 금융기관과 합병을 하는 경우, ② 은행이 다른 금융기관으로 전환하는 경우, 또는 ③ 다른 금융기관이 은행으로 전환을 하는 경우에는 「상법」에 따른 주주총회 결의 절차나 채권자 보호 절차 등에 대한 간소화 특례 규정을 둠으로써 신속하고 보다 효율적으로 합병 및 전환을 할 수 있도록 하고 있다. 합병에 대한 절차 특례 조항은 은행이 영업의 전부 양도나 양수를 하려는 경우에도 적용된다. 특히 구조개선법에 따른 합병이나 전환 절차를 선택하게 되면 합병이나 전환 후에 영위할 수 없는 업무도 일정 기간 동안 계속 영위할 수 있도록 혜택을 부여하고 있어, 구조개선법에 따른 합병 및 전환 절차를 선택할 가능성은 더욱 높아진다. 이외에도 여러 세제 혜택도 부여함으로써 합병이나 전환에 대한 유인책을 부여하고 있다. 이하에서는 「은행법」에 따른 합병 등의 인가 내용과 구조개선법에 따른 은행의 합병이나 전환 절차에 대한 특례 규제 내용을 살펴본다.

Ⅱ. 「은행법」에 따른 합병 등의 인가

1. 서설

「은행법」은 은행의 조직 변경에 해당하는 합병, 분할, 분할합병 등을 하려면 금융감독당국의 인가를 받도록 하고 있다. 즉 **은행이 합병, 분할, 분할합병, 해산, 은행업의 전부 또는 중요한 일부의 폐업, 영업 전부 또는 중요한 영업 일부의 양도·양수의 행위를 하려는 경우에는 금융감독당국의 인가**를 받아야 한다(법 제55조 제1항).

2. 은행의 합병, 분할, 분할합병 인가

(1) 서설

은행의 합병, 분할, 분할합병은 은행의 중요한 조직 변경 사항이다. 그래서 「은행법」은 이를 인가 사항으로 규정하고 있다. 이러한 합병, 분할, 분할합병의 절차는 「상법」이 규정하고 있고(제522조 내지 제530조의12), 「은행법」이 그 절차에 관한 사항을 특별히 규정하고 있지 아니하므로 「상법」에 따른 절차가 적용된다. 물론 금융감독당국이 인가를 함에 있어서 「상법」에 따른 절차를 준수하는지를 심사할 것이다.

(2) 인가 심사 기준

금융감독당국은 은행의 합병, 분할, 분할합병의 인가를 하려는 때에는 "① 금융산업의 효율화와 신용질서의 유지에 지장을 주지 아니할 것, ② 합병, 분할, 분할합병에 따른 영업 계획 및 조직 운영 계획이 적정할 것, ③ 합병, 분할, 분할합병에 따른 은행의 소유 구조 변경이 법령에 적합할 것, ④ 「상법」 및 [자본시장법], 그 밖의 관계 법령에 따른 절차 이행에 하자가 없을 것"이라는 기준을 충족하는지를 심사하여야 한다(「은행법 시행령」 제24조의9 제1항).[1)]

3. 은행의 영업 양도 또는 양수 인가

(1) 서설

은행의 영업 양도 또는 양수도 인가 사항이다. 즉 은행이 영업 전부를 양도 또는 양수하는 경우뿐만 아니라 '중요한 영업 일부'를 양도 또는 양수하는 경우에도 인가를 받아야 한다. 따라서 영업을 양도하는 은행뿐만 아니라 양수하는 은행도 인가를 받아야 한다고 보아야 할 것이다. 「상법」은 영업의 전부 또는 중요한 일부의 양도, 회사의 영업에 중대한 영향을 미치는 다른 회사의 영업 전부 또는 일부의 양수의 경우에는 주주총회의 특별결의를 얻도록 하고 있

---

1) 「은행법 시행령」 제24조의9는 명시적으로 '분할합병'은 규정하고 있지는 않으나, 「은행법」 제55조 제1항이 합병에 분할합병을 포함한다고 규정하고 있으므로 시행령도 같은 의미로 이해해야 할 것이다.

어서(제374조), 이에 해당하는 경우에는 「상법」에 따라 주주총회의 특별결의를 얻어야 하는 것은 물론이다.

(2) 중요한 영업 일부의 양도 또는 양수의 기준

'중요한 영업 일부'의 기준이 문제될 수 있는데, 「은행법 시행령」이 이에 대하여 정하고 있다. 즉 ① 양도·양수하려는 업무에 속하는 자산의 합계액(직전 사업연도 말 기준 재무제표에 표시된 자산의 합계액과 양도·양수 계약서에 표시된 자산의 합계액 중 큰 금액을 말한다)이 직전 사업연도 말 기준 재무제표에 표시된 자산총액의 100분의 10 이상인 양도·양수, ② 양도·양수하려는 업무에 속하는 영업이익의 합계액이 직전 사업연도 말 기준 재무제표에 표시된 영업이익의 100분의 10 이상인 양도·양수, 또는 ③ 양수하려는 업무에 속하는 부채의 합계액(직전 사업연도 말 기준 재무제표에 표시된 부채의 합계액과 양도·양수 계약서에 표시된 부채의 합계액 중 큰 금액을 말한다)이 직전 사업연도 말 기준 재무제표에 표시된 부채총액의 100분의 10 이상인 양수를 말한다(시행령 제24조의9 제6항). 자산, 영업이익 또는 부채의 합계액을 기준으로 판단하고 있음을 알 수 있다.

(3) 영업 양도 또는 양수의 심사 기준

「은행법 시행령」은 영업 양수와 영업 양도의 심사 기준을 달리 정하고 있다.

1) 영업 양수의 인가 심사 기준

영업 양수의 인가 심사 기준은 위에서 살펴본 합병, 분할 및 분할합병 인가 심사 기준이 적용된다(시행령 제24조의9 제3항).

2) 영업 양도의 인가 심사 기준

영업 양도의 인가 심사 기준은 "① 해당 은행의 경영 및 재무상태 등에 비추어 부득이할 것, ② 예금자 등 이용자 보호와 신용질서 유지에 지장을 주지 아니할 것, ③ 「상법」 및 [자본시장법], 그 밖의 관계 법령에 따른 절차 이행에 하자가 없을 것"이라는 기준을 충족하는지를 심사하여야 한다(시행령 제24조의9 제3항).

4. 은행업 폐업의 인가

(1) 서설

은행업의 폐업도 인가 사항이다. 인가를 받아야 하는 경우는 은행업 전부 폐업뿐만 아니라 은행업의 '중요한 일부 폐업'도 해당하는데, 그 기준은 시행령이 정하고 있다.

(2) 은행업의 중요한 일부의 폐업 기준

은행업의 '중요한 일부의 폐업' 기준은, 은행 업무의 일부 폐업으로서 ① 폐업하려는 업무에 속하는 자산의 합계액이 직전 사업연도 말 기준 재무제표(연결재무제표를 작성하는 은행의 경우에는 연결재무제표를 말한다)에 표시된 자산총액의 100분의 10 이상인 폐업이나 ② 폐업하려는 업무에 속하는 영업이익이 직전 사업연도 말 기준 재무제표(연결재무제표를 작성하는 은행의 경우에는 연결재무제표를 말한다)에 표시된 영업이익의 100분의 10 이상인 폐업을 말한다(시행령 제24조의9 제5항).

(3) 인가 심사 기준

은행업 폐업의 인가 심사 기준은 위의 영업 양도의 경우에 적용되는 인가 심사 기준과 동일하다(시행령 제24조의9 제2항).

5. 은행의 해산 인가

(1) 서설

은행의 해산도 인가 사항이다. 은행의 해산 사유는 「상법」 제517조에 따른 해산 사유인 ① 존립기간의 만료 및 그 밖에 정관으로 정한 사유의 발생, ② 합병, ③ 분할, ④ 분할합병, ⑤ 파산, ⑥ 법원의 해산명령 또는 해산판결, ⑦ 주주총회의 해산 결의뿐만 아니라 「은행법」에 따른 해산 사유인 ⑧ 은행업의 인가 취소도 해당한다. 은행의 해산 사유에 대한 자세한 논의는 다음 제5절 Ⅱ.에서 논의하고 있다.

(2) 인가 심사 기준

은행의 해산에 대한 인가 심사 기준은 위에서 본 영업 양도의 경우에 적용되는 인가 심사 기준을 적용한다(시행령 제24조의9 제2항). 그러나 합병, 분할, 분할합병에 의한 해산에 대한 인가 심사 기준은 앞서 본 별도로 정하고 있는 인가 심사 기준이 적용된다고 보아야 할 것이다.

6. 조건부 인가

금융감독당국은 위의 인가를 함에 있어서 금융시장의 안정, 은행의 건전성 확보 및 예금자 보호를 위하여 **필요한 조건을 붙일 수 있다**(법 제55조 제2항→제8조 제4항). 조건이 붙은 인가를 받은 자는 사정의 변경, 그 밖에 정당한 사유가 있는 경우에는 금융감독당국에 그 조건의 취소 또는 변경을 신청할 수 있는데, 이 경우 금융감독당국은 2개월 이내에 조건의 취소 또는 변경 여부를 결정하고, 그 결과를 지체 없이 신청인에게 문서로 알려야 한다(법 제55조 제2항→제8조 제5항).

Ⅲ. 구조개선법에 따른 은행의 합병 및 전환

1. 서설

은행의 합병 인가에 대해서는 「은행법」뿐만 아니라 구조개선법도 규정하고 있다. 구조개선법은 구조개선법에 따른 합병 절차를 강제하고 있지 않기 때문에 「은행법」에 따른 합병 인가를 받을지, 아니면 구조개선법에 따른 합병 인가를 받을지는 선택 사항이 된다. 그러나 구조개선법에 따른 합병 절차를 선택하면 「상법」 규정에 대한 특례 조항으로서 합병 절차의 간소화와 여러 세제 혜택이 부여되므로 구조개선법에 따른 합병 절차를 선택할 가능성이 높다. 특히 합병 후 영위하지 못하는 금융 업무에 대해서는 10년 이내의 범위 내에서 겸영할 수 있도록 하고 있어 구조개법에 따른 합병 절차를 선택할 유인은 더욱 높다.

한편 은행이 다른 금융기관으로 전환하는 경우나 다른 금융기관이 은행으로 전환하는 경우에 대해서도 구조개선법이 규정하고 있는데, 합병의 경우와 마찬가지로 여러 혜택이 부여되므로 구조개선법에 따른 전환 절차를 선택할 가능성이 높다. 은행이 다른 금융기관으로 전환하게 되면 「은행법」에 따른 은행업 전부 폐지가 될 것이어서 인가를 받아야 하고(「은행법」 제55조 제1항), 다른 금융기관이 은행으로 전환하게 되면 「은행법」에 따른 은행업 인가를 받아야 할 것이다(「은행법」 제8조).

그리고 은행의 합병에 관한 구조개선법에 따른 특례 규정(법 제3조부터 제5조까지, 제5조의2, 제6조부터 제8조까지 및 제9조제1항)은 은행 등 금융기관 사이에 영업 전부를 양도하고 양수하는 경우에도 준용된다(법 제26조).

2. 은행의 합병 및 전환 인가

(1) 금융위원회의 인가

1) 구조개선법에 따른 합병은 선택 사항

구조개선법 적용 대상 금융기관[2])은 같은 종류 또는 다른 종류의 금융기관과 서로 합병하여 같은 종류 또는 다른 종류의 금융기관이 될 수 있으며, 단독으로 다른 종류의 금융기관으로 전환할 수 있다(법 제3조). 은행 등 금융기관이 **구조개선법에 의한 합병 또는 전환을 하고자 할 때에는 미리 금융감독당국의 인가**를 받아야 한다(법 제4조 제1항). 그리고 은행 등 금융기관 사이에 **영업 전부를 양도 또는 양수하는 경우에도 금융감독당국의 인가**를 받아야 한다(법 제26조).

2) 일반은행, 중소기업은행, 자본시장법에 따른 투자매매업자·투자중개업자, 집합투자업자, 투자자문업자 또는 투자일임업자, 보험회사, 상호저축은행, 신탁회사, 종합금융회사, 금융지주회사, 여신전문금융회사, 농협은행, 수협은행이다(법 제2조 제1호, 시행령 제2조).

그런데 구조개선법 제4조 제1항은 구조개선법에 의한 "합병 또는 전환을 하고자 할 때에는"이라고 하고 있으므로 은행 등 금융기관의 합병이나 전환은 구조개선법의 적용을 받지 않고 할 수 있다. 즉 구조개선법에 따른 합병이나 전환은 선택 사항이다. 다만 구조개선법에 따른 합병이나 전환을 하는 경우 여러 가지 절차의 간소화나 세제 혜택 등의 유리한 점이 있으므로 실무적으로는 구조개선법에 따른 합병이나 전환을 선호하게 될 것이다.

2) 「은행법」에 따른 인가 취득 간주

은행이 구조개선법에 의한 합병 또는 전환의 인가를 받은 경우에는 「은행법」에 의한 은행의 영업, 영업의 폐지 또는 합병에 대한 인가·허가 또는 지정을 받은 것으로 간주하기 때문에(법 제5조 제1항), 은행 합병의 경우 「은행법」 제55조에 따른 별도의 인가는 필요 없게 된다.

(2) 인가 심사

1) 인가 심사 기준

금융감독당국이 금융기관 합병이나 전환에 대한 인가를 함에 있어서는 다음의 기준에 적합한지 여부를 심사하여야 한다(법 제4조 제3항). 인가 심사 기준에 필요한 구체적인 사항은 금융위원회가 정하여 고시한다(법 제4조 제6항).

(i) 합병 또는 전환의 목적이 금융산업의 합리화·금융 구조 조정의 촉진 등을 위한 것일 것
(ii) 합병 또는 전환이 금융거래의 위축이나 기존 거래자에 대한 불이익을 초래할 우려가 없는 등 금융산업의 효율화와 신용질서의 유지에 지장이 없을 것
(iii) 합병 또는 전환이 금융기관 상호간의 경쟁을 실질적으로 제한하지 아니할 것
(iv) 합병 또는 전환 후에 행하고자 하는 업무의 범위가 관계 법령 등에 위반되지 아니하고 영업계획이 적정할 것
(v) 합병 또는 전환 후 업무를 수행할 수 있는 조직 및 인력의 체제와 능력을 갖추고 있을 것
(vi) 「상법」, [자본시장법], 그 밖의 관계 법령에 위반되지 아니하고, 그 절차의 이행에 하자가 없을 것
(vii) 자기자본 비율, 부채 등이 적정한 수준일 것
(viii) 대통령령이 정하는 주요 출자자[3]가 충분한 출자능력이 있고, 건전한 재무 상태를 갖추고 있을 것

3) 구조개선법 제4조 제3항 제6호에서 "대통령령이 정하는 주요출자자"란 구조개선법에 따른 합병 또는 전환으로 신설되는 금융기관, 존속하는 금융기관 또는 전환 후의 금융기관에 적용되는 법령에 규정된 주요출자자(구조개선법에 따른 합병 또는 전환으로 신설되는 금융기관, 존속하는 금융기관 또는 전환 후의 금융기관이 「은행법」에 따른 은행인 경우에는 「은행법」 제15조 제3항 및 제16조의2 제2항·제3항에 따라 그 은행의 주식을 보유하는 자를 말한다)를 말한다(시행령 제5조).

2) 인가 조건 부과

금융감독당국은 인가 심사 기준에 비추어 금융산업의 건전한 발전을 위하여 필요하다고 인정하는 때에는 인가에 조건을 붙일 수 있다(법 제4조 제5항).

3) 공정거래위원회와 사전 협의 의무

금융위원회는 금융기관 사이의 합병을 인가하고자 하는 경우에는 금융기관 상호 간의 경쟁을 실질적으로 제한하지 아니하는지의 여부에 대하여 미리 공정거래위원회와 협의하여야 한다(법 제4조 제4항).

(3) 인가의 효력 등

1) 인가 사항 실행의 보고

은행은 구조개선법에 따른 합병 또는 전환을 한 때에는 지체 없이 금융감독당국에 보고하여야 한다(법 제7조 제1항).

2) 인가의 실효

은행이 구조개선법에 따른 합병 또는 전환에 대한 인가를 받은 날부터 **6개월 이내에 인가 내용에 따라 합병 또는 전환에 따른 등기를 마치지 아니한 때에는 인가는 효력을 잃는다**(법 제7조 제2항 본문). 다만 금융감독당국이 불가피한 사유가 있다고 인정하는 경우에는 그 등기 기간을 연장할 수 있다(법 제7조 제2항 단서).

3) 전환 전 은행의 사업연도 종료일

은행이 사업연도 중에 전환을 하는 경우에는 전환 전의 은행의 사업연도는 업종 변경에 대한 정관의 변경 등기일에 종료된 것으로 본다(법 제6조 제2항).

3. 합병 절차의 간소화

(1) 서설

구조개선법에 따른 합병을 하는 경우에는 합병 절차가 「상법」이나 자본시장법에 따른 규정이 일부 배제되어 간소화되고, 취득세·등록세·법인세·소득세 및 그 밖의 조세를 감면받는 혜택이 부여된다(법 제5조). 이러한 합병 절차의 간소화 및 세제 혜택에 관한 규정은 금융기관 사이에 영업 전부의 양도 또는 양수가 이루어지는 경우에도 준용된다(법 제26조).

(2) 주주총회 소집 기간의 단축

1) 「상법」 규정

「상법」에 따르면 회사가 주주총회를 소집할 때에는 주주총회 개최 예정일 2주 전에 각 주주에 대하여 서면 또는 각 주주의 동의를 얻어 전자문서로 소집 통지를 발송해야 한다(제363조

제1항).

2) 구조개선법 규정

구조개선법은 주주총회 소집 기간을 "2주 전"에서 "7일 전"으로 단축하고 있다. 즉 은행은 합병 결의를 위한 주주총회를 소집함에 있어서는 「상법」 제363조 제1항에도 불구하고 주주총회일 7일 전에 각 주주에 대하여 서면으로 통지를 발송할 수 있는데, 이 경우 서면 통지 발송일 이전에 2개 이상의 일간신문에 주주총회를 소집하는 뜻과 회의 목적 사항을 공고하여야 한다(법 제5조 제4항). 이러한 주주총회 소집 기간 단축은 은행이 「상법」 제526조 및 제527조에 따른 흡수합병의 보고총회 또는 신설합병의 창립총회를 소집하는 경우에 대하여도 적용된다(법 제5조 제11항).

3) 전자문서 발송 규정 필요

주주총회 소집 통지의 방법에 대하여 「상법」은 전자문서로도 발송할 수 있도록 하고 있는데, 구조개선법은 전자문서 발송은 규정되어 있지 않다. 따라서 여전히 전자문서로 발송하는 경우에는 「상법」에 따라 주주총회일 2주 전에 발송해야 한다는 해석이 되는데, 이는 불합리하다고 본다. 따라서 구조개선법에도 전자문서 발송의 근거를 둘 필요가 있다.

(3) 재무상태표 공시 기간의 단축

1) 「상법」 규정

「상법」에 따르면 회사가 합병을 하는 경우 해당 회사의 이사는 합병 승인을 위한 주주총회일 2주 전부터 합병을 한 날 이후 6개월이 경과하는 날까지 합병계약서, 합병으로 인하여 소멸하는 회사의 주주에 대한 신주의 배정이나 자기주식의 이전에 관하여 그 이유를 기재한 서면, 각 회사의 최종 재무상태표 및 손익계산서를 본점에 비치하여야 한다(제522조의2 제1항).

2) 구조개선법 규정

구조개선법은 여러 서류 중 재무상태표에 대해서는 주주총회일의 "7일 전"부터 본점에 비치하도록 기간을 단축하고 있다. 즉 합병하는 경우 「상법」 제522조의2 제1항에도 불구하고 합병 승인을 위한 주주총회일 7일 전부터 합병을 하는 각 은행의 재무상태표를 당해 은행의 본점에 비치할 수 있다(법 제5조 제5항). 구조개선법은 기간 단축이 적용되는 서류를 재무상태표에만 한정하여 규정하고 있으므로 다른 서류들은 적용되지 않는 것으로 보아야 하는데, 기간 단축을 재무상태표에만 한정할 이유가 없으므로 다른 서류들도 기간 단축 혜택이 적용되도록 할 필요가 있다.

(4) 주주명부의 폐쇄 및 기준일 공고 기간의 단축

1) 「상법」 규정

「상법」에 따르면 주주총회에서 의결권을 행사하거나 배당을 받을 자 등을 정하기 위하여 주주명부의 폐쇄 기간을 정하거나 기준일을 정한 때에는 그 폐쇄일 또는 기준일 2주간 전에 공고하여야 한다(제 제354조 제4항).

2) 구조개선법 규정

구조개선법은 "2주간 전"을 "7일 전"으로 기간을 단축하고 있다. 즉 은행은 합병 결의를 위하여 주주명부를 폐쇄하거나 기준일을 정하는 때에는 「상법」 제354조 제4항의 규정에 불구하고 그 폐쇄일 또는 기준일부터 7일 전에 이를 공고할 수 있으며, 이 경우에는 2개 이상의 일간신문에 공고하여야 한다(법 제5조 제6항).

(5) 채권자 보호 절차의 간소화

1) 「상법」 규정

「상법」에 따르면 합병의 경우 채권자 보호를 위해서 합병에 관한 주주총회의 승인 결의가 있는 날로부터 2주 내에 채권자에 대하여 합병에 이의(異議)가 있으면 1개월 이상의 기간 내에 이를 제출할 것을 공고하고, 알고 있는 채권자에 대하여는 따로 이를 최고(催告)하여야 한다(제527조의5 제1항).

2) 구조개선법 규정

구조개선법은 "1개월 이상의 기간"으로 정해야 하는 이의 제출 기한을 "10일 이상의 기간"으로 단축하고, 개별 채권자에 대한 최고를 생략할 수 있도록 하고 있다. 즉 은행은 주주총회에서 합병 결의를 한 경우에는 「상법」 제527조의5 제1항에도 불구하고 채권자에 대하여 10일 이상의 기간을 정하여 이의를 제출할 것을 2개 이상의 일간신문에 공고할 수 있으며, 개별 채권자에 대한 최고를 생략할 수 있다(법 제5조 제3항). 그런데 구조개선법은 이러한 공고를 해야 하는 기한이 정해지지 않아서 언제까지 공고를 해야 하는지가 불명확한 점이 있지만, 「상법」에 따라 주주총회일로부터 2주 내에 해야 한다고 보아야 할 것이다.

(6) 합병으로 인한 주식 병합의 경우 공고 기간의 단축 등

1) 「상법」 규정

「상법」에 따르면 흡수합병의 경우 합병 비율에 따라 신주가 배정되므로 합병 비율이 1:1보다 낮은 경우는 주식 수가 감소하게 될 수도 있는데, 이 경우에는 소멸회사는 주식 배정을 위한 준비로서 주식을 병합(倂合)[4]할 수 있고, 이 경우 회사는 1개월 이상의 기간을 정하여 그

4) 주식 병합은 여러 주식을 합하여 그 보다 적은 수의 주식을 발행하는 방법이다. 예를 들어, 10주를 7주

뜻과 그 기간 내에 주권을 회사에 제출할 것을 공고하고 주주명부에 기재된 주주와 질권자에 대하여는 개별로 통지하여야 하며(제530조 제3항, 제440조), 주식 병합은 공고 기간이 만료한 때에 효력이 생기므로(제441조) 이 기간 이내에 구 주권을 제출하면 이를 회수하고 신 주권을 교부해야 한다.[5)]

2) 구조개선법 규정

구조개선법은 "1개월 이상의 기간"을 "5일 이상의 기간"으로 단축하고 있으며, 주주에 대한 개별 통지는 2개 이상의 일간신문에 공고로 갈음하고 있으며, 신 주권 교부일에 대해서도 특칙을 두고 있다. 즉 흡수합병으로 인하여 주식을 병합하는 경우에 소멸되는 은행은 5일 이상의 기간을 정하여 그 내용과 그 기간 내에 주권을 당해 은행에 제출할 것을 2개 이상의 일간신문에 공고하고, 주식 병합 기준일(즉 5일 이상의 기간 중 마지막 날을 말한다)로부터 1개월 이내에 신 주권을 교부하여야 한다(법 제5조 제7항, 제12조 제6항 본문). 2개 이상의 일간신문에 주식 병합에 관한 사항을 공고함으로써 주식 병합에 관한 주주에 대한 개별 통지에 갈음할 수 있도록 하고 있다(법 제5조 제7항 후단). 다만 자본시장법에 따라 주권이 한국예탁결제원에 예탁되어 있는 주식을 병합하는 경우에는 주식 병합 기준일에 실질 주주명부의 기재에 의하여 구 주권의 제출 및 신 주권의 교부가 이루어진 것으로 할 수 있으며, 이 경우 그 사실을 주식의 병합에 관한 내용 등을 공고할 때 함께 공고하여야 한다(법 제5조 제7항, 제12조 제6항 단서).

(7) 반대주주의 주식매수청구권 행사에 관한 특칙

1) 「상법」 규정

「상법」에 따르면 합병 결의에 반대하는 주주는 회사에 대하여 주식매수청구권을 행사할 수 있다. 절차를 살펴보면, 합병 당사자 회사는 합병에 관한 이사회 결의를 거치고 합병계약서를 체결한 후 합병 승인을 위한 주주총회 소집을 개최일 2주 전에 각 주주에 대하여 서면 또는 각 주주의 서면 동의를 받아 전자문서로 통지를 해야 한다(제522조 제1항, 제2항→제363조 제1항). 이 때 주주총회의 소집 통지나 공고에는 합병에 반대하는 주주의 주식매수청구권의 내용 및 행사 방법을 명시하여야 한다(제530조 제2항→제374조 제2항).

합병에 반대하는 주주는 주주총회 개최일 전에 회사에 대하여 서면으로 주주총회 결의에

로 병합하는 것이다. 이 경우 100주를 소유하고 있는 주주는 70주를 가지게 된다. 이러한 주식 병합은 자본금 감소를 하는 방법으로 이용된다.

5) 신 주권의 교부 시기에 대해서 「상법」은 명확한 규정을 두고 있지 않지만, 「상법」 제441조가 "주식의 병합은 [공고] 기간이 만료한 때에 그 효력이 생긴다."고 하고 있으므로, 해석상 그 기간 내에 신 주권을 교부하여야 한다고 볼 수 있다. 정경영(2022), 823면도 공고 기간인 주권제출기간 내에 구 주권을 제출하면 회수하여 신 주권을 교부한다고 설명하고 있다. 만약 구 주권을 회사에 제출할 수 없는 자가 있는 때에는 회사는 그 자의 청구에 의하여 3개월 이상의 기간을 정하고 이해관계인에 대하여 그 주권에 대한 이의가 있으면 그 기간 내에 제출할 뜻을 공고하고 그 기간이 경과한 후에 신 주권을 청구자에게 교부할 수 있다(「상법」 제442조).

반대하는 의사를 통지한 후 주주총회 결의일로부터 20일 이내에 주식의 종류와 수(數)를 기재한 서면으로 자기 주식의 매수를 청구할 수 있다(제522조의3 제1항). 회사는 주식매수청구 기간(즉 주주총회 결의일로부터 20일 동안)이 종료하는 날로부터 2개월 이내에 주식을 매수하여야 한다(제530조 제2항→제374조의2 제2항). 주식의 매수 가격은 주주와 회사 사이의 협의에 의하여 결정한다(제530조 제2항→제374조의2 제3항). 주식매수청구를 받은 날로부터 30일 이내에 협의가 이루어지지 않은 경우에는 회사 또는 주식 매수를 청구한 주주는 법원에 대하여 매수 가액의 결정을 청구할 수 있다(제530조 제2항→제374조의2 제4항). 법원이 주식 매수 가액을 결정하는 경우에는 회사의 재산 상태 그 밖의 사정을 참작하여 공정한 가액으로 이를 산정하여야 한다(제530조 제2항→제374조의2 제5항).

2) 구조개선법 규정

구조개선법은 이러한 「상법」 규정에 대한 특칙을 규정하고 있다. 우선 구조개선법은 은행이 주주총회에서 합병 결의를 한 때에는[6] 지체 없이 2개 이상의 일간지에 결의 사항과 결의 사항에 반대하는 주주는 10일 이내에 주식의 종류와 수를 기재한 서면으로 은행[7]에 대하여 자기가 보유한 주식의 매수를 청구할 수 있다는 사실을 공고하여야 한다(법 제5조 제8항→제12조 제7항). 「상법」이 주주총회 결의일로부터 "20일 이내"에 주식매수청구를 할 수 있는 점에 비하여 구조개선법은 그 기일을 "10일 이내로" 단축하고 있다.

여기서 "10일 이내"의 기산점이 어느 날인지가 애매하다. 주주총회 결의일로부터 10일 이내인지, 아니면 공고일로부터 10일 이내인지가 명확하지가 않다. 주주총회 결의일로 보면 공고일이 늦어지는 때는 주주가 반대 의사 여부에 대한 판단을 할 시간적 여유가 별로 없어 불리한 점이 있을 수 있다. 따라서 공고일로부터 10일 이내라고 보는 것이 합리적이므로[8] 명확히 규정할 필요가 있다.

또한 은행은 반대주주의 주식매수청구가 있는 경우에는 청구를 받은 날부터 2개월 이내에 그 주식을 매수하여야 하는데, 이 경우 주식의 매수 가액은 주주와 은행 사이의 협의에 의하여 결정하며 협의가 이루어지지 아니하는 경우에는 회계전문가가 은행의 재산 가치와 수익가치 등을 고려하여 산정한 가격으로 한다(법 제5조 제8항→제12조 제8항). 「상법」에 따르면,

---

6) 구조개선법 제5조 제8항이 준용하고 있는 법 제12조 제7항은 "이사회 결의를 한 때는"이라고 하고 있지만, 합병의 승인 결의는 주주총회에서 하므로 여기서는 "주주총회의 결의일로부터"라고 해석하여야 할 것이다.

7) 구조개선법 제5조 제8항이 준용하고 있는 법 제12조 제7항은 "회사에 대하여"라고 하고 있으나, 구조개선법상은 금융기관에만 해당되므로 "금융기관"으로 보아야 할 것이다.

8) 이는 「상법」상 간이합병의 경우 주주총회의 승인을 얻지 않고 합병을 한다는 뜻을 공고하거나 통지한 후 2주 내에 회사에 대하여 합병에 반대 의사를 통지한 주주는 "그 기간이 경과한 날로부터 20일 이내에" 주식 매수를 청구할 수 있도록 하고 있는 점(「상법」 제522조의3 제2항, 제527조의2 제2항)에 비추어 합리적이라고 본다.

주주와 회사 사이에 매수 가격의 협의가 이루어지 지지 않는 경우에 법원에 매수 가액의 결정을 청구할 수 있는데 비해, 구조개선법은 회계전문가가 매수 가격을 결정할 수 있도록 하고 있다. 은행 또는 주식의 매수를 청구한 주주가 보유한 주식의 100분의 30 이상이 회계전문가가 결정한 매수 가액에 반대하는 경우에는 그 가액을 결정한 때부터 30일 이내에 법원에 대하여 매수 가액의 결정을 청구할 수 있다(법 제5조 제8항→제12조 제9항). 즉 구조개선법은 「상법」과 달리 회계전문가가 매수 가액을 먼저 결정할 수 있도록 하고 양 당사자가 만족하지 못하는 경우에 최종적으로 법원의 판단을 얻도록 하고 있다.

다만 정부나 예금보험공사의 자금 지원이 없이 합병하는 경우로서 당해 은행이 주권상장법인에 해당하는 때에는 주식 매수 가격의 결정에 관하여 자본시장법 제165조의5 제3항이 적용된다(법 제5조 제8항 단서). 즉 주식 매수 가격이 주주와 당해 은행 사이에 협의가 이루어지지 아니하는 경우에는 주식 매수 가액은 이사회 결의일 이전에 증권시장에서 거래된 당해 주식의 거래 가격을 기준으로 하여 자본시장법 시행령 제176조의7 제2항에 따라 산정된 금액으로 하며, 해당 법인이나 매수를 청구한 주주가 매수 가격에 대하여 반대하면 법원에 매수 가격의 결정을 청구할 수 있다(자본시장법 제165조의5 제3항).

(8) 한국예탁결제원의 의결권 행사에 관한 특칙

1) 자본시장법 규정

자본시장법에 따르면, 한국예탁결제원은 한국예탁결제원 명의로 명의 개서된 주권을 소유하고 있는 주주가 주주총회일 5일 전까지 한국예탁결제원에 의결권의 직접행사나 대리행사 또는 불행사(不行事)의 뜻을 표시하지 아니하는 경우에는 원칙적으로 의결권을 행사할 수 있는데, 예탁된 증권 발행 회사의 주주총회 목적이 합병의 승인에 관한 결의인 경우에는 의결권을 행사할 수 없다(제314조 제5항 제3호).

2) 구조개선법 규정

구조개선법은 이에 대한 예외를 인정하고 있다. 즉 은행이 구조개선법에 따라 합병을 하는 때에 주주총회에서 합병 결의를 하는 경우에는 한국예탁결제원은 자본시장법 제314조 제5항 제3호에도 불구하고 의결권을 행사할 수 있다(법 제5조 제10항 본문). 다만 한국예탁결제원이 의결권을 행사하는 경우에는 당해 주주총회의 참석 주식 수에서 한국예탁결제원이 의결권을 행사할 주식 수를 차감한 주식 수의 의결 내용에 영향을 미치지 아니하도록 의결권을 행사하여야 한다(법 제5조 제10항 단서). 즉 소위 '그림자투표'(shadow voting)를 말한다.

4. 조세 감면 혜택

구조개선법에 의한 합병의 경우에는 「조세특례제한법」 및 그 밖에 조세의 감면에 관한 법령이 정하는 바에 의하여 ① 부동산 등의 취득에 따른 취득세, ② 법인·부동산 등의 등기에 따른 등록세, ③ 합병으로 소멸되는 은행의 청산 소득에 대한 법인세, ④ 합병으로 소멸되는 은행의 주주의 의제(擬制)배당에 대한 소득세 또는 법인세, ⑤ 그 밖의 조세를 감면할 수 있다(법 제5조 제9항).

5. 합병에 대한 정부 또는 예금보험공사의 자금 지원 혜택

(1) 개관

정부나 예금보험공사는 은행의 자율적인 합병을 촉진하기 위하여 필요하다고 인정하는 경우에는 구조개선법에 의한 합병으로 신설되는 은행 또는 존속하는 은행에 대하여 출자 등 자금 지원을 할 수 있다(법 제8조 제1항). 그리고 이러한 자금 지원에 관한 규정(법 제8조)은 영업의 전부를 양수하는 은행에도 준용한다(법 제26조).

(2) 자금 지원의 내용

자금 지원의 구체적인 내용은 (i) 예금보험공사의 자금 지원, (ii) 「공공자금관리기금법」에 의하여 설치된 공공자금관리기금에 의한 유가증권(해당 은행이 보유하고 있는 국채, 지방채, 정부가 원리금을 보증한 채권, 해당 은행이 발행한 후순위채권 또는 이에 준하는 것으로서 금융위원회가 인정한 유가증권에 한한다. 시행령 제5조의8)의 매입, (iii) 「국유재산법」에 의한 국유재산의 현물출자를 말한다(시행령 제5조의2 제1항).

(3) 금융위원회와 사전 협의

정부나 예금보험공사가 은행에 대하여 자금 지원을 하는 때에는 자금 지원의 규모 및 자금 지원을 요청한 은행의 경영 정상화 계획의 적정성에 관하여 미리 금융위원회와 협의하여야 한다(법 제8조 제2항).

6. 합병 또는 전환에 따른 업무의 계속 영위 혜택

(1) 계약에 관련된 업무의 계속 영위

1) 합병 또는 전환의 경우

구조개선법에 따라 합병 또는 전환으로 신설되는 금융기관, 존속하는 금융기관 또는 전환 후의 금융기관이 당해 금융기관에 적용되는 법령에 의해서는 영위할 수 없는 업무로서 **체결한 계약에 관련된 권리·업무를** 합병 또는 전환 전의 금융기관으로부터 승계한 경우에는 **합병 등기일 또는 업종(業種) 변경에 대한 정관의 변경 등기일부터 6개월까지는 합병 또는 전환 전의 금융기관이 행하던 업무를 계속**할 수 있다(법 제9조 제1항 본문). 다만 그 이행에 6개월을 초과하는 기간이 소요되는 계약에 관련된 권리·업무를 승계한 경우에는 그 계약 기간이 종료될 때까지 승계한 업무 및 금융위원회가 당해 업무의 이행을 위하여 불가피하다고 인정하는 부수 업무를 계속 영위할 수 있다(법 제9조 제1항 단서).

2) 영업 전부 양도 및 양수에 준용

합병이나 전환에 따른 업무의 계속 영위에 관한 위의 규정은 구조개선법에 따른 은행 등 금융기관 사이에 영업 전부의 양도 및 양수가 이루어지는 경우에도 준용한다(법 제26조). 이 경우 6개월 기간의 개시 시점은 양수받은 영업의 업종 추가를 위한 정관의 변경 등기일로 보아야 할 것이다.

3) 「예금자보호법」에 의한 영업 전부의 양수에 준용

합병이나 전환에 따른 업무의 계속 영위에 관한 위의 규정은 「예금자보호법」에 따라 부실금융기관의 영업 전부를 양수한 부보금융기관의 업무에도 적용된다(「예금자보호법」 제39조). 이 경우도 6개월 기간의 개시 시점은 양수받은 영업의 업종 추가를 위한 정관의 변경 등기일로 보아야 할 것이다.

(2) 업종에 관련된 업무의 계속 겸영

1) 개관

구조개선법에 의한 합병 또는 전환으로 신설되는 금융기관, 존속하는 금융기관 또는 전환 후의 금융기관은 합병 전 업무 또는 전환 전 업무로서 당해 금융기관에 적용되는 법령에 의하여 영위할 수 없는 업무 중 "대통령령이 정하는 업무"를 **금융위원회의 인가를 받고 10년의 범위에서 금융위원회가 정하는 기간 동안 계속 영위**할 수 있다(법 제8조 제2항 전단, 시행령 제5조의3 제2항). 이 경우 구조개선법 제9조 제1항(계약에 관련된 업무의 6개월 계속 영위 조항)은 적용되지 않는다(법 제8조 제2항 후단).

2) 겸영 업무의 범위

가) 은행과 종합금융회사가 합병하여 은행이 되는 경우

은행과 종합금융회사가 합병하여 은행이 되는 경우에는 종합금융회사의 업무 중 1년 이내에 만기가 도래하는 어음의 발행·할인·매매·중개·인수 및 보증 업무와 부수 업무 중 금융위원회가 정하는 업무를 계속 영위할 수 있다(시행령 제5조의3 제1항 제1호).

나) 은행과 투자매매업자·투자중개업자가 합병하여 은행이 되는 경우

은행과 증권회사인 투자매매업자·투자중개업자가 합병하여 은행이 되는 경우에는 자본시장법에 따른 투자매매업무(증권의 모집·사모·매출의 중개·주선 또는 대리 업무를 포함한다)를 계속 영위할 수 있다(시행령 제5조의3 제1항 제3호). '투자매매업무'란 "누구의 명의로 하든지 자기의 계산으로 금융투자상품(증권 및 파생상품)의 매도·매수, 증권의 발행·인수 또는 그 청약의 권유, 청약, 청약의 승낙을 영업으로 하는 것"을 말한다(자본시장법 제6조 제2항).

3) 영업 전부 양도 및 양수에 준용

합병이나 전환에 따른 업무의 계속 영위에 관한 위의 규정은 구조개선법에 따른 은행 등 금융기관 사이에 영업 전부의 양도 및 양수가 이루어지는 경우에도 준용한다(법 제26조).

7. 합병 또는 전환에 따른 「은행법」상의 주식 보유 한도에 대한 특칙

(1) 특칙 내용

구조개선법은 은행 주식 보유 한도에 대한 특칙 규정을 두고 있다. 그 이유는 「은행법」에 따른 은행 주식 보유에 대한 제한이 있기 때문에, 합병이나 전환으로 인하여 은행 주식 보유 한도를 초과하여 보유하고 있는 주주에 대하여 일정 기간 유예를 해 줄 필요가 있기 때문이다.

그 내용을 살펴보면, 구조개선법에 의한 합병 또는 전환으로 신설되는 금융기관이나 존속하는 금융기관 또는 전환 후의 금융기관이 은행인 경우 동일인(「은행법」 제15조 제1항의 규정에 의한 '동일인'[9]을 말한다)이 합병 또는 전환 당시의 의결권 있는 발행주식 총수 중 "「은행법」 제15조 제1항의 규정에 의한 한도"를 초과하여 주식을 소유하게 되거나 사실상 지배하게 되는 경우에는 "합병 등기일 또는 업종 변경에 대한 정관의 변경 등기일부터 3년 이내"에 이 한도에 적합하도록 하여야 한다(법 제9조 제2항 본문). 이 경우 당해 주식의 의결권 행사의 범위는 합병 등기일 또는 업종 변경에 대한 정관의 변경 등기일부터 "「은행법」 제15조 제1항의 규정에 의한 한도"로 제한된다(법 제9조 제2항 본문).

다만 금융위원회가 당해 동일인을 금융기관의 합병 또는 전환 당시 "「은행법」 제15조 제5항의 규정에 적합한 자"로 인정하는 경우에는 당해 동일인은 "「은행법」 제15조 제2항 및 제3항의 규정에 따라" 적법하게 은행의 주식을 소유하거나 사실상 지배하는 것으로 보며, 당해 동일인이 금융기관의 합병 또는 전환 후 3년 이내에 "「은행법」 제15조 제5항의 규정에 적합한 자"로 되는 경우에는 "「은행법」 제15조 제2항 및 제3항의 규정을 준용"하여 금융위원회에 신고하거나 금융위원회의 승인을 얻어 적법하게 은행의 주식을 소유할 수 있다(법 제9조 제2항 단서). 아래에서는 이 조항의 의미를 검토해본다.

---

9) 본인 및 그 특수관계인을 말한다(「은행법」 제2조 제1항 제8호). 특수관계인의 범위는 본인의 배우자·8촌 이내의 혈족 및 4촌 이내의 인척, 그리고 계열회사 등을 말한다(「은행법 시행령」 제1조의4). 「은행법」상 "동일인"은 「은행법」 제2조 제1항 제8호에 정의되어 있으므로 인용 조문을 「은행법」 제15조 제1항이 아니라 제2조 제1항 제8호로 두는 것이 더 타당하다.

(2) 해석 관련 문제

1) 「은행법」에 따른 은행 주식 보유 한도 규제 내용

가) 금융주력자의 경우

「은행법」은 동일인이 은행의 주식을 보유하는데 일정한 제한을 하고 있다. 우선 전국은행에 대해서는 원칙적으로 의결권 있는 발행 주식 총수의 10%를 초과하여 보유할 수 없고,[10] 지방은행에 대해서는 의결권 있는 발행 주식 총수의 15%를 초과하여 소유할 수 없다(「은행법」 제15조 제1항).[11] 다만 그 한도를 초과하여 보유하고자 하는 경우에는 일정한 요건을 충족하여 금융감독당국으로부터 승인을 받으면 승인 받은 한도까지 주식을 보유할 수 있다(「은행법」 제15조 제3항).

나) 비금융주력자의 경우

금융주력자가 아닌 비금융주력자[12]의 경우에는 이러한 소유 규제에 더욱 제한을 받는다. 즉 전국은행의 경우는 원칙적으로 의결권 있는 발행 주식 총수의 4%까지만 보유할 수 있으며, 4% 초과하여 10%까지 보유하고자 하는 경우에는 일정한 재무건전성 등의 요건을 충족하여 4% 초과분에 대하여 의결권을 행사하지 않는 조건으로 금융감독당국의 승인을 얻어 10%까지 보유할 수 있다(「은행법」 제16조의2 제1항, 제2항). 지방은행의 경우에 비금융주력자는 15%까지는 아무런 제한 없이 보유할 수 있으며, 15%를 초과하여 보유하는 것은 금지된다(「은행법」 제16조의2 제1항).

2) 구조개선법 규정의 해석

가) 은행 주식 보유 한도 초과 보유에 대한 예외

구조개선법이 규정하고 있는 첫 번째의 경우(법 제9조 제2항 본문)는 합병이나 전환 후의 은행에 대해서 동일인 주주가 10%(전국은행의 경우)나 15%(지방은행의 경우)의 은행 주식 보유 한도를 초과하여 보유하게 되는 때에는 3년의 유예 기간을 주고 그 기간 동안에 한도에 적합하도록 하는 조치를 취해야 하고, 그 기간 동안은 초과 보유 부분에 대해서는 의결권 행사가 제한된다는 의미이다. 이런 점에서 구조개선법이 "「은행법」 제15조 제1항의 규정에 의한 한도"라는 의미는 바로 10% 또는 15%를 뜻하게 되는 것이다.[13]

---

10) 전국은행의 경우에는 4%까지는 아무런 신고나 사후 보고도 필요하지 않으며, 4%에서 10%까지는 취득 후 금융위원회에 사후 보고하면 된다(「은행법」 제15조 제2항).

11) 지방은행의 경우는 15%까지는 아무런 신고나 보고가 필요 없다(「은행법」 제15조 제1항, 제2항).

12) "비금융주력자"라 함은 "동일인 중 비금융회사인 자의 자본 총액의 합계액이 당해 동일인 중 회사의 자의 자본 총액 합계액의 25% 이상의 경우나 동일인 중 비금융회사인 자의 자산 총액의 합계액이 2조원 이상인 경우의 당해 동일인" 등을 말한다(「은행법」 제2조 1항 제9호, 시행령 제1조의5 제2항).

13) 한편 「은행법」 제15조 제1항 단서 규정이 "「은행법」 제15조 제3항"도 언급하고 있어서(「은행법」 제15조 제3항은 금융위원회의 승인을 얻어 한도를 초과하여 보유할 수 있다는 규정이다), 한도 초과 보유하는 부분도 "「은행법」 제15조 제1항의 규정에 의한 한도"의 범위에 포함되는 것이 아닌가 하는 의문이 들 수 있는데, 그렇게 해석하기에는 무리가 있어 보인다. 왜냐하면 제9조 제1항이 "동 한도에 적합하도록

그런데 해석상 비금융주력자의 경우에는 이러한 일반적인 한도 보유에 대한 예외가 적용되는데도 불구하고 「은행법」 제16조의2에 대한 별도의 언급이 없어, 구조개선법의 규정대로라면 비금융주력자도 3년의 유예 기간 후에도 전국은행의 의결권 있는 발행주식 총수의 10%까지 보유할 수 있다는 결론이 되는데, 이것은 타당하지 않을 것이다. 비금융주력자의 경우에는 별도로 적용하도록 하는 규정을 둘 필요가 있다.

나) 한도 초과 보유 자격 요건을 충족하는 경우

두 번째, 합병이나 전환 당시에 「은행법」에 따른 한도 초과 보유 자격 요건을 충족하고 있는 경우에는 어떻게 되는가? 이 부분에 대해서는 구조개선법 제9조 제2항 단서가 규정하고 있다. 합병이나 전환 당시에 한도 초과 보유 요건을 충족하고 있는 것으로 인정하는 경우에는 적법하게 은행 주식을 보유할 수 있는 것으로 간주하는 규정을 두고 있다. 즉 합병이나 전환 당시에 은행 주식의 한도 초과 보유 요건을 충족하여 보유하는 경우에는 구조개선법 제9조 제2항 단서에 의하여 한도 초과 보유하는 것으로 간주되고, 한도 초과 보유 요건을 충족하지 못하는 경우에는 합병 또는 전환 후 3년 이내에 한도 초과 보유 요건을 충족하여 금융위원회의 승인을 받으면 되는 것이다(법 제9조 제2항 단서).[14] 그리고 승인을 받지 못하면 구조개선법 제9조 제2항 본문에 의하여 합병 또는 전환 후 3년 내에 「은행법」 제15조 제1항의 한도(즉 10% 또는 15% 한도)에 적합하도록 하는 조치를 취해야 한다. 다만 구조개선법 제9조 제2항 단서가 규정하고 있는 신고에 관한 내용은 필요 없을 것이다. 신고에 관한 부분은 이미 구조개선법 제9조 제2항 본문에서 규정하고 있는 은행 주식 보유 한도 이내의 경우이기 때문에 굳이 별도로 규정할 필요가 없기 때문이다.

하여야 한다."고 할 때 그 한도를 정할 수 없기 때문이다. 다시 말하면, 한도 초과 보유 승인을 얻어 보유한다면 그 승인받은 한도까지는 적법하게 보유할 수 있는 것이므로 한도에 적합하도록 할 의무도 없는 것이기 때문이다.

14) 이렇게 되면 구조개선법 제9조 제2항 단서가 준용하고 있는 "「은행법」 제15조 제2항 및 제3항"에서 「은행법」 제15조 제2항은 없어도 될 것이다. 왜냐하면 「은행법」 제15조 제2항은 승인을 요하는 것이 아니고 단지 사후 보고하도록 하는 규정인데, 이 문제는 구조개선법 제9조 제2항 본문에 관련되는 것이며 한도 초과 보유 승인과는 상관없는 조항이기 때문이다.

제3절

금융체계상 중요한 은행

Ⅰ. 서설

2008년 세계적 금융위기는 **'체제적으로 중요한 금융기관'**(systemically important financial in-stitutions: SIFIs)의 부실이 **체제적 위험**(systemic risk)으로 연결될 수 있다는 것을 보여주었다. 이에 따라 금융위기 이후 G-20(Group of Twenty)를 중심으로 하여 금융안정위원회(Financial Stability Board: FSB) 및 바젤은행감독위원회 등 국제적인 금융감독 기준 제정 기구들은 체제적으로 중요한 금융기관의 부실이 금융시장과 금융체제의 위험으로 연결되지 않도록 하는 규제체계 개선 방안을 모색하였다. 이러한 방안 중의 하나로서 주목을 끈 것은 체제적으로 중요한 금융기관에 대한 **효율적인 정리**(resolution)[15] **체계**를 마련함으로써 이러한 금융기관의 부실이 체제적 위험으로 연결되지 않도록 하는 것이었다. 즉 체제적으로 중요한 금융기관이 부실화될 때 이러한 금융기관을 효율적으로 정리함으로써 체제적 위험으로 연결되지 않도록 하여 금융안정을 도모하는 방안을 모색한 것이다.

특히 2008년 세계적 금융위기를 거치면서 **공적 자금 투입에 의한 금융기관 구제**(bail-out)가 금융기관의 경영 실패를 국민의 세금으로 메워 준다는 비판에 직면하게 되면서 보다 합리적인 대안을 마련할 필요성이 제기되었다. 이러한 인식 하에 금융안정위원회는 2011년 「**금융기관의 효율적인 정리 제도를 위한 핵심원칙**」(Key Attributes of Effective Resolution Regimes for Financial Institutions)을 발표하여 회원국으로 하여금 이를 반영한 법제를 구축할 것을 제안한 바 있다.[16]

15) '정리'의 개념에는 반드시 해당 금융기관의 청산(liquidation)만을 의미하는 것이 아니라, 채권자의 출자전환에 의한 자본금 증가, 제3자 매각, 가교금융기관(bridge institution)으로 자산부채 이전 등의 방법도 포함하는 의미이다(Financial Stability Board(2014), pp. 7~9).

16) 핵심원칙은 2014년에 개정되었으며, 12개 조문으로 구성되어 있는데, 제1조 적용 범위, 제2조 정리당국, 제3조 정리 권한, 제4조 상계(set-off), 정산(netting), 담보 제공, 고객 자산의 분리, 제5조 채권자 보호, 제6조 정리 재원의 조달, 제7조 국경 간 협력을 위한 법적 체계, 제8조 위기관리집단(Crisis Management Group), 제9조 체제적으로 중요한 금융기관의 감독을 위한 국경 간 협력 협약, 제10조 정리 가능성 평

이에 따라 회원국인 우리나라도 2020년 12월 29일 구조개선법을 개정하여 핵심원칙이 제시한 여러 제도 중 **'자체정상화계획'**(recovery plan)[17)]과 **'부실정리계획'**(resolution plan) 작성 제도를 도입하였다. 이는 체제적으로 중요한 금융기관이 자체정상화계획과 부실정리계획을 미리 작성해둠으로써 경영 위기 상황이 발생할 때 금융시장에 충격을 주지 않고 자체 정상화나 부실 정리를 효율적으로 잘 할 수 있도록 하는 체계를 만들자고 하는 것이다. 즉 부실금융기관의 효율적인 정리를 통해서 체제적 위험을 방지하고 금융안정을 유지하기 위한 것이다. 핵심원칙도 이러한 점을 서문에서 밝히고 있다. 즉 "효율적인 정리 제도의 목적은 체제적 불안을 일으키지 않고 납세자에게 부담을 지게 하지 않으면서 주주 및 무담보 채권자들이 공평하게 손실을 분담하도록 하는 체계를 통하여 중요한 경제적 기능을 유지함으로써 체제적으로 중요한 금융기관의 정리가 가능하도록 하는 것"이라고 하고 있다(Preamble of Key Attributes).

한편 핵심원칙이 제시한 원칙 중 아직 우리가 도입하지 않은 제도는 ① **채권자손실분담**(bail-in) **제도**와 ② **기한 전**(前) **계약 종료권 행사의 일시정지**(temporary stay on early termination rights) **제도**[18)]인데, 향후 도입을 검토할 필요가 있다. ① **채권자손실분담 제도**는 부실금융기관 구제 방식이 공적 자금 지원에 의한 국민 세금의 투입에 의해서 이루어지는 것이어서 이에 대한 문제점이 제기되면서 새롭게 제시된 방안인데, 해당 금융기관 채권자들이 일정한 손실을 분담하는 제도이다. 그래서 'bail-out'에 대비하여 'bail-in'이라고 한다. 이러한 제도를 통해 결국은 체제적 위험의 발생을 방지함으로써 궁극적으로는 금융안정을 도모하게 된다. ② 또한 **기한 전 계약 종료권 행사의 일시정지 제도**는 파생상품 거래 등 일정한 금융거래의 경우에 해당 금융기관이 도산 절차에 들어가게 되면 거래 상대방이 이러한 계약을 기한 전에 종료시킬 수 있는데, 이러한 기한 전 계약 종료권 행사가 오히려 체제적 위험을 더 증가시켰다는 평가가 2008년 세계적 금융위기를 통해 나오면서 정리당국(resolution authority)이 이러한 계약에 대하여 기한 전 종료권 행사를 일정 기간 정지할 수 있는 권한을 갖게 하는 방안이다.

가, 제11조 자체정상화계획 및 부실정리계획, 제12조 정보접근 및 정보공유로 구성되어 있다. 핵심원칙에 관한 보다 구체적인 내용은 부속서(Annex)에 규정되어 있는데, 8개의 부속서가 있으며, 자체정상화계획 및 부실정리계획에 관한 부속서(I-Annex 4: Recovery and Resolution Plans (KA 11)) 및 기한 전 계약 종료권 행사의 일시정지에 관한 부속서(I-Annex 5: Temporary Stays on Early Termination Rights (KA 4))가 있다.

17) 제도 도입 논의 초기에는 '회생계획'이라는 용어를 많이 썼으나, '회생계획'이 채무자회생파산법에 따른 '회생계획'과 혼동을 줄 우려가 있어 '자체정상화계획'이라는 용어로 쓴 것으로 이해된다.

18) 일반적으로 '조기종결권'이라는 용어로 많이 쓰이나, 'early termination'이 계약 기한 만료 전에 계약을 종료시킨다는 의미이므로 이를 반영하여 '기한 전 계약 종료권'이라는 용어를 쓰기로 한다.

Ⅱ 금융체계상 중요한 은행의 선정

1. 서설

앞서 언급한 자체정상화계획과 정리계획을 작성해야 하는 대상이 되는 체제적으로 중요한 금융기관을 구조개선법은 **'금융체계상 중요한 금융기관'**이라고 하고 있다(법 제9조의2 제1항). '금융체계상 중요한 금융기관'에는 **'금융체계상 중요한 은행지주회사'**(「금융지주회사 감독규정」 제25조의2 제1항, 제6항)와 **'금융체계상 중요한 은행'**이 있다(감독규정 제26조의2 제1항 제9항). 금융체계상 중요한 은행지주회사와 금융체계상 중요한 은행에 대해서는 추가적인 자본 적립 의무가 부여되는데, 이에 대한 근거는 구조개선법이 아닌 「금융지주회사 감독규정」(제25조의2 제4항)과 「은행업감독규정」(제26조의2 제4항)에 있다.[19] 추가 자본 적립 의무는 감독규정에 근거를 마련하여 2016년부터 시행하고 있으며,[20] 자체정상화계획과 정리계획 작성 의무는 2020년 12월 구조개선법에 법적 근거를 마련해서 시행하고 있다.

금융체계상 중요한 금융기관은 매년 선정되는데(구조개선법 제9조의2 제1항), 2024년도 금융체계상 중요한 은행지주회사로서는 KB금융지주, 신한금융지주, 하나금융지주, 농협금융지주, 우리금융지주 등 5개 은행지주회사가 선정되었으며, 금융체계상 중요한 은행으로서는 국민은행, 신한은행, 하나은행, 농협은행, 우리은행 등 5개 은행이 선정되었다.[21] 그리고 구조개선법은 금융체계상 중요한 금융기관을 "국내 금융시스템 측면에서 중요한 금융기관"이라고 하고 있기 때문에(제9조의2 제1항) '국내적인' 금융체계상 중요한 은행에만 해당하고, '국제적인'(globally) 금융체계상 중요한 은행에 대한 규제는 아직 도입되어 있지 않은 셈이다.[22] 이하에서는 금융체계상 중요한 은행을 중심으로 해서 살펴본다.

2. 매년 선정 및 선정 기준

금융감독당국은 "금융기관의 기능과 규모, 다른 금융기관과 연계성 및 국내 금융시장에 미치는 영향력 등을 고려하여 대통령령으로 정하는 종류의 금융기관(그 자회사를 포함한다) 중 매년 **국내 금융시스템 측면에서 중요한 금융기관**을 선정"하여야 한다(구조개선법 제9조의2 제1항). 그

---

19) 금융체계상 중요한 은행에 대한 자본 추가 적립 의무 내용에 대해서는 제8장 제2절 Ⅱ. 1.에 서술되어 있다.

20) 금융위원회·금융감독원 보도자료(2023. 7. 5), 1면.

21) 금융위원회·금융감독원 보도자료(2023. 7. 5), 1면.

22) 금융안정위원회의 핵심원칙은 '체제적으로 중요한 금융기관'에게 적용되므로(Para. 1.1 of Key Attributes) '국제적인 체제적으로 중요한 금융기관'이건 '국내적인 체제적으로 중요한 금융기관'이건 상관없이 적용된다. 다만 '국제적인 체제적으로 중요한 금융기관'의 경우에는 그 특성을 반영한 추가적인 사항(외국 정리당국과의 협력 등)이 적용된다(Para. 1.3 of Key Attributes).

대상이 되는 금융기관은 일반은행, 은행지주회사, 농협은행, 수협은행이다(시행령 제5조의4 제1항). 즉 은행과 은행지주회사가 그 대상이 되고, 증권회사와 보험회사 등 다른 금융기관은 대상이 되지 않는다.

'금융체계상 중요한 금융기관'의 구체적 선정 기준은 "① 금융기관의 기능으로서 개별 금융기관의 결제 업무 및 고객 자산 관리 등을 통한 금융시스템 유지에 관한 사항, ② 금융기관의 규모로서 개별 금융기관의 자산 규모 및 거래 규모 등에 관한 사항, ③ 다른 금융기관과 연계성으로서 개별 금융기관의 재무적 위험 또는 손실이 다른 금융기관으로 전이될 가능성에 관한 사항, ④ 국내 금융시장에 미치는 영향력으로서 개별 금융기관의 가계 대출 및 외화 차입 등이 금융시장의 안정성에 미치는 영향에 관한 사항"이다(시행령 제5조의4 제2항).

「은행업감독규정」은 금융체계상 중요한 은행의 선정 기준을 규정하고 있는데, 매년 "은행의 규모, 다른 금융회사와의 연계성 등 국내 금융시스템에 미치는 영향력(이하 "금융체계상 중요도"라 한다)을 고려하여 금융체계상 중요한 은행을 선정"하도록 하고 있다(제26조의2 제1항 전단). 금융체계상 중요도는 **"은행의 규모, 상호연계성, 대체가능성, 복잡성, 국내 특수요인"의 평가지표**를 이용하여 산정하며(감독규정 제26조의2 제2항), 평가지표의 구체적인 산출 기준 및 금융체계상 중요도에 대한 평가점수의 산출 방식은 금융감독원장이 정한다(감독규정 제26조의2 제3항). 이러한 지정 기준은 바젤은행감독원회가 제정한 지정 기준[23]을 거의 받아들여 적용하고 있다.

금융체계상 중요한 은행을 매년 선정할 때 「금융지주회사감독규정」 제25조의2에 따라 선정한 금융체계상 중요한 은행지주회사의 소속 자회사인 은행을 금융체계상 중요한 은행으로 선정할 수 있다(감독규정 제26조의2 제1항 후단). 즉 은행지주회사가 체제적으로 중요한 금융기관으로 선정되면 그 자회사인 은행도 체제적으로 중요한 금융기관으로 선정된다.

3. 선정 후 통보

금융위원회는 금융체계상 중요한 은행을 선정한 경우 지체 없이 해당 금융체계상 중요한 은행에 그 사실을 통보하여야 한다(법 제9조의2 제2항).

4. 개선 과제[24]

(1) 선정에 따른 절차적 적법성 확보 필요

금융체계상 중요한 은행의 선정에 의해서 해당 은행은 추가적인 자본 적립 의무, 자체정상화계획과 정리계획의 작성 의무가 부여되므로 그 선정 행위는 침익적 행정행위에 해당할 가

23) Basel Committee on Banking Supervision(2013). 이 지정 기준에 의하면, 은행의 체제적 중요성은 국제적 영업(cross－jurisdictional activity), 규모(size), 대체가능성(substitutability), 상호연계성(interconnected－ness), 복잡성(complexity)의 5개 지표로 측정된다(Para. 16).

24) 고동원(2019), 7~8면 참조.

능성이 크다. 따라서 선정 절차에 있어서 「헌법」상의 '적법 절차 원칙'(due process)이 엄격하게 준수될 필요가 있다. 즉 선정 절차에서 해당 은행의 방어권이 보장될 필요가 있다. 특히 선정 행위에는 아무래도 선정권자의 재량 행위가 많이 개재될 수밖에 없는 속성이 있다는 점에서 절차적 적법성 확보는 중요하다. 그러나 구조개선법과 감독규정에는 이러한 절차적 적법성을 확보할 수 있는 제도적 장치가 없다. 따라서 선정 절차에 있어서 청문(hearings) 절차를 거치게 하는 등 해당 은행의 방어권을 보장해 줄 수 있는 장치가 필요하다.[25] 미국의 경우도 금융안정감시협의회(Financial Stability Oversight Council)가 체제적으로 중요한 금융기관을 지정할 때 당사자의 신청에 의해서 또는 금융안정감시협의회가 필요하다고 판단하는 경우 청문을 실시하도록 하고 있다는 점(21 C.F.R. §1310)을 참고할 필요가 있다.

(2) 선정 권한을 (가칭)금융안정협의회로

금융체계상 중요한 은행의 선정 권한은 금융감독당국인 금융위원회에게 있다(구조개선법 제9조의2 제1항). 그런데 금융체계상 중요한 은행은 체제적 위험에 관련되는 사항이라 금융감독당국만이 결정할 수 있는 사항은 아니다. '최종 대출자 기능'(lender of last resort)을 담당하는 중앙은행도 체제적 위험 관리 측면에서 일정 부분 관여할 필요가 있으며, 금융기관 정리 업무를 담당하는 예금보험공사도 일정 부분 관여할 필요가 있다. 체제적 위험이 발생하게 되면 정부의 재정자금 지원이 필요할 수도 있으므로 정부의 재정을 담당하고 있는 기획재정부도 관여할 필요가 있다. 따라서 이러한 여러 기관이 참여하는 협의회(가칭 '금융안정협의회')가 구성될 필요가 있으며, 이 협의회가 금융체계상 중요한 은행을 선정하는 방안이 합리적이다.[26] 이는 미국의 경우도 재무부장관, 중앙은행인 연방준비제도이사회 의장, 금융감독기관의 장, 연방예금보험공사의 장 등 여러 관련 기관의 장으로 구성되는 금융안정감시협의회가 체제적으로 중요한 비은행금융기관을 선정하고 있다는 점[27]에서도 설득력이 있다.[28]

25) 미국의 경우 메트라이프보험회사가 체제적으로 중요한 금융기관 지정에 대한 행정소송을 제기했는데, 심리 과정에서 지정 절차상의 대심(對審) 구조의 유무가 실제로 중요한 쟁점 중의 하나로 논의된 바가 있다고 하면서, 우리의 경우에도 청문 절차에서 대심 구조의 도입이 필요하다는 주장은 이한준(2017), 97, 100면.

26) 반면에 금융위원회가 감독기관으로서 선정 권한을 보유해야 한다는 주장은 이한준(2017), 91면.

27) Dodd-Frank Wall Street Reform and Consumer Protection Act of 2010, Section 113(a)(1).

28) 이에 대해서 미국에서 금융안정감시협의회가 '체제적으로 중요한 비은행금융기관'을 지정하게 된 것은 미국의 금융감독기관이 나누어져 있는 체제 때문이라는 분석도 있다(이한준(2017), 89면).

Ⅲ. 자체정상화계획

1. 서설

금융체계상 중요한 은행으로 선정된 은행은 '자체정상화계획'을 작성하고, 이를 금융감독원에 제출해야 하며, 금융감독원은 이에 대한 평가보고서를 작성하여 금융위원회에 제출해야 하는데, 금융위원회는 이를 심의하여 승인 여부를 결정한다. 즉 3단계의 절차를 거치고 있다.

2. 자체정상화계획의 작성 및 제출

(1) 자체정상화계획의 작성 주체

금융체계상 중요한 은행은 **경영 위기 상황에 대비하여 자체적으로 건전성을 회복하기 위한 자구계획인 자체정상화계획을 작성**하여야 한다(법 제9조의3 제1항).

작성 주체와 관련해서 객관성을 확보할 수 있는 제3자인 감독당국이나 정리당국이 할 것인가와 아니면 해당 은행 자체가 하도록 할 것인가의 논의가 있을 수 있는데, 자체정상화계획은 부실의 상태를 정상으로 돌리기 위한 조치 내용을 담게 되므로 그러한 방법은 아무래도 해당 은행이 스스로 잘 파악할 수 있기 때문에 해당 은행이 자체적으로 작성해도 무방하다고 보며, 구조개선법이 은행 자체에게 작성 의무를 부여한 것은 타당하다고 본다. 금융안정위원회(FSB)의 핵심원칙도 해당 금융기관으로 하여금 정상화를 위한 조치와 그러한 조치를 실행하는데 필요한 단계와 일정을 확정하고 관련된 위험을 평가하도록 함으로써(Para. 3.1. of I－Annex 4) 자체정상화계획 작성의 주체가 해당 금융기관임을 밝히고 있다. 미국, 영국, 일본 등 주요국의 경우도 자체정상화계획의 작성은 해당 금융기관이 하도록 하고 있어,[29] 이 방법이 타당하다고 판단된다.

(2) 자체정상화계획에 포함되어야 하는 사항

자체정상화계획에는 "① 자본 적정성 및 재무 건전성의 확보, ② 인력구조 및 조직구조의 점검·개선, ③ 사업구조의 평가 및 핵심사업의 추진, ④ 지배구조의 평가 및 개편, ⑤ 그 밖에 은행의 경영 건전성 확보에 관한 사항 등 금융위원회가 필요하다고 인정하여 고시하는 사항"이 포함되어야 한다(시행령 제5조의5 제1항). 보다 자세한 사항은 「은행업감독규정」 [별표 9](자

---

29) 미국의 경우 자산 500억 달러 이상의 은행지주회사 및 금융안정감시협의회가 지정한 체제적으로 중요한 비은행금융기관과 자산 500억 달러 이상인 연방예금보험공사 부보 대상 은행은 자체정상화계획을 작성하여야 한다(12 C.F.R. part 30). 영국의 경우도 해당 금융기관이 자체정상화계획의 작성 주체이다(Recovery Plans 2.2 of Prudential Regulatory Authority). 일본의 경우도 해당 금융기관이 자체정상화계획의 작성 주체이다(主要行等向けの総合的な監督指針 Ⅲ－2－3－6－2(1)).

체정상화계획 작성기준)에 규정되어 있다(감독규정 제26조의4 제1항).

(3) 금융감독원에 자체정상화계획의 제출

금융체계상 중요한 은행은 선정 통보를 받은 날부터 3개월 이내에 금융감독원장에게 자체정상화계획을 제출하여야 한다(법 제9조의3 제2항). 이 경우 금융체계상 중요한 은행은 이사회의 의결을 거쳐 서면으로 제출해야 한다(시행령 제5조의5 제2항). 금융체계상 중요한 은행은 자체정상화계획을 제출한 이후 해당 은행의 영업 또는 조직 구조의 변동 등 중대한 사항이 변경된 경우에는 지체 없이 그 변경 내용을 반영한 자체정상화계획을 금융감독원장에게 다시 제출하여야 한다(법 제9조의3 제3항). 핵심원칙도 해당 금융기관은 정기적으로 자체정상화계획을 최근 것으로 수정해야 하며, 특히 해당 금융기관의 조직이나 영업, 전략 또는 노출된 위험에 상당한 영향을 미치는 사건이 발생한 경우에도 이를 반영하여 최근의 것으로 수정하도록 규정하고 있다는 점(Para. 1.6 of I－Annex 4)에서 이는 적절한 것으로 판단된다.

3. 금융감독원의 자체정상화계획 평가

금융감독원장은 제출받은 자체정상화계획을 지체 없이 예금보험공사에 송부하고, 해당 **자체정상화계획에 대한 평가보고서를 작성**하여야 한다(법 제9조의4 제1항). 금융감독원장은 자체정상화계획을 제출받은 날부터 3개월 이내에 금융위원회에 자체정상화계획 및 평가보고서를 제출하여야 한다(법 제9조의4 제2항). 금융감독원장은 평가보고서를 작성하기 위하여 필요한 범위에서 금융체계상 중요한 은행의 업무 및 재산 상황과 관련된 자료의 제출을 요구할 수 있으며, 이 경우 요구를 받은 금융체계상 중요한 은행은 정당한 사유가 없으면 이에 따라야 한다(법 제9조의4 제3항).

금융감독원장은 자체정상화계획을 평가하는 경우 "① 자체정상화계획에 관한 이사회 및 임원 등의 권한과 책임, ② 경영 위기 상황의 발생 시 우선적으로 유지하려 하는 핵심기능 및 핵심사업, ③ 예상되는 경영 위기 상황 및 경영 위기 상황에 대한 판단 기준, ④ 경영 위기 상황을 극복하기 위한 구체적인 수단 및 조치 내용, ⑤ 경영 위기 상황에 대비한 영업 지속 계획, ⑥ 감독당국에 대한 보고 등 의사소통 체계, ⑦ 경영정보시스템 구축 등, ⑧ 그 밖에 자체정상화계획의 적정성 여부를 평가하는데 있어 필요한 사항"을 평가 대상에 포함하여야 한다(감독규정 제26조의4 제2항).

금융체계상 중요한 은행이 작성한 자체정상화계획에 대해 금융감독당국이 평가하는 것은 타당하다고 본다. 핵심원칙도 전체적인 감독 절차의 일부분으로서 자체정상화계획의 신뢰성과 능력이 제대로 실행될 수 있는지를 검토하여야 한다고 하고 있어서(Para. 1.6 of Ⅰ－Annex 4) 금융감독당국이 평가하는 방법을 뒷받침하고 있다.

4. 금융위원회의 자체정상화계획 심의 및 승인

금융위원회는 자체정상화계획의 심의를 위하여 자체 심의위원회를 두고 있는데(법 제9조의6 제1항), 금융위원회는 자체정상화계획과 평가보고서를 제출받은 날부터 2개월 이내에 심의위원회의 심의를 거치고, 심의 결과를 고려하여 자체정상화계획에 대한 승인 여부를 결정한다(법 제9조의7 제1항). 금융위원회는 자체정상화계획이 미흡하다고 판단되는 경우 이를 승인하지 아니하고, 해당 금융체계상 중요한 은행에게 기간을 정하여 보완 후 다시 제출할 것을 요구할 수 있으며, 이 경우 요구를 받은 금융체계상 중요한 은행은 정당한 사유가 없으면 이에 따라야 한다(법 제9조의7 제2항). 금융위원회는 자체정상화계획을 다시 제출받은 경우에는 심의위원회에 자체정상화계획의 적정성 등에 대하여 심의하도록 할 수 있다(법 제9조의7 제3항).

5. 자체정상화계획에 따른 조치 이행 의무

(1) 조치 이행 의무

금융체계상 중요한 은행은, 금융위원회가 승인한 자체정상화계획에 따른 조치를 이행하지 못할 불가피한 사유가 있는 경우를 제외하고는, 자체정상화계획에 기재된 경영 위기 상황이 발생한 경우 해당 자체정상화계획에 따른 조치를 하여야 한다(법 제9조의9 제1항). 금융위원회는 금융체계상 중요한 은행이 자체정상화계획에 따른 조치를 하지 아니하거나 조치가 미흡하다고 판단되는 경우 기간을 정하여 그 기간 내에 해당 조치의 이행을 요구할 수 있으며, 이 경우 요구를 받은 금융체계상 중요한 은행은 정당한 사유가 없으면 이에 따라야 한다(법 제9조의9 제2항). 조치를 완료한 금융체계상 중요한 은행은 금융위원회가 정하여 고시하는 바에 따라 금융위원회에 이행 결과를 제출하여야 한다(법 제9조의9 제3항).

(2) 경영 위기 상황의 발생에 대한 판단 기준

이와 관련해서 어떤 경우가 "경영 위기 상황이 발생한 경우"에 해당하는지가 문제될 수 있다. 각 해당 은행이 판단해서 작성할 수밖에 없는데, 핵심원칙은 자체정상화 조치의 실행 시기와 관련해서 해당 금융기관이 "심각한 부실 상태"(severe stress)에 있는 때를 실행 시기로 보고 있다(Para. 11.5 of Key Attributes & para. 1.5 of I-Annex 4). 심각한 부실 상태에 대한 명확한 판단을 하는 것이 쉽지는 않지만, 부실의 정도가 심해서 정리 절차가 취해지는 시기(예를 들어, 제3자에 대한 매각이나 청산 등의 조치가 취해질 수 있는 시기)의 전(前) 단계라고 볼 수 있다. 「은행업감독규정」 [별표 9](자체정상화계획 작성기준)는 "자체정상화계획에 포함되는 경영 위기 상황 시나리오는 심각한 위기상황을 가정"하도록 하고 있고, "자체정상화계획 발동 여부를 판단하기 위한 발동지표의 기준"에 대하여 규정하고 있어(3.가. 다.), 각 해당 은행이 작성한 발동 요건에 따르게 될 것이다.

(3) 자체정상화계획에 따른 조치 내용

자체정상화계획에 따른 조치에 어떤 사항이 포함되어야 하는지에 대하여 핵심원칙은 ① 자본금을 확충하기 위한 조치(예를 들어, 상당한 손실을 입은 경우에 필요한 자본금 증가, 배당금이나 성과 보수 지급의 중단 조치 등 자본금 보전 조치), ② 자회사 매각 및 회사 분할 조치, ③ 출자전환을 통한 채무의 자발적 조정 조치, ④ 다양한 자금 조달원의 확보 및 적정한 담보 확보 등 충분한 자금을 확보하기 위한 조치 등을 예시하고 있다(Para. 11.5 of Key Attributes & para. 1.5 of Ⅰ-Annex 4). 즉 자체정상화계획의 핵심은 자본금 확충 조치나 충분한 자금 조달력을 확보하여 해당 금융기관이 정상적인 상태로 돌아가도록 하는 데(Para. 11.5)에 초점을 맞추고 있음을 알 수 있다.

「은행업감독규정」 [별표 9](자체정상화계획 작성기준)도 자체정상화수단의 예시로서 "① 증자 등 자본 확충 조치, 배당금지 및 임직원 성과 보상지급의 금지 등, ② 자회사의 매각, 사업부 분할, ③ 출자전환 등을 통한 자발적인 채무조정, ④ 자금조달 방식 다변화를 통한 자금 확보 방안 등"을 규정하고 있어(4.다.), 핵심원칙이 제시한 내용을 반영하고 있다.

Ⅳ. 부실정리계획

1. 서설

금융체계상 중요한 은행의 부실정리계획은 해당 은행이 자체적으로 작성하는 것이 아니고 부실정리기관인 예금보험공사가 수립하도록 되어 있으며, 금융위원회가 부실정리계획에 대한 심의를 하고 승인 여부를 결정한다.

2. 예금보험공사의 부실정리계획 수립

구조개선법은 부실정리계획의 작성 주체를 해당 은행이 아닌 예금보험공사에 부여하고 있다. 즉 예금보험공사는 금융감독원장으로부터 자체정상화계획을 송부받은 날부터 6개월 내에 해당 금융체계상 중요한 은행이 자체적으로 건전성을 회복하는 것이 불가능한 경우에 대비하기 위하여 해당 금융체계상 중요한 은행을 체계적으로 정리하기 위한 계획인 **'부실정리계획'을 수립하여 금융위원회에 제출**하여야 한다(법 제9조의5 제1항 전단). 예금보험공사가 금융감독원으로부터 변경된 자체정상화계획을 송부받은 경우에는 지체 없이 부실정리계획을 다시 수립하여 금융위원회에 제출하여야 한다(법 제9조의5 제1항 후단).

예금보험공사는 부실정리계획 수립을 위하여 필요한 범위에서 구체적인 범위를 정하여 금융감독원장에게 금융체계상 중요한 은행의 업무 및 재산 상황과 관련된 자료의 제공을 요청할 수 있으며, 이 경우 요청을 받은 금융감독원장은 이에 따라야 한다(법 제9조의5 제2항). 금융감독원장은 예금보험공사의 요청이 있는 경우에는 금융체계상 중요한 은행에게 해당 자료의 제출을 요구할 수 있으며, 이 경우 요구를 받은 금융체계상 중요한 은행은 정당한 사유가 없으면 이에 따라야 한다(법 제9조의5 제3항).

한편, 부실정리계획의 작성 주체와 관련해서 해당 금융기관이 스스로 작성해야 한다는 주장이 있는데, 그 근거를 금융기관이 자체적으로 인식한 문제의 빠른 해결을 위해서 필요하다고 보거나[30] 또는 체제적으로 중요한 금융기관의 도덕적 해이를 막기 위해서 필요하다고 보는 견해[31]가 있다. 그러나 자체정상화계획과는 달리 부실정리계획은 해당 금융기관을 정리해서 소멸(즉 청산)시키는 것까지도 포함하는 내용이어서 해당 금융기관이 이해 관계자가 된다는 점에서 해당 금융기관이 부실정리계획을 작성하는 것은 주관적 개입이 강하게 작용하여 객관성을 확보하기가 어렵다. 따라서 객관성을 확보할 수 있는 제3의 기관이 작성하는 것이 바람직한데, 정리당국이 작성하는 방안이 타당하다고 본다. 핵심원칙은 부실정리계획의 작성 주체를 정리당국으로 하고 있으며(Para. 11.8 of Key Attributes & Para. 1.9 of Ⅰ－Annex 4), 미국, 영국, 일본 등 주요국의 경우도 정리당국이 부실정리계획을 작성하도록 하고 있어,[32] 국제적인 기준이나 외국의 입법례를 보더라도 정리당국이 작성하는 방안이 바람직하다.

3. 금융위원회의 부실정리계획 심사 및 승인

금융위원회는 부실정리계획의 심의를 위하여 자체 심의위원회를 두고 있는데(법 제9조의6 제1항), 금융위원회는 부실정리계획을 제출받은 날부터 2개월 이내에 심의위원회의 심의를 거치고, 심의 결과를 고려하여 부실정리계획에 대한 승인 여부를 결정한다(법 제9조의7 제1항). 금융위원회는 부실정리계획이 미흡하다고 판단되는 경우 이를 승인하지 아니하고, 예금보험공사에게 기간을 정하여 보완 후 다시 제출할 것을 요구할 수 있다(법 제9조의7 제2항). 금융위원회는 부실정리계획을 다시 제출받은 경우에는 심의위원회에 부실정리계획의 적정성 등에 대하여 심의하도록 할 수 있다(법 제9조의7 제3항).

30) 이재연·오승곤(2014), 51면.

31) Andenas & Chiu(2014), p. 314.

32) 미국의 경우 정리당국인 연방예금보험공사가 정리절차상의 권한(orderly liquidation authority)에 근거해 부실정리계획을 작성하도록 하고 있다(Federal Deposit Insurance Corporation and Bank of England(2012), p. 4). 영국의 경우도 정리당국인 영국중앙은행(Bank of England)이 정리계획을 작성한다(Bank Recovery and Resolution (No. 2) Order 2014, Section 37(1)). 일본의 경우도 정리당국인 금융청이 작성 주체이다(主要行等向けの総合的な監督指針 Ⅲ－2－3－6－2(2)).

4. 금융체계상 중요한 은행의 정리 시 예상 장애 요인의 해소 조치

금융위원회는 심의위원회의 심의 결과 등을 고려하여 금융체계상 중요한 은행을 정리할 때 예상되는 장애 요인 등을 평가하고, 금융체계상 중요한 은행에게 특정 장애 요인의 해소를 요구할 수 있다(법 제9조의8 제1항 전단). 이 경우 해당 금융체계상 중요한 은행은 금융위원회가 정하는 기간 내에 필요한 조치를 이행하고 그 결과를 금융위원회에 제출하여야 한다(법 제9조의8 제1항 후단). 금융위원회는 이행된 조치의 적정성 등에 대하여 심의위원회에 심의하도록 할 수 있다(법 제9조의8 제2항).

5. 검토 과제[33]

(1) 부실정리 조치의 실행 시기 문제

구조개선법은 부실정리계획에 따른 부실정리 조치가 언제 실행되어야 하는지에 대하여 규정하고 있지 않다. 이와 관련하여 핵심원칙은 부실정리계획에 부실정리 조치 실행 시기가 포함되어야 한다는 것을 밝히고 있다(Para. 2.1(iii) & 4.1(i) of Ⅰ－Annex 4). 부실정리 조치는 자체정상화계획에 따른 자체정상화 조치가 실행되는 해당 금융기관의 부실 단계보다 더 심각한 상태에서 실행되어야 할 것이다. 핵심원칙도 부실정리계획이 자체정상화계획에 따른 자체정상화 조치가 실현 가능성이 없거나 자체정상화 조치가 효과가 없을 때 질서 정연한 정리가 달성될 수 있도록 하여야 한다는 점(Para. 2.1(iii) & 4.1(i) of Ⅰ－Annex 4)을 밝히고 있는데, 이 의미는 자체정상화 조치보다 부실의 단계가 더 심각한 상태라고 해석할 수 있다. 따라서 그 시기는 구조개선법이나 「예금자보호법」에서 부실금융기관으로 지정되는 등 구조개선법에 따른 경영개선명령의 적기시정조치(제10조)가 취해지는 시기로 하는 것을 고려할 수 있을 것이다.[34]

(2) 부실정리 조치의 구체적 내용 문제

구조개선법은 부실정리계획에 따른 부실정리 조치의 구체적인 내용에 대해서 규정하고 있지 않으나, 그 내용은 해당 금융기관의 정리가 체제적 위험을 야기하지 않으면서 납세자가 부담을 지지 않도록 하는 방향의 정리 내용이 들어가야 할 것이다. 핵심원칙도 이러한 점을 강조하고 있다(Para. 11.6 & 1.8 of Ⅰ－Annex 4). 핵심원칙은 부실정리계획에 실질적인 정리 전략과 정리 실행을 위한 운영 계획이 포함되도록 하고 있는데, 특히 다음과 같은 사항을 포함하도록 하고 있다. 즉 ① 금융 및 경제적 기능[35]의 지속적인 유지, ② 금융 및 경제적 기능의 유지 방

33) 고동원(2019), 13~17면 참조.

34) 이것은 계약형 채권 손실 분담 제도라고 할 수 있는 은행 조건부자본증권의 발행 조건 중 은행 발행 사채가 상각되거나 주식으로 전환되는 조건 중의 하나로서 부실금융기관으로 지정되는 경우를 규정하고 있다는 점(「은행업감독규정」 제47조의2 제1항 제1호)에서도 타당하다고 판단된다.

안 및 그러한 기능의 질서 정연한 축소 방안, ③ 해당 금융기관의 영업, 조직 구조, 체제적 중요 기능들에 관한 정보, ④ 효율적 정리에 방해되는 잠재적 요소 및 그러한 장애 요소의 축소 방안, ⑤ 예금보험이 되는 예금자 및 보험상품 계약자를 보호하기 위한 조치와 고객 자산의 신속한 반환을 위한 조치, ⑥ 확실한 정리 절차의 출구 원칙 등이 포함되도록 하고 있다(Para. 11.6). 한편, 뒤에서 논의하는 채권자 손실 분담 조치를 부실정리계획에 포함시켜야 하는지도 검토해볼 필요가 있는데, 자체정상화계획에 채권자 손실 분담 조치까지 포함할 필요는 없을 것이지만, 채권자 손실 분담 조치는 부실의 정도가 심한 경우에 취해지는 조치이므로 부실정리계획에 포함시킬 수는 있을 것이다. 그리고 부실정리계획이 반드시 청산이나 해산만을 의미하지는 않을 것이어서 제3자 매각이나 자본금 확충 또는 채권자 손실 분담 조치 등에 의한 부실금융기관의 정상 회복 방안도 부실정리계획에 담을 수 있을 것이다.

(3) 부실정리계획의 작성 주체와 관련한 정리당국의 일원화 문제

우리의 경우 정리당국은 어디로 보아야 할 것인가? 금융기관 정리 제도와 관련해서 관련 법률은 금융위원회와 예금보험공사에게 정리 권한을 부여하고 있어 두 기관 사이의 관계를 어떻게 보아야 할지가 문제된다. 우선 금융정책당국이면서 금융감독당국인 금융위원회는 구조개선법에 근거하여 부실금융기관의 지정(제2조 제2호)이나 적기시정조치에 따른 관리인의 선임 또는 영업정지 명령권을 갖고 있고(제10조 제1항), 부실금융기관에 대한 자본금 감소 명령권(제12조 제3항) 등을 갖고 있어 정리당국의 역할을 하고 있다고 볼 수 있다. 예금보험공사도 「예금자보호법」에 의거하여 부실금융기관이나 부실우려금융기관의 지정 권한을 갖고 있고(제2조 제5호, 제6호),[36] 부실금융기관의 관리인이나 청산인 또는 파산관재인으로서 업무를 수행하고(제35조의7, 제35조의8), 정리금융기관의 설립 및 운영 업무를 수행하는(제36조의3) 등 정리기관의 업무를 담당하고 있어 역시 정리당국의 역할을 수행하고 있다고 볼 수 있다. 이러한 두 기관의 관계에 대하여, 금융위원회가 정리당국이고 예금보험공사는 "보조적 정리주체 역할," 즉 보조적 정리당국 역할을 수행하고 있다고 보는 견해가 있으며,[37] 정리당국은 넓게 보아 금융위원회, 금융감독원, 예금보험공사이고, 금융위원회가 최상위 조정 기능을 담당하고 있다고 설명하는 견해도 있다.[38] 그러나 예금보험공사도 금융위원회와 마찬가지로 법적으로 부실금융기관의 지정 권한을 갖고 있고, 금융기관의 실제 정리 업무를 담당하고 있다는 점에서 우리 정리당국은 금융위원회와 예금보험공사로 나누어져 있는 이원화된 체계라고 해석하는 것이 타당할 것

35) 지급 결제나 청산 결제 등 금융시장의 기반의 유지에 관련되는 기능을 말한다.

36) 「예금자보호법」에 따른 부실금융기관의 정의는 구조개선법에 따른 정의와 같다.

37) 이한준(2017), 189면; 임형석·고영호(2015), 4면.

38) 한민(2014), 249면(이 논문은 Financial Stability Board, "Thematic Review on Resolution Regimes," Peer Review Report, April 11, 2013, Annex B에 서술된 내용 중 우리나라에 관한 내용을 참조했다고 한다).

으로 본다.[39)]

구조개선법은 예금보험공사가 부실정리계획을 작성한 후 이를 금융위원회가 심사 및 승인하는 방식으로 규정하고 있다. 즉 최종 결정권을 금융위원회가 행사하는 방식으로서 그 권한이 서로 나누어져 있다. 핵심원칙도 복수의 정리당국의 존재를 인정하고 있으며, 이 경우에 정리당국들 각자의 임무, 역할 및 책임이 명확하게 정의되고 조정될 필요가 있음을 강조하면서(Para. 2.1) 정리 체계를 조정할 주(主) 정리당국(a lead authority)을 지정할 필요가 있음을 규정하고 있다(Para. 2.2). 이런 점에서 구조개선법이 규정하고 있는 방식은 핵심원칙이 제시한 기준을 따르고 있다고 볼 여지도 있다.

그러나 정리당국이 이렇게 부실정리계획 작성 주체와 최종 결정권자로 나누어져 있는 경우에 오히려 책임 귀속 주체가 명확하지 않아 비효율적인 부실정리계획 작성 체계가 될 수 있다. 부실정리계획 작성 주체 기관을 일원화하는 것이 필요하다고 본다. 예금보험공사가 부실금융기관의 정리와 관련한 업무에 전문성을 갖고 있다는 점에서 금융감독당국인 금융위원회보다는 예금보험공사가 전적인 책임을 갖고 부실정리계획을 작성하는 것이 바람직하다.[40)] 물론 예금보험공사가 부실정리계획의 작성 주체가 되더라도 작성 과정에서 금융감독당국인 금융위원회나 금융감독원 또는 중앙은행인 한국은행으로부터 의견을 수렴하는 체계를 갖출 필요는 있다. 이것은 핵심원칙도 부실정리계획의 작성에 있어서 정리당국뿐만 아니라 감독당국이나 중앙은행 등 모든 관련 당국이 참여하도록 하고 있다는 점(Para. 1.10 of I－Annex 4)에서도 필요하다고 본다.

한편 국제적으로도 감독당국과 정리당국의 분리를 강조하는 추세에 있음을 고려할 때 정리당국의 일원화 문제도 검토할 필요가 있다. 유럽연합(EU)의 「은행 회생 및 정리 지침」(Bank Recovery and Resolution Directive)[41)]이 감독당국과 정리당국의 분리 원칙을 제시하고 있다는 점[42)]을 주목할 필요가 있다. 비교법적으로 볼 때도, 미국의 경우 감독당국과 정리당국이 나누

39) 금융감독원은 감독집행기관으로서 금융위원회를 보좌하는 기능을 수행하고 있다는 점에서 별도의 정리당국으로 보기는 어려울 것이다.

40) 비슷한 견해는 양기진(2017), 208면("평상시의 금융감독권을 수행하는 감독당국과 부실 발생 시 관여하게 될 정리당국을 분리하여야 한다면, 예금보험공사를 정리당국으로 하고 예금보험공사에게 관련 권한을 대폭 실어주는 것이 합당하여 보인다. [중략] … 해당 정리계획에 관한 보완을 명령하거나 이행을 감독할 권한 역시 가급적 예금보험공사가 정리계획을 관장하는 정리당국으로서 수행할 수 있도록 하는 것이 바람직하다"); 전성인(2009), 14면도 평상 시의 규제와 위기 시의 정리를 담당하는 감독당국이 동일한 경우에 이해상충의 발생 우려가 있으므로 정리당국은 예금보험공사가 되거나 아니면 예금보험공사가 금융위원회와 유사한 수준의 정리 권한을 행사하여야 한다고 주장한다.

41) DIRECTIVE 2014/59/EU OF THE EUROPEAN PARLIAMENT AND OF THE COUNCIL of 15 May 2014 establishing a framework for the recovery and resolution of credit institutions and investment firms and amending Council Directive 82/891/EEC, and Directives 2001/24/EC, 2002/47/EC, 2004/25/EC, 2005/56/EC, 2007/36/EC, 2011/35/EU, 2012/30/EU and 2013/36/EU, and Regulations (EU) No 1093/2010 and (EU) No 648/2012, of the European Parliament and of the Council.

42) Article 3(3). "… Adequate structural arrangements shall be in place to ensure operational in－

어져 있어 연방예금보험공사가 정리당국의 역할을 수행하고 있는데, 연방예금보험공사가 도드-프랭크법(Dodd-Frank Wall Street Reform and Consumer Protection Act of 2010) 제2장(Title II)에 따른 정리절차 권한(orderly liquidation authority)에 근거하여 부실정리계획을 작성하고 있다.[43] 영국의 경우도 감독당국과 정리당국이 나누어져 있어 정리당국인 영국중앙은행(Bank of England)이 부실정리계획을 작성하도록 하고 있다.[44] 이런 점에서 보면, 우리도 감독당국과 정리당국을 분리하여 예금보험공사로 정리당국을 일원화할 필요가 있을 것이다.

Ⅴ. 향후 도입 과제[45]

앞서 채권자손실분담 제도와 기한 전 계약종료권 행사의 일시 정지 제도는 아직 도입되지 않았음을 언급했는데, 이하에서는 두 제도의 도입과 관련된 쟁점에 대해서 살펴본다.

1. 채권자손실분담 제도의 도입 방안

(1) 서설

채권자손실분담 제도는 크게 계약형과 강제형으로 나눌 수 있다. 계약형은 계약 당사자가 미리 합의한 사유가 발생하면 자동적으로 채권(claim) 원리금이 상각(write-off)되거나 채권(債權)이 주식으로 전환되는 것을 말한다. 우리나라는 자본시장법 제165조의11과 「은행법」제33조에 의해 상장법인과 은행이 '조건부자본증권'을 발행하는 것이 허용되므로 계약형은 이미 도입되어 있다고 볼 수 있다.[46] 강제형은 일정한 요건이 발생하면(예를 들어, 정리 절차 개시 등의 사유) 법률에 근거해서 정리당국이 강제적으로 채권의 원리금을 상각시키거나 채권을 주식으로 전환하는 방식을 말한다(핵심원칙 Para. 3.5(i), (ii)). 아직 우리는 이 제도를 도입하고 있지 않으므로 채권자손실분담 제도의 도입은 바로 강제형 제도의 도입을 말하며, 이하의 논의는 강제형에 국한된다.

강제형 제도를 도입함에 있어서 가장 논란이 될 수 있는 문제는 첫째, 이 제도 도입이 국

---

dependence and avoid conflicts of interest between the functions of supervision pursuant to Regulation (EU) No 575/2013 and Directive 2013/36/EU or the other functions of the relevant authority and the functions of resolution authorities pursuant to this Directive, without prejudice to the exchange of information and cooperation obligations as required by paragraph 4…" <http://eur- lex.eur-opa.eu/>. (밑줄친 부분은 강조)

43) Federal Deposit Insurance Corporation and Bank of England(2012), p. 4.

44) Bank Recovery and Resolution (No. 2) Order 2014, Section 37(1).

45) 이하의 논의는 고동원(2019), 19~37면을 토대로 하고 있다.

46) 계약형 채권자 손실 분담은 조건부자본증권 이외에도 당사자 계약에 의하여 일정한 사유가 발생할 때 (예를 들어, 정리 절차의 개시 등) 채무의 감면이나 출자 전환이 이루어지도록 하는 방법도 있을 수 있는데, 이러한 방식의 계약형은 도입되지 않았다는 점에서 계약형 채권자손실분담 제도는 제한적으로 도입되었다고 볼 여지도 있다.

민의 재산권을 침해하는 것으로서 위헌 소지가 있는 것인가의 문제, 둘째는 손실 분담 대상이 되는 채권의 범위를 어떻게 설정해야 하는 것인가의 문제이다. 특히 두 번째 문제와 관련해서 은행 예금을 대상 채권(債權)에 포함시켜야 할 것인가의 쟁점과 예금 채권을 포함시켜야 한다면 어느 범위까지 포함시켜야 하는지(예를 들어, 예금보험 대상이 되는 예금을 제외해야 하는지의 문제)에 관한 쟁점이 검토되어야 한다. 특히 예금을 손실 분담 대상 채권으로 포함해야 할지의 문제는 상당히 중요한 사항으로서 깊은 검토가 필요하다. 예금자는 본인의 예금 원금이 보호된다는 것으로 알고서 은행과 거래를 하는데, 예금이 손실 분담 대상 채권이 된다고 하는 것은 원금이 보장되는 기존의 은행 거래에 획기적인 변화를 일으키기 때문이다. 아래에서는 이러한 쟁점에 대하여 자세히 살펴보기로 한다.

(2) 채권자손실분담 제도의 위헌성 여부

1) 문제의 제기

채권자손실분담 제도는 채권자가 부실이 발생한 금융기관의 손실을 부담하는 제도라는 점에서 국민의 재산권 행사에 대한 침해 여부가 문제될 수 있다. 즉 위헌성 문제가 제기될 수 있는 것이다. 사실 이 제도가 도입되게 되면 위헌성에 대한 헌법 소원이 제기될 가능성도 배제할 수 없다. 특히 금융기관의 주주와 달리 금융기관의 경영에 참여할 수 없는 채권자가 경영진의 잘못으로 부실화된 금융기관의 손실을 부담한다는 점에서 위헌성의 정도가 클 수 있다. 이런 점에서 위헌성 여부에 대한 논의가 필요하다. 과거 부실금융기관의 주주에 대한 금융감독당국의 자본금 감소 명령이 위헌 심사 대상이 된 적이 있어서 이에 관한 헌법재판소의 결정을 검토하면서 위헌 가능성을 살펴보기로 한다.

2) 헌법상의 국민의 재산권 보장

「헌법」 제23조는 "① 모든 국민의 재산권은 보장된다. 그 내용과 한계는 법률로 정한다. ② 재산권의 행사는 공공복리에 적합하도록 하여야 한다. ③ 공공필요에 의한 재산권의 수용·사용 또는 제한 및 그에 대한 보상을 법률로써 하되, 정당한 보상을 하여야 한다."라고 하고 있다. 따라서 강제형 채권자손실분담 제도가 이러한 국민의 재산권 보장을 침해할 소지가 있는 것이 아니냐는 문제 제기가 있을 수 있다. 구체적으로 채권자손실분담 제도는 정리당국이 금융제도의 안정이라는 공공 필요를 위해 국민의 재산권을 박탈하는 행위에 해당하므로 「헌법」상 재산권 수용(收用)(제23조 제3항)에 해당할 수 있고, 이 경우 정당한 보상을 해야 하는 것이 아니냐는 문제이다.

3) 정리당국의 채권자손실분담 명령이 헌법상 '수용'에 해당하는지 여부

먼저 이 문제를 검토하기 전에 헌법재판소가 금융감독당국이 내린 부실금융기관에 대한 자본금 감소 명령이 「헌법」에 위반되는지 여부를 결정한 내용을 살펴볼 필요가 있다. 헌법재판소는 이러한 자본금 감소 명령이 위헌이 아니라고 판단하였다.[47] 그 근거를 헌법재판소는 부실금융기관의 경우 주주들이 가진 주식의 재산적 가치가 영(零)(0)에 가까운 상태나 또는 영(零)(0)에 해당하는 것이므로 이미 형성된 구체적인 재산적 지위를 박탈하는 「헌법」 제23조 제3항의 공용 수용에 해당하는 것이 아니라고 판단한 것이다. 즉 부실금융기관의 주주에 대한 자본금 감소 명령은 주주의 재산권을 박탈하는 것이라기보다는 부실금융기관의 주주가 가진 재산권의 현재 가치를 확인하는 성격을 가지는 것이어서 「헌법」 제23조 제1항의 재산권의 내용과 범위를 확정하는 것이라고 본 것이다. 즉 헌법재판소는 주주가 가진 주식의 재산적 가치를 기준으로 판단한 것이다.

그렇다면 부실금융기관의 채권자가 갖는 채권의 가치는 어떠한가? 채권자는 주주에 우선하여 부실금융기관의 잔여 재산에 대하여 분배받을 권리가 있다. 이런 점에서 부실금융기관에 대한 채권의 재산적 가치가 영(零)(0)이라고 할 수는 없을 것이다. 이러한 근거로 부실금융기관의 채권을 상각시키거나 주식으로 전환시키는 것은 이미 형성된 채권자의 재산권을 박탈하는 성격을 갖고 있어 헌법상 수용에 해당할 수 있다고 보는 견해도 있다.[48]

그러나 채권자손실분담 제도에서 특징적인 것은 채권자에게 손실을 부담시키더라도 최소한 청산 시의 청산가치는 보장하여야 한다는 점이다(핵심원칙 Para. 5.2). 그렇다면 채권자가 손실을 분담해야 하는 부분은 이러한 최소한의 청산가치를 제외한 금액이 되므로 재산권이 박탈되는 채권의 가치는 거의 영(0)에 가까운 상태가 된다고 볼 여지가 있다.[49] 따라서 위에서 언급한 헌법재판소의 법리가 채권자의 채권에도 적용된다고 할 수 있다. 즉 채권자손실분담 제도에 의해서 채권을 상각하거나 주식으로 전환하는 조치는 헌법상의 수용에 해당한다고 보기가 어렵다고 할 수 있다.

4) 비례 원칙(과잉금지 원칙)에 위반되는지 여부

채권자손실분담 제도가 헌법상의 수용에 해당하지 않는다고 보더라도 헌법상의 비례 원칙 내지 과잉금지 원칙에도 위반되어서는 안 되는데, 채권자손실분담 제도가 효율적인 정리

47) 헌법재판소 2003. 11. 27. 선고 2001헌바35 결정.
48) 김해룡(2015), 43면.
49) 이와 비슷한 논거는 이한준(2017), 219면. 채권의 가치가 거의 영(0)에 가까운 경우는 채권자의 재산적 가치가 기업의 청산가치에 해당하는 경우를 생각할 수 있을 것이다. 즉, 계속기업가치가 거의 청산가치에 가깝거나 그 이하인 경우에는 손실 분담 대상이 되는 채권의 가치는 거의 영(0)에게 가까운 것이 된다고 볼 여지가 있다. 다만, 채무자의 계속기업가치가 청산가치보다 커서 채무자의 회생을 전제로 채무조정이 이루어지는 경우에는 (i) 채권자에게는 최소한 청산가치가 보장되어야 하고, 나아가 (ii) 채권자와 주주의 손실 분담은 청산가치를 초과하는 계속기업가치 부분에 대응하여 공정하게 배분되어야 하므로, 계속기업가치가 청산가치보다 커서 '청산'이 아니라 '회생'을 도모하는 상황에서는 채권자가 손실을 분담해야 하는 부분의 가치는 영(0)을 초과하는 의미가 있는 금액이 될 수도 있을 것이다. 그러나 이러한 경우에도 채권자 손실 분담 대상이 되는 금융기관은 부실의 정도가 심한 상태에 있을 것이기 때문에(예를 들어, 부실금융기관의 지정) 계속기업가치가 청산가치를 크게 초과하는 경우는 거의 없을 것으로 본다.

제도를 통해서 국민의 납세 부담을 지지 않게 하고 더 나아가서 체제적 위험의 발생을 방지하고자 하는 목적을 고려한다면 달성하고자 하는 공익의 비중이 개인이 입는 기본권 제한보다 크다고 볼 수 있다는 점[50]에서 비례 원칙 내지 과잉금지 원칙에 위반되지는 않을 것으로 본다.

(3) 손실 분담 대상 채권의 범위

실무적으로뿐만 아니라 현실적으로 채권자 손실 분담 제도를 도입함에 있어 가장 논란이 많고 중요한 쟁점이 될 수 있는 부분이 손실 분담 대상 채권의 범위 문제이다. 그래서 여기서는 손실 분담 대상 채권의 범위에 관하여 쟁점이 많은 예금 채권의 경우와 기타 채권의 경우로 나누어서 살펴보기로 한다.

1) 예금 채권을 손실 분담 대상 채권으로 하는 경우의 법적 문제

은행의 경우 예금 채권을 손실 분담 대상 채권에 포함시켜야 하는지의 문제는 법적인 쟁점도 많이 제기될 수 있을 뿐만 아니라 은행의 영업에 크게 영향을 미칠 수 있는 사항이라 심도 있는 검토가 필요하다.

가) 예금 채권과 일반 채권과의 관계

핵심원칙에 의하면, 변제 순위가 높은 채권일수록 가장 나중에 손실을 분담하고 변제 순위가 낮은 채권이 먼저 손실을 분담할 것으로 요구하고 있다(Para. 5.1). 따라서 후순위채권자가 가장 먼저 손실을 분담하게 된다. 그 다음이 일반 채권자이고, 담보채권자 등 선순위 채권자가 가장 나중에 손실을 분담하게 된다. 그리고 핵심원칙은 변제 순위가 같은 채권자들 사이에서는 원칙적으로 공평하게 손실이 분담되어야 한다고 하고 있다(Para. 5.1). 따라서 무담보 채권인 예금 채권에 대한 우선변제권이 법률상 규정되어 있지 않는 한 예금 채권도 다른 일반 무담보 채권과 동등하게 취급될 수밖에 없다. 그렇다면 예금 채권도 손실 분담 대상이 되어야 한다는 결론이 된다. 그런데 예금 채권을 손실 분담 대상 채권에 포함하는 것은 여러 가지 문제를 발생시킬 수 있다.

나) 예금 채권을 채권자 손실 분담 대상 채권으로 포함할지 여부 판단 시 고려 사항

예금 채권을 채권자 손실 분담 대상 채권으로 포함할지 여부를 판단함에 있어 다음과 같은 사항을 고려해야 한다. 첫째, 예금자가 자신의 예금이 완전히 보호되지 않다는 사실을 알 때 과연 예금자들이 은행과 예금 거래를 하려고 할 것인가의 현실적인 문제에 부딪히게 된다. 은행의 예금 업무에 큰 영향을 미칠 수 있는 요인이다. 그래서 예금 채권을 완전히 손실 분담 대상 채권에서 제외하는 방안도 검토할 수 있으나, 이는 핵심원칙에 따른 동등 채권자 사이의

50) 헌법재판소 2003. 11. 27. 선고 2001헌바35 결정에서도 부실금융기관에 대한 자본금 감소 명령의 조치가 국민경제의 안정을 실현하기 위해 적절하고 필요한 수단이라는 점과 달성하고자 하는 공익의 비중과 개인이 입는 기본권 제한의 효과를 비교하더라도 양자 사이에 균형 관계가 인정되므로 비례 원칙에 부합한다고 하였다.

공평 손실 분담 원칙에 맞지 않는 문제가 있다. 대안으로 일부 예금 채권만 손실 분담 대상 채권에서 제외하는 방안을 생각할 수 있지만, 이렇게 하려면 예금 채권에 대한 우선변제권이 인정되어야 하는데, 이 경우 위헌성 문제가 제기될 수 있어 검토가 필요하다.

둘째, 예금보험 제도와 관계를 어떻게 설정해야 해야 하는지도 검토가 필요하다. 「예금자보호법」에 의해 1인당 예금 보험금 지급 한도는 5천만 원이다(법 제32조 제2항, 시행령 제18조 제6항). 만약 예금 채권 전체 금액이 손실 분담 대상 채권에 포함되면 예금자는 예금보험 제도의 혜택을 누릴 수 없는 문제가 생길 수 있다. 채권자 손실 분담은 예금 보험금 지급 사유 중의 하나인 은행의 파산 절차(「예금자보호법」 제2조 제7호, 제31조 제1항)[51]에 들어가기 전에 정리 조치(부실금융기관의 지정 등)를 할 때 취해지는 것이어서 예금 보험금이 지급되기 전 단계에서 예금 채권이 채권자 손실 분담으로 사용될 수도 있기 때문에 예금자는 5천만 원 보호를 받지 못할 수도 있다.[52][53] 이 경우 예금보험 제도와 상충되는 문제가 발생한다. 따라서 예금 채권을 손실 분담 대상 채권으로 포함시키는데 있어서는 예금보험 제도와의 관계도 고려해야 한다.

다) 예금 채권에 대한 우선 변제가 가능한지 여부

앞서 예금 채권을 손실 분담 대상 채권의 범위에서 제외하려면 예금 채권에 대한 우선 변제권이 인정되어야 하고, 이 경우 위헌성 문제가 제기될 수 있음을 언급한 바 있다. 이는 헌법재판소가 상호저축은행 예금자에 대해 우선 변제권을 부여하였던 「상호저축은행법」 제37조의2를 위헌 조항이라고 보았기 때문이다.[54] 헌법재판소는 상호저축은행의 총부채 중 예금 채권이 차지하는 비중이 90%가 넘는다는 점을 주목하여 예금 채권의 우선 변제권을 인정하지 않았다. 즉 헌법재판소는 대다수 예금 채권이 우선 변제권을 행사하고 나면, 일반 채권자들이 거의 변제를 받지 못하여 일방적으로 희생당하게 되므로 일반 채권자의 평등권과 재산권을 침해한다는 것을 근거로 들었다. 이러한 결정에 비추어볼 때, 은행의 경우 예금 부채가 총부채 중에서 차지하는 비중이 상호저축은행과 비슷하다는 점에서[55] 헌법재판소의 결정은 은행 예금

51) 이외에도 예금 보험금이 지급되는 사유는 부보금융기관의 영업 인가나 허가가 취소되거나 해산 결의를 한 때(제1종 보험사고) 또는 부보금융기관의 예금 등 채권의 지급 정지 상태에 있는 경우(제2종 보험사고)도 있다(「예금자보호법」 제2조 제7호, 제31조 제1항).

52) 예를 들어, 예금자가 3,000만원의 예금 채권(이 금액은 예금 보호 한도 금액인 5,000만 원 이하의 금액이 된다)을 갖고 있는 경우 이 채권 전부가 손실 분담 대상 채권으로 먼저 사용된다면 예금자는 결국 3,000만 원을 보장받을 수 없게 될 것이다.

53) 물론 예금 보험금 지급 사유의 하나인 "예금 등 채권의 지급 정지 사유"(「예금자보호법」 제2조 제7호, 제31조 제1항)가 발생하는 단계가 정리당국의 정리 조치가 취해지기 전 단계라고 본다면, 이 경우에는 예금 보험금이 먼저 지급되므로 예금자의 예금 채권은 5,000만 원까지는 보호된다고 볼 여지는 있을 것이다. 그러나 "예금 등 채권의 지급 정지 사유"가 발생하는 경우는 해당 금융기관의 부실이 심각한 정도에 있는 상태(예를 들어, 부실금융기관의 지정 등)일 가능성이 크기 때문에 결국 채권자 손실 분담 대상이 되면서 예금자의 예금 채권은 보호되지 않을 수 있다.

54) 헌법재판소 2006. 11. 30. 선고 2003헌가14, 15 결정.

55) 은행의 경우도 총 부채 중 예금 부채의 비중이 약 75%에 해당한다(금융감독원, 2016년 은행경영통계 참조).

채권에 대해서도 적용될 가능성이 있다. 다만 헌법재판소가 "입법자는 예금의 종류나 한도를 묻지 않고 무제한적인 우선변제권을 줄 것이 아니라 입법 취지에 맞게 예금의 종류나 한도를 제한하여 다른 일반 채권자의 재산권 침해를 최소화할 헌법상 의무가 있는 것이다"라고 밝히고 있는 점[56]에 주목할 필요가 있다. 즉 예금의 종류나 금액 한도를 정해서 예금 채권자에게 우선 변제권을 부여할 수 있다는 의미로 받아들일 수 있다.[57] 그렇다면 일정한 금액 이하의 예금 채권에 대하여서만 채권자 손실 분담 대상 채권에서 제외하게 되면(즉 이 예금 채권에 대해서는 우선 변제권을 인정하게 되는 것이다) 위헌성 문제를 극복할 수 있을 것이다.

라) 예금보험 보호 한도와 연계된 금액 설정 필요

일정 금액 한도 이하의 예금 채권을 채권자 손실 분담 대상 채권의 범위에서 제외한다고 하면, 1인당 5천만 원 한도의 예금보험 제도와의 정합성 문제를 생각해볼 필요가 있다. 결국 채권자 손실 분담 대상 채권에서 제외되는 예금이 예금보험 제도에서 보호되는 예금의 범위에 포함된다면 두 제도와의 관계가 연결될 수 있을 것이고, 더 나아가서 예금자들에게도 일정한 금액 이하는 언제든지 보호된다는 믿음을 주게 되어 시장의 안정이 일정 부분 유지될 수 있을 것이다.

따라서 손실 분담 대상 채권에서 제외되는 예금 금액의 한도는 적어도 예금보험 보호 한도 금액이 되는 것이 필요하다. 즉 예금보험 보호 대상이 되는 예금 채권은 손실 분담 대상 채권에서 제외하는 것이다. 이는 핵심원칙이 손실 분담 대상이 되는 채권을 "무담보이면서 비보험 대상인 채권(unsecured and uninsured creditor claims)"이라고 하는(Para. 3.5(i)) 데에서도 타당하다는 것을 알 수 있다. 비교법적으로 보더라도 유럽연합의 「은행 회생 및 정리 지침」(Bank Recovery and Resolution Directive)도 예금 보호 대상이 되는 예금(covered deposits)은 손실 분담 대상 채권에서 제외하고 있다(Article 44(2)(a)). 다만 차제에 현행 예금 보호 한도인 5천만 원을 상향 조정하여 예금 보호 한도와 손실 분담 대상 채권에서 제외되는 금액을 일치시키는 것도 검토해볼 필요가 있다. 우리나라의 경제 규모가 확대되었음에도 불구하고 예금 보호 한도가 인상되지 않았음을 고려할 때 예금 보호 한도를 인상하는 방안을 검토할 필요가 있다. 그렇게 되면 채권자 손실 분담 대상에서 제외되는 예금 채권의 한도도 높아지게 되어 시장의 안정을 도모할 수 있는 장점이 있게 된다. 설령 예금 보호 한도가 인상되지 않더라도 손실 분담 대상 채권의 범위에서 제외되는 예금 채권은 예금 보호 한도 금액보다는 높일 필요가 있다.[58] 그래야만 예금 채권이 손실 분담 대상 채권이 될 때 시장에 주는 충격을 최소화 할 수 있기 때

56) 헌법재판소 2006. 11. 30. 선고 2003헌가14, 15 결정.

57) 같은 해석은 이한준(2017), 224면 각주 529). 반면에 헌법재판소 판결이 예금채권 우선변제 불인정을 의미하는 것인지 아니면 예금채권의 우선변제가 예금 종류나 한도에 따라 허용되는지 여부에 대한 불확실성이 먼저 해소될 필요가 있다는 견해는 임형석·이재연(2015), 51면.

58) 같은 주장은 이한준(2017), 227면.

문이다.

마) 예금 채권의 종류에 따른 손실 분담 대상 채권의 범위 고려

예금 금액을 기준으로 하여 손실 분담 대상 채권의 범위를 정하는 것도 있지만, 예금의 종류에 따른 손실 분담 대상 채권의 범위도 검토해 보아야 한다. 예를 들어, 만기가 없는 요구불 예금이나 만기가 짧은 예금(예를 들어, 1년 미만인 예금)을 손실 분담 대상 채권의 범위에 포함시킬지 여부의 문제이다. 요구불 예금은 만기가 없고 수시 입출금이 가능하다는 점 때문에 금융시장 상황에 민감하게 반응한다. 단기 예금도 마찬가지이다. 만약 그러한 예금이 손실 분담 대상 채권에 포함된다고 하면, 채권자 손실 분담 조치 명령이 내려지거나 내려질 가능성이 큰 경우 대량의 예금 인출 사태를 유발할 가능성이 커 금융시장에 혼란을 불러일으키고, 더 나아가 체제적 위험까지도 초래할 수 있다. 이런 점을 고려할 때, 이러한 단기예금을 손실 분담 대상 채권의 범위에서 제외하는 것이 바람직할 수 있다. 금융안정위원회(FSB)의 「정리 중에 있는 대형금융기관의 손실흡수력 및 자본 제고력에 관한 원칙」(Principles on Loss-absorbing and Recapitalisation Capacity of G-SIBs in Resolution)이 이러한 단기예금[sight deposits and short term deposits (deposits with original maturity of less than one year)]을 '총손실 흡수력'(total loss absorbing capacity) 적격 채권에서 배제하고 있는 점[59]에서도 그 필요성을 인정할 수 있다. 이렇게 예금의 종류에 따라 손실 분담 대상 채권에서 제외하는 것은 앞서 본 헌법재판소의 결정에 비추어 보아 위헌성 시비도 없을 것이다. 반면에 만기가 1년 이상인 예금은 그 기능이 은행이 발행한 회사채와 유사하다는 점에서는 채권 손실 분담 대상으로 보는 것이 합리적이라고 판단된다.

2) 그 밖의 채권의 손실 분담 채권 포함 여부

예금 채권 이외의 일반 채권을 손실 분담 대상 채권의 범위에 포함시킬지 여부도 검토할 필요가 있다.

가) 단기 채권은 제외 필요

금융시장에 영향을 줄 수 있는 단기 채권도 손실 분담 대상 채권의 범위에서 제외할지 여부를 검토할 필요가 있다. 예를 들어, 금융시장에서 주로 단기로 자금을 조달하는 경우에 발생하는 채권으로서 기업어음(commercial paper: CP)이나 전자단기사채 내지 금융기관 사이에 이루어지는 단기 대여금 채권을 들 수 있다. 만약 이들 채권을 손실 분담 대상 채권에 포함시킨 경우에는 손실 분담 명령 조치가 내려지거나 내려질 가능성이 크게 되면 아무래도 금융시장이 불안해지면서 시장이 경색되어 체제적 위험의 발생 가능성이 높다. 이런 점을 고려할 때 이러한 채권을 손실 분담 대상 채권에서 제외하는 것도 필요하다고 본다.[60] 비교법적으로 보더라

59) Financial Stability Board(2015), p. 15 (Item 10).

60) 같은 주장은 한민(2014), 274~275면; 이한준(2017), 213면.

도 유럽연합의 「은행 회생 및 정리 지침」도 만기가 7일 미만인 단기 채권은 손실 분담 대상 채권에서 제외하고 있다(Article 44(2)(e)).

나) 이중상환청구권부채권도 제외 필요

이중상환청구권부채권(債券)(covered bond)도 손실 분담 대상 채권에서 제외할지 여부를 생각해 보아야 한다. 이중상환청구권부채권은 "발행기관에 대한 상환청구권과 함께 발행기관이 담보로 제공하는 기초자산집합에 대하여 제3자에 우선하여 변제받을 권리를 가지는 채권"을 말한다(「이중상환청구권부 채권 발행에 관한 법률」 제2조 제3호). 담보 채권과 유사하다고 볼 수 있다. 그래서 「이중상환청구권부 채권 발행에 관한 법률」도 발행기관이 파산하거나 회생절차가 개시되는 경우 기초자산집합은 발행기관의 파산재단 또는 회생절차의 관리인이 관리 및 처분 권한을 가지는 채무자의 재산을 구성하지 않는다고 규정하고(제12조 제1항), 「기업구조조정 촉진법」에 따른 기업구조조정 절차가 개시된 경우에도 기초자산집합은 관리 대상이 되는 재산을 구성하지 않는다고 규정하여(제12조 제3항) 사실상 담보 채권으로 취급하고 있다. 그러나 파산이나 회생 절차 또는 기업구조조정 절차가 아닌 다른 정리 절차에서 이러한 담보권이 보장될 수 있는지는 명확하지 않다. 그래서 이 경우에는 담보 채권으로 분류되지 않아 채권자 손실 분담 대상 채권이 될 여지도 있다. 따라서 이중상환청구권부채권의 실질이 담보 채권이라는 점을 고려할 때 채권자 손실 분담 대상 채권에서 명확히 제외하는 입법적 조치를 취하는 것이 필요하다.[61] 비교법적으로 보더라도 유럽연합의 「은행 회생 및 정리 지침」도 이중상환청구권부채권은 손실 분담 대상 채권에서 제외하고 있다(Article 44(2)(b)).

다) 채무자회생파산법에 따른 적격 금융거래 채권도 제외 필요

채무자회생파산법 제120조 제3항에 규정된 기한 전 계약 종료권 행사의 대상이 되는 적격 금융거래 채권도 손실 분담 대상 채권에서 제외할 필요가 있다.[62] 이러한 거래가 체제적 위험에 미치는 영향이 크다는 점에서 그러할 필요성이 인정된다. 다만 일괄 정산을 거쳐 산출된 잔액 채권에 대해서는 손실 분담 대상에 포함시키는 것이 합리적일 것이다.[63]

라) 조세채권 등 법정채권도 제외 필요

조세채권이나 임금채권 등 법정채권도 손실 분담 대상 채권의 범위에서 제외할 지도 검토해보아야 한다. 이러한 채권은 법률에 의해 의무적으로 부담해야 하는 법정채권[64]이므로 손실 분담 대상에서 제외하는 것이 바람직하다.[65] 비교법적으로 보더라도 유럽연합의 「은행 회생

61) 같은 주장은 이한준(2017), 215면.
62) 같은 주장은 이한준(2017), 214면.
63) 같은 견해는 이한준(2017), 214면. 영국의 경우에도 이러한 잔액 채권은 채권자 손실 분담 대상 채권에 포함된다(Banking Act 2009 (Restriction of Special Bail-in Provisions, etc.) Order 2014, Section 4(6)).
64) 조세채권은 「국세기본법」 제5조에 따라 우선 변제권을 가진다.
65) 같은 견해는 이한준(2017), 213면.

및 정리 지침」도 조세채권과 임금채권을 손실 분담 대상 채권에서 제외하고 있다(Article 44(2)(g)(ii), (iii)). 이외에도 손해배상채권이나 부당이득반환채권 등의 「민법」에 따른 법정채권도 손실 분담 대상 채권의 범위에서 제외하는 것이 바람직하다고 본다.[66]

[표 13-1] 채권자 손실 분담 대상 채권에서 제외될 필요가 있는 채권

– 예금 보호 대상 금액(또는 예금 보호 한도 이상의 금액)의 예금
– 요구불예금
– 만기가 1년 미만인 예금
– 금융시장에서의 단기 채권(기업어음(CP), 전자단기사채, 금융기관 간 단기 대여금 채권 등)
– 법정 채권(조세채권, 임금채권, 손해배상채권, 부당이득반환채권 등)
–「채무자 회생 및 파산에 관한 법률」 제120조 제3항의 적격 금융거래 채권
– 이중상환청구권부채권(債券)

3) 손실 분담 대상 채권의 범위에 관한 규정 방식

손실 분담 대상 채권의 범위를 포괄적으로 규정할 것인가, 아니면 열거식으로 규정할 것인가의 문제도 생각해보아야 한다. 가능한 포괄적인 방식으로 정의하는 것이 바람직하다는 견해도 있으나,[67] 채권자손실분담 제도는 재산권 침해에 관련되는 것이므로 「헌법」상의 법률의 명확성 원칙에 따라 열거식으로 하여 명확하게 규정하는 것이 바람직하다. 그래야 거래하는 고객이 어떤 채권이 손실 분담 대상 채권에 해당하고 제외되는지를 미리 명확히 알 수 있어 금융기관과 거래 개시 여부의 결정을 할 수 있기 때문이다. 그 방안으로서는 손실 분담 대상 채권에서 제외되는 채권을 열거식으로 규정하는 방식을 고려할 수 있다. 그러면 나머지 채권은 손실 분담 대상 채권이 될 것이다.

(4) 그 밖의 입법 과제

1) 채권자에 대한 청산가치 보장의 원칙 규정 필요

핵심원칙은 채권자들이 도산 절차에서 청산 시 변제받을 수 있는 최소한의 금액을 변제받지 못한 경우에 그 부족분을 보상받을 권리를 부여받아야 한다는 청산가치 보장 원칙을 규정하고 있다(Para. 5.2)("no creditor worse off than in liquidation"). 따라서 정리 절차에 있어서도 이러한 채권자에 대한 청산가치 보장 원칙은 지켜져야 할 것이다. 아직 우리는 정리 조치에 의하여 채권자가 청산가치보다 적은 금액을 회수한 경우 청산가치의 차액을 보상해주는 법적 근거는 마련되어 있지 않다.[68] 따라서 채권자손실분담 제도를 도입할 때 채권자에게 손실 분담을

66) 같은 주장은 이한준(2017), 213면. 법정채권의 경우 채권자와 대상 금융기관 사이의 계속 거래 유지와는 관련이 없는 우발적인 사정으로 인한 채권이라는 점에서 법정채권을 손실 분담 대상 채권에서 제외할 필요가 없다는 견해도 있을 수 있다.

67) 이민환·서대교(2011), 165면.

하게 하더라도 채권자 보호 장치로서 채권의 청산가치 이상이 채권자에게 보장되도록 해야 한다는 청산가치 보장 원칙을 규정할 필요가 있다.[69)]

2) 근거 법률

채권자손실분담 제도를 도입한다고 할 때 어느 법에 법적 근거를 둘 것인가도 검토해야 한다. 이 제도는 부실금융기관의 정리와 관련이 있기 때문에 부실금융기관의 정리에 관련된 법률인 구조개선법에 규정하는 것이 타당하다고 본다. 다만 예금 채권에 대한 우선 변제권을 규정하는 내용은 예금 업무를 취급하는 은행의 업무에 관한 사항이므로 「은행법」에 규정하는 것이 좋을 것으로 본다.

3) 고객에 대한 설명 의무

예금 채권이 채권자 손실 분담 대상 채권이라는 것은 예금 계약 체결에 있어 중요한 사항이다. 따라서 이러한 내용은 은행이 예금계약을 체결할 때 예금자에게 설명을 하여야 하고, 은행 예금거래약정서에도 기재되어야 한다. 그렇지 않으면 이러한 계약 조항은 「약관의 규제에 관한 법률」에 의해 무효가 될 수 있기 때문이다(제3조 제4항).

2. 기한 전 계약 종료권 행사의 일시 정지 명령 제도의 도입 방안

(1) 도입 필요성

2008년 세계적 금융위기를 겪으면서 또 하나 깨달은 것은 일정한 금융거래에 인정되는 '기한 전 계약 종료권'(early termination) 행사가 오히려 체제적 위험을 더 증가시켰다는 사실이다. 원래 거래 상대방의 기한 전 계약 종료권 행사를 인정해준 취지가 체제적 위험을 줄이기 위해서 도입된 것인데, 오히려 실제는 체제적 위험을 더 증가시켰다는 역설적인 결과가 나타난 것이다. 즉 특정 금융기관이 도산 절차에 들어가는 경우 거래 상대방이 해당 특정 계약에 대한 기한 전 계약 종료권을 행사함으로써 그 시점에서 계약상의 채권과 채무를 일괄 정산(close-out netting)을 하게 되면 개별 금융기관의 위험이 체제적 위험으로 전염되지 않는다는 것[70)]이 기한 전 계약 종료권을 인정하게 된 이유였다. 우리나라도 채무자회생파산법에 해당 금융기관에 대하여 회생 절차가 개시된 경우나 파산 선고가 된 경우에 파생상품거래 등 일정한 요건을 충족하는 적격 금융거래에 대해서는 거래 상대방이 이러한 기한 전 계약 종료권을 행사하는 것을 인정하고 있다(제120조 제3항, 제336조).

그러나 기한 전 계약 종료권 행사의 결과 오히려 거래 상대방의 거래 위험을 더 높이고 해당 금융기관의 가치도 더욱 하락시켜 체제적 위험을 더 높였다는 사실[71)]이 2008년 세계적

68) 한민(2014), 260면. 다만 채무자회생파산법은 회생 절차에서 채권자가 청산가치 이상을 변제받을 수 있는 권리를 인정하고 있다(제243조 제1항 제1호).

69) 같은 견해는 한민(2014), 260면.

70) 이러한 설명은 임형석(2016), 25면.

금융위기를 겪으면서 인식하게 되었다. 이에 따라 이러한 부작용을 막을 수 있는 방법으로 제안된 것이 바로 '기한 전 계약 종료권 행사의 일시 정지 명령' 제도이다. 즉 정리당국이 기한 전 계약 종료권을 일시적으로 정지시키는 명령을 내리고 그 기간 동안에 해당 계약을 제3자에게 이전하여 계약이 계속 이행될 수 있도록 함으로써 체제적 위험 증가를 막기 위한 제도이다. 아래에서는 이러한 제도를 도입함에 있어서 고려해야 할 사항에 대해 검토한다.

(2) 입법 과제

여기서는 기한 전 계약 종료권 행사의 일시 정지 명령 제도를 도입함에 있어서 검토가 필요한 과제, 즉 ① 일시 정지 대상 거래의 범위 문제, ② 정리당국이 명령권 행사에 대해서 재량권을 가져야 하는지 문제, ③ 일시 정지 명령권이 발동되는 시점의 문제, ④ 일시 정기 기간의 설정 문제, ⑤ 일시 정지 명령권 행사 조건의 문제, ⑥ 명령 주체 기관의 문제, ⑦ 입법 방식의 문제에 대하여 검토한다.

1) 일시 정지 대상 거래의 범위

일시 정지 대상이 되는 거래의 범위를 어떻게 정할 것인가도 중요한 문제이다. 핵심원칙은 단지 "금융계약"(financial contract)이라고 하고 있고, 그 범위에 대해서는 특별히 언급하고 있지 않다(Para. 4.3(ii) of Key Attributes & Para. 1.1 of I－Annex 5). 그렇다면 일시 정지 명령권의 대상이 되는 금융계약의 구체적인 범위는 각 국가가 정할 수 있다고 할 수 있다.

우리의 경우 채무자회생파산법에 따른 회생절차 개시나 파산 선고에도 불구하고 해당 금융기관의 거래 상대방이 기한 전 계약 종료권을 행사할 수 있는 거래는 소위 "적격 금융거래"라고 해서 채무자회생파산법 제120조 제3항에 규정되어 있다. 이에 따르면, 일정한 파생금융상품 거래, 현물환 거래, 유가증권의 환매거래, 유가증권의 대차거래 및 담보콜거래, 위의 거래가 혼합된 거래 등이 해당된다. 그래서 정리당국에 의한 일시 정지 명령 제도를 도입할 때 그 대상이 되는 거래의 범위를 채무자회생파산법 제120조 제3항에 규정된 "적격금융거래"에 한정하자는 견해도 있다.[72]

그러나 다음과 같은 이유로 반드시 적격금융거래로 한정할 필요는 없다고 본다. 즉, ① 적격금융거래는 채무자회생파산법에 따른 파산 절차나 회생 절차 등 법원 주도의 절차에서 계약의 기한 전 종료권을 인정하는 대상 거래이어서 사법부가 아닌 행정당국인 정리당국이 내리는 일시 정지 명령 제도의 경우는 굳이 법원 주도의 대상 금융거래에 한정할 필요가 없다는 점, ② 기한 전 계약 종료권은 기본적으로 거래 당사자가 약정하여 정할 수 있는 것이어서 적격금

71) 핵심원칙도 이러한 기한 전 계약 종료권 행사가 금융시장의 불안을 초래하거나 정리 조치의 집행을 어렵게 한다는 점을 지적하고 있다(Para. 1.1 of Ⅰ－Annex 5: Temporary stay on early termination rights).

72) 임형석(2016), 24면.

융거래 이외의 거래에서도 기한 전 계약 종료권이 있을 수 있기 때문에 이러한 거래도 일시 정지 명령 대상이 될 필요가 있다는 점을 고려하면 적격금융거래에 한정할 필요는 없다고 본다. 거래 당사자가 약정에 의하여 기한 전 계약 종료권을 인정한 모든 금융계약에 적용되도록 하는 것이 좋을 것으로 본다.[73] 가능한 거래 범위를 넓히는 것이 체제적 위험을 방지하는데 더 도움이 될 것으로 보기 때문이다.

2) 정리당국의 재량권 여부

정리당국이 일시 정지 명령권 행사의 결정에 있어서 재량권을 행사하는 것을 허용할지, 아니면 재량권 없이 행사 요건이 발생하면 무조건적으로 명령권을 행사하여야 하는지 여부도 검토해 보아야 한다. 이에 대해 핵심원칙은 각 국가가 어느 방법을 채택해도 무방하다고 하면서, 다만 일시 정지의 개시와 종료에 대해서 명확히 할 것을 요구하고 있을 뿐이다(Para. 4.3). 비교법적으로 보면, 미국의 경우는 정리당국인 연방예금보험공사에게 재량권을 부여하지 않고 자동적으로 일시 정지하도록 하고 있다(Dodd−Frank Act Section 210(c)(8)(F)(ii)). 반면에 영국의 경우는 정리당국인 영국중앙은행에게 재량권을 부여하고 있으며(Banking Act 2009 Section 70C(1)), 일본의 경우도 내각총리대신에게 재량권을 부여하고 있다(「예금보험법」 제137조의3 제1항). 이처럼 나라마다 다르게 운영하고 있음을 알 수 있는데, 아무래도 정리당국이 재량권을 갖는 것이 탄력적으로 운영할 수 있어 바람직할 것으로 본다.[74] 그 이유는 일시 정지 명령이 금융시장에 충격을 줄 수 있는 요소도 있고, 만약 일시 정지 명령권이 자동적으로 행사된다고 하면 정리 절차가 개시될 것이 예상되는 경우에 거래 상대방은 정리 절차가 개시되기 전에 대상 거래를 기한 전에 종료시키려고 할 것이어서 오히려 대상 금융기관의 효율적인 정리에 방해가 될 수도 있기 때문이다.

3) 일시 정지 명령이 개시되는 시점

언제 일시 정지 명령이 내려지는가 하는 문제도 중요하다. 핵심원칙은 일시 정지 명령 제도는 정리 절차가 개시되는 경우나 정리당국의 정리 권한 행사와 관련하여 적용된다고 규정하고 있다(Para. 4.3). 그리고 그 외의 사유에 따른 채무 불이행 사유가 발생하는 경우(예를 들어, 지급 불이행 또는 기한 내 담보 교부나 반환의 미이행 등)에는 거래 상대방이 기한 전 계약 종료권을 행사할 수 있도록 해야 한다고 명시적으로 규정하고 있어서(Para. 4.3), 이 경우에는 정리당국의 일시 정지 명령을 행사할 수 없게 된다. 결국은 정리 절차와 관련해서만 기한 전 계약 종

---

73) 영국의 경우에도 기한 전 계약 종료권이 인정되는 계약으로서 지급이나 담보 제공 등 계약상의 의무가 정리 절차 개시 이후에도 계속 유지되는 계약으로 하고 있다(Banking Act 2009, Section 70C). 반면에 미국의 경우에는 대상 계약의 범위를 증권계약, 상품계약, 선도계약, 환매약정, 교환약정 및 연방예금보험공사가 규정으로 정한 유사 약정으로 한정하고 있다(12 U.S.C. §1821(e)(10)(B)(i)(I); Dodd−Frank Act Section 210(c)(10)(B)(i)(I)).

74) 같은 견해는 이한준(2017), 197면.

료권이 행사되는 경우에 일시 정지 명령 제도가 적용된다.

그럼 우리의 경우에는 일시 정지 명령이 내려질 수 있는 정리 절차가 언제 개시된다고 할 수 있는가? 일반적으로 정리 절차는 구조개선법에 따른 적기시정조치에 따라 영업 양도나 계약 이전 또는 제3자에 의한 인수 등의 조치가 취해지거나(제10조 제1항) 파산 절차로 이행되는 절차라고 할 수 있다.[75] 그렇다면 구체적으로 구조개선법에 따른 부실금융기관 지정 등의 사유로 경영개선명령의 적기시정조치가 취해지는 때가 정리 절차가 개시되는 시점이라고 이해할 수 있다.[76]

한편 채무자회생파산법은 회생절차가 개시되거나 파산 선고가 있는 경우에도 일정한 적격 금융거래에 대해서는 거래 상대방의 기한 전 계약 종료권을 인정하고 있다(제120조 제3항, 제336조).[77] 그렇다면 이러한 회생절차 개시나 파산 선고 시에도 기한 전 계약 종료권에 대하여 정리당국의 일시 정지 명령권이 적용될 수 있는지에 관하여 의문이 있을 수 있다. 그런데 채무자회생파산법에 따른 기한 전 계약 종료권 행사의 허용은 법원의 관할에 있는 것이므로 행정당국인 정리당국의 명령권이 미친다고 보기는 어렵다. 다만 회생 절차나 파산 절차에서도 기한 전 계약 종료권 행사에 대한 일시 정지의 필요성이 있을 수 있으므로[78] 정리당국의 신청에 의해서 법원이 일시 정지 명령을 내릴 수 있도록 하는 방안을 검토할 필요는 있다.

4) 일시 정지 기간

정리당국이 기한 전 계약 종료권 행사에 대한 일시 정지 명령을 할 때 일시 정지되는 기간의 문제도 생각해 보아야 한다. 이와 관련하여 3개의 안이 제시되고 있는데, 정리당국이 재량으로 일시 정지 기간을 결정하는 방안(제1안), 일시 정지 기간을 특정하여 명시하고 필요 시 정리당국의 재량으로 연장하는 방안(제2안), 일시 정지 기간(2영업일 이내)을 특정하여 명시하

75) 같은 설명은 한민(2014), 250면.

76) 물론 넓게 보면 경영개선권고나 경영개선요구 조치 시점도 정리 절차가 개시되는 경우로 볼 여지도 있으나, 본격적인 정리 절차는 경영개선명령의 시점부터 개시된다고 보는 것이 타당할 것이다. 비슷하게 부실금융기관으로 지정될 때 정리 절차가 개시된다고 보는 견해는 이재연·오승곤(2014), 37~38면; 김기원·이창순(2012), 12면; 이한준(2017), 195면.

77) 채무자회생파산법에 적격 금융거래 상대방의 기한 전 계약 종료권 허용 조항을 두게 된 배경을 살펴보면 다음과 같다. 적격 금융거래에 관한 계약은 소위 '쌍방미이행쌍무계약'에 해당되는데, 회생절차나 파산절차의 개시를 이유로 거래의 상대방이 이러한 계약을 해제 또는 해지할 수 있는지에 관하여 법적 불확실성이 있었다. 즉 기한 전 계약 종료권을 부여하는 계약 조항이 채무자회생파산법상 관리인 또는 파산관재인에 의한 계약 해제권이나 해지권을 박탈하는 것으로서 무효인지 여부 등의 문제가 있어서, 이러한 법적 불확실성을 해소하기 위해서 파산 선고나 회생 절차 개시에 상관없이 거래 상대방이 원래의 계약 조건대로 기한 전 계약 종료권을 행사하는 것을 명확하게 규정하는 조항을 두게 된 것이다. 이에 관한 자세한 설명은 박준·홍선경·김장호(2009) 참조.

78) 그러한 이유로는, 예를 들어, 체제적으로 중요한 금융기관이 구조개선법에 따른 정리 절차를 통해 우량 자산을 제3자에게 이전한 후 남는 자산은 법원의 파산 절차에 의하여 청산되고, 또한 매우 예외적일 수는 있으나, 체제적으로 중요한 금융기관이 채무자회생파산법에 따른 회생 절차에 의하여 회생될 가능성도 전적으로 배제할 수 없기 때문이다.

는 방안(제3안)이다.[79] 제1안은 정리당국이 재량권을 갖고 있는 점에서 탄력적인 운영이 가능한 반면에 기간의 불확실성으로 거래 상대방이 대상 금융기관과 거래를 하지 않을 가능성과 이에 따라 거래 비용이 증가할 수 있는 단점이 있다. 제2안도 일정한 기간을 제시함으로써 어느 정도 예측력을 부여하면서 탄력적인 운영이 가능하다는 장점이 있을 수 있으나, 여전히 기간의 불확실성에 따른 문제점이 있을 수 있다. 제3안은 미리 정지 기간이 정해짐으로써 거래 상대방에게 예측력을 부여하여 거래의 안정성을 도모할 수 있는 장점이 있지만 시장의 상황에 대응한 탄력적인 대응이 어려울 수 있는 문제가 있다. 이처럼 제시한 안이 나름대로 장단점을 갖고 있어서 선택이 쉽지 않지만, 그래도 가장 바람직한 안은 제3안이라고 본다. 무엇보다도 일시 정지 명령권 행사에 의한 거래의 위축을 막을 필요성이 더 크기 때문에 미리 일정한 정지 기간을 제시함으로써 거래의 안정성을 높일 필요가 있다. 핵심원칙도 정지 기간은 최대 2영업일을 넘지 않도록 제시하면서 연장에 대한 정리당국의 재량권을 허용하지 않고 있어(Para. 4.3(i)), 제3안은 국제기준에도 부합하는 면이 있다.

5) 일시 정지 명령권 행사의 조건

핵심원칙은 일시 정지 명령권이 행사될 수 있는 조건에 대하여 규정하고 있는데, 이러한 사항은 향후 입법 시 규정해야 할 것이므로 살펴볼 필요가 있다. 첫째, 일시 정지 명령은 정리 절차의 개시나 정리당국의 정리 권한 행사를 이유로 하는 기한 전 계약 종료권 행사의 경우에 적용되어야 한다(Para. 2.1(i) of Ⅰ－Annex 5). 둘째, 정지 기간은 2영업일을 초과하지 않는 최소한의 기간이어야 한다(Para. 2.1(ii) of Ⅰ－Annex 5). 셋째, 정리당국은 일시 정지 기간 동안 해당 금융기관의 일시 정지 명령 대상 금융계약 전부를 제3자에게 이전(transfer)하도록 해야지 그 중 일부인 특정 금융계약만 이전하도록 해서는 안 된다(소위 “no cherry－picking” rule)(Para. 2.1(iii) of Ⅰ－Annex 5). 넷째, 그러한 금융계약을 이전받는 제3자나 가교금융기관(bridge in－stitution)은 대상 금융계약의 권리와 의무를 전부 이전받아야 한다(Para. 2.1(iv) of Ⅰ－Annex 5). 다섯째, 일시 정지 명령 전이나 후 또는 그 기간 중이라도 정리 절차의 개시나 정리당국의 정리 권한 행사와 관련이 없는 사유에 의한 채무 불이행의 경우(예를 들어, 해당 금융기관의 지급 불이행이나 담보 미제공의 경우 등)에는 거래 상대방은 해당 금융기관에 대하여 기한 전 계약 종료권을 행사할 수 있도록 해야 한다(Para. 2.1(v) of Ⅰ－Annex 5). 여섯째, 계약을 이전받은 제3자나 가교금융기관이 별도의 채무 불이행이 있는 경우 이전된 금융계약의 거래 상대방은 여전히 기한 전 계약 종료권을 행사할 수 있어야 한다(Para. 2.1(vi) of Ⅰ－Annex 5). 일곱째, 정리당국이 대상 금융계약이 이전되지 않을 것이라는 사실을 해당 금융기관에게 통지한 때에는 일시 정지 기간이 끝나거나 그 기간이 끝나기 전이라도 거래 상대방은 즉시 해당 계약의 일괄정산(close－out)을 할 수 있어야 한다(Para. 2.1(vii) of Ⅰ－Annex 5). 여덟째, 일시 정지 기간이 끝난

79) 임형석(2016).

후에는 제3자에게 이전되지 않은 계약에 대해서는 거래 상대방은 기한 전 계약 종료권을 행사할 수 있어야 한다(Para. 2.1(viii) of I－Annex 5). 이러한 사항들은 일시 정지 명령권을 행사하기 위한 조건이므로 관련 법령에 반영되어야 할 것이다.

6) 일시 정지 명령의 주체

우리나라의 정리당국은 금융위원회와 예금보험공사로 이원화되어 있다. 따라서 일시 정지 명령 제도를 도입함에 있어 누가 일시 정지 명령권을 가져야 하는지도 검토해보아야 한다. 주된 정리당국을 금융위원회로 보고 예금보험공사를 보조적 정리당국으로 보는 입장에서는 명령권 행사의 주체가 금융위원회가 될 것이다. 그러나 예금보험공사가 정리 업무에 전문성을 갖고 있고 정리당국을 예금보험공사로 일원화해야 하는 입장에서 보면 예금보험공사가 명령권을 갖는 것이 바람직할 것이다.[80)]

7) 입법 방식

정리당국이 내리는 기한 전 계약 종료권의 일시 정지 명령 제도를 어느 법에 규정할 것인지의 문제도 검토할 필요가 있는데, 이러한 일시 정지 명령권은 정리당국이 내리는 명령권이므로 금융기관의 정리 절차에 관련되는 구조개선법에 규정되는 것이 바람직하다.[81)] 다만, 채무자회생파산법에 따른 회생 절차나 파산 절차에서도 기한 전 계약 종료권 행사에 대한 일시 정지의 필요성도 있을 수 있으므로, 이와 관련해서는 정리당국이 법원에 일시 정지 명령 신청을 하도록 하고 법원이 이러한 신청을 적극 고려하여 일시 정지 명령권을 발동할 수 있도록 하는 입법 조치도 필요할 것이다. 이 경우에는 관련 법률인 채무자회생파산법에 규정하면 될 것이다.

---

80) 이러한 주장에 대해서 무자본특수법인인 예금보험공사가 행정명령권을 행사할 수 있는지에 대한 의문 제기가 있을 수 있다. 그러나 행정권이 반드시 정부만이 행사할 수 있는 것은 아니라는 점, 「행정절차법」이나 「행정심판법」에서 행정 처분을 내릴 수 있는 '행정청'의 범위를 법령에 의해 행정 권한을 위임받은 공공단체나 그 기관도 포함하고 있다는 점(「행정절차법」 제2조 제1호, 「행정심판법」 제2조 제4호), 국회가 법률에 근거해서 특수법인 등 특정 기관에게 행정권을 부여하면 그 기관이 행정권 행사가 가능하다는 점 등에 비추어 볼 때 문제가 없다고 본다.

81) 같은 견해는 이한준(2017), 202면.

제4절

부실은행의 정리

Ⅰ. 서설

구조개선법은 부실은행을 효율적으로 정리하기 위한 여러 제도적 장치를 두고 있다. 이 중 가장 핵심적인 제도는 **적기시정조치**이다. 금융감독당국이 은행의 자기자본비율이나 경영실태평가 등급 등을 기준으로 해서 일정한 기준에 미달하게 되면 그 단계에 따라 부실자산의 처분, 자본금 증액이나 감액, 영업 정지 등의 조치를 취하게 함으로써 은행의 부실이 확대되지 않도록 선제적 조치를 취하거나 회생 가능성이 없는 부실은행에 대해서는 금융거래의 **계약이전**(purchase and assumption: P&A)이나 영업 인가 취소 조치를 하도록 함으로써 부실은행을 효율적으로 정리하기 위한 장치를 마련하고 있다. 또한 독자적 생존이 어려운 부실은행에 대해서는 정부나 예금보험공사가 출자를 하거나 부실은행의 보유 유가증권을 매입할 수 있도록 함으로써 공적 자금 투입에 의한 회생을 할 수 있도록 하는 장치도 마련하고 있다. 특히 부실은행에 대한 정리 수단으로 많이 이용되는 금융거래에 대한 계약이전 결정의 경우에는 해당 부실은행에 대해서는 이사회 및 주주총회 결의 절차 없이 계약을 이전하도록 하고 인수은행에 대하여는 「상법」상 요구되는 주주총회 결의 절차에 대한 여러 특례 조항을 둠으로써 계약이전이 신속하게 보다 효율적으로 이루어질 수 있도록 하고 있다. 이외에도 적기시정조치로서 취해지는 자본금 감소 명령에 의해서 자본금 감소를 하게 되는 경우에는 「상법」에 규정된 자본금 감소 절차에 대한 간소화 특례 규정을 마련함으로써 보다 신속하게 마무리될 수 있도록 하고 있다. 또한 계약이전을 한 부실은행에 대해서는 임원의 직무를 대행할 관리인을 선임할 수 있도록 하여 관리인이 은행을 경영할 수 있도록 하고 있다. 더 나아가서 금융감독당국의 자본금 감소 명령이 이행되지 않거나 이행될 수 없는 경우에는 계약이전이나 영업 정지 또는 영업 인가 취소 등의 행정 처분을 통해서 강제력을 확보하는 수단도 규정하고 있다.

Ⅱ. 적기시정조치

1. 개관

(1) 의의

구조개선법은 **적기시정조치**를 다음과 같이 규정하고 있다. 금융위원회는 "① 금융기관의 자기자본비율이 일정 수준에 미달하는 등 재무 상태가 금융위원회가 정한 일정한 기준에 미달하거나 ② 거액의 금융사고 또는 부실채권의 발생으로 재무상태가 금융위원회가 정한 일정한 기준에 미달하게 될 것이 명백하다고 판단되는 때에는, **금융기관의 부실화를 예방하고 건전한 경영을 유도**하기 위하여 당해 금융기관이나 임원에 대하여 **경영개선 권고·경영개선 요구 또는 경영개선 명령**을 하거나 **이행 계획을 제출할 것을 명**하여야 한다."(법 제10조 제1항).

금융감독당국이 부실 가능성이 있는 금융기관에 대하여 그 정도에 따라 부실자산의 처분이나 자본금 감소 명령 등 일정한 조치를 취하는 것을 말한다. 즉 적기시정조치 제도는 부실화 징후가 있는 금융기관에 대하여 적기에 경영 개선을 유도하고 강제함으로써 부실을 예방하고 경영 취약 부분의 정상화를 도모하는 건전성 감독 수단으로서 성격을 지닌다.[82] 또한 적기시정조치 제도는 금융기관의 경영 상태가 시정조치 발동 요건에 해당하는 경우 무차별적으로 시정조치를 시행하는 강행 규정이므로, 물론 금융감독당국이 일정한 요건에 해당한다고 판단하는 경우에는 유예 조치를 취할 수 있도록 되어 있지만, 정상화 가능성이 없는 금융기관을 조기에 퇴출시킴으로써 금융 소비자의 피해를 막고 예금보험기금의 고갈 등 금융기관의 부실화에 따른 사회적 비용을 경감시키고 금융제도의 안정성을 도모하기 위한 행정적 퇴출 수단이기도 하다.[83]

그리고 적기시정조치가 행해지는 경우는 은행의 재무 상태가 "금융위원회가 정하는 일정한 기준에 미달한 경우"뿐만 아니라 "미달하게 될 것이 명백하다고 판단되는 때"에도 해당되므로 두 번째 경우는 금융감독당국의 재량이 어느 정도 개입될 여지가 있다. 이러한 금융위원회의 적기시정조치에 관한 권한은 금융감독원장에게 위탁할 수 있다(법 제10조 제5항).

(2) 예외적인 유예 조치

적기시정조치는 일정한 사유에 해당하면 금융감독당국이 반드시 취해야 하는 의무 사항이다. 즉 구조개선법이 "명하여야 한다"라고 규정하고 있으므로 일정 요건에 해당하면 반드시 조치를 취해야 하는 강제 규정이고, 금융감독당국의 재량권이 없다. 다만 구조개선법은 일정한

82) 금융감독원(2022), 251면.
83) 금융감독원(2022), 251면.

사유가 발생하는 경우에는 **적기시정조치를 유예**(猶豫, forbearance)할 수 있도록 하는 근거 규정을 두고 있다.

즉 금융위원회는 적기시정조치 대상이 되는 "기준에 일시적으로 미달한 [은행]이 단기간 내에 기준을 충족시킬 수 있다고 판단되거나 이에 준하는 사유가 있다고 인정되는 때"에는 기간을 정하여 적기시정조치를 유예할 수 있다(법 제10조 제3항). 「은행업감독규정」은 조금 더 자세히 유예 기준을 정하고 있지만, 여전히 그 기준이 구체적이지 않아 유예 조치 여부 판단에 있어서 금융감독당국의 재량권이 개입될 여지가 크다. 즉 적기시정조치 기준에 해당하는 은행이 "자본의 확충 또는 자산의 매각 등을 통하여 단기간 내에 그 기준에 해당하지 않을 수 있다고 판단되는 경우 또는 이에 준하는 사유가 있다고 인정되는 경우"에는 금융감독당국은 일정기간 동안 조치를 유예할 수 있다(감독규정 제37조). 더욱이 유예 기간도 법에 규정하지 않고 전적으로 금융감독당국이 정할 수 있도록 하는 것도 문제이다. 이렇게 적기시정조치를 유예할 수 있는 기준이 전적으로 조치권자에게 맡겨져 있어 재량권이 남용되는 경우에는 적기시정조치 제도의 원래의 목적을 달성할 수 없는 문제가 생긴다.

(3) 제도 도입의 연혁

적기시정조치 제도는 원래 1974년 덴마크가 「상업은행·저축은행법」(CBSBA)을 제정하면서 최초로 시행한 제도인데, 미국이 1980년대 초 시작된 저축대출조합(savings and loan associations: S&Ls) 등 금융기관의 파산과 이로 인한 예금보험기금의 고갈로 문제가 커지게 되자 덴마크 제도를 본받아서 1991년 「연방예금보험공사개선법」(Federal Deposit Insurance Corporation Improvements Act of 1991)을 제정하여 이 제도를 시행하면서 주목을 받기 시작하였다.[84]

우리나라에서 적기시정조치 제도는 1992년 7월 은행에 처음으로 도입되었다.[85] 1991년 12월 개정된 「은행법」은 적기시정조치의 법적 근거 조항을 두었다. 즉 개정 「은행법」은 당시 은행감독정책 결정기관이었던 한국은행 금융통화운영위원회로 하여금 은행 "경영의 건전성 확보를 위한 경영지도기준을 정하여 운용"할 수 있도록 하고, 금융통화운영위원회는 은행이 "경영지도기준을 충족시키지 못하는 등 경영의 건전성을 크게 해칠 우려가 있다고 인정되는 때에는 자본금 증액·이익 배당 제한 등 경영 개선을 위하여 필요한 조치를 요구"할 수 있도록 하는 조항(제18조 제4항, 제5항)을 신설하였다.[86] 이에 근거하여 금융통화운영위원회는 1992년 7월 「금융기관 경영지도에 관한 규정」을 제정하여 '경영개선지도'로서 '경영합리화 조치'와 '경영개선 조치'를 규정함으로써 우리나라에 적기시정조치 제도가 처음으로 도입된 것이다.[87]

---

84) 금융감독원(2022), 251면.
85) 금융감독원(2022), 251면.
86) 금융감독원(2022), 251면.
87) 같은 설명으로는 심영(2006), 112면. '적기시정조치'라는 용어를 사용하지 않았고, 적기시정조치에 관한

이렇게 은행에 처음으로 도입된 적기시정조치 제도는 1997년 1월 구조개선법이 제정(1997년 3월 시행)되면서 근거 조항이 들어가게 되었다. 즉 제10조에 "금융기관의 자기자본비율이 일정 수준에 미달하는 등 재무상태가 불건전하다고 인정하는 때에는 해당 금융기관에 대하여 주의·경고 또는 경영개선계획의 제출 요구 등 필요한 조치를 할 수 있다"와 제11조에 "부실금융기관에 대하여 … 자본금의 증액, 보유주식의 처분 등 경영개선조치를 명할 수 있으며 합병, 영업의 전부 또는 일부의 양도, 제3자에 의한 당해 금융기관의 인수 등을 권고할 수 있다"라고 규정하면서 비록 '적기시정조치'라는 용어는 사용하지 않았지만, 사실상 적기시정조치에 해당하는 규정을 둔 것이다. 그리고 적용 범위가 은행뿐만 아니라 증권회사, 보험회사, 상호저축은행 등 다른 금융기관에게도 확대되었다(법 제2조 제1호). 이후 1997년 말 외환위기를 겪으면서 부실금융기관의 효율적 정리 등 강도 높은 구조 조정 조치가 필요함에 따라 1998년 10월 구조개선법이 개정되면서 '적기시정조치'라는 용어(법 제10조)가 등장하였고, 현재의 적기시정조치 제도의 면모를 갖추게 되었다.

2. 적용 기준

(1) 개관

정기시정조치가 취해지게 되는 은행의 재무 상태 기준과 내용은 금융위원회가 미리 정하도록 하고 있다(법 제10조 제2항). 이에 따라 「은행업감독규정」에는 이러한 적기시정조치가 취해질 수 있는 기준을 정해놓고 있다. 다만 금융위원회가 적기시정조치 기준을 정함에 있어서 "은행 또는 은행의 주주에게 중대한 재산상의 손실을 끼칠 우려가 있는 영업의 전부 정지, 영업의 전부 양도, 계약의 전부 이전 또는 주식의 전부 소각에 관한 명령 및 이에 준하는 조치"는 해당 은행이 ① 부실은행인 경우이거나 ② "재무 상태가 적기시정조치 기준에 크게 미달하고 건전한 신용질서나 예금자의 권익을 해할 우려가 현저하다고 인정되는 경우"에 한하도록 제한하고 있다(법 제10조 제4항).

(2) 포괄위임입법 금지 원칙에 위반되는지 여부

1) 서설

구조개선법은 적기시정조치 기준을 금융위원회가 직접 정하도록 하고 있는데, 이와 관련하여 그 기준을 대통령령이나 부령(部令)이 아닌 고시(告示)와 같은 행정규칙으로 직접 규정하는 것

조항(제10조)의 내용과 다르기 때문에 엄밀한 의미에서 적기시정조치 제도가 아니라고 주장할 여지도 있다. 물론 완벽한 의미에서 적기시정조치 제도는 아니라고 볼 여지도 있으나, 그 내용은 현행 적기시정조치 내용의 일부분에 해당하고 유사한다는 점을 고려하면 적기시정조치에 해당한다고 볼 수 있을 것이다. 반면에 1997년에 구조개선법 제정으로 적기시정조치가 도입되었다는 설명으로는 한국개발연구원(2004), 167면.

이 「헌법」상의 포괄위임입법 금지 원칙(「헌법」 제75조[88])에 위반되는지 여부가 문제될 수 있다.

2) 위반되지 않는다는 견해

헌법재판소는 다수 의견에서 **적기시정조치 기준을 금융위원회 고시로 직접 정하도록 하고 있는 구조개선법 조항이 헌법에 위반되지 않는다**고 보았다. 즉 "행정규칙은 법규명령과 같은 엄격한 제정 및 개정 절차를 요하지 아니하므로, 재산권 등과 같은 기본권을 제한하는 작용을 하는 법률이 입법위임을 할 때에는 "대통령령," "총리령," "부령" 등 법규명령에 위임함이 바람직하고, 금융감독위원회의 **고시와 같은 형식으로 입법위임을 할 때에는** 적어도 행정규제기본법 제4조 제2항[89] 단서에서 정한 바와 같이 **법령이 전문적·기술적 사항이나 경미한 사항으로서 업무의 성질상 위임이 불가피한 사항에 한정된다 할 것이고, 그러한 사항이라 하더라도 포괄위임금지의 원칙상 법률의 위임은 반드시 구체적·개별적으로 한정된 사항에 대하여 행하여져야 한다** … 금융산업의구조개선에관한법률 제2조 제3호 가목은 부실금융기관을 결정할 때 '부채와 자산의 평가 및 산정'의 기준에 관하여, 위 법률 제10조 제1항·제2항은 적기시정조치의 기준과 내용에 관하여 금융감독위원회의 고시에 위임하고 있는바, 위와 같이 **입법위임된 사항은 전문적·기술적인 것으로 업무의 성질상 금융감독위원회의 고시로 위임함이 불가피한 사항**일 뿐만 아니고, 위 각 법률규정 자체에서 금융감독위원회의 고시로 규제될 내용 및 범위의 기본사항이 구체적으로 규정되어 있어 누구라도 위 규정으로부터 금융감독위원회의 고시에 규정될 내용의 대강을 예측할 수 있다 할 것이어서, 포괄위임입법 금지를 선언한 헌법 제75조에 위반되지 아니한다."라고 하고 있다.[90]

3) 위반된다는 견해

같은 사건에서 반대 의견은 위헌이라는 입장을 취하고 있어 주목할 필요가 있다. 반대 의견은 "우리 헌법은 제40조에서 국회입법의 원칙을 천명하면서 예외적으로 법규명령으로 대통령령, 총리령과 부령, 대법원규칙, 헌법재판소규칙, 중앙선거관리위원회규칙을 한정적으로 열거하고 있는 한편 우리 헌법은 그것에 저촉되는 법률을 포함한 일체의 국가의사가 유효하게 존립될 수 없는 경성헌법이므로, **법률 또는 그 이하의 입법형식으로써 헌법상 원칙에 대한 예외를 인정하여 고시와 같은 행정규칙에 입법사항을 위임할 수는 없다.** 우리 헌법을 이렇게 해석한다면 **위임에 따른 행정규칙은 법률의 위임 없이도 제정될 수 있는 집행명령**(헌법 제75조 후단)**에 의하여 규정할 수 있는 사항 또는 법률의 의미를 구체화하는 내용만을 규정할 수 있다고 보아야 하는 것**이고 새로운 입법사항을 규정하거나 국민의 새로운 권리·의무를 규정할 수는 없다. 그렇다면 금융산업의구조개선

88) 「헌법」 제75조("대통령령은 법률에서 구체적으로 범위를 정하여 위임받은 사항과 법률을 집행하기 위하여 필요한 사항에 대하여 대통령령을 발할 수 있다").

89) 제4조(규제 법정주의) "② 규제는 법률에 직접 규정하되, 규제의 세부적인 내용은 법률 또는 상위법령(上位法令)에서 구체적으로 범위를 정하여 위임한 바에 따라 대통령령·총리령·부령 또는 조례·규칙으로 정할 수 있다. 다만, 법령에서 전문적·기술적 사항이나 경미한 사항으로서 업무의 성질상 위임이 불가피한 사항에 관하여 구체적으로 범위를 정하여 위임한 경우에는 고시 등으로 정할 수 있다."

90) 헌법재판소 2004. 10. 28. 99헌바91 전원재판부.

에관한법률 제2조 제3호 가목은 '부채와 자산의 평가 및 산정'을 '금융감독위원회가 미리 정하는 기준'에, 이 사건 법률 제10조 제1항 제2호, 제2항은 '적기시정조치의 기준과 내용'을 '금융감독위원회의 고시'에 각 위임하고 있는바, 이는 법규적 사항을 헌법에서 한정적으로 열거한 위임입법의 형식을 따르지 아니하고 법률에서 임의로 위임입법의 형식을 창조한 것으로 헌법에 위반된다고 하지 않을 수 없다."라고 있다.[91]

(3) 구체적인 적용 기준

1) 경영개선 권고의 기준

금융위원회가 은행에 대하여 **경영개선 권고를 해야 하는 기준**은 다음과 같다. (i) 총자본비율[92]이 100분의 8 미만, 기본자본비율[93]이 100분의 6.0 미만, 또는 보통주자본비율[94]이 100분의 4.5 미만인 경우, (ii) 「은행업감독규정」 제33조에 의한 경영실태평가 결과 종합평가등급이 1등급 내지 3등급으로서 자산건전성 또는 자본적정성 부문의 평가등급을 4등급 또는 5등급으로 판정받은 경우, 또는 (iii) 거액의 금융사고 또는 부실채권의 발생으로 위의 (i) 또는 (ii)의 기준에 해당될 것이 명백하다고 판단되는 경우이다(감독규정 제34조 제1항).

2) 경영개선 요구의 기준

금융위원회가 은행에 대하여 **경영개선 요구를 해야 하는 기준**은 다음과 같다. (i) 총자본비율이 100분의 6 미만, 기본자본비율이 100분의 4.5 미만, 또는 보통주자본비율이 100분의 3.5 미만인 경우, (ii) 경영실태평가 결과 종합평가등급을 4등급 또는 5등급으로 판정받은 경우, (iii) 거액의 금융사고 또는 부실채권의 발생으로 위의 (i) 또는 (ii)의 기준에 해당될 것이 명백하다고 판단되는 경우, 또는 (iv) 경영개선 권고를 받은 은행이 경영개선 계획을 성실히 이행하지 아니하는 경우이다(감독규정 제35조 제1항).

3) 경영개선 명령의 기준

금융위원회는 다음 기준에 해당하는 은행에 대하여 기간을 정하여 필요한 조치를 이행하도록 **경영개선을 명령**하고, 금융감독원장은 조치 내용이 반영된 계획을 2개월의 범위 내에서 금융위원회가 정하는 기한 내에 제출받아 이행 여부를 점검하여야 한다(감독규정 제36조 제1항). 그러한 기준은 (i) 구조개선법 제2조 제3호에서 정하는 **부실은행이 되는 경우**, (ii) 총자본비율이

---

91) 헌법재판소 2004. 10. 28. 99헌바91 전원재판부.

92) 총자본비율은 위험가중자산에 대한 총자본의 비율을 말한다(「은행업감독업무시행세칙」 [별표 7] 계량지표의 산정 기준). 총자본은 보통주자본, 기타기본자본(조건부자본증권 등)과 보완자본(후순위채권 발행 자금 등)의 합계에서 공제항목을 제외한 것이다(감독규정 [별표 1]).

93) 기본자본비율은 위험가중자산에 대한 기본자본의 비율을 말한다(「은행업감독업무시행세칙」 [별표 7] 계량지표의 산정 기준). 기본자본은 보통주자본과 기타기본자본의 합계를 말한다(감독규정 [별표 1]).

94) 보통주자본비율은 위험가중자산에 대한 보통주자본의 비율을 말한다(「은행업감독업무시행세칙」 [별표 7] 계량지표의 산정 기준).

100분의 2 미만, 기본자본비율이 100분의 1.5 미만, 또는 보통주자본비율이 100분의 1.2 미만인 경우, (iii) 경영개선 요구를 받은 은행이 경영개선 계획의 주요 사항을 이행하지 않아 금융위원회의 이행 촉구를 받았음에도 이를 이행하지 아니하거나 이행이 곤란하여 정상적인 경영이 어려울 것으로 인정되는 경우이다(감독규정 제36조 제1항).

3. 조치 내용

(1) 의의

금융위원회가 해당 은행이나 임원에 대하여 취하는 **경영개선 권고, 경영개선 요구 및 경영개선 명령**의 적기시정조치의 내용은 다음과 같다(법 제10조 제1항 제1호 내지 제9호).

(i) 은행 및 임·직원[95]에 대한 주의·경고·견책 또는 감봉
(ii) **자본금 증가 또는 자본금 감소,**[96] **보유 자산의 처분** 또는 점포·조직의 축소
(iii) 채무불이행 또는 가격 변동 등의 위험이 높은 자산의 취득 금지 또는 비정상적으로 높은 금리에 의한 수신의 제한
(iv) 임원의 직무 정지 또는 임원의 직무를 대행하는 **관리인의 선임**
(v) **주식의 소각 또는 병합**
(vi) **영업의 전부 또는 일부 정지**
(vii) **합병 또는 제3자에 의한 해당 금융기관의 인수**
(viii) **영업의 양도** 또는 예금·대출 등 금융거래에 관련된 **계약의 이전**
(ix) 기타 (i) 내지 (viii)에 준하는 조치로서 은행의 재무 건전성을 높이기 위하여 필요하다고 인정되는 조치

따라서 금융위원회는 미리 규정된 적용 기준에 따라 여러 가지 조치 내용 중 해당하는 조치를 경영개선 권고, 경영개선 요구나 경영개선 명령의 조치로 분류하여 취할 수 있다. 은행에 대한 적기시정조치의 구체적인 내용은 「은행업감독규정」에서 정하고 있다. 그리고 (ix)의 조치 내용은 금융위원회가 상당한 재량권을 행사할 수 있는 여지가 있는데, 적기시정조치의 내용이 해당 은행에게는 상당히 중요하다는 점을 고려할 때 금융감독당국의 재량권이 작용될 여지가 있는 이 문구는 수정될 필요가 있다. 법에 규정하기가 어려운 사항이라면 시행령에 위임할 수 있도록 하여 보다 명확하게 규정해야 할 것이다.

95) '직원'에 대해서도 적기시정조치가 취해지는데, 그렇다면 법 제10조 제1항의 본문도 '임원'뿐만 아니라 '직원'도 그 대상에 포함시키는 것이 바람직할 것이다.
96) 법문은 '자본 증가 또는 자본 감소'라고 하고 있는데, '자본금 증가 또는 자본금 감소'라고 해야 할 것이다.

(2) 구체적인 조치 내용

1) 경영개선 권고의 조치 내용

금융위원회는 은행에 대하여 다음의 조치 중 일부 또는 전부를 **경영개선 권고 조치**로서 내려야 한다. 즉 (i) 인력 및 조직 운영의 개선, (ii) 경비 절감, (iii) 영업소 관리의 효율화, (iv) 고정자산 투자, 신규 업무 영역에의 진출 및 신규 출자의 제한, (v) 부실자산의 처분, (vi) **자본금의 증액 또는 감액**, (vii) **이익배당 제한**, (viii) 특별 대손충당금의 설정 조치이다(감독규정 제34조 제2항). 금융위원회는 경영개선 권고를 하는 경우 당해 은행 또는 관련 임원에 대하여 주의 또는 경고 조치를 취할 수 있다(감독규정 제34조 제3항).

'권고'라고 하고 있어서 얼핏 강제성이 없다고 볼 수도 있으나, 이러한 권고 조치를 따르지 않을 때는 다음의 경영개선 요구 조치가 취해지며, 경영개선 요구 조치를 따르지 않으면 경영개선 명령 조치가 취해지기 때문에 사실상 강제성이 있다.

2) 경영개선 요구의 조치 내용

금융위원회는 다음 조치 중 일부 또는 전부를 **경영개선 요구 조치**로서 내려야 한다. 즉 (i) 영업소의 폐쇄·통합 또는 영업소의 신설 제한, (ii) 조직의 축소, (iii) 위험자산 보유 제한 및 **자산 처분**, (iv) 예금 금리 수준의 제한, (v) 자회사 정리, (vi) 임원진 교체 요구, (vii) **영업의 일부 정지**, (viii) 합병, 금융지주회사의 자회사로의 편입(단독으로 또는 다른 금융기관과 공동으로 금융지주회사를 설립하여 그 자회사로 편입하는 경우를 포함한다), 제3자에 의한 은행의 인수, 영업의 전부 또는 일부 양도 **계획의 수립**, (ix) 적기시정조치로서 취한 경영개선 권고 조치 사항이다(감독규정 제35조 제2항).

3) 경영개선 명령의 조치 내용

금융위원회는 다음의 조치 중 일부 또는 전부를 **경영개선 명령 조치**로서 내려야 한다. 즉 (i) **주식의 전부 또는 일부 소각**, (ii) 임원의 직무 집행 정지 및 **관리인의 선임**, (iii) **합병** 또는 금융지주회사의 자회사로 편입(단독으로 또는 다른 금융기관과 공동으로 금융지주회사를 설립하여 그 자회사로 편입하는 경우를 포함한다), (iv) **영업의 전부 또는 일부 양도**, (v) **제3자에 의한 당해 은행의 인수**, (vi) **6개월 이내의 영업 정지**, (vii) **계약의 전부 또는 일부 이전**, (viii) 경영개선 요구 조치 사항이다(감독규정 제36조 제2항 본문). 다만 영업의 전부 정지, 영업의 전부 양도, 계약의 전부 이전 또는 주식의 전부 소각의 조치는 ① 부실은행이거나 ② 총자본비율이 100분의 2 미만, 기본자본비율이 100분의 1.5 미만, 또는 보통주자본비율이 100분의 1.2 미만이고 건전한 신용질서나 예금자의 권익을 해할 우려가 현저하다고 인정되는 경우에 한한다(감독규정 제36조 제2항 단서).

또한 금융위원회는 경영개선 권고나 경영개선 요구를 받은 은행으로서 외부로부터 자금지원 없이는 정상적인 경영이 어렵다고 판단되어 정부 또는 예금보험공사가 출자하기로 한 은행에 대하여 자본금 증가 또는 자본금 감소를 명령할 수 있다(감독규정 제36조 제3항).

4. 적기시정조치에 따른 자본금 감소 명령 시 절차의 간소화 특례

(1) 의의

적기시정조치에 의하여 금융위원회로부터 자본금 감소를 명령받은 은행이 자본금 감소를 위하여 주식을 소각하거나 병합하고자 하는 경우에는 「상법」에 따른 절차에 대한 특례가 적용된다(법 제13조의2 제1호→제12조 제4항 내지 제9항).

(2) 주주총회가 아닌 이사회에서 자본금 감소 결의 가능

「상법」 제438조 내지 제441조의 규정에 불구하고 당해 **은행의 이사회가 자본금 감소를 결의하거나 자본금 감소의 방법과 절차 및 주식 병합 절차 등에 관한 사항을 정할 수 있다**(법 제13조의2→제12조 제4항).[97] 「상법」에 따르면, 자본금 감소는 주주총회 특별결의나 보통결의를 얻어야 하나(제438조 제1항, 제2항), 구조개선법은 이사회가 이를 정할 수 있도록 특칙 규정을 두고 있다. 이는 「상법」이 정하고 있는 주주총회 결의 요건에 대한 중대한 예외인 셈인데, 부실은행에 대한 자본금 감소를 그만큼 신속하게 처리하기 위해서 둔 규정이라고 할 수 있다.

(3) 채권자 이의 제출 기간의 단축과 공고

1) 「상법」 규정

「상법」에 따르면 유상(有償) 자본금 감소의 경우 채권자 보호 절차로서 자본금 감소의 결의가 있는 날로부터 2주 내에 회사 채권자에 대하여 자본금 감소에 이의(異議)가 있으면 "1개월 이상의 기간" 내에 이를 제출할 것을 공고(公告)하고, 알고 있는 채권자에 대하여는 따로 이를 최고(催告)하여야 한다(제439조 제2항→제232조 제1항). 이의를 제출한 채권자가 있는 때에는 그 채권자에 대하여 변제 또는 상당한 담보를 제공하거나 이를 목적으로 하여 상당한 재산을 신탁회사에 신탁하여야 한다(「상법」 제439조 제2항→제232조 제3항).

2) 구조개선법 규정

구조개선법은 이의 제출 기간을 자본금 감소에 관한 이사회 결의일로부터 "10일 이상의 기간"으로 단축하고, 개별 채권자에 대한 최고를 생략하여 2개 이상의 일간지에 공고만 해도 될 수 있도록 특칙을 두고 있다(법 제13조의2→제12조 제5항 본문). 다만 이의를 제출한 채권자에 대한 변제 또는 담보 제공 규정은 「상법」과 같다(「상법」 제439조 제2항→제232조 제3항). 공고를 해야 하는 기간이 정해지지 않아 언제까지 공고를 해야 하는 지가 불명확한 점이 있으나, 「상법」처럼 자본금 감소에 관한 이사회 결의일로부터 2주 내에 공고해야 하는 것(「상법」 제439조 제2항→제232조 제1항)으로 보아야 할 것이다.

---

97) 구조개선법은 '자본 감소'라고 되어 있는데, '자본금 감소'라고 변경해야 할 것이다.

(4) 주식 병합에 관한 절차의 간소화 특칙

1) 「상법」 규정

「상법」에 따르면, 자본금 감소를 위한 주식 병합의 경우 회사는 "1개월 이상의 기간"을 정하여 그 뜻과 그 기간 내에 주권을 회사에 제출할 것을 공고하고, 주주명부에 기재된 주주와 질권자에 대하여는 개별로 통지하여야 한다(제440조). 주식 병합의 효력은 공고 기간인 1개월 이상의 기간이 만료한 때에 생기므로(제441조), 이 기간 이내에 구 주권을 제출하면 이를 회수하고 새로운 주권을 교부해야 한다.[98]

2) 주식 병합 공고 기간의 단축 등

구조개선법은 "1개월 이상의 기간"을 "5일 이상의 기간"으로 단축하고 있으며, 주주에 대한 개별 통지를 생략할 수 있도록 하고 있고, 신 주권 교부일에 대해서도 특칙을 두고 있다. 즉 은행은 5일 이상의 기간을 정하여 그 내용과 기간 내에 주권을 은행에 제출할 것을 공고하고, 주식 병합 기준일(5일 이상의 기간 중 마지막 날을 말한다)로부터 1개월 이내에 새로운 주권을 교부하여야 한다(법 제13조의2→제12조 제6항 본문).

다만 자본시장법에 따라 주권이 한국예탁결제원에 예탁되어 있는 주식을 병합하는 경우에는 주식 병합 기준일에 실질 주주명부의 기재에 의하여 구 주권의 제출 및 신 주권의 교부가 이루어진 것으로 할 수 있으며, 이 경우 그 사실을 주식 병합에 관한 공고를 할 때에 함께 공고하여야 한다(법 제13조의2→제12조 제6항 단서).

3) 주식 소각에 대한 절차 특칙 마련 필요

「상법」에 따른 주식 소각의 절차는 주식 병합의 절차를 따르도록 하고 있다(제343조 제2항→제440조, 제441조). 따라서 자본금 감소를 위한 주식 소각의 경우 회사는 1개월 이상의 기간을 정하여 그 뜻과 그 기간 내에 주권을 회사에 제출할 것을 공고하고, 주주명부에 기재된 주주에 대하여는 개별로 통지하여야 하며(제340조 제2항→제440조), 주식 소각은 1개월 이상의 기간이 만료한 때에 효력이 생긴다(제340조 제2항→제441조). 그런데 구조개선법은 주식 병합의 경우에만 「상법」에 대한 특칙 규정을 두고 있어, 주식 소각의 경우에 있어서 그 절차는 해석상 구조개선법이 적용되지 않고 「상법」이 적용된다고 보아야 하는데, 입법론으로는 주식 소각의 경우에도 구조개선법에 따른 특칙이 적용되도록 하는 것이 바람직하다.

(5) 반대주주의 주식매수청구권에 대한 특칙

「상법」에 따르면 회사의 자본금 감소의 경우 반대주주의 주식매수청구권을 인정하고 있

---

98) 신 주권의 교부 시기에 대해서 「상법」은 명확한 규정을 두고 있지 않지만, 「상법」 제441조가 "주식의 병합은 [공고] 기간이 만료한 때에 그 효력이 생긴다"고 하고 있으므로, 해석상 그 기간 내에 신 주권을 교부하여야 한다고 볼 수 있다.

지 않은데, **구조개선법은 반대주주의 주식매수청구권을 인정**하고 있다. 이는 적기시정조치에 의한 금융위원회의 자본금 감소 명령에 따른 은행의 자본금 감소의 경우 「상법」과 달리 이사회 결의만으로 할 수 있도록 하고 있어서 주주총회에서 반대주주의 의사가 반영될 여지가 없다는 점을 고려해서 반대주주의 주식매수청구권을 인정하는 특칙 규정을 둔 것으로 이해할 수 있다.

즉 은행 이사회가 자본금 감소 결의를 한 때에는 해당 은행은 지체 없이 2개 이상의 일간지에 그 결의 사항과 결의 사항에 반대하는 주주는 10일 이내에 주식의 종류와 수를 기재한 서면으로 자기가 보유한 주식의 매수를 은행에 청구할 수 있다는 사실을 공고하여야 한다(법 제13조의2 → 제12조 제7항). 은행은 반대주주의 주식매수청구가 있는 경우에는 청구를 받은 날부터 2개월 이내에 주식을 매수하여야 하는데, 주식 매수 가액은 주주와 당해 은행 사이에 협의에 의하여 결정하며, 협의가 이루어지지 아니하는 경우에는 회계전문가가 해당 은행의 재산가치와 수익 가치 등을 고려하여 산정한 가격으로 한다(법 제13조의2 → 법 제12조 제8항). 은행 또는 주식 매수를 청구한 반대주주가 보유한 주식의 100분의 30 이상이 회계전문가가 결정한 매수 가액에 반대하는 경우에는 매수 가액을 결정한 때부터 30일 이내에 법원에 대하여 매수 가액의 결정을 청구할 수 있다(법 제13조의2 → 제12조 제9항).

5. 적기시정조치에 따른 자본금 증가 명령 시 절차의 특칙

(1) 의의

당해 은행 주식의 시가(時價)가 액면가에 미달되어 적기시정조치에 의하여 금융위원회로부터 자본금 증가를 명령받은 은행의 경우에는 「상법」에 따른 신주 발행 절차에 대한 특칙이 적용된다(법 제13조의2 제2호 → 제12조 제2항, 제7항, 제8항).

(2) 이사회 결의에 대한 특칙

「상법」에 따르면 회사가 신주를 발행하여 자본금 증가를 하려고 하는 경우에는 정관에서 주주총회에서 결정하기로 정하지 않는 한 이사회에서 신주 종류와 수(數) 및 발행가액 등 신주 발행에 관한 사항을 정하도록 되어 있으며(제416조), 기존 주주의 신주인수권이 인정되고, 제3자 배정은 정관이 정하는 바에 따라 신기술의 도입이나 재무구조 개선 등 경영상의 목적이 인정되는 경우에 한한다(제418조). 또한 액면 미달의 발행은 회사 성립일로부터 2년이 경과한 후에 주주총회의 특별결의를 얻고 법원의 허가를 받은 경우에 한해서만 예외적으로 허용된다(제330조, 제417조). 종류주식의 발행도 정관으로 그 내용과 수를 정해야 한다(제344조 제2항).

그러나 주식의 시가(時價)가 액면가에 미달되어 적기시정조치로서 금융위원회로부터 자본금 증가를 명령받은 은행의 경우에는 이러한 「상법」 조항의 적용을 받지 않고 이사회가 신주의 종류와 내용, 수량, 발행 가액, 배정 방법 및 그 밖의 절차에 관한 사항을 결정할 수 있도록 하고 있다(법 제13조의2 → 제12조 제2항).

(3) 반대주주의 주식매수청구권 인정

「상법」에 따르면, 신주 발행의 경우 반대주주의 주식매수청구권이 인정되지 않는데, 구조개선법은 자본금 증가 명령을 받은 은행의 경우에 반대주주의 주식매수청구권을 인정하고 있다. 그 절차는 위 4.(5)에서 논의한 내용이 그대로 적용된다. 이는 「상법」에 따른 기존 주주의 신주인수권도 인정되지 않고, 경영상 목적 없이도 바로 제3자 배정을 할 수 있어서 주주의 이해관계에 영향을 미치기 때문에 반대주주에게 주식매수청구권을 부여해서 투하 자본을 회수할 수 있도록 해주기 위한 것이라고 이해할 수 있다.

6. 적기시정조치의 이행을 위한 지원 조치

(1) 예금보험공사의 자금 지원 조치

금융위원회는 적기시정조치의 내용 중 은행에 대하여 “합병, 영업양도 또는 계약이전을 명령”하는 경우에는 다른 은행 등 금융기관을 지정하여 명령의 대상이 되는 은행 등 금융기관과 합병, 영업양수 또는 계약이전을 “권고”할 수 있다(법 제11조 제1항). 이 경우 예금보험공사는 이러한 권고를 받은 다른 금융기관에 대하여 그 이행을 전제로 「예금자보호법」에 의한 자금 지원의 금액과 조건 등을 미리 제시할 수 있는데(법 제11조 제2항), 그러한 자금 지원은 예금보험공사가 예금보험기금이나 예금보험기금채권상환기금의 부담으로 제공하는 자금의 대출 또는 예치, 자산의 매수, 채무의 보증이나 인수, 또는 출자나 출연을 말한다(「예금자보호법」 제2조 제6호).

(2) 당사자 금융기관의 영업양도 협의

금융위원회의 영업양도 명령과 관련하여 구조개선법 시행령은 보다 자세한 규정을 두고 있다. 즉 영업양도의 명령을 받은 은행은 영업양도에 관하여 상대 금융기관의 지정이 있는 때에는 그 금융기관과 협의를 하고, 지정이 없는 때에는 다른 금융기관과 영업양도에 관하여 협의를 하여야 한다(시행령 제5조의7 제1항). 금융위원회는 영업양도의 상대 금융기관을 지정한 때에는 즉시 이를 해당 은행에 통지하여야 한다(시행령 제5조의7 제2항). 영업양도에 관한 협의는 쌍방의 금융기관에서 주주총회의 특별결의를 얻어야 하지만, 해당 금융기관의 개별 설립근거법에서 결의 방법을 정하고 있는 경우에는 당해 법률이 정하는 바에 의한다(시행령 제5조의7 제3항). 영업양도에 관한 협의가 성립된 때에는 쌍방의 금융기관은 지체 없이 해당 설립 근거 법률이 정하는 바에 의하여 필요한 인가를 받아야 한다(시행령 제5조의7 제4항).

(3) 예금보험공사의 합병 등의 알선

예금보험공사는 은행이 적기시정조치를 원활히 이행할 수 있도록 필요하다고 인정되는 경우에는 은행과 다른 금융기관 사이의 합병이나 영업 양도·양수 또는 제3자에 의한 인수를 알선(斡旋)할 수 있다(법 제11조 제3항).

(4) 최저 자본금 미달에 따른 은행업 인가 취소의 유예

금융위원회가 은행에 대하여 적기시정조치로서 자본금 감소를 명령하는 경우(법 제10조 제1항), 이에 따른 주식의 일부 또는 전부의 소각이나 주식의 병합을 명령받은 은행이 그 명령을 이행한 결과 자본금이 「은행법」이 정하는 최저 자본금 미만으로 감소하는 경우 금융위원회는 1년 이내의 기간 동안 해당 은행업의 인가를 취소하지 아니할 수 있다(법 제11조 제4항 제1호).[99] 또한 은행이 합병으로 인하여 주식을 병합한 결과 또는 은행이 자본금을 증가시킬 목적으로 자본금 감소를 위한 주식의 소각이나 병합한 결과 자본금이 「은행법」이 정하는 최저 자본금 미만으로 감소하는 경우 금융위원회는 1년 이내의 기간 동안 해당 은행업의 인가를 취소하지 아니할 수 있다(법 제11조 제4항 제2호).

(5) 증권 취득 한도 대상 증권에서 제외

은행이 다른 회사에 대한 기존의 대출금 등을 출자로 전환함으로써 소유하게 된 주식 또는 은행이 취득한 정부가 원리금을 보증한 채권(債券)은 「은행법」 제38조에 따른 증권 취득 한도에 있어서 그 대상이 되는 주식이나 증권의 범위에 포함되지 않는다(법 제11조 제6항).

(6) 관련 법령의 적용 유예

적기시정조치에 따른 합병, 인수, 영업 양도·양수 또는 계약이전의 결과, 자본시장법에 따른 자산운용의 제한이나 공개매수 규정 등(제81조, 제133조, 제165조의3, 제165조의15, 제167조, 제340조, 제342조, 제344조 및 제347조), 「보험업법」에 따른 자산운용의 제한과 특별계정의 설정·운용 등(제106조, 제108조 및 제109조), 「상호저축은행법」에 따른 신용공여한도나 차입제한 등(제12조, 제17조, 제18조의2 및 제24조의2), 그 밖의 관련 법령의 규정에 저촉되게 되는 경우 당해 금융기관은 금융위원회가 정하는 절차에 따라 3년 이내에 관련 법령의 규정에 적합하도록 하여야 한다(법 제11조 제5항).

99) 법문은 단지 "그 명령을 이행하는 경우"로 되어 있으나, 자본금 감소 명령을 이행한 결과 최저 자본금에 미달하는 경우로 새겨야 할 것이다.

7. 적기시정조치 제도의 개선 과제[100)]

(1) 문제점

구조개선법에 따른 적기시정조치를 취할 수 있는 기관은 금융위원회이다. 즉 적기시정조치 발동 요건을 판단하는 주체는 금융감독당국인 것이다. 그러한 발동 요건은 자기자본 비율(은행의 경우), 영업용순자본 비율(금융투자업자의 경우), 지급여력 비율(보험회사의 경우) 또는 경영실태 평가 등급이다.[101)] 물론 적기시정조치 중 경영개선 명령의 요건의 하나가 되는 부실금융기관 해당 여부[102)] 판단은 금융위원회나 예금보험공사의 예금보험위원회가 하게 되어 있어서(구조개선법 제2조, 「예금자보호법」 제2조), 그 판단에 있어서는 예금보험기구도 관여할 수 있도록 되어 있지만, 실제는 금융감독당국이 주도적으로 하고 있다. 적기시정조치 발동 여부는 금융위원회가 전적으로 결정할 수 있고, 유예 조치의 결정권도 금융위원회에 있다(법 제10조 제3항). 특히 문구 해석상 유예 조치 여부 판단에 있어서는 금융감독당국의 재량권 행사 여지가 크다.[103)]

또한 적기시정조치 발동 요건을 살펴보면, 대부분의 경우는 계량적인 요소(예를 들어, 은행의 경우 자기자본비율이나 경영실태 평가 등급)이어서 그 판단에 있어서 재량권이 행사될 여지가 거의 없지만, "거액의 금융사고 또는 부실채권의 발생으로 [일정한 자기자본 비율 또는 경영실태 평가 등급]의 기준에 해당될 것이 명백하다고 판단되는 경우"(「은행업감독규정」 제34조, 제35조)와 같은 기준인 경우에는 금융감독당국의 재량권이 행사될 여지가 있다. 더 나아가서 금융감독당국이 해당 금융기관의 경영 실태를 정확하게 잘 평가할 수 있는지에 대한 의문도 제기될 수 있다. 예를 들어, 영국의 당시 금융감독원(FSA)이 2007년 대규모 예금 인출 사태가 발생한 영국 노던록은행(Northern Rock Bank)의 경영 상태를 인출 사태가 발생하기 전 'Solvency'(건전)하다고 평가한 사례를 들 수 있다.[104)]

이처럼 금융감독당국이 적기시정조치 여부 판단이나 유예 조치에 있어서 재량권을 행사하거나 금융기관 경영실태 평가에 있어서 정확한 판단을 하지 못해서 적기에 필요한 시정조치

100) 이하는 고동원·노태석(2010), 137~142면을 수정·보완한 것이다.

101) 「은행업감독규정」 제34조 내지 제36조, 「금융투자업규정」 제3-26조 내지 제3-28조, 「보험업감독규정」 제7-17조 내지 제7-19조.

102) 「은행업감독규정」 제36조 제1항, 「금융투자업규정」 제3-28조 제1항, 「보험업감독규정」 제7-19조 제1항 등 참조.

103) 2004년 국회정무위원회의 국정감사결과보고서에 따르면, 2000년 이후 적기시정조치 발동 요건에 부합한 131건 중 57건(44%)에 대해 적기시정조치가 내려졌으며, 2003년 신용카드 사태에서는 삼성카드·LG카드·현대카드 등 대형 신용카드회사들이 적기시정조치를 받게 될 상황에 이르자 적기시정조치 발동 요건을 변경하였으며, 현대투신증권(주)의 경우에는 6년간 적기시정조치를 유예하고도 2003년 3월에는 「증권업감독규정」까지 개정하여 추가로 1년을 더 유예한 사례가 있다(국회의원 이한구(2004. 10. 12)).

104) 자세한 사항은 하홍윤·김민혁(2007), 9~10면.

를 취하지 못하고, 이에 따라 금융기관이 부실이 되거나 부실이 심해지는 경우, 그러한 부실금융기관을 처리하는데 더 많은 비용이 소요될 수 있다. 그렇다면 예금보험기금의 손실을 최소화해야 하는 의무를 갖고 있는 예금보험공사(「예금자보호법」 제38조의4 제1항)도 부보금융기관에 대한 적기시정조치권 행사에 어느 정도 관여할 수 있는 길을 만들어주는 것이 필요하다는 주장이 가능하다.

특히 적기시정조치의 유예 조치 여부에 대한 판단의 경우 금융감독당국의 재량권 행사 여지가 크기 때문에 이의 판단에 대한 이견(異見)이 분명히 있을 수 있다. 그러나 부실금융기관 정리 업무를 담당하는 예금보험공사가 여기에 관여할 여지가 없다. 따라서 금융감독당국의 유예 조치권을 견제할 수 있는 장치가 필요하다. 금융감독당국의 판단에 이의(異議)를 제기할 수 있는 체제가 필요한 것이다. 이러한 견제의 역할을 예금보험공사가 하는 것이 필요하다.[105]

(2) 개선 방안

1) 서설

가장 바람직한 것은 적기시정조치 유예 제도를 없애는 것이다.[106][107] 그럼에도 불구하고 유예 제도를 유지한다고 한다면 다음과 같은 개선 방안을 검토해볼 수 있다. 첫째, 예금보험공사에게 금융감독당국에 대하여 적기시정조치를 취해달라고 하는 요구 권한을 부여하거나, 아니면 대안으로 둘째, 제한적인 경우에 있어서(예를 들어, 부실금융기관이 된 경우) 예금보험공사가 직접 적기시정조치를 취할 수 있도록 하는 방안도 검토해볼 수 있다. 셋째는 금융감독당국이 적기시정조치 유예 조치를 취함에 있어서 예금보험공사가 사전에 의견을 제시할 수 있도록 하거나 금융감독당국이 취한 유예 조치에 대하여 예금보험공사가 이의(異議)를 제기할 수 있도

105) 전성인(2004), 19면도 금융감독당국이 갖고 있는 적기시정조치 권한의 독점 문제에 대하여 비판하고 있다. 즉 "우리나라의 경우에는 적기시정조치의 전 영역에 걸쳐 오로지 [금융위원회]만이 이 조치의 발동 권한을 독점하고 있어 [금융위원회]의 감독 성과에 적절한 평가가 이루어지지 않고 있다."라고 하고 있다.

106) 같은 주장은 조정래·박진표(2004), 52면; 심영(2006), 123면; 한국개발연구원(2005), 188면; 이성우(2009), 214면. 참고로 미국의 경우에는 적기시정조치에 대한 유예 조치를 허용하지 않고 있다(Federal Deposit Insurance Act Section 38(a)(2); 12 U.S.C. §1831o(a)). 같은 설명은 전성인(2004), 11면.
Federal Deposit Insurance Act SEC. 38. PROMPT CORRECTIVE ACTION.
(a) RESOLVING PROBLEMS TO PROTECT DEPOSIT INSURANCE FUND.—
(2) PROMPT CORRECTIVE ACTION REQUIRED.—Each appropriate Federal banking agency and the Corporation (acting in the Corporation's capacity as the insurer of depository institutions under this Act) shall carry out the purpose of this section by taking prompt corrective action to resolve the problems of insured depository institutions. [Codified to 12 U.S.C. §1831o(a)].

107) 적기시정조치의 유예를 허용할 것인가에 대해서는 논란이 있을 수 있다. 전선애(2008), 307면은 "PCA가 규제 유예의 善기능을 저해할 수도 있으므로 PCA가 효과적인 제재 조치가 되기 위해서는 피감독기관의 실상을 고려하려 경우에 따라서는 규제 유예를 인정하면서도 절제된, 그래서 법규와 재량권을 절충할 수 있는 제도적인 여건을 조성할 것이 권고되기도 한다."라고 하고 있다.

록 하는 방안이다.

2) 적기시정조치 요구권을 예금보험공사에 부여

금융감독당국에 대해서 해당 부보금융기관에 대한 적기시정조치를 취해달라는 요구권을 예금보험공사에게 부여하는 방안이다. 즉 예금보험공사가 적기시정조치 발동 요건에 해당한다고 판단하는 경우에는 적기시정조치를 취해줄 것을 금융위원회에 요구할 수 있는 권한을 예금보험공사에 부여하고, 이러한 요구에 대하여 금융위원회가 반드시 응하도록 하는 의무 규정을 두는 방안이다.[108] 그 이유는 예금보험공사도 부보금융기관에 대한 자료 제출 요구권 및 제한적인 조사권 행사에 의하여(「예금자보호법」 제21조 제1항, 제2항) 부보금융기관의 경영 상태를 파악할 수 있는 위치에 있어서 부보금융기관의 경영 상태에 대한 판단이 금융감독당국보다 정확할 수도 있기 때문이다.

3) 제한적인 직접 적기시정조치권 행사 권한을 예금보험공사에 부여

대안으로 예금보험공사가 판단하여 직접 적기시정조치를 취할 수 있는 권한을 부여하는 방안도 검토할 수 있다. 이 경우에는 금융감독당국과 적기시정조치권을 공유하게 된다. 또는 예금보험공사가 제한적인 경우(예를 들어, 부실금융기관이 된 경우)에만 적기시정조치를 취하도록 하는 방안도 고려할 수 있다.[109] 이 경우에는 예금보험공사가 단독으로 적기시정조치권을 행사하는 것이다. 이는 금융감독기관이 감독정책의 실패를 인정하지 않으려는 경향이 있어서 부실금융기관이나 부실우려금융기관에 대한 적기시정조치를 취하는 것을 꺼려할 수 있다는 점에서 검토할 필요가 있다. 미국의 경우 금융기관이 "심각한 자본 부족 상태가 된 때"에는 (critically undercapitalized) 연방예금보험공사(FDIC)가 전적으로 직접 적기시정조치 권한을 행사할 수 있도록 하는 사례[110][111]를 참고할 수 있다.

108) 물론「예금자보호법」 제21조 제5항에 의하여 해당 부보금융기관이 보험사고의 위험이 있다고 판단되는 때에 금융감독당국에 "적절한 조치"를 취할 것을 요청할 수 있는 권한이 있어서, 이 조항을 이용하여(즉 "적절한 조치"가 적기시정조치를 의미한다고 보아) 적기시정조치를 취해줄 것을 요청할 수 있다고 주장할 여지도 있지만, 이 조항의 불명확성으로 인하여 이러한 적기시정조치를 취할 것을 요청할 수 있는 것까지 포함한다고 보기는 어려울 것이다.

109) 전성인(2004), 20면도 "금융기관의 부실이 매우 심한 경우에는 그에 수반되는 적기시정조치의 발동 권한은 전적으로 예금보험공사에 부여하는 것이 하나의 방안이 될 수 있다."라고 주장하고 있다.

110) Federal Deposit Insurance Act Section 38(h), (i)(12 U.S.C. §1831o(h), (i)).
SEC. 38. PROMPT CORRECTIVE ACTION.
(h) PROVISIONS APPLICABLE TO CRITICALLY UNDERCAPITALIZED INSTITUTIONS.—
(1) ACTIVITIES RESTRICTED.—Any critically undercapitalized insured depository institution shall comply with restrictions prescribed by the Corporation under subsection (i).
(i) RESTRICTING ACTIVITIES OF CRITICALLY UNDERCAPITALIZED INSTITUTIONS.—To carry out the purpose of this section, the Corporation shall, by regulation or order—
(1) restrict the activities of any critically undercapitalized insured depository institution; and
(2) at a minimum, prohibit any such institution from doing any of the following without the Corporation's prior written approval:

111) 연방예금보험공사의 단독 적기시정조치권의 행사는 금융감독기관으로서 권한(연방예금보험공사는 금

4) 적기시정조치 유예 판단에 대한 의견 제시권 내지 이의 제기권을 예금보험공사에 부여

적기시정조치 유예 조항이 유지되는 것을 전제로 했을 때(유예 조치가 유지되는 경우, 유예 조치의 기준에 대한 내용을 보다 구체적으로 규정할 필요가 있다), 금융감독당국의 적기시정조치 유예 여부 판단에 있어서 예금보험공사가 의견을 제시할 수 있도록 하거나[112] 유예 조치 결정에 대하여 이의를 제기할 수 있는 권한을 예금보험공사에 부여하고, 유예 조치 결정에 대한 이의가 제기된 때에는 금융감독당국이 유예 조치를 취소하도록 의무화하는 방안이 필요하다. 그 이유는 금융감독당국은 감독 실패에 따른 책임을 회피하기 위해 부실금융기관의 정리를 지연시키고자 하는 규제 유예(regulatory forbearance)의 유혹이 존재하지만, 예금보험공사는 예금보험기금의 손실을 최소화하는 방향으로 부실금융기관을 정리할 의무를 갖고 있어서(「예금자보호법」 제38조의4 제1항) 규제 유예를 꺼려하는 방향을 선호하게 되는데,[113] 바로 이러한 점에서 금융감독당국의 유예 조치 권한에 대한 견제 장치를 갖출 필요가 있기 때문이다.

Ⅲ. 부실은행에 대한 정부와 예금보험공사의 지원

1. 서설

구조개선법은 부실은행의 회생을 도모하기 위한 정부의 공적 자금 투입을 위해서 정부와 예금보험공사가 부실은행에 대하여 출자를 하거나 부실은행이 보유하고 있는 증권을 매입할 수 있는 근거 조항을 두고 있다. 출자를 하는 경우에는 신주 발행에 관한 「상법」상에 따른 절차에 대한 특칙을 두어 이사회가 신주 발행 사항을 전적으로 결정할 수 있도록 하고 있으며, 기존 특정주주에 대한 자본금 감소 명령을 내릴 수 있도록 하면서 「상법」에 따른 자본금 감소 절차에 대한 여러 간소화 특칙을 두어 자본금 감소가 용이하게 이루어질 수 있도록 하고 있다. 정부가 부실은행에 대한 적극적 개입을 통해서 부실은행의 정상화를 도모하여 금융시장의 안

융감독 권한도 보유하고 있다)이라기 보다는 예금보험기구의 자격에서 행사하는 것이라고 보는 것이 타당할 것이다. 그 이유는 다음에서 보는 법 조문 문구(밑줄친 부분)에 비추어 보아도 알 수 있다.

SEC. 38. PROMPT CORRECTIVE ACTION.

(a) RESOLVING PROBLEMS TO PROTECT DEPOSIT INSURANCE FUND.—

(1) PURPOSE.—The purpose of this section is to resolve the problems of insured depository in-stitutions at the least possible long-term loss to the Deposit Insurance Fund.

(2) PROMPT CORRECTIVE ACTION REQUIRED.—Each appropriate Federal banking agency and the Corporation (acting in the Corporation's capacity as the insurer of depository institutions under this Act) shall carry out the purpose of this section by taking prompt corrective action to resolve the problems of insured depository institutions. (밑줄친 부분은 강조)

112) 정지만·오승곤(2009), 128면도 "적기시정조치를 유예 기준을 엄격히 하고, 적기시정조치를 유예할 경우 자금 투입 및 손실 분담의 직접적 이해당사자인 [예금보험공사]의 의견서를 첨부하도록" 할 것을 주장하고 있다.

113) 같은 논의는 김정렬(2002), 37면; 전선애(2008), 296면; 전성인(2004), 22면; 정지만·오승곤(2009), 94면.

정을 유지하려는 입법자의 의도가 있음을 알 수 있다.

2. 정부나 예금보험공사의 부실은행에 대한 출자 또는 유가증권 매입

(1) 부실은행의 정의

'부실은행'은 다음 3가지 경우에 해당하는 은행이다. 즉 ① 경영상태를 실사한 결과 부채가 자산을 초과하는 은행 또는 거액의 금융사고 또는 부실채권의 발생으로 부채가 자산을 초과하여 정상적인 경영이 어려울 것이 명백한 은행으로서 금융위원회 또는 예금보험공사의 예금보험위원회가 결정한 은행(이 경우 부채와 자산의 평가 및 산정은 금융위원회가 미리 정하는 기준에 의한다), ② 예금 등 채권(債權)[114]의 지급 또는 다른 금융기관으로부터 차입금의 상환이 정지상태에 있는 은행, 또는 ③ 외부로부터의 자금지원 또는 별도의 차입(정상적인 금융거래에서 발생하는 차입을 제외한다)이 없이는 예금 등 채권의 지급이나 차입금의 상환이 어렵다고 금융위원회 또는 예금보험공사의 예금보험위원회가 인정한 은행을 말한다(법 제2조 제3호).[115]

(2) 금융위원회의 부실은행에 대한 출자나 유가증권 매입 요청

금융위원회는 부실은행이 계속된 예금 인출 등으로 인한 재무구조의 악화로 영업을 지속하기 어려운 경우에는 **정부 또는 예금보험공사에게 당해 부실은행에 대한 출자를 요청하거나 당해 부실은행이 보유하고 있는 일정한 유가증권의 매입을 요청**할 수 있다(법 제12조 제1항). 매입할 수 있는 유가증권은 당해 부실은행이 보유하고 있는 채권(債券) 중 국채·지방채, 정부가 원리금의 지급을 보증한 채권, 당해 부실은행이 발행한 후순위채권, 이러한 유가증권에 준하는 것으로서 금융위원회가 인정하는 유가증권에 한한다(시행령 제5조의8).

(3) 이사회에서 신주 발행 결의 특칙

정부나 예금보험공사가 부실은행에 출자하는 경우 당해 부실은행의 이사회는 「상법」 제330조·제344조 제2항·제416조 내지 제418조의 규정에도 불구하고 발행할 신주의 종류와 내용, 수량, 발행 가액, 배정 방법 기타 절차에 관한 사항을 결정할 수 있다(법 제12조 제2항). 즉 「상법」에 따르면 신주 발행에 관한 사항은 이사회에서 정하거나 정관의 규정에 의하여 주주총회에서 정할 수 있고(제416조), 우선주 등 종류주식에 관한 사항은 정관에서 정하도록 하고 있는데(제344조 제2항), 구조개선법은 이사회가 전적으로 이러한 사항을 결정할 수 있도록 특칙 규정을 두고 있다.

---

114) "예금 등 채권"이라 함은 "예금자 등이 예금 등 금융거래에 의하여 부보은행에 대하여 가지는 원금·원본·이자·이익·보험금 및 제지급금 기타 약정된 금전의 채권"을 말한다(「예금자보호법」 제2조 제4호).
115) 「예금자보호법」 제2조 제5호의 정의와 같다.

3. 부실은행의 '특정주주'에 대한 자본금 감소 명령과 절차의 간소화 특례

(1) 부실은행 특정주주에 대한 자본금 감소 명령 조치

금융위원회는 정부나 예금보험공사가 금융위원회의 요청에 따라 출자나 유가증권의 매입을 하였거나 출자나 유가증권의 매입을 하기로 결정한 부실은행에 대하여 **'특정주주'**(금융위원회의 요청에 따라 정부나 예금보험공사가 출자나 유가증권의 매입을 하거나 출자나 유가증권의 매입을 결정할 당시의 주주 또는 당해 은행의 부실에 책임이 있다고 금융위원회가 인정하는 주주를 말한다)**가 소유한 주식의 일부 또는 전부를 유상 또는 무상으로 소각하거나 특정주주가 소유한 주식을 일정 비율로 병합하여 자본금을 감소하도록 명령**할 수 있다(법 제12조 제3항 본문).

이 경우 금융위원회는 정부나 예금보험공사가 소유한 주식에 대하여는 정부나 예금보험공사의 출자나 유가증권 매입의 지원을 고려하여 다른 특정주주가 소유한 주식보다 유리한 조건이나 방법으로 주식의 소각이나 병합을 하도록 명령할 수 있다(법 제12조 제3항 단서). 주주평등의 원칙 내지 주식평등의 원칙에 대한 예외 조항을 둔 것이다.

(2) 자본금 감소 명령 조치의 위헌성 논의

1) 서설

부실금융기관에 대한 자본금 감소 명령 조치가 헌법에 위반되는 것인지에 대한 헌법재판소 판례가 있다.[116] 이 판례에서 다수 의견은 합헌이라고 보았는데, 위헌이라는 소수 의견도 있었다.[117]

2) 부실금융기관에 대한 자본금 감소 명령 조치의 법적 의미

헌법재판소는 "[구조개선법] 제12조 제3항(이하 "이 사건 법률조항"이라 한다)에 의한 자본금감소명령은, 금융감독기관이 국민 부담인 정부 출자를 통해서라도 부실금융기관을 지원하는 것이 바람직하다고 판단하는 경우에 한하여 공적 자금 투입의 전제 조건으로서 부실금융기관의 자본금을 실질에 맞추어 조절하는 불가피한 조치이자 동시에 기존의 주주에게 그 손실을

116) 헌법재판소 2003. 11. 27. 선고 2001헌바35.

117) 헌법재판소 2003. 11. 27. 선고 2001헌바35(재판관 권 성, 재판관 주선회의 반대의견: "사기업이 부실화하는 경우, 원칙적으로 회사정리절차나 파산 등 회사를 정리하는 절차를 밟아야지, 국가가 매번 부실기업에 대하여 국민의 세금으로 조성된 막대한 공적 자금을 투입함으로써 경쟁을 통한 시장의 자동조절기능을 약화시켜서는 안 된다. 부실기업에 대한 국가의 지원은 국민경제적 고려에서 불가결한 지극히 예외적인 경우에 한하여 허용되어야 하며, 이 사건의 경우 부실화된 대상기업이 일반 사기업이 아니라 국가경제에 보다 큰 영향을 미치는 금융기관이라는 특수성이 인정되기는 하나, 단지 부실화된 사기업이 금융기관이라는 점만으로는 전 국민의 부담 하에서 이루어지는 국가의 지원을 정당화한다고 볼 수 없고, 이로써 이 사건 법률조항이 국가지원의 사전적 단계로서 규정하는 강제적 자본금감소조치를 정당화하지 못한다고 판단된다. 따라서 이 사건 법률조항은 우리 헌법이 규정하는 시장경제질서에 부합될 수 없는 것으로 위헌으로 판단되어야 한다").

분담시키는 조치이다."라고 하였다.

3) 평등원칙에 위반되는지 여부

헌법재판소는 구조개선법 제12조 제3항은 평등원칙에 위반되지 않는다고 보았는데, "부실금융기관의 경영을 정상화하기 위하여 정부의 공적 자금의 투입이 요청되는 경우, 정부의 지원은 기존 주주의 책임 부담을 전제로 이루어져야 하며, 정부는 기존 주주에게 책임을 부과하기 위하여 기존 주주의 주식을 무상 또는 유상으로 소각하거나 또는 병합하는 방식으로 자본금을 감소하는 방법을 택할 수 있다. 따라서 **부실 경영에 대하여 주식투자금액의 범위 내에서 책임을 져야 하는 주주와 부실경영에 대한 책임은 없으나 국민경제적 고려에서 국가의 재정으로 사기업을 지원하는 정부를 주식소각과 주식병합을 통한 자본감소에 있어서 달리 취급하는 이 사건 법률 조항은 평등원칙에 위반되지 아니한다**."라고 하였다.[118]

4) 헌법 제23조 제3항의 공용침해에 해당하는지 여부

헌법재판소는 자본금 감소 명령 조치가 「헌법」 제23조 제3항의 공용침해에 해당하지 않는다고 보았는데, "**부실금융기관의 주식의 경우, 국가의 감자명령과 그에 따른 자본금감소에 의하여 그 가치가 감소한 것이 아니라, 부실경영으로 말미암아 감자명령의 유무와 관계없이 그 당시 이미 영(0)에 가까운 상태나 또는 영(0)으로 그 가치가 감소한 것이다.** 따라서 **자본금감소의 방법으로서 주식소각이나 주식병합은 비록 외형상으로는 국가에 의한 주식의 박탈이란 형태를 띠고 있으나, 그 실질적 내용에 있어서는 주주의 재산권을 박탈하는 조치가 아니라 감자명령 당시 자유시장에서 형성된 주식의 실질가치를 단지 확인하는 행위에 지나지 않는다.** 기존 주주들은 이 사건 법률조항에 의하여 단지 부실기업을 정리하거나 또는 정상화하는 방법과 절차에 있어서 국가의 간섭을 받음으로써 재산권의 행사를 제한당할 뿐이다. 따라서 이 사건 법률조항은 주식을 자유롭게 이용·수익·처분하는 주주의 재산권을 제한하는 규정이다."라고 하였다.[119]

5) 비례의 원칙에 위반되어 재산권을 침해하는지 여부

헌법재판소는 자본금 감소 명령 조치가 비례의 원칙에 위반되지 않는다고 보았는데, "대형금융기관과 같은 대기업의 주식에 대하여는 그의 강한 사회적 연관성 때문에 보다 광범위한 제한이 정당화된다는 점, 국민경제의 관점에서 국가에게 부실금융기관의 경영정상화 방안으로서 자본감소의 조치를 취할 수 있는 가능성이 부여되어야 한다는 점, 감자명령의 경우 자본감소에 이의가 있는 주주들의 권리를 보호하기 위하여 그 당시 주식의 실질가치에 따라 주식매수청구권이 부여된다는 점 등을 고려하여 볼 때, 이 사건 법률조항은 국민경제의 안정을 실현하기 위하여 적절하고 필요한 수단이며 달성하고자 하는 공익의 비중과 개인이 입는 기본권제한의 효과를 비교하더라도 양자 사이에 적절한 균형관계가 인정되므로, 이 사건 법률조항은 **주**

---

118) 헌법재판소 2003. 11. 27. 선고 2001헌바35.
119) 헌법재판소 2003. 11. 27. 선고 2001헌바35.

주의 재산권을 비례의 원칙에 부합하게 합헌적으로 제한하는 규정이다."라고 하였다.[120]

(3) 자본금 감소 절차의 특칙

1) 이사회에서 자본금 감소 결의 특칙

정부나 예금보험공사가 출자나 유가증권을 매입하게 되어 부실은행이 금융위원회로부터 특정주주의 소유 주식에 대하여 자본금 감소를 명령받은 때에는 「상법」 제438조 내지 제441조의 규정에 불구하고 당해 **부실은행의 이사회가 자본금 감소를 결의하고 자본금 감소의 방법과 절차, 주식 병합의 절차 등에 관한 사항을 정할 수 있다**(법 제12조 제4항). 「상법」에 따르면 자본금 감소는 주주총회의 특별결의나 보통결의를 얻어야 하나(제438조 제1항, 제2항), 구조개선법은 이사회에서 정할 수 있도록 특칙 규정을 두고 있는 것이다.

2) 채권자 이의 제출 기간 단축 등의 특칙

정부나 예금보험공사가 출자나 유가증권을 매입하게 되어 금융위원회로부터 특정주주의 소유 주식에 대하여 자본금 감소를 명령받은 부실은행은 해당 은행의 채권자에 대하여 10일 이상의 기간을 정하여 이의를 제출할 것을 2개 이상의 일간지에 공고하여야 하며, 이의를 제출한 채권자가 있는 때에는 그 채권자에 대하여 변제 또는 상당한 담보를 제공하거나 이를 목적으로 하여 상당한 재산을 신탁업자에 신탁하여야 한다(법 제12조 제5항 본문). 그런데 공고를 해야 기간이 정해지지 않아 언제까지 공고를 해야 하는지가 불명확한데, 「상법」에 따르면 자본금 감소의 결의일로부터 2주 내에 공고해야 하는 기간이 정해져 있어서(「상법」 제439조 제2항 → 제232조 제1항) 이사회 결의일로부터 2주 내에 공고해야 한다고 보는 것이 타당할 것이다.

「상법」에 따르면 채권자 보호 절차로서 자본금 감소의 결의가 있는 날로부터 2주내에 회사 채권자에 대하여 자본금 감소에 이의(異議)가 있으면 1개월 이상의 기간 내에 이를 제출할 것을 공고하고, 알고 있는 채권자에 대하여는 따로 따로 이를 최고(催告)하여야 하지만(제439조 제2항 → 제232조 제1항), 구조개선법은 이의 제출 기간을 "10일 이상의 기간"으로 단축하고, 개별 채권자에 대한 최고를 생략할 수 있도록 특칙을 두고 있다. 이의를 제출한 채권자에 대한 변제 또는 담보 제공 규정은 「상법」과 같다(「상법」 제439조 제2항 → 제232조 제3항).

다만 실제 자본금 감소 금액(자기주식을 유상으로 매입하여 소각하는 경우에는 그 매입 금액을 말한다)이 정부나 예금보험공사가 출자하는 금액에 미달하는 경우에는 이러한 특칙 조항이 적용되지 않는다(법 제12조 제5항 단서).

3) 주식 병합에 관한 절차의 간소화 특칙

가) 「상법」의 규정

「상법」에 따르면 자본금 감소를 위한 주식 병합의 경우 회사는 1개월 이상의 기간을 정하

120) 헌법재판소 2003. 11. 27. 선고 2001헌바35.

여 그 뜻과 그 기간 내에 주권을 회사에 제출할 것을 공고하고, 주주명부에 기재된 주주에 대하여는 개별로 통지하여야 하며(제440조), 이 기간 이내에 구 주권을 제출하면 이를 회수하고 신 주권을 교부하여야 한다(제441조 참조).

나) 구조개선법의 규정

정부나 예금보험공사가 출자나 유가증권을 매입하게 되어 금융위원회로부터 자본금 감소의 명령을 받아 주식을 병합하는 경우에 당해 부실은행은 5일 이상의 기간을 정하여 그 내용과 그 기간 내에 주권을 해당 은행에 제출할 것을 공고하고, 주식 병합 기준일(5일 이상의 기간 중 마지막 날을 말한다)로부터 1개월 이내에 신 주권을 교부하여야 한다(법 제12조 제6항 본문). 즉 구조개선법은 "1월 이상의 기간"을 "5일 이상의 기간"으로 단축하고 있으며, 주주에 대한 개별 통지를 생략할 수 있도록 하고 있고, 신 주권 교부일에 대해서도 특칙을 두고 있다.

다만 자본시장법에 따라 주권이 한국예탁결제원에 예탁되어 있는 주식을 병합하는 경우에는 주식 병합 기준일에 실질 주주명부의 기재에 의하여 구 주권의 제출 및 신 주권의 교부가 이루어진 것으로 할 수 있으며, 이 경우 그 사실을 주식 병합에 관한 공고 시에 함께 공고하여야 한다(법 제12조 제6항 단서).

다) 주식 소각에 대한 특칙 규정 필요

구조개선법은 주식 병합의 경우에만 「상법」에 대한 특칙 규정을 두고 있어, 주식 소각의 절차는 해석상 구조개선법이 적용되지 않고 「상법」이 적용된다고 보아야 하는데, 입법론으로는 주식 소각의 경우에도 구조개선법에 따른 특칙이 적용되도록 하는 것이 바람직하다.

4) 반대주주의 주식매수청구권에 대한 특칙

정부나 예금보험공사의 출자나 유가증권 매입에 따라 금융위원회의 자본금 감소 명령에 따라 특정주주에 대한 자본금 감소를 하게 되어 이사회에서 결의를 한 때에는 해당 부실은행은 지체 없이 2개 이상의 일간지에 결의 사항과 결의 사항에 반대하는 주주는 10일 이내에 주식의 종류와 수를 기재한 서면으로 해당 부실은행에 대하여 자기가 보유한 주식의 매수를 청구할 수 있다는 사실을 공고하여야 한다(법 제12조 제7항).

그런데 「상법」에 따르면 자본금 감소의 경우 반대주주에 대한 주식매수청구를 인정하고 있지 않은데, 구조개선법은 반대주주의 주식매수청구를 인정하고 있다. 이는 정부나 예금보험공사의 출자나 유가증권 매입에 따른 금융위원회의 자본금 감소 명령에 따른 특정주주의 자본금 감소의 경우에는 「상법」과 달리 특별히 이사회가 결의할 수 있도록 하고 있어서 반대주주에 대한 주식매수청구권을 인정하는 특칙 규정을 둔 것으로 이해된다.

부실은행은 반대주주의 주식매수청구가 있는 경우에는 청구를 받은 날부터 2개월 이내에 그 주식을 매수하여야 하는데, 이 경우 주식의 매수 가액은 주주와 당해 은행 사이의 협의에 의하여 결정하며 협의가 이루어지지 아니하는 경우에는 회계전문가가 정부나 예금보험공사의 출자나 유가증권의 매입이 이루어지기 전의 부실은행의 재산 가치와 수익 가치 등을 고려하여 산정한 가격으로 한다(법 제12조 제8항). 부실은행 또는 주식 매수를 청구한 반대주주가 보유한 주식의 100분의 30 이상이 회계전문가에 의하여 결정된 매수 가액에 반대하는 경우에는 매수 가액을 결정한 때부터 30일 이내에 법원에 대하여 매수 가액의 결정을 청구할 수 있다(법 제12조 제9항).

(4) 최저 자본금 미달에 따른 은행업 인가 취소의 유예

금융위원회가 정부나 예금보험공사가 출자하기 위해서 부실은행에 대하여 특정주주의 주식 소각이나 주식 병합에 의한 자본금 감소를 명령하는 경우(법 제12조 제3항), 이에 따른 주식의 일부 또는 전부의 소각이나 주식의 병합을 명령받은 은행이 그 명령을 이행한 결과 자본금이 「은행법」이 정하는 최저 자본금 미만으로 감소하는 경우 금융위원회는 1년 이내의 기간 동안 해당 은행업의 인가를 취소하지 아니할 수 있다(법 제11조 제4항 제1호).

4. 부실은행에 대한 정부나 예금보험공사의 출자 시 신주 발행 절차의 특칙

(1) 의의

정부나 예금보험공사가 부실은행에 출자하는 경우에는 「상법」에 따른 신주 발행 절차(「상법」 제330조, 제344조 제2항, 제416조부터 제418조까지의 규정)에 대한 특칙이 적용된다(법 제12조 제2항, 제7항, 제8항).

(2) 이사회 결의의 특칙

「상법」에 따르면 회사가 신주를 발행하여 자본금 증가를 하려고 하는 경우에는 정관에서 주주총회에서 결정하기로 정하지 않는 한 이사회가 신주 종류와 수(數) 및 발행가액 등 신주 발행에 관한 사항을 정하도록 되어 있으며(제416조), 기존 주주의 신주인수권이 인정되고, 제3자 배정은 정관이 정하는 바에 따라 신기술의 도입이나 재무구조 개선 등 경영상의 목적이 인정되는 경우에 한한다(제418조). 또한 액면 미달의 발행은 회사 성립일로부터 2년이 경과한 후에 주주총회의 특별결의를 얻고 법원의 허가를 받은 경우에 한해서만 예외적으로 허용된다(제330조, 제417조). 종류주식의 발행도 정관으로 그 내용과 수를 정해야 한다(제344조 제2항).

그러나 부실은행에 대하여 정부나 예금보험공사가 출자를 하는 경우에는 이러한 「상법」 조항의 적용을 받지 않고 이사회가 발행할 신주(新株)의 종류와 내용, 수량, 발행가액, 배정방법 및 그 밖의 절차에 관한 사항을 결정할 수 있도록 하고 있다(법 제12조 제2항).

(3) 반대주주의 주식매수청구권 인정

「상법」에 따르면 신주 발행의 경우 반대주주의 주식매수청구권이 인정되지 않는데, 구조개선법은 정부나 예금보험공사가 출자를 하는 부실은행의 경우에 반대주주의 주식매수청구권을 인정하고 있다. 그 절차는 위 3.(3)4)에서 논의한 내용이 그대로 적용된다. 이는 「상법」에 따른 기존 주주의 신주인수권도 인정되지 않고, 정부나 예금보험공사가 출자를 한다는 점에서 주주의 이해관계에 영향을 미치기 때문에 반대주주에게 주식매수청구권을 부여해서 투하 자본을 회수할 수 있도록 해주기 위한 것이라고 이해할 수 있다.

5. 부실은행 등의 의결권 없는 주식 발행 한도에 대한 특례

정부나 예금보험공사가 ① 부실은행, ② 부실은행을 합병하거나 그 영업을 양수하는 금융기관, 또는 ③ 금융위원회의 계약이전의 결정에 따라 부실은행으로부터 계약이전을 받는 인수금융기관에 출자하는 경우에는 당해 부실은행이나 금융기관은 「상법」 제344조의3 제2항[121]에 따른 한도나 자본시장법 제165조의15 제2항에 의한 한도를 초과하여 의결권 없는 주식을 발행할 수 있다(법 제13조). 즉 정부나 예금보험공사가 이러한 부실은행이나 금융기관에 출자하는 경우에는 의결권 없는 주식의 발행이 무제한 가능하다는 의미이다. 「상법」에 따르면 의결권이 없거나 제한되는 주식은 발행주식 총수의 4분의 1을 초과하지 못하며(제344조의3 제2항), 자본시장법에 따르면 주권상장법인인 경우에는 의결권 없는 주식의 발행 한도는 발행주식 총수의 2분의 1이다(제165조의15 제2항).

Ⅳ. 부실은행에 대한 계약이전 결정

1. 의의

구조개선법은 **계약이전**(契約移轉, purchase and assumption: P&A)[즉 자산의 매입과 부채의 인수(purchase of assets and assumption of liabilities)]을 **"예금·대출 등 금융거래에 관련된 계약의 이전"**이라고 정의하고 있다(법 제10조 제1항 제8호). 즉 계약이전 결정은 "[부실금융기관의] 금융거래에서 발생한 **계약상의 지위를 이전하는 형식으로 부실금융기관의 자산 및 부채 중 특정한 부분을 제3자인 인수금융기관에게 양도 및 인수**하게 하되, **이전되는 부채와 자산 가치와의 차액을 인수금융기관에게 지급하는 부실금융기관 정리 방식** 중의 하나"이다.[122]

121) 구조개선법은 "「상법」 제370조 제2항"이라고 하고 있으나, 2011년 「상법」 개정에 의하여 제370조가 삭제되었으므로 새로 추가된 제344조의3을 인용하여야 한다.

122) 대법원 2002. 4. 12. 선고 2001다38807 판결.

2. 법적 성질

(1) 행정처분

금융위원회가 내리는 계약이전의 결정의 법적 성질에 대하여 판례는 "금융감독위원회의 일방적인 결정에 의하여 금융거래상의 계약상의 지위가 이전되는 사법상의 법률 효과를 가져오는 행정처분"이라고 보고 있다.[123]

(2) 주주총회 특별결의를 요하는지 여부

계약이전의 결정은 "예금거래의 복합적인 지위와 자산을 포괄적으로 이전하는 것"이므로 '영업의 중요한 일부 양도'라고 볼 수 있어 주주총회 특별결의 대상이 될 수 있다는 견해가 있다.[124] 그러나 판례는 주주총회의 특별결의 대상에 해당하지 않는다고 보고 있는데, "「상법」 제374조 제1항 제1호에 의하여 주주총회의 특별결의를 요하도록 정하여진 영업의 양도라 함은 주식회사가 상대방과의 사법상의 채권계약에 의하여 일정한 영업목적을 위하여 조직되고 유기적 일체로서 기능하는 재산의 전부 또는 그 일부를 그 동일성을 유지하면서 일체로서 이전하는 것을 가리킨다 … 금융감독위원회의 계약이전결정에 따라 이루어지는 계약이전과 「상법」상의 영업양도는 그 목적, 법적 성질, 효과를 달리하므로 금융감독위원회가 같은 법 제14조 제2항에 따라 부실금융기관에 대하여 계약이전결정을 내림에 있어 당해 부실금융기관의 주주총회의 특별결의를 거쳐야 한다고 볼 수 없다."라고 하고 있다.[125]

(3) 위헌성 여부

계약이전 결정이 사유재산권의 본질적 내용을 침해해서 「헌법」에 위반하는지 여부에 대하여 판례는 "[계약이전 결정은] … 국가경제의 안정을 실현하기 위하여 적절하고 필요한 수단이고, [이를] 통하여 달성하고자 하는 공익의 비중과 부실금융기관의 주주들이 입는 재산권 침해의 정도를 비교하더라도 양자 사이에 적절한 균형관계가 인정되므로, 과잉금지의 원칙에 위배되어 사유재산권의 본질적 내용을 침해하는 규정이라거나 헌법 제23조, 제37조 제1항, 제119조, 제126조 등의 규정에 위반되는 규정이라고 할 수 없다"라고 하여 헌법에 위반하지 않는다고 판단하였다.[126]

---

123) 대법원 2002. 4. 12. 선고 2001다38807 판결.

124) 이철송(2023), 596면. 「상법」 제374조는 "영업의 전부 또는 중요한 일부의 양도" 또는 "회사의 영업에 중대한 영향을 미치는 다른 회사의 영업 전부 또는 일부의 양수"는 주주총회 특별결의 사항으로 하고 있다.

125) 대법원 2002. 4. 12. 선고 2001다38807 판결.

126) 대법원 2005. 1. 27. 선고 2002두5313 판결.

3. 계약이전 결정 처분 사유

금융위원회는 부실은행이 다음 사유에 해당하는 경우에는 당해 부실은행에 대하여 **계약이전의 결정** 처분을 할 수 있다(법 제14조 제2항).

(1) 부실은행이 적기시정조치에 따른 경영개선 명령 또는 정부나 예금보험공사의 출자에 따른 부실은행의 특정주주의 주식에 대한 자본금 감소 명령을 이행하지 아니하거나 이행할 수 없게 된 경우이다(법 제14조 제2항 제1호). 다만 해당 부실은행이 더 이상 부실은행에 해당하지 아니하게 되면 조치가 취해지지 아니한다(법 제14조 제2항 단서).

(2) ① 경영개선 명령에 의한 부실은행의 합병이나 영업양도 또는 제3자에 의한 인수가 이루어지지 않거나, ② 예금보험공사의 알선에 의한 부실은행의 합병이나 영업양도 또는 제3자에 의한 인수(법 제11조 제3항)가 이루어지지 않는 경우이다(법 제14조 제2항 제2호).[127] 다만 해당 부실은행이 더 이상 부실은행에 해당하지 아니하게 되면 조치가 취해지지 아니한다(법 제14조 제2항 단서).

(3) 부실은행이 부채가 자산을 현저히 초과함으로써 적기시정조치에 의한 경영개선 명령의 이행 또는 부실은행의 합병이나 영업양도 또는 제3자에 의한 인수가 이루어지기 어렵다고 판단되는 경우이다(법 제14조 제2항 제3호).

(4) 부실은행의 자금사정의 급격한 악화로 예금 등 채권의 지급이나 차입금의 상환이 어렵게 되어 예금자의 권익이나 신용질서를 해칠 것이 명백하다고 인정되는 경우이다(법 제14조 제2항 제4호).

4. 이전되는 계약의 범위

금융위원회가 해당 부실은행에 대하여 계약이전의 결정을 하는 때에는 이전받는 은행을 지정하고, 필요한 범위 안에서 계약이전이 되는 계약의 범위와 계약 이전의 조건을 정하게 된다(법 제14조 제5항 전단). 이 경우 계약이전이 되는 계약의 범위와 관련하여 판례는 "계약이전 결정이 내려진 경우 계약이전결정에 의하여 어떤 범위에서 권리·의무가 이전되는지는 계약이전결정서에서 정하고 있는 바에 따라 판단하여야 하고, 규정이 불분명하여 문언만으로는 그 범위를 정확하게 알 수 없는 경우에는 계약이전결정을 하게 된 취지와 경위, 이전되는 계약에 관련된 당사자 사이의 공평한 결과 등을 종합적으로 고려하여 판단하여야 한다."라고 하고 있다.[128]

---

127) 법 제14조 제2항은 정의를 하지 않고 "합병 등"이라는 용어를 사용하고 있으나, 인용하고 있는 법 제10조 제1항 및 제11조 제3항에 비추어 보아 해석상 합병·영업양도 또는 제3자에 의한 인수를 포함하는 것으로 볼 수 있을 것이다.

128) 대법원 2015. 7. 9. 선고 2015다1475 판결. 무효인 보험계약의 보험자 지위가 계약이전 결정으로 이전되

5. 계약이전 결정 절차 특례

(1) 인수은행의 지정 및 이사회 결의

금융위원회가 해당 부실은행에 대하여 계약이전의 결정을 하는 때에는 이전받는 은행을 정하여야 한다(법 제14조 제5항 전단). 이 경우에는 계약이전을 받는 인수은행의 이사회의 동의를 미리 얻어야 한다(법 제14조 제5항 후단).

(2) 계약이전 대상 부실은행의 이사회 및 주주총회 결의의 면제

금융위원회의 계약이전 결정에 의한 계약이전에 관하여는 관계 법률 및 정관의 규정에도 불구하고 **계약이전을 하는 부실은행의 이사회 및 주주총회의 결의를 요하지 아니한다**(법 제14조 제6항). 이는 1998년 9월 14일 개정에 의해 신설되었다. 즉 구조개선법은 계약이전이 영업의 중요한 일부 양도에 해당하여 주주총회 특별결의를 얻어야 할 수도 있다는 논란을 입법적으로 해결하고 있다.

(3) 계약이전 대상 부실은행의 관리인 선임

금융위원회는 부실은행에 대한 계약이전의 결정을 한 때에는 부실은행의 관리인을 선임하여야 한다(법 제14조 제7항).

(4) 계약이전을 받는 인수은행의 주주총회 결의 절차에 대한 특례

1) 개관

부실은행으로부터 계약이전을 받는 인수은행이 계약이전과 관련하여 주주총회 결의, 반대주주의 주식매수청구, 채권자 이의 제출 등의 절차를 이행하는 경우에 구조개선법은 「상법」에 따라 적용되는 일정한 절차에 대하여 특례 규정을 두고 있다(법 제14조 제9항→제5조).

계약이전을 받는 인수은행이 계약이전을 받는 것에 대하여 주주총회의 특별결의를 얻어야 하는지, 반대주주의 주식매수청구권을 인정할 지, 채권자 보호 절차를 취해야 하는지에 대해서는 논란이 있을 수 있다. 「상법」에 따르면 "회사의 영업에 중대한 영향을 미치는 다른 회사의 영업 전부 또는 일부의 양수"의 경우에는 주주총회의 특별결의를 얻도록 하고 있지만(제

는지에 대하여 판례는 "[해당] 보험계약은 … 보험금을 부정취득할 목적으로 체결한 것이어서 「민법」 제103조에서 정한 선량한 풍속 기타 사회질서에 반하여 무효이지만, 계약이전결정에서 이전대상에서 제외되는 것으로 정한 '강행법규에 위반되는 등의 사유로 인해 이전기준일 현재 무효인 보험계약'은 이전기준일 현재 판결 등으로 무효임이 확정된 보험계약만을 의미한다고 보아야 하는데, 위 보험계약은 계약이전결정상 이전기준일 당시에는 무효로 확정되지 않았으므로, … 계약이전결정에 따라 보험자 지위를 이전받았다"고 보았다(대법원 2015. 7. 9. 선고 2015다1475 판결).

374조, 제434조), 계약이전이 인수은행의 영업에 중대한 영향을 미치는 영업의 일부 양수로 볼 수 있는지에 대해서는 견해가 나누어질 수 있기 때문이다.

이에 대해 판례는 금융위원회의 계약이전 결정은 주주총회의 특별결의 대상이 아니라고 보고 있으므로,[129] 계약이전을 받는 것도 인수은행의 입장에서는 주주총회 특별결의 사항이 아니라고 볼 여지가 있다. 그럼에도 불구하고 구조개선법은 계약 이전을 받는 인수은행이 계약이전과 관련하여 주주총회 결의나 반대주주의 주식매수청구 및 채권자 이의 제출 등의 절차를 이행하는 경우에는 따라야 할 절차에 대하여 규정하고 있다. 구조개선법은 "계약이전과 관련하여 주주총회 결의, 주식매수청구, 채권자 이의 제출 등의 **절차를 이행하는 경우에는**"라고 하고 있어서(법 제14조 제9항), 반드시 이행해야 하는 것으로 보기는 어렵다. 이는 계약이전을 받는 인수은행의 입장에서 주주총회의 특별결의 대상이라고 판단하여 관련 절차를 취하는 경우에 적용되는 「상법」에 따른 절차에 대한 특례가 되는 것으로 이해해야 한다.

2) 주주총회 소집 기간의 단축

계약이전을 받는 인수은행은 계약이전의 승인을 받기 위한 주주총회를 소집함에 있어서는 주주총회일의 7일 전에 각 주주에 대하여 서면으로 통지를 발송할 수 있는데, 이 경우 인수은행은 서면 통지 발송일 이전에 2개 이상의 일간신문에 주주총회를 소집하는 뜻과 회의의 목적 사항을 공고하여야 한다(법 제14조 제9항→제5조 제4항). 「상법」에 따르면 주주총회를 소집할 때는 주주총회일의 2주 전에 각 주주에게 서면으로 통지하거나 각 주주의 동의를 받아 전자문서로 통지를 발송하도록 하고 있으나(제363조 제1항), 구조개선법은 이에 대한 특칙을 규정하고 있다.

3) 주주명부의 폐쇄 및 기준일 공고 기간의 단축

계약이전을 받는 인수은행은 계약이전의 승인을 위한 주주총회 결의를 위하여 주주명부를 폐쇄하거나 기준일을 정하는 때에는 그 폐쇄일 또는 기준일로부터 7일 전에 이를 공고할 수 있으며, 이 경우에는 2개 이상의 일간신문에 공고하여야 한다(법 제14조 제9항→제5조 제6항). 「상법」에 따르면 회사가 주주명부 폐쇄기간이나 기준일을 정한 때에는 그 폐쇄기간 또는 기준일의 2주 전에 이를 공고하도록 하고 있으나(제354조 제4항), 구조개선법은 이에 대한 특칙을 두고 있다.

4) 채권자의 이의 제출 기간의 단축 및 개별 최고 생략

구조개선법은 계약이전을 받는 은행으로 하여금 채권자 보호 절차를 취하도록 하면서 「상법」에 따른 절차를 간소화 하는 특칙 규정을 두고 있다. 즉 계약이전을 받는 인수은행은 해당 은행의 채권자에 대하여 10일 이상의 기간을 정하여 계약이전을 받는 것에 대한 이의(異議)를 제출할 것을 2개 이상의 일간신문에 공고할 수 있으며, 개별 채권자에 대한 최고는 생략할

129) 대법원 2002. 4. 12. 선고 2001다38807 판결.

수 있다(법 제14조 제9항→제5조 제3항). 그런데 구조개선법은 이러한 공고를 해야 하는 기한이 정해지지 않아서 언제까지 공고를 해야 하는지가 불명확한 점이 있는데, 이는 「상법」에 따라서 주주총회 결의일로부터 2주 이내에 해야 하는 것으로 보아야 할 것이다. 「상법」에 따르면 주주총회 결의일로부터 2주 이내에 채권자에 대하여 1개월 이상의 기간을 정하여 이의를 제출할 것을 공고하고, 알고 있는 채권자에 대하여는 개별적으로 최고하도록 하고 있으나(법 제5조의2→법 제5조 제3항→「상법」 제527조의5 제1항), 구조개선법은 공고 기간을 단축하면서 개별 최고도 하지 않을 수 있도록 하고 있다.

그런데 「상법」에 따르면 회사의 영업에 중대한 영향을 미치는 다른 회사의 영업의 전부 또는 일부 양수의 경우에는 채권자 보호 절차가 적용되지 않는다는 점을 고려할 때 구조개선법에 채권자 이의 제출 기간의 특례 규정을 둘 필요가 있는지는 의문이다.

5) 반대주주의 주식매수청구권 행사

계약이전을 받는 인수은행은 계약이전을 받기로 주주총회에서 결의를 한 때에는 지체 없이 2개 이상의 일간신문에 결의 사항과 결의 사항에 반대하는 주주는 “10일 이내에” 주식의 종류와 수를 기재한 서면으로 인수은행에 대하여 자기가 보유한 주식의 매수를 청구할 수 있다는 사실을 공고하여야 한다(법 제14조 제9항→제5조 제8항→제12조 제7항). 여기서 “10일 이내”의 기산점이 어느 날인지가 애매하다. 주주총회 결의일로부터 10일 이내인지, 아니면 공고일로부터 10일 이내인지가 명확하지가 않다. 주주총회 결의일로 보이지만, 이 경우에는 공고일이 늦어지는 때는 주주가 반대 의사 여부에 대한 판단을 할 시간적 여유가 별로 없어 불리한 점이 있을 수 있다. 따라서 공고일로부터 10일 이내라고 보는 것이 합리적이라고 생각되지만, 이 점을 명확하게 할 필요가 있다. 「상법」에 따르면 반대주주는 주주총회 결의일로부터 20일 이내에 주식 매수를 청구할 수 있도록 하고 있는데(제374조의2 제1항), 구조개선법은 그 기간을 단축하면서 일간신문의 공고로 알릴 수 있도록 하고 있다.

또한 인수은행은 반대주주의 주식매수청구가 있는 경우에는 청구를 받은 날부터 2개월 이내에 주식을 매수하여야 하는데, 이 경우 주식의 매수 가액은 주주와 인수은행 사이의 협의에 의하여 결정하며 협의가 이루어지지 아니하는 경우에는 회계전문가가 인수은행의 재산 가치와 수익 가치 등을 고려하여 산정한 가격으로 한다(법 제14조 제9항→제5조 제8항→제12조 제8항). 인수은행 또는 주식 매수 청구를 한 반대주주가 보유한 주식의 100분의 30 이상이 회계전문가에 의하여 결정된 매수 가액에 반대하는 경우에는 그 가액을 결정한 때부터 30일 이내에 법원에 대하여 매수가액의 결정을 청구할 수 있다(법 제14조 제9항→제5조 제8항→제12조 제9항).

(5) 계약이전과 관련된 자료의 보관·관리 및 열람

계약이전의 결정이 있는 경우 금융위원회는 당해 부실은행 및 인수은행으로 하여금 계약이전과 관련된 자료를 보관·관리하게 하고, 이를 계약이전과 관련된 채권자·채무자·물상보증인 및 그 밖의 이해관계인이 열람할 수 있게 하여야 한다(법 제14조의2 제5항 전단). 이 경우 보관·관리 및 열람에 필요한 기준 및 절차는 금융위원회가 정한다(법 제14조의2 제5항 후단).

6. 계약이전 결정의 법적 효력

(1) 계약이전 결정의 효력 발생 시점

금융위원회의 계약이전의 결정이 있는 경우 결정 내용에 포함된 **계약에 의한 부실은행의 권리와 의무는 결정이 있은 때에 계약이전을 받는 인수은행이 승계**한다(법 제14조의2 제1항 본문). 이것이 판례가 계약이전 결정이 금융감독당국의 일방적인 결정에 의하여 "금융거래상의 계약상의 지위가 이전되는 사법상의 법률 효과를 가져오는 행정처분"이라고 결론을 내린 근거가 된다. 판례도 "**계약이전 결정이 있으면 그로써 계약이전의 효력이 발생하는 것이다**"라고 하여[130] 이를 확인하고 있다.

그리고 계약이전의 대상이 되는 계약에 의한 채권을 피담보채권(被擔保債權)으로 하는 저당권이 있는 경우에는, 당해 부실은행 및 인수은행이 공동으로 계약이전의 사실을 2개 이상의 일간신문에 공고할 때에 인수은행이 저당권을 취득한다(법 제14조의2 제1항 단서).

(2) 계약이전 결정의 공고

금융위원회에 의한 계약이전의 결정이 있는 경우에는 당해 부실은행 및 인수은행 공동으로 결정의 요지 및 계약이전의 사실을 2개 이상의 일간신문에 지체 없이 공고하여야 한다(법 제14조의2 제2항).

(3) 공고 시 인수은행에 의한 이해관계인 등과의 법률관계 승계

계약이전 결정에 관한 공고가 있는 때에는 계약이전과 관련된 채권자·채무자·물상보증인(物上保證人)[131] 및 그 밖의 이해관계인과 당해 부실은행 사이의 법률관계는 인수은행이 동일한 내용으로 이를 승계한다(법 제14조의2 제3항 본문). 다만 채권자·채무자·물상보증인 및 그 밖의 이해관계인은 계약이전 결정의 공고 전에 당해 부실은행과 사이에 발생한 사유로 인수은행에게 대항할 수는 있다(법 제14조의2 제3항 단서).

---

130) 대법원 2007. 11. 16. 선고 2007다36537 판결.

131) 물상보증인이란 타인의 채무를 위하여 자신의 재산에 물적 담보(질권, 저당권 등)를 설정하는 자를 말한다(대법원 2001. 4. 24. 선고 2001다6237 판결).

(4) 공고와 지명채권 양도의 대항 요건

계약이전 결정으로 채권이 이전되는 경우 「민법」 제450조에 따른 지명채권(指名債權) 양도의 대항 요건을 갖추어야 하는지 여부에 대하여 판례는 "계약이전 결정이 있으면 그로써 계약이전의 효력이 발생하는 것이고, 「민법」 제450조에 규정된 지명채권양도의 대항 요건을 구비하여야 하는 것으로 볼 것은 아니[다]"라고 하고 있다.[132] 1998년 9월 개정된 구조개선법도 계약이전 결정에 관한 공고가 있는 때에는 공고로써 「민법」 제450조의 규정에 의한 지명채권 양도의 대항 요건을 갖춘 것으로 본다는 규정(법 제14조의2 제4항 본문)을 두고 있다. 판례는 이 규정이 있다고 해서 지명채권 양도의 대항 요건을 갖추어야 하는 것은 아니라고 보았다.[133] 다만 계약이전과 관련된 채권자·채무자·물상보증인 및 그 밖의 이해관계인은 공고 전에 당해 부실은행과 사이에 발생한 사유로 인수은행에게 대항할 수 있도록 하고 있다(법 제14조의2 제4항 단서).

Ⅴ. 자본금 감소 절차에 대한 특례

1. 서설

구조개선법은 은행이 주식을 소각하거나 병합하여 자본금 감소를 하는 경우 주주총회의 소집 기간, 주주명부 폐쇄일과 기준일 공고 기간, 채권자 이의(異議) 제출 기간의 단축 등 「상법」에 따른 절차에 대한 특례로서 절차의 간소화를 규정하고 있다(법 제5조의2). 해당 은행이 부실은행에 해당하지 않는 경우나 자본금 감소 명령을 받지 않은 경우에도 자본금 감소를 할 때 이러한 특칙 규정을 이용할 수 있다.

2. 자본금 감소 결의를 위한 주주총회의 소집 기간 등의 단축

(1) 주주총회 소집 기간의 단축

자본금 감소 결의를 위한 주주총회의 소집 기간과 관련해서 그 기간을 단축하고 있다. 즉 은행은 자본금 감소의 결의를 위한 주주총회를 소집함에 있어서는 「상법」 제363조 제1항의 규정에 불구하고 주주총회일 7일 전에 각 주주에 대하여 서면으로 통지를 발송할 수 있는데, 이 경우 은행은 서면 통지 발송일 이전에 2개 이상의 일간신문에 주주총회를 소집하는 뜻과 회의의 목적 사항을 공고하여야 한다(법 제5조의2 → 제5조 제4항). 「상법」에 따른 주주총회일의 2주 전에 통지해야 한다는 규정(제363조 제1항)의 특칙이다.

---

132) 대법원 2007. 11. 16. 선고 2007다36537 판결.
133) 대법원 2007. 11. 16. 선고 2007다36537 판결.

(2) 주주명부의 폐쇄일 또는 기준일 공고 기간의 단축

자본금 감소의 결의를 위한 주주총회와 관련해서 주주명부의 폐쇄일이나 기준일을 공고하는 기간도 단축하고 있다. 즉 은행은 자본금 감소의 결의를 위하여 주주명부를 폐쇄하거나 기준일을 정하는 때에는 「상법」 제354조 제4항의 규정에 불구하고 그 폐쇄일 또는 기준일부터 7일 전에 이를 공고할 수 있으며, 이 경우 2개 이상의 일간신문에 공고하여야 한다(법 제5조의2→제5조 제6항). 「상법」에 따르면 주주명부 폐쇄일 또는 기준일로부터 2주 전에 공고해야 하는데(제354조 제4항), 구조개선법은 그 기간을 단축하고 있다.

(3) 채권자 이의 제출 기간의 단축 등

구조개선법은 자본금 감소의 경우 「상법」에 따른 절차보다 간소화 하는 규정을 두고 있다. 즉 은행은 주주총회에서 자본금 감소의 결의를 한 경우에는 채권자에 대하여 10일 이상의 기간을 정하여 이의를 제출할 것을 2개 이상의 일간신문에 공고할 수 있으며, 이 경우 개별 채권자에 대한 최고는 생략할 수 있다고 규정하고 있다(법 제5조의2→제5조 제3항). 「상법」에 따르면 1개월 이상의 기간을 정하도록 하고 있고, 알고 있는 채권자에 대해서는 개별 최고를 하도록 하고 있고 있는데(「상법」 제439조→제232조), 이에 대한 특칙이다.

3. 주식 소각 및 주식 병합의 공고 기간 단축과 공고

「상법」에 따르면 주식 소각이나 병합의 경우 1개월 이상의 기간을 정하여 그 뜻과 그 기간 내에 주권을 회사에 제출할 것을 공고하고 주주명부에 기재된 주주와 질권자에 대하여는 개별로 통지하여야 하며, 주식 병합의 경우 신 주권은 공고 기간 이내에 교부하여야 한다(제440조, 제441조).

구조개선법은 주식 소각과 주식 병합의 공고 기간 및 절차에 대해서도 특칙을 두고 있다. 즉 자본금 감소를 위해서 주식 소각이나 병합을 하는 경우 은행은 5일 이상의 기간을 정하여 그 내용과 그 기간 내에 주권을 은행에 제출할 것을 공고하고, 주식 병합의 경우에는 주식 병합 기준일(즉 5일 이상의 기간 중의 마지막 날)로부터 1개월 이내에 신 주권을 교부하여야 한다(법 제5조의2→제12조 제6항 본문).[134] 구조개선법은 공고 기간을 "1개월 이상의 기간"에서 "5일 이상의 기간"으로 단축하고, 주주에 대한 개별 통지는 2개 이상의 일간신문에 공고로 갈음하고 있으며, 주식 병합의 경우 신 주권 교부일에 대해서도 특칙을 두고 있다. 다만 자본시장

134) 구조개선법 제5조의2는 "주식의 소각 및 병합의 기간과 절차에 대하여 법 제12조 제6항의 규정을 준용한다"고 하고 있으므로, 비록 법 제12조 제6항의 규정은 주식 병합에 대해서만 규정하고 있지만 「상법」상 주식의 소각의 공고 기간과 효력 발생 시기에 대해서는 주식 병합의 규정을 준용하고 있으므로(「상법」 제343조 제2항→제440조, 제441조), 법 제12조 제6항의 주식 병합에 관한 규정은 주식의 소각 및 병합에 대하여 동일하게 적용되는 것으로 해석할 수 있을 것이다.

법에 따라 주권이 한국예탁결제원에 예탁되어 있는 주식을 병합하는 경우에는 주식 병합 기준일에 실질 주주명부의 기재에 의하여 구 주권의 제출 및 신 주권의 교부가 이루어진 것으로 할 수 있으며, 이 경우 그 사실을 주식 병합에 관한 내용을 공고할 때 함께 공고하여야 한다(법 제5조의2 → 법 제12조 제6항 단서).

Ⅵ. 관리인의 선임과 권한 등

1. 관리인의 선임과 해임

(1) 관리인의 선임

금융위원회가 은행의 관리인을 선임해야 하는 경우는 3가지이다. 첫째, 금융위원회가 **적기시정조치의 하나로서 임원의 직무를 대행하는 관리인을 선임**하는 경우이다(법 제10조 제1항 제4호). 둘째, ① 은행이 금융위원회의 경영개선 요구나 경영개선 명령을 위반하거나 이를 이행하지 아니한 때(법 제10조 제1항) 또는 ② 정부나 예금보험공사의 출자에 따라서 금융위원회가 부실은행에게 자본금 감소 명령을 내렸으나 부실은행이 이를 이행하지 아니한 때(법 제12조 제3항), 금융위원회가 해당 **부실은행의 임원의 업무 정지를 명하고 그 임원의 업무를 대행할 관리인을 선임**하는 경우이다(법 제14조 제1항). 셋째, 금융위원회가 **계약이전의 결정을 한 부실은행의 관리인을 선임**하는 경우이다(법 제14조 제7항).

(2) 관리인의 해임

금융위원회는 관리인을 해임할 수 있는 권한도 있다. 즉 금융위원회는 필요하다고 인정하는 때에는 관리인을 해임할 수 있다(법 제14조의3 제3항).

2. 관리인의 선임에 대한 특례

(1) 예금보험공사 임·직원의 관리인 선임 의무

금융위원회는 「예금자보호법」의 적용 대상인 부보은행에 대하여 ① 적기시정조치의 하나로서 영업 전부의 정지를 명령하는 경우(일시적인 자금 부족에 따라 영업 전부의 정지 명령을 받은 경우로서 경영 정상화가 확실하다고 인정되는 경우를 제외한다)(법 제10조 제1항 제6호), 또는 ② 부실 부보은행에 대하여 계약이전의 결정을 한 경우(법 제14조 제2항)에, 관리인을 선임하는 때에는 **예금보험공사의 임원 또는 직원을 당해 부보은행의 관리인으로 선임**하여야 한다(법 제14조의6 제1항 본문). 금융위원회는 관리인으로 선임된 예금보험공사의 임원 또는 직원에 대하여는 해임할 수 없다(법 제14조의6 제3항 본문).

(2) 예외

금융위원회는 정부나 예금보험공사에 의한 자금 지원이 없는 경우 또는 예금보험공사에 의한 예금 등 채권의 지급이 없거나 없다고 인정하는 경우에는 예금보험공사의 임원 또는 직원이 아닌 자를 관리인으로 선임할 수 있다(법 제14조의6 제1항 단서). 또한 금융위원회는 당해 은행의 경영 정상화 또는 일반 채권자 보호를 위하여 필요한 경우에는 예금보험공사의 임원 또는 직원 외에 다른 자를 관리인으로 선임할 수 있다(법 제14조의6 제2항).

(3) 관리인으로 선임된 예금보험공사의 임·직원의 임기

관리인으로 선임된 예금보험공사의 임원이나 직원의 임기는 부보은행의 영업 정지 기간 또는 계약이전의 결정에 따른 처리가 종료되는 날까지로 한다(법 제14조의6 제3항 본문). 다만 영업 정지 기간 중 당해 은행이 해산하거나 파산한 때에는 임기를 해산 결의일 또는 파산 선고일까지로 한다(법 제14조의6 제3항 단서).

3. 관리인의 선임 등기

금융위원회는 관리인을 선임한 때에는 지체 없이 당해 은행의 본점 또는 주된 사무소의 소재지를 관할하는 지방법원에 취지를 통지하고, 당해 은행의 본점과 지점 또는 각 사무소의 소재지를 관할하는 등기소에 등기를 촉탁하여야 한다(법 제14조의3 제4항).

4. 관리인의 권한

관리인은 선임 목적에 따라 **대행할 임원의 직무를 수행할 권한** 또는 계약이전의 결정과 관련된 업무의 범위 내에서 **부실은행의 자산·부채 등을 관리·처분할 권한**을 가진다(법 제14조의3 제1항). 금융위원회는 관리인에게 업무 수행에 필요한 명령을 할 수 있다(법 제14조의3 제2항).

5. 관리인의 직무 수행

(1) 재판상 및 재판 외의 모든 행위 수행

관리인은 은행에 갈음하여 그 **영업에 관한 재판상 또는 재판 외의 모든 행위를 할 수 있다**(법 제14조의3 제5항 →「상법」 제11조 제1항).

(2) 다수 관리인의 경우 공동 직무 수행

관리인이 여러 사람인 경우에는 공동으로 직무를 행하며, 이 경우 금융위원회의 허가를 받아 직무를 분장할 수 있고, 제3자의 의사표시는 그 1인에 대하여 하면 된다(법 제14조의3 제5항 → 채무자회생파산법 제360조).

(3) 관리인에 대한 보수 또는 특별보상금 지급

관리인은 비용을 미리 받거나 보수 또는 특별보상금을 받을 수 있는데, 이 경우 보수 및 특별보상금의 액은 직무와 책임에 상응한 것으로서 금융위원회가 정한다(법 제14조의3 제5항→채무자회생파산법 제30조).

(4) 선량한 관리자의 주의 의무

관리인은 선량한 관리자의 주의로써 직무를 수행하여야 하며, 주의를 게을리한 때에는 이해관계인에게 손해를 배상할 책임이 있고, 이 경우 주의를 게을리한 관리인이 여러 사람인 경우에는 연대하여 손해를 배상할 책임이 있다(법 제14조의3 제5항→채무자회생파산법 제361조). 관리인은 필요한 때에는 자신의 직무를 수행하게 하기 위하여 자기의 책임으로 금융위원회의 허가를 받아 대리인을 선임할 수 있으며, 대리인은 관리인에 갈음하여 재판상 또는 재판 외의 모든 행위를 할 수 있다(법 제14조의3 제5항→채무자회생파산법 제362조).

Ⅶ. 행정처분

1. 서설

구조개선법은 적기시정조치에 의한 경영개선 명령이나 정부나 예금보험공사의 출자에 따른 부실은행의 자본금 감소 명령이 이행되지 않거나 이행할 수 없게 되는 경우 등에는 금융감독당국이 해당 은행에 대한 영업 정지, 영업 인가 취소의 처분 등을 할 수 있도록 규정함으로써 강력한 이행 수단을 부여하고 있다. 이외에도 해당 은행의 임원에 대한 제재 조치도 취할 수 있도록 함으로써 강제력을 부여하고 있다.

2. 부실은행에 대한 조치

(1) 영업 정지 또는 영업 인가 취소의 처분

금융위원회는 부실은행이 다음 사유에 해당하는 경우에는 당해 부실은행에 대하여 **6개월의 범위 내에서 영업 정지, 영업 인가의 취소** 등 필요한 처분을 할 수 있다(법 제14조 제2항).

1) 부실은행이 적기시정조치에 따른 경영개선 명령 또는 정부나 예금보험공사의 출자에 따른 부실은행의 특정주주의 주식에 대한 자본금 감소 명령을 이행하지 아니하거나 이행할 수 없게 된 경우이다(법 제14조 제2항 제1호). 다만 해당 부실은행이 더 이상 부실은행에 해당하지 아니하게 되면 조치가 취해지지 아니한다(법 제14조 제2항 단서).

2) 경영개선 명령에 의한 부실은행의 합병이나 영업양도 또는 제3자에 의한 인수가 이루어지지 않거나, 예금보험공사의 알선에 의한 부실은행의 합병이나 영업양도 또는 제3자에 의

한 인수(법 제11조 제3항)가 이루어지지 않는 경우이다(법 제14조 제2항 제2호).[135] 다만 해당 부실은행이 더 이상 부실은행에 해당하지 아니하게 되면 조치가 취해지지 아니한다(법 제14조 제2항 단서).

3) 부실은행이 부채가 자산을 현저히 초과함으로써 적기시정조치에 의한 경영개선 명령의 이행 또는 부실은행의 합병이나 영업양도 또는 제3자에 의한 인수가 이루어지기 어렵다고 판단되는 경우이다(법 제14조 제2항 제3호).

(2) 영업 정지 처분 사유의 제한

영업 정지 처분 사유는 제한되어 있는데, 부실은행이 자금 사정의 급격한 악화로 예금 등 채권의 지급이나 차입금의 상환이 어렵게 되어 예금자의 권익이나 신용질서를 해할 것이 명백하다고 인정되는 경우에는 6개월의 범위 내에서 영업 정지 처분만을 할 수 있고, 영업 인가 취소 처분은 할 수 없다(법 제14조 제2항 단서, 제4호).

(3) 영업 인가 취소 처분

1) 청문 실시

금융위원회가 부실은행 영업의 인가를 취소하고자 하는 경우에는 청문을 실시하여야 한다(법 제14조의4).

2) 영업 인가의 취소 시 해산

부실은행이 금융위원회로부터 영업의 인가 취소 처분을 받은 때에는 해산한다(법 제14조 제4항).

3. 임원에 대한 제재 조치

금융위원회는 은행이 ① 금융위원회의 적기시정조치에 따른 경영개선 요구 또는 명령을 위반하거나 이를 이행하지 않은 경우, 또는 ② 정부나 예금보험공사의 출자에 따른 금융위원회의 특정주주의 주식에 대한 자본금 감소 명령을 이행하지 아니한 경우에는, 금융감독원장의 건의에 따라 당해 은행 임원의 업무 집행 정지를 명하고, 그 임원의 업무를 대행할 관리인을 선임하거나 주주총회에 대하여 그 임원의 해임을 권고할 수 있다(법 제14조 제1항).

135) 법 제14조 제2항은 정의를 하지 않고 “합병 등”이라는 용어를 사용하고 있으나, 인용하고 있는 법 제10조 제1항 및 제11조 제3항에 비추어 보아 해석상 합병·영업양도 또는 제3자에 의한 인수를 포함하는 것으로 볼 수 있을 것이다.

4. 부실은행의 부실관련자에 관한 자료 제공의 요청

금융위원회는 부실은행의 부실 책임을 규명하고 그 책임을 추궁하기 위하여 필요하다고 인정되는 경우에는 관계 중앙행정기관, 지방자치단체, 정부가 납입자본금의 100분의 50 이상을 출자한 기업체, 특별법에 의하여 설립된 법인, 「어음법」 또는 「수표법」에 의하여 지정된 어음교환소 등의 공공기관의 장에게 부실과 관련이 있다고 인정되는 자의 재산에 관한 자료 또는 정보의 제공을 요청할 수 있다(법 제14조의7 제1항, 시행령 제5조의9). 이러한 요청을 받은 공공기관 등의 장은 특별한 사유가 없는 한 이에 응하여야 한다(법 제14조의7 제2항).

제5절

은행의 해산, 청산 및 파산

Ⅰ. 서설

은행이 해산하면 청산 절차를 거치게 된다. 은행이 자발적으로 해산 결의를 하거나 「은행법」에 따라 은행업 인가가 취소가 되면 해산을 하게 된다. 다만 해산 사유 중 합병, 분할, 분할합병, 파산의 경우는 청산 절차를 거치지 않는다. 청산 절차는 「상법」이 규정하고 있어서 은행이 해산하게 되면 「상법」에 따른 청산 절차를 거치게 된다. 다만 구조개선법과 「은행법」은 청산인 선임에 관한 특례 조항을 두고 있어서 2개의 법률의 적용을 받아 청산인을 선임하게 된다. 한편 은행이 파산하게 되면 채무자회생파산법에 따라서 파산 절차가 진행된다. 다만 구조개선법은 금융감독당국의 파산 신청권 인정 및 파산관재인 선임 등 몇 가지 특례 조항을 두고 있고, 「은행법」은 파산관재인 선임에 관한 특례 조항을 두고 있는데, 파산관재인 선임에 대해서는 2개의 법률이 적용된다.

Ⅱ. 은행의 해산

1. 서설

은행이 해산하면 더 이상 은행업을 영위하지 않게 된다. 그래서 「은행법」은 은행이 자발적으로 해산하려는 경우에는 금융감독당국의 인가를 받도록 하고 있다(법 제55조 제1항). 그만큼 주주나 예금자 등 이해관계인에게 영향을 미칠 수 있으므로 금융감독당국의 인가 절차를 통해서 어느 정도 통제하겠다는 취지로 볼 수 있다. 은행의 해산 사유는 은행업 인가 취소나 법원의 해산명령 또는 해산판결 등 강제적인 사유도 있지만 주주총회의 특별결의에 의한 자발적인 사유와 합병 등 조직 변경에 의한 해산 사유도 있다. 또한 앞서 본 것처럼 구조개선법에 따른 부실은행에 대한 영업 인가 취소 처분의 경우에도(법 제14조 제2항) 해산 사유가 된다.

2. 해산 사유

은행의 해산 사유는 「상법」에 따른 해산 사유뿐만 아니라 「은행법」에 따른 해산 사유로서 은행업의 인가 취소도 해당한다.

(1) 「상법」에 따른 해산 사유

은행도 주식회사이므로 「상법」이 적용된다. 「상법」에 따르면 **주식회사의 해산 사유는 존립기간의 만료 및 그 밖에 정관으로 정한 사유의 발생, 합병, 분할, 분할합병, 파산, 법원의 해산명령 또는 해산판결, 주주총회의 해산 결의**이다(제517조). 주주총회의 해산 결의는 특별결의로 한다(「상법」 제518조). 주식회사는 위와 같은 해산 사유의 발생으로 당연히 해산하고, 해산등기나 그 밖의 절차는 그 요건이 아니다.[136)]

(2) 「은행법」에 따른 해산 사유

「은행법」은 **은행업 인가가 취소된 경우를 은행의 해산 사유**로서 규정하고 있다. 즉 「은행법」 제56조 제2항은 "은행업의 인가가 취소된 경우에는 해산한다."라고 규정하고 있다. 은행업 인가가 취소되는 경우는 「은행법」 제53조 제2항이 규정하고 있는데, ① 거짓이나 그 밖의 부정한 방법으로 은행업의 인가를 받은 경우, ② 인가 내용 또는 인가 조건을 위반한 경우, ③ 영업정지 기간에 그 영업을 한 경우 등을 규정하고 있다. 강제적인 해산 사유가 된다.

(3) 영업의 전부 폐업도 해산 사유가 되는지 여부

「은행법」은 은행이 영업의 전부를 폐업하는 경우 금융감독당국의 인가를 받도록 하고 있다(법 제55조 제1항). 그러면 은행업의 전부를 폐업하는 경우도 해산 사유가 되는가? 「은행법」은 은행업 인가 취소의 경우에는 당연 해산 사유로 규정하고 있지만, 은행업 전부 폐지는 규정하고 있지 않아 논란이 제기될 수 있다. 이에 대해서는 명시적인 규정이 없고 은행이 영업 전부를 폐업하더라도 일반 주식회사로서 계속 존속할 수 있다는 점에서 해산 사유가 아니라고 볼 여지도 있다. 그러나 은행은 은행업을 본질적인 업무로 영위하는 회사라는 점을 고려할 때 설령 자발적인 은행업의 전부 폐업일지라도 은행업 인가 취소의 경우와 마찬가지로 해산 사유로 보는 것이 타당할 것이다. 입법적으로 명확히 할 필요가 있다.

---

136) 대법원 1964. 5. 5. 선고 63마29 결정.

3. 「은행법」에 따른 해산 인가

(1) 서설

「은행법」은 은행의 해산을 인가 사항으로 규정하고 있다(법 제55조 제1항). 즉 은행이 해산으로 은행업을 더 이상 영위하지 않게 되면 주주, 예금자 등 채권자 및 그 밖의 이해관계자에게 영향을 미칠 수 있게 되므로 금융감독당국의 인가 절차를 거치도록 하고 있다.

(2) 인가 심사 기준

금융감독당국은 은행의 해산 인가를 하려는 때에는 "① 해당 은행의 경영 및 재무상태 등에 비추어 부득이할 것, ② 예금자 등 이용자 보호와 신용질서 유지에 지장을 주지 아니할 것, ③ 「상법」 및 자본시장법, 그 밖의 관계 법령에 따른 절차 이행에 하자가 없을 것"이라는 기준을 충족하는지를 심사하여야 한다(「은행법 시행령」 제24조의9 제2항).

Ⅲ. 은행의 청산

1. 서설

주식회사의 청산 절차는 「상법」이 규정하고 있다(제531조 내지 제542조). 은행도 주식회사 형태를 취하고 있으므로 은행의 청산 절차도 기본적으로 「상법」 규정이 적용된다. 주식회사가 **해산하면 청산을 해야 하는데, 해산 사유 중 합병, 분할, 분할합병 또는 파산의 경우에는 청산 절차를 거칠 필요가 없다**(「상법」 제531조 제1항). 청산 절차는 법원이 주도하는데, 청산인 선임과 해임에 관한 사항도 규정하고 있다. 그런데 청산인 선임과 관련해서는 「상법」 규정 이외에도 구조개선법과 「은행법」이 각각 특례 규정을 두고 있어서 이의 적용에 관한 문제도 살펴볼 필요가 있다. 이외에도 청산인 해임과 관련해서는 「은행법」에 특별 규정이 있다.

2. 청산인 선임 특례

(1) 「상법」에 따른 규정

회사가 청산 절차에 들어가면 정관에 다르게 정한 경우나 주주총회에서 타인을 선임하는 경우 이외에는 **회사의 이사가 청산인이 된다**(「상법」 제531조 제1항). 그러한 청산인이 없는 경우에는 법원은 이해관계인의 청구에 의하여 청산인을 선임한다(「상법」 제531조 제2항).

(2) 구조개선법에 따른 청산인 선임 특례

1) 금융위원회의 금융전문가 등 적격자의 추천

금융위원회는 은행이 해산한 때에는 「상법」 제531조에도 불구하고 대통령령이 정하는 **금융전문가나 예금보험공사의 임직원 중에서 1인을 청산인으로 법원에 추천**할 수 있다(법 제15조 제1항 전단). '대통령령이 정하는 금융전문가'라 함은 "(i) 금융기관에서 5년 이상 근무한 경력이 있는 자, (ii) 금융위원회·금융감독원 등 금융감독기관에서 5년 이상 근무한 경력이 있는 자, (iii) 금융위원회가 정하는 금융 관련 단체에서 5년 이상 근무한 경력이 있는 자, (iv) 금융기관의 관리인·청산인 또는 파산관재인으로 선임된 경력이 있는 자, (v) 그 밖의 금융에 관한 지식과 경험이 풍부하다고 금융위원회가 인정하는 자"를 말한다(시행령 제5조의11 제2항 본문). 다만 청산인을 선임하는 은행의 주주, 당해 은행과 채권·채무 등의 이해관계가 있는 자, 당해 은행의 임원 결격 사유에 해당하는 자는 제외한다(시행령 제5조의11 제2항 단서).

2) 예금보험공사가 최대 채권자인 경우 그 임직원을 청산인으로 추천

금융위원회는 당해 은행이 「예금자보호법」에 따른 부보은행으로서 예금보험공사 또는 정리금융회사가 그 부보은행에 대하여 "대통령령이 정하는 최대 채권자"에 해당하는 때에는 반드시 예금보험공사의 임직원을 청산인으로 추천하여야 한다(법 제15조 제1항 후단). "대통령령이 정하는 최대 채권자"는 선임된 관리인(법 제14조의6 제1항)이 해산한 부보은행의 영업 정지일 또는 계약이전 결정일을 기준으로 재산 상황을 조사한 결과 당해 부보은행에 대하여 전체 채권액의 100분의 50을 초과하는 채권(영업 정지일 또는 계약이전 결정일 이후의 예금보험공사 또는 정리금융기관의 보험금 지급, 채권 매입 또는 자금 지원 등으로 인한 채권을 포함한다)을 가지는 것으로 판명된 자이다(시행령 제5조의11 제1항).

3) 청산인 추천 업무의 금융감독원장 위탁

금융위원회는 청산인의 추천을 금융감독원장에게 위탁할 수 있다(법 제15조 제2항).

4) 법원의 청산인 선임

구조개선법은 "법원은 금융위원회가 추천한 자가 금융 관련 업무 지식이 풍부하며 청산인의 직무를 효율적으로 수행하기에 적합하다고 인정되면 청산인으로 선임하여야 한다."고 규정하고 있어서(법 제15조 제1항 전단) 사실상 선임을 강제하고 있다.

(3) 「은행법」에 따른 청산인 선임 특례

「은행법」은 은행이 해산해서 청산 절차에 들어가는 경우에는 이해관계인이나 금융위원회의 청구 또는 법원의 직권으로 청산인을 선임할 수 있다고 규정하고 있다(제56조 제3항). 또한 「은행법」은 은행이 해산하는 경우에는 금융감독원장 또는 그 소속 직원 1명이 청산인으로 "선임되어야 한다"라고 규정하고 있다(제57조 제1항). 즉 반드시 선임되어야 하는 강제 규정으로 하고 있다. 그리고 청산인으로 선임된 금융감독원장 또는 그 소속 직원은 그 임무에 대하여 보수를 청구할 수 없는데, 다만, 그 임무를 수행하는 데에 든 정당한 경비는 해당 재산에서 받을 수 있다(「은행법」 제57조 제2항).

(4) 적용 법률에 대한 검토

이처럼 은행이 해산해서 청산 절차에 들어가는 경우 청산인 선임과 관련해서 「상법」, 구조개선법, 「은행법」이 각각 규정하고 있어서 어느 법에 따라 청산인 선임을 해야 하는지가 문제가 될 수 있다. 이들 법률 사이에 우선 적용과 관련해서 구조개선법은 특별히 규정하고 있지 않으나, 「은행법」은 "「상법」이나 그 밖의 법령에 우선하여 적용한다"고 하고 있어서(제3조 제2항), 「은행법」이 특별법임을 규정하고 있다. 그렇다면 「은행법」에 따른 청산인 선임 조항이 우선 적용된다고 볼 여지도 있다. 그런데 실무적으로, 물론 외은지점에 해당하는 것이기는 하지만, 법원은 「은행법」을 적용하여 금융감독원 소속 직원 1명을 청산인으로 선임하면서 「상법」에 따라 외은지점의 이해관계인이 청산인으로 선임해줄 것을 법원에 요청한 자를 청산인, 그 중에서도 대표청산인으로 선임하고 있다. 이러한 실무에 비추어 보면, 「상법」에 따르면 여러 청산인을 둘 수 있고 이 중에서 대표청산인을 정하거나 공동으로 회사를 대표할 것을 정할 수 있으므로(「상법」 제542조 제1항→제255조 제2항) 법원은 은행의 경우 구조개선법에 따른 금융위원회가 추천한 금융전문가를 청산인으로 선임하면서 동시에 「은행법」에 따른 금융감독원 소속 직원 1명도 청산인으로 선임하여 이 중에서 대표청산인을 선임할 수 있다고 볼 수 있을 것이다.

3. 청산인 해임

청산인 해임과 관련해서도 「상법」에 따르면 법원이 선임한 경우에는 법원이 해임할 수 있고, 그렇지 않은 경우에는 언제든지 주주총회 결의로 청산인을 해임할 수 있다(제539조). 「은행법」은 이에 대한 특칙으로서 은행의 청산인은 이해관계인이나 금융위원회의 청구 또는 법원의 직권으로 해임할 수 있음을 규정하고 있다(제56조 제3항). 「은행법」이 「상법」에 대한 특별법이므로 「은행법」이 적용될 것이다.

Ⅳ. 은행의 파산

1. 서설

은행이 파산한 경우 파산 절차는 채무자회생파산법이 적용된다. 부실은행은 금융감독당국이 주도하여 구조개선법에 따라 정리 절차를 진행하게 되는데, 정부나 예금보험공사의 지원으로도 회생할 가능성이 없다고 판단하는 경우에는 영업 인가 취소와 계약이전 결정을 거쳐

파산 절차로 이행하게 되고, 이 경우에는 구조개선법이 아닌 채무자회생파산법에 따르게 된다. 다만 구조개선법은 일반 회사가 아닌 금융기관이라는 점을 고려해서 금융감독당국인 금융위원회를 파산 신청권자로 인정하고 있으며, 파산관재인도 금융전문가나 부실금융기관의 정리 업무를 담당하는 예금보험공사의 임직원 중에서 추천된 자를 선임하도록 하는 특례 규정을 두고 있다. 「은행법」도 은행이 파산한 경우 파산관재인을 금융감독원장 또는 그 소속 직원 1명을 파산관재인으로 선임해야 한다는 조항(제57조 제1항)이 있어서 구조개선법에 따른 파산관재인과의 관계가 문제될 수 있는데, 채무자회생파산법은 여러 파산관재인을 둘 수 있도록 하고 있으므로(제356조 단서) 앞서 청산인 선임 문제에서 논의한 바와 같이 둘 다 파산관재인으로 둘 수 있다고 볼 수 있다.

2. 금융위원회의 파산 신청

(1) 의의

채무자회생파산법에 의하면 파산 신청은 채권자 또는 채무자, 그리고 주식회사의 경우에는 이사가 파산 신청을 할 수 있고, 청산 중인 회사의 경우에는 청산인이 파산 신청을 할 수 있도록 하여 파산신청권자를 제한하고 있다(제294조 제1항, 제295조). 구조개선법은 금융기관에 대한 파산 신청이라는 점을 고려해서 금융감독당국인 금융위원회에게도 파산 신청 권한을 부여하고 있다. 즉 금융위원회는 은행에 채무자회생파산법 제306조에 의한 파산의 원인(부채의 총액이 자산의 총액을 초과하는 경우)이 되는 사실이 있음을 알게 된 때에는 파산 신청을 할 수 있다(법 제16조 제1항). 그리고 금융감독원장 또는 '파산참가기관'은 금융위원회에 당해 은행에 대한 파산의 신청을 건의할 수 있다(법 제16조 제2항). '파산참가기관'은 예금보험공사 및 금융감독원을 말한다(법 제2조 제4호).

(2) 파산 신청은 행정처분이 아니라고 본 판례

금융위원회의 파산 신청이 「행정소송법」상 취소소송의 대상이 되는 행정처분에 해당하는지에 대하여 대법원은 행정처분에 해당하지 않는다고 보았는데, "파산신청은 그 성격이 법원에 대한 재판상 청구로서 그 자체가 국민의 권리·의무에 어떤 영향을 미치는 것이 아닐 뿐만 아니라, 위 파산신청으로 인하여 당해 부실금융기관이 파산절차 내에서 여러 가지 법률상 불이익을 입는다 할지라도 파산법원이 관할하는 파산절차 내에서 그 신청의 적법 여부 등을 다투어야 할 것이므로, 위와 같은 금융감독위원회의 파산신청은 행정소송법상 취소소송의 대상이 되는 행정처분이라 할 수 없다."라고 하였다.[137]

137) 대법원 2006. 7. 28. 선고 2004두13219 판결.

3. 파산관재인 선임 특례

(1) 구조개선법에 따른 파산관재인의 선임 특례

1) 금융위원회의 금융전문가 등 적격자의 추천

금융위원회는 은행이 파산한 때에는 채무자회생파산법 제355조(파산관재인은 관리위원회의 의견을 들어 법원이 선임한다)에도 불구하고 대통령령이 정하는 금융전문가나 예금보험공사의 임직원 중에서 1인을 파산관재인으로 법원에 추천할 수 있다(법 제15조 제1항 전단). '대통령령이 정하는 금융전문가'라 함은 "(i) 금융기관에서 5년 이상 근무한 경력이 있는 자, (ii) 금융위원회·금융감독원 등 금융감독기관에서 5년 이상 근무한 경력이 있는 자, (iii) 금융위원회가 정하는 금융 관련 단체에서 5년 이상 근무한 경력이 있는 자, (iv) 금융기관의 관리인·청산인 또는 파산관재인으로 선임된 경력이 있는 자, (v) 그 밖의 금융에 관한 지식과 경험이 풍부하다고 금융위원회가 인정하는 자"를 말한다(시행령 제5조의11 제2항 본문). 다만 파산관재인을 선임하는 은행의 주주, 당해 은행과 채권·채무 등의 이해관계가 있는 자, 당해 은행의 임원 결격사유에 해당하는 자는 제외한다(시행령 제5조의11 제2항 단서).

2) 예금보험공사가 최대 채권자인 경우 그 임직원을 파산관재인으로 추천

금융위원회는 당해 은행이 「예금자보호법」에 따른 부보은행으로서 예금보험공사 또는 정리금융회사가 그 부보은행에 대하여 "대통령령이 정하는 최대 채권자"에 해당하는 때에는 반드시 예금보험공사의 임직원을 파산관재인으로 추천하여야 한다(법 제15조 제1항 후단). "대통령령이 정하는 최대 채권자"는 선임된 관리인(법 제14조의6 제1항)이 파산한 부보은행의 영업정지일 또는 계약이전 결정일을 기준으로 재산 상황을 조사한 결과 당해 부보은행에 대하여 전체 채권액의 100분의 50을 초과하는 채권(영업 정지일 또는 계약이전 결정일 이후의 예금보험공사 또는 정리금융기관의 보험금 지급, 채권 매입 또는 자금 지원 등으로 인한 채권을 포함한다)을 가지는 것으로 판명된 자이다(시행령 제5조의11 제1항).

3) 추천 업무의 금융감독원장 위탁

금융위원회는 파산관재인의 추천을 금융감독원장에게 위탁할 수 있다(법 제15조 제2항).

4) 법원의 파산관재인 선임

채무자회생파산법에 따르면 법원이 관리위원회의 의견을 들어 파산관재인을 선임하도록 되어 있지만(제355조 제1항), 구조개선법은 이에 대한 특칙으로서 "법원은 금융위원회가 추천한 자가 금융 관련 업무 지식이 풍부하며 파산관재인의 직무를 효율적으로 수행하기에 적합하다고 인정되면 파산관재인으로 선임해야 한다"고 규정하고 있어서(법 제15조 제1항 전단), 사실상 선임을 강제하고 있다.

(2) 「은행법」에 따른 파산관재인 선임 특례

「은행법」은 은행이 파산한 경우 "금융감독원장 또는 그 소속 직원 1명이 파산관재인으로 선임되어야 한다"고 규정하고 있는데(제57조 제1항), 구조개선법에 따른 파산관재인과 「은행법」에 따른 파산관재인 둘 다 둘 수 있다고 보는 것이 타당할 것이다. 그리고 파산관재인으로 선임된 금융감독원장 또는 그 소속 직원은 그 임무에 대하여 보수를 청구할 수 없는데, 다만 그 임무를 수행하는 데에 든 정당한 경비는 해당 재산에서 받을 수 있다(「은행법」 제57조 제2항).

(3) 파산관재인 선임 강제의 위헌성 여부

1) 서설

구조개선법은 금융위원회가 추천한 자를 사실상 파산관재인으로 선임하도록 하고 있는데, 이와 유사하게 부실 부보금융기관에 대하여 예금보험공사나 그 임직원을 의무적으로 파산관재인으로 선임하도록 하고 있는 「공적자금관리 특별법」 제20조 제1항에 대한 위헌 논의가 있었고, 헌법재판소 다수 의견은 합헌이라고 하였다.[138)]

2) 사법권을 침해하는지 여부

헌법재판소는 "예보가 파산관재인이 될 경우 파산법상의 법원의 해임권 등을 배제하고 있으나, 「예금자보호법」상 예보의 의사결정과정, 파산관리절차에 관한 지휘체계, 예보에 대한 국가기관의 감독장치, 이 사건 조항의 입법목적과 내용 등을 고려할 때, 그러한 감독권 배제가 자의적이거나 불합리하게 법원의 사법권을 제한한 것이라 보기 어렵다."라고 하였다.[139)]

3) 평등의 원칙에 위배되는지 여부

헌법재판소는 "예보의 법적 지위 내지 공적 기능을 볼 때, 예보는 금융기관에 대한 채권자이면서 동시에 금융경제질서의 안정을 위한 적극적인 공공복리를 위한 역할을 수행하며, 파산관재인으로서 그 역할을 공정하게 수행하도록 하기 위한 파산법과 「예금자보호법」 등에 의한 절차적 장치가 마련되어 있다고 볼 것이므로, 채권자의 1인인 예보를 파산관재인으로 선임하도록 하였다고 해서 다른 채권자와의 관계에서 비합리적인 차별취급을 한 것이라 볼 수 없다."라고 하였다.[140)]

4) 적법절차의 원칙에 위배되는지 여부

헌법재판소는 "적법절차의 원칙은 형식적인 절차뿐만 아니라 실체적 법률내용이 합리성과 정당성을 갖춘 것이어야 한다는 실질적 의미를 포함한다. 그런데 위 조항들은 그 입법목적과 그 실현수단의 적정성, 부보금융기관과 관련한 예보의 법적 지위와 전문성, 공적 지위 등을

---

138) 헌법재판소 2001. 3. 15. 선고 2001헌가1·2·3(병합).
139) 헌법재판소 2001. 3. 15. 선고 2001헌가1·2·3(병합).
140) 헌법재판소 2001. 3. 15. 선고 2001헌가1·2·3(병합).

고려할 때, 합리성과 정당성을 갖춘 것이라 할 것이므로 적법절차의 원칙에 위배되지 않는다." 라고 하였다.[141)]

4. 파산 선고의 송달 등

(1) 파산 선고의 송달

법원은 은행에 파산 선고를 한 때에는 채무자회생파산법 제313조에 정한 사항을 기재한 서면을 파산참가기관에 송달하여야 한다(법 제17조).

(2) 채권 신고 기간 등에 관한 협의

법원이 채무자회생파산법 제312조의 규정에 의하여 채권 신고의 기간 및 채권 조사의 기일을 정할 때에는 미리 파산참가기관의 의견을 들어야 한다(법 제18조).

(3) 파산참가기관의 의견 진술

파산참가기관은 은행의 파산 절차 진행 과정에서 법원에 대하여 의견을 제출하거나 진술할 수 있다(법 제19조).

5. 예금자표의 작성 및 제출 등

(1) 예금자표의 작성 및 열람

파산참가기관은 은행에 대한 파산 선고의 송달을 받은 때에는 알고 있는 예금채권에 대하여 지체 없이 채무자회생파산법 제448조에 정한 사항을 기재한 예금자표를 작성하여야 한다(법 제20조 제1항). 파산참가기관은 예금자표를 작성한 때에는 지체 없이 그 뜻과 열람 장소를 공고하고, 법원이 정한 채권 신고 기간의 말일까지 예금자가 열람할 수 있도록 하여야 한다(법 제20조 제2항). 이 경우 예금자표의 열람 개시일과 채권 신고 기간의 말일(末日)과의 사이에는 2주 이상의 기간이 있어야 한다(법 제20조 제2항). 파산참가기관은 예금자표의 열람이 개시된 이후에 당해 예금자표에 기재되지 아니한 예금채권이 있는 것을 알거나 그 밖의 예금자에게 이익이 되는 사실이 있는 것을 안 때에는 지체 없이 예금자표에 추가하여 기재하여야 한다(법 제20조 제3항).

(2) 예금자표의 법원 제출

파산참가기관은 채권 신고 기간이 경과한 후 지체 없이 예금자표를 법원에 제출하여야 한다(법 제21조 제1항). 법원에 제출된 예금자표에 기재되어 있는 예금채권은 채권 신고 기간 내

141) 헌법재판소 2001. 3. 15. 선고 2001헌가1·2·3(병합).

에 신고된 것으로 본다(법 제21조 제2항). 파산참가기관은 예금자표를 법원에 제출한 후 예금자표에 기재되지 아니한 예금채권이 있는 것을 알게 된 때에는 지체 없이 법원에 통지하여야 하며, 이 경우 법원에 통지한 예금채권은 채권 신고 기간이 경과한 후에 신고된 것으로 본다(법 제21조 제3항).

(3) 예금자의 파산 절차 참가

파산된 은행의 채권으로 신고된 것으로 보는 예금채권(법 제21조 제2항, 제3항)의 예금자가 직접 파산 절차에 참가하고자 할 때에는 그 뜻을 법원에 신고하여야 하며, 이 경우 법원은 그 사실을 파산참가기관에 통지하여야 한다(법 제22조).

(4) 파산참가기관의 권한

파산참가기관은 파산된 은행의 채권으로 신고된 것으로 보는 예금채권(법 제21조 제2항, 제3항)의 예금자를 위하여 파산 절차에 관한 일체의 행위를 할 수 있다(법 제23조 본문). 다만 당해 예금자가 직접 파산 절차에 참가하는 경우(법 제22조)에는 파산참가기관은 파산 절차에 관한 일체의 행위를 할 수 없으며, 예금채권의 확정에 관한 소송 행위를 할 때는 당해 예금자의 수권(授權)이 있어야 한다(법 제23조 단서).

<참고 문헌>

고동원·노태석, "금융안정을 위한 예금보험기구의 역할에 관한 연구,"「금융안정연구」 제11권 제1호, 예금보험공사, 2010.

고동원, "체제적으로 중요한 금융기관(SIFI)의 효율적인 정리 제도 구축 방안,"「금융감독연구」 제6권 제1호, 금융감독원, 2019. 4.

국회의원 이한구, "2004년 정무위 국감: 금감위/금감원– 카드특감 관련 질의자료," 보도자료, 2004. 10. 12.

금융감독원,「금융감독개론」, 2022.

금융위원회·금융감독원, "2024년도 금융체계상 중요한 은행·은행지주회사 및 금융체계상 중요한 금융기관 선정 결과," 보도자료, 2023. 7. 5.

김기원·이창순, "금융기관 특별정리체계에 대한 국제 논의 및 시사점," BOK이슈노트 2012–14호, 한국은행, 2012.

김정렬, "예금보험기구의 금융감독권,"「조사분석」 2002–5, 예금보험공사, 2002. 11.

김해룡, "손실보상의 사유로서의 재산권 내용규정에 관한 고찰,"「토지공법연구」 제72집, 한국토지공법학회, 2015.

박준·홍선경·김장호, "채무자 회생 및 파산에 관한 법률 제120조의 해석–지급결제제도, 청산결제제도 및 적격금융거래에 대한 특칙의 적용 범위,"「국제금융법의 현상과 과제(제1권)」, 석광현·정순섭 편, 2009.

심영, "금융기관 적기시정조치 제도에 대한 소고,"「법학논문집」 제30집 제2호, 중앙대학교 법학연구소, 2006. 12.

양기진, "우리나라에서 베일인(bail–in) 도입 관련 몇 가지 쟁점,"「은행법연구」 제10권 제1호, 은행법학회, 2017.

이민환·서대교, "대형·복합금융회사의 정리제도 개선에 관한 연구,"「금융안정연구」 제12권 제2호, 예금보험공사, 2011.

이성우, "우리나라 금융감독(규제) 시스템 개선 방안,"「동아법학」 제44호, 동아대학교 법학연구소, 2009. 8.

이재연·오승곤, "우리나라 대형복합금융회사 정리체계 개선방안에 관한 연구,"「금융안정연구」 제15권 제1호, 예금보험공사, 2014.

이한준, "시스템적으로 중요한 금융회사(SIFI)의 규제 체계에 관한 법적 연구," 연세대학교 법학박사학위논문, 2017.

이철송,「회사법강의」 제21판, 박영사, 2023.

임형석, "FSB권고안에 따른 금융회사 회생·정리 제도 국내 도입 방향," 금융회사 회생·정리 제도 도입 관련 공청회 자료집(금융위원회·금융감독원·한국은행·예금보험공사 공동 주최), 2016.

임형석·고영호, "국내 금융회사 정리체계 평가와 향후 정책과제 – 핵심원칙(KA)을 중심으로," KIF정책보고서 2015–04, 한국금융연구원, 2015.

임형석·이재연, "채권자손실분담(Bail–in) 국제 논의와 국내 도입 시 고려 요인 분석," KIF정책보고서 2015–07, 한국금융연구원, 2015.

전선애, "미국의 부실 금융기관 정리경험과 정책적 시사점,"「국제지역연구」 제12권 제2호, 한국외국어대학교 국제지역연구센터, 2008. 7.

전성인, "금융감독체계의 개혁과 정책과제,"「기업지배구조연구」 Vol. 13, 좋은기업지배구조연구소, 2004. 12.

______, "유인부합적 금융감독체계 구축 방안," SIRFE Occasional Paper 09–P07, 2009.

정경영,「회사법학」, 박영사, 2022.

정지만·오승곤, "금융안정을 위한 금융기관 부실정리제도," 2009년도 한국금융학회 추계 정책심포지움 발표자료집, 2009. 11. 5.

조정래·박진표, "금융산업의 구조개선에 관한 법률의 개선 방안,"「BFL」 제7호, 서울대학교 금융법센터, 2004.

하홍윤·김민혁, "영국 노던록 은행의 뱅크런: 발생원인과 제도개선을 중심으로,"「금융분석정보」 제2007–4호, 예금보험공사, 2007. 11. 27.

한국개발연구원, "업무영역·제재·적기시정조치 개선방향에 대한 연구," 2004년도 한국금융학회 금융정책심포지움 발표자료집(「금융관계법률 체제 정비의 바람직한 방향」), 2004. 5. 28.

한민, "시스템적으로 중요한 금융기관(SIFI)에 대한 국제적 정리체계 – FSB의 개선권고를 중심으로,"「법학논집」 제19권 제1호, 이화여자대학교 법학연구소, 2014.

Andenas, Mads and Iris H. Y. Chiu, *The Foundation and Future of Financial Regulation: Government for Responsibility*, Routledge, 2014.

Basel Committee on Banking Supervision, "Global Systemically important banks: updated assessment methodology and the higher loss absorbency requirement," July 2, 2013.

Federal Deposit Insurance Corporation and Bank of England, "Resolving Globally Active, Systemically Important, Financial Institution," FDIC and BOE Joint Paper, 2012.

Financial Stability Board, "Key Attributes of Effective Resolution Regimes for Financial Institutions," October 15, 2014.

________, "Principles on Loss–absorbing and Recapitalisation Capacity of G–SIBs in Resolution: Total Loss–absorbing Capacity (TLAC) Term Sheet," November 9, 2015.

제14장
감독 및 제재

제1절
총 설

「은행법」에서 감독과 제재에 관한 부분도 중요하다. 은행이 법규를 준수하면서 영업을 제대로 하는지 잘 감시하는 체제가 되어야 은행이 경영 건전성을 잘 유지해서 부실화되지 않도록 할 수 있을 뿐만 아니라 영업행위 규칙을 잘 준수하여 금융소비자에게 피해를 입히지 않도록 할 수 있다. 이러한 역할을 하는 것이 금융감독기관이다. 우리나라는 금융감독기관이 금융위원회와 금융감독원으로 수직적으로 나누어져 있는 이원적 체제로 되어 있어 감독이 제대로 이루어지지 않고 있다는 비판이 제기되고 있다. 금융감독기관은 은행업 인가 등 여러 관련 인가·허가나 승인 행위 또는 감독규정(監督規程, Regulation)의 제정이나 개정을 통해서 은행을 감독할 뿐만 아니라 필요한 경우 은행에 대한 검사(檢査, examination or inspection)를 통해서 은행의 영업을 감독한다. 더 나아가서 은행이 은행법령이나 다른 관련 법령 및 규정(規程) 등을 위반하는 경우에는 제재 조치를 취할 수 있도록 함으로써 집행력을 확보하고 있다.

이 장에서는 금융감독기관이 수행하는 은행에 대한 감독과 제재에 대한 문제에 대해서 금융감독기관의 현황과 문제점, 은행에 대한 감독과 검사, 그리고 제재 조치에 대한 내용을 「은행법」과 관련 법령을 중심으로 해서 살펴본다.

제2절

금융감독기관

Ⅰ. 서설

금융감독기구법은 금융감독 기능을 수행하는 금융위원회 및 금융감독원의 설립과 운영에 관한 내용을 담고 있다. 2008년 2월 29일 시행된 금융감독기구법은 종전 「금융감독기구의 설치 등에 관한 법률」(1998년 4월 1일 시행)을 전면 개정한 법률이다.[1] 합의제 의결 행정기관인 금융위원회는 금융감독 업무뿐만 아니라 금융정책(policy) 업무도 담당하고 있다. 금융감독원은 무자본특수법인으로서 금융감독 업무, 특히 금융기관 검사 및 제재 업무를 담당한다. 이렇게 **금융감독기구 체제는 2개의 기관이 금융감독 기능을 수행하는 수직적인 이원화된 구조**로 되어 있어 많은 비판을 받고 있다. 감독의 중복과 두 기관 사이의 원활한 업무 협조의 부재 등 감독의 비효율성이 나타나고 있기 때문이다. 금융위원회 산하 위원회로서 증권선물위원회가 있는데, 증권선물위원회는 자본시장의 불공정거래 조사와 기업 회계 기준 및 회계 감리(監理)에 관한 사무를 담당한다.

Ⅱ. 금융감독기관

1. 금융위원회

(1) 법적 지위

금융위원회는 「정부조직법」 제2조에 따른 중앙행정기관으로서 **국무총리 소속 기관**이다(금융감독기구법 제3조). 즉 금융위원회는 별도의 부처가 아니기 때문에 독자적인 부령(部令)(즉 시행규칙) 제정권은 없고 총리령으로 시행규칙을 제정한다. 금융위원회는 국무총리 소속인 중앙행정기관이지만 그 "**권한에 속하는 사무를 독립적으로 수행**"한다(금융감독기구법 제3조 제2항).

1) 2008년 이전의 금융감독기구 체제에 대한 논의는 고동원(2008), 3~43면.

여기서 "독립적으로 수행한다"라는 의미와 관련해서 해석이 나누어질 수 있다. 금융위원회가 금융정책 및 금융감독정책 기능을 수행함에 있어서 다른 정부 부처나 국회 등 정치권 등의 영향을 받지 않고 '독립적'으로 그 기능을 수행한다는 것을 뜻하는 것으로 해석해야 할지, 아니면 「정부조직법」에 따라 국무총리 소속으로 있는 정부기관이지만 국무총리의 간섭이나 지시를 받지 않고 '독립적'으로 업무를 수행한다는 것으로 해석해야 할지에 관한 것이다. 검토해보면, 만약 전자의 해석으로 보려면 금융감독 업무의 독립성 수행에 관한 별도의 조항을 두는 것이 타당할 것이고, 금융정책 업무는 굳이 독립성을 요하는 업무가 아니어서 독립성을 논할 필요도 없다는 점에서 금융위원회의 독립성을 보장하는 조항으로 보기는 어렵다. "국무총리 소속"이라는 문구로 되어 있기 때문에 원래 국무총리 소속 기관이어서 국무총리 지시를 받는 것이 당연하지만 업무의 독자성을 고려해서 국무총리의 업무 지시를 받지 않고 금융위원회가 독자적으로 업무를 수행할 수 있다고 해석하는 것이 타당하다.2)

(2) 조직 및 구성

금융위원회는 9인의 위원으로 구성되는 **합의제 의결 기구**이다(법 제4조). 9인의 위원은 4인의 당연직 위원(기획재정부 차관, 금융감독원 원장, 예금보험공사 사장, 한국은행 부총재)과 5인의 임명직 위원(위원장, 부위원장, 금융전문가인 상임위원 2인, 비상임 민간위원 1인)이다(금융감독기구법 제4조 제1항, 제2항, 제3항). 그런데 이러한 위원 구성은 문제가 많다. 합의제 행정기관이라는 것이 다양한 의견을 수렴하여 금융감독정책을 결정하라는 것인데, 비상임 민간위원이 1인이라는 체제로 그러한 기능을 충실히 수행할 수 있는지 의문이다. 더 나아가서 당연직 위원을 둘 필요가 있는지도 의문이다. 관련 기관의 의견을 듣는다는 취지로 보이나, 금융감독의 독립성을 유지하는데 얼마나 기여하는지도 의문이다. 당연직 위원 제도를 폐지하고, 민간 비상임위원이 과반수가 되는 체제를 만들 필요가 있다.

금융위원회 위원장은 국무총리의 제청(提請)으로 대통령이 임명하는데, 국회 인사 청문 절차를 거쳐야 한다(법 제4조 제2항). 위원장은 국무위원은 아니며 단지 국무회의에 출석하여 발언할 수 있다(법 제4조 제6항). 임명직 위원의 임기는 3년이다(제6조 제1항).

금융위원회의 사무를 처리하기 위하여 사무처를 두도록 하고 있으며(법 제15조 제1항), 금융위원회의 조직 및 정원에 관한 사항은 금융감독기구법 시행령으로 정하도록 하고 있는데, 「금융위원회와 그 소속기관 직제」(대통령령 제20684호, 2008년 2월 29일 공포) 및 시행세칙(총리령 제875호, 2008년 8월 3일 제정)이 금융위원회의 사무처 조직에 관하여 자세히 규정하고 있다.

2) 이에 관한 논의는 고동원(2012b), 444면.

(3) 소관 사무

금융위원회의 소관 사무는 **금융정책과 금융감독에 관한 사무**이다. 구체적인 소관 사무는 다음과 같다. "(i) **금융에 관한 정책 및 제도**에 관한 사항, (ii) **금융기관 감독 및 검사·제재**(制裁)에 관한 사항, (iii) 금융기관의 설립, 합병, 전환, 영업의 양수(讓受)·양도(讓渡) 및 경영 등의 인가·허가에 관한 사항, (iv) **자본시장의 관리·감독 및 감시** 등에 관한 사항, (v) 금융소비자의 보호와 배상 등 피해 구제에 관한 사항, (vi) 금융중심지의 조성 및 발전에 관한 사항, (vii) 위의 (i)에서 (vi)의 사항에 관련된 **법령 및 규정**(規程)**의 제정·개정 및 폐지**에 관한 사항, (viii) 금융 및 외국환업무취급기관의 건전성 감독에 관한 양자(兩者) 간 협상, 다자(多者) 간 협상 및 국제협력에 관한 사항, (ix) 외국환업무취급기관의 건전성 감독에 관한 사항"이다(법 제17조).

위의 (i)에 관한 사항과 (vii)의 법령의 제정·개정 및 폐지에 관한 사항이 대표적인 금융정책에 관한 사항으로 분류할 수 있다. 예를 들어, 금융지주회사 제도를 도입할 것인지에 대한 사안이 금융정책에 관한 사항이 되고, 이러한 금융정책은 법이나 시행령 또는 시행규칙의 제정이나 개정에 의해 구현된다. 즉 금융위원회는 국회에 제출하는 금융 관련 법률의 제·개정안 마련에 대한 업무를 수행하며, **시행령인 대통령령과 시행규칙인 총리령**의 제·개정을 위한 사무를 수행한다. 한편 **금융감독 기능**은 위의 (ii), (iii), (iv), (vii), (ix)에 규정되어 있듯이 관련 **감독규정**(規程)**의 제·개정이나 금융기관 인·허가 또는 금융기관에 대한 검사를 통해서 구현**된다. 특히 금융위원회는 금융기관 검사도 소관 사무로 규정되어 있어 금융감독원이 수행하고 있는 금융기관 검사 기능(법 제37조)과 중복되므로 두 기관 사이에 충돌이 발생할 수 있는 문제점이 있다. 물론 금융위원회는 금융기관 검사 업무를 직접 수행하고 있지 않지만 법적으로는 검사 업무를 수행할 수 있는 권한을 갖고 있어 문제의 소지가 있다.

2. 증권선물위원회

(1) 법적 지위

금융감독기구법은 **자본시장의 불공정거래 조사와 회계 감리 등에 관한 사무를 주된 업무**로 하는 증권선물위원회를 금융위원회에 두도록 하고 있다(법 제19조). 따라서 증권선물위원회는 금융위원회 내 위원회로서 합의제 행정기관이라고 할 수 있다. 증권선물위원회가 금융위원회의 산하 위원회인지 여부에 대해서는 이견이 있을 수 있으나, 금융위원회에 증권선물위원회를 둔다고 규정하고 있고, 별도의 사무처 조직도 없다는 점을 고려하면 금융위원회 산하 위원회라고 볼 수 있을 것이다.

(2) 조직 및 구성

금융위원회 산하에 두는 증권선물위원회는 위원장을 포함한 5인의 위원으로 구성되는데,

위원장은 금융위원회 부위원장이 겸임하며, 위원장을 제외한 1인은 상임위원이고, 나머지 3인은 비상임위원이다(법 제20조 제1항, 제2항). 증권선물위원회는 자본시장의 불공정거래 조사 및 기업 회계 감리 사무를 주로 담당하므로 전문성이 요구된다. 따라서 위원은 금융, 증권, 파생상품, 회계 분야의 전문성을 갖춘 위원이어야 한다는 자격 요건이 규정되어 있다(법 제20조 제2항).

(3) 소관 사무

증권선물위원회의 소관 사무는 다음과 같다. "(i) **자본시장의 불공정거래 조사**, (ii) 기업회계의 기준 및 회계 감리에 관한 업무, (iii) 금융위원회 소관 사무 중 자본시장의 관리·감독 및 감시 등과 관련된 주요 사항에 대한 사전 심의, (iv) 자본시장의 관리·감독 및 감시 등을 위하여 금융위원회로부터 위임받은 업무"이다(법 제19조). (i) 및 (ii)의 업무는 증권선물위원회의 고유 업무로서 증권선물위원회 의결로 최종 결정된다. 자본시장의 불공정거래 조사 업무는 미공개 중요정보 이용 행위(내부자거래 행위)나 시세(時勢) 조종 행위(주가 조작) 등(자본시장법 제174조, 제176조)에 관한 조사 업무를 말한다.

3. 금융감독원

(1) 법적 지위

금융감독원은 **무자본특수법인**이다(법 제24조 제2항). 금융감독원이 정부 조직이 아님은 명백하고, 금융감독원이 특별법에 의하여 설립되었고 금융감독이라는 국가 사무를 수행하므로 공법상의 법인체, 즉 국가의 간접행정기관으로서 "공법상 독립적인 행정 주체"[3]인 **공법상의 '영조물법인'**(營造物法人)[4]으로 보는 것이 타당하다.[5]

(2) 조직 및 구성

금융감독원은 주된 사무소를 서울특별시에 두고, 정관으로 정하는 바에 따라 필요한 곳에 지원이나 출장소를 둘 수 있다(법 제25조 제1항, 제2항). 금융감독원은 집행 간부로 원장 1명, 부원장 4명 이내, 부원장보 9명 이내와 감사 1명을 둘 수 있다(법 제29조 제1항). 금융감독원장은 금융위원회의 의결을 거쳐 금융위원회 위원장의 제청으로 대통령이 임명하고, 부원장은 원장의 제청으로 금융위원회가 임명하며, 부원장보는 금융감독원장이 임명하고, 감사는 금융위원회의 의결을 거쳐 금융위원회 위원장의 제청으로 대통령이 임명한다(법 제29조 제2항, 제3항, 제4항). 금융감독원장, 부원장, 부원장보 및 감사의 임기는 3년이며, 1회에 한하여 연임할 수 있

3) 백윤기(2000), 13면.
4) '영조물법인'이란 "일정한 행정 목적을 달성하기 위하여 설립된 인적·물적 시설의 종합체로서 독립한 법인격을 취득한 [법인]"을 말한다(강현호(2003), 132면).
5) 같은 견해는 강현호(2003), 137면; 이원우(2006), 258면; 홍준형(2001), 115면.

다(법 제29조 제5항). 금융감독원 직원은 원장이 임면한다(법 제33조). 금융감독원장, 부원장, 부원장보 및 감사와 직원은 직무 외의 영리를 목적으로 하는 업무에 종사하지 못하며, 해당 임명권자의 승인 없이 다른 직무를 겸하지 못한다(법 제34조).

(3) 담당 업무

금융감독원은 금융기관에 대한 검사·감독 업무 등을 수행하는 금융감독 집행기관이다. 금융감독원의 업무는 "① 금융감독원의 검사를 받는 **금융기관의 업무 및 재산 상황에 대한 검사**, ② **금융기관에 대한 검사 결과에 따른 제재**, ③ 금융위원회 및 소속기관에 대한 업무 지원, ④ 그 밖에 [금융감독기구]법과 다른 법령에서 금융감독원이 수행하도록 하는 업무"이다(법 제37조).

금융감독원장은 업무 수행에 필요하다고 인정할 때에 검사 대상 금융기관에 대하여 업무 또는 재산에 관한 보고, 자료의 제출, 관계자의 출석 및 진술을 요구할 수 있다(법 제40조 제1항). 금융감독원은 금융기관 및 그 임직원에 대한 제재 권한도 갖고 있다. 즉 금융감독원장은 검사 대상 금융기관의 임직원이 일정한 행위를 한 경우에 그 기관의 장에게 이를 시정하게 하거나 해당 직원의 징계를 요구할 수 있다(법 제41조 제1항).

시정 조치 및 징계 대상 행위는 "(i) [금융감독기구법] 또는 [금융감독기구법]에 따른 규정·명령 또는 지시를 위반한 경우, (ii) 금융감독원장이 요구하는 보고서 또는 자료를 거짓으로 작성하거나 그 제출을 게을리한 경우, (iii) 금융감독원의 감독과 검사 업무의 수행을 거부·방해 또는 기피한 경우, (iv) 금융감독원장의 시정 명령이나 징계 요구에 대한 이행을 게을리 한 경우"이다(법 제41조 제1항). 금융감독원장은 검사 대상 금융기관의 임원 해임을 임면권자에게 권고할 수 있고, 그 임원의 업무 집행의 정지를 명령할 것을 금융위원회에 건의할 수 있다(법 제42조). 또한 금융감독원장은 검사 대상 금융기관에 대하여 위법 행위 또는 비행(非行)의 중지, 6개월 범위에서 업무 전부 또는 일부 정지를 금융위원회에 건의할 수 있다(법 제43조).

(4) 회계 및 재원

1) 회계

금융감독원의 예산 및 결산은 금융위원회의 통제를 받는다. 금융감독원의 회계 연도는 정부의 회계 연도에 따르고(법 제44조), 금융감독원의 예산과 결산은 금융위원회의 승인을 받아야 한다(법 제45조). 금융감독원은 회계연도 개시 60일 전까지 금융위원회에 예산서를 제출해야 한다(법 제45조 제2항). 금융감독원장은 회계연도 종료 후 2개월 이내에 외부 감사를 받은 당해 연도의 결산서(재무제표와 그 부속명세서 및 회계법인의 감사보고서를 포함한다)를 금융위원회에 제출하여야 한다(법 제45조 제3항).

2) 재원

금융감독원은 정부 기관이 아니기 때문에 운영 경비를 금융기관이 부담하는 분담금 등으로 충당한다. 구체적인 재원(財源)은 (i) 정부의 출연금, (ii) 한국은행의 출연금, (iii) 검사 대상 금융기관의 출연금 및 분담금, (iv) 그 밖의 다른 법령이나 정관에서 정한 수입이다(법 제46조). 검사 대상 금융기관이 분담하는 분담금은 감독분담금과 발행분담금이 있으며, 분담금의 요율 및 납부에 관해서는 금융감독기구법 시행령 제12조 및 「금융기관분담금 징수 등에 관한 규정」에서 자세히 정하고 있다. 금융감독원은 필요한 경우에는 금융위원회의 승인을 받아 금융기관으로부터 자금을 차입할 수도 있다(법 제48조).

(5) 금융감독원이 제재 조치 권한을 행사할 수 있는지 여부

무자본특수법인 형태로 설립된 민간 조직인 금융감독원이 제재 조치와 같은 행정 처분 권한을 가질 수 있는가? 이에 대해서는 ① 금융감독기구법이 명시적으로 금융감독원의 업무의 하나로서 금융기관 검사 결과에 따른 제재 권한을 규정하고 있다는 점(제37조 제2호), ② 금융감독원이 무자본특수법인으로서 금융감독이라는 국가 사무를 수행하는 행정 주체로서 공법상의 영조물법인에 해당한다는 점, ③ 행정 처분과 관련된 「행정절차법」, 「행정심판법」 및 「행정소송법」이 "행정청"의 범위에 "[행정 권한의] 위임 또는 위탁받은 공공단체나 그 기관 또는 사인(私人)"까지도 포함하고 있는 점(「행정절차법」」 제2조 제1항 제1호, 「행정심판법」 제2조 제4호 및 「행정소송법」 제2조 제2항 참조)을 고려할 때, 금융감독원도 제재 조치 권한을 가질 수 있다고 보는 데에는 무리가 없을 것이다.[6]

Ⅲ. 금융감독기관 사이의 관계

1. 금융위원회·증권선물위원회와 금융감독원의 관계

금융감독기구법은 금융위원회, 증권선물위원회, 금융감독원의 조직과 기능에 대하여 규정하고 있는데, 그렇다면 3개의 기관 사이의 관계는 어떻게 보아야 하는가? 금융위원회와 증권선물위원회는 금융감독원의 상위 기관으로서 역할을 수행한다. 금융감독원장은 금융위원회나 증권선물위원회가 요구하는 금융감독 등에 필요한 자료를 제출하여야 한다(법 제58조). 금융감독원장은 금융기관에 대한 검사 결과 및 조치 사항을 금융위원회에 보고해야 한다(법 제59조). 금융위원회는 필요하다고 인정하는 경우에는 금융감독원의 업무·재산 및 회계에 관한 사항을 보고하게 하거나, 금융위원회가 정하는 바에 따라 그 업무, 재산 상황, 장부, 서류 및 그 밖의 물건을 검사할 수 있다(법 제60조). 금융감독원이 그 업무뿐만 아니라 예산 등 거의 모든 분야

6) 같은 견해로는 금융감독원(2010), 71면.

에서 금융위원회의 통제를 받도록 규정되어 있다. 금융감독원이 금융감독 집행기관으로서 독립성을 가질 수 없도록 만들어 놓은 조항들인데, 상하관계에 있는 두 기관 사이에 상호 협조를 기대하는 것은 거의 불가능하다고 할 수 있다.

더 나아가서 금융위원회 및 증권선물위원회는 금융감독원의 업무를 "지도·감독"하는 데 필요한 명령을 할 수 있도록 해서(법 제61조 제1항), 통제의 근거를 더 만들어 놓고 있다. 또한 금융위원회는 금융감독원의 처분이 위법하거나 공익 보호 또는 예금자 등 금융 수요자 보호 측면에서 매우 부당하다고 인정하면 그 처분의 전부 또는 일부를 취소하거나 그 집행을 정지시킬 수 있다(법 제61조 제2항). 증권선물위원회도 그 업무에 관한 금융감독원의 처분이 위법하거나 매우 부당하다고 인정할 때에는 처분의 전부 또는 일부를 취소하거나 집행을 정지시킬 수 있다(법 제61조 제3항). 또한 금융위원회는 금융감독기구법 및 다른 법령에 따라 금융감독원의 업무·운영·관리에 대한 "지도·감독"까지 할 수 있어(법 제18조) 금융감독원의 독립성은 찾아보기가 어렵다. 이렇게 만들어 놓은 구조를 갖고 금융감독이 효율적으로 이루어지길 기대한 입법자의 의도가 타당한지 의문이다.

2. 금융위원회 권한의 금융감독원에 대한 위탁

「은행법」은 금융위원회의 권한으로 규정된 상당 부분을 금융감독원에 위탁하는 규정을 두고 있다. 이것은 금융위원회가 적은 인력 규모로 금융정책 업무도 수행하면서 금융감독 업무를 수행하는 것이 어렵기 때문에 그러하다. 「은행법」 제65조는 "금융위원회는 [은행법]에 따른 권한의 일부를 대통령령으로 정하는 바에 따라 금융감독원장에게 위탁할 수 있다."라고 규정하고 있으며, 「은행법 시행령」 [별표 3]에 금융감독원장에게 위탁하는 업무를 열거하여 규정하고 있다(시행령 제26조의2). 상당히 많은 업무가 위탁되어 있는데, 인가 심사, 신고 사항 검토, 보고 접수, 승인 심사, 자료 제출 요구 등의 업무가 해당한다(시행령 [별표 3]). 즉 실제로 금융감독 업무를 수행할 수 없는 금융위원회에게 금융감독 권한을 부여하고 있어 불가피하게 금융감독원에게 그 업무를 위탁하고 있는 것이다. 향후 금융감독기구 체제가 개편되면서 별도의 완전한 금융감독기구가 설립되면 이러한 위탁 조항은 필요가 없게 될 것이다. 금융감독원장은 위탁받은 업무의 처리 내용을 6개월마다 금융위원회에 보고하여야 한다(「은행법 시행령」 제26조의2 제1항).

Ⅳ. 금융감독기구 체제의 개편 과제

2개의 금융감독기구가 '수직적으로' 이원화된 체제는 많은 비효율성을 나타내고 있다. 2개의 금융감독기구가 서로 협조해야 하는데 태생적으로 그렇게 하기가 어려운 구조이어서 문제이다.

금융위원회는 금융감독원을 "지도·감독"할 수 있는 권한을 갖고 있어(법 제18조) 상하 관계에 있기 때문에 상호 협조가 원만하게 이루어질 수 없는 근본적인 한계를 갖고 있다. 또한 금융감독기관이 금융기관에 대한 검사 및 감독을 통하여 파악된 시장의 문제점을 바로 감독규정(監督規程)에 반영하여 개선이 이루어져야 하는데, 금융위원회가 감독규정의 제·개정권을 갖고 있는 현행 체제에서는 금융감독원이 수행한 검사 및 감독에서 나타난 문제점을 즉각적으로 감독규정에 반영하는 것이 어렵다. 비효율성이 나타나는 사례이다. 다른 나라의 예를 보더라도 이렇게 수직적으로 금융감독기구가 나누어져 있는 나라를 찾아보기가 어렵다. 금융감독기구의 일원화가 필요한 이유이다. 그래서 정부가 금융정책 기능을 담당하고, **독립성을 갖춘 특수공법인(公法人)인 금융감독기관이 금융감독 기능을 수행하는 것이 바람직**하다.[7)]

한편 금융감독기구 체제 개편과 관련하여 대두되는 쟁점은 **기능형 금융감독기구 체제**인 **'쌍봉형**(twin peaks) **체제'**로 가야 하는지에 관한 문제이다.[8)] 즉 금융감독기구를 건전성 금융감독기구와 영업행위 금융감독기구로 나누어서 운영할 필요가 있느냐의 문제이다. 2008년 세계적 금융위기 발생 이후 금융소비자 보호를 더 강화하기 위해서 금융소비자 보호 기능을 하는 영업행위 감독 전담 금융감독기구를 설치해야 한다는 움직임이 있다. 호주나 영국이 이러한 쌍봉형 금융감독기구 체제를 도입하여 운영하고 있다.

---

7) 바람직한 금융감독기구 체제의 개편 방향을 제시하는 글은 고동원(2012b), 441~473면; 윤석헌 외 5인(2016), 121~159면.

8) 이에 관한 논의는 고동원(2013), 137~160면.

제3절

검 사

Ⅰ. 서설

은행에 대한 감독 수단으로서 중요한 것은 은행에 대한 검사이다. 검사 수행 기관인 금융감독원은 필요한 경우 직접 은행에 대한 현장검사(on－site inspection)를 통하여 은행의 영업과 재산 상황을 파악할 수 있으며, 서면검사나 상시감시를 통해서도 은행의 영업 현황을 파악하여 적절한 조치를 취할 수도 있다. 은행에 대한 검사권이 금융감독기관이 갖고 있는 강력한 권한 중의 하나인 것이다. 「은행법」은 은행에 대한 검사뿐만 아니라 은행의 대주주, 금융주력자로 전환하는 비금융주력자인 전환대상자, 비금융주력자인 기금 등에 대한 검사 근거 규정도 두고 있다.

Ⅱ. 은행에 대한 검사

1. 서설

은행 검사에 대해서는 「은행법」에 검사 범위 등 기본적인 사항을 규정하고 있고, 검사 절차에 관한 자세한 사항은 금융위원회가 제정한 감독규정(監督規程)인 **「금융기관 검사 및 제재에 관한 규정」**(이하 "검사제재규정")과 금융감독원이 제정한 **「금융기관 검사 및 제재에 관한 규정 시행세칙」**(이하 "검사제재규정시행세칙")에 규정되어 있다. 그러나 검사를 받는 금융기관의 권리와 이익이 침해되지 않도록 하기 위해서는 검사 절차나 방법에 관한 사항을 감독규정에 규정할 것이 아니라 법률에 규정해야 할 것이다. 검사제재규정은 "[금융]감독원장은 검사업무를 실시함에 있어 금융기관 및 그 임직원의 권익이 부당하게 침해되지 않도록 노력하여야 한다"라고 규정하고 있는데(제4조 제5항), 법적 구속력이 없다는 점에서 과연 얼마나 실효성 있게 집행될지 의문이다. 검사를 수행함에 있어 금융기관 및 임직원의 권익을 부당하게 침해해서는 안 된다는 조항을 법률에 둘 필요가 있다.

2. 검사 범위

(1) 은행 업무와 재산 상황에 대한 검사

은행에 대한 검사는 금융감독원이 담당한다. 「은행법」은 "금융감독원장은 **은행의 업무와 재산 상황을 검사**한다."라고 하고 있다(법 제48조 제1항). 즉 금융감독원은 은행이 영위하는 업무 전반과 재무 상태를 검사할 수 있다고 보아야 한다.

(2) 자료 제출 요구 또는 출석 요구 등

금융감독원장은 검사를 하면서 필요하다고 인정할 때에는 은행에 대하여 업무 또는 재산에 관한 보고, 자료의 제출, 관계자의 출석 및 의견의 진술을 요구할 수 있다(법 제48조 제2항). 금융감독원장은 「주식회사 등의 외부감사에 관한 법률」에 따라 은행이 선임한 외부감사인에게 해당 은행을 감사한 결과 알게 된 정보나 그 밖에 경영의 건전성에 관련되는 자료의 제출을 요구할 수 있다(법 제48조 제3항). 검사를 하기 위해서 필요한 정보를 외부감사인으로부터 받을 필요가 있기 때문이다. 검사를 하는 사람은 권한을 표시하는 증표를 지니고 이를 관계자에게 보여주어야 한다(법 제48조 제4항).

3. 검사 방법 및 절차

(1) 검사 방법

은행에 대한 검사는 정기검사와 수시검사로 구분하고, 검사의 실시는 현장검사 또는 서면검사의 방법으로 수행한다(검사제재규정 제7조 제3항). 정기검사는 "[은행]의 규모, 시장에 미치는 영향력 등을 감안하여 일정 주기에 따라 정기적으로 실시하는 검사"를 말하며, 수시검사는 "금융사고 예방, 금융질서 확립, 기타 금융감독정책상의 필요에 따라 수시로 실시하는 검사"를 말한다(검사제재규정 제3조 제3호, 제4호). 현장검사는 "검사원이 [은행]을 방문하여 실시하는 검사"를 말하며, 서면검사는 "검사원이 [은행]으로부터 자료를 제출받아 검토하는 방법으로 실시하는 검사"를 말한다(검사제재규정 제3조 제5호, 제6호).

이외에도 금융감독원은 은행에 대한 '상시감시'를 통하여 문제 발생의 소지가 있는 은행이나 취약 부문을 조기에 식별하여 필요한 조치도 취하는데(검사제재규정 제7조), 상시감시는 "[은행]에 대하여 임직원 면담, 조사 출장, 영업실태 분석, 재무상태 관련 보고서 심사, 경영실태 계량 평가, 기타 각종 자료 또는 정보의 수집·분석을 통하여 문제의 소지가 있는 [은행] 또는 취약 부문을 조기에 식별하여 현장검사 실시와 연계하는 등 적기에 필요한 조치를 취하여 금융기관의 안전하고 건전한 경영을 유도하는 감독수단"을 말한다(검사제재규정 제3조 제15호).

(2) 검사 절차

금융감독원장은 현장검사를 실시하는 경우에는 검사 목적 및 검사 기간 등이 포함된 검사사전예고통지서를 당해 은행에게 검사착수일 1주일 전(정기검사의 경우 1개월 전)까지 통지하여야 한다(검사제재규정 제8조의2). 금융감독원은 검사 및 상시감시 업무를 수행함에 있어 필요한 경우에는 은행에 대하여 업무 또는 재산에 관한 보고 및 자료의 제출을 요구할 수 있으며, 필요한 경우에는 관련 법령에 따라 관계자 등에 대하여 진술서의 제출, 증언 또는 장부·서류 등의 제출을 요구할 수 있다(검사제재규정 제9조 제1항). 금융감독원장은 은행에 대한 검사 결과를 검사서에 의해 당해 은행에 통보하고, 필요한 조치를 취하거나 당해 은행의 장에게 이를 요구할 수 있다(검사제재규정 제14조 제1항). 검사 결과에 따른 조치 요구 사항은 ① 경영유의사항, ② 문책사항, 자율처리필요사항, 주의사항, 변상사항,[9] 개선사항 등의 지적사항, ③ 현지조치사항으로 구분한다(검사제재규정 제14조 제2항). 이러한 검사 결과를 토대로 해서 은행에 대한 제재 조치가 취해지는데, 사안에 따라 과태료나 과징금의 부과, 은행 및 임원에 대한 주의적 경고 이상의 제재, 직원에 대한 면직·업무의 전부 또는 일부에 대한 정직·감봉·견책 등의 조치가 취해질 수 있다(검사제재규정 제17조 내지 제20조).

4. 검사 거부·방해 또는 기피 시 과태료 부과

은행이 검사를 거부·방해 또는 기피한 경우에는 1억 원 이하의 과태료가 부과되며(법 제69조 제1항 제7호의5), 은행의 임원 또는 직원도 은행에 대한 검사를 거부·방해 또는 기피한 경우에는 2천만 원 이하의 과태료가 부과된다(법 제69조 제5항 제5호).

Ⅲ. 은행의 대주주 등에 대한 검사

1. 서설

일반적으로 금융감독기관은 금융기관을 감독 및 검사 대상으로 하나, 「은행법」은 특별히 은행의 대주주, 금융주력자로 전환하는 비금융주력자, 기금 등의 비금융주력자에 대한 검사 사항을 규정하고 있다. 이는 은행의 대주주가 부당하게 은행에 영향력을 행사해서 은행의 건전성에 위협이 될 수 있는 것을 막고, 전환대상자나 기금 등에 대해서는 그 이행 조건이나 승인 요건을 충족하고 있는지 감시하기 위해 둔 규정이라고 할 수 있다.

---

9) "금융기관의 임직원이 고의 또는 중대한 과실로 금융관련법규 등을 위반하는 등으로 당해 기관의 재산에 대하여 손실을 끼쳐 변상책임이 있는 경우"를 말한다(검사제재규정 제14조 제2항 제2호 라목).

2. 검사 대상 대주주 등의 범위

검사 대상이 되는 대주주 등의 범위는 ① 은행의 대주주가 되려고 하는 자 및 대주주(법 제2조 제10호), ② 2년 이내에 비금융주력자에서 금융주력자로 전환하는 계획을 금융위원회로부터 승인받은 전환대상자(법 제16조의3 제2항), ③ 비금융주력자의 주식 보유 한도를 초과해서 보유할 수 있는 금융위원회의 승인을 받은 「국가재정법」 제5조에 따른 기금 또는 그 기금을 관리·운용하는 법인인 비금융주력자(법 제16조의2 제3항 제3호)이다(법 제48조의2 제1항 제1호 내지 제3호).

3. 검사 사유

(1) 서설

「은행법」은 대주주 등에 대한 검사 규정을 두면서 검사할 수 있는 목적 사유를 제한해서 규정하고 있다. 또한 "목적에 필요한 최소한의 범위"에서 해당 대주주 등의 업무 및 재산 상황을 검사하게 할 수 있도록 해서(법 제48조의2 제1항), 검사권이 남용되지 않도록 하고 있다. 검사 목적의 사유는 다음과 같다.

(2) 대주주인 경우

대주주인 경우, (i) 「은행법」 제15조 제3항에 따라 은행 주식 보유 한도를 초과해서 보유하기 위한 승인 심사를 위해서 필요한 경우, 또는 (ii) 대주주의 은행에 대한 부당한 영향력 행사 금지(법 제35조의4)를 위반한 혐의가 인정되는 경우이다(법 제48조의2 제1항 제3호).

(3) 전환대상자인 경우

전환대상자인 경우, (i) 전환계획 이행 상황의 점검 결과를 확인하기 위하여 필요한 경우, 또는 (ii) 전환대상자가 차입금의 급격한 증가, 거액의 손실 발생 등 재무상황의 부실화로 인하여 은행과 불법거래를 할 가능성이 크다고 인정되는 경우이다(법 제48조의2 제1항 제1호).

(4) 기금 등의 비금융주력자인 경우

기금 등의 비금융주력자인 경우, (i) 금융위원회의 승인 요건(법 제16조의2 제3항 제3호 가목, 다목의 요건)을 충족하는지 여부를 확인하기 위하여 필요한 경우, 또는 (ii) 해당 비금융주력자가 지배하는 비금융회사의 차입금의 급격한 증가 등 재무 상황 부실로 인하여 은행과 불법거래를 할 가능성이 크다고 인정되는 경우이다(법 제48조의2 제1항 제2호).

4. 검사 방법

금융감독원장은 검사를 하면서 필요하다고 인정할 때에는 대주주, 전환대상자, 기금 등의 비금융주력자에 대하여 업무 또는 재산에 관한 보고, 자료의 제출, 관계자의 출석 및 의견의 진술을 요구할 수 있다(법 제48조의2 제3항→제48조 제2항). 금융감독원장은 「주식회사 등의 외부감사에 관한 법률」에 따라 대주주, 전환대상자, 기금 등의 비금융주력자가 선임한 외부감사인에게 그 대주주 등을 감사한 결과 알게 된 정보나 그 밖에 경영의 건전성에 관련되는 자료의 제출을 요구할 수 있다(법 제48조의2 제3항→제48조 제3항). 검사를 하는 사람은 권한을 표시하는 증표를 지니고 이를 관계자에게 보여주어야 한다(법 제48조의2 제3항→제48조 제4항).

5. 검사 거부·방해 또는 기피 시 과태료 부과

대주주, 전환대상자, 기금 등의 비금융주력자에 대한 검사를 거부·방해 또는 기피한 자는 1억 원 이하의 과태료가 부과된다(법 제69조 제1항 제8호).

Ⅳ. 금융감독당국 보고 사항

1. 서설

「은행법」은 은행이 금융감독당국에 대하여 보고해야 하는 사항에 대하여도 규정하고 있다. 즉 금융감독당국의 승인 등을 요구할 만큼 중대한 사안이 아니라고 판단하는 사항에 대하여는 보고를 통해서 금융감독당국이 그 현황을 파악할 수 있도록 하고 있다.

2. 보고 사항

보고 사항은 다음과 같다. ① 정관을 변경한 때, ② 주식 수 감소 등 자본금을 실질적으로 감소시키는 행위에 해당하지 아니하는 자본금의 감소를 한 때, ③ 본점이 그 본점이 소재한 특별시·광역시·도·특별자치도에서 다른 특별시·광역시·도·특별자치도로 이전한 때, ④ 은행이 국외 현지법인이나 국외 지점을 신설하려는 계획을 신고해야 하는 경우(법 제13조 제2항)에 해당하지 아니하는 국외 현지법인 또는 국외 지점을 신설한 때, 은행이 국외 현지법인 또는 국외 지점을 폐쇄한 때, 은행이 국외 사무소 등을 신설·폐쇄한 때, ⑤ 상호를 변경한 때, ⑥ 「은행법」 제37조에 따라 자회사 등에 출자를 한 때(기업 구조 조정 촉진을 위하여 금융위원회의 승인을 받은 경우는 제외한다), ⑦ 다른 회사 등의 지분증권의 100분의 20을 초과하는 지분증권을 담보로 하는 대출을 한 때, ⑧ 외국은행이 국내 지점 또는 대리점을 동일한 특별시·광역시·도·특별자치도로 이전하거나 국내 사무소를 폐쇄한 때, ⑨ 그 밖에 은행의 건전한 경영을 해치거나 예금자 등 은행이용자의 이익을 해칠 우려가 있는 행위로서 대통령령으로 정하는 행위를 한 때이다(법 제47조).

'대통령령으로 정하는 행위'는 ① 은행의 국외 현지법인 또는 국외 지점이 현지 감독기관으로부터 제재(미합중국 화폐 2천달러 미만의 금전 제재는 제외한다)를 받거나 금융사고가 발생하는 등 주요 변동 사항이 있는 때, ② 외국은행 국내지점의 경우, (i) 본점인 외국은행의 정관, 상호 및 자본금에 변동이 있을 때, (ii) 본점인 외국은행의 은행장이 해임되었을 때, (iii) 본점인 외국은행이 합병 또는 해산되었을 때, ③ 은행이 영업의 일부를 양도하거나 양수하였을 때(다만 「은행법」 제55조 제1항 제3호에 따라 영업의 전부 또는 중요한 일부의 양도·양수에 대하여 인가를 받았을 때는 제외한다)이다(시행령 제24조의3 제2항 제1호 내지 제3호).

제4절

제 재

Ⅰ. 서설

은행과 그 임직원에 대한 제재 조치는 크게 행정 제재와 형사 제재로 나눌 수 있다. **행정 제재**는 금융감독당국인 금융위원회나 금융감독원이 내리는 제재 조치로서 은행 자체에 대한 시정명령, 영업정지 또는 은행업 인가 취소 등의 제재 조치, 은행 임직원에 대한 신분상의 제재 조치, 은행에 대한 과징금 및 이행강제금 부과 조치, 은행 및 임직원에 대한 과태료 부과 조치가 있다.

제재 사유에 대해서는 「은행법」이 규정하고 있어 법적 근거를 확보하고 있으나, 제재 조치의 기준이나 절차에 대해서는 법이 아닌 감독규정인 검사제재규정과 검사제재규정시행세칙이 규정하고 있어 제재 절차의 공정성과 투명성을 확보하는데 한계가 있다는 비판이 제기된다.[10] 제재 조치는 관련 당사자에게 불이익한 법적 효과를 발생시키는 "전형적인 **침익적**(侵益的) **행정작용**"이라고 볼 수 있다는 점[11]을 고려할 때, 국회의 통제를 받는 법률에 규정할 필요가 있다. 향후 해결해야 할 중요한 과제이다. 특히 제재 사유에 있어 "「은행법」 또는 「은행법」에 따른 규정·명령 또는 지시를 위반하여 은행의 건전한 경영을 해칠 우려가 있다고 인정되는 경우"(법 제53조 제1항)라는 제재 사유는 상당히 추상적이고 그 범위가 포괄적이어서 법적 명확성이나 구체성이 떨어져[12] 남용 가능성이 존재한다는 비판이 제기될 수 있다.[13]

10) 고동원(2012a), 297면.

11) 김성수(2008), 36면.

12) 헌법재판소 1991. 2. 11. 선고 90헌가27 결정(기본권 침해 영역에서는 급부행정 영역에서 보다는 구체성의 요구가 강화[된다]…"); 헌법재판소 2001. 1. 18. 선고 99헌바112 결정("… '이 법과 이 법에 의한 명령'이라고만 되어 있을 뿐 처벌규정에서 범죄구성요건에 해당하는 규정을 특정하지 아니하였을 뿐만 아니라 처벌규정 자체에서도 범죄구성요건을 정하고 있지 아니하여 금지하고자 하는 행위 유형의 실질을 파악할 수 없도록 하고 있으므로 죄형법정주의의 명확성 원칙에 위반된다").

Ⅱ. 행정 제재

1. 서설

금융감독당국인 금융위원회나 금융감독원이 내리는 행정 제재 조치로서 「은행법」은 ① 은행 자체에 대한 시정명령이나 영업정지 또는 은행업 인가 취소 등의 제재 조치, ② 은행 현직 임원과 직원에 대한 해임권고나 면직 등의 신분상의 제재 조치, ③ 은행 퇴임 또는 퇴직한 임직원에 대한 제재 내용의 통보 조치, ④ 은행에 대한 과징금 및 이행강제금 부과 조치, ⑤ 은행 및 임직원에 대한 과태료 부과 조치를 규정하고 있다. 한편 제재 절차와 관련해서는 행정청의 **행정 '처분'**[14]에 대하여 규정하고 있는「행정절차법」이 적용된다. 「행정절차법」은 제재 조치와 같은 행정 처분에 대하여 적용되는 기본법이 되므로 은행 임직원에 대한 제재 조치를 취할 때는 「행정절차법」이 우선 적용되고, 「행정절차법」에 규정되지 않은 사항이 검사제재규정과 검사제재규정시행세칙에 규정되어 있을 때는 그러한 규정 내용이 적용될 것이다.

2. 은행에 대한 제재

(1) 서설

은행에 대한 제재 조치로서는 중한 제재 조치로서 은행업 인가 취소나 영업 전부 정지의 조치가 있고, 더 나아가서 시정명령 또는 영업 일부 정지 조치도 취할 수 있다.

(2) 은행업 인가 취소 또는 영업 전부 정지 조치

은행이 중대한 위반 행위를 한 경우에는 금융위원회는 **은행업 인가를 취소하거나 영업 전부 정지를 명**할 수 있다(법 제53조 제2항). 그러한 사유는 다음과 같다(법 제53조 제2항 제1호 내지 제8호).

① 거짓이나 그 밖의 부정한 방법으로 은행업의 인가를 받은 경우
② 인가 내용 또는 인가 조건을 위반한 경우
③ 영업정지 기간에 그 영업을 한 경우
④ 금융위원회의 시정명령을 이행하지 아니한 경우
⑤ 그 외의 경우로서 「은행법」 또는 「은행법」에 따른 명령이나 처분을 위반하여 예금자 또는 투자자의 이익을 크게 해칠 우려가 있는 경우

13) 이와 같은 논의는 고동원(2012a), 298~299면; 윤광균(2008), 56면.
14) '처분'이라 함은 "행정청이 행하는 구체적 사실에 관한 법집행으로서의 공권력의 행사 또는 그 거부와 기타 이에 준하는 행정작용"을 말한다(「행정절차법」 제2조 제2호).

⑥ 지배구조법 [별표](금융회사 및 임직원에 대한 조치) 각 호의 어느 하나에 해당하는 경우(다만 영업의 전부 정지 명령 조치에 한정한다)
⑦ 금융소비자법 제51조 제1항 제4호 또는 제5호에 따라 (i) 금융위원회의 시정명령 또는 중지명령을 받고 금융위원회가 정한 기간 내에 시정하거나 중지하지 아니한 경우, 또는 (ii) 금융소비자의 이익을 현저히 해칠 우려가 있거나 해당 금융상품판매업이나 금융상품자문업을 영위하기 곤란하다고 인정되는 경우로서 금융소비자법 시행령으로 정하는 경우(1년 이상 계속하여 정당한 사유 없이 영업을 하지 않는 경우 등. 제41조 제2항)
⑧ 금융소비자법 시행령 제41조 제3항에 따라 시행령 [별표 1](금융상품판매업자등 및 그 임직원에 대한 조치 또는 조치요구 기준)에 해당하는 경우(다만 영업의 전부 정지 명령 조치에 한정한다)

이러한 사유 중 은행업을 취소할 것인지 아니면 영업 전부 정지 명령을 내릴 것인지는 금융위원회가 판단하게 된다. 그리고 은행업 인가 취소를 하려면 청문 절차를 거쳐야 한다(법 제64조 제1호).

(3) 시정명령 또는 영업 일부 정지 조치

금융위원회는 은행이 다음과 같은 위반 행위를 한 경우에는 ① 금융감독원장의 건의에 따라 해당 위반행위에 대한 **시정명령 또는 6개월 이내의 영업 일부 정지**의 조치를 하거나 ② 금융감독원장으로 하여금 해당 위반 행위의 중지 및 경고 등 적절한 조치를 하게 할 수 있다(법 제53조 제1항). 그러한 위반 행위는 다음과 같다(법 제53조 제1항).

① 「은행법」 또는 「은행법」에 따른 규정·명령 또는 지시를 위반하여 은행의 건전한 경영을 해칠 우려가 있다고 인정되는 경우
② 지배구조법 [별표](금융회사 및 임직원에 대한 조치) 중 각 호의 어느 하나에 해당하는 경우(다만 6개월 이내의 영업의 일부 정지 조치에 한정한다)
③ 금융소비자법 제51조 제1항 제4호 또는 제5호에 따라 (i) 금융위원회의 시정명령 또는 중지명령을 받고 금융위원회가 정한 기간 내에 시정하거나 중지하지 아니한 경우, 또는 (ii) 금융소비자의 이익을 현저히 해칠 우려가 있거나 해당 금융상품판매업이나 금융상품자문업을 영위하기 곤란하다고 인정되는 경우로서 금융소비자법 시행령으로 정하는 경우(1년 이상 계속하여 정당한 사유 없이 영업을 하지 않는 경우 등. 제41조 제2항)
④ 금융소비자법 시행령 제41조 제3항에 따라 시행령 [별표 1](금융상품판매업자등 및 그 임직원에 대한 조치 또는 조치요구 기준)에 해당하는 경우(다만 6개월 이내의 영업의 일부 정지 조치에 한정한다)

3. 임직원에 대한 제재

(1) 서설

임직원에 대한 제재 조치는 현직 임원과 직원을 구분하여 각각 신분상의 제재 조치를 달리하고 있으며, 더 나아가서 퇴임이나 퇴직한 임직원에 대해서도 제재 조치를 취할 수 있도록 하고 있다.

(2) 현직 임직원

1) 임원

금융위원회는 "은행의 임원이 「은행법」 또는 「은행법」에 따른 규정·명령 또는 지시를 고의로 위반하거나 은행의 건전한 운영을 크게 해치는 행위를 하는 경우에는 금융감독원장의 건의에 따라 해당 임원의 업무 집행 정지를 명하거나 주주총회에 그 임원의 해임을 권고할 수 있으며, 금융감독원장으로 하여금 경고 등 적절한 조치"를 하게 할 수 있다(법 제54조 제1항). 검사제재규정은 **임원에 대한 제재 조치로서 ① 해임 권고**(해임요구, 개선(改選)**요구를 포함한다), ② 업무 집행의 전부 또는 일부 정지, ③ 문책 경고, ④ 주의적 경고, ⑤ 주의** 조치로 구분하고 있는데(제18조 제1항), 금융감독원장이 할 수 있는 경고 등 적절한 조치라는 것은 해임 권고나 업무 집행 정지를 제외한 조치를 말한다.

2) 직원

금융감독원장은 "은행의 직원이 「은행법」 또는 「은행법」에 따른 규정·명령 또는 지시를 고의로 위반하거나 은행의 건전한 운영을 크게 해치는 행위를 하는 경우에는 면직·정직·감봉·견책 등 적절한 문책 처분을 할 것을 해당 은행의 장에게 요구"할 수 있다(법 제54조 제2항). 검사제재규정은 **직원에 대한 제재 조치로서 ① 면직, ② 업무의 전부 또는 일부에 대한 정직, ③ 감봉, ④ 견책, ⑤ 주의** 조치로 구분하고 있다(검사제재규정 제19조 제1항).

(3) 퇴임 또는 퇴직한 임직원

금융위원회 또는 금융감독원장(임원에 대한 경고 등 적절한 조치를 하거나 직원에 대한 면직·정직·감봉·견책 등 문책 처분을 할 것을 요구하는 경우에 한한다)은 은행의 퇴임한 임원 또는 퇴직한 직원이 재임이나 재직 중이었더라면 현직 임원이나 직원에 대한 제재 조치를 받았을 것으로 인정되는 경우에는 그 조치의 내용을 해당 은행의 장에게 통보할 수 있다(법 제54조의2 제1항).[15] 이를 통보받은 은행의 장은 이를 퇴임·퇴직한 해당 임직원에게 통보하고, 그 내용을 기록·유지하여야 한다(법 제54조의2 제2항). 이는 퇴임이나 퇴직한 임직원이라도 중한 제재 조치에 해

15) 2008. 3. 14. 「은행법」이 개정될 때 추가된 조항이다.

당하는 제재를 받은 경우에는 일정한 기간 동안 금융기관의 임원에 선임될 수 없으므로(지배구조법 제5조, 시행령 제7조 제2항) 퇴임이나 퇴직 임직원에도 제재 조치를 통보하는 것이다.

4. 과징금 부과

(1) 의의

은행이 신용공여 한도, 지분증권 투자 한도, 부동산 소유 한도 등의 위반 행위(법 제35조, 제35조의2, 제35조의3, 제37조, 제38조, 제62조)를 한 경우나 대주주가 은행에 부당한 영향력을 행사한 경우(법 제35조의4)에는 일정한 금액의 **과징금**이 부과된다(법 제65조의3).

(2) 과징금 결정 시 고려 요소

과징금 부과는 금융위원회가 하는데, 위반 금액의 100분의 5나 100분의 30 이하의 금액 등(법 제65조의3 제1호 내지 제18호)의 범위 내에서 ① 위반행위의 내용 및 정도, ② 위반행위의 기간 및 횟수, ③ 위반행위로 인하여 취득한 이익의 규모를 고려하여 결정한다(법 제65조의4 제1항).

(3) 의견 제출과 이의신청

금융위원회는 과징금을 부과하기 전에 미리 당사자 또는 이해관계인 등에게 의견을 제출할 기회를 주어야 한다(법 제65조의5 제1항). 당사자 또는 이해관계인 등은 금융위원회의 회의에 출석하여 의견을 진술하거나 필요한 자료를 제출할 수 있다(법 제65조의5 제2항). 금융위원회는 과징금 부과 처분에 대한 이의신청을 받으면 그 신청을 받은 날부터 30일 이내에 이의신청에 대한 결과를 신청인에게 통지하여야 한다(법 제65조의6 제1항 본문). 다만 부득이한 사유로 30일 이내에 통지할 수 없는 경우에는 기간 만료일 다음 날부터 기산하여 30일의 범위에서 한 차례 연장할 수 있다(법 제65조의6 제1항 단서).

5. 이행강제금 부과

(1) 의의

금융위원회는 은행 주식 보유 한도 규정(법 제16조 제3항, 제16조의2 제5항, 제16조의3 제5항, 제16조의4 제5항, 제53조의2 제2항)을 위반하여 주식 처분 명령을 받은 자가 정한 기간 이내에 명령을 이행하지 아니하면 이행 기한이 지난 날부터 1일당 처분하여야 하는 주식의 장부가액에 1만분의 3을 곱한 금액을 초과하지 아니하는 범위에서 **이행강제금**을 부과할 수 있다(법 제65조의9 제1항).

(2) 부과 기간

이행강제금은 주식 처분 명령에서 정한 이행 기간의 종료일 다음 날부터 주식 처분을 이행하는 날[주권(株券) 지급일을 말한다]까지의 기간에 대하여 부과한다(법 제65조의9 제2항).

(3) 이행강제금 징수

금융위원회는 주식 처분 명령을 받은 자가 주식 처분 명령에서 정한 이행 기간의 종료일부터 90일이 지난 후에도 명령을 이행하지 아니하면 종료일부터 매 90일이 지나는 날을 기준으로 하여 이행강제금을 징수한다(법 제65조의9 제3항).

6. 과태료 부과

은행이 일정한 「은행법」 위반 행위를 하거나 「은행법」에 따른 규정·명령 또는 지시를 위반한 은행에 대해서는 일정한 금액의 **과태료**가 부과된다(법 제69조 제1항 내지 제4항). 은행의 임원이나 직원도 일정한 「은행법」 위반 행위를 하거나 「은행법」에 따른 규정·명령 또는 지시를 위반한 경우에는 일정한 금액의 과태료가 부과된다(법 제69조 제5항). 과태료는 「은행법 시행령」이 정하는 바에 따라 금융위원회가 부과·징수한다(법 제69조 제5항).

Ⅲ. 형사 처벌

1. 서설

「은행법」은 위반의 정도가 큰 일정한 행위에 대해서는 형사 처벌 조항을 두고 있다. 위반행위의 정도에 따라 ① 10년 이하의 징역 또는 5억 원 이하의 벌금, ② 5년 이하의 징역 또는 2억 원 이하의 벌금, ③ 3년 이하의 징역 또는 1억 원 이하의 벌금, ④ 1년 이하의 징역 또는 3천만 원 이하의 벌금으로 구분하여 규정하고 있다. 이외에 양벌 규정도 두고 있다.

2. 위반 행위와 형벌

(1) 10년 이하의 징역 또는 5억 원 이하의 벌금에 해당하는 행위

10년 이하의 징역 또는 5억 원 이하의 벌금에 처해지는 대상자는 은행 임직원의 비공개정보 누설 금지(법 제21조의2)를 위반한 자, 한도를 위반하여 대주주에게 신용공여·무상양도를 한 자와 그로부터 신용공여·무상양도를 받은 대주주 또는 자산을 매매·교환한 당사자(법 제35조의2 제1항 내지 제3항, 제7항, 제8항), 한도를 위반하여 대주주가 발행한 지분증권을 취득한 자(법 제35조의3 제1항), 대주주의 부당한 영향력 행사 금지(법 제35조의4)를 위반한 자이다(법 제66조 제1항).

(2) 5년 이하의 징역 또는 2억 원 이하의 벌금

은행업 인가를 받지 아니하고 은행업을 경영하는 자는 5년 이하의 징역 또는 2억 원 이하의 벌금에 처한다(법 제66조 제2항).

(3) 3년 이하의 징역 또는 1억 원 이하의 벌금

다음의 행위를 한 자는 3년 이하의 징역 또는 1억 원 이하의 벌금에 처한다. 즉 승인을 받지 아니하고 자본금의 감소에 해당하는 행위를 한 자(법 제10조 제1항), 한도를 위반하여 신용공여를 한 자(법 제35조 제1항, 제3항, 제4항), 다른 회사 등에 대한 출자 제한 등을 위반한 자(법 제37조 제1항, 제3항, 제6항 내지 제8항)이다(법 제67조 제1호 내지 제3호).

(4) 1년 이하의 징역 또는 3천만 원 이하의 벌금

은행의 임원, 지배인, 대리점주(대리점주가 법인인 경우에는 그 업무를 집행하는 사원, 임원, 지배인, 그 밖의 법인의 대표자) 또는 청산인이나 직원이 다음의 행위를 한 경우에는 1년 이하의 징역 또는 3천만 원 이하의 벌금에 처한다(법 제68조 제1항). 즉 최저자본금을 유지하지 아니한 경우(법 제9조), 상업금융업무를 운영하는 은행만이 당좌예금을 취급해야 한다는 조항(법 32조)을 위반한 경우, 금융채 발행 방법(법 제33조)을 위반하여 금융채를 발행한 경우, 증권투자 한도 규제 등(법 제38조)을 위반한 경우, 이익준비금 적립 의무(법 제40조)를 위반한 경우, 합병·해산·폐업의 인가(제55조 제1항)를 받지 아니하고 행위를 한 경우, 인가 없이 외은지점을 폐쇄한 한 경우(법 제58조 제1항), 외은지점의 국내 자산 보유 의무와 파산 또는 청산 시 국내채권자 우선 변제 의무(법 제62조 제1항, 제2항)를 위반한 경우이다(법 제68조 제1항 제1호 내지 제8호).

3. 양벌 규정

(1) 의의

법인의 대표자나 법인 또는 개인의 대리인, 사용인, 그 밖의 종업원이 그 법인 또는 개인의 업무에 관하여 위 2.에 규정된 위반 행위를 하면 **행위자를 벌하는 외에 그 법인 또는 개인에게도 해당 조문의 벌금형을 과(科)한다**(법 제68조의2 본문).

(2) 예외

다만 법인 또는 개인이 위반 행위를 방지하기 위하여 **해당 업무에 관하여 상당한 주의와 감독을 게을리하지 아니한 경우에는 양벌 규정이 적용되지 않는다**(법 제68조의2 단서). 이러한 상당한 주의 또는 감독을 게을리하지 않았는지 여부의 판단과 관련하여 법원은 입법 취지 등 여러 가지 사정을 고려해야 한다고 하고 있다. 즉 "당해 위반행위와 관련된 모든 사정 즉, 당해 법률의 입법 취지, 처벌조항 위반으로 예상되는 법익 침해의 정도, 위반행위에 관하여 양벌규정을 마련한 취지 등은 물론 위반행위의 구체적인 모습과 그로 인하여 실제 야기된 피해 또는 결과의 정도, 법인의 영업 규모 및 행위자에 대한 감독가능성이나 구체적인 지휘·감독 관계, 법인이 위반행위 방지를 위하여 실제 행한 조치 등을 전체적으로 종합하여 판단하여야 한다."라고 하고 있다.[16]

16) 대법원 2010. 4. 15. 선고 2009도9624 판결; 대법원 2010. 12. 9. 선고 2010도12069 판결; 대법원 2012. 5. 9. 선고 2011도11264 판결.

<참고 문헌>

강현호, "금융감독원의 법적 성격," 「공법연구」 제31집 제3호, 한국공법학회, 2003. 3.

고동원, 「금융규제와 법」, 박영사, 2008.

______(2012a), "금융기관 임직원 제재 절차의 공정성과 투명성 확보를 위한 법제 개선 방안," 「성균관법학」 제24권 제1호, 성균관대학교 법학연구원, 2012. 3.

______(2012b), "현행 금융감독기구 체제의 문제점과 개편 방향," 「성균관법학」 제24권 제2호, 성균관대학교 법학연구원, 2012. 6.

______, "쌍봉형(Twin Peaks) 금융감독기구 체제 도입 논의의 검토," 「성균관법학」 제25권 제1호, 성균관대학교 법학연구원, 2013. 3

금융감독원, 「금융법무다이제스트」 통권 제23호, 금융감독원 법무실, 2010. 3.

김성수, "금융감독기관의 제재조치와 권리구제," 「행정법연구」 제20호, 행정법이론실무학회, 2008. 4.

백윤기, "금융행정에 있어서 법치주의 구현방안: 금융행정법의 정립과 발전방향의 모색," 「저스티스」 제33권 제4호, 한국법학원, 2000. 12.

윤광균, "금융감독상의 제재와 적법절차에 관한 고찰," 「저스티스」 통권 제104호,한국법학원, 2008. 6.

윤석헌 외 5인, "모델 금융감독법의 구조 – 기본 내용과 법안의 제안 –," 「은행법연구」 제9권 제1호, 은행법학회, 2016. 5.

이원우, "금융행정의 새로운 패러다임의 가능성과 타당성," 「새로운 금융법 체제의 모색」(김건식·정순섭 편저), 소화, 2006.

홍준형, "금융행정의 법적 구조와 개혁방향," 「공법연구」 제29집 제2호, 한국공법학회, 2001. 2.

찾아보기

저자소개

고동원(高東源)

서울대학교 법과대학 졸업
고려대학교 대학원 법학석사
미국 보스톤대학교 및 튤레인대학교 법학석사(LL.M.)
미국 듀크대학교 법학박사(SJD)
미국 뉴욕주 변호사
한국은행 전문연구역
김·장 법률사무소 미국변호사
건국대학교 법과대학 조교수
(사)은행법학회·(사)한국상사판례학회 회장 역임
(현) 성균관대학교 법학전문대학원 교수

은행법

초판발행 2025년 1월 5일

지은이 고동원
펴낸이 안종만·안상준

편 집 김선민
기획/마케팅 정연환
표지디자인 벤스토리
제 작 고철민·김원표

펴낸곳 (주) 박영사
서울특별시 금천구 가산디지털2로 53, 210호(가산동, 한라시그마밸리)
등록 1959. 3. 11. 제300-1959-1호(倫)
전 화 02)733-6771
f a x 02)736-4818
e-mail pys@pybook.co.kr
homepage www.pybook.co.kr
ISBN 979-11-303-3777-7 93360

정 가 60,000원